卷一

传家宝全集

[清] 石成金 编著

吉林出版集团有限责任公司

图书在版编目（CIP）数据

传家宝全集 / (清) 石成金编著. -- 长春 ：吉林出版集团有限责任公司，2011.7

ISBN 978-7-5463-5922-9

Ⅰ. ①传… Ⅱ. ①石… Ⅲ. ①百科全书－中国－清代 Ⅳ. ①Z225

中国版本图书馆CIP数据核字(2011)第139260号

传家宝全集

编　　著：［清］石成金
出 版 人：周殿富
责任编辑：耿　宏　冯　雪
书装设计：张立娟
出版发行：吉林出版集团有限责任公司
电　　话：0431-86012613
印　　刷：三河市文通印刷包装有限公司
开　　本：850mm×1168mm　1/16
字　　数：1244千字
印　　张：61.75
版　　次：2011年7月第1版
印　　次：2011年7月第1次印刷
书　　号：ISBN 978-7-5463-5922-9
定　　价：395.00元（古典函套线装 全四册）

前　言

随着文化世俗化的发展和印刷出版业的发达，明清以后开始出现语言通俗、面向大众的“日用百科全书”。这类以修身齐家、为人处世为核心的百科全书，涵盖三教九流、包罗衣食住行，一时盛行于世。其中，最有影响的是清代学者石成金编著的《传家宝全集》。

《传家宝全集》共分四册。

第一册主要以儒家思想为基础，兼容佛的出世和道的超脱，论述修身齐家、为人处世之道，是中国传统文化的重要组成部分。这里应该指出的是《传家宝全集》作者谈修身齐家，目的不是“治国”、“治世”，而是用自己切身的体验，对许多人生重要的事情，以极浅显的话语说破，让人们醒悟，有所遵循，各复良知，行善戒恶，共享福寿安乐。

第二册主要讲人们如何应世，如何自我保护，简明透彻地宣扬了积极上进的人生态度和对“缺陷世界”的感悟。作者认为人要有远大抱负，要立志，要为实现自己的志向，“一意寻向上去，如撑上水船，如赴军中约”，但世事复杂难料，对不如意之处，要能“顺受之”，这样就能有许多自在的安乐之福。

第三册主要劝人积德向善，强调帮助别人不仅利人，而且利己，论述了有关同人相处以及在社会上待人接物的种种训诫。作者提出了享受人生的最好方法是修身改过、广行善事，并收录了各种趣闻和常识。

第四册主要阐述作者快乐人生的主张，收有作者亲手创作的几十幅快乐的写意画和抒情诗、二百多枚快乐印章和快乐的先贤们有关快乐的名言佳句，表述了作者快乐人生的态度和方法，即“分外不须多作意，惟将快乐作生涯。”同时，作者以深入浅出的语言，注释了佛学重要经典——《金刚经》。

《传家宝全集》充分利用了中国古代浩翰的文献资料，大量辑录了历代贤哲的典型作品，可谓荟萃经、史、子、集四库之精华，包罗古往今来世事人情之万象。书中语言通俗易懂，妙语连篇、生动有趣，醒世醒人，给人以启迪。全书具有很强的实用性、大众性。《传家宝全集》作者不是把著书当做“立功”、“立德”一样重要的“立言”，当成一项个人不朽的事业，而是编成了一部家常日用的百科全书，举凡柴米油盐、吃饭穿衣、坐立行走、洒扫应对、父子兄弟、姑嫂婆媳、生儿育女、敬老恤贫，以及风花雪月、怡情养性，和人生历程中消灾祈福的各种妙方，士、农、工、商各行各业的经营诀窍，无不囊括其中。可以说《传家宝全集》“一本书在手，谋事不求人”。阅读《传家宝全集》不仅可以使日常生活丰富多彩，还可以增长聪明睿智、美学修养、道德观念和内省意识。但是，它毕竟成书于三百多年前，受历史和思想的局限，书中有些封建糟粕的内容，如宿命思想、男尊女卑，有些笑话思想性不高等，读者应加以注意，批判地吸收其精华。

本书适合各行各业各阶层人士阅读和收藏。

编　者

《传家宝》全集序

夫人得天地之理以为性，受天地之气以成形。无论其智愚贤不肖，悉知好善之为荣。奈缘其循理之心，不敌其从欲之心，兼之觉悟无由，所以言行每多乖戾耳。余钦承简命，以太常御史典郡淮扬，又蒙皇上特赐世贞堂匾额，感激圣恩，涓埃莫报，莅任以来，愈加勉励，朝勤夕惕，惟以爱养百姓，奖善惩恶，导民归正之为急，每逢朔望，亲临讲堂，宣扬上谕，未尝少懈，所以仰答皇恩于万一也。

政事之暇，最喜读天基《传家宝》。因其言言通俗，事事得情，虽愚夫愚妇，尽可晓然。不啻警世之木铎，利人之舟楫。良由石子之为人，端方长厚，熟谙世事，更加躬行实践，然后举以示人，是以立言如此。然石子所著甚富，分列百十余种，皆大有益于身心之言。世人每求镇家珍宝，以消灾祈福。曷若案头置此一书，自己朝夕熟记，而体行也。世人每厚积金资，以贻子孙；又曷若授此一书，令子孙朝夕熟记，而体行也。因题曰："修齐至宝"，铭心镂骨，时刻记行，慎毋轻忽。但愿天下之读是书者，认真以好善之为荣，既不负天地生受之意，又能自享安乐之福。

石子此书，言虽浅近，实可上襄圣天子道德齐礼之治。岂惟辅余教诫斯民所未及哉？因乐为序。

康熙四十六年清明后甲子日

太常寺少卿仍管扬州府知府事界园左必蕃题并书

目　录

俚言

天下人众，以大概论之，读书明道之通士仅居小半，而不读书与少读书之常人，转居大半。若以深奥文言向常人谈说，犹方底圆盖，不能领略，说与不说同也。予住扬之邵伯东墅，父祖俱以耕读贻后。家大人维石公手抄训言二十余页，特命不肖庭训，谓言虽浅近，乃潞安知府李令萧公撰谕教民者，惟以正心敦伦为本，实吾人传家之宝也。予细捧读，语不深奥，即妇人小子闻皆知晓。惜语无多，予因不揣愚昧，仿添十七，妄分十类，首重人伦，先以事亲敬上、和妻教子之道，次涉世务，继以治家待人、重儒安分之法，复以行善戒恶为言行总要，撰集成部。予父以萧训为传家宝，予因谬用是名。虽来碔玞乱玉之诮，然而予之心存省济，则与萧公无异。愿世人各置案头，时阅体行，俱有福寿之享，而无灾难之侵，即奇珍异宝，未必胜此。方知浅言亦可少翼于经传。在读书通士，自必鄙此书之俚俗，然而有益于天下之不读与少读书者不小矣。原板字朦，因重刻印行。

乾隆四年仲春望日八十一岁天基老人石成金撰写

石成金像。石成金又称天基先生，为《传家宝》的作者

事亲

天地间的事，唯以人伦为重。这人伦有父子，然后有君臣、兄弟、夫妇、朋友。要知父母之恩，我今与你们说。你们也知道父母有恩，怎奈你们孝顺处少，不孝顺处多。这是什么缘由？只因父母生养的大恩，你们还不十分切实，虽有些孝顺的良心，却又日渐被货财、妻子亏损去了，又无人提醒你，所以不能尽心竭力去孝顺了。

你仔细想，你身体是何人生出来的，就知道父母大恩了；你仔细想，你乳哺饥寒，是何人抚养的，就知道父母大恩了；你仔细想，你怀抱时痧痳痘疹，一切风寒病症是何人医救的，就知道父母大恩了；你仔细想，你今知南知北，识长识短，是何人指教的，就知道父母大恩了。要知父母一团心血，全都放在儿子身上，然后才得长大成人。是以父母大恩比同天地高厚，并非虚言。予有常歌云："我能数尽青丝发，只有亲恩数不来。"因其恩多难尽也！

你仔细想，父母生个儿子，十月怀胎，三年乳哺，也不知受了多少艰难劳苦，担了多少忧愁惊怕。即如偎干就湿，出入搂抱提携，行走坐卧，痧痳痘疹，风寒饥饱，不知用尽了多少精神。若是见儿嘻笑，心里就有许多欢喜；见儿啼哭，心里就有许多烦恼。自己未曾吃饭，先怕儿子肚里饥饿；自己未曾穿衣，先怕儿子身上寒冷。饥饱也失错不得，冷暖也失错不得，时时防儿有病，事事要儿常安。哪一刻不照管你？哪一刻不疼惜你？巴得长大成人，就代你延师教训，不惜银钱；定亲婚娶，多费资财。期你立志成人，望你兴家安业。若是儿子有些疾痛，为父母不说幼弱难养，反怨自己调理失错，就日夜焦心，急忙去合药求医，求神问卜，恨不得将身替代。你若出外远行，为父母的日常牵心挂意，就是早去迟来，还要倚门悬望。总而言之，要知为父母的一生一世经营算计，哪一件不是为儿子的心肠？若教得成人，父母便不胜欢喜；若教不成人，便死不瞑目。可怜父母的精神，都费在儿子身上。及儿子年纪长大，怎奈父母日渐衰老，如此深恩，怎么报答得尽？你们为子的，细想就知父母大恩了。常言道："养儿防老，积谷防饥。"父母受了千辛万苦，也只指望儿子孝顺，有个后成。我看今世人，将父母生养你、教训你、婚配你，恰似该当的，所以不能孝顺。试看那乌鸦也晓得反哺，羔羊也知道跪乳，禽兽尚能报本，哪有为个人反不知孝顺的理？人若果然不知道孝顺，反不如那禽兽了。

丁兰奉母如生图。丁兰，相传为东汉时期河内（今河南黄河北）人，幼年父母双亡，他经常思念父母的养育之恩，于是用木头刻成双亲的雕像，事之如生

凡人在初生的时，一刻也离不得父母。半载周岁，认得人的面目，在父母怀中便喜，若别人抱去便啼。自三四岁至十四五岁，饥则向父母要食，寒则向父母要衣。以前时日，人人皆知道亲爱父母，及至娶了媳妇，添了房中许多恩爱，就与父母间隔一层了。及至生了儿子，又添了眼前许多恩爱，又与父母间隔一层了。若遇着贤孝的妻子，就是家门之幸；遇着不贤孝的妻子，这个在枕边说公婆的是非，那个在膝前说爹娘的厚薄，三言两语，蓄积心头，反觉得父母有许多不是。日深月久，妻子渐亲，父母渐疏；妻子渐厚，父母渐薄。只知房中妻子是自己的，把两个老人家丢在堂上，冷冷清清，全然不管。绝不思想你当初 14 岁以前，何曾有妻？何曾有子？那时候怀抱你的是何人？衣食你的是何人？照这样没良心的人，真正不如禽兽了。

今人不孝顺的事也甚多，且将眼前的说几件与你听。假如父母要你一件东西，值些甚的，你就生一个吝惜心。要知你的身子也是父母生成的，何况身外之物呢？父母吩咐一件事，没甚的难干，你就生一个推托心。要知君叫臣死，不敢不死；父叫子亡，不敢不亡，但死亡尚且不避，何况是劳苦易做的事呢？父母说了你几句，或骂了你几声，或打了你几下，就生一个嗔恨心不肯服他，甚至反面相向，怒目相看。要知道你奉承势利的人无所不至，就是被别人骂、别人打，也有甘心忍受的，只到了自己的父母便生嗔恨了，你何不将那奉承势利人的念头来奉承父母？性气自然平和了。况且父母因你做的事不好才说你、骂你、打你，这都是教训你学好成人。就是老人家做事颠倒，说话琐碎，以非理相加你，你也要欢喜承受，何况教训得正呢？又有一等人，背了父母，只爱自己的妻妾；丢了父母，只疼自己的儿女。你何不将爱妻妾的心肠爱父母呢？疼儿女的意思疼父母呢？前人说得好："以爱妻子之心爱父母，则无有不孝。"此言值万金。

孝顺父母的道理，人人须要尽心竭力，大约孝顺父母有两件事：一要养父母的身；一要安父母的心，待我分别说与你听。

何为养父母的身？人家贫富贵贱，自有不同，各人随自己的力量，各人尽自己的家业。父母饥，则欢欢喜喜进饮食与吃；父母寒，则恭恭敬敬奉衣服与穿。有一样好饮食，就思想与父母吃；有一件好衣服，就思想与父母穿；有一处好房屋，就思想与父母住；有一样好器物，就思想与父母用；有一个好奴婢，就思想与父母服侍。冬夏晨昏，俱要诚心照管，凡事俱要小心恭敬，逢时节以礼庆拜，遇生辰以礼祝贺。前人说得好："得为而不为，不得为而为之，均于不孝。"但养身细条，我今约有四样：一是饮食；二是衣服；三是起居；四是疾病。我逐件说与你听端的：

饮食的事，为人子者，哪个不欲竭力珍馐、罗列甘旨？若是富贵人家，何难措办？若是家业淡泊的，便心中有余而力不足了。要知道菽水承欢，就是家常的菜蔬，只要咸淡得宜，生熟中节，不敢潦草，略有好食，先尽父母，至于自己粗粝，俱不计较。要奉承得父母欢喜，就是尽心。大约年老的人，脾胃自然虚薄，饮食难得消化，进的食物须要熟的、热的、软烂的、香美的，方才敬奉。凡是生冷黏腻、坚实难化之物，不可与食。新米、新面、糍粑伤脾之物，也不可与食。凡食不可过饱、顿数不妨多几顿。吃过饭食，劝他走动走动，不可呆坐。过午晚上，略吃些许食物。这饮食调理，为人子者俱要放在心上。

衣服的事,为人子者,哪个不欲锦绣细软?但富贵人家便容易制造,若是寒素之家,何能如意?只要冷暖合宜,奉得父母欢喜,就是尽心。大约年老的人,气血自然衰弱,身体未免不耐寒暑,未曾冷先就怕冷,未曾热先就怕热。冬月衣服内棉花,每年要换新的,去其旧的。薄棉袄要做两件,秋冬来渐渐加添,春暖时渐渐减去。霜冷之月,若有暖阁轻裘,固是上等,如不能的,就是布被布衣,只要温暖。至于晚间,或将大砖煨热,布包放于脚后,或将锡造汤壶放于被内,因无火气,老人最好。再如夏月,夏衣须要凉爽,凡有汗的,需要频频洗换。若或鳏父寡母独睡孤眠,更要加意照管。这衣服调理,为人子者俱要放在心上。

起居的事,为人子者,需要时时照看。凡是江湖风浪、危桥险岸、黑早黑夜、雨雪霜雾,俱不可令父母轻往。凡是丧祭斗讼、忧愁的事,俱不可令父母轻到。至于劳心费力的事,俱不可令父母去做。若遇喜庆快乐、安逸的事,就多劝父母去行。再如父母性所喜好的,如念佛、谈禅,或闲行游玩,或老友聚玩,或酒会,或饭会,力劝多为。其行住坐卧,俱要照管扶持。只要得父母安稳自在,快活过日,就是尽心了。这起居调理,为人子者俱要放在心上。

疾病的事,为人子者,需要加意调摄,小心扶持,不离左右。思其受病之由,先用食治。如老人燥结,可用牛乳、人乳、肉汤、蜜汤等物;漕泻可用炒面、稠粥之类;风寒可用葱姜、胡椒;积食可用砂糖、神曲、山楂等类。若不得已,然后请名医用药。全要审其药性当否,不可轻用克伐,不可为庸医所误。凡病中煎制汤药、进奉饮食,俱要自己亲为,不可尽委奴婢,切不可生一个懈怠的心。只想你在幼小的时候有了疾病,为父母的不知代你调理了多少,你今日可有不尽心的理?试看当日汉文帝,母后有病,汤药尚且亲尝,这等孝心,何况你们?父母有病,万一作污床褥,为子者俱要勤勤洗

汉文帝侍疾尝药图。讲述汉文帝的母亲卧床三年,文帝不仅在身边侍候,而且母亲每次服药他都先尝的故事

净，勤勤拭换，切不可生一个恶嫌的心。只想你在怀抱中，便溺粪污，为父母的不知替你洁净了多少，你今日怎么恶嫌呢？人只想念父母的大恩，孝心即现。但有疾病，便昼夜俱在父母床旁坐卧，衣不解带，食不甘味，或要茶要水、饮食药饵，俱小心服侍，灯火不息。只候病好，方才放心。父母养子倚靠，全在此时；为子尽孝，也全在此时。这疾病调理，为子者俱要放在心上。

再如人家媳妇，贤愚不等，须要常常查考他侍奉父母如何，不可但看眼前的殷勤，不顾背后的怠慢。若有兄弟几个，大家孝顺供养，固是极好的事，倘内中有不知孝顺的，各人只管自己尽心竭力，不必扳扯轮流养活。要晓得父母多吃你的一碗饭，多穿你的一件衣，就是你尽你的孝心，原不吃亏。

何为安父母的心？凡事要听父母教训，做个好人，行些好事，不敢越理犯法、惹祸招灾。大则扬名显亲，小则安分乐业，父母心中方才欢喜。为何孝字连个顺字？为子者须要时刻把父母的心细细体贴，着意尊敬，不敢有一些冲撞，言语遵从，不敢有一些违拗。不但承欢膝下不悖逆，就是父母不在面前，所作所为的事，略要父母耽忧的，提起父母的念头，便急忙改正，唯恐亏体辱亲，这才叫做孝顺。

父母或有互相争闹的事，为子者需要委曲调停，不可偏生向背。或遇父母有不是的事，为子者须要和颜悦色，下气低声，从容劝谏，若父母坚意不从，须徐图感悟。万一父母动气打骂，只认为子的有未尽理处，需要安心忍受，曲意奉承。要晓得天下无不是的父母，父就是天，母就是地，哪有为人敢与天地争是非呢？圣贤常说："父虽不慈，子不可以不孝。"要令父母在生一日，宽怀一日，这便是安父母的心了。

最恨今人却有一种议论，说为子者虽该孝顺，也要看前亲后晚，父母待子如何。此等邪说，陷人不小，断断不可听他。纵或亲晚嫡庶间父母有些责备，毕竟是为子者有不尽理处，须当更加敬心诚意，和颜悦色，再无不感悟的人。

伯愈泣杖图。韩伯俞是历史上有名的孝子，他经常被母亲责打。有一次母亲又用拐杖打他，从不喊疼哭泣的伯俞却不禁痛哭悲泣。母亲问他为什么哭，伯愈回答：以前挨打能感到疼痛，说明母亲还有力气。如今挨打不觉疼痛，是母亲身体大不如前，故此痛哭

世上不孝的人，病根在于好货财、私妻子，却不知道自己身子还是父母生养的，一切家产资财，岂敢视为己物？就是父母年老，把家财托与儿子掌管，也要一钱一物，交父母看见，一出一入，听父母吩咐。前人云："父在没子财。"哪有儿子拘管父母的理？至于自己妻子，谁人不知爱重？但要知妻子是后来的人，若不是父母生下此身，焉有这妻子？况人若失了妻子，还能有个再娶的妻子；若伤了父母，哪里再得个父母来？

继母、养母、庶母都是母，总看父亲面上，需要随处尽孝。

凡为人子者，要知自己日长一日，父母日老一日，若不及时孝顺，及至父母去世，虽有三牲五鼎，父母全不看见。"子欲养而亲不存"，追悔也是迟了。

父母万一有先去世的，单留鳏父寡母，最为苦楚，全要你为子者加倍体贴，不致寂寞孤凄，才是好子。我看今人只知携自己妻子入房，团聚欢乐，全不念老亲一人凄惨苦楚，若在风雨寒暑，过时过节，更是难堪。为子者若不存心照管，试问生子何用？

"孝顺仍生孝顺子，忤逆还生忤逆儿。不信但看檐前水，点点滴滴不差移。"此劝俗之至言也。要知自己儿子看见我如何孝顺父母，日后长大了，也照样孝顺我；若或自己儿子看见我如何忤逆父母，日后长大了，也照样忤逆我，此必然之理。究竟好是好的自己，坏是坏的自己，报应昭然，丝毫不爽。

皇上设立清律，颁行天下极严。忤逆父母，因其辜负养育大恩，所以可恨。不要说别的，即或动口骂了父母一句，就该问绞罪。其余违犯教令及奉养有缺，与别立户籍分异财产之类，少不孝顺，都有个重罪，横受刑法，追悔何补？清夜思之，可不畏惧？

父母亡后，乘时埋葬，其祭奠自有当尽的理，全要一点至诚哀慕的真心，不在外边摆布的体面。纵年深日久，须当带领子孙，春秋祭扫，虔诚叩拜，或不时照看。如坟冢罗堆，少有倒塌，即时修理。只要常常思念父母，事死如事生，才是真孝。

敬　上

皇上每年费用几千万钱粮，在各省各府县设立许多大小官员，设立许多城垣兵马，都是代你们百姓保护安稳，若不如此，凶恶谋害，弱肉强食，怎得快活生业？此等皇恩，就该时刻莫忘了。

皇上大恩，每年用俸禄给养官员，为官的就该尽心爱养百姓，锄奸惩恶，兴利除害，不受贿赂，不听情面，就是报答皇恩了。为百姓的，只要安分守己，莫作非为，钱粮早早完纳，解济饷需，不烦官府催捉，凡事让人，不与争讼，就是报答皇上了。

天覆地载，日月照临，风调雨顺，都是天地莫大之恩。

师长不限定士子读书，即农桑耕种、百工技艺，无一件不是师傅教授才得成就。今日饱食暖衣，生活度日，都赖师傅的大恩，就该时刻莫忘了。

天地君亲师，此五件，世上都该感激，都该设牌位早晚焚香叩谢。切不可懈怠，做个忘恩负义的人。

自古至今，许大的世界，许多的人民，全凭着一个礼字安排定了。这礼是什么呢？就是所以辨尊卑上下、长幼大小的名分了。要知道世人只亏着名分维制，但相安于名分，则在上为纪纲法度，在下为风俗教化。否则小而犯上，大则作乱，无所不为了。

孔子敬入公门图。据孔子弟子们记载，孔子大至上庙堂、入公门，小至穿衣、饮食，处处注重礼的规范，说他"入公门，鞠躬如也，如不容"。

长上不止一端，除了自己兄长之外，就如伯叔祖父母、伯叔父母、姑姊兄嫂，为之族长；外祖父母、母姨、妻父母之类，为之亲长；教学先生与那百工技艺之师，为之师长；本处大小官员，为之官长；有道德理学的，无论年纪老少，为之道德尊长；曾受朝廷爵禄而今家居的，不拘年纪多少，为之缙绅尊长；与我父祖交往，以及事业先入门的，为之前辈尊长；又有乡里中老年的，为之乡党尊长。这许多尊长，俱不可犯分。

如今风俗浇漓，人情奸险，把这"尊长"二字，全不放在心里。其病根，只为把名分看轻了。或恃聪明，或负意气，或倚富而有财，或倚贵而有势，一味傲慢无礼，恣睢暴戾，何所不至？始于犯上，终于违背。所以天下第一种凶人，多从目中不知有名分积渐而成。

自己的兄长，原是共气同胞的人，须念我与他身体虽然各别，总是一个根苗而出。你不想那三四岁的孩童，哥哥弟弟全无尔我，总没猜疑。直到长大成人，娶妻生子，忽发妒忌，自利自私。或听了妻子枕边的语言，或信了亲友背后的挑弄，或因产业资财先是争竞不已，遂至殴讼交加，却把至亲手足轻则看为路人，重则视为仇敌。殊不知打起官司，告起状来，家私用尽，都成穷汉，只落得少了一个帮手，岂不可惜？又有一种人，外面呼兄唤长，揖让礼文，如同至厚，怎奈内中所存的，各有一心，尤为可叹。

又如本族的族长，亲戚中的亲长，以及道德缙绅前辈乡党，或有钱财可倚，或有势力可借，或慕其家资，或畏其权要，无不当面奉承，背后称赞，一切礼貌殷勤，不肯差错；及遇着那穷困无告，淡泊无能，权轻力少的，同是一般尊长，分明他年纪老，分明他见识高，分明他仕宦久，分明他道艺深，都指他为无用的老头儿、过时的腐朽货，却鄙薄厌弃，侮慢耻笑，作践欺凌，无所不至。人情恶薄，往往如此。

尊敬长上，不是什么难事，只要你记着两件：外面要你礼貌谦下，内里要你心地和平。若不如此，则以小加大、以少凌老，伤风败俗，成个什么人？

人伦上除了父母，就是兄弟，世间不和兄弟之人，与那不孝父母之人，同是一个病根；也只为好货财、私妻子，就没人伦天理了。我只劝你兄友弟恭，合力同心。或读诗书，尔我讲解；或做生意，彼此商量；耕田耙地，出力相帮；手艺经营，留心照应。莫为几句言语就伤和气，莫为几许钱财就起争端。又要徐行后长，去逸就劳，大以还大，小以成小。你试看张公艺九世同居，得力在一个忍字；郑内史七世不分爨，唯不听妇人的说话。若同居和睦，原是极好的事，怎奈人心各别，全无痛痒。不得已分门另住，须家产资财公道匀均，分得明白。即或少有不均，便宜也在本家，切不可因钱财家事，伤了骨肉至情。幸而遇着贤兄长，固当尽心尊敬，不可负恩；就是兄长有性情不好的，需要委曲承顺，自能感化相好。万一不能感化的，要知道他是大，我是小，只管尽了自己的弟道，才是敬兄的好人。

凡有幼弟，因年纪小，须要极力教养，切莫欺凌。诸事指点，如同父师，才是兄长好处，且自己有许多受用。

一切尊长，我劝你们敬重，也不是全全要你用银钱去奉承他，只要你存着一个敬重的心，如行则随行，坐则傍坐，当拜就拜，当揖就揖，有问则起身对答，有事则趋赴代劳。一点循名谦分的念头，心安意肯，发出恭敬来，不敢用虚伪，这就是敬重了。

前辈家风，凡百事情但是尊长说了的，卑幼就唯唯从命。近来风俗，多是少年用事，任意乱行。见尊长中有衰弱落薄的，就不服气称呼他；见高年老成人，就说他是古板子、迂老儿，不要放他在眼里；见官员长者，就说休要畏缩奉承他，只管大模大样。不该抗礼的，也强与他抗礼，以此为有气岸，殊不知他年纪大似你，行辈先似你，见识多似你，名位高似你，你是卑幼，他是尊长，如何敢戏狎他？如何敢欺侮他？假如别人轻忽你的父祖，你心里必不喜欢；下面人触犯了你，你心中亦不能堪。你今日虽是卑幼，后来就是尊长，你也要受他人的敬重；今日你不肯敬重人，后来人也不肯敬重你。你何不将你自己的念头转想一想？如若存着骄亢的心，眼界自然无人，必至越礼犯分，做出放胆事来，定不是保身全家之兆，可不猛省畏惧？

敬上为何把自己兄弟列在内中？要知道孝悌为仁之本，这兄弟与我原是天伦手足，譬如根本上生出来的枝叶，若是根本坚固，枝叶自然茂盛。假如不能与自己的兄弟和好，岂能真知别人的上下？所以圣人说道："其所厚者薄，而其所薄者厚，未之有也。"每见世上有种人，不识轻重，不明伦理，自己兄弟情谊乖离，反与外交好，虽是联盟结社，其实德行有亏。况且人若遇了患难，至厚的亲友，反不如至薄的兄弟。凡有此事者，急当改悔。

卑幼理该敬重尊长，但是为尊长的，必须自尊自贵，不可自轻自贱。有一种人，恃着自己的名分大、年纪高，见卑幼们懦善的，就事事欺负他；见卑幼有钱的，就件件指望他；或礼求周备，或事论繁难，设有不应，始而恼怪，甚至辱骂。这等尊长，是自己先失了体统，无怪乎卑幼们嫌恶鄙薄。为尊长的，当思父母生子，不知施了万千恩惠，尚有忤逆不孝的，何况尊长呢？一切事情，俱要量放宽些，记好莫记坏，凡百扶持教爱，那卑幼们岂有不敬重的理？

和　妻和夫附内

人伦不重，不能成人。这人伦内，除了父母兄弟，就到夫妻了。世上夫妻和好的甚多，不和好的甚少。这不和的根源，总从夫男不明不正而起，或是鄙妻子出身贫贱的，或是嫌妻子容貌丑陋的，或是憎性情痴愚的。她既不如你意，你就与她不和，甚至动不动就呼叱辱骂，如同奴婢。但你既以不和待她，她自然以不和待你。殊不知大如天地，也不离于阴阳，这夫妻乃是人伦之本。你想世上男女不知有几万万，她今独与你合为夫妻，就是前生注定，天数配成，原不是容易的。你只想你妻子丢了自己的父母，来孝敬你的父母，撇了自己的兄弟姊妹，来奉承你的兄弟姊妹，嫁到你家，生男育女、纺织针线、庖厨门户、浆洗照管，不知受了多少辛苦，原是仰望你终身，倚靠你过活，希图一个同心和好、身家安乐的，不意你为丈夫的心肠改变，却生出鄙嫌憎厌起来，你自揣自心，安与不安呢？你若鄙她贫贱，我眼中每每见了许多富贵人家的妇女，习惯了骄傲的性情，动不动就欺负丈夫，不肯柔顺，反不如贫贱人家女子，肯代你辛勤劳苦。况且世上富贵原是循环不一的，未来的事，哪里定得？你今说你富贵，何不看那宋弘贵为司空，皇帝欲将潮阳公主招赘他为驸马，不想他说出“贫贱之交不可忘，糟糠之妻不下堂”的话来，所以不能强他。可见贵为宰相，又遇着皇帝招赘，尚且不肯改移，何况你不曾贵为宰相，皇帝又不曾招你做驸马，你因何鄙起妻子贫贱来？你若嫌她容貌丑陋，我眼中每每见了许多丑陋妇女享受大福，所以前人说“福在丑人边”。若标致美貌妇女，多有为倡优下贱，常言说得好：“红颜多薄命。”一点不错。你今说你妻子容貌不美，何不看那刘廷式定亲之后，登第归来，不想所定之女已经双目成瞽，女家又贫，不敢复言婚事，廷式择日完娶。或劝纳其幼女，廷式坚执不肯，他说道：“此女我不娶，平生遂无所归。吾先许之矣，女目虽瞽，岂可负我初心哉？”竟娶与偕老，除不嫌恶，反更和好。后生二子，皆成大贵。可见就是瞎子，尚且欢喜领受，何况你的妻子眼睛又不曾瞎，你又不曾登第，因何嫌起妻子丑陋来？你若憎厌她痴愚懒拙，须量她是妇女们不曾读书识字，自然不能明理，又且性气偏执懒拙，自然不能停当。你为丈夫的，需要多方教导，不愁不改。何不看那猴子尚且教能做戏，狗子尚且教能踏碓，老鼠教能跳圈，八哥教能吟诗，可见禽兽尚能教通人事，何况她是个人，岂有教劝不来的？万一就教劝不来，也是你命数所招，你只当以人伦为重，自安命数，不必怨恨。我眼中每每见了许多聪明停当的妇女，胆大才高，做出许多不好的丑

梁鸿像，图出自清·孔继尧《吴郡名贤图传赞》。梁鸿，东汉时人，他与妻子孟光相敬如宾，他们二人“举案齐眉”的故事，在古代封建社会中一直被人们视为妻子敬爱丈夫的典范

事来，反不如这愚拙妇女，倒肯安分。总之劝你为丈夫的，一切事只需退一步想，假如娶着强悍不贤的妇人，将你百般凌辱欺负，不怕你不受，此时你又何如？千万不要再妄想了。

世上有几种男人，辜负妻子，必有恶报：即如有不喜自己妻子，反喜攒谋别人家妇女的；又有已生子女，忽然厌常喜新、妄意娶妾收婢的；又有或骤富家资，或幸登甲第，便厌弃糟糠、多谋姬妾以图欢乐的；又有迷恋娼妓，情酣歌馆的；又有商贾远出，贪着外宠，经年累月不归家的；又有好赌好讼，不顾妻子好歹的；又有不理正务，只图饱暖，终日逍遥闲荡、招揽他事，置妻子饥寒于不问的；又有宠妾侮妻的；又有狂癖男风外宿的，这几种人，总不知唱随相守、琴瑟相调的快乐，致令妻子孤灯独宿，凄惨谁诉？黄昏风雨，情更难堪。这样没良心的人，只怕怨气积聚，鬼神也不肯饶你。

丈夫固要与妻子和好，而妻子更要敬重丈夫。须知夫乃妇之天，柔和是妇女们最要紧的，凡百事情须要你依从丈夫的教令，不可违拗。就是你丈夫偶有不是的事，也要你存心忍耐，从容劝谏，才为好妇女。我每每见而今的妇女性气刚强，自骄自傲，事情少不遂意，就要高声叫唤，甚至要咒要骂，要打要吵，或倚着娘家的财高势大，或恃着自己的容貌标致，或妄心想要富贵而鄙夫贫贱，或私念要爱俊俏风流而嫌夫粗丑，乃将丈夫任意欺负，大失妇道。扬州妇女，既不养蚕，又不织布，太阳照多高尚不起床。一个头发，就有牡丹头、海棠头、二龙戏珠头、双凤穿花头许多名色，梳上半日，镜子照了又照。晚间饮酒闲谈，坐上多时。如丈夫银钱多，就要剪衣裳、置首饰，不知省俭些；如丈夫银钱少，定要美酒、美食，不知体惜些。不喜勤俭持家，只要好吃懒做，将家中事情不去照管，也不问米有多少，也不知柴价高低，一味要逍遥自在，且图眼下。更有一种妇人，喜欢游山赴会，入寺烧香，甚至倚门谈笑，买东买西，吃烟看牌，吹弹歌唱，无所不为，全不想丈夫娶你来家，原是要你治家立业、同心和好的。要知道你丈夫在外边受了多少风霜，吃了多少辛苦，求得银钱衣食来，你在家中安然饱暖，不知爱惜，还要挥洒浪费，不肯学好，以致你丈夫神思消索，走投无路，家计日渐淡薄。及至日后事业败坏，百般的饥寒苦楚，俱要你去领受，此时虽然懊悔，也是迟了。怪不得你丈夫不喜欢你，要冷落嫌恶你，就是家中大小，俱要你早死；亲友们知道的，俱要你速亡。无人不谈论你，个个都唾骂你，你何苦做这样一个恶妇？况且你今生不为男身，也是你前生罪恶深重，不肯修积学好，才脱生妇女的。若是再不速速改过，这罪恶又加深重，只恐怕后世要一个人身，也是难得的。要知道女子无才便是德，不要你性敏才高，只要你性情柔顺，只要你做事勤俭，更要你公婆不可忤逆，丈夫不可欺凌，再要你姑嫂妯娌们不可乖离，媵妾奴婢们不可残刻。若扶助得你丈夫成家立业，不独你丈夫要钦敬你，就是你娘家父母亲知何等光辉？不独你丈夫子女有许多快乐，就是你自己也有许多受用。这都是要紧的说话，妇女们都要切切记着，速速改悔学好，不可忘了。

世上有种妇人，自己不能生男育女，丈夫年纪虽过了四十多岁，还不容他纳妾收婢，传个后代，只是妒忌悍毒。岂知光阴迅速，悠悠年月，快去如箭，及至到了丈夫精血衰老，却不能生子，竟斩了他的宗祀，绝了他的后代，虽然百般后悔，也是迟了。一旦身死，只落得将你夫妻苦挣的家业，都被亲族人等群起纷争。不独害了你丈夫一人，连你自身的柩棺坟墓都无人葬祭，可怜孤魂夜哭，岂不伤惨其中？间有勉强容着丈夫娶妾的，也多吃醋拈酸，打张骂李，以致家室不宁，反为破败。我劝你做个贤良妇人，但是丈夫无子的，需要真心实意代他娶妾，倘若生下男女，一来接了祖宗的枝脉；二来少不得敬奉你做母亲，岂不大有受用？何苦学那妒忌恶妇，自讨苦吃。

夫妻和好，自然淑气满门，家道也渐兴旺，每日也甚快乐。其取和之法，须要彼此亲爱，恭敬如宾。贫富也要相安，贵贱也要相守。也不可倚着家资厚积而骄傲，也不可靠着身势贵显而欺凌，就是夫妻中有不是的事，也要彼此包容忍耐，委曲劝谕，令其听从改正，不可就生嗔忿。《诗》曰："宜尔室家，乐尔妻孥。"丈夫日宜咏也。孟子曰："必敬必戒，毋违夫子。"妇人又不可不切记也。

男刚女柔，是理所应该的。世上每有一种丈夫，爱敬妻子如同尊长，有事畏惧不前，而妇人反河东狮吼，牝鸡司晨，即大非家门吉兆。

教　子教女并载

世上接续宗祀，保守家业，扬名显亲，光前耀后，全靠在子孙身上。子孙贤则家道昌盛，子孙不贤则家道消败，这子孙关系甚是重大。无论贫富贵贱，为父祖的，俱该把子孙加意爱惜。但是为父祖的，不知爱惜之道，所以把子孙都耽误坏了。何谓爱惜之道？"教"之一字，时刻也是少它不得。试看古者妇人，一有怀孕，就目不视邪色，耳不听淫声，这叫做胎教，所以生子形容端正，聪明过人。子能吃饭，就教他用右手；子能说话，就戒他出娇音。六七岁时，男女就坐不同席，食不共器。一切出入饮食，教他逊让长者。衣服不许绸帛，饮食俱有时度。八岁入小学，教之以洒扫应对进退之节，礼乐射御书数之文。十五岁入大学，教之以明理正心，修己治人之道。至于女子，十岁时就不许出闺门，教以针剪纺织之法，饮食厨臼之事。一切语言容貌，俱要温恭柔顺。古人教训之法还多，不能尽述。想他当日，岂不知爱惜子孙，为什么把子孙这样拘管呢？正为不是这样拘管，就成不得人。所以孔子曰："爱之能勿劳乎？"必定要劳苦子孙，才不耽误子孙，才是真正爱惜子孙。

子孙好与不好，只在个教与不教上。起根盖不教他俭朴，则必奢华；不教他辛勤，则必游惰；不教他忍耐，则必愤争；不教他谦恭，则必倨傲，出此入彼，自然之理。但世上的人，哪一个生下来就是贤人？都从教训成的；哪一个生下来就是恶人？都从不教训坏的。譬如玉不琢磨，就是废玉，怎得能成珍器？田不耕锄，就是荒田，怎得能成丰熟。

教子一事，为何专责在父母身上？假如父母不去教子，乡党亲族中就有好人，哪能件件教导，日日不离？言语也不相信，情谊也不关切，谁肯像为父母的心肠，苦口饶舌，惹他厌恶？所以儿子学好学不好，都是为父母的专任，万一父母不在，总是祖叔的事。

世上也有富贵人家生出来的子孙，辱门败户；也有贫贱人家生出来的子孙，立身扬名。可见子孙的好歹，全在教与不教，原不在于家门之富贵贫贱。但人生一世，子

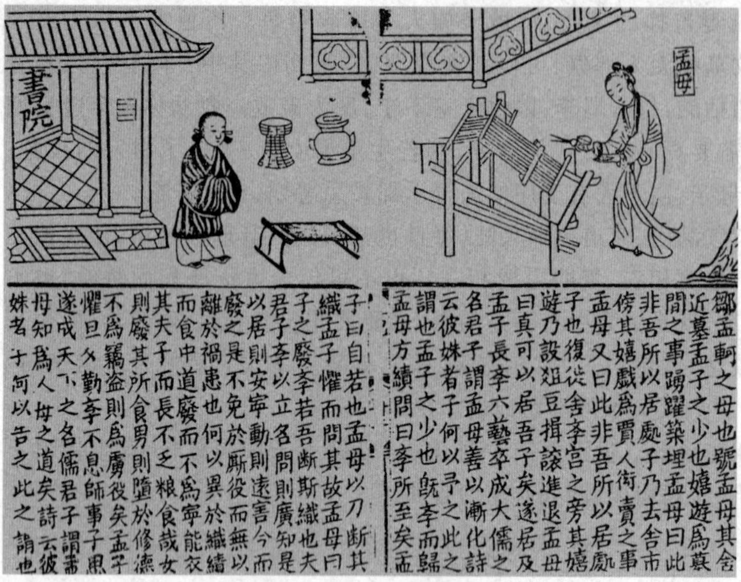

邹孟轲母图，出自《顾虎头画列女传》。讲述孟子之母断织教子勤学之事

孙是个后程，若是子孙不好，任你有极大的事业，总无成立，父祖死后，只落得旁人笑话。就是平常人家，也要个接代的子孙，所以人家子孙是最要紧的。若是有了子孙不去教他，也是枉然。所以教子学好，更是最要紧的。

可惜而今有子孙者，胎教的道理全然不晓，至于生长以后，娇生惯养，使性气也不恼他，骂爹娘也不禁他，欺兄压长也不约束他，慢乡邻、辱亲友、游手好闲、任意为非也不责治他，一切饮食衣服从其所好，满口膏粱，浑身绫罗，甚至诬赖骗诈、好争惯讼、坏尽心肠，除不警戒他，更有反夸子孙乖巧者。如今世上妇人护短的甚多，一见丈夫管子孙，方才开口骂、动手打，她就拦阻嚷闹起来，因此宠坏子孙者不少。

世间不肖子的根苗，多从父母酿成。但父母爱惜儿子，原是好意，殊不知子若不教，正是把他一世终身都坑害坏了。我每常见人家父母惜儿子，任他的性情，游戏闲荡，读书的，书也不问他读多少；做事的，事也不管他做若干，凡是略辛苦的生业，便不叫他做。殊不知把他的身子懒惰惯了，性子自在熟了，及至他后来自己做人，便诸事只图自在，稍有勤劳的，就不欢喜；少有辛苦的，就不耐烦，因此一切事务，东不成西不就，苗而不莠，莠而不实，粗鲁浮浅，不得成器，多从这个惜他上酿起来。又常见人家父母爱儿子，定要好食与他吃，好衣与他穿，好器物把他用，好去处领他玩。殊不知他吃惯了好的，穿惯了好的，用惯了好物件，玩惯了好处所，及至他后来自己做人，便奢华惯了，不知节省，也不晓得银钱如何难挣，也不明白家业如何难创。因此浪费浪用，卖田卖屋，多从这个爱他上酿起来。又常见人家父母疼儿子，随他的偏执，凡百事情唯恐怕违拗了他，尽他要的便与他，尽他恼的便替他打骂出气。殊不知顺从他惯了，及至他后来自己做人，一发自由自纵，打人骂人，闯祸生事，多从这个疼他上酿起来。又常见人家父母喜欢儿子，专一调笑哄他，就是他说非礼之言，只管作耍；做诡诈之事，只管作戏。殊不知把他亵狎惯了，及至他后来自己做人，一味苟且歪邪、越理犯分，多从这个喜欢他纵容起来。又常见人家父母不拘管儿子，长至十来多岁，已至成人,他交的朋友,也不问他贤与不贤;做的事务,也不管他好与不好。殊不知把他纵容惯了,及至他后来自己做人,全无忌惮,总没怕惧,奸盗邪淫、为非作歹,多从这个不拘管他放肆起来。可见种种坏事,总由父母不教而起。及至后来家业被他破败,祖宗被他玷辱,父母妻子被他连累,那时父母割舍他不得,欲教他又不能,到得此时,方才知道当初惜他、爱他、疼他、喜欢他、不拘管他,却不是为他,都是坑害他。悔也悔不来,教也教不及,恨也恨不了,只落得凄惶苦楚,旁人叹息。不独为父母的痛恨早不教训,就是为儿子的自己也痛恨父母早不教训。就恨也无用了。

有一等老年得子的,又有一等生子艰少的,俱爱之如掌上明珠,恨不得时时捧在手里,日日含在口里。只知道骄养放纵,全不知道教训责成是为子孙的好事,以致为子的自幼至长未曾听一句好话,未曾见一桩好事,未曾近一个好人。到得大来,奢侈放肆,无所不为,轻则败坏家门,重则招灾惹祸,连父母也做不得主了,追悔何及。

世间有一种逞强的人,偏不喜子孙守分;有一种护短的人,最怪说子孙不是;有一种糊涂的人,凭子孙交游匪类、嫖赌横行,他总不知闻。及至子孙不肖,但诿成败由命,岂非大愚?要知养子不教父之过,为父者,教子之事切莫轻忽。

世间有一等知教训而不知道理的人,指望子孙长进,其实与耽误者一般。就如教训子孙读书,原是第一等好事,争奈不知教以孝悌忠信、礼义廉耻的道理,所教导的,不过是希图前程,指望富贵,改换门间,衣锦还乡,把子孙养成个谋富贵、图货利的心,所以后来没甚好处。试看从来子孙做了官的,不做好事,不爱百姓,往往玷辱家声,折损阴骘。甚而贪赃坏法,以致家破身亡,遗累父祖。这不全是子孙不肖之罪,却是当初教得差了。

教子之法,全在幼小时候。古人说:"教妇初来,教子婴孩。"又云:"小时不役,大时叫屈。"又云:"桑条从小郁,长大郁不直。"趁他年纪尚小,童心未丧,习染未深,正好作主,急忙教他成人。若等他知识大了,便唤他不转;若等你年纪老了,便钤束他不下。所以子孙必须自幼小时便时刻教训,不可错过。

教子之法,也要循个次序。六七岁时,便送学读书,把哪件事该做,哪件事不该做,对他说得明明白白,使他晓得为善的是好人,为恶的是坏人。此时知识未开,最易收管。到十三四岁,更要择贤师良友,日与琢磨。看他聪明的,便教他读书上进;愚钝的,便教他习学技艺,随质授业,自然不耽误了他。

教子的大端,第一先教他重五伦。这五伦就是君臣、父子、兄弟、夫妇、朋友。凡为臣的要尽忠,为子的要尽孝,兄友弟恭,夫妇和,朋友信,这就是教子最要紧的事。其实是为人的根本,先要从此教起。

教子不必远求多条,只是我这书上的十件事,须要时时讲与他听:即如生身的父母,是该孝顺的;年纪长大的人,无论亲族朋友,都是该敬重的;夫妻们是该和的;子孙弟侄们是该教他学好的;治家是该勤俭的;待人是该谦恭的;书是该读的;各人本分的事业是该不懈怠的;良善的好事是该行的;违理犯法的歹事是该戒的。若是教得人依从这几件,就是他一生受用不小。

此是教子大端,我再将教条分析于后。

但有严父，必出好子。严之一字，不是只在朝打暮骂，需要事事指引他，但不许他放肆非为。爱之一字，原不在于抚摩喜笑，须要调他的饥寒，节他的辛力，但不许他费精神做无益不正之事。父母要教他竭力孝顺，不许他忤逆兄弟朋友；要教他存心谦让，不许他欺侮；要教他长厚，不许他刻薄；要教他度量宽宏，不许他丝毫较量；言语要教他信实，不许他虚谬；行止要教他安详，不许他慌忙错乱；待人要教他谦恭和蔼，不许他傲大；做事要教他勤劳，不许他懒惰；早晚出入要时时查考他，不许他浪荡邪行；衣食礼节要件件吩咐他，不许他奢华鲁莽；凡是父母、祖父母、师长、尊长、好朋好友的训言，要教他听从，不许他违背；凡是琵琶、三弦、笙箫、鼓板、纸牌、棋骰一切戏耍之物，要教他谨戒，不许他习学；不许他与匪类相交；不许他与邪地相近；吃饭要约数，不许他过饱，若过饱则脾胃不能运化而成病；饮酒要适中，不许他大醉，若大醉则肺伤而耗损精神；不许他多言多语，则怨尤自息；不许他相骂相斗，则仇恨自无；人生的贫贱丑陋，不许他嘲笑；人家的闺阃是非，不许他谈论；不许他讪谤前人；不许他戏谑同辈；淫词俚唱，不许他见闻；风寒雾露，不许他远看；奸邪小人，不许他同处，恐他身心移变；江湖山崖，峰岭桥梁，一切险地，不许他轻往，恐他倾跌危陷；衣服要按时添减，不许他忍受寒冷；读书写字，讲学作文，要随时查问，不许他悠游懈怠，虚度岁月；坐立揖让，不许他歪斜忙乱；行走不许他跳；教他小心做事，不许他粗心浮气；授他资身营业，不许他妄想巴高；宾客前不可试他乖巧，也不许他卖弄乖巧；酒席上不可任他颠狂，也不许他笑人颠狂；不许他打奴骂婢；不许他残物害生；但凡无益的闲书，不许他看；但凡无益的闲事，不许他管。我这上边的说话，共计二十联、四十条不许的事，言虽浅俗，俱是教子切要的法则。

教子全要慎择同伴，古人说："近朱者赤，近墨者黑。"要知道，好朋友与他相处，自然学好；浪子游徒与他相狎，自然学不好。跟好学好，自然之理。

世人该做的事，不该做的事，子孙年纪幼小，哪里晓得这许多？全要为父祖的时

欧母教子读书图。欧阳修是北宋著名文字家，他小时候家里很穷，母亲郑氏亲自教他，经常拿芦荻做笔，在地上写字，教他读书。欧阳修日后成为唐宋八大家之一，很大程度上得益于母亲对他的教育

时与他讲论，日日与他解说，他自然听从。如不听从，轻则叱骂，重则责治。常言道："棒头出孝子，娇养忤逆儿。"若姑息反是害他。

世人教子读书，只图做官，这也不是。从来读书的多，做官的少，也有读书做官的遗臭万年，也有读书不做官的流芳百世。但论子孙贤与不贤，不在做官与不做官也！若是子孙资质聪明，可以读书的，须要请端方严正先生，把圣贤道理实实教导他，果然教得子孙知道孝悌忠信，知道礼义廉耻，知道安分循理，知道畏法奉公，这就是贤子孙了。至于穷通有命，富贵在天，做官的忠君为国，洁己爱民，上受朝廷的恩荣，下留万民的歌颂，使人称道是某人之子、某人之孙，这才叫做扬名显亲。不做官的，守义安贫，循规蹈矩，上不干犯王章，下不背违清议，使人称道是某人之子、某人之孙，这也就是光前耀后。若气质愚钝，不能读书的，就教他做正经生理，为农也可，为工也可，为商贾也无不可。但要教他存好心，教他行好事；教他节俭辛勤，不可奢靡懒惰；教他循礼守法，不可意大心高；教他义中求利，本分生涯，不可利己损人，阴谋诈骗。至若纵酒行凶，奸淫赌博，兴词好讼，嫁害良人，诸如此类，尤当禁止。总之，只要把子孙教得不惹事、不招灾，他自然享许多安乐快活，这才是父祖的真心慈爱。

要教他做家，先教他做人；要教他做人，先教他存好心。心是根本，心好方得人好。心好人好，自然福寿增延，兴家立业。我从未见没良心的人有个好结果。

仕宦人家子孙，骄奢淫暴的多，谦卑逊顺的少。须教他读书明理，是第一要紧的事，切不可任他违背了。

大约子孙的规矩，是父祖造下来的；子孙的习气，是父祖开下来的；子孙的好尚，是父祖引下来的。所以教子孙的，不止以口教他，须当以身教他。人家父母祖宗就是个师傅，平日家庭间，子孙在眼前，父祖说一句话，行一件事，早早晚晚子孙听着、看着，件件都照个影子存在心里，不记自记，不会自会。就如嫖赌淫酗、下流不肖等事，为父祖者何尝以此教导子孙？但恐自家游戏，稍开其端，子孙便自不知不觉尽情摹仿，所以身教最为紧要。孟子曰："身不行道，不能行于妻子。"为父祖者，先要做个好式样，与子孙仿摹。古人云："心术不可得罪于天地，言行要留好样与儿孙。"可见父祖若原是歪邪的人，就把圣贤的道理时刻与子孙讲说，子孙谁肯信服？这叫做自己不正，焉能正人？母与女、师与徒，也是如此。

天下做一样人，就有一样当尽的事件，贵贱大小，成就一般，在家中为肖子，在世上即为良民。究竟祖孙父子安居乐业，教训处原是父祖的受用。只看律条上，有卑幼犯法，罪坐家长；妇女犯法，罪坐夫男。我往往见有子孙犯罪连累父祖，以致败坏家业，玷辱门风，总因平时不曾教得。及到了犯法，无论姑息无所施，即懊恨亦无所用。指望子孙防身靠老，继业成家，谁料有子孙反不如无子孙，这就是养子不教的结局，可不伤惨？

人家生个女儿，自幼全要教训，若不教她，及至嫁到人家，忤逆公婆者有之，欺凌丈夫者有之，姆婶不和、姑嫂乖离者有之，御下残刻、践韪童婢者有之。甚至任性使气、好吃懒做、终朝吵闹、悬梁投井者亦有之。世有一等歪性父母，不知责成自己女儿不是，不知自反当初失教之过，一味偏怪公婆、打骂女婿，甚至视人命为奇货，无所不至，酿成大害，极为可叹！

教女儿照依教子一样，不可姑息她。从小教她性气和平、言语柔顺，一切纺织厨灶、针线衣服的事，俱要教她亲做，切不可令她安闲受用惯了，打骂奴婢熟了，多言乱语、性情轻佻了，以致后来娇狠毒恶，搬弄唇舌，贻累丈夫，辱及父母，连她自己毫无好局，岂不害了她一世？若教得女儿嫁到人家，件件不失做媳妇的正经，方才显出父母的家教。就是她家有些纷争吵闹，也只责备自己女儿的不是，才是好父母。

我上边这些教子的说话，虽然愚俗，为人父母的，若能依着教子，自然教出好儿子来，方才成得个好父母，方才不愧为人的父母。为人子的，听了父母的教令，务要件件顺从，方才成得个好人。就是父母失于教诲，今日听见这些话，也须自己急急改悔，务要学好，方才成得个好人。

治　家

予另著有《知世事》、《人事通》，备载治家待人持己涉世诸法，凡彼书已刻者，兹不重载。

人家居住，先要择邻，孟母三迁，良有深意。凡寺庙神佛之傍，不可居也；显宦财主之侧，不可居也；前后近河之所，不可居也；草房丛聚之处，不可居也；窝藏凶暴之地，不可居也；倡优相杂之间，不可居也；少寡荡子之近，不可居也。居之虽未必就有事故，但以其势压于我，其情悖于我，其理拂于我，不妨远之，以防后患。若居淳良之乡，不独邻称德，里称仁，而自己享许多快乐安静之福。

孟母三迁择里图。讲述孟母在孟子三岁时，为使孟子受到好的环境熏陶，三迁择邻之事

人家房屋，不在大小多少，只要坚固整齐。凡有损坏，及时修补完全。主人须是勤加扫拭，门庭光洁，乃是兴旺之象。我每见有等人家，高大厅堂，破落攲斜，尘灰昏暗，非独不饰观瞻，且主衰败之兆。

人家房屋，向南为上，向东为次，向北又次，切不可向西。以西方门向多不利也。

人家房屋，不可多留空间。凡人多屋少，是人胜宅，主吉；屋多人少，是宅胜人，主不吉。

人家房屋，凡有墙头冲射、巷路冲射、屋脊冲射、寺庙桥梁冲射，或在门前，或在屋后，俱不可住。

人家房屋，贫者不妨少住几间，须买者为上。若或租赁，岁月迅速，利为人得，且修造不便，最是失计。

人家房屋，贫者不妨少住几间，不可住草房，恐易惹火。即幸不患，亦如人搭漏船，虽不就沉，料亦不久。况三年两头插补，所费亦不甚减。如少有之家，断不可住。倘再住于草房丛聚之处，更是不堪。如或不信，请问主人出外作何想？在家夜宿作何虑？

人家房屋虽少，亦要分别内外。我每见有等人家宾客到来，妇女声音，杂闻于外，成何体统？甚有妇女买物应门，不以男子为主者，更属不雅。

人家须要早起早睡，则事无懈误而家道兴隆。我每见有等人家，晚间虽无事，或是闲谈，或是饮酒，亦必更深才睡，乃日高几丈，人来敲门，尚在睡梦。以日做夜，以夜作日，阴阳颠倒，消败之兆。

人家"勤俭"二字乃是根本，勤则无废弛之事，俭则无空乏之虞。人所不能做的事我能做得，勤也；人所易尽的物我犹存得，俭也。婚丧诸事，各要相称，宁可朴实，莫学奢华。不然，用多进少，未免贫苦求人。

人家日用柴米，乃第一急务。假如婚娶厚薄，可以量力，礼节往来，可以原情。即菜肴亦可省减，唯有柴米，岂能停待？既为家主，首当念此，便则照月备足为佳，宁可多余，不可缺乏。倘一时外出或有事耽延，家中无措，岂不误事？

人家酱与酱油并各样小菜，俱要制办不可省。

人家门户，在于开闭有时。仕宦之家，门官苍头，谨司锁钥，自鲜意外之虞；士庶之家，照管全在主人。未晚先闭门户，倘有事迟归，须张灯遍照，以防潜躲之贼。人若早睡，则夜半自然醒觉，但有声响可疑，不可认作猫鼠，直说是贼，须起来呼伴惊逐。

人家凡事俱要防于至微。古人有一歌，予略加改注录此。歌曰："厨中刀斧用时磨，用完须藏密处，恐防小儿戏弄，并妇女短见。灶前柴草少堆多。俗云'穷锅门，富水缸'，要积柴者，须另储一屋，谨其启闭，少少取用。内宅井栏宜

帝舜像，出自明·天然《历代古人像赞》。舜是中国古代圣君，相传尧年老时选接班人，四岳推举舜，说他"父顽，母嚚，弟傲，能和以孝"。尧于是从多方面对舜进行考查，包括把两个女儿嫁给他为妻，看他如何行夫道，能否治家，结果发现舜确实治民有道，治家有方，于是把帝位相让

口小，须穿一横栓锁固，汲水时方开。后门谨闭莫通河。省却许多防闲。僧道尼姑休来往，僧道高者少，庸者多，交之多生坏事。堂前莫走卖三婆。一切外来妇女，托卖物为名，哄去钱物尚属小事，更有败坏门风者。亲友戒说知心话，一切机密事，俱不可向人说。即自家妻妾，言语亦慎，防其日后指实害人。此是人间安乐歌。依此慎防，自无后患。”

人家讨买男女，须访问的实，以防逃拐：当媒人说合之始，一见男女，相其形貌善恶，察其中保奸良，若图便宜不问从来，或有事故在身者，或有亲夫未娶者，一经成交，不但失财，且而受累。至于雇觅工人，亦要的实，恐其有偷窃之行，不良之事，宁要粗朴，莫要乖俐。查明来历，善则多用数月，恶则急为遣去。况近来有东人逃人之忧，遭此者累不胜言，不可不防。

人家一切鸟虫，俱不宜笼养，如画眉、鸽雀、鸣虫之类，不遂其飞腾之意，俱有怨苦之声，主招不祥。

人家子侄奴仆，多倚着有势力，动不动就欺负乡邻，殴辱贫贱，且谋估生事，无所不为。全在主人细心察访，严加约束，不可稍有放纵。此等最易招怨，其咎尽归主人，不可不慎。

人家有男女同居众多者，日逐米盐琐碎，口舌是非，不能全无。若无大伤于伦理者，主人俱当忍耐，只付之不闻不见，不必过于明察。古云：“不痴不聋，难做阿翁。”张公艺九世同居，用力全在于一忍。

人家最不可养闲汉出入。人口虽多，各有事做，不独除其闲暇为非，且令自食其力，省费不小。

人家日用菜蔬物件，俱当公道买办，切不可用色银小钱，以及轻戥重秤。要知肩挑小本贫民，日逐奔走劳苦，所赚不过分厘，一家父母妻子，衣食仰望，倘若刻薄，彼何度日？此事种怨最多，如于此辈上宽厚存心，真是现在功德。

人家财物出入，俱当记账。不独日后有所稽查，且可预计其收用存留之度。

人家堂屋前花栏花架，俱不宜制造，花木亦不可栽种。要知住居非园亭可比，有花木主招邪淫。

人家有应戒的事，今约计三十件，我逐件说与你记着：不许卑幼冒犯尊长；不许子弟交往匪人；不许妇女咒骂高言；不许妇女入寺烧香、游山看会；不许家人搬弄是非；不许奴仆生事；不习博弈牌骰马吊；不学吹弹歌唱；不蓄戏玩古董；不笼养虫鸟；不频宴客；不多兴土木；不用绸缎被褥，不穿绸裤；不杀生；不作贱米谷；不养闲汉出入；不容三姑六婆进门；不蓄俊仆；不锢婢；不延妓优入门；不信邪巫；不以金银珠宝装饰小儿；不用色银小钱、轻戥重秤刻薄穷人；不交结势宦、地棍讼师；不鄙笑贫贱丑陋愚朦；不嫌饮食衣服居处，行事朴实俭素；不欠官钱私债；不贪睡早觉；不更深夜半聚饮无度。

待　人

凡亲戚朋友、乡里宗族，义同此类。

人有几等，或是三党中的亲戚，或是相交的朋友，或是乡里邻佑，或是本家宗族。

这些人，士农工商，贵贱贫富，种种不一。其中也有胜如你的，也有不如你的，须各平平常常，安分守己。恃不得势宦，逞不得英雄，使不得奸狡，用不得刁唆。大家和睦，岂不为美？可恨今人，有些家资的，就将贫贱的欺凌；没些家资的，又将富贵的忌妒。欺凌之心，无所不至。或侵占人的田宅，要取方圆；或谋夺人的妻女，盘借准折；或纵牛放马，践蹈人家的禾稼；或飞鸡走猫，咒骂人家的良善。一个欺凌到极处，一个已生忌妒，又怨恨到极处。人到怨恨所积，巴不得灾患降临，自己就不能报复。一旦小有事故，便撮出天大的祸来，实皆自取。

亲戚有三党，或是父党，或是母党，或是妻党。与我既有亲谊，便不同于路人了。

朋友有几等，或是同学，或是共事，或是道义相交，或是资财相通，与我既有朋情，便不同于路人了。

何为乡里？凡城市村庄、同街共社、居址相近、地土相连都叫做乡里。这乡里的人，最为要紧。可惜今人每每为着些小嫌疑，伤了大家和气。或因争房争地，或因私债私钱，或因小儿戏玩，或因鸡犬走失。一件极小的事，两家起了愤心，也有撕打的，也有告状的，轻则惹气丢财，结仇构怨；重则打伤人命，家破身亡。若到事后，悔也悔不及了。从来邻里不和，多起于妇人女子，东家说长，西家说短，只因彼此婆舌，搬成一场吵闹。男子汉不查个头尾，不分个皂白，听了妇人的言语，便去打街骂巷，撒泼行凶。若遇着那家能忍的还好，倘遇着不能忍的，便打作一团，骂成一块儿，甚至投河奔井，割颈悬梁，都是有的。一场大祸，皆因妇人而起。若到事后，悔也悔不及了。又有那不晓事的童仆，为着自己的私怨，搬弄邻里的是非，主人听信其言，也不度情理，也不察缘由，遂至伤仁害义，破面失情。若到事后，悔也悔不及了。所以古人说得好："远亲不如近邻。"凡有水火盗贼，无不赖着邻里救护；出得门来，无日不相见；有起事来，无家不问候。大小事相关，苦乐事相知，你想邻里可是不和得的？

何为宗族？除父母兄弟之外，与我一姓的，俱为宗族。虽有远近亲疏之不同，总都是始祖传下来的根苗，只因支分派远，或迁在他方，或移向别处。这宗族的人，最为要紧。因其你我不认，把这连枝贯叶的根源都看轻了。更有族里发了一个科甲，出了一个富翁，便倚势自相争讼，互相仇杀，岂不可恨？

待人不好的，有几种人：或引诱人家子弟，或拆散人家婚姻，或占人田土，或唆人词讼，或明为和解而暗起风波，或意欲关通而先翻衅隙，这都是就中取利，没了良心的人。又有一等买房置地者，或短人价值，或与人低银，或货物高抬，或折准利息，甚至以远年旧债利上加利，初不过没多本钱，折算人家许多产业，令那颠连危苦的人忍气吞声，心酸泪落。再不思想我富他贫，我安他困，反要在这些穷人上讨便宜，于心何忍？又有或凭自己势力，或恃交结党援，作践乡邻、欺负里舍，也不念桑梓之情，也不顾亲友之谊，虽图快意，实可寒心。又有用过人家财物、借了人家资本，立心坑骗，屡讨不还，反而成仇，徒昧了一点良心，也不曾富了几年，只落得子孙消败，自己披毛戴角还人。嗟乎，习俗之坏，一至于此！

我看世间待人不和好的病根，大约有三件：一是损人利己；二是争强好胜；三是妄自尊大。我逐件说与你听：那损人利己的，只顾自己快心，不管他人死活。却不知世

长桥搏蛟图,出自清·马骀《百将图传》。晋人周处年少时横行乡里,被乡人将其与南山上的猛虎与长桥的恶蛟共同称为"三害"。周处杀死老虎,而后又下水与蛟搏斗,大家以为他与恶蛟同归于尽了,兴高采烈地祝贺三害都除去了。由此周处明白原来自己在乡人的眼中,竟是三害之一,他下定决心痛改前非

上只有一个便宜,原是大家共公的,就譬如一条路,能让人先行固是个君子,即与人同行也没得争竞。若是绝了别人的去路,只顾自己横行,那些人争你不过,也只得忍受。待到那路逢险处,群起而推挤,堕坑坠堑,谁肯扶持?乃知从前讨便宜处,就是吃亏的根本,不独失了人情,损人即是损己,有何好处?那争强好胜的,恃财借势,背理丧心,不揣内里的是非,只图外边的体面,却不知忍人让物才成豪杰,欺邻压里不是英雄。语云:"柔弱护身之本,刚强惹祸之由。"常言道:"冤家路窄。"不多时,人怕的转而怕人,更说什么好汉?须知这财势不是保得长远的。平昔仗财靠势,欺凌于人,一旦财去势穷,人即以你之所欺凌者,又欺凌于你。自古道:"人怕不是福,人欺不是辱。"这不是谎话。那妄自尊大的,举止乖张,语言躁妄,恃着自己的才能,便觉眼中无物,把个邻里亲友如同儿戏。却不知好歹尽在乡评,是非全凭公论。照这样人,大家唾骂,众口交讥,失了乡情,坏了人品,亦何益矣?人能晓得此理,自知和睦待人有许多好处。

待人的法也无甚难事,只要你春风和气,谁人还来恼怪你?只要你谦恭忍耐,谁人还来凌虐你?只要你行善修德,谁人还来毁谤你?只要你隐恶扬善,谁人还来搬唆你?凡亲友乡族之中有德行的,要尊重他;有学问的,要就正他;有年纪长的,要恭敬他;有年纪小的,要爱惜他;有横逆的,要宽容他;有强暴的,要回避他;有喜庆的,要拜贺他;有疾病的,要问候他;有善事的,要称扬他;有恶事的,要劝化他;有官司的,要和解他;有冤枉的,要表白他;有患难的,要扶持他;有死丧的,要祭吊他;有孤儿寡妇、老病残疾,以及婚丧困穷无资的,要怜悯他,要量力周济他;比你富贵的,不要妒忌他,也不要诈骗他;比你贫贱的,不要欺凌他,也不要鄙笑他;但有一切相争相嚷的,自己只认了个不是,自然和好了。他纵有以非礼加你的,你只管平心和气,以礼相待,自始至终,只是忍让,就是极不好的人,久久自然感动了他。这就是待人的法则,须要切切记着。

若亲友和睦,乡族无嫌;一人相争,几人来劝;一家有事,几家来解,替你商量调处,定然息闹解纷。常见人有一腔之气,奋不顾身,立刻要起争兴讼,或被好人两三句善言劝谕回头,将天大的事也都冰消火灭。倘若怨恨你的多,因而添风放火,假公济私,致令小事变大,祸害不止,岂不可怕?

读书上达的人,更该忠厚待人。你只想亲友乡族中,若见了你发科发甲,便人人称诵你祖宗功德,个个祝赞你前程远大,谁人不贺,哪个不喜?报录一到,填街塞巷,欢欣鼓舞,这等样期望你的心思,何等真切!可恨世上有等衣冠败类,方才发迹,便生了个欺负人的心肠,便动了个诈骗人的念头,或是起争挑讼,或是说事赚钱,或是倚势图占,或是逞强谋算,以致人人咬牙,个个切齿,但愿亲友乡族中少发个科甲,便是少生个狼虎。你要发达上进,更要培植心地。须知士为民望,若是为士的肯和睦待人,劝息争讼,那些愚民百姓越发闻风感化了。

我看和睦的人,到处自讨便宜。就是到了他州外府去,我将和气待人,人亦将和气待我,你好我好,岂不快乐?可见乖戾骄傲的心肠,原是没处使的。你若是骄傲轻薄,亲友乡族中谁不恶你、远你?哪个来服你、敬你?所以古人说得好:"爱人者人恒爱之,敬人者人恒敬之。"我看见许多骄傲自大的,每每犯法受罪,苦楚不了。及至犯法受罪的时候,见了那牢头、狱卒,都去谦虚恭敬,不敢不下气求他,岂不大愚!要知自大是个臭字,徒取憎厌,有何利益?

我看而今人情,甚是恶薄,或倚着有些势力,或仗着有些刮棍,便到处生事。知有良善的,就以为良善可欺;知有财富的,就以为财富可诈;知有贫贱愚懦的,又以为贫贱愚懦可以凌虐,总没良心,只以欺诈凌虐为事。若不幸遇着此等坏人,先以不与之较远他,倘彼刁恶无赖,视我为鱼肉,此时便不可柔弱,必以私法处他,官法治他,岂可以我之俭朴而积之资,供彼挥洒浪费之用?

重　儒

孔夫子是个天纵的圣人,后世尊他为至圣先师。天下但有一府一州一县,便造一所宫殿供奉,春秋祭祀,舞乐俎豆,流芳万年,又有配享从祀的大贤。只因孔夫子当日所讲的话,句句是人伦正理;所行的事,件件是人伦正道。几千年以来,人人读他的书,那书上并没甚的新奇怪异,不过教人尽其为人之道。其伦,就是君臣、父子、兄弟、夫妇、朋友;其法,就是礼乐刑政;其教,就是孝悌忠信,礼义廉耻。要知孔夫子说的话,虽极平常,却极正大。依了他教,得大快乐,得大安稳。生也没得忧患,死也有得葬祭,历万世而无改。所以当今皇上写"万世师表"四个字的匾额,颁悬天下学宫,何等尊重!若是不依孔夫子的教,或另立别个门户,攻习于他,便坏人心志,丧人身家,如白莲教、无为教、大乘教、圆通教之类,诱集男女,夜聚晓散,不知性命真旨,不识人伦正理。更有巧术奇法,盲谈瞎说,若随着他走,学着他样,大则招纳亡叛,酿乱走险,败露之日,身首异处,好恶俱死,岂不可惜?小亦淫污诈骗,为非作歹,身亡家破,岂不可惜?你各个思量,若无孔夫子传下这正学来,那纲常伦理不知灭绝败坏到几时了。

为士的既知读孔孟之书,就要遵孔孟之教。只因士习不端,有一种荡检逾闲的

孔子像，图出自明·天然撰《历代古人像赞》。孔子是儒家学派的创始人，中国古代的圣人，被称为"万世师表"

人，串通讼师地棍包告包诉，叫做刁笔秀才。用尽刁钻，逞尽伎俩，或是起灭词讼的，或是抗粮不纳的，或是武断乡曲的，或是滥冒衣顶名色、借端生事的，因这般败类，把那潜修好学、有品行的士子都带累得不好了。所以有司衙门不分泾渭，见了秀才，一概不加礼貌，甚至以户婚田土小事，借个名色，将生员凌辱呵叱，与齐民一样看待。到康熙九年，顺天学院看见有司任情喜怒笞责生员，随奏闻皇上，奉旨严禁。凡有司官，不许擅自责治生员，或有干名犯义的，方许送该学教官戒饬。圣恩待士子何等隆重，为士的岂可不以儒学自重？如何叫做自重？第一件是要端心术。心术宜正大不宜偏私，宜宽容不宜刻薄，宜诚实不宜诈伪，宜谦逊不宜狂妄。若实在端方的，平日能把圣贤的道理参透于胸中，自然此心操持得定，把固得稳，岂肯做那非礼非义之事？凡事要在实地上做工夫，根本上立基业。如果孝悌无亏，言行不苟，所作所为的事无不可以对天地、质鬼神。今日如有这样端心术的秀才，岂不为儒学所重？第二件是要端品行。品行宜廉洁不宜贪污，宜爱惜不宜菲薄，宜端庄不宜轻佻，宜朴茂不宜虚浮。务须修身以立命，正己以无求。倘若在衙门中管些闲事，市井中弄些机关，或利己损人，或伤天害理，或结党羽而互相标榜，或托声气而肆志骄矜，这样人败名丧脸，衣冠禽兽。你们士子果然有富贵不能淫，贫贱不能移，养成国士之器，视为邦家之祯，自然食报于天。今日如有这样端品行的秀才，岂不为儒学所重？第三件是要端学问。学问宜沉潜不宜浮躁，宜实落不宜剽窃，宜静养不宜奔兢，宜勤苦不宜安佚。务须道理淹贯才是通儒，德业精醇方称名宿。若一味炫己之长，攻人之短，或吟诗作赋，自谓班马齐名；或镂板灾梨，谬冀洛阳纸贵，这样人骛华鲜实，作无益以害有益，断断非圣贤之徒。又或借夤缘以希幸售，恃贿赂以作津梁，犹悻悻然自为得计，不知贻羞士林、见鄙当世。不若刺股悬梁，受尽那三更灯火五更鸡的滋味，自然有个出头日子，何等清高，何等受用？今日如有这样端学问的秀才，岂不为儒学所重？只因有等士子不肯自重，兼之冒滥衣顶，种种名色，真伪不分，所以有司不加隆重，胥吏得以呼名，舆皂得以肆虐，岂不斯文扫地？幸当今天下太平，又幸皇恩重儒，为士的俱要洗涤陋习，奋发有为，非仁不行，非义不由，把自己身心待若圣贤，把异日功名望如台阁。也不要管闲事，也不要赚赃钱，也不要欺天理，也不要灭人伦，也不要伤风俗，也不要犯名分，也不要恃才傲物，也不要导欲宣淫，也不要趋奉权势，也不要附会豪门。只要耐得饥寒，受得困苦，甘得淡泊，忍得横逆，今日伏处草茅，隐居求志，他年名登天阙，那立德立功，希圣希贤的事业，肯叫他人占了？这才是不负自己所学。

有等士习浇薄成风，平日诈官诈吏，稍不遂意，辄编造歌谣，有事为鬼为蜮，一有风闻，便捏名揭帖，谈人短行，这是惯兴事的人。还有借口岁终告赈，捏造鬼名，有缔交过往客绅，扛帮关说，这是惯走空的人。又有一等人倚着一领青衿，便为护身符，仗着自己知道几句书，便为饱学，就思量到处诈骗人，专在衙门市井里招揽寻事，公呈证见也来，议论揭帖也来。但凡人家有一宗田房交易，或有一件斗殴争闹，就插入其中，混作亲友赚钱吃食。小事架大，大事倾家，只顾自己腰里有得赚，口里有得吃，哪管别人死活？书本终日不见面，宗师学师也终日不见面。每日相会的，不是衙门里书差，就是诈骗人的光棍，这是惯害民的人。我说的这几样人心术也坏了，品行也卑了，学问也就疏谬了，天灾恶报也不久要受了。须各自问心。有此病的，急急痛自改悔，不可再迟了。

孟子像，出自明·吕维祺《圣贤像赞》。孟子是战国时期儒家学派的代表，孔子的后人子思的弟子，被后人称为“亚圣”

读书人须立起志来，若得了志，便为民上，治民就秉公清正，爱养百姓；即或不得志，也为民师，教民就尽心训诲，育成人才。存此好心，自然必有好报。

读书人切不可学写词状，若代人动笔，必致以小架大，将无作有，满纸奇凶极恶，恨不一笔一刀将人杀死。及至官审，或被告冤枉，无辜受刑；或原告虚诬，反得重罪。人的身家因而败坏，岂不伤天害理？我眼见许多会写状的人都有恶报。或是惨遭奇祸，或是死于非命，或是子孙灭绝，或是妻女淫乱。古人云：“刀笔杀人终自杀。”世间诸事可为，何苦笔下作孽？至于一切伤人害人文字，俱莫动笔，就积许多阴德。

安　分

世人各有本分，虽大小不同，若肯安分，到底都有受用。如何叫做本分？凡为士的，只去读书；为农的，只去耕田；为工的，习学技艺；为商贾的，买卖经营，这就是本分了。如何叫做安分？凡为士农工商的，各务了本等的事业，也不去游惰放荡，也不去作歹为非，一心只在本业上做工夫，这就是安分了。世上不安分的，有两个病根：其一病在懒，其一病在贪。如何是病在懒？人若习成了骄傲，游手好闲，狐朋狗党，把自己的本分事业全不放在心上。有钱时纵酒贪花，赌钱摇噃，横行无忌，弄得手内空虚，走投无路，遂至为非作歹，一切出乖露丑的事，都做将出来，重则招灾犯法，轻则流落饥寒，这都是懒惰之病，遗累无穷。如何是病在贪？丢了自己的事业，羡慕别人的营生，得一望十，得百望千，这山看见那山高，顾东盼西，朝更夕改，耽误的这边也不成，耽误的那边也不就，千条计算，反弄得一事无成。又有那辛勤攻苦，成了个人家，算得个体面，就要意大心高，妄求非分。谁知图乐多忧，求荣反辱，这都是贪心无厌，终贻后悔。我只劝人各安本分，必然快乐享福。如读书为士的，要知诗书原是教人为圣为贤的路径，不是与人图名博利的阶梯。凡读书的务要立志潜心，下帏攻苦，但图正谊明道，不可谋利计功。就是困穷无藉，设馆训蒙，也要知继往开来，是学者分内事，不可借口束修，坏了礼义廉耻。至于废行有命，行止在天，得志加民，固君子所愿，枉尺直寻，尤圣贤所非。要晓得大行不加，穷居不损的道理，这就是士人安分了。如种田为农的，要知终岁勤劳，不可论丰荒旱涝。古语云："十年高下一般收。"又说："良农不以水旱辍耕。"又曰："粪多力勤者，乃为上农。"这就是农人安分了。如手艺是百工的本分，祖父传来是那一艺，儿孙就做那一艺；从小学的是这一件，到老还做这一件。自古道："箕裘弓冶"，常言说："莫换碗吃饭"，这就是百工安分了。如买卖是商贾的本分，须公平正直，不必论市价行情。利多也去做，利少也去做。俗言说："本少利微强如坐"，又说："良田万顷，不如日进分文"，又说："良贾不以折本废市"，这就是商贾本分了。又有富贵人的本分，富者须要存心宽厚，不可刻薄。宁教人负我，莫教我负人。凡事知足循理，这就是富人安分了。贵者尊卑上下，自有不同，各有当尽的职分，也矜不得学问大，也恃不得才力高。不可厌薄卑小而图高大，不可倚借尊崇而作威福。《中庸》曰："在上位，不陵下；在下位，不援上。"这就是贵人安分了。又有一等贫贱人，无田耕种，无本钱买卖，又不会手艺，少不得背负肩挑，佣工度日。俗语云："天不生无禄之人"，只要安分守法，老实勤谨，自然衣食无亏，这就是贫贱人安分了。总之，天地间人只要安分循理，惜福知足。语云："万事不由人计较，一生都是命安排。"又曰："但行好事，莫问前程。"若凭人力与造物争衡，绝无此理！就是有良田万顷，日食不过三餐；大厦千间，夜眠只得六尺。休恨不如人，还有不如你的甚多。要知世人的钱财，也不是朝东暮西，可以袭取得的；也不是怨天尤人，可以勉强得的，须要在本分事业上专心致意，早起迟眠，不论士农工商、富贵贫贱，都有个好结果。但人的种种妄念，多从闲想中生出来；种种非为，多从逸游里闯出来。苦果能安分，放了一件事在心上，不但习业成家，正可安身立命。若不肯安分，或是懒惰而不专力，或是憎嫌事微而妄想贪图，必致衣食缺少，受许多饥寒苦楚。倘苦楚难受，必致为非作歹；若是为非，必致身犯刑法。及至犯法，诸般受罪，有衣不得穿，有食不得吃，犹如活地狱。到这时候，悔也悔不来。眼看那街坊上肩挑步担的贫贱下人，都是自由自在、无拘无束的，就如逍遥神仙一般，好不快活！我劝你们急急安分，保身保家，全在于此。

行善

《易经》上说："积善之家必有余庆，积不善之家必有余殃。"司马温公曰："积金以贻子孙，子孙未必能守；积书以贻子孙，子孙未必能读，不如积阴德于冥冥之中，以为子孙长久之计。"可见行善原是自己极讨便宜的事，只为世人眼睛看得不远，所以不肯着实去行善。你只看行善的，不独自己受了许多快乐，又免了许多灾难，且而后代子孙绵远久长。较之那不良之人，眼前萤光不久消灭者，真有天渊之隔。

种种善事，先要从人伦上做起。我这书上所说的十件事：孝亲、敬长、和妻、训子、治家、待人、重儒、安分、行善、戒恶，若能依得的，就是实在善事；若或不依的，就是不行善事。如不从人伦上做起，虽然行了别的好事，也敌不过这几件。

凡有利益于人的，俱为善事，有用谋虑的，有用钱财的，有用气力言语的。今人借口曰："我没钱财，不能行善。"要知善事时时处处俱有，不专在于钱财一件。但世间的人，岂有既无钱财又无谋虑、气力、言语的人？有此数端而不积德行善，深为可惜。

如何是谋虑行善？凡人事关于己者，则无不尽心竭力，至于他人事务，则苟且粗略。须要设身处地，用心筹划，期于有济，这就是谋虑行善了。

如何是钱财行善？凡有钱富翁，行善最易，量力酌事，诚心为之。如赈饥荒、设义仓、施粥施袄、修桥修路。再如见人风寒刺骨，战栗难经，或枵腹忍饥，鸠形菜色，我随力救济，令其饱暖；又有父母不能奉养的，我助之以供菽水；技士习艺的，我助之以免内顾。又有死丧大事，衣棺无出，柩久停厝，不能归土；又有婚姻喜事，完聚乏资；又有年岁荒歉，卖儿鬻女，身投奴仆的；又有拖欠债负，不堪凌虐而寻自尽的；又有官银逋赋，身罹刑宪，以填狱底的；又有疾病卧床，汤药无措而奄奄待毙的，诸如此类，难以枚举。若肯存心救济，力可能的事，就自己独任；力不能的事，也要竭力倡助，不可视之膜外，虚为嗟叹。至于街乡瞽目、残疾乞丐、病人老人，或一二文钱，或一二抄米，或一二盏

"积善之家，必有余庆；积不善之家，必有余殃。"这是《易经·文言传》中的一句话，对中国历史上的善恶报应之说有重大影响，尤其对著名的劝善书《文昌帝君阴骘文》有直接的影响。此图就是《阴骘文图说》中宣传善恶的因果报应图

便粥便饭，俱可聚少成多，度他的命，济他的急，勿以善小而不为，这就是钱财行善了。

如何是气力行善？凡见水火盗贼，我急力救护；又有死丧舁榇无人，结斗拳打不解，我急力解劝，这就是气力行善了。

如何是言语行善？凡见有忧愁的，我用说话宽慰他；人有争闹的，我用说话解劝他；人有恶事的，我用说话谏止他；人有善事的，我用说话赞助他；人有昏愚痴迷的，我用说话提醒教导他。至于变乱是非、毁谤圣贤、破离美事、谈说闺阃，起争讼、喜讥刺种种不利于人的话，俱闭口莫说，这就是言语行善了。

我看有钱的人，若劝他施舍，他就攒眉诉穷，鄙吝推托，其意不过欲留银钱为自己享用，为子孙厚积。谁知心若不良，每每事出意外，水火盗贼，死丧病讼，钱财如热汤浇雪。纵或间有保全一世，及其死后，或遭不肖子孙嫖赌摇嚼，荡费无存；或遭无赖亲族强势纷争，图谋占夺，若到死变之际，虽欲行善，已无及了。何如施财行善，邀上天之庇佑，岂不至当么？

四民有四民当行的善事，富贵贫贱人有富贵贫贱人当行的善事。士子读圣贤书，行仁义事，若训蒙设馆，就尽心授徒；农夫用力耕种；工人制造坚实；商贾货物真诚，出入公平，这就是四民行善了。至于富贵人更该行善。古人云："有福不可享尽，有势不可倚尽。"富者要周贫济乏，救患恤灾；贵者要乘时布德，量力行仁。程子曰："一命之士，苟存心于利物，于人必有所济。"这就是富贵人行善了。人若不幸至于贫贱，俱是前生未曾修积，所以今生困苦。凡事须要尽心竭力，安分守己，一切不良的事不但不行，也不可起于心，这就是贫贱人行善了。各要先存善心为主。

戒恶

善恶两个字，若提起善来，人人喜欢，若提起恶来，个个恶嫌，这就是良心天理不曾昏昧的真面目了。及至看起你行出来的事，说出来的话，想出来的意思，为何件件多在恶字一边去？这就是抹了自己的天理，坏了自己的良心，岂不倒是喜恶嫌善了？

天地间只有一个理，凡人行的事有顺理的，就叫做善；背理的，就叫做恶。要晓得人的恶事不限定，并不是反叛大逆、响马强盗、杀人放火、奸淫妇女等事才叫做恶。但凡丧心无行、利己损人、败俗乱常、越理犯分的事，都是恶。我再细细说与你知道：有嫁祸无辜的，有欺压良善的，有撒泼行凶的，有打街骂巷的，有恃财凌物的，有倚势作威的，有打点钻营的，有教唆词讼的，有欺孤凌寡的，有残物杀生的，有坏法妨公的，有图赖骗诈的，有斗殴轻生的，有调戏良家的，有拐带人口的，有侵占田房的，有党告党证的，有窝访卖访的，有捏造非言的，有扰乱屈直的，有行使假银的，有违禁取利的，有假公济私的，有卖法受贿的，有攻人之短的，有讦人之私的，有破人婚姻的，有离人骨肉的，有助人为非的，有夺人所好的，有坑骗资本的，有忘恩背德的，有幸灾乐祸的，有口是心非的，有重秤轻戥的，有大斗小尺的，有纵奴欺主的，有宠妾凌妻的，以及一切不公不法、不仁不义的事，都叫做恶，但大小不同耳！古人说得好："勿以善小而不为，勿以恶小而为之。"要知一星之火烧遍紫场。可不戒么？

世上的人，哪一个没有良心？哪一个不知是非？但是责成别人的是非尽自明白，白帝城先主托孤图。描绘了刘备兴兵伐吴失败，在白帝城向诸葛亮托孤的故事。刘备力诫其子不要为恶，临终给儿子的遗嘱中有“勿以善小而不为，勿以恶小而为之”之语

到了自己身上就糊涂颠倒起来，这是什么缘故？总为“利”之一字。种根深了，只是一个占便宜的心，所以没了天理。

从来作恶的人，起初皆因一念之差，就做到后悔不及的田地。你看那挨打的、戴枷的、问成徒流绞斩的，解救不能，改悔不及，弄得身亡家破，父母干连，妻子离散。这样人岂是天生下来就是恶人？都只为他胆大心粗，一念错走了路途，遂落得自作自受。到这时候却埋怨谁？

世人为恶的病根，大约不出“酒、色、财、气”四个字。凡人未吃酒时，就是凶恶的人，也还有些顾忌。只几盅落肚，就是天不怕地不怕，大呼小叫，胡行乱作，一切闯祸行凶的事，都做将出来。所以贪酒之人，最为坏事。男女有别，是风俗所关，廉耻所系。有等不肖之徒，偏在此中寻消问息，只贪一时欢娱，遂至犯法受刑。再如花街柳巷，原无定偶，可笑那痴迷汉斗胜争风，把那虚情假意认作实心，往往招灾惹祸，倾家丧命，岂不愚极？钱财有无，皆由天命，原是强求不得的。世上人只为这银钱用了许多计较，费了百样机关，辱身败名，寡廉鲜耻，强索枉取，贪得无厌，甚至图财害命，截路劫人，及至天道好还，法纲到来，如蛾投火，如汤泡雪。那一种好争闲气的，不顾曲直是非，一味争强角胜，好高自大，夸口逞能，常因些须小事不能忍耐，往往惹出祸来。你看那斗殴伤人的，只为气头失手，后来披枷戴锁，服罪抵偿，追悔何及？这四个字明明是作恶的根本，世间多少英雄好汉，大都断送此中，真可悲痛不了。

世人为恶的缘故，我分别四等昏昧：第一是不曾读书。人不读书，不知礼义。凡古人的作为哪个是好，哪个是歹；哪样是君子，哪样是小人，一向全不知道，所以任意为作。也有知道往古的是非，晓得前人的邪正。只是口头称说，不肯身体力行。第二是不知法度。古语说：“知法怕法”。而今田夫野子，耳不闻法度之言，目不识法度之书，所以意大心高，妄为乱动。第三是不明定数。人想作恶，希图侥幸，原是死路。世

人多有知道故为的，只说苟且一时，未必有害，岂知天网恢恢，疏而不漏。常言道："菜虫终是菜里死。"从来哪有恶人能得到头的？第四是不择交游。平日亲近交结的，都是市井无赖、轻薄少年，彼此互相勾引，把那贪杯恋盏的，倒说是豪放；倚翠偎红的，倒说是风流；打吓诈骗的，倒说是伶俐；行凶惯讼的，倒说是英雄，如此相仿相学，习与性成，不觉地引到坏路上去。所以古人云："博览广识见，寡交无是非。"又云："畏法朝朝乐，欺公日日忧。"凡事当审己量力而行，不可妄想非分。人果能读书、能守法、不侥幸、不滥交，那为恶的事，自然没有了。

而今的人，未曾行善，先求报应，这就大不是了。凡有所为而为善，即是利心，虽有善因，终无善果。所以古人说："但行好事，莫问前程。"就是为善者未必得福，而善不可不为；为恶者未必得祸，而恶不可不戒。古云："宁可一日没钱使，不可一日坏行止。"又说："屈死休告状，饿死休做贼。"又说："少实胜多虚，千巧不如拙。"若依了这样好话，就是个戒恶的好人了。

世上有三等人：有一等自暴自弃的，除了自己不肯学好，还把那循理守法的笑为愚夫，指为呆汉，却不知拙者未必全失，巧者未必全得。我尝见那愚夫呆汉乐业安生，那吃亏的多是聪明乖巧。古人说："君子赢得为君子，小人枉了为小人。"有一等委靡怠惰的说道："已是做成这样，纵然改悔也不济事。"却不知人非圣贤，谁能无过？果能一念知非，就是君子。譬如行路的，错走了路途，掉背转来，就归正道。所以说个"放下屠刀，立地成佛"。有一等懈弛宽假的，以为平生无有过失，这一件偶然差错，也不为过。却不知善必积而后成，恶虽小而可畏，一念为恶，就是小人。譬如登山者，一脚走错，就堕深渊，所以圣人说道："细行不矜，终累大德。"这三等切须慎戒。

人要莫作恶事，全要先存着戒恶的心，心是根本。若外面假仁假义，内中包储险心，纵欺得别人，欺不得上天；纵逃了王法，逃不得鬼神。古人说："人间私语，天闻若雷；暗室亏心，神目如电。"所以世上的人，有未见他大功厚德而获祸的，有未见他行凶作恶而得福的，这正是他心中善恶有人虽不知而鬼神独知处。所以孟子曰："君子之所以异于人者，以其存心也！"大家都要自己心上检点，可有恶念没有恶念呢？

大都人心善恶无他说，凡举念可以告人，就可以告鬼神，这就是善心；不可以告人，就不可以告鬼神，这就是恶心。行事善恶亦无他说，凡行事令人欢喜感动的，就是善事；令人怨恨痛恼的，就是恶事。你只看许多刑法，若干律条，都专为作恶的置设。我只劝君子秉礼守义，小人畏法奉公。年高有德的，以节义廉耻引进后生；少年新进的，知循规蹈矩，效法长者。人人完名全节，个个保身安家，下能取重乡评，上不背违功令，共享太平之福，真大快活也！

学堂条约

师位最尊，而师道最重，全贵乎设教者。条训有方，则受教者遵循有序矣！予每见师长总不专心诱导，或多出外游，或多管外事，或懈惰因循，虚度月日，虽有好子弟悉被误害，终身不能成器。空得人之脩供，非独于心有愧，岂不大损德行哉？所以往往师后不昌，未必不由于此。予乃不揣愚昧，妄立训约百条。愿人人各置一本于案头，师依予言而设教，徒依予言而受教。各须及时训习。为徒者学与年进，器必有成。而师心无愧，师德亦不小矣！

天基石成金撰

△诸生每日清晨要早来，盖每日读书唯朝气最锐。若贪眠迟起，则志气昏惰，精神懈怠。

△清晨进馆，先揖孔圣人，次揖先生，乃弟子谒见师长之礼，虽极长学生，亦不可免。

△早晨至馆就读生书，生书熟背后读理书，理书再背过吃早饭。早晨理新理书，午后理旧理书。

△早食后写仿习字，大学生抄文章。

△傍午看讲书，若讲书看熟，就覆讲书。小学生做对。

△午饭后，看破承题起讲。

△午后至晚读旧日理过理书，俟理书背熟，认次日生书字，读次日生书，放学。

△每日功课要按时早完，宁暇静养，不许迟误急促。

△每晚放学时，或歌诗一章，或说故事一段，拣古今极浅、极痛切、极感发有关系者，命之歌咏，与之讲说，教之体贴。其艳语淫词切须禁戒。

△放学时，先揖孔圣人，次揖先生，乃弟子告别受教之礼，虽极长学

孔子像。古代学堂的学生进馆，要先拜孔子像，再拜先生，这是谒见师长之礼

生,亦不可免。

△放学,若学生多者,先后散放,先远后近,先幼后长。行路各自回家,不许在路聚玩。

△放学到家,先揖家神祖先,次揖父母、伯叔姑婶。

△放学回家,或有亲戚宾客在堂,揖过家神祖先,即从容站立下首,向某称呼奉揖,打恭请坐。答话需要小心谦逊,不许放肆多言,亦不许慌张躲避。

△放学回家,晚间灯下要读书,不许懈惰。若遇夏月天热停止,候秋凉仍旧夜读。

△书要爱惜,可用青布包裹,便于捧回,不许擦损。

△小学生读书,今多从《大学》先读起,次读《中庸》,次读《论语》、《孟子》,不过以少至多之义也。但学《中庸》理深篇长,且而字句重叠,如知止而后有定,定而后能静云云。又如先治其国,欲治其国之类。初学授读甚难。以予愚见,可先《论语》,因《论语》章节短少,易分易授也。读完《论语》再读《孟子》,学《中庸》似觉省力。至于初学讲书,亦当依此次序。

△点书授读要分段落,宁少毋多,只要多读遍数。

△读书先要认字,字既认得,则不必师教可以自读。

△读书要字句明朗,不许糊涂,不许增减一字,不许颠倒一字,只是多读遍数,自然上口。

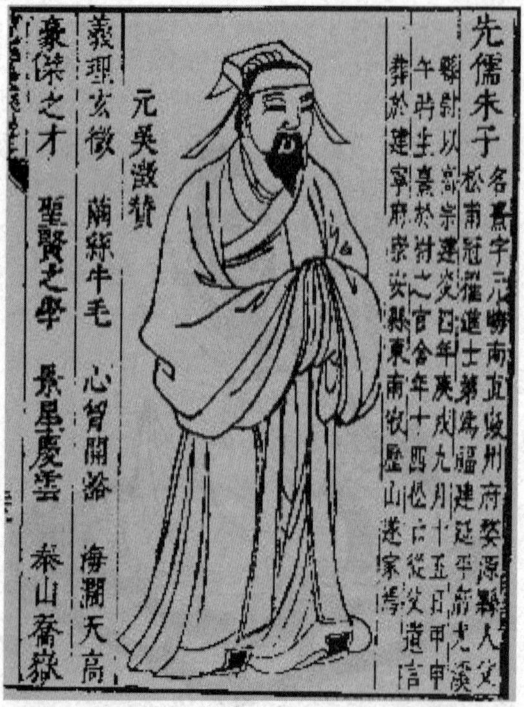

朱熹像,出自明·吕维祺《圣贤像赞》。朱熹是南宋大儒,他曾说读书要三到,即眼到、心到、口到

△小学生读书,先将字义、体贴、朱注粗粗讲说,若明白书中义味,自然不难记诵。字义须令回讲,若回讲不明,必要再讲明白,庶几有得。

△读书须要三到,谓眼到、心到、口到。唯心到更要紧,要知书若到心,再加一句紧一句,遍数多自然记得坚固。切不可口里读书,心想别事。但凡眼瞅定,则字不差;心不走,则书易入;句渐紧,则书易熟;遍数多,则久不忘。

△读书不论遍数,只以读熟为止。书若夹生,虽几百遍亦不可止。古人云:"读书百遍,其义自见。"谓读得熟,则不待解说,自晓其义也。

△读书要低声多读,不许高喊。若高读未免损气,且不能耐久。

△每日读的生书,要连前三日生书,通读通背,才贯串,才不割裂。

△背书要字句明朗,不许含糊。

须宛然如书在心目之间，流水背出。若半吞半吐，假熟混过，不久即忘。

△背书如学生多者，抽签背，不许拥挤。

△读完一本书，即限日理完，一总熟背，一字不错。再抽提二三十句，背得熟者，方读新书。

△写字先将笔用水润过，不许咬搽。

△润过笔，然后高执墨锭，端正磨研，不许墨污手指，亦不许砚瓦湛起墨水。先润笔，墨研完则笔已润透，写完将笔入砚水摆洗。

△执笔要直，坐位要正，不许歪斜。

△写字时不许说话，不许粗心，不许墨污纸上，不许写字在桌案上，更不许在砚上搨笔。

△写字下笔要知先后先左后右，先中后边，先上后下，各有结构。

△写字要一面写一面认。

△写字要依正韵，不许学省笔俗字，以致科场误事。

△每日判仿点认仿上字毕，就将本日读过的书，朱写四五字在仿上，令其识认。既认得字，记得书，将来题目，从此不错。

△判仿时，字若写得不好，即用朱笔改，说以后要如何如何改写，不可混义。

△仿本要三十张为一本，以供一月之用，不许撕毁。

△仿本写完，即点出认出，一字不错，方换新影本。

△但见字纸，即拾取候焚，不许抹桌拭污，包裹物件。

△每日讲书，就教学生向自己身心上体贴，这句话与你相干不相干？这章书你能学不能学？仍将可法可戒的故事嘉言说与两条，令其省惕。他日违犯，即以所讲之书责之，庶与身心有益。

△听讲要存神细听，不许眼望别处，心想别事。

△看讲书要潜心细玩，每章义旨务要胸中了然明白，又记得清楚，才看第二章，不许粗率。

△书上有讲不明白的义旨，就来细问，不许含混。

△复讲要通彻，如讲得不明，必再向讲解明白另复。

△做对要分门别类，要知平仄虚实死活，不许错误。

△做破承题起讲，要看题思索，用心精习。

△记文须选前辈老程文极简浅切当者，每体读两篇。作文之日，模仿读过文法者出题，庶易引触。

△初学作文，出极明浅易于发挥题目令作。如不能作，再将此题细讲一遍，仍作此题。一题三作，其思必尽，其理自通，胜于日易一题也。

△放茶放饭，各自来，各自去，不许等伴，相约同玩。

△放茶放饭，要早来馆中习业，不许在家久玩。

△饭后到馆，略放散步一二刻再用功。盖少年脾弱，恐食后久坐用功，则食不消化而成病。

△每日诸生早来,轮流一人值日洒扫,并于孔圣人前焚香,亦弟子应供职分也。

△每日在馆出小恭,只许四五次,大恭只许一次。

△每月朔望日,诸生到馆除先后自揖外,俟来齐再排班向圣人前行参拜礼,作对揖,亦演习礼仪法。

△每月朔望日,可将孝亲敬长诸事明白细讲,令其作事体贴力行,庶身心佩服,则一生受用不小。为师者,不可惮劳。予著有《传家宝》书一本,条分十类,极浅明易晓,当与学生逐细说讲。

△每逢佳节放学,各人在家守父母之训,不许彼此相约出外远玩,亦不许约在某家聚玩。

△每日诸生在学听先生训读书文,演习礼节,在家听父母伯叔兄长指教,不许高傲自大,指挥不动,忤逆犯上。

△父母师长但有教诲,诸生唯低头唯唯听从,不许妄自批评。即有辩说,亦不许疾言厉色。

△诸生当以立身行检为重,不许骂人父母尊长,不许搬人是非,管人闺阃闲事,不许看人家妇女。但凡一切伤人害人之事,俱不许做。

△游刮匪人一与之交往,则习学下流,为非作歹,害误终身,不可救药,切须戒之。

△教童子先学洁净,砚无积垢,笔无宿墨;书要离身三寸,不许磨损卷角;手要日洗两番,不许少污书籍;案上书要安放整齐,不许乱堆斜放;书中字要潜心认读,不许乱点乱批;学堂日日扫拂,桌凳时时绰抹;凡一切泥水灰污之事,俱不许亲近。

△诸生在座,各有桌位,非奉师命,不许乱动更换。

△馆中所用,只是书仿笔墨砚。凡一切闲书,有妨正业,俱不许带入馆中。其余银钱玩物食物,一概俱不许带来。

△诸生一言一动,俱要端方,不许说市井下流话,亦不许学市井下流事。

△气质要驯雅,不许粗心浮气。

△坐定要端严持重,不许箕开股岸跷足,亦不许偏倚。

△几人并坐,不许交头接耳、扯衣踢足,语笑喧哗。

△行走要安详稳重,不许跳跃奔趋,亦不许打砖掷瓦骂人,惹人家小儿,亦不许乱同不相认人说话。

△同行不许跎肩搭背,指东望西,亦不许跑跳喊叫,亦不许路上谈文讲武。

△在路行走遇见尊长亲戚人等,即端正站立下首,奉揖打恭,或竟朝上奉揖,不许乱恭乱躲。若问话,从容答应。让伊前行,不许先走。

△有年长同行,必居路右。父母师长,则随其后。

△说话要从容真实,不许含糊扯谎,要低声下气,不许高谈阔论,亦不许夸大嘻笑。

△奉揖要舒徐深圆,不许浅侍促迫。

△侍立要庄严静定,不许跛斜。

△起拜要身手相随,从容恭敬,不许仓皇失节。

△抄手要着衣齐心,不许忌惰。

入平仲学图，相传孔子七岁时入晏平仲学，学习知识及礼仪

△衣服帽鞋要朴实儒雅，不许浮华。

△衣服帽鞋要存心爱惜，不许邋遢损污。

△冬月携火炉入馆，不许弄火弄灰，烧炙物件。如向火盆，不许太近火旁，非但举止不便，恐烧损衣履。

△馆中以长幼为序，除系亲族自有称呼外，其余少称长者兄，长呼少者名。行让长左，坐让长上。

△有宾客到馆，诸生即下位照班次奉揖，如免揖，即打恭，俱要端庄。坐定若问书文仿对，一一答应。客若不问，不许多言，不许交头接耳，语笑喧哗。

△先生遇东家邀请，或有事出门，诸生各守规矩，照旧读书。不许下位叫跳，不许讪骂戏顽，不许以大欺小，不许排挤殴打，伤毁笔砚物件。

△凡无益之事，俱不许习学，如斗牌掷骰，踢毽踢球，打马吊，下象棋，放风筝，养禽兽鱼虫，与夫笙箫弦索弹唱之类，皆为无益。若或亲习，不但有妨正业，抑且淫荡心志，当深戒之。

△博弈乃诸生之首戒，劳心动气，废时失事，莫过于此。小时不戒，大来破家荡产，总由于此。

△琴棋书画虽是雅事，最妨正业，为师者切戒。字虽该学，若扇头斗方，应接不暇，亦当婉辞。

△淫词艳曲，小说俚唱最分心害事，总不许入目。

△诗词乃文人名成寄兴之事，少年习学，正业必疏。

△交友往来、谈叙迎送有误学业，师友须各体谅。

△饮食随便，有则食之，无则不可思索。语云："君子谋道不食。"诸生须体此义，不许在家欧作争较。

△饮食要细嚼缓咽，不许响咂，亦不许争较多少，亦不许远取，并将吃残之食还入盘内。

△诸生若入酒席，必先告坐恭敬，不许顾望摇动，高谈多话。凡举杯举箸，告酒起

落,俱看众人,不许前后参差,亦不许大嚼大饮,倾酒淋汤,有失体统。

△同客并席,要敛身相让,不可广占坐位。

△诸生酒要少饮,则言不颠倒,不失规矩。

△学生凡远出,必揖父母告别,远归必揖父母告回。

△诸生家中,或有喜事,或远去探亲,务必令家人先来禀明,即时放行,不许无故自己来说,借事躲懒赖学,两下说谎。

△诸生有受教训,循规矩,书读得熟,字写得好,可夸以好言,赐以笔墨,奖励其功,且可诱进余生。

△诸生或有不受教训、不循规矩、书生字丑者,先劝诫两三次。不改,初罚跪于本位以辱之,再罚跪于门口大辱之,再不改,责之。但责不可在饭饱后,恐食停胸膈成病,亦不可从背后猛打,恐惊骇成病。

△先生束修,按期送用,不可推托,以慢师长。每日供给茶饭不可过丰,随便家常足矣。至于时节礼物酒果之仪,有无各从其便,诸生不许在家殴要。

△子弟读书,大则功成名就,小亦识字明理,乃世间第一件好事。有等愚父母,有子不教读书;又有一等愚子孙,有书不肯用心读,习成邪心野性,到大为非作歹,养就不肖,触犯刑宪,皆由于此。几曾见明理识字之人肯作非为乎?纵力田事忙之家,必须于每年十月以后,令子弟入学读书,俟来春三月以后,回家治生,如此三五年,亦可成人。

△为人师者,全要老成自重,既系教书,就要专一,时时与学生讲论,不可懒惰,不可间断,此即先生积德好事,在东家自然敬服。近日师辈有兼行医者,有卖卜算命者,有代书词状、做中做保者,心分外务,何暇训导?在学生功课因师不稽督,必致贻误,害其一生,不得成人,非但东家轻视,而自己大损德行矣!幸有予之迂谈,改弦自重,予所帝竚望也。

读书心法

读书首要立志,立志若专,反难为易。盖志定则不移不惑,久而工夫精纯,何书不熟,何书不透耶?一切世事之成败,皆由志之立与不立耳!然志虽贵乎专一,又要贵乎有恒。若不有恒,多至半途而废,或少有得而自书,岂非自弃哉?予每事凭己愚见,俱自立拙法,其于读书也亦然。今所载读书诸法,不过下学愚衷,间入浅譬,亦叮咛曲喻之意。若才高学博之士,必各另有心法,则此书览之未竟,谅必鄙而掷之矣!

天基石成金撰

吾儒读书，首要立志，立志贵坚，坚而有恒，其学必成。一切世事，俱要立志，读书希圣希贤，志尤为最。试看越王之复吴仇，张良之报韩恨，以及狄仁杰之复唐室，志有所在，而事必成也。

读书秘诀，须置一册，记每日所读书文，逐日捡点，至十日二十日，将所习者循序温之，所谓“日知其所亡，月无忘其所能也”！读书之功，无逾于此。

古人认为读书立志发愤，日后方可有成。犹如春秋时期越王勾践曾被吴王夫差打败，入吴国做奴隶，勾践回到越国后立志复仇，卧薪尝胆，最终得以灭吴。图为勾践三战灭吴图，讲述勾践灭吴之事

读书不发愤，须要想着考场之内，出一题目，茫然不知作何解说，斯时何等苦楚，何等急躁？自然发愤读书矣！如之何不读？

读书不发愤，须要想着作文构思时，他人何以容易，我何以独难？想到困苦之极，自然发愤读书矣！

读书不发愤，须要想着宾客聚会时，他人谈的说话何等文雅，我的说话何等粗俗？更有听他出言，茫然不知意味，自己如哑如痴，被人暗笑，羞愧无地，坐若针毡，如何还不读书？

读书不精熟此篇，不复又读他篇，胸中始能酝酿精纯。若东读西读，这篇不熟，那篇不精，岂不枉费工夫？须置书柜谨闭，只留一本在眼前，俟精熟了这本，才换第二本，再循序温理，自然有成。一切世事，最怕杂而不纯，若不切戒，事必难成。纵成而亦不能精粹，出人头地。

读这一篇，就要把精神注意在这一篇上，切不可读着这篇，又想着那篇。譬如一锅水，煮许多时，自然滚热，倘水尚未热，又换水另煮，虽煮了许多水，到底不能滚热。好胜务博者，往往犯此病。

每见贪多之人，专务广博，读书之时，自恃才思敏捷，连篇连卷，从目中口中流水竟过，其实何曾用心？精研虽多，亦奚以为？今后须要宁少而精，勿多而粗。昔兵法有云：“兵在精而不在多”，予于读书亦然。

读书先要除去了杂念，才能熟得透彻，记得久远。譬如人腹中先将藜藿菜蔬吃饱了，后来虽有珍馐美味，也不能下咽，必须腹中消去几分藜藿菜蔬，才能进得几分珍馐美味。这杂念不独是尘俗事件，即书中亦有要紧的，不要紧的。

读书要能运用。运用者,善能解悟也。闻此知彼,触类旁通,一篇可至十篇,十篇可至百千篇,不可胜用矣！予每见有等人,虽读过许多书,却呆呆守定字句,不独不知运用,且不知何处用着,反不如少读而能运用者之为上乘也。

读书有一便法:凡有事务的人,当精选古文一本,时艺一本,置于案头眼前,得闲就熟读,纵有事稍闲,也就熟读。是能读一篇则得一篇之益,能读十篇则得十篇之益,若务期闭着阙读几个月书,吾恐人事冗杂,未必能够尽闲。奈何光阴似箭,瞬息间一月一月,又了却一年矣！岂不总因等待贻误乎？

读书最忌者有二件:记性日拙,家事日多。人之一生虚度,皓首无成,皆由于此,深可叹惜也！

读书须于五更清晨时用功,较之辰巳以后,几倍有益。盖平旦乃天地清爽之气,最当挹取。前人云:"一日之计在于寅",人于此时学事,事必精粹;人于此时读书,书必熟透。

读书须要振起精神,明目细心,如将军在阵,如刑官在廷,着丝毫昏沉忽略不得。

读书最忌说闲话、管闲事,盖闲话闲事俱令人心散神飞,无益而有损也。

读书切不可间断,假如勤功一月,已臻上乘矣,只消间断十日五日,彼上乘者不知何在,更不得援前月之勤以自恃。

读书不怕少,不怕缓,只怕一曝十寒。譬如赶路的人,虽然紧走了些路,却歇息了多时,反不如徐行缓步者,转先到地头了。谚云:"不怕慢,只怕站。"信哉！

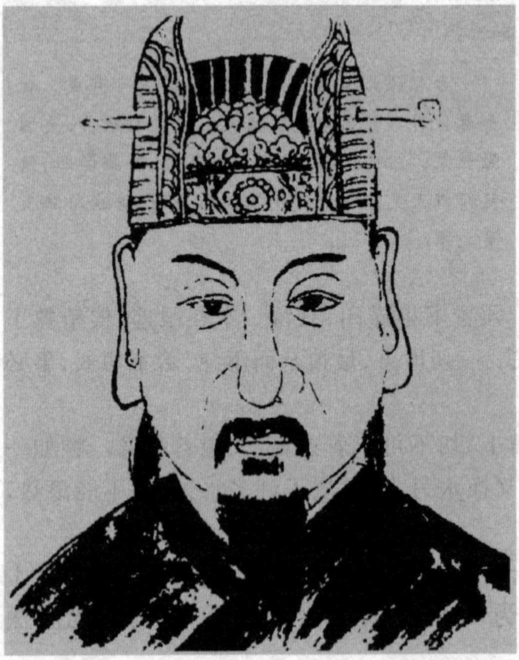

苏秦像。苏秦为战国著名纵横家,年轻时发愤苦读,读书困倦时以尖锥自刺其股,以打起精神继续读书

读书读多时,觉有疲倦,也要抛卷缓步,闲散潇洒些,颐养我的精神,心目方有机括。若呆呆苦用功夫,不但天性不灵,而体弱之人疾病生焉。

朱文公有云:"勿谓今日不学而有来日,勿谓今年不学而有来年。日月逝矣,岁不我与,呜呼老矣,是谁之愆?"诚哉是言！予谓只"时习"二字,便成就一生;只"姑待明日"四字,便耽误一生,极可猛醒。

读书虽不可停缓,亦不可过于急遽。譬如善走路的人,每日走得百里,只走七八十里,则气力有余而筋骨不疲;若倚恃着气力强健,走过百里之外,自然疾趋忙奔,必至疲倦,次日反不能行矣！读书者往往读出病来,皆由于此。予自六岁至十六岁,读书十年,因贱性愚拙,随读随忘,自恨空疏无成,乃发愤苦读。未几时,即患病年余,竟至危笃,费尽调养医治,始得痊可,书反由此而弃去,岂不可惜?后之急遽用功者,当以予为鉴也。

读书原只为明白这个道理,须要句句体到自己身心,日用上力行,方为实在有益。若图涉猎该博,专供谈论,固非所宜;若借此以骗科名取富贵的,一得出头,便置书中道理于肚外,更是大错。

读书读到身体困倦时,可将两肩上下前后,用力扭转数十遍,则周身血脉流通,精神爽快,不生诸病,修养家所谓"辘轳双关"是也。凡看书以及作一切事,但觉体倦,俱当为之,又能祛一切寒邪。

或绝早,或黄昏,看书看不甚明,必待天明,或点灯才看书,则不伤眼目。若于昏暗时就强着眼力看书,定大损于目。或未老而昏,或成近视,皆由于此。

读书或完或歇,但无事时就将两目垂闭,养我精神。若欲再看书或做事,不妨再睁开,则目力不伤,到老不昏。不可以神光施于无用之地。

每日到晚来灯下读书,固大有精进之功,然亦止可更余。若苦读太过,则精神因之而损耗,次日必加困倦疲败,反为不美。或勉强复又用功,气弱者疾病生焉。但人若子时不睡,则血不归肝,在气血壮旺时虽然不觉,异日致病,为害不小。

读书人每日事务虽忙,必阅时艺四五篇,令文机常在心目间,受益甚多。

于临考时读书最忌贪多,选上好文章二三十篇,熟玩其神机,场中自是得力。

积书不在乎多,只要能读,若读而至于精熟,斯为贵矣!予每见世有一等人,家藏万卷,未曾看十余页,即收置几柜间,以为观玩之具耳。亦有新整,手未触而目未睹者,反不如贫寒之士,将数十文钱买一书来家,手不释卷,从始至末,熟读精思,书义尽为己有。由此观之,岂贵于积书之多耶?

师范

人家盛衰在子弟,其子弟成败在师长。所以师长尽心,则子弟秀良而家道昌;师长失教,则子弟愚顽而家道替。是师之一身,实人家数世所倚赖也!但寒士不得已借资舌耕,须常思砚田可以积德,亦可以造罪。盖消糜人馆谷事犹小,而关系人子孙事甚大。今集浅说列为四条,附授受行止、教授说二篇,诚为师长之懿范。惟愿登师位者尽心体此,则养成许多德性,造就许多人材,其功德不可量矣!切勿谓其迂而忽之。

天基石成金撰写

自立品行

为师者,弟子之所效法。其师方正严毅,则弟子必多谨饬;其师轻扬佻达,则弟子必多狂诞。是以文人才士虽不必过学迂腐,但俨然为人师范,举动间亦须稍自检束,令子弟有所敬惮。至于馆政外,非西宾所宜与,又不待赘也。

时刻尽心

天下罕有不可教诲之子弟。唯东君掣肘,难行馆政者,断宜辞去。除此便当随其年力资分,悉心开导。督课必须严紧,讲贯必须透彻。文艺之外,必须一切人情世事、品行心术,俱当一一指示,令其朝夕熏习,庶有稗益。若喜其聪明,便不督责;恶其顽钝,便不鼓励,或作文不加评阅,或读书不立课程,悠悠忽忽,误人子弟,问心岂不缺然?至于旷馆闲荡,一曝十寒,其过尤重,不可不戒。

随地用功

师于训蒙,多不经易,不知幼学是入门之始,尤不可一刻放松。盖童蒙浑朴未雕,训导有法,养成令质,他日充之可望大成,否则亦不失为驯谨人。所以一切内外事体,都宜时加提拔,不是教伊句读习字,便足塞责。若并此视为具文,徒籍为自课自给之资,尤不堪问矣!

村馆散馆中,学徒聚集,动以十计,其师偶不在馆,群辈顽劣,无所不为。有年未出幼,因同学诱开欲窦,断丧忘身者;有窃取家中物件卖钱,到馆博戏者;有逞强斗胜,跳险负重,伤力成病,终身不痊者;有借名到馆,私自结伴游荡,致成败类者。若为师者不严立规矩,时刻查点,则学徒败坏,皆其师之罪孽也!且其中多有旧家子弟好根基者,有过人聪明好资质者,若能教出一两个人,功德倍常。不然,各家修脯虽极微薄,俱系辛苦竭措,不知何法得消缴也?

因人加意

寡妇之子,伊母饮水茹蘖,艰苦万端,举目无依,专望其子成立,因无父训诲,不得不加督责;因无父爱惜,又不忍过于严厉,专期为师者宽猛互用,教成令器。若不加意训导,致令孤子无成,寡妇失望,视寻常误人子弟者,更甚一等。

单传之子,累世宗祧,关系一身。此种人倘一失教,则其先代更无可属望之人,何异为师者斩其数世之嗣也!

不读书者之子,其父苦不知学,辛勤拮据,令子从师,专心相托,望眼欲穿。若为师者因其不知而欺之,或谬加奖誉,或代作文字,或诱令夤缘,以至从师多年毫无实学,读书无成,改业已晚,遂至沦为弃材,师岂能逃其罪哉?

授受行止

教子义方,父之职也。然父子之间不责善,故古者易子而教之,此师道所由隆也。父母为子延师,竭力借办束修,加意供奉饮馔,安心委付,即如托孤寄命的一般。日望其子明理醒事成人。子弟就拜门墙,尊称之曰:"先生",亲称之曰:"师傅",俯躬听受,即如投胎望生的一般。日求其师传道授业解惑。盖人家一代之兴替,全关子弟;而子弟终身之成败,系于师长。西席一位,并于天地君亲之列。其责任之重,为何如哉？况人家子弟正在妙龄，嗜欲未开，聪明方启，比之出土之苗，含华之蕊，倘能滋培灌溉，不难因秀成实，开花结子。秉慈惠之心者，及是时迎机开导，随材造就多术，提撕设法诱掖，宽严并用，恩义兼尽，使之闻正官、见正事、存好心、做好人。小而洒扫应对进退之节，礼乐射御书数之文；大而孝悌忠信之道，礼义廉耻之防，穷理尽性仁民爱物之要，无不训迪，无不讲究。养成圣贤之材，蔚为卿相之器，德行足以传家，文章堪以华国，世道赖之，朝廷功之，乡闾荣之，宗族乐之。庶几成已成物，有始有卒，诲人不倦，启发有权，陶铸之德，功同造物；栽培之仁，量过生成。古有以骨像寒微，留心教道，丰神照人，形骨俱换，世登科甲，朱紫满朝者矣，此其食报，宁有尽乎？今也，师严道尊之风微矣！持己不正，教人无术，模范先亏，步趋末由。不思受人之托，必当终人之事；不唯管束不严，且纵放以市恩；不唯督课不勤，更姑息而避怨。冒滥时名者，会文拜客之事多；经营俗务者，离家进馆之日少。即有株守者，勤于自课，懒于教人，存心苟且，涂饰是事，暮四朝三，一曝十寒。既鲜日进之功，焉有日计之效？韶华能几，飞逝如电；岁不我与，老大兴嗟！更有平居代作课艺，欺瞒父兄，临考怂恿贿嘱，希图酬谢。究竟小子无知，何望成人有造？弄得大不成，小不就，一生青衿，白首寒窗。虚糜东家馆谷，取罪尤小；错过后生光阴，损德甚大。由是观之，天下子弟坏于父之不教者，十之一二；坏于师之不教者，十之八九，而乡馆为尤甚。盖乡馆之师品，先不一矣，或文学，或武生，或老迈儒，或童子试，甚至课命代书之流，俱充乡师。嗟乎！这等样人，有甚么乐育英才的胸怀，蒙以养正的工课？不过借舌耕之名，为糊口计耳！那管人家子弟成败？可怜平等力量不能延师，口挪肚减，凑些修金，送子其中，原未妄想中科中甲，惟求知书达礼，成个明白好人。殊不知已将不雕不琢的良善好子弟，送到杀场上去矣！盖乡馆中，一二十家顽童恶少聚集一处，竟是熏莸同器，香臭不分了。其

孟母断机教子图。孟子幼时孟母用“断织”来警喻“辍学”

渍染也最易，其败坏也甚速。往往家中从未闻之秽语，一入乡馆无不闻；家中从未习之恶事，一到乡馆无不习。彼此诟詈，群相斗殴。不说谎者会说谎，不嬉戏者会嬉戏，不赌博者会赌博。诚实化为刁顽，聪明变作巧佞，放僻邪侈，无所不有。更有对父兄言赴馆，向师前而告假，两头不见日，或去串戏，或去耍拳，将天地父母所生至灵极贵之品，尽为至愚极贱之物，斩断世界多少种子。甚矣乡师可为而不可为也！操无刃之戈矛，戕有生之命脉，所以天地不容，鬼神不佑，穷年伊唔，终身蹭蹬，意外饥寒，非常落魄。是岂诗书无灵？盖由教学作孽，误人损己，人苦沿习不觉耳！故平等人家子弟，与其送入乡馆，凿破混沌之窍，宁可不读书不识字，犹留得朴鲁无文，谨慎子弟也。若遇老成君子，纯以古道自任，有先传而无后倦，慈心度人，热肠教世，爱徒如子，胜己所生，刻刻不离，孳孳不忘，譬如雌鸡抱卵，一心摩弄，倾神鼓荡，必求其出壳成雏而后已，则严师傅而慈父矣。为子弟者，当何如报之哉？为子弟之父兄者，更当何如敬之哉？乃世俗事师，吝财亏礼，虚拘笼络，谬为恭敬，阴为侮慢，甚至劳以书札，委以应酬。名列西宾，实如幕客。此等人家，未有食重道，崇儒尊贤，敬士之报者也！而子弟骄惰放逸，轻藐师长，不知礼法，违背教训，忘本负恩，冥罚尤重。然则身任师责者，固不可误人；而事师者，尤不可无礼也。

教授说

与人一家业，不如与人一学业。分人以财，不过谓之惠；教人以善，乃可谓之忠。凡今之坐皋比拥绛帐者，试一反躬自问：果能博古通今，登峰造极，足为人之师表乎？未必然也。即今之延师训子，以求上达大门闾者，更一虚心自思：果皆名贤大儒，实可法今传后，为我子弟之师表乎？未必然也。摸不模，范不范，子云氏抱叹久矣。若尽如今之为师与从师者，则古人双亲在堂，负笈千里，动辄数年不归省者，不几犯远游之戒乎？而何以孟母三迁，至弃其故庐而不恤；乐羊有妇，至断其机缕而不顾也？则知今之延师训子弟者，已万万妇人女子之不若矣！其为之师者，复以饥寒切身，登门索荐，甫入高门，已同帮客，名教扫地，至此极矣！又有窾启鄙儒，自觅坐地，引类呼朋，谬种流传，贻祸更烈。即若此之辈，何尝不自谓尽心？而其所云尽心者，反不如不尽之为愈也。但既为人师，则当自思“先生”二字是何义，不能生之，顾杀之乎？“师傅”二字是何解，不能传之，反陷之乎？昔人之训曰：“先生者，先醒也，先觉也。梦不醒则死，迷不觉则死，奈之何其死之？师傅者，辅以道也，扶以义也。不道则颠，不义则颠，奈之何其颠之？”然则姑就举业之师言之，尽心教授当如何？第一开广大心，勿择贫富以分倦勤。见聪颖者，教之敦厚，是为福基；教之谦虚，是为学海。此智过于师，乃可传授者也。若乃愚钝，教之谨守，守久自化；教之活变，变则不穷。此智与师等，可得师半者矣。惟多动少静者，如野马、如顽猿，虽极聪颖，专好务外，作诗作赋，本业反虚；贪酒贪花，精神耗散。在其家则辞之，入我舍则逐之，必不姑容，为门墙玷，是乃所以为广大也。第二动慈悲心。均是资禀，我清彼何以浊，我明彼何以昏？来问虽频，勿生厌恶；真心发愤，急与奖提。如彼大觉，不肯安坐西天，至反五浊恶界，只因接引，不见垢污，至理难明，多方譬晓，虽教顽劣，亦复心开，苟非下愚之流，定有光明之日。

怒笞互用，常令畏惧存心，是乃所以为慈悲也。第三开正法眼藏。大道现前，人人本有原，非强以所难。无奈万径千蹊，最易耽着，遂至望一入学如登天，望一进贤如绝路，不思云程万里，行得到只是三年。时刻千金，放些闲已过一日。为师者尚复无可执持，为徒者如何教他把捉？虽然穷达有命，何尝衣钵逼真。大都撞彩，中后依然似梦；谁知就正，到处实可参求。衣里有珠，唯须直指；盆中有月，勿去空捞。欲联捷者，看联捷名稿轻圆秀爽，个中已授金针，然非博极群书，则落笔便流酸薄；欲冠军者，学冠军真文蕴藉风流，意外时飞玉瞥，然非玲珑八面，则拂楮仍似含糊。此予走遍天涯，今日方知安身立命，是乃所以为正法眼藏也。不如是不可为人师，不如是不可为尽心教授。在佛家谓之坐消信施，在儒家谓之杀人子弟，均应受诸恶报。至于童子之师，更为要紧，先人之言，终身常记，自非端人正士，不可为小学师表也。但其馆谷凉薄，渠惟恐或失，无以度日，实心教授者，十中反有一二。唯秀才最可恨，妄自尊大，不屑训蒙。既受其责，常常旷馆，令东家不敢言而敢怒。年终辞去，则已误却一年矣。每见秀才受种种恶报，非止终身潦倒而已。按《太上感应经》一则曰："慢其先生"，二则曰："恚怒师傅"。所以戒弟子者至矣！又首曰："正己化人。"复曰："见人之得，如已之得；见人之失，如己之失。"甚则戒之曰："诳诸无识，虽不止为教授举业者说法，而凡矫首抗颜，好为人师者，得不心恻骨惊，痛加忏悔乎！"因草数言相劝，不觉舰缕至此。

教授果报

王诰进省试，文甚快意。留京待榜，闲行僧寺，遇相者相曰："公骨格甚寒，纵才高班马、文超韩柳，亦不能成名。"诰不信，揭榜果黜。再往问终身。相者曰："据公尊相，岂敢应许？若决志于功名，莫如种阴德，或可挽回造化。"诰归，心口自语："我处贫穷，济人利物事何能为之？"因念世之为师者多耽误人子弟，自今我只留心教训，或者我不负人，天亦不负我矣！即以此为种德何如？嗣后为师，遂尽心竭力。兼教人子弟，首以心术为重。如是数年，复与试往省，寻寺中相者尚在，一见惊曰："公丰彩照人，定应高拔。"揭榜果中。诰往谢曰："何向者拒我之峻，今日许我之确耶？"相者忘其所以，诰为述前事。相者曰："公形骨俱换矣！留心教授，成就人之德业，阴功莫大焉！宜造物之默相也。"诰于将入场前梦神人告之曰："汝训徒肫挚，不负人托，天将报汝以禄位。"因陈诸乐器于前曰："汝请记之。"时方献新乐，诰意试题必出此，研考精核，阐题果是乐调四时之和，因得中试。若非德感神佑，岂能致耶？

宋登，仁宗时人，为塾师，善于诱掖，遇人以诚。入其门下者，必先规以德行，然后课之文艺，虽酷暑严寒，训讲并不少懈。因此一时子弟学成名立者甚众，其子孙亦皆相继登荣。熙宁九年，神宗第进士时，登长子宋绾已为翰林学士，侍立上前。及唱名，第续及二孙，皆一榜进士。上顾而笑，王恭从旁称美曰："此皆其父至诚教授所致也。"上特赐锦币旌之。要知人既拜我为师，则其终身之成败荣辱，皆我任也。若不尽心竭力，相与有成，何异庸医杀人乎？所以至诚教授之报，最甚最确也。

王正裕公，乃文康公之父也。素食贫以教学自赡，然所受之生皆村童，翁必尽心尽职诲之。里有窘者，更不计其修脯。来就教者日益众，翁之课法更精。其徒读四子之书未半，不特询之以字鲜不识，且能明其逐字之大意。又兼诲德行。中年未有嗣，念甚遑迫，晚得一子，即文康也。登第位历宰相。有二孙官至学士，曾孙二人皆为大夫，朱紫相继不替。翁享年九十有二，无疾而终。按陈眉公曰："教人之利甚薄，而德亦甚大，如因才化导，为师者教以养身，则弟子多寿矣！教以立德，则弟子多贤矣！教以立学，则弟子多贵矣！若师以此三者施于人之子孙，天即亦以此三者报于师之身，及子若孙，固其所也。"

万历间，京口张某有能文名，入院七次，望采芹如登天。年将四十，求梦文昌祠，梦帝君怒视曰："尔天罚至矣，尚望入泮乎？尔忆十五年中，豪富相延，束修颇厚，汝之所授不能偿十之一。凡历五家，皆为改文以欺父兄，遂误其子之终身。今尔饶裕，犹不思衣食所自来，且又习诸游戏外好，乃聚徒馆舍，群习樗蒲，尔竟不知，为师者当如是乎？"张不敢答。遂觉，察其徒果然。有一同社过访，送不数步，忽生徒汹汹来报曰："某生因搏争殴，被某生击死矣。"后张株连讼狱，刑辱甚惨，财尽郁死。夫今之为人师者，未必无存心制行，仿佛古人之人，则功名寿福，皆可基积；其有质行庸猥者，只知资馆饩以糊其口，若生徒之智愚贤不肖，竟漠不相关，如秦人之视越人者。甚而至于导以非僻，假以虚誉，吁贼人之效未发，而天先示警于其身者多矣！昔人云："为师者，勿论书香子弟与田野村童，因材教导，大以成大，小以成小，即是有功于世。屡获吉报，在在不爽。若误人子弟，字不能认，书不能背，文不能通，纵其嬉游赌博，令其门户衰残，即大伤阴骘矣！"此与寻常罪过，尤加倍重。

费文祯有疾，其弟子程康棐自乡溪走百里问候，调理扶持，不离左右。月余而文祯卒，哀戚如丧亲。康棐家亦贫，受知于邹郡司马，每有赠金，辄分半以遗其诸子。此不独神报而弟子有报矣！贫如康裴尚如是，其富者贵者又不胜多矣。

课儿八法

熟　读

子弟读生书，须于清晨，令其连读，自百遍至二百遍，熟如流水，乃及别事。盖今日之根本既深，嗣后永不遗忘。及理书时，不烦多读，即通本一气滚下，何等省力！每见乡塾中，不乘其朝气熟读生书，日午纠督，一句一格。先生挞之而加怒，子弟愈久而气昏。究竟此书甫读，彼书又忘，及后竭力温理，徒苦难熟。

少　授

如读书能读十行，止与七八行读。一则力省易熟，二则养其精神，讲解字义。或曰："如子教法，能读十行，止与七八行读，则经书不能早完，奈何？"予曰："如十岁读完，或不能透熟，即或熟而一字不解。若依予法，凡读至某第，即讲至某第，虽迟一二年念完，其受益更深于早一二年也。”

认字

宜于其未读之书，先将字样依次写出，每日讲解，量资质定其多少。如前一日教以一字、了字，次日即以了字加一字，即夫子之子，父子之子。如此类推，字字识认，字字透解。是书未读，而字已识认。读生书时，最为省事。

正画

字有一定之式，一点一画，不可造次。如省笔字，重叠用二点之类，竟不可令之见闻。童而习惯，自一一严正矣。

讲义

如今早读某书已熟矣，午间认字完，下午写字完，理书完，仍令将生书及十日内书再读百遍，随把所读之书与之讲解。盖字义先已了然，此时贯讲，自然明白，随读随讲，较之多读不熟而又不解究者，当何如？

存敬

射者，必内志正，外体直，况我辈读书写字时乎？近见诸生偏首侧坐，种种违式，何以变其气质耶？写字时，须令端坐，两手均平，两足齐一；读书时，目无旁视，身无动摇，字句清朗。万一有时气昏，宁令静息片晌，勿草草了事。即平常无事时，坐必如齐，立必如尸，不独儒体原该如是，抑生严敬之思，收拾放心，莫逾此法。

活机

夏秋昼永，正务易完，不妨令其随师闲步，或问其平日所习字义，当日所讲书理；或见草木鸟兽，俱与志名识义；或古今帝王师相、历代名儒贤佐，俱就便叙论。久之开益神智，积累自富，正不独散其困倦已也！

问理

尤紧要者，临卧时已离师侧，为父兄者，即于榻前问其今日所读何书，彻底申理一番，其有遗忘者，不拘时候另询之。又于五更时唤醒，仍如前问。经年无间，其益十倍。至于文章机窍，闲即与之讲论，须不令其怠惰为准。

学训

河南郑二阳敦次撰著　扬州石成金天基评改。

尊师

《书》曰：“天降下民，作之君，作之师，惟曰：其助上帝。”是师也，盖与人君并重

韩愈像，图出自明·天然撰《历代古人像赞》。韩愈是唐代文学家，唐宋八大家之首。他感于当时师道不存，曾写下名篇《师说》

矣！何等尊重须博访遴选，务求学行俱优之士，然后敦礼而延之丈室。勿令不谙世故之腐生，得以营求厕身其间，以为名教辱。凡师有教诲，必诚心领略，苟不诚于受教者，是误自己不知先生之尊也！夫为子弟而不尊先生，于法则为乱民，教之多不能入，终于无成，可不戒哉！其一。

今人延师，多信荐托而不细加遴选。殊不知师者教人成才之模式，若不得其人，则游荡荒谬，甚至心怀奸险、妄生事端，使子弟终日亲近，学其行止，害误终身，不能疗救，岂不大可叹惜哉！

今人多轻慢其师，既无以感先生之心，又何得妄希先生之报？欲教子成人者，当以尊师为第一着。我既殷勤尊敬先生，而先生岂草木乎？未有不尽心教授者也。

师得其人，则不可不敬。予家设有金字牌位，大书五字曰："天地君亲师"，朝夕焚香敬俸。夫师胡得与天地君亲同列？乃为其传道授业解惑也。是我今日所赖以通解安享者，皆师授之功，可不尊敬乎？切勿轻慢，以作负恩之人。

《会典》开载为学之道，自当尊敬先生。凡有疑问及听讲说，皆须诚心听受。若先生讲解未明，亦当从容再问，毋恃己长妄行辩难，或置之不问，旨哉言乎！世间人只为妄恃己长，即断送多少才人。溯其源，皆因受教之心不诚，病根在此兼不知先生之尊也。其二。

先去傲心，才得成人，才得受教。

《会典·学规》云："为师长者，当体先生之道，竭忠教训，以导愚蒙。勤考其课，抚善惩恶，勿致怠惰。务要依先圣先贤格言，教诲后进，使之成材，以备任用。敢有妄生异义、瞽惑后生、乖其良心者，诛其本身，纵逃王法，必遇天诛.全家迁发化外。"是其议成师范，抑何凛凛乎严哉！今一登师座，务恪奉此规。篇内曰"竭忠"、曰"勤考"、曰"毋致懈惰"，为师而能体此三言，全是尽心二字。师道其庶立乎？究而言之，水由盂幻，金以范成。观法所从，感通有在，先德行，后文学则德行二字，其师先立教之本耳。《书》曰："尔身克正，乃罔不正。"为人师者，其慎图之！其三。

此篇专论为师能如此，方不愧为人之师，方可当人之尊敬。若或不能，早为别图，毋得误我子弟，污我师席。若簧口哄骗愚东，误人终身，必遭阴谴。

勤　课

徐干云："今之学者，勤心以取之，不懈以成之，自足以致昭明而成博达矣！"盖精于勤，荒于嬉，所从来矣！凡我子弟，须于每日黎明，各齐集学堂，至则各随迟早向上三揖，或设孔圣人位然后各就席读书读生书已刻则写字一张。傍午则授讲书一段，多少各随资性，宁少而精熟，毋多而卤莽也。下半日则专于读书，读理书薄暮或歌诗，或不歌诗。散学时，须序长幼排齐，向上三揖而退。

此教训切实，次第须是严立，课程不可一日放慢。早晚三揖者，先揖天地也，次揖父母也，次揖师也。再令每晚归家时，于家神祖先父母尊长处各一揖，虽长至一二十岁，亦不可费。

早晨精神清爽，宜读新授生书。午后可读一应理书。酌其资性，授以多寡。

各随资性，宁少毋多。三句非止言讲书，兼指读书习字也。

若生徒众多，散学时不可一齐出门，恐群聚游嬉。须先远后近，次第单出，仍须不时查察。

读　书

凡读书，先贵识字之声韵画数，务各精心辨析。大抵遵《洪武正韵》，合符于本书音释之为当耳。其一。

此是读书第一义。

凡读书，每日须读一般经书，一般子书，不可贪多，只要精熟，须静室危坐，读二三百遍，字字句句，须要分明。又每日须连三五授，通读五七十遍，只要极熟不必记数务令成诵，不可一字放过，此读书最妙之法。其二。

读一般书，譬如读《论语》，只读《论语》，不可又兼读他书。俟读完此书，再读别样，要使用心专一也。连三五授，通读极熟，更是兼读兼理之妙法。

吾有记书之法：取文一篇，分为三四度，一度四五行，须要清心肃志，最要心到心依口、口依眼、眼依书，打成一片，立求一遍即记。一遍未能，再读数遍，比既成诵，遂掩卷于几上，心口暗诵约十余遍，至于纯熟轻快，口若悬河而后止。尝试挑灯读之，漏下数刻，而三四度俱遍记矣。盖读之之时，虽少而记之之念甚切，自然之理故能以一当十，以十当百。若泛然对书而读，其初与书尚不相熟，口之所到，目亦到焉；目之所到，心亦到焉。十遍以后，目口虽到，而心已横飞，读至百遍，真黄粱之一梦而已。斯则愈烦而愈厌，愈读而愈生矣！如得此法而读之，反愚为明，反钝为敏，岂不至快哉！其三。

此读书极妙心法，谁肯传人？乃先生不秘家珍，尽泄底蕴，真圣人无我之心也。

读书贪多，未免读前忘后，读后忘前。或暂虽强记，而未久遗忘，须得此法，方为尽善。在予资性愚钝，所见如此。若果聪明超人，方不以此为则。

王阳明先生云："凡授书不在徒多，但贵精熟。量资禀能二百字者，止可授以一百字，常使其精神力量有余，无厌苦之患，而有自得之美。讽诵之际，务要专心一志，口

王阳明像，图出自《三才不朽图赞》。王阳明，名守仁，字伯安，浙江余姚人，明代哲学家，世称"阳明先生"

诵心维，字字句句，细绎反覆，抑扬其音节，宽虚其心意。久则义理浃洽，聪明日开矣。"此读书极妙之法，义同乎前，是以附此。

孟子曰："平旦之气，其好恶与人相近也者几希？"又曰："鸡鸣而起，孳孳为善"。夫平旦鸡鸣之时，日在寅神气清明，志意安定，当此时而能回思日前所读之书，反复而诵，则熟者愈熟，而生者亦熟。曾记幼年尝用前记书法，约以鸡鸣钟响之际，半醒半梦之中，努力振起，复诵前记。时方眼未能睁，口未能开，而心舌默诵，其响若雷，从前记忆到此，更觉亲切。此记书之妙诀，犹炼丹之火候。夫火候到而丹自熟，夫丹熟而仙自成。此时悟道而道明，参禅而禅透。当鸡鸣钟响而念书者，亦记诵之火候，读书之神仙也。其四。

已试之良方，而且效验捷速。

习字

昔张长史在京洛，有求字法者，第言倍加功力，事皆然久当自悟其训。颜鲁公亦曰："功精力勤，当自妙矣。"是字未有不用心习学而成者也。凡我弟子，于每日巳刻写字，务各用心习学，恭敬端楷，点画向背之间，一如古人字法，不得潦草简笔，依仿便俗而已。

《洪武正韵》之字，点画俱有考辨，可专心习学。但笔法不甚圆活，可用王羲之笔法书写，庶成双美。

敦孝

《论语》开口学而，即紧紧以其为人也孝悌继之。可见学为君子，不过学为孝悌而已。尝见有先达著论，谓孝之一德，首于百行。孝之一字，冠于五经。今诸弟子初来为学，正是学为人之始。自今以往，常要把孝字时时悬在心目，惟恐举念一差，便非孝道。庶乎根本不伤，而君子可学而至矣！

孝者为人之根本，凡树之所以长活者，乃其根本立也。孝立，则悌长等道皆生于此。予恐常人难悉，特撰通俗浅言于《传家宝》书内，令子弟切须熟记。

存厚

万物始资于乾，而资生于坤。坤之象曰："厚德载物。"是厚也者，万物之生气也。非厚则生无所资。将并乾始而失之矣。居平以存厚训人。每谓试观凡器之厚者，即能耐久，薄则动辄损坏。确此即如酒之厚者则可久留，薄则出瓮而败矣。更确从古国祚之久，莫过于周，惟是以忠厚传国耳。夫忠厚亦何不利于人，而顾必好以轻薄相尚哉？天下之人情世道，有至平等而人不肯行，至便宜而人不肯就者，"忠厚"二字是也。何害有至乖剌而人偏欲行，至惹怨而人偏乐就者，"轻薄"二字是也。何益今以忠厚望人，非甚高远行，惟自急恃三寸之舌始。何也？士人轻薄，大都见之行事者少，见之口角者多。尝见朋侪聚首，名曰"文会"，实为谈薮。或卮酒相邀，横恣笑傲，抑风朝雨夜，抵掌夷犹。当斯之时，则有攻发阴私，掀揭微暖，言人之无以为有，传人之假以为真。每喜谈人死亡之灾，未讣而密耳以报讣；最喜说人帷薄之事，无奸而信口以捉奸。嗟呼！若将妄语诳众生，自招拨舌尘沙劫，士方以为赏心乐事，顿足拍肩，相笑而莫逆也。呜呼！亦足悲矣。今欲崇德，不必广行博济之仁，只先于舌上强作慈航；今欲积福，不必广开方便之门，只第于口头少留元气，毋以人之性命为我笑柄，毋以人之节操供我谈资。多方为人说一好字，不轻为人说一破字，斯则千间广厦，万丈长裘，都在三寸舌尖矣！事易功大况尔等一点生气，正如初出之苗，生意油油，从此加意滋培，勿令少有损伤，庶乎厚德全而元命固。昔所称德合无疆何人哉？君子攸行，吾于尔辈旦暮遇之矣！

篇内将人所常犯者备细指出。静读一遍，汗流浃背。急速悔改，自多受用而免诸灾祸矣！

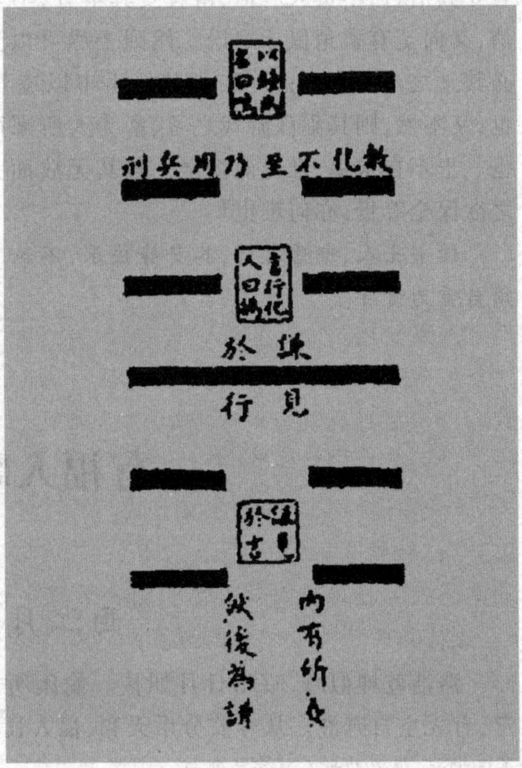

谦象图，出自宋·佚名《周易图》。此图描绘了谦卦的卦象与卦理

守谦

《易》惟谦卦六爻皆吉，幽而鬼神福谦，明而人道好谦。谦于尊则光，谦于卑则不可逾，是谦无往而不利也。我与诸士从容商度，何所恃而不谦？恃资质耶？祢正平之缺两字，张安世之记三箧，亦口耳之学而已，恃文章耶？斗酒百篇，倚马万字，亦文墨之学而已，恃年少耶？青春几何，白首且至，是岂足以夸人，恃老学耶？道足为师，不妨下问，是恶可以藐世？即此数者，无一足恃，而人之不可自

恃皎然明也。若夫由士而进之，或举于乡，或魁于世，或跻于九列，或位于三台，此亦书生之常事，有何足恃？我不见其足恃，但见其风波之可危。夫士也，何用恃而不谦也！且谈谦道，又无别为深求。弟子入则孝，出则悌，《论语》开卷即是。《孟子》则以徐行后长谓之悌，疾行先长谓之不悌。夫徐行后长，岂人所不能哉？则夫谦也者，亦岂人所难为哉？教我弟子，自今以往，一举足便要徐行后长，一言一行都要谦下，守之勿失，则终身受福无量矣。

人生学得一谦，即终身受用不尽。

奉　法

读书士人最为尊贵，何须求人？惟无求于人，乃所以保全士之尊贵也。独怪士人每自忘其尊贵，甘心降与齐民等，往往折节于王公大人之门，皇皇如有求者，亦独何与？士而无求于人，士之法自足以法天下；士而有求于人，王公大人之法始得以绳士，士而至于法得以绳也。士抑何自贬之极也？士之言曰："吾非喜求于人，而不能不求于人也。彼豪强之徒，弱青衿而鱼肉之，岂得无求救于公门？"噫嘻！吾思夫士若自尊自贵，日杜门与黄卷中圣人相对，与吾道中良朋相资，即或有时与市人交言，而不出恶言，彼何从而怒我？即或有时与狂汉共席，而不与共醉于席，彼何从而狎我？又其贫者守其清苦，不负人一债；富者安其本分，不争人一产，将怨尤之端尽泯，争斗之祸自消，又何至有雀角鼠牙之讼？然则士尽可以无求于人。如其俛然囚首，有求于人者，必其士之不类者也；不然，则其好生事以凌驾人者也；不然，则其轻发言以触忤人者也；又不然，则其猖狂游戏之习、素为人所鄙而不以取重于人者也。祸福无不自求者也。士不自求祸，谁得而祸之？若其无故而为人所鱼肉者，千百之中，必无一二。士之欲保全尊贵，亦何难也！

读书士人，咿唔自得，其安静快乐，不论齐民之奔驰，即王公大人，谁能与比？要须自重为贵耳。

有福人歌 耍孩儿

《西江月》引首

浩浩乾坤似海，昭昭日月如梭。偷闲听我唱山歌，各要存心改过。贵贱前生已定，有无空自奔波。从今安分乐天和，福人长享福果。后列各歌，首二调是有福人起句，自第三调起，俱以劝世人莫字为起句。

总　概

有福人听我言:这歌词用意编,从头细细将人劝。披肝沥胆君须记,苦口叮咛切莫嫌。知音急早为良善。一句句修齐至宝,依得我福寿绵绵。

听　从

有福人仔细听:这歌词理义明,言言切着真心病。世人若肯回头转,方信吾言值万金,非同词曲闲吟咏。我这里高歌低唱,一声声唤醒迷魂。

凶　恶

劝世人莫行凶,施毒恶显神通,机关使尽南柯梦。嘉言入耳全为谎,好事当前不用工,转脸反笑人无用。任凭你乖巧伶俐,只恐怕天理难容!

奸　淫

劝世人莫邪淫,俏红颜最动情,谁知损德亡身命。你若淫人妻共女,你的妻女也又淫,循还果报原相应。非独是招灾藐祸,怕后来灭绝儿孙。

争　斗

劝世人莫斗争,闲是非不可听,须知忍耐多和顺。若还恃力施强勇,脚踢拳伤人命倾,王章一命偿一命。最可怜披枷带锁,才晓得望救无门。

词　讼

劝世人莫兴词,告状的真是痴,花钱受辱荒田地。赢了冤家图报复,输了刑伤活惨凄,如炉官法非儿戏。有甚么深仇大隙,自寻那困苦流离?

嫖　荡

劝世人莫要嫖,姊妹们惯逞娇,做成假意虚圈套。痴心恩爱如珍宝,当面温存背跳槽,黄金散尽谁欢笑?只落得梅疮遍体,最可怜衣食无聊。

古人告诫我们不要与人进行无谓的意气之争,否则会祸及自身。图为《东周列国志》版画之公子宋尝鼋构逆图,讲述了郑国公子姬宋与郑灵公因为吃东西而起意气之争,结果一个身死,另一个背上弑君的千古骂名的故事

赌　博

劝世人莫赌钱，迷魂阵似蜜甜，无昏无晓相留恋。头家帮客都想赚，打骂争喧最可嫌，娼优隶卒同卑贱。起先时衣囊折揭，到后来典卖田园。

贪　财

劝世人莫乱贪，不义财休恋看，何苦身被他牵绊。奸巧刻薄强争取，利己损人心怎安？儿孙恐怕难承担。空留下他人浪用，恶罪业自己填还。

酗　乱

劝世人莫醉沉，饮半酣可称情，贪杯误事还成病。言颠语倒相争斗，胆大心粗不认人，愚夫此际常拼命。惹起来奸偷坏事，从这里败德亡身。

烹　宰

劝世人莫杀生，悲痛声不忍闻，怎忍口腹伤残命。盘中香美脂膏味，都是生烹活剥成，可怜冤报何时尽。你只想针芒刺肉，百般样痛楚难禁。

奢　华

劝世人莫奢华，淡泊些最是佳，何须浪费争高大。珍馐罗列喉如海，衣服新鲜锦上花，只恐福小难招架。这作为怎能长久，总不如朴实成家。

觊　望

劝世人莫巴高，富与贵天数招，荣枯得失谁能拗。眼前饱暖都为福，向后盈虚任长消，但萌妄想皆非道。不知足时时苦海，能安分处处逍遥。

怨　尤

劝世人莫怨天，好和歹宿世缘，痴人何苦多埋怨。前生修积今生受，数定时辰有后先，怎能事事如心愿。不退想自寻烦恼，能知福快活神仙。

虚　妄

劝世人莫妄求，得休时且罢休，功名富贵天生就。粗衣淡饭随时过，劳碌奔波早白头，清闲自在多长寿。作好人身安梦稳，行好事快乐无忧。

昏　昧

劝世人莫志昏，五更时心自扪，细将往事公平论。凭何阴骘能消罪，有甚修持种善因？请君快把前途奔。恶心肠急须改悔，速回头挽转天心。

谋　虑

劝世人莫远谋,子与孙何必忧?各人衣禄安排就。纠缠世事催人老,撇却尘缘得自由,电光石火须臾候。且享些清闲自在,先落得安饱无求。

忧　愁

劝世人莫忧愁,将烦恼一笔勾,谁人管得前和后。荣华富贵天生定,岂是常人智力求?心机费尽终无就。到不如随缘快乐,享许多自在悠游。

痴　迷

劝世人莫痴迷,年渐老雪鬓堆,此生聚散如萍会。花无长放香无久。月有团圆光有亏,无常迅速难回避。试看你形容枯槁,还不肯煮转心回。

因　循

劝世人莫因循,见死亡也自惊,无常那论高年近。亲朋死别无其数,老少凋零不忍闻,人人为你传音信。急回头累功积德,莫辜负万劫人身。

《清江引》

世人须急回头早,莫等无常到。恶除心自良,永受人天报。切不可恋生情,将本身味了。

好男儿歌耍孩儿

《西江月》引首

若论乾坤大事,首重纲纪人伦。我偏俚唱劝今人,各要留心细听。俗语淡中有味,粗言浅内含深。男人要好莫因循,急早改邪归正。后列十调,内有邻里奴婢,虽非五伦,乃处己之要事。因附于末。

纲　领

好男儿,依我言。重伦常,最要先,纲常伦理人争羡!果能做得伦常好,胜积阴功几万千,何须拜佛祈神愿?一处处太平世界,快活人共乐尧天。

心　志

好男儿,先正心。人是树,心是根,根伤枝叶焉能盛?行事先将自己想,自心不欲就莫行,好贪乖巧休称兴。到头来善恶果报,怎逃得天地神明。

主　上

好男儿,要尽忠。事君王,礼鞠躬,赤心报国成梁栋。清廉正直无私曲,不爱民财秉至公,流传万古芳名重。行仁惠恩加百姓,不枉了禄享千钟。

本　源

好男儿,孝双亲。念劬劳,养育恩,此生报答真难尽!怀胎生产耽惊险,就湿推干受苦辛,饥寒举动勤相问。切须要竭力尽孝,莫忘了天地高深。

昆　玉

好男儿,爱弟兄。念同胞,一母生,不宜争竞伤天性。哥哥爱弟年轻小,弟弟尊哥手足情,一家和睦乡邦敬。休听那枕边言语,为钱财赌气相争。

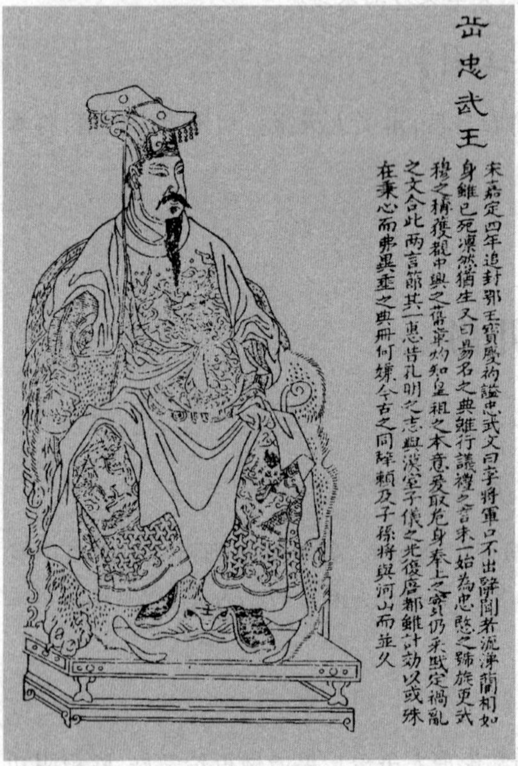

岳飞像,图出自清·上官周绘《晚笑堂画传》。岳飞是南宋名将,尽忠报国,大公无私,后死于冤狱,于宋嘉定四年被追封为鄂王,谥忠武

唱　随

好男儿,重宿缘。做夫妻,总听天,双双和爱无埋怨。妻能内助家门盛,夫善刑于礼让先,同食共枕情休变。最悲伤红颜薄命,才知道福在丑边。

后　嗣

好男儿,教子孙。训义方,不可轻,贤愚成败关家运。勿劳纵爱非真爱,积德非金却胜金,切休酿就豺狼性。做不法玷污宗祖,作非为败坏家门。

金　兰

好男儿,信在先。与人交,戒妄言,一言九鼎无更变。托妻寄子全忠义,一诺千金自古贤,交情休论贫和贱。只学那桃园结义,切莫效孙膑庞涓。

邻　里

好男儿，要睦邻。邻里人，义转亲，左邻右舍须和敬。莫因些小生嫌隙，患难常施救济恩，相逢喜寿先欢庆。试看那水火盗贼，急难中难望远亲。

奴　婢

好男儿，恤下情。奴婢们，最苦辛，孤单冻饿谁来问？虽然贵贱尊卑体，也是爹娘一样生，何苦打骂施威令？凡百事从容教导，可怜他愚拙痴心。

《清江引》

敦伦重理真个好，不负圣贤教。消除薄恶情，依顺中和道，方才是男儿无愧了。

好女娘歌

予各反其义，已另著《坏婆娘歌》十首，同此调、同此韵。

家之有贤妻，犹国之有良相也。相良则国治，妻贤则家自兴矣！然而聪明男子尚赖教训以成人，何况妇女乎？但妇女处闺阁之中，通文识字者甚少，若以深奥之言向说，奈彼茫然不解，虽说与不说同也。予先将劝戒男子者，已编成《有福人》、《好男儿》等书觉世，至于辅助成家之妇女，岂可不论乎？因又将妇女事所宜者，另编"耍孩儿"十调，或配渔鼓，或合弦索，令彼闻音知义，各各成良善好妇女，何愧于国之良相哉！因以《好女娘》名其歌。

天基石成金撰

孝公姑

好女娘，是好人。事公婆，极小心，问安视膳多和顺。你能竭尽心和力，后代儿孙照样行，贤良自有人钦敬。就是那公婆恶薄，能孝敬才乡里传名。

敬丈夫

好女娘，依好言。敬丈夫，如敬天，家庭事事相和劝。安贫守分方为美，共力同心就是贤，何曾爱富嫌贫贱。你看那孟光淑女，敬梁鸿举案眉前。

孟母断织励学图

和妯娌

好女娘，听我歌。妯娌们，总要和，上恭下敬随时过。相亲相爱家中宝，无是无非福自多，一生快乐消灾祸。你只看人家兴旺，再不起无事干戈。

教子孙

好女娘，看得长。教儿孙，学善良，明师好友相亲傍。起居出入都恭敬，饮食言谈必正当，家庭事事相谦让。你看那三迁孟母，断机杼万代名扬。

守闺门

好女娘，性淑贞。守闺房，不妄行，闲游戏耍从无问。烧香入寺休提起，看会迎春不出门，繁华不喜耽幽静。惟遵守三从四德，这才是兰蕙为心。

慎言语

好女娘，谨语言。是和非，总不传，家庭内外无埋怨。诸姑伯叔都相敬，邻里亲朋尽有缘，一团和气人争羡。咏于归宜家宜室，性温柔无怨无嫌。

勤女红

好女娘，俭又勤。做生活，手不停，织纴纺绩偏多兴。缝连补绽常浆洗，裁剪绫罗手段精，衣衫件件都干净。再不会好吃懒做，又何曾戏耍闲情！

理中馈

好女娘，不惮劳。入厨房，自煮烧，烹炮饮食般般妙。丰腴荤素皆中吃，咸淡酸甜五味调，延宾款客都周到。小菜儿精致洁净，胜人家美味佳肴。

待亲友

好女娘，会掌家。亲友们，都敬她，犹恐失款心常怕。亲族到了安排饭，宾客来时准备茶，从无简慢轻人话。专喜欢雪中选炭，再不去锦上添花。

恤婢妾

好女娘，顺又柔。不暴横，不苛求，立心步步存忠厚。知甘识苦奴心喜，体恤饥寒婢不忧，恩存呼令皆欢受。从不会敲敲打打，又何尝嚷骂无休。

《清江引》

贤良妇女真个好，事事能周到。勤俭会持家，才是家中宝。奉劝好女娘，依我十劝，不可少有违背了。

坏婆娘歌和《好女娘歌》原调原韵

妇女本来原无坏处，总因习染无教而成也。予已将女事之宜者编为十调，名曰《好女娘歌》。若不依予言，则不孝公姑、欺辱丈夫种种不贤。小则惹人唾骂，大则身亡家破，乃世俗所谓坏婆娘也。因又各依原韵，反和十调，就名曰《坏婆娘》。要知笑之骂之，正所以发其惭愧羞恶之心，胜如教之训之也。但愿有志妇女听闻之余，痛自改悔，狮吼之性变为柔顺之质，则受福不小矣！或有恨我语言刻毒而生怒骂者，是不可救药终坏妇人，深可惜哉！

天基石成金撰

朱买臣卖薪图。朱买臣，汉代人，曾官拜太中大夫，会稽太守。未发迹时以砍柴卖薪为生，其妻嫌其贫穷，常对其恶语相向，并弃其而去

不孝公姑

坏婆娘，恨杀人。待公婆，没好心，心高气傲非和顺。不遵礼节供甘旨，恶语狂言放肆行，全无一点真恭敬。直弄得家门破败，恶媳妇到处传名。

不敬丈夫

坏婆娘，不可言。不敬夫，反怨天，打夫骂主谁能劝？好穿好吃长丢

丑，撒泼行凶大不贤，人人见了都轻贱。动不动报生怨死，嫁错了懊悔从前。

不和妯娌

坏婆娘，听我歌。妯娌们，总不和，大家不肯安闲过。憎嫌嫉妒偏生有，惹是招非到转多，凭空弄起无根祸。他弟兄原如手足，为你们同室操戈。

不教子孙

坏婆娘，看不长。好儿孙，教不良，狐群狗党相亲傍。偏心护短难收管，溺爱娇生不正当，家庭吵闹何曾让？到后来酿成不肖，败家精到处传扬。

不守闺门

坏婆娘，性不贞。爱风流，喜浪行，多言好事逢人问。观山玩水游僧寺，看会迎神早站门，生来好动何能静？说三从全然不懂，纯是些狗肺狼心。

不慎言语

坏婆娘，不谨言。招风嘴，语乱传，行行步步招人怨。诸姑伯叔参商了，邻里亲知总没缘，说张说李谁人羡！最可恨妇人长舌，败家声屁臭屎嫌。

不勤女红

坏婆娘，不肯勤。坐房中，事事停，织纴纺绩全无兴。不管儿女衣和履，就是人间懒惰精，一身邋遢无干净。好睡觉日高怕起，不梳头满脸痴情。

不理中馈

坏婆娘，最怕劳。全不管，煮与烧，生茶生饭何能妙？无分荤素唇难进，不论酸咸味不调，烹炮火候何曾到。小菜儿从来没有，还说什么美味佳肴。

不待亲友

坏婆娘，不管家。亲友们，都恨她，恶名遍晓全无怕！诸亲断绝难来往，有客来时莫想茶，逢人惯说馊兜话。就遇着至亲好友，都当做眼底虚花。

不恤婢妾

坏婆娘，不顺柔。恶冤家，乱苛求，狠心毒口非忠厚！监茶料饭家童苦，肚饿身寒婢妾忧，时常打骂难禁受。有一朝把人逼死，那时候怎了怎休！

《清江引》

不贤妇女怎的好，妒忌淫偏到。七出有明条，牝鸡不是宝。奉劝坏婆娘，依我十戒速回心，再莫坏了。

天福歌

昔平泉陆先生有《巧字歌》曰："巧巧巧！惯使机关终日搅。是人亏，只己饱。阎罗掉算霎时来，千般受用生前狡。"予读之，喜其味长，恨其幅短，因和而广之。各以两字顺连而撰，遂成二十调。至于孝悌忠信等字，虽云甚好，因限于格调，未免词不尽意，所以未曾编入。况予另有《好男儿》等歌，已悉其意，又何须重赘乎？读者因歌而省悟，则有许多天福可享矣！因以《天福》为名。非敢曰觉世，亦不过增演陆子未尽之词义耳！

天基石成金撰

后列各歌，每二首题叠字一正一反而撰，惟心身富贵嫖赌六歌，是顺目未反，读者知之。

心、心、心，披毛作佛此中分。庶民去，君子存。只此几微成善恶，远在儿孙近在身。

身、身、身，哄尽愚夫错做人。将假合，认成真。不务回光寻本体，痴痴何用苦贪嗔！

富、富、富，幸入宝山休虚负。开礼门，定义路。积而能散还复来，放利而行徒怨恶。

贵、贵、贵，患所以立不患位。半世官，百世罪。眼前赤子任君行，头上青天真可畏。

闲、闲、闲，柴门虽设昼常关。寻颜乐，惮许烦。世事算来催白发，几人休去伴青山。

忙、忙、忙，心慌恰似失林獐。都前定，枉仓皇。等到白头将歇足，人间又有染须方。末二句吕纯阳诗。

忍、忍、忍，怒火须将急水喷。刚易折，柔长存。早知泡影须臾事，悔把恩仇抵死分。末二句史弥远诗。

胯下忍辱图，讲述韩信忍得胯下之辱，后成为一代名将之事

争、争、争，争财争气命都轻。几人醒，几时平？握筹算就千年计，属纩惟留一叹声。

拙、拙、拙，貌似痴呆口更讷。不谋求，不侵夺。一听造物有安排，偷得浮生转快活。

奸、奸、奸，对面如隔几重山。说鬼话，弄机关。尽自眼前施狡猾，拼身六道苦填还。

明、明、明，浸润肤受不能行。如镜照，没点尘。君子一生皆信实，小人满面是虚情。

痴、痴、痴，用尽聪明不见机。空算计，枉奔驰。可怜三万六千日，不放身心静片时。

福、福、福，没病没愁没欺辱。无灾殃，有蔬粥。上比不及下比余，多少饥寒嗟半菽。

祸、祸、祸，世事如棋一着错。看得破，忍不过。只说天网甚恢恢，你看到头饶那个。

嫖、嫖、嫖，香腮粉面小蛮腰。卖花箭，献笑刀。燃肌剪发甘情死，哄煞痴郎没下稍。

赌、赌、赌，此病人生第一苦。寻贫穷，招欺侮。身家两败骨肉伤，良朋远弃羞为伍。

休、休、休，红尘看破即丹丘。除妄想，务真修。有定荣枯徒拙算，无多岁月莫闲愁。

劳、劳、劳，东西南北苦周遭。忽憔悴，且逍遥。一心似水惟平好，万事如棋不着高。末二句韩乐吾诗。

真、真、真，欺人欺己即欺神。诚为实，信是根。莫学世情多薄恶，虚头厚貌弄空心。

幻、幻、幻，假合一场精扯淡。递消长，倏聚散。世间何物得坚牢？劝君早把前程办。

莫愁歌 黄莺儿

无事莫生愁。苦奔忙，未肯休，清风明月谁消受？财多越求，官高越谋，人心不足何时够？急回头，百年难得，一切不须忧。

无事莫生愁。叹愚痴，作楚囚，邯郸一梦谁参透？富贵难求，贫贱难休，波波劫劫空孱愁！忘回头，机关用尽，空自说吴钩。

无事莫生愁。子与孙，枉代忧，前生修积安排就。使什机谋，结什冤仇？后人田土前人受。急回头，饶他一着，胜作马和牛。

无事莫生愁。似浮泡，若赘疣，机关谁肯居人后？能者多求，智者多谋，终朝只见眉儿皱。急回头，光阴有限，莫负好扬州。

无事莫生愁。笑贪人，似饵钩，奔波劳碌无宁候。万里封侯，腰缠未休，名缰利锁牢拴就。急回头，流光迅速，不为少年留。

无事莫生愁。湛湛天，在上头，方才动念先知透。机心且丢，雄心且收，痴聋痦哑偏丰厚。好优游，守己安分，快活度春秋。

无事莫生愁。住山林，学隐流，松篁掩映窗前后。布胜绫绸，菜胜珍馐，枝头花鸟皆吾友。好优游，酣然一觉，蝴蝶梦庄周。

无事莫生愁。访名儒，伴道流，本来面目宜参究。福是人修，闲是人偷，夜游秉烛明如昼。好优游,何荣何辱,呼马任呼牛。

无事莫生愁。爱观山,喜泛流,酒炉茶灶消清昼。言多招尤,事多招羞,闭门一榻羲皇候。好优游,闲非闲是,总不到心头。

无事莫生愁。悔从前,错下钩,仰天大笑今丢手。经文懒搜,仙佛懒求,内省只在心无疚。好优游,心田耕种,岁岁乐丰收。

新七笔勾驻云飞

昔莲池大师恐学人被世缘缠缚,因作《七笔勾》,将人伦家业富贵才华悉得扫除,真修行之至言,出世之妙法也。愧予现居尘世,何能骤脱尘情?既未离尘又焉敢妄希佛祖耶?但眼前世俗有应勾之事,若不勾除,是徒然自取烦苦耳。予因另诌七调,常歌以自醒,亦可以醒人。读者果能依此勾除,则人人各享极大之快活矣!要知欲出世者,当以大师之勾为主,而予之勾语,又为涉世安乐法也。亦可渐精于出世,游于方之内外,各适其可。

天基石成金撰

贪甚风流,不是冤家不聚头。但顾淫人妇,能保妻儿否?休!
嬉戏眼睛头,孽满身后。报应分明,万恶淫为首。因此把美色邪淫一笔勾。
终日忧愁,用尽机关不肯休。贫贱天生就,富贵天缘凑。休!
算计五更头,明朝依旧。略放宽心,乐得安闲受。因此把妄想贪求一笔勾。
结甚冤仇,忍辱包容自不忧。唾面称仁厚,血气空相斗。休!
平地起戈矛,祸还身受。过后思量,懊悔终无救。因此把赌气争能一笔勾。
势利堪羞,看破人情泪欲流。穷者嫌人有,美者笑人丑。休!
总是一骷髅,牵筋动肘。一旦无常,哪里分先后?因此把嫉妒憎嫌一笔勾。
舌底戈矛,驷马难追着什由。谈遍闺门丑,装点他人咎。休!
薄恶满心头,尖利在口。鼓舌摇唇,促短生平寿。因此把恶语谗言一笔勾。
三寸咽喉,结下众生宿世仇。宰杀充吾口,痛苦难禁受。休!
禄尽寿难留,蔬味长久。相报冤冤,因果何曾漏?因此把美味珍馐一笔勾。
着什来由,恰与他人做马牛。终日忙忙走,废尽悬河口。休!
取怨复招尤,伤亲坏友。一刻清闲,天福能消受,因此把闲是闲非一笔勾。

《清江引》

眼前快活谁能晓,自寻诸烦恼。高超极乐天,胜住蓬莱岛。劝世人,依七勾,真个好。

改正七笔勾 驻云飞

人之一身，悉被五阴六识遮隔我之真性。譬如五色云霞，人但见其呈祥散彩，可爱可嘉，不知日之光明，尽被其障暗矣，岂不悲哉！一《金刚经》，义悉如是。莲池大师因撰《七笔勾》，教人深解迷因，顿令六根清净，断凡情而见本来面目，诚精进之宝筏也。惜此调传写甚多，字皆任意增改，各是其是，未有正其非者。予不揣愚昧，较其可否，另以字句之异同，细注于每调之后，是亦体我大师原义也。大师有知，亦当以予言为近矣！

天基石成金撰

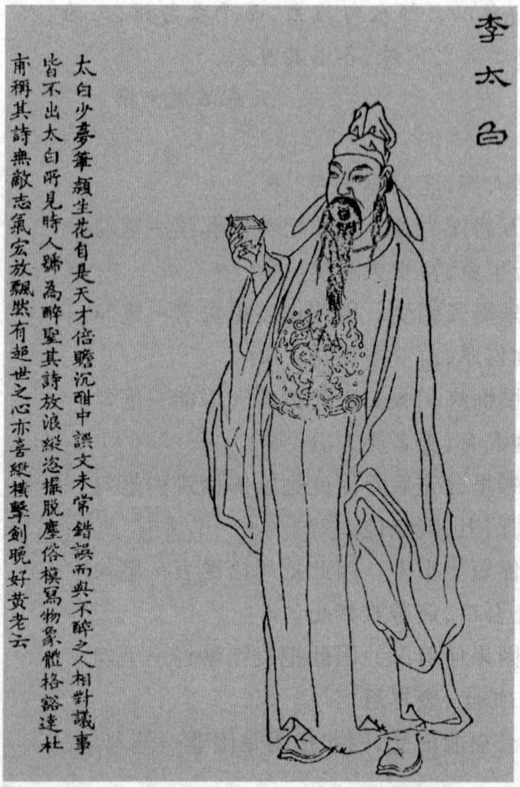

李白像，选自清·上官周绘《晚笑堂画传》。李白才思敏捷，有"诗仙"的美誉，杜甫曾用"李白斗酒诗百篇"的诗句来赞誉他

恩重山丘，五鼎三牲未足酬。亲得离尘垢，子道方成就。休！

出世大因由，凡情怎剖？孝子贤孙，好向真空究，因此把五色封章一笔勾。

凤侣鸾俦，恩爱牵缠何日休？活鬼娇相守，缘尽还分手。休！

为你雨绸缪，披枷带扭。觑破冤家，各自寻门走，因此把鱼水夫妻一笔勾。

身似疮疣，又为儿孙作马牛。试问燕山窦，今日还存否？休！

毕竟有时休，总归无后。谁道当年，万古常如旧，因此把桂子兰孙一笔勾。

富比王侯，你道欢时我道愁。求者多生受，得者忧倾覆。休！

淡饭似珍馐，纳衣如绣。天地吾庐，大厦何须构？因此把家舍田园一笔勾。

独占鳌头，慢道男儿得意秋。金

印悬如斗，声势非长久。休！

多少枉驰求，童颜皓首。梦觉黄粱，一饭非吾有，因此把富贵功名一笔勾。

学海长流，文阵光芒射斗牛。六艺场中走，斗酒诗千首。休！

锦绣满胸头，何须夸口。生死根前，半字难相救，因此把盖世文章一笔勾。

夏赏春游，歌舞场中乐事稠。琴瑟娱亲友，烟雨迷花柳。休！

眼底逞风流，苦归身后。可惜光阴，迅速空回首，因此把风月襟怀一笔勾。

《清江引》

婆婆众苦谁能晓，轮回何日了。煎熬釜内鱼，系绊笼中鸟，劝世人，依七勾，真个好。

天如醒言

昔天如禅师有《警语》一篇，字字句句都是咬破舌尖、鲜血淋漓，从肺腑中说出。吾辈存神读诵一遍，令人心开目明，毛发顿竖，所以屠赤水先生深赞其妙。惜语只四百余字，未尽其意。予因以愚言增补十七，虽是碱砆乱玉，亦体我师醒人之念耳！若以言浅鄙弃，则世间多少华美文章，不啻金声玉韵，与我本来何益？争如此书之万一哉！但愿读者从此勘破无常，尘念顿灰，道心长进，急急参求理窟，忽至灵光透露，永脱沉沦，真大快也！

天基石成金撰

人的说话，只要说得切实，于世有益。若论才华精美，虽好到十分，有何用处？

人的见识，只说日月甚多，自身哪里就死！要知这个身子，真如梦幻泡影，最是虚假的。所以当时雪峰有颂云："一盏孤灯照夜台，上床脱了袜和鞋。三魂七魄随梦转，未知天明来不来。"你若不信，你只看眼前的人，年纪老似你的，也不知死了多少；年纪小似你的，也不知死了多少；与你同年班辈的，也不知死了多少。古人云："我见他人死，我心热如火。不是热他人，看看又到我。"又寒山诗云："雀啄鸦餐皮肉尽，风吹日炙髑髅干。目前试问旁观者，自把形骸仔细看。"他人身子如此虚假，就是你的榜样。可见你的身子，须不是生铁铸成的，又不曾吃过长生不死的药，怎能逃得无常？说起来岂不害怕么？

这人身虚假，说起来哪个不知？虽然知道，只是因循时日，不肯专心修行。虽有肯修行的人，又不肯认真去做工夫，大都懈怠自误，这是什么缘故？总在于没一个真正信心，所以不肯勇猛，不肯精进，不肯坚固。有这等弊病，怎得能够超升？

今人虽有发道心的，不久又退转了。考你们退转的因缘，我约略有三种世累：一曰身口累，二曰眷属累，三曰家计累。这三种累竟累死了天下的人。尽天下的人遭这三种累，竟忙了一生，闹了一生，苦恼了一生，干弄了一生，又空过了一生。何况又因这三种累，起了无量的贪嗔痴，造了无量的大小恶业，只是不得醒悟。待我把这三种世累，分晰说与你知道。

第一种是身口累。要知世上的人，无论男女老少，贵贱僧俗，各各俱有身体口腹。有了这身体口腹，便要好衣好食饱暖他，便要房屋器皿安住他，功名富贵荣显他，更有五般偏欲，乃是食色利名睡是也。这五般偏欲，都从这身体口腹上起根。要知道你这身子原是一个臭皮袋，全不属你主管，全不由你差遣，凡生老病死苦俱不随你处分。你从生至死，向这臭皮袋上枉费了多少心计，空造了多少过恶，到头来一毫也无用处。且如盛夏暑月，有肥胖壮汉，忽然于黄昏之际得个急病死了，到半夜时候就觉臭秽逼人，近傍不得，急急用棺材盛了，等不得到天晓，急急抬出埋了，不容停留。以此看来，昨日晚间犹是一个健汉，今日早起就是一付腐烂的臭尸，一堆无知的坟土。知他一个识神，又向何处去了？有净土偈云："皮包血肉骨缠筋，颠倒凡夫认作身。到死始知非是我，从前金玉付他人。"岂不可叹！我最可怜世上人，不要说别的，就是身上被人掐了一把，脸上被人唾了一口，原没什么大事，不知不觉就发出许多暴怒来，必至报复而后已；再者身上或是生出一疮一疖，或是发出一癣一瘢，本不害事，心里也不快活，必至平愈而后已；再者就是蚊虱咬了一口，针芒刺了一下，泥垢灰尘污了一些，心里也不喜欢。及至无常到来，眼光一闭，任凭人把这身子火烧土埋，狗咬蚁吃，都不能管了。这样虚假，如何徒遭他累，退却道心？

第二种是眷属累。你的妻妾子女，万般恩爱，家口眷属，无一不记挂在怀。殊不知彼此都拖个臭皮袋，彼此都不觉悟，平日眼前被情欲缠绕，随着混生混死，怎得出头？我极可怜世间人，不要说别的大事，只说你家里养的猫狗，乃最微的物件，或是有了病痛，或是走失去了，也牵挂于怀，心里也不快活。及至无常到了，眼光一闭，虽至爱的妻妾子女，彼此都不能相顾，也保留不得，也替代不得。这样虚假，如何徒遭他累，退却道心？

第三种是家计累。你的财物家产，在眼明脚健的时候，经营计较，悭吝守护，将谓百千万年得他受用，谁知都是假的。我甚可怜世上人，不要说别的大事，就是失去一文钱，折了一只筷子，打破了一个碗碟，又有纸窗被人戳破了，椅子桌子放歪了，都是极小的小事，胸中也不快活；再如乞丐穷人求化一文钱、一撮米，心里也不欢喜。及至一口气呼吸不来，两脚直硬的时候，虽有万贯的家财，都留与别人享用，一些儿也带不去，要知时刻也宽免不得，贿赂也通关不得。这样虚假，如何徒遭他累，退却道心？

世间若果然出个有志的人，将从前过去的日子不须提起，只从今日今时起知道这个身子是假的，这眷属家计都是假的，于此三种累上，莫忍着、莫恋着、莫贪着，要从自己胸中，发出一个信心来，山烂不改，海枯不移。无论行住坐卧，随便就澄心觉照，务要勇猛，再不因循；务要精进，再不懈怠；务要坚固，再不忽略。只是回光照破，痛自省发，今日也参，明日也悟，时节到来，包你有个分晓，包你有个超升。若至此处，才是大快活也！

什么话

陈眉公辑有《模世语》三十六条，唤醒人心而脍炙人口者，已久且多矣！予今又有是刻，岂不重复赘疣乎？惟眉公所辑，间有语义未确、事务未备者，亦何足以启人情世态耶？予乃不揣愚昧，另集古语，改其未确，增其未备，共计六十条。复又各以愚言二句略加自注，遂名之曰《甚么话》。有能识得"甚么"二字，则事情悟彻，超出尘寰矣！然书内语虽不越寻常，而有至理存焉，孰谓常谈可忽哉？虽眉公复起，似亦不易予言也。

天基石成金撰

每条上一句，取古人七言成语。下二句或注或评，字写略小以别之。

积善人家庆有余，议什么？

皇天无亲，惟德是依。

举头二尺有神明，欺什么？

暗室亏心，神目如电。

远在儿孙近在身，疑什么？

若还不报，时辰未到。

越奸越狡越贫穷，坏什么？

人若痴懦，反有大福。

神明正直无私曲，谄什么？

只论善恶，不论祈祷。

不礼爹娘礼世尊，敬什么？

堂上父母，胜如活佛。

打虎还得亲兄弟，分什么？

手足情深，急难相关。

要好儿孙必读书，惯什么？

子不读书，官从何来？

丑妻瘦田家中宝，拣什么？

消人妄想，省我烦恼。

奴仆也是爹娘生，凌什么？

人虽贵贱，痛痒一般。

命里有时终须有，求什么？

命里若无，空费妄想。

《红楼梦》绣像之王熙凤像。《红楼梦》中对王熙凤的判词是《聪明累》，其中有"机关算尽太聪明，反误了卿卿性命"之句

聪明反被聪明误，巧什么？情性痴呆，反是大福。
当权若不行方便，做什么？既入宝山，空回可惜。
公门里面好修行，害什么？衙门里面，易作善恶。
刀笔杀人终自杀，刁什么？字上造恶，字上杀身。
冤冤相报几时休，结什么？环转不止，自然之理。
人争闲气一场空，斗什么？昔日英雄，而今安在？
赢了官事输了钱，告什么？既多耻辱，又有惊恐。
烟花寨里陷人坑，嫖什么？一入其中，虾蟆落井。
暗里催君骨髓枯，淫什么？杀人刀斧，愚迷不醒。
博弈之人没下稍，玩什么？废时失业，倾家荡产。
十个下场九个空，赌什么？一掷千金，阵列迷魂。
为非作歹乱狂言，醉什么？腐肠伤胃，惹祸生灾。
非义钱财火上冰，赚什么？汤来水去，何苦丧心？
本分随缘莫强求，想什么？前缘分定，劳神无益。
多少朱门锁空宅，置什么？妄肆起造，难保安享。
谁人保得常无事，诮什么？前途昏暗，未来难知。
恶人自有恶人磨，闷什么？我不打他，自有人打。
欺人是祸饶人福，较什么？让人一步，自宽多少。
人生何处不相逢，狠什么？结些善缘，后来好见。
他家富贵前生定，妒什么？你若修积，也就如他。
后代儿孙不若人，乖什么？剩些聪明，留与儿孙。
虚言折尽平生福，谄什么？言若不实，自损其福。
是非到底自分明，辩什么？风吹云散，依旧青天。
文章自古无凭据，夸什么？时至则佳，时退则腐。
得便宜处失便宜，贪什么？塞翁失马，难分祸福。
是非只为多开口，说什么？祸从口出，守之如瓶。
到处欢喜且随缘，嫌什么？遇境取乐，大得自在。
失时个个笑寒饥，叹什么？世态炎凉，到处皆然。
从来福在丑人边，相什么？以貌取人，失之子羽。
补破遮寒暖即休，兴什么？一丝一缕，都出辛勤。
才过三寸成何物，馋什么？莫因口腹，杀害生命。
早起三朝当一工，懒什么？勤谨勤谨，衣饭有准。
省事俭用免求人，奢什么？仰面告人，才知极难。
人世难逢开口笑，苦什么？落得快活，多愁自苦。
眼前花月任逍遥，嗟什么？美景良辰，切莫虚度。
前世不修今受苦，怨什么？今再不修，后世更难。
一生都是命安排，愁什么？命已前定，妄想徒然。

今日不知明日事，虑什么？来日阴晴，今日难定。
岂可人无得运时，急什么？春桃秋菊，各有其时。
儿孙自有儿孙福，忧什么？人无百岁，计作千年。
一日清闲一日仙，忙什么？等闲不闲，偷闲便闲。
千年田土八百主，争什么？若不弃置，久富长贫。
前人田土后人耕，占什么？多有自买，等不到久。
穴在人心不在山，谋什么？阴地虽好，不知心地。
世事真如一局棋，算什么？时时变更，那里论得。
人生自古谁无死，悲什么？有昼必夜，理本如然。
荣华富贵眼前花，恋什么？及到过后，一场扯淡。
死后一文带不去，吝什么？只有恶业，随身不离。
一旦无常万事休，有什么？梦幻泡影，毫无实在。

正得是

昔人有笑老人相反者十事，谓面应白反黑，而发应黑反白，哭无泪而笑有泪，昼寐而夜不寐，记远事而不记近事之类，予谓此乃侮老之言也。要知老人阅世既久，历事甚多。几许少者强者而夭没，虽欲求至于衰老，何可得哉？况所言相反诸事，皆缘气血衰弱，精神短少所致。殊不知世间相反之事甚多，此不讥笑而以老人为讥笑，予见其惑也！因取目前世态之相反者，聊举百条，分为十类。愿各抚心自问，可改悔者急当改悔，莫贻人笑也。

石成金撰

贵人十反

自以为贵，恒入贱格。

心当逸而反劳，身当劳而反逸。
百姓犯些小事，也不宽恕；自己贪枉，全不知愧。
好工夫用在酒色应酬上，理民事反嫌烦冗。
要下司清谦，却收其馈赠。
名正言顺之钱，偏矫廉不取；伤天害理之钱，却胡思乱想。
夜宜卧而饮宴，早当起而高卧不醒。
无病常服药，及至有病时，反不肯服药。
食物初出，味不全者喜吃。及至味全之物，反不吃。

贾宝玉像，图出自《红楼梦图咏》。贾宝玉不喜读应试之书，喜看闲杂小说。这种行为，正应了《传家宝》中"读书人十反"所说的"正经书不看，反好看闲杂小说"

自己请客，肴馔菲薄。及至别人饮宴，却要丰盛。

请人要人即来，及至人请却不肯就去。

读书人十反

欲学正人，急改所为。

心里明道理，口里说话也明道理，只是行事反不明道理。

不作阐明圣贤之言，而学词状刀笔。

文社词坛怕到，而喜出入官府衙门。

劝人行善之文不作，而喜编造淫词艳曲。

明师益友怕交，而喜交邪佞小人。

平时不肯读书，及至宗师临到才日夜用功。

自己学问不通，就老脸教人家的子弟。

怕读书做文，反好说闲话、管闲事。

正经书不看，反好看闲杂小说。

有钱人十反

当用不用，殊为可惜。

一文钱如性命，而自己性命反看得不值一文钱。

宁可被光棍脱骗、贼盗打劫，若劝他用银子做济人好事，却舍不得。

米谷宁可腐烂，至于穷苦佃户，却不肯削让升斗，而乞丐亦不肯施舍。

田连阡陌，至于傍有贫人丘角，定要谋求方圆。

为些小没要紧的事，却用多金结讼争占。

结交官宦乡绅，往来宴馈，虽费多金不惜。而于贫苦亲友，却不肯周济。

衣食虽堆仓箱，自己却粗粝不肯穿吃。

日夜盘算，已到衰老疾病之时，尚不肯放松些。

明明家资有余，见人一味哭穷。

昧心人十反人我不除，难与谈理。

我生儿子，就指望孝顺我，自己却不肯孝顺父母。

凡事说人鄙吝，及到自己做事，却一文钱也舍不得。

戒谕自家妇女不许出头露面；窥别人妻小，惯会巧语低声。

远出喜人款留，居家嫌客轻造。

爱惜自己儿女，却喜痛打奴婢。

自家好清静，却会到别人家去搅扰。

我欠人的，子母年月不问；人欠我的，本利丝毫必清。

借我之花，惟恐人折一枝；他人之花，恨不连根拔来。

好借别人器物，及至人来我家假借，只说没得。

常说人不请客，自己却不喜设席。

痴人十反迷而不悟，后悔何及！

不孝顺父母，反去礼拜神佛。

弟兄手足不和，而反结交异姓朋友。

有好子孙，听其娇傲，却不肯严训。

贫穷人家，却苦折揭，要仿效富贵人家的体面。

聪明性格，却不肯读书勤学，而游忽度日。

家资有余，乃终日盘算无休，却不肯安乐享福。

费钱教歌童舞女，而训子之师，却不肯厚待。

有病不请医服药，而反信巫骗。

作恶全无顾忌，却思量请僧道念经忏悔。

浅见人十反胸中欠大，所以量窄。

自己聪明文雅，却笑人愚鲁；自己蒙昧，却恨人谈文。

自己体貌整齐，却笑人丑陋；自己残缺，却忌人美好。

自己有余，却笑人淡薄；自己贫穷，却妒人富足。

自己清廉，却骂人贪浊；自己赃污，却笑人有钱不会取。

自己杜门，却嫌人出路；自己喜游，却鄙人看家。

自己吃蔬，却看不得人吃荤；自己吃荤，却驳削人吃蔬；

自己好运，却说人淹蹇；自己困顿，却恨人通达。

自己有过，怕人谈论，却专好说人过失，且更捏造是非。

自己喜人奉承，却不肯奉承人，且更骄傲自大。

自己不饮酒，却怕人贪杯；自己好饮，却强劝人多饮。

俗人十反尘埃苦恼，救之莫缓。

目不识丁之人，对人乱谈诗书。

对美景不知玩赏，而反忧虑俗事。

有好书不读，而反置尘封。

人说妙谈，而反以粗言间断。

自己本是粗形，而偏装出许多秀媚。

不通文理之人，见诗文书籍，专好囫囵乱看。

不知字画，却信口乱指批评。

不敬正人君子，反交往无耻下流。

本分事不用心勤习，反学无益的坏事。

俊美童婢，反专驱使粗重事。

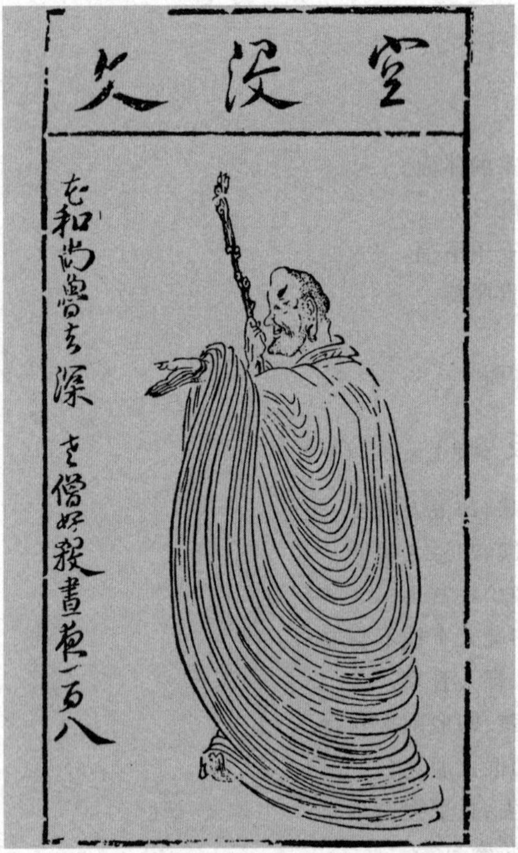

梁山好汉花和尚鲁智深像，图出自清·陈洪绶绘《水浒叶子》。鲁智深虽为僧人，却不戒荤酒，属《传家宝》一书中所说的“出家人十反”之列

常人十反举世如此，可笑可怜。

真心爱妻子，反假意待父母。

父母师长之教训，多有不依，而妻令不敢不从。

一父母能养活数子，有数子你推我诿，反不能奉养一父母。

厌自己妻妾，反偷情别人家妇女。

和尚道士荤酒都吃，而在家人反斋戒。

有钱富翁不肯施舍，而贫人反肯用钱做好事。

有才人怕读书谈文，而不读书人反好说文话。

老年人奔波劳苦，而少年人反安闲自在。

在外酒食风流，而家中柴米有无，反置不问。

读书人好歪着心肠不明理，而粗鲁人反直率。

女人十反妇女属阴，所以本愚。

家里不敬重公婆丈夫，而反远去寺庙烧香。

事甚无理,而反偏执断然,强做有理。

自己没儿子,反妒恨妾婢生子。

凡事最多忌讳,而反会咒人骂人。

吝惜小钱,而用大钱处反不惜。

吃斋念佛,敬重僧道,而苦打奴婢,宰杀生命反不戒。

有好儿子不肯严训,反姑惜慈爱,酿成骄傲不肖。

爱小便宜,而大有利益之事反不喜。

不爱长子,反爱少子。

不信人,反信鬼。

出家人十反 正其所反,顿成佛道。

不居山林,而反住城市。

不甘淡泊,而反恋繁华。

不在自己性命上用功,反于文字俗事上着力。

不吃蔬而反好饮酒食肉。更有牛犬蟮鳖都不忌戒。

不讽诵经典,反喜看闲杂诗文。

不参悟本来面目,反喜管俗事。

不谈讲禅理,反好说闲话。

不守戒律,反自放纵。更有奸骗非为、自寻披毛戴角。

不喜清净,反恨寂寞。

不爱惜光阴,反悠忽度日。

纂得确

李义山以滑稽巷谈撰《杂纂书》一卷,载列事条,中情极确。继后王君玉、苏子瞻、黄允交俱仿其意,各有续纂,而确当亦不逊于义山。予读诸纂,其间事系于身心家国者甚少,因另辑十类,篇目俱以一正一反,两两并列,令读者知某某为宜当行,某某为宜当戒,则举止有所凭式,较之前人杂纂,似有益也。辑成此书,以俟异日后有感发,再加增续。省庵徐先生见而高声谓予曰:"纂得确!"予乃不遮厚颜,即以此三字名其书。

天基石成金撰

《传家宝》作者认为，使暗箭伤人是"坏模样"之首。图为《东周列国志》版画之公孙阏争车射考叔，讲述春秋时期公孙阏在战争中为争功而发暗箭射死己方率先登城的将领颍考叔之事。他的这一行为深为后人所不齿

好模样行好得好，留样儿孙。

敬天地祖宗。孝子顺孙。妇人不管外政。好读书。肯改过。结交正人，远绝匪类。谨身节用。好行盛德事。常说嘉言，引进后学。言语低婉。宴会有节。延端方明，师训子弟。故旧穷亲，在座饮酒，衣服朴素。体恤下人饥寒劳苦。不说谎。谦恭逊让。不与愚人争是非。临事三思。酒后不多言。妇女不入寺烧香。

坏模样坏事习惯，日流汙下。

使暗箭。唆人争闹结讼。好谈朝政并官府升降。习学乐技。撒酒风。惯叙家世，夸奖势利。坐下即架脚或摇腿。行坐低唱。夸己长，道人短。无端说鬼话。讨下小便宜。乱翻人书籍器皿。说话高声猛撞。穷汉说大话。乱认富贵人为亲友。

读得成用功勤学，书不误人。

闻鸡早起。时习不怠惰不间断。尊师长，亲近正人君子。熟读默记。勿畏难。让不肖人矜盛。喜夜读。有疑难就问。不以长物自累。敬书惜字。精研义理。不在饮食衣帽上求胜。

读不成因循自弃，可惜可怜。

好游。结交下流小人。好管闲事，说闲话。不听父兄师友教训，姑待明日。好看小说、歌词、闲杂书。

定然富人力致富，可以回天。

勤本分事。省事俭用。奴婢善耕织。子弟一心。合家和睦。治家有礼节。早起。门户墙垣坚固，三姑六婆不入门。不嫌粗粝。忍辱耐事。不克剥佃户穷民。

定然贫自作贫穷，是谁之过？

早卧晏起。庄园不料理。抛撒饮食五谷。多作淫巧。养闲汉。出重分结会扮戏。游手好闲。悭不中札。多买古董无用物。喜改造。好迁移。学富贵人家体面。

攀高贵亲友。厚嫁女。不小心常致火盗。造花园楼阁。结交官府。没主意,信人哄骗。教戏子。非嫖即赌。兄弟妯娌时常合气。

大费用。专事口腹。痴糊涂,喜奉承。

大吉利言行不妄,快乐甚多。

知福。心里常自宽乐。待人无论高下都谦和。不占人便宜。不多事。对人说话,不哭穷诉苦。

不吉利行事犯忌,必罹凶灾。

无事嗟叹。逢人诉穷诉苦。一动气便毁器皿什物。卧食饮。日高不起。逢时节偏角口斗争。小故大嗔。动口就咒骂。外宅妇在家奸宿。以势利欺人。笑人勤俭。对日月井灶大小便。床上唱曲。自己捣鬼。怨恨天地祖宗。

极相宜安分知足,自求多福。

最乐者为善积德。最本分者耕田读书。最好者知过即改。最有益者待人宽厚。最安稳者不妄作非为事。最有见识者有钱就还债。最享福者随缘知足。最远谋者教子孙学好。

极不宜匪类坏事,存心切戒。

最无谓者管闲事。最折本者爱小便宜。最苦者趋炎附势。最造孽者做状词。最下流者赌钱。最可恨者搬弄是非。最毒者编人浑名、捏人坏事。最可笑者只说别人家事。最不好过者大醉后吐。最担惊险者做奸盗事。最受气者做媒人中保。最没见识者说家人过失。最忧愁者打官司。最无理者抢人话说。最忌者食牛犬肉。最厌者歪厮缠人。最可嫌者自夸能干。最不该者向人伸懒腰。

纂得确二集

予曾将人事之好歹两两并列,撰书一卷,令伥伥者读之,而知所趋避矣!年来复见人之言行举止不当于理,而犯天人之恶者比比皆然,因又另续十类,各以惜字贯首。要知惜者,有怜爱、痛吝之义存焉!惟人不知此惜也,所以易染种种过愆,其于言语,尤为更甚。是以书内惜言之条独多,愿读者俱加自惜。予知今后有益于身心世道者,又更多矣!但予自愧何人,敢于上续东坡诸才子之貂?一而复再,诚不知羞耻之至也。

天基石成金撰

惜　念举心动念，神鬼先知。

不起坏念。不远愁过虑。不妒人有笑人无。不怨天尤人。不念旧恶。不妄想远大事。

惜　身危墙之下，知命不立。

不好色无度。不大醉。不轻历危险之地。不暴怒。不交下流小人。不愤恨与人打降。

惜　福永言配命，自求多福。

不暴殄天物。不爱奢华。不过求全备。不想非分。不作贱五谷。不杀害生命。

《传家宝》"惜言"篇中有"不笑人相貌"之语。图为《东周列国志》版画之萧夫人登台笑客图，讲述春秋时期，晋国大臣郄克出使齐国，与齐顷公相见的时候，齐国齐顷公的母亲萧夫人躲在帷后观看。郄克是个瘸子，走起路来一拐一拐的，他一出现，萧夫人就忍不住笑出声来，这使郄克感到受辱，造成了日后两国兵戎相见的局面

惜　事世无本事，庸人自扰。

不薄伦常。不作坏心事。不违逆父母师长命。不多言。不动客气。不两面三刀趋奉人。不多事。不作灯头会首。不刻薄贫贱下人。不欺凌孤寡。不诬告人。不习学一切无益事。不欺隐田粮。不欠官粮。不收藏犯禁人物。

惜　儿爱不以道，害误一生。

不许饮食过饱。不许多食生冷油腻。不许穿戴金珠锦绣。不许近小人。不许多话。不许习学无益下流事。不许傲上。不许到嫖赌场。不许至风波险恶之地。不许骂人。不许闲荡。不许自打奴婢。

惜　财量入为出，乃积乃仓。

不嫌衣食粗粝。不起造园亭。不收买无用物件。不交往官宦。不频饮宴。不学富贵人家行事。

惜　言多言多败，不如守中。

不谈人闺阃。不说人密事。不臧否人之品藻。不犯人忌讳。不伤

人父母。不破人一切好事。不起人事端。不笑人相貌。不数子弟家人罪过。不惯好戏谑。不发誓。不当面破人不是。不疾恶太过。不直言自信。不造语陷害人。不夸富。不哭穷。不说与富贵人交往。不厉色说话。不鄙人贫贱。不搀夺人说话。不说自己才能。不说谎。不赞助人做坏事。不说歪文。不讲嫖赌事。不说话有头无尾。不咒人骂人。不说男女伎俩。不评论衣食精粗。不诉苦。不间人妙谈。不讪谤圣贤。

惜　笔文人之笔，胜于戈矛。

不写一切损人害人之字。不写一切词讼控告之字。不写一切伤风败俗之字。不写一切离间是非之字。

惜　书圣贤精义，如宝如珍

不以书夹刺。不以书作枕。不以书与妇女夹针线。不卷脑折角。不乱翻乱揭。不杂乱堆积霉烂。

惜　字惜字一千，延寿一纪。

不以字纸抹桌拭污。不以字纸糊窗糊壁。不以字纸覆瓮。不以字纸包银裹物。不以字纸放口内乱嚼。不以字纸与妇女脱鞋剪样。

快活方

世人俱各有本等之快活，全在于人之善能受享耳！善能享快活者，日常循理安分，不多事，不作恶，饱食暖衣，优游于尧天舜日之下，乃人生之大快活也。惜夫人情弃常取新，所好之快活，每于本等之快活相左，如奸盗斗讼、嫖赌酗通之种种，皆俗习喜好趋赴者。推其终始，非但不能受享快活，而且反有大不快活之境罹之。予每一念及，不胜太息，因将世事之害切于身家者，列为十戒，又恐未读书者不能明解，乃用浅俚通俗之语，著书一册，名之曰《快活方》。犹夫沉疴患体，服我药方，顿然痊愈，痛楚去而满体清爽，岂不大快活哉！愿世人勿鄙予之浅言，各各谨记胸中，时刻慎戒，不独自己快活不已，虽父母妻子亦不至孤苦惨楚矣。切不可于本等快活之中，自寻大不快活受也。若不信服予言，必到大不快活之境。及至凄惶泪落时，始悔早不慎戒。于其日后懊悔难追，孰若善享本等快活之为乐哉！

时在康熙壬申嘉月之吉觉道人天基撰并书

武松怒杀西门庆图，出自《李卓吾评忠义水浒全传》。西门庆与武大郎之妻潘金莲通奸，二人毒杀武大郎，结果双双被武大郎的弟弟武松所杀

莫邪淫奸

诸恶淫为首。要知奸淫一事，乃世间最重的过恶，最惨的祸害，最速的报应。道书云："淫人之罪，加杀人数等。"盖淫心一起，夺人之爱，妒人之有，恨人之阻，诸恶由此而起，是过恶之最重也。古人云："赌近盗，奸近杀。"盖男女婚姻，有一定的配合，切莫邪淫。假如他人奸你妻女，你心何如？每每人命大案，非谋杀本夫，即奸夫被杀；非强奸不从而杀，即彼此忌奸而杀。是奸与杀原是相连，行奸图一时之乐，多至丧命辱亲。须知被人杀与杀人偿命，总为极苦，是祸害之最惨也。俗语云："淫人一妻，还人一女。"我眼见许多淫人妻女的，不久妻女亦被人淫。总在本身亲受，不能待至子孙后代，是报应之最速也。我劝你们各守淫戒，既无过恶，又免妻女淫人。长远快活，此为第一！

莫做贼盗

本分做人，大可成大，小可成小，都有个安乐快活。唯有那好吃懒做，斗讼嫖赌的人，将家业歪乱费尽，没得生理，到那饥寒迫体，贫窘极至的时候，就无所不为了。当初未入贼伙的时候，便思量有威风，有钱用，及至一做了贼盗，就觉自家途路窄狭，终日提心吊胆，恐怕有人算计。即外面假装强梁，毕竟心下十分张皇，举动受恐，寝食不安，岂不可忧么？俗语骂人为贼根子，可知一人做贼，上连父母，下及子孙，都算是贼。但凡提起一个贼来，无人不骂，无人不恨，岂不可羞么！一旦被人拿获，私下捕快必然先要吊拷捆打。槐杖铁尺，痛哀震地，勒逼赃物，九死一生。及至到官，夹打惨楚。小则窃贼刺配流徒，大则强盗依律定罪。到那砍头的时候，不但无人怜恤，还恨不得把来凌迟碎剐，方才快心。人但起了做贼的念头，颈项上边就犯了一刀之罪，岂不可怕么？一刀毕事还是造化，活活受罪，苦更难挨。我曾眼见牢狱中的罪犯，真正可怜，因顺口作四字语三十句曰："看见罪犯，不似人形。囚头垢面，虮虱满身。手扭脚镣，铁索惊心。砖块作枕，冷饭乱吞。摇铃打梆，挨尽长更。寒冬霜雪，冷冻如冰。酷暑夏日，毒热熏蒸。饥渴谁管，疾病谁亲？腿脚腐烂，臭秽难闻。黄皮包骨，与鬼为邻。上天无路，入地无门。求死不得，求生不能。阴风飒飒，怨气昏昏。百般苦楚，诉与谁听？悔也无用，只候典刑。伤心哉！如此苦恼。”

罪犯问其至罪之由，非属人命，即系贼盗，尽都是当年威风强暴之徒，岂不可惨么？要知他人费许多辛苦挣的财物，一旦被你偷劫而去安然受用，天理何在？良心何存？你见几个做贼盗的财富了的？你见几个做贼盗的不死于刑法牢狱刀刃的？如此可忧可羞、可怕可惨的事，有何受用？有何利益？你却甘心去做，可不是极拙极愚？若肯改过安业，就是小本营生，却都俯仰无愧，也强如做贼盗万倍。

莫相打斗

常此太平世界，人各安居乐业，何用斗殴撕打？只为事不逊让，心不公平，或是倚强欺弱，或是夺利争名。在有识量的人，纵遇横逆欺凌，他却包涵忍耐。即有不能忍耐的事，亦向乡邻亲友理论。若乡邻亲友不能解纷，自有官长审断，何必相打？有一等人，无论大事小事，倚着自己身强力壮，动不动不是拳打，就是脚踢；不是头撞，就是物击，扯也扯不住，劝也劝不开。若是打输了，自己先是头青眼肿，身损体伤，未得便宜，先受许多痛楚。所以古人说："骂人人骂，换口自骂；打人人打，换手自打。"与其打后亏苦，何如忍耐不打？若是打胜了，被打之人必定寻来报复，冤家每逢于窄路。更可虑者，打着致命之处，岂不是人命抵偿？所以古人说："打人三日忧。"与其打后忧愁，何如忍耐不打？我看见《洗冤录》上，人身的致命所在甚多，不致命所在甚少。当彼此打闹的时候，怒气汹汹，拳棍乱打，何分好歹？在气头上，恨不得登时打死，方才快心，哪顾后来的祸害！每看见浅识的人，为没要紧的事情，因没多少的财物，一时怒发，每每一拳一脚，打出人命来，倒把自己的家业破费了，自己的身体夹打牢锁了，又赔偿一条性命，又令父母妻子受无穷的凄惨苦恼。你仔细想一想，还是该打不该打？

最恨世有一等光棍，如刮儿、辣儿、油儿等类，不安本分，不习生理，学成拳棍，恃着打降，三五成群，几十结党，逐日在地方上欺凌良善，生事惹祸。或是代人攒打，或是帮人殴辱。原告寻他，就打被告；被告寻他，就打原告。不分曲直，不顾性命。那怕立地打伤致死，他却不管原告被告加等问罪。犯了法，倚着挨得住夹打，便任意横行，诈骗财物，酗酒嫖赌，无所不为。岂知天理难容，报应甚速！多有死于刑狱的，连妻子还要丑报，岂不可怜！我劝你们急速改悔，各安本分，切不可再肆欺殴。既不惹怨，又保身家，岂非大乐？

莫告状讼

从古以来，讼非美事，所以称至治的，必说"讼简刑清"。世人务本尚实的虽然甚多，恃强争胜的却也不少。那贤良的人，凡事忍耐，轻易不去告状。就是真正负屈含冤，万分无奈的事，才到官府面前，出得一口气便罢了。有那无知的愚人，就是寻常没要紧的事，他便说气不过、忍不得，必定构词兴讼。有来劝他为人要谦让的，也不肯依；有来劝他将财物弃舍些的，也不肯允。一味怒冲牛斗，恨填胸怀，定然告状。古人说道："一字入公门，九牛拔不出。"俗语说："衙门向南开，有理无钱莫进来。"状子告进去,若是不准,还是你的造化高;若是准了,就是破财星、气恼星进宫。先要相会承行书房,送出票钱;及至出了拘票,差人的气是决要先受的。俗云:“有理无理,先从原告用起。”他承票到手,不去拘人,先来寻原告。旧例请差人酒饭茶点,若遇了好些的差人,费用还少索些,气恼还少受些;若是遇了恶役,就是朱雀口舌爻发动。这差人带着两三个合役伙计,装模作样,满口唠叨,说许多利害,一个作好,一个作歹,口吃不算,定要见面钱、安家钱、盘缠船脚钱,要个不了。及至拘到人犯,这里干证索银钱。若逆了他,见官就说话颠倒。那里词内人也要盘缠,若少了他,见官就口供偏私;这里原差如狼似虎,或要拴锁凌虐,逼勒使费,或是籍情起端,百般辱骂。那里又有签差齐差,似虎如狼,或是讨保拘禁,或是看守叱辱。自己下处要盘缠房饭钱,往来茶馆饭店要茶钱饭钱。又有亲族朋友来看候,茶饭照管。又有承行吏书恐吓诈骗,羁留刁难。真个应接不暇,费用不了。倘人犯不齐,再去拘提,便经年累月,也只得等候。就是家中有塌下天来的大事,也不能够分身去料理。若遇生事的刁人,还要借端诈害,或往来过客、地方乡绅讨情揽管,或歇家包头索钱过付。你只想一想,气还不曾出得,官还不曾见得,先自己撇了父母妻子,离了家舍田园,耽误了许多养生的事业,花费了许多苦挣的银钱,领受了许多无端的气恼,奉承了许多衙门的胥役。此时骑在虎身,要上不得上,要下不得下,走投无路,悔恨不了。及到将审的时候,头绪更多。看门的要钱,巡风的要钱,刑杖皂隶要钱,捆绑红衣要钱,家丁夜役、刑具禁卒、门子招书俱来要钱。张三与了,李四又要;李四与了,王七赵八又来要。要得个不止不住。送了一两,又要二两;送了二两,又要三两四两,送得无歇无休。更有这里送私礼,那里交双分,人众役多,怎能满意?这个骂父母,那个辱祖宗,甚且打掌颈、扯衣帽,吵闹不了。此时认真不得,认假不得,走投无路,悔恨不了。及到听审的时候,奴颜婢膝,屈跪公堂,不是呼叱挢打,就是夹锁枷禁,论事之大小,笞杖徒流绞,总不可知。但问官的判断难定,若一时把你问输了,费去许多钱财,又遭刑法,岂不是求荣反辱?即如侥幸得了

《详情公案》插图,描绘了古代公堂上用刑的情景

胜,那对头不服,依旧去别衙门告理,彼此相争,环报不已,冤仇越结越深,究竟两败俱伤,花费家财,还有断送了性命的。我往往见一件事情,下司衙门输了,又到上司衙门去告,承问衙门里招过了,上司或再驳查,重新又费钱起,重新又受苦起,每有一词经过几个年头不得了,不结不了。干证被告牵连许多,就是有铜山金穴,也要费尽了;就是铁铸的身躯,也要磨光了。我苦口劝你们:或有受人气的,当思无不可忍之事,若一告状,受尽了衙门中的气,倘遇徇私枉断,刑法加身,岂非不忍小气,反受无限的大气;不耐小辱,反受无限的大辱么?或有被人占骗财产的,当思身外之物,些须何难丢弃?彼丧心损人,自有天报。若一告状,小则浪费多金,大则倾家荡产,以现博赊,岂非得者小而失者大,来者少而去者多么?如果必不可忍之气,必不可弃之物,即延请亲邻乡朋,讲理处断。倘万不能了,然后告状未迟。至于小事兴讼,与刁告谎状的事,切不可为。若不听我劝,告了状子,就是不依逊让的,只见他哀求衙门人,捧杯执壶,送钱送礼,称呼大爷老爹,恭敬谦下个不了。不允弃舍的,只见他料理衙门人,左用许多,右用许多,花费个不住。每每见结讼的,官事输了,遭着刑法,夹打牢锁,还要问罪。此时气上加气,恨中添恨,当初气不过忍不得的,也要你气得过忍得住了。所以古人说“屈死了莫告状”,提醒你们何等警切!

世上有一等告谎状的,他思量诈害人,无风生浪,灭却天理,昧了良心,以是为非,将无作有,指小说大,假公济私,逞一己之私忿,听镳棍之刁唆。及至明白官府,审出真伪,那被害的如覆盆见日,那告谎状的以诬反坐,自寻罪受,天理昭彰。这样看将起来,无情之词,可还假得的么?

最可恨的,世上有一班讼师,凭口舌起风波,倚笔尖为利刃,喜动不喜静,好兴不好灭。人家若是遇了他,自家又没三分主见,听他指挥,任他播弄,这便是你家门大不幸了。要知道凡事以忍耐为高,我不去害人,人不来害我,有甚的兴词告状?所以说欲严诬告,先杜讼师。为何这讼师该杜绝他?就如人家要构讼,多是户婚田土小愤上起,就吃些亏苦,也还有限么。古人中有“唾面自干”的,才叫做良善。乃一念不忍,寻着个讼师与他商量,要知道讼师原以唆讼为生涯,见有打官司告状的,便是他的生意发动,他便指天画地,手舞足蹈说:“你们这事情,若在有司衙门去告状,只好扯个平和,怎能出得什么气?我替你调停个上司状子,驾个极大的题目,管教他打板坐牢,倾家荡产。”那愚民不知分两,只图一时泄愤,哪管后来祸害?倘若听信了他的主张,就是你的晦气。要知道他的主张不是窝逃,就是抗粮;不是谋反叛逆,就是人命强盗。满纸诬词,写得杀人放火,奇凶极恶。上司阅状的时候,看见事情重大,只得准了。及至状单挂出来,他看见准的里面有了原状的姓名,他就扬扬得意夸口说道:“这一告有数百状子,只准得这几纸,若不是我替你调停,你如何得准?只说是几句状词,不知我费了多少神思,想了多少主意,才得告准,不久就得出气,岂可忘我大德?”因而索酒索钞,还要讲谢礼、借盘缠。那愚人一堕其术,百依百从,不敢违拗些儿。及至批到承问衙门,他又说虚状实投,以图侥幸。那晓得如今的官府多是秉公执法,不肯草率问过。审得情虚,反将原告刑责,问拟招诬,依律反坐。那讼师的钱已赚过了手,站一边,哪顾你们的死活?及至寻他都不见面。纵寻着他诘问,那讼师或是说你登官堂不会说话，某某事不该供，某某事不该应；或是说那边是某某人情分，上说得甚大，你舍不得用钱送官，所以把你审输了。一味埋怨你。此时悔也悔不来。所以告状的事，断断不可信人哄骗。你们各各思量一思量，忖度一忖度，把良心提醒，休被讼师刁棍哄去了钱财，擿坏了事情。不可为一件没要紧的事，陷成大狱；不可恃一时可以忍得的愤怒，贻祸家门。王法不是为你报私仇的，王法不是因你可以回护的。大约但有人唆调你告状的，若不是顺你的性儿，讨你的欢喜，便是趁机会劝你告状，就中骗你的银钱，再不然必定是恼恨那个人，着你出头告状，替他出气。总之劝你不告状的，就是好人；劝你告状的，就是歹人。须当切切记着。

我看这诬害人的慌状情由，多因习惯了胆大心粗，机关学熟，又兼同伴的多，合伙的众，诈来的银钱浪嫖浪赌，任情花费。倘若对头怕事，央人讲和，越发中了机关，恣意勒诈，把来当一桩生意做。这一班讼棍见了官府，讲得出几句话，捱得住几十板，熬得起几夹棍，诬的硬诬，证的硬证，便是铁石人也被他质辩倒了。虽然问官一时被他瞒过，刑罚一时被他躲过，别人的性命家财被他坑陷算计过，泼天的势焰被他施为狂逞过，件件讨了便宜，事事占了赢局，那知天理是欺不得的，良心是昧不得的，到了那钟鸣漏尽的时候，孽镜随身，冤仇对面，逃也没处逃，躲也无处躲。从来告刁状诈害人的光棍，不是身死于刑狱，就是妻女儿孙败坏门风，流落不肖，何曾放过了哪个？若到业报，悔已迟了。况近奉各上宪檄行府县，简讼省刑，不许滥准词状，与民休息。又严禁佐贰，不许擅受民词，严拏包告镳棍。凡一切远年事情，架饰虚词、捏砌款单，概不准理。若有光棍冒籍越控，匿名串姓，拖害良善，除不准外，仍提枷责重究。就是不得已准了几状，仍要立限严催速结，唯恐拖累无辜。你们就要诬讼，也没处施展伎俩。我劝你们讼棍，把诬讼的念头休息了，把架捏的心肠改悔了。明明一个守法良民，你与他有何大仇，定破了他的家，丧了他的命？岂不干天地之和，招鬼神之怒么？

有一般衣冠宦族，倚着自家势力，靠着父兄当道，喜于招摇揽事，不论是非曲直，只图赚钱肥己。或包准词状，或代说情面，殊不知你图赚钱肥己，官准了你的词状，就拖累了许多无辜，诈害了许多良善；你图嫌钱肥己，官听了你的情面，就冤屈了许多事情，难为了许多无辜。更有与镳棍作伙，替诬讼用力，或明明出头，或暗暗做主，垂涎人的金帛，占夺人的田产，诈害得来论事分派，自为得意。哪知天报不爽，转盼势尽，其诈害来的家财，又被大恶人诈害而去，更要加上几倍利钱还人。可见冤业是结不得的，良善是诈不得的，这作孽的钱纵然赚了，也终是不昌盛的。古人说得好："深耕浅耨尚恐天灾，何况诬害良善？"这等丧心钱，岂能长久么？

我劝你们改易肺肠。遇亲戚乡中有争讼的，力为劝解，力为消释，保守身家，安分乐业，篱牢犬不入。即有镳棍讼师，他也无隙可乘。神天有眼，自然福善祸淫。你只看刁泼的，倚势的，再不曾有个好结局。

莫宿娼嫖

奸淫人的妻女，是世间最重的过恶。乃有一等人，以娼妇妓女非良家子女可比，我用银钱去嫖，意思说不伤阴德，不为过恶。殊不知极可厌的，娼妇下贱，真情实意向

《详情公案》插图，描绘古代执行斩刑时的情景

你的，百中无一，大略尽都是假意虚情，哄骗你的钱财。你若到那钱财稀少的时候，她的恩爱情意也稀少不堪。最可嫌的，娼妇下贱，洁净的少，秽毒梅疮的，十有八九。一染其毒，痛楚哀号，声震天地。虽求请名医百般治疗，即侥幸治好，也害得死里逃生，连子孙妻女都传染个不了。就是至厚的亲族朋友，个个都恶嫌你，总不敢与你同语、同食、同坐、同居，唯恐怕惹害过来，贻祸不小。更可恶的，娼妇下贱，贵贱不分，常常争风遇敌，光棍刁诈，官讼牵连，受累不休。这宿娼的事，有这等可厌、可嫌、可恶，虽然取乐一时，却是流害无穷。你好好的一个快活人，何必自寻这般苦吃？

莫耍钱赌

人好赌博，原不是肯把自己的银钱输与他人的，实是想要把别人的银钱赢入自己腰里的。要知道赌场上的输赢如何拿得稳，你只看从来赌博的人，十遭下场若有五六遭得彩，也该去赌，眼见得十遭下场倒有七八遭折本，如何还要去赌？总都是贪心痴心使然，到后又生出嗔心聚会，为害不小。人若一入赌场，这许多思量俱在赌上。到赌的时候，肚里饥饿，茶饭也不思量去吃；身上寒冷，衣服也不思量去添。娼优隶卒、奴仆下役之人，但有银钱可赌的，不论贵贱好歹，就与他同赌，品行也不思量去立，家中父母妻子的饥寒也不思量去管，生业也不思量去做。更有引领许多少年光棍在家赌钱，夜深之际，托故而起，潜入奸淫，就是房中妻子，也不思量去顾。若是偶然赢了，贪心不足，思量还要去赢，也要赌个不了；若是不幸输了，不肯住手，思量救本，更要赌个不了。就是费尽了精神，丧尽了体面，荡尽了财产，总不思量去改悔。古人说得好："赌钱是做贼的后门"，又说"赌近盗，奸近杀"。盖赌钱未有不输的，输钱未有不做贼的，做贼未有不犯罪的，做贼犯罪未有不砍头的。可见赌钱一事，在愚人看来是一件快活戏耍之事，却不知道竟是砍头的事。即不做贼，输完财产，变作饥寒下贱，有何好

鲁智深大闹五台山图，出自《李卓吾评忠义水浒全传》，描绘了鲁智深醉酒、大闹五台山之事

处？即不做贼砍头，那官府处治赌博的，枷打也不轻饶。若说图赢人的银钱，你见哪个富家是赌钱挣起来的？哪个富家子孙，不是赌钱贫穷了的？可见赌钱是最低最贱的事。玷辱父母，还要砍头，可不谨戒！我眼见许多名门子弟，衣冠出身，赌得赤贫下流，衣食俱无。亲戚朋友们或是看见，或是听见，无人不唾骂，无人不耻笑，何不急急改悔！保养你的精神，保固你的体面，保全你的财产，保守你的父母妻子团聚，将这赌博的心思，赌博的工夫，都用在本分事业上，不愁不饱暖，何等自在快活么！

莫烂醉酗

酒乃合欢陶情之需，岂可戒你们不饮？若全戒你们不饮，我先不合时宜。但有一等人，好撒酒风，饮至酒醉之后，不知天理，不怕王法，不通人情。此时昏迷放肆，乱打乱骂，每每极大的祸事，都从这醉中做出。若或不信，你只看世间许多的官府审定的重案，倒有一大半都从酒醉之后奸淫的，都从酒醉之后做贼盗的，都从酒醉之后打死人、杀死人的。总因酒能壮胆行凶，平常不敢为的事，不敢作的事，一到酒醉之后都敢作敢为了。及至犯了大罪，到了酒醒的时候，改也改不得，悔也悔不来，谁人救你，哪个替你？我不要你全不饮，只劝你今后遇着酒，该饮得十分的，只可饮六七分，既免了许多的罪恶，又保养了许多的精神，更却了许多的疾病，平了许多的性情，且而筵席上又不获罪了许多的朋友，可不大快活么！

莫欠债逋

世间人若能上不少官钱，下不少私债，就是极大的快活。你不知道官钱私债的利害，待我分别了，细细地说与你听。

世间人但是有了田地，就有钱粮；但是有了买卖，就有税课，自古至今，断不能无。盖因国家的事务极是浩繁，有许多的用度，才有这许多的征收。每年要许多官员的俸禄，许多衙役的工食，给散许多的兵粮，制造许多的兵器。或修筑河工，或打造船只，买许多的物料，给许多的工银，有这许多用度，所以钱粮必要征输。若不征输钱粮，这许多用度从何出处？要知道朝廷这般费用，究竟总还是为你们百姓用去的。即如设许多官府，原为治民，若你们民间有不公不法的事，若没有官长，谁人来代你断理？再者假如不设许多官府拘管，那奸恶的人自然生出许多以强欺弱、无故争夺的事来，你何能安稳么？即如设许多兵马，原为卫民，若你们地方上或有盗贼窃发，若没有兵马，谁人剿灭？再者假如不设许多兵马镇压，欲求地方宁静，人民安居乐业，怎得能彀么？就是筑许多河堤，也是怕民居被水淹的；修许多城池，也是怕人民没保障的。种种钱粮都是为民间费用去了。因有这许多费用，不得不征收民间这许多钱粮，原不是分外苛求的。你们想到此处，就该将应完的钱粮急早完纳了。只为世间有等奸顽百姓，不肯早完钱粮，因此定下一个官员的考成，着他用心催征。若是征收不前，即要革职降级，罚俸停升。有司官长因有这个处分，所以必要催趱，若是不完钱粮，便有许多苦楚。每逢比期，愚民不肯依限早完，官长定要差人拘叫。那差人承票到手，即呼朋唤友，三五成群，骚扰乡里，索酒索钞，任其诛求，恣其凌虐。你少不得要与他酒饮，少不得与他饭吃，还要差钱船钱要个不了。及至拘到衙门，见了官长，定要责打，除将自己的皮肉受了刑杖的疼痛，还要铺堂钱、刑杖钱，凌辱个不了。或自己怕打，再雇人代打，又要出一番雇打钱。若不到的，自然签拿，又重出一番签差钱。受了许多亏苦，挨不过一两限，这钱粮少不得要完。到了后来，催比得越紧，外费越多，剜肉医疮，疮不能好，反去了一块好肉。顾不得这件，完不得那件，一倍反用去了几倍。若是你们晓得算计，把家里一切事务权且放下，先将钱粮照限全完，那官长自然不来叫你。不但官长有许多快恬，就是你自己的身子，也是得闲的；自己的心上，也是放宽的。省了许多的杂费，免了许多的苦楚，父母妻子安乐团聚，门户清静，岂不享许多大快活么！

私债虽然比不得官粮，这受害之处，却也相仿。人家借债，究竟实在为着饥寒切肤的事甚少，为着奢华体面的事极多。要知道你借下这一项债负，原不是白送你使用的，俱是每月三分四分的利息。还有没良心的，惯放火债，每月加一加二利息。这利债或按月一要，或按季一讨，大约放债的人多半都是有势力的，或是官宦乡绅，或是兵棍旗下，或是生员衙役，或是无赖乞丐。到了该还的时候，或自己亲要，或使奴仆走讨，站在你家门首言语，坐在你家屋里勒逼，约得两三回日子若不偿还，便发话辱骂，甚至吵闹扭打；再若不还，即送官拿审追比。此时衙门差用，分外花销，一倍费去几倍，到底赖不过去。莫说经官动府，就是当人评论，人人说是欠债的没理，受了凌辱，仍要还钱。任凭你穷苦，他也不怜；任凭你卖鬻，他也不慈。当日顾体面的事，而今弄得大不体面，好好的一个家业，不到尽穷不止。又有一等不勤讨的欠债，更要早还。古人云："宽债不可拖。"即如债主不来取讨，到后一总结算，更是难堪。我劝你们可以省得的事，须要加意减省，免了许多凌辱，免了许多气恼。父母妻子安乐团聚，清门静户，才是体面，就是衣食淡薄些，也是极大的快活。

人家用度，动不动喜去当当，殊不知典铺将你衣裳物件值十两银子的，当不得三两与你，把你衣物扣在家里，本利并不催讨，不怕你不去取赎。日月甚快，无银取赎，虽欲变卖，奈物在他家，无可奈何，眼见多余尽归典铺。就是能赎，到那赎时虽说二分行息，戥头银色件件克算，少他分厘，扣住物件，不容赎回。今后倘有急用，不妨忍痛变卖物件，等到日后有余，再去置造，还是大讨便宜。

住房买者为上，典者为次。若或力微，不妨少住几间。心宽强如屋宽，胸中何等快活？若按月租房，即同利债，倘有生理，可抵房租，才不害事。

我劝人切莫借当，盖因光阴似箭，过的日月甚快，转眼几个月，悠忽就半年，我的生计竟为利耗。所以劝你们除饥寒急切的事可暂莫久，其余缓事，切莫借当。会享快活的人，此最要紧。

莫浪费奢

财物须要节俭，用度才不匮乏。古人云："常将有日思无日，莫待无时想有时。"我添二句云："有时思无存不去，无时想有想不来。"人若没有衣食，自然身受饥寒；人若没有用度，自然难撑体面。仔细想来，甚是可惜。有等温饱之家，财足意满，看得身子娇贵，布帛菽粟，视为泛常，穿的须要绫罗，吃的需要美味。一般的衣裳，便思某样的颜色方妙，某样的款式更高；一般的饮食，便想某家的烹调最胜，某家的方物最多。渐而器用什物件件俱求精美，居住房屋处处尽爱鲜华，止图眼前的虚华，哪顾日后的苦恼！更有一等人，看见他人奢华，全不想自家力量，却也揭借典当，勉强仿样，若有俭朴，反加鄙笑。以至到处争斗奢华，可不是白送家业么？但好奢华，自必暴殄天物，哪里有这许多钱财供你浪费？不过是卖鬻设措，东挪西补。我常见偌大的家业，不够几年便都贫穷。及到饥寒苦楚，事事难过，才晓得浪费的大害，虽然悔恨也是迟了。更有一等人，平日奢华惯了，一旦无钱使用，受不得穷苦，或是为非作歹，或是自己寻死，可不是白送性命么！我劝你们凡事省费省用，知足知止，剩些钱财以防饥荒，惜些福力以养身命。可减即减，可少即少。人家争华竞靡，我只朴素。人家穷奢极欲，我只平淡。衣裳只要蔽体御寒也就够了，何必定要绫罗锦绣？饮食只要充腹免饥也就够了，何必定要海味山珍？房舍门户只就坚固朴实也就够了，何必定要雕梁画栋？什物器皿只要备办适用也就够了，何必定要奇巧异样？不可顾了目前，忘了日后；顾了自己，忘了子孙。你们有

露台惜费图。选自明·张居正《帝鉴图说》，讲述汉文帝想在骊山上建一个露天的高台，让工匠计算费用。工匠计算后汇报说应当用万金，汉文帝觉得过于奢侈，于是取消了建台的动议

家有业，诗书耕织，教训子孙。存些厚朴，也省几个闲钱；减些虚花，也带三分古道。衣食可以不亏，财源可以常足，礼节可以粗完，家业可以永保。有余的日益富厚，不足的渐至有余，安享受用，岂不是极大的快活么！

莫懈惰懒

古人说："一勤天下无难事"，又说："乞丐无种，懒汉便成"。盖因人生在世，饱食暖衣原是要的，若是少衣缺食，便受那饥寒苦楚。这衣食的根源，若不是劳心劳力的寻求，却从何处得来？总在勤与懒两件上分别。但这勤劳，需要在本等当为的事上用力才是实在。为士的只去用心读书讲学，到了功夫纯熟，自然通晓治乱，识达古今，持心明朗，处事精详，平居必是个孝悌忠信的人，居官必是个忠君爱民之士。既做了好人，又受了荣显，岂不快活么？为农的只去用心耕田种地，耕田则田不荒而稻谷丰登，种地则地开辟而桑麻茂盛。遇着年岁成熟，酒香菜美，父子夫妻乐聚一堂；就不幸遇着年岁凶荒，也是陈仓积粟，一家老小免受饥寒，岂不快活么？为工的只去用心习学手艺，学得精巧，便能出人头地，处处赞好，个个称奇。一般可以致富，岂不快活么？为商贾买卖的只去用心做生意，南北道地皆能熟谙，某物该卖，某物宜屯，价目高低，了然于胸中。公平交易，童叟无欺，自然发财，岂不快活么？最可恨世间有一等人，好吃懒做，终日东摇西荡，苗不苗莠不莠，学成油滑腔调，士农工商没他的份儿，嫖赌摇嚼倒少不得他。家业渐渐贫乏，那饥寒苦楚自然要他领受。若受不过苦楚的，便为非作歹，犯罪遭刑，寻死丧命，总是自取。所以自古帝王制度，凡民间不栽桑麻的，罚他出一里二十五家的布；若无行业的，叫他出夫役之征。这样难为他，都是要人勤务本业，莫学懒惰的意思。俗语说得好："勤谨勤谨，衣食有准；懒惰懒惰，必定冻饿。"你去细细思量，只要你一心一意，专力在本等事上勤劳，不论阴晴早夜，毫不懈惰，朝朝如是，日日如是，就是时运不通，也安贫受淡到底，终有结果。只要莫懈惰，自然衣食有余。不求人、不受苦，就是极大的快活。

知世事

欲知世事，当察人情。今人情薄劣，变幻百出，惟知利己，不顾损人，所以奸狡诈骗，欺侮刻毒，无所不为，吾安可不知其情哉？知人情之有此，而己情亦所不无。不知人之事情，则有害于己；不知己之事情，既无长厚之事，必无长厚之报。虽有害于人，实有害于己，是皆俗习熏陶，利欲蔽锢，未明乎中正之理。又有事语轻忽而不知慎者，害亦有也！予童子时侍教父师，获闻绪论，略知趋向。及长而涉世多年，目睹境界，乃将世事多端，或出愚拙之见，或述父师之训，知人之事情而预防之，知己之事情而预改之。又且事加谨慎，俱以浅言演出，撰成一书，即名之曰《知世事》。篇篇语语，总不越乎寻常日用之间，犹如布帛菽粟，虽非锦绣珍馐之可比，至若御寒止饥，则人人未可少也。大抵圣贤所著，言微旨奥，非小乘人所能知。不若以浅近之言，显明易入之为得，因传于世也。世事既知，果能身体力行，不但人己之害尽除，抑且大利于己，又利于人，共享安乐之福，乃知予之浅言，原通乎至理。谁谓下学而非上达之发轫也哉！

天基石成金俗撰

人生天地间，凡行事说话，俱要从厚，若能依得这厚字，定有大福大寿。欲学厚字，先从容忍上学起，即如明知人之诈伪，我却不说破他，亦不现于颜色；明知人之欺侮，我只忍耐他，亦不发于言语。所谓觉人之诈而不形于言，受人之侮而不动于色，彼时虽觉愚懦，此中却有受用。

人行事说话，先存心为自己想一想，再存心替他人想一想，假如这件事行出来，这句话说出来，自己有利，他人也有利，方可就行就说。即或有利于己，无损于人，亦可行可说。若只谋利己，不顾损人，切莫恣为。如竟为之，明处纵能讨得便宜，暗里必受亏折，岂不是徒坏心机，枉用计谋耶？

《警世通言》第三卷《王安石三难苏学士》插图。讲述苏轼自恃聪明，妄续王安石的未成之诗，结果被王安石贬到黄州以教育苏轼之事

"不多事，不多言"，此二句六个字，人能学得，即是安分守己，一生就享许多快活，讨许多便宜。

见人壁上贴的诗文字画，并人做的诗文字画，其中或有讹错不是处，或有浅俗不通处，都要包涵，胸内宽谅其人之未学，切不可显自己有聪明才学，替人改正，亦不可当面说出，辨驳是非。要知今人的性情，凡事喜人奉承说好，喜人称赞说妙，倘若说他不好，心里就惭愧怨恨。即我之才学极高，设有人来虚心下气求教于我，虽有不是处，还当包容婉转，何况彼人并未求教，何必自讨人之怨恨厌恶！至于听人说一切新话旧话，并收的往来柬帖书启，俱同此一样包容，才合得人情。

听人说话，不论古事今事，旧话新话，我虽是已经听过知道的，也只听着，不可倚着自己知道了，便截断他的说话。要知彼说者一团高兴，若被我阻遏，未免惭愧。如当人众，更须切戒。

善人原该作，善事原该行，奈目今人情薄恶，我为善人，则人以我为懦弱可欺，事事搜寻我、骗诈我、谋算我。俗话说得好：“人善被人欺，马善被人骑。”然则善不为而为恶乎？予有拙法，我凡事检点，并不去损人害人，但人来欺我诈我者，我先让他避他，再或不止者，我便不可轻易恕他，揆之天理，亦不为过。至遇良善好人，需要加倍敬奉，所谓“遇文王而施礼乐，逢桀纣而动干戈”，如此涉世，庶乎可矣！

今人说快意话，做快意事，都用尽心机，做到十分尽情，一些不留余地，一毫不肯让人，方才燥脾，方才如意。昔人云：“话不可说尽，事不可做尽”、“莫扯满蓬风，常留转身地”、“弓太满则折，月太满则缺”，可悟也。

吃荤人归罪与杀生人曰：“你不杀死了，我也不去寻吃，因你杀现成，我才吃的。与我何罪？”其杀生人又归罪与吃荤人曰：“你不吃荤，我也不去杀生，因你好吃荤，我才以杀生为业的。杀生全是因你，与我何罪？”以予论断，二人之罪业相等。要知因吃所以才杀，不吃则不杀矣！因杀所以才吃，不杀则不吃矣！然其中吃者之罪，尤加杀者一等，多吃则多杀，少吃则少杀，不吃则不杀矣！如或不信，请看世上猫鼠无人喜吃，人何曾取而杀之乎？

世人每谓“家中不可杀生，只向市买现物，可免罪过。”请问市上生命岂俱不杀即有乎？此真可谓掩耳盗铃。日用如不能戒荤者，惟在少用，渐除为佳。

六壬奇门、星命卜筮以及天文堪舆等术，其书最多，其理极微，欲学此等事，虽用尽心思，亦不能精妙，除非大聪明人才得透彻。予父维石公专喜此数事，藏书若干，奈予生性愚昧，读各书彼此互异，俱不能解。诸术内予父于周易课法尤为奇验，求占者多，因将卜筮全书、易隐易冒、断易天机、课径诸书授予再四，而予随读随忘。惟予意谓世人精此数事，无非欲诸事可以预知，吉凶可以趋避。要知人能趋避之吉凶，原不是真吉真凶；若真正吉凶，世人焉能趋避耶？独有人之善恶可以转变天数。前人云：“但行好事，莫问前程。”予敬服此语！

算命起课，以及僧道之斋醮，古来原有此法，今人能得真传者甚少，所以验与不验相半。予虽一概不信，若有他人信之者，亦不可动加毁谤。要知世间赖此数事以求衣食者甚多，况皆贫瞽方外之流，何必破其生计以取怨恨耶？

相法不可不学，相书不可不看。人若能知相法，则人之贵贱贫富、寿夭穷通一见即知。昔人谓“识相便轻人”，盖人之相貌好处少而不好处多。世人亿万，其大富大贵能有几人？但相貌好与不好，只可自存胸中，不可动加评论，说人之某处生得好，某处生得不好，招人厌恶。要知今人性情，说他好处就欢喜，说他不好处就不欢喜。或者只说人之好处，其不好处隐而不说，庶乎可矣！

人但行事刻薄，说话尖利，不是短命，就是贫贱。何也？要知原来之福寿，都被其剥削尽了。

自天子以至于庶人，无一人无职事者，身居四民之中，若一无所事，坐享衣食，是天地之耗蠹，民生之蟊贼也。俗云：“成人不自在，自在不成人。”要知治家涉世，勤是第一件，盖勤则一家之人不至于懒惰废业，而无游手闲食之人。即如当家主公主母，每日清晨早起，先尽其家长之职，以率其男女子弟，令各勉其卑幼之职；又率其内外婢仆，令行供其力役之职。凡男子则耕读工贾，妇女则纺织针指，无分贵贱，各竭其力，则既可以成人，亦可以成家。况且人若闲居，非有正见者，则嫖赌不义之事相率而为。今勤治生业，则非为妄想无自而生，是勤之益人大矣！

勤必要俭。盖俭之一法，不能专在鄙吝，先要总计我一家之中人口若干，每岁衣食用度需费若干，因而制财用之经营量入为出，一切吉凶之费，皆有限制，又须常留盈余，以备不时意外之需。至于房屋、舟车、饮食、衣服器物交接，俱从俭朴，不可矜胜争强。凡一切无益之用度，不急之烦费，都从减省。自家俭朴只须自家俭朴，不可勉学富贵人家行事，如此则可免缺乏难继而求人。

勤俭两件，犹夫阴阳表里，缺一不可。勤而不俭，譬如漏卮虽满积而亦无所存；俭而不勤，譬如石田，虽谨守而亦无所获。须知勤必要俭，俭必要勤。予堂门书前人联句云："勤俭持盈久，谦恭受益多。"可为至语，时当警察。

焚锦销金图，出自明·张居正《帝鉴图说》。唐玄宗即位之初，非常厌恶当时的侈靡之风，下令皇室、贵族使用的服装、车马、器具等凡是使用金银装饰或者整体由金银制造的，全部由有关部门销毁，把回炉的金银上缴国库，这一举措有效地制止了当时的奢侈之风

一切世事，俱要俭朴诚实，不可习学浮华。盖浮华虽光耀于一时，究无益于实事。即如男婚女嫁，理当称家有无，随分厚薄，原无一定不易之例。予见世俗通病，务求饰观，即新人彩轿灯旗鼓乐极其奢华，少不精美则不称意，以至竭尽财力，甚至借贷典卖，虚装体面。及至事毕之后，常有贫难度日者。试想只为一时之虚文，反损害于生计，即使尽有实济，在本家先已困乏，日后何能再行别项礼节而源源不竭乎？予又见女子自矜嫁赀之厚，骄慢其夫，其夫不能屈之，竟有终身唯唯从命者，可见厚嫁之资反为伤伦害义之物矣！且士庶之家，财产易尽，固当善留余地。即官宦之家，所入体禄亦是有限之民膏，若非做贪官、做罪孽，安得如许之金钱而供其靡费乎？大抵人之败名坏行，罹灾得祸，都由于用度过奢之所致。凡事皆然，不独嫁娶一事而已。

俗云："当家不得不俭，待客不得不丰。"要知人生在世既不能绝人离俗，未免有亲戚故旧，来往通情，必须礼貌相待，施报得宜。凡事虽从朴实，却要件件周到，致其敬诚，则人人无不敬悦矣。若相待过于苟减，则人皆鄙笑，何以做人？

人之应世，只在说话行事两件。予谓事之关于说话者甚多，话若说得好，人也和合得，事也成就得；话若说得不好，非独取人厌恶，而且招灾惹祸，皆出于此。予将言之不可者诌成八句，令人谨佩，大有利益也。一不可信口多言；二不可厉色高声；三不可诉穷诉苦；四不可夸富夸能，五不可说人过失，六不可笑人丑形，七不可夺人言语，八不可杜撰歪文。人能守此八句，即讨许多便宜，有许多快乐。予恐每一句其义未详，所以又另注八条于后。

凡向人说话，先要自己心里想一想，该说的才说，不该说的就莫说。该说的即如劝人为善，解人争斗，慰人忧愁，省人迷误之类；不该说的即如助人为恶，搬人是非，笑人有无，起人事端之类。大抵言要减少，老子曰："多言多败"，前人云："贵人少语，贫子话多。"凡言语若多，未有不错乱招尤者。

虽有极好良言，说话时若厉色高声，在听话之人亦不欢喜，何况所说者尽非顺意之言乎？无论向贤愚贵贱说话，俱要温和低婉，听者自必喜悦。

所处境界贫苦以及自己艰难冤屈之事，俱不可频频诉说。听之者虽当面空为嗟叹，其实并未入耳，究竟于事无益。若果其人有济者，才可告诉。

我有才能，我有富贵，人虽称赞，亦当谦让不遑。予每见有等人大言不惭，夸自己才能以及富贵奢华，喋喋不休，岂不贻笑大方？且令不如者听之愧恨。又有平常小事办置得宜，便到处卖弄，鄙浅甚矣！有麝自然香，何必当风立，岂须如此耶？

天下之事，本来易败而难成；天下之境，本来逆多而顺少。或运蹇时乖，所行拂乱；或偶然错误，改悔无及。行路艰难，古今同慨。予每见有种不近人情之人，往往身立局外，信口谈笑，或曰："如此颠倒不好"，或曰："如此贫贱无能"。试问其生平，果能保全终身富贵安康而无失陷陷乎？要知天运循环，几年一转，前路黑暗谁能预？必有先贫后富，先贵后贱。妻子筹算有此少彼之类，不可胜数。可见贫乃士之常，多有隔几时而贵贱存亡不定者，何可以此而谈笑哉！人非圣贤，谁能无过？惟贵能改耳。多有朝为非而暮迁善者，何可以此而谈笑哉！至于他人过恶坏事，即与我有隙者，尚当包容，何况与我并无干涉之人。因一时口舌之快，即尽揭其人之生平短处，甚至虚空架谎，极意装点，如同目见，陷人于不仁不义。隔墙都有耳，窗外岂无人？传闻于彼，无隙者种怨，有隙者愈加仇恨，不解何苦如此？是以善涉世者只说人之好处、能处，其坏处、短处虽见闻真确，亦默而不言。此隐恶扬善之法，不独利人，又且利己也。

前人云："福在丑人边。"又云："红颜多薄命。"予每见大富大贵之人，相貌标致者少而丑怪者多；其贫贱庸常之人，尽有面目整齐者，是以君子不以形貌取人也！况且人之形体本无可恃，疲癃残疾，皆一生难保之事，美目可盲，捷足可折，天灾人病，俱不可知。由此观之，自爱不暇，何敢说人笑人耶？更有聋瞽痴哑之类，万般苦恼，就是现在地狱，总因前世不修，所以今生受此果报，见之者当生怜悯恻隐之心，自加警惕而不遑，何忍说人笑人耶？又有一等人，好题人诨名，编人歌谣，摩写酷肖，堪为绝倒，轻薄口过，莫甚于此。笑人者每不如人，是亦报应昭然耳。予曾撰《笑得好》书一部，笑人性情，笑人过恶，且备讲笑趣。独于形体亏缺之人，不但不笑，且又谆谆致戒也。

听人说话，待他说完了自己再说，不可从中间断夺人语言，惹人嫌恶。

不知文者，说话不防愚直，不可勉强乱诌歪文，岂不为识者暗中讥笑？若扯唐入汉，有头无尾，更取人之鄙贱。

祸福在天地间，取之无禁，用之不竭，专待世人自召耳。自召之道，只在存心、说话、行事三件。

欲求富贵者，在乎立志；欲求福寿者，在乎存心。一切术数之说，不足凭而不足计也。

士君子存心利济，或力不从心，惟常存善念，广行方便，遇人急难处，出一言解救之；遇人痴迷处，出一言开导之；遇可着力处，不惜挺身趋救之。立心制行，无非阴骘为念，是亦种德也。

我以厚待人，人以薄待我，非薄也，是我厚之未至也；我以礼待人，人以虐加我，非虐也，是我礼之未至也，彼何罪耶？然则厚矣礼矣，彼复薄虐者，乃我命也，彼何罪耶？是以君子不怨天，不尤人。

贵人之前莫言穷，彼将谓我求其荐矣；富人之前莫言贫，彼将谓我求其济矣！盖穷也贫也皆命也，非可告人而即得富贵者也。至于富贵人，又不可夸张富贵以骄人，令听者或增惭愧，或暗讥笑，无益而有损也。是以无论贵贱贫富，若于群聚之中，惟淡然漠然，总付之谨默而已。

言语不慎，最为祸胎，昔人每因私语而受大祸。予谓不独显言之当慎也，欲发一言，必先虑前顾后，虽背地之语，亦须当面可言者，方可出口。若事当避讳，总不如不言之为妙也！前人云：“饱谙世事休开口，会尽人情暗点头。”可见头若明点，尚恐惹祸，况其余乎？又云：“病从口入，祸从口出”、“万言万当，不如一默。”真万世之药石也！

有等人恃有口才，每每题人绰号，捏人歌谣，最当切戒。盖一出其口，则好事者必传为美谈，为人终身之玷，其怨恨当何如哉！彼亦将极口讥讪以为报复矣，岂非自损？又有发人阴私短处，害亦同此。

朋友居五伦之一，凡问道解惑、理剧分忧，非友无以济之，固不可一日无也。须要选其贤者与之交往，则德业相助，过失相规，真有益矣。若交匪人，则日流污下，眩吾耳目，荡吾心志，奸盗邪淫，无所不至，身家因而败坏。谚云：“近朱者赤，近墨者黑。”慎之哉！

衣帽无论华俭，但整洁则起人敬重。须要时加爱惜，有破即补，有污即洗。凡外穿衣套，晚间须折叠柜内，不可搭放衣架，恐鼠咬尘污。近身袄褂，每晚脱时须放床里一定便处，恐夜间猛然火盗诸急事，黑暗中随取随穿，不烦寻觅误事。忆昔年某夜间邻人火惊，予一知觉，衣服即已穿齐，而家人因事急心慌，尚在觅衣，可见衣当放于定处也。

暖帽惹蛀，须伏天烈日下反复晒几日。无论凉帽暖帽，每日不戴时，随即收入帽盒，自然缨色经久。

每日穿衣时，先提起领来，抖两三抖，恐有一切蛛虫蚤蚁游住于内。夏月更甚。

鞋须两三双，隔几日轮换穿晒。凡晒时以鞋底向天，晒至干。要知鞋底湿则易烂易坏。

人之有过，苦不自知，惟旁人视之甚明。必须虚己下问，始得闻而改悔。若或不喜规谏，人莫我告，必至溃败而不可收拾，后虽知而悔之，亦无及矣！是以贵莫贵于求过，病莫病于愎谏。

人生世间，一艺一能，必有所长。若恃我之长而矜己庛物，鲜不败矣！譬如善讼者，恃己之能，人莫敢与敌，然而常系缧绁，何也？盖因自恃其能而每欲讼人，卒受讼困。试观愚懦之夫、退步让人者，曾有是辱乎？孔子曰："聪明睿智。守之以愚；勇力振世，好之以怯。"请事斯语，辱其免矣！

凡见贫贱之人，不宜倨慢，当益谦和。我以礼待之，则彼虽贫贱，亦当屈服于礼；我一倨慢，则小人蓄怨于心，必借端生衅，而我反受其毒，何如我以礼待之？《语》云："勿轻小物，小虫毒身；勿轻小事，小隙沉舟。"能善御小人者，然后能为大人。

小人之量如针眼，不能容物。心如棘刺，常欲害人。只须以仁礼待之，以大度涵之，可远则远，岂可较哉？

凡遇宴宾客、会亲友，若不能一概断绝荤腥，亦当量情渐除。假如五六肴，则三四荤、二三蔬。要知添一蔬则可省一荤，省一荤则可少杀许多生命。虽稍觉慢客，而亦为客惜福，究竟客亦未尝不饱。至遇飞禽走兽鱼鳖虫蚁等类，俱体天地好生之德，随方救护，渐养慈心，则满腔浑是生机，种福无涯矣。

幼而不肯事长，贱而不肯事贵，愚而不肯事贤，此是人之三不祥也，总是一傲字为害耳！世人先除去傲性，才得成事。

凡有望于人者，必先思己之所施；凡有望于天者，必先思己之所作。可见凡事只反诸己，有种必收，理本如此，谚云："在家不会留宾客，出外方知少主人"，亦是此意。

人生在业，须做一事业，切不可太闲。若太闲则身无所事，而必入于嫖赌非为之事矣。昔人云："一日不可无常业，安闲便易起邪心。"凡闲居无事，或涉猎书史以广才学，或留心本业以全生理，庶不虚度光阴，可免偷生之诮，但不可过于劳苦耳。

妇女性情，每喜寺院烧香，以为修善作福。殊不知庵观寺庙乃僧道

张君瑞闹道场图，图出自《西厢五剧》。讲述张君瑞在蒲东白马寺与崔莺莺初见，惊其艳丽，顿生爱意，后来二人暗中约会，终成眷属之事

藏集之地，众目共睹。且轻薄子弟专于此等去处窥探调笑，讥刺品题，如蜮如狂，甚至游刮恶少群聚拥挤，凌犯戏谑，无所不至。此时隐忍受辱，犹如落牙自咽，若不出闺门，岂有此辱乎？要知妇女好处，全在于孝公姑、敬丈夫、勤女工中馈、教子恤婢，此几件便是修善作福。如不学好，虽日日烧香，礼拜神佛，亦不能免罪矣。凡有妇女者，为父母夫男先须谆讲此理。

世人动喜妄交异姓兄妹，甚有朋友俱不分内外。要知男女有别，人之大伦，虽是至亲，尚常趋避。《礼》云："男女授受不亲。"岂有异姓之人，竞相往来乎？所谓"远间亲，淫破义"，其不至于败常乱德者，十无一二，可不切戒？有拜干儿、干娘、认疏远亲族，俱亦同此。

遇盛喜中，不可滥许人事物；遇盛怒中，不可轻与人书柬。盖喜时之言多失信，怒时之言多失体而不恭也。言语书柬，俱当谨慎。

以有限之身而创无穷之业，愚也；以寻常之人而作奇异之事，怪也：以生生之心而下戕杀之手，狠也。此三者，予所不能为而不敢为、不忍为。

要作长命人，莫做短命事；要做有后人，莫做无后事。凡人做事，切莫自与愿欲相反。

心已知其小人险恶，亦不可骤与疏远。譬如医重病须缓缓用药，倘投猛剂，恐病未去而气血反伤矣！

世俗为儿女结姻，惟以房屋、田园、车马、奴婢、衣饰之盛则缔之，虽来自杀人、劫夺、不仁、不义，俱置不问，岂非大错？

世俗谄事神佛，经忏斋醮，修建庵观，坚意极诚，不知自问夫钱财从何处得来？欲以此而求神佛默佑，予恐未必然也。

扬城五方杂处，游手好闲而无生业者甚多。惟其无业，所以终日局诱良家子弟淫赌，又或党告谎词害人，机械变诈，无所不至，总之弱肉强食。惟江右工贾绝无一人斗殴争讼者。盖江右人人读书，读书不成则游学，以至百工手艺无不知书，故能安贫安分。若扬民习以为法，便是好世界。

遇富贵人不可诉自己的贫贱，恐彼疑我之有求也；遇贫贱人不可夸自己的富贵，恐彼疑我之骄人也。要知贫富贵贱俱不可自言。至于文人前不可说愚话，愚人前不可说文话，都要简点。

凡值人私语时，不可倾耳窃听；人人私室内，不可侧目窥望人之箱柜，亦不可擅开。人之书集柬帖，亦不可展看。所为者，恐犯其人之疑忌，失漏而生端也。

一切事物，凡众人所争者，不可轻取；众人所共者，不可独据。怨议既多，必招其害。

昔人谓少色欲以养精，少言语以养气，少思虑以养神，此保养精气神之至言，即修身之妙诀也。至于人若多言，不独损气，且更招尤。予又赘增曰："节饮食以养胃，节劳苦以养力，节费用以养财。"

目今涉世妙法，惟要称人之善，不可称人之恶。和颜悦色，下气低声，与人恭而有礼，才可以合得时好，才可以免得时忌。

有子要择妇，有女要择婿，先须量其子女之性情体貌，年岁家业可否相等，不甚过于高下者，即可为配。假如子本丑陋痴愚，竟设计诱娶美好之妇，非独情谊不和，或生意外坏事，俱不能免。男女同然。是以嫁娶非偶者，总皆父母之过也。至于媒人，媒字与迷字同音，百般虚假，将无作有，只要撮成索谢，不顾他人好歹。凡说话只可略听三分。即有七分不足信也。一切事，都要自己确访，全倚托不得。

无义小人，不得已而与之往来，须要外和吾色，内平吾心。一言一动，都要存神，庶可免害！

人无远虑，必有近忧。天下之事，未有不从算计而得者。是以不能算计之人，不但日后要受困苦熬煎，目今先多失志矣。！俗云："穿不穷，吃不穷，算计不到一世穷。"只要在本分上勤俭生活，切不可损人利己、刻薄谋害，以自己折算自己福寿耳。

炎凉之态，富贵更甚于贫贱；妒忌之心，骨肉更甚于外人。此处若不当之以冷眼，御之以平气，未有不日坐烦恼障中也。从今日起识破此情，落得胸中许多宽快。

孩童不可将小鱼与食，因彼无知，自不能细心摘刺，且又性急乱吞，每每鱼刺横戳咽喉，不上不下，哭叫无救，是皆大人害之也。再如尖簪尖钉之类，俱不可与儿人手，一则恐其吞咽；二则恐跌倒戳伤，都成大害。

有儿之家，凡热汤壶碗以及刀斧利物，都要安放桌里稳处，不可放于桌边案旁，恐小儿无知，伸手勾耍，为害不小。又如火笼火炉，俱不可令小儿近旁。河桥塘井，若无大人携带，亦不可令儿轻往。非予之迂言，实有因此而害命者，不可不防。

凡事勿论大小，务须预先思量停当，临时即以应点，自然都有着落，岂不便宜？若待事至再虑，必致慌乱失误。此予拙人之见，在能者可以不必。

凡说话行事，或有他人求教者，我虽能得十分，只当谦应五分，到后行出多来，彼人自加敬悦。切莫预先满口允诺。倘若行不践言，非独自己惭愧，且又贻笑招怨。

人家清晨早起即净扫厅堂，洁拭椅桌，衣帽整齐。有宾客到来，即热茶奉敬，不独交情联洽，且而家门辉耀，自然兴旺之象。彼日照高卧、房屋尘积者，岂非衰败之兆？

"早饭要早，中饭要饱，晚饭要少。"此三句是居家出外、养生却病之妙法。

早饭要早，每见人家日照多高，主人或吃参汤补药，或泡糕饮乳，而奴婢服役多时，尚是饿肚空心，更有遣往冒风雨寒暑行走者，此皆不体贴人情之所致也。要知空腹做事，风寒易冒而病多由此生。予谓每日清晨下床洗面之后，或粥或饭，合家饱餐，凡人腹中有食，则治事者有力治事，出外者腹饱出外，岂不大益？是以清晨早饭，断不可迟。

人家三餐，俱宜早吃。早、中既早，而晚餐更不可迟。是以每晚于日将落时即完晚饭。少停一黑，即照管门户，归房安睡。要知早睡之益，计有六件：房中厨下可免火灾，一也；早睡则夜半容易醒觉，可防贼盗之偷窃，二也；无子弟博奕酗乱之患，三也；早睡则次日早起，不至沉昏失晓，四也；省许多油烛之资，五也；不到黑晚则厨下锅碗器物不至跌损，六也。迟睡者则反此六损矣！习熟几日，即成自然。

扬俗衣服袖口，并腿上满袜都作紧窄，不独手之伸缩不便，且每日早晚穿脱费力，将极整新之袖袜竟被扯破，此皆市井所为。予剪制略宽，甚便甚省。

予闻前辈云:“至富莫起屋,至贫莫弃田。”要知起造房屋,乃是最难之事。其始初,木瓦匠工唯恐主人怕多费而不为,则必省其物料,减其工价,诱令主人欣然乐从。及至半途,左亏右缺,种种增求,尝有原估百金,竟倍用二百尚不能完竣者。主人势不容已,或借债以落成,或停止以倾废,多有因此而破家荡产,岂不失算之甚?予谓心宽强如屋宽,必不得已欲造房屋,须预先将木植砖瓦,渐次捐措,经营俱备,即工匠之需,亦不取给于仓卒,方可为之。至于田地,或是祖父所遗,或是自家续置,不知费几许心力而始至我手。乃粮食所出,养命之源,且传流子孙,受用不尽。虽间遇水旱,究竟丰年居多。若无至急至大之事,切不可轻易典卖于人。予每见今人一有争斗之词讼,婚娶之奢华,以及可已可省之事,动将田地轻弃,及至后来生计艰难,再想追悔,已无及矣!前辈莫起莫弃之言,可为至宝。

人到五十岁以外,六十岁以来,精神渐渐衰败,非同少年可比,譬如日已将落,未来光阴料亦有限。最长寿者,七八十而止,百岁翁世能有几?须将事业渐次交付儿孙,未结之事,急当了结,偷闲安享,才为达者。予见今人每每全不自量,年已半百,尚不服老,或有昼夜谋虑不止者,或有娶妾娱情者,或有求官者,或有起房造屋、买田置地而不休者,或有远涉江湖、高登险峻、沐雨栉风、尘埃满面、丢妻撇子而无定息者,吾不知巴巴汲汲,俟何时而后止?家拥余资,顾何时而能享?始则发白,既而乌须,目昏齿摇,腰弯面皱,犹然强说不老。“儿孙自有儿孙福,枉代儿孙作马牛”之言,全若不闻。愚昧至此,真为可怜。

佛乃西方大圣人也。其智慧高明,愿力广大,而且慈心普度,世人最当敬信者。今人读书不多,见理不到,每每谤佛为虚无寂灭之学。予曾注《金刚经》一部,每部一百二十页,专讲般若妙法。空中真有实际,其说无相者,但教人去妄念而存天理。若并天理去了,岂不行尸走肉?世人不细究此理,只乱说佛是空寂,譬如宗庙之美,百官之富,彼门外人何能得知?

今人每说僧人为不耕而食,不织而衣,游手好闲之徒,不可敬信。试问说者曰:

《金刚般若波罗密多经》插图,唐代刊本

"世上不耕不织者极多,尔曾耕而食、织而衣乎?"又说僧人势利贪财,动好募化。试问说者曰:"世人虽孩童,但有知识者即爱银钱,即爱好衣好食,尔可果不趋炎赴势,见银钱而不取乎?"又说僧人藉以佛教经忏,终日铙钹铛铃,哄骗愚人银钱,更有荤酒邪淫种种作业者,所以佛教不可信奉。试问说者曰:"今之读书儒士,品行端方者固有其人,亦有恃着文才,好以刀灾笔人,奸计害人,百般作恶,无所不为。孔圣人原不曾教读书士子以文字聪明败坏品行,岂可以败行之士,遂不敬奉吾夫子乎?"要知各有贤愚,断不可因噎废食。

人家妇女,只要老诚俭朴。凡女工中馈,俱要用心勤谨,切不可令其识字。要知识字读书原是好事,但而今妇女若能识字,凡圣贤书文偏不喜看,只喜看淫词小说,虽贞烈者尚且学坏,何况水性易惑?反不如愚拙妇女之安分守己。所以说男子有德便是才,女子无才便是德。至于琴棋书画、吹弹歌舞,非吾辈常人所宜,习学何用?

姦字是三女字合成。古人造字,原有深义。要知妇女若与二三女伴私聚,以及同居同宿,就有坏事做出来。

凡赴筵席以及见新亲贵客,先要打点大小便,然后赴见,不可谓事小而厌。予琐碎常有因恭急出神失仪者。即登轿上马,皆先留意。

凡灯不灭,妇女莫解内衣,恐窗外有窃窥之人。

凡于匆忙急迫之时,若说话行事以及发书柬与人,定要细心检点。多有因忙而错误者,后悔何及!

凡说话行事,虽要认真,然亦不可认真太过。其可以圆活者,还须体顺人情,通融转动。所以前人有"胆欲大而心欲小,智欲圆而行欲方"之言,诚为持己妙法。即如直言无忌,动辄招尤,岂不是立身大害?

与人交接,宁可过于谦恭,过于周旋。凡礼节疏略,得罪于人,只是此心懒散所致。

初与人交往,未知其立心做事生平品行如何,其言虽可听,貌若可亲,亦未可遽然相信,就以机密之事、心腹之言吐露。倘或彼非正人,则祸根由此而伏矣。后悔何及?

誉人之言,不可太溢;责人之言,不可太尽。一时虽不畅意,日后亦无悔心,含蓄之妙,不可不知。

凡看人文章,论人行事,非最相知厚密者,不可太直。盖既以形人之短,亦且恃己之长,皆招尤取侮之道也。至于向人说话,毋论相知不相知,切不可任己之性,直说得太尽。

可以言,可以不言,就不言可也;不能行,不可不行,就行之可也。

人不可自恃,自恃以为无患,则患至矣。是即天道恶盈而好谦也。所以每当事不可不有临深履薄之思。

与人共事,遇有错误,有彼不肯认过,互相争执,所伤必多。若能引咎自责,徐以一言解之,则识量过人,彼心愧服矣。俗云:"自己认了不是,人再不好说你;自己倒在地下,人再不好跌你。"乃最妙之法也。

人生禀质,大抵一定不移。与之说道理,未尝不知;及至做事时,只依着自己性气做去，全不改易。所以变化气质，全从学问工夫得来。学问工夫，要从孩童时便渐渐引入，才得习与性成。若年长而自能变化，非好学者不能。

凡事初定议时，彼此发于真诚，尚恐后有变局。若有一毫勉强，他日必不践言，所谓"要盟无信"者，此也。

亲友庆吊礼文，要及时往来，不可遗忘失礼。倘有缺失，不但受人指责，即或有事聚会时，自己脸面上岂不惭愧？予贱性多忘，因自立拙法，用红纸裁一单，画为十二月十二格，每月一行，每行分三层，上层填上十日事，中层填中十日事，下层填下十日事。凡亲友寿日以及婚丧庆吊往候诸事，预填于每月格内，粘面架之旁，每日洗面时抬头即见，庶不致失礼获罪于人也。

富贵荣华，妻财子禄，皆从前世修积而得，假如前世不曾修积，则今世不应有享用矣。譬如春天不曾耕种，秋来从何收获？自然之理。不知此因者虽日日妄想，亦妄想不来。忧之思之，徒自损其精神耳。有何益哉？予每见世人境界不如者，都不肯安分，终日戚戚，眉头不展。妄求于人，则摇尾乞怜，寡廉鲜耻，甚至妄作非为，受辱遭祸，皆由于此。前人有云"贫不受人怜"。然当今之时，谁为怜者？况人情薄恶，处处相同，如向富贵人言之，奈富者多鄙吝，而贵者多倨傲，不但不能救济，且多生厌薄之心；如向贫贱者言之，不过有同病之感，彼非轻财好义之人，欲其行分财周急之事，奈彼自顾不暇，何能顾人乎？所以君子口不言贫。"临渊羡鱼，不如归而结网"，须要自己立起志来，辛勤于本分事业，读书者上紧读书，贸易者专心贸易，听天由命，水到渠成。况春梅秋菊各有其时，落得心中享许多快活。能依予言，即为世上最会讨便宜之人。

人家子孙，谁不要聪明？予每见有聪明子孙而不依教训，任着己性，习学下流，劝之不醒，说之不改，其败坏更甚于不聪明者。人家子孙，岂可不读书？予每见有博学能文，而于根本上全不理会，其缺失更甚于不读书者。前人有云："资质美又贵驯良，读书多又须明理"，真为至言也。

凡理所不当为之事，虽至亲好友相托，宜力辞之。事成原未尝谋其利，事不成亦不致受其过。凡非深交之人，不可以隐情密事相告，宜力忍之。语不合则无失言之羞，语即合亦不无事后之虑。

以言感人，不若以行感人，言虚而行实也。欲使人见吾之善，不若使人不见吾之善。见则恐招人之忌，而不见则我自阴行其德也。

子弟初学，先令其明长幼之分，发孝悌之情。言动有仪，饮食有节，勿轻易打骂人，然后问其每日读书功课。

子弟初学，先宜属对。要知对书一部，其中字句各有平仄、上下、虚实、死活。分门别类，若能细心熟记，不独开发其聪明，日后文词章句、学识见闻，大有广博。所以好对书名之曰"五总龟"。因天下万事万物但有所问，无不知晓也。岂可以浅学视之！

凡出外远行，遇关津渡口闸坝行埠之处，切不可与之争骂斗殴。此皆土棍会聚之所，彼众我寡，势不相敌。小则受其侮慢，大则官司人命，暗地打劫，有误程期。予每见不知者往往犯此，害累不小。至于人家奴仆，出外比如在家，尤当照管。要恤其饥寒，节其劳苦。万或致病，受累非常。若打骂不堪，生心离叛，尤多不测。

凡舟车脚价，其贵贱多寡，须当预为访问，临给之时，不可过为争论短少。盖此辈辛力之资，藉以养命，多有妻小家口赖此生活。我一刻薄，既坏自心，且又种怨于人；待之略宽，颇得其力。又有不良之人暗通盗贼者，安顿行李最要谨密。

人之耳目心思，必有所用，不用于正，即入于邪。若专好在没要紧处着精神，则于要紧处反不照管矣。读书治家做人都是如此。何以谓没要紧处？如好酒、好色、结交游荡、看闲书、管闲事、音乐技艺、玩好畜养之类皆是也，所以凡观人者，只看其所好何事，其人之邪正可知矣。

凡见人家于厅堂好华洁，其书房全不收拾，算盘、账簿、闲书、戏具与经书文艺混在一处，其人必读书不成。亦有书房精洁，字画几案铺设整齐，而读书不成者云何？曰："他只是外面整齐，其胸中文义全不理会，那得有成！"

凡有苦志读书而不得科第者，必其隐行有亏也；有未尝用功而得科第者，必其命运本好也；有全无恶事而不得科第者，必其攻苦未深也；有作为不善而得科第者，必其福量本厚，未曾折尽也：若苦志读书又积阴德，纵命运不齐，断无不中之理。此是读书最验良方，不可轻忽视之。要知福薄而读书积德，天只限之以福分，不限之以科名。盖有科名而少福分，仍与寒士无异也。寒士若望成名，宜以此自励。

人家何以要好子孙？古来凶恶称瞍鲧，他身为天子之父，只为生子好；大圣称尧舜，他将天下让与人，只为生子不好。文王不生武王，焉有八百年基业？家国本是一理，若人家无好子孙，纵富贵止不过一时；为子孙不肯学好，虽尧舜亦难教训，岂不危哉！尧舜非不教子，到底不能继世。今人不思教子孙，遂说子孙好不教自好，子孙不好教亦无益，独不闻孟母之三迁，汉朝之万石乎？子曰："惟上智与下愚不移。"人家子孙，大抵中材者多，习于善则义，习于恶则恶。古来累世义门家称礼法，非由于教训耶？

人生在世，全要贵于自立，若只倚靠着父兄教训，原不是好子弟。试看古今许多大圣大贤，何尝是父兄教出来的？只为子弟不才，不得不有望于贤父兄耳。

人家教子孙，只教得幼小之时。若到后来长大了，其好与不好，全在自己为持。但小时好，后来自己再学好，就极容易；若是小时不好，后来自己才学好，未免甚难。所以教子孙于幼小之时，最为要紧。

尧舜登庸受禅图。石成金认为，古时之所以实行禅让制，是因为帝王自己生子不肖之故

老子曰："不见可欲而心不乱"，予又曰："若见可欲而心不乱者，非大圣人不能。"盖圣人主理一定，物欲不能摇惑。若在常人，因习见而未有不移乱者。譬如戒子孙赌博，乃家中赌具满案，群聚辄赌，子孙焉得不习于赌耶？是以予父维石公家教垂戒，不独牌骰不许存留于室，即围棋、象棋、双陆、牙牌之类，一概不许置备，又一概不许子孙入手入目。虽亲友至舍饮聚索之以消闲者，亦乞诸其邻而与之，甫完即返之于邻，不停时刻，恶子孙见而心为之染乱也。所以愚弟兄四人，自幼至今从不知牌如何斗，骰如何掷，围棋、象棋、双陆、牙牌之类如何才为输赢，皆由不见不习而然也。要知孟母三迁，深为可法。不但博奕之事，若嫖酗争讼之种种无不如此，是人乐有贤父兄也！

以言劝人说人，要先顾自己行止何如。果能自立于正，然后举而示人，彼人未有不服从者；倘以己所不能者以之说人，不但人不服从，且将得谤矣。譬如戒人赌博以及教子孙不可赌博，乃极正之事也，倘若自己好赌不止，惟以空言劝诫他人，彼必曰："自己不正，焉能正人！"乃将何辞以应之？凡事皆然，不独赌博一事。

予见府大堂某守悬扁额六字曰："天理王法人情"，官每坐堂治理政事，举目即先见之。为此额者，欲令本官触目警心，审断诸事必由此理法情三件而行，自然行之必当矣。予谓不独居官为然，凡持己待人、说话行事，俱以此六字三语为式，自然所行必当，就是积阴德于冥冥之中矣。

观人于失意时言辞举止绝无怨尤愤激之气，此即是大有学识者，其度量过人远矣！

胡安定曰："嫁女必须胜吾家者，胜吾家则女之事人必钦必戒；娶妇必须不若吾家者，不若吾家则妇之事舅姑必执妇道。"此前人之言也。以予愚见论之，世人结婚，当以其家父母子女之贤良为主，其次只要门当户对，纵贫富贵贱不宜太过。即如我今有女嫁出，若选胜吾家者，彼男家必以我为有意攀高，凡一切礼节妆奁，事事要从丰厚，虽加甚厚，彼亦自为该得；倘少有欠缺，难免被之欺凌讥笑矣。假如诸事从厚，自必费我设措，甚属无味；假如诸事从减，又恐启人争端，且与体面相关，进退两难。世人每每攀其高门与之结婚，皆未之思也。又如我今有儿娶妇，若选不若吾家者，我儿即为彼家之婿矣，我身即为彼家之亲翁矣，我之后裔与他之后裔世为中表。但其人系仆隶下贱之流，岂不大伤体面乎？世人每每贪其小利，与之结婚，皆未之思也。勿论嫁女娶妇，莫不皆然。要知子女之贤与不贤，全在其父母之教训何如耳，原不关于家门之胜与不胜也。不察子女之贤与不贤，而徒以家门之胜与不胜是选，则高下悬殊，必致懊悔莫及，岂不皆由前人"胜吾家"、"不若吾家"二语之所误耶！但愧予之愚见而妄议前贤之非，似不能无过焉。

前人云："男子三十而娶，女子二十而嫁"，非如后人所解三十而始娶，二十而始嫁之谓。盖谓男子不可过三十而不娶，女子不可过二十而不嫁也。要知男女至二三十岁，正当强壮之年、生育之时，过此以往，则精血渐衰，失其时矣。况且今世人情尖利，非复昔人之老诚朴实者可比。试看小小孩童，无事不晓，说话有似成人，何况年至成人耶？予每见一等人，男女虽已长成，或因争论财礼，或因较量有无，或指望手底宽余，或只图谋求名利，任意愆延，婚期莫卜。在男女羞涩，何能自言？日复一日，年复一年，青春虚度，芳心难遏，必致暗里丑事无所不为。贻父母之羞，玷辱家门，悔之何及！此虽子女之非为，是亦父母害之也。予又见一等人攀高性急，望后意殷，子女十四五岁，精血尚未充足，即与完婚。大抵幼童无知，惟图戏乐，不解节欲保身之道，真元既损，必成虚病，渐至危笃，医药难治，因而夭死者极多，悔之何及！此虽子女之无知，是亦父母害之也。一迟一早，太过不及，其害均同。予因立期，无论男女，凡年至十八九岁以及二十岁之内，人已长成，精血强壮，即当及时婚配，内无怨女，外无旷夫，非独宜室宜家，抑且遏淫正俗。世事之最要紧者，莫过于此。

近日婚嫁愆期，多因聘礼奁资之艰难。要知亲戚之谊，全在两家相好，情投义合，所以结亲，岂在于财帛之丰俭而生较量哉？若女家专求厚聘，是以女身出卖得价矣，最为可鄙。况且求得厚聘，必须从厚赔嫁，财来财去，原物原还，更加多费己资，枉与争论，甚是无益。若曰体面攸关，予每见人家因女厚嫁致令事业贫乏，家计萧条，未免百计求人，若到消乏求人之时，有何体面乎？若是为儿娶媳，只要新妇贤良，能敬公姑丈夫，能勤俭安静，就可以内助成家，何必定要妆奁丰厚耶？若曰新妇妆奁之丰厚，可以济子之贫穷，要知人生贫富各有前定之命，假如命该富贵者，虽无妻家带来之财，亦能富厚；假如命该贫穷者，虽有妻家带来之财，亦必贫穷。予每见人家新妇因妆奁丰厚，致启贼盗之偷劫，天灾之火烛，甚有自己作孽嫖赌浪费，将妆奁尽化乌有而后已者，亦有妻子恃有厚资，目无公姑丈夫，放肆而不安分者，则厚奁有何益哉？予以为凡有嫁娶，俱从俭朴，不可习学浮华。量力为持，将来将去，两家减省，早完儿女婚事。能依予言，省许多口舌，全许多亲谊，免许多忧虑，乐矣哉！

为儿孙定亲，宁可男长于女，不可女长于男。要知女子年长，未免欺负夫男，且而阴盛阳衰，甚不合宜。但男之年长，只可长三五岁，再多不过十岁之内，若或太长，又不宜也。

富贵之家，每每老夫多娶少妾，或老而断弦，仍娶幼女，只图眼前欢乐，皆未曾想到后来境界耳。要知老人之精力日渐衰败，在少年妇女青春正艾，若要遂其欢心，则将灭之灯，何堪频去其油？必致疾病丛生，身命随丧，甚可畏也。若要不遂其欢心，则女虽有夫如同无夫，孤守活寡，误害终身，日夕悲愁怨叹，于心何安？甚可怜也。若要防闲太紧，则女必忧郁生病，夭命而亡，岂不大损阴德？若要防闲稍宽，则种种丑事皆由此起，岂不大辱家声？要知老虽爱少，奈何少不爱老，憎恶之念一起，虽烈妇亦生心外向。何必贪一时之乐，而讨无限之苦耶！

世人只知选媳为难，不知为女选婿更是难事。人家亦有好子孙，见之者未有不爱之而欲以女妻之也。我若结婚稍迟，即为他人所得，岂不可惜？男先于女虽是古礼，然坦腹东床之事，不可不早计也。定婚要早，但不可在孩提襁褓之时即与结婚。要知人事更变，沧桑不一，往往十数年间即人情事业大相悬殊，此时悔之何及？须是定婚之后不过三五年，即可完娶，自无更变之虑矣。且而年若太幼，言行之好歹亦难察也。

俗云："会拣的拣儿郎，不会拣的拣田庄。"但选婿之法，只要婿之贤能，不必过要家产富厚。予每见富贵之家生出不肖子孙，未几而消败者有之。所谓"但得好儿郎，何愁无田庄"者是也。

王羲之像，图出自明·天然撰《历代古人像赞》。王羲之有个“东床袒腹”的故事，讲述当朝太尉郗鉴欲在丞相王导的子侄中寻一女婿，王导让郗家到王家任意挑选。王家子弟看到郗家来人都表现得谦恭有礼，温文尔雅，唯有王羲之躺在床上若无其事。郗鉴得知，认为这正是他想要的佳婿，于是把女儿嫁给了王羲之

女生外向，既已适人，即当令其奉事公姑。入赘一事，切不可行。夫赘者赘也，如人身之有赘疣，去之不可，存之不便，极为可恶。倘婿家真无依倚，不得不赘，亦当另住一宅，不得与本家闺阃相近。

人虽有尊卑贵贱之分，其男女爱欲原自相同。予每见今人于亲生儿女即及时婚配，至于家人奴婢，年虽过长，亦漠不相关。大约为家主者喜用无夫之婢，恐其分情于夫，未免服侍不专。殊不知天地生人有阴有阳，极细虫鸟莫不配偶，为人岂可逆天行事？况婢女之苦恼更甚。即如婢女有能守者，但其穿房入户，闺阁情事焉得不知？每至风晨月夕，孤眠独宿，枕冷衾寒，辗转不睡，愁叹终夜，怨气积于家庭，大不祥也。又如婢女有不能守者，举止动静百般撩人，眉来眼去，暗里佳期，私开门户，偷盗衣物，拐带逃走，甚至投旗做贼，设计谋害，主人之身家因而败坏，大不利也。能守之婢极为可怜，不能守之婢又极可恨，是皆主人不及时婚配之过也。予立拙法，凡婢女至二十岁内外，年已长成，有父母叔伯者，即令其父母叔伯自寻经纪小民，年岁相当，我为察看，着备卖身原价，领回完配。我再量给嫁用盆镜衣物，或于原价之内削让若干，更见长厚。如此做事，婢家之人，虽嫁有好歹，亦自无言，日后婢亦无怨。但须防有不良之徒串通婢家之人，多价另卖，须着人查访确实才行。倘若婢家无人，我即为之择配。得其身价，又可另买小婢。予家用三婢，俱是如此。其奴仆之诚实可用者，或配家用，或助配另自营生。总之奴婢既于幼小之时，听呼唤劳苦服役于人，若待年已长成，岂可仍令其苦役终身哉？一切衣食，虽与亲生儿女各有分别，其及配婚，不可过迟，此事大有阴德耳。且彼奴婢原非草木，自必感我恩惠而不忘矣。

亲友中凡有儿女长大者，劝之诸事将就，及时完娶，乃极大之阴德也。

相法谓“六尺之身，不如一尺之面”，假如身虽生得极好，若面部生得不好，亦不能富贵也。又谓“一尺之面，不如一寸之心”，假如面虽生得极好，若心里不善，损人害人，将本来之福剥尽，绝无好结果矣。

路上行走，如欲小便，须要四边一看，恐路上有妇女行走，或有妇女立于门口。即无人说，自觉不雅。

大小便切不可朝向日月，如郊野空阔处行走，须拣岸树旁僻处便之。

出外远行雇船，最要紧者有三件事：第一要看船户好歹，但见面目险恶，说话不俊者，皆不良之辈。亦有假装柔顺，然其奸狡之情，到底难掩。若误上彼船，遭其欺侮，争长较短尚是小事，甚有串通贼盗，里应外合，为害不小。第二要看船体新旧，凡船外面虽不过于朽坏，且莫搬行李上船，须亲自上船细看船里各处，船底有无漏湿，船旁有无稀缝，橹篷篙舵可曾整齐。尽有船外好看而船内甚环者，切不可雇。若误上彼船，行至中途，黑夜水入舱内，衣物浸湿，或遇风雨，上下俱漏，顾上失下尚是小事，甚有水多沉覆者，为害不小。第三要拣同伴善恶，每有一等奸骗小人，装成老实客商，哀求搭船。不知误搭上船，失脱财物尚是小事，甚有代为贼盗引媒，打探虚实，指点处所，黑夜招呼，同助劫夺，为害不小。此三件，专为远行二三百里之外者言之，若附近一日路程，则不必过于拣选也。

船户水手以及骡马车轿人夫，需要强壮有力者，不时以好言婉待，不时以酒食犒劳，彼自用心竭力服事于我矣。若老弱衰病之人，切不可用，恐一遇风波险峻之处，正当危急困难之际，不能用力，岂不误事？亦有不耽劳苦，中途病倒者，岂不误事？

行船走马不可太早，须搭伴同行。晚间不可多走黑路，莫因贪赶路程以致不到前站镇集，误事不小。

出外行李衣物不可过多，拣必用者汇在一处，绳索须多用几条，随物捆缚。但予贱性多忘，因自立拙法，乃将被箱衣物等件开一小单，带于身上荷包内，凡出门时照单点查一遍，上船下船、到寓处离寓处俱照单点查一遍，自无遗失找寻之事。

出外行囊箱笼中如有铜钱铁锡沉重器物，恐船户同伴疑为金银，甚是害事。须于上船到寓时，可假做查寻物件，于箱笼内逐一搬出点看，令旁人知无金银珍宝，可免许多疑心。

行船时手膊不可搭放窗外，恐往来船过擦损害事。夜晚间如出恭，须唤醒同伴。若船头出恭，须攀紧舱口，不可轻忽。

离船离寓时，虽行囊装完，须四处一看，并床席下、船底板下，俱一一检点，恐有遗忘之物也。

日用银包内，只可放零碎银几钱，多至两余而止，用完不妨再添。予每见有等人放开银包大锭大块几两，自谓壮观，殊不知最起小人之歹意，其脱骗偷诈皆由此起。在家亦不可，出外更不可。

“而今休去便休去，欲待了时无了时”，此出《世语》也。予谓出世之事虽不容易，但不可不存此念。

“傲”之一字，在山林隐士才无妨碍，若涉世待人，万万不可性傲。予每见世人有因傲而受许多亏苦者，又有因傲而失许多便宜者。切戒，切戒！

衣服书画诸件，每年立夏后但有烈日，即加晒曝，不必限定六月六日。晒毕收时，须候冷透，然后叠入箱柜。若乘热收藏，潮损更甚。

“勤俭、廉敏、谦厚、宽忍”，此八个字，予以为持身八宝，须要实力躬行，不可一日一时少有懈怠。

诸葛亮像，图出自明·天然撰《历代古人像赞》。诸葛亮曾被封武乡侯，故后人又称其为"武侯"

每晚将次日应该行的事，逐一写在粉牌上，悬挂跟前，来日照行。已行者勾去，不再费心，乃一劳永逸记事免忘之法。但写时止列总目，不可细开明白，恐为亲友人等共见共知也。

事有益于我者，行之；无益于我者，即不可行。言有益于我者，说之；无益于我者，即不可说。

前人劝人谨言之语甚多，予最爱"开口神气散，舌动是非生"二句，极简极切。

衣服多置则易敝，予立法冬夏各二套，暖帽凉帽各二顶。衣帽旧者不可弃毁，存备阴雨之用。

申凫盟先生曰："凡应人接物，心中要有分晓，外面须存浑厚。"予最爱此语，乃涉世待人第一妙法。吾夫子为万世师表，只看《论语》内说话何等浑厚！昔吴遣二才士使蜀，武侯甚伟之。后二士伏诛，武侯笑曰："二士只是黑白太分明。"或曰："韩魏公一生只是包荒，故能成得相业。"其实福寿根基都在于此。

人生在世惟曰："日求三餐，夜求一宿。"是即养生保身之道也。今富贵之家日夜谋虑，当食不食，当睡不睡，虽食而不知味，虽睡而不安稳。即有取乐者，以酒夺食，以色妨睡，每每中酒之后，继之以色，夜坐连旦，日中而起，宿醒未解，又复饮酒。晨昏颠倒，情思无聊。身非铁石，内外攻戕，强壮者因而衰弱，衰弱者因而病笃，是皆自取，可不哀哉！若贫贱之人，不安本分，勉强效其所为，害更甚大。

前人云："无病休嫌瘦，身安莫怨贫。"予最爱服。要知身健而无疾病，身安而无祸患，即是人生莫大之福，不可不知乐也。至于贫乃士之常，瘦乃禀之弱，尽有富贵而多遭祸患，肥胖而多病痰喘者，但不可以彼易此，岂可以贫瘦而嫌怨哉？

田产家业，流传子孙，虽不必过多致累，然衣食不可不足。要知贫而乐道却亦甚难，衣食足而礼义生，恒产不可少也。

人生在世，度量放宽些，一切好歹都要容得；眼界放大些，一切高下都要包得。苏东坡乃宋朝第一才子，与人相处，不问贤愚贵贱，和气蔼然，尝曰："我心平易，上可以陪玉皇，下可以陪农夫乞儿。"人只学得此法在自己心里，落得许多快活；在他人身上，落得许多欢喜，世事之最便宜者，无过于此。今人略有才学，便目空一世，夜郎自大；少有家资，便眼里无人，动辄鄙薄。试想东坡如此大才大贵，尚且如此存心待人，何况不及东坡者乎？

读不尽的好书，说不尽的好话。人能自己理会，有得于心，则处处皆通，头头是道，所谓“左右逢其源”也。若毫无心得，徒靠口耳工夫，则读过便忘，听来不记，终归无用。

人到五十岁以后，精神日减一日，血气日衰一日，此时保养身体是第一要紧事。如酒色思虑之类，都要加意节省，若待其既衰，则无及矣。

人生在世，无一刻不是缘，无一处不是缘，无一人不是缘、无一事不是缘。凡人遇着好境界乃缘也，即遇着恶境界亦缘也；遇着好人好事乃缘也，即遇着恶人恶事亦缘也。所以人有欢会谓之“好因缘”；人有仇怨谓之“恶因缘”。要知这缘字也不是上天有意偏施，也不是人力能干趋避，都从前世之善恶修积，是以注定不移。造物宰之，并非无因，其乃人之见识浅小，不能明白耳。人只该随缘度日，何必强生分别？即强生分别，到底毫无用处。试看出家僧道以及达人高士，举动开口都曰“随缘”。这“随缘”二字最有意味，人只学得“随缘”二字，即除了许多烦恼，享了许多快活，一生受用不尽。大抵不能“随缘”之人，都为贪念摆脱不开。人生最苦处，只是此心沾泥带水，必致妄想妄为，有东想西，得陇望蜀，忧愁不已。殊不知因缘既定，神仙亦不能逃。若勉强为持，犹如夸父追日，精卫填海，徒自苦劳耳，岂不深可悲哉！

“随缘”二字，是专为世间有一等人强生分别，过于忧虑，妄想妄为者言之也。若终日袖手闲荡，好吃懒做，惟听天命，则又大错。请问世间岂有不读书而能中举之文士，不耕田而能获收之农夫耶？予最爱前人有云：“尽人力以听天命”，此一句深可为法。只要尽我之力，事之成否只听于天，则心中何等快活？尽心读书，中与不中听天；竭力耕田，收与不收听天，要知“听天”二字，即是“随缘”二字也。

前人云：“一饮一啄，莫非数定。”夫饮啄乃事之小者，尚有数定，何况大于饮啄者乎？所谓数者即是缘也。要知人世诸事，无论大小，都是前因所积。一切好事，固是他还我之良因，即彼之嫌疑毁谤，殴打怒骂，皆是前因所结之夙冤，今于现世都要偿还。只须欢喜领受，忍耐承当，便是偿还清楚矣。若或辩论较量，争竞怨尤，即如抵赖不还者一般，其积累更深，冤冤重结，永无了期。由此观之，大小冤仇俱不可结，而修积之好歹，俱不可自误也。

茶坊酒馆内，人众聚集，若遇夏月，天气暑热，未免脱衣除帽，须将衣帽巾扇等物放在眼面前一处，既以杜小人窃取之患，又可免遗忘找寻之事。至于赴多客之酒筵，以及喜庆丧祭之事，多有小人闹中取静，乘机行窃，更当存心照看。若有价随，则当交与看守。予曾目击几次，非言之过虑也。

浴池混堂内，贤愚人众，不可多带银钱。如久浴，可出池将衣箱看过再浴，如浴完穿衣时，不可背着衣箱，须紧靠箱前，勤勤照看。穿完衣服起身时，须将箱内各处用手一摸，恐有零星遗忘之物。大抵日间洗浴失物者少而黑晚多致误事，不可不知也。

富贵之家，自有浴池无论矣，常人焉能家置浴池？夏月可以盆浴，惟冬月须入混堂，水多而暖。要在日间初开池时进浴，人既稀少，水又洁净；倘至黑晚人多水污，失落衣物尚是小事，人众混杂，多有梅疮结毒疥癞之类，倘传染于身，流害无已。

时病时疫以及虐痢遍行之处，清晨空腹不可往病家候问，恐传染流害。需要食饱

《顾氏画谱》中的婴孩沐浴图

而往，再用好紫金锭扇坠鼻闻，最能辟之。

众人粪坑，多有梅疮不洁之人出恭，毒气最易传人。若清晨空腹时，切不可轻往，须拣平地人少处。此虽小事，常有因此而成大害者。

要紧书柬财物以及官印文票之类，切不可图便笼于袖内，恐逢人揖让或自己举动之间，多致失落误事。身边如无顺袋荷包，须藏于靴内，或缚于袜内，才为稳当。予曾路遇一友，交与布政司印信库收一纸，予随笼袖内。适又另遇一友，奉揖过后，摸寻库收，竟不知失于何处。予思此库收，不过有印空纸，非同银钱可比，他人拾得亦无所用。予写红帖三张，贴于经过街处云："某月日自不小心，失落布政司印收一纸，如有人拾得者，可送至某处，即奉银一两，以为酬谢"。贴出数日，果有人送至于舍，谢之如约。此予已误之明验。凡事俱要小心慎重，不独此也。

妇女坐轿出行，如富贵之家，有伏手之大轿无论矣。若是常用小轿，须要用手紧执轿内小柱，多坐里些；其过桥下岸，更要存心。予曾见一妇，抄手坐于轿内，轿夫因走急，其妇竟从轿内跌出，人众传笑，大失体面。此虽轿夫之鲁莽，亦妇人不慎之过也。为夫男者，须预先吩咐，并令轿夫不可过于急走。再者离轿时，须将轿内各处一看，恐有簪环珠宝之类因颠动而遗落者。黄昏夜晚，更要照看。

路上行走，须要照看面前走来之人，恐有亲族朋友，失于拱手恭敬，不独我自无礼，彼将谓我骄傲自大，目中无人矣。更有彼向我拱手，我竟不知而失于回答者，彼人岂不没趣？此事虽小，最惹人怪。若在贫贱之交，更要存心。彼或衣帽褴褛，或形容憔悴，若非泛泛一面者，他虽低头径过，我当先施其礼，才是长厚之道。倘甚至无衣无帽，或无价自携器物，或肩负重担小本营生，彼既自欲避我，我当见如不见，便不可呼之，恐彼羞愧，反为不美。若有知交骑马坐轿之显者，远远看见，我先回避于人家门内，免其下马下轿，岂不彼此方便？至于路上见有柴米重担、泥水粪担，肩负长大竹木以及车轿骡马之类，我当先立路旁，让彼过去。要知彼人身负重担，费气劳力，我是轻身，进退极易，理当让彼。若不早让，倘污溅衣服，触破衫袖，此时虽痛加打骂已无及矣。况骡马奔走，是畜生无知之物，而负重者，又皆下贱之徒，不足与较之人哉。至于骑马坐轿者，都是富贵势豪，难与理论之人，彼专以势欺人，岂可因小事而结难乎？又如路上见人有手捧油醋汤水之类，虽非重物，恐其挤泼衣服，亦须少让。再如行路脚下恐有砖块粪水、高低泥污，亦须照看。予曾眼见富贵人扬扬直走，被贫贱亲友沿途说骂者；又见一人手执金扇遮日，遇肩竹人撞破扇戳损面者；又见走路粪车不让，粪点溅于满身者；又见走路因不照看，撞倒孩童手捧醋碗，并污自己衣服者，诸如此类，不可胜数。大抵行路非有至紧急事，总不如少待一刻，少让一步，何等安稳省事也。

富贵人坐轿犹可，若骑骡马，则面目显露于外，人所共见，行及邻里，未免亲友甚多，焉能人人贵显？遇步行者若不下马，最招人怪。要存谦厚之礼。

路途中或山水寺院处，遇见人家妇女，需要行止端庄，不可窥看谈论，轻狂笑谑，令人鄙薄。

骑骡马行走，全要照看路上，恐有小儿、病人、老人、饥寒乞丐、瞽目残疾之类避让不及，须呼令早让。坐轿须勤勤吩咐轿夫，不可乱跑，要吆呼往来人早让。若市口人挤处，更要留心。大抵城市之中，非至紧急之事，不可慌忙奔驰。予每见因轿马撞破人家器物者，挨倒人者，踏损小儿者，累害主人喧扰不已，何苦来由？纵或自己贵势炎炎，谁敢较量？反而思之，于心何安？

路上如遇见尊长，须远远站立路旁，恭敬奉揖，不可对面奔走，自失卑幼之礼。

凡行路不可乱行急跑，亦不可迂缓太过，只须腿足走动，其身体不可摇摆。只看有福之人行走，身子沉重而不轻浮，最可学也。

房屋梁柱少有歪斜，即当造正。门户、窗棂油漆光彩，铁搭、铁拳若损坏，即钉坚固，墙壁粉饰齐整。如此修理，不独专为防范小人，乃是人家兴旺发达之象也。至于屋内门窗须早开晚闭，若经久不闭而日夜任其自开，久后欲关时，门窗便不合缝，房屋便易倾斜。为家主者，须要时加照看。

凡遇左思右想、两处皆难之事，要知其行止原有数定，只是无可奈何，但当听之于天而已矣。如过于忧虑，有何益哉？试看失马未为忧，得马未为喜，塞上翁真是高见人。若常存此心，则算计难处之事，亦不须苦苦萦怀矣。

《语》云："筑舍道旁，三年不成。"事到难处时，要与高明老成人商量，主意一立，决定而行。平日择交良友，断要留心，至此便用得着。

凡涉世待人，一切贤愚好歹都要包容和蔼，即明知某某是恶人、小人、奸人、佞人，只要自己心里明白晓得，却不可在脸面言语上露一些憎嫌厌恶之意。此吾夫子"泛爱众"三字，须要时刻体贴。

人家日用饭米周备，始无内顾之忧。要知衣可补缀，肴可减省，而腹中之饥饿可能忍乎？予每见不善治家者，虽有许多田产，才到秋收米谷贱时即任意卖银浪费，及至米贵时，又复折揭另买，此取穷之道也。予自置薄田十亩在艾陵湖畔，每年所收之租谷，先计纳官若干，余计家中一年食米存储若干，须要今年秋租，留至明秋交新始食。虽有别事，不可轻动。此予压一年者，恐有水旱灾荒，则旧谷尚在，勿虑贵买之苦也。如次年丰熟秋成谷贱，亦不可即售，又堆储再候次年。米谷价贵时，将陈谷出卖，以新谷收贮，既得利息又备己用，莫妙于此。予曾遇一富翁授二句曰："常存有余，以备不足。"此八个字真至妙心法也。予贱性愚拙，不善谋生，虽年岁丰足，亦加意俭朴，

耕获图，出自《事林广记》，描绘了古人耕耘与收获的场景

不敢少有妄费，是以家食无缺。若不节省，倘遇水旱将何度日乎？此涉世治家最要紧之事也。

前人云："富不积薪"，恐火烛不慎，为害不小。然家无柴草，一遇雨雪连绵，水淹河决，不但柴价甚贵，而且缺乏难觅，虽有米谷，将何炊煮？甚可虑也！需要另以一屋专堆柴草，柴贱时买堆若干，封锁谨密，取柴时开门，余时不得擅入。若无空屋堆贮，恐人迹往来，灯火烘炙，且吃烟纸卷，在所不免，万一因小失大，反不如前人不积薪之为高也。

厨旁要设大缸二口，水常满贮，用此存彼，循环不已，以防夜晚火患。灶下柴草，烧完一束再取一束，不可任听奴仆懒惰，堆满灶下，恐遗火延烧，致成大害。前人云："穷灶门，富水缸。"又云："水缸要满，灶门要空。"乃治家之要法也。

大凡与人相交以及说话做事，先将他人的性情长短好恶如何仔细想一想，然后再将自己的性情长短好恶比他人如何，可合与不合仔细想一想，或相去不远，犹可相合，否则不可勉强。若任着己性，全不知彼知己，则开口有碍，动辄有悔，未有不败事者。事即曲成，成亦不久，犹如方底圆盖，焉得合宜？孙武子云："知彼知己，百战百胜。"予谓不独兵法然也，一切涉世待人，俱当如此。

或问予曰："世上聪明劳心人，身体安逸，往往瘦弱；愚拙粗下人，费尽力气，雨汗长流，奔波不息，反多肥胖，其义何也？"予谓之曰："人之一身，心中思虑即火也，身上精液血肉即水也。思虑若多，譬如以火煎水，水虽多亦难经煎熬，何况禀质素弱之人乎？所以劳心人瘦弱者极多，读书人可为式样。至于愚人思虑少而精血盛，身虽劳而心甚逸，所以肥胖者极多，乡野之人可为式样。要知思虑之害过于酒色，"心广体胖"之语，原不虚谬。试看粗拙人虽然日劳气力，上床即呼呼到晓；在劳心人千愁万虑，辗转不眠，殊不知人之贵贱、贫富、祸福、寿夭大数前定。予每见富贵家室如意之事层见叠出，此不是上天有心偏私，都为其人前世善因，或眼前修饰，或系祖宗庆余，所以受享乃尔。彼无福人，虽妄想妄为，终属无济，有何益乎？予有一友，年过七十，状如四十许人，有妻有子，事业平常，而须发不白，举止强健。予拜询延寿保养之法，答曰："我法最简最易，凡事知有数定，即饥寒迫身亦不忧心。上床只安稳睡觉，从不想事，此外无法。”予谓此即保养至妙之法。人能如此，不独瘦弱者可以肥健，且而疾病可却，寿命可延，不可不敬服也。

许鲁斋先生有箴曰：“花谢花开，时去时来。福方慰眼，祸已成胎。得未足慕，失何可哀？得失在彼，敬听天裁。”予谓人能领略此言，则得失念虑，脱然如洗。

人生事业，习一件只专习一件，不可又三心二意，左思右想。要知人之精神有限，而天下之事业无穷，若非奇才异质，岂能件件精通？不安分者，每每自恃其能，妄想妄为，此低彼高，朝更夕改，以致东不成西不就，岂不错误？非独事业为然，即一艺一能，莫不如此。予幼读儒书十余年，奈贱性顽钝，且禀赋弱而多病，因念天下之事惟医道可以济世，兼可保身，昔人以良医等之良相，事业高贵首当数此，于是弃儒学医，凡药性之寒热温凉，脉理之浮沉迟数，伤寒之六经传变，杂症之五脏补泻，用药之君臣佐使，治病之反正顺逆，讲读略明，乃求方求药者接续渐至。一日偶至友人处观画，见友人运思设色，经营布置，构成青山绿水、树木楼台，其皴法笔意远近浓淡，皆出人头地，既可赏心悦目，又可得资养生，所以予又留心学画。及至笔法稍能入门，又见一友镌刻图章，铁笔篆文，逼真秦汉，予又复留心学古篆六书镌法结构，继而天文历法、堪舆阳宅、书算相卜，以及禅家参悟，玄教修炼种种多门，俱曾研究。今虽不能事事精通，然而其间要理，则始末知之。年来精神渐衰，一事无成，学虽勤而不由其统，言虽多而不要其中，虚度岁月，良可浩叹。假如当日专学一事，精妙必至其极，何致博而无成也？每念至此，悔难及矣！予曾游姑苏，遇徽商程斗庵先生，教予凡做事业，须要精一无二，授秘诀二句曰：“不知莫向，既知莫放。”予细思此二句，真成家成事最妙之法。惜乎予得法已在纷杂之后，莫非数定？可见人事皆已前定，虽逐日妄想妄为，亦是徒劳心力，切不可以一事不知为耻，一网打尽为能，致令精神疲败而事业歧误也。

凡做人做事，都先要立志，所以孔子曰：“吾十有五而志于学”，盖志定则外物外欲俱不能移。大而为圣为贤，忠孝节义，功名富贵，以及一艺一能，俱以志为之主，不必朝东暮西，游移更变。志若坚定，做人做事未有不成就者。朱夫子曰：“孜孜汲汲，以成其事；兢兢业业，以立其志。人皆趋彼，我独守此；人皆迁之，我独不移。士其业者必至于登名，农其业者必至于积粟，工其业者必至于作巧，商其业者必至盈资。”诚哉是言，非由志立何能至此？予曾诌《读书十戒》以戒夫子弟文士。第一条即曰：“莫分志”，自注云：“立志若专，反难为易。”然而岂止读书？但凡一切事业，俱是如此。大抵学而不勤，勤而不久，久而不精，皆立志不坚之所致也，可不慎哉！

“心无机事，案有好书，饱食安眠，时清体健，此是上界真人。”此二十二字，是予友吕正懋先生写粘座右者。予见而甚喜，归将此语镌一图章，每用自省省人。要知人生光阴有限，即长寿者，亦不过七八十岁而止，况多不及者乎！所以前贤有”人生七十古来稀”之句，可知光阴能有几何，乃朝夕营营，攒眉苦恼，其机心机事不肯一刻不设，虽有好书健体、清时饱安，都不知不觉，蹉跎处世，老死而后止，岂不可叹可怜？人若能悟此理，知道幻身不坚，世事难尽，诸凡宽容，随缘安分，凡遇着好书、好光景、好饱健，安稳身体，乃谓此即吾人莫大之福。何处去觅天上真人？必要开怀快乐，受享此福，不放空过，才算世间有福之人，才是个高明达者。不可谓友人铭之座右，愚拙镌之图章为无识见也。

家资有余之人，不肯安闲快乐，终日攒眉苦恼，固是大痴；若家资不足之人，尽要安闲快乐，全不虑及事业生理，亦是太痴。凡家资不足者，须要勤劳正业。但以每日论之，三停之中，量存一停，受享快乐，既不废时失事，又免虚度岁月，才为中酌之道。至于取乐之法，各有各趣，才以眼前易行、不费力、不劳神为主。予另著《快心集》中分析备载，已刻问世，兹不复赘。

人只知喜好古董，但云此秦物、汉物、唐宋物，无论可赏玩不可赏玩，可适用不可适用，即重价购之。予意器物原取乎赏玩适用而已，否则虽出秦汉诸朝，皆废弃之物耳，何足贵乎？予每见人家古炉古瓶有剥落不堪者，有缺耳缺足者，形体凋残，已成废物，有何可玩乎？予又见人家古画，其间山水花鸟暗混糊涂，俱莫能辨，笔法精神久已失散，有何可玩乎？镜原取乎光明照物，予每见人家所藏古镜昏暗损裂，对面照不见人，尚自夸曰此某朝古鉴，岂不可笑？砚与墨乃文人必需之宝，予每见人家古砚款既粗俗，石又干枯，古墨胶脱色灰，形剥纹平，尚爱如奇珍，予不知爱之何用？诸如此类，不可胜数。但目今时制器物，有精巧胜过于古人者，既可赏玩，又可适用，何必定计于古哉？予谓无论古物今物，惟以好与不好以定去取。譬如古人亦有好人，亦有不好人，岂曰但是古人，即俱是好人；但是今人，即俱是不好人耶？执此论人，真枉屈矣！此予不知古者之愚谈，未知略可当否。世有好古之癖者，或费尽心机而不顾，或浪用多金而不惜，堆积累累，他日转售求买不要，即买亦甚贱，予恐聪明人不当如是也。吾友徐云韶先生有诗云："但可研墨皆为砚，聊可焚香即是炉。何必世间求古董，耽误诵读好工夫！"诚哉是言，予敬服之。

制墨图，出自《天工开物》

谚云："无事不登三宝地"，凡庵观寺庙，以及无人常到之花园楼阁、冷僻亭台、荒野之古墓幽林，但遇深暗曲折，俱不可轻往。其中恐为僧道、窃贼、邪人藏奸之所，或是野兽、狐狸、蛇蝎、鬼魅、妖怪栖住之处，误入触之，害将不测，最当切戒。

教弟侄辈与亲生儿女不同，待出嫁之女与在家之女亦有别。凡遇其家事务，若非安心听从者，切不可勉强主持，为之处置。我虽以正理论之，倘卑幼不服，岂不愧怒？倘一时屈于正理，勉强听从，岂知其怀恨于我，谓我以尊长而凌卑幼，不以为德，而反成怨矣。至于朋友亲戚有事，先要看是何等人，亦须如此酌量。

君子思不出其位，若非己职分内，万不可辞。必须照管者，切不可议论是非，自出意见。此即不管闲事，远嫌寡怨之法也。

大有识力人，凡事提得起，看得破，算得到，做得完，撇得开，放得下。才疏学浅者决不能，然亦要习学。

世俗骂人没天理丧良心，闻之者无人不痛恨。殊不知平日所为，皆是没天理丧良心之事也。即如视听言动，倘一涉非礼，便是人欲，便没天理，胡思乱想，妄作妄为，失去本来善念，便丧良心。为人在世，须要将"天理良心"四个字时时刻刻常记心中，自然举止合宜，不教而正矣。

孔子曰："未见颜色而言谓之瞽"，又曰："察言而观色，虑以下人。"凡与人相接，无论君子小人，若不审量其言色，竟自直行己意者，未有不受其轻侮也。

凡待家人，断宜宽厚。饭食不饱，衣服不周，虽有良仆，亦思他去，若加苛责，则人怀离叛矣。富贵家之悍仆，日受鞭扑而不去者，畏其威、利其财也。若有生性刚暴，甘心忍耐，家门衰落，竭力扶持，历尽穷苦，至死无他者，此百中只一二人而已。如有此等人，真为可敬之义仆矣！

今人每遇拂己之欲，便怀愤恨，殊不思他人理正，自己所为原不合理，如何要他顺从？岂不自愧！

瓜田不纳履，李下不整冠，嫌疑之际，不可不慎。若见人情迹可疑，不可就想到不好的一边去，恐是纳履整冠，未必便是偷瓜窃李也。君子所为，严以治己，宽以待人，不可不知也。

人有非理相加，或卑幼反行无礼，或负心之人恩将仇报，此等俱属无知妄人，亦世间常有之事，切不可与之较量争论，在我并无不是处。若自恃理直，欲以取胜于人，生出许多祸端，及到此际，两边俱不是矣。

出门交友，群居共处，性情岂能尽合？意见必不相同。各有偏癖，各自为是，或喜文墨，或好武艺，或禀赋愚直，或资格聪明，或科第仕宦，或贸易生理，或所见者广大，或所知者微小，即一母所生之同胞兄弟，亦多长短不齐，何况他人乎？须要凡事涵容，耐心和气。若只管自以为是，见人之非，初时心内憎嫌，后来出言訾议，彼此两不相容，往往酿成大害，是皆识量不广之所致也。

古云："慎终如始"，为鲜克有终者戒也。然终之不藏，仍是始之不慎。大丈夫行事，须度量日后何等收局，方可毅然为之，否则未便轻举也。

每做一事，必令之宽有余地，不独自身能享厚福，还可留与子孙，若或急促狭隘，好行刻薄者，事事自己算尽，焉有余泽及人？

恶衣恶食，人所难堪，志士安贫，泰然自得。予以时势论之：衣帽虽不过于奢华，断不可过于破败。在日用饮食，除家常饭蔬之外，断不可多设荤腥。予每见不善涉世者，美酒肥鲜日日充腹，即衣不蔽体，借债费用亦不顾惜。更有好饮者，每日务要醺醺大醉。要知一醉之资，即有数口之粮。向彼谏说，彼则答："以吃在肚里是纹银，穿在身上是色银。"嗟乎！殊不知今人眼孔最浅，衣破则人皆轻贱，是以前人有云："口吃千般无人知，身上元衣被人欺。"有识者岂可恣情口腹，而置衣裳褴褛于不问乎？若饮食太粗，熬清受淡；是又俭约太过，而徒自苦恼耳。总之，治家用度，全以量入为出，丰俭适中，不可太过不及。世事俱当如此，而衣食尤为至要。

谚云："莫道家便穷，面盆须用铜。莫道家便富，裤儿须用布。"盖每日木盆洗面，有损于目。铜乃金气，甚为有益。下体亵衣，断宜布素，纱罗绸缎，俱不可用，是乃惜福延寿之道。

凡读文字，音义可疑者，必须考订分明，注释详确。一日识数字，积日计之，便成博学矣。若随口混读，讹以传讹，为误不小。

内刚不可屈，而外面处之以和平。事无不济，试思行事着力，全不在面皮上，此持己之法也。不论君子小人，俱当以诚实待之。但知其小人，则浅与交接。世人每至小人欺己处，必露其明以破之，前辈独不然，明足以照小人之欺，然每受之，未尝形于色，此待人之法也。人能学此二法，就讨许多便宜，享许多快乐，又免许多祸害。要知都从涵容上学起，久则自然矣。

陈眉公云："人生有书可读，有暇得读，有资能读，又涵养如不识字人，是谓善读书者，享世间清福，未有过于此也。"予谓今人书亦易得，富贵家子孙有何忙事？而资识偏于无益坏事上用工，但读得几句书，便妄自高大，到处卖弄，批评是非，总是不受福之人。须以眉公之言，时刻佩服。

只一耐烦心，天下何事不了得？天下何人不处得？予谓人只因心不耐烦，所以诸事难成。试看水滴石穿，绳累井痕，即可知也。

今人教训子弟，只重在读书做文，其容貌言辞全不理会，真是大谬。予幼从蒙师读书，于每晚散学时，即教以揖让之礼节，应对之谦惋，乃涉世待人最要之事也。曾子曰："君子贵乎道者三。"只说得容貌、颜色、辞气而已。岂可忽乎？予另撰有《常礼须知》、《发答心言》等书，备载诸说，刊行于世，兹不重赘。

世俗结交人，当其得用时，极肯周旋，过后便就冷落。若后来再用此人，自然不得力矣。可知薄情之人，识者所鄙也。或平时不曾加厚于人，一旦有事望人扶助，必不可得。昔赵宣子食翳桑之饿夫，后来借以脱难，当时岂意得此报哉？要知待人之法，凡事量力从厚，不可忽也。

礼者自卑而尊人，非貌为谦恭也，必须实有一段虑以下人之念。见年齿之长者下之，见品行之高者下之，见才能之美者下之，见爵位之尊者下之。此四者，他人但得其一，我即下之。在我者，无一可以自肆也。人若只依予此说，则轻世傲物之心，决不萌矣。若只自是自大，便目中无人，学问也不能进，人众也不能和，此是人生第一大病。

言不可轻说，亦不可轻诺。但一说一诺之后，就不可更改。若说话更改，不如不说；若应诺更改，不如不诺。所以一言半语俱当谨慎也。

有目前最小之事，必为正人君子所轻贱者有二件：一是坐下即以腿脚跻搭膝上；一是席上酒肴未上，先以手取小菜食之。此二事虽寻常易忽，其实皆不敬不重之人也。但平时在家庭闲时习惯，自然不能骤改，不可不戒。

拳棍枪棒虽系武夫之事，然吾辈亦须拣要紧者，习学一二着，以防护己身。予姨兄王泰来，拳法甚精，每挥拳时，即十数人俱畏不敢近。予细询秘奥，惟在手脚快速，即能胜人，所谓手快打手慢者是也。授予小小手法。予一日在镇江，黑晚赶路，忽遇贼人夺予衣物，予急挥手跌去，得免于难。若非此法，必受其困。但学熟拳法，止可藏于胸内，不时独自演习，以备缓急。切不可倚恃能拳，便逢人卖弄，轻易动手，致成大祸。再者，人身惟侧旁上而肩膀，下而腿股皆可任打，凡耳后、心胸、腹肾诸处不可乱打，恐致伤命也。

余致恭先生，乃扬城极明之幼科，与予相交最契。曾谓予曰："人家小儿因饮食不慎而成病者，十有七八。盖小儿脏腑柔脆，坚硬之物总不能运化，脾胃伤而诸病生矣。凡面筋、面饼、炒蚕豆、炒黄豆、煮豆、盐豆、芝麻、糯米、饭粽、糍粑、鸡羊、螺蛳、蛤蚌、油腻难消之物，桃、杏、瓜、水生冷之物，俱当切忌。所可食者，陈米粥饭，空心炒米、麦芽糖、米糕、火腿、咸蛋、盐笋、熟荸荠软烂易化之物，亦不可多食。大抵只要调和脾胃，自然身健无病。若脾胃受伤，虽日日肥儿丸、保安药，有何益哉？"予深敬服。予因诌三字法曰："管暖软。"盖管者，凡饮食，最要依时按顿，不多不少。如每次一钟者，只与一钟，渐长渐增，全要大人留心照管。约定饭食，不可听其自添自减。宁可少而频，不可顿而多。俗云："一饱一伤，瘦得牙张。"义指此说。暖者，凡饮食最要热吃，冷则莫与。盖人之脾胃，喜暖而恶冷，喜燥而恶湿。若瓜果生冷之物，俱非所宜。软者，凡坚硬粘筋难消之物，俱当戒也。此三字，不独小儿为然，即病人、弱人、衰老人，皆须如此。请教于致老，致老喜曰："果能依此三字法，小儿之病，即减大半。吾辈幼医，可以幸得安闲矣。"予笑曰："但恐诸先生进财少耳。"致老引康节诗云："四方平定干戈息，我纵无时也不妨。"予亦喜曰："医能如此存心，上天必以厚报。"可知先生户内求方、求药者常满，而家资巨富，理所宜也。

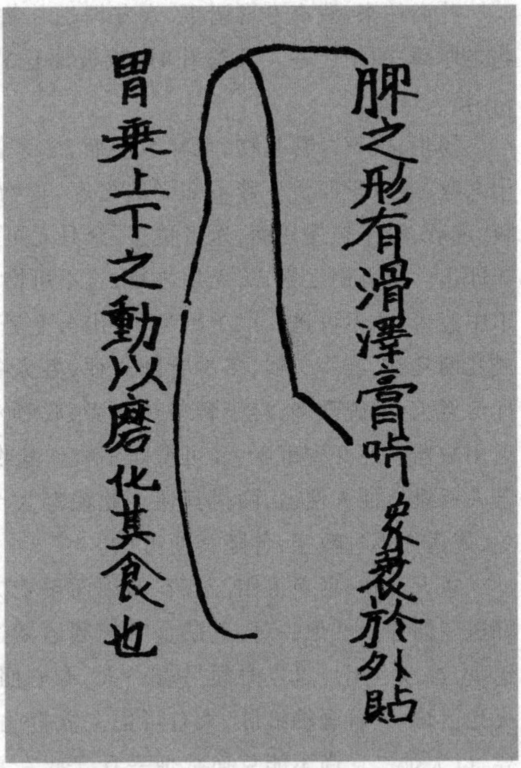

《传家宝》中写道，只要调和脾胃，自然身健无病。图为明代吴嘉言《针灸原枢》脏腑图中的脾脏形象之图

冬夜盖身棉被，絮胎要厚，落则难以御寒。若春秋季，棉被又要单薄，厚则过暖汗多，反不能盖，往往露身感冒，甚是不便。若在富贵之家，

三五床铺盖俱容易办。在寻常人家,恐不能矣。予自立拙法,薄薄棉被,装制二条,可分可合。譬如一被应用棉胎六斤者,分为二胎,每胎三斤。遇冬寒,则将二被重叠,着里另用棉单被一条,以针线于四边稀稀联合。至春来和暖,则拆去一被,止存一被。其着里单被,不拘绸布,照外边棉被须略阔大,以遮护油垢。每欲洗浆,只洗浆着里单被,原被不必拆动。依予此法,不独省便,且甚惜福。

着身衬褂,原为遮护油垢,若下身有裤,无甚油垢,所油垢者,只在领上、袖口、胸背数处。予自拙法,着身衬褂短只二尺之内,不必太长,不独省布帛,一件可制二件,且而便于洗浆。在冬月,衬棉袄极好。若夏月,更要穿此短褂。盖因汗多,频换频洗,甚是轻便洁净也。

人家娶亲喜事,闺房中常用骨角器皿,若梳篦、刷刷之类,俱可随便。唯有帐钩,切不可用骨角制造。予曾贺一家娶亲,晚间亲友闹房,忽有一客无心中将帐中一坐,明角帐钩即时折为三断。客大没趣,而其家甚是蹭蹬。要知骨角经水火炙弯,性脆易折,且平时夫妻儿女错断者极多。依予愚见,帐钩务必用铜,且取同心吉利,大有益也。

凡遇亲友整寿,十年一次,不可不备礼物馈送。至于每年寿日,以予愚见,唯只亲往拜祝,不必送礼,被此俱省许多往返,岂不快乐?

礼尚往来,我有寿喜诸事,亲友馈送礼物,总要开记账内,日后彼有喜庆,仿其礼物之厚薄,便于还答。其答礼时,较彼原送礼物宁可稍厚,不可或薄,更不可因贫减略,招人怪怨。

扬俗,庆贺寿喜礼物,凡杯缎炉瓶,多系假借希观。所实备者,唯是食物,或四担十六盘,或八盘四盘。殊不知受送之家,食物堆积累累,张家鸡鸭、蹄肚,李家又是鸡鸭、蹄肚,至于糕馒切面,送者更多,余月尤可存用。若逢夏月,最易败坏,停一时而臭味即出。将有用之银,买无用之物,岂不可惜?至于扇巾茗果,或有喜好不喜好,中意不中意者,亦不可送。以予愚见,各出分金若干,多则为屏仪轴仪,少则为面仪桃仪。或几两几钱,或一二钱,多少听随人便,各人各包,数人汇一封送去。在受领之家,如厅房宽大,奴婢众多,喜于奢华热闹者,收领众仪,可以稍帮酒筵之费。若屋窄家贫,乏用缺器。性好省事者,又可璧而不收。其收与不收,总听主人之便,既不勉强,又不苦人所难。便人便己,两得其便。此说专为十年整寿而言,至于每年寿日,或彼此两免,或送亦不过数家,各随其便可也。

送人礼物,贵乎得用。若不得用而反费力,不如不送。即如寿诞婚喜,扬俗每每好送三四斤大红烛一对,上贴金字吉利语馈送。殊不知此等大烛,若无大立台、大铜锡盘,难以点用。且点时须另着一人,专心照管。少不剪看,烛油即流卸满处。且而火光巨焰,上着画轴纸屏,大有可虑。欲将此烛返于烛店另换常烛点用,奈彼只推不要,以大烛二斤尚不能兑换常烛一斤。此在富贵之家,有多人,又有器皿,犹可不论。若系寻常人家,岂不是无用之物?在送礼之人,一样照烛价买来,何必定送大烛,令人收而无用?一切礼物,俱要彼此酌量,务得实惠。斯为有益,不独此一件也。

亲友寿诞喜庆诸事,凡有送衣帽、靴袜、绸缎、烛炭之类,须预于十余日前写帖送去。或先烦知己亲友，通知道达。在受者已知有某某物件，即不买备，倘若临期才送，其家已经置有，岂不重复可惜？

扬俗，祭吊之仪，寻常不过香楮，所费无几，不必论矣。唯是寿诞喜庆，亦当酌量亲疏，不可过于奢费。此例须要先从自己省起。譬如自家有寿喜诸事，凡亲友馈送，只拣不值钱之礼物略收些微。他日彼有喜庆，我送礼物虽或菲薄，彼亦无怪矣。且临期自己省许多设措，岂不彼此省事？

如遇寿喜诸事，凡有亲友来贺者，虽或贫淡疏远，亦是彼之敬意，切不可生厌倦鄙薄之心，须要加意恭敬。至于所送礼物，虽或菲薄，亦不可嫌恶，要知贫人一盒一物，皆从设措艰难而来。倘若全壁不收，固是本意，奈送礼之人，未免惭愧没趣，须要略收些微。此乃体贴人情之法也。

凡遇寿日，在富贵之家，自有富贵亲友往来，应设酒肴音乐，不必言矣。若寻常人家遇有寿日，亦仿有余人所为，岂不多费可惜？又有一等人，只备茶果一两桌，更有清茶一盅而别。殊不知亲友之中，多有清晨空腹路远来拜寿者，仍令空腹而返，不独彼人恼怨，且于自心何安？一是太过，一是不及，俱非适中之道。予自立拙例，无论十年之整寿，每年之常寿，但有亲友来拜祝者，不拘贵贱贫富，一既俱以小菜六碟，肉面一餐，并不设酒设肴，所费无几，较之备办茶果，资亦相等，令亲友各皆饱食而回，人已快乐，甚为至妙。

目今人情薄劣，厚往薄来者多，而求厚往厚来者亦少。凡亲友中果有患难危急诸事，则当竭力周济。至于款待饮宴，馈送饯赠，即当衡其厚薄，不必过于浮华浪费。予向年曾有苏州亲友数人，因事至扬，予设席款留，复又饯赠，约费多金，尽感颂而别。未一年，予游姑苏，顺谒向之亲友，有推事务出外者，有称卧病者，有回下乡收租者，甚至远远望见，即避去不面者，至于来礼貌恭敬者，仅一二人而已。幸予盘费携带多余，倘专望亲友赠助，岂不大错？昔杨升庵先生，见张安贫者镂臂，云："昔日已前家未贫，苦将钱物结交亲。如今失路寻知己，行尽关山无一人。"读此，则人情薄劣，良可浩叹。

凡有劝行戒止之言，但能利益于人者，不当秘之于一家，即当公之于天下。是亦赠人以言，而善与人同之意。试看古今圣贤，不可胜数，无不谆切垂训，以教后人。盖天授人以圣贤才能，岂使其自有余而已？诚欲以补其不足者也。予乃世之愚人，毫无圣贤才能，窃有圣贤思虑，所以心中有所感发，或见人情薄劣，或历世事艰难，即厚颜以俚言笔著于书。又复厚颜刊刻问世，难免高明鄙笑。然予一点劝戒好意，发于至诚，稍益于世，所以嗜痂者往往喜好。日积月累，已经刊刻行世者，现有四十余种。予欲将拙著诸书，普送同好，奈予力小未能从心。因另自刊制小笺斗方，可贴座右，又可列案者，共计百余纸，名曰《真益笺》，意欲普送同好，力亦不能如愿。向年小庄秋成倍丰，日用诸事，家人尽欲奢费，予谓："从奢入俭者则甚难，岂能年年丰余如是耶？"乃照常俭朴。遂将多资备买红黄笺纸若干，摘其最要者，如十愈十节，正经功德，现在功德之类，每十纸汇为一帙，共计五万余张，装入两箱。扬城风俗，每逢二月十九日为观音菩萨圣诞。西门外观音阁，朝山进香者多如蚁集，且多良善好人。予因于是日，命仆抬箱至山顶高处，箱上预贴红帖云："好新劝文。"每人奉送十张，不取分厘。取者纷然，不过一时，尽皆散完。真乃快事。虽未能如心普送，而人之得笺者亦多矣。未二

杨慎像，图出自清·顾沅《古圣贤像传略》。
杨慎，明朝人，号升庵，故又称“杨升庵”

年，予至苏州游玄妙观，见观内壁上刊贴十愈十节诸笺，照予原刻一字不易。及看后行姓名，则改为姑苏李某撰。予嘉其翻刻广传无非醒世劝善之意，然以他人所撰竟攘为己有，心甚不良。或刊某人重刻，或刊某人梓传，未为不可。若以己撰树名，知者以为李某抄予之言。不知者，反以予抄李某之言，岂不可大笑耶？今数十年来，各省翻刻予书者甚多，因思予谄愚言，何足贵重？不过好善君子，知予指迷醒误，虽无圣贤才能，而一点益世之诚，发诸语言，且而言俱浅近，通愚通俗，所以重加翻刻也。须是照予愚书各原本翻刻通行，亦无不可。最可恼者，书贾坊客，以及浅学庸人，往往抄袭予书内事语，竟改换他人姓名，是诚穿窬之行也。虽刊刻通行，在世之识者，一见而自知为予之愚言，不辩即明。徒贻鄙笑抄袭辈，岂不惭愧自耻？

予所著各书，悉凭予一己愚见，一字一句，并未请正大方，所以鄙俗浅拙之处甚多。至于予书内间有载前人已有之言，因其语义未尽，予乃以愚言补续。或前人之言，讹错误世，予乃以愚言改正。若只依样葫芦，将前人已有之言，随意抄人，是亦誊录生耳，虽著书万卷，何足贵乎？况诸原本俱在，何必又多此一番赘刻耶？但人情世事，时变局新，予一时愚见，安能预知将来？如予之语义，或仍有未尽，予之立言，复又讹错，祈后之高明，再加增改，予深幸矣。

扬俗，桥梁并墙角污秽僻处，或刻佛字，或用白土写佛字，或粉墙墨写佛字。为此者，意在人见佛字，俱加敬畏，不敢出恭堆粪作污也。殊不知世间识字者多，而不识字草率者亦多。其余见如不见，出恭者仍旧出恭，堆粪作污者仍旧堆粪作污。要知我佛如来，何等尊大？乃敢以之替人看守秽污，轻亵极矣！试看诸男女烧香拜佛者，是何等心肠？如此作贱者，是何等心肠？获罪万千，极难当受。见予此说，凡刻佛处，急急凿去。写佛处，急急刷去。或用鳖甲悬挂，以红帖粘上，写云：“作污者变此物。”识字人既知，而不识字人，见形亦知，岂不甚妙？

李卓吾曰：“处富贵者，不知世有炎凉小人；处贫贱者，不知世有窥伺小人，是皆不关自己痛痒故也。”予见目今人心变幻，全不自勉，唯喜妒有笑无，诚为小人，究竟无益于己，徒自坏心术耳。予将贫富二种论之，但凡家贫，即有一等炎凉小人，诸事讥笑，颜情面孔，另是一样冷淡；礼貌接待，另是一样踞傲，其款留馈送，俱有分别。至于婚丧喜寿，时节往来，多遗忘不至。即至亦轻亵藐视，种种不一。殊不知彼之贫者，皆因其前生未曾修积，加之以懒惰、浪费，所以境遇如此。况彼之贫寒，于我何辱？我何必如此炎凉也？在富余顺境人，不知体贴人情，每每有此。但凡家富，即有一等窥伺小人，诸事妒忌，时时谋算。或指一急事，借贷财物，实系借去不还；或来请会，实系请去白扰。又有将菲物微器托散分卖者；有以田房契物倚当脱骗者；有串通奸猾中保，指大利事务脱骗者；有假装至诚，合本经营，分利脱骗者；有称喜庆诸事来借当押借衣物，一去不还者；有以声色狗马，嫖赌游荡，引诱花消者。即其恭敬趋承，无非思欲吮吸脂膏。甚至善取不遂，即生恶计。因而无影生波，结讼拖旋，倚势诈害。更有勾同命盗重犯，攀累横勒，种种不一。殊不知彼之富者，皆因其前生修积，加之以勤劳省俭，所以境遇如此。况彼之富余，是彼福分，岂能分惠于我？我何必如此窥伺也？在贫寒逆境之人，不知体贴人情，每每有此。可见人之贫寒，又讥笑；人之富余，又妒忌。要知笑人者，每不如人；妒人者，毫无利益。如此自坏心术，不但人人恶嫌，即天道亦加果报，将来富难久长，而贫愈加贫矣。听予愚言，唯各自修自励，不必轻人忌人也。

一切泉水河水，以予愚见，总不如天水之味甘美，且取之甚易。唯晴久之时，须俟雨水冲流之后，才可收用。恐猫粪、壁虎、杂虫粪在瓦缝中，有毒不洁也。收时多用瓦器零收汇聚最妙。或人有用布篷架搭空中取水者，虽是洁净，既恐费力，又恐布帛之上浆染不洁，能杂水味也。

凡盛过咸味、酒味之缸坛，不可收贮天水，不但变味，且易败坏也。

凡遇有雷之雨，则不可收取。盖有雷即有毒气，如烹饮，多生胀病。

天水收贮坛内，不比藏酒，如藏酒若有一毫孔隙，则酒气走漏，不久即坏。若是藏水，全要漏气，倘如盖密气不外透，则水反易坏。大抵水缸、水坛，俱不必封口。倘堆积水坛者，可用枝条间隔坛口，则透气。

天水存贮器内，不久即生小虫，上下游动，如取水时，其虫自然避去，并无防碍。世人有用炭烧红熄于水内，则不生虫。殊不知水中生虫者水活也，其味更美。须听其生动，不久自变青虫飞去，不必用炭熄以坏水味也。

春月雨水，是春升生发之气，最宜收储。今人多取夏月梅雨，殊不知梅雨乃系湿热之气，郁遏熏蒸酿为霏雨。人受其气，则生病；物受其气，则生霉。此水唯入酱易熟，即造酒、醋，亦不宜也。

人之脾胃，喜燥而恶湿，凡一切茶汤，俱宜少饮。前人云："茶有百损，惟益于目。蒜有百益，唯损于目。"盖茶性能下气消食，其西番将马来我国易茶者，以其地所食腥肉之膻，青稞之热，非茶不解。吾辈腹中，腥膻稞热原少，何烦茶之频涤也？要知茶虽释滞消壅，一日之利暂佳，其瘠气耗精，终身之累斯大。福近易知，祸远难见，往往如此。世人有好茶成癖者，皆谓清高之士，独予愚人意所不解。所以一切佳茗，予饮亦不辨其味，由于贱性习成也。至于茶之不可少者，惟饱饭后，一钟半钟漱口而已，每日

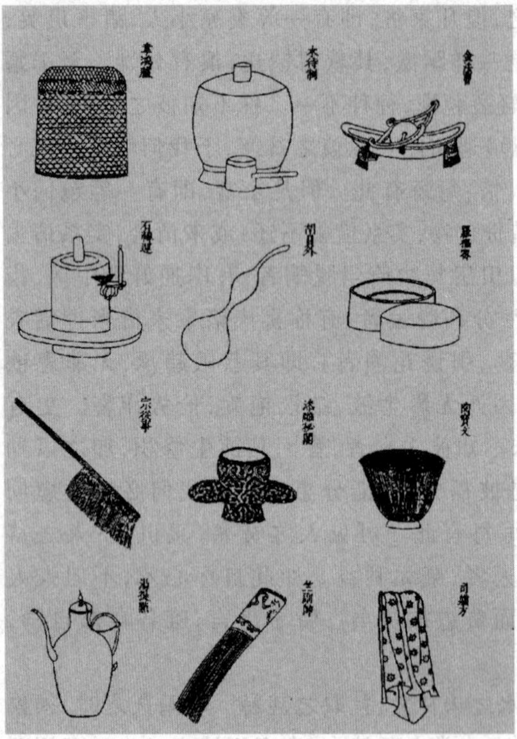

宋·审安老人茶具图

亦不可多饮。空心茶极损人，更不可饮。

河水、井水，如浑浊不清者，可用明矾碾极细末，约水一百斤，入矾末一钱，搅定供用，若矾多则味反涩，而水不清也。

日用水缸，须用箬蓬盖好，恐夜晚蛛尿虫涎皆有毒也，在夏月更为要紧。

厨中水缸二口，用一存一，最为妙法。但须用完此一缸，就将此缸底浑浊水脚尽行刮去，再挑入新水，方可供食。

米饭面粉之类，如遗入水缸内，致生毛衣者，入人人若误食，多生痈毒，不可不戒。

每逢夏月，用贯众两三段，浸入日用水缸内，可辟疫气，又能解诸水之毒。

天热之时，饭食菜肴存留过夜，如若悬挂屋檐廊下，须要篾箕盖好，不可露空。一则恐天上游丝坠入，最是毒人；二则要辟蛛尿虫涎，误食鼠残也。或用夏布缝成的篾盖亦妙。

夏月有剩下鱼肉荤肴，可用绳索穿蔑络悬挂井中，令凉气上辟，虽经宿不坏。

人家造屋太大者必凶。昔智襄子为巨室，士茁曰："高山峻原，不生草木；松柏之下，厥土不肥。今土木胜，臣惧其不安人也。"室成三年而智氏亡。予谓屋少人多者，为之人胜屋，主吉；屋多人少者，为之屋胜人，主凶。要知房屋起造太大，虽曰壮观，必多费材料，一也；日后修饰不易，二也；居大屋则觉此身渺小，三也；再加房屋多层门户间隔，难以照管，四也；屋空阔势必多设器物，五也。非大富贵，何以当之？

务博之学不精，好大之愿不副，过望之福不享，此三者俱因奢念所害，反舍实在受用，真为可惜。

钱字，从金从戈者。古时制钱俱如刀样，故谓之钱刀。所以钱字从戈，警戒世人。如以二戈争此一金，戈系杀人之物，若止知金而忘戈，必为人所杀矣。则此钱者，原起杀机之物，不可不守理以避戈也。

同人顽要，切不可于暗处吓人，或猛叫惊人，或利器试人，往往致成残疾，甚而不可医救。已亦遭害，何苦如此？予友赵某，黑夜被一顽友躲于门后，突然跳叫，赵友因食饱着惊，遂成隔症，医治不愈而死。其人常见赵某索命，未久亦死。予幼时，有窗友王某，低头伏于案上习字，因师外出，被一顽生就将活蛤蟆从背后颈项上猛然一放，王某惊叫急跳，项背因而不能直，疼痛不止。两相争闹成仇，至今遂成跎背。予又见一人，右手五指全无。问其因何至此，自言曾有一友，新买厨刀一把，极其锋利，因见手放桌上，戏谓曰："汝手可伸直些，我一刀能将五指一齐剁下。"遂将手指伸直，笑向之曰："我竟将手伸直在此，你敢剁我么？"其人竟挥刀一剁，意在手指缩回，不料缩手不及，五指尽被割断，疼痛滚地，血流不止。举刀人其家大富，见此危难，心甚不安，除自己代为医治外，情愿出银百两，以偿误伤之失。其弟兄族众齐来争闹，讼之于县，县官以彼此俱因戏顽而起，原出无心，但某右手无指即成废人，从宽恕罪，断令举刀人将田房家产各分一半，给与断手人为业，族众不得混争。此事一人因戏而遂至破家，一人因戏而遂成残疾，各皆终身悔恨。予谓以言戏谑尚且不可，何况因顽耍而致人于病死残疾耶？不可不戒。

古今对联极多，予最爱"欲高门第须为善，要好儿孙必读书"二句。要知人生在世，除读书积善之外，并无比此更胜之法。盖读书则人敬之，积善则鬼神敬之。读书则心细而浮气自然收敛，积善则胆小而光明渐久自生。世人只要专在此二件用力向前，自然定有大好受用。目前之贵贱贫富俱所不论，所谓得水之源头、木之根本也。予曾撰《俗语正讹》书一部行世，内有一篇是俗语，云："一命二运三风水，四积阴功五读书。"人若依此说，则积善读书最要者，反在命运风水之后，而揆度正理，不通甚矣。岂不可笑？予改云："不论命运风水事，只在阴功与读书。"似为确当。

人好洁净，固是雅事，但不至邋遢，适中而止，亦不可好洁太过。倘好洁太过而成癖，在孤身独居则可，若与人共处，决难和气。不但难于涉世，即自己到处疑心不洁，举动俱成烦恼。更可畏者，好洁太过之人，每每定得污秽之报。即如倪云林爱洁无比，末后死于粪坑之中。此前人之可鉴者。近来，予有舍亲某最爱洁净，日用衣帽、鞋袜、器皿什物，但有一点尘泥，必然刷去。自坐椅桌，不许他人沾体；巾盆器物，总不同人合用。厅堂房屋地下若有些微叶棒，亦必拾去而后快。毛帚条帚，扫地拂桌，刻不离手。未几年，腿上患一廉疮，流脓流血，腥臭难闻。始而乘轿出入，继而卧床不起。如此二年有余，便溺满榻。予往问候，唯在房外传言。其人无子，虽自己妻妾、奴婢，俱憎恶不近，医药不痊而死。此予亲目所睹者，不独此一件也。人若过爱清净，乃是出家僧道之相，若非贫穷，决定无子，俗语云："邋遢财主"。要知江海之内，污秽总集泥土之中，臭气都容，所以成其江海之大，地域之广。试看财富之家，一切食用居住，不甚过于拣择，即可知矣。予深服司马温公云："草妨步则剃之，木碍冠则芟之。其他任其自然，相与同生天地之间，亦各欲遂其生耳。"予谓世人不可不日诵此言。果能体之，则气量广大，自己有许多受用。福寿根基，全在于此。

僧道常说，人若有罪过可以忏悔。殊不知忏悔二字，并不是向神佛求拜，可以算得忏悔的。也不是叫些和尚道士叩头念经，敲动铙钹钟鼓，叮叮当当，大吹大擂，可以算得忏悔的。盖忏者，乃是忏以前之过；悔者，乃是悔将来之非。若是今日既忏，明日不悔，虽日日忏悔，有何益也？

人生在世，孽多障重，都从身心口上起。身上三恶业，乃是杀、盗、淫也；心上三恶业，乃是贪、嗔、痴也。唯口上恶业倒有四种：一曰两舌，是指人之语言无定，说来说去也。既在东边说东好，又在西边说西好。俗云："破蒲扇，两边摇，唆得两家来相闹，却在中间作好人。"此即搬人是非，起人争斗之祸根也。一曰恶骂，是毒言毒语辱人祖宗父母，咒人死亡祸害，乃恶口骂人也。一曰妄言，是劈空说起，说得甚好，地下的事竟可以说到天上去，天上的事又可以说到地下来。甚至极犯法的事，竟可说作正经的道理；极黑心的事，又可以说作有利于国计民生。只要骗人，随口说谎，不顾廉耻，不顾信行，止图目下口舌利便，遮得非，掩得过，免得罪，骗得人，这叫做妄言。一曰绮语，是说标致话，说尖酸话，说暗藏话，骂了人，人还不知；害了人，人还不晓，这叫作绮语。此口上四恶业，人若犯之，不独自昧了良心，他人听从其言，必至为害不小矣。所以吾夫子并不曾恨别人。唯独深恨这种人。一部《论语》，只说是故恶夫佞者。盖佞字，妄人也。妄人安得不恶？但人身之杀、盗、淫三恶业，免得来者甚多。即心上之贪、嗔、痴三恶业，亦有知觉者。唯独此口上四恶业，人最易犯，究其害人之处，却与杀、盗、淫相去不远。所以凶恶果报，与之亦不甚远。要学好人者，务必先从口业上戒起。

少年人读书，偶遇有不晓得之处，便向师友讲明；凡做事，遇有不理会之处，便向知交说透。日后才学见识自然大过于人。切不可以多问为耻，亦不可以人有不如我者，即惭愧不屑去问。试看吾夫子尚曰"不耻下问"，至于入太庙每事问。在圣人且然，何况他人乎？

问事须婉言下气，以礼恳求，彼自细说始末。但不可当人众问难，恐有不知，而彼反没趣也。

快活方二集

铭心快活方

治一切忧愁思虑不宁，以及愿欲不满等症。

足时刻存想此字，能除一切妄念。乐时刻存想此字，能除一切烦恼。此二味，用清净汤调服。世人福寿荣华、妻财子禄，俱是前生修积，岂由忧虑可得？但不饥、不寒、无灾、无病，即现在之大福。只将不如我者比量，则我之受享多矣。以此为乐，是真乐矣。"知足常乐"四字，乃铭心法也。

极乐快活方

治一切烦恼、虚度岁月等症。

颠如疯如狂，即享大快乐。痴如聋如哑，即享大快乐。此二味，用醇酒调服。予另刻《酣乐吟》，内有四句云："但逢身外莫思量，学得颠痴是妙方。人世百年终日酒，醉游三万六千场。"如有酒取乐为佳，若无酒清乐而至颠痴，其乐更甚。"但得琴中趣，何劳弦上声?"须悟此意。

消灾安乐丸

治一切客气、怒气、怨气、抑郁不平之气。

忍、忘。此二味,用不语唾送下。先之以忍,可免一朝之患也;继之以忘,可无终身之戚也。更饮醇酒数杯,令醺然半醉,尤得其益。

一味长生药

静坐。此一味,遇便行之。或止观,或慧定。苏东坡云:"无事此静坐,一日似两日;若活七十年,便是百四十。"世间何物能有此效?既无反恶,又省药钱,此方人人收得。若无好汤,便多咽不下。

安贫自乐方

颜蠋战国时人隐居不仕,常言处穷方,其药四味:知足以当富,无事以当贵,缓步以当车,晚食以当肉。此四味服之,虽箪瓢陋巷,亦自快乐,而不以贫累也。

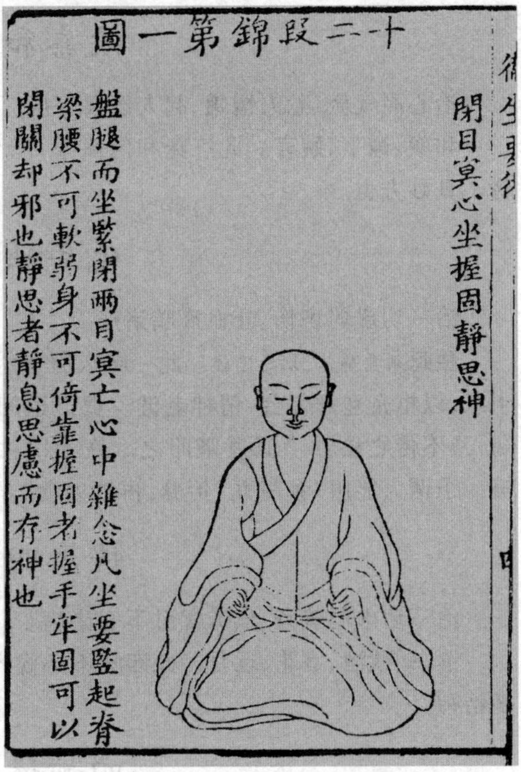

清代潘霨《十二段锦》第一图,闭目冥坐握固静思神之图。中国古人修养论上主静,宋代苏东坡曾说"无事比静坐,一日似两年。若活七十年,便是百四十"

六味治目方

积劳致目青者,闭目养神,去嚣习静,专修止观,不用药攻。古今目疾多人,得此方皆愈。

减思虑、专内视、少读书、省外缘、日迟起、夜早眠。此六味,熬以神火,下以气筛,蕴于胸中,见效甚速。长服不已,洞见墙壁之外。非但明目,乃亦延年。

逍遥无比汤

治伦理难医之病。

宁耐、糊涂、学聋、学瞽、正经三分、痴呆七分。此六味和匀,用感化汤送下。如前病未愈,再加"逍遥"一味服之。吕新吾云:"心不必太分晓,才分晓便是糊涂。"陈眉公云:"留三分正经以度生,留七分痴呆以防死。"医伦理之要药也。

欢喜和美汤

治心高气傲、惹人憎嫌、起人怨恨等病。

和颜、谦下、婉言。此三味和匀佩服,能令遍处欢喜,诸人和美,且消许多口舌烦恼。真妙方也。

延年独睡丸

治一切虚弱痨伤、吐血痰喘诸病。

独睡须要静乐,切忌思扰。此一味久服,令人精神康健、却病延年。昔包承斋恢年八十八,以枢密登拜郊台,精神老健。贾似道问之必有摄养奇术,恢曰:"我有一服丸子药,乃不传之秘方。"似道坚叩之。恢徐曰:"老汉全靠吃了五十年独睡丸。"满座大笑。予谓人能服"独睡丸"怡养,再加以食"半饱法"自辅,寿之延长定可保矣。

快乐四物汤

治一切虚弱咳嗽、焦劳忧思不安诸病。

读书、饮酒、赏花、玩月。此四味不必候齐,有一样即领略一样,享许多快乐,养许多精神。

四妙诚实丹

专治拾人咳唾、附人声响、听人簇使、希人意旨、替人和柯,及模棱两可、咽喋纷争、深情诡秘,并皆治之。

守口、防意、熟思、审处。此四味,用不语津咽下,久行不已,自然真实。不诳不绮、不两舌、不恶口,功效难以尽述。

敦本四君汤

专治灭伦败行、下流等症。

孝父母、训子孙、友兄弟、和夫妇。此四味佩服,即成君子。

解难至宝丹

专治男妇不敬天地、不重君亲、夫妇无情、不忠不孝、不仁不义、不信不慈、不廉不耻、不认亲疏、忘人大恩、计人小过、使心用辛、利己害人,以及诸般不正之病,悉皆治之。改无际大师方。

老实头一个、好心肠一条、慈悲心一片、信行半月、道理五分、本分三钱、忠直一腔、忍耐三分、孝顺十分、温柔八月、阴隲全用、方便不拘多少。此十二味,用宽心锅炒,不可焦爆,去火性。以"波罗蜜"为丸,如菩提子大。不拘时候,用和气汤送下。切忌六般毒物:暗里箭、腹中刀、草里井、心头火、两头蛇、平地风波。凡智慧信受者,身心安乐、福寿延长。

长寿二宝丸

安安则宁一而精神不扰。和和则优柔而情思不躁。

苏东坡居岭外，问长寿诀于吴复古，复古告之曰安曰和。此即老氏致虚守静之妙法也。

千金安睡方

专治床卧不安、梦魂扰乱等症。

睡侧而屈、觉正而伸、早晚以时、先睡心、后睡眼。此五味，上床佩服，保固精神、却病延年。

加减补中汤

专治一切难医不愈之病。

莫欺心、守本分、去嫉妒、务诚实、顺天命、行好事、心谦和、寡色欲、崇节俭、戒暴怒、除狡诈、甘恬退。此十二味时常佩服，保固元气，诸邪不侵，万病不生，可以久安长住也。

苏轼像，图出自明·天然撰《历代古人像赞》。苏轼号东坡，故后人又称其为“苏东坡”

快活方三集

切不可犯盗贼律

凡强盗已行而不得财者，皆杖一百，流三千里。

如何是“已行不得财”？乃是凡做强盗的，已到失主家里，或被失主知觉，保守拒住，或被邻佑乡兵救护赶散，不曾打劫得失主家银钱衣饰等物，不论十人五人，一概都打四十板，问流徙到二千里外。凡问了流罪，本人的老婆俱要一同解去安插。此不过饥寒所迫，一念差错。既不曾劫得人家的一分一文，就该问此离乡背井的重罪。你想三千里路，举目无亲，比在家里所受饥寒，更加百倍。又带累老婆，与解役同起同睡，何等惨辱！

但得财者，不分首从，皆斩立决。

“但得财者”，是做强盗但打劫了失主家财物，不论银钱衣服首饰多寡，就是一千钱、一两银子，或几件粗布衣服、铜锡首饰，或几斗粮米，或几头牛驴，都谓之“财”。

"为首"是强盗做头的人,"为从"是同伙跟随的人。不论此起有十个五个,但是同去了,一得些财物,事犯拿住了,审明定案,部文一到,都要立刻砍头,窝主同罪。且砍头之后,身尸难以葬入祖坟;原分的赃物,还要着落在妻子名下.变卖家产,照依原分的数目赔还失主。再如内中若有因去打劫,奸淫了人家妻女,杀伤了失主家人口,及放火烧了失主的房屋,此各件中,不必全犯,只犯了一件,除立决砍头,还要将头挂在行劫地方,谓之"枭首示众"。至于骑着马匹,带着弓箭腰刀等器械,不论一人二人,白日在大路上邀劫行客财物,谓之"响马"也。也与强盗一样枭首,赃追给主。况做了此等坏事,心惊胆战、东躲西藏,唯恐事犯。既未得将所分赃物受用一些,究竟天网难漏,国法难逃。拿获到官,夹打监禁,锁铐遍身,各处解审,受尽苦楚,到头来难免一刀。玷辱祖宗,贻笑乡党,更且连累妻子儿女。追赃还主,算来一毫东西不曾得,只落得一砍头的罪。有什么好处?怎如得安分守己,力农趁食,父母妻子骨肉团圆。这是大快活也。

凡窃盗已行而不得财,笞五十,免刺。

此是已去做窃盗,而不曾偷有财物,就如前面强盗之已行不得财相同。因未得财物,所以免了脸上刺"窃盗"二字,然犹打五十。何苦空空受刑。

但得财不论分脏不分脏,以一主为重,并赃论罪。为从者各减一等。

"以一主为重,并赃论罪"者,如做窃盗的,原偷了两家的财物,一同事犯到官,只就赃多那一家。合算起来,定其窃盗的罪。"并赃论者",如窃盗本是十个人同去偷的财物,如今合算起来,共值四十两银子,虽每人只分了四两,今应通算在一处,这十个人,都该问四十两赃的罪。造意为首者,是那个先起念算计去偷的。就是为首,该杖一百,折责四十板;其余为从的九个,比为首的减一等,应杖九十,各折责三十五板,俱刺字也。

从计赃一两至四十两,该杖一百。五十两至九十两,该问徒罪:自徒一年至徒三年。如到一百两至一百二十两,就该问流徙的罪:自流徙二千里起,至流徙三千里止。如一百二十两以上者,绞监候。初次事犯拿获到官,除计算赃物,该杖、该流分别定罪发落外,还就在本犯右边面上刺"窃盗"二字,再犯刺左边面上。至于犯到第三次,就不论赃数,只以窃盗三犯论绞监候。若窃盗临时,或窃物未离失主之家,或窃得财物走出失主门外,与失主拒捕杀伤人,及因盗而奸淫失主家之妻妾奴婢者,不分为首为从,皆斩。其白昼黑夜在途抢夺人财物者,罪同窃盗。窝主亦是同罪。

此窃盗,不但是纠伙偷盗人家银钱衣饰等物方是,就是偷了人家骡马牛驴,与地里田禾柴草、园中瓜果菜蔬,都是一样。事犯拿获到官,计赃论罪,不必定至徒罪流徙。就是算赃,只值几钱银子、几十文钱,不到一两,也该笞五十,更不论赃多赃少。凡系有犯,都要打了板子,然后分别问罪,将偷的物件,照数还要追赔还主,且要在本犯右边面上大刺"窃盗"二字。无论绞罪身死不能复生,流罪带累了妻子,流徙远方终身不能归还乡里,重见父母。就是徒罪三年两载,虽可回家,杖罪笞罪,打了板子,自有好的日子,只是刺了深深的"窃盗"两个大字在脸面上,终身带着,不但出门难见乡党亲朋,就在家里,何颜对父母妻子?虽欲急图痛悔,改做好人,奈有此两字刺在脸上，如何区处？一出门庭，即三尺童子，一见便晓得是贼。若有人心的，生不如死。更可虑者，将来所养儿女，谁与联姻？附近被窃，群相指摘，时刻惊心，梦魂总不得安稳。且应捕番役的搜求索诈，百般苦辱，不至身死而不止也。一念之差，终身难洗。何如安分守法之快活耶！

宜安分

世上人秀顽不一，也有向上读书的，也有务农的，也有做手艺买卖的，总是一个求衣食的念头。大约世人想去做那败名丧德的事，略有三件：第一是巴高妄想富贵；第二是懒惰怕辛苦；第三是为饥寒。此三件，只有了一件存在心里，就为非作歹的事都不怕了。及至犯了法，受罪亡身，就悔也不悔不来。只要在士农工商本分事业上费些辛勤，吃些劳苦，自然饱食暖衣安稳度日。四民既各有一业，专心去做那件事，就任他穷通得失，只是一心在这业上，不肯摇动。唯有无志的人，名不成，利不就，随波逐浪，适意的去处就住住，快心的事就做做，遂致不论是非，不辨好歹，流入匪类了。这是谓何？只因他心不安分，所以声色货利，随地就起妄想，乱行乱做，自寻罪受了。人能安分，就有个拘束。假如读书人存心积虑，要想中举、中进士，就是时运不济、青灯黄卷、铁砚磨穿，他的志气不移，自然有个一朝发达。种田人存心积虑，要想堆满仓廪，就是年岁不登、辛勤困苦，他的志气不移，自然有个大熟丰年的时候。工作的人心心念念，想遇几个好主顾，总成他大工程赚些银钱，既或生意淡薄，他的志气，只在那技艺上用工夫，自然熟能生巧。名扬出去，寻他的必定多了。买卖的人心心念念，想撞一宗贱货带到地头，猛然价贵数倍利钱。即或算计不到，枉费奔波，他的志气，只在经营上着精神，自然守着一日忽的发迹起来。可见为人不可不守定本分一业。若失了业，就是游手游食的人，到得饥寒难过，必至为非作歹、家破身亡，怎如安分守己？真好快活也。

切不可犯人命律

凡谋杀人或谋诸心，或谋诸人，造意者，斩。从而加功者，绞。不加功者，杖一百、流三千里。

若伤而不死，造意者，绞。从而加功者，杖一百、流三千里。不加功者，杖一百、徒三年。

若因而得财者，同强盗。不分首从论，皆斩。

谋杀人，是平日与人积有仇怨，或是争产夺婚未遂其意，思量报复；或是自己立心算计要致死他，因自己力不能为，纠合亲戚朋友商谋同往，将其人或打或杀，以致必要其死也。造意者，是造谋立意为首之人，该问斩罪。其从而加功者，是听造意者之计谋，或同去帮助为首之亲戚朋友，或一齐拿着刀枪棍棒，将致死之人也。曾有致命重伤者，该问绞罪。至于不加功的，是当日同在一处商谋，临行又相随一齐同去；打的时节又在旁边张威助势的，该问杖一百，流徙三千里之罪。以上是被谋之人已经当时身死了的。若是所谋之人虽经受伤，犹不至死，造意为首的，减一等尚且问绞。加功的，

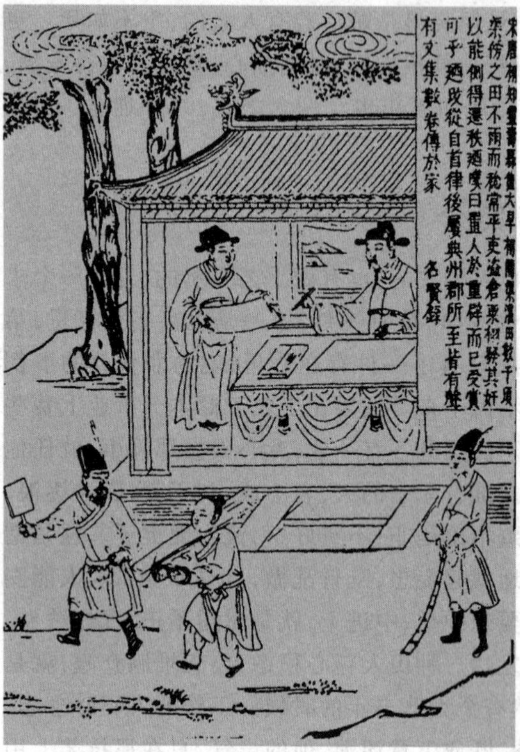

明代版画《瑞世良英》中的《政清民悦》图，描绘了犯人带着刑具的情形

减问流徒。不加功的，亦减等问徒。若谋杀人而又得所杀人之财物，则不论杀人与不杀人，都同强盗一样，不分首从，皆问斩罪。在本人既不能含容忍耐，起初的意思只要报复仇人，不想自己亦杀身；亲戚朋友又不力加排解，反同恶相济、挑激扛帮，共逞小愤，致蹈受罪。或绞死，或流徙，或徒或杖，有何便宜？岂不可怜可惜！

凡斗殴杀人者，不问手足他物金刃，并绞。故杀者，斩，俱监候。若同谋共殴人因而致死者，以致命伤为重下手者，绞。元谋者，不问共殴与否，杖一百，流三千里。余人各杖一百。

斗殴杀人者，如有两个互殴，原因一时气忿不平，彼此争持，俱无必定打死之心者，内中一人偶因伤重而死，故谓之斗殴杀人也。不论是手打的伤，脚踢的伤，以及金刃等伤，都问绞罪，故曰“并绞”。至于故杀问斩者，因其临时有意安心要打死此人，其人果然当时身死，全重在那“临时有心必欲致死人命”，是以该斩。若同谋共殴人，其初原无必欲致死的心，不过只要殴打此人一顿以泄其愤，原是谋殴，不意此人因而致死。因检验被殴受伤，或在囟门、太阳、耳跟、肾囊等处下手打此，致命重伤之人，问绞。其元谋，是王谋造意谋殴之人。所以不问共殴与不共殴，都坐以杖一百、流三千里者，恶其为起祸之罪魁也。余人者，是既不主谋，又不曾下手打有致命重伤，只是跟随同行，也曾帮助打了几下的人。亦各杖一百、折责四十板。又恐此等余人之内，番出执有凶器，检验也有他打的致命重伤，所以律条之内，又有将此等人问发边外充军之例也。总之，人命至重，有犯难逃，世人上须当仔细思量。岂真有杀父的冤仇，万不得已之事？只不过贪图名利，遂至相争。或一言不合，挥拳攘臂；又或酒后相戏，弄假成真，直至杀人偿命。撇下高年父母叫谁侍奉？娇妻幼子靠谁抚养？一时不忍，遗恨无穷。可不慎哉！

宜忍耐

世上人常有一言不合、怒气相加，就打死了人。细究根由，并无深仇大恨，止不过是一时气怒。但凡欲致人死的事，须要仔细想一想：他还是杀了我的父母呢，还是占我的妻子呢？若不是这样大仇，虽有别的怨限，何苦将自己的性命问成死罪，白白偿还他？岂不是虽害他人，却明明害了自己？我苦口奉劝，诸事忍耐。那伤天害理的事，不但不可为，亦不可起念。冤业解释，留着身命，坦然度日，真好快活也。

切不可犯奸情律

凡和奸，杖八十。有夫者，各杖九十。刁奸者，杖一百。

和奸者杖八十，各折责三十板，是妇人之无夫的。如有夫之妇与人和奸，则杖九十，应各责三十五板。刁奸者，是将妇人引至别处通奸。然刁奸都从和奸而来，所以不论有夫无夫，各杖一百，应各折责四十板也。男子妇人皆当以廉耻为重。如不爱名节，一朝事犯，当官去衣同责，即便觍颜偷生，有何面目以对父母亲邻乎？

强奸者，绞监候。强而未成者，杖一百、流三千里。

绞者，是用绳子绞死。就是已强不曾成奸的，也还杖一百、流三千里。

凡妻妾与人通奸，而本夫于奸所亲获奸夫、奸妇登时杀死者，勿论。

淫妇背夫遭诛图，出自《峥宵馆评定通俗演义型世言》。讲述京城校尉耿埴与户部班长董文之妻邓氏通奸，二人密谋杀死董文，一日耿埴与邓氏幽会，赶上董文回家，耿埴躲于床下，发现董文对邓氏宠爱有加，想到邓氏竟存心杀夫，不由怒火中烧，杀死邓氏，并投案自首的故事

奸所，即男女行奸之处。勿论，是不问罪。

其妻妾因奸同谋杀死亲夫者，凌迟处死，奸夫处斩。若奸夫自杀其夫者，奸妇虽不知情亦绞。

奸人妻妾，不过苟遂一时之欢。被人捉获到官，当堂双双杖责，男子妇人归家，何颜见父母亲友？若被本夫撞获，登时杀死，如屠猪狗，更且人人称快。只图片刻之欢，竟作无头之鬼，把自己妻子转眼反做他人的妻子，身遭惨戮，遗臭无穷。急须切戒。

宜娱内

夫妻是五伦之一，最当和睦。即或男女偶有是非长短，亦须彼此包容。要知自己妻室，我要倚着他生子孙、接宗祀、主中馈，竭力内助，帮成家业。但夫妻和好的人，有许多便宜：不费钱财、不担惊怕、不害相思、不伤天理、不犯刑法，何等安稳快活。若是贪爱他人的妻妾，分明是自寻罪受。况且万恶淫为首，淫人一妻，还人一女。歌云："劝人莫借风流债，借得债来还得快；家中自有还债人，你要赖时他不赖。"尤当猛醒。

切不可犯斗殴律

凡斗殴与人相争，以手足殴人者，及以他物殴人成伤者他物，如砖石棍棒之类。成伤，是皮肤被殴青赤肿等伤，拔发方寸以上，俱该笞罪。若所殴血从耳目中出，及内损其人脏腑而吐血者，杖八十。以秽物即粪溺之类污人头面者，罪亦如之。折人一齿及手足一指、眇人一目尚能小视，犹未至瞎、抉毁人耳鼻，若破伤人骨，及用汤火铜铁汁伤人、以秽物灌入人口鼻内者，皆杖一百。折人二齿、二指以上，及尽髡去发者，杖六十、徒一年。折人肋骨已折、眇人两目不能全视、堕人胎及刃伤人者刃不论大小，能伤人者即是，杖八十、徒二年。折跌人肢是手足体腰项及瞎人一目者皆成废疾之人，杖一百、徒三年。瞎人两目、折人两肢、损人二事以上二事如瞎一目，又折一肢之类及因旧患如本人原瞎一目，今又打瞎一目之类令至笃疾，若断人舌割断人舌，令人全不能说话及毁败人阴阳者以致不能生育，并杖一百、流三千里，仍将犯人财产一半是行凶人之所有房产地土也，断付被伤笃疾之人养赡。

以上俱是殴伤其人，致成废笃等疾者之罪。若被殴之人因伤而死，则依前条人命下手、致命元谋、余人等律，问绞、斩等罪。

宜和让

世上人但相知识，都该和好。只是如今的人，或有房屋联基，或有田地分界，或因财帛往来，或因酒食宴会，语言最易生嫌隙，亦最易构也。有富的嫌贫的骚扰的，也有贫的怪富的怠慢的，也有乖巧的去欺那老实的，也有豪华的去笑那寒酸的，以致意气不合，至于相争；相争不已，至于斗殴；斗殴不解，甚至成讼。大约心里若有一个不和不让的念头，自然必定尚气。彼此都假装脸面，我既不肯让人，人又不肯让我；人若骂了一句，我要还骂十句才欢喜；人若打了一拳，我要还打十拳才快活。以至难解难消，小怨变为大怨，小仇积成大仇，弄得个彼此败坏，不了不休。仔细思想，何苦来由？

自今日起，听我好话：但凡做事待人，都要和让为主。遇了事，虽然是非曲直，心里有个主张：只要大意不差，便了。其余细微，都要通融包含些，不必追根辑底。见了人，虽然高低好歹，肚里有个分别：外面都要浑厚宽容些，不必吹毛求疵。也不去矜情傲物，也不去立异求新。无论尊长官宦，不去得罪他；就是孩童妇女、贫贱下人，也都恭恭敬敬的和好，还有哪个不欢喜呢？无论知交中没是没非、相亲相爱，就是有甚么非意的相加，不堪的横逆，也只是情恕理遣，放开度量，不屑计较，还有哪个不敬重呢？如此做事待人，还有什么争斗？前人云："会做快活人，凡事莫生事；会做快活人，省事莫惹事；会做快活人，大事化小事；会做快活人，小事化无事。"可见学得"和让"，就一生快活有余矣。

切不可犯轻生律

诸人自缢、溺水身死，别无他故，官司详审明白，准告免检条例。若自缢赴水是实，尸亲妄捏虚词控告，枷号四十日、责四十板新例。

《详情公案》插图，描绘了古代公堂上对犯人用刑的情景

世人有一等愚夫愚妇，偶因一时口角、小愤，辄自轻生服毒、自缢投河、跳井弃命害人。岂知《律》载自死是真，别无他故，总甲人等呈明地方官免检，批押葬埋。如尸亲妄捏虚词控告者，枷责。是轻生空害了自己性命，又累了父兄子侄的枷责，有何利益？更有弃死的人，主意尚在未定，奈弟男子侄、左右亲属，并不力加劝解，反乘机耸激，以致自尽，因而大家指尸打诈。及至告官审实，即问诬告反罪之条。即或扛尸诈有银钱、抢有财物，俱应准照窃盗抢夺治罪。所诈所抢的财物，问罪之后仍要追出还他；打坏器皿物件，都要估计价值追赔。可见不能害人，反害了自己。岂不可怜？

若因人命图赖而诈取财物者，计所诈取赃准窃盗论详见前窃盗条。因图赖而抢去财物者，准白昼抢夺论计赃重者，加窃盗罪二等。伤人者，斩。从减一等，并刺"抢夺"二字。

假命图赖，固有诬告本律。就是人命果真，若尸亲抄抢者，除人命应问抵偿外，其抄抢的尸亲俱问索诈抄抢之罪。

宜重命

世上有等愚人，或因邻里怨恨，或因家庭口角，一时气愤，就思量弃命害人。要知道，但凡自尽的人命，经官即用薄材押令抬埋，并不把他问罪。狂自横死，冤沉海底，追悔不来。何苦把父母生的身命轻如草芥，岂不可惜？今后诸事，都以自己的身命为重，切莫学那拙见轻生。安分度日，好快活也！

快活方四集

前人谓“救人一命，胜造七级浮屠”。要知世间功德，孰有大于救人性命乎？予最怜有等无知愚夫、短见妇女，一遇打骂争斗、灾难急迫，辄便轻生。或投河投井，或自刎自缢，伤心哉！此身上承祖宗千百世之枝派，下接子孙千百世之源流，岂可轻弃乎？予知为此者，不过有二意：一则思欲图害他人，一则思欲脱离苦难。殊不知所争名利忿辱，皆虚浮微幻。且近日奉各上宪严示饬禁：自死者即时掩埋，不断抵偿。是冤未伸而仇未报，徒空白死，反为彼之窃笑矣。

至于命运迍邅，每逢灾难，须知天地日月尚有风雨盈虚，人生岂得快心满意？应安心耐受，自然否极泰来。

予今所著救死诸法，非授自老翁，即出于亲见。名曰《快活方》者，谓人当快快活来，以受在生之乐也。惟望仁人平日留心熟记。遇人遭此，即时亲身奔救，或出主意教授他人。若得起死回生其人性命，乃我之再造。功德浩大，造塔之功真不及也。常时如不明悉，忽遇此事，慌张急迫，茫然莫救，良可浩叹。

康熙五十八年仲春石成金天基撰写

救热死

路上行人酷日趱程，野中农夫炎天劳力，津竭汗尽，卒然昏倒，此为“中热”。切不可令卧冷地，及饮冷水。若得冷，即不救。急用微热水一盆，或布或手巾，蘸烫肚脐小腹上，冷复换烫，自然甦醒。醒后仍勿饮冷水，饮之立死。可用生姜汤或童便灌之。戒饮冷水者，防气脱也；烫脐腹者，固元气也。

康熙壬申，夏热异常。予远出，路见一人卧倒不醒。是时野地无处寻热水烫脐，因急挖地下碎土围患人脐腹，溺小便腹上，复取童便灌之，渐甦。

是年六月酷暑，有人因急事远走。至一家渴甚，求冷水解渴。饮毕，口数开而死。是年七月，暑热更甚。予往如皋，见路上行人并縴夫热极遇井，辄取凉水饮之。饮毕复行，竟无一患。同是饮水，一死一不死，盖因走急歇下饮水，脏腑猛然凉逼，又不运动，所以不救。若饮冷水，仍复行走，水运不停，自不为患。凡吃冷水冷物，如不行走运动，纵不死，亦成大病。

救冻死

凡冻死有气者，急以灰炒暖，旧布包袋烫心胸并脐腹。袋须两个，冷即更换。灌以温酒姜汤即甦。若不先温其心腹就以火烘，则冷与热争，必致难救。

救烧死

火中不得出，急取被褥或酱浸，或水湿，顶护头脸身体跑出，火不能伤。凡遇火烧将死之人，急用童便灌下。迟则热血奔心，难以救治。

予舍亲阮某好善，每闻有失火之处，不论远近，即带末药前往。凡见火伤，或成疮疱，或破皮肉，与药干渗。若未破皮者，用健猪油调敷，即刻止痛见效，且无痕迹，真仙方也。予竭力得方，只用"地踏菜"一种。此菜形如木耳。潮湿黑绿色，夏月雨后遍生郊野。可作菜食，三五文可买一筐。晒极干，不可火焙，碾为极细末，治一切汤火伤神效。可见贱物反有奇功，积德者可多制济人。此方予舍亲秘如珍宝，予乃刊传于世。但说破未免为人轻贱，不值钱耳。

救溺死

凡行舟失水，急抱船上桅桨篙板之类，身浮水上，不致淹没。但水溺之人，惟冬寒难救。余月心头暖者，俱易救。捞起者，切不可倒控，急口将撬开，横唧筋于牙间，侧卧，令水可出。昔人治溺，将患人横伏牛背，牵牛徐行，腹中水从口鼻、大小便内流出即活。此法虽佳，其居城市，牛只难觅；且扶人不得法，多致倾跌。予立捷法：只用阔凳一条、凳上加棉被叠起，被下安棉枕，中高旁低，垫虚一凳脚，令一人常常将凳摇动，水控去即活。春夏秋俱用此法，冬月用后法。

冬寒溺水，切不可就用火烘。火逼寒气入内，则不能救。急将湿衣解去，即脱人身热衣披上。一面炒盐，用布包烫脐腹，冷则转换；一面厚铺被褥，取灶中热灰多多铺在被上，中安棉枕，将溺人伏卧枕上，仍以灰从头至足厚堆，就如埋在灰中一样，只留口鼻在外出水。灰上再加被褥，不可令灰冷，常须微热。或将灰炒微热加上，亦不可太热。盖灰性暖而能拔水，凡蝇溺水死，以灰埋之，少顷即活。此明验也。

冬月失水人尚活者，不可就解衣换。须令其达湿衣疾走数百步，方可换衣。如一出水即解衣，常不可救。凡见溺水七孔血出者，不能救。

救缢死

凡缢死，自早至夜，身虽冷犹可救；自夜至早，则难救，恐阴气盛也。但心胸微暖者，虽一日以上犹可救。凡闻有喉声痰喘并脚踢手打，声迹可疑，急将门窗打开。此时务要镇定心神，不可惧怕。先将缢人紧紧抱起，抽松其绳，然后呼人将绳结解开。切不可用剪刀截断绳索，恐气息猛出，则不能救。解绳时，将手掩其口，勿令通气。解开缓缓抱下，安放正坐，如僧人坐禅样。另着一人手挽揪其发，常令提紧弦急，不可纵缓致头低下。然后轻轻将手揉其项痕，撚圆咽喉气管，并要活人膝盖，或用手裹衣物，紧顶谷道,妇人并抵阴户,勿令元气下泄。随将手按心胸勤数摩动,又将其手臂腿足频频曲仰,虽已僵直,亦渐渐强为屈伸。又摩按其腹。若再不醒,急用半夏或皂角细末吹入鼻孔,喷嚏通气,再用姜汤灌之。如此一饭时,虽得气从口出、呼吸眼开,仍要摩伸莫止。须臾可少用清粥汤灌之,令喉渐渐能咽乃止。依此救法,万无一失。手挽发勿令头低者,恐喉促不圆通也。先抱其身者,令身不下坠,则绳结宽松不紧也。伸屈手足摩弄者,令气血流通也。

恐一时气不能接,即令人以口对口接之。再将腰背轻打四五拳,以两管吹气入两耳内,即活。

凡有心救人者,皂角末不可不碾一罐收藏家内,恐临用碾不及也。碾极细,筛过。碾时要闭目塞鼻,勿扬入眼鼻,恐发涕伤目也。罐须密固,勿走药气。

康熙己巳岁,予家人因争斗气怒,夜忽自缢,是时四更。予闻对过房中有足踢壁桌声可疑,因急起披衣呼父弟仆从。奈其房门闭固,不能即开,予急打碎推窗。人皆畏惧不敢进内,予倡先跳入。是时黑昏月光,果见有人悬于梁上,手足微动。予不看其头面,恐动畏念,但低头向前,抱住其身,抽松其绳,大呼从人持灯火照入,如法授人解绳安放,揉圆咽喉,曲伸手足,后用姜汤灌下即甦。随将绳向街上焚烧,以绝家人惊畏。缢人至今尚存。倘救之稍迟,或畏惧不前,或救不如法,恐不能回生也。全要在平日熟记。

予母舅萧之绶因事自缢,救人不得其法,慌忙中急用刀割断其索,气一叹而死。

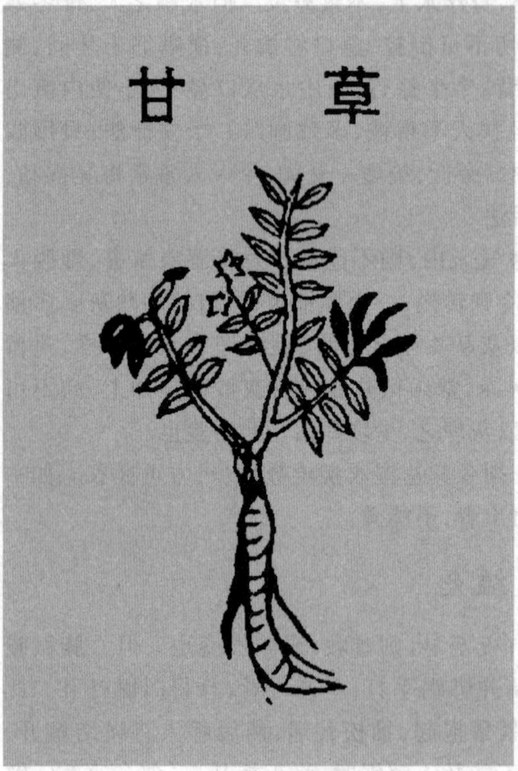

甘草,一种中药,具用解毒功效。图选自《本草纲目》

救毒死

凡中诸毒,但觉腹内不快,即以生豆试之。入口不闻腥气,此中毒也。急以"升麻汤"煎浓连饮,以手探吐即愈。或用白蜡一块,研细清水搅匀服下,或吐或泻自愈。或甘草、或绿豆水冷服,能解百毒。

中砒霜毒,其人烦燥如狂,心腹搅痛,头旋欲吐不吐,面色青黑,四肢逆冷,命在须臾。或灌多年粪清,或饮甘草汤,或饮绿豆汤,或冷水饮数碗,或用真绿豆粉、细黄泥各四两,生鸡蛋清八九个,三共一处,以浸绿豆冷水和稀服之,总以吐解毒尽为度。醒后仍颠不语者,每日以绿豆煎汤冷饮,毒尽自愈。愈后,烟酒姜椒须忌百日,方无后患。

服砒之人,不可睡卧。恐毒流四肢,最难救治。

蒙汗毒,俗名“烧闷香”,饮冷水即解。

服银炻水者,浓煎乌梅汤灌之即解。

服盐卤者,捣肥皂汁和水灌之即吐。吐未尽,灌热豆腐浆,少顷即吐腐形而愈。

中巴豆毒,口渴面赤、五心烦热、泄痢不止。用黄连一钱煎服立愈。或用冷水、绿豆汤皆效。

野菌毒,用地浆水饮之。其法:地上掘二三尺深,以水倾入搅匀澄清,名为地浆。或服陈粪清亦效。

河豚鱼毒,用橄榄、芦根、粪水皆效。或香油灌吐。

饮食遇毒未知何毒,急煎苦参汁饮之,吐出自愈。

予坊有陈银匠,一日与妇打闹,妇遂自寻砒霜一撮服下。心烦渴极,大呼茶吃。其家不知,急取热茶数碗与饮,又渴又与,暴躁难过。予闻传说,急往救治,已不能矣。倘遇知者戒饮热茶,只将绿豆冷水饮之,或可再生亦未可知也。

砒霜毒药不可蓄贮。或有他用者,须藏密处。刀斧利器亦然。切莫令妇女小子知见,恐愤气相加,一时短见。前贤教人井拦用小、后莫通河,大有深意。

救跌死

人卒然摧压跌打、从高坠下,及竹木所磕、落马扑车损伤者,俱有淤血凝滞。大小二便通者轻,不通者重。凡心头热者皆可救。将本人扶起如坐禅样,一人将其头发往后控住,令面少仰,用半夏末吹入鼻孔。如气通少甦,用生姜汁加芝麻油和匀灌之,神效。

救打死

人被打死,如气绝沉重,取药不及,先掰开口,以热尿灌之,用半夏末吹鼻,以艾炙脐,再将患人盘坐,将发提起,令气从上升即活。若骨节打折离脱,急用生蟹捣极烂,以热酒倾入,任量饮醉,即以蟹渣敷患处。如无活蟹,即蟹壳炭炙碾极细末,用热酒调服,饮醉熟睡即愈。

救刎死

自刎之人,急急将头扶住,乘其气未绝额未冷,用丝线缝合刀口。如口小不必缝,急将活雄鸡扯下热皮(冷则没用),将线缝刀口,周围缠护,用软绢同棉花扎好,外将旧布裹脚再缚五六层,不可泄气,自然合一。令刎者仰卧用高枕枕头,令头不直,自然刀口不开。冬夏避风,衣被盖暖。若气从口鼻通出,用白米一合、人参一钱、生姜三片,同煎粥汤饮之,再请医调治。

安息香，一种中药，具有救人于恶死之功效。
图选自《本草纲目》

救砍死

不拘何处杀伤气未绝者，急取葱白炒热遍敷伤处，冷即再易，痛止人甦。刀斧杀伤、伤不透膜者，急用乳香没药各弹大，研烂，以小便半钟、好酒半钟同煎，通口服下，再用乌贼鱼骨浸淡为末，敷伤口。

救恶死

凡中恶鬼气，其症暮夜或登厕、或出荒郊、或避冷室、或到人迹不至之地，忽见眼见鬼物，鼻口吸着恶气，蓦然倒地，四肢逆冷，两手拳曲，口鼻出血，性命逡巡。凡遇此症，切勿移动。即令众人围绕，打鼓烧火，或烧麝香、安息香、苏合香、樟木之类，直候醒知人事方可移归。或用犀角末五钱、麝香朱砂各二钱五分为末，水调服二钱更妙。

凡九窍出血者，大蓟一握绞取汁，好酒半盏调和顿服。如无鲜者，即捣干者为末，凉水调服三钱即愈。

救暴死

烧炭火一大杓以醋浇冲，令患人鼻受醋气即甦。或捣韭菜汁灌鼻中，或刺雄鸡冠血灌鼻中，或用豆大艾团于鼻下人中上灸一壮，即醒。

救惊死

俗名“吓死”。以醇酒灌之即醒。

救饿死

饥饿将死之人，切不可骤以粥饭与食，恐脏腑不常，反速其死。须先用稀米汤缓缓灌下，候苏醒时渐与粥食，亦须少与。凡饿死之人，须用布浸热水烫其脐腹，以固元气，自可回生。

安乐铭

人禀天地正气，冠为万物之灵。家齐而后国治，正己始可修身。
圣贤千言万语，无非纲纪人伦。竭力孝养父母，劬劳恩似海深。
晨昏省候安否，凡事体顺颜情。当效返哺之义，寻思跪乳之恩。
追想父母爱我，爱子之心爱亲。为子出入必告，倘若有事可寻。
有病不离左右，汤药扶持辛勤。不幸百年归世，厚治棺椁衣衾。
兄弟同胞一体，弟敬兄爱殷勤。须要同心竭力，毋分尔我才真。
后世因听妻语，争论视若仇人，假使乖伤骨肉，悠悠四海谁亲?
若是分居各爨，财产务要公平。父在遵依父命，父殁浼凭宗亲。
肥瘦相兼品搭，高低估值均匀。备写分书阄定，免得日后相争。
莫因些小事务，有伤手足恩情。弟兄或有亡故，教养子侄成人。
男女唯选贤德，门当户对为姻。访其家教可否，不须爱富嫌贫。
富家子女骄傲，轻慢姑舅尊亲。娶嫁须过二十，庶免夭折伤身。
夫莫嫌妻貌丑，丑妇乃是家珍。妇以敬夫为主，理宜严肃闺门。
女眷戒其长舌，牝鸡不可司晨。盛衰患难相守，不以存亡易心。
金玉休愁不富，儿孙但愿成人。衣食酌量时度，调养不饱不温。
休餐生冷甜辣，莫佩珠宝金银。能食教用右手，能言戒使骄音。
一有知识训读，不训玷辱家门。作揖要他端正，行步戒其忙奔。
写字笔画真楷，读书字句分明。幼时习学易记，老来记不入心。
事若不知就问，舜因好问成人。入则孝顺父母，出则和睦乡邻。
长上有问必答，在坐定要抬身。不可虚言戏谑，不可斜侧骄矜。
莫呼长上表号，开口就要尊称。饮食先让长者，行路当随后行。
年过十五六岁，戒近游荡闲人。莫学吹弹唱曲，莫学双陆棋枰。
谅其资才授业，事成安享终身。试看荒疏无赖，多因失教无成。
不但六亲可敬，须知九族当尊。本源同是一体，各要谦和为心。
亲近有德君子，远离无益小人。善人久可处约，恶人反面无情。
君子小人易别，听其言语知音。君子所言道德，小人开口浮轻。
或言饮食好歹，或论衣服旧新。或评女色美丑，或谈势利欺凌。
见人富贵即重，见人贫贱就轻。结识皆系狂悖，相与歃血连盟。
后生误入其党，嫖赌游荡胡行。小忿恃众不忍，行凶殴打伤身。
被人告官拿究，自家相怨生嗔。粗蠢一无见识，有事商议失惊。
投入奸刁网内，生祸连累家倾。奉劝择交三益，友直友谅多闻。

鲁仲连像，图出自清·顾沅辑《古圣贤像传略》。鲁仲连是战国时名士，慷慨尚义，常为人排难解纷

百千计较何用？怎如积德行仁。
为善终须迪吉，作恶果报儿孙。
仰不愧于天理，俯不怍于人情。
勿以善小不为，勿以恶小可行。
人有患难危急，就思济弱扶倾。
恤怜鳏寡孤独，救护鸟兽虫鳞。
成人一切好事，解人一切纷争。
戒食耕牛守犬，休伤走兽飞禽。
虽仇不可排陷，落火不可添薪。
宁可人来负我，不可我去负人。
五谷须当珍重，粿粒来自艰辛。
敬惜遗弃字纸，须知一字千金。
行藏存乎天理，动静存其良心。
莫道鬼神无报，半点不肯饶人。
明中惧怕王法，暗里惧怕鬼神。
试看官事罪犯，枷锁夹打牢刑。
饥寒残缺水火，疾病痛楚呻吟。
曾见前人失跌，后人把稳行程。
只须回心学好，方免灾祸来临。
惟以德行为主，上天何有疏亲？
贫富俱当早起，一日之计在寅。
莫分朝夕劳苦，作事务要专心。

凡事莫推明日，明日最是误人，一年几个明日？三百六十有零。
还有寒暑风雨，往来喜庆迎宾。疾病灾横时遘，算来皆是日辰。
曾见几个拙汉，平生懒惰因循。本是今日之事，却推明日早晨。
明日偶然阴雨，又说待到天晴。天晴复有别务，前事耽搁无成。
却自怨天恨地，无故咒鬼骂神。只因明日耽误，叠做一起难清。
试看天上日月，昼夜环转如轮。君王五更登殿，文武百宰朝临。
在外大小官职，夜眠晨起操心。武将顶盔贯甲，刀枪剑戟为能。
君臣文武贵客，尚且个个辛勤。我等庶民子弟，岂可自在安身？
朱门多生饿莩，白屋倒出公卿。顽石琢成美器，铁杵磨为绣针。
趁着年青力壮，不可虚度光阴。莫待老来衰败，吁嗟怨悔伤情。
文士用心勤读，达则为相为卿。乡农春耕夏种，及时灌溉收成。
受得苦中之苦，方为人上之人。世上岂有难事？都缘人不专心。
家中有银千两，每日只用三星。倘若终朝安享，不消十载无存。
坐吃山崩壁倒，口是无底之坑。一朝产业破散，饥寒褴褛羞人。
纵有良田万顷，不敌日进分文。成人不得自在，自在不得成人。

虽然大富由天，其实小富由勤。如肯着实努力，做事何患无成？
治家须要清白，男女不可乱伦。大体不宜皆昧，细事不必逼明。
早起焚香礼拜，敬谢天地君亲。洒扫厅堂前后，拂拭桌凳灰尘。
分咐厨中女眷，碗碟擦净洗新。客到热茶相待，自然光壮门庭。
兴家创业大智，不用奸佞邪人。家长分事人众，人众务各为成。
屋宇墙垣损坏，急宜修补坚新。多备开门七事，外边体面衣巾。
不拘银钱到手，也须聚积三分。有日常思无日，天晴防备天阴。
家中莫断盐米，厨下休缺柴薪。往来喜庆礼物，当行也要施行。
昼夜谨防火盗，三姑六婆休亲。园内多栽菜蔬，笼中莫养飞禽。
奴婢留心宽待，饥寒病苦调停。及时须为配合，不可锢禁青春。
门户向晚早闭，空处防贼存身。夜或响动喝起，莫言猫鼠无惊。
有贼只宜吓退，不可追逼伤人。若是擒拿杀戮，贼党怨结仇深。
须知谦虚有益，却嫌气岸相争。欲要上人一步，休辞下己为能。
不可倚财仗势，十年消长虚盈。多少先贫后富，许多先富后贫。
才能搦管稍解，满脸文学聪明。不知仲尼大圣，何曾夸耀于人？
请客多请数遍，客若等久生嗔。不知奴仆躲懒，只说主人无心。
客到用心恭敬，大小坐次分均。切莫打犬骂仆，劝酒致意殷勤。
若赴大会筵席，牢系帽带衣襟。打点大小二便，礼节从容徐行。
撞倒筵中器皿，打破席上钟瓶。自己面上惶恐，东君心内生嗔。
务要瞻前顾后，轻快稳便回身。坐次凭东安席，谦逊在己虚心。
与人同席共坐，阔窄两让均平。饮酒只叙淡话，自然细语低声。
东君浼行酒令，先须禀告席尊。尊者说过委托，要观人物施行。
务使人人晓得，须教个个欢欣。若是单行孤令，蛮人必定生嗔。
演戏须拣端的，内恐忌讳伤人。倘有舞酒之辈，早离免生祸因。
处世最宜谨慎，温良恭俭和平。切莫喝大骂小，不可暴怒横行。
到处隐恶扬善，何须妒富欺贫。责人之心责己，恕己之心恕人。
凡百待人接物，和颜下气低声。若或自尊自大，谁人来往规箴。
过失还当归己，是非莫去尤人。责己己能无过，尤人人不相亲。
不要与人争竞，有理不在高声。十分他来欺我，旁人路见不平。
吩咐家人妇女，不可冲撞乡邻。开门日日相会，也须留些人情。
有用只推无用，有能只作无能。做个无用钝汉，胜他百倍聪明。
恶事虽有千万，第一首数奸淫。我不淫人妻女，妻女亦不淫人。
若恋烟花嫖荡，费钱惹病亡身。产业因而消散，真同陷人之坑。
最嫌赌博牌骰，费时失事劳神。不到破家不止，且为贼讼之根。
好讼甘刑求胜，怀仇斗力为能。纵然幸免夹打，奴颜屈膝公庭。
官廉也要纸赎，吏书吓取人情。差皂骂索常例，狱卒强骗财珍。
只要哄钱过手，任你自取输赢。个个如狼似虎，家财立见消倾。

譬如一件瓷器，原日多少工程。打破只消一下，何能补整如新？
曾闻唾面自拭，须知百忍家兴。忍字刀从心刺，不忍终不安宁。
十分机关用五，一半留与儿孙。试看奸巧诡谲，到后涂败无成。
除了性理本业，余外不习为精。若是多学纷扰，徒劳枉费精神。
无益之事休做，岩墙之下少停。一物不敢妄费，一事不敢胡行。
凡见失物拐带，知风切莫报人。回避囚罪贼犯，恐为连累非轻。
莫学打拳斗智，灯头戏首逞能。若是妄为妄作，难免灾祸来临。
但凡与人说话，腹中先要思忖。不干己事休说，不当言处莫论。
不可信口乱道，不可说谎无诚。不可扬人之恶，不可夸己之能。
不可诉穷诉苦，不可笑丑笑贫。不可夺人言语，不可当面破人。
言语不可轻发，不会演文莫文。说得有头无尾，被他识破胸襟。
古言要有出处，时话要有来因。略说大概情节，言烦人则厌听。
衣食婚丧等事，酌量家计而行。切莫拌穷做富，切莫扯拽逞英。
未富先富不富，未贫先贫不贫。省使俭用过世，粗衣淡饭为生。
亲朋往来攀谒，只宜淡味陶情。眼前小羞易过，后来债大难伸。
若有当为之事，合用勿得悭吝。十分鄙猥太过，却又倒了门庭。
切莫叠借冷债，债叠不由不贫。年积年还不觉，一总算取难禁。
借银十两加四，四年算利一斤。家业渐渐荡败，未免俯仰求人。
幸遇清平盛世，荷逢有道明君。况生中华福地，又兼须发男身。
粗衣淡饭饱暖，身强耳聪目明。切勿心怀戚戚，时常喜笑欣欣。
世界从来缺陷，全福能有几人？但将下等比较，自然心和气平。
遇饮酒时饮酒，得开心处开心。就事论事行乐，莫辜美景良辰。
万古此身难再，百年展眼光阴。纵不同流天地，也休污了乾坤。
书内语言粗俗，要劝愚者通明。必须熟读谨守，福寿绵远家兴。

多能集

天下之事，有宜能者，有不宜能者。宜能之事，事虽微细，能之而有益。不宜能之事，事即重天，能之者，当时之人或为称誉，或为敬畏，不旋踵而灾害其身，以及其妻子家口矣。今人惟图利己，即损人之事，明知不宜能者，反刻意习能，其所得名利，虽欲久长享受，岂可得乎？夫宜能之事，大而仁义道德孝悌忠信之类；小而居家日用衣食杂事，凡有益于身家者，皆是也。要知宜能之事不厌其多，多而更佳。不宜能之事，岂惟应少，必勉至无。宜能大事，具在圣贤经传，予小子何敢复赘一辞？惟居家日用细务，因予愚微，凡事自身经为，但历实效，随即笔记，日久汇成一书，名之曰《多能集》。愿世之能人，不能不宜能之事，而多能其宜能之事。若或能其所不宜能，而不能其所宜能，予恐果报昭彰，因能而成害。世务昏昧，因不能而无知，能与不能，可不慎哉？

时康熙三十九年清明前二日石成金天基氏撰并书

预知晴雨法

古云："朝看东南，暮看西北。"凡每日早晨，太阳将出未出时，只看东方及东南方，若天色赤而气清，主大晴且暖；或不赤而清，亦晴；若见黑云遮蔽，气色昏暗，或如积土之状，或似垒盂渐渐而起，或有紫黑云在日之上下贯穿，或黑云如鸡头、如旗帜、如山峰、如阵鸟、如龙头鱼鳞种种状者，并主当日有雨。再看风急则雨在午前，风缓则雨在午后，将晚看西方及西北方，日落时占法与此相同。若有雨则在半夜或明日。大概只以日出入之处，见天空则晴，虽有云而片色分明，或玲珑光耀者，亦晴。反此者阴雨。

预知风暴法

凡见天色昏淡，禽鸟翻空，或云脚黄，日色赤；或云行急，日月晕；或太白昼见；或西南参星动摇；或灯火焰明作爆；或石脉润，树汁流，水作腥气、鱼腥土气；或鱼跳蛇暴，蚓过路，蚁出穴；或黑白云起，倏尔变作片片相逐，聚散不常，皆主风暴。

春夏二季必多暴风，若遇天色温暖，午后或云起，或雷声，所起之方必有暴风。

风暴多起于午后，渡江涉水者，宜早为稳。

诸葛亮草船借箭图。讲述诸葛亮因能预知天降大雾，故使草船借箭之计，赚得曹军十万支箭的故事

看试金石占晴雨法

好真试金石，若潮汗则雨，无汗则晴。

烧灯草

晚间将灯草点烧，如烧转得速，主来日大晴；缓些，亦主晴和。若点上即息，或略转数转即灭，皆主阴雨。

盖灯心体质最轻，遇雨则阴气先着故也。

定日出日没时法

歌诀曰："日出卯时日入酉，五十前后不同轮。出茶齐正斜角落，万载千年此是真。"

日出卯时，日入酉时，惟五月昼长，则日出寅时，日入戌时。十月昼短，则日出辰时，日入申时，所以前后不同。其各省增减刻数，每年历日内算载明白。后二句乃看日定时法，备悉后条。

定月出月入时法

歌诀曰："三辰五巳八午升，初十出未十三申，十五酉时十八戌，二十亥上记其神。廿三子时廿六丑，廿八寅时终卯轮。出茶齐正斜角落，万载千年此是真。"

每月初三日，系辰时出月；初五日则巳时出月；初八日则午时出月。余例此末二句，是看月定时法。

看日定时法

每日太阳在天七时，是卯、辰、巳、午、未、申、酉是也，唯五月夏至前后，月余之内，在天九时。十月冬至前后，月余之内，在天五时。

面向南正坐，展此书看，且如日出卯时，日出曰"出"，言此时日始出也。辰时名曰"茶"，茶者，言此时如早茶时候也。至巳时名曰"齐"，齐者，日斜东南也。至午时名曰"正"，正者，日在正南也（夏月则在中顶）。至未时名曰"斜"，斜者，日斜西南也。至申时名曰"角"，角者，日在屋角也。至酉时名曰"落"，落者，日落入也。五月则重一"出"字、"落"字二时。十月则减去"出"字、"落"字二时。

凡看日月定时，以一"正"字在头顶正中作为准则，将"出"、"落"二字作两边，才好分七字。

凡看日月定时，须在空阔地方为准。若在街巷墙屋遮蔽之处，则不验。

看月定时法

出茶齐正斜角落，照日出歌，一字一时顺数。假如每月初三日辰时出月，至巳时曰"茶"，至午时曰"齐"，至未时曰"正"，至申时曰"斜"，至酉时曰"角"，至戌时曰"落"。初五日则巳时出月，十五日则酉时出月，月尽则卯时出月，皆从"出茶齐正斜角落"七字顺数去。

凡迁移造葬诸事，选用夜间吉时，在城市虽有更鼓，而更鼓各处迟早不同，亦难作准。而乡野鸡鸣更为不定，唯看月到何处定时最的。

旅店行人，江湖舟楫，最宜知此，何也？若太早，恐前途误事；若太暗，恐投宿过迟也。

云暗天虽无朗月，只看昏云中暗光，亦可为定。

定寅时法

歌诀曰："正九五更二点彻，二八五更四点歇。三七平光是寅时，四六日出寅无别。五月日高三丈地，十月十二四更二。仲冬才到四更初，便是寅时定准诀。"

以寅时为例，抬头看日色正中为午时。以意参之，则可定昼夜诸时。要知寅与戌对，卯与酉对，辰与申对，巳与未对，夜间丑与亥对，子时间中。

猫眼定时法

歌诀曰："猫眼定时自有方，子午卯酉一线长；寅申巳亥梭枣样，辰戌丑未尽皆光。"

老猫方灵，小猫则不验。再看其大小以定时之始末。

预知春牛颜色芒神服色法

歌诀曰："年干为头身属支，纳音为腹不差移。春日天干角耳尾，支为膝胫纳音蹄。阳年口开尾缴左，阴闭尾右不须疑。神服春日支遭克，克衣系腰与人知。"

干甲乙木青色，丙丁火红色，庚辛金白色，壬癸水黑色，戊己土黄色；支亥子水黑色，寅卯木青色，巳午火红色，申酉金白色，辰戌丑未土黄色，不纳音。假如甲子乙丑日立春，纳音属金白色，丙寅丁卯属火红色，余亦仿此。

芒神服色以立春支辰受克为衣色，克衣色为系腰色。如立春子日属水，衣用土取黄色，克衣色为系腰色，用木取青色。其法凡亥子日，黄衣青系腰。寅卯日白衣红系腰。巳午日黑衣黄系腰。申酉日红衣黑系腰。辰戌丑未日青衣白系腰。

预知来年闰几月法

俗云："要知来年几月闰，但看冬后几日剩。"其法将今年历日，查看冬至后多余几日，即闰几月。假如今年冬至后多一日，来年即闰正月；若多二日，即闰二月，余仿此推之。

定十二用星法

歌诀曰："建除满平，定执破危；成收开闭，逐月轮推。"十二用星，是选吉切要之法，只在左手指掌上，从月建宫内，顺数至某日止，看至何星即是。

月建正月寅，二月卯，一月一宫顺数。此法只论节气，不论月分，假如正月内交二月节，即作二月算。

定黄道、黑道，选吉日捷径法

歌诀曰："建满平收黑黑道，除危定执黄黄道，成开大吉利黄道，破闭不相当黑道。"此十二用星内，除危定执成开，此六日为黄道。建满平收破闭，此六日为黑道。予分为四等，以成开定为大吉，除危执为中吉，平收破为大凶，建满闭为小凶。凡选择只有嫁娶、埋葬、起造三事，必要细查诸书避忌。其余入学、出行、求财、修造一切诸事，只用黄道日大吉。至于宴会、疗病、修足、沐浴、栽种、造酒曲、制器皿、裁衣合帐，各小事随意即行，不必选日可也。为事要在上半日，盖太阳能伏诸煞也。

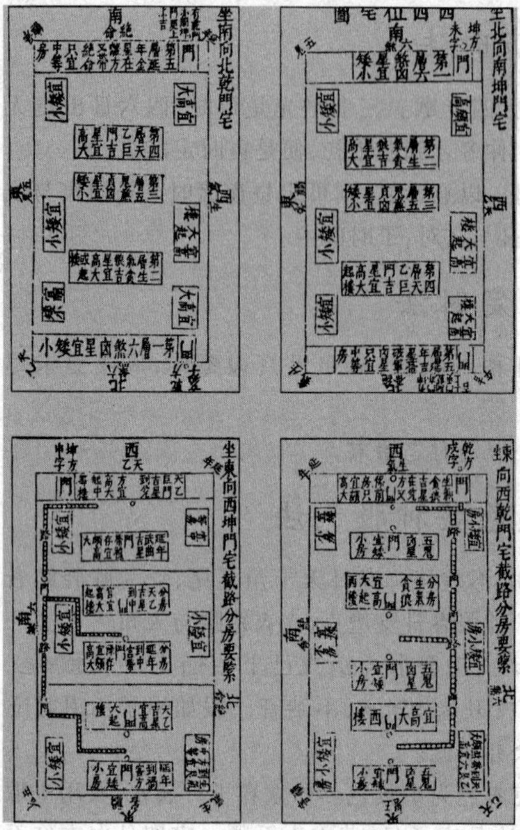

古人造房子对开工时刻、居室方位等都有严格的讲究，图为《三才图会》中的居室方位图

起房造屋开工法

取一吉日开工，是日用香烛礼拜天地神祇。令工人将正梁木锯下，木头供奉家神案上。礼拜后，用红纸写“开工大吉”四字，贴在木头上。另用黄纸一张，朱笔书写“姜太公在此”，贴于匠作处所，则无忌矣。

起造木料法

凡起造木料，须预堆当风日空房之处，待一两月后干透，除去潮湿气。起造房屋则髓眼收紧，不得走动。

柱木要根下梢上，梁木要根左梢右。须用心看匠人，不可倒了错了。不如此，主人口颠倒，不吉。

起房次序法

凡起房，须先起造住房，次后厅房，再后群房。待完作造大门。大约由内而至外，切不可先造大门，主不完全。

墙屋次序法

竖柱上梁以后，方可铺砌周围墙壁。不可先筑墙，后起屋，为之“困”字兆，主不吉。

造屋间数吉凶法

凡造屋以单数为吉，每进宜造一间、三间、五间、七间、九间，不可造成双数。

造房屋安中柱法

住宅主房，必要中柱着地，不可造架柱，其厅房则不拘。柱之上下共四处，可各留小空隙，于竖柱之日，安放银锭，主招大富。此锭不拘轻重，只要一样四只整锭。

竖柱上梁法

选一上吉日，竖柱上梁，俱要在一日，又宜在上半日，太阳光照时最能伏治诸煞。不可用夜间时刻。

竖柱时须选大吉，上梁时即次吉亦不妨。

竖柱上梁，须防匠人将柱之上下，梁之左右，安放树叶、头发、断箸、坏墨，及诸鸟兽、鱼鳖、毛骨、魇魅物件。

上梁时，不许匠人用斧凿墨笔，则不能魇魅。止许用木榔头敲上，最妙。木榔头俗名兴工是也。

预用大红纸横写六字真言，以俟上梁时即贴在正梁上，再用朱笔书写镇宅灵符一道，贴于梁下，以镇凶煞。魇魅六字真言：啊、奄、呢、嘛、嗡、吽。

梁之顶上，将板物遮蔽，不可为风雨损坏符字。

解匠人魇魅法

于立木之日，先一时抬木一根，架于木马上，令木匠为首者，引锯截去巴鼻。即时拾起，口云："头在这里了。"携入家内，即用笔写"魇魅匠人头在此"七个字在木头上，藏于神柜地下，待屋造完，于正屋中间，安油一锅，熬煎百沸。将此木鼻放入锅内，熬煎数沸取出。次日用斧于正屋中劈碎焚毁。则作者其法不验，且主横死，否则逸去也。

立木之日，密取匠人木马、墨斗同八尺竿，放后门口，以竿横顿在木马上，又以墨斗从竿引线，亦横亘之。两头垂下。俟匠人之工已完，俱令至木马处，实教以故，命皆从木马上跨过一次。如不跨者，强扶跨过，便觉有疾，归即不起矣。

大抵匠人作魇魅者，多半由于主人太俭约、太琐碎所致，予以为四五日一次肉食断不可少。再加以和颜美语，知彼饥寒，待彼长厚，则匠人未有不尽心于我矣。予造小屋数间，督工日久，深知此理，敢为世嘱者也。

选砖瓦法

俗云："新砖旧瓦。"凡砖必拣全青，敲之音高叮当者为上。瓦买旧瓦更妙，因久经风雨霜日，破损者必无矣。

去新砖燥性法

新砖须埋地窖中，过上十日半月，去其燥性，方可砌墙。不然则砌上灰泥随干，不得混溶坚固。

砌砖墙法

砌墙不可在冬寒冻月，因水土冻冷，令砖泥不能和合，必难坚久。又不可在夏月酷热时，因砖砌上不至和溶，泥随即干离。今人冬月不动工者有之，而六月酷暑时，多有动工者，利于日长工多，不知此故也。

凡砌砖墙，必须以砖交搭叠上，全要中间填陷填的满足。俗云："填陷如小砌。"但填得周全，即如人腹中充实，则能长久。若但虚空，徒用泥平，则易倾颓，即如人腹中饥饿，安能办事经久？匠人只知省事，要主勤看。

筑土墙法

取土入水和湿，用铁杵力筑则坚久。

泡石灰法

将成块石灰用水入内，随用棍钩之类，不住手搅和几千遍，自然稠粘。然后倾水去其底脚粗块。用水浸着，俟十日半月后取用，越久越好，但不可干了。若不搅和，则沙散难用。但是不浸多时，则有小块子，一时又泡不开，但去粉墙则成炮钉，砌墙又不坚久。

粉墙法

将浸下石灰，去其粗脚。另用书店内裁下的绵纸、仿纸条若干，泡之极烂，和入灰内。及粉墙时，用糯米煮稠粥搅入灰内粉上，外面再用帚把扫过，自然不剥落矣。纸条名曰纸筋，不可以用有颜色者。

造门栓辟盗法

用栗木为门栓，能辟盗贼。

泥大门招财法

密取大富人家地下土来家，用净水泥大门之上，主富。

熬桐油法

用桐油每十斤，加入土子、蜜陀僧下锅熬滚，一滚即用小竹木条不住手搅，俟熬至四五滚，全要火候不老不嫩，倾入瓦钵内。又不住手勤搅，只至冷透方止。不然，则结面不好用。

用土子者，取其易干；用密陀僧者，取其发亮。

油门柱法

门扇屋柱，须待造完迟半月一月油漆方好。不然，恐潮湿之气封在内，不能外出，必易损坏。

开井预知某处有甘泉法

凡开井，先用几大盆水置各处，以俟气清星朗之夜，观其所照房屋何处最大而明，则就此地开，下必有甘泉。

淘井试法

夏月勿轻淘井，先以鸡毛投下，试觇摇动，多阴毒气勿下。凡久不汲水之井，最有毒气，不可久视。

完工安家神法

造房完工之日，用香烛、酒礼并净水一碗、杨柳一枝，或青菜一叶，置于神前，拜祭天地鬼神。口诵云："天阳地阴，二气化神，三光普照，吉曜临门，迎请家堂，司命六神。万年香火，永镇家庭。诸邪莫入，水火难侵。门神户尉，杀鬼诛精。太乙敕命，保护吾门。急急如律。"令念三遍毕，再拜而起，用后解魔法。

完工解魔法

拜家神、灶神毕，用神前净水，以柳枝遍洒门柱各处，口诵云："天地阴阳，日月星光，凡有魔魅，俱变吉祥。吾奉太上老君律令。"不住口诵，俟洒完止。

移居入宅法

凡入新宅，择吉先入，后搬家则吉。只宜进财，忌出财。又忌先搬家伙，后入人口，则不吉。

如次日吉时进屋，隔宿备些香烛于中庭，家眷不可空手进屋。俱执银钱彩帛，长男抱器盛五谷，宅母带银于胸前，家主捧家神次第连入。中庭铺席，置前执物其上。候宅长捧香于炉，致诚献礼，祈求福祉。

大约迁移入宅，宜在早晨吉时，取其渐渐光明乃妙。

入宅安神法

家长安毕家神，焚香再拜，祝曰："家和事昌，喜庆祯祥。田财万倍，福寿绵长。子孙兴旺，科第联芳。"祝毕，再拜。

砖缝不生草法

每年用官桂为末，于春月铺入砖缝中，草自不生矣。

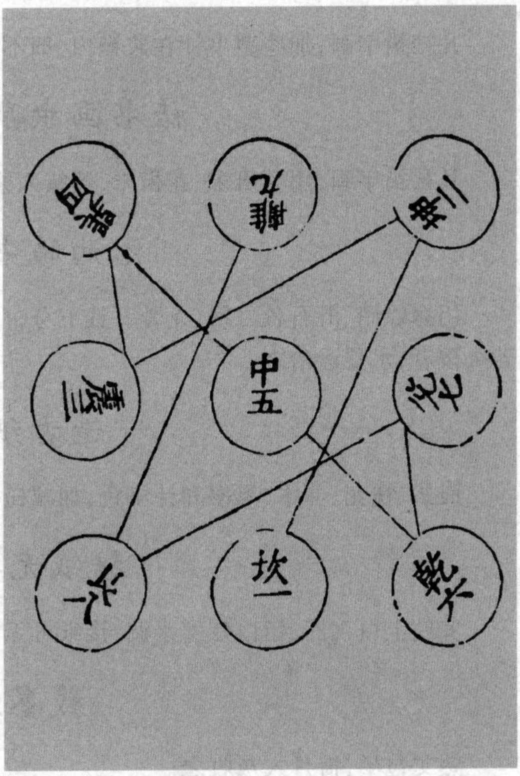

《三才图会》中的《阳宅九宫图》

地板辟湿法

凡铺地板，离地高些，留一活板，开闭堆炭，能收潮湿。

晒书法

于伏天烈日下，将书早晨即于有日空处展开，至午后翻覆再晒，将晚收起。及冷透叠入箱柜，但有热气便不可收藏。凡晒一切字画，以及衣帽物件，皆从此法。

收书不生蠹鱼蛀虫法

辟蠹之法甚多，或用樟脑，或用香蒿，或用烟叶，或用花椒，总不若芸香熏之为第一。其法，于伏日晒书之后，堆满柜厨，预留火炉空处，用炭火一炉，烧起芸香，即闭柜门，使香烟熏绕，则虫蠹自不生矣。

裱书画不蛀法

收腊月雪水存储，以备熬面糊，裱一切书画，永不蛀也。

裱书画不亘法

凡裱褙字画，加些萝卜汁在浆糊内，即不亘矣。

裱书画虫鼠不侵法

凡裱褙字画，用生矾末、花椒末、黄蜡入浆糊内裱之，则虫鼠自不侵矣。

治油秽书画法

用海螵硝、滑石各二钱，龙骨一钱五分，白芷一钱，共为细末，铺油秽处隔纸熨之，若久秽者，水浸透治之。

造古纸法

面浆、槐花、苏木、黑墨和汁染色，加减槌光。

接纸无痕法

罗底上白飞面，用白芨磨水调，接纸可无痕迹也。

藏墨法

熟艾包墨，梅月入灰收之。

制新墨仿古法

墨仿古样造成，于温灰内养十许日，其面上之油光既除，即与古色无异。且胶性已去，体质乃轻。

藏笔不蛀法

研砵黄水浸过，收藏则不蛀。或用花椒储笔套内。

洗笔法

写完字，即在砚池中摆去滞墨，再用则易开不损。

洗砚法

砚不频洗，则滞墨最可嫌，用莲蓬穰温水洗之。

补破砚法

就砚底下以刀刮末，用黄蜡火煅匀调之，以补损处。

去字法

菖蒲根、壳子石为末，水调糁字上，俟干，擦之不见。

拂字法

空鸡子一个，八白卤三钱，蜡纸封口，鸡抱二十余日取用，湿纸上盖药，待干拂去则白纸。

暗书白纸法

荜麻子捣烂写纸上后，使香灰擦去。

字变白纸法

乌贼鱼水写字，过黄梅天则无影迹。奸人或以此写契约骗脱，须防辨之。大约比墨色浅淡，浮于纸上。

去字画上误笔法

凡有误处，用净笔水蘸炭灰拓

铸铁成砚图，出自清·马骀《马骀画宝》

去，以净为度。

扇面上金笺上写画不滑法

扇面上金笺上写画，每每光滑不能着墨。须用赤石脂细末，将软布蘸了轻轻擦过，或用艾绒擦之亦妙。

小字写大法

大字极难写，另写一小字样剪落，将针槌上，点灯，将纸挂壁，以针上字对影。随意挂壁多大，用炭笔描成，另填即是。其墙壁上画大人物，亦宜仿此。

逡巡打碑法

用白芨二两，白矾、阿胶各一两，水中溶化后入石膏火煅二钱二分末之，胶成剂干，用水磨写后，用墨汁拖过即碑。造伪字帖多用此。

点灯无灯蛾法

灯蛾扑灯，最是可厌。不独有伤生命，且如有要事，忽被扑灭，又复点剔，岂不可嫌？除蛾之法最多，俱不足验。唯有一法，在腊月内，用雪水将灯草浸过，晒干收用，则永无灯蛾矣。且命多全活，又是一德。

点灯鼠不吃油法

香油一斤，入桐油三两调点，则辟鼠也。

灯不生晕法

以生姜擦盏边，则不生晕。

占灯花法

灯乃人家照鉴之主，开花结蕊，吐焰喷光，可知人事之吉凶，可定天时之晴雨，仔细观之，每有灵验。

灯有灯光神主宰，几遇有花，宜虔诚占看，任其自开自落。不可以剪挑吹灭，否则反变为灾，即不祥。

燃灯行房，终身大忌。凡灯光下大小便，切勿露体。

凡灯二三次吹不灭者，不可又吹，切宜戒之。

凡灯有花至更深不灭不落，来日主有喜事。灯花至天明不绝不落，主喜事五日不绝。灯开花向迎上，必为大人处得喜。若七夜如此，则士宦加官进禄，商庶财利万倍。灯二次吹不灭更结花，主次日大喜。但存之必获大吉。

灯花分作两炬，主大恩爵印绶迁官之喜，富人即有大官委令及贵人接引之事。

灯花连珠下垂，主远行有财。

灯于中心结花如绿豆大，四面无花，主有酒食。孕则生男，主贵。

灯花向上圆大，主有客至。灯自明而焰响，主有远信至。

初点灯，灯内连连爆出火星，主口舌。

灯焰短而昏昏，炬无光彩者，主忧恼。

灯若有花，忽挑去吹灭者，主有耻辱之事。

灯无故自灭，主有丧服之凶。

若天阴雨日久，忽灯结花，光彩明莹者，次日即主晴。

灯若黑烟上起，红焰下垂昏者，主次日雨。

灯若无烟，但红头左右摆摇不定，主次日有大风。

灯若有红焰光而长明不动摇者，必主晴。

书灯图，出自清·《马骀画宝》

灯若有黑烟微焰，光色不摇者，主天晴而有风。

若天旱多时，灯焰红花短少，而频频点滴者，主三日之内必有雨。

轻身法

山精常服二十多年，身子即轻，可平飞过港。

大力法

大淮地黄，九蒸九晒，每早服三四钱，最能大力，且养精血。

干洗头法

用藁木、白芷为末，涂头上，次早梳之，垢滞尽去。

去头上白屑法

用侧柏叶三片，胡桃七个，诃子五个，雪梨一个，同捣烂，用井水浸片时，涂头不生白屑。

去脸上黑痣雀斑法

用白姜蚕二两，黑牵牛二两，细辛一两，合研细末炼蜜为丸如弹子大，日洗数次，一月之后，其斑点自去矣。

去脸上黑斑法

用白附子、白芨、白敛、白茯苓、蜜陀僧、淀粉各等分为末，及睡时，将脸洗净，用浆水以药涂之，次早洗去。如此数次，以黑斑除去为止。

治面上有瘢痕并一切瘢迹法

鹰屎白二钱，以人精和匀，加蜜少许，涂面上三四日即光。

治面上生白驳法

凡人面上生了白驳，似癣非癣，皮渐生白，无药可治。只用鳗鲡鱼脂，火炙出一两，先拭驳上，刮令燥疼；后以油涂上，不过三次即愈。

面上生光法兼治糟鼻

此乃唐宫第一妙方，相传杨贵妃所制者。用金色蜜陀僧一两，研极细，用人乳或蜜调如薄糊样，每夜略蒸，待热敷面，次早洗去。半月之后，面如玉镜生光。

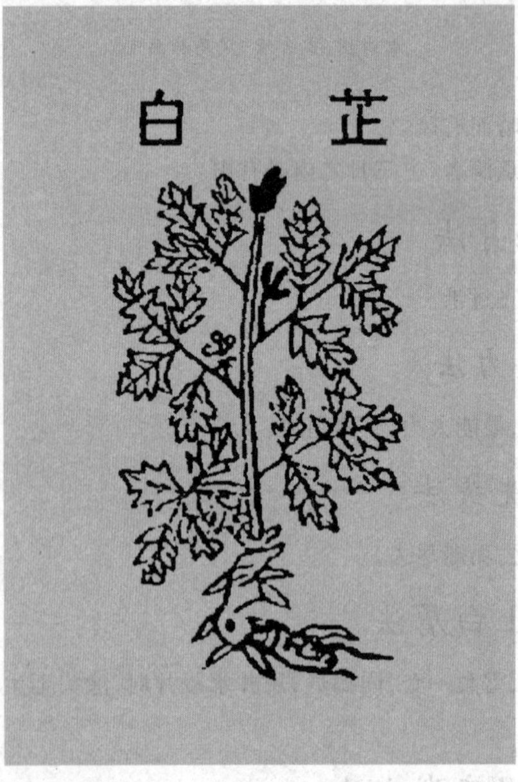

白芷，一种中药，有嫩容之功效，图出自《本草纲目》

面手如玉法

用杏仁、天花粉各一两，红枣十枚，猪胰三具，合捣如泥，用好酒四盏浸于瓷器内，早晚酌用，以润面手。一月之后，皮肤光腻如玉。冬月更佳，且免冻裂。

嫩容法

此方名曰“七香散”，用黑牵牛十二两，皂角去皮烧四两，天花粉、零陵香、甘松、白芷各二两，合为细末，洗面或洗澡时以药擦之，其容貌娇嫩。

治面上生疱疮法

用胡粉、水银、腊猪脂三味同研如泥，夜间敷于面上勿洗，三日即痊。

除面上皱路法

用大猪蹄四只洗净，煮如胶，及卧时涂于面上。次早以浆水洗之，半月之后面皮细嫩如童子。

治唇面皱裂法

冬月人之唇面皱裂，用猪脂煎热，夜敷而卧。远行夜宿不损。若唇干裂出血，以桃仁为细末，猪脂调敷。

梨花白面法

用官桂十两，蜜陀僧、白檀各二两，轻粉、蛤粉各五两，共研细末，加入麝香一钱，每日用鸡子自调敷，令面莹白，绝似梨花，更香美异常。

桃花娇面法

用宫粉十两，蜜陀僧、寒水石各二两，白芨一两，银珠五钱，麝香一钱，共为细末。再加鸡子白盛瓷瓶之内，密封蒸熟。取出晒干，再令绝细水调敷面上。日日如是，皎然如玉。

去雀斑法

用白梅、樱桃枝、小皂角、紫背浮萍各五钱，共为末，蜜为丸，如弹子大。日日洗面用之，其斑自去。

去瘢痕法

用茯苓去皮，杏仁、百部、香附子各二两，天门冬三两，瓜蒌二个，茨菇根五两，冬瓜子半升，甘草半斤，皂角二斤，加好酒涂炙，清胶四两火炙，大豆蒸去皮十两，益母草烧灰一斤，将米水和匀成丸，右药和合焙干，捣烂为末，早晨如洗头时用之，其瘢痕自去。

去面上粉痣法

用益母草烧灰，婴条石各等分，和匀调敷。

去面上粉刺法

用益母草烧灰一两，肥皂一两，共捣为丸，日洗三次，十日后粉刺自然不生。须忌酒姜，恐其再发。

治面上黄水疮法

用酸枣烧存性，荆芥烧灰存性，羊须烧灰存性各一钱，好腻粉五钱，共为细末，槐条煎水洗净，敷在疮上。

治面上黑斑汗斑雀斑法

用紫背浮萍、汉防已，煎水洗或晒干为末擦之，神妙之方。

点黑痣法

藜芦灰一两，用滚水一大碗，淋灰汁于铜器中，外以汤煮如膏，以针微拨破痣点之，不过三次即脱。

去瘊子并搽赘瘤法

用天南星拣至大的，研绝细，同重罗面醋调搽之。

生头发法

此药虽秃头搽之，亦即生乌发。用秦椒、白芷、川芎各一两，蔓荆子、零陵香、附子各五钱，各生用捣碎，用绢袋盛之。以清香油浸三七二十一日取出，以油每日三度擦无发处，不日其发自生。切勿令油滴白肉上。又方，酒浸汉椒搽秃处，即能长发。

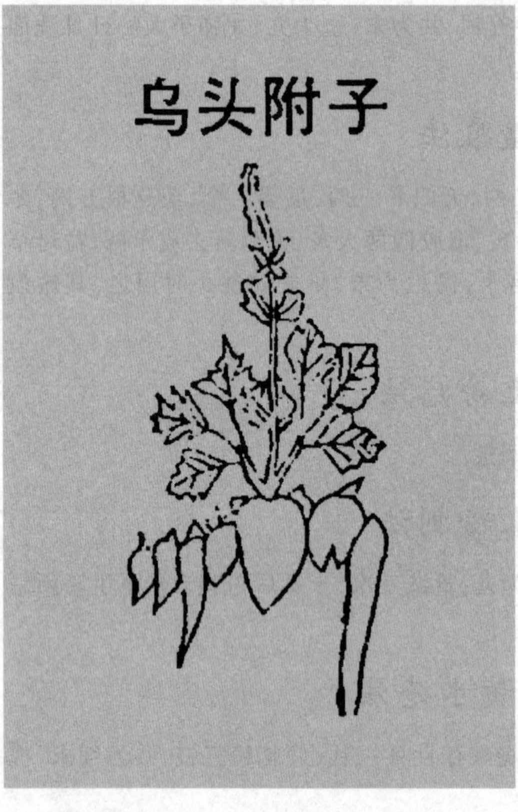

乌头附子，一种中药，与秦椒等中药合用具有生发的功效。图出自《本草纲目》

长头发法

用乱发洗净晒干，以油煎焦，于钵内细研为膏，搽之易长。

治脱发法

用猴姜浸水擦之，或用生姜浸油不时擦之，其发即生。

治蒜发法

未老即生白发间杂，俗名蒜发。用大干柿子五个滚煎，又以茅香汤煮烂。加拘杞子以酒浸透焙干，研细合为丸，如桐子大。每日空心及临卧时，煎茅香汤送下五六十丸。

女人发少能多法

用侧柏叶不拘大小多少，阴干为末，和油涂之，其发骤生。或用羊屎纳鲫鱼肚中，瓦缶固济烧灰，和香油涂之，不几日发生，且光黑可爱。

女人发短能长法

用东行枣根三尺，横安甑上蒸之，两头汁出，敷于发上。

女人梳头不落发法

用侧柏叶二斤，如手指大，榧子肉二个，胡桃肉二个，共研细。擦头皮，或浸水掠头亦可。

女人头发不乱如镜生光法

用鹿角菜五钱滚水煎，冷即成胶，以刷发上。

白肌肤法

鸽子蛋不拘多少，取清调真杭粉，如搽粉状，不可见风。如此十日后，肌肤莹白如玉，此乃内宫之秘方也。

去身臂雕青法

用胆矾、卤砂、龙骨各五分，入蛆不拘多少，共研末，用香油一盏，煎热入药，再加黄丹熬成膏，和麝香少许，用油纸摊贴。其黑迹自然隐入肉内不见。食淡粥一月。

女人初束足不疼痛法

用当归、牛膝各一钱，水一盏，煎六分，加酒少许，空心服下，令血枯，外面用荞麦杆煮浓汤，加枯矾少许，浸足几次，束缚可即止疼。

治女人足上鸡眼法

足上鸡眼不可用铁刀割，只用磁锋割，即不再生。患处用荸荠捣烂敷上，以绢缚之即愈。

涂脚上肉刺鸡眼止疼痛法

用黄丹、枯矾、朴硝各等分为细末，炒葱白涂之即愈。

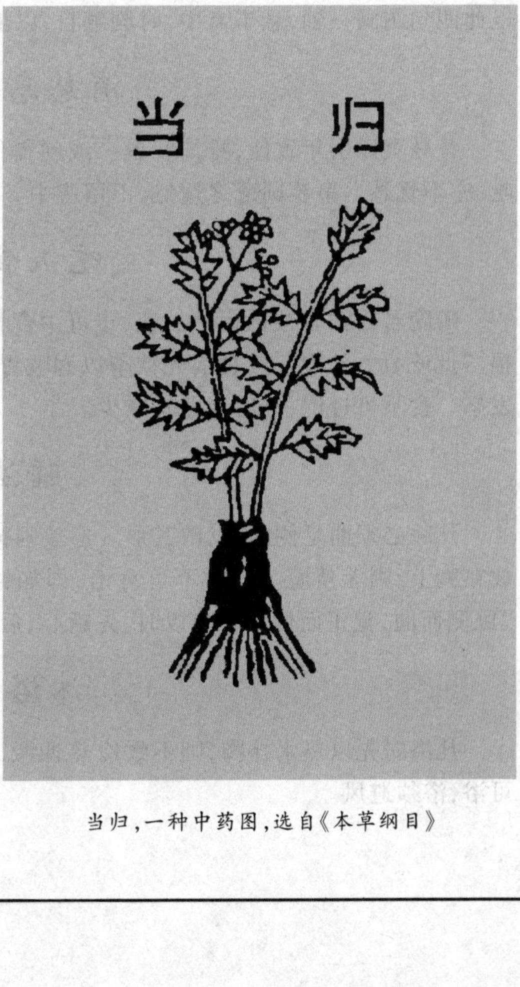

当归，一种中药图，选自《本草纲目》

洗足冻疮法

用秋茄儿根煎汤乘热洗，如破皮，用螃蟹壳烧灰糁之。

漱口法

以下调养类，予另著有《长生秘诀》书，备载颐养诸法。

每日早晨，先吃些开水或饮食，然后洗面漱口，则津气还原，大有补益。凡饮食后，用茶漱净口齿咽下，则无齿疾，且除秽气。晚间卧时，用刷牙温茶或温水漱之，则一日饮食之毒不留于口，齿至老不败。

坐法

坐须厚铺软座，宽衣解带，不必定要盘膝，随意欹坐俱可，但要收神安静为主。若或身坐心驰，不如不坐。

知足享福法细论见《长生秘诀》

凡遇有不得意之事，试取其更甚者比之，心地自然清爽，此降火最速之方。古人有歌曰："他骑骏马我骑驴，仔细思量我不如。回头又见推车汉，上虽不足下有余。"予以此四句图画一轴，悬于斋中，时刻触目，以消去许多妄想之心，享受许多自在之福。

消愁息虑法

昔林英以引年致仕，身如壮者。或问得何术，答曰："平生不会烦恼，即明日无饭吃，亦不忧愁。事至则遣之适然，不留胸中。"达哉此言！但要退思回想，方得乐趣。

吃饭食法

陶隐君云："食戒欲粗并欲速，宁可少食相接续。莫教一饱顿充肠，损气伤脾非尔福。"此吃食妙法也。凡食前先饮茶以润喉胃，食后又饮茶以漱口齿。食时勿说话，勿发怒。食不可过饱，午后食尤宜减少。

睡法

凡睡必须曲足侧卧，以敛其形。形敛则神敛，如仰卧则元神散荡矣。卧时手不可放在胸上，则无梦魔。卧时不可言语，即如钟磬不悬，则不宜发声。蔡季通睡诀云："卧侧而曲，觉正而伸。早晚以时，先睡心，后睡眼。"

沐浴法

凡浴时先以热水扑胸，则不致冷热冲激，浴完小便，能去腹中寒温气。但饥时不可浴，浴须避风。

大小便法

大小便不可强忍，便时要紧闭口齿，目上视，令气不泄。

驻颜法以下修摄类

一面之上，常以二手摩之使热，高下随形，皆使极匝，令人面有光泽，点斑不生。行之五年，色如少女。先以摩切二掌令热，再摩额面，然后摩拭二目。

摩发法

即以摩擦热手顺摩头发，如理栉之状，令发不白。

聪耳法

两手掌掩两耳，以第二指交搭中指，弹击脑后二三十下，名曰"击天鼓"。既能聪耳，又能去头眩。

养目法

无事时合目养神于中宫，大能培养目力。

固齿法

齿不保固，则经络不通，且生齿疾。清早睡醒时，则叩齿二三十下。每晚及食后，必漱令洁净。小便时闭口咬牙，俟毕方开，永无齿疾。至老不落，受用多多。

调息法

修真家教人或闭气或运气，或数遍数，或吐故纳新。依予愚见，皆非正道。要知人身气脉原自流通，何烦闭运数纳耶？但只敛神静坐，安舒四体，紧闭口齿，息从鼻出，任其自然，不粗不促，不闭不抑，是谓调息耳。

转肩法

凡人坐久，常以二手按臂，左右转肩数十扭，则气血通畅，不生诸病。

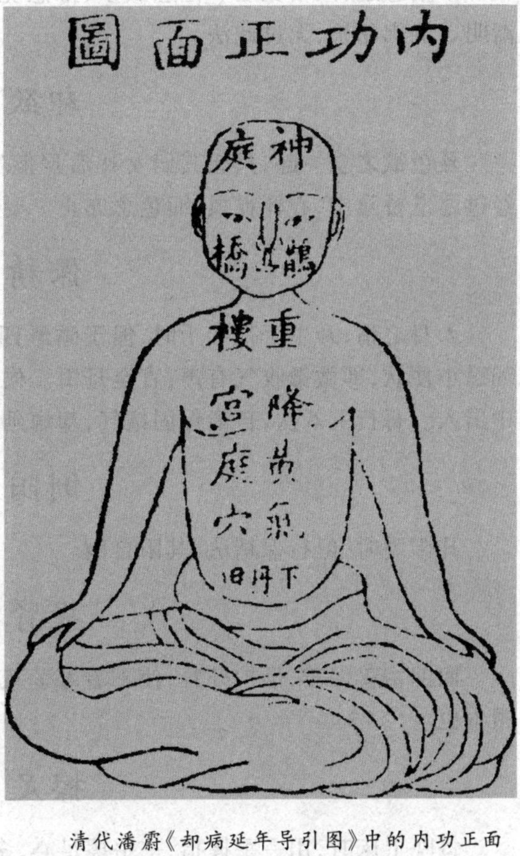

清代潘霨《却病延年导引图》中的内功正面图，导引是中国古代调息法中的一种

仙家以此法为辘轳双关，最有功效。

运手法

手不运动，则筋骨不壮。以一手握拳用力，先微后紧，伸缩十余次，再前后十余次，换手亦然，则诸病不生。

摆身法

身不摆则腹不能运，腹不运则食不能消。凡饱食后，以二手握拳交固胸前，横摆肩腰四五十次，左右转腹亦各十余次，则脾胃运动，饮食消化。

伸腰法

或做事，或读书坐久，则气血下坠。须二手伸上，先轻后重，连腰提起用力，如举千斤重物，复又渐渐轻放。如此三五次，令气血上升，身不衰败，可以却病延年。

正念法

不怕念起，只怕觉迟。但念虽多，惟慧觉之剑，极能斩伏，即犹如日光一照，昏暗渐明。仙佛秘诀，无过此法。

却欲法

凡色欲之念一起，只想其妇女死后尸骸骷髅秽污，心发嫌恶，而色念即止。或想经过之危桥险岸，心怀畏惧，而色念亦止。要知保固身命，此为第一。

保精法

人身之精，乃生于夜半子时，但于睡醒四五更时，盘膝正坐，手齿俱固，先提玉茎如忍小便状，即微微收气有声，直至丹田。俟鼻气满，始微微放出，收放俱要想于丹田中出入。每行七八次，自能保固精气，却病延年。

倒阳法

凡阳举时，但行保精法，其阳自倒。

握肾法

回回俗善保养，惟护外肾，使不着寒。夜卧则以手握之令暖，谓此乃生人性命之根本也。

擦足法

每晚上床时，用一手握指，一手擦足心，多至千数，少亦数百，觉足心热，将足指微微转动，二足更番摩擦。盖涌泉血在两足心内，摩热睡下，最能固精融血，康健延寿，益人之功甚多。

积米法以下饮食类

冬季腊月四九内，研米堆储，经久不坏，且益人脏腑。

藏米法

米囤根下，多用木板粗糠，以免潮湿朽坏。

煮粥法

米淘净，同水下锅煮滚盖好；少时搅转，再添火煮滚；又少时用竹篱搭起于甑内，留造午饭，所余米饮作粥。清晨饱餐，最补益脏腑。如用木柴煮粥，有积火最佳。

煮饭法

将早晨粥内搭起干的，俟午餐用甑蒸透，食最养人。

造酱法

人家日用酱与酱油，不可不自造。若零星市买，不但假伪，且琐碎取厌，大非治家之法。造酱之法虽多，或筑块焙烙，或煮面切片悬挂，或作饼烙熟，抑或滚水煮熟。又有小麦面、大麦面、大豆、豌豆种种不同，总不如予家传面酱之法最为简便。用小面若干，内入炒热，大豆屑不拘多少，滚水和揉成饼，二指厚，两掌大，入蒸笼内蒸熟，冷干于不透风暖处，用芦席铺匀，上用楮树叶厚盖。俟至黄衣上匀为度，去叶翻转，黄透，晒一二日捣碎块，入盐水内泡成酱。

酱黄入水后，于每日早间用竹爬搅一遍。十日半月后磨过则不必搅，酱虽造成，须要磨过才好，不然恐有面块未碎者在内，则味不佳。

造酱要三熟，谓熟水调面，蒸熟面饼，熟水浸盐。

每酱黄十斤，下盐三斤，水十斤。

凡水内入盐，须搅过二三次，定清，用竹篱淋过，去尽泥脚草屑。用造酱油盐水，亦仿此法。

造酱油法

用大豆若干，晚间煮起，煮熟透，停一时，翻转再煮，盖好过夜。次日将熟豆连汁取出，放盆缸内用小麦面拌匀，于不通风处用芦席铺匀，加楮树叶盖好。三四日后，俟上黄衣取出，略晒干，入熟盐水浸透，半月后可食。或再熬一滚入坛内，泥好听用。

若是腊水酱豆，取之收瓷罐内，经年不坏。再入茴香花椒末，吃粥最美。或晒干收亦可，或磨作豆酱亦可。每豆黄十斤，入盐一斤，水七斤。

制酱水法

造酱水，须腊月内拣极冻日，煮滚水放天井空处，冷透收存，待夏月泡酱用。此为腊水，最为有益，又不生蛆虫，且经久不坏。造酱油亦用此法。

造酱辟蝇蚋法

造酱已成，用莳萝撒面上，以鸡毛蘸香油抹缸口上。

造豆豉法

用大黑豆一斗，大约如做酱，串过晒干，去黄，大茴香、小茴香、药杏仁、砂仁、莳萝、紫苏各四两，桔红或陈皮、甘草各二两，生姜三斤切丝，干瓜丁晒干一斗，酱油六斤或四斤，好陈酒十斤，烧酒二斤，加肉桂、白豆寇各五钱，收储小瓷罐内，全以不透气为主。

造米醋法

籼米一斗，浸一夜取出，蒸熟成饭，待冷透入坛内。三日串透，入冷水三十斤，以柳条每日搅数次。七日后不须再搅，过一月不动，俟其成醋，滤去糟粕，入花椒、黄柏少许，煎数滚，收入坛内听用。

腌菜法与下一法互看

凡菜一百斤，用盐八斤，多则味咸，少则味淡。腌一日一夜，翻覆，又储缸内，用大石压住，至三四日打槁装。

腌五香咸菜法

用好肥菜削去根及摘去黄叶，洗净控干，每菜十斤，用盐十两，甘草数茎，以净瓮盛之。将盐撒入菜内，排于瓮中，入莳萝、茴香，以手按实。至半瓮，再入甘草数茎。及满瓮，用大石压定。至三日后将菜倒过，扭去卤水，于干净器中另放。忌生水，却以卤水浇菜内。候七日，依前法再倒，用新汲水淹浸，仍以大石压之。其菜味美香脆。若至春日食不尽者，或于沸汤内焯过，晒干收储，或煮蒸晒干，俟夏月将菜以温水浸过压干，入香油拌匀，以瓷碗盛之，于饭上蒸食最佳。或用煮肉、煮豆腐、面筋俱妙，再加入花椒末更佳。

风菜法

腊菜取嫩心用绳系之，稀稀挂在风处风干，随便用之，取下或煮或炒俱妙。

焯菜法

将菜用滚水焯熟，入麻油、椒盐同闷储罐内，其味最佳。

腌莴苣法

凡莴苣一百根，入盐一斤四两，腌一夜。次早晒起，以原卤煎滚冷定，复入莴苣之内晒干。如此二次，晒干收坛内。另用玫瑰间杂同装一罐，其味更美而香。

腌莴苣卤留存夏月煮肉吃，经久不坏，且最益人。

莴苣叶腌起晒干，夏月拌麻油，放于饭上蒸熟，吃饭最妙。且能杀腹中诸虫，合肉煮食之亦妙。

腌瓜法

凡瓜一担，下盐五六斤，每瓜剖两半去穰，仰放盛盐，用大石压之腌一夜。次早晒起，晚间以原卤煎沸冷透，将瓜浸入。如此二三次晒存.另用玫瑰卷收于罐内。

煮干腊菜法

腊咸菜剩余的，须在清明前煮。下午煮起，翻转再煮，盖过夜。次早晒干，收储坛内，或以甑蒸烂更妙。咸菜不可先晒干，如过干则难煮烂，或放黑料豆同煮更妙。

煮腊菜腊豆法

腊月极冻日，以腌菜晒半干切碎，用大豆不拘多少，黑者更妙，大约六分豆、四分菜、一分红糖、一分酒，合入锅内，菜卤放些，比豆低半指，煮熟。停一时，用勺翻转，再煮透，取出铺地上，冷透收坛内。可吃一年不坏，且而大有益于人。或再加入花椒、茴香在内更佳。

煮盐豆法

俗云："一升豆儿一钟盐，水比豆儿低一钱。"此煮豆妙法也。好咸者盐用一大钟，好淡者盐用一小钟，以盐放于中间，浮面煮熟，翻转再煮透，晒干收坛内。平时随煮即吃最妙。惟腊月煮豆可久收不坏。或放香油同煮。

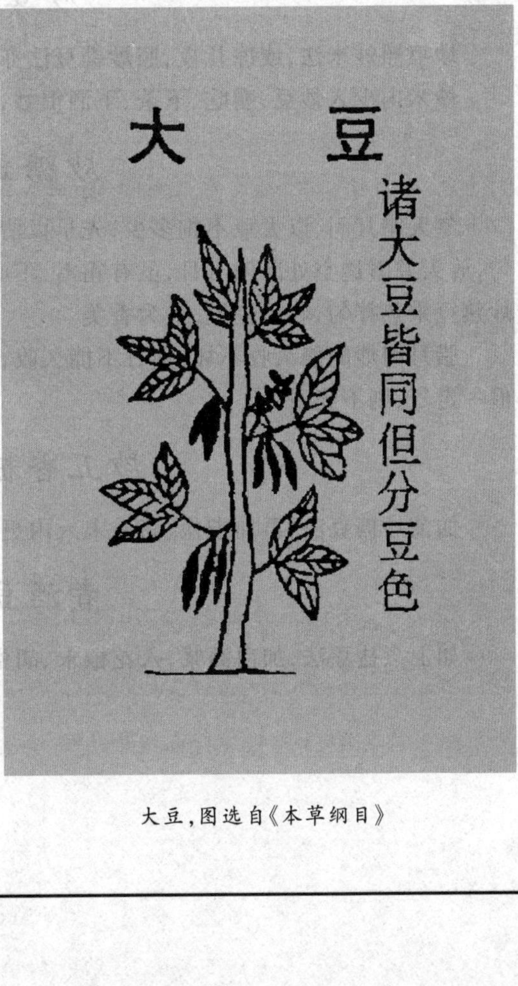

大豆，图选自《本草纲目》

炒盐豆法

如前煮法，但以盐和成盐水煮，俟煮熟晒干再炒脆。

炝豆法

豆以水浸肥，以滚水焯熟，加酱油、醋、椒末拌食最妙。

炒米法

上好整肫糯米，先以净水淘净，后以微热水淋过，盛竹萝内，以湿布盖好，涨二时透，下锅炒熟收储。

淋米水太热则不酥，太冷亦不酥，以微热不炙手为度。冬月寒冻之日炒米，不但经数年不坏，食之能治大人小儿一切痢疾水泻，大益脾胃，补养脏腑。

炒米炒熟，铺于天井透风处冷透，及不热时，再收入坛内，则多腊气，但能陈储二三年者，则治百病大妙。凡炒米与砂同炒，俟熟时筛去砂，最空酥好吃。

平日不放砂炒的米，每斗只可炒一斗五六升，但有砂同炒的米，每一斗可炒二斗有余。

炒豆法

炒豆照炒米法，或冻几夜，照炒糖豆法亦妙。

炒米内少入炒豆，嚼吃、下茶、下酒俱妙，泡吃亦妙。

炒糖豆法

冬天腊月间，以大豆不拘多少，先早以清水淘净，下午用滚热水淋过，放竹筛内铺匀，放天井露透空处冻四五日，虽有霜雪，不必收盖，冻透，下锅炒熟，用面糊和白糖将炒熟豆乘热拌匀，收入瓷罐，最为香美。

腊月间炒的能久收不坏，别月不能久收，糖之多少则由人便。罐切盖紧，勿走气，但一走气，则不脆香。

炒五香糖豆法

如前炒糖豆法，再加椒盐、茴香末入内更妙。

煮酒豆法

如上煮盐豆法，加白酒浆，入花椒末、胡椒末同煮湿最美，或不用酒亦可。

天福编 童蒙必读

玉不琢不成器

人家生儿，教训要紧。小时不管，大来顽梗。从小教训，则到老驯良，性情已成，难以遽改也。

说　话

言语应对，从容得当。下气低声，不可说谎。凡说话要小心诚实，不可妄诞，低细出声，不可粗率。

走　路

出入必恭，不可乱步。望前竟行，东西莫顾。凡行走须要笼袖徐行，不可掉背跳跃。

见　人

逢人奉揖，随行侍立。有问即答，无问即默。赴席末座，椅桌休靠。不可横肱，下箸须少。逢迎行止，最要恭敬，不可放肆，亦不可多言多动。坐要定身端正，不可倚盘靠背。酒筵不可占据多箸，淋漓倾撒。

背　工

读书朗诵，字句分明。口眼兼到，更要专心。读书不可贪多，只要字句分明，专心熟读，勤勤通理。

写　字

写字周正，笔画均匀。勾圆竖直，点撇有神。写字须看明原本，端正下笔，不要潦草歪斜。

正心涉世

是官当敬，凡长宜尊。交必择友，居必择邻。但能敬上法善，未有不成好人者。不可以心高气傲。

大富由天，小富由勤。成事在天，谋事在人。尽人力以听天命。世间岂有场外之举子耶？

守口如瓶，防意如城。贪心害己，利口伤人。病从口入，祸从口出，孽由心造，害由心积。

自家有过，人说要听。当局者迷，旁观者清。道吾恶者是吾师，道吾好者是吾贼，下句比博奕事，此理愈明。

担头车尾，穷汉营生。日求升合，休与相争。此辈境界甚是劳苦，何忍以刻薄待他？正好施惠也。

仇无大小，只怕伤心。恩若救急，一芥千金。羊羹毫炙，至死不忘；豆粥麦饭，终身知感。

三姑六婆，休叫入门。倡扬是非，惑乱人心。拒绝外来杂妇，不独财物免致哄骗，且闺门静肃。

富不可势，贫不可欺。阴阳相推，周而复始。未来事，暗如漆，世上钱财无定主，哪是长贫久富人？

度德量力，看体裁衣。休争闲气，乖里放痴。凡事不量力者，难成就也。空尚饿气，甚是无益。

他弓莫挽，他马莫骑。许人一物，千金不移。不干己事，就不可多事；言既出口，就不可虚谬。

李广像，图出自清·顾沅辑《古圣贤像传略》。李广是西汉名将，深受士卒爱戴，司马迁在《史记》中赞誉他“桃李不言，下自成蹊”

恩休自表，好休自题。桃李无言，下竟成蹊。花美实甘，人自往来兴下，譬如有功，人口内称颂，当谦让不遑，才有光彩。

先学耐烦，切莫动气。性躁心粗，一生不济。心若粗急，一切世事定难有成，非为读书一件也。

白日所为，夜来省己。是恶当惊，是善当喜。日间所行之事，但肯夜间追思改悔，则功多过寡。

造言起事，谁不怕你？也要提防，王法天理。人怕恶人，王法天理独不怕恶人，且专要去寻治恶人。

害与利随，祸与福倚。只是平常，安稳到底。只是本分事业、本地风光，得受许多自在。

当面说人，话休猛厉。谁肯甘心，受你闲气？事虽当理，亦必出言婉逊。每见好言动怒者，皆由语貌之严厉也。

奴婢无能，缓缓教理。他若有才，不服事你。不是他故意，只因他无才，要宽恕他，要体恤他。

好听偷瞧，自家寻气。装哑推

聋，倒得便益。治家涉世，一切细事不必过于明察，所谓“不痴不聋，难做阿翁”。

人间私语，天闻若雷。暗室亏心，神目如电。此四句读之凛凛可怕，世间痴汉还起恶念否？

心要慈悲，事要方便。残忍刻薄，惹人报怨。残刻之徒，人怨而天亦大怨、危矣哉！

男儿事业，经纶天下。识见要高，规模要大。人若识卑见小，则不足以成天下之大务也。

沉静立身，从容说话。不可轻薄，讨人笑骂。出言行事，若不沉实，专习轻浮，必不成器。

当面证人，惹怨最大。是与不是，尽他说吧。与我无干，何苦讨人恨？倘有受教者，可背人说之。

今生用度，前生积下。今生用尽，来生乞化。人生福分都有定数，即如有钱一千文，每日用十文，则用百日；每日用百文，则用十日矣。

饱食暖衣，闲说闲耍。终日昏昏，不如牛马。牛能耕田，马可骑坐，唯无用人，虚费衣食，要之何用？

内要伶俐，外要痴呆。聪明逞尽，惑祸招灾。但要心中黑白分明，最忌现于面目舌笔之间。

一切言动，都要安详。十差九错，只为慌张。大嚼多噎，大走多蹶，文清公所谓“缓则得，忙则失。”凡天下甚事不因忙后错了？

能会几句，见人乱讲。洪钟无声，满瓶不响。钟虽重大，若不力撞，亦不能鸣，半瓶水轻摇则有声。

让他说话，我只闭口。让他指挥，我只袖手。省了许多气恼，讨了许多便宜。

要成好人，须结好友。引酵若酸，哪得甜酒！近朱者赤，近墨者黑，此孟母教子所以三迁。

无心之失，说开罢手。一差半错，哪个没有？无心为过，有心为恶，过贵于改，过而不改是谓过也。

各人之情，各有所重。体量人心，休任己性。人人都在己性，不管他人甘苦，取怨结仇，皆由于此。

无可奈何，只要安命。怨叹急躁，又增一病。困穷抑郁，圣贤不免。若或烦恼，徒为自苦，不如心安意顺，听天由命，何等宽快！

待人要丰，自奉要约。责己要厚，责人要薄。持家不得不俭，待客不得不丰。厚责己则寡过，薄责人则寡尤。

越娇越脆，越泼越壮。舟子河边，军人马上。大丈夫要炼此身，使之无所不耐，方能得成大用。

零零星星，耽误一生。绵绵密密，功名指日。此四句乃力学要法。非但读书，一切事都是如此。

人虽蚩蚩，亦不可欺。人虽碌碌，亦不可辱。童叟无欺，方存天理。殴辱懦弱，于心何忍？

酒色财气，杀身四忌。尽力贪求，丧尽仁义。酒不大醉，色不邪淫，财不苟得，气不暴怒。

事不干己，分毫莫理。生怨招非，自讨羞耻。问事休开口，逢人只点头。若是连头都不点，也无烦恼也无忧。

分卑气高，能小得大。中浅外浮，十人九下。此三件皆世人易犯之事。殊不知皆易败之道也。

年年防旱，时时防疾。日日防火，夜夜防贼。人能守此门防，则一生坦途矣。

以己之心，度人之心。将心比心，强如佛心。己所不欲，勿施于人。己欲立而立人，己欲达而达人。

知是都知，能是谁能。休听口说，只要躬行。能言不是真君子，善处方为大丈夫。

神童诗

劝学

天子重英豪，文章教尔曹。学成经济，治国安民。万般皆下品，惟有读书高。帝王推重，他事莫及。

少小须勤学，文章可立身。读书全在少年愤志。

满朝朱紫贵，尽是读书人。许多贵官，俱自书出。

才学勤中得，萤窗万卷书。人能勤，学广博。

三冬今足用，谁笑腹中虚。才自充，实有用。

朝为田舍郎，暮登天子堂。有志者，事竟成。

将相本无种，男儿当自强，荣贵容易得也。

莫道儒冠误，诗书不负人。

达则相天下，穷亦善其身。达则为卿为相，穷则为师为友。

白日莫闲过，青春不再来。

窗前勤苦读，马上锦衣还。时光莫负，勤学莫怠，荣贵必得。

衣锦还乡图，出自《重刻元本题评音释西厢记》。讲述张君瑞金榜题名、衣锦还乡，连夜回到普救寺与崔莺莺洞房花烛之事

登科

喜中青钱选，才高压俊英。萤窗新脱迹，雁塔即题名。何等荣显！年少岂可不急早勤学耶？

少年初登第，皇都得意回。禹门

三级浪，平地一声雷。十年窗下无人问，一举成名天下知。

一举登科日，双亲未老时。锦衣归故里，端的是男儿。扬名显亲才是大孝。惟书方可遂志。

状 元

玉殿传金榜，君恩赐状头。英雄三百辈，随我步瀛洲。临渊羡鱼，不如急归结网，羡慕他人何益？

帝 都

日月光天德，山河壮帝都。太平无以报，愿上万言书。风云今际会，千古帝王家。

四 喜

久旱逢甘雨，他乡遇故知。洞房花烛夜，金榜挂名时。人有一喜即太快乐。莫看容易，才知受享。

慎 言

莫道舌柔软，伤人快似刀。教君安乐法，缄口最为高。金人铭白圭诗："切须时佩，莫待言后追悔。"

守 淡

身安茅屋稳，性定菜羹香。识破世间事，淡中滋味长。"淡泊以明志，宁静以致远。"诚大有受用也！

应 世

堂前无俊仆，槛外少奇花。不交僧与道，便是好人家。除此三事、落得身心清净。

克己情交久，财明义不疏。奸狡用心机，欺人即自欺。只要公正、切勿欺心。欺心即是欺天。

耕牛无宿草，仓鼠有余粮。万事分已定，浮生空自忙。识破都有数定，妄想徒自苦劳。

见事知长短，人面识高低。饶人不是痴，过后得便宜。冤家宜解不宜结，得饶人处且饶人。

舌软常在口，齿折只为刚。思量这忍字，好个快活方！老子秘传妙法，一生受用不了。

厌静还思喧，嫌喧又忆山。自从心定后，无处不相安。在心不在境，知此理，遍处皆安乐国也。

甘 懦

终日被人欺，分明我自知。若还忍耐得，终久大便宜。做个无用汉，安稳过平生。

春水满泗泽，夏云多奇峰。秋月扬明辉，冬岭秀孤松。胸中洒然，眼中旷然，才能说出。

省 时

春水满泗泽，夏云多奇峰。秋月扬明辉，冬岭秀孤松。胸中洒然，眼中旷然，才能说出。

正学歌

予幼从蒙师启读，每晚授以放学文歌，咏而散其歌，俚乱不切。及长而见九峨李先生童训十二章，每章四句八句不等，选句虽雅，义犹未尽。每欲另撰，自愧荒陋，未敢擅笔也。予素敬字纸，虽勾涂狼藉，亦必拾取。一日于废纸中偶获蒙训七律，作者姓氏逸而弗传。披阅之下，言虽浅近，大惬予意。予又另取乐吾韩先生诗五律合成十首，谬名曰《正学歌》，后生小子每晚令看吟咏，不第有以养其性情，且趋向克端，由此而学，庶几正而不偏矣！

天基石成金撰

凡歌诗，须要声音清朗，节调均审。此以句义体贴，身心才为有益，非专在宣其结滞也。

诵书

读书端的要坚心，义理求详口辨音。诵过务宜多遍数，讲来须欲细推寻。
先经后史工层用，作破行文力递深。片刻莫闲勤习字，窗前时趁好光阴。

坐位

坐垂双膝着胸脐，状貌端然如塑泥。当忌一身偏左右，莫将两手弄东西。
与朋并坐肱休横，对客同堂足用齐。切忌膝摇鞋打地，最为下贱使人低。

行走

行时体泰定端恭，莫作轻狂举趾松。怕有崎岖防跌失，恐遭湿滑损仪容。
亲邻遇着随深揖，尊长临前即后从。最是嫌疑还欲避，村头屋角步相逢。

言语

言出来时不可轻，轻言动辄取人嗔。寻常应对须从实，亲厚相谈悉要真。
启口最嫌侵内事，闲评当戒及乡邻。交头接耳殊非样，莫逞机锋乐斗唇。

饮食

饮食随常饱便休，不宜拣择与贪求。若当尊席无先举，便属同行务逊酬。
残物岂容盘内反，余羹切忌口傍流。好人但是粗知味，饕餮从来实可羞。

王祥卧冰图。王祥是西晋人，中国历史上有名的孝子，寒冬时节，他的继母想吃鲜鱼，王祥就到冰封的河上，解衣卧冰，冰化如人形，有双鲤跃出水面，王祥因此得鱼供奉继母

孝亲

借问缘何得此身？一毛一骨是双亲。但看养子殷勤意，便见当初鞠育恩。
常仰昊天思一本，难将寸草报三春。试于反哺观乌鸟，敢背劬劳愧此禽。

敬长

天地生人各有先，但逢长上要恭谦。鞠躬施礼宜从后，缓步随行莫僭前。
庸敬在兄天所叙，一乡称弟士之贤。古今指傲为凶德，莫学轻狂恶少年。

待人

生来同里共乡邻，不是交游是所亲。礼尚往来躬自厚，情关休戚我先恩。
莫因小忿伤和气，遂结成仇起斗心。报复相戕还自累，始知和睦是安身。

安分

士农工贾各勤劳，自有荣华自富饶。好是一心攻本业，莫垂双手待明朝。
精神到处天心顺，术艺成时泰运交。勿慢起贪登垄断，羡鱼还恐失樵樵。

戒非

凡百非为不可为，为非何日不招非？无端自作风波恶，有犯休嗟命运亏。
起念一差何所忌，回头万悔不能追。争如守分为君子，我不欺人人怎欺？

女训

自天子以至于庶人,莫不赖乎内助。而内助之贤,必由于为女子时得闻教诲。惟是富贵之家,生女每多延师读书,否则力有未能,若不教而成贤淑,又不多见。但女孩幼小即读以深奥文书,虽极加讲说,俱属茫然。旧看《女孝经》、《女论语》等书,繁而太深。其《女儿经》又似村庄歌唱,难以入口。予因仿女儿家常话,演成数首,又改集吕闲翁女儿语二一,通仅十六首,极简极明,成诵即解。今后无论富贵与否,生子俱可读习,而成内助之贤矣!

石成金撰写

言行端庄,女不离娘。依从教训,谨守兰房。人家女孩儿,时刻随母听命、不拘长大,自然贤良。

少年女子,须要勤谨。比人先起,比人后寝。俗云"勤谨勤谨,衣食有准。懒惰懒惰,必至冻饿。"盖勤则功成业就。

笑莫高声,话要低语。下气小心,才是妇女。妇女阴象,专主柔静,若牝鸡司晨,大为不祥。

金珠锦绣,不如雅淡。只在贤德,不在妆扮。能安于布裙荆钗者,定有住金屋瑶台之福。

偷眼瞧人,低声私唱。惹是惹非,又为贱相。良家子女有此丑态最招淫贱,切须禁戒。

说话先笑,行走头袅。这样光景,讥诮不了。有此形象,极为下贱。

不贪口腹,不尚多言。咒咒骂骂,其实可嫌。馋口多言、咒人骂人,妇女常犯,切须悔改。

站门卖弄,进寺烧香。游山玩水,邪丑名扬。妇女诸般坏事,都从这几件起。

事无大小,休自主张。公姑禀命,丈夫商量。要知妇人识不远大,自行主张每多错误。

夫不成人,劝救须早。万言千语,要他学好。若遇不肖夫男,莫惜苦口劝谏,迟恐习学性成。

公姑丈夫,荣枯掌里。气傲心高,哪个容你!小心敬奉,尽我妇道。

女客到来,恭敬留款。人家是非,莫谈莫管。款待女客则喜悦,其他人闲事不可说,亦不可管。

门户常关,箱笼常锁。日夜提防,盗贼水火。时刻防患,自无失落之虞。

大伯小叔,姑娘妯娌。你不让他,谁能让你?自己谦逊,诸人愈加敬重。

事事该会,件件该能。切莫夸己,切莫笑人。虽有能干,夸己则形人之短,笑人则招人之怨。

既是一家，休要二心。上下和睦，世代长兴。一家和睦，自然兴旺长久。

童礼知要

礼者，乃天理之节文，人心之懿范也。今人生子率以姑息为恩，当童幼之年，举止语默，便无检束。及其既长，则骄慢性成，何怪其放纵悖逆哉！昔浙江按察司学校副使屠公讳议英著《童子礼》一书，语本《曲礼》少仪、弟子职诸篇而演述，诚幼学之津梁也。予不揣愚昧，改其迂繁，补其遗缺，另订一集，简明切当，题曰《童礼知要》，存以自训子弟，并刊问世，俾人人尽知礼节之要。令其谙察仪度，虽至壮至老，骄慢不生，多享极大之福，岂但曰《童礼》云乎哉？

石成金撰

洗　面

每日清晨早起，先洗面以饰容仪。洗时须卷起两袖，勿令沾湿，敛手而洗，勿令水淋他处。

整　服

凡着衣常加爱护，饮食须照管，勿令点污。行路须看顾，勿令泥渍。遇服役必去上服，只着短衣，以便做事。有垢破必洗补完洁。整衣欲直，结束欲紧，毋令偏斜。

叉　手

叉手之指，以左手紧抱右手大拇指，右手四指皆直，以左手大指向上，以右手掩其胸。手不可太着胸，须使稍离方寸，礼称手容恭。教童子叉手有法，则拜揖之礼方可循序而进。

揖

凡揖时，稍阔其足则立稳，须直其膝、曲其身、低其首，眼看自己鞋头，两手圆拱而下。举手当心，下至过膝，手随身起，叉于当胸。两手圆如抱斗一般，不可尖直。

拜

凡下拜之法，一揖少退，再一揖即俯伏。以两手齐按地下，先跪左足，次屈右足，

古人年节跪拜图，选自清《点石斋画报》

顿首至地即起。先起右足，以双手齐按膝上；次起左足，仍一揖而后拜。其仪度以详缓为敬，不可急迫。

凡见尊长皆四拜，平交皆两拜。或尊长已拜而复有致谢，则随时再拜。尊长通指父、兄、师长及父、兄、师长之辈而言，后皆仿此。

跪

低头拱手，稳下双膝，背当稍曲，以致恭敬。

跪者，卑幼事尊长之常礼。请问献进，俱当长跪。或尊长有弗意怒色，则不待呵斥之加，先跪以听戒责。

立

拱手正立，双足相并，必顺所立方位，不得歪斜。若身与墙壁相近，虽困倦不得倚靠。

坐

定身端坐，敛足拱手，不得偃仰倾斜倚靠，凡席间如与人同坐，尤当敛身庄肃，毋得横肱，致有妨碍。

行走

两手笼于袖内，缓步徐行。举足不可太阔，毋得左右摇摆，致动衣衫。自须常顾其足，恐有差误。登高必用两手提衣，以防倾跌。其掉臂跳足，最为轻浮，常宜收敛。寻常行走，则以从容为贵。若见尊长，又必致敬，急趋不可太缓。

言语

凡童子常宜缄口静默，为得轻忽出言。或有所言，必须声气低俏，不得喧聒。所言之事，须真实有据，不得虚诳，亦不得亢傲訾人及轻议人物长短，如市井鄙俚戏谑无益之谈，切宜禁绝。

言者人所易放，苟有所畏惮，收敛久久亦可简默。今之父母，见其子资性聪慧，于学语之时，往往导其习为世俗轻便之谈，以相笑乐。此性一纵，必不可反。是教以不谨言也，尤宜禁之。

视　听

凡收敛精神,常使耳目专一。目看书则一意在书,不可侧视他处;耳听父母训诲、与先生讲论,则一意承受,不可杂听他言。若非看书听讲之时,亦当凝视收听,毋令此心外驰。童子聪明,始开发于耳目,倘耳目无所防禁,则聪明便为外物所诱,而心不存矣!养蒙者须记之。

饮　食

凡饮食须要敛身离席,毋令太逼。从容举箸,以次着于盘中,毋致急遽,将肴蔬拨乱。咀嚼毋使有声,亦不得恣所嗜好,贪求多食。安放碗箸,俱当加意照顾,毋使失误坠地。非节假及尊长之命,不得饮酒,饮亦不可过多。

洒　扫

洒者洒水以敛尘,扫者扫地以去尘,致洁以事长者,乃弟子之职。今洒可不用,而地须勤扫,几须拭净。

应　对

应有应其呼,对者对其问。以卑承尊,礼当敬谨。然必于呼问未及之先,常察尊长之颜色所问,庶几可不失矣。

凡尊长呼召,即当轻声而应,不可缓慢。坐则起,食在口则吐地,相远则趋而近其前,有问则随事应对。然须听尊长者所问辞毕方对,毋先从中错乱。对讫俟尊长有命,乃复原位。

进　退

凡见尊长,不命之进不敢进,不命之退不敢退。进时宜鞠躬低首,疾趋而前。其立处不得逼近尊长,须相离三四尺,然后拜揖。退时亦疾趋而出,须从旁路行走,毋背尊长。如与同列共进,以齿为序,进则鱼贯而上,毋得越次紊乱;退则席卷而下,毋得先出偷安。

温　清

夏月侍父母,常须挥扇于其侧,以清炎暑及驱逐蝇蚊;冬月则审察衣衾之厚薄,炉火之多寡,时为增益,并候视窗户罅隙,使不为风寒所侵,务期父母安乐。

定　省

十岁以上,清晨先父母起,洗面整衣,诣父母榻前,问夜来安否。如父母已起,则就房中先作揖,后致问。昏时候父母将寝,则拂席整衾以待,已寝则下帐闭户而后息。盖定以安其寝,省以问其安。此与温清之礼皆人子事亲之常,不以少长有间者。然能习惯于童年，则孝爱之节，自然驯熟矣。

《百谱图咏》之农家除庭图，描绘了农家庭院中日常生活的景象

出入

家庭之间，出入之节最宜当谨。如出赴书堂，必向父母奉揖告出；散学时必奉缉，然后食息。其在书堂时，或因父母呼唤，有所出入，则必请问先生，许出方出，不得自专。

馈馔

凡进馔于尊长，先将几案拂拭，然后两手捧食器，置于其上。器具必干洁，肴蔬必序列，视尊长所嗜好而频食者，移近其前。尊长命之息，则退立于旁，食毕而撤之；如命之侍食，则揖而就席。食必随尊长所向，未食者不敢先。食将毕则急毕之，俟其置食器于案，亦随置之。弟子勿以执馈为耻，则骄傲之气自折矣。

侍坐

凡侍坐于尊长，目则常敬候颜色，耳则常敬听言语。有所命则起立，尊长有倦色则请退。有请与尊长独语者，则屏身于他所。但弟子分当侍立，或尊长命之坐，则亦当遵命而坐，然须敬畏如此。

随行

侍尊长行必随其后，不可相远，恐有所问。如问及己，则稍进于左右，以便应对。目之瞻视，必随尊长所向。有所登涉，则先后扶持之。与之携手而行，则以两手捧而就之。遇人于途，一揖即别，不得舍尊长而与之言。

邂逅

凡遇尊长于道，趋进奉揖，与之言则对，命之退则揖别而行。如尊长乘车马则趋避之，或名分相悬，不必为己下车马者，则拱立道旁，以俟其过。

执役

凡尊长有所事，不必待其出命，即当趋就其旁，致敬服役。如将坐，则为之正席拂尘；如侍射与投壶，则为之拾矢授矢；如盥洗，则为之捧盘持巾；夜有所往，则为之秉烛前导。如此之类，不可尽举，俱当正容专志，毋得怠慢差错。尊者宜逸，卑者宜劳，故劳役之事皆卑幼任之，弟子之职当如是也！若耻于为役，则必无长进矣。

受业

受业于师，必让年长者居先，序齿而进，受毕奉揖而退。其所受业或未通晓，当先叩之年长，不可遽读问于师。如欲请问，当整衣敛容，离席前而告曰某于某事未明，某书未通，敢请先生。有答即宜倾耳听受，答毕仍复原位。

朔望

朔望清晨进馆，除先后自揖外，俟来齐，长年率众诣圣人像前，焚香礼拜毕，向师再拜，师立而揖之。

晨昏

常日清晨进馆，先揖圣人，次揖先生。至晚散学时亦然。

居处

端身正坐，书籍笔砚等物皆令顿放有常。其当读之书，当用之物，随时从容取出，不得信手翻乱。读用已毕，复置原所，毋令舛错。其借人书物，亦当登簿记录，及时取还，不致遗失。

接见

凡先生有宾客至，诸弟子以次序而立，俟先生与宾客为礼毕，然后向上奉揖。宾客退，诸弟子仍奉揖送之。先生与客命之不可出门，即各入位凝立。俟先生返，命坐则坐。若宾客与诸生中自欲相见者，亦必俟与先生为礼，乃敢作揖。退亦不得远送。非其类者，勿与亲狎。

读书

整容定志看字断句诵读，务要字字分晓，毋得目视他处，手弄他物，仍须细记数遍熟读。如遍数已足而未成诵，必欲成诵；其遍数未足，虽已成诵，必满遍数方止。犹必逐日带温，及逐月通理，以求永久不忘。

读书不在多，但能积下精熟工夫，渐次积久，自然有得。今弟子勉强记诵，自逞其能，而为之师者，又假此为功，以取悦其父兄，遂不计生熟而慢令加读，旋即遗忘。积习既成，鲁莽无益，所当深戒！

写字

凡写字不问工拙，必要专心把笔，务求字画严整，毋得轻易怠惰，致有潦草攲斜，并差落涂注之病。研墨放笔，毋使有声，及溅污于外。其戏写砚面及几案之上，最当戒之。

常礼须知

凡起拜揖让之礼，予已备载《童礼》书内矣。惟是谒见迎送、铺筵设席诸仪，虽系日用之常，若不讲习于平时，忽尔骤然登堂，未免举止周章，进退维谷，岂不贻讥大雅乎？予自愧乡野愚人，未见盛筵大席。每遇寻常交接之仪节，似有一得于心，乃以本处俗礼撰书一本，简明易晓，俾世人悉如礼敬之要。虽未能尽合乎道，亦可无慌错之诮矣！至于官爵贵宦举动俱有仪注，遵循毋庸少越，又非予乡野愚人所敢擅言者也。

天基石成金撰

迎　接

凡新亲贵客到人家谒拜，须预先令仆投一到门名帖，主人知道便于迎接，如久交常会则不必。

闻客到门，主人急出趋迎，见客未可即揖，先一恭，客亦一恭。主立定，随拱手请客入门，云："请！"客立云："不敢。"主又拱手云："请！"面向客，手拱向门。

客由西而左行，主由东而右行。

客登堂从西上阶，主略后些从东上阶。

登　堂

凡新亲贵客，候客行礼完，必转客右主左，以答谢。如久交常会，则不必。尊长到卑幼家亦不必。

厅堂中，客左主右并立，客先拱手逊云："请！"

主拱手答云："请！"客左主右同揖。如尊长则行四拜、两拜礼。

主人向客应坐之位整椅拂尘，拱请客坐。

客亦回向主人应坐之位整椅拂尘，拱请主坐。

主客俱坐定，各一恭，叙话候茶。

四　拜

凡四拜，止有父母、祖父母、本地官长，其余不可。即施受者或正坐拱手，或傍立拱手，不回谢。

平身、端拱而立也。揖、俗谓之唱诺。拜、跪下而俯也。兴，跪起而立也。连四拜四兴而再一揖，谓之礼毕。

两　拜

凡学生见先生，侄见叔，女婿见岳丈俱受两拜。受者旁立答揖，不回谢。如四拜则答两揖。

照四拜之礼减两拜。

并　拜

凡礼之，南北当随本地风俗行。

尊者在上南面而坐，二人在下北面而拜，以年长居西，幼者居东。如无人在上，止是宾主叙揖，必逊宾居东，主居西，此南礼也。若用北礼，则宾西主东。

入　众

凡众客先到我后到，则用此仪。

来客登堂，先向众客拱手云："请了。"声要高些，令众客知闻。

众客从座各起身，拱手亦云："请了。"

来客随请主人奉揖，主人谦逊拱手，请客奉揖云："请。"

客又谦客，主不僭客，亲不僭友，凡系亲戚虽长俱在后一次。长客谦过竟向奉揖。记同来客谦上下。

次幼客奉揖，次亲戚奉揖，再次宗族奉揖如客众不能分别亲友，众客则齐向一揖，最为简便。

众客揖毕，复请主人。主人竟立下首奉揖。主人虽长亦在客下。

来客向众客再拱手，众客回拱，来客逊坐毕，就依位坐，坐定各一恭。

各叙闲话，闲话忌长冗，忌鄙俗，忌矜夸。上茶。见献茶礼。

茶毕复叙闲话，少顷安坐上席，或话毕告辞。

序　坐

凡序坐先将上下记熟，不可舛错。

自量齿位，略谦即坐。坐时双手一拱就坐，不必过谦。次序先须习熟，假如一堂之中南向四椅，北向四椅，东向二椅，西向二椅，共计十二座，先以上之中东为第一，上之中西为第二，上之边东为第三、上之边西为第四。次以下之中西为第五，下之中东为第六，下之边西为第七，下之

鸿门宴图，出自《千金记》。鸿门宴上，项羽、项伯东向坐，范增南向坐，刘邦北向坐，张良西向侍。从座位的安排上可以看出人物的尊卑

边东为第八。又以东之近上为第九，西之近上为第十，东之近下为十一，西之近下第十二。或压于名分而难坐者，随时变通可也。

献　茶

凡新亲贵客尊长上茶，须两次，亦有三次者，其仪同此。

主呼茶云："献茶！"客云："不敢领茶。"或云："不劳赐茶。"

价者两手躬身，挨次献茶。价须向后退，不可以背向客。

主见价捧茶到，即双手捧云："请！"不必起身离座。客逊客拱手云："请！"无客答云："不敢！"随即领茶。

长客竟躬身领茶，余客依次躬身领。

主候众客茶齐，云："请！"众客各举茶杯，齐躬到地。主亦躬答云："不敢。"众客捧茶在手，主举杯请用茶云："请！"客用茶。吃茶忌咂声、忌匙声。主亦用茶。客用茶毕，捧杯在手，候收盘。价者捧盘上厅收盅，主请客放茶杯云："请。"

客略逊客，竟依位次放茶杯。放盅于盘、须轻缓些，不可闻声。

递　酒

凡贺寿、贺喜之类，俱用此礼。

主人举杯斟酒，向外一揖。三酹，又一揖，而转身斟酒，向客一揖而奉之。客接杯一揖而受，又对众客一揖而后饮。饮毕，主人举杯于客，客即斟杯一揖而酢主人。主人接杯又一揖而受，客亦举杯。待众客递饮毕，共一揖而谢。此主谓酒主人，客谓受贺人。

安　席

凡优觞大宴，须用此礼。如小酌常酒，即就便一揖，主人在位上奉杯箸拱请。

主命价铺毡于厅中，主立右边，云："请告奠"。客人齐立左边，面向里，主向众客一揖，客答缉。

正登毡，命价斟酒，执杯向外一揖三酹、酒斟半杯、恐防泼撒失仪。主酹毕，又向外一揖，即转身另执酒杯，请尊客，客坐，主人拱手云："请！"客虽尊长，亦拱手逊众云："请！"主请尊客并立厅中，奉揖。有子侄者，执箸后随。客竟居左陪一揖。

主双手捧箸盘，缓缓步至第一席前，客随主至席面，主尊之即躬身变双手敬奉杯箸，后以衣袖拂洁椅桌整坐。客踌躇打恭，主向椅坐前，恭敬一揖。客在席面前恭敬答一揖，主复走至厅中原处，再一揖。客随主至原立处答一揖。竟在左边，不必谦。

客揖完即退后立。如请第二位客安席，礼仪照前。如客多，止安二三席，众客向主辞云："不敢多劳。"主人向众客总奉三揖，各坐。

安席完，领席尊客领众命价斟酒，安主人席。仪照前，如主人坚辞不敢当，客即同众奉主一揖，就坐。凡客安主席，以辞为是。

首客先立于位傍，候众客各就坐，然后坐，不可先坐。首席坐下，请长客拱手谦云："有僭。"二三席长客拱手答云："理当。"席俱坐完，如席中有子侄遇父叔，婿遇翁，学生遇先生，俱下位。至尊席前，另又向应告坐之人奉一揖，然后各坐。

奉　酒

凡斟酒只可大半杯，若满杯恐有泼撒，岂不失仪？

主人命价斟酒，双手躬身敬奉席上。如席多者，命陪主敬奉。

客躬身领在手，向本席客谦逊过，竟领放席上。

主人候众客酒齐，方举杯告云："请饮。"或云："请酒。"客答："请。"主人酒奉完，众客向主奉酒。或尊客云："不敢同敬。"

凡斟酒一杯，主人先举杯向客云："请！"客亦同拱后饮。每杯酒主人必先饮干，然后以空杯劝客。主如量小者只斟半杯。

上　肴

凡肴从有边空处捧上，放近客前。如大筵首一肴，主人每席奉一揖。

主人见肴至，双手捧奉，客云："不敢当！"

主人候各席肴齐，先双手横箸拱请云："请举箸。"客举箸。主人不请客不可先。

主人请过，即以箸入碗内拨奉云："请。"客用肴。主人候众放箸完方放箸，不可先放箸。

遇汤点至，主人出位到各席前奉一揖。客立躬，首席尊客回敬主人。主人辞谢："不敢。"

告　辞

凡小酌常会，临辞则不必奉揖，只拱手告别。

有酒：饮毕，客起身一揖，谢主人云："多扰。"主人陪一揖，谦云："有慢。"

无酒：话毕，客起身一揖云："告辞。"主人陪一揖，谦云："空坐。"或云："承光顾。"

送　别

凡平常相会门外，不必奉揖，只一拱而别。

客走下阶，转身向主拱手云："请留步。"主人竟送云："容送。"

客至二门，复向主拱手云："请留步。"主人送云："容送。"或云："不敢。"

客旁行云："不劳远送！"主人云："再容少送。"

步行：客至大门外一揖而别，主人陪揖，立候客去始回。

有马：客至大门外向主一揖主人陪一揖，拱手云："请登骑。"客一拱云："不敢，请回。"主立候云："恭候。"客走马过几步，遂上马行。主人立候客去始回。

有轿：客至大门外向主一揖，主人陪一揖拱手云："请乘舆。"客一拱云："不敢，请回。"主立候云："恭候。"客令轿夫抬过门几步，遂上轿行，主人立候客去始回。

坐位图注

上下定而尊卑见。要知坐位次序，原有一定之规，毋庸紊错。惟是客内有父子叔侄师徒翁婿之类，碍难并坐者，又有限于地方不能宽列者，不得不随宜变通。然而席虽改常，其次序未可或越。若不熟习于中，难免以下为上，以尊居卑。此虽日用之仪，知者多而不知者少，但古今各书从未曾有备载者，予因画成图本，注以次序，将此为例，余可类推。予知尊卑上下之位，今后可无紊错之诮矣！

天基石成金撰

坐位：朝廷序爵，谓论官之品级序坐也；乡党序齿，谓论年之长幼序坐也。客众序坐，先朋友次亲戚，次宗族，又各以长幼序。

书内凡方格者桌也，正字者桌面也，数目者人也。

贵官尊长一席一人者，则以先中，后左，后右序之，如无中双列，则以先左后右序之。

一席二人正对：主人或有碍不便对坐者，则旁边右坐。

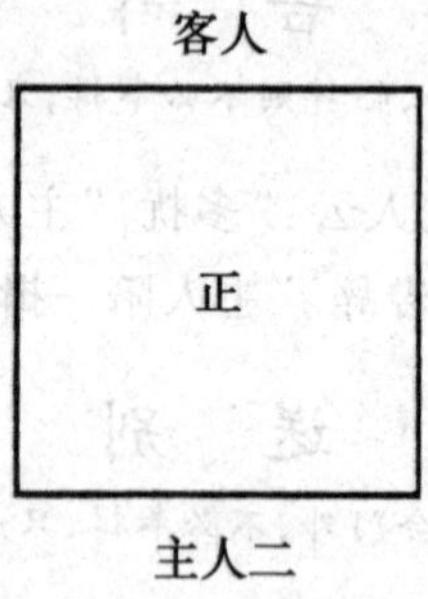

一席二人旁对：客谦虚不正坐者，则横桌面如此。

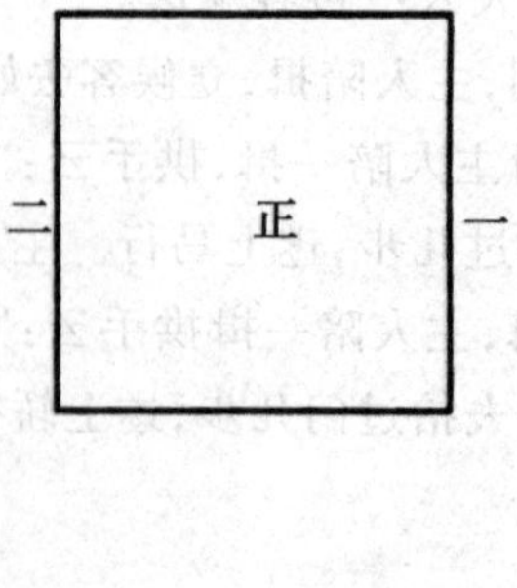

一席三人正向：留席面者，以第二位改左边。

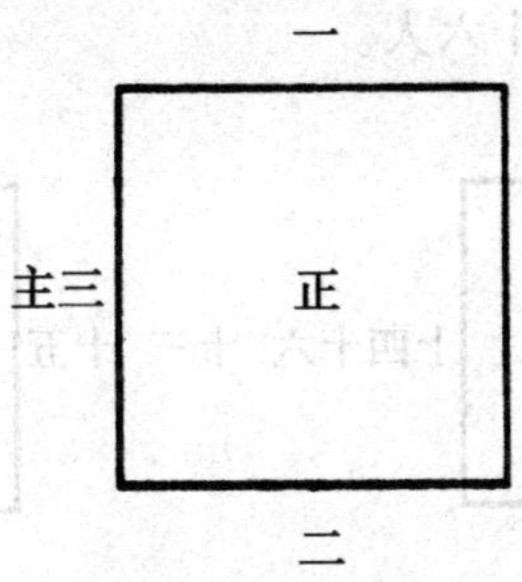

一席四人正向：或五人则上一人下一人，或六人则上二人下二人。

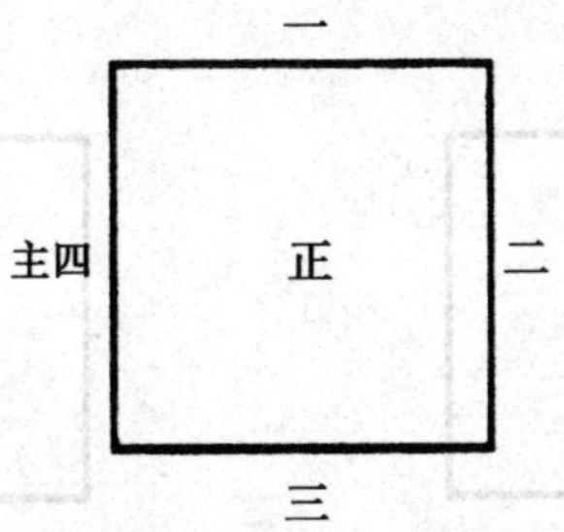

一席八人正坐：

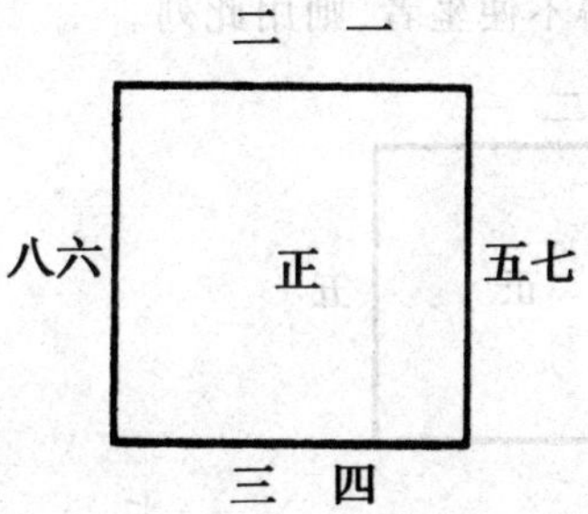

一席八人横坐：

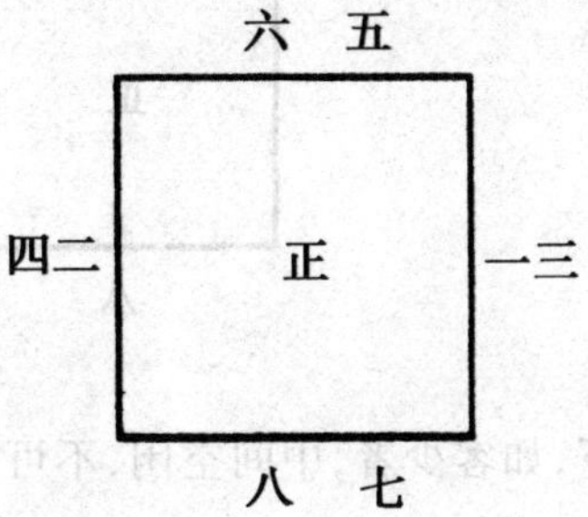

二席正向十二人：留席前不坐人

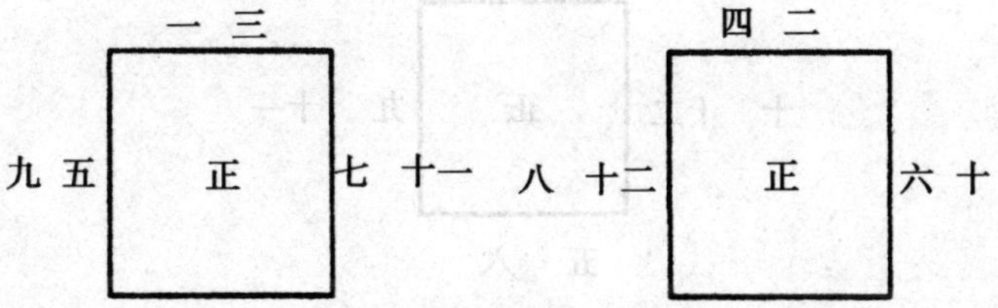

凡四席、六席、八席、十席，但成双者俱照此例。

二席正向：不留席前，满坐十六人。

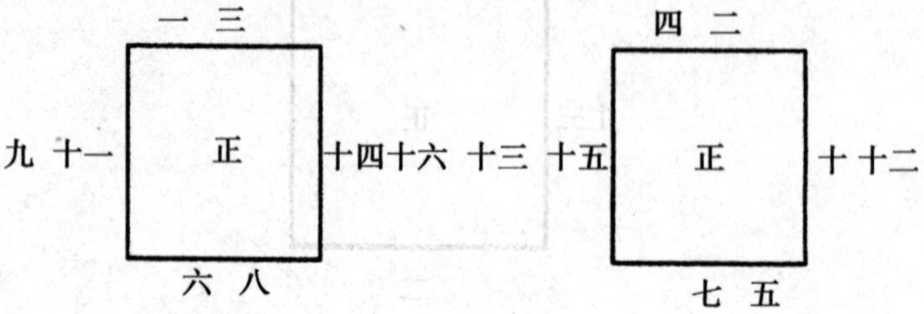

二席对向十二人：席对向则中间不可坐人。

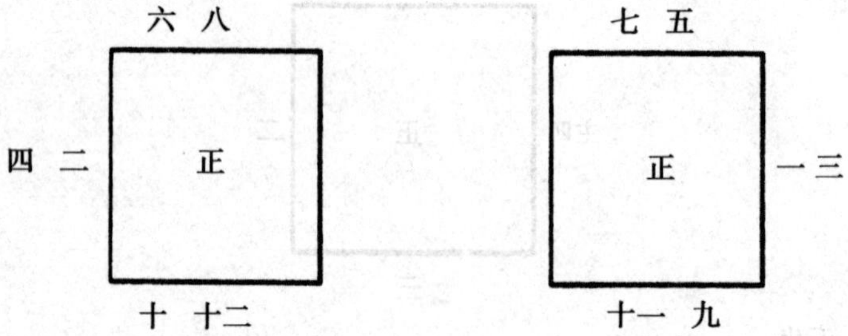

二席一正一旁：客有相碍不便坐者，则用此列。

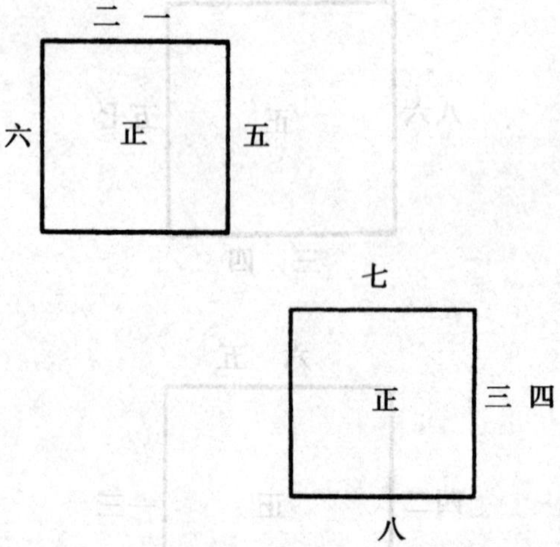

二席直下正向：二席直下，如客少者，中间空闲，不可坐人。

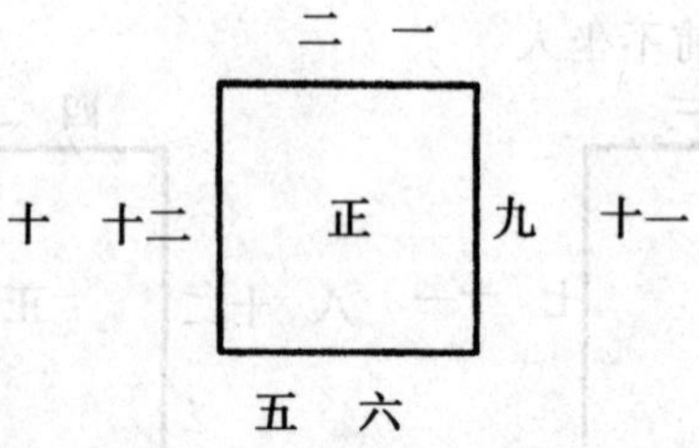

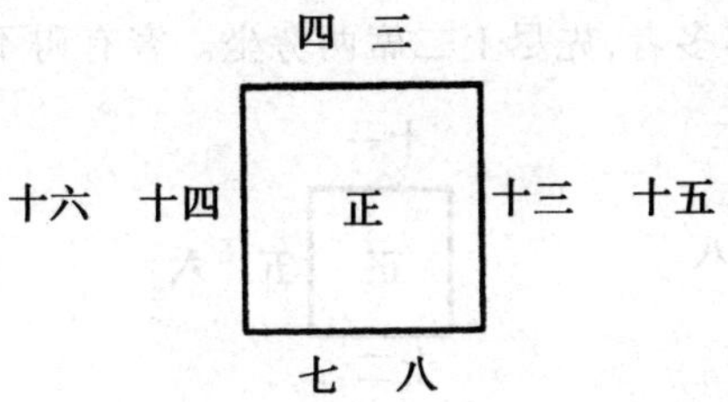

二席直下横后：

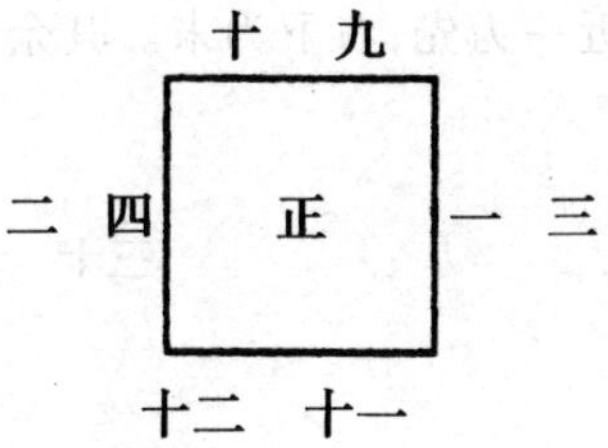

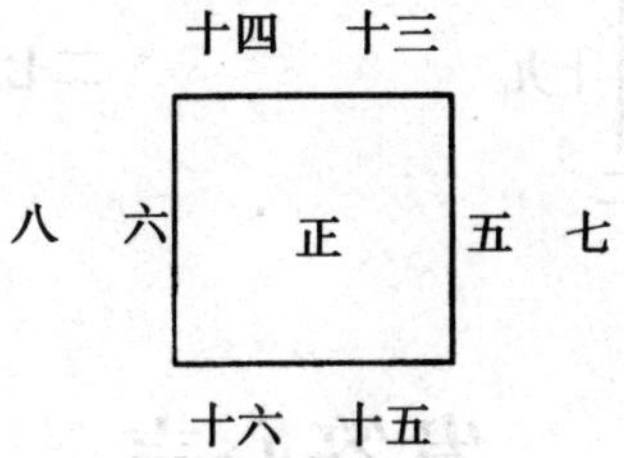

三席正向：

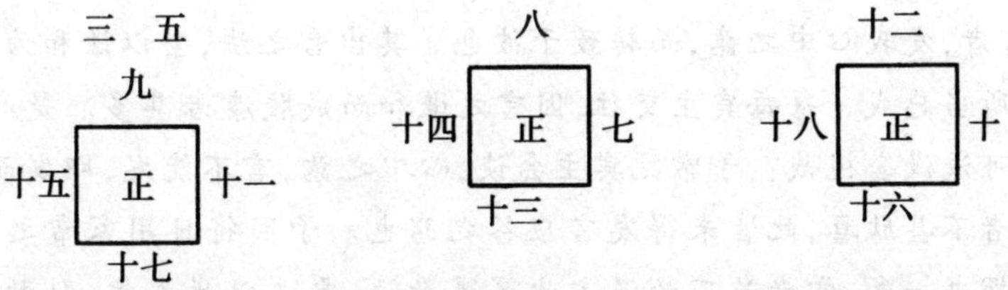

如不留席面满坐者，则自中席对前左七右八数起。

凡五席，七席、九席、十一席，但成单者俱照此例。

凡席多客少者，中间两旁少坐几位，免以背向人也。

三席一正二旁：

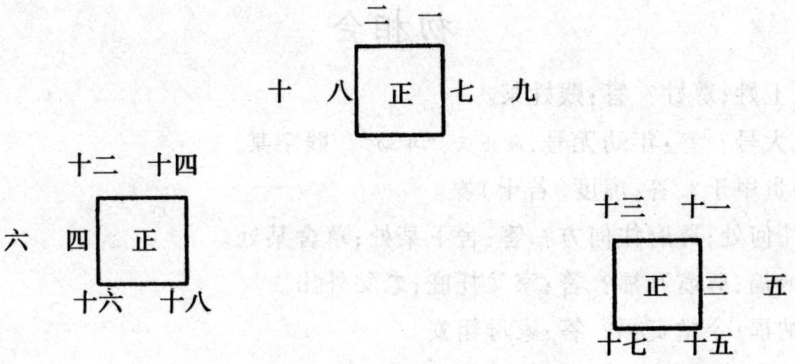

三席二正一旁：如客多者，先尽上二席两旁坐。客有碍不便坐者，照此例。

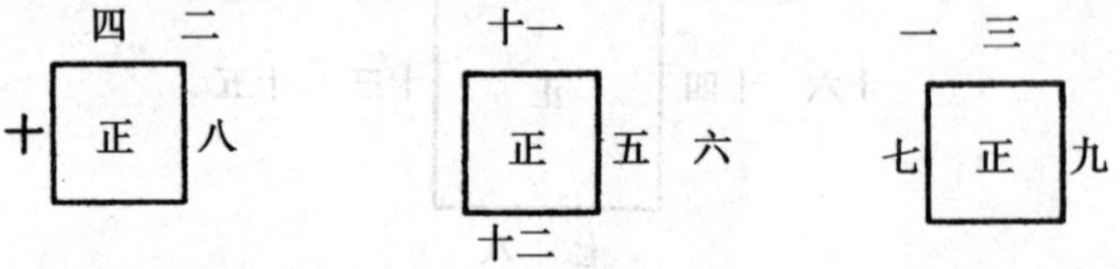

四席正向：此式系四席三十二人坐位，如留席前不坐人，则以第十七位改作九，十八位改作十，照此数去，只记近一为先，右下为末。其余席多者，照此为例，分列次序。

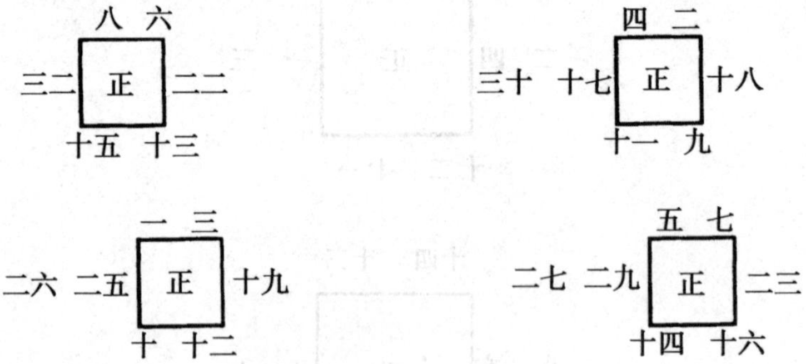

发答心言

言者，发我心中之意，而转致于彼也。其出言之法，全以谦和为主，冗长粗厉，所当忌戒。每每宾主交往，因言之谦和而成胶漆者甚多。是此相见之言，岂可浅浅套视哉？予常见宾主会谈，心中之意，言不能发，即发而未必中节，听者不甚欣喜，此皆未得发言应答之窍也。予因将日用家常之言，联成问答，撰书一卷，学者虽不必泥定此寥寥数语，要之以此类推，引触变通，自不可胜用矣！今后心意即发于言，其于交接往来，未必无补。

天基石成金撰

初相会

贵姓；上姓；尊姓？答：贱姓某。

台号；大号？答：年幼无号，或止云："年幼"。贱字某。

贵庚；贵甲于？答：虚度（若干）岁。

府上住何处；尊府住何方？答：舍下某处；草舍某处。

令尊纳福；尊翁万福？答：家父托庇；老父外出。

令堂纳福；令堂安福？答：家母粗安。

昆玉几位；贤昆仲几位？答：愚弟兄几人。

几位公郎；几位令郎？答：豚子几人；小儿几人。
何业？答：某事。

屡次相会

屡常惊动起居。答：幸蒙赐教，迎请不至。
屡承大教。答：不敢，彼此。

久　别

久违，久违大教。答：不敢。
常怀渴想，时常渴慕。答：彼此。
一向得意；一向纳福？答：托赖；托庇粗安。

近　别

近日违教；多日未曾趋教。答：俗冗少候；常怀渴慕。

拜访遇

轻造；惊动起居。答：承光顾。
微事冒渎；小事请教。答：拱听大教。

拜访未遇

（前、昨）日叩府公出；向日恭候未遇。答：失候；失迎候。

承顾失候

前蒙光顾，有失迎候。答：岂敢！

途中相见

何往？何处贵干？答：前边小事；某处俗事。
路次不及；途中少情。答：不敢；不敢劳。

承　扰

前日多扰；向日过扰。答：简慢有罪；何足言谢！

简　亵

前蒙光顾，甚是简亵。答：过承台爱，感谢不已。

谢　惠

前日多承；向日多蒙过爱。答：不诚，菲敬不堪，无以为敬。

谢　劳

承携带;承培植;承高照。答:微劳何功之有?效劳不周。

感谢不尽。答:何足言谢?岂敢劳谢?

相会致意

某某致意;拜上。答:言重;不敢。

临别转致

回去致意令尊(某人);回府拜上某人。答:岂敢?当以代言;理当转达。

见官员

老大人贵职?答:某职。

贵治何处?答:某处。

见师长

设帐何处?答:某处。

高徒几位;门人几位:答:小徒几人;顽童几人。

见文人

治何经?答:习某经。

一向用功;久闻潜修。答:一向荒疏;虚度岁月。

即日高荐?答:惶恐。

见武将

营扎何处?答:营在某处。

帐下几人?答:小卒几人。

久闻弓马精熟。答:有失习学;未曾操演。

见农夫

目今田禾如何?答:甚好;平常。

今年宝庄收成何如?答:甚好;比去年稍可。

目下米价贵贱?答:价若干。

见生意人

一向生意大发?答:托庇;只好度日。

见写画人

久闻笔法精工;一向丹青甚妙。答:拙手惶恐;拙笔涂鸦。

改日拜求;异日转拜奉求。答:拙笔献丑;丑笔不敢呈教。

见舟人

宝舟装货多少?答:若干。

见僧人

宝刹何处?答:小庵何方。

上房几众?答:几僧。

久闻老师禅机透彻。答:愚昧无知。

一向不曾相会。答:小僧杜门不出。

见道士

仙观何处?答:小观某处。

久闻老师清修高妙。答:愚昧不知。

快活歌

养心歌 邵康节原本

得岁月,延岁月。得欢悦,且欢悦。万事乘除总在天,何必愁肠千万结?放心宽,莫量窄,古今兴废如眉列。金谷繁华眼底尘,淮阴事业锋头血。陶潜篱畔菊花黄,范蠡湖边芦絮白。临潼会上胆气雄,丹阳县里萧声绝。时来顽铁有光辉,运退黄金无艳色。逍遥且学圣贤心,到此方知滋味别。粗衣淡饭足家常,养得浮生一世拙。

邵康节像,图出自明·天然撰《历代古人像赞》。邵康节,北宋哲学家,名雍,字尧夫,谥号康节

乐志歌删改祝枝山

世人贪的功名显达，我心爱的山水林泉。栽花种竹，安分随缘。我也不敢望声名动地，我也不敢望富贵惊天，我也不敢望一言定国，我也不敢望六步成篇。我也不羡那王恺有珊瑚树十尺，我也不羡那孟尝君有朱履客三千，我也不羡那石季伦有四十里的紫绒锦幛，我也不羡那刁氏女有一千顷的白米良田，但只愿樽中有美酒，案上有佳篇，衣食粗足，其乐陶然。如此足矣，更何望焉？

乐学歌王心斋原本

人心本自乐，自将私欲缚。私欲一萌时，良知还自觉。一觉便消除，人心依旧乐。乐是乐此学，学是学此乐。不乐不是学，不学不是乐。乐便然后学，学便然后乐。乐是学，学是乐，于乎！天下之乐，何如此学？天下之学，何如此乐？

心佛歌改大慧禅师原本，内兼禅定妙法。

人心本是佛，自将妄心失。妄心一萌时，佛心还自息。一息佛湛然，人心依旧佛。佛即心兮心即佛，心非心兮佛非佛，心不是佛佛何名？佛不是心心何物？说不得是心，说不得是佛。咄！心，心，心，不可得；佛，佛，佛，无可说。心佛两忘，真佛跃出。劈碎虚空，六门出入。应物随情，得波罗蜜。

一年歌改唐伯虎

一年三百六十日，春夏秋冬各九十。冬寒夏热最难当，寒则如刀热如炙。春三秋九好温和，天气温和风雨多。一年细算良辰少，况且难逢美景何？美景良辰倘遭遇，又有赏心并乐事。不烧高烛照芳樽，也是虚生在人世。古人有言达矣哉，劝人秉烛夜游来。春宵一刻千金价，我道千金买不回。

一世歌添改唐伯虎

人生七十古来少，前除幼年后除老，中间光景没多时，又有炎霜与烦恼。不必中秋月也明，不必清明花也好。花前月下且高歌，急须满把金樽倒。世上钱多赚不尽，朝里官多做不了。官大钱多心转忧，落得自家头白早。春夏秋冬捻指间，钟送黄昏鸡报晓。请君细点眼前人，一年一起埋荒草。草里高低多少坟，清明一半无人扫。

和一世歌

拂意事多如意少，年华倏忽催人老。人生行乐须及时，切莫蹉跎成懊恼。晴和天气即良辰，明月娇花光景好。荣枯各自有安排，月下花前且潦倒。金殿蓬莱甚渺茫，三径优游乐不了。眼前快活是良图，免得中年头白早。迷途今是昨俱非，达人心里有分晓。须知富贵不久长，梁园梓泽成荒草。莫待白杨起悲风，愁多先用酒来扫。

广一世歌

人生七十古来有，处世谁能得长久？光阴真是过隙驹，绿鬓看看成皓首。积金数斗都是闲，几人买断鬼门关。不将樽酒送歌舞，徒把铅汞烧金丹。白日升天无此理，毕竟有生还有死。眼前富贵一盘棋，身后功名半张纸。古来彭祖寿最多，八百岁后还如何？请君与我且歌舞，生死寿夭总由他。

桃花庵歌 改唐伯虎

桃花坞里桃花庵，桃花庵里桃花仙。桃花仙人种桃树，又折桃花当酒钱。酒醒常在花边坐，酒醉还来花下眠。酒醉酒醒日复日，花开花落年复年。但愿老死花酒边，不愿鞠躬车马前。车尘马足贵者趣，酒盏花枝贫者缘。若将贵人比贫士，一在平地一在天。若将车马比花酒，他得驱驰我得闲。他人笑我忒风颠，我笑他人看不穿。不见他人豪杰墓，无花无酒锄作田。

花下酌酒歌 唐伯虎原本

九十春光一掷梭，花下酌酒且高歌。枝上花开能几日，世上人生能几何？昨朝花胜今朝好，今朝花落成秋草。花前人是去年人，去年人比今年老。今日花开又一枝，明日来看知是谁。明年今日花开否，今日明年谁得知？天时不测多风雨，人事难量多龃龉。天时人事两不齐，莫把春光付流水。好花难种不常开，少年易老不重来。人生不向花前醉，花笑人生也是呆。

唐伯虎像，出自清·孔继尧《吴郡名贤图传赞》

不如歌

我不如人，我无他福；人不如我，我当知足。知足不辱，一饭两粥。谢天谢地，平安是福。

无用歌 内兼涉世安乐法

龟为壳灵兔为毫，麝为脐香翠为毛。猩为血红丧了命，鸟为声巧被笼牢。好马阵前多费力，好汉争强祸必招。仔细思量世间事，推聋装哑最为高。

糊涂歌

糊涂糊涂度年岁，糊涂醒来糊涂睡。糊涂不觉又天明，复向糊涂理心肺。明明白白又糊涂，糊涂饮酒糊涂醉。世人难得不糊涂，独我糊涂有真味。

散诞歌

散诞即神仙，快心宽宇宙。衣虽粗，莫嫌厚，且喜身暖风不透；屋虽小，莫嫌旧，且喜天阴雨不漏。身安莫怨贫，无病休嫌瘦。有了一宿与三餐，这等清福难消受。

知福歌添改文征明

小小房，低低屋，粗粗衣，稀稀粥，命该咬菜根，莫想多食肉。惟适意，怕甚的鬓斑斑？但开怀，为甚的眉蹙蹙？看上虽不如，比下当知足。日食三餐，夜眠一宿。随意家常，平安是福。也不求荣，也不招辱。待时守分，知机寡欲。有大才必有大用，有余德必有余禄。乐善存心，不欺不惑。时时刻刻净灵台，莫教秽污来昏浊。算什么命，问什么卜？欺人是祸，饶人是福。若依斯言，神钦鬼服。

知足歌冯公启原本

知足歌，知足歌，栋垣何必要嵯峨？茆屋数椽蔽风雨，颇堪容膝且由他。君不见世间还有无家者，露处沙眠可奈何？请看破，莫求过，竹篱茅舍常知足，便是神仙安乐窝。（咏居室）

知足歌，知足歌，田园何必苦谋多？只用平畴十数亩，或禾或菽自耕锄。君不见世间还有无田者，籽粒艰难可奈何？请看破，莫求过，一犁春雨常知足，身伴闲云挂绿蓑。（咏田产）

知足歌，知足歌，衣裳何必用绫罗？布衣亦足遮身体，破衲胸中保太和。君不见世间还有无衣者，霜雪侵肌可奈何？请看破，莫求过，鹑衣百结常知足，胜佩朝臣待漏珂。（咏衣服）

知足歌，知足歌，盘餐何必羡鱼鹅？蔬食菜羹聊适口，欣然一饱便吟哦。君不见世间还有无粮者，爨冷烟消可余何？请看破，莫求过，粗茶淡饭常知足，鼓腹遨游仿太初。（咏饮食）

知足歌，知足歌，娶妻何必定娇娥？荆钗布裙知勤俭，黾勉同心乐更多。君不见世间还有无妻者，独宿孤眠可奈何？请看破，莫求过，妻房丑陋常知足，白首谐欢胜翠蛾。（咏妻房）

知足歌，知足歌，养儿何必尽登科？当知有子万事足，虽然顽钝可磋磨。君不见世间还有无儿者，只影单形可奈何？请看破，莫求过，有儿绕膝常知足，切莫劳形作马骡。（咏子息）

爱睡歌

陈希夷原本，此是对御作。

臣爱睡，臣爱睡，不卧毡，不盖被。片石枕头，蓑衣铺地。震雷掣电鬼神惊，臣当其时正鼾睡。闲思张良，闷想范蠡，说甚曹操，休言刘备。三四君子，只是争些闲气，怎如臣向青山顶上，白云堆里，展开眉头，解放肚皮，且一觉睡。管什么玉兔东升，红轮西坠！

魏太祖曹操像，出自明·天然撰《历代古人像赞》

喜睡歌

我生性拙唯喜睡，呼吸之外无一累。宇宙茫茫总是空，人生大抵皆如醉。劳劳碌碌为谁忙，不若高斋一夕寐。争名争利满长安，到头劳攘有何味？世人不识梦醒关，黄粱觉时真足愧。君不见陈抟深得此中诀，鼎炉药物枕上备。又不见痴人说梦更认真，所以一生长愦愦。睡中真乐我独领，日上三竿犹未醒。

安居歌 改沈石田

居之安，平为福，万事分定要知足。粗衣布履山水间，放浪形骸无拘束。好展卷，爱种竹，花木数株喜清目。涤烦襟，远尘俗，静里蒲团功更熟。渴烹茶，饥煮粥，雅淡交游论心腹。中则正，满则覆，推己及人人心服。不妄动，不问卜，衣食随缘何碌碌？偶饮酒，歌一曲，欢会无多歌再续。常警省，念无欲，世事茫茫如转轴。人生七十古来稀，百岁光阴真迅速。对青山，依绿水，造物同游何所辱。及时勉励乐余年，一日清闲一日福。

安分歌

离却是非门，退想心就足。日里求三餐，夜间求一宿。是花都可爱，有竹便不俗。遇酒随意饮几杯，遇书随意读一读。荣枯天已早安排，何必劳生空碌碌！

醒迷歌

醒迷人，甘淡泊，茅屋布衣心便足。布衣不破胜罗衣，茅屋不漏如瓦屋。不求荣，不近辱，平生安分随时俗。远却人间是与非，逢场作戏相欢逐。也若毅，也若朴，一心正直无私曲。终朝睡到日三竿，起来几碗黄虀粥。吃一碗，唱一曲，自歌自舞无拘束。客来相顾奉清茶，客去还将猿马伏。或弹丝，或品竹，堪笑他人空碌碌。南北奔驰为名利,为谁辛苦为谁蓄?妻情深,儿爱笃,雨里鲜花风里烛。多少乌头送白头,多少老人为少哭。满库金,满堂玉,何曾免得无常促?临危都是一场空,只有孤身无伴仆。大高坟,厚棺木,此身也向黄泉伏。世上从无再活人,何须苦苦多劳碌?张门田,李门屋,今日钱家明日陆。桑田变海海为田,从来如此多翻覆。识得破,万事足,惟有修持为己禄。百般美玩眼前花,无忧无虑方是福。时未来,眉莫蹙,八字亨通有迟速。甘罗十二受秦恩,太公八十食周禄。笑阿房,叹金谷,古来兴废如棋局。我今打破醒迷关,迷者欲醒须当读。

退步歌

莫要贪,莫要妒,富贵贫贱天之数,命里有时自然来,命里无时强不富。往前走,回头顾,安分守己天佑护。不干己事休向前,得退步时须退步。

耍耍歌

屠赤水原本,调寄《叨叨令》带《风入松》。

罢罢耍耍,花花世界尽宽大。五斗米折不得彭泽腰,一碗饭受不得淮阴跨。种几亩邵平瓜,卜几文君平卦。快活!心坎上没牵挂,耳边厢没嘈聒,世上人劳劳堪讶。你看那秦代长城被别人打,汉朝陵寝被偷儿扒,魏时铜雀台到于今没片瓦。哈哈!名利场最兜搭。班定远玉门关枉白了青丝发,马新息铜柱标抵不得明珠价。哈哈!更有一般堪咤。动不动说甚么玉堂金马,虚费了文园笔札。只恐怕渴死了汉相如,空落下文君再寡。罢罢!到头来都是假。饶你事业伊周,文章董贾,少不得北邙山下,俺归去也。身不关陶唐虞夏,梦不想图王定霸。容膝的竹篱茅舍,犯手的琴棋书画,忘机的鸥鱼凫鸭。槛外蔷薇高架,庭前蕙兰初卸。俺也不痴不聋不哑,肯把韶光虚谢。闲来时从附郭间桑麻,遇邻翁数花甲。铁笛儿在牛角上挂,酒瓢儿在鱼竿上插,诗囊儿在驴背上跨。眼底事抛却了万万千千,杯中酒直吃到七七八八。哈哈!要罢就罢。浓睡在十里松阴,一任黄鹂骂。

玩玩歌

得玩玩,且玩玩,不玩空生天地间。可笑贪名又贪利,自寻苦恼惹愁烦。试看金谷麒麟阁,争如五柳七里滩!好时光,莫空闲,眼前绿水共青山。书酒花月休辜负,便宜只在会玩玩。

扯淡歌删改刘伯温

老夫闲暇没事干,诌了一篇歌扯淡。自从盘古到而今,世代分明载通鉴。许多将相与君王,到头成败都虚幻。安邦名士计千条,北邙山下谁能看?细想古今这些人,个个都是精扯淡。我见世间扯淡人,我也跟着去扯淡。早晨扯谈到黄昏,天明起来又扯淡。挣得钱财过北斗,临死还是精光汉。冷来问我要衣穿,饥来问我要饭吃。有人识破扯淡歌，每日拍手笑呵呵。遇着作乐且作乐，得高歌处且高歌。

得过歌

若得过，且得过，多惜福，少惹祸。闲来熟读圣贤书，倦时随意花边坐。或饮酒，或高卧，若得过时且得过。

爱菜歌删改唐伯虎

我爱菜，我爱菜，傲珍馐，欺鼎鼎，多吃也无妨，少吃也无害。菜之味兮不可轻，人无此味将何行？士知此味功业成，农知此味仓库盈，技知此味艺业精，商知此味货财增。但愿人人知此味，此味安能别苍生？我爱菜，人爱肉，肉多不入贤人腹。厨中有碗青菜粥，三生自有清闲福。

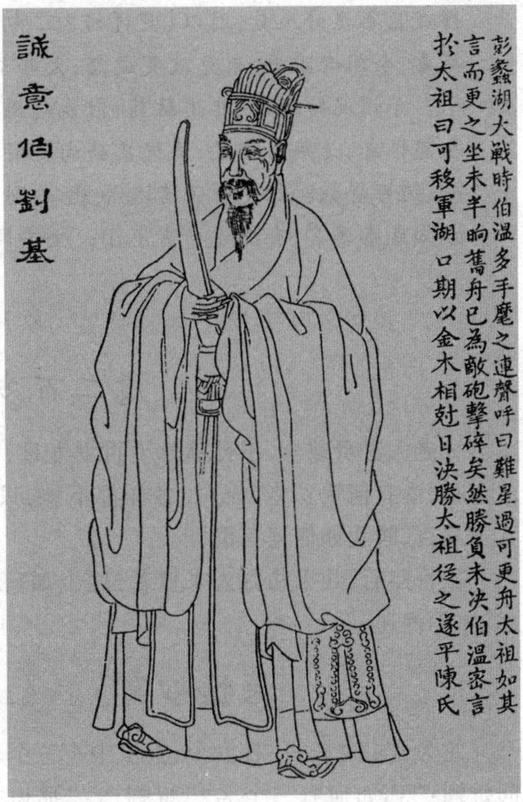

刘基像，出自清·上官周《晚笑堂画传》。刘基，字伯温，浙江青田人。明初大臣、文学家

爱驴歌

他人夸马肥，我爱驴儿瘦。肥马轻裘不久长，蹇驴布服能休旧。日日寻山入断霞，闲钱时醉野人家。灞桥风雪曾留韵，踏遍园林只觅花。君不见淮阴犹把封侯耻，未央一旦身已矣。身已矣，实堪怜，驴背安闲信是仙。

笑得好

人以笑话为笑，我以笑话醒人。虽然游戏三昧，可称度世金针。

人性皆善，要知世无不好之人，其人之不好者，总由物欲昏蔽，俗习熏陶，染成痼疾，医药难痊。墨子之悲，深可痛也。即有贤者，虽以嘉言法语大声疾呼，奈何迷而不悟，岂独不警于心，更且不入于耳，此则言如不言，彼则听如不听，真堪浩叹哉！正言闻之欲睡，笑话听之恐后，今人之恒情。夫既以正言训之而不听，曷若以笑话怵之之为得乎？予乃著笑话书一部，评列警醒，令读者凡有过行、偏私、朦昧、贪痴之种种，闻予之笑，悉皆惭愧悔改，俱得成良善之好人矣，因以《笑得好》三字名其书。或有怪予立意虽佳，但语甚克毒，令闻者难当，未免破笑成怒，大非圣言含蕴之比，岂不以美意而种恨因乎？予谓沉疴痼疾，非用猛药，何能起死回生？若听予之笑，不自悔改，而反生怒恨者，是病已垂危，医进良药尚迟疑不服，转咎药性之猛烈，思欲体健身安，何可得哉？但愿听笑者入耳警心，则人性之天良顿复，遍地无不好之人，方知克毒语言，有功于世者不小。全要闻笑即愧即悔，是即学好之人也。

石成金天基撰并书

虑二百岁寿诞

一老人富贵兼全，子孙满堂。百岁寿日，贺客填门，老人攒眉似有不乐，众问："如此全福，尚有何忧？"老人曰："各样都不愁，只愁我后来过二百岁寿诞，来贺之人更添几千几百，教我如何记得清？"

二百年后，几千几百人来贺者，逐个如何迎送，如何款待，如何答谢，也要预先愁虑，才不痴迷。

屎攮心窝 尾句要愁眉促额，一气说才发笑。

龙为百虫之长，一日发令：查虫中有三个名的，都要治罪。蚯蚓与蛆同去躲避，蛆问蚯蚓："你如何有三个名？"蚯蚓曰："那识字的，叫我为蚯蚓；不识字的，叫我为曲蟮；乡下愚人，又叫我为寒现。岂不是三个名？"蚯蚓问蛆曰："你有哪三个名，也说与我知道。"蛆曰："我一名蛆，一名谷虫，人又称我为读书相公。"蚯蚓曰："你既是读书相公，你且把书上的仁义道德讲说与我听。"蛆愁眉说曰："我如今因为屎攮了心窝子，那书上的仁义道德，一些总不晓得了。"

书上载的仁义道德，俱是圣贤教训嘉言，应该力行，为何不行？非屎迷心而何？予见世间不读书人，还有行仁义道德，偏是读书人行起事来，说起话来，专一瞒心昧己，歪了肚肠，同人混赖。所以叫吃屎的蛆为相公，就是此义。说之不改，变蛆无疑。

宁可为娼妇

有一光棍专会旋诈良善，乡里诈遍，又想诈措娼妇。娼家未遂其欲，即写了状子，告他引诱良家子弟，败坏风俗。官准拘审问，官曰："娼妇虽是下贱，远来孤客，久旷鳏夫，都亏他陪宿，尚有些好处。不似你这光棍，到处欺负良善，无风生浪，平地陷人"。叫皂隶重责四十，枷号示众。顶枷出来，因有个儿子来看他，便大声叫曰："我的儿，从今后宁可叫你妈妈为娼妇，切莫要生事害人。"

世有一等人，专好唆人争斗，起人讼事，无端诈害良善。妻女淫报，必然之理，急急改悔，犹嫌迟也。

古代犯人戴枷图,出自《详情公案》

扣除二两一夜

一翁慈善好施,因大雪见一人避于门檐,怜而延入,暖酒敌寒,遂留一宿。次日雪大,又留之,如是三日。天晴,此人将别去,因向翁借刀。翁取刀出,其人持刀谓翁曰:"素不相识,承此厚情,惟有杀此身以报。"翁惊止之曰:"如此则害我矣!"其人曰:"何所害?"翁曰:"家中死了一个人,一些无事,烧埋钱也得十二两,零碎尚多使费。"其人曰:"承翁好意,不好算这许多使费,竟拿烧埋银十二两与我去吧。"翁大怒喧嚷,惊动邻里,为之解劝,处其半以六两与之。临去,翁叹曰:"谁想遇着这等没良心的人。"其人曰:"不说自己没良心,到说我没良心。"翁曰:"如何是我没良心?"其人点头曰:"你既有良心,只不过留得我三夜,就不该扣除我二两一夜了。"

人都说此人恩将仇报,良心丧尽。殊不知世间的事,大而论之,朝廷设官分理,坐高堂骑大马,俸禄供给,封妻荣子,原是要你爱养百姓,劝善惩恶,兴利除害的。岂知有等人全不念恩,终日以贪酷为能,蠹国害民,到只恨官卑俸少,还要侵欺钱粮,岂不是大负皇恩么?人家养子,十月怀胎,三年乳哺,抚养教导,不知费了多少心力,巴得成人长大,原指望同心创家,养老送终的。岂知有等人全不感恩,只恨爹娘少挣下家财,不肯任他浪贯,反以父母拘管为仇,只图自己快乐,养生送死之事,俱不用心,岂不是大负亲恩么?大抵人心欺负,天理自然难容。反而思之,真正可叹可伤,可笑可哭。

黑齿妓白齿妓

要闭口藏齿说,要龇口露齿说,脸上装得像才发笑。

有二娼妓,一妓牙齿生得乌黑,一妓牙齿生得雪白。一欲掩黑,一欲显白。有人问齿黑者姓甚,其妓将口紧闭,鼓一鼓腮,在喉中答应:"姓顾。"问多少年纪,又鼓起腮答："年十五。"问能甚的。又在喉中答："会敲鼓。"又问齿白者何姓，其妓将口一龇，答："姓秦。"问青春几岁，口又一龇答："年十七。"问会件什么事，又将口一大龇，白齿尽露，说道："会弹琴。"

今人略有坏事，就多方遮掩；略有好事，就逢人卖弄。如此二娼齿正自不少。最可笑者，才有些银钱，便满脸堆富；才读得几句书，便到处批评人，显得自己大有才学；才做得几件平常事，便夸张许多能干，看起来总是此齿白之娼妇也。

剩个穷花子与我

张李二人同行，见一轿抬着富翁，后跟着许多奴仆。张遂拉李向人家门后躲避曰："此轿中坐的是我至亲，我若不避，他就要下轿行礼，彼此劳动费事。"李曰："这是该的。"避过复同前行。少顷，见一骑马显者，衣冠齐整，从役多人。张又拉李向人家门后回避曰："这马上骑的是我自幼极厚的好友，我若不避，他看我就要下马行礼，彼此劳动费事。"李曰："这也是应该的。"避过复同前行。偶然见乞丐花子，破衣破帽的。叫化走来，李乃拉张向人家门后躲避曰："此穷花子是我至亲，又是我好友，我要回避他，不然他看见我不面愧？"张骇然问曰："你怎么有这样亲友？"李曰："但是富贵好些的，都是你拣了去，只好剩个穷花子与我混混。"

向人说与富贵人如何往来，如何厚密，是大没见识人。即亲友中真有富贵者，频对人说，亦惹人厌谤，何况更有假言诳说的？大为可耻。

愿变父亲

一富翁呼欠债人到家吩咐说："你们如果赤贫无还，可对我发誓，愿来生如何偿还，我就焚券不要。"一债少人曰："我愿来生变马与主人骑坐，以还宿债。"翁点头将借帖烧了。又中等欠户曰："我愿来生变牛，代主人出力耕田耙地，以还宿债。'翁点头亦将借帖烧了。最后一债多人曰："我愿来生变你的父亲还债。"翁大怒曰："你欠我许多银子，除不偿还，反要讨我便宜，是何道理？"正要打骂，其人曰："听我实告，我所欠的债极多，不是变牛变马就可以还得完的。我所以情愿来生变你的父亲，穷苦一世，不顾身命，积成若大的田房家业，自己不肯享用，尽数留与你快活受用，岂不可以还你的宿债么？"

古人有"枉代儿孙作马牛"之句，世上有等愚人，年纪已老，兀自劳苦不了，总为子孙后来快活受用，非是前生该他许多宿债，焉能如此甘心偿还？可见千真万确。莫把予言作笑话看过，子孙若有贤良守成者，犹感念父祖创业之艰难；若遇不肖子孙，嫖赌浪费，只恨父祖监察，不肯任其挥洒。一旦脚直，家业如滚汤泼雪，深为可叹！为父祖明知此理，却不肯看破，行些好事，积些阴德，尚锱铢必较，岂不愚而又愚？真马牛之不若也。

还要我的饭吃

有父子分居几年，子有余钱，父因老病不能挣家，贫为乞丐。适过子门，有识者指父问子曰:"此人想必不是你的父亲么?如何全不顾他?"子曰:"我虽然是他生的,我而今除不要他的饭吃就够了,难道他自己的饭还想要我与他吃么?"

世人虽无此等不孝,然而供给不敬者,颇有其人。

称儿子

父子同行,有不知者指子问曰:"此位何人?"父答曰:"此人虽然是朝廷极宠爱吏部尚书真正外孙第九代的嫡亲女婿,却是我生的儿子。"三十三字要一气说。

胸中有一盘香贵亲,随口定要说出,总不觉羞。

题　呼

有一王婆,家富而矜夸,欲题寿材,厚赠道士,须多着好字,为里党光。道士思想并无可称,乃题曰:"翰林院侍讲大学士国子监祭酒隔壁王婆婆之柩。"

世人每好借贵,殊不知大讨人笑话。

相法不准

有人问相者曰:"你向来相法十分灵验,而今的相法因何一些不应?"相者蹙额曰:"今昔心相有所不同,昔人凡遇方面大头的,必定富贵;而今遇方面大头的,反转落寞,惟是尖头尖嘴的,因他专会钻刺,倒得富贵。叫我如何相得准?"

主试者若非铁面冰心,巴不得人人会来钻刺。

让鼠蜂

鼠与蜂结为兄弟,请一秀才主盟。秀才不得已而往,列之行三。人问曰:"公何以屈于鼠辈之下?"秀才答曰:"他两个一个会钻,一个会刺,我只得让他些吧。"

不会钻刺的,才是个真秀才。

看写缘簿

要脸色一喜一恼,身子一起一跪才发笑。

有一军人,穿布衣布靴游寺,僧以为常人,不加礼貌。军问僧曰:"我见你寺中也甚淡薄,若少甚的修造,可取缘簿来,我好写布施。"僧人大喜,随即献茶,意极恭敬。及写缘簿,头一行才写了"总督部院"四个大字,僧以为大官私行,惊惧跪下。其人于"总督部院"下边又添写"标下左营官兵,"僧以为兵丁,脸即一恼,立起不跪。又见添写"喜施三十",僧以为三十两银子,脸又一喜,重新跪下。及添写"文钱"三字,僧见布施甚少,随又立起不跪,将身一挺,脸又变恼。

先不礼貌因无钱,后甚恭敬因有钱。先一跪,为畏势;后一跪,为图利,世人都是如此,岂不可叹?

哑子说话

有一叫花子，假装哑子在街市上化钱，常以手指木碗，又指自嘴曰："哑、哑。"一日拿钱二文买酒吃尽，曰："再添些酒与我。"酒家问曰："你每常来不会说话，今日因何说起话来了呢？"叫花子曰："向日无钱，叫我如何说得话？今日有了两个钱，自然会说了。"

而今纯是钱说话，哪里有个人说话？

不肯下剪

有请裁缝工人到家中裁衣，其人默视多时，不肯下剪。主人问故，其人曰："这衣服我若下剪，有了我的，就没了你的；若有了你的，又没了我的。如何是好？"

而今世人只顾自己，不顾他人的极多。由此看来，此人能代他人回想，能代他人存地步，还算有良心。

反有用

除夜遇送年节礼物的，主人取旧历一本与来仆，以作脚钱。仆曰："此是旧历日，我领回去无用了。"其人大怒，叱之曰："你既然领去无用，难过我留在家中反有用么？"

圣人谓"己所不欲，勿施于人。"我看今人己所不欲，专施于人；己所欲的，反不肯与人。不独送人器物，即一切事务俱是如此。乃圣人所以为圣，愚人所以为愚欤！

兄弟合种田

兄弟二人合种田，至秋收时，弟向兄分稻。兄谓弟曰："我与你是好兄弟，何必如此琐碎？恐旁人看见说我们较量，彼此有失雅道。不若今年我收得上头的稻谷，你只得下头的稻草，等到明年，我得下头，你得上头，一递一年，何等至公？"弟从之。及至来年春间，弟向兄曰："目今该下秧了。"兄曰："且住着，我闻得人说今年要旱，竟种芋头。只是记我收下头，你收上头，公平良心，一递一年，不许改换就是了。"

只思量自讨便宜，总不管他人有无，世间合本伙计，共事朋友，犯此病者极多，谁知老天难容你算。

兄弟合买靴

兄弟二人合买靴一双，言过合穿。及买归，其弟日日穿走，竟无兄分。兄心不甘，乃穿靴夜行，总不睡觉。不几日靴破，弟谓兄曰："再合买一双新的。"兄愁眉曰："不买了，还让我夜间好睡睡觉吧。"

古人说"合船漏、合马瘦。"总之视为公中之物，全不爱惜，若彼此同心创立，岂不均有大利？

屁也香

有人将妻子卧房糊得雪白，扫得极净，请一富翁到房，求他放一屁，翁惊问何故。其人曰："我久闻有钱人放一个屁，就有三日香，所以请老翁来家放一个屁，教我夫妻们好领领香气。"

有钱人的屁既是馨香，屙的屎必定是成块黄金。怪不得赞屁曰："依稀乎丝竹之音，仿佛乎沉檀之气。"人只知富翁屁甚馨香，殊不知单是有钱人极鄙极吝，连屁也没得与人麻口，枉费许多精神。

话不应

有人到神庙求签，问道士详断。道士曰："先送下香钱，说的话才灵；若是没有钱，说的话一些也不灵验的。"

人若无钱，就有好话，谁人来听？

臭得更狠要学手招鼻嗅样才发笑

有钱富翁于客座中偶放一屁。适有二客在旁，一客曰："屁虽响，不闻有一毫臭气。"一客曰："不独不臭，还有一种异样香味。"富翁愁眉曰："我闻得屁不臭则五脏内损，死期将近，吾其死乎？"一客用手空招，用鼻连嗅曰："才臭将来了。"一客以鼻绉起，连连大吸，又以手掩鼻蹙额曰："我这里臭得更狠。"

放一屁即如此奉承，若做他事，不知又当何如？

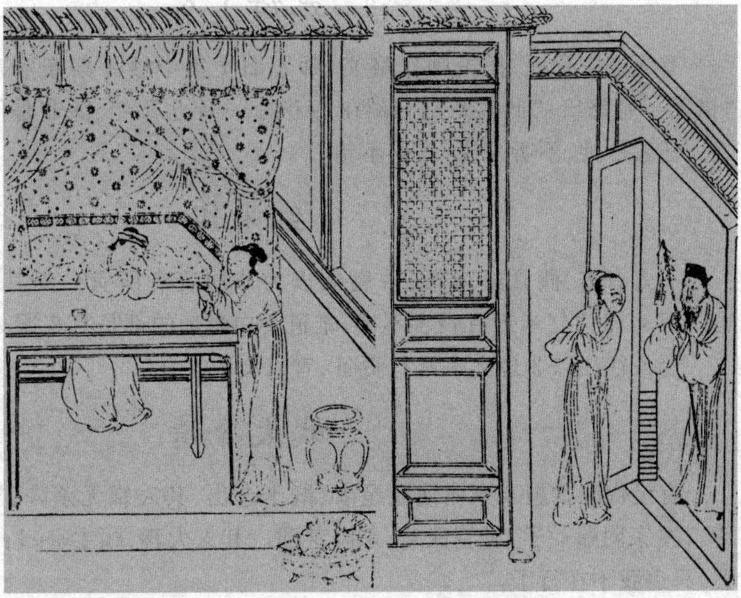

问卜凶吉图，出自明代传奇剧本《重校五色香囊记》，描绘了古人向道士问卜凶吉的情景

变曲蟮

帮闲者自夸技能，谓件件俱精，天下无比。一人曰："你说你有许多能干，我看你不独可比曲蟮，将来还要变曲蟮。"其人惊问，答曰："杀之无肉，剐之无血，要长就长，要短就短，又会唱曲子，又会呵卵胞。"

若帮人行坏事，岂但变曲蟮，只怕还要变蛆。

一板还一板

有一官，但遇责替打的溜儿，即吩咐皂隶用小板轻打，打完必惨然泪下。有人问曰："此乃无赖之徒，得人银钱，代人捱打，何故痛惜？"官曰："这就是我后一世的榜样。为官的地方事多，若一时心粗不慎，或是受了人的贿，或是听了人的嘱，用刑错打了人，少不得一板子还他一板子，见了报应，叫我如何不痛？"

此是实话，并非戏言。尔我俱是父母生成，一般血肉，痛楚相同，何忍错加敲朴？时存此心，功德无量。

不许看看

有人为官事相会衙门吏书，适值其人他出。有妻在家答应曰："尊客到我家，想是要干事的了？只消留一个大大的东道在我房里，凭你什么时候行事，就依你什么时侯行事；要缴进去，就缴进去；要牒快些，就牒快些；你就是要搁起来，也随着你搁起来。只要你银子送得多，包管你快活如意。若是你没得银钱，不但事事不能从命，连看看也不许你看看了。"

衙门人有如此作弊，妻女们自然有如此果报。

死错了人

有人亲家母死，托馆师作祭文，师于旧文集中抄一祭亲家翁者与之，其人看曰："错了。"师怒曰："此文乃是刊刻在书上的，一字也不错，除非是他家错死了人。"

任着己性，不听人说，焉得不错？

红米饭

一人有丧，偶食红米饭，一腐儒以为非居丧者所宜。问其故，谓："红色乃喜色也。"其人曰："红米饭有丧食不得，难道食白米饭的都是有丧服么？"

迂人往往以非理之事乱行责备，宜以丧服答之。

戏太冷清

有设优酌款愚亲家而演琵琶者，既十余出，其人嫌无杀阵，怒见于色曰："戏太冷清。"主家阴嘱戏子，复装武戏，杀阵甚酣。其人大喜，顾主翁曰："这才是的，我不说也罢，只道我不在行了。"

每每假在行，自己还夸张。

女勾死鬼

阎王差勾死鬼到阳世勾人，空身回来，阎王问故，鬼曰："他身边先有两个标致女人跟着他，比我勾死鬼更狠。不久他自己就来，不必去勾他。"

虽然不见人头落，暗里催君骨髓枯。若是有了两个妇人，更是违限催差，其去不容少缓。

讨 饭

一富翁有米数仓，遇荒年，乡人出加一加二重利，俱嫌利少不借。有人献计曰："翁可将此数仓米都煮成粥借与人。每粥一桶，期约丰年还饭二桶。若到丰收熟年，翁生的子孙又多，近则老翁自己去讨饭，若或远些，子孙去讨饭，一些不错。"

富翁不存仁慈，只想刻剥贫民，果报不止于乞丐。

大不便宜

一人值家费纯用纹银，或劝以倾八九呈银杂用，当有便宜。其人出元宝一锭五十两，托倾八呈，人止倾四十两付之，而赚其余。其人问银几何？对曰："四十两。"又问："元宝五十两，如何倾四十两？"答曰："此是八呈银，五八得四十，一毫也不错。"其人遽曰："我误听了你白说话，用色银真正大不便宜。"

用色银的辗转归之穷人，甚是可怜。即少有便宜，亦被人暗里算去，人或不算，少不得上天加倍扣除。大不便宜的话，千真万确。

溺 水

有人溺水，其子呼人急救，许以重酬。父于水中探头高喊曰："是三分银便救，若要多的，不必来。"

钱财比命更重，这三分银子，可谓出手太多。

打个半死

一人极贫，富者语之曰："我白送你一千两银子，你与我打死了吧？"其人沉吟良久，曰："只与我五百两，打个半死何如？"

世人许多惊风骇浪，因而亡身，都是为财，欲求半死恐不能矣。

烧蚂蚁用邻箕要一头念佛一头说才发笑

有一家婆，手持数珠，口中高声念"阿弥陀佛，阿弥陀佛。"随即叫云："二汉，二汉，锅上的蚂蚁甚多，我嫌他得狠，把火来代我烧死些。"又高声念云："阿弥陀佛，阿弥陀佛。"随又叫云："二汉，二汉，你代我把锅下的火灰巴去些。粪箕莫用我自己家里的，恐怕烧坏了，只用邻居张三家的。"

如此杀心，如此私心，虽每日念佛万遍，而罪过仍在。全要心口相应，才有功德。

吃人不吐骨头

猫儿眼睛半闭，口中呼呀呼呀的坐着。有二鼠远远望见，私谓曰："猫子今日改善念经，我们可以出去得了。"鼠才出洞，猫子赶上咬住一个，连骨俱吃完。一鼠跑脱，向众曰："我只说他闭着眼念经，一定是个良善好心。哪知道行出来的事，竟是个吃人不吐骨头的。"

有个会念经，也会行坏事；有个不念经，也不行坏事。请问高明人，谁是谁不是？不论经不经，只论行的事。

连我才得三人

一士谓人曰："自古至今，圣人最难世出。当初盘古王开天辟地，生人生万物，谁人比得他来？我要让他。"乃屈一指。"其后孔夫子出类拔萃，诗书礼乐，为万世师表，哪个人不敬服他？我只好让这第二个。"乃屈二指。"自此二人后，再没有屈得吾指的。"默想良久，点头曰："是呀，你说圣人难不难，并连我才得三个人。"

大言不惭，高自称许，吾知其极厚的面孔。

少米少床

贫人对众客自夸曰："我家虽不大富，然而器物件件不少。"乃屈指曰："所少者只是龙车凤辇。饮食样样俱有。"乃屈指曰："所无的只是龙心凤肝。"旁边有小童愁眉曰："夜里床也没得睡，地下困草铺；今日晚饭米一粒也没得了。还在人面前说大话。"其人仰头想一想曰："是极，是极。我也忘了。我家里到底件件俱有，所少的不过是龙心凤肝晚饭米，龙车凤辇夜里床。"

贫不可笑，贫而说大话者则可笑。

茶饭不周全要唱腔才发笑

嫖客破家后，乃沿门唱曲，讨饭度日。偶过旧妓之门，妓在内陪客饮酒，低声唱云："我为你清减了桃花面。"嫖客在外，忽高声接唱曰："我为你茶饭上不周全。"

不清减而欲茶饭周全者，极少。

骂　父

父子同抬枝柴，父误以枝碰子，子即怒骂曰："老乌龟！你眼睛肏瞎了，怎么把枝柴碰在我身上呢？"孙在旁，见祖被骂，大不平曰："肏娘的贼奴才！生身的父母可是骂得的？"

但看瓦屋檐前水，点点滴滴不差移。

出　气

一不肖子，常殴其父。父抱孙不离手，甚爱惜之。邻人问曰："令郎不孝，你却甚爱令孙，何也？"答曰："不为别的，我要抱他长大了，好替我出气。"

果报反复，必然之理。

竖旗杆

眉毛一日想要连身上的宗，细思量曰："胡须终日没衣穿，我不去连他；胁毛虽有衣穿，却在人的手夹下过日子，我也不喜欢。"想了一会儿，点头曰："到是下边竖旗杆的，又硬峥，又强势，不与他连宗，还寻那个？"

本支宗族不去亲敬，反结连外人，揆其意不过图他势要。孰知有利则亲，有害则取，连如不连同也。

割　股 末句二十个字要一气说

有父病，延医用药。医曰："病已无救，除非有孝心之子，割股感格，或可回生。"子曰："这个不难。"医去，遂抽刀出。是时夏月，逢一人赤身熟睡门屋，因以刀割其股肉一块。睡者惊起喊痛，子摇手曰："莫喊，莫喊，割股救父母，你难道不晓得是天地间最好的事么？"

损人利己，坏他事，成自名，虽无其事，多存此心。

疽　痛

有人腿上患一毒疽，甚是疼痛，叫喊不止。忽将壁上挖一洞，将腿放入穴内。人问其故，患人攒眉曰："这疽在我腿上，我自己痛不过了，所以挖个壁洞伸过去，也叫他好往别人家里疼疼去。"

己害思欲脱人，殊不知害仍在己，丧心何益？

方　蛇

有曾遇大蛇的，侈言阔十丈，长百丈，闻者不信。其人遽减二十丈，人犹不信。递减至三十丈、二十丈，遂至十丈，忽自悟其谬曰："阿呀！蛇竟长方了。"

世有虚语，未有不被人识破，奈不能自悟，何也？

大澡盆

有外路二客相会，各说本处奇事，一客曰："敝处有个洗澡盆，可容得千余人在内沐浴。"一客曰："此盆还不算奇。敝处有一竿竹子，长得上柱天，下柱地，目今天上长不去，反倒转下来，弯着朝地长，才为奇事。"客问曰："哪有这等大竹？"客曰："若没得我这根大竹子，怎得能够箍你的这等大澡盆？"

有此附和人，方可说此大话，也只好哄得自己了。

代　哭要学哭声才发笑

扬俗丧家开吊，用妇女哭于棺旁，孝子多雇觅邻妪代之。久而颇倦，因哭曰："想来干我甚事呀？"客闻声而尤之曰："就是雇来的，既然得了人家的银钱，也不该如此哭法。"妪闻而易其哭曰："想来又干你什事呀？"

孝子居丧不哀，宜用此妇代之方合拍。

皮匠讼话要学苏州话，手装样才发笑。

两皮匠涉讼，一友问之曰："你家讼事如何了？"匠曰："他手脚好，通了线索，把里边托好了。幸而见官时他的舌头上打起掌子来，被我细针密线介一说，官府也弗敢蛮揎，竟免供逐出。被我打仔个湾子，伺候渠出来，排子渠介两记哉。"

人只知笑此皮匠说皮匠话，殊不知许多势利小人，满口满脸尽皆势利，更可笑也。

两脚桌子

一人做桌要省木，匠迎其意曰："只做二脚，倚楹而用可也。"一夕月明，欲移放庭中，难于安顿，召匠责问。匠曰："你在家里可以省得，若在外边，却如何省得？"

做两脚桌的，如何还想赏月？

独脚裤子

有命裁缝做裤者，以丈尺太多不从。末一工知意，曰："我只用六尺，足够做。"其人大喜。及至做成，乃是独脚裤子，穿起彳亍难走，对工人大笑曰："省到省了，只是一步也行不去。"

做独脚裤的，如何还想出门？

我不见了

一呆役解罪僧赴府，临行恐忘记事物，细加查点，又自己编成二句曰："包裹、雨伞、枷，文书、和尚、我。"途中步步熟记此二句。僧知其呆，用酒灌醉，剃其发，以枷套之，潜逃而去。役酒醒曰："且待我查一查着，包裹、雨伞、有。"摸颈上曰："枷，有。"文书，曰："有。"忽惊曰："哎呀，和尚不见了。"顷之摸自光头曰："喜得和尚还在，我却不见了。"

人只笑此人呆矣，殊不知世人终日营营，沉酣不醒，将自己要紧的性命总不知其究竟，任随昏散而死。即有认者，亦非的确，岂不比此呆更甚？

笑话一担

秀才年将七十，忽生一子，即名曰"年纪"。未几，又生一子，似可读书者，因名曰"学问"。次年又生一子，笑曰："如此老年还生此儿，真笑话也。"又名曰"笑话"。及三人年长无事，俱命入山打柴。及归，夫问曰："三子之柴孰多？"妻曰："年纪有了一把，学问一些也无，笑话倒有一担。”

有年纪而无学问已是笑话，何况更有笑话乎？

一张大口

两人好为大言，一人说：“敝乡有一大人，头顶天，脚踏地。”一人曰：“敝乡有一人更大，上嘴唇触天，下嘴唇着地。”其人问曰：“他身子在哪里？”答曰：“我只见他一张大口。”

有了大口，必有厚脸也。须看看他。

大舌乌龟

一人将肝油在井边洗，误落一块肝于沟内。一乌龟见而吞之，肝大口小，拖露于口外。一人见而讶之曰：“你们快些来，好看这大舌头的乌龟。”

说大话的面目，全亏一个硬壳替他藏躲。

切莫动手

医家一仆犯事，主人大怒，捏拳欲打。仆哀求曰：“小人服侍年久，极知老爹手段，只求脚踢，切莫动手。脚踢还不伤命，若一动了手，我的性命就难保了。”

有这等狠手，不是家里人说出，外人哪个知道？

看上了你

一庸医娶妻，生男女二人。一日，医死了人的儿子，遂以子赔之。又医死了人的女儿，复以女赔之，只剩一妻在家，凄凉不堪。忽有人敲门请看病，医问看何人，答曰：“敝房。”医对妻哭曰：“不好了，又有人看上你了。”

庸医不明脉药病源，便大胆挂牌行道，医死了人的儿女妻房，必然要将自己的儿女妻房还人，天理果报，一毫也不差错。此等作孽事，切不可做。

梦雷打

三人同心共事，对天发誓曰：“若有私心，天雷击顶。”内中有一人奸宄偏私，暗地得财。夜梦雷神打他，惊慌成病。另托一友还愿，而告以实情。友至庙中，才焚香，忽闻山门崩倒，友误认为雷，急忙跪祝曰：“雷公爷，雷公爷！不干我事，那打偏手的，还在家里害瘟病哩。”

存心不公，暗中必有许多消折，岂但瘟病一件？

还我原面孔

一人赴饮，自家先饮半醉，面红而去，及至席间，酒味甚淡，越饮越醒，席完而前酒尽无。将别时谓主人曰：“佳酿甚是纯酞，只求你还我原来的那样半红脸吧。”

肴可少而酒不可淡，以淡酒请客者，大无见识。

撒不来要学男人醉样，女人娇骂才发笑。

有惯撒酒风人，不论饮多饮少，只是要撒，其妻恨之。一日，在家索酒吃。妻与浸苧麻水饮之。未几，也手舞足蹈起来。妻骂曰："天杀的，吃了浸苧麻的水，也撒酒风。"顷之，其人大笑曰："我也道今日如何这等撒不来。"

酒醉之人，鲜有坠水食粪者，可见撒酒风的都是倚风作邪。试问次日见人，可惭愧否？

丈夫回家要学江西人说话才发笑

一江西人出外小本经商，凡赚得金银，恐行路小人窃取，尽藏在大伞柄内。日久归家，妻出迎接，见丈夫并无行装，手中只执一伞，心中大不喜欢，怒形于色。夫曰："我走了远路，肚中甚饿，可快煮饭来我吃。"妻怒曰："家中米也没得，哪里还有饭与你吃？"夫笑曰："你这等怒色，想是我久在外边，累你孤灯独卧。可同你云雨一回，以联旧情吧。"妻更大怒曰："你好心思呀，饭也不与你吃，还想肏毯么？"夫又笑曰："你将厨刀取来与我。"妻喜曰："你这等没本事挣钱的人，到是自刎了甚好。"妻遂送刀与夫。夫接刀将伞柄劈开，尽是藏的碎金银百余两，妻看见，怒脸变成大喜，对夫笑问曰："请问亲哥哥，你还是吃了饭肏毯呢，还是肏了毯吃饭呢？"

阎非台先生尝曰："子弟得志，父兄甘作三分篾片；丈夫无钱，妻子看作九分厌物。"可见糟糠同守者，能有几人？至亲厚如夫妻者，尚且如此，何况其他？

归去来辞要先惊忙，后缓慢才发笑。

一人口中偶读古文曰："临清流而赋诗"，旁有一人急忙问曰："何处临清刘副使，为什的不早些对我说，让我好奉承奉承，结交他？"其人曰："此乃《归去来辞》。"这人改颜缓说曰："我只道他是个现任的官儿，若是这个归去来辞的官儿，我就不理他了。"

为问门前客，今朝几个来？真可浩叹！

面貌一样

一人抱儿子在门外闲立，旁有一人戏之曰："可见父子骨血真个是一脉，只看你这个儿子的面貌与我的面貌，就是一般无二。"抱子者答曰："你与这儿子原是一母生出来的弟兄，这面貌怎么不是一样的？"

我讨人的便宜，岂知人讨我的便宜更重。古云："讨便宜即是吃亏的后门。"许多失便宜事俱从此起。

装做米

有人行奸，不意亲夫忽然回家，敲门甚急。其人惊慌无措，妇令蹲于门后，将一布袋连头套起。躲藏好了，才去开门，问夫曰："你回家适值我小便也，等我起来才好开门，你因何如此着急？你原说今夜不回家的，因何又回家呢？"其夫战慄曰："我今晚几乎白丧了一条性命，因与一妇人行奸，谁想他的亲夫一时间回家，我惊得无处藏身，没奈何躲入他厨房柴堆里。哪晓得那个人关门的时候,又点灯遍处照看。我见他把灯照到厨房里来,我甚惊慌,身子就发起战来。那人看见柴草动摇,晓得有人,就拿了一把厨刀来杀我。那时我着了急,就飞走出来,用力将他推倒,我才得脱身飞跑出门。不是这等侥幸,已经被他杀死了,至今魂魄不在身上,你说可不怕死人么?”妻曰:“怪道你这等惊慌,也都是你自讨苦吃。”其人见妻抢驳,就去照看拴门,因见门后有一物,指问妻曰:“这一堆是什么东西?”妻见问及,惊不能答。只见布袋乱摇,袋内战兢兢地答曰:“这是一袋米呀。”夫曰:“米哪里会说话的?这分明是个人了。你到我房里来作什么?”这人又在袋里战兢兢的说道:“你既然在别人家里做得柴,难道我在你家里就做不得米么?”尾二句句要攒眉战兢地说才发笑。

诸恶业中,唯色业易犯,损德取祸,莫过于此。我每见邪淫之人,自己妻女果报毫发不爽。谚云:‘沿河粘雀儿,家里不见大公鸡。”要知我淫人妇,我妇淫人,一还一报,天道自然之理。只怕本钱之外,另要加上许多利钱,才偿还得住。此篇内描写惊惧的景况,都寓有警惕深意,读者慎勿草草揭过去了。

邀吃茶

有携小孩行路,经过一门,是其交情之妇也。邀请吃茶甚坚,其人力辞另日再来。小儿问曰:“这人请茶,正该坐坐,为何不去?”其人曰:“他不是请我吃茶,是要我的银子呢。”小儿喜跳曰:“是了,是了,怪道我家妈妈等你出了门,就请人来家吃茶,原来都是要人的银子。”

淫人妻而己妻淫人者,遍处都是。夫男从何得知?一向醉梦昏昏,安得个个有人提醒?

厌常喜新

有喜邪淫者,其妻问曰:“人人各有夫妻,同是男女交合,何苦定要奸淫别人的妻女,败坏别人的名节呢?”其夫曰:“我在别人家妇女身上用功,也只为厌常喜新,所以顾不得他人声名节操了。”妻曰:“你在别人家欢娱快乐,我独自寂守孤灯,世间哪有这不公不正的事?你是男子汉,知书达礼,尚且不顾人的名节,何况我是愚蠢女流?实不瞒你说,我也学你厌常喜新的好儿回了。”

“丈夫”二字,只好照应一丈之内,出了一丈之外,其贞否俱存于妇人之心矣。此妇妙在先以正言发问,知其不改,然后以直言明说,服之以理,并不隐讳。但世上的妇人不说明,而暗中厌常喜新者,不知有几。世上人欲要自己妻女贞节,先要自己问心,可曾奸淫别人家的妻女否?

有　趣

有喜邪淫者,其妻问曰:“一夫一妻,天生正配。你偏偏反喜欢别人家的妇人,是何缘故呢?”夫曰:“但凡妇人的阴户,越多有人合的,越觉有趣。”其妻点头曰:“怪道我相交的人,个个说我有趣得很。”

好有趣的，即以有趣应之。

爱标致

有人娈一美童，一日偶自外回，忽见此童从妻房内慌忙奔出。其人大怒，童曰："男女虽异，爱恶则同。你既然爱我的标致，难道尊夫人就爱不得我的标致么？"

此童对答之语，说得明理词畅，可以诛心，可以服傲。要知美貌少年，人人喜爱，往往必致淫乱。这以前易后的事势所必有，好男风者或有不报于目前，而报于后代子孙者，更惨更狠。

小使骑马

一高大门内，有少年华服骑马奔出。后边一小使流泪跟跑，尚骂走迟，用鞭乱打。有人向门内老人问曰："这骑马打奴的是何人？如何这等凶猛？"老人点头曰："而今世上的事，颠倒错乱都是自取。方才马上坐的，却是一个奴才；马后跟的，反是一个主人，岂不是自取颠倒么？"其人不解，求说明白。老人推辞再三，低头叹曰："我在他家年久，才晓得他家的旧事。先前老主爱上一个仆妇，与他交合，遂而有孕，生出适才那个跟马的小使来。谁知果报昭彰，主婆又爱上这个男仆，也有了孕，生出适才这个骑马的少年来。岂不是主人的骨血反做了奴才，而奴才的骨血反做了主人？连这番打骂磨难，都是昔年的果报，好不怕杀人。"

富贵之家，奴婢最多，主人每以为下人容易淫乱，殊不知尊卑倒置，果报昭彰，大可畏也。更有仆妇成孕生女，而己子又复与之交媾，竟是兄妹通奸。如或生男标致，小主狎之，又是弟兄通奸。上下淫乱，禽兽不若。总因主人一时之误，遂至如此惨害，岂不深可悲痛哉？

烂盘盒

昔有一官，上任之初，向神发誓曰："若左手要钱，就烂左手；右手要钱，就烂右手。"未久，有以多金行贿者，他欲受之，又恐犯前誓，官自解之曰："我老爷取一空盘盒来，待此人将银子摆在内，叫人捧入。想当日在神前发誓说是钱，今日却是银，我老爷又不曾动手，就便烂也只烂得盘盒，与老爷无干。"

官府受贿，必致屈陷良善，刑罚无辜。此等坏心，银钱虽然赚来，吾恐手未烂而心先烂矣。

誓　联

昔有一官到任后，即贴对联于大门曰："若受暮夜钱财，天诛地灭；如听衙役说话，男盗女娼。"百姓以为清正，岂知后来贪污异常，凡有行贿者，俱在白日，不许夜晚；俱要犯人自送，不许经衙役手，恐犯前誓也。

内存贪污之心，外博清廉之名，如此诈伪，意欲欺神乎？抑欲欺人乎？古云："暗室亏心，神目如电。"又云："若要人不知，除非己不为。"虽欲遮盖，何异掩耳盗铃？才做一欺心事，声名早已遍传，而报应早已种下矣。

再出恭

村庄有一愚人不知礼，来至儒学殿前撒粪一堆。学师闻之大怒，送县究办，县官审问因何污秽圣人，村农曰："小人上城，每日皆从学前经过，一时恭急，随便解手，非敢亵渎圣人。"县官曰："你愿打愿罚？"村农畏打，曰："小人愿罚。"官曰："该问不许解手，应纳银一两五钱，当堂秤下，不须库吏收纳。"村农取出银一锭，约有三两，禀官曰："待小人去剪一半来交纳。"官曰："取来我看。"见是纹银一锭，就和颜悦色，慌忙先将银子纳入袖中，对村农曰："这锭银子不须剪开，当我老爷说过，准你明日再到学殿前出一次大恭吧。"

得了钱，便再犯一次法也可宽恕。何况出恭小事。

旧　例

一官解任，有众老置酒来请脱靴，官曰："我在这地方上，并无恩惠及民，何敢当此？"众曰："这是旧例，不得不行。"

虽是旧例，也要百姓乐为。但居官者此时自返于心，实无恩惠及民，而民来脱靴，岂不自愧？我每见有等官长，才闻离任之信，百姓恨骂之声便满街满巷，则官之贤否可知矣！吾愿居官者平昔留心爱养，断不可后悔自愧也。

书是印成的

一子性喜游荡，不肯读书。其父怒，闭一室，传送饮食，教之眼睛仔细看书，心思仔细想书，如此用功，自然明白。过了三日，父到房内看其功课，子对曰："蒙父亲教训得极妙，读书果然大有利益。我才看得三日书，心中就明白了。"父喜问曰："明白了何事？"子亦喜曰："我一向只认这读的书是用笔写成的。仔细看了三日，才晓得一张一张的书都是印成的。"

今人读书，全不将圣贤言语体贴身心，却专在字句上用巧，虽读万卷，有何益处？原与此认印书之人一般无二。

三十而立

师出"三十而立"的破题令二生做。一生做曰："两个十五之年，虽有椅子板凳而不敢坐焉。"一生作曰："年当花甲一半，唯有两腿直站而已。"

文不在义旨上运思，却专在字句上着笔，皆此二生之类也。

大　字

父教儿识大字者，复以太字问之，儿不识，父曰："此是太公之太字。"他日又以犬字复问之，儿识了一会儿，点头曰："是了，这是外太公之太字。"

虽有夙慧，不教难成。

天基乐事

予另撰刻《快乐原》、《真福谱》二本，当与此书互看。

扫地之乐

扫地不过一僮仆琐碎之事，何足为乐？殊不知他事可以倩代，唯扫地必须亲为。当此操箕执帚之时，即思此地非他，乃吾人方寸之地也；此尘污非他，乃吾人牵缠俗垢也；一举手之劳，尘去垢除，顿还吾之本来清净之面目矣。迨至扫毕静坐，自觉心地清爽，何乐如之！然此仅斗大书室，则可必如唐风之诗有曰："我有庭内，弗洒弗扫。"是必碌碌于宽平广大之地，不几以一生而供厮养之役乎？诚何足乐！

静坐之乐

静坐乃最有受用之乐事也。在富家终日搬弄银钱，多无暇享此静坐之乐；贵者政务烦剧，又不得享此静坐之乐；至于贫贱淡泊之人，晓夜焦劳，买柴籴米，日用纷纭，又不能享此静坐之乐。然则享之者将属何人乎？要知静坐不必论人，唯于正务既毕之余，或每日预留半日闲工，或三停谅存一停暇际，不废资生之业，又得享清闲之福。当垂目静坐之时，万虑俱忘，逍遥恬适，自有许多天然之乐。其中妙趣，难以言传。譬如泥水一器，终日搅扰，则终日浑浊；倘一时安定，则顿然澄清矣。若使终年累月驱驰，便成名利之场，匆匆碌碌，焦思劳神。殊不知光阴迅速，倏忽虚度，岂非浪掷一生耶？真为可惜，可怜！

天下极乐之事，无过于静坐；而极有益之事，亦无过于静坐。非独却病延年，实可超凡入圣。但静坐不得其法，多嫌寂寞；欲言其法，又非一言一篇可了。既得之后，究竟可以忘言，譬如得鱼则筌可以忘。予另著有《天基静功》一书，备载一得之愚，兹不重列也。

闲静之乐，诸人俱可受享。唯居民上者好之，必致政务废弛。一切兴除皆为耽搁，上负朝廷之倚托，下辜百姓之仰望，为害不小。若好之果真，不妨少闲静时，暂做山中宰相，庶可与心相安也。

读书之乐

读书乃天下最乐之事，实吾人终身极大受用。夫书载圣贤语言，古今事迹，一切奇见异闻，无所不备。可看一时而知千百年之事，宛然与古人晤对，讽诵其词章，寻讨其义趣，学问日深，道理日新。愚者因之而贤，昧者因之而明。其于寒暑、风雨、黄昏、清晓，回想世人碌碌尘劳，而予窗下一编，安然得对古人，真有天渊之别矣！此等莫大之乐，可不知欤？若为功名富贵而始读书，而非真知读书之乐者矣。

书酒花月，是予四命。其中妙趣，予以领略愚见，各各另著一书。书则有《天基书趣》，酒则有《天基酒趣》，花月则有《花趣》、《月趣》。兹书所说四者之乐，摘其要略言也。

饮酒之乐

不论何酒，味以甜醇者为上。倘量可饮十分，只饮七八分，则熙熙皓皓，满面皆春，乐莫大焉。尚或过饮必醉，不但不知其乐，且有腐伤脏腑之害矣。

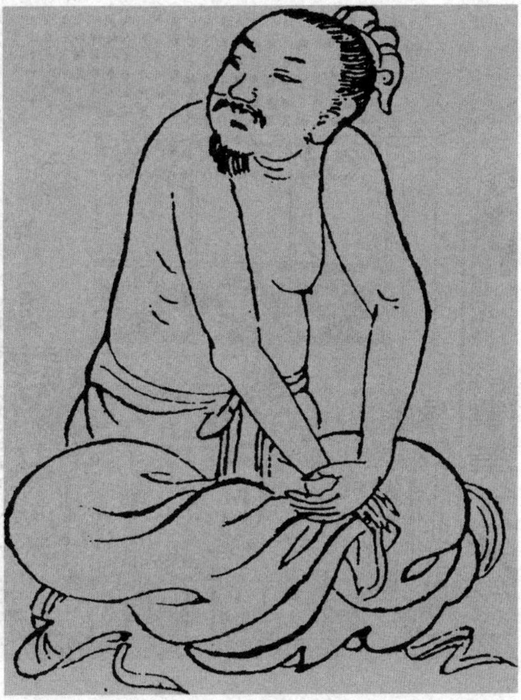

明代高濂《遵生八笺》陈希夷导引坐功图中的立春正月坐功图

赏花之乐

凡观一切种植之花，须观其各有生生活泼之机，袅袅娇媚之态。不必限定牡丹、芍药之珍贵者。即使各种草木之花，凡可娱目悦心，或有香或有色，皆为妙品。若春之桃李，秋之桂菊，夏冬之荷梅，种种俱佳。然亦不必拘泥一见，但遇花即赏，切勿辜此现在之秀色清芬也。古人云："野花艳目，不必牡丹；村酒醉人，何须绿蚁？"是深得花酒之乐趣者也。予所最爱者，花中之月季，开则难谢，谢而复开，虽雨中雪里，四时不绝。予更其名曰"长寿花"。书斋之前但余隙地，可以多植数本，赏鉴之趣，无逾于此。其余别种花卉，凡不费气力种植，不费钱文购买，俱可多为栽植。而栽植之后，听其天然，不必修饰，不必折瓶，始得观花之乐。倘或劳我心力，费我资财，则是我为花役。懒散之人，何必自寻繁剧？

玩月之乐

好古者，无不爱周彝商鼎，宣炉汉玉矣。以其经古最久，所应郑重也。殊不知伪者十九，而真者十一。即使真正无伪，试问形状果是原初不改耶？果是不费一钱一力而致耶？予谓古董之至真无伪，而且不费丝毫银钱，不用丝毫气力，随便即得者，莫如天上之月。李太白诗曰："今人不见古时月，今月曾经照古人。"又曰："只今唯有西江月，曾照吴王宫里人。"是此一月，非独秦汉，至今兴亡替代，盛衰消长，不知经历几许，即三皇五帝数千万年前，未尝少异。千真万确，丝毫不假。且又取之无禁，用之不竭，买之何须一钱？致之何烦一力？好古者舍此不取，反用多金，劳心费力购伪求假，诚

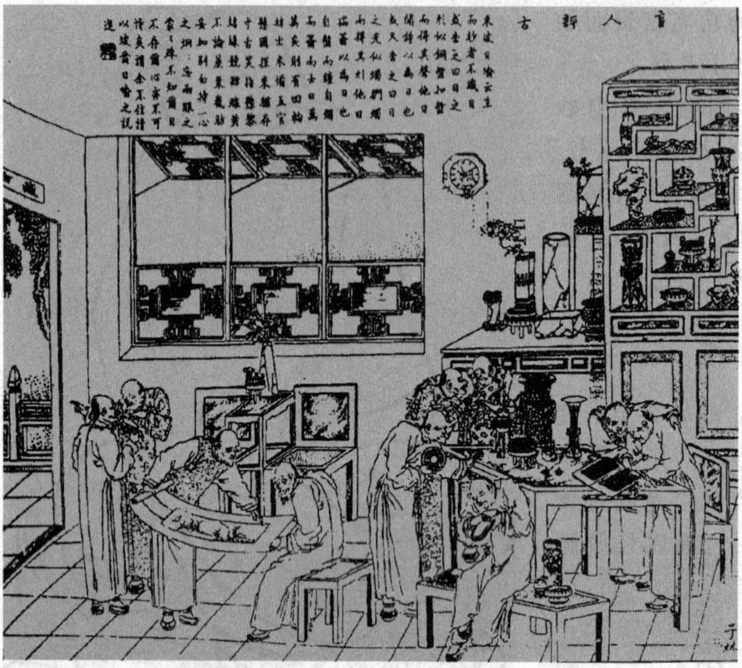

清代文人雅士鉴赏古董字画的场景图，出自大可堂《点石斋画报》

为可叹！予小斋旁余有隙地，架木为台，高可二丈余，上面方广六尺有余，仅可容体，四围又用极坚拦杆，俱作木椅，可坐可卧。予于每月初七八以至十七八，凡有月色之时，即登陟而上，铺叠毡茵，或携樽相伴，或静坐清玩，或独对浩歌。此时心骨俱清，恍如濯魄冰壶，置身于广寒清虚内矣。回想世人正值酣梦，将此数千万年之真正至宝，听其自来自去，深可惜哉。

观画之乐

品画以山水为上，人物、花卉次之，虫鸟、小物又其次也。试观画中山水，须看其间可游可居之处，将予幻身想入此内，以青山、绿水、花鸟、楼台诸胜，概悉供我娱目之具。夏玩雪景，令人心骨清凉；冬观炎象，令人神体暖燠。人物观其神情，花卉虫鸟观其生发。苟寓心于画，则不独沧海凄凉，移我性情也。斋中画轴，须要数日一换，周而复始，方快心目。予性懒散，又厌卷舒不便，特将名人绘画集聚若干，裱一极大册页，方长各二尺有许，竖倚案头，随意更转。或数日一换，或一日数换。饱玩卧游，涤我胸怀，可以顿超于尘俗之外。

听鸟之乐

树林中间鸟声之趣，全在晨晓。斯时昏睡初醒，神思清爽，倚枕静听，百般音韵，恍如置身于山巅树杪之间。清享之乐，高出世外几层。若笼中之鸟，其音凄惨，予则不忍闻也。

狂歌之乐

凡乐心诗歌，如李太白之《进酒》、《对月》诸篇，苏东坡之醒世、警心各词，邵康节之《养心歌》，陈眉公之《村居吟》、王西楼、唐伯虎等集，熟读胸次，每当诵读之余，或饮至半酣之际，即信口狂歌，高低上下，任意嬉游，不拘词调，不按谱律，方觉我心胸开朗，乐自天来，真不知今世何世也。

高卧之乐

五六月之间，高卧北窗之下，遇有凉风哲至，自谓是羲皇上人，此渊明得意事也。予谓卧有三害：一曰“思”，凡卧而思虑，损神百倍。二曰“饱”，凡饭后睡卧，饮食停滞，诸病易生。三曰“风”，凡睡则腠理不密，风寒易入，大则中厥，小亦感冒。除此三害，月月日日，俱可享羲皇之乐。斋中须设棕榻，夏则铺毡加簟，冬则去簟添褥，再以蒲花褥铺盖浮面，静卧于上，柔纯绵软，听我转侧伸舒，但觉身心快乐，不减渊明之得意也。

天基清戒

清福受用，予著有《乐事》十种，已刊书行世矣。今又有清戒者何？必令洗涤凡尘，消除障碍，浩浩落落，心同海阔天空，则安往而不乐？如或嗜茗烧炉，或限诗度曲，或着意琴棋，或留心字画，种种乐事虽属清高，倘念兹在兹，穷工极巧，自必扰我闲静，不几以怡情适性之事，而翻为撄心劳神之事乎？因另撰宜戒十事，并及同义。惟予贱性痴愚，不可韦弦，大约合于世者常少，不合于世者常多，士各鸣志，知我罪我，悉听世评也矣。

天基石成金撰并书

不嗜茶凡青果汤、杨梅汤、瓜水之类，戒义同此。

人之脾胃喜燥而恶湿，如多饮茶水，则脾胃运化维艰，痰饮起而疾病生焉。有等世人。远慕卢仝，酷好饮茶，自谓受享清福，日不可缺。殊不知茶性寒克，最能损人津液，耗人脂血，且主下焦虚冷。久则面黄脾弱，俱所不免。虽稍有消食清滞之功，何足道哉？若腹中饥饿，或清晨空腹，更当切戒。在北方高亢之地，可以听意。惟予南方地处卑湿，尤不可不加意戒节也。苏东坡有云：“吾见一老人年已九十三，状貌气力如四五十岁人。问其所得，初无异术，但平生习不饮汤水尔。人日饮数升，吾日减数合，只沾唇而已。脾胃恶湿，饮少脾强，气盛液行，自然不湿。或冒暑远行，亦不念水，”可谓至言不烦。此真养生之要论也。予性不喜茶，非专为调养所拘，若勉强行之，则心

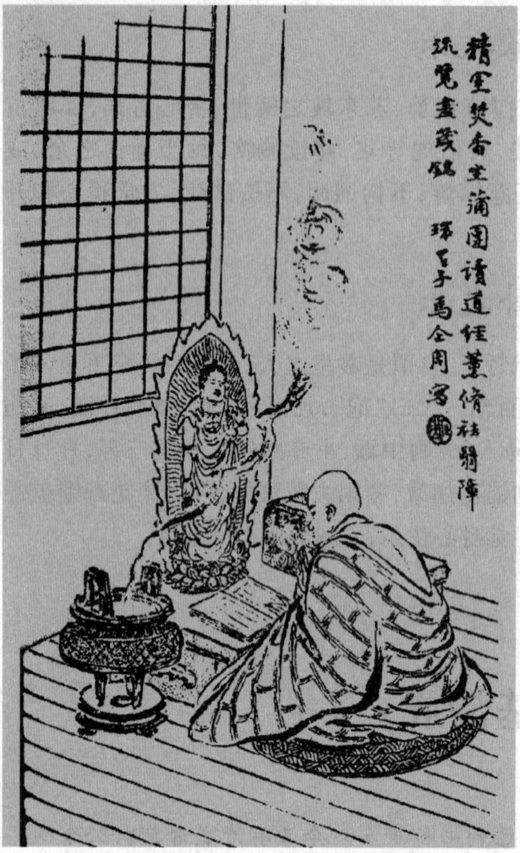

佛室图，出自清·《马骀画宝》，描绘了古代佛室中燃香炉的情景

胸嘈杂，精神反觉不爽。盖予禀气虚弱而然也。每日所饮者，不过饭后半盅一盅，漱口而已。即饭后之茶，亦是平常之粗品，至于松萝、霍山诸佳茗，寒舍绝不收贮，即亲友饮我者，口亦莫辨。予自知粗俗性成，而不能享此饮茶之清福也。亲友每以此嘲予，予亦甘作无福清闲之人也。

不烧炉

凡积古董、玩器、瓶镜、缸瓮之类，戒义同此。

古炉非极尽烧擦，日夜不辍，则宝色不现，何苦耽误工夫，废弃岁月，而作无益，以害有益耶？夫宣炉遍地皆然，不知宣德年间所铸者，安得有如许之多乎？无论真者百不得一，即使果真，可能不火而热乎？如只列一炉，何足为观？必须兼备加冠法盏，鱼耳索耳，大小高低，参差并列，始尽其妙。殊不知炉愈多而心愈劳，欲求清闲乐趣，反得劳扰匆忙矣。予小斋中，除书之外，唯日用文房四宝，其余古董、炉瓶、鱼缸、泉瓮之类，概不购贮，非独嫌其搬置扰我闲心，亦无余资以收买也。

不限诗

凡顶针叙麻，和韵联句之类，戒义同此。

兴到偶得佳句，最为快乐，乃有限韵和韵之事？殊不知每有极佳之句，多为限韵所阻，大不快我胸怀者此也。凡山水花月，美景良辰，正应及时领略。乃有俗品，或限题诗词，或联句叙麻，或行难涩酒令，苦人摇膝支颐、难思难构，致令佳时虚度。予不识此辈是何心也。

不度曲

凡填词谱曲，以及笙箫管之类，戒义同此。

人若专心词曲，坚志管弦，虽在人前，可以压村，究竟正业俱废，纵至引商刻羽奚益乎？以此辛勤读书，可以成名；以此辛勤经营，可以致富。舍此务彼，争胜于清歌妙舞之场，即或技精绝伦，亦不过与梨园子弟齐名，供人侑觞献媚而已。何于正事之暇，信口狂歌，不必识浊知清、依腔按拍，花前月下，任我悠游，正可与稽阮同傲，乐莫大焉。

不抚琴

凡琵琶、三弦、胡拨、琴筝之类，戒义同此。

弹琴非正襟危坐不可，且须心存宫商，指按挑剔；稍不留意，则失其调矣。懒散放荡之人，何能耐此？

不着棋

凡双陆、牙牌、纸牌、骰子及近日之马吊游湖之类，戒义同此。

世人每以着棋为赏心乐事，予谓最损精神者无过于此。有等经营之人，读书之辈，酷好此技。误生涯不做，置书籍不理，终日以着棋为事，因而赌赛银钱，倾败家产者有之，且将前程大事置之不问。嗟乎！人生世间，开基创业，宜以勤求正务为先。若徒此事，尚能成立乎？凡着棋若无输赢，则不用心对局，更无趣味；若论输赢，则与赌博何异？废时损资，害不可言。正事之余，倘有闲暇，或静坐养我精神，或看书长我学问，较之棋牌赌博高出万万矣。

不代书

凡代作一切书启、诗文、称功颂德之类，戒义同此。

文人固不可不习字，但仅可自用。若为他人所役，则扇面斗方，画轴书条，投者累累，索者纷纷，门庭如市，应接不暇。精神因之而耗损，岁月因之而蹉跎，岂不大受笔墨之累哉？更有假此数字，曳裾侯门，投刺纨绔者，何异托钵头陀也？

不学画

凡镌印章、雕人物、造灯玩、制花卉，一切劳神事务之类，戒义同此。

"闲来写幅青山卖，不使人间作孽钱。"此唐伯虎之句也。要知画虽小技，可自怡情，又可供人玩赏，且能传名当时而至奕世，岂非清高之事哉？若以此兼资生之计则可，苟或非然，止可玩画，不必作画，庶不为聪明所困。予昔执贽投师，学画多年，最喜涂鸦者，首在山水人物，每绘一图，远近浓淡，凝皱设色，非数日不能成轴。当构思运笔之时，心腕俱疲，寝食靡宁。一当告成，静对玩之，恍然身历其境，赏心快目，惊喜若狂，虽有他乐，吾不易也。不料渐为人知，嗜痂者日索于门。予则调朱和绿，夜以继日，手笔无停，应接不暇。噫！原因怡情适性，而反困顿焦劳矣。想铁笛道人谓"奕损闲心，画为人役。"深得我心之同然耳。但予既不以画资生，恋恋此技欲何为乎？于是倾色毁碟，立意谢绝。然予鉴别丹青之双眼俱在，每遇名人笔迹，未尝不赏心快目，拍案叫绝，奚必出予心手而后为乐哉！由此推之，一切聪明制造，奇巧作为，皆供愚朴人安然受用，岂不可叹？谚云："巧者拙之奴。"信非虚语矣。

瓶梅图

不瓶花

袁石公将瓶花插置诸法，著书一卷，名曰《瓶花谱》。观者谈者俱觉有味。殊不知赏花原要玩有根之花，始有许多生生活泼之致，既经采折，则为无根之花矣，其萎谢彫落，计时可待。见之者反动怜悯之心，从何为乐？所以古人有“瓶花空好艳，相看不奈长”之句。且予又闻高子羔“方长不折”，周茂叔“庭草不除”，可见仁人爱物，虽草木亦不忍伤残，总要存吾心好生之慈念耳。此后瓶可不设，而《瓶花谱》可以不观矣。

不笼鸟

凡养八哥、百舌、画眉、鹦鹉、鸲鹆、蟋蟀、金鱼、叫虫之类，戒义同此。

一切鸟语，最妙在树林自然之韵。若夫笼养禽鸟，囚拘其身，凄惨其音，吾则掩耳不忍听闻。苟一听之，反觉如怨如慕，如泣如诉，不胜愁苦。而唧唧哝哝，何乐之有？

快活歌二集

快活歌

快活歌，快活歌，若要快活就快活。眼前书酒并花月，还不快活待如何？虽然本分该勤力，也要偷闲享快活。享快活，莫蹉跎，百岁光阴一瞬过。早起忽然又到晚，两轮日月走如梭。富家又贫，贫又富，沧海成路路成河。但只存心做好人，上天保福无差错。一饮一啄都有数，何况其余大事么。看得破，极好过，将就些儿何不可。身不寒，肚不饿，就是人生大快活。世人终日愁戚戚，我只终日笑呵呵。笑呵呵，好快活，若要快活就快活。世间尽有快活人，不会快活反招祸，诸般心事权放下，且来唱我快活歌。

自在歌

自在自在真自在，“自在”二字谁不爱？士农工商本分人，各宜辛勤莫懈怠。若是游手只好闲，自然饥寒家业败。谅留工夫享自在，这等自在才不碍。不巴高，不学坏、不欠官粮不欠债。他的驴马我不骑，他的妻妾我不爱，他的骄傲我不知，他的奢华我不赛。贪痴嫉妒尽消除，落得心中常自在。你怪我，我不怪；你辱我，我忍耐。且来唱我快活歌，这个自在真自在。

劝己歌

人做劝文劝世人，我做劝文劝自己，世间哪有百岁人，何苦心中愁不已。眼前快活是良方，大小境况该欢喜。两轮日月走如梭，已往青春追得么？老阎一朝来相请，你到那时将如何？休休休，若是痴呆只是愁；啐啐啐，算计不如吃一醉。无腔曲子唱几声，放屁歪文诌一会。解开肚皮嬉一嬉，纳匾头颅睡一睡。君不曾见楚霸王，拔山盖世豪气昂。垓下一战时运蹇，运蹇刎死在乌江。又不见汉明妃，粉肌花貌怕风吹。塞外琵琶弹一曲，绝色佳人掩土堆。此男极狠又极凶，此妇极娇又极美，转眼如此坏败场，何况其余碌碌辈？细推古今事甚忧，纵然富贵尽浮沤。争名夺利成何事，结下他年冤与仇。不要苦，苦无补；不要愁，愁白头。放宽些儿自家富，而今识破始知休。

却病歌

人或生来气血弱，不会快活疾病作。病一作，心要乐；心一乐，病都却。心病还将心药医，心不快活空服药。与其病重无奈何，孰若时时自斟酌。且来唱我快活歌，便是长生不老药。

由天歌

寿夭富贵与贫穷，全不由人由天公。前生积修今世受，莫说时乖命运通。眼前受用都为福，何须怨恨怒冲冲？昨日花开满树红，今朝花落一场空。花落乌啼春事尽，方知向在艳阳中。

《全汉志传》版画之项羽乌江自刎图

凭天歌

凭天罢，凭天罢，富贵穷通天定下，命里若是有驴骑，休要妄想骑骡马。骑骡马，气概大，美食贪多难得化。九升斗儿盛九升，多了一升盛不下。

凭天罢，凭天罢，放开肚量要宽大。世人英雄不可当，我只退让学谦下。学谦下，装聋哑，任他欺负任他骂。虽然我是没用人，安稳自在无牵挂。

楚狂歌

八句诗吟，穷了贾岛；一盘棋看，老了王樵。哪里能钓东海鳌，哪里能缚南山豹？哪里管玄都观里桃，哪里管周子窗前草？哪里去听王子晋的凤萧，哪里去做陆龟蒙的茶灶？悬什么黄金印，穿什么蟒龙袍？系什么吕公绦，戴什么毗罗帽？做什么诗词歌赋，写什么行真隶草？习什么弓箭拳棒，舞什么剑戟枪刀？也不上万言书，也不奉金銮诏。也不炼九还丹，也不唱阳关调。也不向赤壁游，也不泛江东棹。也不学天文地理，也不讲三略六韬。也不求仙去邯郸道，也不问卜走洛阳桥。漫把利名抛，闲共烟霞啸。这现在的青山绿水，不用笔描；这自然的异木奇花，不用水浇；这眼前的风月，不用费钱买；这案上的诗书，不用动手抄。望孤峰冲霄汉，看青松常不老。无忧无虑乐逍遥，无荣无辱醉酕醄。钓竿上的风月多，酒瓮里的是非少。两扇门儿紧闭着，犹恐怕白云来搅扰。头枕溪山半个瓢，不惹事的先生醉了醉了。任红尘世上飘，任儿童拍手笑，黄粱梦尽着你英雄闹，叹人生怎么睡不到晓？

自足歌

自足歌，自足歌，王侯不愿交，天子不臣属。纸帐匡床棉被温，布袍草履幅巾燠。缓步当安车，园蔬胜粱肉。三秋桂子鲈鲜肥，十月小春新酿熟。眼前好景日无穷，四顾山青与水绿。江上伴凫鸥，山中友麋鹿，欲法陶渊明，有田皆树林。还效孤山翁，梅花环绕屋。舌耕笔耨有余粮，种竹栽花堪自适。篱边黄菊绽霜英，邻叟携樽相饮剧。但知有酒乐陶陶，不教无事心戚戚。山妻举案每齐眉，更能早起当窗织。我常戴笠时灌畦，尤爱焚香坐静室。北牖暑乘凉，南窗寒曝日。远林枫叶一抹红，六出纷飞万山白。扫雪烹茶兴自赊，复酌香醪驱冻色。四时花月任逍遥，若过七十同八百。自足歌，自足歌，白眼看他世上人，滚滚风尘争利禄。一朝失足心如焚，寝食惊惶身觳觫。何似逍遥快活翁，茅檐自足无荣辱。

守拙歌内兼涉世妙法

世人笑我拙，谁知拙为贵？口拙无是非，事拙无冤对。举止不轻狂，银钱不浪费。粗衣遮我身，不想绫罗被。蔬饭充我腹，不想珍馐味。混沌度春秋，糊涂过年岁。呵呵笑几声，嬉嬉吃一醉。不管李与张，不管兴与废。胸中有主张，只推聋与聩。日里安稳玩，夜里安稳睡。随他使聪明，反被聪明累。我这守拙法，人人学得会。

学呆歌

一切文字都容易，唯有呆字最难记，学得呆人胜伶俐，呆人先要耐闲气。我叹许多乖巧人，纷纷忧虑图名利。请看古来大功臣，到头少得全身计。又有奸狡捉弄人，好打官事狠争气。儿孙贫苦受饥寒，仰面求人悔不已。思量伶俐不如呆，呆人快活心欢喜。有人学得这个呆，我就与他结兄弟。呆呆呆，呆人到底不生灾。世间多少亏心事，都是聪明做出来。

陶渊明像，选自清·上官周绘《晚笑堂画传》

莫恼歌

莫要恼，莫要恼，烦恼之人容易老。世间万事怎能全，可叹痴人愁不了。任你富贵与王侯，年年处处埋荒草。放着快活不会享，何苦自己寻烦恼？

莫要恼，莫要恼，明日阴晴实难保。双亲膝下具承欢，一家大小要和好。粗布衣，菜饭饱，这个快活哪里讨？荣华富贵眼前花，何苦自己讨烦恼？

莫愁歌

莫要愁，莫要愁，前生定数岂能由？贫穷枉抱贫穷恨，富贵空劳富贵忧，无定鸟，不系舟，识破任优游。

莫要愁，莫要愁，荣枯得失尽前修。胸藏明镜谋偏暗，舌具青莲语转羞。楚玉泣，班笔投，时至自难留。

混世歌

混世虫，混世界，一切事务须忍耐。世上哪有全福人？终日扰愁真不解。传你一个快活方，只要心中无挂碍。吃顿饱饭充皮袋，穿件布衣遮四大。音代。不参禅，不受戒，不会奸狡不会坏。时常照管本来人，灼灼光明成一块。一觉睡到日头高，翻身跳出红尘外。拍手打掌笑呵呵，自在自在真自在。

游世歌

这身心，要安泰，无忧无虑无挂碍。粗衣淡饭不妄求，竹篱茅舍权遮盖。闲时诵读圣贤书，适意湖山景一派。不攀缘，不借债，不去追随有何害？亲朋疏失为家微，礼数不周因懒怠。交接往来平等友，彼此清凉彼此快。安分守己乐逍遥，自在自在真自在。

玩玩歌

玩玩好，玩玩好，若肯玩玩才讨巧。玩玩可以解忧愁，玩玩可以开怀抱。玩玩又能治疾病，玩玩又能扶衰老。看来万事总成空，不如玩玩真个好。

玩玩好，玩玩好，须信浮生空劳扰。世间几个百年人，碌碌营营何日了？分明傀儡线牵提，线断之时身跌倒。跌倒难爬悔是迟，不如玩玩真个好。

玩玩好，玩玩好，百岁光阴没多少。看看红日落西山，不觉鸡鸣天又晓。兔走乌飞快似梭，孩童忽然成衰老。功名富贵等浮云，不如玩玩真个好。

玩玩好，玩玩好，随时玩玩须及早。昨日不玩今日迟，今日不玩明日老。多少痴人死认真，算来也要埋荒草。请将世事细思量，不如玩玩真个好。

玩玩好，玩玩好，驹隙韶华容易老。偷得浮生秉烛游，月夜眠迟春起早。大家都要惜光阴，乘时共把金樽倒。浅斟低唱醉花前，这样玩玩才是好。

玩玩好，玩玩好，会玩先要除烦恼。安居不用住高堂，容身细屋多精巧。或是看花或读书，坐卧随心福不少。快快活活过时光，这样玩玩才是好。

玩玩好，玩玩好，晴和天气荣花草。美景良辰不易逢，韶光一刻真堪宝。除去胸怀莫用愁，且自举杯听啼鸟。天然乐趣意中生，这样玩玩才是好。

玩玩好，玩玩好，朋友玩笑要取巧。出言可以解纷争，莫刺隐私讨烦恼。我将玩话醒愚蒙，劝得回心功不小。若因玩里结冤仇，不如不玩反为好。

玩玩好，玩玩好，玩玩也要有起倒。士农工商虽不同，都要辛勤才温饱。工夫余剩才玩玩，切莫放荡终日跑。若是贪玩不务本，不如不玩反为好。

玩玩好，玩玩好，玩玩也要有分晓。赌博场中莫去亲，娼妓人家莫去跑。若跟油刮学下流，玩出祸来身不保。错认这等是玩玩，不如不玩反为好。

耍耍歌

人在世，要耍耍，须将肚量放宽大。事已前定枉徒劳，到头件件都是假。任他乖巧弄聪明，我只痴呆装聋哑。及早快活还嫌迟，催人日月如奔马。清风明月作良朋，好花好书供博雅。已往将来俱不管，醉舞狂歌花月下。得耍耍，且耍耍，落得心中好潇洒。

乐志歌

世人各有志，惟我听自然。我也不思量去为王为霸，我也不思量去成佛成仙。我也不思量黄金白米仓箱满，我也不思量家舍田园阡陌连。但只愿蔬粥三餐饱，但只愿草铺一觉眠，但只愿布衣常护体，但只愿茅屋不穿天。有时候薄酒饮几杯，有时候闲书读几篇。有时候散步明月下，有时候高卧好花前。随时皆谷旦，到处是桃源。无荣又无辱，快活似神仙。如此足矣，更何望焉？

养心歌

得一日，过一日，不顽不笑空埋没。急沽美酒醉花前，流光快去如梭掷。从不知险恶风波，又不管玎当玉石。且自快乐若神仙，才与身心为有益。

爱书歌

我爱书，我爱书，书田菽粟乐丰余。圣贤血脉须寻着，天地经纶有展舒。工夫若到通彻处，尽心知性契真如。莫将私欲蔽明镜，忘却妙义都成虚。许多快活说不尽，人不读书何其愚。

爱酒歌

我爱酒，我爱酒，酒中快活真个有。不必炮凤与烹龙，随便山肴堪适口。举杯忧虑尽消除，况同花月成三友。随我意量饮几杯，何必酕醄醉百斗。混混沌沌体荣和，疯疯颠颠身抖擞。或诗或曲或文辞，信口狂歌三五首。仰面大笑天地宽，这等趣味人知否？

爱花歌句句俱有花字

我爱花，我爱花，花香花色尽堪夸。但得有花常玩赏，莫待无花空怨嗟。花里高歌花自好，看花酌酒兴便赊。一年四季花都有，不论何花总是佳。花来向我为知己，我不爱花辜负花。

爱月歌

我爱月，我爱月，万里寒光俱照彻。玉盘金饼出云衢，庭台花竹都精绝。我今静坐玩婵娟，另具乾坤真奇绝。犹如广寒殿上游，犹如水晶宫里歇。清凉魂魄濯冰壶，踊跃精神朝玉阙。把酒狂歌气浩然，也愿银蟾莫少别。

知足歌

予另诌有《不知足歌》，已载《笑得好》书内，兹不重刻。

世间万事怎能全，有得些须就感天。我虽粗茶淡饭充饱腹，还有饥渴难当叫可怜。我虽布衣布衾遮身暖，还有捉襟露肘冷凄然。我虽小小房屋蔽风雨，还有破屋茅蓬常漏天。我虽儿女妻小多负累，还有孤苦伶仃独自眠。我虽薄田几十亩，还有地无立锥壁冷然。凡事但将下等比，我今所得已多焉。急早知足莫妄想，安稳快活似神仙。

知福歌

人生尽受福，何苦不知足？思量愚昧苦，聪明就是福。

《唐诗画谱》中的《峨眉山月歌》插图

思量饥寒苦,饱暖就是福。
思量负累苦,逍遥就是福。
思量离别苦,团圆就是福。
思量刀兵苦,太平就是福。
思量牢狱苦,自在就是福。
思量出外苦,在家就是福。
思量无后苦,有子就是福。
思量疾病苦,康健就是福。
思量死来苦,活着就是福。
苦境一思量,就有许多福。
可惜世间人,几个会享福?
有福要能知,能知才享福。
我劝世间人,不要不知福。
富贵非力求,迷途空碌碌。

爽快歌

要爽快,就爽快,先要心里爽快才爽快。耕我田地读我书,只勤本分好自在。独善其身不妄求,粗衣粗食韶光耐。不违王法不欺公,不欠官粮不欠债。逍遥散诞乐陶陶,又无惊恐又无害。唯喜耕读隐山林,不慕公侯调鼎鼐。世人笑我志气微,藐我轻我都不怪。君不见太公曾钓渭水滨,孔子尚厄于陈蔡。大圣且如此,何况于我哉?我心忧道不忧贫,哪管穷通与兴败。我今饱暖体安康,坐卧无拘多感戴。他人富贵苦焦劳,怎如我心真爽快。

便宜歌

一年三百六十日,饮酒看花不曾离。烟云变瞬息,日月走东西。悲欢离合都难定,哪有工夫代苦凄。料无大失无过忧,纵有小得何为奇?笑他们奔波劳苦受熬煎,总不如我淡泊自在得便宜。

真如歌

乐真如,好舒徐,山林深处有茅居。绕家田禾年年熟,凿引岩泉入水渠。入山学采樵,傍溪学钓鱼。不须远求是生涯,披襟散发任狂呼。鸟语花香劝我醉,玩月吟风何所拘。

真醒歌

人生就过一百岁,只有三万六千日,又被疾病与睡眠,光阴由此强半失。哪有闲工又去愁,空空衰老真可惜。何况并无百岁人,何苦奔波不暂息。从今再不又昏迷,性觉心闲身放逸。

快活歌三集

怡情悦性须知　乐事赏心要法

教乐歌

教教教，教世人都知道：任你贪图名利用机谋，谁能跳出天公套？倒不如放下担儿撇开手，做个快活人儿真正妙。“放下”二字，确是快乐妙法。百年能有几，行乐须及早。虽过百岁，亦是有限光阴，何况难至百岁乎！不拘月下与花前，且应满把壶樽倒，有花月固妙，即无花月亦妙。要知享乐在心，不在境也。会唱的大唱，会笑的大笑。嬉嬉哈哈乐天真，再休自己寻烦恼。寻烦苦恼都是自讨，有谁来捞逼你？尽着玩，尽着耍，切莫把好光阴，轻轻丢掉。

学拙歌

世人笑我拙，谁知拙为贵。口拙无是非，事拙无冤对。菜饭充我饥，不想珍馐味。布衣暖我身，不想绫绸被。手拙不挥拳，时常笼袖内。脚拙不妄行，邪径早回避。须择君子交，不入奸狡队。越奸越狡越贫穷，奸狡原来天不容，富贵若从奸狡得，世间呆汉急犹疯。心中有主张，外面推聋聩。内要精明，外要浑厚。不管短与长，不管兴与废，呵呵等几声，嬉嬉吃一醉。日里安稳坐，夜里安稳睡。大好自在。行止有天良，这是根本。俯仰都不愧。我这守拙法，人人该学会。能学此拙，大有受用。

玩耍歌

玩玩好，玩玩好，若不玩玩空自老。真为可惜！读什么文章，学什么诗。贪什么功名，爱甚么宝。劝君及时且玩玩，莫待形容成枯槁。懊悔不来！一朝卧病不起床，那时枉去求医祷。有何益处？勇跃精神着实玩，且莫自己寻苦恼。

耍耍歌

耍耍吧，耍耍吧，莫待临时着惊怕。光阴似箭不迟留，果然一刻千金价。纵有千金买不回，何须碌碌争强霸！耍耍吧，耍耍吧，昨日花开今日谢。功名富贵等浮云，虚幻不常。盈虚消长君休讶。今日晴明好，未知明日夜。片时欢笑且相亲，明日阴晴未定。眼前快乐即神仙，落得身心常潇洒。

逍遥歌

得逍遥且逍遥，逍遥之人乐陶陶。好自在！请看不会逍遥者，攒眉奔走枉劳劳。苦恼可怜！富贵前生定，贫穷命里招。任你用机谋，难与天公拗。劝君跳出这樊笼，随意逍遥真个好，落得快活！杯中酒不空，心上愁须扫。花前月下且高歌，莫催两鬓成衰老。日日忧虑，自己催自己速老，何须怨天尤人。

忍耐歌

忍耐好，忍耐好，忍耐二字真奇宝。一朝之愤不能忍，斗胜争强祸不小，身家由此破，性命多难保。休逞财势结冤仇，后来要了不得了。骑虎之势，不上不下。让人一步有何妨，量大福大无烦恼。量大福也大，机深祸亦深。

爱酒歌

美酒斟来须满瓯，饮酒快活赛王侯。醺醺妙趣人难识，要知一醉解千愁，我从今看破凭天定，万事总皆休。开怀且进杯中物，胜如骑鹤上扬州。

爱睡歌

我是天生瞌睡王，到处鼾眠不择床。睡味长，睡味长，睡中世事竟相忘。辗转仰侧无拘束，就是神仙快活方。得大自在，享大快活。听凭他纷纷缠扰都放下，且让我安稳一觉乐羲皇。

养心歌

养我心，静我性，静养心性常安定。养心寡欲是良方，孟子之言真足训。莫将嗜欲累心思，何苦自寻烦恼！富贵功名皆幻境。知幻境，即知命，行止快乐无偏病。

戒债歌

莫欠债，莫欠债，欠下债来穷得快。终日营求替人忙，身家脸面都大坏。予另著有《训词》十首，谨戒十事。此"莫欠债"三字是其一事。其余九事已刻于《留心集》内行世，兹不重赘。钱粮还有遇恩官，放债之人不等待。八折九折加一钱，过期追逼人难耐。转纸换券不容情，利上加利捆一块儿。狠如蛇蝎，吸人脂膏。哪怕贫人卖妻儿，可怜！可悲！为富不仁真奇怪。不久子孙又照样受人追逼。劝君省俭度时光，落得心中好宽快。上不少官粮，下不欠私债，是人之大快乐。

古人高卧图，出自明·《程氏墨苑》

皮囊歌此与六祖《皮囊歌》不同

这皮囊多挂碍，与我灵台为祸害。随行逐步设机谋，左右教我不自在。筋一团，肉一块，纠合形骸成四大。音代。有饥有寒有贫穷，有病有灾有败坏。要饭吃，要衣盖，又要荣华贪世态。为你身心不得闲，为你结下冤家债。细思量，真叵耐，招引群魔难禁戒。贪真痴，不得了。无常速速急早修，莫言明日还可待。勿谓今日不学，而有来日。

薄酒歌

与苏东坡《薄酒歌》不同，二首。

薄薄酒，胜茶汤，粗粗布，胜无裳。下看无衣受冻人，则粗衣温暖，岂非天上乎？丑妻陋妾胜空房。下看独宿孤眠人，自享多福矣！冬寒五更待漏满靴霜，不如日高三丈，犹自稳睡暖央央。明钱尚书自吟云：四鼓咚咚起着衣，午门朝见尚忧迟。何时得遂田园乐，睡到人间饭熟时。夏热衣冠齐整汗流浆，不如科头跣足，高卧北窗凉。春三秋九好温和，莫因名利苦奔忙。要惜寸阴。从今识破这机关，只是急急随缘快乐，切莫辜负好时光。

薄薄酒，饮几盅，粗粗布，穿几重，粗薄虽异醉暖同。娇妻美妾身早丧，丑妻陋妾寿如松。孔明娶丑妇为妻，大有识见。谚云：丑妻家中宝，出外无烦恼。可知惜许多精神。凡事只须回头想，许多快乐在其中。果老倒骑驴，只喜回头看。

十要歌

十要为箴，佩玉如珠，勉而行之，无量受福。

人要孝，人要孝，父母生我恩难报。三年乳哺苦劬劳，养得成人图有靠。听我歌，尽孝道，朝夕承欢休违拗，寒时检点与衣穿，饥来茶饭宜先到。檐前滴水不差移，你的儿孙都尽孝。

人要悌，人要悌，手足天伦非儿戏。恭恭敬敬两相亲，骨肉同胞难抛弃。听我歌，当爱弟，语四言三都莫计。同居妯娌要相安，免得大家伤和气。嫡派同堂总一般，眼前生子又兄弟。

人要严，人要严，有子须知教训先。养子不教父之过，爱他今日误他年。听我歌，早着鞭，莫因小过且姑怜。自小纵容不成器，大来拘束也徒然。士农工商各执业，免他流落在人前。

人要忍，人要忍，闲是闲非休作准。此须小事没含容，弄得家贫身也损。听我歌，早自醒，告状争强没要紧。花钱惹气误营生，受怕担惊睡不稳。过后追思悔不来，只为从前早不忍。

人要勤，人要勤，男耕女织各经心。耕得田禾吃饱饭，织得布帛着衣衾。听我歌，该认真，迟眠早起学成人。游手好闲流下贱，为非作歹受官刑。古云坐吃山空了，要望成家只在勤。

人要俭，人要俭，淡饭粗衣安贫贱。酒肉宾朋哪个亲，手里无钱人都厌。听我歌，存主见，挣来俱从血汗炼。有钱常想没钱难，没钱而今何处变。不须花费是便宜，若要宽容当省俭。

人要谦，人要谦，从来自大决生嫌。惹祸必因好多事，扛帮豪横牵与连。听我歌，莫性偏，见人礼貌笑颜添。奸盗邪淫行不得，若还狂妄定招愆。新朋个个都欢喜，乡党恂恂一味谦。

人要让，人要让，你来我往都钦尚。坏人厚交吃他亏，有益好人当学样。听我歌，莫轻妄，就少推多才为上。放开一步天地宽，何必锱铢恁较量。由他算计有千般，我不想争唯一让。

人要愚，人要愚，推聋装哑假痴迂。聪明多被聪明累，巧者常为拙者驱。听我歌，好自如，每日憨憨怀展舒。任他乖巧天难拗，枉自熬煎事转虚。我只随缘不妄想，无涯快乐总归愚。

人要笑，人要笑，笑笑最能开怀抱。笑笑病疾渐消除，笑笑衰老成年少。听我歌，当知窍，极好光阴莫丢掉。堪笑痴人死认真，劳苦枉作千年调。从今快活似神仙，哈哈嬉嬉只是笑。

饮食部

人赖饮食以养身。饮食调和，则脾土安泰。脾为诸脏之母，生血生气，周身之津液荣卫，皆本于此。善养生者，饮食俱有法诀存焉。如先饥而食，食不过饱，若过饱，则损气而脾劳；先渴而饮，饮不过多，若过多，则损血而胃胀。早饭宜早，中饭宜饱，晚饭宜少。食后不可便怒，怒后不可便食。此调和之大旨也。至于吃食之法，未食时，先取茶饮一二口，次食淡饭三二口，然后和菜味同食。大略饭食宜多，肉蔬杂味宜少。食宜早些，不可迟晚；食宜缓些，不可粗速；食宜八九分，不可过饱；食宜和淡，不可厚味；食宜温暖，不可寒冷；食宜软烂，不可坚硬。食毕，再饮茶三二口，漱口，令口齿洁净。起而徐行百余步，或数十步，此吃食之要法也。饱食之后，不可就卧，不可发怒，不可呆坐，不可跳踯，此又食后之禁忌也。凡予所言，皆简便易行。苟能从之，脾胃安泰，而诸脏六腑、四肢百骸，未有不充足者也。

人或有事争斗恼怒，不可就食。盖怒气上逆，而饮食咽下，气涎裹食，窒塞于胃之贲门，必成噎症。饭食难入，胃更疼痛，最难医治。须待气平之后再食即不妨。至于食后不可就恼怒者，亦是此意。

先饮茶一二口者，润喉脘而不伤津液也。先淡食者，感念天地滋养之恩，知米谷本来之正味也。忌迟晚粗速诸句，后篇细述，兹不重载也。食毕茶漱口齿者，乃固齿之法，令齿缝中积垢尽去，则齿虽到老，不败不病，且口无秽气也。食后行走不呆坐者，令所食之物不停滞，而速化运也。不可就卧者，恐食滞而成痞满诸症也。不可发怒者，恐痰囊食而成噎病也。不跳蹶走马者，恐致伤脏腑也。

食宜早些

人列三才之中，鼻吸天气，口食地气。凡早起空腹，不可往外。或天行时疫，或入病家，尤当谨慎。必须吃些饮食，而后治事。在冬月，醇酒三二杯，余月不拘何物吃些，以实脾胃。夏月免感偏邪瘟疫之气，则无腹痛、霍乱、吐泻时疫诸症。冬月免触严寒霜雾之气，则无寒邪伏内之患。春秋免风露之侵，真养身至要之法。予每于早晨未浴面、漱口之先，或粥或饭定餐一饱，所以避偏邪诸气。不论在家、出外，俱宜学此。

清晨食白粥，最能畅胃气，生津液和五脏，大补于人。予每日清晨之粥，俱系先一日晚间煮之极烂、极稠，以磁器瓦器盛之，盖好勿动。次早下床未浴面时，即复下锅一热，不用菜味，食饱最妙。唯天气暖热，未免馊坏不可食。改在当日早煮。不盛铜锡器过夜，恐毒味伤人也。煮粥法，载后"宜软"条。

清晨粥饭或迟，即先用白滚水一碗，调白糖饮下，极能滋润五脏。如无糖，单是滚水亦可。但不可在漱口之后，更不可空心饮茶耳。

早食固宜早，而晚食更不宜迟。人之饮食下喉，全赖脾胃转运，方得消化。若食后随即睡卧，脾胃未免不甚运动，饮食自然停滞于胃脘间，或呕酸嗳酸，或脾泻水泻，辗转三二次，即成黄面体虚，中满不消，而脾胃大伤矣。古人云："晚食常宜申酉前，向夜须防滞胸膈"，即是此意。大约午饭宜在午前，而晚饭宜在日未落之时。总之，饭后宜多过一时，使饮食稍下方睡，则无患矣。至于饮茶之后，亦不可就睡，须略过一会儿，则脾胃不伤也。

食宜缓些

饮食缓嚼，有益于人者三：益细嚼，则食之精华能滋养五脏，一也；脾胃易于消化，二也；不致吞呛噎咳，三也。可笑世人何苦横吞乱咽，若争若抢者，何也？最不可信相法中"吃食如虎"之说，譬如富贵人食快，即是虎相，贫贱人食快，即又改曰饿殍相矣。人之口舌往往易于改换，不独此耳。

食宜少些

脾胃虽善消化饮食，亦必常使其有余力。譬如有人力能负百斤者，若与八九十斤，彼必不大费力，而轻便疾趋矣。倘或加重强负，自然伤筋动骨，艰于步履，而倾跌之患，恐所不免。饮食若能调和得多寡适中，善食而善节，入口皆是滋补妙品。至于大饥之后，更不可骤然太饱，恐血气不常，必致成病。故曰："大饥勿大食，大渴勿大饮。"

食虽宜少，而餐次宜频。平常论之，夏季五六月间昼长，每日宜四餐：下床清早一餐，半午一餐，日稍西一餐，日将落一餐。余季每日三餐，不过不早，切不可顿少食多，以致脾胃难以运化也。

饮食当用碗约定每餐几碗，自然不得多。切勿因食美好，而遂贪多也。

饮食宜少者有数种：晚饭宜少食；黏硬难消之物宜少食；荤腥油腻之物宜少食；腐

败之味宜少食;厚味、香燥、炙爆之物宜少食;五谷新登者宜少食。茶宜少饮,不饮尤佳。酒宜少饮,切忌大醉。

厚味、香燥之物少食者,恐烁伤脏腑也。

新登五谷者,如新麦面、新米饭之类,老人及脾弱人切不可食。其害有二:急难运化,一也;发诸般宿疾,二也。

茶宜少饮,不饮尤佳,久饮耗人脂血。且下焦虚冷,面黄脾弱,俱所不免者,则尤不宜饮。空心更不宜饮。唯饱食后,二三口则不可少。大约人之脾胃,喜燥而恶湿。若能茶水少饮,最能养脾。

予性不喜茶,非专为调养所拘。若勉强饮之,则心胸嘈杂,精神反觉不爽。盖予禀气虚弱而然也。故每日饮者,不过饭后半盅一盅,漱口而已。即饭后所饮之茶,亦是平常粗茶。至如松萝、霍山诸佳茗,寒舍绝不收蓄。即亲友饮我者,口亦不能辨。予固自知粗俗性成,而不能享此清福,乐此妙品。亲友中每以此嘲予,予亦甘作粗俗无福之人也。

世人不好茶必好酒。予饮酒至多者,不过四五杯。多饮则气喘头眩,胸中不快,次日如患疾病。即所饮之酒,亦必甜醇。如厚味恶烈烧酒五香之类,则一滴不能下喉矣。

陶性情和血气,莫妙于酒。然而引风损肾,烂肠腐胃,亦莫过于酒。但少饮则有益;多饮则有害。予饮酒之癖,有三不喜:一不喜大醉。盖饮酒原是取乐,半酣则入妙趣。如大醉,则人事不知,身如木偶,趣从何来?反有腐伤脏腑之害。予每饮人以酒,悉听人之量,不苦劝,不强奉,非鄙吝也,亦有意于此耳。二不喜晚饮。予每至午后无事时,即饮三五杯,半酣之际,熙熙皓皓,满体皆春,另是一番境界,果有乐趣。太白所谓"但得醉中趣,勿向醒人传",即此也。倘若至晚饮完,势必睡卧,有何知觉?徒令酒毒停聚,伤害脏腑而已。三不喜速饮。凡饮酒,原取领略醇酿佳味,应徐徐含咀,趣自无穷。若图快速,予不知趣在何处?且有伤损肺气之虞。此三者,皆予不善饮酒之言,合于世人者,恐少。然此篇有可从者,或亦有不从者,予唯自行之可也。

食宜淡些

淡食最补人。五味各有所伤,例如咸多则伤心,酸多则伤脾,苦多则伤肺,辛多则伤肝,甘多则伤肾。此五味中,而咸味又能凝血滞气,伤人更甚。试看豆浆以咸卤一点即成腐,禽兽血以咸卤即结块。所以多食咸味之人,颜色枯槁,脉络壅浊。倘淡味百余日,自然神清气爽,病自不生矣。

予十四岁时,感念抚养之劬劳较他人倍苦,因焚香对天发愿,茹素十年,祈佑母之寿康。扬俗持母素,必吃淡饭百日。凡此百日内,非独于咸,即甜酸诸味,俱戒入口,虽茶腐之类,亦戒沾唇。日唯食白粥、白饭、白滚汤而已。先四五日,每遇饮食甚觉难吃,其后渐近自然,一般有味矣。茹素十年,始食荤腥,此虽从俗之见,亦予聊尽愚孝于万一耳。自吃淡饭之后,直至今日,家常每遇无肴味之际,即白粥、白饭照常饱食,一般有味。可见人自不肯戒厚味耳。

食宜暖些

脾胃喜暖而恶寒，凡饮食中之生冷瓜果之类，固宜少食，恐成腹疼、心痛、呕吐、泄痢诸疾。然暖亦不可太暖。大约热不炙唇，冷不振齿者，皆可食也。或人不知，凡饮食专好极热，殊不知反伤咽喉胃脘，正所谓“过犹不及”也。

肉食肥腻之物，最要热吃，冷则凝滞胃膈间，必生腹痛、泄泻诸病。

酒性已热，凡饮酒不可太热，恐伤肺气。再加多饮，轻则糟鼻赤面，重则血痔肺痈酒痨。

食宜软些

坚硬之食，最难消化，而筋韧及半熟之肉，更难消化。在元气充实，或血气少壮者，犹可无患；倘或脾弱与年老之人，恐不能免病矣。予家中煮饭食以及鱼肉、瓜菜之类，必极软极烂而始入口，盖予性之所喜，便觉味美。

予早晚俱食干粥，最能滋补脏腑。虽尽饱食，亦不伤脾。何为干粥？比粥加稠厚，而比饭又稀软也，即名之曰“稀饭”亦可。煮法：米水入锅，小火煮三四滚，用勺搅三四转，盖定勿动。少时再煮三五滚，又搅三五转。少时，复再煮搅一次，其粥干稠，米之精华尽出。夏月清早煮，余月先一日煮，次早热一热吃。

起居部

人之疾病，多起于大意，而不慎其微渐。殊不知人之精神有限，行住坐卧，若不留心调摄，一染病患，便受许多呻吟痛楚，甚则夭损天年，良可叹哉！大约人身所赖者三宝。三宝者，精气神也。精生气，气生神，神自灵也。故精绝则气绝，气绝则神绝，神绝而命绝矣。善养生之人少色欲，所以养精也；少言语，所以养气也；少思虑，所以养神也。此调养三宝之大旨也。至于平日之怡养，和身体，薄嗜欲，最为切要。不可极目远视，养肝也；不可倾耳极听，养肾也；不可唾地，养肺也；不可规造异巧，养心也；不可饥饱过度，不可多啖生冷，养脾也。此五脏之忌戒如此。毋久行，恐损筋也；毋久立，恐损骨也；毋久坐，恐损肉也；毋久卧，恐损血也。此四仪之忌戒如此。若时令之寒暑，惟喜得其平，冬不欲极温，夏不欲极凉。其酒醉行旅，以及病来病去，皆有调摄宜忌。予因著书一册，反复叮咛，无非防微杜渐，培养身命于未病之时耳。人能依此，举止虽涉迂腐，而于寿元定可延长矣。

每日调养

清晨睡醒欲起，先拍心胸。披衣坐起，随以两手擦面令热。若无事，或行十样锦。坐功毕，因四时寒暑酌量衣服，令适温和，亦不可过暖。下床后，即食白粥一饱，最养脾胃，或白滚汤亦可，但不可食辛辣厚味及生硬之物。食完，即洗面漱口，焚香礼拜神佛，乃或诵圣典，或课儿书，或理家务，或治生业。凡事不可起恶念，不可动嗔怒，不可过忧虑，不可太劳力。其风寒燥湿之气，俱不可触冒。至于午餐，量腹而食，不可因食爽口遂食过多。食完，以清茶漱口，令洁净。世间焉有无事常闲之人？凡有事不妨尽在上半日料理，午饭后，即当享受清福，或观画，或吟诗，或焚香，或静坐，或挥麈闲谈，或游山玩景。凡赏心乐事，俱可任意为之。晚来餐食少许，再停一时，随量饮酒数杯，勿令大醉。将睡时，或茶，或滚汤，或温水，用刷牙刷漱口齿，令洁净，叩齿数遍，略走数十步，或温水濯足，或再静坐一会儿，即脱衣上床。上床即摩足心令热，或行十样锦。坐功毕，即侧身屈膝而卧。此吾人每日调养之法，享许多安乐之福矣。毋以浅近而忽之也。

卧起先拍胸者，恐暖身骤凉，毛孔必闭，而成伤风诸症也。拍心胸三四下，则无此患。

早晨勿开眼洗面，令人目涩失明流泪。

七情所干，恼怒为多，而六气侵伤，风寒最甚。风邪之伤人也，入筋透骨，如油拌面，进易出难。所以古人云"避风如避箭"，极言其害大，谨防也。凡居处卧处，头背边有隙缝之风，必要遮糊。俗语云"宁受大风，勿受小风"，盖谓此也。凡醉饱后，切不可卧于风露之下；凡涉远作劳，身热有汗，才安息定歇，切不可就脱衣当风；沐浴后切不可当风；才睡醒未擦面，切不可即见风。以上四事，俱属表开，极易受风。若透脑门，即患偏正头风；若着经络，即成痹痛偏风。不然，或四肢不遂等症。

风乃天之阳气，自上降下，以伤毛窍；寒乃地之阴气，从足而起，以伤经络。寒冷之月，勿冷二足及背腹，以防寒气浸伤。如对客筵会，博奕杂戏，玩读书史，知己谈心，稍觉身寒足冷，即加添衣袜，切勿延迟。倘寒气中伤，身即受病。若用药表散寒邪，即幸而痊愈，亦必伤气耗血。可见风寒皆宜慎之于微渐也。

潮湿之处，不可久长坐卧，恐湿气侵犯，多染黄疸、泄泻之症。

凡天行时疫，邪气最易传染。男人邪气多由鼻子而出，女人邪气多由阴户而出。今后凡入有病之家，当知避忌。受邪者，多于鼻中吸入，可用烧酒涂鼻孔内及口唇上，再些少饮杯许，能避疫。

家常无事，勿嗟叹，勿唱奈何，主不祥。

水过夜，面上有五色光彩者，有毒，不可洗手。

甘蔗楂不可烧，主昏人目。

诸禽兽鱼油，不可点灯，主昏人目。

橘花有虿，凌霄花、金钱花有毒，俱不可近鼻嗅之。

麝香、鹿茸有细虫，近鼻嗅则虫入脑。

人只知早晨漱口，殊不知一夜精华皆聚于口，早晨一漱，则津液不能还原。所以昔人有“早晨吃滚水，胜服人参汤”之谚，亦是使津液还原之意也。人至晚间，则一日饮食之毒垢，以及五脏之秽气，俱存积于口齿间，须要刷牙。刷后，用温水或清茶上下漱之洁净，再叩齿几遍，自然秽垢尽去，口舌甘芬。初漱几日，似觉多事，漱过十日半月，自觉口齿爽快，不可或缺也。口漱之后，不可复吃食。

漱口不可用太热茶水，亦不可用冷水。其马尾硬，刷牙亦不可用，俱主损齿。惟温茶软刷牙最妙。

涌泉穴在二足心，每晚上床脱足时，用一手握指，一手用力摩擦，不计遍数，以极热为止。及足热时，以足指微微动转，倦则稍歇，最能补养精气。

凡大小便不宜强忍。忍小便不便，伤膀胱，患膝冷杂症；忍大便不便，成气痔。又宜紧闭口齿，则无牙痛之患。凡大小便未急，亦不可努力强迫。

每夜调养

晚间脱衣睡下，随意左右侧身，屈膝而卧。不可仰卧，不可开口，不可将手放心胸间，不可以被覆面。卧下便不可言语，又不可歌唱，亦不可过忧虑。夜间若睡醒，即舒伸腿足，随意转侧。夜间若有事，或小便，先拍心胸三四下，然后穿衣起身；或有梦不祥者，不宜说。凡此乃每夜调养之要法耳。

凡沐浴未干，不可即睡；才吃饱饮食，不可即睡；才饮茶汤，不可即睡。俱主损人。

凡睡下，即要一心安慰思睡，不可又复他想事务。只“先睡心”三个字，即是极妙睡功。

古人云：“睡不厌蹙，觉不厌舒。”凡卧宜侧身屈膝，令精气不散，益人心志。睡醒则宜舒展，使气血流通，精神爽快。盖仰卧如尸，则招魔引魅，我夫子“寝不尸”之意，或是有见于此。

夜卧不以被覆头面，其气得清转，必主长寿。

凡卧或侧或仰，二足伸屈不并，则无梦泄之患。

夜卧常习闭口，最是固养元气。若开口，则走失元气，且邪恶从口而入，又生血绝诸症。凡夜卧开口，其牙齿为出入之气所触，后必病齿。但卧而闭口者，牙齿无不早落，可以验之。

夜卧不将手放心胸间，则无恶梦魇迷之患。

肺为五脏华盖，主出入声音。凡人卧下，肺即旁侧收敛，倘或语言，必又将肺提起。肺一提起，五脏尽皆摇动，即如钟磬一样，不悬挂，则不可发声。我夫子“寝不语”之意，或是此也。

夜晚间，不可说鬼神、妖怪、盗贼事，俱主不祥。

夜卧言语尚不可，何况歌唱？非独损气，且主不祥。

睡醒若穷思极虑，较之日间思想，伤人百倍。

卧处头边虽不可透风，亦不可安火炉。若火气蒸犯，令人头重目赤，及患脑痈疮痔。

凡夜间不可在床褥上饮食。世间焉有无灾无病之人,在卧处饮食之事?乃不祥之兆也。

睡醒即舒伸腿足,随意转侧者,令血气通畅也。

夜卧不可不停灯烛,恐明光朗照,则神魂不安。

虎豹皮上卧,主神惊,毛入疮,有大毒。

夜间或有事,或小便,出被起床时,先拍心胸三五下,恐睡热之身,骤然寒冷,多成感冒诸病。即如沐浴,先以热水拍心胸,恐热水激身,亦是此意。

半夜五更时睡醒,宜将前后所为事件,细细追想,痛悔已往之过愆,方行未来之善事,正是用功得力之时也。

夜间或有不祥险恶之梦,切不可对人谈说,但于早晨焚香诚拜神前,虔持观音"六字"真言,即此禳解。比之道家符法,最是简验。

春时调摄

春三月,乃万物发生之时,须宜行步,以和四肢,不可郁郁久坐也。

春时天气顿暖,不可顿减棉衣,须一重重渐减,庶不致暴寒。

夏时调摄

夏之一季,是人脱精神之时。此时心旺肾衰,液化为水,不问老少之人,皆宜食暖物,独宿调养。

夏月不可用单席卧霉湿处及冷石冷地上,以图凉快。霉湿透入筋脉,在上则面黄目浮,在下则股膝肿厥,入里则胀满泄泻,留表则头重身疼。在阳不去,则气血壅滞;在阴不去,则化水成形,或患筋麻痹痈足疾。予舍亲于鳌,曾夏月醉后,因凳在墙旁,遂倚墙而坐,竟至睡着。醒来自觉身体麻木,气血不和。自后,凡遇阴雨即举发,终不可忍,百药莫愈。可见倚墙卧尚至此患,何况湿地冷石乎?凡漆椅漆凳,或身上衣单,亦不可贪凉坐卧,令毛孔闭塞,血气凝滞,为害不小。

夏月单衣不可坐冷石。寒气侵外肾,多患疝气偏坠。女人寒气入血室,则经不如期,或经行腹痛。

夏月凡日晒热之机凳、砖石之类,不可就坐。恐热毒侵肤,多患坐板疮,或生毒疖。

夏月有事动劳,或饮食汤水,身若有汗,须任其出透,不可遽脱衣服,不可将湿布拭遏,亦不可扇。

夏月不可以冷水洗手面,令人得虚热阴黄疾。

夏月不可露卧,生风癣冷痺。

夏月夜卧,不可用扇。风入毛孔,最易成病。

夏月热极,用扇扇手心,则五体俱凉。

夏月伏热,不可饮冷水、冷物,迫之最是伤人。

夏月衣服单薄,宜系绵布兜肚,日夜皆不可离。夜间睡着,恐被去,体有兜肚,则无腹痛泻痢诸症。

枕内放茉莉花，其腥香之味，能引蜈蚣。

人到夏季，昼长夜短，日间身体困倦，未免昼寝，但不可在午饭之后即睡，恐饭食停滞，多成疾病。须在未食前睡，俟睡醒少停，吃饮食。如吃过午饭，或觉困倦欲卧，可起来走动，或寻些事作，自然不致思睡。至于大渴饮茶之后，亦不可就睡。此说可与前"饮食宜早"之条互看。

四五月间天若久雨，室中可焚苍术，能辟潮湿。

夏月汗湿衣服不可久着，令人发疮。须要频频洗换为佳。

凡日晒热衣服即穿着者，轻则污癍，重则暴病。

夏至以后到秋分，须慎肥腻饼臛油酥之物，盖此物与酒浆瓜果相妨，病多由此而起。

秋时调摄

秋初，余暑尚在，调摄宜同夏月。

秋三月，天气消铄，毛发枯槁，棉衣宜渐增添。

冬时调摄

冬三月，乃水藏水闭、血气凝涩之时，最宜固守元阳，以养真气也。

冬月宜密室温净，衾服轻软，仍要暖裹肚腹，早眠晏起，以避霜威。朝宜少饮醇酒，略停一时，然后进粥。其炙爆燥毒之物，尤切戒之。

冬月天寒，阳气在内已自郁热，若更加炙衣重裘，近火醉酒，则阳气太盛。春夏之交，恐发时行热病。

老人骨肉疏冷，风寒易中。若窄衣贴身，暖气着体，自然血气流通，四肢和畅。

冬月紧系棉暖腰于袄内，一身温暖。

暖腰阔四五寸，长可周腰，三层短带，内装棉。

冬月老人衰迈畏寒，可用锡造汤壶，式似小枕，下长方，上长圆，正中小口有盖，注热水，用布囊紧包，以避湿气。先时拥被围簇，临睡甚暖，又可温足。且远火气，又无火毒，享用至妙之法。

行旅调摄

凡出外旅邸，到他乡别处，先买豆腐青菜吃过，则无不服水土泻泄之病。

凡出外，清晨须吃饱饭食，不可空心行路，免致感冒风寒。若是舟旅，饮食早吃不便，可带六味地黄丸，不论春夏秋冬，滚水服下三四钱，治事最妙。如无地黄丸，即单以熟地黄亦可。

凡舟中、旅邸中，衣服单薄，骤遇暴寒，可以袜物裹于肚腹。因人身各处还可受冷，唯肚冷即生病。

夏月走远路一身热汗，切不可当风，不可急扇，不可即脱衣帽，不可饮冷茶水，恐血气不和生病。

夏月山行，遇有日晒泉涧水，有毒害人，不可饮。

五六月间，泽涧中水多有鱼鳖精遗内，饮之成瘕病。

天久阴雨，或入客馆，及久无人住之处，地土霉湿，或跋涉雨途，衣裳被褥潮湿，俱用苍术烧烟熏之，以辟霉湿臭恶之气，又能驱逐邪疫山风瘴疠。

大冻寒月，或坐骡马，或步雨雪之途，二足冻冷麻木，或归家，或入店肆，先用温火烘热，以手揉擦，令血脉回阳，再以热水洗之。如不先烘，即用滚汤泡洗麻木之足，不知滚热冻血滞结，损筋伤络而成废疾，终身大患。

凡冒寒归来，不可就饮热汤，须稍停一刻，则无患。

酒醉调摄

醉后不可嗔怒，生痈疽；醉后不可用冷水洗面，生黑点，成目疾；醉后不可便卧，成内伤积聚；醉后不可星露下睡卧，患风癣冷痹；醉后不可当风，染麻木不仁。皆须谨慎。

卫生必读歌

孙真人、陶真人并有卫生歌，脍炙人口者已久。予不揣愚昧，并合二家，其中不备者增之，虚诞者删改之，句意未尽者，略评注以明之。约增大半，分为七则，叶韵便读，贤愚共晓。今而后世，皆病却夭除，齐跻寿域，吾之愿也。虽然寿之切要，唯以德善为主，调养为佐。若专事调摄，是不知其本源，鬼神必暗加魔灭矣。信乎歌中二句曰："长生不老是何如，胸内宽平积善多。"乃卫生之的旨也。

心思第一

天地之间人为贵，头象天兮足象地。父母遗体宜保之，箕畴五福寿为最。箕子着《九寿五福》，以寿为第一。

欲求长生先戒性，火不出兮神自定。木还去火不成炭，人能戒性还延命。

世人要识卫生道，喜笑常多烦恼少。对景不乐无事忧，此种地狱自寻讨。薄福人往往如此。

恩爱牵缠不自由，利名萦绊几时休。放宽些子自家福，免致中年早白头。能宽不独为自己福，且为子孙福。

思虑之害甚酒色，穷思极虑精神失。肾水渐枯心火炎，百病侵身寿难得。心肾不交，自然多病夭寿。

他骑骏马我骑驴，仔细思量我不如。回头看见推车汉，上不足兮下有余。予以此四句画图悬壁，乃乐心妙诀也。

会享快活乐目下，会享快活除牵挂。会享快活气象和，会享快活度量大。能明此四句不独快乐一生，亦长寿无病。

莫言婚嫁宜该早，婚嫁之后事不少。莫言僧道出家好，出家心思转不了。

唯有世间知足人，上床呼呼直到晓。惟有世间偷闲人，终日憨憨直到老。知足便足，偷闲即闲。

过去未来事短长，心中不必过思量。但要不会留烦恼，便是延年不老方。

色欲第二

年少精强力壮时，岂可孤阳独自宿。但要节制惜精神，不宜肆纵无断续。少亢为之，春不发生。

惟有年高气血衰，秘精固肾才为福。犹如老树倚虚崖，最怕风雨相摇触。老欲为之，冬不收藏。

色中禁戒又须知，醉饱行房脏反复。大寒大暑大风雨，雷电入房俱寿促。饮食。天时。

恼怒忧愁疾病中，切勿交欢犯色欲。春方暖药火烧焚，不服之时免涂毒。人事。药物。

饮食第三

何必餐霞饵大药，妄意延龄等龟鹤。但于饮食嗜欲间，去其甚者即安乐。

脾胃之气要冲和，胃司纳受脾司磨。饥饱寒温一失节，损伤元气病难瘥。饮食冷勿振齿，热勿炙唇。

太饱伤脾饥伤胃，太渴伤血多伤气。饥餐渴饮莫太过，免致膨胀损心肺。善养生者，先饥而食，食不过饱；先渴而饮，饮不过多。

醉后强饮饱强食，岂有此身不生疾？暮餐不若晨餐好，空腹茶茗休要吃。饮不过多。朝忌虚腹，夕忌饱食。

食不欲粗并欲速，宁可少餐相接续。若教一饱顿充肠，损气损脾非是福。

食宜细嚼复细咽，精味散脾华色献。若是粗快成糟粕，徒填肠胃为大便。

食后徐行百步多，手摩脐腹食消磨。醉眠饱卧俱招损，智者能调五脏和。饱后便卧，饮食停滞，最伤五腑。

饮酒可以陶性情，大饮过多防有病。肺为华盖倘受伤，咳嗽劳神能损命。酒少饮和血养人，若大醉，则酒毒停聚，腐害五脏。

饮酒切莫饮大醉，大醉伤神损心肺。酒渴饮水并吃茶，腰脚自此成重坠。

生冷粘腻筋韧物，自死禽兽俱勿食。腌藏鱼酱不相和，不戒偏招脾胃疾。韧音忍，去声。坚柔难断之物也。

牛为世间最苦畜，劳力养人极大功。无恩报答反食之，天地鬼神俱不容。

炙爆之物须冷吃，不然损齿伤血脉。晚食常宜申酉前，向夜须防滞胸膈。食晚饭宜早宜少，宽快有寿。

养体须当节五辛，五辛不节善伤身。莫教引动虚阳发，精竭荣枯疾病侵。

调时第四

春寒莫教棉衣薄，恐伤风寒。夏月汗多须换着。汗衣常穿发疮毒。秋冬身冷渐加添，勿骤添重棉。莫待病生徒服药。

唯有夏月难调理，内有伏阴忌冰水。瓜桃生冷宜少食，免到秋来成虐疾。夏季是人脱精神之时，乃心旺肾衰，精化为水，至秋始凝，不问老少，皆宜食暖物，独宿调养。

此时心旺肾家衰，养肾固精当节制。常令肾实不空虚，日食须当去油腻。

卧处尤宜绵密间，不可贪凉乘风。宴居静虑和心意。沐浴盥漱宜暖汤，卧凉眠冷俱莫喜。

暑天腹中多冷滑，饮食精凉莫哺啜。亦勿太热。身体有汗莫当风，亦忌扇。远走来家衣勿脱。

伏阳在内三冬月，大汗大暖阳气泄。勿过暖。阴雾空心莫远行，饱则不受雾毒。冬冷色欲尤宜绝。

起居第五

卫生切要知三戒，大怒大欲并大醉。三大害。三者若还有一焉，须防疾病损元气。

贪欲无穷忘却精，用心不已走元神。寡思虑以养神，寡嗜欲以养精，寡言语以养气。多言散尽中和气，更复何能保此身。

视听行藏若是久，五劳七伤从此有。四肢亦欲常小劳，譬如户枢终无朽。

卧不厌缩觉贵舒，饱时沐浴晚时梳。睡宜缩，醒宜伸。梳多浴少益心目，默寝暗眠神晏如。坐卧处太明伤神魄。

坐卧防风入脑后，脑内入风人不寿。更兼醉饱卧风中，风留五内成灾咎。多为瘫痪。

不问在家与在外，若遇迅雷风雨大，急须端肃敬天威，静坐焚香宜少避。更不可色欲怒骂。

修摄第六

神宜凝慧气宜炼，齿宜频叩津宜咽。子欲不死修昆仑，两手揩摩常在面。将许多功夫，编成八句，至简至要，功效甚验。

摆颈摇肩并挽弓，托上反拳各数遍。大有益。早晚闲暇着意行，延年却病除拘倦。

醒悟第七

昨日今朝事不同，光阴过隙若秋风。何须奸谋何须恶，命里无时总是空。小人枉做小人。

顶天立地非容易，饱食暖衣宁不愧。思量无以报洪恩，积善行仁敬天地。

汝欲延生须放生，这是循环真道理。宁知生灵痛刀砧，畏怖情形难譬比。

他若死时你救他，你若死时天救你。延年生子别无方，戒杀放生而已矣。

长生不老是何如，胸内宽平积善多。惜福惜身兼惜气，请君熟体卫生歌。

真益笺

今人壁间座右，所粘斗方笺条，悉多诗词文翰，美则美矣。若夫言之，可以起发人之善良者，无论愚俚浅俗，亦当揭示于人也。予乃拙制小笺若干式，长短异殊，大小不一，俱用五色粉纸刷印剪成，复以色笔点染各三五张，汇为一帙，自以粘壁。或送同好，亦可以传示子弟，总要昭示触目，令皆警悟劝免。既可利己，又可利人，较之诗词似有益也，因名曰《真益笺》。其前人之言，极堪铎世者，予辑改数则，各以一圈注之，未敢掠其美也。

石成金撰并书

一、笺内有语略文者，又有语极浅者，一是为读书士子而发，一是为少通文理人而发。

二、笺内有劝重伦理者，又有劝轻世事者，一是为入世而言，一是为出世而言。

三、笺内有劝辛勤勿懈者，又有劝闲散快乐者，一是为少壮人而说，一是为年老人而说。

四、笺内有窄小各式，每页二种者，汇于前一集；又有略宽大，每页一种者，汇于后一集。

子孝父心宽

子孝父心宽，此言诚为确。不患父不慈，子贤亲自乐。父母天地心，大小无厚薄。虞舜日夔匕，瞽瞍亦允若。

兄虽爱其弟，弟必恭其兄。勿以纤毫利，伤此骨肉情。周公赋棠棣，田氏感紫荆。连枝复同气，妇言慎勿听。

夫以义为良，妇以顺为令。和乐祯祥来，乖戾灾祸应。举案必齐眉，如宾互相敬。牝鸡一晨鸣，三纲何方正？

损友敬而远，益友宜相亲。所交在贤德，岂论富与贫。君子淡如水，日久情愈真。小人口如蜜，转眼似仇人。

忠则不欺，孝则不悖。廉而罔贪，谨乃无失。修身如此，可以成德。

宽则得众，裕然有余。容而翕受，忍则安舒。待人如此，怨咎涤除。

孔子观周，入社稷庙。右阶前，有金人三缄其口，而铭其背曰：

古之慎言人也，戒之哉！毋多言，多言多败；毋多事，多事多害。安乐必戒，无行所悔。勿谓何伤，其祸将长；勿谓何害，其祸将大；勿谓不闻，神将伺人。荧荧不灭，炎火若何；涓涓不壅，流为江河；绵绵不绝，将成网罗；毫末不找，将寻斧柯。若诚能慎之,乃福之根也。曰是何伤,祸之门也。凡强良者,不得其死;如好胜者,必过其敌。君子知天下之不可上也,故下之;知众人之不可先也,故后之。温恭慎德,令人慕之;执雌持下,人莫逾之。人皆趋彼,我独守此;人皆惑之,唯我独不移。内藏我智,不示人技,我虽尊高,人莫我害。江海虽左,长于百川,以其下也。天道无亲,常与善人。戒之哉!

虚则攲　中则正　满则覆

昔者孔子观于鲁庙,有攲器焉。顾谓弟子挹水而注之,中则正,满则覆,虚则攲。孔子喟然叹曰:“吁!恶有满而不覆者哉!”子路曰:“敢问持满有道乎?”孔子曰:“聪明圣智,守之以愚;功被天下,守之以让;勇力抚世,守之以怯;宴有四海,守之以谦。此所谓挹而损之之道也。”

如心为恕,人人所同。汉帝宋祖,推人腹中。人好勿夺,人过勿攻。人有不合,自反于躬。颠连无告,皆吾弟兄。饥寒患难,吾当悯穷。及人及物,扩此大公。景星庆云,霁月光风,恕之又恕,修道之功。

现在功德

世间有等寒素之人,既鲜恒产,又无技艺,而家中老幼,嗷嗷待哺,无极奈何,借凑些微资本,肩挑步担,负贩薪菜、食果小物,披星而出,忍饿而归,不避风雨寒暑,奔走街巷,思觅蝇头微利,以为一家糊口计耳。不意高阔之富翁,朱门之大叔,非为与价不足,而且声色碎詈,若叱奴仆罪人。初以为价不足,则不售,谁知南北街巷之人,偏多如是耶!日傍午矣,筋力已疲矣,腹中又饥饿矣,担觉越重而难挑矣,买者越少、与价愈薄而势不得不贱卖矣。及至昏暮归家,妻号寒,儿啼饥,怅然愤恚,举室悲伤,勉强相慰,冀有来日。又谁知来日之仍如昨日也。一日两日,家中之食用难缺,市上之亏折不无,向之所借微本,不觉已化乌有,又不得不重借以苟延月日。久之,利债积多,索连者凶如狼虎,生意转更无聊,因是有抑郁而死者,有卖男鬻女者,有饥寒难忍而为非作歹者,惨苦难悉。嗟乎!世情不公,于彼货则必欲价贱而秤重;于己银则必欲戥轻而色潮。殊不知秤高几两,一家几口,食此未必便肥;价亏几文,天定之命,克此未

孔子观周明堂图,说的是孔子在周明堂见到尧舜与桀纣的画像以及周公抱成王接受诸侯朝见的图画,认为周代鉴古知今,重视礼教,于是对跟从的人说:这就是周朝之所以兴盛的原因啊

必便富。在彼穷民，则有如许难过。予尝见素性悭吝之人，一遇显贵亲友，交结往还，虽费多金而不惜。独于经纪小民，忍心刻薄，厘毫较量。总之，未曾历彼穷苦境界，所以不体恤人情之艰难。今劝世人，凡遇此辈，当念其各有父母妻子，衣食仰望，在我不过公价平秤，银高戥准，在彼即沾我之惠，举家有赖，且种许多欢喜感颂，免许多咒骂怨恨。此即现在功德，关人身家，未可以事属微末而忽之。

涉世十法

前四条系改陈眉公语，后六条乃予妄为增广并加注释，请政高人，共相佩从。

宁静是养心第一法。事过不留，未来不扰，现在不滞，洒脱快乐。

含容是待人第一法。不较人横逆，不责人过衍，遍地俱无怨恨。

谨谦是保身第一法。谦则不骄傲而免忌，谨则不狂妄而无灾。

安详是应事第一法。人若急遭怆惶，每多颠倒错误，切当禁戒。

存厚是召福第一法。鬼神善福而祸淫，凡多积德者，其后必昌。

寡欲是延寿第一法。迷恋酒色财气，精神因之而耗，自促其年。

读书是广智第一法。事理之极关，人情之隐幻，唯书备载甚详。

勤俭是治生第一法。勤则事不废驰，可兴；俭则家计常足，可富。

知足是享乐第一法。念奢巴高忧愁不了，知足看下，快乐常多。

慎交是远害第一法。不辨邪正而滥交，往往因此贻累，慎之哉！

首尾循环之律

十年之后看如何，休把精神太用过。父母田园非容易，儿孙保守莫蹉跎。

贤良自有贤良报，凶恶还遭凶恶磨。天运循环公道转，十年之后看如何。

十年之后看如何，百岁光阴一刹那。富贵又穷穷又富，沧江成路路成河。

人生莫作千年计，在世须留阴骘多。莫道苍天无报应，十年之后看如何。

憨山大师警世歌

红尘白浪两茫茫，忍辱柔和是妙方。到处随缘延岁月，终身安分度时光。

休将自己心田昧，莫把他人过失扬。谨慎应酬无懊悔，耐烦做事好商量。

从来硬弩弦先断。每见刚刀刃易伤。惹怨尽从闲口舌，招愆多为热心肠。

是非不必争人我，彼此何须论短长。世界自来称缺陷，幻身倒底属无常。

吃些亏处原无害，让几分时也不妨。春日才逢杨柳绿，秋风又见菊花黄。

荣华总是三更梦，富贵还同九月霜。老病死生谁替得，酸咸苦辣自承当。

人徒巧诈夸伶俐，天自从容定主张。谄曲贪嗔真地狱，公平正直即天堂。

獐因脐身先先丧，蚕为丝多命早亡。一服养神平胃散，两煎顺气太和汤。

生前枉费心千万，死后空持手一双。休关胜，莫争强，百年浑是戏交场。

悲欢离合朝朝乐，好丑妍媸日日忙。倾刻戏房锣鼓歇，不知何处是家乡。

诸恶莫作　众善奉行

诸恶莫作，众善奉行。此八字，乃人之振纲提领语也。宋理宗皇帝，御笔书于感应篇之首，识诚卓矣！昔白香山问于乌鸟禅师，师曰："诸恶莫作，众善奉行。"香山曰："三岁孩儿也道得？"师曰："三岁孩儿虽道得，八十老翁行不得。"香山乃作礼而退。夫香山乃盖世奇才，而犹作此语，况其下者乎？吾愿读此语者，时时当身体力行，切勿以其语之浅近而忽矣。

关夫子十二字

关夫子亲笔为此十二字，予曾细玩书法整劲。人知公以兵法传，而不知兼以书法传也。予因临缩小幅，未免大失本来，又各以朱文公赞语列注，展读一过，令人仰慕不已。

做好人 孔称成人，孟戒非人，小人穷冬，君子阳春。

行好事 圣狂路口，义利关头，择行若游，莫行若邮。

读好书 百圣作目，千古在心，妙者躬践，敷者口味。

说好话 莠言虚妄，兰言实吟，九兰一莠，驷追不回。

时作譬如以治躁，常思究竟以学道。不忘忠恕以尽心，寄怀山水以适好。

甘处恬淡以安拙，戒谈户外以守默。临事贵断以免忆，客至小酌以联情。

今人不忍一时之忿，或争铢两之利，遂相构讼。夫我欲求胜于彼，彼亦欲求胜于我，仇仇相报，遂至破家荡产，祸贻子孙。岂若含忍退让，使乡里称为善人，子孙亦蒙其福庇矣。吁！可勉哉！今人为子孙计，或至谋人之产，夺人之业，日夜营营无所不至。昔人云：为子孙作牛马，须知没未寒，而业已属之他人。仇家群起而报复，子孙反受其殃，是殆为子孙作蛇蝎也。吁！可戒哉！

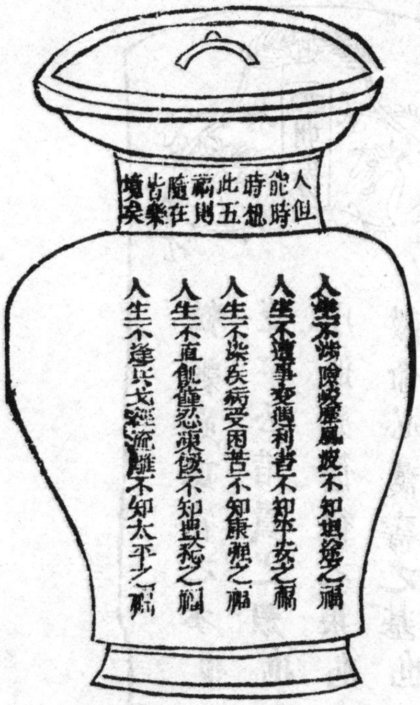
人但能時時想此五福則隨在皆樂境矣
人生不涉險受風波不知無險之福
人生不遭事變禍利者不知平安之福
人生不染疾病受困苦不知康健之福
人生不直飢饉忍凍餒不知豐稔之福
人生不逢兵戈經流離不知太平之福

厚德載福
和氣致祥

觀音密咒六字真言
每日清晨或不拘時候
先虔誠念南無靈感
觀世音菩薩三遍然
後念此真言七遍或
不拘遍數命時觀
此咒最是捷驗能開智慧
門能救百難苦三世業冤
悉皆清淨凡有祈求
俱獲如意所在
之處神鬼護
此即梵字互育
唵嘛尼鉢訥吽

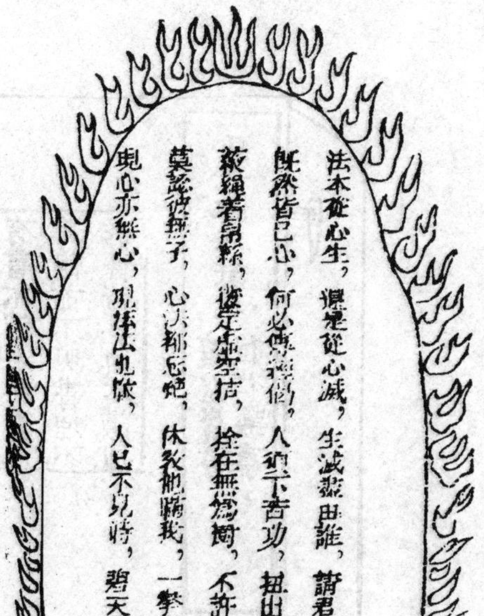
法本從心生，還是從心滅，生滅盡由誰，請君自分別。
既然皆己心，何必傳語他，人須下苦功，扭出鐵中血。
人生不見時，碧天光皎潔，

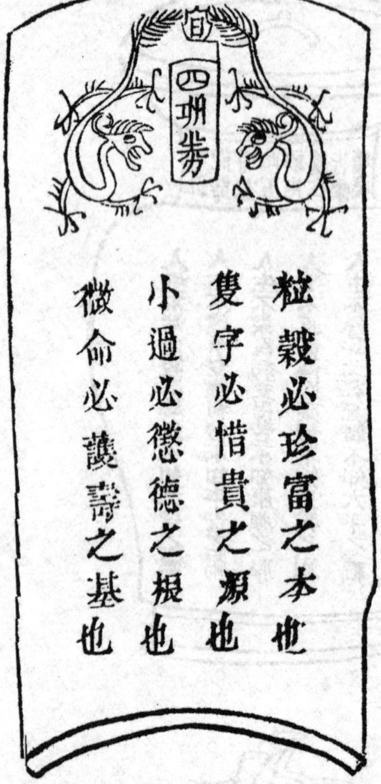

聖學要約

明善

此明善二字，乃為學宗旨。蓋人性本善，所謂秉彝之良也。但以氣蔽物誘，則本善者或流於不善，而天命最初之真喪矣。聖賢教人致知力行，去其本無之不善，以復其本有之善，本體如是，工夫如是，非有二也。

之五

博學之，審問之，慎思之，明辨之，篤行之，此五者乃明善之目。學問思辨知之事，篤行行之事，內外交養，足目俱到，知無不致，行無不力，斯善無不明矣。

主敬

此主敬二字，又五者之要，而明善工夫之總括也。蓋學問思辨行，所以擇善而固執也。其要惟敬之一言蔽之。敬者徹微顯，貫始終，在在時時，不容間缺，中庸之戒慎恐懼是也。故明善必以主敬為本。

四勿

非禮勿視，非禮勿聽，非禮勿言，非禮勿動，此四者主敬之目。顏子克復工夫，只是個主敬，惟其日用切近處，不外此四者，便做到聖人從心不踰之地位也。只是這工夫純熟，便了。捨此他求，非怠弛則狂妄而已。

後學宇石成金珍習

鈍爲體
而靜爲用
福壽延長
石成金銘

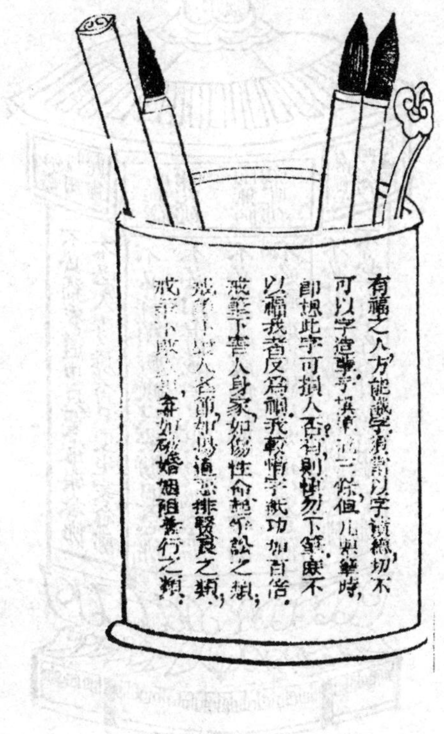
有福之人方能識字，須當以字積福，切不
可以字造孽。字孽云何，一係但凡舉筆時，
即想此字可損人否？若損，則慎勿下筆。庶不
以福我者反爲禍我。較惜字紙功加百倍。
戒筆下害人身家，如傷性命起爭訟之類；
戒筆下壞人名節，如附通姦排毀良之類；
戒筆下敗人奪，如破婚姻阻善行之類。

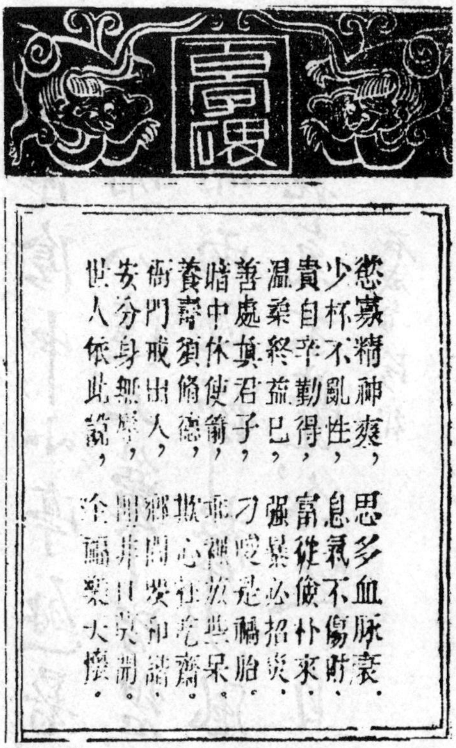
慾寡精神爽，思多血脈衰。
少杯不亂性，息氣不傷財。
貴自辛勤得，富從儉朴來。
溫柔終益己，強暴必招災。
善處眞君子，刁唆是禍胎。
暗中休使箭，乖裡放些呆。
養壽須脩德，欺心枉吃齋。
衙門莫出入，鄉閭要和諧。
安分身無辱，閒非口莫開。
世人依此語，冷福樂大懷。

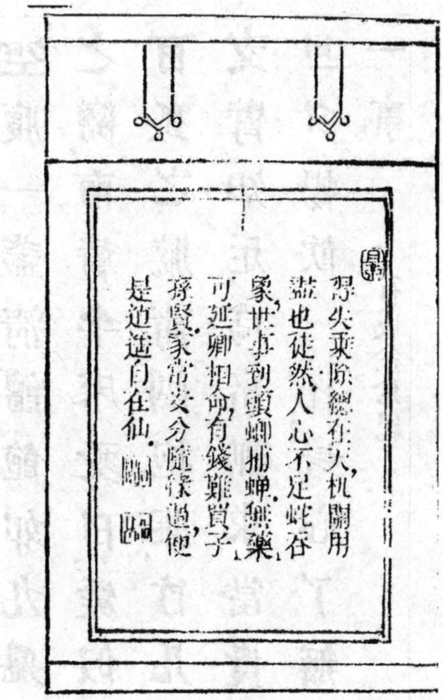
得失乘除總在天，機關用
盡也徒然。人心不足蛇吞
象，世事到頭螳捕蟬。無藥
可延卿相命，有錢難買子
孫賢。家常安分隨緣過，便
是逍遙自在仙。

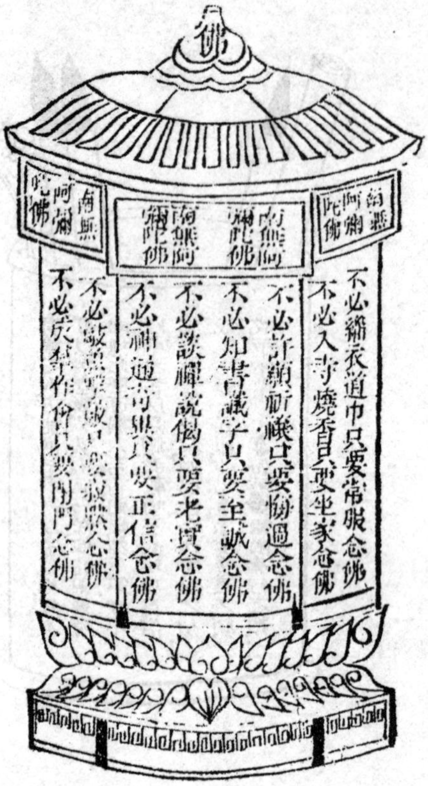

萬綠陰中，小亭避暑。洞開八達，几簟皆碧。忽聞雨過蟬聲，風集花氣不覺，令人自醉。

石成金珍記

空腹一盞清饘飽如九鼎之饗。南簷半床愛日，暖似百狐之腋。蒲團抱膝，竹几支臂，知足爲富，無求當貴，旦夕暢飲三杯，身心了無一事。

石成金珍記

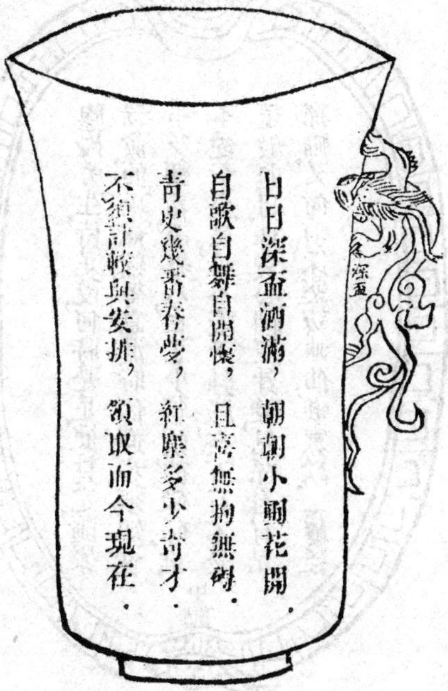

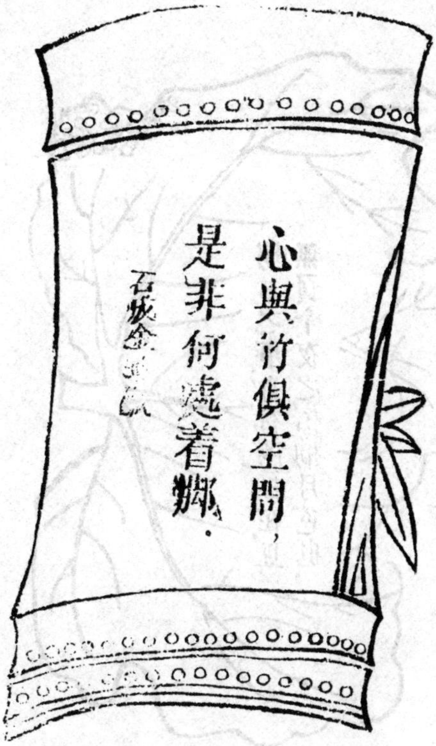

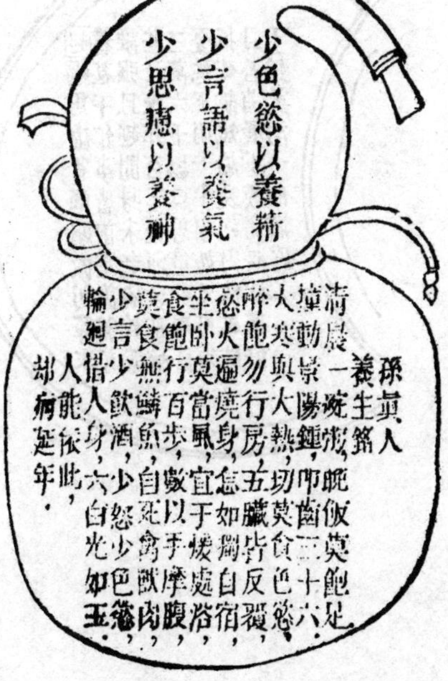

勤儉箴

人生天地間，富貴誰不欲，己力不經營，日用焉能足。成積最艱難，破蕩甚迅速，貧窮因懶惰，借貸遭此辱。儉用勝求人，奢華莫隨俗，男若勤耕田，飢不愁米穀。女若勤桑麻，寒不少衣服，勿謂長少成，光陰如轉軸。男大婚事來，女大嫁期迫，二親有老病，百費相繼續。臨期欲副用，此時須積蓄，勉旃復勉旃，愼勿憚勞碌。

一隱齋刊粘座右

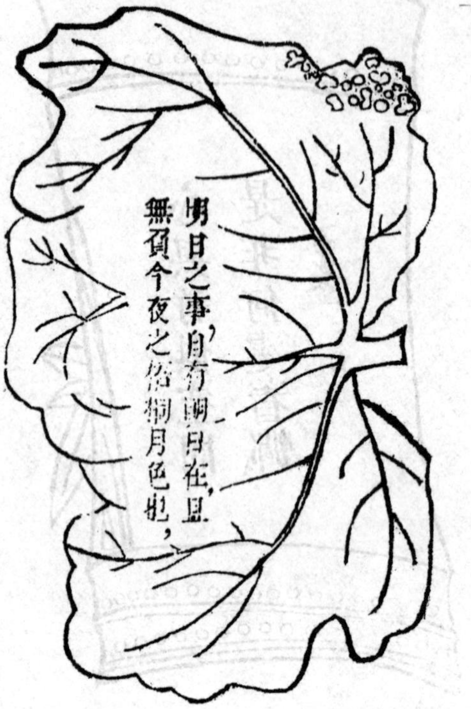
明日之事，自有明日在，且
無負今夜之梧桐月色也，

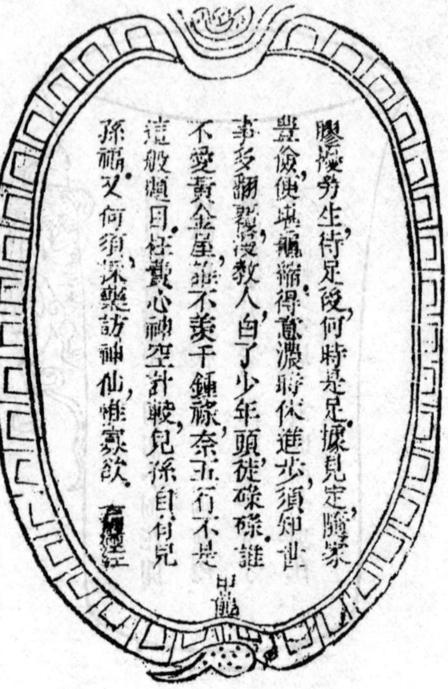
膠擾勞生，待足後，何時是足。據見定，隨家
豐儉，便堪龜縮。得意濃時休進步，須知世
事多翻覆，漫教人，白了少年頭，徒碌碌。誰
不愛黃金屋，誰不羨千鍾祿，奈五行不是
這般題目。枉費心神空計較，兒孫自有兒
孫福。又何須，采藥訪神仙，惟寡欲。右調滿江紅

萬事不如杯在手
犀卮

起蝸角虛名蠅頭微利算來
着甚干忙事皆前定誰弱又
誰張且趁閒身未老盡放我
些子疎狂百年裡渾教是醉
三萬六千場○思量能幾許
憂愁風雨一半相妨又何須
抵死說短論長幸對清風皓
月苔茵展雲幕高張江南好
千鍾美酒一曲滿庭芳

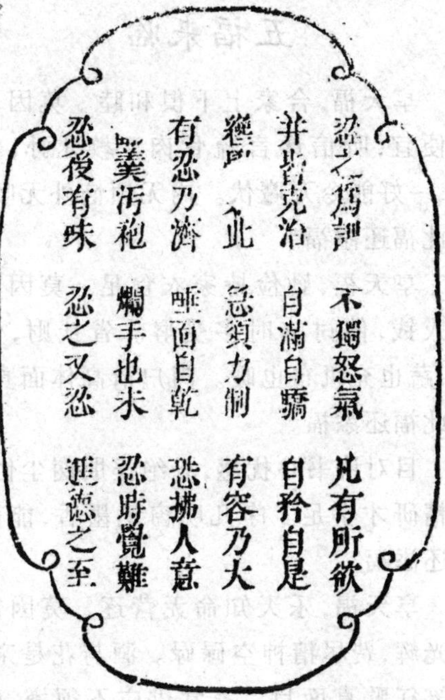
忍之為訓
并皆克治
纔□止
有忍乃濟
羹汚袍
忍後有味
不獨怒氣
自滿自驕
急須力制
唾面自乾
觸手也未
忍之又忍
凡有所欲
自矜自是
有容乃大
悉拂人意
忍時覺難
進德之至

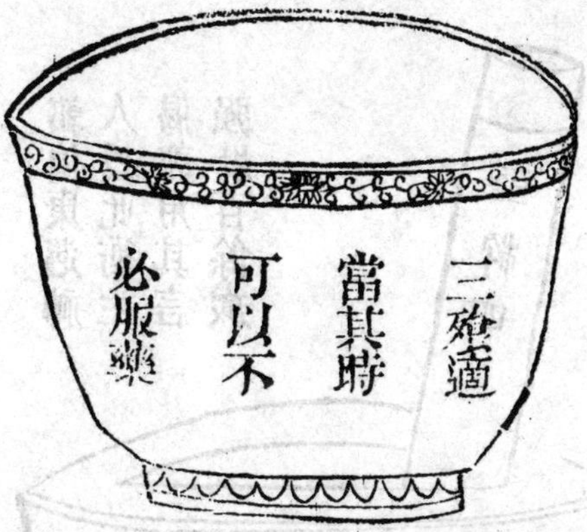
三飧適
當其時
可以不
必服藥

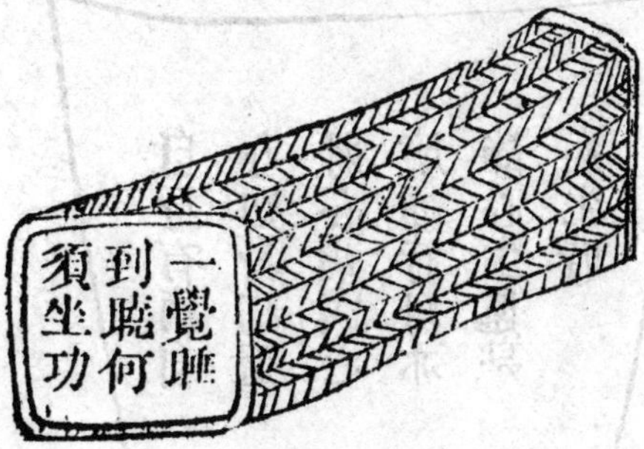
一覺睡
到聽何
須坐功

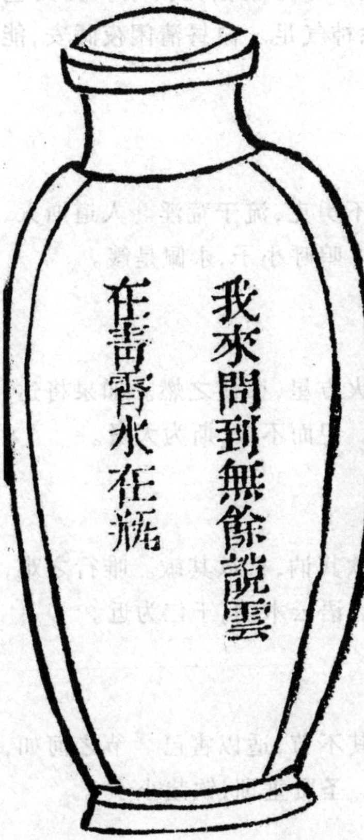
我來問到無餘說雲
在青霄水在瓶

世事短如春夢 人情薄似秋雲
不須計較苦勞心 萬事元來有命
幸遇三杯美酒 況逢一朵花新
片時歡笑且相親 明日陰晴未定

五福来临

享天福，合家上下俱和睦。莫因小事占便宜，听信谗言疏骨肉。教儿孙，禁奴仆，一好能令万魔伏。内无烦恼外无嗔，能知此福还添福。

享天福，勤俭持家衣食足。莫因奢华借人钱，催讨临时多受辱。省钱财，惜米谷，蔬也充饥布也暖。门户清高体面真，能知此福还添福。

目对诗书心扰惑，心绝淫朋谢尘俗，义理精研才学足。净几明窗笔墨香，能知此福还添福。

享天福，乐天知命无营逐。莫因富贵借光辉，费尽精神空碌碌。酒与花是亲属，嬉笑狂歌真面目。家常供应不须嫌，能知此福还添福。

享天福，身体康健无拘束。莫因色欲早衰羸，未老容枯腰背曲。心不劳，眉不蹙，疾病消除神气足。白昼清闲夜睡安，能知此福还添福。

忍嗜欲

人之为人，以有道心。道心唯微，众欲交侵。苟不勇克，流于荒淫。人道斯灭，乃兽乃禽。防欲维何，不显亦临。战兢自持，履薄临深。呜呼小子，永佩是箴。

耐气性

血气之怒，君子戒焉。由小不忍，获戾召愆。如火方星，弗使之燃。如泉将达，则塞其源。亡身及亲，若参于前。难处先克，终日乾乾。犯而不较，斯为大贤。

谨言语

人之出言，不可不谨。圣训在前，足为标准。言欲其讷，行欲其敏。唯行之难，言得无忍。三寸之舌，其利如刃。一言而非，奇祸所隐。语云木讷，于仁为近。

节饮食

一饮食间，有欲与理。彼不节者，迫于欲耳。惟其不节，适以害己。节之何如，适可而止。无以养小，害其大体。饮食之人，人贱之矣。圣贤垂训，钦哉小子。

十能纪

能知足,受享人生千万福。能读书,荣贤科名成大儒。能孝亲,尔子承欢照样行。能教子,后代兴隆全在此。能勤俭,合家饱暖无嗟怨。能谦和,遍地人欢乐事多。能节欲,延年却病精神足。能安分,得失穷通都不问。能忍耐,作个懦夫无祸害。能谨言,是非争讼不牵连。

戒　游

俗者与游,何补于吾,黠者与游,必有所图。询我先畴,窥我先庐,祖父艰勤,广泽膏腴。胡为不念,浮荡与俱,资产罄竭,交游绝疏。后园不窥,卓哉仲舒,以此思之,不如读书。

戒　博

骄纵不检,博弈为娱,日胜日贪,忘寝与脯。微而服用,大而田庐,呼庐不已,委弃须臾。欲观其效,请验乡闾,败者纷纷,成者谁欤。市廛之徒,咸以贼呼,以此思之,不如读书。

戒　斗

希颜之人,亦颜之徒,好勇斗狠,狗彘与俱。受之父母,身体发肤,一朝之愤,忘亲丧躯。学有规矩,国有刑诛,束手有司,悔之晚乎。血气方刚,戒之在初,以此思之,不如读书。

戒　饮

尊爵俎豆,典礼所须,祭祀宾客,制度不逾。若非典礼,是谓汗予,献臣　毖,寻酒惟辜。衔杯漱醪,眩惑当垆,圣有明训,群饮必诛。弃其亲养,忘其室庐,以此思之,不如读书。

戒　逸

士农工商,庶民异居。农勤于耕,商勤于途。工勤绳墨,士勤典谟。惰业而嬉,流为下愚。损者三乐,佚游之徒,饱食暖衣,禽兽一如。日月逝矣,谁之过欤。以此思之,不如读书。

五老长寿法 惺斋老人重订

昔有行路人,路上见五叟。年各百余岁,精神加倍有。诚心去拜求,因何得长寿。大叟向我言,心宽不忧愁。二叟向我言,山妻容貌丑。三叟向我言,话少常闭口。四叟向我言,食量节所受。五叟向我言,夜卧不覆首。妙哉五叟言,所以寿长久。

年老自怕 调寄黄莺儿四首

其一

白发渐盈头,莫妄想,莫多忧,为人只要心宽厚。光阴怎留,台阁怎求,容颜镜里,今非旧，事都休。及时行乐，快活度春秋。

其二

白发渐盈头，烦恼事，付水流，机关今日才参透。谋虑都休，挂碍都丢，携酒颠痴，学醉刘，不系舟。及时行乐，快活任遨游。

其三

何事妄求全，命生成，只听天，机关用尽总徒然。心莫熬煎，梦莫留连，清闲且自，安常便，但当前。及时行乐，快活似神仙。

其四

何事妄求全，不饥寒，就感天，莫教忧虑催韶箭。要收心猿，要种心田，欢呼啸傲，身强健，浪神仙。及时行乐，快活过流年。

唐解元桃花庵醉酒歌 石成金抄纪

桃花坞里桃花庵，桃花庵里桃花仙。桃花仙人种桃树，
又摘桃花换酒钱。酒醒常在花边坐，酒醉还来花下眠。
酒醉酒醒日复日，花落花开年复年。但愿老死花酒边，
不愿鞠躬车马前。车尘马足富贵趣，酒盏花枝贫贱缘。
若将富贵比贫贱，一在平地一在天。若将花酒比车马，
他得驰驱我得闲。他人笑我忒风颠，我笑他人看不穿。
不见五陵豪杰墓，无花无酒锄做田。

苏州阊门内，桃花坞旧有桃花庵，乃唐伯虎居住之所。荒废已久，幸中丞宋公重新修植，风致焕然。于饮酒花下，游赏三日，留恋不舍。壁碣刻有此歌，予爱其实受警切，手录而回。因妄改十余字，倘解元有知，亦以予改为可。

随便种福 德兴堂撰劝

布施二字，释氏谓之慈悲，吾儒谓之仁爱。如来舍身喂虎，割肉喂鹰，圣人一夫不获时予之辜。吾辈能乎？不能也。唯随便布施一法，简而易行。盖饥寒乃人所最苦，今之沿门乞化者，非为此乎？每有见其来者，除不怜念而反斥逐之，甚且辱骂之。伤哉！所求几何而遭此狼借耶？予劝仁人长者，或米或食，或银或钱，不拘多少，随便与之，即合勺亦能济其饥，毫厘亦能周其急。或当食饭饮酒之时，乞者望之，不知如何香美，不妨出其残羹余沥，以充彼之腹，消彼之馋。至于行路之间，有病者、瞽者、幼稚可矜、衰老堪怜者，则量我囊中之多寡，为布施之厚薄。此法甚简甚便，在我不为伤财，在彼自然感德。即是慈悲之本，仁爱之端，成佛作祖之根基，为圣为贤之道路也。种福于冥冥中，胡不勉而行之。

善利殊途

人览此图者，试自想曰：我于此图中，是走哪一路，是哪一种人？终日伈伈，披图豁然。若阅此图，而犹不以为自省、自悔、自惭者，其人必无人心。

善从此路行，则为君子，为善人，为有恒，而文学功名，益成其美。其为人也，于父母能孝顺，于长上能尊敬，于兄弟能亲爱，于亲戚能视如一体，于乡里能和睦。其家教也，则专以义方训儿孙。其于朋友则为身心道义之交。凡种种善类，种种好人，俱从这一点善念得来，岂不可敬、可法。

利从此路行，则为鄙夫，为乞丐，为穿窬，而文学功名，益济其恶。其为人也，于父母则德色，于长上则悔慢，于兄弟则怨隙，于宗族则视如路人，于桑梓则戕贼。其家教也，则专以荣禄训儿孙。其于朋友则为势力货利之交。凡种种恶类，种种匪人，俱从这一点利念作来，岂不可畏，可恐。

知之非艰，行之为艰，夫人只在实地作工夫耳。如或外慕圣贤之名，中鲜诚敬之实，则犹然离舜而之庶，离人而之禽也，不有训力，难以人道。

环运图

此图，乃身家盛衰循环之运。然而富贵荣华之福，唯能仁厚和慎者，可保久长。

困穷　贫贱忧戚，百不如意。欺心不起，善念自生。

悔奋　自取困穷，则悔悟。生来困穷，则奋发。

勤苦　各有所业，整夜勤劳。

节俭　曾受勤苦，自知爱惜。

积贮　勤中所致，俭中所余，自能积少成多。

富足　积储之久，自然充盈。此时如水满将溢，火红将炽，若能约己丰施，专务济人利物，则阴德可及子孙，福泽可以长享，而鄙夫败子不肯为也。

骄满　财多则意满志骄，只是耻约羞素，哪思富足何来。

豪奢　衣食居处器用应酬，事事要华美轻齐，然后意泰心欢。稍不快情，则毁成功，弃天物，皆不爱惜。

淫暴　欲则如水横流，性则如火烈燥，越足越不趁心。恨地怨天，甘凶乐

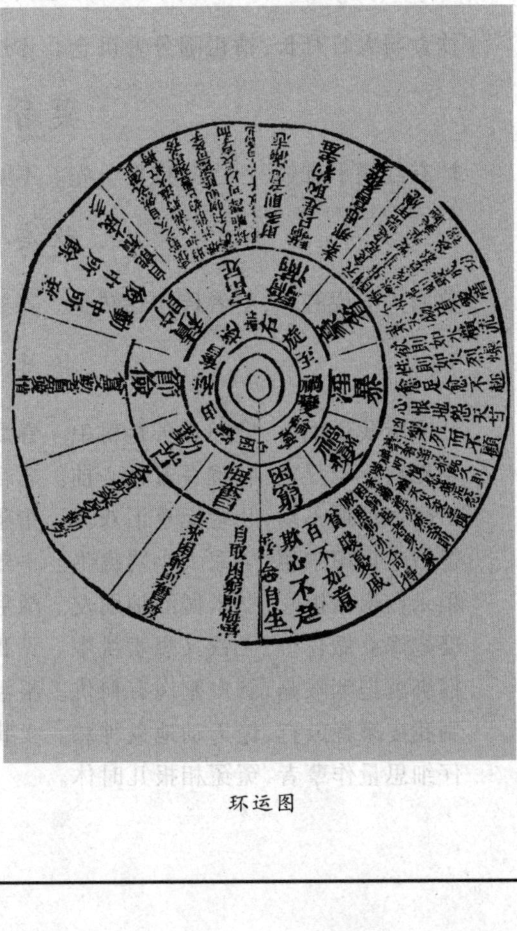

环运图

死而不顾。

祸变　豪奢淫暴既久，则神明愤怒，远近怨嗟，人祸天灾交至，倾家荡产必然。幸则困穷，甚者身亡家败，困穷亦不可得。

有盛、有衰者，运也；转衰为盛者，道也。人生在循环之内，不能逃天数之必然，实能尽人事之可信。如人于方衰之时，有勤苦愤发之心，于方盛之时，存有余不足之意，斯可以转衰而为盛，履盛而常盛矣。不然不必盛，而骄淫豪奢并至，犹怨于时运不偶，不亦谬乎！

莫嫌怨

莫嫌地窄园亭小，莫怨家贫活计微。许多高门锁空宅，主人到老未曾归。

莫忧愁

家贫家富总由天，日夜忧愁也枉然。人是虚浮朝暮异，不如安分且随缘。

莫好色

美色迷魂似野狐，腰间伏剑斩愚夫。虽然不见人头落，暗里催君骨髓枯。

莫贪味

饮食与人日月长，精粗随分塞饥仓。才过三寸成何物，不用将心细较量。

莫奢费

怀有红颜手有钱，呼卢骑猎更争先。不知当日勤劳者，憔悴经营几十年。

莫夸恩

莫向人前说有恩，受者传知怨转生。若望他年来报答，分明预定不如人。

老牛歌

凡人听我说根由：世间最苦是耕牛。春夏秋冬齐用力，四时辛苦未曾休。
犁耙肩上千斤重，麻鞭百万背心抽。恶言恶语诸般骂，喝声快走敢停留？
田硬水深耕不动，肚中无草泪双流。指望早晨来放我，谁知耕到午时头。
饥饿吃口田中稻，全家大小骂瘟牛。一年都是吃的草，种得田禾人回收。
稻米白米做饭吃，糯米做酒请朋友。绿豆棉花诸般有，芝麻杂谷满田收。
娶媳嫁女做喜事，无钱又想卖耕牛。见我老来无气力，卖与屠行做菜牛。
捆绑就把咽喉割，剥皮割肉有何仇。眼泪汪汪说不出，破肚抽肠鲜血流。
剥我皮来挽鼓打，惊天动地鬼神愁。卖我之人穷得快，吃我之人结大仇。
仔细思量作孽者，冤冤相报几时休。

传家宝全集

卷二

[清] 石成金 编著

吉林出版集团有限责任公司

目　录

人事通

虹桥之侧，余小构斗室，巢居于内。倚窗啸傲，但见烟云花柳，变态争妍，会心之际，得趣欲仙。因忆小景如此，若夫名山大川，其景象又不啻千百倍矣。既赏之余，喜察人情世事，或闻客议论，或触己愚衷，辄以俚言记之，日久成帙。予友熙公许子过我斋中，见而谓曰："是书所载，皆通彻事情，利人甚普，亟宜付梓，公诸天下，何秘固一室为哉？"余应之曰："利世之书，古本嘉言已汗牛充栋，如《六经》、《四子》，何莫非利世者？奚取于俚言愚见耶？"许子笑曰："子不尝构虹桥书舍欤？以其近附城郭，无跋涉之劳，景虽无多，会心足乐，何殊吾子之撰言？如经子嘉言，深奥为多，譬之山川大景，其奈高远难至。凡舍难趋易，人情之常，子盍思乎！"谆劝梓行，复赠书名曰《人事通》。余深愧赧。惟余一点利人醒世之心，出诸至诚而已。若曰佛有六通，此可为人事之一通。是予之粒粟，何敢妄比于沧海也耶？

惺斋愚人石成金撰写

每日早起

唐人诗云："在家常早起，忧国愿年丰。"要知为家主者早起，则家中子弟家人，孰敢懒睡？家人各执其事，勤俭为持，兴旺日盛。但一日之计在于寅。人至清晨，精神加倍，此时读书，大有进益；此时做事，极有功劳。况家内杂事，又须早办。谚云："早起三光，迟起三慌。"早起则门庭椅桌堂地各处弹扫洁净，此家门光彩，一也；头面梳洗洁净，衣帽穿戴齐整，此身体光彩，二也；人客到来，热茶奉敬，盘杯精美，此款待光彩，三也。若或贪眠迟起，满地灰尘；或有客到，头蓬面垢，衣帽不整；旋烹茶汤，事事匆忙，岂止三慌？如果年老衰病，方可安寝迟起，亦须呼令子侄代之。

擦齿乌须不老神方

吾扬刘秉宇先生，年九十二岁，须发不白，齿牙坚固，容色少壮。予甚惊异，因备多金，执贽拜求何术至此。珍秘再四，见予诚恳，蒙密传此方。言人之元气，每日清晨统聚于口，切不可漱水吐去。须用此药，以白开水指潜多擦齿上下，漱水徐徐咽下，功效异常。但须于四十余岁即擦起，不可间断，齿固而须发黑者，永不白矣。此方得之甚难，应验多人，不可轻视也。

熟地黄晒干　白蒺藜去刺　破故纸　五味子晒干　汲食子黑黄者佳　地骨皮去粗皮　旱莲草　枸杞子晒干　青盐用绵纸酒湿透包，放炭中微火煨。以上各一两五钱。　辽细辛六钱　共末筛细，瓷罐盛储，不可出气。每早空心，用滚水一口，将药擦齿漱咽。停一时，再吃八仙糕或牛乳。

八仙糕

世人禀气有二种。有阴不足者，如内热干咳、口干痰火、大便结燥、小便黄赤之类；有阳不足者，如饮食不消、大便泻痢之类。清晨食物，各辨其宜，食后洗面。阴阳不足之人，宜用八仙糕最补脾胃，肥壮身体。

白术　白茯苓　怀山药　莲实　芡实各八两，饭上蒸熟，晒干，临合微炒。　陈皮　甘草各三两。　腊炒米三斗共八位。

每年腊月极冻之日，炒糯米，用大簸放天井中间，铺开冷透，以收腊气。同药共磨筛细，收磁罐内。食时旋入糖，用开水冲调。腊月磨此糕，虽收三五年，不蛀不坏，愈陈久，功效更大。若不在腊月炒磨，多生虫蛀网丝，难以久收。坛放高燥处，勿近地气潮湿，勿用盛酒碱者。白糖须食时旋入冲调，若同药拌入糕，俱潮坏。此糕最妙在不拘早晚，随要随有，多、少、稠、稀，各随人意。用大新坛收储扎紧，勿走药气。另用罐取出若干，用完再取，则不致每日开泄药气。

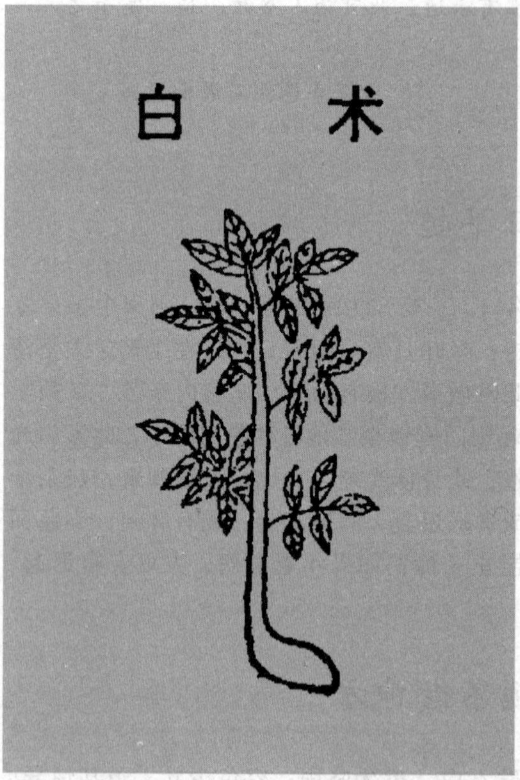

白术，一种中药，八仙糕的原料之一。图选自《本草纲目》

牛　乳

阴不足之人，可服牛乳。用极肥壮水牛取乳。不可撇酥，不可和水，用粗瓷碗滚水中炖三四滚。清晨空心服下，最能滋润脏腑，补益真阴，美润容色，疗治百病。

不立志诸事难成

世上有一种无把柄人，自己拿捉不定，东扯西牵，首鼠模棱，有始无终，易惑易动，诸事难成，亦不可与之共事。湛甘泉曰："诸生为学，必先立志。"即如作室者，必先固其基址，乃可建造。要知"匹夫不可夺志"，若一有可夺，岂谓之志？王阳明曰："夫学，莫先立志。志之不立，犹如不种其根，而徒事培壅灌溉，劳苦无成矣。"世之因循苟且、随俗习非、而卒归于污下者，总以志之不立也。所以凡学者，自始至终、无时无处，而不可不以立志为主。

立志是第一件事

予昔撰《读书十戒》，首一条曰："立志若坚，反难为易。"要知不但读书，即士农工商，俱各有本分当尽之事，若不先立坚固之志，则易者亦能动摇，何况其难乎？所以人不立志，则无成功，徒为劳苦耳。是以人生在世，立志为第一件要紧事，不与事之可有可无者比。

刻志励行

人亦何常为志所造。一念激烈，则跬步千里；一念沉寞，则瞬息万年。曾子三自省，孟子三自反，皆从志上提醒。果能刻志励行，将精神归并一处，何坚之不破，何远之不到哉？故曰："志高品高，志下品下"。

做事要趁少壮之年

凡人立身，以六十年论之，前三十年容易做事，容易成人。因上有父兄之庇，下无妻孥之累，食肉衣锦，志得气盈，精神强健，稍一着肩立地，可成伟器。所谓"后生可畏"也。为后生者，亦宜知自畏。如果三十年后，渐入老景，室家相牵，身口相迫，百务丛集，家政旁午，每每失身，多不能自立，故曰："少壮不努力，老大徒伤悲。"

信　行

禔躬涉世，全凭忠信为主。试看日用所与接者，或是父子兄弟，或是夫妇朋友，谁人可用诈，谁地可行诈耶？凡一言一行，皆从真实之心发出，不朝更夕改，不外合中携，不阳施阴设。如是，则蛮貊之邦可行，况州里乎？故曰：自信人亦信，胡越皆兄弟。

威仪

威仪者，一身之观瞻，众目所视。威仪不端，则惰慢之气设于身体，召侮之媒也。必正其衣冠，尊其瞻视，饰其容止。左规右矩，声律身度。则我不示人以慢，其谁敢慢我哉！

名节

名节乃一身之大关，植之甚难，败之甚易。天地在上，鬼神难欺。暗室屋漏之中，指视甚严。若不于此时常自检点，念头起处，少有差错，以致毁名裂节，则明有人非，幽有鬼责。得失一时，荣辱千载，可不畏哉！

少管闲事远避是非

人之精神有限，养重为佳。为无事逸民，岂不快活？若或应酬世务，关涉不紧要之事，夫为人解结释纷，固是厚德；然是非之门，容易招尤，若无涉世才能，平其直，剖其曲，自必空劳神力，以面皮向人，弄巧成拙矣。若事不切己，付之不闻可也。昔人云："练事何如省事闲"，谚云："能管不如能推"，各宜深佩此言。

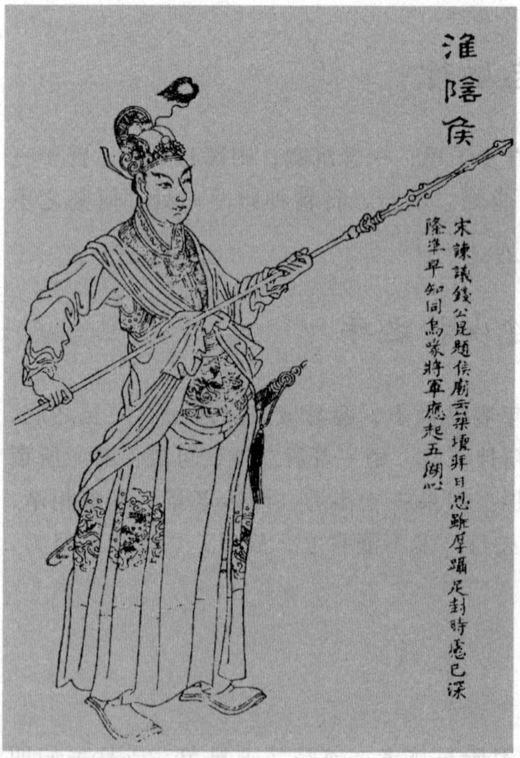

淮阴侯韩信像，图出自清·上官周绘《晚笑堂画传》。韩信在家乡时曾受屠夫胯下之辱，当时人们以为他怯懦，但他后来成为一代名将

谦　虚

谦受益，满招损。要知天道下济，而光明君子裒多益寡。师德干唾，淮阴受跨，不失为英雄气概。诚能谦谦自牧，气易逞而持之以平，志易盈而守之以虚。不自知者愚人，不自是者非人，不自上者下人。所谓汝惟不矜，天下莫与汝争能也。

怒

易发而难制者，唯怒为甚。但

能于怒时忘其怒，而观理之是非，则可怒者在彼不在我矣。要知理胜气则平，气胜理则怒。唯观理之是非，即可以止怒；如怒仍未止，当以孔圣忿思难之说以遏之。嗟乎！一朝之忿，忘其身以及其亲，何其失算！想至此，便冷然冰消。

怒有三损

盛怒炎烈，其损有三：内乖天和，一也；外失人表，二也；重怒之下，过为峻急，难于承奉，刑罚不中，三也。学问变化，正在此处锻炼。

丧　心

读《孟子》，知人之所以异于禽兽者，此心耳。若丧失其心，违背天理，不仁不义，不孝不悌，即禽兽矣。虽身为卿相，金穴银山，于此心何加损哉！王阳明云："若违了天理，即与禽兽无异，便是偷生。"

立身歌

奉劝少壮人，辛勤思成业。趁此青春年，不愧古豪杰。己过常检点，闲事休干涉。毋轻贱与贫，毋附炎与势。度量要宽洪，识见要妥帖。莫贪不义财，莫作无辜孽。积善世相继，绵绵延瓜瓞。

莫学不紧要之事

世上诸不紧要之事，切不可习学。即琴棋书画之类，虽于道理无害，然或间涉一二，为游艺则可，若专意偏好，必致旷废时日，徒耗精神，将正事俱误，大为无益。在清雅之事尚且如此，何况他事！

齐　家

齐家要法，起于闺阃。盖闺阃之内，情常胜理，而恩常掩义，则惟节之以礼。礼者，所以正伦理、别内外，齐家人之不齐，以归于齐也。然一身之淑慝，关系一家之兴废。大抵父要严，子要孝，兄要友，弟要恭，夫妇要和，朋友要信。若或爱憎失宜，好恶易向，何能令家庭骨肉之间雍雍肃肃，有相好而无相尤哉？朱文公曰："读书，起家之本；循理，保家之本；勤俭，治家之本；和顺，齐家之本。得其本则未自理矣。"谚云："男务勤，女务织。论治家，此第一。"盖身正则家正。若家无善教，则戈矛起于衽席。其害也，莫甚于卑幼为政，恣其无厌之情；犹莫甚于婢子造言而妇人悦之，妇人附会而丈夫信之。家之索不由此起乎？至于子怨父贫，弟攘兄富，妻妾视丰啬为悲欢，奴仆视盛衰为勤惰，市道不在门外矣。

敬天地

人生父天母地。今日得耕田而食，凿井而饮，安居乐业，俯仰无累，非天地之庇乎！将何以上答洪恩？惟每日于夙兴夜寐之时，净心洁念，盥手焚香，遥空叩首，以谢赐一日之福。行事不可欺天，以仰报万一耳。

治家以敬长为第一

前人云："幼不事长，贱不事贵，不肖不事贤，谓之三不祥。"凡家之父兄，国之君长，与夫内亲如叔伯，外亲如姑表，一切年高、德高、位高、职高者，皆是长上，俱当加意爱敬。坐让席，行让路，口不得乱谈，事不得专行，贤智不敢先，富贵不敢加，方是卑幼之道也。

时常畏惧王法

朝廷申设律法，不过禁民为非，实所以保全之也。每有玩法者，藐律令为闲话，安刑罚为枕席，辱父母之遗体，污祖宗之清名，岂非自作之孽乎！必须视律令所禁，凛如雷霆；刑罚所在，赫若鼎镬，庶可保全身家，以为太平之良民也。谚云："惧法朝朝乐"，即是此义。

早完赋税

谚云："家要宽，先完官。"要知身享清平之福，皆赖圣天子所赐。但我潜居草莽，无可上答主恩，惟勤力农亩，致五谷丰登，夏税秋粮，争先输纳，自是善良之民。若或任意花费，转将赋税延玩，临时官差追比，甚至遭刑受辱，自必举贷出息，家财破败，俱由于此。

严肃闺阃

夫闺阃之中，非狎昵之所。上承宗祀，下范子孙，夫妇相敬如宾，方成内政。每有好亵者，视妻妾如狎客，以房闱为乐地，放情恣欲，无所避忌。但纵淫于己，只以导淫于人。子孙不肖，婢奴为奸，自作之俑也。

长幼名分要正体统

长幼名分世次，原有定额，即称谓不容假借，座次不容紊乱，毋论远族近族，同乡异乡，俱照兄弟叔侄序列，名门旧俗之礼，原自如是。又有尊庶母为嫡，跻妾为妻者，有婿坐岳翁上，甥坐外祖上者，有出嫁女归宁而辄居客位者，是何体统？是何纲常？罗念庵家于归宁之女依世次别设一席，可法也。

族中孤寡要加矜恤

孤与寡，乃天下穷民无告者，即名门右族，多有失所。文王首重哀矜，况族中不幸有此，无论亲疏，皆当念其为我祖宗骨脉。育孤子，嫁寡女，老而无所依者，曲加调护，令不至于流离颠沛，贫者恤之善言，富者恤之财谷。若任其孤苦伶仃，展转沟壑，不惟族人怨之，而祖宗亦不佑之矣。

奴仆不可改姓

奴仆家人，各有本姓。虽有贵贱之分，然而各有宗支世系，切不可改为我姓。不但绝彼后裔，倘年渐久远，生子繁多，未免以伪杂真，乱我世系矣。

厚姻里

姻者族之亲，里者族之邻，远则情义相关，近则出门相见。宇宙茫茫，幸而聚集，亦是天赐良缘。况童稚时或多同馆，或共嬉游，比之路人迥别。凡事皆当从厚，通有无，恤患难，出入相友，守望相助，一切以诚心和气遇之，彼不感而化矣。若横行乡曲，恃强凌弱，靠富欺贫，天道好还必难保其常盛也。

买旧物

一切旧物皆可买用，惟床、帐、被、褥、枕、席六件，须要新制，切不可惜钱图贱，买人用过旧物。恐卧人有绝命于上者，或有枉死之魄附内者，或有少年生魂留连而不散者，用之每多作祟，岂不可嫌？倘如必用，亦须于现天空处，晒露两三日。

自问

自己问自己：我生在世上过了许多年岁，曾为了几件利人的好事？或于五更头睡醒时想一想，或者于无事闲静时再仔细想一想，只恐怕欺骗谋算人的事甚多，而实在利人的事甚少，岂不大加惭愧？急急改悔，急急修积还嫌迟也。

诸事都要预慎

父母要在生前尽孝，若到死后，虽三牲五鼎，日日斋醮，只充生人肚肠，只供生人眼目，有何益处？教子要在幼小时严加训诲，若已经长大成人，其顽劣性情自然习惯，再去教戒，予只恐教戒不来。身体要于平常时日起居行止留心调摄，若已经染病，虽幸而医好，予恐不能强健如初矣！治家要于丰足时常加勤俭，惟恐贫乏而致仰面求人，则决不至于贫乏而致仰面求人。若任意奢靡，家业消耗，再去创立，甚是难为。火烛要小心，平常劝之不听，若一遭火灾，家业立时成灰，追悔不及。盗贼要预为谨防，若已经被窃，或告官捕缉，或四路访拿，予恐无益而反费现银。言语要谨慎，若说话不肯留心，信口乱谈，至于失言，虽极意挽回，亦挽回不来。世上诸事都是如此，皆因预先不谨慎之所致也，事后追悔，徒费心力。《中庸》云："凡事预则立，不预则废。"世人岂可不三复此言！

读书全要体行

读书不在记诵，全要身体力行。若不身体力行，虽读书五车，究竟书是书，我是我，全不相干。夫圣贤垂训教人之意，欲令天下后世凡读圣贤书者，皆效圣贤所为。若徒以记诵辞章之学，幸取科第功名，不亦为圣贤之罪人乎？

读书切忌贪多

读书不在贪多，只要章句少而熟读精思，久而义理自然贯通。若或贪多则不熟，务博则不精，欲速反迟，此是学人大病。俗云："贪多嚼不烂。"意正如此。

读书要时常温习

天下善读书者，不如善理书。书若不理，虽极熟之书，亦必遗忘，何况乎半熟之书乎？书若不理，虽有大聪明记性，亦必遗忘，何况资质庸常乎？所以读书既要勤勤熟读，又要勤勤熟理，则时复思绎，浃洽于中，而自无扞格难通之病矣；若或读而不熟，熟而不理，只是徒有读书之名，而无读书之实，不可谓之读书人也。

书分四等

天下之书极多，予意约分四等：有宜熟读者，有只宜熟看者，有存备考核者，有切戒入目者。即如《四书》本经以及得意好文，嘉言法语，必须读而又读，熟记于心，更须时加温习，不可少有遗忘。至于后贤讲解，历代史鉴，以及事实典记，则选其语句紧要者记之，余则熟看，不必尽读，亦不能尽读也。再若韵府、韵端、字汇、经济、医药、技艺等书，看完存之，以备稽考。下而至于俚俗杂书，淫艳词曲，其中不独并无学问，而且伤风败俗，摇惑人心。凡遇此等书，见之即付水火，不必入目。如此分别，才有见识。不然，藜藿先已饱满，后来虽有佳肴美味，反吃不下矣，岂不可惜？

世上要紧唯在耕读二事

人生在世，唯读书、耕田二事是极要紧者。盖书能读得透彻，则理明于心，做事自不冒昧矣。用力田亩，则养膳有赖，俯仰无虑，即不能躬亲耕种，亦当专心督率。若不读书，何以立身行道，显亲扬名？若不耕田，何以仰事父母？何以俯畜妻子？唐人诗云："天下良图读与耕。"要知一切事，总不如此二字之高贵安稳也。

士

士为齐民之首，宁独以文采表现于世？须要以行谊先焉。夫士先德行而后文艺，科名乃其次者。彼其所得于天甚厚，幸而人不物也，幸而中国不夷狄也，幸而男子不妇人也，幸而四大具全不支离也，幸而读书识道理不懵懂也。有此五幸，不思刻志苦行，为世间大丈夫，而徒着青衿，夸耀乡里，岂称士哉！世乱时，志士仁人尚思做好人，幸逢太平，复得温饱，不思做好人，更欲何为也！《语》云："进取功名易，变化气质难。"须痛加猛省，莫负好衣冠。今日能砥砺名节，为孝子顺弟，则他日必能为忠臣贞友。未有寡廉鲜耻、不孝不友而能标名竹帛，流芳万年也。予愿为士者，宁雄飞毋雌伏，宁玉碎毋瓦全。所读者好书，所说者好话，所行者好事，所亲者好人。圣贤与游，真鼎自爱，如玉之在石，金之在冶，女子之在帏，其有所不为者，乃其真能大有为者也。必如是而后人品功业，卓然为天下第一等人，无忝士称矣。嗟乎，自世之愉也，而士风不美。真士无论已，俗士日日咿唔，徒知在口上做生活，不知在身上做生活。孝衰于妻子，友衰于财贿，名丧于刀笔，金散于博徒；梦沉姬阁，屈首公门；不为耀治之金，则为偾辕之驹。士读圣贤书，所学何事而乃作如此伎俩？瞻对宫墙，何以为心？平旦自念，何以为人？窥镜自照，何以施面目？是名教之罪人，士之羞也。

士　品

陈眉公曰："作秀士如处子，要怕人；既入仕如媳妇，要养人；归林下如阿婆，要教人。"为士者持身不高立一步，出人头地，是尘里振衣、泥中濯足，如何有超

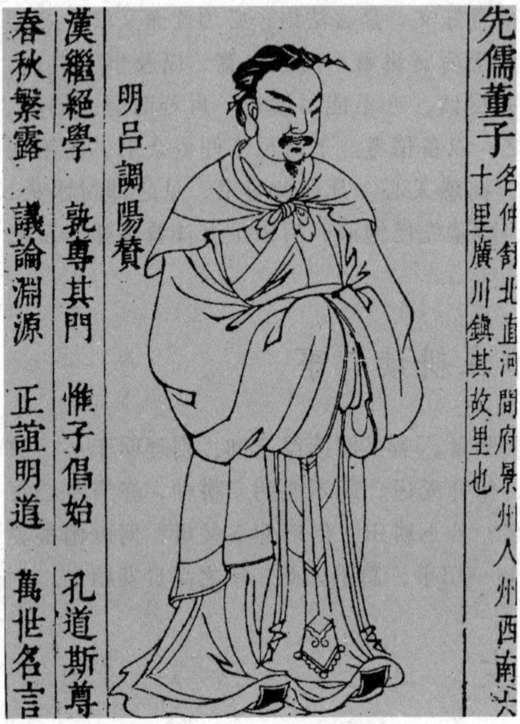

董仲舒像，图出自明·吕维祺《圣贤像赞》。董仲舒是汉代大儒，汉武帝采用了他的主张，罢黜百家，独尊儒术

拔处？所以士品欲超不欲隘，首改过，次勿欺，次畏阴骘，畏清议，畏苟取，方是高品。

士志

仲舒不窥园门，倪宽带经耘锄，前人焚舟尘甑，志上进也。为士者，首先立志，须要抖擞精神，一意寻向上去。如撑水上船，如赴军中期，直到大休歇处，方肯息肩。则志超者品亦超，方成宇宙奇男子。

士趣

多少伶俐汉，只被那卑琐情态耽搁一生。若做个出头人，直须放开胸次，令眼界大、局面大，若鸢飞鱼跃，若光风霁月，若泰山乔岳，绝不挂过去、现在、未来想，方是真识趣。

士习

人生自朝至暮，须要逐时检点，甚勿当面蹉过。宜早起，不宜贪睡；宜寡交，不宜滥与；宜静坐，不宜喧闹；宜谨言，不宜肆舌；宜近君子，不宜亲匪人；宜朝暮温习书文，不宜散步闲游；宜闭户默想，不宜群聚妨业；宜流芳青史，不宜玷辱家声。如是，则士习正矣。

士养

为士者，借举业以取科第。非潜心经史，成远到之器，他时眼光落地，这个六尺躯有何结局？必一意向上，黄卷中日与圣贤对，一切身念、家念、闻见念、交际念、游戏念尽行谢却。刺秦之股，下董之帷，则水到渠成，瓜熟蒂落，乘此取青紫，如丈人之承蜩，直掇之耳。

士操

礼义廉耻，是谓四维。为士者，气节为上，功名次之，不可奔兢为自献之璞，伏在车下，泣血孙阳，何其陋也！甘进若饴，不羞牛后，何其丑也！诋诃朝政，挟制长吏，何其横也！提躬涉世，全要在青天白日上著脚，方是大丈夫最上气概。

士学

濂洛关闽，理学之祖。士人高山仰止，景行前哲，宜发挥性情，剖析微妙，以羽翼圣真，提醒群蒙。又要着着实实，从日用上去体验，不可如邯郸学步，拾人残羹余唾；又不可周冠孔裳，假讲学为媚灶钓誉之阶，方是真儒，方是真理学。黄履翁曰："愿士夫务道学，不愿立道学之名。"真格言也。

士神

人之一身，全靠这精神干事。精神不旺，昏沉到老。做一切诸事，都以养神为要。然而养神更是举业最上工夫。戒大醉，大醉耗神；戒贪色，贪色灭神；戒厚味，厚味昏神；戒多食，多食闷神；戒多事，多事乱神；戒多言，多言损神；戒多忧，多忧郁神；戒多思，多思挠神；戒久睡，久睡倦神；戒久读，久读苦神。人若调养得精神完固，何怕无解悟处？

士时

吾辈聪明不在人先，用力不在人后，安得蹉跎岁月，成就一个懒惰，断送驹隙哉？去日难追，来日宜当爱惜；昨宵已往，今宵切莫错过。须要乘时鼓壮，埋头芸窗，冬不炉，夏不扇，食不知味，如龙之养珠，鸡之抱卵，下几年无渗漏工夫，方成万选青钱。老天有知，必不令苦心人落魄，青年坎坷终身。

士艺

文章虽是末技，涵养到而后识趣真。盛意不可文，惧其决也；酒后不可文，惧其昏也；机太熟不可文，惧其轻也；兴未至不可文，惧其苦也。吟咏啸傲，谐文之变；高明清赏，荡文之情；饥食困眠，弄文之机；登眺山水，拓文之气；损除世事，清文之神；流览百家，大文之蓄。如是，方得信手拈来，头头是道。

农夫插秧图，出自明·宋应星《天工开物》

劝人及时为学铭

人生在世，岁月如梭。年方幼壮，切莫蹉跎。世务日拙，家事日多。失今不学，老大奈何。

农

闻民之利莫如农。农之依田，犹鱼之依水，木之依土也。要知农人一身，父母妻子，五口八口，俱仰给于田。一日不耕，则衣食无从取办。上农尽力开垦，力足而粪多，所获自倍。岁之所入，尝足以供岁之所出，差粮可办，器械可易，朝饔夕飧，可给穰穰满家，无复有祈寒暑雨之苦。中农终岁勤勤，亦足有秋，而饥馑无虞。下农不耕不耘，秋成无望，徒取妻儿之啼号而已矣。所谓“惰农败田”也。试看仕宦之人，南州北县；商贾之人，天涯海畔。孰若农家六亲相对？岁时伏腊，父子骨肉各相保无恙，其乐陶陶也。有徒手游食之人，不务耕耘，不躬栉沐，不知稼穑之艰难，自逸自谚，乃侮厥父母曰：“昔之人无闻知，是坐享逸乐也。”宁免沟中莩乎？一人耕而众人食，欲其无为饥寒，不可得已。

农家要乘天时

天地之生物时而已。得其时，虽瘠土而收倍；失其时，则沃壤而徒劳。是以谷麦菽粟，皆当及时播种，庶用力易而获利多。

农家要尽人力

先期以戒种，相壤以耕耨，验粒以锄莠，竭力以勤本，率众以集事，守一以候期，节用以浚源，预积以防歉。庶一年耕，足供三年食。

农家要蓄水利

五谷资水以生，若无储蓄，专望雨泽，则雨或愆期，必失有秋之望。善治生者，每岁农隙开凿沟渠，无者掘之，有者浚之。沟渠既浚，积水亦广，可免旱荒之患。

工

工所以制器利用，不可一日无也。若不通工易事，则农困于贸迁，工困于授饩。余粟余帛积于无用之乡，而财用不其绌乎？国家鸠工聚财，凡陶冶械器之属，计程而餐，量绩而食，未尝耗无用之费，食无功之人。然业有千门，择术于精，造作欲专，为工者不思人之时日、精神俱有限量，若乃虚费光阴，心有不一，功杂无成，则终日憧憧，只自苦耳。谚云："养身百计，不如随身一艺。"又云："多艺多思艺不精，专攻一艺可成名。"良工匠心，其运斤成风之妙，固足以博厚糈、擅名誉。即艺成而下者，人持一艺，家专一门，随力取值，亦足为糊口之计。未有一艺随身，而不能挨排度日者。所以大富由命，小富由勤。予劝技艺之人，各踏实地做生涯，莫爱小便宜，莫瞒心昧己，莫作淫巧以眩人耳目，莫偷闲时日，以虚糜廪禄，莫外实中硗，以售敝为器。如是则人工相得，既廪称事生计，其日盛矣。嗟乎！工之伪也，于今为甚：琢文刻镂，穷人宫之能；锦绣纂组，毕女工之巧；画栋雕梁，极靡丽之华。甚而一器一皿，无不作奇技以荡人心。而好事者，亦不吝厚价以偿之。艺越精而财越诎，风俗之所以日贫而莫止也。

泥造砖坯图，出自明·宋应星《天工开物》

生业活计

人生天地间，不拘良贱贤愚，俱要寻一个生业活计，专心着实去做。若无田可耕，无资本可商，无手艺可治，生则有泽可渔，有山可樵，有工可佣，有步肩可挑种种，皆本分事。若能勤心苦力，稳稳当当，就有许多日进，许多受用。视彼徒手游食，不免为沟中瘠者，其于为人贤不肖何如也！

本分经营

工欲善其事，必先利其器。要之以心地为主，心存忠厚，则必于本分上经营，一毫不苟取。艺精自厚售，功拙宜薄偿。不可以伪易伪，自坏心术。所谓宁可直中取，不可曲中求也。

商

四民之中，农本而商末。商所以济农之不及也。为商者，诚欲通有无、权子母，总不出公诚二字。公则无私，市价不二，三尺之童不欺，趋市者自归之如流水。诚则无伪，不唯人怀其厚，天地鬼神亦且庇佑矣。

伪　贾

列肆于廛，与市人贸易，先要存心地。心地好者，随时之丰歉为屈伸，而近悦远来，所积日厚。如登垄断而罔市，利用知术，贩盐而加之以灰，贩米加之以水，贩漆加之以油，诸如此类，或目下侥幸，少得微息，不知造物者随以他事取去，终于贫乏，岂不徒坏心术耳？

行商之苦

都会之地，乃万货所集之处。为商者携有资斧，远涉江湖，贸迁有无以转贩四方。日防风波，夜防暴客。陆运防担夫之侵克，水输防舟人之暗算；过关津防奸吏留难，到市廛防经纪挂欠；耽饥忍饿，餐风宿雨，苦可胜言乎？

客商漫藏诲盗

良贾深藏若虚，甚不可轻露财帛，经人耳目。少年纨绔之子，经事日少，不知提防，每于旅邸舟中，露囊中之积，被人觑破，或为舟夫所盗，或为强人所掠，或为同伙所窃，或为邸主所取。不唯丧财，而且丧命。是借寇兵而赍盗粮也，可不戒哉！

老商妙法

善操奇赢者，贱之惟贵，贵之唯贱。人弃而我取，人取而我与。察时变以稽岁功，考方舆以知地利，度人用以辨物宜。不强取巧索，不丰侈衣服，不荡废酒色。克勤克俭，随往皆利。陶朱之富，可以致矣。

防　盗

强盗劫人，多是出其不意，欺其无备。又恐业已进门，主人为盗所执，则其家人不敢喊叫，邻里不敢动手。如人家墙垣稍谨，或盗至门首，有一人上屋，或一人堵门，盗必不得入。贼之入门，必先投进火把，若有人即灭之，盗亦不敢遽入。然则盗之伎俩，亦可知也。诚平时有禁约，令各家修理墙垣篱堑；又于二十三四至初六七夜，躬率男女纺织，稍有响动，即令人上屋，屋上多办瓦石。又地方人等互相救护，则盗自然畏而不敢近也。此余健吾先生屡验之言。

防贼时夜

谚云："二十七八九，家家打铺守。直到初十后，看家交与狗。"凡盗贼动手，多在无月光之夜与一更以后睡静之时，至鸡鸣则去矣。自二十以至于二十八九，或二更无月可虞，或一夜无月可虞，故云。唯初十日以后，月光四更方没，是以稍可缓也。又贼例云："偷雨不偷雪，偷风不偷月。"因雨滴乱响而雪恐有迹，风声夹杂而月恐明照也。

每晚照看门户

富贵之家门户，自有看门人役专司其事。若平常人家，每晚须要主人亲自领仆，照看关闭。若有屋角空处，以及草堆、柜栏，俱要查看，恐有贼人躲藏。如有诚实子侄，或可代劳。但不可尽倚奴仆下人，恐致误事。

加意防贼

人家但有喜庆戏酒、过年时节、婚丧诸事，家人劳苦，自然沉睡难醒。每有贼人专于此时偷窃，须要小心谨防。门户各处，更要加意照看。久雨初晴，亦要加意。

沿墙装板

城中居住，每有贼人挖壁洞之害。须以厚板二尺多高，上下粗枋，沿墙安钉坚固。贼虽挖洞，亦不能入矣。

安板防地洞

住房地基高，天井低，每有贼人从坡台挖地洞而入。须将阔板枋横长安砌地下，木上再铺砖，贼不能入。若住基不高，或屋留外一檐，或卧房有地板，俱无地洞之事，不必防。

竹把铺瓦

屋上铺瓦，今人每用芦柴扎把加放泥瓦，总不如用小坚竹三四根扎紧，放在砖上铺瓦。不独连牵结实，且免贼挖天洞之患。每瓦行俱安紧，不可松疏。

长　栓

住房上明下暗，格子短栓之外，再加通长六扇一栓，两头活孔纳伏安紧。贼虽烧格眼，手亦不能下栓。

大门铁栓

大门铁栓，须上下横钉二条，左右铁销再加横木栓，铁搭搭拴上，可保无虞。若无铁搭，恐贼挖洞拨栓。

栗木门栓

各门上俱用栗木为栓，不独坚固，且避盗贼。

大门二门俱要钉呆

大门二门上下枋俱要呆钉，门扇不可除得下，恐偶失照看，他人不能除门也。

门窗推板

卧房明窗之内，须再加坚固活推板，上下铁钩搭每晚推闭搭紧。他人或加内格长栓，甚不如也。

柜内暗夹铜锣

凡竖柜内收藏紧要物件，要于柜门合缝中间，用绳带系小铜锣于柜内，将绳头夹于缝中。外人不知，擅一开柜，锣即坠地而响声惊觉矣。其紧要仓库门户中缝，亦用此法最妙。若紧要箱旁，外夹铜锣亦妙。

床旁备大响锣

床旁放大铜锣一面，木槌即藏于锣之背面，一闻贼人入室，即连声敲击。一则邻人惊闻，俱起共逐；一则贼人心虚，惊走远遁。此绝妙良法。若房多人多之家，可多备大锣，各各应接更妙。

挖墙洞便于望看

人家住房，屋后屋旁俱留碗大壁洞，平人肩高，常时用大木断紧塞。一有贼盗声息，即开洞望看。或放鸟铳，或放弩箭，由洞而出，最为捷便。

防贼用弩箭极妙

弩弓一盒，藏箭十余支。不用安箭，一便也；接连而发，甚是快速，二便也；轻小不费力，三便也。但箭矢须用桐油毒药蘸过，才利害伤贼。

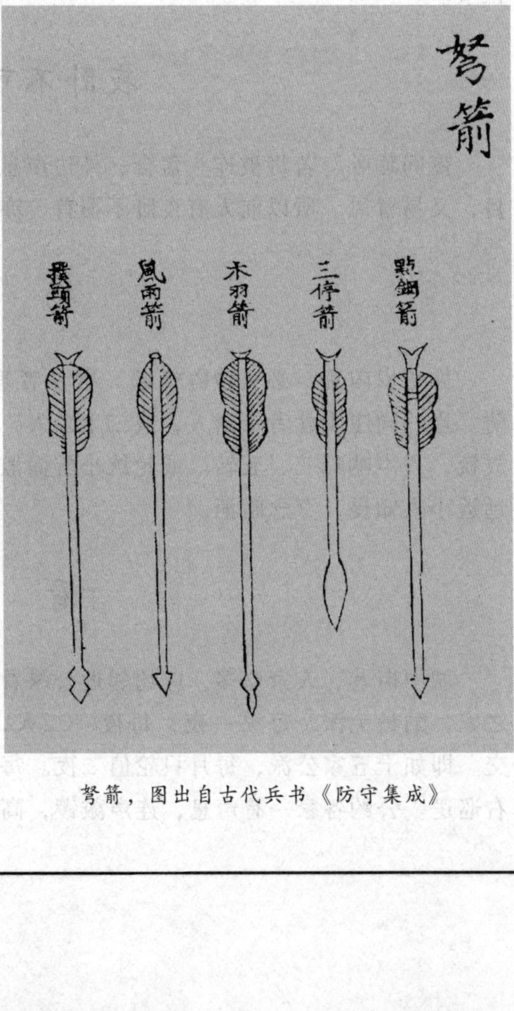

弩箭，图出自古代兵书《防守集成》

追贼防跌

贼人乖巧，每于有人之房门口、

床面前，先堆拦木瓦器物，令起逐者先自跌倒。凡欲赶贼，先须知此。

墙头浮堆瓦片

凡墙头通路，处处须堆破缸片，破坛瓦，略一跨动，则倾倒声觉矣。或用整瓦砌花瓦几尺，亦妙。

密　室

收藏金宝密室，须屋上板旺，以防天洞；地下地板，以防地洞。壁内装板，或装木栅，以防壁洞。门用铁裹，以防斧劈火烧。窗用石枋凿孔，安铁条加栅，以防斧劈火烧。天井中用横木密架，两头活转，以防贼下天井墙头、天井地下走路。各处多铺铁菱角，使贼难走。此指极密之屋，若平常房舍，则可不必。

夜莫大意

一闻门壁声响，只以为贼，须将门户各处照看，不可认作猫犬，大意每致误事。

夜卧不可蒙头

夜间睡卧，若将被连头盖合，外边声息不闻，每误大事。且暖气熏面，多患眼目，又易冒风。所以前人有夜卧不覆首，亦为养寿一法。

扬　武

如年岁凶荒，必然贼盗蜂起。居乡者家略有余，难免小人窥窃，不可不为预防。当约同庄少壮者十余人，或二十余人，每晚在各家庄前，轮流各执枪棍、梆锣放铳，齐声呐喊三、五转。或轮饮小醉而散，再轮派值更鸣锣，共约互相救应，令远近小人知畏，歹念暗消。

看　更

城中街巷，人家众多，应约邻近公派看更。或十余家，或二十余家，一总贫贱之家，酌量免派。每家一夜，每夜一二人，灯笼、枪棍、梆锣等物公备，轮流传交。即如十五家公派，每月只轮值二夜。每夜唯令二更起，至五更止，只在家门左右巡逻。公约各家一有声息，连声敲锣，高声呐喊，众皆起应。此法各坊各处若俱力行，遍地贼盗难以为作，胜于栅栏禁夜多矣。贼多之时，此法最妙。

暗　施

不幸若遇年岁饥荒，有余之家不可堆拥金谷，忍令贫人饿毙而不救，于心何安？或自己田土深挑沟河，或房屋周围修筑墙壁，或垒挑埂岸，或起造房屋。但须工银米谷破例加添，令贫人暗受救济之力，消许多歹念。而我又积德，兼得实效，此人我两利之法。

密　借

贼盗中本来凶恶劫夺者少，因饥寒逼迫无奈而为者多。如有余之家，只在本家左右、乡庄邻近，或遇荒年，可令家人密呼极贫之人黑夜至家，不令人知，恐生惭愧。米谷或一石，或三五斗，只云借与，俟丰年偿还，不写券约，不加利息，不扬名，不取讨，还与不还，悉听本人良心。乡邻感沐我之救济，不独不起歹意，即有外侮，自必争相救护矣。且又积许多阴德。

凶年献谷赈济

凡遇凶荒之时，若奉官长赈济，有余之家当量力献米谷若干，多少随意。总之救得一人性命，则积一人之阴德。若坐堆米谷，倘劫夺巴抢，又将奈何？

夜晚不可谈说贼盗事

俗云："夜间说贼贼脚痒"，须宜戒之。

小心火烛

水火无情。治家者第一要小心火烛。若遇大风之日，或久旱之时，更须加意谨防。灶门地下须要时常扫净，不可余留杂草牵连，更不可将柴草堆近。灶积须离火门远些，以防遗火。每日烧柴多少，量取多少，宁少莫多。但奴婢懒惰，更须紧看。灶下不可着小孩子烧火，因年小好玩，不知祸害，多致误事。即十三四岁，亦须时加照看。至于衰老龙钟之人，亦不可以倚托，恐好睡沉昏，最误大事。各卧房冬天床上烘笼，夏月帐内烧蚊，熄灯烛，烘衣裳，火炉余炭，吃烟纸卷，事事小心，时时谨防。若有喜庆，诸事匆忙，更要留意。

柴　屋

人家柴草若不多积，一遇阴雨缺乏，若何应用？须另留空屋，专堆柴草，取时则开，余时锁闭。若无余房，未免堆杂人丛，则灯火难禁，不如不积为安。

防火歌

昔人有“防火歌”八句，予添成二十句，逐句细注，已刻于《快心集》内。今又重载，是亦反复叮咛之意。

火起无情势莫当，时时刻刻要提防。柴薪灶下少堆积，暮夜厨房满水缸。老稚烧锅须仔细，睡眠酒醉熄灯光。烘衣烘被常看守，箩桶盛灰大不祥。火炮店邻真厉害，油车屋近有惊惶。吃烟落烬须踏灭，剪烛余煤莫隐藏。挂灯要远芦笆壁，起火恐落穷草房。街上秽草休焚烈，许多虫蚁命惨亡。天时风燥尤当慎，岁暮终须百事忙。为人事事存天理，神灵自不降灾殃。

引火之物堆辟处

凡有木炭、麸糠、木屑、硝黄、火药以及炮竹之类，俱收藏于无人辟处，免误大事。小儿无知，尤令莫近。

救　火

火起之时，先将近火房屋拉倒，令火势空断，自无延烧之患，此第一妙法。即火到屋上，急用麻搭火钩拉倒有火梁柱，令火不高出，则易为熄灭。

水　缸

厨中安大缸二只，各储满水，用箬盖盖好，以免蛛尿虫涎之毒。用此存彼，以防火患。但缸须在屋内才好，若在露天空处，最怕日晒有毒，食之多生痈疽。须另篷遮阴，其水用一缸，即将此缸底浑水刮尽，再挑入新水，方可供食。凡米粒饭粿，皆不可撒入，有毒害人。

冬寒烘被

冬寒晚间烘被，予有二句曰：“人一上床，火即下床。”切须谨记。须要将火笼安放空处，恐有衣物撒入延烧之患。或将大砖一块，压熄火炭，次日又可爬火，此最妙之法。至于老人小孩贪暖不肯离火，始意不过略烘一时，岂料忽然昏睡，每误大事，切须禁忌。

奴婢衣被厚绵

冬寒之月，奴婢下人每好偷藏火笼烘被过夜。殊不知一时沉睡不醒，火起尚不知觉，最为大害。常时须要谆切严戒，每晚须要细加查看。但奴婢衣被，须与厚绵温暖。若只知自己貂帽皮袄、红炉暖阁，全不顾下人受冻受冷，唯令其不许烘火，不但不能服众，且在一家之中，自己先丧良心矣。

汤　壶

冬天老人怕冷，夜晚火笼烘被既有火毒，又恐误事。唯锡制汤壶，每晚用热水满贮，厚布包紧，安放被内，可以放心温暖。小孩、病人俱当用此。或贫家用砖一块，烧暖布包温被，亦胜火笼多矣。

熄火把

夜晚点火把，虽熄亦不可倚靠门格板柱，恐遇紧风一吹，复又火着。予曾有友人以此被烧者。须安放空地为稳。点火把行路，遇有草屋、草堆，切忌高举。

香炉下置铁板

家神龛内香炉下，须安薄铁板一大块，一恐夜晚焚香倒断，一恐猫鼠跳坠。有铁相隔，火自熄灭。

烘笼铁丝盖

冬天烘笼上铁丝盖断不可少。既无衣物坠撒延火之害，又有暖茶壶、炙瓦砚之益。

博山香炉图，出自清·《马骀画宝》

有事加意防火

人家一遇喜寿丧祭、时节宴会诸事，灶上烟火不断，又兼人事匆忙，奴婢疲倦，为家长者，厨中灶下各处须要加意照看。

火笼放平地空处

火笼烘衣物，须要四不占依，即衣带垂坠，亦不成害。

扇炉飞火

茶炉、酒炉之旁，凡有炭篮糠麸之类，俱要离远，恐扇火时火星四处飞坠，致误大事。

认　炭

炭以坚实光重者为上等，火能耐久。其虚松者易熜。

夏月收炭

若到冬寒买炭，不独价贵，且又水湿难用。买炭须在夏月，水不入炭，而卖者亦不能加水。

地板下堆炭

房中安置地板，离地略高，留一活板为门，便于启闭。于夏月炭价贱时，堆藏若干，最收潮湿地气，且炭又不过燥，好用。家人取出，又便稽查，极妙之法。

屋檐雨水不可供食

屋檐前雨水，只可留为洗衣物之用，不可供人饮食。要知屋上每多蛛尿蛛屎、壁虎尿屎、蜈蚣虫涎诸毒，又有猫粪、鸟粪诸秽。食之不独不洁，且生痘生病。再遇久旱不雨之时，或在夏季，其毒更甚。如有大雨冲流之后，方可无忌也。

有雷雨水不可供食

雷有焰毒。凡有雷之时，其雨水饮之，腹胀生病。

坐忌摇膝拍地

人坐最要稳重。昔人云："行如流水坐如山，方为福泽之相。"每有一等人，坐则将身惯倚壁靠几者，亦有将足惯跷膝上者，此虽不敬，尚无大碍。唯有坐下将膝战摇，又有将鞋尖打地，如拍板相似。此二种最为贫贱之相，切须忌戒。凡见少年子侄或有如此者，急加禁戒。若少年习惯，长大即难骤改，予《正学歌》内有二句云："切忌膝摇鞋打地，最为贱相令人低。"正此义也。

行忌轻浮转摆

凡行走，须要身体稳重，而腿脚前往，犹如重船行水，才为上品。每有一等人身体轻浮，头摇身摆，更有连肩背左右摇转者，绝非有福之兆。

背剪手

两手笼袖前抄，此是正理。切不可将两手抄接背后而行，如背缚样，最为不祥。若在衙门内行走站立，令有罪人见之，犯其所忌，大加唾骂，更为不宜。

辟患眼染人

清晨遇有患眼者，多能传染。随后在净水盆中，或水缸水碗中照过，则不能染。家有患眼者，只将厨灶上箸笼，用红丝线扎紧，则不传染。

养目

常时无事，则闭目静养。即如镜虽光明，当不照时，即用镜袱盖好，自然尘垢不入，光明耐久也。每常清晨天未明时，并将晚昏暗之时，俱不可强用目。看书写字诸事，最伤眼光，雀目眼、或未老眼昏，多因于此。不可久视日光、久视火光、久写字看书，俱损人目。

小便洗眼患

患眼红肿疼甚，一团肝火积聚，惟用旋下热童便，以碗盛储，乘热开着眼睛淋洗，彼时虽觉少有螫痛，却愈得快速，重者洗二三次自愈。或用自己小便亦可。但不可用葱蒜韭薤，并饮烧酒、黄赤之便。

患眼宜忌

患眼切不可水洗。若热水洗更加重，冷水洗逼住火，不洗为妙。患眼切不可频频揉摸，恐因而生皮膜，为害不小。患眼要频频洗足，是引火下行也。患眼要频频梳篦头发，是去火气也。

灰物迷眼

凡遇飞沙、吹灰、小虫等物入眼，痛甚难开。只用净水一碗，以竹管插入水碗内，口吹不住，其砂物自去。或令明眼人将眼捺开，用绵帕照砂物抹去。

用象牙箸

如用象牙箸，预先半日前放入净水盆中浸透，用时以布拭干，虽久用亦不油黄。要知牙箸收藏箱柜内，自然干燥，一遇肴馔油汤，自必浸入。今以水先浸饱，虽遇油汤，亦不入矣。凡牙箸不可日晒，不可用热水洗，不可近炉灶热暖处，俱易于弯裂。牙箸如弯，可用净水浸二三日，将弯箸安在直箸中间，上下扎紧，其弯箸自直。平日收藏牙箸，亦要上下扎紧，不可散放。

用银镶杯

篾丝银镶酒杯，用过客散，即吩咐家人用洁净湿布拭净阴干，不可过宿，不可日晒，亦不可水浸。

敲　门

官宦人家门户，自有管门仆役。若平常人家，房屋浅近，凡敲门只宜徐徐轻敲，不可急速高敲，致令惊骇。在夜晚更不可。如在公门乡绅之家，更加不可。

立中穿走

凡有三人坐立，不可立于中间，以背隔人。凡二三人共立，不可从中穿走。此皆取人之憎厌也。

小儿衣服

小儿衣服，须以父母或老人旧衣改造与穿，既不折福，又且软熟不擦肌肤。总以布棉为上，不可即与绸缎华丽，致减儿福也。

小儿暖帽

小儿暖帽，当以前人制造露顶垂盖耳颈之旧式为佳。至于新造盖顶暖帽、有皮满帽，俱不宜也。且不可早戴，令儿顶阳气上出，不独头无疮疖之患，且皮肉易于长养。须在十一月极寒之时，才戴暖帽为佳。其凉帽唯以遮护囟门为主，余处遮气可也。

不许小儿敲弄破瓷器

凡见破碎瓷器碗盏之类，即远堆空处，或掘地掩埋。小儿无知，每喜敲磁底，或敲圆磁块以为戏玩。但磁钢极利，若敲时屑沾入目，即刻眼瞎，切须严戒。

不许小儿弄火

星星之火，能烧万顷柴场。小儿每喜弄灯弄火，贪玩忘记放处，或烧着物件，或点着纸草，为害不小。

料物不可与儿戏玩

年节内外，满街都有卖料汁不动，并料汁琉璃喇叭。但此等要物最薄最脆，遍地小儿每喜吹玩，若一吹破，吸入喉咙，无药能救。其破片极其钢利，入目即瞎，入腹肠断。料丝灯上料丝，害亦同此。全在父兄切戒。

小鱼不可与孩子吃

小鱼刺多，大人尚且有鲠，何况小儿？若与自吃，恐口馋性急，一时吞下，刺

清代《三希堂画宝》中的小儿观鱼图

横喉内，不上不下，痛极不止。虽医救得好，已费尽心力矣。何必自投险难乎？

伤人器物收藏密处

凡茶酒水、火炉、滚汤、壶罐、利快刀斧、锥钉、硝黄、火药、人信、番木、鳖诸毒之类，俱要收藏僻静密处，不可令小儿以及愚人相近，遂令其手弄玩要，既恐误伤，又恐短见也。诸伤人器物，亦不可放置桌边，恐小儿无知，用手上勾，以致坠落，为害不小。予曾目见一小孩用小银簪戳粽而食，无心中忽连簪误吞，横刺喉中，血流痛甚者。又曾见小儿在火炉旁戏要，忽然炭斜汤罐倒落，烙儿满身者。又曾见小儿尖钉在手，跌倒戳伤者。事后虽极力医治，总不如未事预防也。

有儿之家不可种鸡冠花

有儿之家，鸡冠花切不可种之。恐小儿无知，一时在花下仰面摇动，花之种子极易散落，一撒入眼，疼痛不已，无医可治。每成瞽目，岂不可惜？

金珠不可饰小儿

小儿衣帽，切不可饰金珠，但前人谆切劝诫再三矣。凡儿之手镯、脚镯、项圈、锁索、帽上之虎头、八仙、狮珠等类，俱不可用。被歹人剪窃，奴婢偷匿，不过失落财物，尚为小事。予曾见本城七巷内，有因一银项圈被歹人将儿颈扭坏，儿命随绝，弃尸城脚，取圈逃去。是此儿之命，乃银圈杀之也。饰银圈者，父母也。何异父母杀之乎？以性命博华丽好看，愚者不为。是以有识高人，布衣朴素，省许多照看，免许多气恼，心中何等快乐！况儿寿之长短，原有定数，绝不因有锁镯而寿便延长，亦不因无锁镯而寿即夭促也。如锁镯能延寿命，唯富家儿尽长年，而贫家儿俱夭寿。不由定数而由锁镯，有是理乎？听予此说，可以醒矣。

痘家禁忌

小儿痘症看治诸法，医书载之甚详，予不复赘。唯痘家最要洁净，如触犯其忌，轻痘变重，重痘变危，深为可虑。因列于此，保幼者不可不存心也。

房中淫垢气　妇女经候气　狐臭漏腋气　酒醉荤秽气　烂蒸湿气　泼粪淋尿气　熬油煎卵气　一切腥臊气　硫磺蚊烟药气　葱蒜韭薤五辛气　硫黄花炮火药气　误烧油发鸟兽皮毛气　炒制一切药味气　远行染带一切汗杂气　焚烧脑麝诸香气

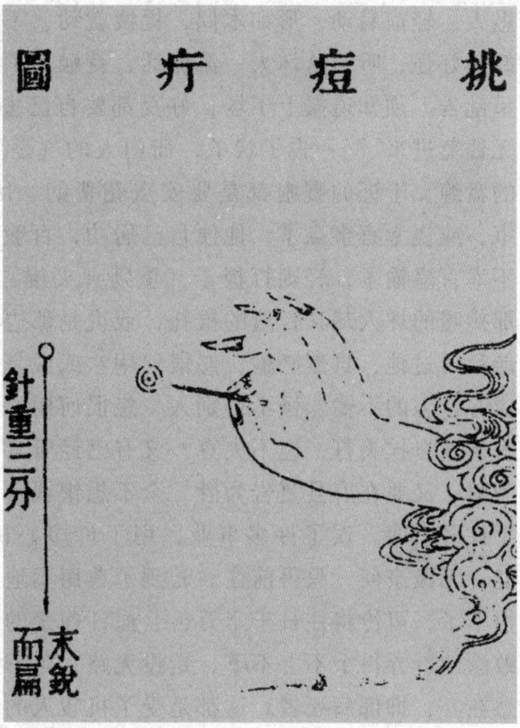

挑痘疔图，出自清代吴谦等《医宗会鉴》

忌：凡外来生人、僧道、尼姑、不洁妇人、孝服人、疾病人俱不可令其走入房内。

忌：食冷水、瓜果、梅桃、鱼、蜂蜜、香鲜物、炙烤物、酸辣五辛毒物、作燥之物。

忌：扫房屋致尘灰飞扑。

忌：不可动沟渠、启溷厕出粪泼粪。

忌：食鸡、鱼、盐、酸、五辛等物。四十九日之后无忌。

忌：卧处切忌幽暗，切忌有壁风。

忌：不可过饱、过暖，亦不可受寒、受客热。

忌：糍饼、糯粽、粘腻坚韧难化诸物，俱不可与食。

讼之起息利害

大凡好讼地方，多因有一种游手好闲的坏人，不能读书，不会耕田，又不做工商买卖，终日流荡摇摆，既没本分事业，家计自无所出，遂而乱为。或倚着自己会说几句巧话，或仗着自己能写几句刀笔，或靠着自己多有几斤臂力，便到处寻事挑唆，包写包告，小事架作大事，大事丧人身家。若再或纳个监生，或侥幸进学，博领青衿，或吏员杂职，或消乏乡绅，恃着护身有符，犹如彪虎生翼，自尊自大，敢作敢为，把他人的财家、自己的果报都付之膜外。又偏有一种不明理、不怕王法的愚人，轻信易动，形如木偶，提线就动，不论事之大小好歹，理之是非曲直，专要好胜好强，听信这坏人一派谎话，就触动了强胜的歪气，甘心顺意，花钱费钞，乱呈乱告。须知道撮上了场，好歹都要自己去挨。俗话说得好："衙门向南开，有理无钱莫进来。"一告了状子，衙门人的气是要领受的，衙门里的银钱要用的，下处的盘缠、干证的嘱咐都是要安点花费的。用了许多银钱，劳了许多精神，及至解审，或侥幸官事赢了，他便自己居功，百般需索，夸张个不了，酬谢个不了。若或不幸官事输了，轻则打板子，重则夹夹棍，送牢问罪，百般受辱，可怜望救无门。那挑唆的坏人却又百般的推托，或说是那边有大情面，有大贿赂，你的势力钱财不能敌得过他，自然必输，怨恨何用？或说是你见官毫无胆气，全不会说，又不依我应答，怎的不输？怪不得别人，怨恨何用？如此看来，赢了官事，他人居功；输了官事，自挨夹打，岂不失算？又有已经府县审断过、处治过，又赴上司大衙门再告为强，又要在府县复告为胜，全不想银钱费而又费，身家辱而又辱，牵累日久，受了许多饥寒，误了许多事业，用了许多心机，吃了许多亏苦，骑虎之势，欲罢不能，无极奈何，只得前往。若到了典田卖地、破家荡产的时候，悔也悔不来，恨也恨不了，可怜将往日千辛万苦、血汗挣来的银钱破耗无存，又将往日支持的体面一败涂地，弄得个不上不下，走投无路，免不得妻奴的抱怨，亲友们的笑话，甚至忧愁在心，抑郁病死者。这都是受了挑唆人的大害，所以如此。要知道这挑唆人的用心极坏，真个是碓磨不动，鸡犬不食，将两家撺掇起事来，他在中间做得好人，赚得好钱，吃得好食，还要叫你们欢喜他，感激他，酬谢他。这样坏人只图眼前快乐，全不顾自己男盗女娼，天灾人祸，变骡变马决然难免。若到果报的时候，虽有巧言刀笔，势力显宦，总毫无用处，悔之已迟，真为可怜。且这坏心设成陷局，令人坠其术中，全不知觉。就有人后来知道听信挑唆是件不好的事，已在受辱消败之后了，悔之已迟，真为可怜。我有要紧说话，各要存心切记：但凡两人相争时，须要忍让得这一时，只回头认自己一句错。那人听见，就不好不休了，岂不省事？但凡两人自是不反，只要冷言称他人一句是，那人听见，就不好不休了，岂不便宜？又有人将冤屈来诉说，须要对他说此事甚小，昔人还有极大的冤枉，如某某事情，又将奈何？那人听见，就不好不休了，岂不快活？传授四句语曰："些些争闹不如休，莫经官府讨焦愁。花钱挨打荒田地，赢得猫儿输去牛。"时常念诵，心气自然平和，结讼人能依我说，诸事忍耐，保你成家立业，不误事，不费钱，不劳心，不求人，不害怕，不受辱，做一个真正好人，日夜坐卧都是安稳的，快乐极矣。唆讼人能依我说，自今改悔，士农工商诸事俱可谋生，不作这等人，不赚这等钱，不吃这等食。见人有事，不论大小，苦口良言，只劝人和好，大事化为小事，小事化为无事，积许多阴德，保许多妻子儿女，免许多怨恨，消许多祸害灾殃，做一个真正好人，日夜坐卧都是安稳的，快乐极矣。我这许多说话，虽然粗直琐碎，其实千真万确，一些不错，俱各听从，念之思之，不可忽也。

备雨伞木套

凡人家雨伞木套，可多备两三付，藏于家内。倘或亲友到我家有事，偶然遇雨，令彼穿去，人自喜欢。但领伞套之人一到家，即着价送还，不可因彼家有而忘之也。

暖帽钉带

今人凉帽用帽带，其暖帽每多不用帽带。要知舟中桥上，偶遇狂风，竟有吹落沟河者。更有刺棍窃贼，常于夜晚间，在空僻处所，突从背后摘帽飞跑，追赶不上，不可不谨防。若新年岁底，或贵重貂帽，更须留心。

夜晚莫走僻巷

夜晚间无论有灯无灯，俱宜从大路行走，不可走僻巷，以图近便。一则恐防小人之歹意；一则恐多水汪沟秽之污履也。

伏得客气才伸正气

七情之发，唯气难调。人之气有两样：有客气，有正气。正气者，义理之勇，植名节而扶纲常；客气者，气血之勇，逞雄心而肆暴戾。正气不可无，客气不可有。伏得客气下，而后正气可常伸。孔子曰："及其壮也，血气方刚，戒之在斗。"夫气之发也，忿如火，不遏则燎原；怒如水，不止则滔天。无理义以闲其心，必至于我求胜人，人亦求胜于我，冤冤相结，无有已时。俗云："任性使气谁不怕你？也要提防王法天理。"前人又云："心平和气者，百福自集。"要知人当暴怒时，正生

孔子像。孔子反对争斗，认为君子应该是无所争的，不但于人无争，于事也无争，一切要讲礼让

死关头，含忿遏欲的景界，此时尤当痛加猛省，平气以处。譬如行草莽中，而荆棘之在衣，虽怒何益？唯徐行缓解，则脱然去体。所以气欲柔，不欲强；气欲顺，不欲逆；气欲定，不欲乱；气欲聚，不欲散。唯养定者，非意可以理遣，横逆付之不校。抑其强阳，化其虚侨，如汜省子之养斗鸡，如孟氏之养浩然，自心和而形和，形和而气和，望之者无不冰消雪化矣。要知忍得一时之气，免得百年之忧。少年得志之人，胜心易起，每逞其悻悻不平之气，较雄计雌。少不如意，辄变色相加，小则奋拳攘臂，大则聚众操戈。一朝之愤，忘其身以及其亲，悔之何及。不过付之长叹而已。

养气

气之害有七：怒则气上，惊则气乱，恐则气下，劳则气耗，悲则气消，喜则气缓，思则气结。惟养定足以消之。韩、范二公于上前争议国是，彼此相竞如虎，及至下殿，不失和气，此善养之明验也。是以文章功业，俱以养气为第一。

戒气歌

劝世人，莫斗气。只因些小口头言，等闲做起许大事。有人来说他骂你，也莫答应也莫理。当面唾骂如不闻，若还打来只回避。英雄好汉让他做，自有旁边识者笑。他日遇着硬对头，披枷带锁不肯饶。请君试看齿与舌，软的不坏硬的毁。

好言语只要人肯听从

世人不愁无好言语，只愁虽有好言语，人却不肯听从。予每见有一种人，听见极好的说话，怎奈听之者如风吹过，并不曾入耳警心。更有毁谤议论、讥诮恼怒者，不独有负出言人之好心，其实是不肯听从。人之无福承受也，岂不甚可惜哉！

庆慰之欣戚宜忌

凡亲友人家，如有婚姻、寿诞、登科、生子诸喜庆事情，我若往彼庆贺，或遇此等事之客座酒筵，须要代为欣喜欢乐，切不可愁眉蹙额，恐彼人知见，疑我有妒忌不乐之心，岂不惹人怨恨？凡亲友人家，如有疾病、官讼、火盗、死丧诸灾祸事情，我若往彼候慰，或遇此等事之客座酒筵，须要代为忧虑悲叹，切不可欢喜欣笑，恐彼人知见，疑我有幸灾乐祸之心，岂不惹人怨恨？总之乐人之乐，忧人之忧，不独体顺人之情意，而且自己亦大有受用也。

庆慰之言谈宜忌

凡遇有诸喜庆之酒筵，于坐中若开口说话，先要存心一想：但有干涉死丧灾病诸事之言，切不可出口。即字有犯忌者，如“死”字、“史”字、“丧”字、“桑”字之类，亦不可错说。倘彼听知，或家人亲友传说，当时虽不好明说，心中必将谓我有意不足而生阴毒矣，最惹人恨。凡遇有可忧诸事，如欣喜之言亦当切戒。总之酒席人众，俱不可多言，既免忌讳，又无祸害也。

坏人行止存在心里

凡朋友亲族中，如有没良心的，或有好狡刻毒险恶的，我曾同做过事或曾与其交往，虽然知得十分真确，总要存在自己心里，外面却和颜悦色、低声下气，推事远他。切不可显然顿绝他，致令结怨；切不可将他坏处向人诉说，恐再遇坏人传说闻知，彼不自悔，反生怨恨。仇隙排陷，每每由此而起。所以君子绝交，不出恶言，大有高见也。

听人说话俱要包容

听人说话，俱要包容。譬如人说一事，有朝代记错的，有姓名不真的，有字认讹舛的，有语句读得颠倒改样的，有荒唐虚谬的，有鄙俗不堪入耳的，要知其人或愚、或拙、或无才学，所以如此。切不可将他坏处随口说出，代他改正；亦不可笑他鄙他。在我解说教他虽是好意，但恐彼人羞愧没趣，岂不反惹怨恨？前人有云：“当面证人，惹恨最大。是与不是，随他说罢。”其见人文字、书画、衣冠、器物、房屋以及行止、动静、面目、身体，俱要存心包容，享许多福，免许多祸，不可忽也。

说话令人欢喜妙法

喜人说好处，恨人说坏处，人情之常。凡人或有羞愧可耻的事，或有鄙俗下贱之事，或有被人欺侮诈骗、不可与闻的事，或有伤风败俗的事，不独不可信口说起，即或出言之间，设有别人事情近于此者，俱当避忌。犹恐传说，彼人听知，羞愧没趣，且疑我造言毁谤，多致招尤惹怨。或有旁人谈说者，我当代为遮盖，彼自感悦矣。譬如人有荣幸得意，胜人过人，可喜可羡之事，须要频频向众传说，多加夸张称赞，彼人知闻，自然欣喜快乐，深为感激。此涉世最妙之法。

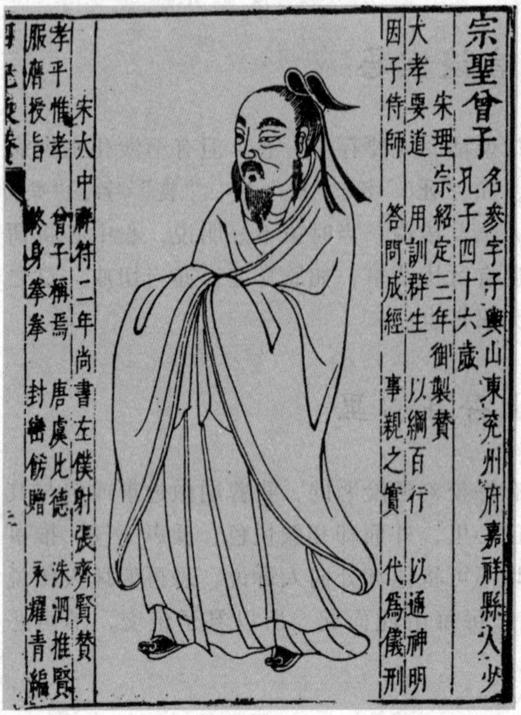

曾参像，图出自明·吕维祺《圣贤像赞》。曾参即孔子的学生曾子，他以诚信教子。一次他的妻子要去赶集，孩子哭闹着着要去。妻子哄孩子说，你不要去了，我回来杀猪给你吃。小孩听了，不哭也不闹。当她赶集回来后，看见曾子真要杀猪连忙上前阻止。曾子说："你欺骗了孩子，孩子就不会相信你。"说着，就把猪杀了

教子以身教为第一

教训子孙，全在为父祖者善能以身为表样，多方引诱，才得成人，不专在琐碎打骂而已。若能举止动静处处熏陶，子孙从幼小时候，眼中看见父祖是这样行事，耳内听见父祖是这样说话，自然不知不觉也照依这样行事，也照依这样说话。大约农之子常为农，士之子常为士，弓冶相承，自然而然。倘或父祖不重读书，子孙也就不知书为何物；父祖不知稼穑，子孙也就不知田在何方。又如父祖勤劳，子孙绝不懒惰；父祖俭朴，子孙绝不费用；父祖喜于徵歌，子孙必学笙歌萧鼓；父祖喜于看牌、掷骰、马吊、博弈诸技，子孙必至于大赌倾家。父祖好色，子孙必至奸淫；父祖游荡奢华，子孙必至破败家产、下流贫贱而后止。父祖争讼，子孙定遭刑狱；父祖专趁恶人，子孙不为盗贼不休。原非性之本然，皆因习之相近也。总之，起初效尤，遂至无药医救。所以苏东坡有云："其父杀人报仇，其子必且行劫。"即此义也。可见教训子孙，必须自正己身。己身能正，就是教子孙的方法。予最爱前人有二句云："心术不可得罪于天地，言行要留好样与儿孙"，真格言也。

老医少卜

老医少卜，人俱推重。盖因医生年老，见过病症，必然甚多，所以用药必然稳当。而少年医生，见病不多，主意必然恍惚，认不真确，用药必然错误。身命大事，岂可轻忽？所以不可不遴访倚托也。但此亦大概而言，又须看其医人才学有无。倘若不学无术，庸愚偏执之辈，虽百岁衰朽，亦何益耶！至如占卜用少壮幼童者，以其精神全而思虑专，所以言多灵验也。

辨讲学之益

世人往往辟讲学者，且疾视之，不知学问是自家本等当做之事，不讲岂得明白？辟之者左矣。虽讲学诚不可辟，但所讲亦自有辨。如六经论孟，前儒注解大明无论矣。如朱陆之辨、阳明良知之说，所论所注，不知过了几十代人，义亦显著，日呶呶于此，似多了一番。倘聚会时，只辨析疑难，商榷时事利病，箴规彼我得失，即朝讲夕谈，处处有益，讲之何妨？

心不容昧

人不可昧此心。要知天理之在人心者，自不容昧耳。予每见世人，生平作不良事，至死幸现真性，能自说其事。或因恶疾以示戒，或说所见凶恶之相，并及平日隐匿之事，皆真性所见，不容自昧也。

洗得失之念

昔许鲁斋云："花开花谢，时去时来。福方慰眼，祸已成胎。得未足慕，失何可哀？得失在彼，敬听天裁。"味此言也，令人得失念头，脱然如洗。

义　命

人处穷通得丧，真有个义命在。倘信得义命真，完得胸中一点真乐，即饭蔬枕肱，穷困极了，亦且潇洒快乐，浮云富贵。况衣食庐舍，稍稍适意，又岂以在外者动心哉！若彼甲第连云，田浍千陌，乃复日执牙筹，贪饕无厌，朝暮戚戚而已。只是物欲要昏蔽之极，全不识义命为何物。就如触纸蝇、飞瓮蚋、投炬蛾一般。

诸事不容侥幸

苏子云："深山大川，有天下之至宝，无意于宝者得之。"予常验之。功名富贵，彼斤斤求必得者，辄不得谐所愿。唯置身于淡泊寂寞，一无所觊，则傥来者常在意外。乃知造化无心，非有心者可侥幸于万一也。

天付已定

栽培倾覆，天道常理。予往往验之。有福人家，好事则层见叠出；彼贫薄之士，失意事常多。盖因渠落草时，天付已定。后来造化，各只还他本等的，岂有心丰啬之哉。细味子思子此言，实窥透造物者之心。

安命快活之理

造化赋人以一定之分，驱人以不测之机。是以往往为造化小儿所弄，终日营营戚戚，趋利避祸，与瓮蚋相似。独彼圣人窥破了，只是快活，吉凶悔咎，一顺其自然，故曰“乐天知命。”又识得常人未必能知命，只教他安之而已。至此则造化不测之机，乃无如圣人何。

真精泄后则气降

人始生，气日向上。所以齿毁复出，发剃更生。及真精泄后，气渐下降，初则便溺处毫毛，次则两肋下毫毛，精神已亏于体矣。又次则两颊生髭髯，又次则两颔生髭髯，而精神已亏于首矣。然犹精血完满，须发尚黑。中年以后，精血两亏。须发渐白，齿牙渐落，一白不复黑矣，一落不复生矣。就此时保养精血，犹恐不及。况纵欲以戕之乎？思之思之，令人悚慑。

年过五十岁必要受用

人生在世，壮年固不可不辛勤创立。若是将衰，则有所不同。前人云：“人生七十古来稀。”如已经年至半百，后来韶光纵多，亦不过二三十年。乃营营朝暮，不思一息机，自适其适，殊可嗟惜。旷达之士，便能勘透。凡遇好山水、好光景，必要受用些，绝不肯错过。

连环字义

古人制连环字句，皆有深意。如曰“穷通”，曰“祸福”，曰“贫富”，曰“得丧”，曰“常变”，曰“荣辱”，曰“利害”，曰“否泰”，曰“贵贱”，曰“聚散”，曰“盛衰”，大都穷有时通，贫有时富，祸兮福倚。至于得无不丧，常无不变，荣必有辱，利必有害，贵有时贱，否有时泰，聚有时散，盛有时衰，皆理数剥复之常，要之不来，却之不去者。世人于得意处辄骄，失意处辄戚，皆不识剥复相因之理，徒自劳扰己耳。

忠厚勤俭

言公潜湖疾将革。子孙环绕床席，泣受遗命。公笑曰：“予何言？忠厚勤俭，是宅心保家之要。”既而曰：“予闻生死之际，圣贤所慎，常情畏怖，神志便乱。今得了便了，心下旷无一事，更觉轻脱。不审去后复作何状。”言讫而逝。人能体此，则入世出世之法尽之矣。

福缘

人之福缘，自有分量。盖自诞降之日，分赋已定，丝毫不容增减。每见贵家富室，科第云仍，称意事层见叠出，岂偶然哉？缘渠宿世善因，眼前修饰，抑或祖宗所积庆余，是以受享乃尔。羡之妒之，何如自励自修？

浑厚是享福之基

天地间完福，多自浑厚糊涂人得之。人若太精明，太伶俐，毫发不放过者，往往不能全享。即全之亦不能久。此无他，造化纯庞处，尽被此辈剥丧，所以其人之享用，仅仅如是。予常验眼前人，每每如此。凡出言行事，不可不存浑厚，存浑厚者，是自有受用也。

好勇斗狠之害

世人立身，贵在和平。要知天地和则万物亨，国家和则祯祥集，人身和则灾祸消。“和”之一字，可为至宝。我每见世人能和者少，不能和者多，往往多逞血气之勇。只因一言半句，些微小事，触着怒气，便舍身拼命，争斗不休。这都是愚蠢下流所为的事。若是明白道理的人，就知好勇斗狠，以危父母，谓之不孝，断断不为。我把这斗狠的祸害，略说与你们一听。我每每看见两家相斗，怒气狂发，拳棍底下没眼睛。恼恨之时，不分好歹，乱打乱踢，轻则伤肢折体，做个残疾废人；重则不是你们打死他人，便是他人打死你们。时常竟有一拳一掌，一棍一物打着致命处所，人便登时死了，无法解救的。如若自己被他人打死，自己的尸骸，必遭检验蒸刮，自己的父母妻子，必做苦主告状。千愁万苦，千痛万恨，自己在恶死地狱中坐着，父母无靠，妻子活离，这还是占了便宜的。如若你们打死了他人，房屋被苦主拆去，家伙被苦主打去，财帛被苦主抢去，父母妻子兄弟若躲避不及，被苦主拿去，吊的吊，打的打，锥的锥，捣的捣，百般凌辱，不算正账。苦主拿锁凶犯，私下打个死边过，再送官司，三推六问，审过又审，问过又问，打过又打，夹过又夹。府县审了，又解上司复审，锁扭牢囚，受尽无限痛楚。监禁日久，家财已破，衣食艰难，父母累死，奴仆逃散，凶犯妻子必然亲身到监送饭。初时尚能各处借贷，买饭送吃。后来借贷无门，求乞无路，连妻子不得不做无耻的事，以供食用。人各有心，岂不思量这无耻的饭可是吃得下咽的？又有凶犯问成死罪，斩决之后，妻子无依，不得不嫁人。那时妻为别人妻，子为别人子，凶犯虽做了无头之鬼，若知这个凄惨，亦必泪从断喉血管中流出，可不怕么？但油刮光棍，各地方都有。倚着有些膂力，便到处打降。及至犯法受罪的时候，万千惨苦，猪狗不如。悔也悔不来，救也救不出，真正可怜！我劝世上人于未犯之前，看着这许多问成死罪的人命大案，多因些微小事而起，各要速速回头改悔。自今以后，一切事，性气要和平些，让人一着。如有十分让不过的事，宁可告官究治，切不可轻易动手相打。自己享许多快活安乐，受福不小。

赌

“奸必杀，赌必盗。”古人说的话，半点不差。你们赌钱，原思量赢人的钱财，谁知反输了自己的钱财。输了思量复本，谁知越赌越输，越输越穷。荒废事业，又被亲友们笑骂。你在路上行走，人都背后指之，说此赌博不肖子过去了。你到亲友家中，人都大小相戒，说赌博贼来了，须要仔细防备他。人生在世，都是这样面目待你，真正羞死。你见赌博的人，哪一个有发财的，哪一个不流敝无耻的，哪一个不破家荡产的，哪一个不被父母打骂驱逐的，哪一个不受妻子朝夕怨詈的？及至狼狈无依，饥寒迫体，势必做贼偷窃。渐渐手熟脚惯，自然入在强盗一伙里去。我往往见拿获大盗，问官严审时，问他为何去做贼，答曰：“只因赌钱输了，无处设法，没奈何就去做贼。”这等看起来，只为赌钱便连性命也丧了。我劝你们莫赌，先要替你们除去了好赌的病根。大凡赌钱，都是游手游食，不作生业，闲荡的人。终日里吃了闲饭，不想赌钱，便想奸淫。你们须要各寻个事业去做。不论大小，劳心劳力，日夜无空闲工夫，自然就不赌了。

随身八宝

孝悌、忠信、礼义、廉耻，此八个字，是人身切己的八宝。此八件，譬如房屋之有梁柱，若缺一梁柱，房屋必然倾倒；又如纲之四傍，绳纲若少一边，如何得用。所以这八件是件件时刻少不得的，却又是人人时刻离不得的。大凡教人做个好人，须要从此八件做起。人若做了坏事，骂为忘八，就是忘此八字了。既忘了此八字，还成得个甚的人！

孝

父母之恩，如天罔极。为人子者，不可不加意孝顺。若只知妻子饱暖，不顾父母饥寒；只知任性忤逆，不察父母喜怒，这等的人，虽有子孙，也是照样不孝，必不昌盛。纵得富贵，也是衣冠禽兽，必不长久。千万不可学他。须要以孝为嘉，以不孝为羞愧，方才成的个人。况人生奉事父母从无百年永侍。今日有父母不肯孝顺，日后知孝顺又无父母。切须时时刻刻把父母记念在心，凡事竭力承欢，不可少有半点忤逆。这才于心无愧。我的子孙，亦复如是孝我矣。

郭巨埋儿图。传说汉代郭巨家中贫寒，每次吃饭的时候，母亲都要分一些食物给孙子。为奉养老母，郭巨夫妇狠下心来打算把儿子埋掉，挖地三尺时，得到一罐黄金，上写“天赐孝子郭巨，官不得夺，人不得取”

悌

兄弟同胞共乳，古称手足，全要敬爱。是以让国之事，史册传芳。我每见今人，不独不能尽其恭敬，且有听室人谗言而分爨析居的。或因些小财产而构怨致讼，仇恨终身不解的。又或身处富贵，兄弟贫贱，任其饥寒，听其流敝，不为心恻，反为深幸的。独不思兄弟谊同一体，如此相待，父母存，伤心固不必言；父母亡，地下必不瞑目。心何忍也？至亲兄弟尚如此，又安望其对叔伯友昆而知敬知爱，见乡里尊长而毋侮毋慢耶？我愿世人尽孝悌之道，做个好人，岂不幸甚。

忠

我等布衣小民，凡忠君爱国的事，何敢多言？只是做人勤俭，早早上完朝廷的钱粮，安分守己，不犯朝廷的法律。每早焚香叩天，保求皇上万寿、天下太平，这就是小民尽忠了。

信

人不信实，诸事无成。亲友俱不相托，虽有说话，俱不听从。自为诌谎虚妄之人，自贱自弃，岂不可惜。

礼

礼义经天纬地，包括甚大。我略举日用当行者言之。人生天地间，不可一刻无礼。处家庭之内，父母坐于上，子侍立于下。见叔伯过而起，与兄长行而随。食必先让，劳必自居。男女不可杂混。嫂姑姊妹之前，切戒亵体，尤不可戏言。皆礼也。处乡党之中，遇长者必敬，不可慢忽。遇同辈必谦，不可欺侮。衣冠要正，行止要端。迎宾会客，登降拜跪，不可急遽粗俗，务要雍容和蔼。皆礼也。由此观之，凡一言一动，一视一听，皆要合礼。无礼则非人类矣。可不慎欤！

义

义者，宜也。为所当为，谓之义。如为子死孝，为臣死忠之类是也。其次则于宗族乡党之中，见有贫而不能婚嫁殡葬的，须当量力以赠之。见有遭难困苦，衣食不给的，须当量力以济之。见有含冤负屈而不能伸的，须当出力率众慷慨公道以白之。至于修桥修路、施药施棺，赈饥济乏，喜道人善，广行方便，皆义也。子曰："见义不为，无勇也。"大哉！圣人之言矣。

廉

廉者，无求无欲，不夺不贪是也。物各有主，苟非吾之所有，虽一毫而莫取，这是正理。如见人有富贵，心怀妒忌；见人有财宝，心怀觊觎；见人有美色，心怀羡慕，皆是不廉。不廉即盗，虽无盗行，已有盗心。不独攘夺偷窃方谓之盗也。

耻

孟子曰："耻之于人大矣。人不可以无耻。"朱子曰："有耻则进于圣贤，无耻则人于禽兽。"可见耻之一字，乃人生第一要事。如知耻，则洁己励行，思学正人，所为皆光明正大。凡污贱淫恶，不肖下流之事，绝不肯为。如不知耻，则事事反是。彼岂异于人哉？盖缘心无羞恶，天良已绝。日习日邪，越趋越下。与禽兽相去几希！

勤耕织

男耕女织，圣世良民。《语》云："一夫不耕，全家受饥；一女不织，全家受寒。"切勿怠惰，自取穷苦。宜勤耕勤织，更有许多好处。收获之后，先完漕米，随即计算一年所吃之粮，藏顿内室。其余粜卖，封纳钱粮外，则积蓄囊中。所织绸布，将布供给一家穿着外，绸则不可浪费，乃尽行变卖银钱。年年如此，虽不大富，亦称充足。上不欠官钱，下不欠私债。含哺鼓腹，安逸过日。每逢岁时伏腊，斗酒只鸡，家人父子团聚一堂，笑语嘻嘻，岂非人间第一等乐事！虽曰耕有胼胝之苦，织有机杼之劳，要知成人不自在，自在不成人。凡世间财谷，断未有不从劳力辛苦中得来的。况商贾官宦，携许多资本，抱许多才学，尚且水陆奔驰，风波尘埃，抛家业，离骨肉，何等苦楚。我苦苦奉劝男女，努力共成家计，切不可懒惰，自取穷苦。且男女勤谨，一心只知耕织，则不肖非僻、淫欲邪念之事，一概不为，是一勤而百善具备。仔细思量，最有快乐，最得便宜。

耕田图，出自明·宋应星《天工开物》

各守本分

昔人云："刀斧虽利，不加无罪之人。"世人各能谨守本分，何罪之有？但世上有一等人，性多轻佻，不肯循规蹈矩，不肯各安生业，或闲管是非，或好胜逞气，或越理妄为，或暗计害人，或结党诈骗。要知举动一错，自然惹祸招灾。轻则败家，重则丧命。到了懊悔之时，噬脐无及矣。予愿读书者，当闭户发愤，止愧学问无成，哪管窗外闲事；务农者，当用力南亩，唯知及时耕种，切莫悬耜妄为；艺业者，当居肆成工，务以技能取利，勿生邪念旷闲；商贾者，当竭力经营，一味公平忍耐，毋为奇巧欺人。如是则盗贼不做，凶恶潜消。刑罚可以不设，兵革可以不生。风俗淳厚，太平坐享。常思昔人日出而作，日入而息，耕田而食，凿井而饮，何等快活。这方是真正守本分的人。

不可索人爱物

凡可爱之田房、花果、饮食、奴婢之类，戒义同此。

凡有精美可爱之物，不可轻易向人索取。要知人心相同，物之可爱者，我心既爱，彼心亦爱。夺人之爱，心甚不良。若开口向说，彼或不允，岂不自愧？彼或不得已而与我，未尝不隐恨于心也。何必因此而取人之怨尤乎？有识之人，当不谬予言。

善乐恶苦

为善到人知处乐，到人不知处更乐。为恶到人知处苦，到人不知处更苦。

立身主意

天地如许其广也，万物如许其多也，元会世运如许其长久也。我以极微极渺之躯，生于其内，身不过七尺，世不满百年。以七尺之身，寓百年之世，不啻石火电光而已。即急急忙忙，以日为岁，理我本分事业，犹恐溘先朝露，抱千古不了之恨。安得闲工夫管闲事，说闲话，断送有用之驹隙哉！谚云："一失脚时千古笑，再回头是百年人。"与其苟且立身，枉然出世一场，不若发愤为雄，卓然自立，流芳百世之为愈也。但立身之要，最上者践形尽性，做宇宙中第一等人，何难希圣希贤。其次莫如读书。命运通达，可以登科甲，出而建功立业。否则训导生徒，可以养身。或从事笔札，亦可以糊口。儒言儒行，亦可以振家声、教子孙，大有益于我矣。即不能习儒，则农商、医卜、工艺，皆可资生。此所谓"有恒产者，有恒心也"。是以贫贱有业，不至于饥寒；富贵有业，不至为非。此诚立身之根本。不然，人生世上识些道理，不肯做个本分好人，岂但为乡党所笑，即天地鬼神亦所深恶。嗟乎，宇宙原未尝限人，而人自限于宇宙矣。世人无远大之识，不能贾壮选术，立身扬名以显父母，而作狂奴故态，挨排度日，非驰骋于裘马之场，即角胜于嫖赌之地。以身为市，以利为壑，终日落填火坑，如何才得出头？所谓下等之人，徒为活世，岂不可惜，岂不可怜！

立志贵先

志者，心之所期也。心之所期，贵乎专一。《性理》云："远举之而必至谓之志"，盖必要到究竟，方是志也。譬如射者，初挟矢时，即祈命中，必至穿杨而后已。譬如行路，心祈到某处，必要忙忙行到，如此方是志。若半途而废，皆非志也。凡半上半下，为学与做事，总无一成。是以立志贵先也。立志要辨志，头路方不差错。

子弟早晚家礼

子弟不拘大小，每日早晨上学，俱先在家内奉揖家神、父母尊长。晚间馆回亦然。每早至学馆，奉揖圣人、先生，晚间课完回家亦然。至于远出远归，赴盛筵，成要事，俱要奉揖告辞告回。奉揖时，须要称呼恭敬，不可慌忙草率。要知子弟终日习此，不独礼节熟练，又令其知尊卑上下之仪，销许多骄傲粗猛之气，最有大益。虽祈寒暑雨，不可一日或免。子弟即长至二十余岁，亦不可免。

凡行礼全要恭敬

行礼揖拜时，全要舒徐恭敬。倘若慌忙急促，定然失仪。奉揖时，惟目视自己鞋尖，最为恭敬得体。

同众人行礼不可自为上下

同众人共揖共拜，须要照看左右齐匀，不妨略从缓些。不可自为先后，七上八下，以致失仪。

夜卧不可以被盖面

夜间睡卧，不可将被连头脸蒙盖。今人冬月怕冷，往往有此。殊不知头脸因棉被盖住，周身暖气熏蒸，最易患眼，一也；阳气不能外出，易生毒疮毒疖，二也；头多眩晕，三也；两耳既然被盖，户外倘有火盗诸不测事，总不听闻，最误大事，四也。有此四忌，切须戒之。

小儿莫食鸡

鸡肉不可与小儿食。要知小儿脾胃柔薄，鸡肉坚实，不能消化。或生白虫，或成痞疾，为害不小。凡病人老年人亦不可多食。周岁内小儿，更不可与食。

腊肉火腿

腊肉火腿，病愈之人每喜下粥饭。殊不知病之初愈，脏腑虚弱，火腿坚实，不能消化，反成积患。须宜煨煮极烂，少食为佳。但凡肉不烂者，小儿亦不可与食。

勤俭要有分别

勤求俭用，是成家立业之妙法。但勤求只当于我本分内加意辛勤。若是损人害人之钱财，切不可思想图谋。即或谋来，予恐天道好还。从恶中得来，未久又从恶中加倍销灭矣。俭用只是量入为出，不急之事莫为，至于孝、悌、忠、信，人伦礼节之类，应用钱财者，亦不可鄙吝。若过于减省，予恐惹人讥诮，起人怨恨矣。

收藏海味虾米银鱼

海参、海鱼、银鱼，海虾之类，如逢久雨，或霉天发潮湿，须要烘干。先将蒜瓣剥开铺缸底，候冷透盛收。虾米银鱼之类，俱同蒜瓣收则不生虫，盛瓷器盖紧，莫透气，则味甚鲜美。虾米海味先用滚水泡透，煨则易烂。

谦为吉府

谦为吉府，傲乃罪根，未有不敬而能谦者。要知“谦”之一字，刻不可离。其少年子弟，更是急急当服之药。

能知足即时常享乐

大地有万纪，此身不再来。人生在世，纵然活得百年，三万六千日之外，吾不得而有也。奈何以有限之年，挂无穷之虑。盖素位而行，无人不得。人每欲以智力求多于造物，越得越求，越求越贪，越贪则越不足矣。当思天地如逆旅，身世若蜉蝣。王侯腐草，同期于尽。苟非吾之所有，即费尽心力，用尽机关，只徒自苦耳，有何益哉。昔人云：“眼前随分好光阴，谁道人生多不足。”又云：“如今休去便休去，若觅了时无了时。”此极高之见识也。富贵不知足，是怀贫贱心。贫贱能知足，实享富贵乐。若随遇随安，随时随过，则心地清凉，眼前便是净土。其知足者，乃其所以常足也，非所谓大休歇、大自在汉耶？是以知足之人，虽境遇有所不如，只将更有不如者往下思想，随时随地，都觉快乐。此即现在天堂，自己享福享乐者多矣。若不知足之人，因其心中时时刻刻有无限不了的事件，有得这件，还少那件，只是忧愁苦恼个无歇无休，虽有诸般好境界，诸般好受用，无奈他总不知觉。此即现在地狱，自己受苦受罪者多矣。予传授知足秘法，不必另寻捷径，只须将不如我者，往下几层一比。要想此日此时，世上有许多遐方异域，草衣木食，巢居穴处，寒则裂肤，热则炙骨。名虽为人，而实则禽兽不若的。又有许多鳏寡孤独、哀痛无告的。又有许多无家无业，而甘受耻辱，奔走下贱的。又有许多贫无立锥，食不充口，衣不充身，饥寒急迫，借贷无门的。又有许多手不得停，脚不得住，饥不得食，渴不得饮，劳筋苦骨，面焦形枯，血汗辛勤，冲风冒雨，而寒暑不息的。又有许多或耳聋眼瞎，或喑哑痴呆，或手体残缺，或人事不知的。又有许多身往他乡外郡，抛妻撇子，骨肉分离，沐雨栉风，披星戴月，波浪沉覆之惊骇，山谷险峻之危难，尘埃满面而旅邸孤苦的。又有许多寒暑瘟疫，疯痨鼓膈，疾病卧床，痈疽疔毒，脓血淋漓，痛楚呻吟，求生不能，求死不得，医治不愈的。又有许多忽被狼吞虎咽，蛇伤蛊毒，身命不保的。又有许多官事牵连，夹打锁扭，囚陷牢狱，叫痛鸣冤而控诉无伸的。又有事犯刑宪，笞杖徒流甚至绞斩大罪的。又有许多自缢自刎，投河落井，惨死非命的。又有许多遭丧失火，被盗被劫，刀兵大难的。种种苦楚，说之不尽。总是前生恶孽所致，或是现世积作果报。真可痛哉！真可畏哉！惟是尔我同一形躯，同一知觉，他人则如此惨苦，岂非地狱受罪之囚犯；我今饱暖安康，岂非天堂快乐之神仙。有此快乐大福，再不知足，还要想长想短，愁东愁西，真大错矣，真薄福矣！人能如此常想，即常得享乐享福，贫可当富，贱可当贵，凡人可以当仙佛。要知享乐享福，受苦受罪，都是自己取讨。人之光阴有限，非比天地之长久。人之精神亦有限，非比金铁之坚固。急早享乐，已经嫌迟，切不可再去自寻受苦也。予再说前人一事以为引证，义更明白。昔王定国自岭外归，出歌者柔奴劝东坡酒。坡问柔奴："广南风土可居否？"柔对曰："此心安处，便是家乡，不必好风景。"夫柔奴一女子，且不择地而足。真可谓"炎海变清凉"也。金溪胡九韶，每日焚香顿首，谢天赐清福。其妻笑曰："三餐菜粥，何为清福？"韶曰："吾幸生太平之世，无兵祸，又幸一家得免饥寒，又幸榻无病人，狱无囚人，非福而何？"九韶之言初若易之，又思旦夕之间少有不测之事，即不宁矣。焉得不以韶言为宝？西廓有富翁，朝起面蹙额不宁，夜卧展转于床，不安其寝。或叩之故。曰："吾积金仅万耳，何日至钜万也？吾诸子皆薄赀郎耳，不能台鼎取远利也。吾年已迈，不能望百龄也。吾之皱眉怀恨，没身而已，所以年未老而发白齿脱也。"不知足至此，是倒置之民自寻苦楚，甚为可怜。此三事，须以西廓富翁为戒，而以九韶、柔奴为式，则时常乐矣。

不如意

人生世间，自有知识以来，即有忧患不如意之事。小儿叫号，皆其意有不平。自幼至少，自壮至老，如意之事常少，不如意之事常多。人虽大富大贵，天下之所仰羡，以为神仙快乐。要知其不如意处，各自有之，与贫贱人无异。但其所忧患之事不同耳。是谓之缺陷世界。以人生世界，无足心满意者，能达此理而顺受之，则享许多自在安乐之福矣。

自投苦海

"人生不满百，常怀千岁忧。"世人自十五岁至二十岁以上，为身计。自二十岁至四十岁以上，为家计。自四十岁至五十岁以上，为子孙计。自五十岁至六十岁以上，为老计。自六十岁至七十岁以上，为死计。中间营营扰扰，无一息少歇。得寸望尺，得百望千，如飞蛾之投烛，羝羊之触藩，不免计未周而生先尽，虑未及而形不留。一朝长寝，万念才灰，是自投苦海也。

贪心致愁

小民所望者狭，至于衣食不给，朝不谋夕，犹然咏歌不辍。乃士大夫少有不如意处，便忧愁无聊，若不可活。假如处小民不足境界，又当何如？甚有富堪敌国，又叹一命之不沾；贵极人臣，还恨九锡之不至。是数奇薄福之人，贪心所致也。前人云："举世尽从愁里老，谁人肯向死前休。"深为可怜。

平常好

世路崎岖，有一乐境界，就有一不乐处相对待；有一好光景，就有一不好处相乘除。譬如妻妾乐矣，而有戕贼之苦。珍味乐矣，而有造业之苦。饮酒乐矣，而有中酒之苦。富厚乐矣，而有人来欺旋妒害之苦。为官乐矣，而有繁劳奔驰降调之苦。团聚乐矣，而有终须离散之苦。惟寻常家饭，甚堪咀嚼也。

当休便休

人虽事理明彻，若不肯当下便休，直要寻个了局，是终无了局矣。譬如婚嫁虽完，事亦不得了。僧道虽好，心亦不得了。终日劳扰，自取烦恼，缠缚无有休歇矣。

知足不殆

岁月本长也，而忙者自促之。天地本宽也，而鄙者自隘之。风花雪月本闲也，而劳攘者自冗之。总因不知足也。唯智者凡事留个有余不尽的意思，进步处常思退步，则面前径路，何等宽舒。造物不能忌，鬼神不能损，这才是安乐妙法。

不知享受

人生在世，如白驹之过隙，风雨忧愁，辄居三分之二。其间能得清闲而开口笑者，有几日耶？唯富贵家，再不知享受，命无百年之固，气作千秋之期。身坐膏火之中，心营天地之外。终日攒眉，作楚囚相对，直至属纩乃已。试看牛羊践踏之场，乃昔日歌舞繁华处也。营营何为者？所以云："处世若大梦，胡为劳其生。"

谁能知足

光武帝曰："人苦不知足，既得陇，复望蜀。"可见世界自壮至老，自贫至富，自贱至贵，知足者谁欤？试看宾朋云集，剧饮淋漓，自谓世间无复此快。俄而漏尽烛残，香销茗冷，不觉反成呕咽，令人索然无味矣。天下事大率类此，奈何人不急早猛醒耶？

忍

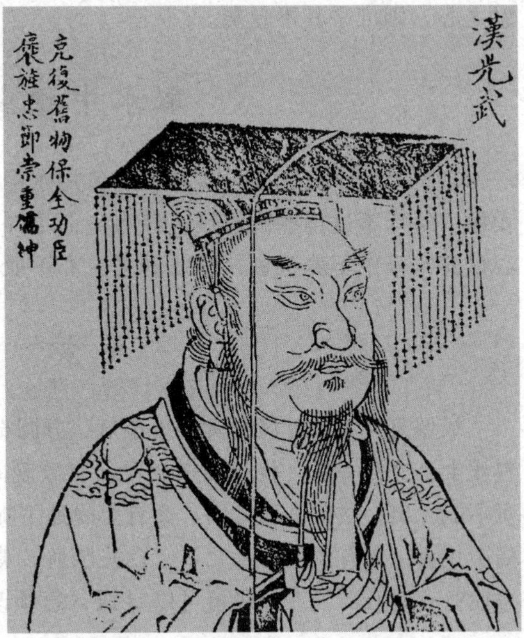

汉光武帝刘秀像，图出自明·天然撰《历代古人像赞》。刘秀曾有“人苦不知足，既得陇，复望蜀”之语

“忍”之一字，乃应世之要法也。夫“忍”者，所谓不拘事之大小，皆当待守于忍。今人不知忍义，或以为迂，或以为懦，及至横逆相加，鲜无一朝之愤。小而构怨于一时，大而贻害于终身。不忍之为害，可胜言哉！昔人云：“忍字敌灾星。”又云：“忍气饶人祸自消。”谚云：“忍字中间一个刀，不忍分明把祸招。”《景行录》云：“忍一时之气，免百日之忧。一切诸烦恼，皆从不忍生。忍是心之宝，不忍身之殃。思量这忍字，好个快活方。片时不能忍，烦恼日月长。”孔子曰：“小不忍，则乱大谋。”佛以六度万行，忍为第一。老氏教人忍难忍之事。邵康节曰：“君子能忍人之所不能忍。”胡文定曰：“人能常忍得身安。”唐张公艺，九世同居。高宗询其法，公艺书忍字百余以进。上善之。洪武御制云：“待人宽一分是福。”云谷禅师自称“百忍头陀”。大觉真仙自号“忍辱山人”。西山真德秀大书“忍”字于一室之中。凡遇拂意之事，即散步徘徊于其下。高邮王心斋，遍题“忍”字于四壁。人以非理相干，举目见之，即忘元自实。忍一时之愤，冤仇立解。莫氏子忍群小之侮，险难顿消。邓孝廉佩“忍”字以随身，明彰其德。陆处士勒“忍”字以劝人，阴注其功。浦江郑氏，唯用“忍”字以传家，子孙奉之以为箴。长沙太守惟以“忍”字化民，百姓因之而息讼。由此观之，三教圣贤，言论行事，前后一辙。足证“忍”之有益于人，而不可须臾离也。予劝世人，各录此说，粘之座右，务令出入之际，触目警醒。要知天下事，凡退让处，却是自己占地步处；凡吃亏处，未必不是讨便宜处。平日但当如此力行，以责人之心责己，以恕己之心恕人，将忿戾之气渐渐改去，而含容之念，必骎骎乎其克长。久久行之，由勉强而入自然，动念皆忍，触处皆忍，一腔之内，浑浑融融，蔼然如在春风和气中。此等境界，只向度量宽宏处，便赢得自在快活来。人能领略，则一生受益不尽。举凡应事接物，无往不利。圣贤修己治人之学，实不外此，岂曰小补云尔。如果事之不当忍者，亦须斟酌其是非曲直，大小真假，然后相机以应之。理平即止，切不可漫无持

忍之心，则庶乎其不差矣。

取水中蠓虫养金鱼

富贵家养金鱼，以供玩赏，伪传用水中蠓虫与食，因而贫人用布袋取虫，论斤卖银。每斤不过得些微银钱，计害生命不知其几万生伤。因我一玩，致丧多命，于心何安？家中不养金鱼，即或养之，亦不取虫与食，造福多矣。

萤　灯

扬城夏月，予见满街卖萤火小灯，方圆奇巧。式样粗者纱纸一二文钱一张，细者料丝十余文钱一张。孩童买来戏耍，以致晚间遍地寻捉萤虫，放入灯内，取其光亮。萤不能飞出，尽皆饿死灯内。又有黑晚地下捉萤，遇蜈蚣、壁虎、蝎钩咬伤儿手，叫痛不止者。更有萤虫攒入儿耳，食儿脑血，莫能解救者。何苦因极微之利，造此伤生恶业？有此心巧工夫，诸事可以寻钱，急须改业，积德不小。各家儿童，凡遇萤灯，严叱勿买。即有买来者，立刻扯碎。庶买者少，则卖者必自无矣。

“太白醉酒”图，出自清·《马骀画宝》，描述了李白喝醉酒，一童仆用萤灯引路的情景

总有定数

每见积财之家无诗书，习儒之士乏资斧。金帛盈室而疾厄相仍，寿老康强而饔餐不给。多置妾而终望子，甫登仕而旋免官。或燕会经旬而倏忽罹乎忧患，或游眺刻期而适然阻于风雨。千变万状，莫可测度。总之定于数命，人力无如之何。知此则达矣。

选用吉时要在早晨

人家凡有一切喜事，如祭祀、婚娶、竖柱、上梁、移徙、入宅、入学、上官之类，俱宜在早晨日出之卯辰时，最为上吉。取其日渐光明，即有阴邪诸煞，一经太阳普照，则不能为害矣。次即巳午时亦可。但切不可用夜晚诸时。盖夜属阴暗之象，非喜庆所宜。至于通书所载各时吉凶神煞选例，未可信也。

对联忌字

人家住房各门上厅上，每年对联关于合家祥瑞，非同山居花园之可比，宁可鄙俗富丽，不可清淡寒酸。其联内应忌之字，凡死亡灾病，忧愁恼恨诸字，人皆知而不用。至于“史”字、死字同音“桑”字、丧字同音“温”字、“光”字、“气”字，又如“孤”、“寡”、“虚”、“空”、“无”、“绝”、“尽”、“终”、“仙”、“逝”、“故”、“灭”、“分”、“离”、“嗟”、“叹”等字，或竟不用，或以他字改换。至于联内字意，犹当逐字推敲。其座右壁上之斗方书条，亦须拣选。昔邵康节梅花字数，每以此占卜休咎。岂可忽耶？

撕门神对联

岁暮人家洗换门神对联，每每将彩像对字，任听奴仆撕洗满地，飘入沟渠，践蹈秽污，全不知惜。非独轻贱字纸，甚为过愆，且将自家门上之富贵福寿、平安财喜等字乱行抛弃，大不宜也。至于一年保守门户之神像，除不加敬拜，而反任踏污作践，于心安乎？此事虽是奴仆、童稚之无知，岂知过愆总归于家主矣。须当拾聚一处，晒干焚之。

洗门神对联

岁暮洗门神对联，先用水洒湿。停一时，俟浸透，则易于撕揭。撕完再用净布通长抹去纸迹。

新油漆门扇贴门神对联

门新油漆，或用姜擦，或用草纸擦，俱不好。唯用麻布包细石灰，扎一团，照门神对联大小样抹到。抹去浮灰，照迹贴上，自然不翘不起。

贴门神对联

门神纸张，多是矾刷。须于买来时，先用绵纸裱托一层，裁好卷存。如有描金者，须先将绵纸用糊刷好，再将门神正面向上，卷次舒开，另用油纸盖上，干刷刷到，轻轻揭贴，候干裁好卷存。未贴时，先用纸条离门枋阔窄验定，用红笔或白笔，在应起贴之处方角画一小痕，贴时照痕贴上，自无高下偏过之失。大约贴门神时，将糊刷到，轻轻揭起，覆于胸腹上，走至贴处，按画定痕上粘好，另用一废纸仿本，覆浮于上，先从门神面目中间，一直按到底。然后再两边分按贴实，自然舒坦不皱。贴对联亦照此法。

祀门神

人家土地、床灶、井坑诸神，俱有敬祀。唯独门神，是合家守户之灵，职司启闭，防御外邪。终岁并无清香一炷，于心何安？予以为当于门神新贴之时，虔备香纸，诚心敬拜，不为多事。若门户众多者，唯以总出大门为主。如以予言为非，试看官长到任，例有先祭仪门之礼，是予此说，亦有谓也。

一切利债岁底暂缓追讨

手头宽余之家，从不欠人利债。其欠人利债者，大半皆淡泊窘迫之人。每到冬寒腊月，衣不充身，食不充口。啼饥号寒，告救无门。看别人家内，诸事治辩，自己手内无钱，有此少彼，悲叹可怜。若有欠债，再加追讨，更是难堪。昔人云："人人说我无行止，你到无钱便得知。"奉劝财翁，利债可暂缓来春取讨。此实在功德也。

岁暮早还欠债早送礼物

每年岁暮，凡先生束修、伙计辛力、仆役工食、各店欠账，以及亲友节礼，须要预为设项，俱于腊月半边，早先算清，逐一开数，散交明白。若迟至岁底，则我同是一样出银，并不短少。要知此时，诸事逼迫，诸物价贵。彼虽得银，难转难买。甚至有钱无市，淡泊之人，更加吃亏。我家事事俱要早备，独不念他人难处乎？此事虽小，最惹人之怨恨，又伤我之长厚也。

敬坑厕井神

扬俗，岁暮凡遇坑厕、井泉，皆用小纸印成坑三姑、井泉仙童神像，用团花金钱夹于芦枝插其地上，以为敬神。殊不知一经风雨，所印神像随即飘落，尽皆秽污灰粪，亦有供人脚踏者。若将神像如此作贱，为之敬奉，予恐神不降福，而且降灾矣。又况有字迹之当惜耶。或问予曰："以予之见，坑井之神，俱可废欤？"予谓之曰："以神像同香纸，于彼地望空焚之，岂不甚好？"

瞽目人最苦时当怜恤

世上最苦楚者，莫过于瞽目贫人。当日至圣孔子见之，虽少必作，过之必趋，亦系矜不成人，所以肃然起敬也。在有眼之人，二目光明，如居天堂福地，何等快乐！若彼瞽目，二目不见一物，经年累月，黑地昏灭，如在九幽地狱中度日。即耳闻父母妻子叫唤声音，总不知是何等形象；衣服饮食只解穿吃，并不知是何等颜色。若家资有余者，尚可过活；倘贫而无力，或又腿瘸，或又患病，或又鳏寡孤独，年老衰朽，犹如雪上加霜，其惨苦更增百倍。予劝仁人长者：凡乞丐中遇有此等残疾之人，或钱或米，或多或少，量力布施。与者亦无伤于惠，其受者则可苟延性命矣。在平常固当时加周恤。倘遇过年时节，冬寒腊月，尤当加意怜济。其功德感应，较之诸样布施，胜于多多矣。

卖吉祥丹

瞽目贫人，除算命起课、磨香唱曲之外，无生理可作。予幼年间，目睹每年腊月岁终，卖吉祥丹者俱系瞽目人。背负布袋，遍历街巷叫喊，卖与人家除夕焚烧，祈保平安。要知瞽目贫人岁底无处生涯，藉此微有所得，即可敷衍度岁。譬如扬城十万人家，每家一文钱，即有十万余钱都散在瞽目人身上。甚有每家二文钱、三文钱者，岂不暗中救济若辈一时之困苦耶！无如各医生、各生药店铺每于腊月，吉祥丹包盈千累万，凡有知交，挨家遍送，觊覦节下答礼，独不思我送丹一包，即防彼瞽目之人少得一文钱矣。合少成多，幸勿以小而忽。但医家药铺何事不可求财，有眼之人何处不可寻钱，何苦定与瞽目贫人争此些小蝇头，以自损其德哉！依从予言，救济许多瞽目贫人，阴功不小。

买吉祥丹

岁底瞽目贫人遍处卖吉祥丹，口叫云：“吉祥丹，吉祥丹，三十晚里烧一个，一年四季保平安。”要知叫此语者，无非取其吉利，岂真能保其平安，转祸为福哉？不过向此瞽人口中讨此吉利谶语耳。唯是瞽目人说话最有灵验，即如算命起课、揣骨等技，每每多系瞽目。其吉凶祸福，往往应于若辈之口，盖因瞽则目光内照、神不外驰、心无二用、不为外务所诱，所以言之每多准验也。今后直须向瞽目人买此灵丹，讨彼吉利谶语。凡医家药铺默送之丹，俱不可用也。

吉祥丹不必要多

买吉祥丹，原取瞽目人口中吉利谶语，非因此丹之多寡，遂定吉凶之多寡也。识透此语，虽一颗两颗之少，亦可为用。在他人一文钱买丹一包，我须以二文钱买丹一包，再或以数文钱只取丹一包，令彼无目瞽人欢天喜地，感激多般。再加添几句吉利好话，岂不更甚于买多丹乎？予每见有人将一文钱，向瞽目人强要丹二包，争添较量，真为大错。

灶饭占卜来年水旱

腊月二十四日，添送灶神。预煮糯米灶饭，先盛满碗供奉灶上，志诚焚香，祈保合家平安顺遂。祝后，再占来年水旱，求于饭碗内干湿示知。候三十日接灶神之后，去饭细看，碗内如潮润，主雨水调和；如太湿汗流，主大水；如干，主旱。极有验应，予家每年占之。

放吉炮

除夕元旦，多放吉炮，非谓惊走山魈。要知炮声响亮，助振阳气，祛除阴邪。须买坚实大者，不可省费。另买药线，倘有息闷不响者，随即用锥穿眼入线，再放庶无忌讳。至于高升起火，切不可用。倘坠落贫家草房，风吹火发，延烧多处，救援不止，害人不少。何苦为此大损阴德之事？又何苦干犯官府之严禁也！

除日元旦不可多说话

预先吩咐家中孩童妇女、大小人等，到除日元旦，无论好话坏话，俱不可说，亦不可喧哗嗟叹、唱曲念书。唯宜静坐欣喜，免许多忌讳，自有许多吉祥也。

守岁酒

腊月三十晚，大小人家具备酒肴，合家团圆聚坐，谓之“守岁”。斟酒先从极幼小孩童起，照年岁次第，至老年长者，取其“长长”之义也。但酒杯须用金银铜锡者，或用篾丝银镶者，切不可用瓷瓦酒杯。倘小孩不知忌讳误坠打碎，关于次年一岁之休咎，不可不谨防也。至于饮酒，只饮五六分而止，切不可饮醉。倘若饮醉，一则次日元旦不能起早祀神；二则因其醉后神昏气浊，心中自不爽快；三则贺客到来宿酒冲人，大非一年之佳兆。

元旦念佛欣喜

元旦拜祀天地、家神灶神、祖先，尊卑恭贺之后，即持斋静坐，诚心念南无阿弥陀佛，不拘遍数多少，心中不必思前想后，唯感神天赐我饱暖安康、无灾无病，即是极大之福，须要时时刻刻自生欢喜欣乐。至于看书读书、与人谈说，恐有犯忌字句，不若只以安静闲适为好。除夕以及寿喜，俱当依此。

放吉炮

爆竹不可收藏潮湿处，亦不可近潮湿物件。放时将吉炮置平地点着，站离远些，自然得响。每有一等人赌兴，将炮捏着札蒂在手中点放者，又有点着丢高望空中放者。予曾亲见有人捏炮手中点放，岂知札蒂松散，火着烘开，竟将手指烧裂，血流不止。何苦自寻痛楚？至于点丢空中，每每落坠湿地或水汪之处，药线息而不响。何苦自讨蹭蹬？

拜　年

凡知交一切朋友亲族，遇年节之时，不论其先贺后贺，或尊或卑，或贫或富，顺着路径开一长单，挨家俱投帖恭贺，交厚者入内面叩。要知平时疏密不一，此时岁首再各登贺，交道几乎忘失矣。今人每惮此行，或藉团拜推懒，或贴朝山进香，自尊自大，是何义耶？如果衰老有病，亦须早令子侄代之。

灯节下放花炮

富贵人家灯节下多买烟火花炮，于人众之处点放。在自己原是一样玩赏，未曾亏减，在人众俱可共观。此即与人同乐心肠，深可嘉也。予见有等纨绔子弟、尖斜奴仆买许多火药，携藏暗处，如霜王鞭、火药包、手筒花子、飞鱼、大炮竹、九条龙之类悄悄点着，向众人丛中丢放。药性猛发，忽令人众拥挤跌倒，博取一笑。殊不知众人只知贪看花灯，并不提防。忽然遇此，以致烧损衣帽、踏污鞋袜、跌坏手足，甚至妇女头发烧臭、眼睛烧瞎、头脸烧得青肿。其老人小儿、残疾弱人损伤更甚，竟有性命之忧患者。嗟乎！因在自己不过取笑一时，即令他人遭此奇祸，虽自己贵势炎炎谁敢较量，自扪自心，何其残忍至此哉！吾恐其日后灾难之果报，当有

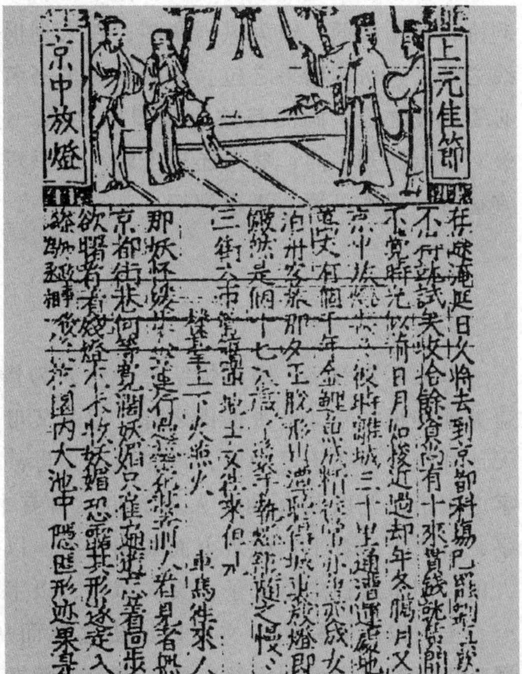

上元放灯图，出自《包龙图判百家公案》

甚于此者矣。切须严谕子弟家人共加谨戒。烟火中但有走线暗藏火炮烧人者，须预令造匠一概不可用也。

惜　字山山大师原本

三教之中，儒称为首；四民之内，士列于前。当尊古圣之书，宜重先贤之字。僧家说法，必盥手以焚香，羽客谈微，即庄颜而正几。独吾儒藐观孔孟、轻视诗书，或携作枕，惟图昼寝之安；或叠为栏，仅博远瞻之适。科头跣足，手携一卷以吟哦；露背袒胸，膝置数行而课诵。入厕或行翻阅，遇醉常自拟题，恶语侮人，谬窃圣贤之典；淫词败俗，喜装雅颂之诗。贪眠抛卷于床内，嚼稿于口，文章拭桌，巧言随拭随焚。典籍和灰，妄谓不和不灭，甚以废书易物，乃为散弃之由；旧册糊房，却是飘零之始。诡秘划言于地，轻狂题句于墙。蒙馆校书，怒子弟而掷芸卷；芸窗习字，违点画而碎其笺。士人不敬若斯，愚夫何惜之有？由是复坛盖瓮，兼之颠倒糊窗、裹盏擦盘，更以横斜背笼、包烟而瑶篇伴土，造爆而锦字飞灰。或作竹马之头，骑破堆于粪内；或为纸鬼之面，戴坏弃入秽中。或卷烛根，火灭根随瓦砾；或裱帽盔，纸碎盔掷泥沙。作孽之徒，专铺鞋底，昧心之辈，好衬靴帮。颂政刊诗，传粘满壁，辄为风雨凋零；毁人刻揭，遍贴沿街，旋被污泥涂抹。绣户为针线之贴，茶坊作糖果之包。袜底鞋旁多书名号，伞头碗足尽写斋名。孰知旛布缝帆必受风波之险，画图裁被决遭梦压之惊。造孽自是无穷，片纸岂能尽述？世间轻亵，实由儒开宇内；尊崇还自士转。坐书双目俱瞽，惜字奕世联元。因果照彰，各宜猛省，报施显著，祈永遵行。

敬　字

世人不知敬字，因不惜字。予劝人为惜字事，先劝人生敬字心。字何以当敬？盖天地神祇之号，圣贤仙佛之称，祖宗父母之名，皆散著于字。人不敬字，即得罪天地神祇，得罪圣贤仙佛，得罪祖宗父母甚矣。字不可以不敬也。知敬则知惜。夫字之当惜，尤以其有功于人者大也。自有书契以来，天下之人孰不生于字，成于字，富贵于字者乎？试观上而卿相帝王，以字经国家、统万民；名贤大儒，以字明人伦、阐至道；忠臣孝子、义夫节妇，以字发潜德、表幽光。至于学者，以字通古今，士人以字取科第。文臣以经史之字而从政，武臣以韬略之字而安邦。下界祈禳，借符箓之字而回天意；民间疾苦，赖奏疏之字而达宸聪。簿书期会，居官者非字何凭？牌票文移，做吏者为字是守。若夫联婚异性，有婚启而结夫妇之欢；游客他乡，得音书而慰父母之望。买田宅而子孙执业，唯凭文契数行；通有无而彼此交财，只据券票一纸。合同为约而朋友信义恒存，分产有书而奕世争端永杜。商旅有字作引而关津莫阻，市廛以字为招而交易流通。出入收支有账目而稽查不失，往来交际有简札则结好无愆。他如占卦决疑恃卜筮之字而避凶趋吉，求医治病赖方书之字而起死回生。星家据台历之字以推命，相士由风鉴之字以观人。鸣冤者以片词而释罪，防患者以执照而无忧。下而农家之辈因佃字而得耕耘，贱而佣工之徒凭雇字而觅衣食。由是以推，天下无人不用乎字，无事不用乎字。信字之有功于人者大矣，可不加意敬惜哉！今普劝世人随时检点，逢人劝化。见有敬惜者，褒扬以勉其余；见有作践者，规诫以警其后。近则起惜字之会倡率乎一乡，远则广敬字之规流传于四海，则人感天应，许多福利自集于躬而垂于后矣。

敬书四条

净手翻阅，正襟讲诵，书文简册置高洁处，圣贤成语勿供戏谑。

惜字要法

字纸或积于篮，或焚于炉。字灰或沉于水，或埋于土。布帛有印记之字，洗去裁衣。磁瓦器有字，收积埋土。

字纸十七戒

卖废书于人，遗弃污秽中，脚下践踏，嚼烂吐弃，糊窗壁，裱箱屏，包物，覆瓿，拭几砚，擦垢秽，燃灯衣照，刀剪裁破，因怒扯碎，与妇女夹针线，枕藉坐卧于其下，刊淫词，贴揭帖。

字是至宝 删改史籀臣语

字乃天地间之至宝，成人功名，佐人事业，开人识见，为人凭据，不思而得，不言而喻。能令古今人隔千万年觌面共语，能令天下人隔千万里携手谈心。有欲闻于人之言，彰其字而白之；有不欲闻于人之事，封其字而达之。传古圣欲传之心法，记今人难记之琐事，无往而不赖乎字。若无福之人，虽极力求之，旋得旋失；有福之人，藏之胸臆，即勇者盗者莫能劫之而去，岂非天地间之至宝耶！以天地间之至宝不加爱重，却乃糊窗裱壁、拭秽包物，自必大折福寿矣。人失一钱一帛则曰“可惜、可惜”，独于天地间之至宝，亵之而不知悔，贱之而不知惕，真轻重莫辨矣。今一字不识之人，见片纸只字于路旁，必拾起投之于壁，以待惜字者取而焚之，随即祝曰：“愿我来生识字。”或曰：“是谁作孽！”是敬吾儒之字也如此。而吾儒反自轻之，岂不可怪可叹？愿同志君子，凡遇断简残编、废弃字纸，俱即焚之，以贻后裔，以资来世。若夫欺心昧心，诬人害人之字，下笔即有果报。或名利暗减、刑祸渐生，或书香绝脉、子孙聋聩，更须大加慎惜也。

耕耘图，出自明·宋应星《天工开物》，描绘了农夫在稻田劳动的场景

敬惜五谷添改金少蒿

五谷者，天地之宝、生人之命也。是以明哲圣主必贵五谷而贱金玉。诚以生人一日不再食则饥，得此则生，不得则死。非若金玉之类，饥不可食，寒不可衣也。如谓挟金可以得谷，不见夫凶荒之岁，有餐草木食泥土者乎？不见夫患难之乡有易子食，析骸爨者乎？总之农夫之家，狼藉粒米，其后必有凶年；饱暖之家抛弃五谷，其后必至饥馁，盖天地鬼神重珍民命也。人当敬体此意，常存爱惜之心。耕者不以乐岁而狼戾，食者不以多藏而抛弃。庶几敬食得食，终身温饱，不致有饥寒之厄矣。昔陈僖敏公镒，父孟玉，为人善良，尝出行登厕，见锅底饭一块在厕旁，拾于水中涤而食之。是夜梦神告之曰："翁好善如此，当获福报。吾梓潼神也，今将降生以大尔门。"未几生公，仕至尚书，累赠翁如其官。观此则可法矣。

抛弃五谷添改李天锡

五谷为土德之精华，人赖以养生者也。是以天子亲耕，圣人重粟，凡为生民粒食计耳。乃若散之弃之，或在田抛散而不收，或在仓红朽而不问，或投之水火之中，或委之践蹈之下，或食其精而遗其粗，或因其多而弃其余，或羹饭已成而妄废，或苗稼未获而先芟，或以饭食饲禽，或以菽麦养畜，皆是暴殄天物之甚者。岂知饥荒之展转，乞丐之哀号，即从此中得来？吁，可畏矣。昔宋王黼为相，宅与一寺为邻。其宅沟中每日流出饭颗皆雪色，累累不绝。邻僧见而收之，洗净晒干，积成一囤。及靖康城破，黼家绝食，僧即用前米水浸蒸熟，朝夕馈进，老少争食，其甘如饴。后黼知其故，叹悔久之。寻伏诛。观此则可戒矣。

有忌之姓庆贺莫早往

人家凡有喜庆之事，谁不喜于吉利？自己思量但凡姓字有可忌者，如姓史，与“死”字同音；姓桑、姓温，与“丧”字、“瘟”字同音，凡遇新年时节，即不可于年首初一日往拜，恐彼人忌讳嫌恶。或亲友家贺寿贺喜，俱不可早往。去须稍迟，俟他姓往拜之后，彼则不忌。非独自己存长厚之道，且免他人之不悦也。官长前史姓，每改为“吏”；桑姓每改为“乐”。今柬帖上书写或暂改一时，甚合时宜。陈眉公云：“有穿麻服白衣者，道遇吉祥喜事，即相与牵而避之，勿令相值。其事虽小，其心甚厚。”予读之，深服其长厚之道也。

送人礼物要得实惠

凡馈送亲友礼物，须要因人而施。譬如富贵人，则以金珠玩好、书画房扇帖，是其所喜。贫贱人，唯以柴米银钱乃为急需。若送不急之礼物，令受者不得实惠，是以有用之金银而置无用之地也，虽送如同未送。一切丧事婚事，以及时节，俱当体贴此意。

送人贵重礼物预先通告

凡送人屏轴、衣帽靴袜、酒食烛炭，以及优乐轿马、舟车人夫等类，或公分，或自备，须预先通知彼家，或转人传说，或写帖借告日期、长短式样，令彼知某某件已有。一则令其可以少备省费，一则知道已有某件，可以放心。若不预为通知，如在有余之家，犹有处置；如系平常之家，岂不重复废弃？甚可惜也。自虽多费，而彼不能得其实惠，难免人之不悦也。

莫送爆竹

年节下或人家有喜庆事，不可买爆竹送人。倘或药线潮湿点放不响，其家未免蹭蹬。我本无心，彼认有意，岂不归咎于我？

暖天莫送荤食

扬俗：贺寿贺喜之礼物，凡杯缎炉瓶，多系假借饰观，所实备者，唯是食物。这家鸡鸭蹄肚，那家蹄肚鸭鸡。冬月犹可腌存，若系暖天，礼未出盘而臭气先已扑鼻矣。弃置无用，深为可惜。以予愚见：各出分金，多少随人，收璧随人。便人便己，何等不妙！予另有细说，刻于《知世事》书内。

莫送大烛

每见贺寿贺喜，动辄送人金字大烛，或二斤一对，三四斤一对。要知收者堆积许多，若非大立台并多人照看，则不能点，反至向烛店换烛。二斤大烛尚不能换常烛一斤，甚为可惜。何不送每斤四支八支者，随人取用而得实惠耶。

送米面烛炭

送人礼物，原要实惠。世间得用之物，莫如米面烛炭，贵贱贫富俱所必需。即如送人米面，多可以几担几十担，少则亦可几斗几包。彼虽富贵有余，亦可以存积缓用，或转送亲友。虽觉鄙俗，不似他物送去，有得用不得用之虚费也。

送靴送鞋袜

送人靴、送人鞋袜，可贴小红帖于内云：买自某处某店，恐大小任换。则受者得其实用，而不虚费矣。此说须于买时同店主说明大小管换，则临换自无推托。

送　酒

送人整坛大酒，若或锥尝，未免易坏。须在买酒时，先向店主说明：如或味酸味变，言明包换。送时可用红帖贴于坛上，写明某样酒买自某处某槽坊，包用包换。万一不佳，则彼自可换矣。

辞色和蔼

对亲友不独言话俱宜和婉，即容色俱要和蔼，才令人众亲敬。若或易动恼怒，易变严威自尊自大，不学谦虚，最惹亲友不喜。取怨招尤，多因于此。

寡言之妙

对人少言语，不独免许多口舌是非、批评议论，且而自己养许多精神气力。世上最讨便宜之事，无过于此，不可不切记谨守也。

妄言妄听

亲友中如有好说谎妄言者，或夸张自己才能，或乱说他人长短，或讲过去之官场，或谈未来之大话，或批汉入唐，或将无作有，我只是耳听口应。明知其妄，却不可驳削，亦不可讥诮。要知彼虽妄言，我却妄听，原与我无干碍，何妨任彼谈论？即不种怨，又不招嫌，此涉世最妙之法也。

备火把

请亲友酒饭以返，及亲到我家有事，或久谈久坐，修至黑晚，在富贵之人自有仆从跟随，灯火迎接。若系淡泊之人，每多乏价，路远天黑自然徒步难行。我家虽有灯烛，若着价送去，未免路远往返，且恐彼心不安，又恐送此人而彼人不喜，送彼人而此人不乐。若不着价送去，岂有令彼自提灯笼之理？甚不方便。予今立一拙法：须预备小火把几条藏于空房，如亲友但无灯价者，可将火把点着送交，岂不两便？然此事虽小，而人心甚为感悦也。其火把长者，预剁两段，藏为路近者用。

人最尊重

人为万物之灵，上配天地，谓之三才。世人只想到自己尊重并天地何等重大。若自己看得轻易，便不成人。

身　安

身体虽然瘦弱，却康健自在，无病无痛，此真大福之人也。如或肥胖充实，却多疾病，而痛楚呻吟，视彼无病者，岂不如神仙之快乐耶？富贵之家，事务繁杂，应酬匆忙，且而忧愁烦恼，此去彼来，无了无休，兼危难常罹辗转谋虑，憔悴不宁。请细思想，反不如淡薄之人，心无挂碍，身无负累，身心安乐之大得便宜也。是以前人云："无病休嫌瘦，身安莫怨贫。"此语须常念佩。

以身教式

治家之法，第一以身教为要。是以为家长者，必先自己躬行仁义，谨守礼法，凡事勤俭，一切诸般坏事都警戒勿犯。因而教诲子弟，大小未有不懔然遵从者。若或自己不正，虽严加教诲，而人皆不服矣。前人云："自己不正，焉能正人？"此之谓也。

要成好友，须结好人。引醇若酸，哪得甜酒？此予《天福编》小儿必读之言也。相交之朋友，尚且近朱者赤，近墨者黑，熏陶习惯而然，何况一家之内，每日亲近之父兄乎？譬如父兄不肯读书，子弟必至于不知书为何物矣。父兄不习耕种稼穑，子弟必至于不知田地在于何方，而米谷自何而出矣。父兄不理正业，子弟必至游荡矣。父兄结讼，子弟必出入衙门矣。父兄喜于赌博、看牌、掷骰等技，子弟亦学赌而破败其家财矣。父兄于奸淫是好，子弟亦学奸淫而果报在于妇女，亦供人之奸淫矣。又如父兄喜于徵歌，子弟即学吹弹唱曲，终日侑觞而已。父兄喜于奢华，子弟即学种种奢华，必至赤贫于无可奢华而后已。父兄纵性斗殴，子弟不打死人不止。父兄趁恶诈害，子弟不做贼不休。此皆因有诸般坏样在于眼前，不知不觉竟自仿效而行，乃至无药医救。总由父兄主家之人，一有不正，遂至流害如此，可胜叹哉！苏东坡云："其父杀人报仇，其子必且行劫。"可见教子治家，唯以身教是第一法也。

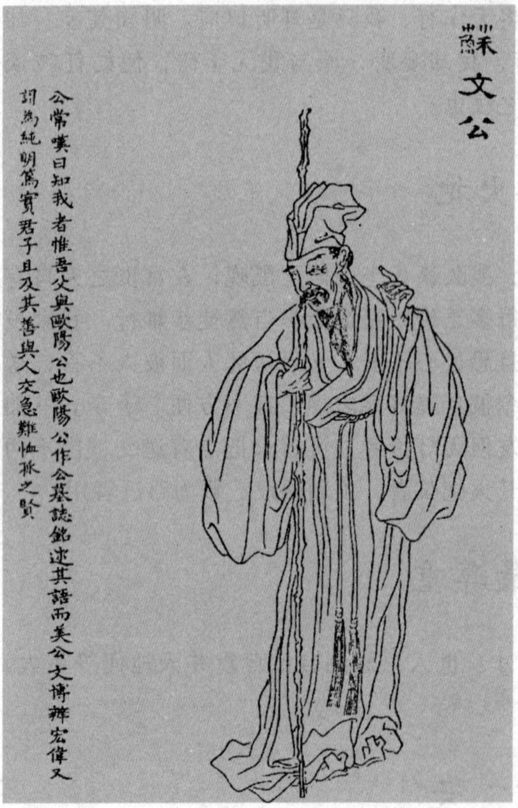

苏洵像，图出自清·上官周《晚笑堂画传》。苏洵是北宋文学家，与其子苏轼、苏辙并称"三苏"

子孙听教

凡子孙受父祖呵责，不论长短是非，有过无过，只该低头默受，不可分辩。人家之兴废，只看子孙之受教不受教。若能不违父祖言语，改悔过失，即是好子孙，即可预知其家必然兴旺。

家长秉公

人口众多之家，为家长者凡事一秉至公，并无偏私，众人自然拱服。若或存私，则人心离异、恐同居不久。

同居性情不一

人众同居，虽是好事，奈性情各别，有喜俭朴者，有爱奢华者，有乐安静者，有好多事者。性既难合，自然事不投机。且又公中事务，总不用心料理，公中财物，偏会徇私。况妯娌琐碎，彼此口舌，安得久长同居。

分析公平

父祖所遗财产，兄弟分折，须要均匀公平，不可轻重偏私，亦不可因弟幼小，辄起欺蒙之念。如有少年弟侄不能自立者，可将应分家业存储，待其成立，照分与之。只以不欺为主，神鬼保佑，必然兴旺。

弟兄附近

兄弟家业虽分，宜居于邻近，以其缓急相援，呼应即至。倘或有事，至厚之朋友不如至疏之兄弟，因彼此手足一体所关也。各要竭力，务全大伦。

悯恶人

为恶之人，未有不得祸者。即如瞎眼人自走入深坑，是以可悯。悯之奈何？劝之而已。劝之奈何？婉言开导，劝也；危词警戒，劝也；不得已而痛加惩责，亦劝也。有势则以威行，无势则以智诱，全在于至诚感动而已。桐城姚司寇曰："人能劝一庸人为善，世上便多一个好人；能劝一恶人为善，则世上少了一个恶人，又多了一个好人。其功更倍。"昔杭城某生有才而狡，专好阴谋取利，引诱良家妇女，尤恶释道二教，见仙佛像，从未作礼。偶游灵隐寺，值具德禅师升座说法，便酗酒大骂。师下座，献果茗甚谨，犹骂不已。师俯首逊谢，俟其酒醒，取所藏宣炉、古画置几上，曰："闻相公喜此，愿以为赠。"其人色稍和，受之而去，亦不称谢。师复送之出山，行三里许，犹不肯别。其人始讶而问因，师曰："老僧舍不得相公，所以不忍相别。"人问为何舍不得，师曰："相公具如此美才，老僧何忍大开两眼，看汝走入无间地狱。"其人不觉感悟，尽改所为，竟成了大善人。此真能悯人者也。

救　济

缓急人所时有也。路见不平，拔刀相助。武夫侠士尚且能之，何况读书明理之人，乃见人之危急，竟漠不动乎？或用资财，或用语言，须竭力救济。试思我有危急，其望人救济之心何如？况所救济之人，未有不感铭刻骨者。天下之乐事，孰过于此？

下　流

人不安本分，游手好闲，东飘西荡，流来流去，也不知哪一样是他生业，也不知哪一处是他结果，此就叫做下流。下流者，如水往下流，不能向上，必至穷苦一世，死而后已。就到临死之时，他的志向还不曾立得定，岂不可怜！人只看上至贵官，下至小民，若不安本分，不守理法，执著自己的歪性，心高气傲，何尝有一个不吃苦受罪的？都是自讨，于人何尤！

仁为根本

仁者心之德。凡果核中之实，名曰“仁”，如桃仁、杏仁等类。果若无仁，则生生之理绝矣。所以仁乃立身之本。譬如树木有根，方能生枝叶开花结果。如树木无根，不独无枝叶花果，并连树木都即枯萎。人有良心，即有根本。欲存此仁，先从伦理上培起。

一字值千金

语云：“一字值千金。”予向疑此言为妄。今观科场之内，每以字句之讹，点画之误，遂至摈斥，则一字岂止千金而已！又如奏章案牍，每因一二字即可回天活命，则一字岂止千金而已！所以凡见字纸，切不可轻亵。

忍　辱

大司寇姚端恪公云：“桐城何相国文端公讳如宠，为少宗伯时，偶寓枞阳镇之古道庵。一日赴酌，张灯步归。遇某姓子醉，直撞而来。从者呵之，遂肆诟詈，且大吟曰：‘相逢尽道休官好，林下何曾见一人’。踢其灯笼而去。公约束仆从，不许问。次早，其父携子跪门持杖请罪。公曰：‘我昨日未出庵门，汝误耶。’卒置不问。谨按《涅槃经》，昔有一人，赞佛为大福德相。或曰：‘何以见之？’曰：‘打而不嗔，骂亦不报，非大福德相乎？’今人不知此为福德相，而本身耻之曰受辱。旁人鄙之曰软弱。此嗔心之所以日炽也。不知辱不辱在彼，受不受在我。闻谀言而心喜者是受谄也，闻诟言而心怒者是受辱也。心能不受，耳听何伤？如火烧空，如风吹地。人当受打受骂时，但自起念曰：‘彼来成就我之福德相而已，荣孰甚焉。’相国如此，况其下者乎？”

缓性人长寿

鲫鱼性急，出水即死。乌鱼性缓，虽离水，放篮内一二日尚活。即此可知人性多燥者，往往寿短，可不戒哉！

小儿枕

乳母夜同儿睡，不可以手膀与儿枕头。要知大人胸膊热气紧蒸儿之头脸，以至多生痈毒疮疖，浓血淋漓，痛楚悲嚎，元气因之伤损。再如以手膀枕儿，则儿头母面齐并，乳母鼻息出入，吹儿囟门，日后长大，易感风寒。动辄鼻流清涕，药不能治。唯用新绿豆做枕，与儿枕之，最清凉，去胎毒热毒。或人用安豆茶叶作枕，俱不及也。予曾著《全婴心法》，因未悉，今补于此。

蒸腊米

每年腊月四九极冻日，用好山米，不拘几斗几石，蒸透熟，用芦席铺在板门上，将蒸米摊放天井中空地，冷透晒干，收储瓷坛大缸内，放屋内干燥处，下用木板垫高，不可着潮湿，可收数十年不坏，越陈越好。凡老年人、虚弱人、小孩子，以及病后煮粥饭食，最益脾胃。夏月煮食，可辟泻痢诸病。收米缸坛需要干洁，如盛过酒醋盐碱者，米易霉烂不可用。

碾腊米

腊月碾米堆贮，可以经久不坏。食之最益脾胃。余月碾米，每生虫蛀，不能耐久。凡腊月舂米，亦可经久。

腊炒米

腊月极冻日炒糯米，摊空冷透，收数十年不坏。夏月或煮或滚水泡食，最益脏腑，止泻痢。久病与病后更宜食。今人往往将腊炒米又下锅复炒，则腊味已去，食之无益。有余家多炒，夏月济人，大有功德。

腌腊雪

收腊雪若干，一层盐，一层雪，入坛藏屋阴处，夏月用此治肴煮肉，蝇不来，且不易坏。

腊榨油

腊月冻天榨出清油收储，于蚕室内点灯，诸虫不入。熬膏药大效。妇女搽头发黑亮，且无虮虱。

收腊脂油

腊月收猪板油一块，约半斤多，挂于壁上，能辟蚊蝇。收健猪油若干，于极冻之日熬存，经年不坏。夏月用以炒菜煎肴，最益脾胃。又能辟蝇，涂疮肿有效。

摩 面

一面之上，常欲两手摩之令热，高下随形，皆须极匝，面有光泽，皱斑不生。行之多年，色如少女。先当摩搓两掌令热，然后以拭二目。又顺手摩发，如理栉之状，两臂亦互更摩之，发可不白。每日早晨在床在，昏晚将上床，此二时更宜行之。

治痨病虚病神方

此方专治气血两虚，骨蒸痨热，身体羸瘦，四肢酸软，精神倦怠，腰疼脊痛，饮食不进，以及阴虚吐血咳逆，一切不足弱症，服之屡效。症轻者二三料痊愈，症重者四五料除根。即无病常服，可保其神健身强。此方极易极应，予得之异授，见者广传救人，功德无量。

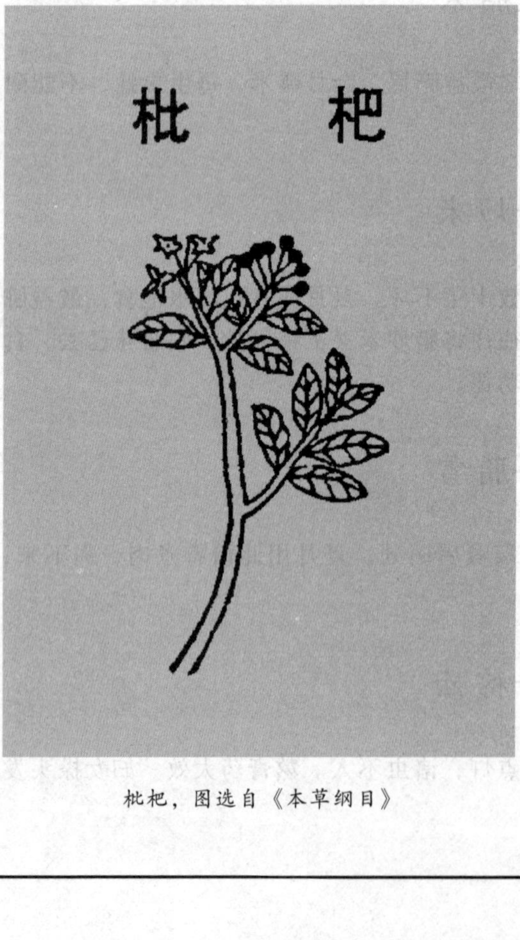

枇杷，图选自《本草纲目》

枇杷叶五六十片，新鲜者更佳，如无，即药店内干者亦可。凡咳甚者多加，倘不咳嗽者不必用。大梨二个，深脐者佳，去皮、心，切碎。蜜半杯，先熬，滴水成珠，大便干燥者多加大便溏泻者不用。大枣八两，或黑圆枣，或徽枣。建莲肉四两，不去皮。先将枇杷叶放铜锅或砂锅内，用河水多煎几滚，取汤用绢滤清汁，其煎过叶弃之不用。后将梨、枣、莲肉、蜜同拌，放锅内铺平，然后将枇杷叶煎的清汁淹满，略高些，盖好，煮半炷线香，翻转再煮半炷线香，用瓷罐收储，随热食。

凡虚病服药，多则脾胃受伤，

以致饮食减少，病反增剧。唯此方随便当茶消闲，最益脏腑。枣煮熟，乘热剥去皮。

虚病咳嗽者颇多，若不早治，肺若咳损，极难医救。唯此方止咳宁嗽，效应神奇。如只是虚弱，并不咳嗽者，枇杷叶不用，只用河水同煮。

咳嗽多痰者，加川贝母一两，碾极细，俟煮熟时入内，再一二沸取起。若吐血，用藕节捣汁同煮。

冬月多制，久收不坏。惟夏月少煮，供一二日食。

诸品不拘时候，随便炖热取食，且甘美可口，多食不厌。最与脏腑有益。较之茶食蜜饯，极好极佳。

凡患虚痨，每因忧思繁多，或因酒色过度，以致水亏火盛，最难痊愈。今幸得神方救好。即当痛自改悔，多积阴德，清心寡欲，调寒暑，节饮食，诸事谨慎，时刻保重。不独无病，且可延寿。

予另刻《长寿谱》一本，备悉养生调摄诸法。凡有病者，可向书坊购阅，受益不小。

治痨怯妙法

凡男女患一切痨怯，但有脉有神者，无不效应。用上好箭头砂一两，透明雄黄五钱，共为细末，单层绵纸包固，选未曾行经十二三岁壮实童女，将药贴放童女脐内，汗巾拴缚，一周时取下，秤药比前重三钱，余者更妙。即刻拴于病人脐上，须先备人乳十余碗，候病人口干作燥，与乳饮之。渴止乳亦止。然后解下脐上之药，其病自去。再用补养调理，十人九活。

除绝痨虫传染神法

从来痨病，十无一痊。总因肺有痨虫，医药莫加，何能疗愈。要知病人将死之前，虫必飞出，或转投入诸窍内，亦渐成痨不救。此所谓传尸痨也。传染多在亲人，或乘人昏忙时，或乘人沉睡时，虫即入窍。因此往往蔓延甚厉，无法可治。予得异人神法，以免其虫，则传染之害自除。法于病人将终之前几日，用木龙骨几斤，即船上旧油石灰箍，行船人家颇多。在病床前常烧不绝，病人即发谵语，意若深怨此烟。盖虫食人血，渐成怪幻，为烟所扼，不得飞出，借人言以为痛恨也。病人既故，仍烧不止。其胸前明明高拱一块，即痨虫闭死矣。虫既不得飞出，则传染之病遂绝。此法灵验非常，仍望知者遍传。令受害之家，永脱此厄，积许多大德。

救荒辟谷方

用如意草，此草形不过三寸余，叶多似菠菜叶，又似杏子叶，中间挺出一枝，状如如意钩，因名如意草。若值大军大荒无粮绝食之时，采来将松柏叶、一切青草，只用此叶包之入口细嚼，虽百草等俱变为美味。食之可以延生。此草不择地而生，细寻可得。又治多年脓血、恶疮，采来阴干为末，鸡子清调敷神效。即瘰疬无名肿毒，用葱白、蜜同捣，敷之神效。

避乱止儿啼法

昔有人遭兵乱，全家避匿芦苇中，奈婴儿啼哭不止，恐为人觉，将欲溺之。忽一老人授一止哭法，将棉球置甘草末少许，乃以水渍棉中，纳儿口内，令咀其味，自不出声。绵软既不伤口，又不闭气，遂得免难。因传于世，不唯全活婴儿，抑且大人俱生，真救度良法也。

灰水洗身除疮方

凡有脓窠、疥疮，遍身痛痒不愈者，须用有香蒿的荒草灰，腊月用滚水淋下，收盖坛内。于六七月极暑多汗时，将灰水烧热洗澡，闭着眼洗面淋身，不过二次，诸疮自愈。或加苦参、金银花入夏布袋，同灰水煎更好。

兑换银色

世上士、农、工、商，各有恒业。唯以心田之好歹，见兴衰之报应。何况行用色银兑换梅色，岂有不得上天之怒而受恶报乎？在穷民无知之辈，喜用色银，已日见其穷。更有一种富商财豪，存心刻薄，遇置产买婢，亦必掺搭色银。在弃产卖女之家，因迫于急用，没奈何只得忍苦吞声而受之。但置产买婢，原为子孙长计。若既无恕己之心，唯图讨目前些微便宜，是自己先殃害子孙，安能长享其业？必至转眼又被他人讨便宜而弃去矣。历观今昔，丝毫不爽。更有等大家小户，日用菜物往往喜用色银，全不想肩挑步担之穷人，忍饥受冻冒雨冲风，上街一日，所觅不过分文。阖家老少，专望糊口。今受银色低潮之害，归家不能买柴易米，非独亏折其资本，势必以束腹忍饿之苦，未有不抢地呼天而怒骂者。要知行用八成色银，若下炉回销纹银，实在只有七成。每两倾销必入铜三钱，由少至多而论之，每十两八色即用铜三两。因其用铜利大，意谓兑换铺之可开，殊不知上天报应无差，每见兑换铺之银东，一时受其伙骗，或合伙分利。营运未久，每每伙计拐其资本远去，势必告官关提。虚延岁月，终归人财两空，遍地都有。况且换色银之人，必致鬼神震怒。非渡江河覆舟，即遭强劫殒命。罹雷击火焚诸灾者现在颇多，总因纹银入铜，即是行使铜银有犯天条之人，可不畏哉！既知铜不可用，何不以白纹九折八折行用乎？又何苦喜用色银，自己暗损大福，而日渐消乏，转富以为贫也。大抵一切善恶皆由心造，心田既好，毋论士、农、工、商，皆是掌财发福之人，可保子孙昌盛，代代富贵者矣。唯愿仁人君子勿以愚言为迂，猛省谨守，护福无量。

倾销色银，屡奉廉明官勒碑刊榜告示，朱票于各处锁拿严刑枷责，不胜繁重，可谓谆切至极。怎奈倾销店仍旧倾销，兑换铺仍旧兑换。遍街买卖之人，色银满包，仍旧行用。是禁者禁而用者用，真无法可治矣。予今愚计，唯令生意店舖自禁为主，凡卖一切货物，各皆存心，只要纹银，宁可八折九折，但见色银，俱不承受。要令喜用色银之人，虽有色银，却无处使用。不待官长严禁，而色银自无矣。要知用者既无，而倾者只倾纹银，换者只换纹银。凡倾换色银，店铺目下虽生意清减，未免怨恨烦恼。殊不知自己积许多阴德，又免许多恶报，不独利人，并且利己。仔细算来，岂不大得便宜乎？

生意多般，人各一心，最是难齐。不如各行各自齐心，由渐而成，岂不甚妙。目下吾扬瓷器各铺公约，在于城隍庙演戏，齐誓凡来买瓷器者，俱要纹银。情愿八折，倘有违例，私收色银者，查出罚戏，兼且通行公治。至今遵守。若各般生意俱仿此例，则色银无矣。

生意众多，恐难一时齐心。今唯有暂行多折之法，假如来买货之人与我八色银，只看七色，若与我六色银，只看六色，照色筹至足纹才收。要知人情好讨便宜，彼若失便宜，自然算计不来。虽令其再用色银，彼亦自己不用矣。

换钱零用

朝廷颁发制钱，原令民间行用。他处开有换钱店铺，兑换零用。街市遍行，无不称便。唯独吾扬府城，即买些微吃食、用物，虽几分几厘，俱系用银，并不用钱。以致小本穷民，银色既有折耗，戥头又复短少，且分厘俱要估色秤戥，言语较量，耽误工夫。所以资本因此而亏者多矣。予今愚计，各须齐心，凡一切点心、菜物，但出一钱之外者，听随兑银。如在一钱之内者，零银不收，只取大钱。此法若行，虽乡愚老幼之不知银色戥头者，见钱数钱，极为容易。并不吃亏，亦不受欺。将来色银尽绝，而穷民俱沾实惠矣。

夏热出汗

每夏三伏极热时，汗要多出，则周身所染风寒湿气，由汗而出，可保一年无病。不拘鱼肉、菜汤，只多入葱白姜汁，乘热泡饭食之，要令满身汗淋如雨，停歇方用热水洗拭，多出二三次极妙。

汗莫止遏

夏天出汗任其尽出，不可止遏。若汗未干，即在风内乘凉，或扇扇，或以冷巾凉布抹逼，皆致病不小。

明万历刊本《杨敬斋针灸全书》针灸方图中的伤寒汗不止取穴图

伏糟除寒湿病

人腿背各处患风寒湿气，彻骨疼痛，药饵难治，可于夏伏天用糟坊内蒸酒的糟下锅烧热，将布包两包，在患处热炙，冷即更换，令寒湿尽出，病即愈。昔有人两腿脚患湿气，时常举发，疼痛难忍。有人教伏天往糟坊内，烧酒糟起锅时，将腿足埋入热糟内，即愈。

捣蒜涂冻疮

暑伏时捣大蒜为泥，上年曾有冻疮之处，手指、耳边、足跟，俱以捣蒜敷上，过一日一夜洗去。迟三四日再敷一次，本年冬虽极寒，亦不再患冻疮。凡小儿手足各处，虽不患冻疮，亦敷两次，则耐寒。若不隔几日连敷，则肉上起泡，甚至破皮。此法可医渔脚船夫，是一德。

说鬼话

凡无人处自言自语，或一人独行路自言自语，俗谓之说鬼话。极是下贱穷相，切须谨戒。

神位书名

神圣牌位旁边，以及神衣神帽供案炉台，俱不可书信士某姓名敬奉，要知千万人跪拜，试问何福敢受？

当街晒裙裤

裙裤不可当街巷高晒，令行人下走，甚是折福。且日夜神圣过往，不宜触犯。小巷淡薄人家，往往如此。须靠墙头傍晒，未尝不干。夫男家长须向妇女说明。

养金鱼

近来扬城人家喜养金鱼，遂以文鱼、蛋鱼等名，固属雅事。乃日取蜢虫几千万以供数鱼之食，殊不知虫虽微细，俱关生命。因我悦一时之目，遂常死千万虫命。各家若效，伤生无算，可不怜悯欤？昔宋郊渡蚁，而得高科。若日灭千万虫命，岂不大折己福耶？予得友人妙方，只用猪血或鸡鸭血和面蒸熟，晒干研碎，用时浸烂撒喂，鱼便肥壮。屡曾试验，以此代虫，则常活千万生命，而鱼仍可玩。人能依此，福寿自然多增矣。

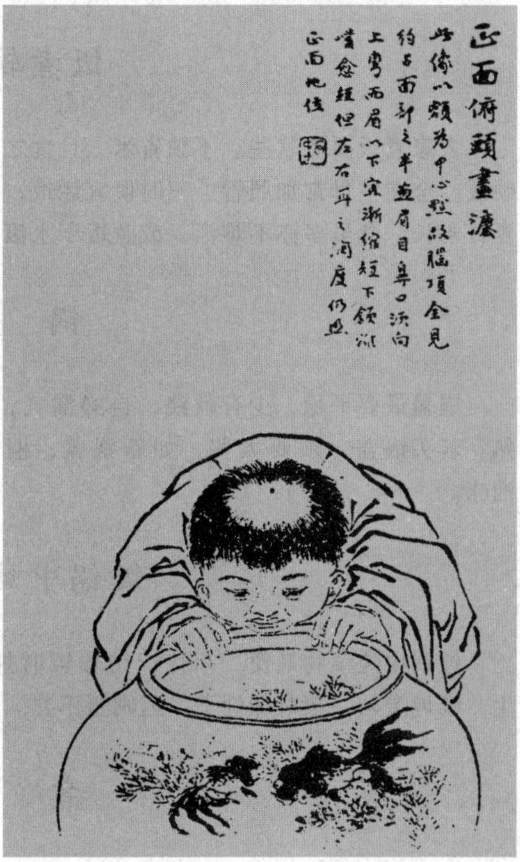
观赏金鱼图，出自清代《芥子园画谱》

莫泼热水剩汤

一切虫蚁，虽极微极细，但有形躯者，即知痛怕死，与人原无异也。凡厨灶水缸边，因土湿泥松，乃蚯蚓水蚤百虫生聚之所。厨人往往将锅中所余热水，以及碗盏内所剩酸咸油汤，随手倾泼。殊不知虫蚁顿遭呛折，或跳跃而死，或旋转而亡，既不能飞，又不能鸣，默受痛灭，最堪怜悯。其酒醋酱坊、盐铺、面馆，伤害更多。奉劝仁人君子，或桶或缸，另设厨旁，专积一切汤水，满则倾入沟河，不过举手之劳。救无限虫命，此事奴婢懒惰无知，全在家主家婆时加查察。至于眼见众生投身生死地，如蝇坠水，虫罹网等类，俱即救护。如孩童顽耍，扑蝶捉萤，粘蝉养雀等类，俱严叱谨戒。此皆最易最大之德。昔宋郊编渡而掇高科，沙陀壅水而延促寿，可知获报不小。总因慈为万善之本也。

莫烧秽草

人家厅堂苑地，以及门前街道，固宜打扫洁净，然而虫蚁生命亦当怜惜。予每见有人将灰草扫堆街旁，用火焚烧，虽是取净之法，要知百虫聚内，一经火烧，无数生命顷刻成灰。设若有音能鸣，其哀痛不知如何惨伤也。今后令仆扫堆空地，此德大矣。

饭煮软些

人家煮饭要煮软些。不独省米，且食之不伤脾胃，容易消化。但奴婢下人每喜硬饭，全在主母常加照管。三时俱宜烂饭，唯夏日烂饭，倘有余剩，极易馊坏。且夏日永长，食虽多亦不难消。或煮饭于水滚时将米推高，半边先尽软，饭最妙。

锅　盖

锅盖最要平稳，少有敧跷，自必漏气，不独多费柴火，且而煮饭每致半生半熟。若买锅盖，须要大些，如新锅盖，桐油只油上面，若油底下，则饮食必有油味。

饭锅中炖菜物

饭锅中炖菜物最便，须待饭熟覆饭时炖下。若饭未熟，频开锅走气，则饭夹生。唯炖蛋须一滚时即炖下，迟则蛋不熟。炖物碗先用水浸湿后炖，则碗不粘饭。

煮　饭

煮饭全要火候，不可急煮。先将米用水淘净酥透，烧水开，下米再烧滚，用铲和匀播转。停多时，将饭用铲覆下，又略烧一把，则上下熟透。凡覆饭时用锅铲，先用水湿则不粘饭。吾扬西山米，因土坚味补为上品。

煮粥蒸饭

早晨煮粥，连午饭约用米若干，并下锅同煮。候汤少稠，用淘箩盛起，米汤淋粥锅内，将篙内熟米午前另用甑蒸熟，以为午饭。早粥既稠浓有味，最能调养脾胃；午饭又散松好吃。此粥饭蒸熟极妙之法。

木柴煮粥

煮粥须用木柴，或豆秸粗糠。因多存脚火，聚于锅底，熬煮多时，米汁尽出，粥自稠而有味，最益人之脏腑。

床上不宜饮食

凡人家常无事，不可坐于床上饮食。要知身体康健，岂有床上饮食之事？此病患之先兆，切须忌戒。

不栽芭蕉梧桐

住房左近不可栽芭蕉。既招摇动荡，且芭蕉二字与巴焦同音。花椒、桑树，住宅亦不宜栽。梧桐亦不宜栽。然桐虽早发，比之诸树最先落叶。若花园中则不忌。

夏　帐

夏夜帐不可密厚，只要稀罗稀布。令人身之热气外出极好。如冬帐，则厚密无妨。

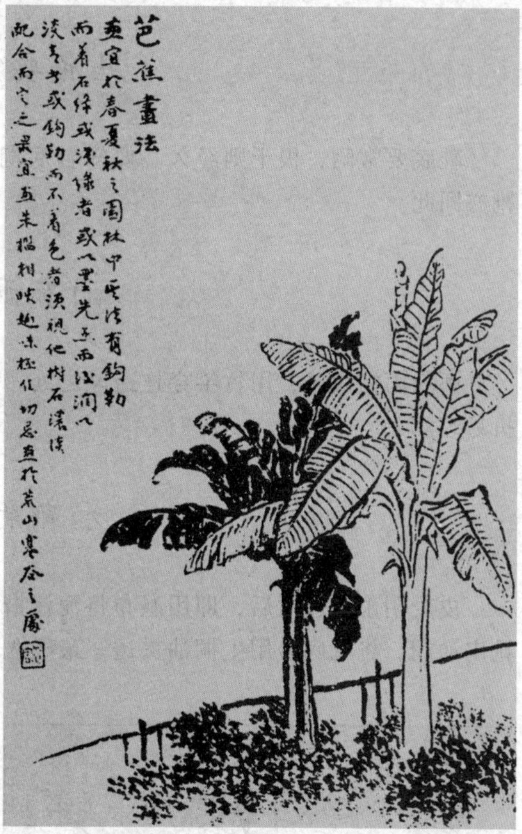

芭蕉，图出自清·《马骀画宝》

放碗器

厨中日用碗盏碟钵，用完洗净后，俱覆于厨柜，不可仰放。要知过夜每多蜈蚣、虫鼠游行涎污，有毒伤人，夏夜更甚。用新碗先用温水烫，若竟用滚水恐急损。

醋器紧封

墙壁上壁虎，性喜食醋。凡有盛醋坛罐，俱要紧扎密封，不可开放。若一经吸涎，毒必伤人。

灯烛下莫合火药

花炮火药，切不可于灯烛之下碾合装造。每有灯内之火星爆出，落入药内，头面耳目尽为烧损，甚至烧破皮肤，顿成瘫废，竟有性命之虞，不可不慎。

鞋底要勤晒

鞋底要常晒，极干则经久。要知鞋底潮湿则易坏鞋，用二三双更换穿晒最妙。靴亦同此。

雨衣雨帽

雨衣雨帽用过，用竹竿穿挂透风之处，晾干收藏，切不可晒。若日一晒，则易折易碎。

水靴钉鞋

皮靴阴雨用过之后，即用湿布将泥污揩净，挂于檐下风燥处吹干。常用猪油将靴皮油润，将靴底另用生桐油贯透，最经久。切不可晒，亦不可放潮湿处。水靴钉鞋用一次油，一次则不坏。凡水靴钉鞋如有钉落去，随即补丁，不可懒惰。要知水从钉眼浸入也。

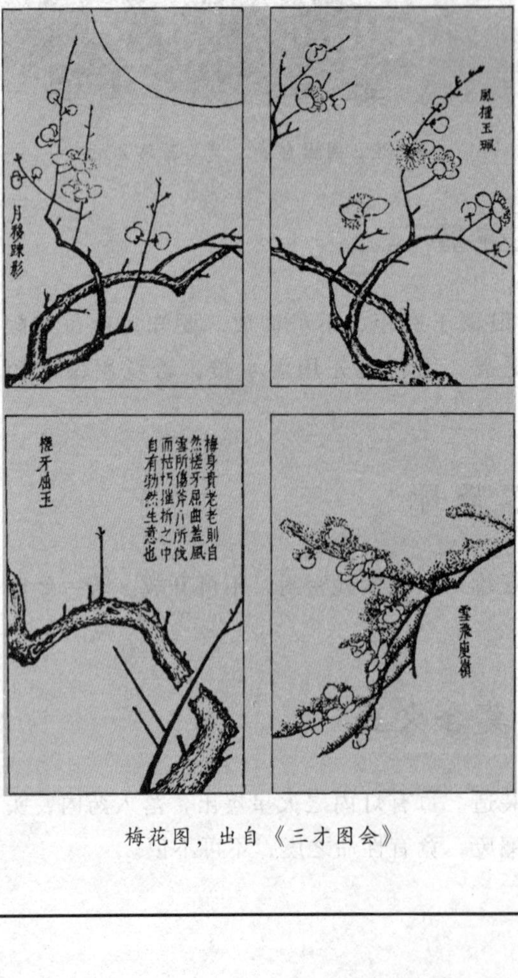

梅花图，出自《三才图会》

雨伞木屐

雨伞候天一晴即撑开，晒干冷透收起，则耐久。若任其潮湿则易坏。亦不可乘晒热即收，因油纸晒脆则急裂。须冷透才不损伞。凡木套穿过不必洗，只用湿布将套面拭净，放在风处阴干。若晒则板皮损裂。

点梅花汤

梅花半开者同蜜投入磁罐内，熔蜡封口。用时挑三四朵同蜜点汤，花开香如新摘。茉莉花亦可仿此。

时历纂

时宪历日，每年颁行天下，其中载列人事之宜忌，详且细矣。至于日用常行，每年一定不移之要纂，如占验、丰稔、按时栽种，以及饮食、起居、治家杂事，俱未暇及也。予乃不揣愚昧，辑书备载。此等类画为格，每月一览，了如指掌，少有利益于行止耳。若云此书为定而不移之书，宪历为移而不定之书，一动一静，互相并用，则予所著犹石也，何敢上比于玉哉？

石成金天基撰

一年二十四气七十二候总括歌

立春东风振陟，雨中獭雁萌芽。惊开桃树苍鹰化，分玄雷电偏大。
清明桐华鼠虹，谷萍鸠戴桑花。四立蝼蚓附王瓜，小满菜靡麦下。
芒种螳鸣反无声，夏来鹿蜩半生生。暑风蟋蟀鹰始挚，萤火溽炎雨尚行。
秋凉露寒蝉鸣声，处处鹰肃禾乃登。白鸿玄鸟乔羞去，雷收坯涸在秋分。
寒鸿雀喜菊花黄，霜豺草木蛰都藏。冬来水冻雉成蜃，雪里虹升降闭长。
大鸟不鸣虎寻荔，至蚯廉解水泉香。寒天雁鹊雉鸲乐，鸡乳征禽坚正当。

正月 立春，正月节。雨水，正月中。日出卯正三，卯正二。日入酉初一，酉初初。昼刻四十一，四十三。夜刻五十四，五十二。

【气候】是月也，东风解冻，蛰虫始振，鱼涉负水，獭祭鱼，候雁北。草木萌动。

【名属】建寅，太簇律，泰卦，孟春，陬月，端月，孟阳，孟陬，献岁，登明将。

【花历】兰惠芳，瑞香烈，樱桃始葩，径草绿，望春初放，百花萌动。

【占验】岁朝宜黑四边天，大雪纷纷是旱年。最喜立春晴一日，农夫不用力耕田。岁朝东北好耕田，初八参星水影占。十六二十风光好，高低成熟庆丰年。正月雾雨，水遍满路。月内雷多，主人有灾，月蚀，粟贱盗多。占立春日，法同元旦。

【栽种】茄瓜，天罗子，苡仁，黄麻，果核，诸花子，葱，菠菜，韭，苦瓜，山药，冬瓜以上下子。松木，杨柳，木香，长春，石榴，栀子，蔷薇以上插。牡丹，桃，李，杏，各色树俱栽。

【饮食】勿食生葱、蓼子、主面上起油风。勿食鲫鱼，头有虫。宜食五辛，以辟厉气。

【坐功】手少阳三焦相火。正坐次，以两手叠按腿上，拗颈转身，左右偏引，各三五度。

【杂事】治麻地，修花圃，缚篱壁，哺诸卵。月半后，天气不冻，可出芋。若天一温，则腐烂。是月，诸果树宜削去低小乱枝，勿令分树气力，则结子肥大。预以灰粪酹地，俟下诸瓜花种。上辰日塞鼠穴，能绝鼠。未日以芦苣点火，照井中厕中，百鬼皆走。是月宜加绵袜，足则少病。是月初昏，忌空房。

初一元旦日，天腊。如晴明主年丰人安。风雨主米贵蚕伤。微风细雨主梅水大，秋旱。东北风主丰，西北风主水。东南及南风皆旱。雷主一方不宁，雾主人疫桑贱。雪主夏旱秋水。五更以红枣祭献五瘟毕，合家食之。家长率长幼拜天地方神，以祈一年之福。饮屠苏酒。五更点火把照果木，树不生虫。以斧敲树身结实多。子丑时打粪堆，令仓库不虚。是日勿食梨，不借火，不汲水，不扫地。

初五孙真人生，郝真人生。忌色。

初六定光佛生。

初七为人日，晴，主人安。松凶，长星。

初八五殿阎王生。为谷日，值风雨鸣寒，主衰灭。宜浴，忌远行。

初九玉皇生。南斗降，风。

初十沐浴，令人齿坚。

十三刘孟将军生。挂塔灯起。上灯。杨公忌。

十四忌色。

十五上元，天官生，佑圣真君生，靖应真君生。如无雨，主春多旱。风吹上元灯，雨打寒食坟。元宵元夕是本日之夜。俗用米元供神。传相霓裳曲。金吾弛禁。鳌灯。

十六三官降。如晴，主旱。如东南风，水乡好。西北风，主旱。忌色。

十八落灯日。

十九长春真人生。

二十南斗降。为秋收日，如晴，主秋收。凡遇有黑圈日，忌刮锅。

二十一日短星凶。

二十七日北斗降。

二十八日北斗降。

二十九扫除室中尘秽，投之水中，谓之送穷。风。

三十服井花水少许，令须发不白。

二月 惊蛰，二月节。春分，二月中。日出卯正一，卯正初。日入酉初一，酉正初。昼刻四十五，四十八。夜刻五十，四十六。

【气候】是月也，桃始华，仓庚鸣，鹰化为鸠，玄鸟至。雷乃发声，始电。上旬丁日春，祭孔子。立春后五戊为春社，其日，俗谓社公不吃干粮，虽晴亦必微雨。

【名属】建卯，夹钟律，大壮卦，仲春，愚月，仲阳，如月，令月，河魁将。

【花历】桃夭，玉兰解，紫荆繁，杏花稀其压，梨花落，李能白。

【占验】京蛰闻雷米似泥，春分有雨病人稀。月中再得逢三卯，绿豆棉花处处宜。初二天晴东作具，初六八日看年成。花朝此夜晴明好，何虑连绵夜雨倾。三月雾，父子不相顾。春分前后各一日内有雷，主丰。雷初发声，微和者平安。月内霜，多旱。

【栽种】旱言瓜，葫芦，稍瓜，西瓜，冬瓜，蜀葵，山药，黄精，丽春，金凤，银杏，韭，葱，香芋，苋，落花生，椒以上下子。芙蓉，木槿，石榴，蔷薇，葡萄，杨柳以上插。桑，松，柳，李，茉莉，百合，海棠，菊，玉簪，十姊妹，山楂，玫瑰以上移。

【饮食】宜食韭，益人心。勿食生冷黄花菜并大小蒜。

【坐功】手阳明，大肠燥金。正坐久，以二手相叉，顶争力后，双手回头左右挽引，各三五度。

明代高濂《遵生八笺》陈希夷导引坐功图中的惊蛰二月坐功图

【杂事】春耕宜迟，恐阳气未透。理蚕事。雨中植诸般树条则活。京蛰日取石灰糁门限外，绝虫。雷初鸣，打床被去蚤虱。社日令男女较业百，否则不聪。饮酒治聋。嬉笑令人痴。庚日起鱼，秋上丙日洗头沐浴愈疾。上辰日泥蚕室。

初一中和节，天正节。刘真人生，一殿阎王生。太阳升殿之辰。如风雨，主米贵。进农书。立春服，曲江宴，钦天监进明年历日。是日取道中土，涂门户能辟官符。

初二踏青节，东作具日。土地生，如雨，主妨农。见薄冰，主旱。沐浴光泽，不病不老。忌色。

初三梓潼帝君生。风，忌昼眠。

初四曹大将军生。长星。

初五东华帝君生。沐浴转健。松。

初七斗星降。风。

初八弥勒佛生。三殿阎王生。乃张帝君前后，必有风雨。

初九东斗降。勿食鱼鳖，大忌。

十一祠仙张大帝生。杨公忌。

十二为百花生日，如无雨，主百果、棉花熟。夜尤宜晴，如晴，云散后虽夜雨，多亦不怕。

十三葛真君生。

十四忌远行。

十五真元节。花朝。扑蝶会。太上老君生，岳飞生。如晴，主年丰，果熟。风雨，主歉。如有夜雨，则有四十日夜雨。出郊劝民。桃杏此时盛开。

十六长春节。

十七杜将军生。风。

十八四殿阎王生。

十九观音菩萨生。短星。

二十一普贤菩萨生。星。

二十七斗星降。

二十八北斗降。

二十九风。

三月 清明三月节，谷雨三月中。日出卯初二，卯初一。日入酉正一，酉正二。昼刻五十一，五十二。夜刻四十四，四十三。

【气候】是月也，桐始华，田鼠化为鴽，虹始见，萍始生，鸣鸠拂其羽，戴胜降于桑。清明断雨，谷雨断霜。月内有暴水，为桃花水，主多风雨。三月桑有花。

【名属】建辰，姑洗律，夬卦，季春，稠月，蚕月，载阳，阳华节，嘉月，从魁将。

【花历】蔷薇蔓，木笔书空。杨入大水为萍。海棠睡。绣球落。

【占验】风若相逢初一头，沿村瘟疫方民愁。清明风若从南至，准定农夫有麦收。谁谓田家无五行，也须水旱卜蛙鸣。清明插柳檐前雨，四野农人作贺声。三日雾，病人无限数。月内电，多岁稔。清明日听蛙声，声小主旱，声哑主水小，声响主水大。如午前晴，早蚕收。午后晴，晚蚕收。谷雨有雨，主鱼多。

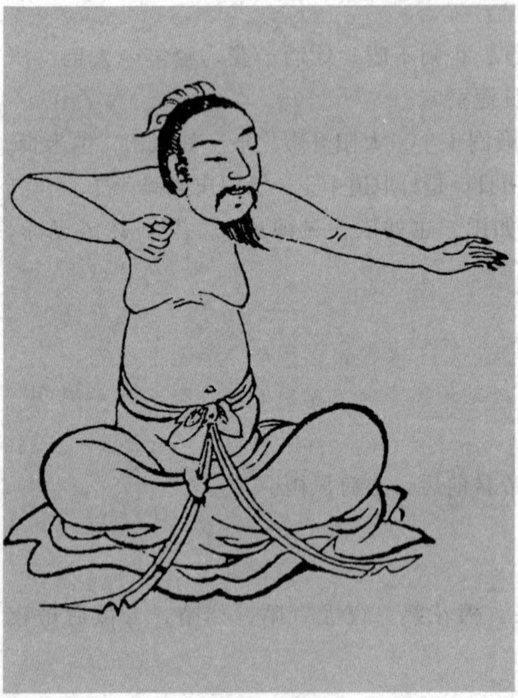

明代高濂《遵生八笺》陈希夷导引坐功图中的清明三月节坐功图

【栽种】种谷、诸豆、诸瓜、棉花、山茶、瑞香、金凤、鸡冠、芝麻、水样锦，以上下子，诸果干瓜菜俱栽。

【饮食】食韭大益人。食鸡子令人昏乱，陈俎发疮。

【坐功】手大阳，小肠寒水。正坐久，以两手左右作开硬弓势，用力为之，左右各行三五度。

【杂事】开沟渠、修墙屋以防时雨。下旬芟除蓬蒿，修蜜蜂桶。寒食为百五节，是清明前一日也，禁火新烟。饮酴酒，画像，绣球，汉宫传烛。清明日三更时早稻草缚花树上，不生刺毛虫。月内祭扫。

初二三殿阎王生。如风雨，主大旱。雷，五谷熟。日蚀，人饥。长星凶。

初三上巳，玄天上帝生。是日听蛙，可卜水旱。上昼叫，上乡熟。下昼叫，下乡熟。终日叫，上下熟。声哑水小，声响水大。如晴，主桑贵。采艾挂户以备炙。取荠菜铺灶上及坐卧处。桂子治痢。取苦练花，无花即叶，放卧席下，可辟蚤虱。油花卜水边，饮酒避不祥。采桃花浸酒，饮之除百病。沐浴吉，忌食诸鳞物。风。

初五南斗降。忌见一切生血。

初六眼香娘娘生日。沐浴无厄。

初七如南风而晴，主岁旱。北风而雨，主年丰。沐浴吉，风。

初八六殿阎王生。勿食芹。

初九杨公忌日。忌色。

十三凶。

十四松。

十五昊天大帝生。玄坛生。风。

十六准提菩萨生。为黄姑浸种日，如西南风，主大旱，又主桑贵。忌远行。

十八三茅真君生，中岳大帝生。

十九南斗降。

二十子孙天妃生。

二十三天妃娘娘生。风。

二十六松。

二十七七殿阎王生。沐浴令人神气情爽。忌远行。

二十八东岳大帝生。苍颉先师生。风。

四月　立夏四月节，小满四月中。日出卯初初，寅正三。日入酉正三，戌初初。昼刻五十四，五十六。夜刻四十一，三十九。

【气候】是月也，蝼蝈鸣，蚯蚓出，王瓜生，苦菜秀，靡草死，麦秋至。时风麦浪，四月之候。四月桑椹熟。

【名属】建巳，仲吕律，乾卦，孟夏，余月，首夏，维夏，阴月，麦秋。传送将。

【花历】牡丹王，芍药相于阶，罂粟满，木香上升，杜鹃啼，荼縻香萝。

【占验】立夏东风少病疴，晴逢初八果生多。雷鸣甲子庚申日，定有蝗虫侵稻禾。朔雨还栽两度禾，初八阴晴禾黍多。十四十六阴不雨，农夫齐唱太平歌。四月雾，米麦满仓库。月内日暖夜寒，东海水干，主大旱。夜雨多，主损麦。立夏到夏至前忌热，热必主大水。立夏有风主热。

【栽种】稻谷、芝麻、粟、棉花、芋、黄豆、罗白、紫苏、苋、茄、葱、瑞香、菱芡、枇杷、秋王瓜、大豆以上下种。禾苗小满前起。俗云：“小满半田青，芒种前可插。”

【饮食】空心肚服葱头酒，令人血气通畅。宜饮桑椹酒。勿食鸡肉、生薤。

【坐功】手厥阴心胞络风木。正坐久，以一手向上，极力如托，闭气为之，左右各三五度。

【杂事】造蜜煎，包梨，收红花，收萝白子。未梅雨前晒书画及皮毡毛裘。开阁厨

明代高濂《遵生八笺》陈希夷导引坐功图中的立夏四月坐功图

晒暖，随即收之，即放七里香或樟脑，即不生蠹鱼。丁巳日宜祀灶。是月伐木不蛀。

初一八殿阎王生。萧公生。南斗降。如大热风雨，并主米贵。西北风，主大荒。凡大风雨，主大水，小则小水。晴主旱。俗云："四月初一见青天，高山平地好种田。四月初一满天涂，丢了高田去种圩。"风。

初三北斗降。忌见一切生血物。

初四万神善会。文昌菩萨生。忌色。

初五忌见一切生血物。如有雨，主水多。

初七南斗西斗降。宜浴。杨公忌。

初八释迦佛生。九殿阎王生。尹真人生。是日乃释迦佛成道日，后人遂为浴佛日。如晴，主雨多。如阴雨，主年丰果实。沐浴吉。不宜远行。勿斩草伐木。忌色。风。

初九宜浴，凶。长星。松。

十二宜晴。俗云："有利无利，但看四月十二"。

十三如有雨，主小麦不收。

十四吕纯阳生。如晴，主年丰。

十五释迦佛成道。钟离大仙生。吕祖飞升。结良僧尼挂塔禁足。

十六如雨，主丰，俗云："四月十六乌漉秃，不论高低一齐熟。四月十六月上早，低田好种稻。四月十六月上迟，高田剩者稀。"忌入房。

十七十殿阎王生。

十八紫微大帝生。泰山娘娘生。

二十眼光娘娘生。为小分龙日，如晴，主旱；雨，主水。如东南风并南风，俱主旱。西南风，主大热。西北风，主大水。东北风，主小水。

二十二松。

二十三风。

二十五风。短星凶。

二十八药王生。小分龙日，宜雨；如不雨，俗云"分懒龙"，主旱。

五月 芒种五月节，夏至五月中。日出寅初三，寅初初。日入戌初一，戌初二。昼刻五十八，五十九。夜刻三十七，三十六。

【气候】是月也，螳螂生，鵙始鸣，反舌无声，鹿角解，蜩始鸣，半夏生。芒种后，雨为黄梅雨。夏至后，雨为时雨。芒种后，逢丙入梅。小暑后逢未出。夏正阴生。

【名属】建午，蕤，宾律，姤卦，仲夏，皋月，郁蒸，仲暑，姤月，小吉将。

【花历】榴花照眼，萱北乡，夜合始交，檐葡有香，蜀癸开，山丹赤。

【占验】端阳无雨似丰年，芒种闻雷美亦然。夏至有风西北至，瓜蔬园外受熬煎。端阳晴旱农喜欢，初交夏至怕西南。分龙念一天如雨，折起车轮向屋悬。五月雾，井底全无措。月内寒，主旱。立梅日不宜有雨。俗云："雨打梅头，无水饮牛。雨打梅额，井底开折。迎梅一寸，送梅一尺。"言雨也。芒种端午前，处处有荒田，言缺秧也。"夏至端午前，双手种稻田"，言雨调也。芒种日有雨，主旱，稻多空。梅里有雷，主大水。

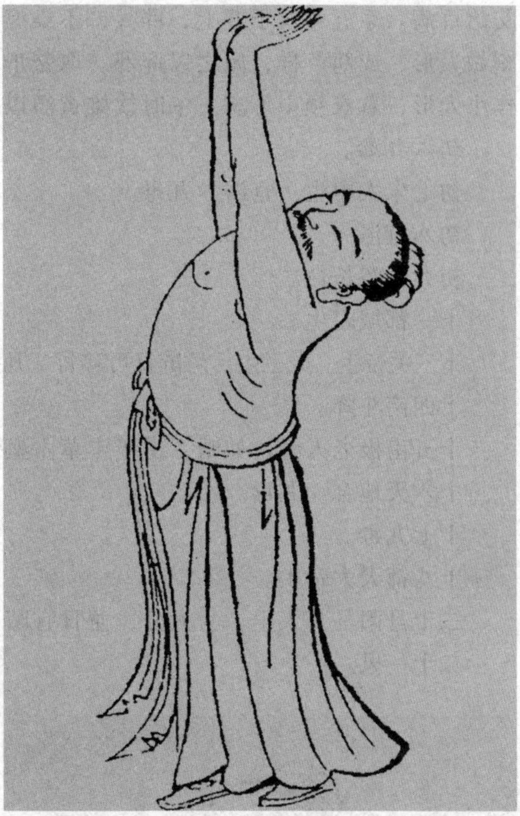

明代高濂《遵生八笺》陈希夷导引坐功图中的芒种五月节坐功图

【栽种】夏菘菜、晚大豆、赤豆、绿豆、埋核桃、夏罗、竹，以上下种。插移分栽诸花果。

【饮食】宜食温暖物。勿食浓肥煮饼。勿食茄，动气。勿食韭，损目。

【坐功】手少阴心君火。正坐久，以两手合掌向前筑去，再仰身上托，各三五度。

【杂事】造酱，造麦醋，造酒曲。疫气时行，用管仲投水食能辟。取浮萍阴干，和雄黄柴烧烟，辟蚊。夏至，口吃百家饭，则不疰夏。勿昼眠，令疰。夏勿坐门限，令心昏。淘井能改水去疫。

初一日忌出钱财。雨落井泉浮，主大水也。沐浴不病不老。

初二雨落井泉枯，主大旱也。

初三北斗降。雨落连太湖。

初四宜浴。

初五地腊端午节，邓天君生。温元师生。如晴，主年丰。雨，主水大丝贵。采艾治百病。系五彩丝于臂上，辟兵，不染瘟。火烧枣子安床下，辟狗蚤。以菖蒲根刻做人形，或葫芦样，佩之以辟邪。取鳖爪着衣中不忘。日未出时，取东向桃枝刻作小人形，着衣领中不忘。午时饮雄黄酒以辟疫。杨公忌。风。九毒。

初六九毒。

初七朱太尉生。宜浴。九毒。

初八宜浴

初九沐浴长命。

十一都城隍生。

十三关帝生。龙王生。竹醉日可移竹。凡栽竹,勿用脚踏,只宜槌打,便多出笋。风。

十四南斗降。

十五南极老人降。如晴，主年丰草木盛。凶。长星。九毒。

十六天地合。九毒。

十七九毒。

十八都天大帝生。

二十丹阳马真人生。为大分，龙日宜晴，次日宜雨，主年丰。

二十一风。

二十三如有雨，谓之回龙雨。看二十日晒龙衣，主旱。

二十五为分龙日。凶短星，九毒。

二十六有雨为分龙雨，俗云："熟不熟，但看五月廿六"。

二十六九毒。此日后天渐热，不可汗身贪风凉，不可卧风地，不可食生冷。

六月　小暑六月节，大暑六月中。日出寅正二，寅正三。日入戌初一，戌初初。昼刻五十八，五十六。夜刻三十七，三十九。

【气候】是月也，温风至，蟋蟀居壁，鹰始挚，腐草为萤，上润溽暑，大雨时行。夏至后半月谓之三时，首三日为头时，次五日为中时，又次七日为末时。夏至后第三庚为初伏，第四庚为中伏，立秋后初庚为末伏。

【名属】建未，林钟律，遯卦，

明代高濂《遵生八笺》陈希夷导引坐功图中的大暑六月中坐功图

季夏，具月，旦暑，积阳，胜光将。

【花历】桐花馥，菡萏为莲，茉莉来宾，凤仙降于庭，凌霄结，鸡冠坯户。

【占验】小暑东南风作旱，伏天西北腊冰坚。初三有雨田难稿，米价无蝇只一般。三伏之中逢酷热，准定三冬多雨雪。此时若不见炎威，五谷在田秋不结。六月雾，高低多失误。月内西北风多，主稻秕不实。月内西南风，多蝗。伏里西北风，腊后船不通，言河冻也。小暑雨落，黄梅颠倒转。

【栽种】晚瓜、小蒜、萝白、胡萝、秋绿豆、秋赤豆、埋核桃，以上下子。

【饮食】食西瓜能避暑。勿饮冷冰水，杀人。勿食韭，昏目。勿食羊肉，损神。

【坐功】手太阴膊湿土。正坐久，以两手踞地，用力三五度，再返头回肩，左右顾三五度。

【杂事】锄竹园地，浇灌橙桔，韭上添河泥，晒书画、衣服之类。三伏内造酱。不可嫁娶，主不吉。伐木不蛀。伏日为对鬼行，故昼日闭户。或做汤饼，名为辟恶。

初一如风雨，主米贵。日食主旱。沐浴去病。忌经营。凶。

初三如有雨，主逐日有雨。俗云："六月初三一阵雨，日日风潮直到秋。"如晴主冬晴。如有雾主大熟。杨公忌。

初六天贶节。杨四将军生。崔府君生。如晴主收千稻，如雨主秋水多。如风雨米贵。造神曲。晒书画衣物。取水收起净瓮盛之，一年不臭。用以作醋酱物，一年不坏。忌沐浴，令人体臭。忌取土开罗。

初七北斗降。宜沐浴。

初十长星。

十二风，此暴最烈。

十三井泉尤王生。

十五南斗降。

十六王灵官生。

十九观音成道。

二十凶，短星。

二十二沐浴，去疾。

二十三马神生。

二十四雷神生，南斗降。忌远行。风，此暴最烈。

二十六二郎神生。

二十七杞汤浴，至老不病。松。月内大炎热，捣大蒜如泥，涂之手足冻处，不发冻疮。

七月　立秋七月节，处暑七月中。日出卯初初，卯初一。日入酉正三，酉正二，昼刻四十四，四十二。夜刻四十一，四十三。

【气候】是月也，凉风至，白露降，寒蝉鸣。鹰乃祭鸟，天地始肃，禾乃登。梧桐一叶落，天下尽皆秋。七月青女乃出，降霜露。

【名属】建申，夷则律，否卦，孟秋，相月，兰月，首秋，肇秋，上秋，太乙将。

【花历】葵顺赤，玉簪搔头，紫薇浸月，木槿朗荣，蓼花红，菱花乃实。

【占验】雨落中元水满川，定然割稻用荞秆。月中若有虹霁彩，米价多增不待言。立秋无雨最悲愁，万物观米都歉收。处暑若逢天不雨，纵然结实也担忧。七月雾，人行鱼大路。立秋日西南风，主禾倍收。朝立秋，凉飕飕；夜立秋，热到头。

【栽种】萝白，菠菜，白菜秧，荞麦。以上下子。葱、韭子、蒜，剥枣。以上栽。

【饮食】勿食苋，勿食瓜，主痢。少食油盐，能无病。

【坐功】足少阳胆相火。正坐久，以两手踞地，屈压一足，直一足，用力掣九次，又把头转九度。

【杂事】秋耕宜早，恐霜后掩入阴气。忌浇橙橘之类。立秋日勿沐浴，令人之皮肤燥，生白屑。人未起时取井水，长幼皆少饮，却病。用水吞赤小豆十四粒，即可免赤白痢。宜赛田祖。

初一如有风，主人民不安。杨公忌。松。

初二如有雾，岁稔。

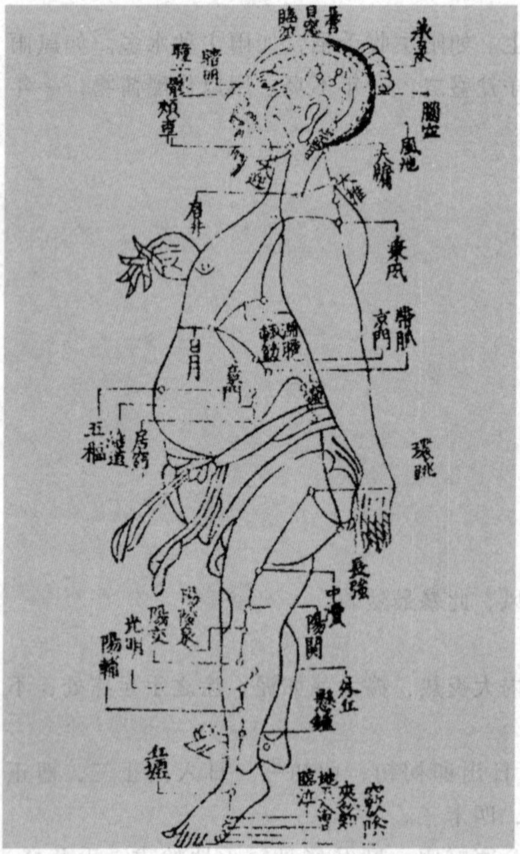

《十四经发挥》图中的足少阳胆经之图

初七七巧日。道德腊，西王母及斗星降。如有雨，主小麦、麻豆贱。七夕天河探米价，回快，主米贱；回迟，米贵。晒皮裘，可辟蛀。取角蒿置毡褥、书籍中，能辟蠹鱼，又可辟蛇。取赤小豆，男女各吞七粒，终岁无病。取蜘蛛一枚着衣领中，令人不忘。收芙蓉叶可以治肿。观牛女渡河，陈瓜果于庭，以乞巧。

初八风，凶。长星。

十一浴吉。

十二长真谈真人生。

十三大榜至菩萨生。

十五中元，王洛真君生。地官生。如雨，主涝稻。僧尼道俗具设佛坛荐亡，谓之盂兰会。盖追目莲故事也。

十六如雨，名为洗钵雨，主年荒。月上早，好收稻，言年丰也。月上迟，秋雨降，言雨多也。将一年所剪指甲烧灰和水服，能灭三尸九虫。

十八西王母生。

十九值年太岁生。

二一普庵祖师生，凶。

二十二增福财神生，短星。

二十三沐浴发不白，松。

二十五沐浴发不白。

二十九是日忌夫妻同入厕，主大凶。杨公忌。

三十地藏菩萨生。

八月 白露八月节，秋分八月中。日出卯初二，卯正初。日入酉正一，酉初一。昼刻五十一，四十八。夜刻四十四，四十八。

【气候】是月也，鸿雁来，玄鸟归，群鸟养羞，雷始收声，蛰虫还户，水始涸。上旬丁日，秋祭孔子。立秋后第五戊为秋社。槐花黄，蜂子忙。

【名属】建酉，南吕律，观卦，仲秋，壮月，桂月，仲商，天罡将。

【花历】槐花黄，桂香飘，断肠始娇，白苹开，丁香紫，金钱夜落。

【占验】秋分天气白云多，处处歌欢好稻禾。只怕此日雷电发，冬来米价贵如何。白露天晴稻似云，酉时云起及秋分。中秋月皎来年熟，月大须知少菜根。八月雾，切莫开仓库。月内雨多，主牛贵，白露日晴，稻有收成，若雨，谓之苦雨，万物伤损。秋分在社前，斗米换斗钱；秋分在社后，斗米换斗豆。言价平也。

明代高濂《遵生八笺》陈希夷导引坐功图中的白露八月节坐功图

【栽种】大蒜，蚕豆，豌豆，胡荽，蔓青，春菜，芥菜，莴菜，油菜，牡菜，以上下子。银杏，枇杷，牡丹，桃，杏，梅，李，橙，桔，竹，栀子，樱桃，木瓜，以上移接。

【饮食】宜食韭菜，露葵。勿食新姜，生蒜，饴鸡，肉鸭。秋谷初成，食之发病。

【坐功】足阳明胃燥金。正坐久，以两拳槌脚胫，多遍后以两手掩耳，反侧各三五度。

【杂事】锄竹园地，鱼池纳二神守。忌浇橙橘之类。秋分之日，勿杀生，勿用刑，勿处房幛，勿吊丧问疾，勿大醉。

初一许真君生。各月初一宜晴，唯八月初一宜雨。如晴主连冬旱，宜姜。若略有雨，宜麦。如有风雨，主布贵，麻子贵。

初二凶，长星。

初三灶神生。沐浴，令人聪明。

初五雷神大帝生。长星。

初七沐浴吉。

初八南斗降，宜沐浴。勿买布帛，勿买鞋履，附足大忌。松。

初十地岳大帝生。以朱点小儿额，谓之无灾。

十四风。

十五中秋节，太阴朝元之辰，太阴月宫生。中秋谓秋至此日而平分也。如晴，主来年水。雨，主来年旱。此日为潮生日，前后必有雨，谓之横港水。中秋无月，则兔不孕。八月十五云遮月，来岁元宵雨打灯。菱藕供月，种丰粟子。松。

十七太白降。南斗降。

十八酒仙生，乃天人与福之会，宜斋戒，存想吉事。凶。短星。

十九北斗降。短星。

二十一风。

二十二燃灯佛生。沐浴却病。

二十五沐浴却病。

二十六寿星生。

二十七孔圣人寿诞。杨公忌。

二十九忌远行。

九月　寒露九月节，霜降九月中。日出卯正一，卯正二，日入酉初二，酉初一。昼刻四十五，四十三，夜刻五十，五十二。

【气候】是月也，鸿雁来宾，雀入大水为蛤。菊有黄花，豺乃祭兽，草木黄落，蛰咸俯。霜降前后，其水必退。古云："霜降水痕收"是也。季秋刈获忙。

【名属】建戌，无射律，剥卦，季秋，玄月，霜月，菊月，暮秋，暮商、眇秋，授衣，太冲将。

【花历】菊有英，芙蓉冷，汉宫秋老，菱荷化为衣，橙桔登，山药乳。

【占验】重阳之日只宜晴。有雨深秋必久阴。最喜十三晴一日，绵花冬暖没人秤。初一飞霜便损民，重阳无雨一冬晴。月中虹见人多病，更遇雷声米价增。九月雾，贫人便欺富。月内不下霜，主来年三月多阴寒。

【栽种】大麦，小麦，穬麦，油菜，莴苣，芥采，红花，蚕豆，豌豆，水仙，大蒜，春菜，以上下种。牡丹，芍药，山茶，腊梅，萱草，诸果木，竹，以上插移。

【饮食】勿食姜，损目。勿食霜下瓜，翻胃。勿食葵，不消化。勿食生冷及小蒜，生病。

【坐功】足太阳膀胱寒水。正坐久伸两手攀足指，用力踏去，左右四五度。

【杂事】掘姜出土，草包石榴，去荷花缸水，收菊花晒干为末五两，用糯米一斗，蒸熟以曲并菊花搜搂，如常酿法。酒熟每日温服一盏，以治头风明目。取枸杞子浸酒，饮之令人不老。本月预收葫芦藤，俟除夕煎汤浴小儿，不出痘。

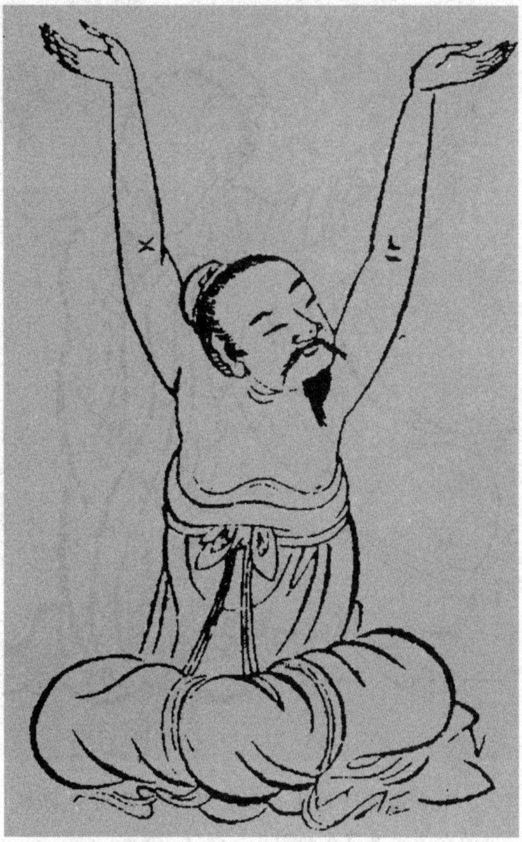

明代高濂《遵生八笺》陈希夷导引坐功图中的寒露九月节坐功图

初一南斗降，如风雨，主来春旱，夏水，麻子贵。如东风半日，主米麦贵。

初二长星。晴，主来年春雨多。

初三五瘟神生。凶。松。

初四长星。

初九重阳节，斗母元君生。如东北风，主年丰。西北风主歉。重阳无雨一冬晴，但主柴薪贵。俗云："重阳无雨看十三，十三无雨一冬干"。登高辟厄。佩茱萸，饵糕饮菊花酒，令人寿长。采茱萸插头鬓上，辟恶气而御初寒。勿起晒床席。风。

十二如晴主民多疾病。

十三俗谓钉靴生日。如晴则冬晴。如雨则冬来雨雪多。

十五朱夫子生。

十六机神生。凶。短星。

十七金龙四大王生，短星。

十八北斗降，忌远行。

二十鸡鸣时沐浴，令人辟兵。松。

二十一杞汤沐浴，令人不病不老。

二十三大势至菩萨生。萨真人生。如晴，主人多病死。

二十五杨公忌。

二十六沐浴大吉。如晴，主米贵。

二十七风。

二十八马元帅生。宜沐浴，吉。

三十琉璃光王生。如风雨，主有水，岁恶。

十月　立冬十月节，小雪十月中。日出卯正三，辰初初。日入酉初初，申正三。昼刻四十，三十九。夜刻五十四，五十六。

明代高濂《遵生八笺》陈希夷导引坐功图中的立冬十月节坐功图

【气候】是月也，水始冰，地始冻，雉入大水为蜃，虹藏不见，天气上升，地气下降，闭塞而成冬。是月天气和暖，有似小春，故名小阳春。此月二日为液雨，百虫饮此而藏蛰。

【名属】建亥，应钟律，坤卦，孟冬，阳月，正阴，上冬，小春，功曹将。

【花历】木叶脱，芳草化为薪，苔枯，芦姑荻，朝菌歇，花藏不见。

【占验】立冬之日怕逢壬，来岁高田不用耕。此日若逢壬子日，人民冻死在来春。月中有雾水连天，雷响人民疫病缠。十六天晴冬内暖，穷人衣服不须绵。十月雾，水牛岗上卧。月内月蚀，主鱼盐贵。立冬日西北风，主来年大熟。晴主来年春雨多。立冬前霜多，主来年旱，早禾好。立冬后霜多，晚禾好。

【栽种】蚕豆，豌豆，油菜，芥菜，莴苣，大麦，菊，萝白，萱草。

【饮食】食芋益人，采槐子食之去病。勿食椒，伤脉血。勿食葱，损精。勿食猪肉，发宿气。

【坐功】足厥阴肝风水。以两手相叉，一足踏之，左右三五度，复伸手，左右叩头各数次。

【杂事】墩牡丹、金橘畏寒果木根上土。浇培橙橘诸果木。造牛衣。泥饰牛马屋舍。亥日食饼，令人无病。是月勿戴暖帽，使脑受冻，则无眩晕之疾。是月宜用大枣去皮核，于文武火上反复焙香，然后泡作汤，服之大益于人。

初一民岁腊。东皇大帝生。如晴则一冬晴，如雨则多阴寒。谚云："卖絮婆婆看冬朝，无风无雨哭号啕。"言冬暖也。如大风雨，主来年春旱；夏多水，芝麻贵十倍发恶。如大雨，米大贵；小雨，米小贵。如东风，主春来米贱。西风反之。有司进暖炭，民间作暖和会。人家祭奠于祖考，亦告冬之意。宜沐浴。长星凶。

初二如有雨，主芝麻贵五倍。

初三茅真君生。

初四忌责罚人。故刑官是日罢刑。

初五达摩祖师生。俱俗以本日为五风生日，渔者集而祷神祈。此日有风，则终岁风雨如斯，又谓之"五风"。

初七如晴再看初十，又晴主来年水大。

初八兴龙节。火星生，宜沐浴。

初九东斗降。

初十忌色。

十三南斗降，如晴，主小儿多病。

十四沐浴，令人光泽无病。松。短星凶。

十五下元，水官生。瘟神刘使者生。此日俗言水官解危之辰。多有请僧道持斋荐祖者。

十六乃寒婆生日，如晴，主冬和暖。

十八鸡鸣时沐浴，主长寿。

二十张天师生。忌远行。风。

二十一斗星降。

二十三如晴，主谷贵。杨公忌。

二十五宜雨，如不雨，主冬温无水，连年民多疾病。

二十七紫微降。

二十八如晴，主冬温不冻。

三十如有风雨，主谷贵五倍。多疾病夭死。

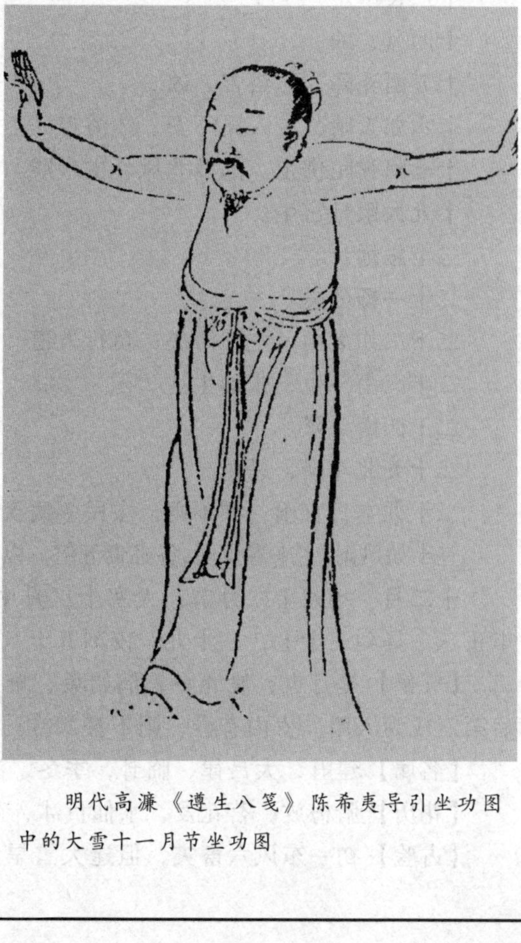

明代高濂《遵生八笺》陈希夷导引坐功图中的大雪十一月节坐功图

十一月 大雪十一月节，冬至十一月中。日出辰初一，辰初二。日入申正二，申正一。昼刻三十七，三十五。夜刻五十八，六十。

【气候】是月也，鹖鴠不鸣，虎始交，荔挺出，蚯蚓结，麋角解，水泉动。要知来年几月闰，但看冬至后几日剩。冬至一阳生。

【名属】建子，黄钟律，复卦，仲冬，辜月，畅月，大吉将。

【花历】蕉花红，枇杷蕊，松柏秀，蜂蝶蛰，剪采时新，花信风至。

【占验】初一西风贼盗多，更兼大雪有灾魔。冬至天阴无日色，来年同唱太平歌。月中虹见贵鱼盐，雷响来春米长钱。冬旦黑云多有水，若逢朦雾是干年。十一月雾，鱼行人大路。冬至晴，年必雨。冬至雨，年必晴。转日北风主岁稔，西风主禾熟。冬至前米价长，贫儿受长养。冬至前米价落，贫儿是萧索。冬至日，取诸果谷种，各量一平升，以布袋盛埋阴地，候五十日取验多寡，则知来岁所宜而种。

【栽种】蒿苣，芥菜，萝白，箭捍菜，春菜。

【饮食】勿食虾蚌，着甲之物害人。勿食生菜，发客疾。勿食生韭，多涕唾。勿食螺蟹，长尸虫。

【坐功】足少阴肾君火。先摩足心，极热，以两手按两膝上，直腰用力三五度。

【杂事】碎草饲牛，添竹园诸果木土。包裹诸畏寒树木。用糟水浇海棠花。冬至日，以赤小豆煮粥，合家食之，可免疫气。本日于北壁下厚铺草而卧，以受元气。

初一如风雨，人多病灾。如西风北风，主盗起。更兼大雪有灾魔。

初三太上登玉霄，四盼天下。松。

初四孟夫子生。如晴，主大旱。

初六西岳大帝生。

初七斗星降。

初九东斗降，南斗降。

初七沐浴，至老光泽。

十一太乙天尊生。忌沐浴。忌以火炙背。

十二长星。

十四风，凶。

十五西斗降，沐浴吉。凶。

十六如天晴，主人民不安。沐浴吉。

十七阿弥陀佛生。如西北风，主米贱。

十九太阳日宫生。

二十忌远行。

二十一杨公忌。

二十二如无雨，主江海决，鱼行人道。短星，凶。

二十三南斗生，张仙生。

二十四南斗降。

二十五北斗降，忌色。

二十九本日宜雨，如不雨，主民多病疾夭死，富者贫。

三十如风雨,主来春少雨,谷必贵五倍。以赤小豆煮粥,祭门毕合家食之,辟瘟疫。

十二月　小寒十二月节，大寒十二月中。日出辰初一，辰初初。日入申正二，申正三。昼刻三十七，三十九。夜刻五十八，五十六。

【气候】是月也，雁北乡，鹊始巢，雉鸲，鸡乳，征乌厉疾，水泽复坚。冬至后第三戌为入腊。岁内有春，则不甚寒冷。

【名属】建丑，大吕律，临卦，季冬，涂月，暮冬，抄冬，穷纪，神后将。

【花历】腊梅放，茗花发，水仙负冰，葩香绽，山茶灼，雪花六出。

【占验】初一东风六畜灾，但逢大雪旱年来。如交此日晴明好，吩咐农夫放下怀。雪落中旬及上旬，农夫拍手尽欢欣。田蚕预卜三盆火，除夜晴明雨水匀。十二月雾，来年五谷富。又主来春冷。雾太多，主来年旱，禾有伤。月内上中旬有雪，来年黄梅内有雨。腊雪三两番，果麦熟。月内柳眼青，主来年夏秋米贱。

【栽种】本月用竹器分栽芍药，若犯铁器，及到春月移栽则不开花。

【饮食】晨起以蒸饼卷猪脂食，终岁不生疮疥，体泽。勿食牛肉，以其木属也。勿食蟹鳖，长口虫。

【坐功】足太阴脾湿土。一足跪起，一足伸去，用力，左右各三五度。

明代高濂《遵生八笺》陈希夷导引坐功图中的小寒十二月节坐功图

【杂事】造农具，韭上添河泥，添桑泥，起河泥，浴蚕子，以猪脂喂马。收贮雪水，埋地中，用浸五谷种，倍收，又不怕旱。如浸诸色种子，能耐寒，不生虫。腊雪水作糊，裱褙不生蛀。腊雪收储，能治汤火烙疮，亦能治口舌疮。癸丑日祭门，盗贼不能进。子日晒荐席，能去蚤虱。月内放花炮者，多近宅之处，不宜积薪。

初一如风雨主来春旱。宜沐浴。

初二沐浴吉。

初三北斗降。

初六松。

初七忌远行，忌色。

初八王侯腊，腊八日，释迦佛成道。以诸果品煮粥，合家食之增福。炒糯米，陈之二三年，可止痢，及治脾膈诸疾。悬猪脂于厕上，入夏则一家无蝇。祀灶。沐浴吉。忌夫妻入房。

初九长星凶。

十三宜沐浴。

十五西王母降，沐浴吉。

十六南岳大帝生。

十八老君降，北斗降。

十九杨公忌。

二十鲁班生。沐浴去灾诲。忌色。

每月从星上起，
顺行十二支，
即知某星值日。
假如正月自开字起，
子日开顺行，
丑日闭，
寅日建，
照依轮数。
二月自收字起，
子日起，
顺行五日开，
寅日闭，
照依轮数。
余月仿此。
开除成定，
四日为上。
一切诸事，
用之大吉。
平收二日为下，
诸事忌用。
闭建满执破危六日为中平，
此法亦可于掌上轮定，
最为捷便。

觉道人选日捷法

每月按节令顺数，宜忌立见。
建满平收黑，除危定执黄。
成开大吉利，破闭只寻常。

二十四灶君上天，奏人善恶之辰。床底点灯，谓之照虚耗。以酒糟涂灶门，谓之醉司命。俗云："腊月廿四五，刀锥不入土"。风。

二十五诸天神较人善恶。松。短星凶。

二十九华严菩萨生。

三十除日，除夕。如东北风，主来年大熟。以合家头发烧灰，同鞋底上泥包投井中，以辟瘟。用杞汤沐浴，不病。取园石一块，杂以桃核七枚，埋宅隅绝疫鬼。取椒二十一粒，勿与人言投井中，以绝疫。取富家田内土，泥灶，主招财。晚为除夕，长幼聚饮祝颂谓之分岁。以薪燎庭中，能辟灾而助胆气。是夜奉神佛前，并主人卧室燃灯达旦，以主家宅光明，宜焚苍米。勿嗔骂奴仆，并碎器皿。亦忌大醉。

俗语正讹

俗人传说之语本不当正，亦不足正也。然而明理之人，一闻讹言，即知其讹。若或不知其讹者，倘奉为至言，必将以正为反，认左为右，以讹传讹，世道人心由此败坏，关系非小。予因将耳闻俗语，略正数条以问世，似有益也。惟予愚人，喜论愚言，若夫经书中讹读字句，错解义理者，不胜枚举。必俟读书文人改正，非予田野愚人所敢说也。

天基石成金撰写

信步行

俗云："信步行将去，随天降福来。"此讹也。要知举步行走，全在照看前后。果是平坦大道，然后行去，自然安稳无虞。若依俗云，信步而行，假如前面途路大而山川险恶，小而泥水污秽，亦将信我之步，任其倾跌溺陷而不顾耶？予改云："顺理行将去，随天降福来。"盖天地间自有当然正中之理，凡出言行事，惟顺此理而行，理之合当行者，即措之于行，理之不当行者，即戒止不行。至于福之降否，听由天赐，此吾辈守身之法。然而顺理之人，上天自降多福，不待其祈求愿欲也。

命运风水

俗云："一命二运三风水，四积阴功五读书。"此讹也。要知人生在世，惟以积德为主。人能积德，力可回天。所以命虽夭者，积德则可以延寿；命虽贫者、贱者，积德则可以致富贵。历观古今人之积德而能改移命相之事，载于书帙间，不可胜纪。他事何能及乎？唯熟读袁了凡先生《立命》诸篇，则理自明矣。若夫书能勤读，则理明腹内。言行必出于正，多福不求自至。是此二事最当首立。若以命运风水在前，而阴功读书数在第四第五，则是只要好命运风水，而阴功读书反为可缓，有是理乎？语极不通，真可发笑。予改云："不论命运风水事，只在阴功与读书。"盖积德读书乃得木根水源之法，即命运风水虽然不好，若肯积德读书，因亦改而为好矣。若命运风水本来原好，再肯积德读书，即如锦上添花，珠边饰翠，愈加其好矣。只须在此二事上专用其力，而命运风水俱可不论矣。

不求天

俗云："家有三等田，一世不求天。"此讹也。要知人生在世，全赖上天庇佑，岂因有三等田便不求天乎？说此者乃大无敬畏妄诞之人也。彼意谓有高田则不怕水，有低田不怕旱，有中等田又不怕水旱。是以年年丰稔，不求于天。独不怕蝗蝻、蛟陷、瘟疫、盗贼、讼狱、死丧诸灾乎？予改云："家有三等田，一世不求签。"盖求签问卜，所以占水旱也。既有三等田，无论水旱，可以不用占卜矣。

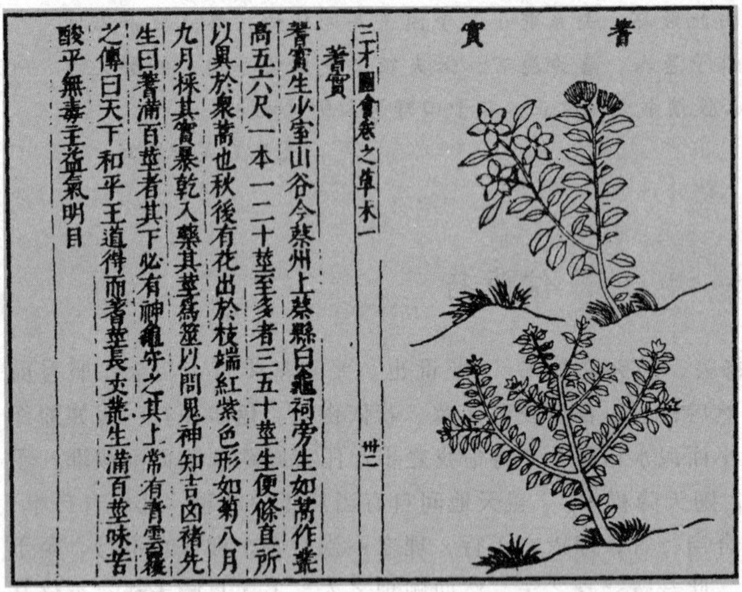
三才圖會卷之草木一　卌二

蓍實

蓍實生少室山谷今蔡州上蔡縣白龜祠旁生如蒿作叢高五六尺一本一二十莖至多者三五十莖生便條直所以異於衆蒿也秋後有花出於枝端紅紫色形如菊八月九月採其實暴乾入藥其莖爲筮以問鬼神知吉凶褚先生曰蓍滿百莖者其下必有神龜守之其上常有青雲覆之傳曰天下和平王道得而蓍莖長丈叢生滿百莖味苦酸平無毒主益氣明目

《三才图会》中的蓍草图。蓍草是古代占卜所用的一种工具

三脚猫

俗云：“三脚猫”，此讹也。要知世上岂有三脚之猫？予改云“三教貌”。言人若兼通三教，非儒非僧，传而不精，徒得外貌而已。今人说人不成器者，多以此语加之。

没耳朵

俗云：“扬州人没耳朵。”此讹也。要知扬州人个个有耳，并无没耳者。此言何来乎？予闻老人云：“扬州琼花无二朵”，盖琼花唯扬州一株，且一株只开一花。昔欧阳公因造“无双亭”，此乃极赞其天下独美也。

打破沙锅

俗云：“打破沙锅问到底。”此讹也。要知沙锅大胞，虽然打破，细问何味？予闻老人云：“打破砂锅璺到底。”盖沙瓦之锅，一有破损，则璺到彻底。谓人之言行，无论大小，俱当慎重。不可少有瑕玷也。

鬼推磨

俗云：“有钱使得鬼推磨。”此讹也。要知人虽极有钱财，岂能令鬼来将磨推动乎？予闻老人云："有钱使得水推磨。"盖江南山谷溪涧水口处，俱有水碓水磨。借水流之力而自动，不费人力。唯富家可置，贫者不能也。

清明戴柳

俗云："清明不戴柳，死了变黄狗。"此讹也。予闻老人云："清明不戴柳，死在黄巢手。"盖黄巢乃清明日出师，暗令军士插柳为号，无者即斩。所以有此相传之言也。

过了七月半

俗云："过了七月半，才是铁罗汉。"此讹也。要知一年三百六十日，唯端午日起，至中秋日止，此一百日之内极难调理。因夏天暑热，精神尽皆发泄。腠里俱开，易冒风寒。脏腑虚弱，易成泻痢。予自立拙法，此百日内无老少，俱宜绝色欲，少思虑，节饮食。一切生冷面食，油腻之物，俱要少食。酒亦少饮。出入慎风寒。若七月半至八月半，此一月内酷暑乍退，天气忽寒忽热，更宜谨慎。其中秋前后，月饼、菱藕、芋头、豆角，多食最滞膈伤脾。此一月内，稍不保重，前功尽弃。若保过中秋之后，才庆更生，而无疾病矣。予改云："过了八月半，才是铁罗汉。"似为确当。

六月泻

俗云："有钱难买六月泻，"此讹也。要知夏月天气暑热，人身腠里尽开，汗既流泄于外，全赖脏腑坚实。若再泄泻，岂不内外俱伤？若要腹泻，只用油腻生冷乱食自成泻痢，何难之有？予改云："有钱难买六月蔗。"盖甘蔗性寒，其汁解渴，夏月人喜食之。但甘蔗在三四月内极多，若收藏至六月，则坏烂者多，而好者甚少。虽有银钱，亦难购买也。

草里有人

俗云："路上说话，草里有人。"此讹也。要知人之身体何等长大，其草丛何等矮小，草中岂能藏人乎？予改云："路上说话，巧里有人。"盖途路之中，同行说话，或议人之是非，或论人之短长。但往来之人，或有与彼相熟者，未免转相告报，怨尤从此而起。此教人言必谨慎也。

官也不做

俗云："讨饭三年，官也不做。"此讹也。要知官职无论大小，俱是朝廷恩荣，何等尊贵。岂有乞丐之人与之官而反不做乎？予改云："讨饭三年，工也不做。"盖做工之人，或治土木，或开河，或筑堤，或造船制器，劳心劳力，最是勤苦。彼乞丐闲逸，若令做工，彼不为也。若遇身体强健乞儿，须劝令劳力，不可自弃也。

板格落钱

俗云："棺材出了，讨板格落钱"此讹也。"板格落"三字不知何解。予闻老人云："棺材出了，讨挽歌郎钱"盖言出棺发引，用歌郎歌诗前导，所以悦尸也。此钱须棺未出时取要，意谓时过难追也。

磨盘运

俗云："磨盘运"，此讹也。要知此言专谓其人行事周转，只在左近，不能高远之意。殊不知命中并无磨盘名目。予想或云："墓库运"。盖命逢此运，则做事颠倒也。

都是命

俗云："万般都是命，半点不由人。"此讹也。要知寿夭穷通、妻财子禄，虽是命数前定，但人之善恶，则能移改。假如本有好命，或其人为恶，福寿自必消灭；又如本是坏命，或其人为善，福寿自必增添。总在各人自己之存心行事而已。故曰祸福无不自己求之者，何得命之不由人乎？予改云："万般都是命，移改却由人。"

小儿安

俗云："要得小儿安，常带三分饥与寒。"此讹也。要知小儿身体脏腑俱甚脆薄，饥饱寒暑皆不能耐，全在大人调养得宜，自无疾病之害。若带三分饥寒，恐带饥则多啼哭，带寒则多感冒，甚不宜也。予改云："要得小儿安，常调饥与寒。"大约调养之法，只要先饥与食，食不可过饱；先寒与衣，衣不可太暖。非独小儿为然，凡虚弱衰老病后之人，俱当如此调养也。

棉衣不用

俗云："吃过端午粽，棉衣才不用。"此讹也。要知天时忽寒忽热，原难预定，常有五月间尚风凉如秋者，单薄棉衣不可离也。家居随取随有，唯出外舟中旅邸，犹须备用。予改云："吃过端午粽，棉袄才不用。"盖端午之后，虽有凉天，量不大冷，厚棉袄可以不用也。

没眼野鸡

俗云："天养没眼野鸡。"此讹也。要知世间野鸡，并无没眼者。予改云："天养没眼哑痴。"盖瞎哑痴人，未尝饥寒而死。人虽用尽奸谋，上天自有乘除加减。所谓"富贵若从奸狡得，世间呆汉吸西风"，即此义也。

佛开口

俗云："九月韭，佛开口。"此讹也。要知我佛如来，在西方极乐世界有无限珍馐百味，岂爱此韭菜而遂开口食之乎？说此者只知夸韭菜之美，殊不思诬谤我佛，罪过万千矣。予改云："九月韭，复开口。"盖春韭初生，嫩味极佳，历夏则老不可食。及至九月，又复嫩堪食也。

闲时不烧香

俗云："闲时不烧香，忙时抱佛脚。"此讹也。予闻此语原有四句云："闲时不烧香，忙时满炉装。忙时抱佛脚，闲时便抛却。"此言一切世事，俱当于常时办理，则用时自得实济，不可临渴掘井也。

金镶玉

俗云："有眼不识金镶玉。"此

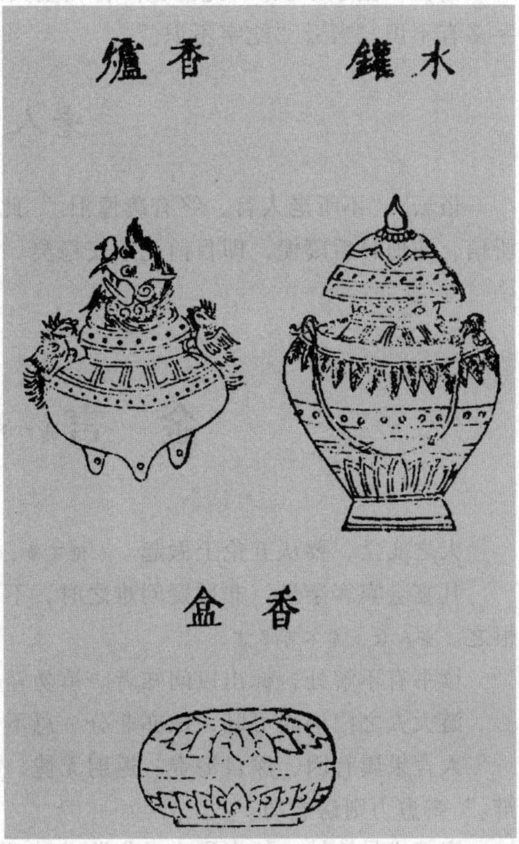

香炉、香盒图，出自《三才图会》

讹也。要知黄金白玉，虽妇人小子，无不知之，世人何不识耶？予以愚见想当云："有眼不识荆山玉。"盖玉藏荆山之内，昔卞和献之厉王，以为石。又献之武王，亦以为石。两献两刖。文王即位，和抱玉泣，王使人琢，果得璧玉。此讥人不识好也。

父慈子孝

俗云："父不慈，子不孝。"此讹也。要知严父慈母，此当然不易之道。然为父者，严以教之，原所以教子成人。若以父不慈，则子不孝，即是父慈，然后子孝。父严，子即不孝矣。此悖理败伦之言。试看父顽母嚣，而舜仍尽其孝，所以古今称孝，推舜第一。况父不严，子多不孝。昔有"棒头出孝子，娇养忤逆儿"之句。予因另改云："父严母慈子尽孝，乃是天伦真大道。"

瞎字不识

俗云"瞎字不识。"此讹也。昔孔圣人之父名叔梁纥，纥音黑，非读书人，此字多有不识。当云"纥字不识。"

老人言

俗云："不听老人言，终有凄惶泪。"此讹也。要知老人历世久，凡有教言若不听信，非但日后凄惶，即目前先不安稳矣。予改云："不听老人言，凄惶在眼前。"

金　言选广平申和孟先生语

人之实学，要从五伦上做起。人伦不重，虽有他长，皆不足取。

凡宴会宾客杂坐，非质疑问难之时，不可讲说诗文，自矜博雅，恐不知者愧而恨之。当人众，亦不可多言。

读书有不解处，标出以问知者。慎勿轻自改窜。银根之误，贻笑千古。

游大人之门谄固可耻，傲亦非分。总不如萧然自远。

人言果属有因，深自悔责。返躬无愧，听之而已。前人云："何以止谤，曰无辩。"辩愈力则谤愈巧。

官粮必早输纳。每岁所入，先除此一项，余者乃以他用。免许多催迫，省许多傍费，又享许多快乐。

每读一书，且将他书藏过。读毕再换，其心乃专。此书不熟，慎勿又读他书。为学最戒博而不精。

小人当远之于始。一饮一啄，不可与作缘。非不我恨也，泛然若不相识，其恨浅。若爱其才能，或事势相借，一与亲密，日后必成大仇。

结盟是近日恶道。古人不轻交，所以交必不负。今订盟如戏，原未深知，转眼路人，又何足怪。

亲故有困穷相求，量情量力，曲加周给，不必云借。借则或不能偿，在人为负欠，在己或责望者有之。

愚人指仙佛募化，称说灵异，以诳乡俗。或起祠造经，铸钟施药，我既不信，远之而已。不必面斥其非，恐愚众党护，有时致辱。子弟家人在家内，当以正理辩明。

王维画迹，图出自明代《顾氏画谱》

书画古帖可以寄兴，佳者自当宝惜，若夫设心机，费重贿，则不必矣。原为怡心，反以累心。岂不失计？

公门不可轻入。若世谊素交，更当自远。既属同心，必不疑我为疏亢。或事应面谒，亦不必屏人秘语。恐政有兴革，疑我与谋。又恐与我不合者，适值有事，疑为下石。每有讼事之胜负，多归咎谒者，岂不冤恨！

造作歌谣及戏文小说之类，讥讽时事，此大关阴骘，鬼神所不容。凡有所传闻，当缄口勿言。若惊为新奇，喜谈乐道，不止有伤忠厚，以讹传讹，或且疑为我作矣。

故人仕宦，贻书见招，以不赴为正。或久别怀想，抵署盘桓数日，款款道故，不及他事。切勿在外招摇，妄有关说。一贵一贱，交每不终。未必尽贵人之过也。

奸人难处，迂人亦难处。奸人诈而好名，其行事有酷似君子处。迂人执而不化，其决裂有甚于小人时。我先别其为何如人，而处之之道得矣。

遇人轻我，必是我无可重处。置珠玉于粪土，此妄人耳，不足较。若本是瓦砾，安望什袭？故君子必自反。

责我以过，皆当虚心体察。不必论其人何如。局外之言，往往多中。每有高人过举不自觉，而寻常人皆知其非者，此大舜所以察迩言也。即诗文亦然。赞者未必皆当，若指我之失，即浅学所论，亦常有理，不可忽也。

人以诗文质我，批驳过直，往往致嫌。若一概从谀，又非古道。嘉者极力赞扬，谬者指其疵病。瑕瑜不掩，常寓鼓舞之意。至诚待人，必不我怨。嘉者逢人称说，谬者绝口勿言。其人闻之，必自感奋。

交财一事最难。虽至亲好友，亦须明白。宁可后来相让，不可起初含糊。俗云："先明后不争。"至言也。

他人童仆遇我或不恭，如坐不起，骑不下，称谓不知礼，彼与我无主仆之分，不足较也。如自己童仆，须时戒饬之。

人有求于我，如不能应，当直告以故。切勿含糊，致误其事。误人事，最惹人怨恨。

有人告我曰："某谤汝。"此假我以泄其所愤，勿听也。若良友借人言以相惕，意在规正，其词气自不同。要视其人何如耳。

远方来历不明如术士、山人辈，往往大奸窜伏其中，勿与交往。即穷人欲投靠为仆婢者，亦不可收。

寄远路书札，当于前夕成之。临发匆匆，必多遗漏。

凡权要人声势赫然时，我不可犯其锋，亦不可与之狎。敬而远之，全身全名之道也。

闲居耐俗汉，亦是无可奈何处。寻常亲故往来，安得皆胜侣？以礼进退，勿蹈浮薄。免结许多怨尤。

尊先王之训，必须守时王之法。我夫子殷人，而曰"吾从周。"生于周则然也。生今反古，固有明戒。

盛怒极喜时，性情改常。遇有所行，须细商之有识者。不然悔随之矣。

人言某负恩，某不义。正气不平，则为援引一二嘉事以为解，曰："据伊平日所为亦公道，今岂变耶？或出无心，或有何事正急，不暇检点。或疾病醉饱，喜怒失常，寻自悔矣。"诉者虽怒，必少平。若因其诉我，我遂述于我亦曾有负恩不义之事，则其人之过越实，嫌隙遂成。谁使之与？

小人固当远，然亦不可显为仇敌。君子固当亲，然亦不可曲为附和。

朋友即甚相得，未有事事如意者。一言一事之不合，且自含忍。稍迟，则冰消雾释，过而不留。不得遂轻嗤骂，亦不必逢人诉说。恐怒过意回，无颜再对。又恐他友闻之，各自寒心耳。

好说人阴事及闺门丑秽者，必遭奇祸。犯天人之大忌。

我有冤苦事，他人问及始陈颠末。若胸自不平，逢人絮絮不已，听者虽貌为咨嗟，其实未尝入耳。言之何益？说寡话于有事之家，诉苦情于无用之地，最招人厌。

借人书画，不可损污遗失，阅毕即还。借书中有伪字，随以别纸记出，置本条下。不可竟改写书上，恐人憎恶。凡亲友借用车马器物，不可吝惜。但借者又须加意照管，勿令损坏。万一损坏，急与修制完好，切勿朦胧送还。

名胜之地，勿轻题咏。一有不当，远近传为笑端。如昔人所记"飞阁流丹"误为"流舟"之类，可鉴也。

责人无已，而每事自宽，是以圣贤望人。而愚不肖自待也，未思而已。须要以责人之心责己，则寡过；而以恕己之心恕人，则全交。

人之性情，各有所偏。如躁急、迟缓、奢华、鄙吝之类，我知而早避之，可以终身无忤。孔子不假盖于子夏，固是大圣人作用。

孔子的学生子夏像

服金石酷烈之药，必至殒命。即坐功、服气，往往致病损目。人能清心寡欲，无暴怒，无过思，自然血气和平，却病多寿，何为自速其死哉？，又有服春方采补者，更是自求速死。

见人耳语，不可窃听。恐所言之事其人避我，又恐正值议我短长，闻之未免动意，且令其人惭愧，无地自容也。

志不同者，不必强合。凡勉强之事，必不能久。

有一艺便受一艺之累。如书画、图章，初有人求，甚喜。求者益多，渐生厌苦。前人云："道高日尊，技精日劳。"惟学书是正事，其余作无益害有益。切所当戒，画尤为甚。多一事不如省一事。人要快活，切勿多事。

见人为不义事，须劝止之。知而不劝，劝而不力，令友过遂成，亦我之咎也。

赴酌勿太迟。众宾皆至而独候我，则厌者不独主人。有一种人，明明无事，屡邀不至，自谓高贵，岂不大可笑耶？

勾阑北里之游，不但有失行止，此辈不洁者十人而九。一染其毒，往往毁伤面目，或至丧生。即幸而无事，永绝生育。人人憎嫌不与同坐共食。可不慎哉？

遇有疑难事，但据理直行，得失俱可无愧。凡求签问卜乞梦，皆甚渺茫，验与不验参半，不可恃也。

有必不可已之事，须当早作。日挨一日，未必后日之能如今日也。

平时强项好直言者，即患难时不肯负我之人。软熟辈掉臂去之，或且下石焉。

出息称贷，往往致贫。不得已而有此，宁速卖田产器物以偿之，若负累既久，出息愈多。前之田产器物惜不忍弃者，至此弃之亦不足矣。往见吾乡有家本丰富，故时时借债以博贫名。人卒不信，尤可笑也。若亲自挪借，更当急偿，宁出息者，可留在后。

物之不常见者皆妖。每见产芝及并蒂莲者，惧随有凶事，不幸而有益，当恐惧自修，勿矜为瑞。

天文术数之书，律有明禁，然习之本亦无益。不精则可笑，精则可危。甚且不精而冒精之名，致祸生于意外者多矣。凡六壬、奇门、星命等术亦然。何苦以我有用之精神，而学此无益之事耶？

可以一出而拯人之厄，一言而解人之纷，此亦不必过为退避也。但因以为利，则市道矣。

向人说贫，人必不信，徒增嗤笑耳。且人即我信，何救于贫？哓哓者可厌也。亦不可说富贵势利，令人鄙笑。

遇修桥梁道路，可量力出资。我往来经此，何得坐享其成？即令徒便他人，亦是义举。

用过术士艺人以及梨园之属，量力酬给，切不可推荐他所。我之所苦，岂可及人？欲令此辈感德，反不顾亲知见怨，可谓轻重失伦矣。

冶游之场，如兴灯、迎春、赛神等类，男女沓杂，瞻视宜庄。若指顾轻狂，易致招侮。子弟有欲往者，须同良友或令老仆相随。

言动文雅，须要自然。若过作身份，妄自矜庄，反不如本色家常，不招非笑。近日假斯文者颇多，全不自羞。

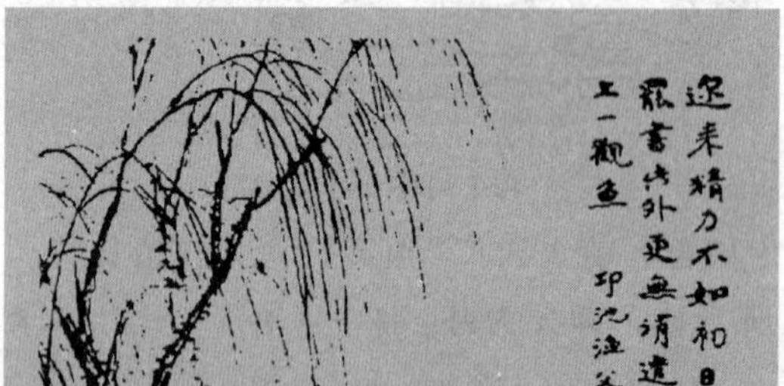

观鱼图，出自清·《马骀画宝》

翻人书籍，涂人书案，折损人花木，皆极招厌之事。而私窥人笥箧中字迹，尤为不可。何苦讨人憎嫌？

妇人台前看戏，车轿杂于众男子中，成何风俗？且优人科诨，无所不至，可令闺中女闻见耶？

和睦勤俭者家必隆，乖戾骄奢者家必败。此理如操券，断无不爽，且验之甚速。

花木禽鱼，皆足以陶情适趣、宣滞节劳。若贪恋太甚，反多一累。花木择土宜者。远方异种，费财费力，而易坏无用也。若费心思资财，是求乐而非寻忧也。就中笼养禽鸟，拘囚其身，凄惨其音，毫无情趣。又金鱼取蠓虫饲养，伤生极多，此三者尤当切戒。

赌钱是市井小人事，何以士大夫往往好之？近日马吊牌始于南中，渐延都下，穷日累夜，纷然若狂。问之，皆云极有趣，我但见废时失事，劳神耗财，每一场毕，贸贸然目昏体惫，不知其趣安在？

纵与人相争，只可就事论事，切不可揭其祖宗之短，扬其闺门之丑。此祸关杀身，非只有伤长厚而已也。

亲友见访，忽有欲言不言之意，此必有不得已事，欲求我而难以启齿者。我便当虚心先问之，力之所能，不可推诿。

揖让周旋，虽是仪文，正以观人之敬忽。宋儒云：“未有箕踞而不放肆者。”其在少年，尤当斤斤守礼，不得一味率真。

本富而对人说贫，本秽而对人说清，以人为可欺耶？方唯唯时，其人已窃笑之矣。谁迫之为自欺语？

优娼辈好嗤笑人，且敢为无礼。此自下贱本色。其趋奉不足喜，怠慢不足怒也。奴仆小人亦多如此。

有必不可行之事，不可妄作经营；有必不可劝之人，不必多费唇舌。省许多精神，享许多快活。

自谦则人越服，自夸则人必疑。我恭可以平人之怒气，我贪必致启人之争端。是皆存乎我者也。

寄放人家财物，是极无益事。恐万一失落损坏，彼此作难。若非义不可辞，断勿轻诺。

勿以人负我而隳为善之心。当其施德，第自行我心所不忍耳，未尝责报也。纵遇险徒，止付一笑。

登俎豆之堂而肆，入饮博之群而庄者，未之有也。是以君子慎所入。

觉人之诈而不说破，待其自愧可也。若夫不知愧之人，又何责焉？有含容，才有受用。

仇人背后之诽论，皆足供我箴规。盖寻常亲友，当面言既不尽，背后亦多包荒。惟与我有嫌者，揭我之过，不遗余力。我乃得知一向所行之非，反躬自责，则仇者皆恩矣。

有聪明而不读书，有权力而不济人利物，辜负上天笃厚之意矣。既过而悔何及耶？大为可惜。

作善岂非好事？然一有好名之心，即招谤招祸之道。

凡应人接物，胸中要有分晓，外面须存浑厚。

巧人得福固多，得祸亦不少。拙者循理安分，似无大福，然亦不致有大祸。

三姑六婆勿令入门，前人戒之严矣。盖此辈或称募化，或卖簪珥，或为媒妁，或治疾病，专一传播各家新闻，以悦妇女。暗中盗哄财物，尚是小事，常有诱为不端，魔魅刁拐，种种非一。万勿令其往来。

顺吾而言者，小人也，急远之。

不服一人与逢人便服者，皆妄人也。

风水之说有之乎？曰：“有之。”兴隆之家，必据胜地，其初不必有所择也。常见人既富贵，广延地师，移居迁葬，而家道反不如前。盖福至则得吉壤，衰至则入

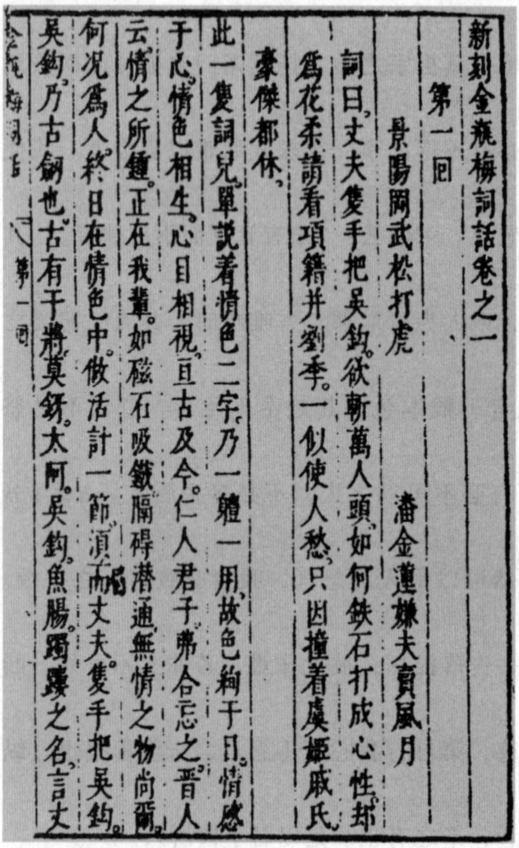

新刻金瓶梅詞話卷之一

第一回

景陽岡武松打虎　潘金蓮嫌夫賣風月

詞曰：丈夫隻手把吳鈎，欲斬萬人頭，如何鉄石打成心性，却爲花柔。請看項籍并劉季，一似使人愁。只因撞着虞姬戚氏，豪傑都休。

此一隻詞兒，單說着情色二字，乃一體一用，故色絢于目，情感于心，情色相生，心目相視，亘古及今，仁人君子，弗合忘之。晋人云：情之所鍾，正在我輩。如磁石吸鐵，隔碍潜通，無情之物尚爾，何况爲人，終日在情色中做活計一節。須知那丈夫隻手把吳鈎，吳鈎乃古劍也。古有干將、莫邪、太阿、吳鈎、魚腸、躅鏤之名。言丈

金瓶梅詞話　卷一　第一回

《金瓶梅》在古代被视为淫秽小说，图为明万历刻本《金瓶梅词话》书影

凶地。人自修德以迓福，堪舆之权岂能夺造化哉？

亲友中有显贵者，对人频言，必招鄙诮。更有假捏夸耀者，最惹人背后讥论。

得失俱有定数，况求而不得者多矣。纵有求而得，亦是命所应有。安然顺受，未必不得，徒多营劳也。

贫贱时累心者少，宜学道；富贵时施予者易，宜济人。若夫贫贱而存济人之心，富贵而坚学道之志，尤加人一等。累心施予，俱在自己，不在境界。

世传作《水浒传》者三世哑。近时淫秽之书，如《金瓶梅》等，丧心败德，果报当不止此。每怪友辈极赞此书，谓其摹画人情，有似《史记》。果尔，何不直读《史记》，反悦其似耶？凡家有幼学者，尤不可不慎。

畏友胜于严师，群游不如独坐。

行客以大道为纡，别寻捷径，或陷泥淖，或入荆蓁，或岐路不知所从，往往循大道者反行在前。是以务小巧者多大拙，好小利者多大害。不如顺理直行，步步着实，得则不劳，失亦于心无愧。

轻诺者必寡信。与其不信，不如勿诺。一诺千金，全在不宜。

有怨于人，含容者上也。不然以直报怨，亦圣贤所取。若夫挑讼匿讦，虽公亦私。鬼神瞰之，必有阴谴。

将欲论人短长，先顾自己何若？自己不正，焉能正人？

子弟考试，不必预为请托。我胜固自可喜，不售亦堪激发。常有代为作弊以求幸者，导之以不肖，欲其贤焉难矣。怎奈今之父兄，专代子弟钻营，以图荣耀，识者鄙之。

居心不净，动辄疑人，人自无心，我徒烦恼。

久利之事勿为，众争之地勿往。物极则反，害将及矣。

积书太盛，往往有水火诸厄，盖为造化所忌耳。五车万卷，富贵家侈为豪举。其实世间应有之书，亦自有限，不必定以多积求名也。

人生学随时进，如春花秋实，自有节次。少年时志要果锐，气要发扬，但不越于礼足矣。不必收敛太早，如迂腐寂寞，即如春行秋令，亦是不祥。

骤贵而行事如常者，其福必远。举动乖张，喜怒失绪，其道不终日。一朝财富，

其行止仍若平常，必大福大量之人。

贫贱时眼中不着富贵，他日得志必不骄；富贵时意中不忘贫贱，一旦退休必不怨。

该作道学事，不必习道学腔，人若有道学样，定然招侮惹谤。

少时郁郁不乐，自亦不解何意。以今思之，只是妄想为扰耳。富贵本无尽止，登一级复有一级在前，随时安分，便是安乐法。

如立神祠梵宇，勿为首事。凡首事众怨所丛也。然众皆乐为，我即非所崇信，亦不必自异。于礼无伤，从俗而已。

子弟僮仆有与人相争者，只可自行戒饬，不可加怒别人。此极妙家法。但有一种刮棍，无端欺侮者，便须理论。

学问以先入为主，所以立志欲高。如文必秦汉，字必钟王，诗必盛唐之类。骨气已成，然后顺流而下，自能成家。若入手便学近代，欲逆流而上，难矣。法于上得乎中。

不孝不弟之人，不可与为友。少时一同学子，颇有才华，而门内无行，先君甚不悦，曰："彼至亲且薄，况他人乎？"未几果为所螫，几及于祸，可鉴也。

俭虽美德，然太俭则近悭。自度所处之地，如应享用十分者，只享用七八分，留不尽之意，以养福可也。悭吝太甚，自是田舍翁举动，愚而鄙矣。

经一番挫折，长一番识见；多一分享用，减一分志气。

兄弟分居，是人生最不忍言之事。然亦多有势不得不然者。如食指渐繁，人事渐广，各有亲戚交游，各人好尚不一，统于一人，恐难称众意。各行其志，又事无条理，况妯娌和睦者少，米盐口语易致参差。自度一家之中，人人能学前人同居，固是美事。如或不然，反不如分爨为妥。勉强联络，久必乖戾。

君子三戒，亦就大概而言之。若夫少而好得，钻营必力，百行俱怠。老而好色，为害益烈，丑态更多。看来好斗之人甚少，即有斗者，非为色，即为得也。

有一善，逢人卖弄；有一恶，到处遮饰。此是良心不昧处。至于行事则反之，何也？

行一件好事，心中泰然；行一件歹事，衾影抱愧。即此便是天堂地狱。切不可自离天堂，更不可自入地狱。

除嫌约

人之出言行事，取人之厌恶憎嫌者条例甚多，总因其人任性未检，自不知觉耳。若有高人向伊指说，彼即惭愧顾改，不复再蹈矣。予窗友张德甫揭律俗十二条，其间遗义不少。予因续添二十一条，骈成联句，共刻一集，名之曰《除嫌约》。要知"约"之一字，不惟相约同人，俱各谨戒，且与"药"字同音，犹夫服此良药，其憎嫌之病痊除，则人人无不敬重而喜爱矣。但此仅可律己，若执此遍律于人，予恐他人之嫌病未除，岂不自又寻染嫌病耶？

天基石成金撰写

恣充大模样，惯用小机谋。

因一时荣宠徒肆骄矜，倚几两资财虚张声势。

狡猾着砌合倡优，拆揭来装点奴婢。

强交贵价，轻视布衣。

理过去官场，喇将来大话。

穷求物价，间断高淡。

俗恶诗画强污屏扇，嚼残鱼肉复置台盘。

硬采人花，猛惊人睡。

打市语以作奇谈，窃小说以为饱学。

别字翩翩卖弄书札，歪文种种作怪批评。

见杯盘灿烂目不停珠，看富贵交加语多失次。

对文人论市井俗套，逢释子捧旧日家风。

雨汗疮疡之身勉强卧人塌上，拖泥带屐之足鲁莽入我斋中。

夸嘴露脚跟，媚人见丑态。

穿朱履不扪心头，张高盖那知背后。

动曰翰墨留心，因叙款痴眸缩颈；素云诗文有志，见高士落魄无言。

搭寡话于有事之家，诉苦情于无用之地。

遇食先尝乱衡精细，逢茶未领忙辩高低。

一味趋炎侯势焰人，开口便言言称赞；着意逐冷看落魄汉，启齿定句句驳弹。

主人性喧，宾客礼奇。

不敲门直入人家，未曾说戏取人物。

无益之辩争，不急之观察。

久坐暑月之筵，独入寡妇之室。

恣意贪饕毫不谦恭，信口浪谈全无避忌。

好攻发人之隐私，喜妄议人之建置。

对人子弟诮人父兄，赴人筵席包人果物。

富翁好作酸容，贫汉惯说大话。

每向人前时执板性动气，偏从事后自夸识见如神。

俚诗，恶札。

逞富，哭穷。

吐痰，喷饭。

学诈，诌谎。

翻书，搨笔。

凡酒席上争嫌事，予集百条备刊《酒中趣》书内，兹不悉载。

除嫌约二集

人之言行，少有不慎，取人之憎嫌。事尚微末，每有因此损德招尤者。然而于中辩论，惟言语更属繁多，其行事次之。予续约若干，分言行二类，逐条说破。今而后出言吐语，气质举止，自必改换端正。乃知阅予兹约，若再沉酣于旧习者鲜矣。岂曰小补云耳？至于市井尘埃，村庄乡野之间，所处所遇，原多俗境俗夫，终年累月，群习成风，达者凡有见闻，应该混俗包容，又何可一概而论乎？所谓人之黑白，只宜在心，不宜在口，亦不宜在外貌，乃妙论也。

天基石成金撰写

言语条忌

喜谈官宦升降。好说词讼争斗。说话絮叨冗长。闻人言语强辩拗。

笑人体相。谈人闺阃。说人过失。揭人私密隐事。巧言。歪文。

咒骂人，好发誓。说事有头无尾。自夸己能。说主人见知宠遇。

说爱妾年貌技能。夸男女伎俩。数子弟罪过。搀夺人话柄。

评论女色。问事未实即到处流传。面讦人。破人好事。

好问人冷僻字。问主人鱼肉价。论衣服新旧。说饮食精粗。

假捏新闻。说与富贵人往返。讲嫖赌关节。怨天恨地。唆人争讼。

搬弄人是非。独自说鬼话。不知诗文字画乱评论。讥笑人贫贱。

举止条忌

满面势利。主人未揖先上厅坐。翻人书籍。行走脚跟踏地。

时时舌吐唇外。人前假咳吐痰。吃烟唾不择地。吃烟向人喷气。

烟灰火屑敲满地。项多油滞不洗拭。书籍乱横案架。

恶俗字画高挂厅壁。门庭不扫拂。奴婢不训熟。

谦上下动手力扯。见人慌张失容。花木栽植对偶。

探手隔坐取物。坐即摇膝。桌上乱写字。假装道学端正模样。

无事愁眉。背剪手。坐下脚跷膝上。冷笑。恁空叹气。摘花嗅香。

开人箱柜。坐不耐久起立不宁。偷看人书简。欺善怕恶。度量窄。易动怒。夜郎自大。目中无人。假在行。轻藐乡农。

粗鲁撞倒人器物。借人器物书文多日不还。倚门倚壁。好请会。强量小之人饮酒。好打骂奴仆。秽手拭器。在病丧家嬉笑。

床上唱曲吃食。

留心集

陆九渊像，出自明·吕维祺《圣贤像赞》。陆九渊是南宋大儒，有"象山居士"、"象山翁"、"象山先生"等多个号，故后人又称其为"陆象山"

学先根本添郑补江语

人之为学，须以孝义切切为务。若一向偏滞辞章，深所不取。此实保家第一事，不可不慎。少年子弟，须当谆此切训。

崇礼义添陆象山语

人家之兴替，在礼义不在富贵。假令贵为公相，富等崇恺，而人无礼，正为家替。若箪食瓢饮，肘见缨绝，而人有礼义，正是家兴。吾人为身谋，为子孙谋，为亲族朋友谋，皆当如此，然后为忠。

重内轻外改程伊川语

贵莫贵于为圣贤，贱莫贱于不知耻。贫莫贫于未闻道，富莫富于蓄道德。流芳百世曰寿，得志一时曰夭。贫不安分曰穷，士能弘道曰通。贵贱、贫富、寿夭、穷通，如此方为真实。

谨言行 添赵清献公语

凡不可与父兄师友道者，不可为也。凡不可与父兄师友为者，不可道也。不可乘喜而多言，不可乘快而易事。欲人无闻，莫若勿言。欲人无知，莫若勿为。

务学 改颜鲁公语

积财千万两，不如薄技在身。技之易习而可贵者，莫如读书。世人不问贤愚，皆欲识人之多，见事之广，而不肯读书，是犹求饱而懒营馔，欲暖而懒制衣也。

器量 抄枫林郑氏语

人之器量最宜宏大，宏大则能容人之所不能容，忍人之所不能忍。昔之名人硕士，未有器量宏大而不能保身全名者。在朝当如吕蒙正不问朝士之名，在家当如张公艺九世同居之忍，则善矣。

善处毁誉 抄薛敬斋语

人誉己，果有善，但当持其善，不可有自善之心；无善则增修焉，可也。人毁己，果有恶，即当去其恶，不可有恶闻之意；无恶则加勉焉，可也。

为善贵勇 选尹和靖语

从善如登、从恶如崩，古人深叹善难而恶易也。攀跻分寸不得上，失势一落千丈强，学者不可不畏。朱子云：“要做好人，则上面煞有等级；作不好人，则立地便至。只于把住放行之间耳。”全于志向坚固。

平情 选陆平泉语

人情愤争责备，生于恩怨。故或非恩意相加，度其人贤于己者，我当顺受，待其自悟。其同于己者，大则理遣，小则情恕。至不如己者，则以不足较置之。乃若我有德于人，则不择其报；人有德于我，则受施勿忘。如此则以之处人而愤怨息，以之自处而地位宽。昔人云：“宁我容人，毋人容我；宁人负我，毋我负人。”

微愤选陈白沙箴

七情之发唯怒为遽，众逆之加唯忍为是。绝情实难，处逆非易。当怒火炎以忍水制。忍之又忍，越忍越厉，过一百忍，为张公艺。不乱大谋，其乃有济。省事饶人，初似软弱，久久思之，其味甚长。一时暴怒，始虽快意，有后悔耳。

窒欲选薛文清语

人素羸瘠，乃能兢兢业业，凡酒色伤生之事，皆不敢为，则其寿固可延永矣。如素强壮，乃恃其强壮，恣意伤生之事，则其祸可立待也。此又岂非命虽在天，而制命在己欤？

困之进人抄王阳明语

金之在冶，经烈焰，受钳锤。当此之时，为金者甚苦，然自他人视之，方喜金之益精炼，而惟恐火力锤煅之不至。既其至冶，金亦自喜其摧折锻炼之有成矣。某平日亦每有傲视行辈，轻忽世事之心，后虽稍知惩创，亦唯支持抵塞于外而已。及谪贵州三年，百难备尝，然后能有所见，始信孟氏“生于忧患”之言非欺也。

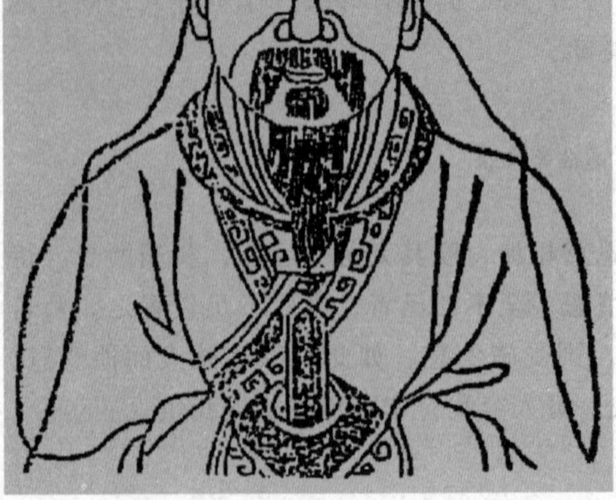
大禹像

审听言改韩魏公语

昔人云：人有不及，可以情恕。非意事可以理遣。而今人一相抵触，忿谤猬兴，岂忠厚存心者哉？孔子以为人之所信者目，目亦有不可信者。况传闻之言，吠声画影，岂可挚清白之人而置之腥秽之坑堑乎？

克勤改罗大经语

自大舜称禹，不过“勤俭”二字，况下于禹者，可以不勤不俭乎？然勤有三益，盖民生在勤，则勤不匮，一夫不耕，必受其饥；一妇不织，必受其寒。是勤可以免饥寒也。民农昼则力作，夜则颓然甘寝，非心淫念无从而生。晋公父文伯之母曰："瘠土之民，莫不向义，劳也。"渊明诗曰："田家岂不善，弗获辞此难。四体诚乃疲，而无疾患干。"是勤可以远淫辟也。户枢不蠹，流水不腐。周公论三宗文王之寿，必归之无逸。吕成公释之曰："主静则悠远博厚，自强则坚实精明。操存则气循轨而不乱，收敛则精神内守而不浮。"是勤可以致寿考也。

崇俭 改罗大经语

张无垢云："余平生贫困，处之亦自有法。每日用度不过数十钱亦自足。至今不易也。"仇泰然守四明，与一幕官极相得，一日问及公家日用多少，对以十口之家，日用千文。泰然曰："何用许多？"曰："早具少肉，晚菜羹。"泰然曰："某为太守，居常不敢食肉，只是吃菜。公为小官，定非廉吏。"自尔见疏。但俭有四益：凡贪淫之过，未有不生于奢侈者，俭则不贪不淫，是俭可养德也；人之受用，自有剂量，省啬淡泊有长久之理，是俭可养寿也；醉酞饱鲜，昏人神志，若蔬食菜羹，则肠胃清虚，无滓无秽，是俭可养神也。奢则妄取苟求，志气卑辱，一从俭约，则于人无求，于己无愧，是俭又可养气也。

保身 选郑枫林语

身者家之本也，身不能保，况能保其家乎？夫所谓保者，非特顺寒暑，节饮食，时起居，慎出入而已。凡敬谨不蹈危机，不罹宪网，皆保也。乐不可极，乐极生哀；欲不可纵，纵欲成灾。盖盛德必享乎禄寿，而福泽不降于淫人。养命诀云："口如哑，心如愚，目如瞽，耳如聋。"人能如此，可保长生。

安命 改郑枫林语

莫之致而至者命也。富贵、贫贱、死生、寿夭，莫不有命存焉。贤者安之，知者知之。世之厌贫贱而求富贵，好生恶死，畏夭喜寿者多矣。是以或剥削，或烧炼以生财；或阿附权势，或钻刺嬖幸以求进。或媚鬼神，服丹药，以求长生不死。是岂可以必至哉？徒以辱身破家，速死而已也。悲夫！不知命，无以为君子。

安贫 选章枫山语

吾人居常处困，每诵伯夷、叔齐饿于首阳之下，民到于今称之之语，便觉自警拔，不为穷困所扰。

王守仁像，图出自明·吕维祺《圣贤像赞》。王守仁为明代思想家，号阳明，故又称王阳明

戒傲抄王阳明语

今人病痛，大段只是傲。千罪百恶，皆自傲上来。傲则自高自是，不肯屈下于人。为子而傲，必不能孝；为弟而傲，必不能悌；为臣而傲，必不能忠。象之不仁、丹朱之不肖，皆是一傲字结果了一生。傲字反为谦，谦字乃是对症之药。非但是外貌卑逊，须是忠心恭敬，樽节退让。常见自己不是，真能虚己受人是。为子而谦斯能孝，为弟而谦斯能悌，为臣而谦斯能忠。尧舜之圣，只是谦到至诚处，便是允恭克让，温恭允塞也。

善处患选薛敬轩语

遇横逆之来，当思古人所处有甚于此者。人遇拂乱之事，越当勤心养性，增益其所不能。所行有窒碍处，必思有以通之，则智益明。

约束子弟改陆平泉语

子弟少时，情窦未开，养正于蒙。迨其长也，知识渐分，趣向未定，嗜好易入，当严其出入，慎其交游。夫人情每惮于检饬，而乐于恣肆。此直谅谨恪者难亲，而便僻巧佞者易合。如不慎其初，一比之匪人，则导之以骄奢淫逸、放僻邪侈、无所不至。及夫积习既久，疏之而怨仇生，从之而败亡踵至。盖游处熟，则熏蒸易；迷惑深，则悔悟难。所以交游不可不择，而择之贵早也。

择婿妇改陆平泉语

男女婚娶，唯审其世裔相当，家法有素。若徒慕门阀之高华，资产之丰厚，校计于目前，而不知富贵不可常，贤否难预必。其后婿或不肖，而不能善保其室家；妇或不贤，而不能恪守乎妇道。以致伦理乖违，家道衰落，令其子女抱恨终身，悔无及矣。

受教抄郑浦江语

子孙受长上呵责，不论是非，但当俯首默受，无得分理。凡少年人，但肯受教者，即是好人，即可长进。

睦乡党抄郑浦江语

子孙当以和待乡曲。我宁容人，毋令人容我。切不可先操忽人之心。若屡相凌逼，进退不已者，当理直之。

不早婚选王吉疏语

夫妇，人伦大纲，寿夭之萌也。世俗嫁娶太早，未知为人父母之道而有子，是以治化不明，而民多夭。

待人戒偏选郑枫林语

凡待人情，上下皆宜亲厚，而不宜薄也。昔关公、张飞皆称万人之敌，为世虎臣。但二公待人，各有所薄。关善待军人而骄于士大夫，张爱礼君子而不恤军人。先帝尝惜二公之短而勉之，其后二公果遭二等人所败，身死匹夫之手，良可痛哉！

张飞像，图出自《图像三国志》。张飞因不恤士卒，后来被部属所杀

保家抄陆平泉语

子弟承藉祖父，享盈成之业者，不知祖父起家辛勤，开创艰难，徒见夫宦达丰隆，用度优裕，视为平常。至其当身，无所恁藉而习于骄溢、奢靡侈汰，不务节抑，致衰门祚。如为子弟者，当盈成而常怀创业之艰，处丰余而无忘寒俭之素。则先业不坠，而家可常保矣。昔人

云："善保家者，有余时常作不足想；善养身者，无病时常作有病想。"

公交易选陆平泉语

置买产业，界止要分明，价值要平允，不可乘人之急，故濡迟以抑勒其价；亦不可利人之产，务图谋以勉强其售。盖交易贵平，存心宜厚。交易平则日后无异言，存心厚则子孙可长守。当思兴替无常，今日弃产之人，即前时置产之人，或其子孙也。环报之理。

慎官赋改郑枫林语

有田则有赋，有丁则有役。输粮纳税、趋事赴工，皆庶人职分当然。必先时留心致备，及时尽力奉公，则官无不贡之诛，门无催科之扰，不亦美乎？然户役中奸弊最多，为子弟者必须历练以长知识，庶不堕人计中。或征收起运粮米，必收本色，若折收钞贯，一遇运所米贵，岂能卒办？富家子弟坐此而覆败者多矣。

不尽租利删郑浦江语

田租既有定额，子孙不得别增数目。所有逋租，亦不可起息，以重困乡里。但务及时取索，以免亏折。

莫借债选郑枫林语

人家务宜蓄积，以防不虞。若债门一开，便无储蓄。每见世人有不量力做事者，借债行商，卖田还债；赊钱造屋，卖屋还钱。债如缠身之癞，医不得痊。无底之坑，填不能满。岁月易迈，利息易生，举家勤劳，不足供人利息，况望其有蓄积，以为不虞之备乎？大要只在勤俭。盖勤则生财之源，俭则节财之流。庶几用可足而蓄积有资。《传》曰："生之者众，食之者寡，为之者疾，用之者舒，则财恒足矣。"

防火盗改郑浦江语

屋室既多，守夜当轮用已娶子弟，终夜鸣锣，达旦仍周行居室者四五次。所过之处，随手启闭门扃，全在于谨严，以防偷窃。有事不在家者，次轮当者续之。除守夜及就外传者，另设一人，谨察风烛，扫拂灶尘。凡可救灾之具，常须增置，更列水瓢于房外，复于空屋安置薪炭。所有煨烬，亦弃绝之。

御童仆改陆平泉语

童仆以朴直谨愿，心无欺诈者为上。才能营干者次之。其他巧黠便佞，语言儇捷者，中未可保。浮寄而无亲属，转鬻而事二主，并不宜蓄。御之以正，抚之以恩，恤其饥寒，程其勤惰，则感恩知劝，无不尽心矣。

家训钞

靳河台庭训

居家最要于勤。盖勤则一家之人不至于惰废，而无游手闲食，以相率为不义之事。敬姜之教子曰："民劳则思，思则善心生；民逸则忘，忘则恶心生。"此之谓也。要知自天子以至于庶人，无一人无职事者，若主公主母早起晚睡，先尽其家长之职，以率其男女子弟，令各勉其卑幼之职。又率其外内婢仆，令各供其力役之职。凡男子则耕读工商，妇人则纺织针指。无分贵贱，各竭其力，既可以成人，又可以成家。谚云："成人不自在，自在不成人。"切须知此。

戒主衣翠图，出自明·张居正《帝鉴图说》。讲述宋太祖为止奢侈之风，禁止女儿永宁公主穿贴着金箔、镶着翠鸟羽毛的短袄之事

治家莫要于俭。俭非鄙吝之谓也。先总计一家人口若干，每岁衣食用度必须若干，因而制财用之经，量入为出，一切凶吉之费，皆有限制。又须常留盈余，以备不时意外之需。至于堂室、舟车、服饰、器用，则概从俭朴，勿矜胜而观美，则可免窘乏难继之患。

嫁娶之礼，当称家有无，随宜厚薄，原无一定不易之例。世俗矜求饰观，竭力成礼之后，即至贫乏。

试思一时虚文，何益于儿女生计？或有实济，而本家困乏如此，日后何能再行别项礼节？又见儿女自矜嫁资之厚，骄慢其夫，夫不能屈，而有终身唯唯从命者。可见嫁资之厚，反为伤伦害义之物矣。且士庶之家，财产易尽，固当善留余地。即宦家禄入有限，若非作贪官，作罪孽，何从供其靡费乎？大抵败名坏品，多由于用度过奢，不独嫁娶一事为然也。

居家固宜从俭，待客又宜尽礼。盖凡不能绝人逃世，未免有亲戚故旧，来往通情。必须礼貌相待，施报得宜。至于周恤贫穷，有无相通，亦当量力从事。但各家各户，不必招致在家，朝夕同居。恐人心不一，或日久慢生，致起口舌，反以德而成怨也。

每见亲友相与，有始亲而终疏者，多起于奴辈之轻慢失礼。或两家奴仆斗口角力，主人误信先入之言，各护其短，遂致嫌衅横生。是以御下不得不严。但凡奴辈与他家上下人等争竞，不问理之曲直，先责自己家人。然后再为剖析，则奴辈自知顾忌。且彼忿争之气亦平矣。昔人云：“奴仆得罪于人，犹可恕也；若我得罪于人，不可恕也。”此语有深见。

主之御仆，犹君之御臣也，须恩威并济。凡衣食等类，必须一体周备，令无怨言。其无心之过，些小之失，可恕则恕之。或严谕戒饬，令勿再犯。如坏法乱纪，酗酒赌博，有关大体者，须严明公正从重处之。切不可姑息，以长奸邪。

仆妇分虽主仆，谊与儿女一般。即有姿色可观，当思物各有主，不可倚势淫污，大损阴德，既失家主之体，必萌弑逆之祸。切戒切戒。

家中勿令僮仆演学唱戏。盖戏乃妖冶之态，淫滥之音，习见习闻，令人渐渐惑乱。男子必放荡务外，妇女或邪心暗动。以致出乖露丑，败坏门风。即或父母上寿，婚嫁大礼，可唤现成优伶，止偶一为之。

亲戚故旧则有名分之行辈，朋友则有年齿之长幼，此礼貌之有差等也。乃世情薄俗，往往以富贵贫贱分别礼貌之重轻，何异市井童奴见识？

世趋日下，安能尽得贤士而友之？但令寻常朋友中，有稍存信行，不失恒心者，即为端人。当至诚相与，以厚道先施。或我施而彼不报，亦姑以情恕。如其改心易行，万不可交。亦须善为远之，不可一旦绝人已甚。所谓“君子绝交，不出恶声”也。

居官之要，曰清，曰慎，曰勤，而济之以和。清则清白一心，不敢自私自利；慎则事事敬谨，不敢丝毫贻误；勤则夙夜匪懈，不敢苟且晏安。至于事上使下之际，一以和平之气行之，务期有济于公事而已。从此建功立业，无可限量，总不外此四者。至于常人，凡损人之财切莫想，其慎、勤、和亦不可缺。

女子通文识字而能明大义者，固为贤德，然不可多得。其他便喜看曲本小说，挑动邪心，甚至舞文弄法，做出无耻丑事，反不如不识字，守拙安分之为愈也。陈眉公云：“女子无才便是德。”可谓至言。

女正位乎内，理该不出闺门。除父母有疾病死丧，或兄弟姊妹有嫁娶大礼，方许回母家过宿。至于岁时归宁，或偶有女眷宴会，只许朝去暮回，不许过宿。若些须小事，亦不得屡往行走。

男子有道义之交，有学问之交，有周旋患难之交。尚须慎交益友，不可滥交匪人。女子原无结交之理，竟有与疏远人认亲，或与邻里拜姊妹。其意何为？非贪财物，即便淫乱。闺门不谨，自此始矣。

妇女不可往寺庙焚香，亦不可令尼姑、女巫、卖婆、媒婆等人来往出入。至于弹唱、说书，摇惑耳目，污乱心志，一概不容入门。媒婆只用于娶媳嫁女之时，闲时不许频来行走。

子弟方幼时，天性未坏，良知良能随处发现。宜及时教导，令其远于邪僻，近于礼义。至日就长大，则识见渐开，学问渐熟，自会做向上人矣。

生子要善养其性情，莫竟付乳母婢仆，恐其朝夕见闻，无非下流气习，说谎作乖，愤争不逊。日与顽童劣婢，嬉笑放荡，至稍至五六岁，已病入骨髓矣。

子弟失教，其因有二：一曰上学迟；二曰不重师。上学之期，当在五六岁内。出就外傅，便有拘束，则知所思惮，且得希见保母，渐去其陋习也。至于择师，尤为紧要。若师范不端，训诲无法，如何得有正道开发之益？若求得良师，倘待之不加隆重，师或限于父母溺爱，不便严加督课，小儿明知有亲护短，辄敢凌忽师长。乃至童仆皆至欺侮师长，失其威权，则事事掣肘，坐卧不安，岂能始终有成？每见尊师之家，以诚敬之，至付托之重，而子弟多有名儒显达者，皆尊师严训之明效也。

朱夫子治家要法

黎明即起，洒扫庭除，要内外整洁。既昏便息，关锁门户，必亲自检点。一粥一饭，当思来处不易。半丝半缕，恒念物力维艰。宜未雨而绸缪，毋临渴而掘井。自奉必须俭约，宴客切勿流连。器具质而洁，瓦缶胜金玉。饮食约而精，园蔬愈珍馐。勿营华屋，勿谋良田。三姑六婆，实淫盗之媒；婢美妾娇，非闺房之福。奴仆勿用俊美，妻妾切忌艳妆。祖宗虽远，祭祀不可不诚；子孙虽愚，经书不可不读。居身务

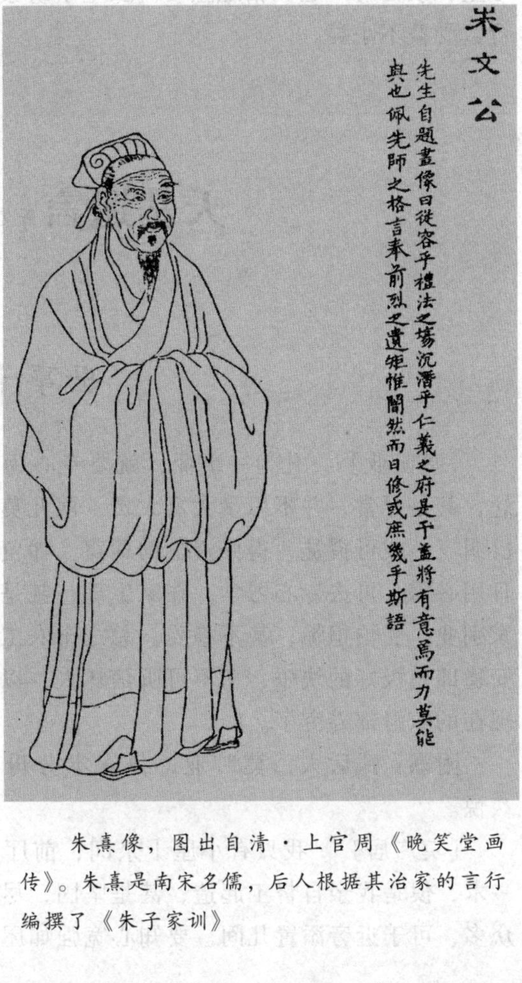

朱熹像，图出自清·上官周《晚笑堂画传》。朱熹是南宋名儒，后人根据其治家的言行编撰了《朱子家训》

须质朴，训子要有义方。莫贪意外之财，莫饮过量之酒。与肩挑贸易，毋占便宜；见贫苦亲邻，常加温恤。刻薄成家，理无久享。伦常乖舛，立见消亡。兄弟叔侄，须分多润寡；长幼内外，宜法肃辞严。听妇言，乖骨肉，岂是丈夫？重资财，薄父母，不成人子。嫁女择贤婿，毋索重聘；娶媳求淑女，勿计厚奁。见富贵而生谄容者，最可耻；遇贫贱而作骄态者，贱莫甚。居家戒争讼，讼则终凶；处世戒多言，多言必失。毋恃势力而凌逼孤寡，毋贪口腹而恣杀牲禽。乖僻自是，悔误必多；颓惰自甘，家道难成。狎昵恶少，久必受其累；屈志老成，急则可相倚。轻听发言，安知非人之谮诉？当忍耐三思；因事相争，安知非我之不是？宜平心细想。施惠毋念，受恩莫忘。凡事当留余地，得意不宜再往。人有喜庆，不可生忌妒心；人有祸患，不可生喜幸心。善欲人见，不是真善；恶恐人知，便是大恶。见色而起淫心，报在妻女；匿怨而用暗箭，祸延子孙。家门和顺，虽饔飧不给，亦有余欢；国课早完，即囊橐无余，自得至乐。读书志在圣贤，为官心存君国。守分安命，顺时听天。为人若此，庶乎近矣。

此篇训言，于治家应世之道，明白切当，真字字金珠。吾人宜大书一轴，悬之厅堂；或楷写一通，粘之座右。虽尘事纷繁，亦须偷闲朗诵，俾内外之人，身体力行，受益不小矣。

天基遗言 著完此书，病愈身健。

世事十条

〔莫旷业〕　凡为一事业，就要专心为之，不可三心二意，又想他念。我的心念，甚是寻常，并不思量大富大贵。两儿莫把读书看轻了，即或不能上进，道理先已明了。或可授徒，得修资少助薪蔬。如贸易，利息不可贪多。柴米烛炭，是人家日用必需，可去专心习学。在家生理，甚是安稳；假如出外买卖，虽然利多，却离家别业，受怕担惊，甚不稳妥。总之士农工商，只要勤俭安分，自然饱暖成家。但安稳即是极好的快乐，切不可听信坏人，以大利诱惑。我眼见许多人为图大利，连现在的家财都弄穷了。

附歌：戒后人，莫旷业，各安本分毋休歇。时时勤谨不辞劳，合家饱暖同欢悦。

〔莫广居〕　我只有小屋十余间，前厅后住，且又向南。仆房厨厕俱全。一瓦一木，俱是我亲自督工起造，甚是坚固，尽足居住。子孙莫嫌矮小。即或日后人口众多，可于近旁添置几间。要知心宽强如屋宽，若是妄想高堂大厦，以图壮观，必致另迁而费用极多，自寻穷苦矣。切戒切戒。

附歌：戒后人，莫广居，人少房多极痴愚。只要心中好宽快，何须高堂徒空虚。

〔莫卖田〕　我的田地都是我辛勤置买，平日我的好衣也不敢穿，美肴也不敢吃。我一家衣食用度，都赖此田过活。日后子孙虽有急事，切不可轻易将田典卖与人，自绝养生之计。

附歌：戒后人，莫卖田，田禾是我命根源。合家食用都出此，轻易典卖苦熬煎。

〔莫借债〕　除官粮、私债、饥寒至紧之外，其余杂用，俱不可轻易借人利债。要知时光迅速，瞬息一月，倏忽半年，终日辛勤，求来利息，都是代人奔忙，必致日渐贫穷。切勿以借得来或以人肯借与我，反为欣喜得意。至于官粮，尤当早完。切莫拖欠致累捉比。不独加倍费用，且苦恼受罪，都是自取。又家有余资，切不可图利放债。要知亲友若不饥寒至贫者，决不来借。及至借去，后来取讨，势必维艰。结怨招尤，皆由于此。

附歌：戒后人，莫借债，会借债负穷得快。终日营求替人忙，身家脸面都大坏。

〔莫费财〕　一年用度，完官粮若干，合家食米若干，薪蔬人情杂费若干，将收的田上租粮若干，贸易利息若干，预先量入为出，常留有余，以备喜庆并意外凶荒之用。凡一切不急之事，尽行省减。即每日饮食，两粥一饭。衣服鲜华者，只备一件，以为喜庆之用。若不酌量多少任意浪费，必致贫穷。大略世上破家荡产之事，我约有十件：一是谋买科名官爵；一是结交势宦；一是教习戏子并学吹唱；一是多畜姬妾俊童；一是起造华堂高屋、池馆园亭；一是好告状，打官司，喜斗殴，争强胜；一是嫖；一是赌；一是好吃懒做，不务生业，多养闲汉出入；一是勉强学富贵人家行事，假装体面。此十件之内，只消一件，家业必败。若或再有几件，穷得甚速。若到了破败穷苦之时，谁来拯救？虽然追悔，怎的悔得来。

附歌：戒后人，莫费财，盈余都自俭中来。常常蓄积家能富，奢侈无益更招灾。

〔莫来会〕　银钱摇会，每月出若干，零星聚整冱，且济亲友之急用，原是好事。怎奈目今人情坏极，我眼见许多人，因会事或是死逃匿散，或是赊欠取讨，以致打骂告状尚不清偿，何苦来由？今后有来请会者，切莫应承，免了许多气恼。且恐临摇会时，或值自己无银，免了许多忧虑借措。即有至亲好友，急难之事需用者，宁可量力少助，还与不还，任听人意。在我心地坦然，好大快乐。

附歌：戒后人，莫来会，来会每每吃大累。世情薄恶有盈虚，何苦将钱讨憔悴。

〔莫结讼〕　好兵者国必亡，好讼者家必破。事有万不可已，才可经官。稍可者惟当忍让，宁为懦夫，切莫尚气。既省了许多银钱，又省了许多求人，更又免了自己许多忧惊惨苦。

附歌：戒后人，莫结讼，告状先要银钱用。赔了工夫受苦辛，诸凡忍耐休轻动。

〔莫多事〕　人只勤俭谨慎，安分过活，就是极大的快乐。但凡灯头会首、公呈公举、做媒作保、代人干证、敛分出头做事等类，每遭祸害无已，都是自寻苦吃。至于不择人而滥交，不择事而轻习，俱当切戒。

附歌：戒后人，莫多事，多事多累宜省事。烦恼都因强出头，甘心守拙为高士。

〔莫骄人〕　见一切人，无论贵贱贫富，唯当谦虚和悦。若或高傲自大，人皆憎恶，乃量小福薄之人也。

附歌：戒后人，莫骄人，气傲心高灾祸生。仗倚富贵偏招怨，谦多还是福多人。

〔莫当仆〕　家人奴仆，只宜论年雇用。言定每年工银若干，按季支付。好则多用几年，坏则令其别雇，彼此俱便。倘如用银投当，若人坏既不能驱去，而身价又不能完偿。每每经官呈告，反惹气恼，又费银钱。唯婢女则宜买断，仍须问明本地，曾否受聘，立契开明并无婚配，以防长大谋赎。

附歌：戒后人，莫当仆，奴仆下人常不足。要穿要吃要赚钱，更怕旗丁逃拐毒。

后事十条

不厚敛。幻身埋土，当以速化为佳。随常布衣服，不必绸丝厚敛。其棺不可宽厚，既不便抬，且高大不易卸，何必将有用之资空埋于土？

不报丧。我的知交最少，不可遍讣，惹人笑话。

不斋醮。即有高僧高道，譬如他人吃饭，我不能饱，何况庸常僧道甚多，且我生平无恶，何用忏荐？

不伴材。我心朗然无畏，何须子女家人为伴？

不开吊。我为人朴实，知交稀少，亲友无多，不必开吊。如有来者，两儿俱以此话向说。

不久停。死以入土为安，百日内送葬于先人之侧。

不坐夜。富贵家送殡之夜，优席鼓乐，亲朋陪坐，徒杀生造罪，今当切戒。

不奢送。我在生最喜俭朴，岂有死后反喜奢华之理？凡僧道鼓乐，纸扎亭幡等项，一概都不用。

不荤供。柩前灵前若荤供，自必杀生害命。徒为生人哺啜，反与死者加罪。以后只须蔬肴几品，清香一炷，虔诚供奉，余俱不必。

不烧锞。纸锞纸锭皆哄鬼之物，我虽去世，却不被人欺哄，俱不可用。

或问予曰："观子没后遗训，凡讣吊斋祭诸事，一概不用，固是高明超俗之见。然而夫妻父子之情意何由以伸乎？"予谓之曰："予生平一言一行，俱喜真实，而恶虚伪，岂去世之后，反改其守耶？凡世俗讣吊斋祭诸事，徒饰生人耳目，究与死者毫无利益，又何为乎？但须计斋祭杂费需用若干，留存此银，以行实德。或济瞽残贫病之饥寒，或修桥路以利跋涉，或施茶汤，或买物放生，种种善举，神佛必大加喜悦。而予之不昧者，亦大加喜悦矣。岂不胜虚伪杂费于万万哉？至妻子眷属，有不忘情谊者，要知有生必有死，犹昼夜阴阳之理，大数奚逃？只须于灵位前时常念佛，以节哀楚。凡出言行事，俱守我之仁厚勤俭，不堕家声，是即孝道矣。若夫虚伪杂事，既戒不为，又吝财不德，大非我之训意也。”

岁岁济瞽议

瞽目之人，终日如在黑暗地狱中度活。天日不见，行止不便，父母妻子只闻声而不见其面，乃世间最苦楚可怜者。若再加饥寒贫病，更觉难堪。予欲于每年腊月，每瞽人各赠银二钱，以度岁暮，聊济万一。奈予一介寒士，家无余资。今倡首捐出银十两，因约同志好友二十余人，各随意喜助银几两，共有百多金，成此善举。但此不过予一己寒士微念。若各州县富厚善信俱仿此意，由瞽而至瘫残贫病，功德不可胜纪矣。所有应行事条，开列于后：

一、设施局在于旧城内各寺，每年定于十二月二十日，并不更改，预于十日前请杂职官示晓，至期早晨齐集，于巳时给散。后来者不与。

二、各善信出银不拘几两几钱，竟自各包，每封二钱，统交为首者汇存，不必又加另封，至期公同给散。

三、小示遍粘各门并乡井通晓，示式：某州县某厅某姓为晓谕事，照得瞽目贫人最为苦楚。今有某姓人等，捐送每人银二钱，示谕尔等，总于十二月二十日早集城内寺给散，略济岁用。毋许拥挤生事。其非双瞽者不得混人。特示。

四、是日公请杂职官一员，费早半日工夫，须在寺内设蔬饭一餐以充饥。至于伞轿皂役人等，封送银五钱，各自分为食需。

五、凡有瞽而兼老病者尤须先散，其瞽而少壮者不妨迟后一刻。

六、本日为首三四人，各多带银两许，恐一时瞽多，即可补给。若瞽少银多，则封存交诚实人，以积实德之用。或留于下年分济瞽者。

七、凡有现银，则行事甚易。若设措，则所为最难，此常情也。予一生勤俭，甘守淡泊，苦积置买东乡高彭桥田三十亩，每年麦租可抵钱粮差徭，修车杂费。其秋稻约有价银三十余两。此田遗于华年、嵩年两儿。别项田房家资，俱二人公分。惟独此田租银，每年存留二十两，先入济瞽目局内余存积德。其二十两之外，方许入己。两儿一递一年执掌，彼此互察。如违我言者，是大不孝之子，即鸣族公论。

八、每年存留田稻租银二十两，稍助积德之需。此田不许典卖。两儿递年轮管，子孙永远为例。此予寒士极细之事。若富贵之家，或照范文正公义田以赡宗族，或仿朱夫子常平仓以济贫乏。其功德岂止百人百世也哉？

买物惠贫议

买卖贸易，皆是各人养生之计。在开店之家，因有资本，坐而乐利，不必言矣。惟是本少贫人，设措微资，肩挑步担，遍历街坊，忍饥奔驰，求活家口，最为苦楚。予昔日曾撰《现在功德》一篇，备悉苦情，刊印遍贴，谅世人已知之矣。今议约列后：

一、凡挑担行卖之物，如日用薪米、菜蔬瓜果、布帛、零星食用诸物，俱向担上买用，不可又向店铺购买。在我一样出银，而贫人自沾我之余惠矣。

二、凡岁暮或时节前，以及初寒酷暑、久雨赤旱，尤须存济贫之念。凡可久存之物，此时不妨多买。昔人于荒年多兴工作，小则起造房屋，大则开河筑堤、造桥补路，皆暗寓济贫之义。

三、凡向小本人买货物，必须纹银高戥，暗中要令贫人少有沾润。若存心刻削，则大失本意矣。

四、午后或带仆人，或着子侄，在于离家稍远之处，忽东忽西，莫有定向，见有余剩薪蔬等物，与价略高，买堆存用。若在自家门前买惯，倘人探知予意，未免群聚叫喊，争论混闹，反致气恼。

五、买物若见衰老幼稚，以及残病者，尤须厚待。

六、买存用物之外，如瓜蔬、菠苋、青芹等菜，倘天热不能久贮，兼之家中日用多剩，岂不可惜坏烂。即送寺庵以供僧众，或与养济以散穷丐，又加施惠矣。

七、挑脚汉、车夫、轿夫，因无资本，只靠扁担气力挣养家口，肩上常挑重担。若遇夏天暑热，流汗成浆，比于卖菜物人，尤为苦楚。其脚价戥色，不可不厚与，令众欢感。凡有呼唤，争来挑运，岂不快哉！

种子心法

要回天

生子虽云天数，然而人能积德，便可回天。果能推广良心，常行方便，随分随时说好话、行好事，自然食天之报，如执左券，又何子嗣之不可求耶？昔日窦禹钧夜梦故父谓曰："汝不惟无子，更且不寿。速修善行，挽回天意。"钧自是佩服，力行种种利人事，复梦父谓曰："上天鉴知，延寿三纪，赐五子荣显。"其后果应。晋国公裴度，相主饿死，因香山还带，出将入相，子孙繁衍。冯商还妾，果生冯京，状元及第。时有为《三元记传奇》以劝世者。词云："请看还妾事，便是种儿方。"人因积德子多者不可胜数。今略指三公以为求嗣式，凡无子改为有子，细读袁了凡《立命说》则知矣。予有《愚批命铨》数卷，已刻于《传家宝》书内，兹不重载。可知回天是种子第一法，其风水、命相、卜数等说，皆未足论也。

裴度像，图出自清·顾沅辑《古圣贤像传略》。裴度为唐末人，曾官至宰相。相传他在困难时拾得他人玉带不昧，因而救人性命，最终得中状元

要选雌

如要娶妇生子，必须慎选眼睛不露，颧骨不高，卧蚕不陷，人中不平，声扬不雄，发不粗卷。察此不犯，方可有子。如因艰嗣，置妾已多，精神既分，心不专一，又有所制，情意不孚，虽合不欢，胎亦难结。凡不得已而娶妾者，只以生子为重，不必务求美色。惟气血壮旺，形体适中，不肥不瘦。太肥则脂塞生门，动则必喘；太瘦则羸弱骨立，肌热易生，皆不能孕。然所以不可求美者，何也？盖入宫而妒，人情之常。为夫者平时先晓谕主母，以宗祀之大，无后之苦；又令诸妾重尊卑之分，一家和顺，上下皆得其欢心，然后交会之时，无复顾忌，必能一举而成也。前人云："妇人和乐则有子。"此至言也，艰嗣者，须要知之。

要寡欲

男以精为主。男病有五：一精寒薄；二精无力；三精顽缩；四精易泄；五阳痿弱。凡此皆淫欲无度，或醉饱行房，或热药助长，或思虑忧愁，或惊恐郁结，或强力久战，以至真阳耗散，肾虚精少，不能融结而成胎也。但肾为脏之府，盖人未交感之时，精皆涵于元气之中，未成形质。唯男女交媾，则欲火炽盛，此气化而为精，自泥丸顺脊而下，充溢于两肾。由尾闾至膀胱外肾而施泄。是以周身通泰，气畅情欢。当强壮之年，美快不可胜言。至于中年交感，精从面前通来，髓涸精枯，虽泄不畅，亦无甚乐，乃人之可以自验者。欲种子者，必要寡欲，积精养气，始能

成胎。

男寡欲则实，女寡欲则虚。前人云："寡欲多男"。是知求嗣者须要诚心寡欲，专俟红将尽之时，男欢女悦，一种成胎。倘好色多欲者，是自废也。如男精未通而御女，则五体有不满之处，异日必有难状之疾。如阳已痿而强色，则精竭内败。切须忌戒。

男女寡欲，更须戒酒。夜必分房独宿。要知不见可欲，心即不乱。至于日间言笑举止，亦不可戏狎，致动欲心。如欲心一动，虽不交感，而阳气已先泄矣。佛老家修心炼性，谓之内感。病同外感也。不可不谨。

要知时

世人种子，往往以妇女经至前三后三之说。所谓"三日时辰两日半，二十八九君须算。落红将尽是佳期，经水过时空霍乱。"此四句虽指常情，亦有不尽然者。大抵妇人因禀赋不同，则经来多寡不定。有一二日止者，有七八日止者。有血多者，有血少者。其法不拘几日，只要经尽，体旺无疾，引诱其欢兴，一种即成矣。

要知窍

凡天地生物，必有氤氲之气，万物化生，必有发育之候。观猫犬畜类将受胎也，雌者必号呼而奔跳，其氤氲乐育之气，融融有不能自止耳。此天然之节候，生化之真机也。妇人行经之后，必有一日氤氲证候，于一时辰间，或气蒸而热，或神昏而闷，有欲交接不可忍之状。此的候也。但妇人含羞，不肯自言。男子须预密告之。若有此候，即便直说。再以手探阴内，子宫门有如莲蕊挺开，便是真确。此时交合，一举即成胎矣，万无一失。此最妙最应之法也。

男女交合，欲心俱炽。当其精血之至，彼此先后有不能自持者，必平昔熟审女情所向，如何迎机。可令先至，而在我临御，尤不可色情浓迫，以致力难坚忍。必俟女至方冲，则瞬睫二气交融，胎孕已结于不识不知之中矣。然男又不可纵酒力，仗热药，恃强而御弱女。令其屡泄则气衰不能摄精，均非种子之道也。

要疗治

女以血为主。女病有四：一经参前后；二临经作痛；三赤白带下；四崩隔枯淋。凡此皆血气不调，或经行之时恼怒过甚，饮冷过多，交接不已，以致真元耗竭，诸病交侵，不可不加意疗治。

血者，水谷之精气也。调和五脏，洒陈六腑，在男子则化为精，女子上为乳汁，下为血海。心虽主血，肝虽藏血，然皆统摄于脾。补脾和胃，血自生矣。东垣所谓"脾为生化之源，心统诸经之血"者是也。

人之有胎者，阳精之施也，阴血能摄之。今妇人无子者，皆由血少不足以摄精也。欲得子者，必须补其阴血，方能有孕。何世人乃用秦桂、姜丸，热剂煎熬，脏腑气血沸腾，祸又旋踵，良可悯哉！

世之难嗣者，专以妇人为重，是舍本而求末。间有兼治男子者，亦未得理之肯綮。凡男子或年老，或有病，或阳事不坚不射，或精冷精清，或向未受胎，或胎而小产，或产而不男，或男而不育，须求明医诊治，必令精神完固，气血充盈。不惟多男，抑且多寿矣。

元气有限，人欲无涯。火生于水，祸发必克。尾闾不禁，沧海以竭。少之时戒之在色，及其老矣，更宜寡欲。

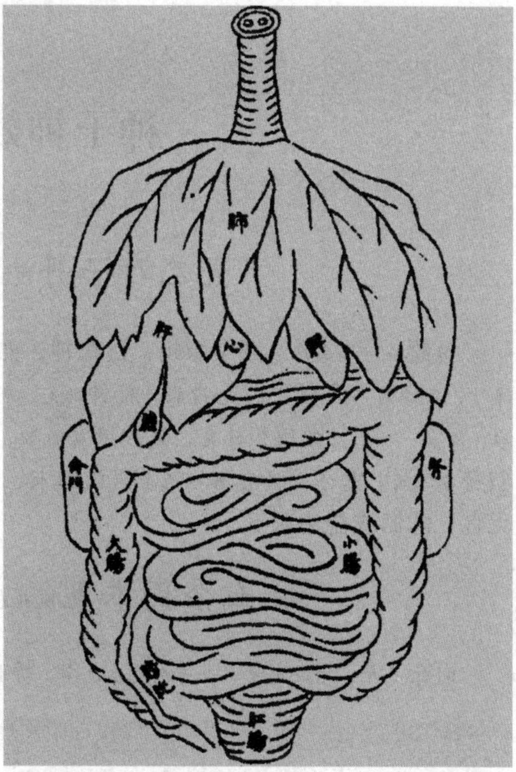

清代严振《循经考穴篇》中的五脏图

凡求嗣者，男须养精神，服药饵。女要调经血，知交候。男女气足神全，彼此欢爱，自然精血混融，所谓“二五之精，妙合而凝”也。

种子心法总要秘诀

种子至要，予谓全在回天意、尽人力。此二者如阴阳表里，缺一不可。回天意全在“积德在仁”四字。盖博爱之谓仁，即不忍人之心也，忍则自绝其生生之本。时能重爱则生机充溢，犹夫天地气候。虽冬令闭藏，一遇阳春，靡不发育。天之佑助重此。尽人力全在“清心寡欲”四字。盖寡欲则精壮气实，结胎有基。但肾属水，主智，若劳心焦思，则肾伤矣。唯是素封平人，或艰于嗣。此皆少年过欲伤肾，及至知艰，则又多购妾婢，广服丹药，至令热药内损脏腑，渔色外役精神。殊不知真正精神，非徒药饵可生；孕育元机，非恃意虑可得。空汲汲于此，甚至损身，深可痛惜。必须少思绝色，保养百余日，方可一往。其至尔力，其中非尔力也。总之，仁心犹如桃杏瓜果，若无核中之仁，虽种腴壤，何足生发？或人不学存仁，便学余法，是即舍源逐流，恐予所立诸法，未必就能胜过于天也。岂非自误哉？

种子神效药方

太乙种子丹服此保养两月，神效。

鱼鳔蛤粉炒成珠。真桑螵蛸，白茯神，熟地黄，枸杞子，天门冬，沙苑蒺藜水淘净炒，各四两。人参，白龙骨煅。杜仲酥炙，断丝。牛膝小黑豆伴蒸，鹿茸，兔丝子水淘净，酒煮，吐丝。败龟板酥炙。破故纸盐酒炒。肉苁蓉酒洗净。远志甘草汤泡，去骨。当归身各三两。韭子，青盐各一两。研为细末，炼蜜为丸，梧桐子大，每服二钱，空心无食，陈酒或盐汤送下。

血余固本丸服此独宿百日，效应如神。

血余一斤，用壮盛童男女者皂荚水洗净，清水漂过，入口无油垢气为度。晒干，置大锅内，用红川椒去梗，用闭口者与发层层间铺上，用小锅盖定，盐泥封固。以重石压定，先以武火煅一炷香，后文火半炷香，以清烟去尽，无气息为度。埋净地下，三日取出，研细，绢罗筛过，再研再筛，以极细为度。赤白何首乌各八两。拌牛膝黑豆蒸晒八次，又拌山药蒸晒一次。熟地黄酒蒸。苍术米泔浸炒。败龟板酥炙。牛膝同何首乌拌蒸，各八两。怀山药同何首乌蒸。赤茯苓牛乳伴蒸。白茯苓人乳蒸。破故纸炒。兔丝子酒一碗，人乳半碗浸一夜，煮烂，微火焙干。枸杞子酒洗蒸。当归身酒洗各四两。研为细末，忌铁器，炼蜜丸，梧桐子大，每服八九十丸，药酒送下。

又药酒方：当归全用。生地黄，五加皮，川芎，枸杞子，核桃肉各二两。黄檗，砂仁各一两。小红枣去核，一百个。研细切入绢袋中，先用无灰酒六斤，同药袋装入罐中，密封七日，重汤煮五炷香，冷定，再入无

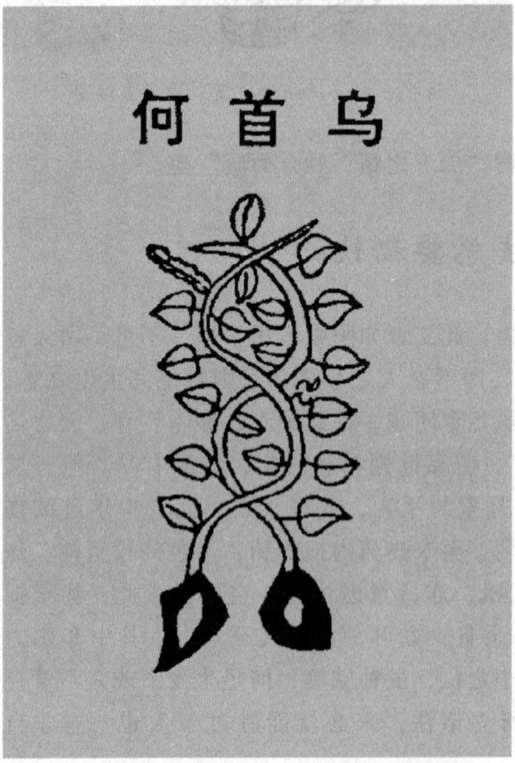

何首乌，一种中药，血余固本丸的原料之一。图选自《本草纲目》

灰酒二十斤封固，一月后开用。

广嗣延龄至宝丹

此系明英国公征安南，七十岁无子，归时王赠一番字手卷，药名与中国迥别，后文定当国，英国孙持此卷赠先曾叔祖，付译字馆，药名件件俱得，惟南生琪花子不知何物。遂以南枸杞子代之，修合服之，效。及赠诸亲友，凡年六七十岁者皆生子。予于丁亥岁游衡岳，见大花如牡丹，其子如粟，服三粒，精神旺极，阳事数日不衰。询之道士，乃对以琪花子也。因索百粒归配药，更效。始知药力之神也。此赤雷子密传，予欲为世人广嗣，因照原方一字不差刊刻普传。

鹿茸一两，酥油炙脆。穿山甲五钱，烧酒浸一日夜，晒干，酥炙黄色。熟地黄六钱，大石燕一对，重六七钱者，真米醋浸一日夜，再以姜汁浸透。肉苁蓉六钱，酒洗去鳞甲。辽细辛一钱，酒浸一宿。地骨皮一钱五分，水洗蜜浸一宿。杜仲二钱五分，童便化，青盐拌炒，断丝。当归身三钱五分，酒洗。川附子重一两三四钱者，去皮脐，用川椒甘草各五钱，河水煮三炷香，晒干，五钱。小丁香用川椒微火炒，香去，椒三钱半。明丹砂五钱，用荞面包蒸一日，去面。天门冬四钱，酒洗去心。砂仁二钱五分，姜汁煮炒。牛膝二钱五分，酒洗，粉草二钱五分，去粗皮，蜜炙黄色。淫羊霍三钱五分，剪去边，人乳浸一日夜，炙。大海马一对，酥炙黄，用三钱五分。甘菊花一钱五分，童便浸晒。破故纸三钱五分，酒浸一日夜，焙。青盐三钱，拌炒杜仲用。枸杞子五钱，酒蒸。紫稍花三钱五分，搓碎，河水漂取浮者，烧酒浸，焙干。琐阳四钱，烧酒浸焙七次，风仙花子三钱五分，烧酒浸焙。右各药，精制如法，各为极细末，以童便、蜜酥油拌匀，入瓷瓶，盐泥固口，重汤煮三炷香，取出露一宿，捏作一块，入银盒内按实，外以盐泥封固，晒干，再入铁铸钟铃内，其铃口向上，将铁线从鼻内十字拴紧，用黑铅一二十斤，溶化倾铃内，以不见泥球为止。入灰缸，火行三方，每方一两六钱，先离四指，渐次挨铃，寅戌更换，上置滴水壶一把，时时滴水铃内，温养三十五日，用烙铁化去铅，开盒，其药紫色。瓷罐收储，黄泥封口，埋净水内一宿，每服一分，放手心内，以舌舐之，好酒送下，渐加至三分为止。久服，浑身温暖，百窍通畅，口鼻生香，益弱为强。补虚作实，齿落重生，发白转黑，行走如飞，视暗若明。倘欲种子，一度胎成，若行再度，必产双生，恐伤母体，反失人伦。其功神效不能尽述。予照原制法刊此，但炼药之法，存乎其人。

大培衍庆丸

一治微阳不振，一治振而不坚，或遗精如水，阳事中痿，精气寒冷，气弱不射，以及五淋白浊，遗精并治。

生地黄淮庆大原枝八两，酒洗，九蒸九晒干。山茱萸肉去核，净酒洗蒸。山药人乳浸。麦门冬去心。何首乌黑豆拌蒸九次。枸杞子各四两。白茯苓人乳浸八十一次。泽泻去毛。牡丹皮，远志甘草汤泡，去骨。莲花蕊，杜仲盐水浸炒，又姜汁浸炒。川附子每个重一两

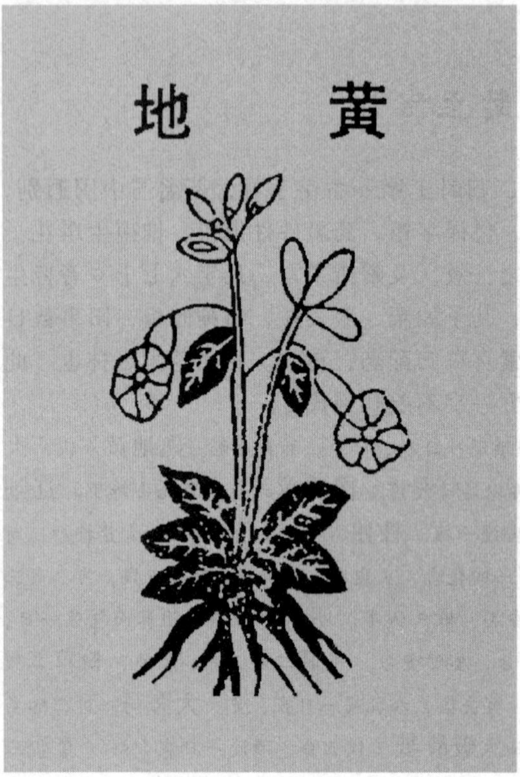

地黄，一种中药，大培衍庆丸的原料之一。图选自《本草纲目》

三四钱者，童便浸三日，煮三炷香，切片焙乾。沙苑蒺藜，人参，肉桂去粗皮用心。兔丝子水淘净，酒煮吐丝。破故纸盐水炒。覆盆子各二两。棉花子去壳，取净仁重四两，烧酒浸一宿，用微火炒。研为细末以后，药膏和合，入石臼杵三千下为丸，梧桐子大，每服三钱，空心用秋石汤或陈酒送下。

药膏方：当归，金钗石各八两。黄芪，金樱子各一斤。五味子四两。研五味为粗末，用河水煮数次，去渣，将药汁熬膏，再将鹿角胶酒化和。

南岳夫人济阴丹

女服。常服顺气养血，调经除带，益子宫，善胎育。

益母草净叶酒洗蒸，八两。香附米童便浸炒七次，八两，醋浸炒三次，干，各八两。熟地黄五两。当归，白术土炒，各四两。阿胶蛤粉炒。生地黄，陈皮，白茯苓各三两。川芎，半夏姜制。白芍药酒炒。麦门冬去心。黄芩，杜仲盐酒炒，断丝。牡丹皮，川续断，延胡索醋炒，各二两。没药，甘草炙各一两。吴茱萸汤泡，七钱。小茴香七钱。研为细末，炼蜜加酒为丸，梧桐子大，每服七十丸，黄酒送下。

韩飞霞女金丹女服

一、临经恶寒发热，及两肋小腹痛，不思酒食。二、经来紫黑，或前或后。过期者血寒气滞也，不及者血热也。三、气血寒弱，头晕眼花，四肢无力，五心烦热，经来淋漓，至十日半月不净。四、子宫寒冷不孕者，并皆治之。一方无桂心，有熟地黄，一方加沉香。此方又治男子手足麻痹半身不遂。

香附米十五两，童便浸晒七次，又用米醋浸晒三次，炒。当归酒洗。川芎，白芍药酒炒。人参，白术土炒。白茯苓，藁本去上。桂心，白薇，白芷，牡丹皮，赤石脂煅三次，淬三次。延胡索醋炒。甘草炙，各一两五钱。右除石脂，另研余药，酒浸三日，焙干为细末，炼蜜丸如弹子大，每丸重二钱，辰砂为衣。每服一丸，空心清茶漱口方嚼药，以好酒送下。百日后尽人事，未有不孕者。

七宝丹男服

何首乌八两，赤白鲜者，用竹刀削去皮切片，米泔水浸过，用乌豆五升浸软，一层豆，一层首乌。密盖，炊熟，九蒸九晒。当归身二两，酒洗。人参二两，去芦。天门冬三两，酒浸去心，晒干捣末。麦门冬三两，酒浸一宿去心，晒干，捣末。五味子一两。生地黄三两，酒浸一宿，捣膏。熟地黄五两，酒浸一宿，捣膏。川牛膝三两，酒浸，去芦，晒干，捣末。枸杞子三两，甘州者佳。去枝梗，晒干为末。黄檗二两，去皮盐浸一宿，炒过。山萸肉三两，去杉。干山药三两五钱，淮庆者佳。兔丝子二两，酒浸一宿，洗去沙泥，晒干为末。白茯苓五两，去粗皮，切片酒洗，晒干为末。右十五味为末，炼蜜为丸，如梧桐子大，每服六十丸，空心淡盐汤送下。此药性极平和，不热不寒，服之固元气，生多男。即平素未生男子，或屡生不育者，服此极有奇验。且子亦得全天年。余功仍耐饥劳，美容颜，黑须发，真万金不易之方。予得之郝道行，因其应如响，不敢自私，用梓广传。

西台金丹女服

熟地黄三两，酒煮捣烂。川芎二两，水洗。白芍二两，酒拌炒黄。条芩一两二钱，微炒。川稿本三两，洗净。玄胡索二两，酒煮透，槌碎。白茯苓二两，粉草一两二，微炒。赤石脂二两，火炒红，投水晒干。没药二两，透明不见火，研细末。桂心一两二钱。牡丹皮二两，酒洗。白薇二两，酒洗，晒干。人参二两，去芦。香附二两，用童便、酒、米泔水各浸一夜，即取起，晒干炒黑。右十五味共为细末，每药一斤，用益母膏四两，同炼蜜为丸，如弹子大，约重二钱五六分。朱砂为衣，日色略照片时，收储。清晨每服一丸，调经者白汤下，安胎者砂仁汤下，产后血滞者荆芥穗汤下。种子之道男子固宜补养，而妇人月候尤当调治。此丹女子服之，专治月经不调，赤白带下，补虚多育，屡试屡验。乃知此方堪与七宝丹并美也。

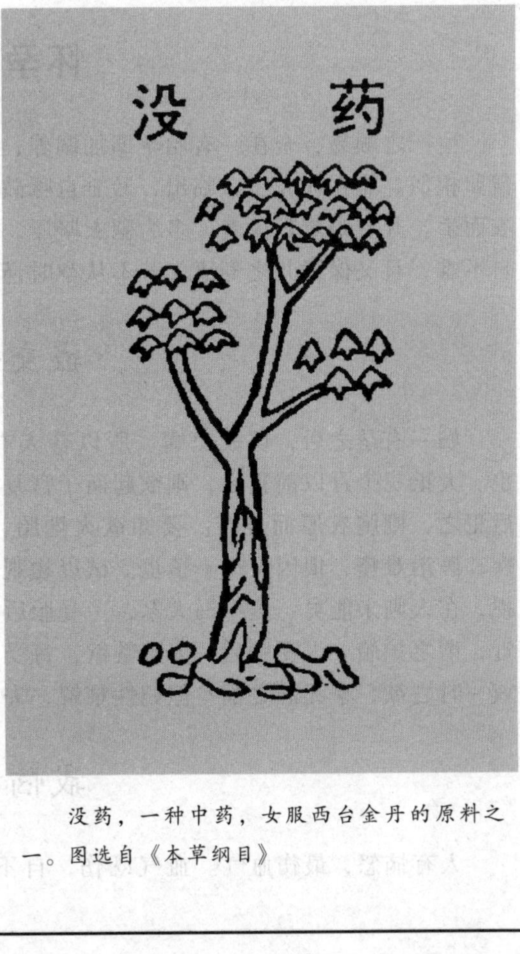

没药，一种中药，女服西台金丹的原料之一。图选自《本草纲目》

煨脐种子膏

当归、川芎、白芍、川牛膝、川巴戟、杜仲、肉苁蓉、熟地、兔丝子、蛇床子、虎胫骨、细辛、破故纸各五钱。真麻油一斤四两。桑柴熬两滚，下甘草四两，再熬两滚，方下群药。文武火熬，槐枝不住手搅，药枯，滤去渣，再熬，滴水不散，入倭硫三钱，离火，再入乳香、没药、儿茶、血碣各末三钱，后入真麝二钱，共搅均，瓷器收，蜡封，埋地七日，每用一块，倍入麝为丸。雄黄为衣，填脐内。外用绸摊一膏药贴之，半月后行房，一交即成胎，必生男。贴久多饮食，壮筋骨。又治漏肩风及女子赤白带下，神效。

保产心法

怀孕部

生产之顺易，全在一有胎孕即加调养，诚水流之源也。要知妇人生子，与牝鸡覆卵相似。雏在卵壳中，临出，乃雏自啄破卵壳而出。儿在胞胎内，乃儿自吮开胞衣而生。凡有艰难延久者，多为胞衣坚厚，胎气肥大所致。孕妇能守淫逸诸戒，产自不难，且又保婴儿之寿康。若不从孕时谨护，犹舍源而逐流，乌可得哉！

戒交媾

妇一有孕之后，切戒交媾。所以昔人有孕，即居另室，不与共寝，恐动欲念也。大抵三个月以前犯之，则欲起而子宫复开，多有漏下、胎动诸患。如三个月以后犯之，则胞衣厚而难产。要知欲火烁胎，必致污浊凝积。且儿身白滞，痘毒疮疾，医治难痊，俱因父母不慎也。试以物观，其理易晓。牛马犬豕，胎胎顺易而无损。在人则未能矣。盖牛马犬豕，一受胎后，绝不交合。遇牡逼身，辄踣之，不得近，谓之护胎。人受胎后，多不禁欲，每受此害，与其妇产艰难，子多病夭，何如戒一时之欲，享无涯之福？但妇性难解，夫男当细与讲明。

戒恼怒

人有恼怒，最伤血气。血气既伤，自不能养胎。多有因此动胎者。即幸而不动，其怒气入胎，生儿多疾矣。

戒安逸

妇人怀孕，原赖血以养之，气以护之，宜当常行小劳，令血气周流，胞胎活动，则气强而胎壮。如久坐久卧、久勤女工织纺之类，不得行走散荡，以致气不运行，血不流润，胎必凝滞不活，致多难产，且又胎气微弱，生儿体弱多病。凡孕妇虽欲小劳，但不可登高上梯，举重妄作，恐有跌扑损伤之虞。常见田野辛苦之妇，忽然途中腹痛，立便生产。在富贵之家，每多难产。此安逸太过之验也。

戒暖热

凡有胎孕，宜微凉而忌太暖。北方火炕，南方火厢，皆不宜睡。凡胎动不安者，虚仅二三，热有八九。慎之哉！

戒猛药

有孕十日半月，脉微难辨，未曾过月，自亦不知。或遇身体不快，医人不知，误投破胎之药，伤损甚多。前贤云："人知二三月堕胎"。岂知月内伤胎者众也。

戒厚味

胎通于母，母之所嗜，胎之所养。食如辛辣、酸咸、椒姜、蒜韭、烧酒、大料等厚味，不知减节，多致难产中毒。

戒惊骇

受胎后，不宜受惊骇。如涉险傩神，以及入庙见异奇鬼怪形象，俱宜谨戒。则肝能育魄，不致种胎毒、胎惊。

戒放纵

足月将产时，切不可再束腹，恐儿不能转身，大误事。

受胎至三、四月后，宜紧束其腹，勿令胎放，则易产。

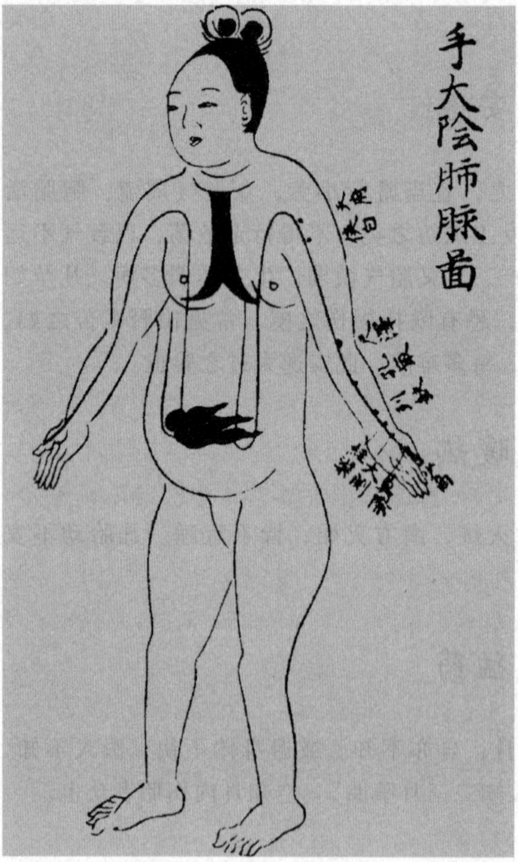

中国古代医学对孕产研究有很高的成就，图为《产经》十脉图中的手太阴肺脉图

调理脾胃

常人身体康健，气血充足，皆由脾胃调和，饮食有节。若怀孕妇人，脾胃尤为紧要。盖胎元全赖气血以养，气血又借脾胃饮食而生。若饮食不节，脾胃必然受亏。更或七情内伤，气血因而渐耗。则痰火发炽，恶阻痫症等病起矣。所以明医一见孕妇脾胃不和，急先调理。虽有他症，以末治之。但怀孕至二三月、六七月，饮食多不甘美，不妨少进香美，扶助胃气。凡新米新面粘硬难消之物，极伤胎元，切宜谨戒。至于食不可顿饱，应吃得十分者，只食六七分。频频多顿，乃调理脾胃之要法。

常服条芩汤

受胎三月后，宜服条芩汤。每日以条芩煎淡汤当茶用。如气旺者，每日三钱；气弱者，每日二钱。服至生产时止。此汤最能除胎毒，免痘殇。且儿痘必稀。与其既生后儿服稀痘药，孰若未生时母服此汤甚益。

足月部

胎至九月、十月，此时为山九仞，功亏一篑，全在孕妇加倍调养，以待产期。其保护诸法，予已载前，但更须慎重，所有预备诸事，应列于后。

要释忧惧

今人不讲生产之理，或问祸福于卜筮，或祈祷于鬼神。若邻里中适有产厄者，又向乱说，致令孕妇心怀忧惧，则必气怯，生产亦难。为夫者宜将某某妇生产如何顺易，某某妇生产如何徐缓，向妇细说，释其忧惧，进其精锐，最为大益。

要慎医药

孕妇至八、九、十月，切不可乱服汤药，亦不可妄行针灸。若胎偶不安，腰痛者服安胎药，得安即止。要知儿在胎腹，呼吸随母。饮食母血．若药扰气血，恐致伤胎。

要选稳婆

稳婆俗名收生婆，最要得人，须访其祖传久惯。若夫年少，恐未曾经练；若太年老，恐龙钟颠倒。须四十以外、六十岁以内极好。如或不能，宁取年老者。凡孕至九月余，便预期请稳婆，厚礼待之。庶临产，闻呼即至，且尽心效力也。

要知难产

中年妇人，生育既多，气血亏损，临产常难。又少妇初产，神气怯弱，亦常难产。当明此理，缓待莫惧。

要防胎晕

临月将荆芥末置囊佩身，时常闻嗅，可免产晕。

要备器用

孕至足月，应备药物，俱要预办。恐一时夜晚取用不急。上好人参切碎，二三钱，收于干处。川芎，归尾此二味切碎，收瓷罐，不可漏气。草纸要预揉软数百张，垫于上，便于安坐。灯笼蜡烛要预放现成。炭日晒极干，临时一扇即着，以取便易。白晚米陈者佳，临产，产后煨粥用。旧布包儿拭污，最不可少。大布裹脚临产束胸，临产切不可束腹。致碍转胎。红糖须在大店内买，防有石膏充卖者。醋买藏一二斤，恐产晕则用之，不必向产妇说。

临产部

易产全要忍痛缓待，切莫急促。予有辨认，真正产时，至时用力，可保万全。临产以此为最。

古代遇有难产，可用针灸刺穴治疗。图为清代《医宗会鉴》针灸方图中的灸难产穴图

切不可急促

生产难易，其理有三：

以世人生命论之，富贵贫贱，各有其时。如富贵人在贫贱时，决不生；贫贱人在富贵时，岂能产？此其一也；胎之受气，厚薄不同，受气厚则气盛而转胎易，受气薄则气弱而转胎难，此其二也；如腹痛延久不生，多因胞衣未破，子未出胞。要知胞衣薄则破快，胞衣厚则破慢，胎瘦则出胞快，胎肥则出胞慢，此其三也。有此三说，快慢人俱不可强力。即一日数日亦无妨碍。要知安心定气，勉强忍痛，勉强饮食，要坐则坐，要行则行，要睡则睡，切莫听稳婆逼迫，用力太早。自己亦不可不忍耐痛楚，亦不可急思胎儿离身。旁人亦不可多言惊慌，以乱其心。时至自然分娩，譬如出大恭一般，未急不能催，急时不能止，理可知也。有等愚蠢稳婆，不审是正产与转胎，但见腹痛，遽令努力催生。产母无知，听从其言，或遇胎方转时受逼不过，必变横逆诸患，致误大事，不可不慎。予有辨认转胎正产说，备悉后篇，最当熟记。

切不可喧闹

临月微觉欲产，切勿惊慌。虽有急事，房中不得喧闹，房外不得叫喊。唯恐产母失惊。要知惊则气散胎滞。只宜闭户静待，自然气充胆壮而有精力。

切不可饥饱

凡觉腹痛临产之先，如觉稍饥，即少与陈米粥食之，不可忍饥。要知腹有粥食，则免气弱之患。如觉烦渴，可用白滚水调蜜两匙与饮，最能润脏腑。凡食不可太饱。恐食多碍于上焦，气不得下行，致令难产。又恐产竣食停于中，变生诸病。至于坚硬难消之物、肉腻糍粽等物，亦不可食。

切不可触犯

临产宜预选老成稳婆及谨慎妇女一二人在房扶持。其余一切外来亲戚，并孝服、不洁体气、酒醉之妇，皆当摒去，恐致触犯。

切不可试水

凡觉腹痛，切不可听信稳婆，预先频频试水并轻易下手，恐误伤胞破，以致胞水先干，或风入产门，因而肿胀狭小，反令难产。

切不可曲身

将产坐卧最戒曲身。但产母畏痛，多不肯直身行立，每喜曲身坐卧，以致胎元转动不顺，儿出胞时，寻到产门，被母曲腰遮蔽，因不得出。少顷再转，母又护痛再闭。如此则子必无力而不能动，人见其不动，将谓胎损。其实俱因无力也。只要产母心安气和，勉强饮食，渐渐调理，自然顺易。

不系产候，切勿早坐净桶，致令虚乏害人。且令产妇倚物而立，或倚物而坐，或勉强缓缓行走，只候儿顶紧对产门真是产时，方扶上净桶。

辨认是转胎是正产证验

未产前几个时辰，子欲出户，此时全要认得真确。倘若不是子生正时，或转胞至手，母错用力一逼，手即先出。或转胞至脚，母错用力一逼，脚即先出。其实无手足先出之理，皆因错用力之误。所以腹痛数日而不生者亦不必慌忙。但今人不审胞衣破与未破，子出胞与未出胞，但见其一日半日不产，即谓难生。老少惊慌，求神许愿，产母见之，心甚忧惧，越无胆力，越难进食，子越难生。只认此理，正时未到，唯宜忍痛饮食。左右人不可悯其痛甚，急欲离身，强其用力。殊不知胞衣未破，子未出胞，一错用力，关系母子性命，切不可认未生为难生，因难生而强催也。

认正产有五证：脐腹急痛，腰又重痛，极痛不已，此一证也；胎气下坠腹尖一处，产门肿满，此二证也；粪门挺迸，如欲大便之状，此三证也；眼中溜火，此四证也；浆破血来，儿顶正对产门，此五证也。此五证俱现，才是正产。此时产，母方可用力，儿即生下。

凡腹痛而腰不痛甚者，非正产之时也。盖因肾藏于腰，胞系于肾。胞若转离，腰即痛也。

凡腹虽痛而腰不痛甚，或腰腹虽痛而儿顶未曾正对产门，俱是转胎，不是正产，不可用力。须将产母勉强扶起直身行走，令气血流动。如体弱倦怠，即仰卧亦不妨。但用大枕放于两腿之中，令产门不闭，或倚物而立亦好。

凡足月忽然腹痛，或起或止，或一日二日、三五日，胎水已来，腹痛不止者，名曰弄胎，非正产也。又有一月前忽然腹痛，如欲即产，却又不产者，名曰试月，非正产也。不问胎水来与不来，都不妨事，但当宽心候时。若果是正产，必俟予前五证齐现，方为真确。

予曾见一妇于一月前腰腹俱痛，将十余日计无所施。一医用佛手散两服，调理饮食，又半月始产，可见迟久多日亦不妨。

佛手散方：当归酒洗，全用五钱。川芎三钱，用真南芎或真抚芎亦可，余不可用。益母草用紫花者五钱，白花者勿用。水煎浓热服。

抱胸抵腰

如果正产，可用一熟练妇人立于产母背后，二手抱住胸前，不可太紧，恐气不流行。产母亦自以二手紧抱肚腹，令胞胎下坠。如未到正产之时，不可令人早抱。恐儿难转胎也。

临正产时，抱腰人坐稳，用双膝将产母腰后紧紧抵住。产母向后倚着，不可虚悬。

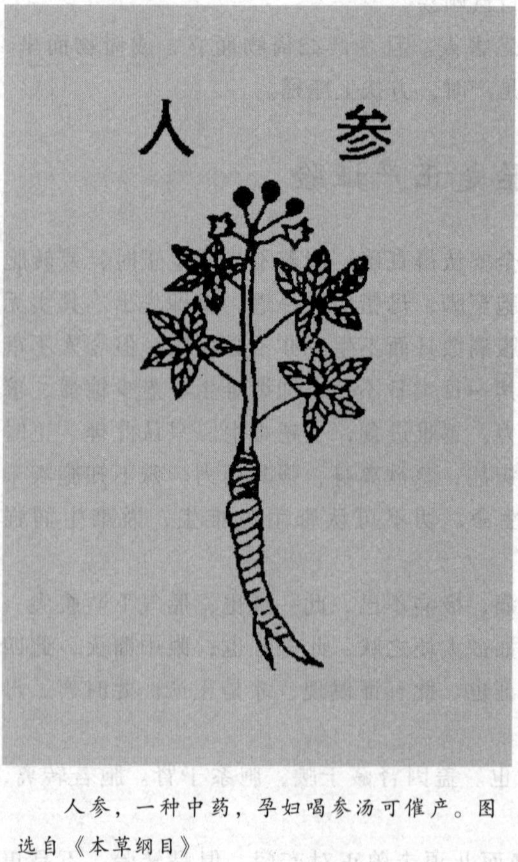

人参，一种中药，孕妇喝参汤可催产。图选自《本草纲目》

服人参汤

产时以饮食为本。有等人临产不能饮食者，则精气不壮，何以用力？必须将好人参二三钱，煎浓汁一盅。审是儿将出时服之，大助气力，胜于肉食百倍。

服人参要在将产未下时服之，补助元气。若已经产后，则人参不可轻用。

服人参，初产少年者用二三钱，若四五胎年长者，用四五钱。如腰腹急痛，即预煎浓。俟候临盆时与饮。其参渣仍煎二三次，与产母产后当茶，可免一切虚烦、血晕、昏瘀等症。

参汤服之太早，恐壅补难产。

若在产后，恐恶露滞寒。须不早不迟，在正产之时。若参汤误服太早，必致面赤，气壅难产。可急捣白葡萄汁与饮解之。

服催生药

凡生产，有时如瓜熟自然蒂落，不可强服催生滑胎等药。昔人谓催生如农人之揠苗，或因坐草太早，势不得已则服之。否则不必用。

凡催生药不宜早服，恐是转胎也。须胞破时服之，只用佛手散浓煎饮之。一服不生，再服；又不生，三服即下。要知此药调和气血，不致偏杂。未当正产，即可安胎止痛；已当正产，又能催生免诸痛苦。即生仍服，又能去旧生新，行中兼补，功难尽述。催生方法极多，唯有此方最为稳当，又最捷效。

催生方虚诞者甚多，如笔头灰、百草霜、伏龙肝等药，服之徒劫燥浸液。更有烧符于冷水，服之伤人。此皆不明理之人所为，可勿听其惑。

调理暑热生产

盛暑生产，不可四开风窗，恣取凉快，以致损伤胎气。又不可多人在房，致生蒸热之气，产母恐有血晕、发热、面赤如醉等症。大抵产当暑夏，必须开通帷幔，多放水盆，以消热气。则产母自然神清气和而安泰。

医方中不知何人著有“暑月生产，用凉水服六一散”之说，切不可用。要知凉水凝血，大伤人也。

调理冬寒生产

冬寒生产，不可预去下衣，早先试水。恐寒致血凝，不得流通，难于分娩。惟是衣服宜厚，产室宜暖，闭塞窗户，勿令透风。房内置火一盆，炭先在房外烧红，不可用生炭，恐有烟火恶气。室暖气和，产生自易。及至产下，即以酽醋碗许，浇洒火上，令醋气熏入鼻内，可无血晕之患。若春初生产，此时天时尚寒，亦须如此调理。总之，生产喜温暖，盖血得暖则流散，寒则凝滞也。凡遇冬月生产，可预做开裆棉裤，临产穿之甚妙。

力乏停住神效方

产时儿未出户，用力太早，及至儿欲出户，母力已乏，令儿停住不生。因而产户干涩，须用佛手散服之。

交骨不开神效方

凡临产有交骨不开，经日不产者，多是年幼受胎，阴气不足；或年大方嫁，脉络长成；或元气虚弱，胎前失调，以致血气不能周运而然也。凡人家有幼妇老女，预须防此。可用当归、川芎各一两，自死龟板一个，酥炙黄脆。女发一握，须用曾生过男女者。以麦面搓洗净，煅存性四味为粗末，每服五七钱，煎服。约人行五里路之久，交骨自开，儿即生矣。

才产部

儿才离腹，此时身虽轻爽，但气血两亏，在强壮者犹当调养，何况虚弱乎！调养之法，以去恶露为最，兹部诸条，虑此大半。至于饮食起居，详载后部，尤当互看加意。

莫就上床

才产毕，不可就上床。急将净桶盖好，或在桶盖上，或在软椅上，且闭目静坐片刻。背后须要倚紧，不可动摇，免致眩晕。一面令人将粗纸铺床，将柔软纸铺浮上，铺完方可缓扶产母上床，倚被褥静坐。

莫就说话

才产毕，只宜安静少思，不可言语，固养神气也。尤不可问答男女，恐爱憎气恼致病不小。但人情喜儿者颇多，若果男胎，即明白答应，令母喜悦。常有久练稳婆，虽生女胎，必虚答是男，或夫假作喜女，以安母心。

莫就睡卧

才产毕，须用绵软被褥堆叠床头，上加软枕，扶产母上床坐一日一夜，方可卧下。切不可早卧，防淤血停滞也。上床后，须令人以手从胸腹顺抹至脐下，令污血尽出，自无诸病。日须七八次，三日乃止。腿膝又须放开，不可伸足夹腿，以致败血不出也。

莫就服药恐米汤稠误事，只用开水甚妙。

才产毕，先以陈米清汤一盅与饮，以定其心，切勿即用稠米汤。饮汤之后，如瘀血下得多，不必又用芎归汤；如瘀血少，方可用芎归汤。其当归须用归尾。

莫就食荤

才产毕，脾胃虚弱，只宜熟米粥和红糖频频少与。三日内，切不可食鱼肉鸡鸭，其糍硬蛋物尤不可食。迟吃荤腥油腻，不独产母安稳，且小儿食乳，腹亦充实。

莫就劳心

产后切不可劳心焦思，三日内更为紧要。

莫就饮酒

才产毕，不可饮酒。因产母脏腑方虚，饮酒必至昏晕。四五日后，可与些须淡酒，以辟风邪，又可下淤血也。

莫就食咸

乳汁乃血气所成。产后不可食咸味，因咸能止血少乳，且发嗽。若恶露未尽，早食咸酸之物，不独少乳，而且腹痛，发寒热。六七日后，方可少进咸味，如白鲞火腿之类。

多服芎归汤

川芎一钱五分、归尾三钱、山楂肉三钱，水一盅，煎七分，空心热服，午刻再服。最能去淤污、止诸痛。

多饮红糖汤

红糖最能去淤污。予家传每生一子，旬日内吃红糖二斤余。或粥，

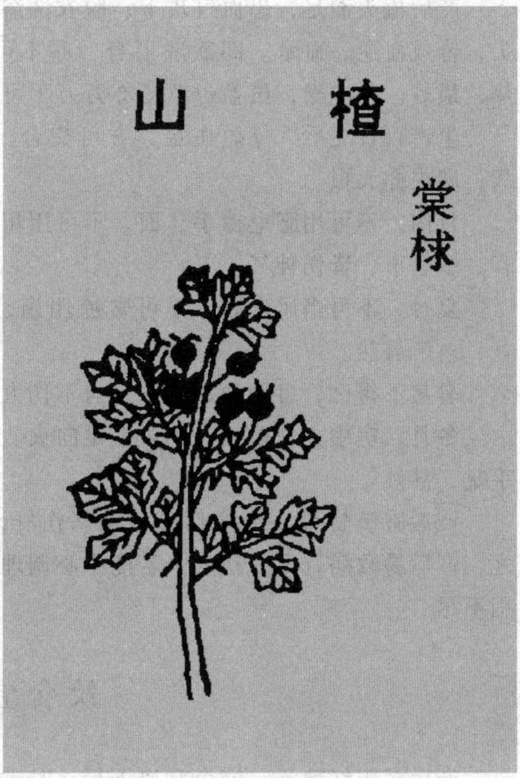

山楂，图选自《本草纲目》。山楂肉与川芎、归尾制成的芎归汤适于产妇食用

或开水，或空心，或午晚俱可调服。淤血去尽，产母自无诸患。若半月后，即不可服之。

月内部

月内者，乃生产后一月之内也。昔人以产后百日皆当调养得宜，但未曾满月尤更要紧，否则遗患终身。所谓劳烦风寒，犯时微若秋毫，感病重如山岳，可不慎之哉！

起居宜忌

产后十余日内，切不可嫌血污，遽起洗拭见风。犯者多至血崩，为害不小。况产时去血已多，筋脉空疏，风寒易袭，稍有不谨，便成挛痹，为终身之患矣。

若未满月，强起离床劳动，当时虽不觉损，日后多成蓐劳。产母节劳，人人尽知。至动针线，则不觉劳烦，以为无妨。殊不知未老眼目昏花，或流酸泪，戒之哉！

产后梳头濯足，恐血气攻下；脱衣洗浴，易受风寒；又不可刮舌刷牙及就下低头，皆成血逆、血晕。即欲洗下身，亦不可用生水，宜用益母草汤，能祛寒湿风热，最妙。至洗澡，虽益母草汤亦万万不可。

生产百日之后，气盈血足，方可交合。常见愚人未满月交合者，不唯妇成大病，即夫亦大损。

月内，不可用肥皂擦手、面，不可用粗布揩手、面，不可高声叫唤，亦不可多言、多管事，皆伤神气。

夏月，不可当风坐卧，不可贪凉用扇，不可食瓜桃生冷。房中惟贮冷水一二盆，自解暑热。

暑甚不得已，可用蒲扇微摇，自不伤人。其芭蕉纸扇，风来猛烈，概不可用。

冬月，房中火盆取暖，不可手足向火。唯用汤壶以布包裹，放衣被之内，可暖手足，甚妙。

产后脏腑皆虚。哭泣伤肺，恚怒伤肝，笑语伤神，惊忧伤心，皆当切戒。总之，产后易致病，亦易祛病。若能小心调理，虽有宿疾，亦可以痊愈，以待后来受用不尽。

饮食宜忌

产后多服红糖汤，能令污血下行。时进白粥，不可太饱，须频频少与，逐日渐增。不用经宿者，又不可冷食，恐留滞成病。六七日之后，方可少与咸味者食。

产后，忌食热药及生冷、黏硬、肥腻、新米面、酸咸厚味。

产后腹痛神效方

恶露不尽，腹中疼痛及儿枕作痛，用山楂百十个，打碎煎汤，入红糖，空心热服，极效。

产后心腹绞痛神效方

蒲黄炒黑，五灵脂入酒，研细飞过，去下面沙土，晒干。二味各等分，每服二钱。醋调，坐沸汤中，候成膏，入白汤半盏，化开服之。此名“失笑散”也，神效。

产后淤血留滞作胀神效方

归尾、山楂、莪术、赤芍、熟地、黄丹皮、玄胡索、桃仁、黑豆共九味，水煎热服。无滞血者不宜用。

产后腹胀气急神效方

玄胡索为末，每服一钱，酒调下，即止。

意外部

此部所载，皆万千偶遇一二之事，予因另著一册于后。阅者只须熟记心内，切不可与妇人谈说，恐其忧惧气怯，反为害矣。

治横生倒生坐生法

产母不知正产时候，错乱用力，有手先出者，名曰横生；足先出者，名曰倒生；有先露臀者，名曰坐生。此皆因儿在胞中方转胎时，产母见腹痛甚，或遇无知稳婆催促，竟用力乱迫。如儿转身至手，遇力逼，则儿手出；如儿转身至足、至臀，遇力逼，则儿足、儿臀出。此三症相传，俱为觅盐生，人未说明，所以惊慌。要知盐主收敛紧缩，且蜇人疼痛。儿手得盐，且痛且缩，自然转身生下。其治法：如手先出者，急令产母仰卧，略以盐半分，涂儿手心，仍以香油抹之，轻轻送入，推上扶正，直待儿身转头正向。兼服济生汤药，以助精力。渴即以蜜半小盏，香油半小盏，入滚水化开饮之，可以润燥滑胎。饥即食以稀粥，可令中气不乏。审见儿欲生时，方扶起身，用力一送，儿即生矣。如送手入后，儿转身快，则不必服药。

足先出者，亦如上治法，仍抓令知痒。其露臀者，令产母仰卧，推儿近上，以手正其头，用力努之，即下。

手足先出之患，其始也，因稳婆不知时候，误令用力；其既也，稳婆无主张，任其出而不知治法，反叫用力，以致伤命，深可痛恨。今后，但见儿手足略有出意，即令产母仰卧，轻轻送入，勿令多出。盖出少，则易入；时未久，亦易入。如出久，则手足青硬，其子必伤，难以扶入。且手足出，非药可人。又切不可听信凶妇用刀断儿手足。儿之手足一断，则必腹中乱搅而两伤矣。又有用细针刺儿手心者，恐其痛觉乱搅，亦不可为。

治怪胎鬼胎虚胎法

妇人有一种石瘕症，经止腹大，俗名鬼胎。或经止二三月，似孕非孕，或胎死腹中。三症俱用丹参一两，归身二钱，煎服二三剂。生胎则安，死胎则下，是胎则定，鬼胎则行。切忌食醋。

治碍产法

临产时，门户俱正，儿已露顶而不下。此因儿转身脐带绊其肩也，名曰碍产。治法：令母仰卧，轻轻推儿近上，审是绊儿何处，以手指轻按儿肩，去其脐带。候儿顺正，扶挟起身，用力送下。

治偏产法

又有生路未正，被母用力，逼令儿偏柱左右腿畔。儿头在产户不下，但云儿已露顶，非顶也，乃额角也，名曰“偏产”。治法：亦令产母仰卧，轻轻推儿近上，审是偏左、偏右，以手扶其头顶端正，用力送下。

治枨后产法

又有儿头之后骨偏柱谷道，儿乃露额，名曰枨后产。治法：令稳婆以棉衣炙暖裹手，于谷道外旁，轻轻推儿令正，然后用力送下。

以上三条，皆母曲腰坐卧，用力太早所致。二手法，必历练有分晓者方妙。

治盘肠产法

妇人有盘肠生者，是未产肠先盘出，似觉怕人，然亦无害。其治法：急将净盆盛温水，寒天则热水，少入香油润养。以好言慰母，令勿恐惧。待儿并胞衣下时，产母略仰卧，自己吸气上升，稳婆以香油涂手，徐徐送入。又有用水喷母面惊缩之法，恐气虚致病，不若以手送为上。此症多因中气虚而遇努脱出也。

治膀胱蹇出者法

有儿并胞衣下后，膀胱蹇出产户，照依治盘肠法送入。此皆用力太早，以致脏腑动摇也。

治胎死腹中法

胎死腹中，关系尤重。呼吸生死，救法难缓也。但须认得真确，勿误损生胎。要知胎死腹中，除撞触致伤，及饮食犯忌，热病内蒸与临月而房事不禁外，亦有惊动太早，浆尽血干，胎无所养而致者。唯验产母面赤舌青或舌黑，则胎死母活；若面舌或唇口俱青而又口吐痰沫，则子母俱死。虽然予尝验之，亦有胎已死而舌色不变者，但腹中必阴冷而重坠，口中必甚秽而呕哕。然亦有不呕而喘不得卧者，其脉多劲搏如按琴弦，或循如刀刃，则胎真死矣。宜急下之，以救其母。方用平胃散五钱，酒水各一盏，煎耗其半。投朴硝末半两许，再煎三五沸，去渣，温服。其胎即化为秽水流下。若仓促之间，取药未便，只用朴硝半两许，以温童便调下亦效。凡有猫犬畜生胎死腹中，不能下而呼号者，以此灌之亦甚效。又有用黄牯牛屎不拘多少涂母腹上，立下。或将牛粪炒令大热，入醋半盏，以青布包裹于母腹脐，上下熨之，立效。

平胃散方：用苍术、陈皮、厚朴姜汁炒、甘草各等分。

产母舌不青黑者，不是死胎，只用佛手散，能令生胎安、死胎下。佛手散方：用当归酒洗全用五钱，真南川芎三钱，紫花益母草三钱，水煎，热服。

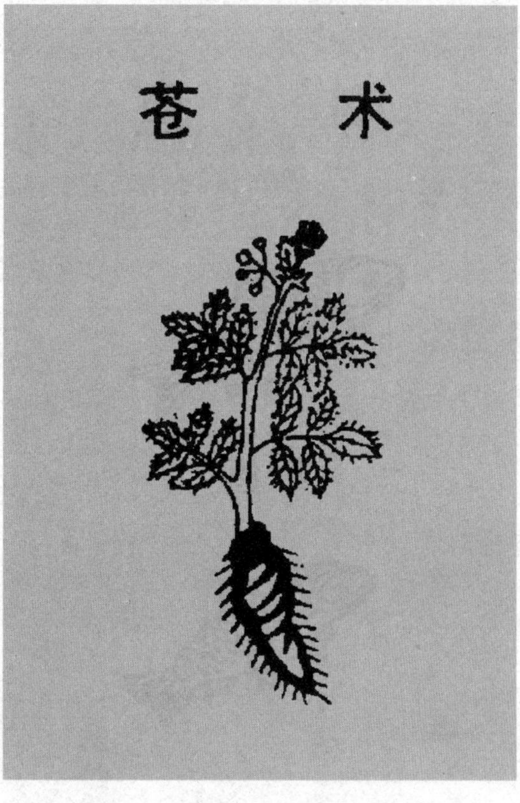

苍术，一种中药，平胃散的原料之一。图选自《本草纲目》

达生法言达者，小羊易生也。

天地之大德曰生。胎产本易也，而人自难之。胎产本常也，而人自异之。今再集达生法言若干条，前载缺略者，今详补之，反复叮咛，以明世人。唯愿顺承大德，各遂其生而已。

保　胎

保胎以绝欲为第一义。盖绝欲则心清，胎气宁谧。不特胎安，且易生、易育、少病而多寿。

保胎又宜小劳。盖劳则气血流通，筋骨坚固。胎在腹中习以为常，以后虽有些微闪挫，不致坏事。倘安逸不动，则筋骨柔脆，气血不行，略有闪挫，随至堕落。然非胎后方劳，正谓平日不宜安逸也。若平日安逸，及孕后方劳，适足损胎，何筋骨坚强之有？

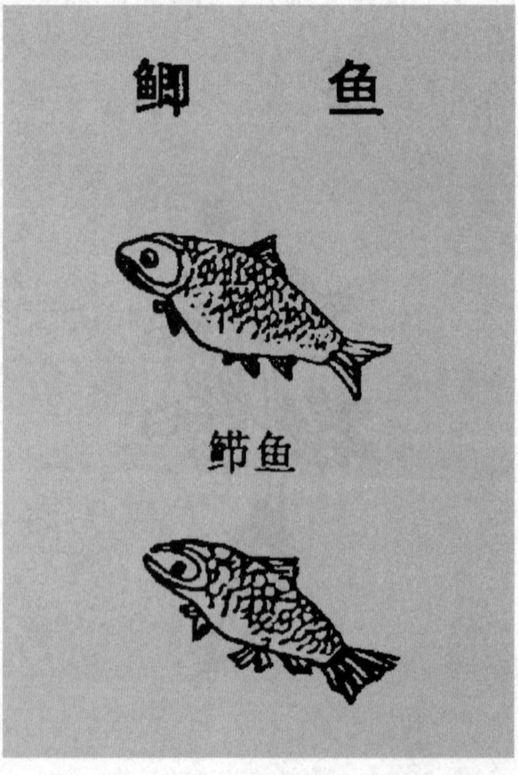

鲫鱼，图选自《本草纲目》。《传家宝》一书记载，孕妇食用鲫鱼有保胎的功效

孕已知觉，即宜用布一幅，六七寸阔，长视人肥瘦约缠两道，横束腰腹，真至临产之时解去。若是试疼，仍不宜解。此有二妙：其胎未长成，得此则腰膂有力，些微闪挫不致动胎；且又常令腹中窄狭，及至解开，则腹中乍宽，转身容易，此最妙之良法。

有孕后，睡时须要两边换睡，不可尽在一边。要令小儿左右便利，手足惯熟，则产时中道而出，不难矣。

有孕后，饮食只宜清淡，不宜肥浓；宜甘平，不宜辛热。青蔬白饭，亦能养人。即在贫家，颇为不乏。但富贵之人，平日肥甘厌足，抑令崇俭，势所不堪。酌乎其中，宜食诸物：健猪肚肺、鸡、鸭、鲫鱼、淡鲞、海参、青菜、菠菜、芝麻油、豆腐皮、莲子、山药、熟藕。诸食总宜洁治，多用清汤，吹去浮油饮之，俱宜白煮极烂，不可煎炒。真芝麻油最能解毒，须用小磨麻油，原是炒熟磨成，不必又熬。豆腐皮能滑胎，须要煮烂，才揭者更好，且清且补，允为上品，积食几百张则生产最易。或用麻油拌食更妙，胎至六七个月后，腐皮麻油最宜多用，须日日食之。

有孕后，忌食椒、姜、大蒜、煎炒、野味、犬、马、牛、驴、骡、鳖、蟹、鳝、虾蟆、猪血、一切自死禽兽肉。不可多饮酒，不可乱服药。

怀胎后切不可恼怒忧郁，需要心放宽和，欢喜自然，气血长养。一切宰杀凶恶之事，不宜看。

临产

初觉腹病，先自己拿定主意。要知道此是人生必然之理，极容易之事，不必惊慌，只看疼一阵不了，又疼一阵，一连五七阵，渐疼渐紧。此乃要生，方可与人说知，以便伺候。若疼得慢，即是试疼，需要安睡稳实，不可乱动。此处极要着意留心，乃是第一关头，不可忽略。如认作正产，慌乱临盆，则错到底。

此时，第一要忍疼为主。不问是试疼，是生产，忍住疼照常睡觉食饭，疼至极熟，自然易生。且试疼与正生俱要疼久，看其紧慢方辨得清。千万不可轻易临盆坐草，揉腰擦肚。如站时宜稳站，坐时宜正坐，不可将身左右摆扭。须知此时全要自己做主，他人替不得，与自己性命相关，与他人毫无干涉。

到此时，全要养神惜力为主。能上床安睡、闭目养神最好；如不能睡，暂时起来扶人缓行，亦或扶桌站立片时，疼若稍缓，又上床睡，总以睡为第一妙法。但宜仰睡，令腹中宽舒，小儿易于转动。且大人睡下，小儿亦是睡下，转身更不费力。盖大人宜惜力，小儿亦宜惜力，以待临时用之。切记，切记！

无论迟早，不可轻易临盆用力。切不可听信稳婆说小儿头已在此，以致临盆早了，害误大事。要知此乃天地自然之理，若当其时，小儿自会钻出，何须着急。因恐小儿力薄，其转身时用力已尽，及到产门不能得出，或亦有之。宜稍用力一阵助之，则脱然而下。盖此时瓜熟蒂落，气血两分，浑身骨节一时俱开，水到渠成，不假勉强。及至生下，其产母亦不知其所以然矣。

或曰：大便时亦须用力，如何生产不用力？要知大便呆物，必须人力。小儿自会转动，必要待其自转，不但不必用力，更且切忌用力。盖因小儿端坐腹中，及至生时，垂头转身向下，腹中窄狭，他人有力难助。要听小儿自己慢慢转身到产门，头向下，足向上，倒悬而出。若小儿未曾转身，用力一逼，则足先出以为诧异，且赠之美名曰：足踏莲花生。或转身未定时，用力一逼，则横卧腹中，一手先出，又名之曰：讨盐生。即或转身向下，略不条直，用力略早，亦或左、或右，偏顶腿骨而不得出。不知此等弊病，皆自时候未到，不肯忍疼、妄自用力所致。奉劝世人万万不可用力。然亦非全不用力，但当用力只有一杯茶时，其余俱不可乱动。即如大便未至，其时纵用力亦不能出，而何况于生产乎？

或问何以知此一杯茶时而用力乎？曰：此时自是不同。若小儿果然逼至产门，则浑身骨节疏解，胸前陷下，腰腹重坠异常，大小便俱急，而其目中金花爆溅，真其时矣。当于此时临盆，用力一阵，即刻生下，何难之有？

或曰：小儿钻出之说到底不能深信，但不知前人曾言及否？曰：前人立言不过撮其大要，安能事事而悉言之？只要后人能体会耳。观“瓜熟蒂落”四字，即知小儿自会钻出。观“揠苗助长”四字，即知将试疼认作正生之弊。试看哺鸡日足，自能啄壳而出，岂有催生之神药、稳婆之妙手乎？前人谓有迟至三四年而后生者，此是不肯钻出也。既自不肯钻出，谁能强之？自要钻出，谁能御之？

或曰：早一时断乎不可动矣，不知迟了一时，可不妨否？曰：不妨。若果当其时，必无不出之理。然或偶有不出者，则是小儿力尽，不能得出，宜令上床安睡。睡以惜力，令小儿在腹中亦安睡，歇力少刻，自然生矣。

或曰：倘或儿到产门而大人睡下，岂不有碍？曰：更好。要知小儿向下时，如大人坐立，则小儿倒悬矣，岂能久待？今大人睡下，儿亦睡下，有何妨碍？又曰：倘或闷坏奈何？曰：他十个月不闷，今何闷乎？

或问忍疼过久或亦不妙，曰：最妙。从不闻妇人私产而难产者，或谓有神护佑，非也。总因胎起于私，怕人知之，只得极力忍疼，疼至没奈何时，自脱然而出，其理甚明，有何疑处？

或曰：不宜用力，已闻教矣。不知先误用力，以致横生倒产，有法治之否？曰：急令安睡，用大剂加味芎归汤服之，将手足缓缓托入，再睡一夜自然生矣。又曰：托之不入，奈何？曰：若肯睡，再无托不入之理，若到此时仍不许他睡，又或动手动脚乱食方药，则无法救援矣。

或问盘肠生是何缘起？曰：是用力之过。盖因产母平日气虚，及至临时用力努挣，浑身气血下注，以致肠随儿下。一次如此，二次路熟又复如此。若能待其瓜熟蒂落之时，何得有此怪异？

或问有一痛便生，令人措手不及者，此又何也？曰：此乃正理，何足为异。盖因胎气力足，儿自要出，虽欲留之，而不可得。人人都是如此，人人都各有此一时，只要忍耐得住，等待此一时也。

或曰：稳婆不必用乎？曰：既有此辈，亦不能不用。但要我用他，不可他用我。全凭自己做主，不可听命于彼。大约此等人多愚蠢，不明道理。一进门来不问迟早，不问生熟，即令坐草用力，一定说孩儿头已在此，或令揉腰抹肚，或入产门探摸，多致损伤，以见其功劳，不肯安静。更有一等狡恶之妇，或借此居奇射利，祸不忍言。按吴越间谓之稳婆，江淮间谓之收生婆，徽宁间谓之接生婆。按“接收”二字之义，因其年老惯熟，令之接儿落地，收儿上床，原非要她动手动脚。每见富贵之家，预将稳婆留在家中。及到产时，稍不快利，前后门户接到无数，纷纷扰扰，吵成一片。所谓天下本无事，庸人自扰之。

或问有经验之药，临时亦可用否？曰：不用。从前奇方，莫过鼠肾兔脑丸。今时盛行，莫过回生丸。非谓其不效而不用，总用不着耳。既不用力，又不动手，又有睡法佐之，他自会生，何消用药！纵有不顺，睡为上策。或问：服药有益无损否？曰：安得无损？鼠兔二丸，大耗气而兼损血。回生丹大破血而兼损气。盖鼠兔例用香窜之药。产时百脉解散，气血亏虚。服此散气药，儿已出而香未消，其损多矣。且令毛窍开张，招风入内，祸不可言。回生丹以大黄、红花为君，其余亦多消导之品。血已耗而又大破之，多致产后发热等症，遗患无穷。皆只谓产后失调，谁复归咎于药？按此数方，古今称为神灵奇宝者，尚然如此，其他可知。送药者本是善念，但知其利不知其害也。

或问总无可用之药乎？曰：有。只须加味芎归汤、佛手散二方，用之不尽矣。盖胎产时全要血足，血一足如舟之得水，何虑不行？唯恐产母血少，又或胞衣早破以致干涩，今二方皆大用芎归，令宿血顿去，新血骤生。药味易得，随地皆有。且令身体壮健，产后无病，真正有益无损。此皆前贤洞明阴阳之理，制此神方，以利济天下后世。奈世人贵耳贱目，以为平常而不用，必求奇怪之药而后用之。只要奇怪，不论损益，岂不可叹！

或问依此言世间总无难产者耶？曰：偶亦有之。或因母太虚，胎养不足，血气不完；或母病伤寒之后，热毒伤胎；又或夫妇同房，以致欲火伤胎。平日过食椒、姜、煎炒热物，火毒伤胎，以及跌扑损伤，皆致难产，多令胎死腹中。除此之外，都无难产。又有严寒天气，滴水成冰之时，贫家房中火气微小，以致血寒而冻，亦令不出。然此亦因临盆早，先去衣久坐所致。若令拥被安睡，待时而产，岂有此事！

或问临产时饮食如何？曰：此时心内犹疑，腹中疼痛，甚至精神疲倦，口中失味。全要好饮食调理，但不宜过于肥腻。如不能食，只将鸡鸭汤、肉汤之类，吹去油，澄清频饮，亦能壮助精神。人以食为命，岂可有缺。第一要劝其放心安静，忍疼歇息。切忌不可在房中大惊小怪，交头接耳，咨嗟叹息，令其忧疑扰乱，以致误事。房中须要安静如常，不可当面求神许愿、叫天叫地。稳婆只要一人入房，且令在旁静坐，切忌多言混闹。

或问胎有试痛，何也？曰：儿到七八个月，手足五官全备，已能动弹。或母腹中有火，或起居不时，令儿不安，以此大动而痛。此等十胎有五，不足为奇。只宜照常稳食安睡一二日，自然安静。或痛之不止，用安胎药一二服自止。此后近在数日，远则月余，甚至再过三四个月才产。人多不知，轻易临盆，终日坐立，不令睡倒，或抱腰擦肚，或用手拖，或用药打，生生将儿取出。母则九死一生，儿则十胎九死，惨不可言。世上难产皆由于此。要知胎养不足，气血不全，如剖卵出雏、裂茧出蛹，宁可活乎？只说小儿难养，谁复根究到此！又有受寒及伤食腹疼者，不可不知。

或问何以知为试痛？曰：只看痛法，一阵紧一阵者，正生也；一阵慢一阵，或乍紧乍慢，皆试痛也。

或问伤食受寒，何以别之？曰：伤食者，当脐而痛，手按之更痛。或脐旁有一硬块，寒痛多在脐下，绵绵而痛，不增不减，得热物而稍缓者，是也。

或曰：试痛亦有，或未必多。曰：甚多。曰：何以见之？曰：以今之难产者多也。

或问将试痛认作正生，其害如此，倘将正生认为试痛，以致过时，不亦有害乎？曰：无害。果当其时，小儿自会钻出。纵然过时，不过落在裤中，生在床上，有何大害？

胞衣

或问因何胞衣不下？曰：总是临盆早也。当产之时，骨节开张，壮者数日而合，怯者弥月方合。今不待其开而强出之，致胎出而骨眼随闭，是以胞出不及。

或问胞衣不下，可有害否？曰：无妨。不必服药，亦不必惊慌。若胞衣不出，急用粗麻线将脐带系住，又将脐带双折，再系一道，以微物坠住，再将脐带剪断。过三五日自萎缩干小而下。只要与产母说知，不必惊恐。若用老练稳婆轻拈，须慎选方可。

验案

杨子建云：前太仆卿霍山张公三君葆华继夫人年少体壮，孕必八个月而产，产必数日，百苦而下。生儿必周而夭。再孕、再产、再夭皆同。予谓后当生，宜相闻。明年又八个月，坐草三日不下，忽忆予言，飞与召之。中途逢驱车者云，迎其父母作永诀计。比至，已夜分矣。诊之，脉不离经，人余残喘。稳婆在旁，问之曰："儿头已抵产门，不得出。"予急令安睡，且戒勿扰，与安胎药。明晨，主人出，笑而不言。及问之，曰："好了。"予曰："昨言儿头已抵产门，今若何?"曰："不见了。"大笑而去。后此一百二十日，计十二足月，生男。谓予为父，今大矣。始知前此皆生生取出，以体壮年轻，幸保母命也。

在张宅日，邑痒程以学邀至其家，有宠人坐草二日而不生。亦与安胎药，越十六日生女安胎药载后方。太学戴讳时济，与予比邻契好。婢有孕，其腹膨满，颇忧之。比产，先令安睡，与加味芎归汤。每隔半日而产，积日半，生三子，俱生。康熙四十八年安抚叶公具题陈氏妻，生九日夜，不下。一息倘存。闻予有兔脑丸，踵门求药。予问之，亦曰头逼产门，不得出。予令安睡，再来取药。强而后去。继与加味芎归汤。明日生下，母子两全。按此皆产母用力，逼令横在腹中也。岂有人倒悬十日，而尚得生乎？

一妇产儿，手出不得入。稳婆砺刀以须，予见而恻然，急令安睡，与大剂芎归汤，徐徐托之手入。明早生下，母子皆安。右臂紫黑，数日才消。

药　方

加味芎归汤　百试百验，万叫万灵，真神方也。

当归一两，川芎七钱，龟板手大一片，醋炙，研末，妇人头发如鸡蛋大，瓦上焙存性，水二碗，煎一碗服下。如人行五里即生。上舍某之妻，产门不开，二日未生。服此方，一剂即时产。上舍传此方，用之者无不应。

佛手散　治六七个月后，因事跌磕伤胎；或子死腹中，疼痛不已，口噤昏闷；或心腹饱满，血上冲心者。服之，生胎即安，死胎即下。又治横生倒产以及产后腹疼、发热、头疼。逐败血，生新血，能除诸病。

当归五钱、川芎三钱、水七分、酒三分，合煎七分服。如横生倒产、子死腹中者，加黑马料豆一合，炒焦熟，乘热淬水中，加童便一半，煎服。少刻再服。

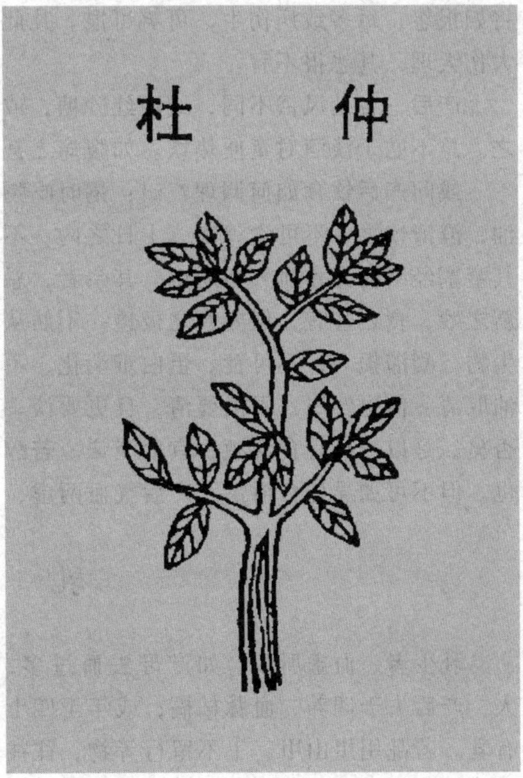

杜仲，一种中药，是古代安胎药的原料之一。图选自《本草纲目》

安胎药　黄芪蜜炒、杜仲姜汁炒、茯苓各一钱、黄芩一钱五分、白术生用五分、阿胶珠一钱、甘草三分、续断八分，胸中胀满，加紫苏、陈皮各用八分。下红，加艾叶、地榆各一钱。引用糯米百粒，酒水各二杯煎服。

产　后

生产后上床，宜高枕靠垫，勿令睡下。膝宜竖起，勿伸直。随饮热童便一盏。只宜闭目静养，勿令熟睡。恐倦极熟睡，气血上壅，因而眩晕。不宜高声急叫，恐致惊怕。

产后，宜用铁秤锤或溪中石子烧红入醋，令醋气熏产母鼻内，以免头眩，血晕。且收敛神气，又能解秽。每日三四次，三日方止。或有恶血冲心，血晕昏闷，不省人事者，用韭菜一把，切碎放在嘴壶瓶内，以热醋一大碗灌入，密扎口。令人扶起产母，以壶嘴向其鼻孔远远熏之。

生男生女，夫命所招。盖百世禋祀，以夫家为主，与妇人何干？倘或连胎生女，此亦人事之常，不可在旁咨嗟叹息，令其气苦。曾见有不明公姑，愚蠢夫婿，将妇报怨，每多致病伤生，可笑可恨。凡此只宜宽慰为主。又有将女溺死者，忍心大伤天理，其恶报不宥。

产后，各处风俗不同，或用红砂糖，或用山楂，或用吴茱萸，或用胡椒煎水饮之。总不妨于淡酒对童便热饮。如腹痛之甚，即用佛手汤一服，无有不愈者。

或问产后饮食如何调理？曰：粥时吃粥，饭时吃饭。三日之内，只用鸡汤吹去油，澄清饮之，不可食鸡肉。十日之内，不可食猪肉。一月之内，不可食猪油，以其窒塞经络而又令血气不通也。其余者，忌生冷、煎炒、坚硬等物。鸡蛋有去瘀生新之妙，食之甚宜，但要煮之极透。不妨从朝至暮，食之有益。若糖心鸡蛋，乃是生物，凝滞损人，不可食。蛋白难消化，不可多食。鸭蛋不宜食。或问食物必要去油取清，何也？曰：不但要清，且更要淡。要知清淡之味本乎天，能生精神，浊则否矣。是以产母宜食淡酒，宜食淡味。若醇酒、咸味，皆令烧干无乳，生清浊之验也。但不可如吴俗食齑粥。产后气血两虚，切不可恼怒忧闷，大要宽和欣喜。

乳少

乳少者，血虚所致。如产母去血过多，又或产前有病；或贫俭之家，仆婢下人，产后失于调养，血脉枯槁；或年至四十，血气渐衰，俱能无乳。但服通脉汤自有乳。若乱用川山甲、王不留行等物，往往不效。即或勉强打通，乳汁清薄，令儿不寿。且损伤血气，产后多病，不久便干，反为不美。

通脉汤　黄芪生用一两、当归五钱、白芷五钱，以七孔猪蹄一对煮汤，吹去浮油，煎药一大碗服之，覆面睡，即有乳。或未效，再一服。如新产无乳者，不用猪蹄，只用水一半，酒一半煎服。体壮者，加好红花三五分。

小产

万一遇有小产，胎已堕下之后，一切调养，过于正产十倍。盖大产如栗熟自脱，小产如生采，破其皮壳断其根蒂也。但人往往轻视，致误事。

小产后数日，忽然浑身大热，红眼、赤口、大渴，欲饮凉水，日夜不息。此血虚之症，宜用当归补血汤以补血。若认为伤寒，误用石膏、芩连等寒凉物药则害大事。

当归补血汤　黄芪蜜炙一两、当归三钱，用水二碗煎一碗，一服即愈。分量不可妄自加减。此药大补阴血，退血虚发热，效验如神。

全婴心法

初生部

小儿初生，如草木之萌芽，全在栽培、调护有法。若不留意，必遗患终身。保婴根源，端在于此。

拭口秽法

小儿生下，即用软绢包指，拭尽口中恶血、秽汁，则日后出痘必稀，且无百病。

洗儿法

儿出胎浴洗，用益母草、苦草煎汤，入盐少许。汤要调匀冷热，若太冷、太热，俱不相宜。必预煎收贮，俟温取浴，勿入生水。洗毕拭干，以腻粉研之极细，摩其遍身及两胁下，然后绷裹，既不畏寒，又辟诸气。今执三朝古礼，将绷裹之儿复洗，若儿之体怯，多致感冒、惊风。变通在人，只依此出胎便洗，甚为稳当。

断脐带法

儿出胎浴洗，洗后方断脐带，则不伤水生病。断脐须捋令汁尽，否则，寒湿入腹，或作脐风。

断脐时，以蕲艾为纸捻，香油浸湿，熏烧脐至焦。令暖气入儿腹中，方可断脐带。脐带用帛包裹，先将剪刀入人怀内温暖剪下，则无冷气内侵，可免腹中吊痛之虞。若冷铁剪刀脐上一冰，冷气由此而入；剪刀火烘，又恐太热。只依此法，令人怀暖甚妙。

存留脐带，不可太长。长则难干而伤肌，恐引外邪脐风；亦不可太短，短则逼内而伤脏，致成腹痛，令儿夜啼。量留五六寸，用旧布包裹，日间视之，勿令尿湿，自无脐风撮口之病。切不可先断脐带而后浴，恐水入脐中，必成后患。断脐带如有虫，急须去之。

裹脐法

用旧帛一块，周广四寸，内衬新棉，四围合拢缚之。务须缓急得中，急则令儿吐哯。亦不可屡解，至十二朝方解视之。若脐带燥，刺儿腹痛啼，则解开用油稍稍润之，仍然裹好。哯音衍，呕乳也，即俗云转乳。

凡解脐须闭户下帏。若冬月，房内多置炭火，令有暖气乃佳。倘如脐不干，用绵茧，乱发烧灰糁之。

护脐法

须用熟绢制一三角肚兜，上锐下方，重复合之。中之两旁，折为两痕，如上襞绩之状。以线略缝其下，令中间可兜住脐带，上系长带环儿颈中，下两旁亦系长带，束于腰。则带不擦动，自然日久方脱。此法最妙，但须预备为佳。

藏胞衣法

先用清水将胞略洗，盛新瓶内。入古钱一文，勿令沙土草垢杂之，用清布包口，仍以物密盖其上，置便宜处。三日后，择向阳高燥之处，入地二尺余埋之。筑实其土，令儿长寿。若藏衣不谨，为狗彘虫蚁所食，则不吉。藏胞器用，稍大平稳。若器小，则儿吐乳；不平稳，则儿多惊。凡井灶、社庙、流水之处，俱不宜埋衣。

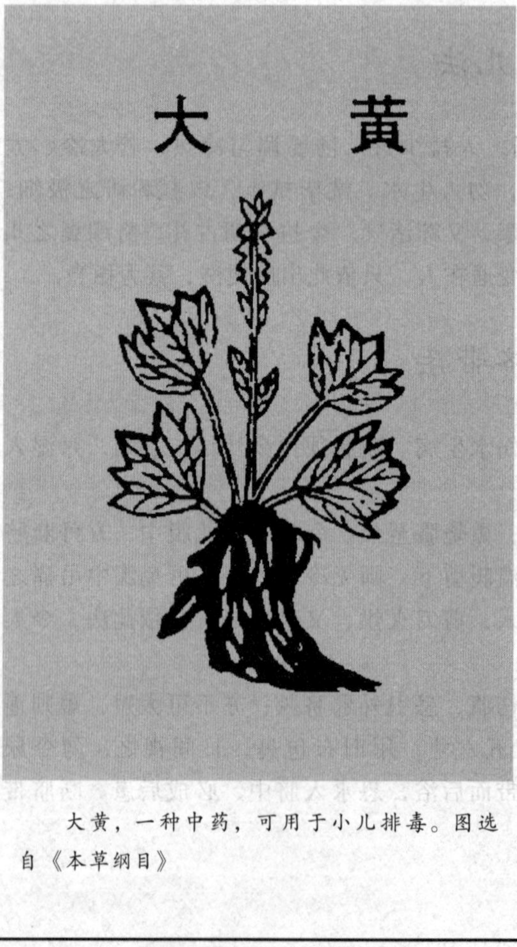

大黄，一种中药，可用于小儿排毒。图选自《本草纲目》

开口法

开口只宜多饿两日或日半，以儿肚软瘪为主。

婴儿痘毒，多因受母腹淤血秽恶，生下不为销尽。及出痘之时，种种危险，或未痘之先惊风疮痍，皆由于此。只在儿生后六个时内，亟服后药，解下淤血，如黑漆胶痰。再停半日或一日，俟淤血解尽食乳，痘竟不出。即出亦稀少，屡次神验。但儿初生，未曾食乳，虽多饿一日二日，亦饿不坏。方用生大黄五分酒拌、桃仁五粒去皮、尖捣碎。双仁者不用。当归尾五分、红花三分、生甘草一分、用水一杯，煎稠汁半杯，将新棉花浸挤儿口内服完。要于生下六个时内服之，迟则无用。如子时生者，于巳时内服之；午时生者，于亥时内服之。因初生下时，淤血尚在上部，约迟六时，行在中下部，可以一推而下矣。服药后，须再饿一日，或六七个时。如子时生儿，巳时内服药，迟至整十三四个时与乳最好。更要摸儿腹，如饱硬，用手轻磨，须再饿半日，俟儿腹软瘪，方可与乳。或疑大黄性恐猛烈，殊不知毒汁非此难除。最能下有形积秽，并不伤儿，可放心任用。此方乃周耀翁刊传。翁年已九十余，子孙四代二十余人，并无痘殇，且俱长寿。总因翁积德行善，传方普济也。

去上腭白泡法

儿生次日，即看儿口上腭，如有白泡，即用银挖耳轻轻刮破，将泡内白米取出，勿令落入喉中，仍以好金墨搽之。如次日不取，则泡老难刮，且儿不能乳，最误大事。又有马牙在牙根处，亦须挑破取出，以墨搽之。

三朝复洗儿法

儿至三日之后，俗例洗三。但夏月天热或可洗，若冬寒洗，恐风入脐腹，脐风由此而起。或只洗头面亦可。俗传若不洗三，长大皮粗起秕。予曾屡见有不洗三者，至老亦不闻皮粗起秕。不独洗三可已，即初生亦当戒浴，保固真元。北人不浴，但以旧绵拭净，或大小便处略以水揩。所以北人较南人壮实，不徒风气然也。浴儿务须在密处，更不可久浴。如必洗三，夏天三四日后洗，冬天十余日后洗。或用猪胆四个，取汁煎水七八碗，煎至四五碗，待水和温洗儿，一生永无疥疮。

绷裹法

男用父旧衣，女用母旧衣。莫用新棉，亦不可过厚，恐伤皮肤生疮发疖。若冬月严寒，可靠大人暖气。

小儿初生三五月间，只宜绷缚令卧。勿竖头抱出，免致惊痫。

剃胎头法

小儿初剃胎头，只宜晴天和暖，如有风雨，可改日另期。剃后用杏仁三枚，去皮尖研碎，入薄荷三叶再同研，入生麻油滴腻粉拌和，在头上搽擦。既可避风邪，又免生热毒疮疖。俗以满月日剃，亦不必拘。

小儿未剃胎头，不可抱近神祠司命之前。秽触神圣，令儿不安。剃下胎发，用红纸包放箱柜干稳之处。

剃胎头最要调和熟汤，不冷不热，又要避风寒。

变患部

初生小儿，全在调养得宜。前初生部内，已尽载诸法矣。又有一种不测之患，出乎意外，非因失调所致，须当急救。若病，则专有幼医，予不赘。

治生下不动

凡小儿生下不动者，急看口内腭上，有泡名曰悬痈。急以手指摘破，以帛裹指捏干拭血令净。拭净则生，若血入腹，则不可治。

治无声

凡小儿生下，或有不发声者，名曰梦生。此必因难产或寒冷所致。时人不识，多弃而不救，岂不可惜。须急用棉絮包裹，抱儿怀中。切不可断脐带，须将胞衣连带，急燃火纸，浸油点火，于脐带上往来遍熏炙，待暖气由脐内入腹。须臾气回，儿身暖，自啼哭如常矣。

儿身暖后，若不出声者，即拿一猫，以布裹其头足，令一女人将猫拿近儿耳，即将猫耳猛咬一口，猫忽大叫，儿即醒而声出回生矣。

治大小便不通

小儿始生，大小便不通，腹胀欲绝者，急令妇人以温水先漱口，吸咂儿之前后心并脐下、手、足、心共七处。每一处凡三五次，以红赤为度，须臾自通。

治不食乳及不大小便

初生儿遇此症，用葱白二寸，破作四界，以乳汁于沙铫内浓煎，灌之立效。

治马牙

初生小儿，口屋并牙根生白点，名曰马牙。不能食乳，少缓即不能救。急用熟针缚箸上，挑去白点，有血出为妙。用白棉拭去血，以薄荷煎汤磨金墨涂之。勿即与食乳，待一时方可与乳。再涂之，即愈。

治重舌

初生小儿开口后，看舌下重舌，有膜如石榴子者，若啼不出，速以指爪或针微刺舌线，有血出即活，取桑汁调蒲黄涂之。若血出多者，烧发灰用猪脂涂之。

治肚脐突出

小儿肚脐突出，用原断脐带并艾叶同烧灰，以油胭脂调搽，即愈。

治脐风

用银簪脚曲弯，从儿心下至脐，轻则刮数次。看胸中有青筋如一线直下、分叉线下，分叉处以绿豆大艾火炙三遍，立愈。

治遍身无皮

初生小儿纯是红肉无皮，速以早米粉干扑，候生皮方止。凡胁下或腿缝、或肩弯各处，看有红烂无皮者，儿必频哭，只用牛屎烧灰存性，研极细末渗之即愈。

治月内惊似中风

用朱砂为末，水调涂心口、两手心、两足心五处即愈。

时习事

学　礼

孔圣人六岁儿时，有宗族曾领去看俎豆祭祀之礼。其后，每与群儿嬉戏，以碎瓦作俎豆学为礼容。

【注】宗是本家族人，俎豆是宗庙祭祀之器。

【讲】至圣先师孔子是周朝人，姓孔，名丘、字仲尼。三岁就知欢喜恭敬。于六岁时，有族人曾携领去看那陈设俎豆，祭祀之礼。回家时，每每玩耍时，常将碎

少陈俎豆图。据《史记》记载：孔子五六岁时与儿童嬉戏，常陈俎豆（祭品），习礼仪，众小儿群起效仿孔子，相互礼让，列国闻名

瓦块假作祭祀供献的俎豆，排列在上边，与一班孩童演学恭敬、揖让、周旋的礼。他自己肯学礼如此，所以后来直造到圣人地位，为万世第一个人。

【论】人生在天地间，全靠的是个礼字。倘若没得礼节，则以下犯上、以卑凌尊，无所敬畏。不独不能成人，且有败家丧身之事，好不害怕么！为个人，须要知礼，只看那世上禽兽畜生，可能知道这个礼？人若不知礼，便是禽兽畜生一般了，岂不空为人一世？这个礼节，从小时就该习学熟了，到大来便不觉得拘束。如今人家子弟，在幼小时候，便横跑竖跳，就如山猴子野马，大来怎得成人？自今以后，举止动静，俱要习学稳重恭敬，切不可轻佻放肆惯了，是第一件要紧的事。为人全要自己立志，也不可全倚靠着父母、先生的教训。只看孔圣人，他只见过祭祀一次，并无人教训他，便自己立志好礼向上。如今人家子弟，诸般好事，父母先生教过几遍，还不肯用心习学。就是自己误了自己了，岂不可惜。人若稳重，后来长大成人，福也有得，寿也有得，且有许多受用。譬如一只船，若载满许多货物，自然稳重；若船内不曾多载，或是空着，其船自然轻浮摇荡。所以稳重人大有受用。

【证】《天福编》云："逢人奉揖，随行侍立。有问即答，无问即默。"是说小学生须要恭敬有礼，不可多言也。

负　米

仲由，字子路。家贫，常食藜藿，为亲负米于百里之外。亲没，南游于楚。从车百乘，积粟万钟。累裀而坐，列鼎而食。乃叹曰："虽欲食藜藿、为亲负米，不可得也。"

【注】藜藿是野菜，贫人尝采以为羹。四马驾一车为一乘，百乘，言其多也。俸米为粟，八斛为一盅，万钟，言其多也。裀是坐褥，累裀是重累裀褥而坐。鼎是盛肴美器，即如上好的盘碗。列鼎，是排列着许多美器，盛美肴以供食。

【讲】周朝孔门弟子内，有一人姓仲名由，字子路。他为人极孝父母，奈家中极其贫穷，他常自采野菜来家为羹养亲。又每缺少食米，他常出去百里之外，自己身上背负着几斗米，来家炊煮，供养父母。并不嫌那路途遥远，并不怨那勤力劳苦。后来父母没了，他出仕为官，奉着王命到楚国去。此时，俸禄甚厚，每坐时，重累着许多锦褥以候他坐；每到食时，桌上排列着许多珍馐百味以供他吃。他于坐吃享用时，便常常说道：“我往时家贫，采野菜为食，负米百里之外，还不够供养父母。我如今这等样富贵享用，但我的父母在于何处？我情愿就要像往日替父母背米、采野菜，哪里能够再得呢！”他时常是这等思想追悔。

【论】大凡做儿子的，须要趁父母在生时，竭力供养。若是在生时不肯供养，及至到了死后，就堆盘满桌的祭献，也是渺渺茫茫，知道父母可能来受享吗？就是果然来受享，也只是领一口气。排列许多酒食，还是活人吃了，有何实在？如今，还有一等不孝的坏人，有了好衣服、好饮食，只晓得自己穿吃，或养活自己的妻子儿女，总不想到老年父母身上去。要知道父母一日老似一日，一年衰似一年，即如将落的日头，能有几时光阴？须要趁早急急孝养，还嫌迟了，岂可付之倏忽？只看这子路，到享富贵的时候，不情愿享这富贵，只情愿食藜藿、为亲负米，是何等心思！世上人须要时加习学。

【证】孔子家语云：“推牛而祭，不如鸡啄之逮亲存也。”是说杀一只牛祭亡者，总不如一只鸡一只啄趁父母在生时供养，还得实在，人子不可不知。

怀桔

陆绩年六岁，于九江见袁术，术出果待之。绩怀橘二枚，归时拜辞，桔堕地。术曰：“陆郎做宾客而怀桔乎？”绩跪答曰：“吾母性之所爱，欲袖归以奉母。”术大奇之。

【注】堕地，即落地。二枚，即两个。九江府，属江西省。

【讲】汉时陆绩，字公纪，吴郡人。年六岁时，往九江见袁术。因绩父康曾为庐江太守，与袁术是交好朋友。此时，术为九江太守，所以，绩往拜见。术设果子款待他。看见果子内有橘子，他就暗藏了两个在袖子里。及别去的时候拜辞袁

陆绩像，图出自清·孔继尧《吴郡先贤图传赞》。陆绩，三国时期吴国人，是当时有名的孝子

术，不意袖中两个橘子掉落在地。袁术看见，嘲笑道："陆郎你到我家来，便是宾客了。岂可以宾客而怀藏主人之橘乎？"他跪下答应道："我不是敢于藏桔。只因我母亲天性喜吃此桔，所以袖藏两个回家，将以奉母。"术听得大以为奇，是奇他年幼而知孝道也。

【论】要晓得孝顺父母，也不在乎带这两个果子。只是他从小儿在人家里也念着父母，吃东西就想着父母，可见他时时刻刻把父母放在心上，所以为孝。大抵小孩子家，也没处见得他的孝，只就饮食一件上，肯顾念着父母，渐渐地推到别样事上去，便是孝了，有何难处？

【证】顾集功歌曰："世人入街市，买果又买糕。不说供父母，专一与儿曹。亲未吃，儿先饱，子心不比父母好。劝你多出果糕钱，孝养白头光阴少。"此歌是说世人买果糕诸物与儿女吃者颇多，而孝养父母者甚少。若以爱子之心爱父母，则为真孝矣。

戏采衣

老莱子至孝，奉二亲极其甘脆。行年七十余，言不称老。常着五彩斑斓衣，为婴儿戏舞于亲侧；又每执小鼗诈跌卧地，作小儿啼，以娱亲喜。

老莱子，图出自清·任熊绘《高士传》。老莱子，是周朝时楚国有名的孝子

【注】甘是甜，脆音翠，是爽言饮食极其美好也。斑斓衣是小孩子装扮戏耍的五彩衣服，即是俗名百家衣。鼗音桃，是有两耳、自击响、执柄的小鼓。侧是旁也。诈是假意。喜是喜悦。

【讲】周朝老莱子，他姓莱，忘记其名，乃楚国人也。因他年高常为儿戏娱亲，人都称他为老莱子。他一生极孝父母，过到七十余岁，父母还双双在堂。他平日说话之中，从不说老，意思若是自己说老，岂不更显得父母老了？他年纪虽老，还像小时候要讨父母欢喜，时常穿着一件五彩斑斓的衣服，在父母面前戏舞；有时候手执着摇耳的小鼓，假意跌倒睡在地下，装作小孩子啼哭的声音，要引诱父母的嬉笑。

【论】如今人家儿子，不知道顺

父母的欢心。对着父母，常是冰嘴铁脸；或自己有些不快活处，还要在父母跟前使性，父母怎得欢喜？须想你小时候，父母百般样引你玩耍，若得你开口一笑，就似拾到许多宝贝一般。到你大了，父母恼也罢，欢喜也罢，全不放在心上，要这儿子何用，岂不可叹？俗语说："笑一笑，少一少；恼一恼，老一老。"父母年纪老了，怎么当得忧愁烦恼？需要时时引父母欢喜才是个好儿子。人要得时常欢喜，自然康健寿长。老莱子晓得这个道理，所以时常要引诱父母欢喜。他父母年纪俱将百岁，大抵都因他供奉甘脆，时常欢喜，才得如此高寿。要知道，人若常多欢喜，其心也宽，怀也开，身体也康健，饮食也多吃些，病也不害，寿也延长，说不尽这许多好处。自今以后，但凡父母欢喜的事，就要去做；父母不欢喜的事，就不去做。一切人物衣服食用，父母欢喜的，就要尽心供奉；父母不欢喜的，就要绝意忌戒。看见父母少有烦恼，就百般引诱他欢喜。此说最不可轻忽，须要时加习学。

【证】张正卿曰："戏彩堂中，一饭可当五鼎；承欢膝下，片时不换千金。"是说父母在堂乃最难得之时也。

泣杖

韩伯俞有过，母杖之，泣。母曰："往日杖汝，常悦受之。今悲泣何也？"伯俞曰："往日杖常痛，知母力康健。今不痛，知母力衰，是以泣也。"

【注】杖，击也。悲涕有声，曰哭；悲涕无声，曰泣。往，昔也。

【讲】汉时韩伯俞，他母亲最严，但儿子有些小过失，不肯宽恕，必要责打。伯俞平日只是好好承受。一日母亲打他，他忽然涕泪悲泣。母亲惊讶，问他道："我平日打你，并不曾悲泣。今日为何这般悲苦？"伯俞跪答道："母亲往日打我，身上觉疼。今日不似往日疼，是母亲气力衰了。叫我怎不悲苦！"

【论】大抵父母就有百般的责备儿子，都是教训儿子学好成人。即或父母就有些失错琐碎，为子的只该赔个小心，低头顺受。况且天下无不是的父母。只看这伯俞，不过有些小失误，就被责打。他不但不敢埋怨，还痛母亲年老力衰，是何心思！如今人家子弟，平日娇养惯了，不晓得孝顺父母。及至父母责备，全不认自己不是，心中只说父母太过，或是背后恼恨父母琐碎太过的，甚至当面将言语抵触他。全不念这高年的父母，能有多少光阴，还忍得叫他受气着恼。一旦去世，岂不抱恨终天！那时虽然懊悔，也是迟了。请看这韩伯俞，却是一个至孝的样子，需要时加习学。

【证】《礼记》云："父母怒之，劳而不怨。"是说父母动怒，就是百般难为儿子，也只是该当顺受，没有敢于埋怨的道理。子曰："父母之年，不可不知也。一则以喜，一则以惧。"是说凡有老年父母在堂，为人子承欢膝下，这是难得的事，岂不可喜？但父母年纪衰老，来日无多，这不测之忧岂不可惧？要知道可喜又可惧，时常在心，则孝念不敢不尽。老莱子就是此喜，韩伯俞就是此惧。

见活佛

杨黼慕蜀中无际大士，前往访之。途遇一僧，呼黼姓名曰："无际大士是我之师，命我迎汝传语：见无际，不如见活佛。"黼曰："活佛安在？"僧曰："汝但回，见披衿倒屣者即是。"遂回。暮夜抵家，母闻叩门声，喜甚，即披衿倒屣出户。黼一见感悟，由是竭力孝养。

【注】蜀是四川地方。衿，是衣领。披衿，是不系纽扣，披衣而出也。倒，音岛，是折倒。屣，音徙，是鞋。倒屣，是倒着鞋的后跟，急忙中，不及拔起鞋而趿着就走也。旧说以倒为颠倒之倒，大误。趿音飒，进足于鞋也。

【讲】明朝四川地方，有个无际大士。他是个修行得道的大和尚，能预知一切未来之事。有个杨黼，家寒信佛，思想要去拜见无际，意在求他指教救度，并得他些福惠。母亲不放心让他远去，他主意要行，挽留不住，因而辞别了母亲，背着行囊，欣然前往。行至半路上，忽然遇见一个僧人迎着他，叫他的姓名说道："无际大士是我的师傅。我师慧眼遥看，预先知道你要去求见，因吩咐我下山来远远迎着你，向你传说：若去见我师无际，不如早些去见活佛。你若果能敬重活佛，就强如做别样的功德几千万倍。"他惊讶问道："世上活佛，在于何处，叫我到哪个地方去见他呢？"僧又说道："我师也曾吩咐向你说，叫你但回家去，若看见有个人披着一件青布衣服，不曾纽扣；趿着一双鞋子，不曾拔起，此人就是真正活佛了。"他听得此话，因预先知道他的姓名，又知道他肚里的心事，即凛凛然不敢不依他的说话，即辞了僧人，奔回来家。其抵家时候，已是深更暮夜。敲了自己门户，叫唤开门。此时，母已睡了，听见儿子声音，甚是欢喜。急急忙忙，穿不及衣服，即把一件青布衣服披在身上；拔不及鞋子，就倒着鞋跟趿了出来，开门迎着。他一见了，与无际传说的形象一些不错，心中才明白感悟。因而跪下叩了头，随同母亲走进屋来。从此以后，就一心一意，只是竭力孝顺母亲，不复又另有所求，亦不复又往远处去求神拜佛。

【论】世上人每每向远处求道。殊不知道就在于眼前。世上人又每每向外边去求佛求僧，殊不知活佛圣僧都在家庭之内。为人若肯尽心竭力，只去孝顺得父母好，就强如见佛菩萨大和尚几千万倍。只看这杨黼，就是一个不必远求的榜样了，须要时加习学。

【证】沈株偈云："堂上活佛二尊，懊恼世人不识，不用描彩装金，不用泥塑木刻。即此现在双亲，就是释迦弥勒。若能虔诚敬他，何须别求功德。"

遥遵父命

费宏中状元，在翰林误击同年一掌，绝交。其父闻知，寄字封竹板，命往同年家领责。宏遵父命，前往请责。同年悲曰："兄有父训责，吾欲求责我之父，不可得矣。”

【注】同在一年中举、中进士的人，谓之同年。

【讲】明朝费宏，中状元时才二十岁，在翰林与同年因言语误打一掌，那同年变脸就与之绝交。费状元的父亲，远在家里晓得了，写了书简，寄进京去。柬内意思说：人生天地间，性气最要平和，切不可凶暴轻浮。你二十岁的少年人，有何大事，就擅自动手，把同年打一掌，以致触犯了人，恼恨绝交。写了这些说话，又封了一条竹板，叫他拿到同年家去领责。费状元接到书简，即凛遵父命，前往同年家领责。岂知那同年任性，到门三次，不与他见面。到了第四次，费状元又去，将板子并父亲寄来的书柬传进去，细细说及父命。只见那同年忽然跑将出来，抱住费状元痛哭。他惊讶说道："此事罪过，都在我身上，问年兄因何反哭将起来呢？"那同年说道："年兄还有父亲教训见责，我要求责我之父，哪得能够呢？"说完，悲哭不止，自此和好如初。后来共辅神庙，皆为名臣。

【论】如今为子的，受父母责罚，便以为羞耻，甚而有倔犟不服的。亦有当面勉强依从，却在背后埋怨父母的。你只看这费状元，现做了官，何等贵显。他父亲远隔着千百里，寄了板子来，不独不怨，他三番两次依着父命，捧着板子，到人家领责，何曾把父亲的责打，当做羞辱呢？他后来四十岁入阁，官居极品。此事不但不为玷辱，反添了一段佳话。那同年思父痛哭，又可见有父母责备，正是难得的事。为子者必须时加学习。如今人家子弟，或是进了一个学，或是中了一个举，少有荣耀父母。或是贸易生理，撰得衣食来养活父母，他就在父母面前倨傲起来，并不婉容愉悦。只看这费状元，鼎甲何等荣贵，他毫无骄傲。为子者须要时加习学。

【证】陈眉公云："但遵父母之命而不违者，便是好子。"

衣芦花

闵损有继母，生二子，衣棉絮。妒损，衣以芦花。父令损御车，体寒失靷。父察知，欲出继母。损泣曰："母在，一子寒；母去，三子单。"母闻悔改。

【注】继母，是父之续娶后妻。御车，是推车。昔人长者出，则少者推车。靷音引，是牵车的索。

【讲】周朝有圣门贤人闵损，字子骞。生母早丧，父亲娶后妻，又生二子。那晚娘心里妒忌他，冬天做棉袄，亲生的两个儿子将棉花装衣与他穿，另把芦花当做棉絮，装衣服与闵损穿。一日，父亲出门，叫他牵车。他身上寒战，牵车的绳索不觉掉在地上，父亲因此怒骂，他一字不分说。后来父亲晓得了，恨这后妻偏心，要将后妻休出去。他哭倒在地，苦劝道："母在，一子寒；母去，三子单。"是说留了母亲，只是我一个人受冷；若休了母亲，三个人都要受冷了。父亲见说得有理，就依了他劝。那晚娘因而感动，从此待他皆如己子一般。

【论】大抵作晚娘的，心肠偏向些，也是常事。做儿子的，不肯自己尽孝道，略见得偏向处，便生怨谤。甚至当面抵触，连父亲也恼了，就是没道理。只看闵子

闵损痛单感后母图。闵损，是孔子的弟子，字子骞

骞何等尽孝，连晚娘也被他感悟了，岂不可法？还有亲生父母，在兄弟们身上，略有些高低，就生烦恼。要知父母偏向，必是为子的孝道未尽。只看这闵子待继母尚且如此尽孝，若待亲生父母，又不知如何大孝呢！父母或有失误，为子的不独不敢说，还要竭力遮掩。所以，父为子隐，子为父隐，原是正理。只看这闵子被后母如此两样看待，父亲怒问，并不告诉。及至察出欲休，反说出“一子寒”之语，何等尽孝！须要时加习学。

【证】蒋龙光曰：“子不言亲之过”。

扇枕温被

黄香八九岁时，夏天扇凉父母枕簟，冬天以身温父母被褥。太守刘护表而异之。

【注】扇音羶，摇扇也。簟音店，是如今席子。表是旌奖。

【讲】后汉时黄香字文彊。他八九岁小孩，就勤谨做事，不以为苦。到了夏天，怕父母热，每晚先代父母扇凉了枕席，好让父母安稳睡去。到了冬天，怕父母冷，每晚先睡在被里，等被暖了，让父母安睡。本府知府闻知他年小孝行，特地旌表他。

【论】大抵人子爱父母，总不及父母爱子。不要说别的，只就这睡觉一件事上说，夜间带在身边，受了许多辛苦。热时生怕热着他，冷时生怕冻了他。睡时遗下小便来，宁可自己睡在湿处，不肯将伢子放在湿处睡。万一伢子不省事，夜间啼哭起来，还要手里拍着，口里叫着，一夜不得合眼。诸如此类，哪里说得尽父母的苦？就像黄香这样扇枕、温被，也报不了父母的恩来，何况还有不如黄香的么！须要各人自己仔细思之。

【证】王刚《劝孝歌》云："儿睡正安稳，母不敢伸缩。母睡湿席蕈，儿眠干被褥。全身在臭秽，不遑思沐浴。"是说父母生子，即睡觉一件，就有这多少的苦楚。其余胎孕、乳哺、抚养成人，不知受了万千苦楚。为子的，若不思想尽孝，天也难容了。

负母游娱

杨太宰巍，每朝毕，闭门谢客，便服侍母侧。盥漱卮盂，搔摸扶掖，无不亲之。春日为村装，缬母负背，迤逦行花丛中，婆娑香荫，欢娱竟日，旋以养母乞归。

【注】缬，音贤人声，系也。迤逦，音驼丽，行貌。婆娑，舞貌。

【讲】明朝杨巍，他贵为宰相，生性最孝。有寡母在堂，每日上朝参见毕，即来内室。闭了门，一应宾客都不接见。即将朝服脱下，换了布衣，只在母亲跟前不离左右的照管。凡是母亲洗手脸、漱口齿、饮食衣服、行住坐卧一切举动，都是自己小心服事。虽有许多婢妇，俱不相托。此时，天下太平，无甚紧事，所以多有闲暇。或有奏行诸事，他就在母亲房里裁答。凡遇夏天暑热，他自己代母亲掌扇取凉。凡遇冬天寒冷，他自己同母亲睡，把母亲的腿足抱在怀里焐暖。他从不蓄姬妾，恐怕分心减孝。只有一妻，就在母亲房旁边，几个月才到妻房一宿。还叫子女与母亲为伴。每常于春天晴和时候，他脱去官服，转为乡村装扮。他身子生得充实，每将老母系负在自己背上，徐徐地于花丛中行走，欣喜舞动，全无一毫官贵之相，只要引得母亲欢喜快乐。他恐怕朝廷公事烦多，不得时常侍奉母亲，只作了三年太宰，他即上一养亲的本章，谆切启奏，辞官回家，专心致意的孝敬母亲。后来，母亲过到一百四岁才去世，皆因他调养得尽心有法。显贵大官尚如此孝道，何况常人？为子须要时加习学。

【论】这杨太宰一日不离母亲左右，一夜不离母亲床帏，急急孝养。皆因父母年老，在生有限，所以尽心孝顺。要知父母得子极早，也须到二三十岁。再等到子能自己成立，手挣钱财，身登贵显，极早也须等到二三十岁。然则为人父母的，等待子能知孝养的时候，极好已是五六十岁人了。譬如手持着短烛而行远路，奔趋投店，尚恐烛灭，况敢逍遥戏玩于中路呢？如今，为子的拥妻抱子，饱食安眠，漏尽鸡鸣，同衾共枕，暖被窝里双双伸出头来，全不知堂上白发昏目的老人，又复删除一日去了。妻子之年方少，享用之日正长。况妻可再续，子可再生，若生身父母一去不复再有。上天下地寻觅无门，真个危险。急学杨太宰行孝，不可时缓。

【证】陈荣云："予心唯一老母，顷刻不能忘。"此是孝子真率语，写尽终身孺慕心肠。

食果取小

孔融像，图选自清·顾沅辑《古圣贤像传略》。孔融字文举，东汉末年人，他四岁让梨的故事千百年来传为美谈

孔融年四岁，有谦恭之性。与兄共食梨枣，辄取小者。人问其故，答曰："我小儿，法当取小。"由是宗族称羡。

【注】辄，每也。法，是礼法之当然。

【讲】汉朝孔融，字文举，鲁国人。他年方四岁，就晓得礼让。每与哥哥们同吃果子，大的都让与哥哥吃，自己只拣小的吃。人问他这缘故，他说道："我年纪小，原该吃小的。"合族人皆说他是大器，后来果然。

【论】如今人家小伢子，只想好的吃，且要争多。但没得吃，就撒泼放赖，何尝晓得个敬兄的道理？这虽系小伢子常性，也由于做父母的自小惯了他。由他争食，由他拣择，到大了，自然不能成器。俗语云："桑条从小熨，长大熨不直。"即是一饮一食，都要教导他礼让，不可任他抢夺。若此等事不教，又从甚的事教起。

【证】《曲礼》曰："共食不饱。"是说同食求饱，非礼让也。

还　带

裴度黜场屋，有相士谓曰："公纵纹入口，定主饿死。"一日，游香山寺，见一妇置缇缙于伽蓝殿楯上，祈久，忘取而去。度徘徊于廊庑，见其遗忘，追付不及，待亦不至。度持归。诘旦，复携往寺候之。妇哭至，曰："老父被系，昨告豪门，假犀玉三带，以赂津要。不幸失于此，老父不测之祸无所逃矣。"度即以带还之，妇拜泣谢曰："请留其一。"公不受。后相者见度，声色顿异，大惊曰："公必有大阴德及人，前程万里，非吾术所能知也。"度及第，历相四朝，封晋国公，名振四表。

【注】黜场屋，不得第也。缇缙音提妾，黄色包袱也。楯音盾，栏杆也。祈久，是拜祷多时。诘旦是明日早晨。假是借。赂是贿赂，奉与官津要，是当道势要之官。

【讲】唐朝裴度，字中立。他做秀才时，家极贫穷，相又寒薄，屡黜不第。当时有个一行禅师，善能神相，知人一生富贵贫贱，极有应验。相他的面貌说："汝之眼光浮露，纵纹入口，名为腾蛇锁口。不但一生贫贱，且主饿死，尚何暇问功名耶！"他一日偶然到香山寺，见栏杆上有一黄袱包着三条宝带。知道是人遗落的，候了多时，只得取回家。到了次日早晨，又到寺里，等那失带的人还他。果然见一妇人，号哭进寺，说："我是周氏，为因父亲陷在牢狱里，昨日苦告宦家，借了三条宝带，要代父赎罪。到神前许愿，将带放在栏杆上，因祈祷多时，念父心切，举止昏乱，就忘记取带回去。今带如失去，父罪必死，氏亦难生。倘有人拾得，还了我，即是救了我父女的性命，我情愿把一条带酬谢他。"裴公听得此情是真，慌忙把带还了他，并不受谢。一日，裴公又遇见前次相面的人，见了说他满脸阴德纹现，相貌改变，富贵无比。未几，果然中了进士。后来拜相，封晋国公，宪宗皇帝曾亲解通天犀带赐他。福流后裔，五子皆显。

【论】人只说拾得宝物谓之横财，不妨取用。殊不知其中有大伤阴骘处。盖财与命相连，人若失了财，多有悲愤不顾性命的。我取了他的财，即是害了他的命。所以还财的人，阴德极大。人只说相貌生得贫贱，就不能更改富贵。请看这裴公，只因积了德，不独不曾贫贱饿死，反中进士、拜相、封国公。阴德可以回天，毫不虚谬。这裴公，最难是贫穷人饥寒逼迫的时候，既然拾得宝物，就要思想还人，不起藏没的坏念，所以难得。裴公不受三条宝带，不过平常宝带，怎的比得通天犀带，是真正至宝。就是有了通天犀带，怎的比得皇帝亲自解赐的，何等荣显？天之报答好人，甚巧、甚厚。裴公少得宝带，就免了贫贱饿死，反得了大富大贵，那利益不知有几千万倍。世人须急急思想习学。

裴度还带图。讲述裴度早年家贫，有相士说他可能会饿死。但是，当裴度拾得三条宝带后，却连等两日，终将宝带还给失主，并未接受失主致谢的故事

【证】麻衣道人云："有心无相，相逐心生；有相无心，相随心灭。"是说有了好心，就是坏相也变好了；若有了坏心，就是好相也变坏了。人只要好心为主。

救雀

杨宝，性最仁慈。年方九岁，见一黄雀，为鸱鸮所搏，坠树下，被蝼蚁围困。宝救回，置竹篮，饲以花蕊、饭食。几十日，雀愈。朝去暮来。忽一日，恍惚见黄衣童子，衔白环四枚与宝曰："蒙公救难，请好掌此环，令公累世为三公。"其后果应。

【注】鸱鸮音笞嚣，恶鸟，攫鸟子而食者。搏音薄。饲音四，以食喂也。累世，历代也。

【讲】后汉时杨宝性最仁慈。年方九岁，在华阴山下，看见一黄雀被鸱鸮打伤，落在地下，又被群蚁攒食。他便心慈不忍，将这雀就取回来家，养在稀眼竹篮里。早晚采花蕊、谷食喂养，又日夜提防猫咬。养了几十日，这雀翅膀复旧，日去晚来。又有十多日，才与众鸟绕屋飞鸣而去。他似梦非梦，恍惚见一黄衣人向他说："蒙公救我危难，今衔白玉环四枚奉敬，令公子孙四代为三公。"其后果然应验。

【论】人家儿女，从小就要培养他的慈心，切不可听他杀生害命。只怕他自小儿忍心惯了，到大来日甚一日，竟成了一个残刻的人，要救转他，甚是费力。所以为父母的，就是爱惜儿女，切不可捉虫蚁、买鸟雀与他玩耍。养了这点慈心，就是他一生大好受用。有福有寿，都在于此。救一雀，即获累世三公，此报善似觉太厚，要知宝之一生，重在"性最仁慈"四字，其救雀乃是指慈中一事而言。

【证】吴鸣璋曰："仁者，人心也。恻隐之心，仁之端也。"是以行善必以慈仁之心为本。

渡蚁

宋郊、宋祁兄弟少时，有番僧见谓曰："小宋他日当魁天下，大宋亦不失甲科。"后十余年，复遇僧于廛邸，僧执郊手惊曰："公丰神顿异，如能活数百万命者。"郊笑曰："贫儒何能至此？"僧曰："不然。肖翘之物，皆命也。"郊俛思良久，乃曰："日前所居，下有蚁穴，为暴雨所浸，群蚁缭绕穴旁。予编竹为桥渡之，由是获全。非此乎？"僧曰："是也。小宋固当首捷，公亦不出小宋下。"其后果应。

【注】廛邸是客舍。肖是有形象者，翘是能飞举的。俛即俯字，是俯首思想。缭音了，是围绕也。

【讲】宋朝宋郊字公序，与弟宋祁字子京同在一处读书。有一番僧会相面，极是应验。相他兄弟二人说道："小宋当中状元，大宋只可进士。"后来过了十多年，他二人路上又遇见原看相的番僧。执著宋郊的手大惊说道："公的丰神大与往时不同，就像活了几万性命的。"宋郊笑道："我是个贫穷儒生，怎能活这许多的性命。"僧说道："如蠢动含灵，但有形象者都是一条性命。请细细想来。"他沉思许久，说道："记得我书屋边有一蚁穴，一日大雨，水俱流入穴中。群蚁绕穴往来飘浮水面。我那时动了一个恻隐慈心，编一竹桥，渡这许多虫蚁，因得以不死。莫非此事么?”僧点头说道:“此事是也。公之弟固是状元,今日细看公之气色,也要中状元。”他兄弟私语说道:“一榜岂有两个状元?此是僧之妄语,不可信他。”后来宋祁果然中了状元,宋郊是中第十名进士。不意传胪唱名时,章献太后当朝说道:“弟不可先兄。”又把宋郊改为状元。番僧之言果然不妄。

【论】一切虫蚁,虽极微极细,但有形躯者,即知痛怕死,与人原无异也。凡厨灶水缸下,因土湿泥松,乃蚯蚓、水蚤、百虫生聚之所。厨人往往将锅中所余热水、碗盏内所剩酸咸油汤,随手倾泼。殊不知虫蚁顿遭创折,或跳跃而死,或旋转而亡,既不能飞,又不能鸣,默受痛死,最堪怜悯。其酒醋酱坊、盐铺面馆,伤害更多。奉劝仁人君子,或桶或缸,另设厨旁,专储一切汤水。满则倾入沟河,一举手之劳,救无限性命。至于目见其投身死地,如蝇坠水,虫罹网之类,皆要方便救护。再如小孩无知,扑蝶捉萤,斗蟀笼乌之类,都要严叱禁戒,此皆最易最大之德。昔宋郊编渡而掇高科,沙弥壅水而延促寿,可知获报不小。总之,慈为万善之本,凡有生命,无论巨细,必须时时存心爱护,阴果毫不昧也。近见街坊中,每将粪草扫集焚烧,无非一时好洁之意。但街道固宜洁净,虫命亦当怜惜。要知灰粪秽草之内,蚊蚋虫蚁无所不有。当烈焰熏蒸之际,有不能飞者,有不能鸣者,万千生命一时惨死。因事甚微细,人多不知。奉劝仁人君子传谕童仆,凡有灰草,俱扫送空地,救无限虫命,造福不小。旷野荒地闲放野火,不过一时戏玩。要知因此延烧害虫命最多,须当切戒。清明拜扫,例焚纸镪。可用瓦盆盛烧,免伤生命,亦是大德。

【证】佛经云:“天本好生,当行放生。”人要长生,须戒杀生。

带书锄田

倪宽,贫无资用,时行赁作。带经而锄,少休息辄诵读。后官至御史大夫。

【注】资是取给用度。赁是佣雇。经是经书。辄是专即。

【讲】汉时倪宽,生平好学。无奈家贫,不能度日,常常雇与人家锄田。每锄田时,即带了经书去。

倪宽像,图选自清·顾沅辑《古圣贤像传略》。倪宽,西汉时曾任左内史,后任御史大夫

但有歇息的时候，就取经书诵读。凭人笑他，也是如此。后来学成了，官至御史大夫。

【论】可见前人读书，其用功至此。就是身子不得闲暇，也必要偷工夫去读书。今人饱食暖衣，快快活活，但有一件事打搅他，反把书本丢在半边，不肯去用功。总之人心是快活不得的，越穷苦越向上去，越安逸越往下走。所以诸葛孔明言："非淡泊无以明志。"若不甘淡泊，志趣必不能高。会教子弟的，任凭家道从容，也不肯把他受用，只怕他的身子忒快活了，便不肯读书。

【证】俗谚云："不受苦中苦，难为人上人。受得苦中苦，才为人上人。"又云："成人不自在，自在不成人。"

运甓

陶侃为广州刺史，在州无事，辄朝运百甓于庭外，暮运百甓于庭内。人问其故，答曰："吾方致力中原，过于优游，恐不堪事。"其励志勤力，皆如此类。

【注】甓音辟，是砖。朝暮是早晚。辄俗作则。致是极尽之意。优游，懒散自如也。

【讲】晋朝陶侃，字士行。他做广州太守时，中原大乱，广东是个偏僻地方，幸而安静。他在衙里没事，早起把百十块砖搬运到斋外，晚里又把这百十块砖搬运斋内。人问他是何缘故，他说道："我方要效力中原，若如今安逸惯了，将来恐不耐劳苦，岂不误事？"他又常对人说："大禹圣人尚惜寸阴，至于我辈，当惜分阴。"是说到了圣人地位，即一寸光阴尚且爱惜。我们平常人，一分光阴也不该浪费。他平生勤励如此，后来做到八郡都督，果然平定中原，成佐中兴大功。

【论】大抵人是惯不得的，若安逸惯了，一旦叫他劳苦，便耐烦不得。可见今日越安闲，后日越吃苦。要知人生在世，若是贪闲爱懒，就做不成事。光阴易过，少壮能有几时？须要时时自勉。

【证】朱慎庵曰："一寸光阴一寸金，寸金难买寸光阴。"

帐灯

范纯仁天资颖异，昼夜肄业。置灯帐中，夜深不寐。后公显贵，夫人收其帐，顶如墨色。持以示子孙曰："此汝祖父少时勤学灯烟迹也。"

【注】肄音异，谓勤苦习学也。

【讲】宋朝范纯仁，少时勤苦，自课不辍。夜间把灯放在帐子里，每每读到半夜不睡。及至中了进士，他夫人把他帐子收起，那帐顶被灯烟熏透，竟像黑墨色。后来忠宣公为宰相，夫人常常挂起这顶帐子，叫子孙们来看着说道："你祖父少年时候，这般勤学，你们不可不勉。"

【论】忠宣公是文正公的儿子。文正公出仕为宰相，忠宣公本是一个贵家公子。

他却不因父亲贵显，有得倚靠，遂自己废了学业，还要这般勤苦。像如今宦家子，祖父做了官，便思量自在受用，过现成日子，那里还想自己挣扎。所以每每贵官一死之后，家声即便堕落，不复再振，这是必然之理。岂不可怕，岂不可忧？

【证】俗谚云："朱门生饿殍，白屋出公卿。"是说富贵家不肯勤学，必致败落；贫贱家能肯勤学，必至兴发。

范纯仁像，图出自清·孔继尧绘《吴郡名贤图传赞》。范纯仁为北宋名臣，范仲淹之子

磨铁砚

桑维翰人形丑貌怪，身短面长。临鉴自奇曰："七尺之躯，不如一尺之面。"屡举进士，试官恶其姓与丧字同音，不取。或劝改业。翰力铸一铁砚示人曰："砚穿，则易之。"卒以进士及第。

【注】鉴，镜也。易是改换。卒音啐，终久也。

【讲】晋朝五代时，桑维翰相貌生得极丑。他只是奋志读书，屡次出来应试，考官嫌他的姓与丧字同音，不肯取他。有人因他屡考蹭蹬，劝他改业。他就铸了一个铁砚，指与人看说道："若此砚磨穿，我才改业。"后来，毕竟中进士。

【论】读书人不怕工夫间断，只怕志气灰颓。若是志气拿得定，任凭天大的事也做得来，何况一个进士是读书人原有份的。但立志只要中个进士，这志还小。须学范文正公，立志要担当天下才大。

【证】姚龙江曰："有志者事竟成。"是说志要专一也。

容讪笑

吕蒙正初参知政事。入朝，有人于帘内指笑曰："此子亦参政耶！"蒙正佯为不闻而过之。同列怒令诘其官位姓名，公遽止之。朝罢同列犹不平，悔不穷诘，公曰："如知姓名，则终身不忘，固不如不知也。"

【注】佯，假推也。遽音据，急卒也。穷诘，穷究诘问也。

【讲】宋朝宰相吕蒙正，字圣功。他初做参知政事时，才进朝，有人在帘子里

吕蒙正像，图出自清·顾沅辑《古圣贤像传略》。吕蒙正即北宋著名的宰相吕端

指着他讪笑说道："这样一个人，也是个参政么!"他虽然听见，却假推不曾听见，竟自过去。那同班的官员听见了都动愤怒，就要代他查问，是何人敢于如此放肆。他倒急急叫切莫查问，及至朝事毕了，众官还替他不平，都说还该查究才是。他说道："这无非是朝里官员，若一晓得了姓名，恐怕不能忘记。倒不如不晓得的为妙，且丢过不问，有什么损我处?"众皆叹服。

【论】人生在世，众口难调，怎免得背后的议论。若定要问明，未免要与人结下仇恨，自己心中也不得快活。倒不如将一切看破，自己心里何等开阔。且我不计较人长短，那谤我笑我的，转自觉无谓。若一计较，转觉小人语言足凭，我的人品也觉小了。要知这吕公不问姓名，不但是度量大，地步又站得高，极是涉世妙法。须当时加习学。

【证】王中立曰："《书》云：必有容，德乃大；必有忍，乃有济。是说君子立心，未有不成于容忍，而败于不容忍也。容则恕人，忍则能耐事。一言之拂，即勃然而怒；一事之违，即愤然而发。是无涵养之力，薄福之人也。"

不夸功

曹彬平定江南返，舟中唯图书、衣衾。阁门榜云："奉敕差往江南勾当公事回"。时人嘉其不伐。

【注】衾是被。凡人自称其功为伐。又征伐也。

【讲】宋朝大将曹彬，太祖皇帝命他领兵去征伐江南。未过一年，唐主李煜投降，江南平定。他不曾妄杀一人，不曾妄取一物。回京复命，船中只装的是书卷、衣被。船头上竖牌一面，上写"奉敕差往江南勾当公事回"，绝不夸示一字。

【论】每叹今世人，器量浅薄，略干得些小事，便自己看得不知多大。且要处处夸张，生怕有一个人不知道。请看曹彬，剿寇平乱，开拓江南许多地土，这是何等功劳，他却看得这般平淡，就像怕人晓得的一般。今人好矜夸的，对着他，岂不羞死?

时习编

真宗皇帝劝学谕

为学好，不学不好。学者如禾如稻，不学者如蒿如草。如禾如稻兮，国之精粮，世之大宝；如蒿如草兮，耕者憎嫌，锄者烦恼。他日面墙，悔之已老。

面墙，谓不明道理，而昏暗无知也。

石天基曰："此篇学与不学两相比量，甚醒甚确。读者尚不警心自励，是自弃自贱矣。深可惜哉！"

仁宗皇帝劝学谕

朕观无学人，无物堪比伦。若比于草木，草有灵芝木有椿。若比于禽兽，禽有鸾凤兽有麟。若比于粪土，粪滋五谷土养民。世间无限物，无比无学人。

朕，犹我也，唯天子得以称之。伦，等类也。灵芝，瑞草。椿，嘉木。凤，神鸟，羽虫之长。鸾，亦凤类也。麟，仁兽，毛虫之长，不践生物，不食生草。滋，润也。五谷，稻黍稷菽麦也。

石天基曰："人为万物之灵。今历观草木禽兽，犹有芝椿凤麟。即粪土之至贱者，亦有所用。若无学之人，是物之不若，徒自弃矣。试读此篇，可不自耻！"

宋仁宗赵祯像，图出自明·天然撰《历代古人像赞》

司马温公劝学歌

姓司马名光，字君实。卒谥温公。

养子不教父之过，训导不严师之惰。父教师严两无外，学问无成子之罪。暖衣饱食居人伦，视我笑谈如土块。攀高不及下品流，稍遇贤才无与对。勉后生，力求诲。投明师，莫自昧。一朝云路果然登，姓名亚等呼先辈。室中若未结亲姻，自有佳人求匹配。勉旃汝等各早修，莫待老来徒自悔。

过，差失也。导，引也，谓引之为善也。惰，懒也。居，处也。人伦，谓君臣、父子、兄弟、夫妇、朋友也。云路，谓登科第也。亚，次也。勉，强力也。旃，语词。悔、懊恨也。

石天基曰："此歌首一句是责为父者，次一句是责为师者。若二者已全，再不习学，是自弃矣。所以第三四句，专责为子者。但人居五伦之间而不知学，犹如土块之无知识。待至年老，虽加追悔已无及矣。"

柳屯田劝学文

公名永，字耆卿。长于词。景佑登第，为屯田员外。

父母养其子而不教，是不爱其子也。虽教而不严，是亦不爱其子也。父母教而不学，是子不爱其身也。虽学而不勤，是亦不爱其身也。是故养子必教，教则必严，严则必勤，勤则必成。学则庶人之子为公卿，不学则公卿之子为庶人。

石天基曰："人能勤学，则贱可为贵；人不勤学，则贵反为贱。惟在学与不学而已。有子不教，父即有过；父教而不学，罪在于子矣。父爱其子，子爱其身，唯在严勤二字。要知教而不严，与不教相等；学而不勤，与不学相等。可不慎哉！"

白居易像，选自《吴郡名贤图传赞》。白居易字乐天，故又称"白乐天"

白乐天劝学文

公名居易，太原人。

有田不耕仓廪虚，有书不读子孙愚。仓廪虚兮岁月乏，子孙愚兮礼义疏。若惟不耕与不教，是乃父兄之过欤。

谷藏曰仓，米藏曰廪。仓廪空虚无所储蓄，则度岁月必匮乏矣，故曰"岁月乏。"

石天基曰："虽有田地，懒惰不耕，则无谷可收，因而仓廪必空矣。

虽有子孙，不教其读书勤学，则愚昧下流矣。所谓中也养不中，才也养不才，故人乐有贤父兄也。”

朱文公劝学文公名熹，字晦庵，徽郡人。

勿谓今日不学而有来日，勿谓今年不学而有来年。日月逝矣，岁不我延。呜呼老矣，是谁之愆。

逝音誓，往也，去也。呜呼，叹词。愆，过也。

石天基曰：“学者当惜分阴，不可自懈。若待已老，则悔将何及？甚言人当及时为学也。”

家若贫，不可因贫而废学。家若富，不可恃富而怠学。贫而勤学，可以立身。富而勤学，可以光荣。惟见学者显达，不见学者无成。是以学者乃为君子，不学则为小人。后之学者，各宜勉之。

恃，倚赖也。怠，懈惰也。

石天基曰：“圣人之五经四书，俱赖公为注释，大有功于世。后人立书院奉祀，以报公德。夫人无论贵贱贫富，俱当勤学。切不可因循自误，甘为下流小人。篇中立身光荣，尤为勉励。”

王荆公劝学文

公名安石，字介甫，临川人。最好学，官至宰相。

读书不破费，读书万倍利。书显官人才，书添官人智。有即起书楼，无即置书柜。窗下看古书，灯下寻书义。贫者因书富，富者因书贵。愚者得书贤，贤者得书利。只见读书荣，不见读书坠。卖金买书读，读书买金易。好书最难逢，好书真难致。奉劝读书人，好书在心记。

才，是才能。智是智慧。坠是身不坠堕。

石天基曰：“此篇句句俱有‘书’字，贯联最巧。要知贫乏者，因读书而致富；富足者，因读书而致贵。愚昧之人，能读书则成高贤；

王安石像，图选自清·上官周绘《晚笑堂画传》。王安石曾被封荆国公，故后世又称其为“王荆公”

贤达之人，能读书则添利益。达则为卿为相，不达则为师为友。书之益人，大矣哉。予昔谄有《爱书歌》，与公意相合，因附载于此。歌曰：‘我爱书，我爱书，书田菽粟乐丰余。圣贤血脉须寻着，天地经纶有展舒。工夫若到通彻处，尽心知性契真如。莫将私欲蔽明镜，忘却妙义都成虚。许多快乐说不尽，人不读书何其愚。”

诸葛武侯诫子书

侯名亮，字孔明，诸葛复姓。事汉昭烈，为丞相。

君子之行，静以修身，俭以养德。非淡泊无以明志，非宁静无以致远。夫学，须静也。才，须学也。非学无以广才，非静无以成学。慆慢则不能研精，险躁则不能理性。年与时驰，意与岁去，遂成枯落。悲叹穷庐，复何及也。

静，即宁静也。俭，即澹泊也。广才，充广其才也。慆音滔，淫也。慆慢，心不收也。躁，音皂。险躁，心妄动也。枯落，草木之枯落也。

石天基曰："按宁静，则心不逐于物，故可以修身致远。淡泊，则心不泊于欲，故可以养德明志。要知淡泊则外物不能污，而心自清矣。宁静则外物不能诱，而志自定矣。人能体贴淡泊宁静四字，则一生受用不尽。"

安乐铭添改仁宗皇帝

存心要重纲常，行事要从忠厚。居必择邻，交必择友。治家以勤俭为先，待众以谦和为首。妓馆莫游，赌场莫走。远不义之财，戒过度之酒。嫉妒勿起于心，谗言勿宣于口。官粮须当早完，祖业须当谨守。常思已往之非，每念未来之咎。能依此言，安乐永久。

纲常，三纲谓君为臣纲、父为子纲、夫为妻纲。五常谓仁义礼智信。不欺蒙为忠，不刻薄为厚。害贤曰嫉，害色曰妒。谗音暂，平声，妄也，谮也。咎音求，去声，过恶也。

石天基曰："宋仁宗皇帝御制训言，予照原韵，妄补一二。世人只依此篇，则身家后代消除灾患而永享安乐，都在于兹。予因大书匾额，揭之厅堂，俾内外之人日夕警从，受益甚多。是即佛氏利己利他之意也。"

朱子家训删改朱文公

父要严，子要孝。兄要友，弟要恭。夫妇要和，朋友要信。见老者敬之，见少者爱之。有德者年虽下于我，我必尊之。不肖者年虽高于我，我必远之。勿谈人之短，勿夸己之长。仇者以义解之，怨者以直报之。人有小过，以量容之。人有大过，以理责之。勿以善小而不为，勿以恶小而为之。处公无私仇，治家无私法。勿损人利己，勿妒贤嫉能。见不义之财勿取，遇合议之事则行。读书循理，教子孙，宽奴婢。守我之分，听我之命。人能如是，天必相之。此常行之道，不可一日无也。

相音襄，去声，扶助也。

石天基曰："凡治家涉世，持己待人诸法，此篇极稳极当。予妄加删改，刊传遍晓，人能熟读力行，则受福多多矣。"

陈忠肃公训幼说

公名瓘，字莹中，号了翁。忠肃，谥也。宋延平人。

幼学之士，先要分别人品之上下。何者是圣贤所为之事，何者是下愚所为之事。向善背恶，去彼取此，此幼学所当先也。颜子、孟子，亚圣也。学之虽未至，亦可为贤人。今学者若能知此，则颜孟之事，我亦可学。色温而气和，则颜子之不迁，渐可学矣。过而能悔，又不惮改，则颜子之不贰，渐可学矣。知埋鬻之戏，不如俎豆。念慈毋之爱，至于三迁。自幼至老，不厌不改，终始一意，则我之不动心亦可以如孟子矣。若夫立志不高，则其学皆常人之事，语及颜孟，则不敢当也。其心必曰："我为孩童，岂敢学颜孟哉？"此人不可以语上矣。先生长者见其卑下，岂肯与之语哉？先生长者既不肯与之语，则其所与语，皆下等人也。言不忠信，下等人也。行不笃敬，下等人也。过而不知悔，下等人也。悔而不知改，下等人也。闻下等之语、为下等之事，譬如坐于房舍之中，四面皆墙壁也。虽欲开明，不可得矣。

学之虽未至之字，指颜孟。迁，移也。贰，复也。

石天基曰："此篇乃幼学切要之语，全在一'志'字为主。予昔撰有读书十戒，首一条即曰：'立志若专，反难为易。'要知今人畏难者，皆立志之不专也。人果能立一坚刚不移之志，则为圣为贤，事俱容易。彼亦人也，我亦人也，吾何畏哉！否则悠游因循，趋向日卑，无事不归于下愚矣。盖墙壁之未开，尽在自心之藩篱未开而已。"

不自弃文改订朱文公

夫天下之物，皆物也。而物有一节之可取，且不为世之所弃。盖顽如石而有攻玉之用，毒如蝮而有和药之需。粪其秽矣，施之发田，则五谷赖之以秀实。灰既冷矣，俾之洗浣，则衣裳赖之以精洁。食龟之肉，甲可遗也，商人用之以占卜。食鹅之肉，毛可弃也，峒民缝之以御腊。推而举之，类而推之，则天下无弃物矣。今人见弃焉，特其自弃耳。五常以性其性，五事以形其形，五典以敘其教，五经以学其学。有格致体物以律其文章，有课试程式以梯其富贵。达则以是道为卿为相，穷则以是道为师为友。今人见弃而怨天尤人，岂理也哉！故怨天者不勤，尤人者无志。当自怨、自悔、自尤、自罪。卓然立其志，锐然策其功。视天下之物有一节之可取，且不为世之所弃，岂以人而不如物乎？今名卿士大夫之子孙，华其身，甘其食，谀其言，傲其物，遨游宴乐，不知身之所以耀润者，皆乃祖乃父之勤劳刻苦也。饮芳泉而不知其源，饭香黍而不知其由。一旦时异事殊，失其故态。士焉而学之不精，农焉而劳之不堪，工焉而巧之不素，商焉而资之不给。当是时也，窘之以寒暑，艰之以衣食。妻垢其面，子衅其形。虽残杯冷炙，吃之而不惭。穿衣破履，服之而无耻。黯然而莫振者，皆昔日之所为，有以致之而然也。吾见房、杜平生勤苦，仅能立门户，遭不肖子孙荡覆殆尽，斯可鉴矣。又见河南马氏，倚其富贵，骄奢淫逸。子孙为之宴乐，而人间事业百不识一，当时号为酒囊饭袋。及世变运衰，饿死于沟壑不可计数。此又其大戒也。为人孙者，当思祖德之勤劳。为人子者，当念父功之刻苦。孜孜汲汲以成其事，兢兢业业以立其志。人皆趋彼，我独守此；人皆迁之，我独不移。士其业者，必至于登名；农其业者，必至于积粟；工其业者，必至于作巧；商其业音，必至于盈资。若是，则于身不弃，于人无愧。祖父不失其诒谋，子孙不沦于困辱。永保其身，不亦宜乎。

蝮，音福，蝮蛇，极毒。发田，发者，开也。春夏曰发，秋冬曰敛。五谷，黍稷稻粱麻也。五常，仁义礼智信也。五事，貌言视听思也。五典，谓少昊、颛顼、高辛、唐、虞之书，言常道也。五经，《易》、《书》、《诗》、《礼记》、《春秋》也。达是时运通达，穷是时运困顿。窘音扃，迫也。垢，如尘垢之污其面也。衅，祸也，言灾祸之及身也。房玄龄，杜如晦，唐贞观贤相，门户高大矣，而子犹不可恃如此。孜音兹。孜孜，勉力不怠之意。汲汲，趋求貌。兢兢，戒谨也；业业，危也。沦音伦，沉没也。

石天基曰："按婺源中山祝氏家谱云，文公乃祝氏之甥。在考亭书院时，作此以寄母舅祝伯昌，戒其诸子之勤学。因历举物之至贱者，亦当取其所长而不可弃也。况于人品之高下岂可自暴自弃，而不知奋发有为哉？此篇文理密察，诚可谓警世之辞，学者宜熟读而深味之。予友阮晋林精于字法，乃吾扬现今之钟、王也，最喜为人书此文于屏座卷轴。但每将文中自'今名卿士大夫之子孙'至'又其大戒也'一节删去不书。盖因语甚不利，恐犯今人之忌，是投时好而已。予从朱氏家藏原本录出，略加改正，全梓于此，却言言警切，断不可少。凡读此文而尚自暴自弃者，真粪土之不若矣。将必至于饥寒逼迫，困辱而死。害及妻孥，皆是自取，又何足惜乎？"

劝孝歌添改王中书

世有不孝子，浮生空碌碌。不念父母恩，何异栽枯木。
百骸未成人，十月居母腹。渴饮母身血，饥食母身肉。
儿身将欲生，母身如杀戮。父为母悲伤，母对父啼哭。
唯恐生产时，身为鬼眷属。生出孩儿来，一命喜再续。
自是慈母心，日夜勤抚育。儿睡正安稳，母不敢伸缩。

母睡湿席簟，儿眠干被褥。全身在臭秽，不遐思沐浴。

横簪与倒冠，形容不整肃。乳哺经三年，汗血几千斛。

动步忧坑井，行走怕颠覆。病痛与痧痘，急忙求医卜。

若遇危难病，伤心多暗哭。拜佛更求神，许愿又还福。

只要小儿安，不惜费钱谷。一朝得回生，欢喜开眉目。

请师入学堂，诸事劳心曲。辛苦几万般，年至十五六。

血气渐刚强，行止难拘束。伦理总不知，诗书懒去读。

袖手食三餐，还喜鸡鱼肉。朋友外逍遥，酒色恣所欲。

游刮不营生，吹弹学唱曲。好为下流事，不顾亲玷辱。

日暮不归家，倚门母望速。儿行十里程，母心千里逐。

娶得妻来家，鱼水情和睦。看母面如土，看妻颜如金。

母若责一言，含嗔怒双目。妻或骂千万，赔笑不为辱。

母穿破裙衫，妻着新衣服。父母或鳏寡，长夜守孤独。

健则与一饭，病则与一粥。弃置在空房，犹如客寄宿。

将为泉下鬼，命若风中烛。怏怏至无常，孤坟埋山谷。

才得父母亡，兄弟分财帛。这个要争多，那个嫌不足。

不感创业难，唯言我之福。此等不孝人，不如禽与畜。

慈乌尚反哺，羔羊犹跪足。劝尔为人子，经书须勤读。

黄香曾扇枕，孟宗曾哭竹。子路曾负米，丁兰曾刻木。

老莱舞斑衣，乐正忧伤足。如何今世人，不学古风俗。

勿以不孝头，枉顶人房屋。勿以不孝口，枉食人五谷。

勿以不孝身，枉着人衣服。天地虽广大，不容忤逆族。

急早悔前非，罔待天诛戮。

仲由养亲远负米图。仲由即子路，他小时候家里很穷，就自己吃野菜，跑到百里之外的地方背米给父母吃

枯木，言无生活之气也。怏，音秧，上声。怏怏者，心不服而情不满也。黄香等孝，见日记故事。

石天基曰："唐中书王刚曾撰《劝孝歌》，言言警切。予细读之，其间义有未尽者，亦有句失音韵者。因妄添十分之三，又复前后改成一韵，俾读者不致聱牙。此歌当分为六段：第一段总提四句。第二段言来生之前，已生之后，母受辛苦万千，罔极之恩，当如何为报耶。第三段，子至十五六岁，情性乖张，不依教诲，甘作下贱。及有妻子，唯知房帷之乐，不念鞠育之苦，是何肺肠。第四段言生前报亲之薄。第五段言死后报亲之恩。第六段历数前人孝式，以劝后人。此歌语虽浅俗，世人读后再不孝亲，真禽兽之不如矣。何况不孝之人，为天地所不容，诛戮之灾必逮夫身，人亦何乐而为不孝乎？"

体亲谕删改张文

父母年当壮盛，起居犹能自理。至龙钟鹄立，扶杖易仆，寒夜苦寂，铁骨难挨。又如偏风久病，坐卧不宁，遗溲丛秽，席荐可憎。子所难奉者唯此时，亲所赖子者，亦惟此时。又如老景失耦，寒暖谁问？鳏夫孤单，嫠妇更惨。就有儿孙满前，耦者耦，稚者稚，人人鼾睡去，个个乐事归，漏声长处不可问，枕边泪湿耦与谁同？亲心不安，则天地鉴临。为人子者，不可不惕然猛省也。

龙钟，老病貌。嫠，音离，寡妇。耦，音偶，二人相并也。惕音剔，敬也，忧惧也。

石天基曰："父母壮盛之时，犹可自理。一至衰迈，则手足维艰，起居不便。所赖于子者甚切，人子于此时不竭其力，又恶用其力哉？此篇语虽无多，发其不忍之心。为人子者，不可不时时体察也。"

司马温公家训

凡诸卑幼，事无大小毋得专行，必咨禀于家长。凡子受父母之命，必籍记而佩之，时省而速行之。事毕，则返命焉。或所命有不可行者，则和色柔声，具是非利害而白之。待父母之许，然后改之。若不许，或于事无大害者，亦当曲从。若以父母之命为非，而直行己志，虽所执皆是，犹为不顺之子。况未必是乎。

咨，谋也。籍，簿也。佩，谓佩服于身，铭记于心也。省，音醒。察也，视也。返命，复命也。曲，委曲也。

石天基曰："一家之长，大都年高历练，见广识多，每有深远之谋。卑幼惟当听命遵循。若直行己志，鲜不害事。予常观兴旺世家，必专有主宰，大小听命。谚云：'家有千口，主事一人。'此语甚确。其父母之于子，尤为切要。所以亲有教令，若无大害于伦理者，则不须辩论，悉听受速行。如果万不可行者，方为谏陈。更全在和色柔声；否则上下之义范不立，伦既不敦，家何能治？此篇扼其至要，应时刻铭记。”

凡议婚姻，当先察其婿与妇之性行及家法如何，勿徒慕其富贵。婿若贤矣，今虽贫贱，安知异时不富贵乎？若为不肖，今虽富贵，安知异日不贫贱乎？妇者，家之所由盛衰也。若慕一时之富贵而娶之，彼挟其富贵，鲜有不轻其夫而傲其舅姑。养成娇妒之性，异日为患庸有极乎。借使因妇财以致富，依妇势以致贵，稍有丈夫之气者，能无愧乎！

妇家曰婚，婿家曰姻。不肖，犹不贤也。

石天基曰：“婚姻乃人伦之始，不可不详加慎重。但察人全以德行为主，切不可徒慕一时之家资势位。要知富贵俱有定命，何可必得耶？即令因妇之家资势位而得，为丈夫者，岂不大愧于心乎？此篇乃议姻者所当谨记。”

司马光像，图出自明·天然撰《历代古人像赞》。司马光曾被封为温国公，故后世又称其为“司马温公”

凡为家长，必谨守礼法以御群子弟及家众。分之以职，授之以事，而责其成功。制财用之节，量入以为出。称家之有无，以给上下之衣食。及吉凶之费，皆有品节，而莫不均一。裁省冗费，禁止奢华。常须稍存盈余，以备不虞。

礼，先王所制之礼。法，国家所立之法。御，统也。家众，指内外一切人众以及奴婢等类。职，如主庖廪、掌田园之类。事，如治产业、给征役之类。称，去声。称家以给，即如有则丰，无则俭也。吉凶，指婚喜病丧等事。品节，言其事皆有当也。均一，言其事皆得平也。冗费，是指冗杂不紧要之费用也。赢，音盈，剩也。备，提防也。不虞，谓不可测度之事，如水火盗贼、死丧灾难等类。

石天基曰：“此篇须分为三节读。第一节，‘谨守礼法’四字，一生受用不尽。凡家长之身，众所倚赖，亦众所观效。己稍不正，则何以统众治家。所谓自己不正，焉能正人？是治家不徒以言训诲，唯当以身教为第一也。第二节，人家子弟群众，若闲居无事，稍不检束，必入于流荡诸坏习矣。须要各授以事而责其成功。不独自各食力，抑令其无暇他务也。‘各授以事’四字，最为统众妙法。第三节，‘量入为出’四字，是理财最妙之法。若诸事有节，将一切奢费裁省，则财自有余矣。世人只为不量进入之数，任意奢费，后来不继，以致设措典卖，渐成贫乏，受无限窘迫，罹许多苦楚，是皆自取。倘能预计每年进息若干，完官赋若干，家口薪米费用若干，兢兢业业，用所当用。一切杂费，加意省减。常存余剩，以防不测。

譬如农家，三年余一年之谷，九年余三年之谷。即遇水旱灾伤，不致大亏矣。通篇虽分三节，总以谨守礼法四字为主。要知谨守礼法，则事有专职，自然不得妄为。用有定式，自然不致滥费。篇仅八十四字，极减极约。其务本勤事，节用裕后之道已备之矣。吾人何可不熟读而力行耶？”

嘉官捷径

官念珠

夫养民者如驯禽，适性则乐，扰则苦。

案法平允，务存宽恕。

事才入手，便当思其发落。

少监人，多结事。

却贺礼，明守也。远诸色，不急人相接，避嫌也。

廉明乃是为官本等，岂可以此上矜夸，下凌虐？

欲寡者神清，操严者政立。

以己之廉，病人之贪，取怨之道也。

出门上堂，待仪从具矗立堂前，诸役奔赴。

事上使下，处人接物，一敬为主。敬则立，怠则废。

门子不上堂，吏书不出房，皂隶不下乡。

御下之道，虽无过犯，不假辞色。常令其知畏。

参谒点卯，别率属，分班次，序新旧，则区识可行。

吏书勤记过，皂甲勤打板。

猛急多失出之悔，柔慈招疲软之名。

堂阶树木牌大字，载吏胥禁约。

不可以怒威民，不可以刑饰怒。

忍所不能忍，容所不能容，唯识量过人者能之。

催未完，每日扑之，不如梏以一手。

科罚之数，起于五斗，止于两石，则易完而不敛怨。

监禁人常布之壁，日夜思所以释之者。

责扑之数，起于五，止于三十。可重不可多。

责人须要分轻重，别奸良，宽寒暑、疾、醉、老、弱。

妄打人多怨，妄申文多悔。

衙舍严别，毋通往来。外差公遣，特加周恤。

执法本于守理。灭理顺情，奉承他人，伤害自己。

事之拂我意者，度其大小是非，以情原人，以理自遣。

克己可以治怒，明理可以治惧。

客至则询，出门则访。

心虚能应事，心平能服人。

更张骤，得失悬，耳目惊，是非炫。

日之所行，夜则思之。善则可为常经，过则不惮更定。使势如张弓，七分则强，过则折。

左右之人，记年力，察相貌，审声音，试诚伪，别端邪。

子弟不可干预政事，治民不可出入公宅。

包拯像，图出自明·天然撰《历代古人像赞》。包拯是北宋名臣，为官清正廉明，不畏权势，被后世百姓称为“包青天”

治商不可通财，治士不可交饮。是远小人、杜干托也。

事微细，必防疏。事嫌疑，当避毁。

吏书之弊，在在有之。自己发觉，便不为害。

爱民惜财，文钱尺帛无所利。则居官悠久，子孙昌大。

事上司之门皂，不久惯不足以供使令。

务实无伪。擦涂文字，改易年月，非不欺之道也。

法立必行，则法尊；令出不反，则令重。

凡差解军、解粮、解课，批限刻期，宁少宽，务在严确。

起解日期，宜速又宜密，班长收头，不如职官押之。

库银不可收留于衙，旋拆旋解。起解后，即查批回。

粮厘择本身，除代身纳粮，令花户自纳，禁包。

封条纸须横裁。桱梏封用竹纸。

查盘之际，银不可指包，粮不可指仓，物不可指件。

为致以法律为师，饬己治人皆是也。课六房熟习时制钦定则律各书，日讲求十数条，乃知时务。

集众人耳目，以为一己聪明。

上下公文，出入查件数，批回照洗补。

凡申上司公文，字要端楷，又要查对，恐有差错。

一切上司书禀，要查字、语中恐犯忌讳。

居官以节用为先，为天下爱惜财物。一切祈祷祭赛必出己资，则民神俱安。

日用薪米肴蔬，君子不以口腹累地方。先给价而后凭筹支付，可免公取之弊。

门皂不积年不谙事，不积年不害事。察其从前无过，虽系积年亦可用也。吏书亦是如此。

初规立定，毋自移也，而人不敢越，则张；初言矢义，毋自食也，而人不敢贰，则一。

政在奉公，事在为民。当行即行，不可疑心。事小而轻，即时发落。事关重大，详审的确，即与归结，勿淹禁钥，欲行不行，欲止不止。旁窥意旨，诈骗以起。

初政，凡上司新旧远近，不问也，一概清开审结申报。上司催提之人，内外公私不问也，一概清查密拿，火速起解，则既免催牌之扰，又起才干之誉。

初政要风力，要果断，令人对之若严，欺之不可，犯之不得，方足移易夙昔，相与维新。

各房承行，开明未完事案。分别钦部宪件，及限满月日。立一总簿于案，拈一总单于衙。日完二三件，每月造小手册子三十，每日一手册。预书今日结何事，晚投于柜，以便汇销。

民有急公输先完粮，特给赏贴，免过失责罚。则愈加乐输恐后矣。

昔之领牧者，尝从特简，素有重望，民不敢易。到任只须坐镇平和，而政自善，俗自移。今之领牧者，皆以筮仕之始，先使亲民，民多疑怀。临任须忠勤有为，而后望始尊，民始慰。

廉而勤敏，恭于事上，可也；有守无礼，不获于上，劳于民事，可也；有守无为，何益于民？

出纳之际，明白登簿，明白支销，有何染指？给主之数，征之百姓，予之百姓，有何经手？

凡谒上客，别时称拜上，不回拜上。上客来谒，堂前上轿时，即先趋道左打躬，不称拜上，礼也。

到任一切礼文，众之望也。须要预先熟观本地仪注，详问有学生儒，则威仪不失矣。本地仪注，着礼房呈。

公堂之上，左右无一语也，而后柄不窃；刑人之际，左右无一语也，而后威不窃；赏人之时，左右无一语也，而后恩不窃；公余之暇，左右无一语也，而后旨不窃。

门子萋菲口舌，由我狎之也；吏胥颠倒是非，由我任之也，当思如何预绝之。

严堂规，清左右。拥座前，窥座后。不奉呼唤上堂、有唤不即至、不问来禀可缓事、有问不确实禀明、插嘴说谎、饮酒面赤、互斗喧哗、吏书不在房、皂快不归班、频高噪语，以上皆应责禁。

科罚不可行也，富者易与而不畏法矣；贫者苦于与，而典鬻妻孥，艰莫之与而

《廉明奇判公案》插图，描绘了公堂之上审案的情景

沮我法矣。

宁失出，毋失入。犯死之法，求生之道。天地之宏，父母之责也。

狱少监禁人，上也。禁狱卒减狱食、索铺钱、悬禀锣。五日一打扫除粪道，涤桎梏。寒暑给药饵，恤妻孥，次也。抽换狱卒，严巡逻，勤打肥，葺刺茨，峻墙垣，察杻械，绝消息，别男女，饬刑吏，责禁子，又其次也。

事上之道，大者、要者固宜到，小者、疏者更不宜忽。其心常恐我慢之也，一不到，则思有以中之矣。

事服之礼，不独择物，亦宜择人。物宜整，人宜精，至馈问之典，不可少缺。谚云："周公不受贡，亦怪其不来。"

上台所用之人不厌交，而后上情可通；上台所行之事不厌闻，而后上事可辨。

士夫毋择疏密，和以接之。恳请之来，宁迟诺后践，以酌事之虚实。毋轻诺后背，以招人之怨尤。审事情虚，亦必明其罪而轻加之，以鸣某人之情。大抵在己之事，委曲可以情恕；上司之事，分毫不可情援。

士子不入公庭者，以文艺接之，公典及之。轻至公堂者，以公令远之，学业课之。则喜事者退而修业。

上司差遣，酌其事之大小、人之轻重，宾之于馆，视馈后回，免其谤去。以事相干，坚决不允，免其贪来。

僚属人品不齐。事有分隶者，悉心委任。礼有合举者，联名公行。过有可指，当与密计，而不可暴之于民；礼有共接，共宴公堂，而不可私之于内。

人情难虑始，土俗贵从宜。旧政循之以为安，新猷缓之以观变。

善无偏听，人无偏用。在公之人，听其班次。稍有专主，人疑我而且彼窃我矣。

士子季考，各献地方兴利除害一策。乡约里老朔望，各报地方利病一纸。亦察其为人，无者不必强。

公差，唤人者也。反告人殴打毁碎，此肤受也。唯不信其词，而后其人至矣。

人至可以结正事之案，并可以究抗拘之罪。

事有疑难，情有违碍，熟思审处，自得当矣。寄议左右，弊端生而深浅露矣。

事无大小，必存薄验。差有新旧，必存簿验。钱粮有起解，存留支销，必存薄验，则中有案而外不可作奸。一切钦部宪件薄要开明奉到月日、事由，并满限月日，如何催结。后列某房吏书差役姓名，自理词状簿要开某月日批准事由，如何查催，吏书差役姓名，自属官履历簿，乡宦、进士、举人履历簿，文武生员簿，里老、乡保、民户簿，商贾、牙侩簿，工匠簿，各寺庙僧尼、巫、道簿，城夫、乡兵簿，阴医、杂技簿，孤贫、乞丐簿，土物、方物、价值簿，在官树木、房屋、地亩、什物簿，善恶簿，功过簿，本衙门各吏书、差皂等役年貌住址薄，差号簿，正杂钱粮额、征额设解给款项簿，每日收粮收银簿，各项钱粮起解、给发、取获、批回、领状簿，各钦赃上司赃罪收解获批簿，各上司供应簿，田房税契簿，杂办增除簿，窃盗赃物簿，监禁人犯簿，枷犯簿，城郭图，山川坛社图，各乡田地、路程远近图，河道水利图均存簿验。

大小事有报，则预知能应。京报，京中亲切上司日报，各院道、府厅喜怒嗜好政令庆贺伺役日报，上司来境报单，各地方乡保有无逃盗、人命火窃日报，吩咐门役，凡有报随到随传。

分项钱粮，并上司赃私银两，不奉明文，分厘不可拿动。恐卒然查盘，便属侵欺。此最宜谨慎。

各地方寺观、饭宿店，稽查有无逃盗歹人，令其具报。或五日具一甘结，十日具一甘结。

吏书差役，有册有牌，年貌、籍贯、互保详载。丁忧事故，查造开除，混参暗顶，枉法革裁，正身代身，固可诘也。察其漏案，迫之以杖，令其攻讦奸伪。凡眼凶貌恶，噬人虎狼，不可以供差遣。

一切谀佞，勿轻信喜。正言相谢，辞之以理。则人不得窥我之深浅矣。

当行之典，当循之例，当沿之俗，查旧案则有据难欺。必身试，则改图自确。

凡查盘不必逐年逐项验也。如兵器什物，合数年造过总数，分别良估轻重，为各处各数查明合之总数，顷刻可了。如点人和物，该枪子几百名，数年该造过枪几百枝，算就每名该执几枝，分立作几班，班内缺一人，则枪缺几枝，可了然矣。如盘仓，有五仓，作五色小纸旗，斛夫、量夫、担夫、收夫，皆戴以旗，各自认别号色，较一斗斛，五仓齐量，五处齐收，一时五仓可了当矣。

工匠造作，举其一器一物，估其长短大小，此物之微细，作料若干，此物之倍蓰什伯，作料之费，指掌得矣。先后不及者，除督工价银，责工匠偷惰。

吏书之弊，乘新任未悉而探之者。上司事也，或事宜缓慎而急请，或事宜速报而偷搁。须取各房上司已未完条件簿，并原文先阅明。酌其缓急轻重，原案始末，然后分次差催完结。立限定比，上司新事拈限完结期于上。然后发房承行。

日行事，自拘、地方拘、里长拘、始终一票也。上司事与自拘不到事，差人拘，亦始终一票也。不到不改差。唯捉原差则贿必露。计之程，限之期，三十里一日到，六十里两日到，一百二十里四日到，越期者，每日十板。先责后审。限与罚备刻票尾，与民相约。

乡宦举监生员，每每倚己势力生事诈害。审出真情，事大者即通详褫革拿究，事小者即以罚代罪。或罚修街几丈，或罚修桥几许。夏月则罚柴若干，送某处施茶，冬月则罚袄若干，送某处济贫。或罚米罚谷备赈。须要酌其家资事情，以为轻重。押着嫡亲子弟家属，限日比究。既做利人好事，又警势力人不敢多事，一举而两得矣。

一切词讼，只追究其事之根源，起自何人，不论原被中证，要痛处起事之人。如此审究几件，远近知闻，民皆不敢生事，讼端自少，而良懦安矣。至于打降，只究先动手者，亦是此法。

府县前有一种棍蠹，假称里民。又各坊里有一班游刮，不务本分，专好起唆词讼。遇事生风，喘旋为业，不顾破人身家，最为民害。到任后，预示严禁，劝速改业。迟一两月如仍肆恶，可将最甚者密拿一二人，尽法重惩，枷号游方。余党自然敛迹，而良懦得安矣。予撰有《讼之起息利害说》，刊载《传家宝》书内，兹不重赘。可以改作示谕。

奸情虽审出真确，亦当代为掩饰，不必细加追究。只说此事暗昧，未必果真，却将奸夫起衅之人，另藉事由。或云此奸情虽无实据，但你在地方上，充棍行凶，为恶多端，本府县久访确实，应该重处云云。如此审法，既可以保全妇女名节，夫妇和好，又暗令淫棍默知受刑不枉，众心称快。

夹棍大刑，须俟成招得情而后可用，非用以得情也。若遇疑狱，只须按关节细讯，三木更莫妄动，越动越疑，越疑越冤。民既受冤。不唯损德，官又受累。

每月初一日讲约仕民，不若改于初三日，兼可理刑。预拣宽阔处，先期示晓。至期百姓齐集讲解上谕完时，凡月内有父母送忤逆，以及光棍游刮、窃贼作恶之人，俱锁押至讲处，对众痛处。令凶顽之辈，目睹通知，畏惧王法，岂不可为现在榜式耶？

自尽人命，如缢刎、投河、服毒等类，预捐俸买极薄棺几具，堆储众知寺庙空

《廉明奇判公案》插图，描绘了男女私通的情景

处，一遇此事，随去查验明白。若无重伤情由，立刻将所堆薄棺着乡保抬埋乱葬义冢内。即时销结，概不准究抵偿，但有抄抢，反加究追。要令拼死赖人者通知空死无益，不独人不自尽，亦省却许多讼端拖害矣。唯是势焰威逼，审出真情，彼时亦不深究，存其人于心内。数月之后，或被另案控告，或借他事访拿，重加惩处，则罪当而凶徒知警矣。俱要预先多出告示通晓。

赏不滥则赏可法，罚不滥则罚可惩。呼多应少，语不足惧，法不足凭。

吏书、皂快各役，虽甚繁多，私下各有预售价银。若加裁汰，则满衙门怨声遍起。但每事遇有作弊误公者，即便裁革，只许兼代，不许新替，数年以后，不必裁汰而人自少矣。

吏书、皂快各役，朔望画卯点卯最是失时废事。临上堂一概谕免，省此工夫，留治紧事。如有作弊情由，查察真确，暗存一二人于心内，可于四五日前预示某日点卯。传令各役齐集，却只点某房某班指某人。当众数明情弊，从重惩处，治一儆百，令各役知畏，而不敢再肆欺蒙玩法矣。

伞轿扛夫、纤船水手、跟班各役，最为劳苦。有事公出，若遇祁寒暑雨，虽有工食，必另优赏。则欢声遍腾，而无怨尤之叹。

夹棒切不可轻用。即有大奸大恶，命盗重案，亦须审问的确，成招之后，用以警众。要知受夹之人，虚弱者命随以亡，即强壮者亦终身废疾，可不慎欤？

父母送忤逆，只问是亲生，即差役锁押，候至初三日，在讲约处枷责。此差押数日之内，子如改悔，母如求恕，批候讯夺。问其改悔求恕果真，即谕理应重处，今汝母求饶，姑从宽恕，自从改过尽孝，再犯倍处云云。如带至讲所，责时五板一问，如母求饶即止。枷号几月，如母求放，即释。依此惩治，是皆尊亲敦伦之一法也。

忤逆固应痛惩，然处人骨肉之间，刑不宜过。较之他狱，更多隐情。惟细体律文，自然得之。

事不查比，则事多沉搁。须各分限期，钦部宪件承行吏书差役比较。查比未完钱粮欠户催差，查比已解钱粮批回，查比一切赃罚欠户催差，查比捕役未获盗贼，查比各案册结。凡遇大寒、大暑、风雨，以及时节、斋戒，临比宽免。

钱债固应追比，必须量其家资贫富；笞杖虽有定数，必须量其体禀强弱。

奸以情合，所以和律一杖，害一事者也；命以斗成，绞以全躯，杀一人者也。惟盗则杀起于贪，一入其门，卷资财，污妇女，害人伤命，非刑百出，惨莫甚焉。所以无分首从，一概大辟听断皆万不可漏。若夫迫于饥寒，从未伤人者，尚可稍原。至于窝主，又无论大小，俱不可漏，以窝为盗之源也。

凡下学讲书，以及士子来见，须教之以立品为主。其立品先从不出入衙门为第一。

选得好官莫便喜，恐未必能胜其任也；选得恶缺莫便戚，正须收拾精神，委曲调剂，令穷民得有起色，方不负朝廷之委任，亦不负自己之志念也。

官居何地，期在何时，俱各有定数，岂是人力计谋而得耶？须要听天由命，不可妄为。

事属得已，切不可轻易借贷。要知利债若多，到任自必取偿于民。丧心灭理皆由于此，何能得做好官？况又有大势力人，专放重利，尤为难当。

人立志要为好官，先从居家节俭，居乡宽厚习起。要知节俭则不贪，宽厚则不酷，此乃根本要法。

掣签之命下之后，可谕令本县吏书人等，只许在县料理交代等册，不许出境远迎。衙舍只许打扫洁净，不许指称修理，摊派民财。

凡对各项人役，总不可多言。人之涉世，固宜寡言，而居官尤宜寡言。

不要紧之票，一概不标判。则吏胥无权。

不要紧之人，一概不许出入衙署。则关防自密，虽水夫火夫、剃头衣工等人，亦须慎察。

凡上堂理事，切莫饮酒。若一饮酒，虽断事极其清白，而民亦谓官之乘醉乱为也。

钱粮征有成数，即便批解。若久滞衙署，恐有侵拿窃劫之虞，关系不小。

凡兄弟分居，兄完粮而弟不完者，不责其兄代完，则人知自勤。而民间无株连之累矣。

昔人有官长下乡劝农之事。但农忙之际，民自昼夜力田，何须劝谕，若劝之，适以扰之也。

事非犯奸，一概不许干连妇女。每多奸民借以牵拖妇女，希图索诈，不可不察。

妇女不可轻易拶讯。要知严刑之下恐致诬服，且在妇女，更多不便。

衙署唯仪门大堂须要壮丽饰观，其内宅房屋不可过于修饰。非独邮室，又恐借名科派。

上司差役下府州县，每每狐假虎威，借端生事，造出许多吓诈恶言，百般勒索。更有统领仆从，凌辱陷害，或囚锁经胥，或株连百姓，无所不为。凡下属官长，须看其事之大小缓急，如果系本衙门吏书玩误，即将该承解究。否则严谕来差，持文急速回销，不许潜留本处，滋扰生事。倘或违抗，申详法究。所以为官无论大小，只以严禁滥差，是政法首务。

上司差承到下属，每每将无理之事，受贿包揽，妄求恩批，以致将直作曲，冤屈平民。须酌其奉差事件，宁可捐俸，少给其路费，切不可开此一端。

上司之承催钦部要紧事件，自有限期，须严檄手批，屡加饬催。若再迟误，即便揭参，自然完结。何必滥差之层层滋扰生事，徒饱奸胥之腹耶？

各衙门之吏书、差役，既令其无事寻钱，不必裁汰而彼自然退散改业矣。

政以安静为主，人以无事为福。凡奉到上司日行一切牌票，吏书呈送一切佥稿，绅矜百姓具控一切公务呈词，都要自己细心裁酌。若果实在于民有利而无害，方可施行。或有假公济私者，或有似利于民而实则扰害于民者，查系上行，即婉词回复。若吏书绅民之佥稿呈词，一概勾去不行，省许多搅扰，享许多安静，造福无量矣。

上司之行下属事件，若轻信吏书，率尔判行，殊不知一纸檄文，倘再遇奉行不善之下属，徒为胥役作许多生涯，小民阴受其害，不可胜纪。全在上司于举笔之时，不可不慎，在下属奉行，查系无益民生之事，一概不奉转行。若再奉催，当以理复。

大小衙门吏书，呈送一切佥稿，察其无益可缓之事，亦不必苛究。但一概勾存内衙，不行不发，彼见有存衙之稿，亦不敢再送矣。

每日各房佥稿，俱要汇送，或限于一定二梆之时，其内衙发出，亦有定时。不许前后补续，以杜诸弊。

投递公呈，禀说地方利弊，每系积年之里蠹，奸坏之乡绅，出入衙门之生员，惯会藉端骗诈，营私者甚多。其实与民兴利除害者十无二三。试看良善之人，自然安分守己。明哲之乡绅，自然遵法。上进之生员自各闭户读书。从未见有好人轻易即肯出头多事也。

每日三梆，以及早堂午堂，俱有一定时刻。不独令各役便于伺候，且令百姓之禀控听审，俱有定期。

政事俱于早堂午堂治理。若万不得已之事，方坐晚堂。要知昏夜灯烛之下，弊害多端，难以清察也。

堂上规矩，固要肃静。然而堂外百姓之观瞻，我既并无私曲，不妨共见共闻。且将为恶犯罪之人，当众用刑夹打，嚎痛之声，惨不忍闻。此即现在受苦之榜样，何必又看丰都地狱。可令乱棍坏人，触目惊心，治灭许多非为之心矣。

悬牌示期，放告听审、比较等事，非有紧急大事，不可改期，示民以信也。

德政歌谣，以及长生禄位，万民衣帽，生祠碑碣等件，俱是近时滥套。为官即十分廉明清正，亦是本等应为之事。须力辞诸件，不可喜此，以召诮谤。

岁暮封印时，每有刮棍诈害打降，富豪索债打闹，以为官不治理，横行无忌。须不用伞轿，自骑马带皂隶四五人，肩杖后随，不拘时候，突然出行街巷。但遇打炒之人，即时问明，当街责治，名为巡街。不消几处，则奸恶各自警畏敛迹矣。尤

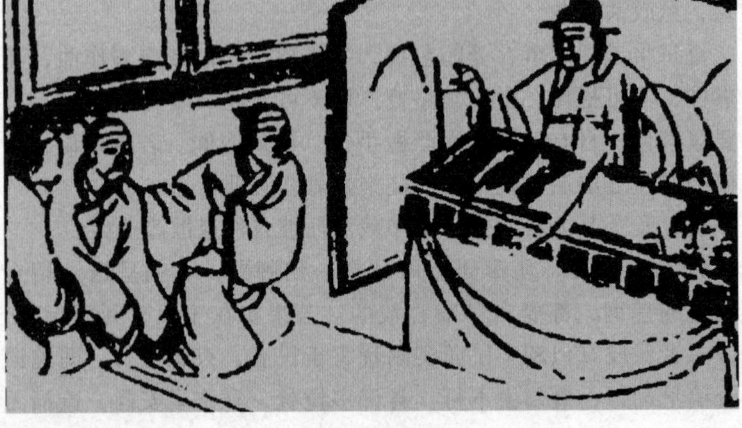

《廉明奇判公案》插图，描绘了公堂审案的场景

须先期示禁。

岁暮每有贫穷花子，三五成群，遇肩挑步担，小本果菜买物，半买半抢，小民难安。如巡街时，遇有此事，即时问明，当街责治。亦须先期示禁。

上司差役，酌其事件。如果紧急，可量给船资，仅够无余。倘若多给，彼即传说伙众，以致夤串吏书，谋票多来。只无利益，则差役不谋票而致者少矣。

衙门书差等役，既守清苦，则凡事宽宥，免招众怨。有等官长，专喜苛察衙役，事事搜寻过犯，虽些小细事，亦必责罚。但彼已冰竞淡泊，若再不包容，则于心何安，于德甚损。譬如属官清正，在上司岂有不加优待而反行苛责之理？

衙役生事害人，固不可纵容为恶。但衙门人役竟有被刁棍欺凌者，是目无官长矣。俗云打狗看主面，则不可不加究惩。常须护庇衙役二三分，要知于自己衙门体统有关，未可令民之轻易干犯也。

衙门内无益细事固不可行，但有关政体，有关参罚者，虽属小事，又不可一概不行。每有因极小事情，不即查复，而干上咎参罚者。有因印结一纸，印册数页，而干上咎参罚者。有因迟误些微钱粮，而干上咎参罚者。又有因微事不顺情理，而致民怨沸腾。俱要分别毋忽。

属官之奉上行，须要急速遵行。应回复者，即便回复。应催提者，即便催提。若因上司不差扰而任意怠玩，无怪乎上不悦而提究参罚也。

清律分晰注解，以及则律之旧设新颁，须刷置案头，闲即翻阅讲究。临时轻重大小，自有主见不错。

上司之按临下属，如会审事件、踏勘情形、丈量界址等件，在所不免。必须预先示谕经过地方，言性甘俭朴，一切食用俱已自备，不许奢费供应，张灯结彩，以及出境远迎。属官知此严禁，则不敢借端科派，而小民受福多矣。曾有前任宋抚宪，因查赈，舟驻扬州南门外两月有余，并不票取一物。民之安堵如旧，全不知有上司之在本处。百姓享许多安静之福，此深得大臣镇定之体。假如上宪一喜多事，而属下官民不知领受几许苦楚矣。

官长公出，唯宜少带衙役为第一法。须选最不可少之轿柬等役跟随，其余概免。要知自己有夫马船只俟候，下役何有？一经风雨寒暑，苦楚尤甚。今免跟随，则省许多设措盘费之苦，而欢颂不少矣。

每年预画十二月格一纸，将斋戒、忌辰、并某某上司及亲友乡绅寿喜应贺之日，又某日某人开吊，某日某人祭葬等件，开填格内，粘于洗面架旁。每晨一见，可免遗忘。

斋戒、忌辰，可用尺余长小小竖牌，供在公堂之上。坐堂理刑，一见即知，不致犯戒。此牌位收供，可令值堂人役专管，不许失误。

凡有人命，一见报呈，即刻出票。虽有紧事，俱且放下，随即往彼地亲验，夏月尤不可刻迟。

有一等坏地方，但见自死人命，遂有一班讼师刮棍视为奇货，不论长短，先统众将房屋衣物抄抢拆毁，如同兵燹，是以人人乐有此事。须严加惩处，尤须预示严禁。

验尸凡无伤之处，只叫体名，不必赘填尸格。如有某某处某某伤，仵作人等，眼同原被量明尺寸，逐细高报，即便身亲填尸格。临完时，毋嫌污秽，亲自细加查察。要知尸验明悉，则免许多疑窦，且免日后许多蒸刮之惨矣。

验尸如果投河自缢自尽诸命，须于人众聚集时，即当场严谕徒死无益。谕令即时掩埋，令民尽知枉死不能害人。且抄抢又禁，可消愚人许多尽念矣。

自尽人命之内，有一等势力威逼，或凶伤有据，而情理凄惨者，须当场先将凶人对众痛处，以泄众愤。再令差役将凶犯锁押，跟随轿前，收禁候审。一以防凶犯之逸脱，一以免命家之锥叮。

征收秋粮时，每日须下仓廒，不可懈怠。凡一切要紧命盗等案，以及比较顽欠等件，俱带至收粮之处审理。既事案不致滞误，又可兼理收役粮户之弊端争闹矣。

升堂切戒

五不打

老不打。礼耄不刑，恤老也。谢奕令剡，老翁犯法，罚酒过醉。要知老人血气已衰，打必致死。

幼不打。礼悼不刑，慈幼也。况不教而刑，谓之虐乎？但幼童血气未全，打必致死，且老幼不拷讯，已在律文。

病不打。病者五脏受伤，血气未平复，打则病剧必死。

衣食不继不打。如乞儿、穷汉、饥寒切身，打后无人将养，每多致死。

人打我不打。或与人斗殴而夹，气犹未定；或被别官已打，创犹未愈。我又加打，则打死之名，独坐于我。

五莫轻易打

宗室莫轻打。天潢之派，干系甚大。即无名封者，亦勿轻打。只启王戒饬，或请上处分。

官莫轻打。即仓巡、驿递、阴医等官，亦勿轻打。彼既为官，妻子仆徒相对赧颜，每多殒命，况其体多脆乎？

生员莫轻打。因干系诸生体面。有犯法者，轻则行学责戒，重则申究如律，彼自无词。

上司差人莫轻打。非恤此辈投鼠忌器。打虽理直，亦损上司体面。有犯宜书犯状，密申上司，彼自有处。若畏势含忍，又卑贱非体矣。

妇人莫轻打。羞愧轻生，因人耻笑，多自殒命。

五莫就打

人急莫就打。彼方急迫无聊，打则适速其死。

人忿莫就打。愚民自执己见，方以理直自负，打则其愤越甚，死亦不服，气逆伤心，易于殒命。宜多方警喻，待其自知理亏，虽打不怨。

人醉莫就打。俗云“三官避酒客”，沉醉之人，不晓天地，宁知礼法？打亦不痛。倘醉语侵官，亦失体统。宜暂监，候酒醒惩戒，其收监亦勿置放冷地，寒气亦足致命。

人随行远路莫就打。被打之人，若在家内，自能将息。远路随行，日逐跋涉辛苦，又要跟上程途，亦多致命。待其回后数日惩之。

人跑来喘急莫就打。捉拿人犯，从远路跑来，六脉奔腾，喘息未定，即乘怒用刑，血逆攻心，未有不死者。宜待其喘定用刑。

五且缓打

我怒且缓打。有怒不迁，大贤者事。盛怒之下，刑必失中。待己气平，徐加责问。试于怒定之后，详观怒时之刑，未有不过者。

我醉且缓打。酒能令人气暴心粗，刑必不当。即当，人亦有议，当检点强制之。

我病且缓打。病中用刑，多带火性，不惟施之不当，亦恐用刑

致怒，人己俱损。

我见不真且缓打。事才入手，未见是非，遽尔用刑，倘细审本情，与刑不对，其曲在乙，已刑甲对。知甲为直，又复刑乙。不能甲刑无冤，颠倒用章，甚为可笑。

我不能处分且缓打。遇有难处之事，责犯之人必先患其所终，作何结局，方好加刑。若浮气粗心，先即刑责，倘终难了结，反费区处。曾见有打人后，又陪事人者，只为从前慌张耳。

五怜不打

盛寒酷暑怜不打。遇甚寒酷暑，令人无处躲藏，拥毯围炉，散发披襟，犹不能堪，此时岂忍用刑？盖彼方堕指、裂肤、烁筋、蒸骨，若复被刑，势难将息，必致

殒命。

佳晨令节怜不打。如元旦、冬至，人人喜庆，此时曲体人愿，颐养天和，即有犯事，亦当怜恕。

人方伤心怜不打。问理时，如知某人或有新丧，卒当大故，彼哀泣伤心，正值不幸，即有应责，亦宜姑恕。

实顽愚戆怜不打。人之愚顽痴呆，乃云天性生成，非责能化。唯加哀怜，庶几且格。韩治与僚友共处，有一卒悍厉，众皆怒之。唯韩不一顾，徐曰："无愤嫉于顽，然有当小惩而大戒者，又未可长乡民之悍也。"

耕种辛苦之农夫怜不打。耕田种地之人，终岁胼手胝足，费尽血汗辛力，以供人食，最可怜悯。若犯小过，姑从宽恕。倘有大过，减轻发落。

五应打不打

尊长该打，为与卑幼讼，不打。尝见尊长与卑幼讼官，亦分曲直用刑。不知卑幼讼尊长，尊长准自首，卑幼问干名犯义。遇有此等，即尊长万分不是，亦宜宽恕。即言语触官，亦不宜用刑。人终以为因卑幼而刑尊长也。大关伦理世教。至于尊长理曲，唯公唯恕。唐宜之云："此亦当稍参情理，不然，尊者凭陵，卑者无诉，鬼神怒焉。"

百姓该打，为与衙门人讼，不打。即衙门人理直，百姓亦宜从宽，否则不惟我有护衙门人之名，后即衙门人理屈，亦不敢告矣。至于情之大者，不在此例。

工役铺行该打，为修私衙或买办自用物，不打。即其人十分可恶，亦姑宽恕。否则人有辞不服，谓我之心不光明，而量不宽洪矣。

下司衙役该打，为我供应不备，接送不齐，不打。胥役作奸，为民蠹者，法应惩治。若供应接送，百不齐备，亦当体恤容忍。既验克己之学，又存有司之面。

左右隶胥应打，为我承事不周，过误失检，不打。隶胥玩法，为衙门蠹者，则亟除之。若趋承末节，不以敏捷见庸，挂误小失，亦宜原情宥罪。韩魏公恕触碎玉杯吏，夏忠靖公恕污织金赐衣吏，是吾师也。若有意尝我，误乃公事者，不在此例。

四莫又打

已拶莫又打。语曰：十指连心肝。拶重之人，血方奔心，又复用刑，心慌血入，必致殒命。尝见人曾受拶者，每风雨之夕，叫楚不宁，为其已伤骨也。嗟乎！均是一般皮肉，何忍心至此！

已夹莫又打。夹棍重刑，人所难受。四肢血脉，奔逸淆乱，又加刑责，岂有不死？且夹棍不列五刑，岂可轻用？下人以力为食，一受夹棍，终成痼疾，决难趁食，切且怜念。人谓审强盗宜用，余谓强盗因夹招承，此心终放不下。惟多方设法，隔别细审，令其自吐真情，于心才安。此等大刑，可以终身不用。

已打莫又打。方才责过，又加复责，雪上加霜，痛楚倍甚，酷刑之官，每喜为之。自得残忍之报。

已枷莫又打。先打后枷，屈伸不便，疮溃难调，每多致命。可待于放枷时责之。

四禁打

禁重杖打。五刑轻重，律有定式。大杖一，足当中杖三、小杖五。官之用刑，只见太过，未见太少。若用轻杖，即多加数杖，亦不伤生。且我见责之多，怒亦息，而杖可已。若重杖只见数少，而不知其人已负重伤矣。

禁从下打。皂隶求索不遂，重打腿弯，致其断筋而死。或打在一块儿，同一被刑而死生异，则贫富不同耳。贫者何辜，令其受此？

禁捕役吊打。捕役拿获贼盗，每每私自吊打，其中多有扳扯诬害者。是无辜良民，晦遭大害，急当查禁。

禁佐贰酷打。佐贰首领杂职，不过发比钱粮欠户，批查口角小愤，即或有过应责者，亦止五板十板，以见蒲鞭，示辱而已。其大板、大枷、夹棍重刑，原不许杂职私置。即正印官亦止备一二副，以候不常取用。如各衙遇不得已之事，情真罪当应用者，须备叙情由，赴堂禀情可否，凡不情贿嘱案件，自知收敛矣。盖正印官若用重刑之时，犹有忖量。其佐贰首领，唯利是图，每将势要送来百姓，私衙任意酷打，替人出气，正印官全然不知，岂不大可叹耶？

明·张居正《帝鉴图说》中的《览图禁杖》图，讲述唐太宗一次看人体经络图，发现人的重要经脉集中于背部，想到笞刑打犯人时，主要是笞打背部，于是下令执行笞刑时不准再击打犯人的脊背的故事

铭心纪要

清心省事，为官切要。且有无限大乐。唐宜之。

唯公则生明，唯廉则生威。周九畴。士大夫，若受一文则不值一文。

官心不可偏向，有则人窥知。薛文清。凡有偏向，是自开钻刺之门。昔有官，见一走卒敏捷，呼用稍勤，下人即有趋重之意。以是知为官者，当明白正大，不可有一毫偏向。

左右非公事，不可与语。张文忠。深体此言，断却许多流弊。胥役不得有权。

治狱有四字要法，曰“公慈明刚”。薛文清。公则不偏，慈则不刻，明则能照，刚则能断。

为官最要安重，众所瞻仰，一言不当，殊生愧赧。薛文清。言行端庄一句，是为官要法。否则远近传说，便为官玷。

为官只是淡无嗜好，静不多事，便是生民无限之福。程明道。试看多事之官，则民多苦怨。但切不可厌烦恶事，若视民之冤抑，置之不理，反为静害。

为官三字要法，曰“清慎勤”。吕居乌。知此三者，则知所以持身矣。

官虽至尊，绝不可以人之性命，佐己之喜怒；官虽至卑，决不可以己之生平，佐人之喜怒。余六成。大功德，大气节。

催科不扰，即是催科中抚字。刑罚不错，即是刑罚中教化。安赵纯。全在不扰、不错。

政令以通下情为急。薛文清。虽曰天理王法，亦要下合人情。

为官者，清畏人知，政戒骇俗。气象切忌激昂，言辞定要谦逊。文纯公。为官要法。

当官者先以暴怒为戒。事有不可，当详处之必无不中。若先暴怒，只能自害，岂能器人？吕东莱。

兴一利不如除一害；生一事不如减一事。耶律楚材。

锄奸杜倖，要放他一条去路。若使之一无所容，譬如塞鼠穴者，一切去路都塞尽，则一切好物俱咬破矣。陈眉公。事做已甚，便启乱端。此过犹不及之义也。

救民水火之中，唯恐其不早。贪官污吏侵渔百姓，甚于盗贼。此而不除，虽有良法美意，孰与行之？陈白沙。

立朝之位，当爱君如爱父，爱国如爱家，爱民如爱子。罗豫章。终是真心。

当官之日不勤，下必受其弊。真西山。所以清慎之外，必要勤字。

当官清慎，可以远辱。设心处事，戒之在初。朱凤台。前人云：“与其巧持于末，何如拙戒于初。”真至言也。

为官之道，以不取为与，以不扰为安。以不害为利，以行所无事，为兴废起弊。吕叔简。官一取，则民财竭。官一扰，则民疲于奔命。官一害，则民身丧家亡。官一好事，则地方不享无事之福。此真铭心要言。

任事者，当置身于利害之外；建言者，当设身于利害之中。陈眉公。为官看得利害太明，则难事谁人肯做？

与其得罪于百姓，不若得罪于上官。吴芾公。

与其进而负于君，不若退而合于道。李衡公。吴公是止剥民以媚上幸者。李公专为庸禄无才而贪位慕禄者。凡为官俱当自问于心。

非甚不便于民，且莫更改；非甚有益于民，切莫轻举。唐宜之。事要斟酌，尽善。

凡人之性，专务苟且。明日有事，今日得休且休。当官者，不可徇其私意，忽而不治。韩魏公。因循误事。

朱熹像，画藏台北博物馆。朱熹字元晦，号晦庵，是南宋哲学家、教育家

天下事越从容，则机栝越生。熟思则得其理，缓处则得其当。李若谷。甚的事不因忙里错了？

不欺君，不卖法，不害民。此是为官三要。薛敬轩。

左右之言，不可轻信，必审其实。薛文清。须记“左右皆曰贤，未可也”一篇。

唯俭可以助廉，唯恕可以成德。范忠宣。

我不畏铁钺，而畏匹夫之口；我不爱珠玉，而爱赤子之心。张西江。民言可畏。

一字不可轻与人，一言不可轻许人，一笑不可轻假人。薛敬轩。诸事俱要谨慎。

事来莫放，事去莫追，事多莫怕。陈龙川。凡莅官处事，此三莫切要。

天下制度，无全利而无害的道理，但看利害分数何如。朱晦庵。全要能衡轻重。

狱事人命所系，尤当尽心。近世流俗，惑于阴德之论，多以纵出有罪为能，而不思善良之无告。此最弊事，不可不戒。然哀矜勿喜之心，则不可无也。朱晦奄。

廉不言贫，勤不言苦。忠不言己效，公不言己能。可以事君矣。张忠定。不言二字，是秉心幽独处。

欲当大任，须是笃实。程明道。扼其至要。

为政须要平其心。先不平其心，虽好事亦惜。沙一驹。

滥准株连、差拘监禁、保抽淹久、解审照提此八者，狱情之大忌也。仁人之所隐也，居官者慎之。吕叔简。

世上没个好做的官。虽抱关之吏，也须夜行早起，方为称职。说做官好，便不是做好官的人。吕叔简。

海瑞像，出自清·孔继尧《吴郡名贤图传赞》。海瑞字汝贤，号刚锋，是明代嘉靖年间的著名清官

勿谓乡官过客，口大难犯，不可不厚；小民口小口卑，不得上闻，而不恤小民。海刚峰。

做事不求快心，求安心；立法不要人畏，要人服。袁了凡。

虽目张大，不能实落下手，不谓兴革。海刚峰。实落便宜之处。

以狱讼、文移、催征为末；以教民耕织、转移风俗为首。海刚峰。下一句“国泰民安，皆由于此”，岂是小事。

士子喜闻谀言，学问必不进；缙绅喜闻谀言，晚节必不终。屠赤水。谀言，最害实事。

临民者，宁可于法之内减一分，不可于法之外加一分。唐宜之。

官府听讼，如身在两造之中。不得已而用刑，亦如身当其痛。庶无妄刑。贿赂嘱托，自不能人。唐宜之。仁人之言。

词讼宜少准速问，然后士农工商得安其业；准多而问迟，徒与吏胥作马牛耳。不闻不见之中，号哭之声彻鬼神矣。唐宜之。

大智兴邦，不过集众思；大愚误国，不过好自用。武侯王安石，足以观矣。陈惕龙。全在不耻下问，通达人情。

前辈见人仕宦，而广求知己。戒之曰：“受恩多，则难以立朝。”宜详味此者。沙一驹。

士之立朝，要以正直忠厚为本。正直则朝廷无过失，忠厚则天下无嗟怨。二者不可偏也。一于正直而不忠厚，则渐入于刻；一于忠厚而不正直，则流入于懦。沙一驹。

处事了，不形之言，尤妙。沙一驹。自夸而人鄙诮。

忍之一字，众妙之门。若能清慎勤之外，更行一忍，何事不辨？陈眉公。非独为官，涉世亦要。

四方奏请，廷臣面对，建置更革，或书生贵游，不谙民事，轻于献计。不知一旦施行，片言之出，兆姓蒙害。沙一驹。识浅之人，每喜多言妄议，害民甚多，最为恨。

当官临事，切戒躁急。躁急则先自处不暇，何暇治事？加以猾吏奸民，窥伺机便，以成其利。非特害人，于己甚害。吕东莱。涉世亦然。

安重深沉者，能处大事。沙一驹。凡闻事不喜不惊者，可以当大事。

吏人不怕严，只怕读。盖当官者详读公案，则情伪自见，不待严明也。吕叔简。自令凛凛。

后生乍到官，多为猾吏所饵，不自省察。所得毫末，而一任之间，不复敢动。大抵做官嗜利，所得甚少，而吏人所盗不赀矣。以此被重谴，良可惜。海刚峰。

同民好恶，固为政大要。同贤者好恶，尤同民大要。王阳明。

令民田畴有禾黍，不必有醴泉芝草。令民伏腊有鸡豚，不必有麒麟凤凰。邹聚所。实在干济。

座右铭

人命诬赖

人命关天，诬赖一节极为惨酷。下辈恃此放刁，至奴仆胁主人，顽佃梗业主，妻妾制夫长。一有不虞，则乡族乘而攘臂，缙绅因而磨牙。抢家私、辱妇女、缚尸灌汁，以求贿赂，则有子激死母，妻气杀夫，恃多男为赖死之根，指富家为甘脆之货。则有虐尸烧骨，踏门破屋。贫冤对袖手旁观，富亲戚遭殃坐罪。种种未易殚述。世之官长，独谓尸场一检，足以辩冤称快。孰知鱼麋肉烂，鲸吞虎噬，已至此也。此弊不革，不惟启人自杀，且令父子兄弟，以死为利，暴尸灭法。揣其情由，与手刃无异。令既难概置不理，但严诬告加等之法。凡药死缢死，投水死，而不即首明者，拟问如律。其系亲人逼死，以为图赖之本者，勘明重惩。有乘乱索骗，冒认挟打者，严究号令。庶亲戚无利死之心，风俗无骗抢之害。其保全不既多乎？

多事之害

凡奸猾吏胥，不利无事。盖无事则法行令熟，何所生衅？乃往往以为图兴利之说，怂谀官长，有增丁核饷，及税亩丈量，种种而起。上开一孔，下钻百窦。纳贿一身，丛谤上人。城郭富家，犹能支吾。若山谷僻陋，目不识文告，耳不辩官音，舌不解敷陈，见里长则面色青黄，望公门则惊战心胆。稍有桀骜者，皆得望风索骗。于是狱讼日滋，愁怨日积，而太平索然尽矣。岂无有心人而坐此耶？说到山谷僻陋，真可怜恻。

急救伤裂

叶公南岩刺蒲时，有群哄者诉于州。一人流血被面，脑几裂。公见恻然。时家有刀疮药，公入内自捣药，令舁至幕厅。委谨厚廨子及幕官曰："善视，勿令伤风。此人死，汝辈责也。"其家人不令前。乃略加审核，收仇家于狱而释其余。友人问故，公曰："凡人争斗无好气，此人不急救死矣。此人死，即偿命一人。寡人之妻，孤人之子，又干证连系，不止一人破家。此人愈，特一斗殴罪耳。且人情欲讼胜，虽骨肉亦甘心焉。吾所以不令其家人相近也。"未几，人愈而讼遂息，保全数十人。上之体恤下情，件件精细。大事化为无事，绝妙经济，即是圣贤心思。

贵有益

君子处世，贵有益于物耳，不徒高谈虚论，左琴右书，以费人君禄位也。吾见文学之士，品藻古今，若指诸掌。试用，多无所济。居承平之世，不知有丧乱之祸；处庙堂之安，不知有战阵之急；保俸禄之资，不知有稼穑之苦；肆吏民之上，不知有劳役之勤。自难以应世经务。历数庸才俱确，只"有益"二字括尽。

治权贵

凡治事涉权贵，须虚心看理之所在。若其有理，固不可避嫌，故令之无理。若其无理，亦不可畏势，曲令之有理。政令见得无理，只须作寻常公事看断，过后不须拈出说。寻常犯权贵取祸者，多是张大其事，邀不畏强御之名，所以彼不能平。若处得平稳妥帖，彼虽不乐，视前则有间矣。须要铁面，若避嫌畏势，则公心何在？

《赏强项令》图，出自明·张居正《帝鉴图说》。东汉洛阳令董宣因为严格执法而得罪了汉光武帝的姐姐，在董宣的力争之下，汉光武帝非但没有治罪，还给了他很多赏赐。由于董宣执法铁面无私，从此洛阳的不法豪强不敢再作奸犯科

仕有五瘴

仕有五瘴。急催暴敛，劫下奉上，此租赋之瘴也；深文以逞，良恶不白，此刑狱之瘴也；侵牟民利，以实私储，此货财之瘴也；攻金攻木，崇饰车服，此工役之瘴也；盛陈姬妾，以娱声色，此帷簿之瘴也。有此五瘴，即不居瘴地，亦有瘴害。

用　人

宋李昉为相，有求进用者，虽知其材可取，必正色拒之。已而擢用，或不足用，必和颜温语待之。子弟问故，答曰："用贤，人主之事，我若受其请，是市私恩也。因谢绝之使恩归于上。若不用者，既失所望，又无美词，此取怨之道也。"深得涉世妙法。

不接异色人

为官不接异色人。非独巫祝、尼媪宜疏绝，虽工艺人亦当用之以时，不宜久留于家，与之亲狎。皆能变易是非，簸弄听闻。儒士固当礼接，亦有本非儒者，或假文词，或假字画以媒进。一与之款洽，即堕术中。如房琯为相，因一琴工出入门下，依倚为非，遂为相业之玷。此类当审察疏远，亦清心省事之一助。

官司实学

既有官司之事，便从官司之事为学，才是真格物。如问一词讼，不可因其应对无状，起个怒心；不可因其言语圆转，生个喜心；不可恶其嘱托，加意治之；不可因其请求，屈意从之；不可因自己事务烦冗，随意苟且断之；不可因旁人谮毁罗织，随人意思处之。这许多意思皆私，只尔自知。须精细省察克治。是簿书讼狱间，无非实学。若离了事物为学，却是着空。

便　民

欧阳文忠公尝语人曰："凡治人者，不问吏材能否，设施何如，但民间称便，即是良吏。"或问公为政宽简，诸事无弛废者何也？曰："以纵为宽，以略为简，则废弛而民受其弊也。吾之所谓宽也，不为苛急；所谓简者，不为繁碎耳。"的是妙法。

贿赂虐民

士人居官，忠君为先，爱民为本。今世大异，上而卿相，下而一命，贿赂公行，直道不立，皇天震怒。何况侵民膏血，自肥一家。扼民噤喉，自谋进取。不公不法，不仁不义。决一胜于目前，结无穷之冤业。劫数来时，福力尽处，则恶报随之矣。是以显宦子孙多不振，势位之家多破败。上天之报昭然，人苦不自觉耳。若速悔心，犹可免矣。

视俗施教

凡莅事之始，不可自出意见以立科条。虽尝有所受之，亦恐易地不便。若拂人情而固行之，终必捍格如病。其难行而中变，后有命令人不信矣。是以初政莫若一仍旧贯，如行之宜，何必改作？或即日未便熟察而徐更之。人徒见上下相安，而泯不知其所自，不亦善乎？君子视俗以施教，察失而后立防也。亦有地同、事同、而今昔之势不同者，政不贵详而贵顺。顺之一字，真百世之师也。

廉　勤

为官只要廉勤。廉，分内事也。物交势迫，浸不自出，虽欲廉，得乎？推其要莫如崇俭。莅官之日，无异处家之时；用官之财，不啻用己之财，斯可矣。勤，职当然也。聪明有限，事机无穷。而又衔杯渔色，品奕赋诗，吹竹弹丝，图享宦游之乐，遂至酬应日繁，心力日耗，即俯首涉笔，终归苟且而已。须知大要莫若清晨鸡鸣听政，家务尽屏。勿以酒色自困，勿以荒乐自戕。凡事之所当办，时时察之，汲汲行之，毋谓姑俟来日。则事无不理，而心亦宁矣。勤俭清心，是最要良法，官民俱刻不可少。

笑得好二集

人以笑话为笑，我以笑话醒人。虽然游戏三昧，可称度世金针。

投　宿 笑说顺话的，改潘游龙语。

一人行路，黑夜无寓。因敲一家门投宿。其家只一妇人在门内应曰："我家无人。"投宿者曰："你呢？"妇曰："我家无男人。"投宿者曰："我呢？"

昔有祖敲门。内应曰："此处无人。"祖曰："答无者，是谁？"其人顿悟，颂曰："屋内分明有个人，无端答应自相亲。扣门借宿非他也，你我原来是一身。"人若知得此意词，许他人极乐三昧。

剔灯棒笑骗的人，改潘游龙语。

一人晚向寺中借宿，云："我有个世世用不尽的物件，送与宝寺。"寺僧喜而留之，且加恭敬。至次早，请问世世用不尽的是什么物件？其人指佛前一树破帘子云："将此物作剔灯棒儿，生生世世哪里用得尽？"

人人都有个用不尽的，但说出来半文钱也不值。

瞎子坠桥笑不放下自苦的，改刘元卿语

有瞎眼人过一没水的溪桥，失足坠下。因两手攀住桥上楯木，兢兢地握着。心中自想："倘若失手，必落深渊，性命休矣。"有过往行路人向瞎子说："你不要害怕，但放下手，即是实地，并不妨事，何必自讨苦恼？"瞎子不信好言，只以为旁人哄他，仍然紧攀，高声悲喊许多时候。喊得口干，握得力败，忽然失手坠地，果是干干实地。因自大笑曰："啐！早知即是实地，何久自苦耶！"

世人每日思虑忧愁，名缰利锁，奔波穷苦，不肯休歇。即有明白高人，大声疾呼，总不醒悟。皆此瞎人自讨之苦也。白乐天诗云："蜗牛角上争何事，石火光中寄此身。随富随贫且随喜，不开口笑是痴人。"予向年曾谒福缘大和尚，请问心多杂念，何法可除？答曰："你只放下了，自然无念。"人能知"放下"二字，犹沉苦海之中即登彼岸。不独享许多快乐真福，且又延许多康健长寿。说之不醒，是真瞎矣。

白居易像，图出自明·天然撰《历代古人像赞》。唐代诗人白居易，字乐天，故后人又称其为"白乐天"

减火性笑易动怒的

有人虔诚要见观世音菩萨，问法于大和尚。教云："须持斋，戒急性。念念在菩萨，久之自应。"其人恐不记得，因自编三句云："吃长

斋，灭火性，一心要见观世音。”时常口中念诵。如此日久，感动菩萨，试其诚否，化为道人至门求乞，见此人口念三句，道人曰：“你再念一遍我听。”其人又念。又问，如此三次。念人大怒曰：“我已念过几遍，还来琐碎重问！”道人笑曰：“我才问得几遍，你就动怒，可见火性不曾灭，菩萨如何得见？”

不戒急性，徒自害耳。岂唯不能见菩萨耶？

拔毛 笑鄙啬做人的

一猴死，见阎王求转人身。王曰：“既要做人，须将身上的毛拔去。”即唤小鬼拔毛。才拔一毛，猴叫痛极，王笑曰：“你一毛也不肯拔，如何也想要做人？”

人情世事，全要钱做人。若舍不得钱，便做不成人。家赀淡薄之人，可以相谅。若富而鄙啬，自坏脸面。

软圈 笑老年人贪色的

有一老人与妇通奸，阳物痿软难入。妇人意其物之大，所以入之难，心甚欣喜，潜以手摸之，其物则软曲，圈于阴户之外。

昔有老人行房，阳软如绵，弄了多时，总不得进，以致鼻涕眼泪，流得满脸。因自己惊曰：“怪道物软弄不进，我的精液都从上头出来了。”予叹老年人，放着安稳快活好日子不会过，何苦自寻罪受，反惹妇人嘲笑，又惹妇人怨恨。要知将灭之灯，除不添油，反去其油，愚之极矣。凡遇美色撩人者，急为禁绝。家有姬妾者，自量精力衰败，早遣婚配，既积大德，又延己寿。我今笑之，正是教之也。

忠则尽命 笑因色致病的

有一人贪色致病。家有馆宾，乃明达高人，劝以保养精神，为却病延年之要法。奈屡戒不从。一日自曰：“我不幸患病，必须娶一妾撞喜，才得病好。”乃娶一妾入门，请名于馆宾，馆宾曰：“当名曰孝姐。”其病益添。病者曰：“须再娶一妾撞喜，定然病愈。”因又娶一妾，复请名于馆宾。馆宾曰：“当名忠姐。”不数日而病者死矣。家人问其命名之意，曰：“你不知道，《千字文》上说得好，‘孝当竭力，忠则尽命’。”

昔人云：“兄弟争财，家资不穷不止；妻妾争风，丈大不死不止。”要知一树，一斧砍伐尚难经受，若再两斧齐砍，其树之倾倒可立而待矣。试看两雌夺宠，好好的都被那两个小人搬弄坏了。

动辣辣笑起动不宁的

一贫人留小姨宿，因别无床铺，乃置姨于脚后。夜半偷之。小姨诉于父母。贫人曰："并无此事，只因夜里伸脚，将脚指头误犯。"小姨连声怒骂曰："臭乌龟，臭忘八，弗信道脚指头光踢达，弗信道脚指头热闹开，弗信道脚指头无指甲，弗信道脚指头毛搭煞，弗信道脚指头对子里动辣辣。"要学苏州人说话才发笑。

樵夫嫖妓笑因嫖破家的

一樵夫每日挑柴几担，与娼家做嫖钱。一日妓穿单裙，露出阴物。樵夫笑指曰："你这阴物，好像一座窑。"妓问何说，樵夫曰："若不是一座窑，怎么烧的我许多柴去？"岂独这许多柴，即许多家财都要断送！

烧香疤笑无钱恋妓的，改唐伯虎语。

昔一子弟与妓交久，费用已尽。临别，要妓烧一香疤以为表记。妓曰："须要烧个方香疤才好。"子弟问："何以得方？"妓曰："须要用钱在钱眼中烧，自成'方痕'。"子弟曰："奈何无钱。"妓曰："你既无钱，我这香疤烧不成。"

予向日撰《渔鼓词》云："劝世人，切莫嫖。姊妹们，惯逞娇。做成假意虚圈套，痴心恩爱如珍宝。当面温存背跳槽，黄金散尽谁欢笑？只落得梅疮遍体最可怜，衣食无聊。"予劝世人常以此词吟咏，梦自醒矣。

秃　字笑出言招侮的

有一秀才问和尚云："秃驴的秃字怎样写？"僧即应曰："就是秀才的秀字，把屁股略弯弯便是。"你将屁股弯了送来，我僧人岂有不收之理？

问者语不善，自然招侮。所谓侮人必自侮也。

瞌睡法笑懒读书的

有一乳母哺养小儿，因儿啼哭不肯安睡，乳母无奈，蓦然叫官人快拿本书来。官人问其何用，应曰："我每常间，见官人一看书便睡着了。"

人情看书多瞌睡，总因心不专也。心专瞌睡何来？

开天窗笑敛份全瞒昧的

有一人专讨便宜，凡亲朋有事，动辄为头敛份饮酒。其自己一份，屡常瞒昧不出，且剩余资入腰。阎王恨他立心暗昧，拘至阴间，命监在黑牢里受罪。其人一进牢门，即高喊曰："此屋黑暗得紧，现有几个人在这里，急急敛个份子，开个天窗，也好明亮明亮。"

凡言行不公，即是瞒心昧己之人，该罚在黑暗地狱里受罪。此人偏心至死不改，吩咐狱卒，永不许出。

拳头好得很笑夸嘴的

有一人往北京回家，一言一动，无不夸说北京之好。一晚，偶于月下与父同行。路有一人曰："今夜好月。"夸嘴者说："这月有何好？不知北京的月，好得更很。"其父怒骂曰："天下总是一个月，何以北京的月独好？"照脸一拳打去。其子被打，带哭声喊曰："稀罕你这拳头，不知那北京的拳头好得更很。"要带哭苦声说，才发笑。

搬老君佛像笑搬弄人的

一庙中塑一老君像在左，塑一佛像在右。有和尚见曰："我佛法广大，如何居老君之右？"因将佛搬在老君之左。又有道士看见曰："我道教极尊，如何居佛之右？"因将老君又搬在佛之左。彼此搬之不已。不觉把两座泥像都搬碎了。老君笑与佛说："我和你两个本是好好的，都被那两个小人搬弄坏了。"

俗语云："破蒲扇，两边摇。"搬得两家来相打，却在中间做好人。需要识破小人心肠，不信搬弄，才得安稳自在。

粗　月笑假谦的

有一人每与人比论，无不以粗自谦。一日请客在家饮酒，不觉月上。客喜曰："今夜如此好月。"其人即拱手曰："不敢欺。这不过舍下的一个粗月儿。"

谦得不真，虽谦反惹人笑。转不若诚实为佳。

骑马败家笑装假脸面破家的

有一人极贫，将破酒瓮做床脚。一晚夫妻同睡，梦见拾得一锭银子。夫妻商议，将此银经营几年，该利息许多，可以买田，可以造屋，一旦致富，就可买官。

但既然富贵，须要出入骑马。只是这马，我从不曾骑惯，因对妻曰："你权当作马，待我跨上来一试何如？"不觉跨重了，将破酒瓮翻倒了。床铺同身子一齐都倒在地上。夫妻嚷闹不已。邻人问之，妻应曰："我本好好的一个人家，只为好骑马，把家业都骑坏了。

只图外边装假脸面，却误了自己实事。

陕西诗笑做歪诗的

三个陕西人，同在花园里闲坐。忽一人云："咱们今日闲着，何不各做一首诗要要？"就以园中石榴、竹子、鹭鹭为题。一人题石榴云："青枝绿音溜叶开红音浑花，咱家园里也有他。三日两日不音布看见，枝上结个大格音哥答音打平声。"一人题竹云："青枝绿音溜叶不音布开花，咱家园里也有他。有朝一日大风刮音刷，革落平声革落又革落。"一人题鹭鹭云："惯在水边捉鱼虾，雪里飞来不音布见他。他家老子咱认得，头上有个大红音浑疤。"要学陕西人说话才发笑。

若做出这样好诗，才是天下第一等诗翁。

吃　人笑吃人不请人的。

山中曾有仙人畜一虎服役。每叫虎去请客，常将客吃在肚中，无一至者。仙人知而责之曰："你这畜生，既不会请客，如何又去吃人？"

无钱之人，不能请客，情有可谅。独是有钱富翁，专好吃人的，自己鄙吝，不思还答。此不是虎，竟是狗。

蠢　才笑鄙啬的

兄弟二人同拜客。弟甚愚昧，及坐定，彼家以蟠桃干点茶。弟问兄云："此何物？"兄答云："蠢才。"及换第二盅，以橄揽点茶。弟又问兄云："此何物？"兄又答云："蠢才。"及至出门，弟谓兄曰："适问第一个蠢才，虽然酸，尚有甜味。那第二个蠢才，全是精啬的。"

俭虽美德，若家本富余，乃过于鄙啬，必生众怨。大非涉世待人之道，岂不是个蠢才？

剥核桃笑过啬的

果中核桃忽向人问曰："世人敲我吃也不怨，只恨有一等人把我敲将出来，用水浸我，剥去皮吃我，所以我恨他。”其人答曰：“因你过于啬，所以剥你的皮。”

富翁鄙吝，若不剥他的皮，还不肯与人吃。

锯酒杯笑主人吝酒的

一人赴席，主人斟酒，每次只斟半杯。其人向主云：“尊府有锯子借我一用。”主问何用。客指杯云：“此杯上半节既然盛不得酒，就该锯去，留他空着有何用？”

斟酒若满十分，恐有倾泼之虑。若主人惜酒少斟，在量大善饮者未免生怨。惟只斟八分，乃适中之道。其酒量小者，各听自便，亦不可勉强。

坐桌角笑多占桌面的

方桌酒席一面二客，内有一人横身占坐大半，竟将同坐之客挤入方桌角上。其角边坐者问曰：“兄今日份金是多少？”答曰：“一钱银子。”其人点头曰：“我出的五分银子。怪不得坐在桌子角上。”

沈存西云：“联坐位次，须要时刻照顾界限。每有不顾左右之人，横开两臂，大肆牛饮，甚可憎也。”予谓人之赴席饮酒，所当忌者，不止此一件。因集忌事百条，分为可畏、可厌、可耻、可薄、可憎、可鄙六类。犹恐语未详悉，又复细加备叙，著成《酒中趣》一本，各坊已经印行。凡赴酒席者，固要知其宜忌，而当时涉世待人，俱当知其宜忌也。

心　疼笑贪食不顾主人的

有人办一席果茶，遇一客将满碟核桃，已吃过大半。主人问曰：“你如何只吃核桃？”客曰：“我多吃些核桃，图它润肺。”主人愁眉曰：“你只图你润肺，怎知吃得我心疼？”

凡吃饮食，应须体谅主人之贫富有无。譬如食备无多，则不可多食；主未谆敬，则不可多食；食少客众，则不可多食；腹已充饱，则不可多食。若果遇食既丰余，主又殷勤，而兼已腹饥馁，方可餐多，怨憎何来乎？至于裸形露顶，豕饮狼餐，箸不少停，全无逊让，恣意狼藉，淋漓满桌，据案横肱，忙吞快咽，种种厌恶，予已备悉《酒中趣》书内。应世之人，岂不自爱如是耶！

骑　虎笑事难以止悲苦的

一人行山路遇见猛虎，躲在树上。见虎咆哮欲上，因惊跌下来，偶跌在虎背上。只得拼死抱住虎腰，任其奔走。旁人不知根由，只说能骑虎走。喜谓人曰："你看这人骑着虎走，就如神仙一般的快活。"其人在虎身上攒眉忙应曰："你们看我走得威风快活，却不知道我要下来不得下来，心里苦极，难过得很呢。"

世人切不可听信坏人播弄多事。倘如没主意，哄上虎身，不得上，不得下，此时费钱财，误工夫，受耻辱，许多坑害，悔之无及，可不戒哉！

师娘与人笑先生懒惰，误人子弟的。

有一先生教书懒惰。学生之母是织机为业，能识字通文。因学生无功课，乃着小价向先生说："我主母每日考问书文，甚是荒谬。求先生加功教训。"先生听说，嗔怪东母多事。乃云："我久闻东母才学甚好，只是虚谎说我无功。今有七字对，如能对来，方见有才，我心服输。如或不能，即是乱说人矣。"因出对云："风吹酒帘歪摆布。"下注小字云："言其不当向先生指派多语也。"价持对去。其母即答对寄云："日照湘帘没正经。"下亦注小字云："言正经先生不当与东母联句也。"先生因对得甚好，又闻知貌美，极相爱慕。因其织机，乃作一词戏云："朝织机，暮织机，终日织机有何依？有朝一日西风大，吹起罗裙露出。"此句只写六字，下注小字云："尾一字，乃'庇'字平声"。东母念完，恨其欺侮。因先生通《易经》也，作一词寄云："朝读《易》，暮读《易》，终日读《易》有何益？先生懒惰误学生，师娘在家与人。"此句只写六字，下注小字云："尾一字，乃'人'字入声。"先生念完，连声曰："我家没音冒有此事，我家没音冒有此事。"要学江西人说话才发笑。

师位尊重，因不肯用心教训，以致误人子弟，应该有妻淫之报。闻知东家内室才貌，即起邪念，应该有妻淫之报。但有一件，即不可免，何况兼之乎？"冒有冒有"，当改之曰"真有真有"。

三字同形笑乱说话的

有人行一酒令，要三个字同形的二句，后以二句串意。随说云："大丈夫，江湖海。走过江湖海，方为大丈夫。"一人云："官宦家，绫罗纱。穿的绫罗纱，才是官宦家。"一人云："屎尿屁，讲说话。你胡乱讲说话，就是屎尿屁。"

坏言坏语，不独是人的臭屁，还是狗的臭屁。

鸦龟争兄笑二人哄一人的

江边有老鸦与乌龟结拜弟兄，各争为兄。龟设计哄鸦云："我与你赌过江，先

龟图

过者为兄。”鸦暗想：“此江我一飞即过，龟爬得几日也不得过。”乃依从。鸦即一翅飞过江左，叫曰：“乌龟何在?”龟即应曰：“在此。”鸦奇龟何法过江得快，因说：“如今再飞过江右，先到者为兄。”龟又许之。鸦又挺翅一飞而过，在江右叫曰：“乌龟何在?”龟即应曰：“在此。”鸦因疑惑，乃约曰：“如今再赌到江左去，先到者一定为兄，更无他说。”龟又允。鸦因飞至江心，忽叫曰：“乌龟何在?”江左江右齐应曰：“在此。”原来是江左一龟，江右又一龟也。鸦凝睛定翅骂曰：“你两个乌龟，哄得我一个好呢。”

两人捉弄一人，甚不可容。

医驼背笑只图利己，不顾损人的。改江盈科语。

有一医人，自夸能治驼背。虽弯如弓，曲如虾，即或头环至腰，但请我一治，即刻笔直。有驼背人信其言，请其治之。乃索大板二片，以一板放地，令驼人仰睡板上。又将一板压上，两头用粗绳着紧收捆。其驼人痛极，喊声求止。医总不听，反加足力重踩。驼背虽直，亦即随死。众揪医打，医者曰：“我只知治驼背，我哪里管人的死活呢?”要学驼背痛声，又学医人哭苦告饶声，才发笑。

今之为官者，只知征比钱粮，不管百姓死活；今之放债者，只要苦逼本利，不管穷人卖男鬻女；今之丧心恶棍，只喜诱人嫖赌而得财，唆人斗讼而图利，揪人殴打而显威。种种作业，总不顾他人之倾家丧命。此皆治驼之心也，岂不深可悲痛哉！

官妻饮叙笑小官需索害人的

有税司妻与闸官、狱官妻三人会饮，座中偶谈及夫男做官赚钱之法。税司妻曰："我们须要人来睡（税）得多，银子才索得多。"闸官妻曰："我们全要水多，才有银子用。"狱官妻曰："我们全靠家伙紧，人才肯出些银子。"

此三种官，本分之外，克剥小民脂膏，难免妻女果报。小官尚且有报，何况大官之贪酷乎？

剪箭管 笑有事推诿的，改江盈科语。

有一兵中箭阵回，疼痛不已，因请外科名医治之。医一看，连云："不难不难。"即持大剪，将露在外边的箭管剪去，随索谢要去。兵曰："箭管谁不会去，但簇在膜内的，急须医治。何以就去？"医摇头曰："我外科的事已完，这是内科的事，怎么也叫我医治？"

今之任事者，全不实心用力。每藉推诿，何异于此。

怕淹死 笑店家酒薄的

客人进店吃酒，饮一杯说一墩字，说之不休。旁人曰："想是酒薄，恐怕泻肠，连墩数次么？"客曰："非也。只有了一个墩子，让我好爬上去，才不被这薄水淹死。"

以佳肴佐薄酒，何不减肴以备美酒，岂不实惠？

斋蚊虫 笑吃过又吃的

有一和尚发愿，以身血斋蚊。少晚蚊虫甚多，痛痒难忍。用手左右乱打。旁人问说："老师既然斋蚊，因何又打它？"僧曰："它吃过又吃，我所以打它。"

不谅主人，不顾宾客，只尽自己多食，最为可厌。

一妻一妾 笑接送扰烦的

有一商往苏州娶一妾，就取名苏州。又往杭州娶一妾，就名杭州。其妻见夫到苏州身边去，必曰送程，既已云云。及至过到自己身边来，必曰接风，又要云云。至于要到杭州身边去，也是如此。其夫苦于接风送程，日渐黄瘦，立意两边俱不去，安静独宿。一日妻要云云，因苦劝他苏州去，又苦劝他杭州去。夫愁眉蹙额曰："我苏州也要去，杭州也要去。只是当不得你送程接风，弄得我要死了。"

有了妻妾，哪容得你安静独宿？皆是自寻罪受。

画刀笑酒店搀水的

酒店烦人写卖酒的招牌。其人写完，乃于牌头画刀一把。酒店惊问："画此何用？"答曰："我要这刀来杀水气。"

贸易人不可笑。若贸易掺假哄人，须笑改之。

剃工被劫笑说伤人话的

一剃头人家被盗劫。次日至主顾家剃头，愁容满面。主人问之，答曰："昨夜被强盗将我一年所积劫去，仔细想来，只当替强盗剃了一年的头。"主人怒而逐之，另换一剃工。其人问曰："某人是尊府服事，如何另换小人？"主人细说前言。后剃工曰："这样剃头人，只好代人弄卵子。"

昔有一剃工，自夸剃头剃得极快，云"只铳响一声，头就完了。"又有军买莴苣，问多少一把。卖者即应云"一捆四十。"可见说话要时加检点，切不率然就出口，致触人忌，惹怨招尤，悔无及也。

粪换钱笑说伤己话的

人家有粪一窖，与人换钱一百文，换者只与五十文。主人怒曰："难道这是狗粪，如此贱么？"换者亦怒曰："你不肯换便罢了，难道我就吃了你的么？"

骂人人骂，换口自骂。不如此人自骂，免得人骂。

市中弹琴笑不知音的，添改李笠翁语。

一琴师于市中弹琴，市人以为琵琶三弦之类，听者甚多。及闻琴声清淡，皆不喜欢，渐次都散。惟一人不去。琴师喜曰："好了，还有一个知音，也不辜负我了。"其人曰："若不是这搁琴桌子是我家的，今伺候取去，我也散去多时了。"

琴宜静室，自有知音。若操于市俗，无怪乎不知也。

不与糖笑假知音的

一人挑烧的煤炭百余斤，因担重歇息街旁。适遇一人出小便，乃向挑煤人曰："老哥当家，必定甚早。"挑煤人问从何得知，答云："此出相书上的煤（眉）重当家早。"挑煤人向小便人曰："老哥要到老年才得发财。"其人问之，答曰："我方才看见你出的小便色甚黄，岂不是尿（须）黄发达迟？”旁有一卖条糖人，将糖与挑煤人吃，不与小便人吃。乃云：“你不是知音，我不与你糖（谈）。”

假在行遍地都有，也只好随人混沌，认真不得。

寿字令笑说不利话的

有赴寿筵说寿字酒令。一人曰寿高彭祖，一人曰寿比南山，一人曰受福如受罪。众客曰：“此话不独不吉利，且受字不是寿字，该罚酒三杯，另说好的。”其人饮完，又率然曰：“寿夭莫非命。”众嗔怪曰：“生日寿诞，岂可说此不吉利话！”其人自悔曰：“该死了，该死了。”

凡赴喜寿酒筵，说话最要检点。若或率言，悔之何及。

说莴苣笑妇女说丑话的

有兄弟二人卖莴苣。兄于前一日送过一担，次日弟又送一担。有妇人说：“你哥哥送进来的，又粗又长，十分中我意。你今日送来的，又小又短，大不中我意。”

妇人不宜与男人说话，若不加检点，每致传笑矣。

出外好笑船妇偷米的

客人雇船往杭州，清早打米煮饭。艄婆背着客人，将淘过湿米偷起一大碗，放在灶颈里，客人瞧见，不便明言，坐在官舱内连声高叫曰：“在家千日难，出外一时好。”艄婆曰：“客人说差了。在家千日好，出外一时难。因何反说呢？”客人曰：“你既晓得我难，把那灶颈里一碗米求你放在锅里。”

出外经商，常受船户之偷窃，非老练不能治。

迁居奉药笑医人下药添病的

一医家迁居，辞邻舍曰：“向忝邻末，自今迁居，无物可为别敬，每位奉药一服。”邻人辞以无病。医人曰：“你只吃了我的药，自然有病了。”

轻服不明理之医药，生病者颇多，不可不慎。

麦认韭菜笑医人不知脉的

医生下乡看病，路上见麦盛长，赞之曰：“好个肥韭菜”。走路的人听见曰：

"这先生麦也认不得，就出来看病。"

望闻问切若不明确，即大胆行医，鲜有不害人者。

吃　水笑请客悭啬的

有一人请道士祈祷，不肯买三牲。道士说不必，只用净水三碗就可供养，主人甚喜。少刻道士焚香毕，念道："天地三界诸神，都请站着。"主人问曰："一切诸神，如何请站？"道士曰："你叫他们坐下来，转吃水吧。"

请客不得不丰。既请客而又悭啬，反招怨尤矣。

偷　锄笑糊涂的

有告状者曰："小人明日不见锄头一把，求爷追究。"官问云："你这奴才，明日不见锄头，怎么昨日不来告状？"旁吏听之，不觉失笑。官即断曰："偷锄者必尔吏也。"追究偷去何用。吏云："小人偷去，要锄那糊涂虫儿。"

若不明理断事，自然糊涂，应该锄他。

醋招牌笑酒酸的

有一酒店，来买酒的但说酒酸，就锁在柱上。适有道人背一大葫芦进店，问之，店主曰："他谎说我酒酸，因此锁他。"道人曰："取杯我尝尝看。"道人咬着牙吃了一口，急急跑去。店主喜其不说酸，呼之曰："你忘记葫芦了。"道人曰："我不要，我不要，你留着踏扁了，做醋招牌。"

醋店招牌，每用葫芦样，所以道人留以卖酸酒。

说形象笑进出没坐性的

蛇蚤与虱子结义，同行于妇人胯下曰："我们往这黑林中游玩一回。"见一紫红门，同进去玩玩。忽有人进来，惊慌之时，蛇蚤一跳多远，虱子只爬在门外，看行事毕，寻见蛇蚤曰："我见有个人，光着头，硬硬的挺着身子走进走出，全不稳重，原来是个没坐性的。"

此笑话后添云：其后又见他吐了许多白痰，作污得脏脏的才罢。又可笑吐痰的。凡人吐痰污地，起坐不宁，俱应笑改。

虎诉苦笑和尚化布施的

和尚携经一部，铙一副，下乡代人家做佛事。忽遇一老虎扑来，和尚惊慌无措，抛铙击之。虎张口接住，嚼碎吞下。和尚更怕，又用经抛去。虎见经来，急转头跑进洞。小虎问曰："父亲搜山，何来之速也？"虎曰："好晦气，我遇着一个和尚，只吃了他两片薄脆，他就抛下缘簿来化我。亏我跑得快，不然叫我把什么布施他？"

游山水而缘簿跟随，最杀风情，急须嘲笑。

拿　蛙笑喊叫乱说的

新官上任巡街看城，市民皆躲门内，不敢喧哗。行至桥头，忽闻蛙叫，怒曰："谁敢大胆嘈嚷？"衙役禀云："这是蛙儿。"官误听作小伢儿，即吩咐快把这小伢子拿来。衙役取蛙呈上。官曰："看你还没有鸡巴大，敢在我老爷面前大喊大叫，说什的乱话！"

每多无知小人，专好喊叫乱说，皆识量短浅所致。

不打官事笑说晦气话的

徽州人连年打官事，甚是怨恨。除夕，父子三人议曰："明日新年，要各说一吉利话，保佑来年行好运，不惹官事。何如？"儿曰："父先说。"父曰："今年好。"长子曰："晦气少。"次子曰："不得打官事。"共三句十一字，写一长条贴中堂，令人念诵，以取吉利。清早女婿来拜年，见帖分为两句，上五下六，念云："今年好晦气，少不得打官事。"

到人家内，出言俱要留心。好话多说，坏话莫说。但每多忌讳之人，常以语言而生嫌疑，不可不慎也。

比送殡笑说失志话的

痴儿好说失志话。因姊丈家娶亲，父携儿同往赴席。儿方欲开言，父曰："他家娶亲喜事，切不可说失志话。"儿曰："不劳你吩咐，我晓得娶亲比不得送殡。"

人之言语，平时须当谨慎。若遇喜庆，更当谨慎。

不识自妻笑忘事的。添改艾千子语。

有一人最忘事，行路则忘止，睡下则忘起。其妻患之，向说曰："闻某处有个艾夫子，滑稽多知，能愈膏肓之病，何不往求治之？"其人喜从。于是乘马挟箭而行。才出门走未多远，忽然大恭急迫。因而下马出恭，将箭插于地下，将马系于树上。出恭完，向左边一看，见自己原插的箭，即大惊曰："怕杀人，怕杀人。这枝飞箭，还亏射在地下，若再近一些，射着了我身子，我的性命休矣。此天大之幸也。”向右边一看，见自已原系的马，即大喜曰：“虽受虚惊，且喜牵得他人遗下的一匹马来，落得骑骑。”因引辔将旋，忽自己踏着适才所出的大粪，顿足大恨曰：“是谁人出的大恭，将我一双好靴子竟污脏了。真是可惜。”于是鞭马反向原路而回。少刻抵家，徘徊自己门外，曰：“此处不知是何人居住的房屋，莫不是艾夫子所寓之处耶？”其妻闻声，自内出见，知其又忘也，因而骂之。其人失张失志，怨恨曰：“大娘子，你与我素不相识，与你并不干涉，何苦就出口伤人？岂不是自己多事耶？”

世人大笑此人之昏迷忘事极矣。殊不知人生在世，自己一生的性命，因尘埃匆扰都忘了，并不找寻识认，任其漂荡无踪，岂不比此人之忘事更甚耶？又如自己一生的纲常伦理，因利欲熏蒸都忘了，并不躬身实践，任其败丧无存，岂不比此人忘事更甚耶？若明得此义，才可笑得此人之昏忘。不然，先须自笑自己，何暇笑人乎？

骂放屁笑做坏事赖人的

群坐之中有放屁者，不知为谁。众共疑一人，相与指而骂之。其人实未曾放屁，乃不辩而笑。众曰：“有何可笑？”其人曰：“我好笑那放屁的，也跟在里头骂我。”

此可为彼觅良心之法，又可以为息谤之法。

要猪头银子笑无理乱说的

一人新年出门，偶遇空中飞鸟遗粪帽上，以为不祥，欲求神谢解，因向屠家赊一猪头，用讫屡讨不还。一日屠人面遇，曰：“不见你多日了，该的猪头银子也不可再迟了。”答曰：“迟是迟了，只是我有一譬喻对你说。譬如这个猪不曾生头，也来向我要银子罢？”屠人曰：“乱说。哪有个猪没头的？”曰：“既然此说不通，还有一说。譬如去年我还了银子，你用过也没有了。”屠人曰：“一发乱说。若去年讨得来用，又省下我别的银子了。”欠人低头沉吟曰：“此说又不通。我索性对你说了罢。譬如这堆鸟粪，撒在你的头上，怕你自己不用猪头禳解，哪里还有银子留到而今呢？”

人若肯还欠债，则牛马等畜，着哪个变来偿还？

回　债笑回债的

一人欠银多时。路上遇见银主曰：“你欠我的银子许多时，该还我了。”欠人曰：“迟是迟了。我有一譬喻在此，你明白了，自然不向我要银子。譬如这银子日前已经还了你，你自然用去了。难道又来向我要么？”银主曰：“好蛮话。你若还了我，我又在别处生利了。”欠人曰：“此说既然不通，还有一说。譬如我往远处去，你也来寻我要银子么？”银主曰：“少不得候你来家，更要得很。”欠人曰：“我又劝你。譬如只当我远处去不曾回来，自然迟些时来要了。”银主曰：“你现在我当面，怎么说不曾回来？”欠人曰：“还有一说。你再三定要我还银子，我没银还你，自然相骂相打。譬如一拳打死了我，那时除银子没得，反要经官受刑，必到破家荡产，坐牢偿命，懊悔不来。若是我打死了你，我是该受罪偿命，你难道又活转来，再向我要银子么？今你我安安静静，倒不快活，何苦定要打骂自寻晦气？”银主听完，发怒曰：“任你会说蛮话，我只是要你还银子。”欠人大喊曰：“我说了许多好话，你都不听。任你会要银子，我只是不还你银子。”

“不借当初由你，借了任我迟延。任凭打骂与抡拳，只是一门老骗。”当日脱空祖师回债之法已尽之矣。此人譬喻甚好。世人若肯如此设想，则天下无争闹之人矣。但恐你欠人的，即要人依此譬喻，人欠你的，只怕不能依此譬喻。奈之何？凡是借人钱财，应该清完。念我急难之时，开口告人，何等迫切，彼即慨然允付，何等气谊。乃无赖之徒，眼孔如针，面皮如铁，心地如镰铲。或因债主追索，翻成仇怨。或因故交窘落，抵赖前欠。究之今生假借来生填还，牛驴犬马，孰非此辈之轮回转相耶？

转　债 笑用假完还的

一人借银六两，每月五分起息。年终该利三两六钱，不能还，求找四钱，换十两欠帖，许之。次年十两加利，年终该六两，又不能还，求找四两，改二十两欠帖，亦许之。至第三年，本二十两，利十二两，共该三十二两，又不能还，求找八两，换四十两文契。主人迟疑不发，债户怒曰：“好没良心。我的本利哪一年不清楚你的，你还不快活呢。”

借到一百年自然清楚。何也？欠帖也不用换，银子也不用找，两人俱开交矣。

丢　虱 笑揭人短的

有人在众客内被虱咬身痒，将手摸得一虱，暗暗丢在地下，因装体面曰：“我只说是个虱子的。”座中一人寻至丢虱之处，向众指说曰：“我只说不是个虱子的。”

人人都各有隐微丑私。每有一种人，定要指揭说出，俗谓揭人生疮疤，总因居心刻毒所致。殊不知最惹人怨恨。何苦来由？但丑与私皆人所深于秘匿者，谁无羞耻，甘蹈污名？只缘家门不幸，或为饥寒所驱，有玷清白。仁人君子，自当曲为掩覆。乃刻薄之徒，以暧昧当新闻，以讹言作实事。竭意形容，备诸情态，恣人笑柄，秽鄙难堪。昔人云：“好谈闺阃，好揭丑行，最伤阴骘。”口业既深，贾祸亦速。此揭丢虱之事，虽极微细，其居心之刻，大小同也。今而后浑厚包容，隐恶扬善，最有受用，不可忽也。

飞　虱笑薄削的

有人在众坐间，于自身摸得一虱，已被人看见，只得掩饰云："是哪里飞来的一个飞虱？"随将虱掼去。有一人即起身寻见此虱，以手招虱云："虱子虱子，你快些飞了去，你快些飞了去。"

他人既说谎话，或说错话，由他自说，与我何干？何必剥削，惹人没趣。予著《四字天福编》云："当面证人，惹祸最大。是与不是，随他说吧。"此金人铭白圭诗，不可不时加佩服也。

屁　响笑惯掩饰的

有人在客座中，偶然放一响屁，自己愧甚，因将坐的竹椅子摇晃作响声，掩饰屁响。有一人曰："这个屁响，不如先一个屁响的真。"

刻薄之人，每每好做刻薄事，好说刻薄话。殊不知刻薄之人越刻薄，而福越薄矣。

当门撒尿笑蛮理的

一人当人大门撒尿，其人叱之曰："这个所在，许你撒尿的么！"尿者曰："这个所在，许你安门的么？"其家又叱曰："我这大门开了多年，并不是今日才新开的，怎容你撒尿么！"尿者曰："我这撒尿的东西，生得多年了，也不是今日才长的，怎容你开这门么？"

此撒尿人必是欠猪头人一师教出来的。

要　靴笑皮匠做靴屡讨不与的

判官靴破，至阳间向一皮匠曰："我与二钱银子做定钱，可代我造双新靴。待做完之日，找你银子。"过了数日，判官来讨靴，皮匠曰："你前日定银买了帮，还没有底，可迟几日再来讨。"又迟了几日，判官又来讨靴。皮匠曰："没得底，慢些来。"连讨数次，只说没底。一日，阎王勾皮匠到阴间。王曰："这皮匠平日惯会骗人的银子用，不肯就把东西交与人，可恨之极，送下油锅地狱。"只见做靴的判官立在旁边，皮匠哀求曰："判官老爷，求你想法救我一救。"判官曰："这油锅没底，放你下去，你可以爬将出来。"有夜叉擎住皮匠照油锅里一丢，皮匠快用手四方一摸，急呼判官曰："有底有底。"判官在旁应曰："既然有了底，怎的不做靴子与我？"

近来小人颇多，只现银买现货，免彼欺哄。

忘记端午

笑东家短先生节礼的，改陈大声语

先生教书，适遇端午节，因无节敬，先生问学生曰：“你父亲怎的不送节礼？”学生归家问父。父曰：“你回先生，只说父亲忘记了。”学生依言回复先生。先生曰：“我出一对与你对，若对得不好，定要打你。”因出对云：“汉有三杰，张良、韩信、尉迟公。”学生不能对，怕打，哭告其父。父曰：“你向先生说，这对子出错了。尉迟公是唐人，不是汉人。”学生禀先生，先生曰：“你父亲几千年前的事都记得清白，怎么昨日一个端午节就忘记了？”

不以礼供将，诚东家大不是，何怪先生怠误？

汉家三杰萧何、张良、韩信像。刘邦认为自己之所以打败项羽，夺得天下，是重用这三人所致

贺　寿 笑说不利话的

有人贺友寿，其友因不做生日，先期躲避，锁门而出。一日路遇，此人惯作歇后语，对友曰：“前兄寿日，弟拉了许多丧门吊客，替你生灾作祸贺，谁料你家的人入地无门，披枷带锁了。”

或不幸有孝服之人路遇喜庆、亲迎等事，自先早避。其事虽小，而其存心甚厚，每多厚报。凡一言一行，但有不利于人者，俱存心谨戒。虽曰利人，其实自利也，彼言行刻薄者，徒自坏心术耳。

门上贴道人 笑心毒貌慈的

一人买门神，误买道人画贴在门上。妻问曰：“门神原是持刀执斧，鬼才惧怕。这忠厚相貌，贴之何用？”夫曰：“再莫说起。如今外貌忠厚的，他行出事来更毒更狠。”

蝮蛇之状，文采陆离。以杖挑之，软若无骨，随人拨弄，毫不挣扎。然螫人立毙，无可解救。所以人或遇见，即时打死。凡人自觉心不良善者，务必痛加剔洗。如良医之治痈疽，拔尽其毒而后已，未尝不成良善之好人也。唯有一种人，满面春风，胸藏鳞甲，真令人难识。但虎狼虽毒，而狰狞可畏，人犹见而知避。若李义府之笑中刀，蔡元度之笑面夜叉，其毒不及防，较虎狼为更甚。所以阴恶果报，惨毒更甚。

怕　臭笑不自量的

挑黄鱼担行步的甚是健快，有乘轿人因雇之抬轿，不意走得极缓，乃怪而问之。轿夫曰："黄鱼是怕臭的，相公是怕什么呢？"

乘轿之人，俱各抚心自问，臭与不臭否。凡官员乡宦，以及医生，有用无用，可愧可不愧，都要自量。

摆海干笑闲荡败家的

一人专好放生。龙王感之，命夜叉赠一宝钱，曰："此钱名为摆海干。你将此钱在海中一摆，海水即干。任将金银取去。"其人日日摆此钱，遂致大富。后来偶将此钱失去，无奈何如，日日将手指在海中摆来摆去。一日撞见夜叉曰："你钱都没了，还在这里摇摆什么？"

不务本分，日日摆来摆去，只有摆出的，没有摆进的，哪怕不干？急早改悔，还略留些。

生团鱼笑夫老妻少的

一老者与少妇行事完，曰："但愿你生出个儿子来。"妇曰："儿子到莫想，包你养出个团鱼来。"老人即惊问何说，妇指夫物曰："与这样鳖东西干事，怎么不生出鳖来。"

若再要鳖，鳖还要别你上大路。

益笺补

世上明达高人，盘有铭而座有箴，意在触目警心，六篇崇正，时刻不忘也。予三十年前，曾将醒悟之语绘就各笺，汇刊一帙，名曰《真益笺》，行世已久。历今多岁，予因续有感发，或改前人佳句，或录自己愚谈，又补笺若干，知音取粘于屏壁之上，日夕览记，身心体贴。残虐改为仁慈，当权力行方便，生死关一朝打破，名利想抛入东洋。享许多快乐之福，免许多愁苦之殃。较彼才子之诗文词赋，孰有益，孰无益，贤哲自能辨之矣。

石成金天基撰写

富贵人受用现成，正好念佛。贫穷人家计累少，正好念佛。
聪明人通晓浮上，正好念佛。愚卤人别无所能，正好念佛。
清闲人无事扰心，正好念佛。匆忙人忙里偷闲，正好念佛。
少年人精神强壮，正好念佛。老年人老景无多，正好念佛。
有子人宗祀得托，正好念佛。无子人孤身自由，正好念佛。
子孝人安受奉养，正好念佛。子逆人免生恩爱，正好念佛。
无病人身体康健，正好念佛。有病人切近无常，正好念佛。
在家人知是火宅，正好念佛。出家人逍遥方外，正好念佛。

陆象山累世义居，逐年选子弟分任家事。每日晨典，率众至祠堂，焚香恭揖毕，击鼓点三叠，令一人高唱“听听听”一词，惊醒甚切。尚勤俭而除奢懒，诚可法。

听听听，劳我以生天理应。若还懒惰必饥寒，莫到饥寒空怨命。定定定。
听听听，衣食生身天付定。酒肉食多损人寿，经营太甚违天命。定定定。

念佛虔诚即是丹，此句起，自念珠百八顺诵，全在至诚。
念珠百八转循环。切莫间断。
念成舍利超生死，志坚必成。
念结菩提了圣凡。志专自结。
念意不随流水去，性要常住。
念心常伴白云开。性要静定。
念开妙窍通灵慧，豁然贯通。
念偈今留与汝参。谨悟此理。

予性喜念佛，日常不辍。庚午秋爽，与同窗偕游苏州虎丘，至极顶后山，遥望太湖，白茫浩荡，奇观也。旁有静室，室供吕祖圣像，梁中以丝线悬挂木笔一枝，其下承有沙盘方儿。旁坐老翁，似有道行。予询设此何为，翁曰：“凡有疑事启问，即虔诚点祷，我用符咒代请祖师降此，自临判断。”予甚惊异，但予心无机事，欲试其奇。因而烦翁用符召请。予焚香诚叩，默以时常念佛有无功效求仙明示。少顷一刻，亲见悬空木笔果自运动，首句即判云：“念佛虔诚即是丹”，随连出八句，各以念字为起，迅写不停。末书：“神阳道人赐扬州石子天基佩悟。”予细读之，偈语条通禅理，且竟知予姓字心事，尤为神奇，信是仙笔幸遇。孰谓释道二教授各不同耶？乃敬拜服谢翁。及返寓，与窗友珍爱，不忍释手。予今谬添著注句，梓与世

吕洞宾飞剑斩黄龙图，出自《吕仙飞剑记》，记述吕洞宾成仙之事。吕洞宾，传说中的八仙之一，又称“吕祖”、“吕纯阳”

共。原偈现在，明者自能辨识，不得予之赘说也。

读书十戒

莫分志。立志若专，反难为易。莫牵事。心惹尘烦，坐驰神耗。
莫懈惰。最忌懒惰，勤则必成。莫间断。工夫时习，学问日精。
莫妄想。富贵天定，思想徒然。莫枯守。性不灵活，趣落苦海。
莫多言。闲话少说，省力读书。莫闲出。闭户对卷，可杜纷嚣。
莫高诵。只要熟读，声高气损。莫呆坐。斋中散步，形神不槁。

十真修

修若不真，功效难必。唯我真修，万无一失。

心明圣到，不烦召请，这就是真道场。
志甘淡泊，不染障碍，这就是真斋戒。
自今为始，不再过犯，这就是真忏悔。
吾本做主，不令昏扰，这就是真清净。
随缘应物，不恋纷华，这就是真操守。
常常定慧，不落识想，这就是真参究。
违忤欣受，不生较量，这就是真忍辱。
慎言笃行，不懈时刻，这就是真精进。
事事方便，不结怨恨，这就是真救度。

因机指点，不嫌问难，这就是真布施。

守本分就是中国良民，明道理就是圣门弟子。保精神就是立教修炼，存仁慈就是佛氏心肠。

修持四字法

恐：恐心里一念不正，恐一言伤害天理，恐做瞒昧事怕人知。

惧：怕天地鬼神，怕王法，怕人怨恨。

修：修自身昌盛，修子孙远大，修来世有受用没冤家。

省：此字要在每日睡到五更时，把上边三个字九句话，与自己一生远年近日的事仔细想一想，急速改悔醒悟。

人能入此四字，生生世世消除极大的灾殃，长享极大的福寿。

清省四字法

守：能守分，不贪谋富贵是也。能守静，不过费思虑是也。

让：能礼让，凡交接谦恭是也。能事让，凡退避横逆是也。

和：能慈和，处事无刻薄是也。能平和，待人无矫亢是也。

真：能存真，意念勿添捏是也。能率真，言行无虚伪是也。

世人但能依此四字，则一生清心省事，长享快乐矣。

忍：忍耐忍耐，逍遥自在。若不忍耐，必遭祸害。

方便：方便方便，到处相劝。彼此互行，天下皆善。

安本分：本分本分，衣禄前定。强取强求，破家丧命。

明代《花莹锦阵》插图，描绘了书生读书疲倦伏于书桌之上小睡的情景

读书十要

读书要专志圣贤事业，磨杵铸砚，不退不移，必获如愿。

读书要时习怠惰因循，可惜光阴，念念在兹，道学日精。

读书要崇正淫词艳曲，摈不入目，棋牌杂技，致我昏惑。

读书要问难有疑未知，学才日失，不耻下问，义旨明悉。

读书要实用出可治平，入可修齐，原贵行实，不在言奇。

读书要戒博少读深思，意味浃洽，贪多不精，徒劳身心。

读书要韬藏学问虽充，深藏若虚，千誉招毁，慢则浅疏。

读书要寡交往来应酬，庆候蜎集，一曝十寒，功课难习。

读书要慎言闲话少说，省力读书，矜夸喜笑，日月其除。

读书要闭户闭户展卷，可杜纷嚣，东奔西走，空为人劳。

十享福

张前有福甚多，全在人自享受。予指十条，若得三五已足。为福何况多乎。

会享福，安分常知足。妄想机谋，自寻苦恼。

会享福，少思少色欲。保固精神，长寿无病。

会享福，好书随时读。广我知识，开我襟怀。

会享福，治得家和睦。满户安稳，熙皞致祥。

会享福，醉歌田舍曲。材酒俚唱，欣然自怡。

会享福，居住朝南屋。冬暖夏凉，极好受用。

会享福，清晨一餐粥。滋润五脏，调养妙法。

会享福，鼾鼾一觉宿。眠思梦想，劳神损寿。

会享福，隙地栽花竹。悦目娱情，时领生趣。

会享福，不用油惰仆。下人勤读，省事免忧。

定慧之法

人要明心见性，成佛作祖，全在定慧上用工夫。能知定慧之妙法，则有路可行，易如反掌；不知定慧之妙法，则无门可入，难若登天。凡言定者，贵乎澄明之定，莫入虚顽之定。定而无慧，即如泥像木偶，虽不动而何为？凡言慧者，贵乎安详之慧，英肆轻狂之慧。慧而无定，即如云电风灯，虽暂照而何有此澄明之定？即是惺惺之定也。虚顽之定，即是无记之定也。安祥之慧，即是寂寂之慧也。轻狂之慧，即是乱想之慧也。要知寂寂生无记，惺惺生乱想。寂寂虽能治乱想，而还生无记；惺惺虽能治无记，而还生乱想。所谓惺惺寂寂，是无记寂寂非；寂寂惺惺，是乱想惺惺非。总之，定者慧之体，慧者定之用。此体用者，是一非一，是二非二，如同表里相似，离之不得，合之不得，混而互抱，乃尽其妙。理甚深而事却易。天台智大师《正规秘诀》，即是此法，全正学人性心不疑。知此妙法，力行不倦，则佛祖之就成，指日可待矣。觉道人石成金普授同志。

八宝箴

言行拟之圣贤，则德业日进。名利付之天命，则妄想自消。报应念及子孙，则做事自厚。受享虑及疾疢，则存心自淡。

多言以招尤，不若简默以怡情。广交以延誉，不若索居以自全。厚费以多营，不若省事以守俭。逞能以诲知，不若韬精以示拙。

读书五戒

莫看闲书俚野词曲、小说淫书，一时贪看，正业荒疏。

莫说闲话油谈无根、嘲笑逞才，日月易过，青年不来。

莫做闲事挥毫拈韵、棋局丹青，通人游艺，初学心分。

莫走闲路不闻讲习、征逐朋友，应酬滋扰，颠倒昏蒙。

莫费闲思杂念妄缘，静中或起，专心朗诵，诸魔退矣。

惺斋铭记

谨言　轻发招尤，出言宜厚。时凛三箴，庶几无咎。

慎行　行欲寡悔，言中规矩。临事再思，始无过举。

守分　贫富贵贱，分有一定。过分招灾，守之斯称。

知足　盛越求盛，何时方足。贪则害随，知足不辱。

择交　友属一伦，择交受益。妄结匪流，后悔无及。

忍气　气动一时，祸端即伏。若能强忍，转祸为福。

节用　富厚贫穷，迭相为倚。若不节俭，贪无可已。

养生　酒色财气，四害惧烈。欲养此身，件件宜节。

惺斋常谚

笑一笑，少一少。恼一恼，老一老。斗一斗，瘦一瘦。让一让，胖一胖。要享福，常知足。要延寿，常存厚。要无闷，安本分。要无忧，莫妄求。

身安不如心安。求人不如求己。一动不如一静。一刚不如一柔。能说不如能行。能管不如能推。媚神不如孝亲。置产不如教子。堆金不如积谷。耳闻不如眼见。

惺斋能纪

能知足，受享人生千万福。能读书，荣显科名成大儒。

能孝亲，尔子承欢照样行。能教子，后代兴隆全在此。
能勤俭，合家饱暖无嗟怨。能谦和，遍地人劝乐事多。
能节欲，延年却病精神足。能安分，得失穷通都不问。
能忍耐，作个懦夫无祸害。能谨言，是非争讼不牵连。

天基福谱

心宽性怡，快乐就是福。无病无痛，康健就是福。布衣疏食，饱食就是福。茅屋竹篱，安稳就是福。天伦家和，团聚就是福。兵戈不扰，太平就是福。家门清吉，宁静就是福。书酒花月，领略就是福。明窗净几，闲逸就是福。绳床草榻，鼾眠就是福。

天基寿谱

要长寿，多积阴功天保佑。要长寿，嬉嬉笑戏眉莫皱。
要长寿，远离美色如仇寇。要长寿，三餐量腹依时候。
要长寿，热身莫教风寒受。要长寿，出言行事俱从厚。
要长寿，大小物命都怜救。要长寿，书酒花月随前后。
要长寿，诸般省俭常守旧。要长寿，上床鼾呼神不漏。

读书文人二十四戒

不可志念分歧　不可粗心浮气　不可始勤终怠
不可一曝十寒　不可贪多务博　不可姑待明日
不可畏难责学　不可耻问自是　不可滥交应酬
不可轻师违训　不可谈说闲话　不可管理闲事
不可妄想远大　不可沽名钓誉　不可得少自画
不可多习杂技　不可系累俗事　不可惜钱买书
不可代写词讼　不可下笔伤人　不可编造歌谣
不可将书为枕　不可作践字纸　不可塌笔涂案

以上诸戒，不独文士为然，即农贾杂技、修仙学佛者，义俱通此。各粘一纸于座右，时加警心，治去病症，功自成而业自就，乃知予言真不谬矣。石成金撰。

王　言

个个人心本善良，请君何不反思量。孩提知爱原真性，妻子分心始牿亡。欲报劬劳须一孝，莫教俯仰愧三纲。夕阳不返空遗恨，敬听王言第一章。

个个人心本善良，诸君何不反思量。尊卑长幼天生定，敬让温和分自当。随处谦恭却有益，些儿拗狠更为殃。徐行后长堪尧舜，敬听王言第二章。

个个人心本善良，诸君何不反思量。同胞说起皆当爱，和气原来不可伤。相劝相规成美俗，共忧共乐是仁乡。大家齐享和平福，敬听王言第三章。

个个人心本善良，诸君何不反思量。儿孙不教谁之过，礼法相传家定昌。前辈躬行为样子，严师陶冶是良方。中才可养休轻弃，敬听王言第四章。

个个人心本善良，诸君何不反思量。随人生理随人做，各自安心各自强。或读诗书成士子，或为农圃并工商。游民自古难成器，敬听王言第五章。

个个人心本善良，诸君何不反思量。是非善恶原明白，祸福灾祥定渺茫。立定脚跟行正道，休将面目等豺狼。算来不作非为好，敬读王言第六章。

十快乐

眼前皆是快乐，惜人常视不觉，所以未乐。若夫富贵天定，非由人虑。此撰十得二三，已定快乐，何况多乎？

今幸托生中国，又是男身，这等禀赋，快乐极矣。

今幸有亲在堂，有子承祧，这等天伦，快乐极矣。

今幸耳目聪明，手足皆全，这等形躯，快乐极矣。

今幸识字知书，通情达事，这等心思，快乐极矣。

今幸体不饥寒，居蔽风雨，这等安享，快乐极矣。

今幸明师讲训，良友熏陶，这等教助，快乐极矣。

今幸无灾无病，不讼不争，这等平坦，快乐极矣。

今幸诗书悦性，花酒怡情，这等受用，快乐极矣。

今幸山青水绿，日暖风和，这等景况，快乐极矣。

今幸行则随行，坐则随坐，这等自在，快乐极矣。

五字之益

杨复所先生有五字之益。五字者："不敢怪不得"也。盖《孝经》之教，以不敢为先。由不敢毁伤，以及于不敢恶，不敢慢，不敢言，不敢服，不敢侮鳏寡，不敢失于臣妾之类，直至通神明，光四海，皆不敢致之。是不敢之为孝也，大矣。罗近溪先生每见人有过，辄提起"怪不得"三字在口，谓吾侪日居善地，日亲善友，犹不免于有过，此辈或所遇不得其所，或所交不得其人，或未闻善言，或未见善行，其有过也，如何怪得他？故以"不敢"二字持己，何等孝敬；以"怪不得"三字待人，何等仁慈。

读书箴惺斋录

父母心勤，仆夫血汗，论本心则书不可不读。明窗净几，尘缘勿交，论受用则书不可不读。登坛取友，负笈从师，论钦尊则书不可不读。家园温厚，好景无多，论目前则书不可不读。杖头钱尽，俯仰何堪，论寒苦则书不可不读。名扬争重，落魄人轻，论势利则书不可不读。流光易度，老大徒伤，论寸阴则书不可不读。朋侪高下，彼此相形，论齐贤则书不可不读。文章莫辨，稽古茫然，论空疏则书不可不读。气质未化，学业未成，论进修则书不可不读。

谨身要法

谨　始

选有官职，不论大小，以贵为民上。当即立志，要做好官，专为百姓申冤理枉。唯以清廉自誓，不独己有受用，没冤家，即子孙亦昌盛远大矣。奈为官者，见利生贪，虽或暂富，犹若冰山。其子孙非但贫贱，且而果报，有难忍言者。试看多人，指不胜屈，总因丧心。损人之财，岂能享用？甚可畏哉！

戒　偏

持身须要检点清白，切不可轻与人交，恐一有濡染，动遭钳制。不独贿赂可以污人，即如好技艺，则星相医卜者投之；好奇玩，则古董书画者中之。嗜好一偏，或投机阱。虽诗文之交，亦有怡情败事者，不可不谨。况偏人之材质不同，而溺于意向所偏，自己不觉人将以偏处乘之，投吾所喜，激吾所怒，败事常必由此。随我气质所偏，便当力治。前人弦韦之意，亟宜知也。

立　言

信者，居官立事之本。与民信，则不疑，而事可行矣。期会必如其约，毋因冗而违。告谕必如其言，毋因事而改。行之始，必为之终。先诸人，必先诸己。待士大夫，尤当以信处之。虽有事相托，势不可行，必婉言开阐，明告其所以不可行之由。毋面诺背违，毋阴非阳是。待同僚亦然，有过必规，有言必践，久久自然孚洽。若一时欺诳，则终身见疑矣。

崇　默

言者，吉凶荣辱之枢机也。为官常默，令旁人不能窥测。是非曲直，止以数言剖之。所谓万言万中，不如一默。方喜方怒，尤宜纳言。盖轻诺招尤，漏言偾事。一词轻发，驷马难追。是以寡言者，存心养气修德蓄威之助也。三缄之谕，君子慎之。

存 仁

为官须要仁以存心，恕以立政。如催科，则思民有朝食不饱者；用刑，则思民亦父母所生者。鳏寡癃瘦皆吾赤子，虽隶卒下人不轻怒詈。至于盗贼，亦须多方推问。歼厥渠魁，分别轻重，慎勿轻施诛剿。要知天道好还，刑官无后。谚云：“一世为官，三世打砖。”专指偏酷而言，切宜慎之。若姑息煦煦以为恩者，则又错矣。

充 量

有容德乃大，有忍事乃济。盖容则恕人，忍则耐事。一毫之咈，即勃然而怒；一事之违，即愤然而发；一善之长，即为炫暴；一言之誉，即为动容。皆无涵养之力、薄福之人也。昔人谓量随识长，闻事不喜不惊，乃可以当大事。

习 俭

一切酒色服食器用，凡可娱心悦目者，一旦登仕，随愿为之。只图眼前快乐，不顾帑俸亏虚。更有丧心受贿以供挥洒。又有一种多方馈营上司，以买虚浮之体面。一朝事败，罪犯难逃。何如节俭淡泊之上计耶。

力 勤

钱谷刑讼事案繁多，虽朝夕治理，尚不暇给。若或逸乐，以致纵情诗酒，留意声色，将政事委人，奸弊百出，最为大害。所谓勤得一日半日闲功，审出许多隐弊情形也。

寡 交

昔人谓受恩多则难以立朝。凡一切知交，若相往来，或遇喜寿不得不相祝饮。彼则招摇打点，如不应命，则怨声肆起；若稍为曲从，又民冤沸腾。居官惟以寡交为第一法。

远 嫌

嫌疑之事，易生谗谤，当防于未然。杂流之人，不可交；嫌疑之地，不可往；

非礼之馈，不可受。内言不可出，外言不可入。富户徘优一切外人，尤不可私见、私语。要知一涉嫌疑，则奸诡得以指名诳索，仇疾得以造言嫁祸。凡吏胥巧滑，每能先意规伺，若乐其便于使令，少加辞色，则为下民耳目所归。狐假鼠偷，奸欺万状。须要六房书吏，值日轮流。门隶细人，随便差遣。小事呼唤，不必专名。公务往来，动宜稽查。当堂问断，毋许假公咨禀。私衙封闭，勿令无事出入。到家迎接者，尤宜远嫌，不可近狎。出路跟随者，务严约束。如此则上听不偏，下情自洽矣。

制 怒

七情所偏，唯怒尤甚。怒如救焚，制之在忍。非徒害人忤物，抑且偾事伤生。凡居官者，逞怒于刑，则酷而冤。发怒于事，则舛而乱。迁怒于人，则怨而叛。须要涵养其气质，广大其心胸。非理之触，必思明哲所容。无故之加，必虑祸机所伏。先事当思，情恕理遣。如此风恬浪静，非唯无患，且可养生。

守 谦

傲为凶德，切不可有。今人有自恃才能，而慢上官；自矜清廉，而夸同列；自恃科甲，而轻士夫。有一于此，皆足以丧名败德。须要虚己受人，示其能听。卑于下人，示其能容。无骄心，无傲色，无矜辞。民安而视之若伤，政成而视之若庞，颂感而视之若谤。终日兢兢，不敢荒怠，可以从政矣。

勿 炫

凡为官虽欲兴利除害，与民造福，俱要浑厚深沉，不可炫露，致人窥测。如知我欲抑豪强，则牵涉土豪名色；知我欲清赋额，则巧诬诡寄钱粮，变换情词，投我意向而启衅多矣。如欲申事，先府后司，不可搀越。其呈禀之词，亦宜谨慎详确。功归于上，令其孚信不积，则事行无阻矣。虽旁县同僚，亦不可炫暴己长，致生嫌妒。事成之后，视为分所当然，韬晦不矜。至于行事，务须详审，不可辄立新法，恐不宜人情，后难更改。

防 骗

目今骗棍最多，或诱夤谋高升，或诱代积货物，生放大利。一堕其术，竟有挪移库项通融为之。思获名利，多付乌有。罪害罹己，追悔莫及，可不戒哉。

果 断

需者事之赋也。居官，百务所萃，自非果决岂能有成？非惟惰误事机，抑且致生奸巧。或听吏书之曲禀，或入门隶之冷言，荏苒拘制，竟成卑贱。上官恶其废事，小民病其牵延，妨政损名，率由于此。须要事既精详，断在必行。其有拟议未决者，不宜先露其端，以为吏卒要索之地。

保　终

居官固难善始，尤难令终。盖志每怠于宦成，谤多起于去任。近见居官者，一蒙褒奖，便易初心。得代交还，视为传舍。或讽民立碑以颂功德，或鸠民钱帛以佐路需。买办土仪，馈送交结，广携器物，撤剥道途，皆足以致谤败名也。有识者慎之。

瑞鹤堂新语

积谷宜推陈出新

万世治平良策，必以积谷为第一议。今亦到处举行矣。但每见春夏之交即散之，究其所以然，则云："积储既久，恐致潮烂也。"夫积谷非以循虚事而已，盖虑间值凶荒，粜无可籴，贷无可贷，乃以此为不时之需。若岁岁散之，一旦有急，何以应卒也。是莫善于昔人粜籴之法，夏则平价以粜，冬亦平价以籴。推陈出新，非惟潮烂无虞，而且殷陈可致，积谷庶有实用乎！或曰："粜籴不能无假手，抑勒扣克，则病在民；侵没搀和，则病在官，可奈何？"曰："不然，阿家翁之会计，未尝不假手童仆也，而粜则获息，籴则获货，何者？阿家翁之切己事，而僮仆不能欺也。"然则我以民事为己事，而吏胥其敢冒万死而窥吾颗粒乎！唯是嫌疑所在，必当详明上司，然后可以安心粜籴。如春夏之交，果属小歉，则用半赈以资播种，是又救于未荒之一法。总之，我能实心任事，则或留或散，无往不可以济民。若未能真实用心，则虽循名粜籴，而惭至销亡，或反不如每年给散者之犹得现沾其惠矣。官员捐助者，给散后方准加级，记录此项，或于半赈用之。若罚赎，所积断宜粜籴，以为永久之计也。

夫役宜折雇

夫役，如河夫、纤夫之类，往往讳言折雇，而征发人夫，此大不便。河夫唯役土著，则心专而工完。若他处人夫，则其心唯一逃字，刻刻在念，不专甚矣，工安得完？且工食每日银四分，在土著可以赡其家，若在他处人夫，犹不足以赡其身。何也？爨具、卧具皆需置办也。彼其孑身远涉，称贷而来，皆取偿于工食，所获固已微矣。而监工之吏卒，以其非土著也，又从而苛索之，此其苦有不可言者。至于父母、妻子，平日皆资其力以食，一日就役，则其家一日无从觅食矣。一月就役，则其家一月无从觅食矣。在官府，以为工食不缺，就役分应云尔。岂知其家交困至此！是曷若夫折雇土著之为交得也。往者，纤夫之苦，伤心惨目，数日前预闭一室，其疲且馁已八九分。及至上纤，而些微裹粮旋为兵厮夺去矣。急以赶纤钱奉上，庶可免于捶楚，否则，刀背鞭鞘拉杂而下。夫其枵腹而往，枵腹而回，两日间约有二百里之程，疾驱其后者，如雷电风火之不可以少息也。且又在积疲积馁之后，是以一番兵过，纤夫死者累累。里甲至以银一两雇夫一名而不可得。嗣经题定，每夫折银一钱，给付船户，令用本船水手。船户水手踊跃用命，赶纤者亦不复需索。里甲雇夫之银，十免其九，而纤夫无道毙之患，民大便之。噫！能于无边苦海中造出洞天福地，所谓胸有走盘者。由此推之，夫役之宜折雇，必然者矣。

狱不可轻羁

目今奉行各州县仓铺俱已折毁，只存监狱，功德大矣。但非关命盗大案，其余一切事情，轻易不可将人送狱。要知一入其中拘禁囚锁，牢头禁卒百般需索，衣食举止诸事不能自由，种种苦楚。或遇贫薄之家，即有送饭，三日五日，岂能久应乎！倘抑郁饥寒而病，化为鬼怜，迨以一纸病呈递上，而司狱不言所以然也，官府不知所以然也。呜呼，在我初无杀之之心，但其人则由我而死，可不大哀乎？若其家之仰无以事，俯无以畜，更不待言。日复一日，轻则致病，重则转徙。其罪本不及拿，而所受不啻连坐。又无代陈苦情者。至于牢瘟传染，为害尤剧，凡春夏更宜慎之。盖为民牧者，未有不存钦恤之心，只以其人无处安着，吏胥复执成例以进，乃不得已为之。然而手不可滑，心不可松。唯速行审结，则可免于此患。能速审，则虽地远无妨，可即日发落矣。能速审，则虽人众候讯，其无干者，可照式新例，先令宁家。其候质者，或发总甲，或着原差。总之，外间既知此案不日便结，则召保亦易。若窃盗有赃无赃，初招已得其概，应刺配者刺配，应杖笞者杖笞，亦复何容久羁？如不即结，恶捕从而导之，今日扳某人，明日扳某人，是其害又不止本犯

古代小说《潜龙马再兴七姑传》插图，描绘了犯人在天牢中的情景

受之，而又及他人矣。再者，囚粮每日一升，载在律内，而今或缺此项，殊不可解，急须请复。倘或未便，亦须按名自给之。其有者，当严禁克减，时加体察。若夫盛暑，频令扫涤，隆冬量给草絮。在我并未伤惠，而其人赖以全活。仁人用心，谅应如此。

人命不可轻检

人命宜速相而不可轻检，前哲盖屡言之。然而不免者，两造争于下，而宪驳临其上也。不知真情全在审讯。真情未得而徒为蒸刮之惨，万一抵偿不果，我心能自安乎？人命假者多而真者少，必速行亲切相验，则无论投河自缢，一见了然。即是病是殴，亦毫无躲闪。如此则绝无不抵偿而漫检之弊。至如孝子顺孙，虽挟不共戴天之仇，若说到蒸刮二字，其颡必然有此。凡哓哓求检者，皆以尸图利也。我既相验亲切，自有折倒他处。若宪驳则例也，我以缘由一一详明，未有不蒙俞允者。彼檄文一定之字样，宁遂掩其悲悯之心哉。

盗案口供，宜分别裁叙

凡重案，未有不由对簿定者。惟现获盗犯所供未到之伙，则每一单词定罪。盖伙盗到时，现盗已决。故现盗所供之一字一句，即为伙盗之铁案也，呜呼！此内岂少冤民哉？大凡供出伙盗，虽众口同扳，然而若非真犯，则其词必有参错之处。如此盗供某人执枪，彼盗或供执刀。此盗供某人分某衣，彼盗或供分某物。以及时日处所，出其不意，错杂问之，亦必多有互异。其显属妄扳者，立斥之可也。群盗如果语塞，即将口供全抹之。活口既已服诬，何容便留疑窦。其或一二处疑似，而群盗坚供不改，则参错之供，必全录之。俟至续获，看其何语相符，何语不符，真假即有辨别。倘或串招时，恐遭宪驳，将参错口供，裁归一路，则获到伙盗，依此定案。更无罅隙可寻。是彼有可生之路，而我反杜之也。大约盗案口供，多出捕快主使。彼一拿到，非刑私拷，已有一幅滔滔口供教之烂熟。乃至解官，不过各背一遍。故谳盗者，较之谳命，尤当详且慎焉。

钱粮愚见

切不可钱粮分为十限

事有本来简约，而人自恃才能，强为分繁者。钱粮之分十限是也。要知地丁纳户，大县十余万，即县之小者，亦有数万。虽各分都图里甲，其中家之贫富，田之多寡，原难一定。常川完纳，总要听民之便。譬如某户额银若干，有余者，即自为一次二次完纳，亦不嫌其减。或贫乏不足者，设措之银，不拘多寡，即自为十余次完纳，亦不厌其繁。惟以完额为主，何必定计于其限几次耶？若以呆定十限行之，譬如，额银一两，分定十限，每限一钱。截票既已预定呆数，若纳户之银或多或少，皆不能入数。欲就其限数完银，反令纳户徒多杂费。况各图之内，几钱几分之户甚多，概分十限，徒增纷繁，曷若多寡听民完纳，岂不简约耶？

宜约分三限

征收钱粮，虽奉有四月完半、九月全完之例，然而本年之奏销，则在次年四五月内。院方咨题，当于此中稍为交通。旧分十限，已甚不便。予意于每年二月开征，二月三月为初限，各纳户于额银约完三分之一。其四月一个月，留为余暇，查比欠户。吾扬风土，五、六、七月，农忙之际，不独收麦正殷，且时当栽种，小民昼夜力田，一刻千金。此三个月，不论钱粮多寡，一概停征。至八月九月为二限，约完三分之二。至十月十一月为末限，即令十分全完。其十二月一个月，留为余暇，查比欠户。岁内全完，上既不误考成，下又便民输将，似甚简捷。或问予曰："地丁钱粮，今依子说，上半年催完三分之一，何以甚少？下半年催完三分之二，何以倍多？且各项之解给繁急，将何以应？"予谓民间二熟之收获俱在下半年。如五六月之获麦熟，八九月之得稻熟。今于成熟之时催征，民力宽余，完纳自易。若不量民力，早为催征，必多二月丝，五月谷之苦，民实难堪。予虽约分三限，实则或多或寡，听随民便。即自为十数次完纳，亦不厌其烦琐也。于催科之中，又将顽欠之户，签罚全完，可补粮少之欠数，稍可应符解给，不致大误。此虽与四月完半，九月全完之例些微更改，其实便益于民者多矣。须预为按户给单通知，再多出告示遍晓，实力照行。唯予生于扬州，乃就扬地之宜而言之。若他处之田禾或早或迟，又当以时令消息而变通之。

杂项钱粮，各纳户额银无多者，不必分限，唯约定某某月完纳。亦须预给催单，通知纳户。将后开单式，删改酌用。至于签催差提，俱可仿照地丁例行之。

地丁催单，须预于正月刊刷。填明图甲、花户、田亩，银数。在上半月造完，缴核确实，于开印后钤印。给散各纳户通知，便于开征之后，源源完纳。

切不可妄改簿格

征收地丁钱粮日收流水簿，于康熙某年间奉行。于各纳户之下，分完地丁银若干，漕项银若干。刊定两行空格，候收填各纳户银数，颁有簿式，通饬遵行。殊不知民之熟谙钱粮、善能书算者甚少。各图纳户只知将银完交入柜，给有印票，即公事已毕，而各自宁家矣。其分别地丁若干，漕项若干，总在州县官自为。按款起解，何必责令不知书算之小民分数完交耶？若强而行之，十户九错。总非民人之咎，乃上明不知下暗，所以饬行如此。予谓事非目睹身历，不可著为政令者，此类是也。又于康熙某年间，奉行州县征收地丁钱粮。每图各置日收簿一本，只填本图纳户完纳银数，不许将别图纳户银数错填本图薄内，颁有簿式遍饬遵行。殊不知收役一人承管一柜，若以每图置簿一本，自必一柜之上，堆簿十数本不等。收银填数入簿时，每值人众拥挤之际，收役稍一舛错，则此图人户，填入彼图簿内者有之。又或将彼图银数，错填此图簿内者亦有之，虽极精细之人尚多舛错。何况平常人甚多，总非收役之过，乃上司未知收银人役之纷繁，所以饬行如此。予谓事非目睹身历，不可著为政令者，此类是也。可见流水簿之格式，一式增减即有如许多不妥，凡出政令者，可不慎欤！

凡纳户完银，收役照银封上图甲、姓名、银数先填入日收簿内，然后将银眼同纳户线穿入柜。须另着一役，专司填给印票。切不可填簿、给票俱着一役，致有以大化小，侵隐窃取等弊。仍取二役互结存查，令其彼此交察，犯者并究。

给票人即令在填簿人旁，一面填簿，其给票人一面照簿号图甲，姓名、银数随完随给宁家。不许另在一处，以及远离柜旁，致令纳户东寻西觅，又多刁难勒索诸弊。

宜每柜只置收簿一本

征收钱粮，或每区每都一柜，或每项一柜。每柜只点一人承管，每柜只置日收簿一本。每簿一百页，用完此簿，再置第二本接续印发登填。不许分图多簿登填，致令讹错滋弊。每柜面大书某区某项，凡纳户上纳，对明区项年份，即不论图甲，不拘多寡，挨号填薄收银下柜。每晚将簿缴衙稽查，次早给发登填。

切不可用十联截票

征收钱粮，向来俱设三联印票。一给纳户执照，一比照，一存票根备查，甚是简便。忽于康熙某年间，奉有十联板串截票之行。预将某图某甲某人户下应完额银若干，分为十限。每限应完银若干，预先各造成截票。每票首刊明一限二限三限以至十限。每一户各造定十张，名曰十联截票。虽每票各有缝印，并不编列号数。饬令纳户遵限完纳。推其立法本意，不过便于稽查各户之完欠。在完者，票已截去不存；而欠者票之几张，存而未动，一见了然。所以便官吏之不分限催科耳。如有州县不遵者，部议严切，务令遵行。殊不知设立此法，乃一己之见，总未曾亲历征收之地。其大不便者有六，予请细陈其说。各图花户完纳钱粮，随其数之多寡，听凭随时交纳。譬如额银一两，家资有余而急公者，即是一次二次完纳，并不嫌其减。若家资不足者，即自分十余次完纳，亦不厌其繁。照数随完随填印票，给予宁家，甚是便民。今依十限之法行之，是额银一两，每限预先注定完银一钱。完多完少，皆难入柜。即或随其数之多寡，勉强入柜。奈印票预先填定呆数，虽有票根之数可查，奈民所收执之票，并无实完银数。乡愚凭何稽查？虑恐失错，不得不剪凑倾销，以合限数。其间，银匠之偷窃，杂用之亏耗，烦费甚殷。此大不便者一也。三联串票，凡纳户完银，先于银封上自写图甲、姓名、银数，收役即照填入簿。但有纳户来完，不拘多寡，一面填簿收银，一面随即填给印票宁家，并不令民守候时刻。若依预先造定呆票，临完之时，印票面十万张，堆积如山。虽各分图甲出，管票之人必先逐户细查，逐张细检，揭至若干张，寻至本户姓名，方才裁票给发。略或眼钝揭过，从头另又查起。完一户钱粮，即有完二三十户时工夫。倘遇征收正段之际，人众拥挤，令民守候半日、一日甚至次日，才有印票。岂不废民之时，而失民之业耶？况有不肖收役，借词刁难，故意缓查，需索肆出。良懦任其鱼肉，额外大耗民财。最可怜者，离城甚远之民，三五十里不等，饭食无处，歇宿无家，每致忍饥受饿，卧湿眠霜。若再值初寒酷暑，风雪阴雨，孤贫老病，惨更难堪。此大不便者二也。三联票根所存无多，每晚缴衙，次早发给，缴发甚易。若十联呆票，动辄几担。每晚欲尽缴衙，自必搬入搬出，不独无此挑运之人工，抑且稽查繁琐，亦无此闲暇之官长。况纸张久盘，未曾裁给与民，先已坏烂不堪。若欲意存外房经胥之手而经胥柜役诚实者少，见此百千万张之印票，谅难查察，每每竟将印票私自裁去，执为凭据，密向各乡花户收银。在各花户，见有本图甲已名印票，信为真确，无不甘心交银。及至事发，连累乡愚，徒加追究，贻害无穷。此大不便者三也。三联票根，每晚同簿缴衙，官长最易稽查。若预造十联呆票，花户极繁，虽有聪明能干之人，亦不能各图核算，何况官长事案繁多，见此截票山积，鲜不目眩神摇。一部念一史，令从何处说起。原所以设此稽查完欠者，今则望洋而不知往涉矣。此大不便者四也。预造十票之纸张，书算甚是纷繁，里书户总，岂能皆捐己资而应公务乎？印官又不肯给俸银买备以应，势必指称书工纸张，藉端派民，愚懦者默受科索。此大不便者五也。三联印票，每帙百张。一次送印，用完又印百张。陆续印发，官便于钤印，吏便于刷送。若造十联呆票，一时几十万户，每户十票。不独算造繁难，即钤印者，亦不容易。更有零星小户，几钱几分者，一例悉造十票。完一户而全给十票，徒费算造钤印，毫无实用。此大不便者六也。但愿为民上者，览予六条。凡州县官长，若奉各宪饬行十联截票，即速通详停止，切不可遵用。在各宪应查州县有十联截票者，通行停止。如有吏书送十联截票之牌，切不可判行。庶不以一己之见，贻害无穷。是造福于官民，即造福于自己身家子孙矣。

宜设三联印票

征收钱粮三联印票，中缝编定字号。一给照，是给予纳户收执。一比照，是裁交管比人役，入数注完。一存票根，是备查完欠。凡各图纳户，随完随即填给，宁家。票须每帙百张，不可缺少。印须细心揭印，不可漏印。倘有一张漏印，以致吏书渎补，则藉情生弊矣。每晚将票根并未曾填给之票，同簿缴衙算明，次早发给。其票式与前官票式，略加更改。一见即知真伪，可杜假充之弊。

三联印票，中有验比一票。乃向来因有里长填票给与，令其临比执验而设也。今各州县里长，既已久奉督院革除，其临比，不过本州县管比经承执验，何不令其每日检查收簿，并存留票根，查入完数应比耶？依予愚见是验比一票，似为多设，尽可除去，省却许多印填无益之工夫矣。但恐州县犹有用此执验答比之例，存之各随其便。

切不可用稽截册

康熙某年间，奉行地丁钱粮设立稽截册，每图一本，将各纳户，不论钱粮之多寡，俱各分十限。呆定某图甲、某纳户、额银若干，一限二限三限以至十限。刊定空格。每张开列四户，刷印蓝格，钉成册籍。每日将完数查于各户下，按限填入，稽查完欠。要知十限之大不便，予前篇已备悉言之矣。若依此法稽查完欠，头绪繁多，大费精神。予再四思维，凭己愚见，设立一簿。名曰《稽查完欠》簿，每张刊列二十户，简明切当。若果用之，省官长许多精神，留此功夫以为政事之用，何等大快！

宜立稽查完欠簿

收银流水簿，每柜一本。不必分图甲，有一户来完，即挨号填一户之完数，不许先后，不论限次。至于稽查完欠，则非流水簿可比。务必每区都预先各造一簿，愚式开后。每晚将本日完数，随注于本户之下。每户下各分三格。约有已完三分之一，则填数于上一格。约有已完三分之二，则填数于中一格。其下一格，则留填全完之数。如已全完，随即将户下银数勾去，则完欠一见了然。此簿或着一勤谙吏书，专司登填。务与每日收簿毫厘无错。每晚缴衙验对，先取该吏书并无捏错等弊，甘罪结状存查。或一季一次点换，以清陋弊。但每日填数之役，其查算书写，甚是勤劳，可将罚完签号与之收销。要知各图花户，来销签者，稍有书工之资，可以补恤其劳，则下情不怨矣。

簿式因纸窄，格画缩小，须照绵纸宽格刊刷，便于辑填收数。如完不足限，则户下现有空格矣。

每十页十户，此是前半页格式，后半页仿此。

甲内如有乡绅，即于本户格上，造注某科举人进士，原任某处某官，以便分别催征。

如本户全完，即用墨笔自该银上一勾到底。若查欠时，则有勾之户不复看矣。

住址开明，如或顽欠，便于一票五户，顺径摘拿。

切不可用图差坐催

事有本来纷繁，而人自恃才能，强为简约者，钱粮之设图差坐催是也。要知各图钱粮，纳户繁多，每户或一次完纳，或多次完纳，常用设柜听民自封法甚妥。便每有积年书差串同一气，巧立简约妙法。耸动本官，每图只差一役，将本图各户额银册，发与该役，完欠俱责令专司承催，逢限比较，唯图差坐催是问。或以里长代为坐催，或以里书、总书、户首、甲首代为承催。名色虽异，而陋弊则同。在州县，官长见其简约可听，意想省事，每堕术中。殊不知奸胥惟利是图，多方贪谋。一俟票册到手，即多带仆从，骑驴驾船，遍历乡庄。或曰："今岁钱粮俱着我等催办，不容迟延；"或曰："今岁钱粮俱比较我等赔垫，不容自纳。"乡愚无知，见有朱票、印册，听其哄骗，竟将正项钱粮，逐户科收。不收奸顽之户，反收淳良之家。强勒代纳，更且需索酒食，诈取差资。稍逆其意，唬吓押比。若银饱私囊，则逢限量扣完若干。比若严紧，则雇人代杖，延挨月日，又复挪新掩旧。及至侵那数多，每于紧急难掩之际，即撤家逃遁，莫知去向。官长虑恐迟误，有干参罚，不得不拘本户重完。嗟乎！以民膏民脂供若辈之侵肥，只因一求简约，而遂贻官民如此之害，岂不深可叹哉！

仕宦乡绅，预在稽查簿内，于本户上造注明白。倘有遇限不完者，不可遽然签罚差捉。可发名帖，着听事吏到门致意，催督全完，凑济紧饷。或便路亲至其门，拜会催促，彼自争先上纳。既存乡绅体面，令其喜悦感颂，又得早完正供，而省许多差比之繁。倘帖催后仍再抗玩，然后签罚差捉，甚则详报惩究，彼之理亏，亦无辞以自解矣。

宜摘罚顽户

各图纳户，已于正月预单通催。再于三月初，令各小甲，手执木牌，鸣锣喊催完纳。倘再有奸顽者，即每图摘发数户，每户给发一签帖粘。该户不遵，令罚将一年钱粮照数于五日内全完。准将此签，交该管吏书汇销。如再违限不完，即五户一票，差拿该户比较。银若一完，票即勾销。要令各图纳户，尽知违限不完者，则罚全完，人人自畏，自必照限先完矣。初限摘签罚完要在四月，次限摘签罚完要在十月，三限摘签罚完要在腊月。若早发签催，则不取信于民，而民反玩视不遵矣。

图内欠户，发签摘催。大约初限有十户摘三户，二限有十户摘六户，三限照户全摘。至于差拿签号比较，须宜再稍宽缓。

催征钱粮，不专在于敲扑。可预设小枷三四十面，俱倚放班房之外。令众通知，但拿到欠银顽户，即用此枷枷号。标明银完释放。随差一役，押归本家措银完交。又令沿途之人，传知欠粮者，如此枷催，令其各自畏法早完。至于乡绅衿监，则拿同居子弟家属如法枷治。不可止拿比小户，而宽大户。亦不可止拿比大户，而专宽小户。但要存心将粮少之小户稍缓于后。要知既罚大户全完，亦可略补益于小户之拖欠矣。

千门种

重检验

禁委员以防贪黩。夫人命全凭初验，终始论伤，伤真则有死法，伤假则开生门。所藉明察，长吏无委贷以启混淆之端，勿纡缓以滋蔓害之局。金科不爽，铁案斯成。乃州县正官，每每厌秽惮烦。人命初告，不即躬行相验，辄委之丞簿尉巡。此辈鲜知自爱，妄谓堂官青目，此其培植我也。亟责赂于彼犯，不盈不厌。因相验用吉服，则责以换袍礼；因与轿有远行，则责以过山礼。银朱锡砚、椅褥桌帏等具，无一不取于凶犯。更且尸骸臭秽，则有烧酒、沉香，各色无已之诛求。是舆尸未入官目，而被犯身家已累费几尽矣！及临验时，全凭仵作之口。委官虽秉笔亲注尸格，仅如登场傀儡。上下相矇，或埋没真伤，混称发变。不言分寸，概称散乱。又或杂报青黑，作服毒之佐证。或捏痕八字，为自尽之辩端。至如缢死与被勒有别，溺死与抛尸有别，自刎与被杀有别，生焚与毁尸有别。诸如此类，未易更仆。倘于初验不为究明，日久皮肉消化，检时先无的据。何况衙官法为贿夺而增减有无，势所必至。比堂官据以上申，即批行复捡。仵作坚护初报，依样葫芦。致疑关辩窦，屡驳不休。途毙狱瘦，接踵而是。皆由初验不躬临阶之厉也。

杜刁逞以昭法纪。夫所贵乎相验者，为其真伪未辨也。虽检验已毕，尚未谳鞫，未可遽定其罪案也。苦主家每于尸场，将散布爪牙，思得凶犯。擒捉之威，胜于勾摄；搏击之惨，胜于虎狼。有挟铁锥以刺其骨肉者，有怀铁尺以击其肩背者。拳脚交加，不可逃避。夫凶犯即有抵偿之罪，而苦主实非承问之官，何得以私刑擅挠国法？必严饬禁止，以遏刁风。静听官法明正其罪，庶生者死者俱可无憾。此亦寓平恕于讯鞫之一端也。杀人者无不偿，则重泉之目可瞑。狱疑者开一面，则肺石之立可空，未必非苏公敬狱之遗意也。

禁诬盗

禁捕役错拿私拷。夫盗，本良民或为饥寒所驱，或为赃官污吏所迫，不得已而入于大伙。得其真情，在仁人尚当哀痛。何况原非鼠窃狗偷之辈，妄称为盗贼。未有明火执仗之据，诬指为绿林。此皆由失主或生载鬼之疑，捕役遂有张弧之射。夫捕快之于真盗，护之如私亲，养之如娇子。四时贪其馈送，如庄头佃户，岂肯遽发其奸？一遇地方失盗，唯推问失主平素有何人往来？近日有谁人窥探？往往见踪迹

《廉明奇判公案》
插图之小偷上房图

可疑之人，即浑称为盗。此错拿私拷之所由起也。一经捕获，或陷于幽僻之地，或带至深林古墓之间，非刑捆吊，逼令招承。不招则百般凶虐，搒掠无完肤，鞭笞无遗法。一语偶合，又令招扳伙伴，押便同拿。辗转相诬，株连无休。及至到官，已一生九死。其无知小民，唯畏鹰捕之凶焰，虽当官庭鞫，尚不敢改口。此种冤情，真有呼天无告者。无论盗之未真，即赃证已确，自有国法官刑，可以明正其罪。光天化日之下，岂容魑魅魍魉大肆其剉磨舂烧之惨，以毒害生灵也！司牧之长，于盗犯到官时，必先察其有无被捕快拷吊逼打招承。察出，先将捕役尽法究治。不但革役，且永不许易名钻入衙门。且坐一诬盗加等之罪。则国法得申，虎差敛迹。而生民之阴受保全者无量矣。

禁盗口诬善扳赃。每见获真盗一伙，必害良民数十家。犹之衙蠹，一人被访，则亲属与仇家皆不能安枕。是以官长于盗贼之口，只宜抑之使闭，不宜导之使开。即云盗伙未获，真赃未起，难以定案，势必责令供吐。要知积盗老奸，决不肯供出真伙，唯恐真伙一出，便有实据；必不肯吐出真赃，唯恐真赃一起，便成铁案。其所吐之物，必是失主不相认之物。所供之伙，必是平素有仇隙之人。所以为后来辗转免脱之计也。又有衙役指使积盗扳扯富家，希图诈骗者。有仇家不能自为报复，买盗扳赃以泄其私愤者。及至拿到各家，审鞫全无影响。满纸供吐，皆捕风捞月之谈；盈庭辨质，尽弓影杯蛇之幻。纵使三推六问，累日积月，终作疑图。侥幸遇赦，便成漏网。每有真盗未正典刑，而无辜扳害之人，先已焦头烂额，身亡家破矣。所以仁人君子，见盗供报一人，必详审数四，然后落笔。唯以又害一人为忧，勿以又获一盗为喜。于初获之盗，尚虑其冤而多方推鞫，何况由干以生枝，由枝而生叶者哉？必须严禁。妄扳于诬良为盗者，即坐一强盗之律。则丹笔留春之下，即种无量福田。黑冤尽扫之余，已结无穷善果。阴骘不爽，自必食报于子孙矣。

慎刑罚

论刑　刑具与犯人之肌骨肤体相为切摩，最宜详慎。历代互有变更，其载在律条一成而不可易者，其数有六。曰笞、曰杖、曰讯、曰枷、曰杻、曰镣。罪轻则用笞杖，稍重则用讯，即今之竹板，责以讯之也。重则用枷。最重则用镣杻。后世又有夹棍、扛子、拶子、墩锁等具。刑具有燥湿新旧之不同，即有重轻宽紧之不同。倘或不察，则衙役得以上下其手，不可不慎也。

论笞杖　笞杖有荆条，笞小杖大。皆刑之轻也。汉文帝诏除肉刑，以髡钳代黥，以笞三百代劓，以笞五百代斩趾。在文帝之意，原因肉刑惨，故以笞代之。然以笞五百代斩趾，以笞三百代劓，笞数既多人亦不活。是外有轻刑之名，而反有杀人之误。夫以仁厚如文帝，立法尚有流弊。谁谓笞杖轻刑，而遂忽之哉？

论行杖　讯以责问，即书之扑作教刑也。笞杖止于臀。受讯用竹杖，则臀腿分受。然不及腿弯，恐致伤其足也。若徒以轻重寄之，胥隶俾得高下其手，岂能得法之平乎？盖此辈以用刑为生涯，日习日精。有数十板而不伤者，有数板而即毙者；有手势甚重，而实甚轻者，有手势甚轻，而实重者。责在一处，名曰一封书。责在腿弯，名曰打腕筋。至于打腕筋，则每多伤足，而成废人矣。为民父母者，不可不慎察而严禁也。且我与百姓，虽有贵贱不同，但身体发肤，无不同也。疾痛疴痒，无不同也。一登仕籍，遂视民如草芥。鞭箠交错，血肉淋漓，漠不动念，何其残忍一至此哉！即鞭扑不容弛，亦当量其人之老少强弱，以为责治之多寡。否则，鲜有不毙于杖下者矣。

论枷 枷者用以示众，取其晓谕而已。囊头以木，榜其罪名，动本犯羞耻之心，令其悔过。亦使远近为恶者，见而知警，立法之意止于此矣。原非令其负戴而行，何必过于厚重耶！今之枷，竟有一百二百斤重者。甚且既打又枷，既拶又枷，更有既夹又枷。无惑乎死于枷者，日纷纷也。予谓既打可以不枷，既拶可以不枷，既夹可以不枷。无论律法之设，罪无重科。即痛苦之刑，体难兼受。为人上者，亦何忍立而视其死欤！至于枷孔宜稍宽，不宜太狭。枷木宜用熟，不宜用生。昔文太青先生作县时，因旧枷刓削不可用，欲置新者代之。虑其伤人，即以旧枷圈外之木，穴一新孔，为容项地，外以新木环之。其不忍人之心如此，用刑者宜取法也。如以生且紧者枷项，是不以枷而以刃矣，可不慎乎！唯有死在枷者，即将枷立刻焚之。倘留再用，必又有死于拘者。更不可不慎。

论杻镣 杻以挛手，镣以拘足。犹之乎梏为手刑，桎为足刑。所以防闲罪人，虑其逃脱也。苟非大辟，不宜轻用此刑。至妇人女子，虽犯死罪，例不加杻。为其饮食便溺，不可假手于人，重男女之别也。杻有生熟之不同，窟有粗细之各异。长解每借此为害人取利之术。要知生杻小窟，腕无所容，皮肉磨破，或染杻风而致死。须于钉杻之时宜加辨别，量腕之肥瘦，用窟之粗细，弃其生者，用其熟者，则此害可除矣。

论夹棍 夹棍须用松木，或用柳木。长短尺寸，遵照臬司衙门式样。坎注如短檀木棍，最为大害。况今兹已经科臣条奏奉旨申饬，不许轻用。切戒切戒。夫夹棍不可轻用者，盖以捶楚之下，何求不得？身非铁铸，既不能受此酷刑，指之为奸则奸矣，命之为盗则盗矣。虽朝廷有三推六问之法，下既定案如此，上台未可遽翻。于是夹而又夹，敲而又敲，如果情真与罪当，自作之孽，固不可逭。为官者尚且清夜有不能自安之隐。倘或烛影斧声，尚留疑窦，铁案一成，含冤莫吐，有不呼天而鸣冤者乎！至若无辜者审明释放，虽幸冤盆时雪，屡刑之下，已成废人。每多赋形孱弱，因刑殒命，则孤人之子，寡人之妇，其罪皆已任矣。予愿为民上者，轻事不必用，重事不可不慎用。以详问为真诠，以推情为上法。将见入听之，下无冤民，而种德无量矣。再者，用夹棍之弊，更不可不知。有银打点，所夹者脚之后跟；无银打点，所夹者脚之踵骨。后跟伤可治而痊，踵骨碎难疗而愈。至于鞭棍左打右支，右打左支，唯钱神之灵，否则反是。嗟呼！以朝廷之刑法，为下役之生涯；以人命之生死，由此辈之操纵。倘不究心焉，非浅也。按《祥刑未议》曰："人谓后世之法，宽于前古，以其无刖足之刑也。"予谓多用夹棍，多敲扛子，便是刖足之刑，犹之杀人以梃与刃，初无分别也。夹棍扛子，于法为极重，万不得已而用之，非常刑也。唯强盗人命，众口咸证为实，即司谳者原情度理，亦信其真，而本犯坚不承招，不得不用此法。然以是威之，非以是杀之也。可试而不可用，可一用而不可再用。用夹棍之得法处，全在迎机而导，将收未收之时。此时招为强盗，即是真强盗。此时招为人命，即是真人命。若待收起夹棍，而加以扛子，此时供吐之言，十难听其一。恐此一句，还须待放松后再讯，乃可定其真伪。常有一夹不招，而至再夹；再夹不招，而至三夹者。即使满口供承，总非确据。以其出于口者，非复由衷之言，犹病极而为谵语。据此定案，非唯阴骘所关，有伤冥福。倘遇慈祥上台，恤刑天使，霁威详讯，审出真情，则前案可翻，亦足损我神明之誉。至非人命强盗及谋叛重情，此等峻法严刑，即当终身不用。

论拶子 拶子亦须合式。如枣拶、檀拶切不可用。两头小而中大，状如枣拶者是也。且十指连心，不宜久拶。孕妇尤宜忌之。尝见人曾受拶者，每风雨之夕，叫痛不宁，为伤骨故也。嗟乎！均是皮骨，稍有人心者，能无经心之痛哉！

论墩锁 世祖章皇帝悯念囚犯押床之苦，易为墩法。此诚泣罪解纲之盛心也。乃今狱卒，借此以立威，即恃此以婪贿。每将新犯之囚，屈首至足，紧为墩锁，使之鞠躬。终夜坐卧不宁，必待索诈既厌，方始稍宽。为人上者，任其为而不加禁止，岂唯钦唯恤之意耶！

清监狱

佐贰滥禁宜清 目今仓所已经科道奏毁，只存监狱，重犯方许收入。或有佐贰首领，竟以小事送人入狱。正印漫无觉察，岂不可骇？今后佐贰送人入狱，须禀正印标票。俾有忌惮，庶不敢任情滥禁矣。

徇情羁狱宜出 夫圜扉草茂，昔人以为美谈；囹圄囚空，史策书为盛事，狱固圣人之所不忍滥也。今乃有因势要请托，追债征租，而系逮于狱者。又或听信左右，挟仇枉陷，累月经年，不得超豁。狱官禁卒又从而残毒之。贫穷日甚，号呼罔救。饥饿瘟疫，遂成冤鬼。是杀人以媚人也。今后若非强盗忤逆，真正人命奸杀等情，切不可收禁。如军徒以下事件，应起解者起解，应召保者召保，应释放者释放。而于势宦，一切请托押禁，概为辞绝。则狱无留滞，阴功甚大矣。

传家宝全集

卷三

[清] 石成金 编著

吉林出版集团有限责任公司

目　录

吉征

周坦翁，乃前辈长者，著有观宅吉祥相四十条，诚为训世至言。予细读之，选其切要者一十七条，删其可缓者二十三条，另以愚意续补大半，每条自加笺注，名曰吉征。持此以观人之居室行止。凡于事条符合者，其家必然兴旺，自有富贵福寿之应；或于事条违背者，其家必然衰败，自有贫贱祸夭之应。眼前境遇，虽或相左，未久即应，盖预兆已现于前也。以此观人，可无遗遁矣。世人将予此书诸条，须各当警勉，定趋于吉，慎毋悖也。

天基石成金撰写

每日天明即早起 清晨，桌地帚扫洁净。亲友一到，仆从已拱立候命，主人已盥沐相迎，而又有热茶奉敬，此即有许多光辉。有等人家，日出多高，尚在梦乡；客至多时，寂无人应。以日做夜，以夜作日，衰败可待矣。

每日天晚即早睡 冬寒夜长，可以迟睡勤业外，其余三时，天一昏黑，俱宜早睡。要知早睡有六益：家长早睡，则子弟家人俱早睡，可免奸盗酗酒赌博之害，一也；房中厨下，可免火灾，二也；早睡，则夜半正值睡醒，可防盗贼之偷窃，三也；早睡，则次日早起，勤理本业，不致沉昏失晓，四也；省许多油烛之费，五也；不黑昏，则厨下锅碗器物不致跌损，六也。迟睡反此六损矣。

子弟家人，俱各有事，不令闲懒 小人闲居为不善。各授其事，无论大小，须令辛勤治办，不独自食其力，且无闲工及于嫖赌坏事矣。

烈女不识字、不看书 贞烈好书并不喜看，淫词小说，背人看得心醉神飞。所以宁可令人称其无才，不可令人称其无德。

容易不演戏 优人最势利，少有简慢，则生讥诮。且近日演忠孝节义者少。如有大喜庆事方用，余俱可省。

家中无棋骰纸牌筹具，即见他人有者，亦不入手 近日马吊盛行，士大夫俨然为之而不耻。即令此中有千变万化，但想手持者何物，岂不愧极？总因不肯习静，又不读书，所以为之。赌博大害，切戒！至于围棋、象棋、牙牌、双陆，往往废时失事，亦须切戒。

外无姣童 家无俊仆姣童，不唯省自己防闲，且免他人疑义。

内无老婢 禁锢老婢，二十岁以外尚不为之择配，大伤阴德。

奴仆下人见客至，低声缓答，小心婉容 门前仆从，见士人过，无论识与不识，皆起身直立。遇诸途，皆侧立让行。如至其家，问话皆低声缓答。此虽细事，主人之忠厚不忠厚，奴仆之生事不生事，俱因此而可知也。

座上有二十年前老友，门下有祖父遗留老仆 如此方称得个世家。

架上无齐整书 本本精良，手且未触，于目何有？但观架上，便知腹中。

仆从不与主人同坐或并坐 即贫友疏亲，亦与主人同列，何至与奴仆为伍？此风倡自篾片。主人得意时，承奉奴仆，唯恐少失其意。殆失势之后，饮恨报复。败家受祸，往往由此。

仆从各随其姓 即自幼仆子，亦令各姓其姓，不昧人宗祖，即后亦不乱吾支派，防微杜渐，前人都有深意。

不学苏意 轻嘴薄舌，不离帮闲。吃茶烧香，总属狡狯。

口中无刻薄尖酸议论 一言而伤天地之和，一言而折终身之福，可畏哉！

前辈格言，常在壁上口头 圣贤好言，存之于心，则能体而行之矣。目中口头，已有二三分受用处。

肯为人婉转寄家信 不浮沉已属盛德，更能婉转以期必达，更为阴骘。以此类推，凡事肯为人方便可知。

十二岁以上小童不入内户，十二岁以上女童不出内户 近来小孩最是尖峭，不可因其小而忽之。

不夜饮 不夜饮，则奴仆无奸盗诈伪矣。且次日又能早起，辛勤治事。即或宴客，下午早请，定更而散。

肯为人说眼前报应，肯听人说报应事 眼前报应，显明易见。莫说阎王过阴事，反增不信。

不以病试医 不告医者得病之由，令其暗中摸索，取死之道也。

肯将应验好药方或抄或刻，送与人救治病患 施方固胜施药，或能制药数种，常送人治病，更妙。

肯周济贫亲友，或助人婚嫁，或代完官赎，不做佛事 此是实德事，佛亦大喜。

内人安静，无咒骂高声 内声不闻于外，便是好人家。若或牝鸡司晨，妇女干政者，大不祥也。

躬送破衣亲友出门外 破衣亲友在座者，间有躬送门外，则以为耻矣。要知待失意人，不难有恩，而难有礼，此语须当体验。此等事最伤人心，亦令人容易看破你势利心肠。

受人贺分，即一扇一丝，无微不答 富贵人受贫贱人礼物以为当然，此大折福之事，亦大敛怨之事也。须知其从典卖而来。

不戏谑父执贫友 既知其为父执，又轻之为贫人，且又戏之、谑之，不如己友者，孝子慈孙断不如是。

日用戥秤斗尺，出入一样　圣人置此，原所以平人之心。若出入两样，不独欺人，而且欺天矣，断难久长。

案头无淫书　作淫词小说之人，俱有非常恶报，历历不爽。案头如有片纸只字，尽当焚却。坏心术，丧行止，皆此等书引诱。人家儿女，岂无识字者？略回想，岂不可惧？

有读书纺织声　入其门，闻诵读书声，可知其子之贤；闻纺织声，可知其内之贤。若酒肉之气胜，便不是好人家。然而全在家长之贤能，才可致此。

成人田房产业，价值平色都公道　人当卖产，必穷困莫支，万不得已而弃故业。置产之家，即授之值，亦且展手无存。岂为富不仁者，窥其窘迫，阳拒而阴勾之，以重折其价，自为得计。殊不知天道好还，彼苍已默夺之矣。

不宜金银珠宝装饰小儿　富贵家有爱其小儿者，饰以金宝。小人于僻静处，坏其性命，取其宝物。虽闻于官，置于法，何益？

不讥诮人　人能不笑人穷，不鄙人俭，便为长者。要知世界每多缺陷，如贫贱、残疾、聋瞽、痴呆之类，不可悉数，是皆前生积作所致。若以尖利之言，纵口讥诮，不独大伤我之长厚，且又是敛怨取祸之道。笑人者常不如人，焉知异日自己又不被人讥诮耶？

不谈人家闺阃事　男女私情，最是暗昧。今言之凿凿，如曾目睹。鬼神在旁，何不说得略活动些？犯此者，每见极恶果报，非止自己妻女被人谈论而已。可不畏哉。

做事先愁后悔　为一切事，都要慎之于始，思前想后，自然无悔矣。

不到兑换铺内换色银用　有纹银即用纹银。若应用一两看，不妨纹折九钱、八钱，何苦将纹银反换迷假色银，展转归与穷人？亏折惨楚，告诉无门，便宜少而损德多矣。

厚待汗力贫苦人　田野小民，斗粟尺布，入市营求，一家饥寒所

韩康卖药图，出自清·《马骀画宝》。东汉桓帝时，长安霸陵有个人叫韩康，常到深山采药，然后在集市上出卖。他卖的药，总是一个价钱，三十年从没变过，愿意买就按价给钱，嫌贵不买就拉倒。因此，长安城里的人都知道有个韩康，卖药三十年，口不二价

望。我却要在他身上去讨便宜，能有几何？于心安乎？其肩挑步担，贩卖菜物，小本贫民、脚夫、轿夫、汗力苦人，更须价公而纹银戥准，积德不小。

不任意纵谈 言未出口，先要存想此言可说得说不得。若信口纵谈，则惹是非，起灾祸，总由于此。可不戒哉！

不生非分之想 能安本分，免许多忧愁之苦，享许多快乐之福。

见一切人，惟有谦虚 高傲自大者，人皆憎恶，乃量小福薄之人也。

受人些小侵侮，不轻易计较 仕宦居家被人侵侮，固亦常有是事，然毕竟是我好处。若令人望影远避，无敢拾田中一穗者，目今虽足快意，未久有后之侵侮更大矣。

敬惜字纸 人之聪明，知识、功名、富贵都赖此字而得。若不存心敬惜，乃是忘本无福之人，岂有好报耶？所以凡见字纸，虽在泥污之中，亦必拾聚焚之。

珍重五谷 米谷是生命之源，试想两餐不食，则饥不可忍。金珠虽贵，亦不及此。一棵一粒，俱从汗力辛苦中得来。少有轻贱，是自种趋贫之根矣。

闲即手不释卷 有好书，闲即展看，如与圣贤对语，才学日进，道理日精，所谓开卷有益也。虽有他乐，吾不易此。

一切举动用度俱从俭朴，不学富贵人家行事 凡衣食房屋、婚丧馈宴诸事，俱要量入而出，惟从省俭朴实。切不可恐人鄙笑，遂而奢费窘迫也。

立一善行，必坚不可移 善志不坚，未久更变，转令德行中阻，真为可惜。

妇女不出外游山玩水、入寺烧香、看灯看会 妇女谨守内室，勤办家务，才是内助之贤淑。如好闲游戏耍，绝非好妇女也。

子弟家人循循然时存敬畏，都知尊卑长幼之仪 子弟家人，诸事不自专行，早晚出入，都禀命家主，时存敬畏，乃日渐发旺之象。有等人家子弟，目无尊长，行止放肆，不听教诲，坏事乱为，灾祸可待矣。

子弟交往之人，都是端方德行君子 前人云：与善人居，如入芝兰之室，久而不闻其香，即与之化矣；与不善人居，如入鲍鱼之肆，久而不闻其臭，亦与之化矣。所谓近朱者赤，近墨者黑，近贤者明，近良者德，近愚者暗，近偷者贼，不可不慎也。是以父兄督教子弟，唯在遴择所与之人。须广延端方德行君子，共其往来游处，心志言行，日习好矣。子弟宁可终岁不读书，不可一日近小人。凡下流匪类，一概禁绝，则种种坏事，无自而入矣。

诸事能容忍 有涵养，即有厚福。一毫之咈，即勃然而怒，乃不能容也；一事之违，即愤然而发，乃不能忍也。此是无涵养之力，薄福之人，必至于败德而偾事矣。

心内极其精明，外面极其浑厚 精明，则我不受人之欺；浑厚，则人不怨我之刻。所以人之黑白，只宜在心，不宜在口，乃涉世妙法。

居不深邃 人家屋宇若太广深阔，则阴气盛而人气不能充，所以其势不得坚久，且居者多不利。此昔人有木妖之说，谓其不安也。

三姑六婆不入门 尼姑、道姑、媒婆，一切外来妇女，或以换卖金珠、衣物为由，或以针灸推拿、鬼神过阴、布施祈祷为名，俱不可令其穿房入室，脱骗内人财物米粮，更有勾引诸般丑事。昔人比为三刑六害，极当禁戒。

门户厅堂，修理整齐，掸扫洁净 居室不整，尘灰满案，虽有高堂大厦，亦是衰败之兆。务要修理整齐，掸扫洁净，乃发福兴旺之家也。

不借人利债 除官粮私债饥寒至紧之外，其余费用，俱不可轻易借债。要知时光迅速，瞬息一月，倏忽半年，我之每日辛勤，谋来利息，尽是代他人为持。日渐贫穷，都由于此。切勿以借得来，或以人肯借与我，即为欣喜得意也。

不借债与人 亲友不贫寒者，不来借贷。及至借去，后来去讨，誓必维艰，结怨招尤，莫过于此。或者喜庆婚丧急事，可量力少助。既不怨尤，彼又甚喜也。

保守祖父遗留田房产业器物 要知祖父当日置此，不知费几许心血，不知历几许辛勤。虽寸土尺木，亦不可轻弃。

隐恶扬善 隐人之恶，扬人之善，不独自己留存厚道，亦是免祸消愆之妙法。

不面忤人 惹怨招尤，莫过于此。即不可为之事，亦当婉辞。

不延妓女至家 看其模样行止，坏少年子女许多操守，最为大害。

早完官粮 县官钱粮，自有定期。须要将家务日用，每年计算若干，预留此项，先期完纳，免许多催扰旁费，省许多比较代累，享许多自在快活。谚云："要得宽，先完官"，真格言也。

时时防火，夜夜防贼 火盗最为大害，时刻须要提防，切莫大意误事。

父子兄弟一心一意 父子竭力山成玉，兄弟同心土变金。

若无大受欺凌之事，轻易不告状结讼 好讼必贫。凡事须要宽容忍让，听人和解，此保家第一法也。他人如有争讼者，亦须竭力劝息。

若非官粮私债饥寒至急之事，轻易不当 当物之价多者才质少。但岁月如梭，转眼之际，本利尽为典铺算去。更有平色之加增，查取之守候，是以好当之家，未有不日渐贫败者。予友史播臣开典，遇人来典当，却用戒词刻印小纸包银与之。予略改数字，附载于此，切须谨戒！词曰："应急之中虽典当，也须筹度商量。算来紧事两三桩，买柴和买米，私债并官粮。此外消磨都可惜，莫因捷便轻典当。临时本利更何偿？不如裁冗费，节省是良方。"

多积柴米 积薪须另室谨闭，否则火害不小。米粮柴草，必须多积，宁可有余，不可欠缺。要知家中人口，诸事可以减省，腹饥何能久待？倘遇有事耽误，或风雨拦阻，势难接应，岂不露丑？

每晚照管门户，关闭紧实 每晚亲自照看门户，不可尽托奴婢下人。

功券

劝人广积功德，以召福报，多辞无钱，何能积德？殊不知功德全在于一点利人之良心，果能存心积德，则随时随处皆有功德可积也。熊勉庵先生著有《功德》一书，借指不费钱者甚多。予添续若干，并载官长乡绅二约，著为《功券》一卷。自今而后，不论富贵贫贱、智愚贤不肖诸人，而皆积德也，岂专在费钱而已？试看书内种种功德，岂独利益于人？且更大有利益于己。真可为消灾免劫、积福积寿、积子孙、积科第，若持左券而不爽矣。

天基石成金撰写

消灾免劫积福积寿积子孙积科第券

请想于某年间，自流寇发难之后，海内之横罹刀兵，离拆父母，散失妻子者，十之七八。其中得以安居乐业、父母聚首、妻子团集者，不思省愆修善，答谢天谴，倘或劫运复临，收缰补漏何及？今特指出一条消灾免劫、积福积寿、积子孙、积科第捷径好路，只要大家时时勉强力行，粘之座壁，置之案头，触目惊心，自可由勉获安，刀兵永遏。如不费钱功德，诿之曰“难”，则前此之修心了道，延纪昌后者，不知凡几。何以人可能而我独不可能？如费钱功德，诿之曰“我命该富贵荣华也，彼命该流离困苦也”，不知我之命何以独该富贵荣华，则从前世之行善中来无疑矣；彼之命何以独该流离困苦，则从前世之不肯行善而造恶业中来无疑矣。况刀兵、水火、盗贼、疾病、刑狱以及促寿、败儿、绝嗣等事，不能禁后来不临到我身上，并不能禁今晚明朝不临到我身上。吁！思及于此，甚可畏哉！仁人君子，何不及早回头，行我不费钱功德，以消灾免劫、积德积寿、积子孙、积科第，若持左券也。

官长不费钱功德

有利必兴　有害必除　案无留牍　庭无滞件　严处盗贼　重惩赌博　严禁掠卖　矜恤狱囚　保全善类　矜原错误　不轻标判签票　不滥差人　诬告必坐则刁棍不

《古今律条公案》插图，描绘了官员公堂上断案的情景

得破人家产。 唆讼必惩则讼端息而人得安生。 不轻拘妇女 不轻用重刑 不妄逞己见 不徇情屈法 不知情故枉 不执法太苛 不断离婚姻 不拆散骨肉 不轻易送监铺 不轻徇公举 不轻拿窝家 不轻听左右 水旱早报灾伤 饥荒设法赈济 钱粮抚字催科 疑事务期得情 难事细心求理 平心审理冤抑 力挽奢侈 禁宰耕牛农事必需爱物仁民 不轻累邻佑乡保 遇好事多方作成 遇坏人刑教并用 不枉法坏人功名 不逞忿伤人性命 老幼病废不轻责 人方伤心不轻责 盛寒炎暑不轻责 随行远路不轻责 已拶夹者不再责 先责过者不再责 严禁衙役诈害百姓 不纵假案诬诈良民 获盗即亲审不致扳累无辜。不作威威则下情不达。 不动怒怒则受者难当。 不偏护原告 不以有害地方事逢迎上司 不作惊骇耳目事沽买名誉 事不可行者，虽奉严檄，必极力挽回。 情有可原者，虽系成案，必加意矜恤。 宽一分则民受一分之福， 省一事则民少一事之扰。 严戢捕役牢囚飞诈良善。 斗殴人命或故、或误，为首、为从，俱细分定罪。 严惩势宦豪强讼师扛证，不令播恶。 能摘发奸蠹讼棍置之于法，不使骗诈愚民。 能诲诱顽民平其忿心，令息争息讼。 责人须明告其罪，令其知改。要受者愧服，见者警戒。 词状内但有妇女非关紧要者，即与抹去。 耐烦听诉，令原被告各尽吐其情。 有力、稍力、无力，听其自认，不以赎援谀上官。 不嗔越诉，只平平照常理断。 一时错枉，片念拨转，不吝改过。 事到面前，据理直断，及到别衙，随他转辩。 供招出入，自为简点，不使吏胥上下其手。 考较公明，不沮抑孤寒。 开报生员优劣，采访的确，令人知所劝惩。 无力犯人，当时的决。纳赎徒犯，亦准召保，不擅监禁。 牢瘟传染，吩咐狱官狱卒，扫除积秽，多焚苍术，多储凉水。

武官不费钱功德

师行有纪 不屠城邑 不掳掠女子 不杀良冒功 不杀已降 不毁烧房舍 不贿纵渠魁 不克减军粮 不因贼邀利 不损人坟墓田禾 恤士卒饥寒疾苦 禁兵丁

骚扰乡民

乡绅不费钱功德

倡率义举　正己化俗　不说昧心人情　不包揽公家事

不侵占人田园　不强买人产业　不掺搭低色银　不借端害人　不谋夺人风水　不逼勒人价值　不轻听仆从言　不逼苦雇工佃户　不蓄羊豕践食禾苗　不许仆从生事　不强赊取货物　有利益于此地方之事，极力向公祖父母开陈。

民间有真正大冤抑，不避嫌疑，极力公行表白。

幕友不费钱功德

不欺东君　不倚官势　不想昧心钱　不作亏心事　盛寒炎暑谏省刑　细心理词卷　地方有利弊之事，力劝东君兴除。　民情冤抑，赞成东家剖雪。

东家盛怒，阻其出堂理事。

大众不费钱功德

敬畏天地三光　尊奉神明　竭力孝顺父母　友爱兄弟　矜恤鳏寡孤独

敬老怜幼　克勤克俭　戥秤升斗划一公平　曲成方便　尊重师友　和睦邻里亲族　完妇女节操　解人忧愁恼怒　奖掖后学　延人后嗣　指人津路　喜扬人善事　勿播人恶　传写各方疗人病　敬惜字纸　息人争讼

雪人冤抑　不作诳语　不负寄托　引过归己推善与人　不使势要　不炫才智　不忘人恩　不念人过　不暴殄天物　不妄起淫心　不搬唆是非　不恃强凌弱　不妒富欺贫　不讦人阴私　不毁人成功　不污人名节　赞成人婚姻喜事　受享知愧　劝化人莫嫖赌　见当救者即救　凡可宽者必宽

不包藏祸心　随处生欢喜　绝交不出恶声　不言人祖父卑微　劝导人家庭和好　劝止人骨肉乖离　不窥人私书寄柬　借人之物如己物　谋人之事如己事　排难解纷　扶引瞽目　风雷寒暑劝戒房事　遇大风劝人勿渡江

不谈人闺阃事　戒食牛犬　体恤奴婢劳苦　长说因果劝化人　救一切虫蚁生命　快马往来，指人趋避。若婴儿瞽目在侧，急携闪开。　劝人莫置粗重物于箱囊，恐人错认财帛招患。　劝人严戒婴儿观灯看会，以免挤踏拐骗之害。

乘车坐轿，应怜人力，巡高险处，尤宜步行。　船脚车夫，各有家口养活，勿赶程过分，令其致病。　沉艘桥基，宜插标水面，令人知避。　铜炉底易燃席褥，戒人小心。　沟涧暗有深坑，宜指引粘贴，以晓行路之人。

士人不费钱功德

尊重圣贤书籍　尽心启发生徒　不出入衙门　不书写词状　有关系事不轻言　不编造歌谣淫词　不昧心党护亲昵　不将圣贤言语作笑谈　不起人混名绰号

农家不费钱功德

耕种及时　不阻断路径　不抛弃五谷　不耕占无主坟墓　不侵夺邻田疆界　不私落主人种粮　不纵六畜残邻田禾苗　不阻塞邻田水道　耕牛老病不售屠人

百工不费钱功德

不妄费材料　不轻毁成物　不行魇魅法　不作淫巧技　制造必求坚实　不撺哄人兴造　不传主家隐微　不因简慢辄生坏念　不捱延日工

商家不费钱功德

不卖低假货物　不高抬市价　不用大戥小秤　不谋夺生理　不卖污秽肴馔　不欺童叟

人来买急需物货，不故意掯勒以图重财。不忌他人生意茂盛，彼此多方谗毁。

医家不费钱功德

遇急病请则即行　不因资金薄不赴　不因风雨寒暑不赴　不恋饮酒燕乐不赴　诊脉望问都要仔细　撮药要详酌对症　不强不知以为知　不冒不能以为能　不因贵药减分数　不用霸药求速效　不卖假药误人　疗贫人病不责谢　见病人用好语宽慰　语病家耐心调摄　不卖毒药　不以相反药同器浸渍　不卖堕胎药　不因礼疏辄生恶念　不因重病险疮说狠语吓人挟骗多金

不互相讪谤，令病家惶惑　不惜工夫，药味都要炮制如法

堪舆阳宅家不费钱功德

多读书以资学问　验旧坟旧居广眼界　初聘不责资仪　事后不索重谢　只平心论理　是非不强扭　直言吉凶　偶误即改悔　理气峦头不可偏废

休轻论分房，起人兄弟争端。　勿妄迁旧茔，败人祖父成业。　念葬家祸福攸关，常存天理。　思自己阴功所系，休昧良心。

公门人不费钱功德

极力为人方便　凡事替人解和　不负官长委托　不生枝节骗诈　不轻败人体面　不瞒官入人罪　不唆盗扳陷仇家　不杖人腿弯　不聚杖一处　不乘危恐吓凌人　不拨官营私害人　不凌虐人

兵丁不费钱功德

不妄杀平民　不淫人妻女　不强索酒食　不挟诈良善　不勒买货物　不开场网利

妇人不费钱功德

孝敬公姑　和睦妯娌　不堕胎溺女　不凌嫌丈夫　不酷虐婢妾　不恃宠灭正　不说人私情　不咒骂人　不忌有笑无　不残害婢妾所生　嫡庶不造端谗毁　前妻子女一体看待

不在公姑丈夫前搬唆是非，致令人口不和。　不倚母家富势傲夫家，不恃父母溺爱欺哥嫂。　嫁婢女持择好人家，不计身钱。此本家长事，而反责重妇人者，柄多持内也。

仆婢工役不费钱功德

不背主外向　不误主委托　不倚势强买　不靡费柴米　不传说主人隐事　不霉坏主人衣物　不激怒主人生事　不以主少肆欺诱　主人贫懦不生玩侮　不因主责妄行诅咒　不推奸躲懒　不克落银钱　不抛弃酒馔　不搬弄是非致主家不和　不评论主人好歹

僧道不费钱功德

虔诚供奉神佛　谨守律仪　永断荤酒　誓戒淫邪　不冒破布施　不募骗乡愚　不伤残同类　鼓钹不顽戏　虔诚诵经礼忏

富家费钱功德

造桥　平治道路　赈保知交亲昵　施夏茶冬汤　悯灾难设法周全　遇饥荒开仓赈济　见流移人多方安置　捐修金设立义学　刊刻经验药方送人　刊送善书劝化人　拯救鳏寡孤独　收养遗弃婴儿　助人婚葬　委曲代偿官钱　免极贫人债负

官长约

论行善，是人人分内事。原无哪个该行善，哪个不该行善的说话，也没有哪个善是人所能行的，哪个善是人所不能行的说话。只是有一等善事，凡人力量万万做不来的，唯有做官的，轻轻就做来了。且是凡人行善，一善且成一善。只有做官的人，做一件善事，便胜如凡人百件善事、千件善事、万件善事，更有一件胜人万万件的善事。以此，做官的人更当急急行善，更与凡人不同。为甚说做官的行一件善事，便胜人百件、千件、万件、万万件？比如做州县官的，便是一州县民命所关，他若行善，那一州县百姓都受他的福了。州县既受他的福，那上天怎不报他以福？做府官的，便是一府民命所关，他若行善，那一府的百姓都受他的福了。一府既受他的福，那上天怎不报他以福？到了做司道的、做总督、巡抚的，便是一省民命所关，其善越广，其福越大。直到了做科道九卿、六部以至于宰辅、中堂，做这样大官的，便是天下民命所关，他行一善事，尽天下都受他的福了。这岂不是一件事胜凡人百件、千件、万件、万万件的么？且这样大官要行善事，再没有行不去的。即间有疑难的事，若打起精神来，照依世上人做生意要赚银子的心事一样，千方百计定要到手，如此做法，哪里有行不得的？以此做官的人行善最易，一善抵人百千万善，获福又最多，所以说那做官的更当急急行善也。

但是，做官的也须知他的就里。比如那做科道部院的，奉行朝廷善政，却不能与百姓相亲，还要那有司官实实去行，百姓方受朝廷之福。所以做有司官的，尤望他急急行善。若有司官不肯实实奉行，便是那科道提请六部奏准朝廷行下来的善政，也都归于空言了。所以，有司官尤当急急行善，方为不负朝廷，不愧民之父母。但是，做有司官的也有难处，也要知他的甘苦。寻常民间小小冤枉事，有司官

《传家宝》中说，做官的做一件善事，胜过凡人做千百件善事。图为《司理坐堂审问以约》图，出自《详情公案》，描绘了官员恪守职责、依律审案的情景

申得。小小便利事，有司官行得。若是要兴大利，除大害，必须督抚代为提请。若是有司官申详上去，督抚不替他提请，纵有好司道官、好有司官，要行好事，也不能够完全圆满。至于六部九卿奉行朝廷的善政，必是先行督抚，督抚后行所属。看来六部九卿要行好事，也须督抚替他实实去行。若做督抚的不实心督率所属官吏着实去行，纵是科道部院要行，也是不能够完全圆满。所以，做督抚大官的，上可以通得朝廷的呼吸，下可以雪得民间的疾苦。要兴大利，无有不兴；要除大害，无有不除的。真是行一件善事，直抵得凡人百千万件以至于万万件的。做这样大官的，岂可当面错过。我今设一譬喻，譬如入大海取宝的，其中珍珠玛瑙、翡翠、玳瑁，种种色色，任人所取，独是有一颗径寸的明珠养在骊龙领下，有一枝七尺的珊瑚长在海底石上，若要取这两件宝贝，却不是凡人福分可以妄想得的。必须造下大船，制下铁网，又有澹台灭明、下水斩蛟的手段，然后取得那夜明珠、珊瑚树来。取得这两样宝贝，便是世代子孙受用不尽的了。

但是，如今做大官的，未免错认路头，竟把做官行善看做两桩事了。因何说他看做两桩？我常见做官的人，说到兴利除害的事，便说朝廷立定的法度，谁敢更张？却不道朝廷立的法度，哪一件不是利民的？若还法久弊生，正要做大官的说明利害，奏请更改，哪有坐视百姓困苦，只守定旧桩的道理？如今做大官的，哪个不是好善的？但只谨守法度，未免见义不为。只到宦成回家，另做一番善事，不过是斋僧造佛，布施福田，看来却是小小善事。放着一件胜如万件的善事为何不做，却来取此小善？只因将做官行善看做两桩了。殊不知做官正是好行善的时节，行善正是做好官的本领。哪有驾着大船，拿着铁网，不取那夜明珠、珊瑚树，却来拾取残珠剩宝，岂不是错认路头了？也独有牧民的有司官，要行善事，往往多有掣肘，必待上台允行，方敢放心去做。

然虽如此说，据我细细想来，也不为难。比如今日有司问一的决、问一折赎，也要详过上司，三回两驳，委是烦难。到了夹棍、拶子任意施行，三十板、五十板，往往立毙杖下，此事又何尝定要申详？可见上司掣肘的反是小事，转是关系性命生死的大事，反得自己操纵。所以亲民的官，最要仔细夹棍、板子，最怕手滑。我只开口一声，衙役便加力几倍；我只用动手一摸，百姓便去了血肉几多。一般皮肉，我疼他岂不疼，他疼我又何忍。果系情真罪当，打他也不为过；若还非罪无辜，于我定然损福。做有司官的，如何容得忽略。若论大刑一节，尤为不可轻用。当初设立大刑，原为凶犯强盗鏖刑不招的，用此拷讯他的真情。如何寻常事体，老实百姓，也用这等非刑。大约官府好用大刑，只是不奈烦琐他，说重刑一用，人都惧怕，后来不打就招了。此说大有病痛。若是凶犯强盗，夹他也不为枉。若还未经官刑的人，一用此刑，多致残废，甚则老少虚弱的人，立时送命，最可怜悯。当时缇萦女说道："死者不可夏生，断者不可复续。"正是此等刑法。做父母官的，如何用得轻易？还有一种乡愚，从来未见官府，一到法堂，言语错乱，官府动了疑心，致用大刑的。又有一种言语蠢直的人，应对官府，也是这般粗糙，官府动了嗔心，致用大刑的。又有官府盛怒之下，愚民不知进退，致令扑案叫怒，加力责治的，也能立毙杖下。又有事关考成，或系钦件，上司着紧行牌要参、要处，或是谒见上司，为着某事面加责让，也能火上加油，不顾百姓死活。但念身为有司，犹如人家的媳妇一样，当受公婆烦恼。须想名为父母，就有不肖儿女，也望爷娘周全于万分。难忍的事，切要忍得于一时，难耐的烦恼，也要耐得。但宽得一分，百姓就受我一分之恩；但缓得一刻，百姓就受我一刻之福了。至于催征钱粮，这是考成大事，如何宽得缓得？只是要百计千方设出一个妙法来，便省了无穷板子。省了无穷板子，便是积了无穷阴德。既不累我考成，又与百姓作了福，岂不是两便之道，岂不强如那一味乱打的官。钱粮又催不起，考成又误了，百姓又受了苦，自己的阴德又亏损的么！所以做父母官的，一毫用不着火性，只要细细商量，事事留心，人人访问，自然有绝好的政事出来。至于词讼一节，便要留心替百姓申冤理枉，是不消说了。还有要紧的事：不可轻提妇女，不可轻监家属，不可拖累无辜，这就有无量的功德了。大约那做有司的，一日之间有无数善事该做，切莫轻易放过，将这零星小善等闲看了他。那做大官的，取得夜明珠、珊瑚树，固是受用不尽，我如今将那珍珠、玛瑙、翡翠、玳瑁、零星宝贝积得堆山接岭的，也就敌过那夜明珠、珊瑚树，也就世代子孙受用不尽了。所以说做官行善，胜如凡人百千万件，不是虚脾混话，正是实实道理。只要人打起精神来猛力行去，不但自己高官，子孙朱紫，就是那登仙证果，也从这里做得来的。若只恁的混账，不免福力有限，也有不做官的日子。却不道当权若不行方便，如入宝山空手回，岂不错过了好光阴也？

我还有一句紧关的话头，索性与做官的说了吧。如今做官的人，不要把自己等闲看了。大凡做官的，都不是凡人，都不要小觑了自己，不是前生修来的，就是祖宗积来的，不是天上星辰降下来的，就是仙佛果位中应化来的。所以他出娘胎胞时，就有些气概不同。此处最要认得分明，知道来历。若晓得是前生修来的，前生积善才有今生，今生不积，恐没了来生的了，急急行善，犹恐其迟。若晓得是祖宗积来的，祖宗积了，有我今日，我今积了，又有了子孙的后日，越积越厚，越积越久，日后子孙世代做官，岂不可羡。若是我今不积，犹如祖宗攒下万贯家财，到我手里都用尽了，便没子孙用的了。这样看来，我在祖宗份儿上，也算不得好子孙。在我子孙分上，也不叫做好祖宗了，如何不急急行善去？晓得是星辰降下来的，仙佛应化来的，正要致君泽民，不负上天生我之意。若还只是受享的禄位，目前早已堕落，如何不急急行善去？若说我是天生的福人，富贵是我该受享的，百姓是我管辖，我该役使他的，他该供应我的，如此话头，谁去与他辩论？只是人生福报也有限量。譬如那会射箭的人，也有射到一百步的，也有射到二百步、三百步的，不论多少步数，到底箭要落地，到此田地，大家自见分晓。那行善的人，五更半夜都是安稳的，到那回首时，多有好光景，也是说不尽的。那为不善的人，平时血气用事，不信天地鬼神，只到腊月三十日，手忙脚乱，血气已尽，良心发现了，平日所作所为，一一现前，或自己首过，或央人救他，那日常所说驰骋过头的话，一切都用不着了，却也悔之晚矣。

我今再说一件故事，与做官的人听。当初宋朝有个王韶，是个极有才干的人，他当初不合一念差了，要取那大功名，上了本自己要去开边展土。他就收了熙河一路，也不知杀了多少人，也就做到安抚使的大官。他那心上，不知怎么却有一点子过意不去。一日到甘露寺闲游，遇着那高人刁景纯，他开口问那景纯道："以王法杀人，可有罪过么？"那刁景纯说得好："你也莫问有罪无罪，只要你打得过心下去。"那王韶硬着口答过："打得过去。"那刁景纯又说得好："若打得心下过，便不来问我了。今来问我，还是打不过心下去。"王韶便默默无语地去了。后来，那王韶得病，只将两手紧合着那两眼，人叫他开了眼，他回说："开不得的，眼前有无数没头没脚的人，立在我面前哩！"这却不是那收熙河时杀的冤鬼么？到此时候，

《传家宝》作者认为，做官要慎施刑罚，尤其不要滥用斩刑。图为《古今律条公案》插图，描绘了对犯人处绞斩与斩刑的情景

良心发现，自己欺瞒不得，那从前硬口话，一切都用不着了。却不是大可惧的事，如何不急急行善去？又有一等人说："如今做官，只要谋为好打点得到，自然有官做，哪里管什么行善不行善。"此等言语，我也不与他辩白，只是你看天下偌多的人，多少文章好不中的，多少才干好不能够做官的，多少钻谋营求不得到手的，难道做官的只凭谋为打点不成？你只看又有多少老实头不会谋为营求的，也照样做大官；又有多少不顾官爵，一味只是行善的人，依旧也至大位，并不曾见说某人是为善坏了官的。可见做官的也不是单单靠着谋为打点的，说来说去，还是他命里带来的。咦！说到此处，急须着眼分明，一样的人，如何偏你命中带得富贵来？还是你前生修来的，还是你祖宗积来的，还是星辰降下来的，仙佛应化来的？做官的好听在下的言语，切莫迷了本真，切莫错了念头，切莫差了道路。前生修的，莫教今生坏了；祖宗积的，莫教我身耗了；星辰降来的，仙佛化来的，莫教此生堕落了。往来生身上想一想，从子孙分中算一算，急急行善，切莫迟疑。趁我事权在手，努力发心，多多做些好事，落得名垂万古，福满人天，岂不称大丈夫哉！

生而为人无益于世，则不如无生；仕而为官无益于民，则不如不仕。何也？以其虚此官也，虚此官则并虚此生矣。人谓百年富贵，不过电影沤花，抑知累世显荣，尽是真常妙慧耶？

乡绅约

论行善是人人分内事，但是平常人为善力量有限，官长力量无穷，所以官长行一善事，便抵过平常人的百千万件。其次就到乡绅了。那乡绅如中堂、部院、科道、九卿、督抚、司道、有司，无论出仕与林下，哪有没力量的？所以乡绅尤当急急为善。一县只一县官，一州只一州官，一府只一府官，一县一州一府中，却不是一个乡绅。那地方兴旺的，所在常时有几十位乡绅。这几十位若在地方上合力行善，那一方便是福地了。若是那几十位有些不妥帖处，那一方居民也就不消说了。所以，乡绅关系地方祸福，与父母公祖一同无二。往往有府州县得了好官，要行好事，不得乡官帮助，就行不去的。也有府州县没有兴利除害的官，地方上有几个好乡绅，也救得一半。看来乡绅关系地方不小。所以乡绅行善，也有一件事胜平常人百千万件的。

且如那牧民官初到地方，任是聪明特达的，士俗民情哪里就知？惟有这乡绅，却是乡生土长的，哪一件事他不知？常时官府到任，要访求民间的利害，没人说与他，那官长也只说地方中无利可兴、无害可除，也就罢了。也有地方中有偌大利害，那耆民百姓人等要来条陈的，或是乡间愚人不曾到过衙门，见了官长举止失措，不能申达下情；又或有能言会说的，多是不合道理，利口哓哓；又有一等奸狡利徒，借题条陈，假公济私，不是实实利弊。所以道达民间利弊这个担子，专是乡绅的责任。况且是乡绅平日有望的，官长自然钦敬，说来无有不依从的。纵有疑难的事体，从公起见，委曲敷陈，也没有不行的理。这样看来，世上好事，那官长也只做得一半，那一半还要乡绅出来做了圆满，这岂不是一件胜如百件、千件、万件的善么？说来只用我开口，不曾要我解囊，也只算做不费钱的功德，也不叫做什么费力的事。但是，如今乡绅有两等见解横在胸中，所以不能行那一件胜如百件千件万件的功德。有一等乡绅，平常缄默不言，只是身家重事才去关说，这岂不是本分的？但只是自了自身，总不肯替人做些好事，恐也辜负了头上进贤冠。又有一等乡绅，只要闭门养重，就是身家事，也不肯向公祖父母开口，只要人说他清介孤高。即有官长虚心来请教，也只半吞半吐，不肯替他担担子。却不思同居一块土，地方上哪个不仰望我，若兴得几桩利，除得几件害，那三党九族也沾我些恩惠，传到后代子孙身上，也有些光彩，何苦抵死不开口？况且从公起见，官府也自明白，哪里就损了我的名节，亏了我的声望？此一等也是自私自利，与前边那一等争差几何。古人说得好："一介之士，苟存心于利物于人，必有所济。"堂堂一个乡官，与一介之士不同，若曾做过科道的，便是林下，也有激扬的责任；若还历过铨衡，也是有黜陟之权的；若再做过尚书阁老，更该为国分忧，奠安这一方百姓，方为不负朝廷。不是只一味杜门谢客，便算做贤士大夫也。

看来肯替地方造福，才是真正第一等好乡绅。替地方造得一分福，便有一分人品，也就有一分阴骘留与子孙了；造得十分福，便有十分人品，也就有十分阴骘留与子孙了。自利利人，一举两得，就是平日有些小小过误，也都抵过了。毕竟好乡绅子孙，自然是书香不断。若还一味缄默，见义不为，就是清如伯夷、廉如陈仲子，也不过是个自了汉。假如做到极品，也不过是一代显荣，哪有余庆到得子孙身上？只可惜这不费力又不费钱，一件胜人百千万件的功德，等闲放过了，也算不得读书明理有大见识的人。

我如今还有一等善事，也要乡绅做去，这却不费钱，又不要央求官长，但须要实实行去，方算得功德。看来这功德比那兴利除害为地方造福的事，反觉难些。但只是能行了这功德，子孙世代书香，地方也受福不浅。说来乡绅都是大根器的人，哪里有害人的事？只无奈子侄弟男习气不好，就做出那不尴不尬的事来；再有那门下犬马与豪奴悍仆狐假虎威，就要凑成十分。再是个个宦家彼此仿效成风，把那要便宜占上风的事，当做理之当然，就有无穷受害的了，乡绅哪里尽知？有人说他不是，他还要怪那说话的人哩。殊不知极好的乡绅家，造出极不好的事，都是此辈所为。所以，乡绅家第一要教子弟。教子弟不是单单教他做文章，第一要教他明道理，教出一个明道理的子弟来，便是家门之福，也实是地方之福。第二就要教家人。那生事害人的掌家，不是主人得意的亲随，就是公子介弟的宠幸，这里最要觉察，一些不到，就要被他瞒过了，就要受他的负累了。至于投在门下的人，多是要假我的势力行他的胸臆。乡绅间或见他才调，要用为腹心，不知一旦线索在手，他就用起主人来了。莫说前朝大老家有廖莹中、董心葵那一班门客，就是平平宦家，也须有个负嵎之虎、中山之狼、食心之蟊哩！这样人切不可收留在门下。用那奴仆们，宁可要朴实良善的，平日常要戒饬他，不许他生事害人。这样乡官就是古时陈大丘、王彦方那一班人，也不过如此。这虽不曾为地方兴利除害，那地方受他的福也不少了。

我还有一件善事，也望乡绅们做去，却是乡绅家力量优为的，一发是不费钱的。大凡一方有一个乡绅，便为那一方的表范。乡绅家好刻薄，那一方都学得刻薄了；乡绅家好势利，那一方都学得势利了。若还有一个乡绅俭朴淳厚，谦虚好礼，尊贤下士，凡事让人，那一方中哪个不敬重他，仰慕他？也就大家仿效他了。可见乡绅原是一方的表率模范。风俗的美恶，人心的厚薄，都从这乡绅身上做出来的。若有好乡绅表正得一方，化得那一方的风俗都是好的，人心都是厚的，那一方的善都归那乡绅了，岂不是一件胜如百千万件么？

又有一件好事，尤望那乡绅们做去，也算做不费钱的功德。乡绅家成人的田房产业，原是要留与子孙受享的。遇着那人家不肖子孙，将田产来卖与我，我就该生警戒心，要想到自己子孙身上。价银照时价要从厚些，许他的银子克期给予他，还要款款问他何处用，劝他切不可浪费。那不肖子孙或者因这大人君子劝化，他从此学好竖立起来，也不可知。遇那痴愚子孙，将那田产来卖的，就当生怜悯心，要想到自己子孙身上。照前与他的价银，交付银子时，还要好好问他哪里用，或是替他照料一照料，或者那痴愚的人不受人的欺弄也不可知。若遇着人家有至急的事，仓皇弃产的，却不要乘危逼勒他，却不要故意顿挫他。别家两次三番兑银子，我却一天平兑足与他，济他之急。若有可以替他排解的去处，替他排解一排解，遇有可以镇压的，替他镇压一镇压，却不准折了他银子。那人就受我的许多福庇，这功德也就不小了。如此成产，如此长厚，自然子子孙孙千万世受享不尽矣。

我今另有几件费钱的功德，更望乡绅们着力做去。这费钱的功德，除了乡绅，谁人能行？说来却又是乡绅本分内该行的。那乡绅们受了朝廷的高爵厚禄，原该替地方上做好事的。既读了圣贤的书，明白道理，原该见义必为的。况且又有极多的利益，庆流子孙的妙处在里面，如何不行？只是有那龌龊小见的人，舍不得银子，向他说不得。独有那大本领、大见识、大度量、有大福禄的人，一说即明，一拨便转，听了就去行的。那费钱的事也不是一件，我且略说几桩：比如那紧急钱粮，官司拶打着锁禁血比，百忙里无处设法，竟要卖儿卖女的，我替他垫了钱粮，免了敲比，完了骨肉，这岂不是极大的阴功么？或遇着故家旧族，或系先贤后裔，有那子孙流落下贱的，我极力拔出火坑；或见先贤坟墓无人看守被人侵占，或是崩圮的，我替他清出来修整完备，岂不是感动幽冥的好事？又如遇大路桥梁要津往来的，或倡率修造，或独力完成；如遇饥荒年岁饿殍流离的时候，勉力赈济去；或遇生日弥月省了筵戏，或施放贫人，或赈狱囚，或遇天寒酷冷施舍棉袄；或遇时行瘟疫，盛暑疟痢，聘请名医开局施药；或遇枯骨暴露，备棺掩埋；或遇路上死人施与棺木；或施夏茶冬汤，岂不是万人感仰，鬼神钦敬的事么？如此等事，谁不要做，谁不知是好事，为何行者稀少？只因有个疑关打他不破，所以不能发心。大约是看那银子是现在的功德，实落受用；那阴功善事还是渺茫的。又恐银子用去，后来没有接济。又或说我用银子救人，人未必肯拿银子来救我。不过是这几种念头打算不足，所以不能发心。就是有人劝他，也是半信半疑的。却不知银子是个渺茫闪烁、捉拿不定的东西，阴功善事反是个实落有据的，只是不曾参津得透，所以委决不下。

我今且按下阴功善事，先请乡绅先生将这银子的机关勘验它一勘验，若勘破了这银子机关，自然要发心行善了。先请乡绅先生从自己身上勘一勘：如今我的银子可是祖宗留下的不是祖宗留下的？若是祖宗留下的，也就不消说起。若不是祖宗留下的，可见生下我来，就有我的福分，也不是专靠着祖宗的。我生下那子孙来，又有子孙的福分，也不是专靠着我的。我的银子今日用了行善做功德，何愁日后没这东西？也该放心用它了。再从子孙身上勘一勘：那子孙聪明才能，还要像我做乡绅，也不用我积攒银子与他。若还不能为乡绅，遗留与他的忒多了，我生前又不曾积德，这银子恐反成了子孙的祸胎。勘到这里，这银子也该发心用来行善了。再请乡绅先生更从自己家里勘一勘：日日要吃饭，是少不得这银子的；个个要穿衣服，是少不得这银子的；还要娶亲嫁女，也是少不得这银子的。除了这几件事，银子也就用不着了，何不拿来行善事积阴功呢？怎奈那乡绅堆金积玉，只是哭穷，只说是不够用的。我想他哪里不够用，哪曾见不够买饭吃，不够买衣服，不够娶亲嫁女？多只是不够他侈靡浪费罢了。若将这银子浪费了，却也可惜，何不将来行善事积阴功？勘到这里也勘破十分了，难道还舍不得用？还不去行善积德么？

我还有一句苦口的言语笃劝乡绅先生：若要乡绅先生们倾囊倒箧尽数用去行善，委是也难。若是只将浪费侈靡一项节省了去做好事，有何难处？且是将那无益的烦费，行那有益的阴功，岂不是极妙的事！怎奈乡绅先生又欠高见，只说我们宦家体面所在，不得不然。我今再将体面两字大家商量一番：思周三党，这是乡绅的体面；泽及九族，这是乡绅的体面；万民感仰，诸人钦敬，这是乡绅的体面。若只是衣服华丽，筵席整齐，房屋轩昂，这也不算做体面。比如乡绅生事害人，这叫做没体面；或是占田霸地，这叫做没体面；行止有亏，清议不容，这叫做没体面。若还是老实本分，不好奢侈，难道就是没体面？且将那夸多斗靡的银钱，都用去行善作功德，积得于门高大，子孙世代做乡绅，人人赛他不过，这却是极大的体面。只是如今乡绅先生一向豪华惯了，我如今劝他俭朴本分，省了银钱做这行善的勾当，不免说我们酸气；抑且他是要自家受用的，如今劝他损己利人，不免又笑我们呆气了。又有一等乡绅先生从那寒窗困苦中来，他把这银子未免看得太重了。我们向他说这等话，不是伸舌摆手，就是掩口摇头。这也不必评论是非，只是要乡绅先生再将那银子的机关着实的再勘他一勘：这银子原是天地间的神物，是浪费它不得的，却又是窖藏它不得的。你若是浪费了它，它就福过灾生了；你若是窖藏了它，它就变成怪异了。只如那晋朝何曾，他生在世家，奢侈惯了，一日间用了一万钱的作料，还说没有下箸处。到得两代后，他的子孙就没有衣食，贫穷下贱了。那何曾还是个有识见的，尚且如此，岂不是暴殄过分了么？又见有许多财富人家，房屋衣冠华丽僭越，或惹得贪酷的官长动了火，就无辜想吃他；或生事的光棍借题陷害，抄没了他；或盗贼平空打劫了他，我也数说不尽，岂不是奢侈的没理了么？只有那窖藏的，自谓留与子孙世世受享。却不知银子这一件神物真是作怪，那银子所在，人人侧目，银子越多，惹祸更速。哪怕你会算计，会收拾，不知怎么样就有个不测之事取了它去，这也是说不得的。我请乡绅先生们试看，如今可有个二十年三十年的无事的财主么？向这里着一着眼，这银子也是不消窖藏它的。且道这银子窖藏它不得，浪费它又不得，毕竟如何才是？我今分明说破了罢，只有用他去行善，万无一失。有了阴功善事，鬼神就来庇护他，天地也来保佑他，没银子的也就有了银子，有银子的一发世世享用不了。这阴功善事犹如点化的大丹一般，那银子遇着他都分外精彩起来，也就用之不尽了；又如那镇库的宝贝一般，那银子有了他，都一毫没处走失了。如此看来，可见那银子反是个捉拿不定的，阴功善事反是个实在有据的。勘破了这个机关，自然要发心行善，做那费钱的功德了。

我今再说个现成的榜样与诸先生看。当初那范文正公也是个穷秀才，他在长白山读书时，断薤画粥，极是清苦的，后来做了宰相，他却不把银子放在眼里。一日命公子范纯仁收租，去运了八百石麦，来家路上行善事，都给予人了。回来见父亲时，文正公问他：“此行可遇着故人否？”公子说道：“遇着故人石曼卿，他说家有三丧未举。”那文正公便说道：“何不将那麦周助他？”公子回说：“已与之矣。”你看这范先生父子们是何等样手段，是何等样度量！文正公又在苏州买了一个南园，有风水先生说：“此地气脉极旺，将来要出一斗芝麻的进士。”那

范仲淹像，选自《吴郡名贤图传赞》。范仲淹是北宋名臣，谥文正，故又被称为“范文正公”

文正公说："有这些进士，我家如何独占了？"遂推为学舍，就是如今苏州的府学。这学中真也出了无数的举人、进士，都是范家让出来的。这是何等样心肠，何等样识见！谁知那范家的举人进士却也不少，自宋朝直到如今，哪一科没有范家人？这岂不是古今第一等的大功德，轻轻被范文正公做去了？古今第一等的便宜，整整被范文正公占尽了？只是他有了那大识见，方有这大度量；有了这大度量，才有他这大手段；有了这大手段，才有他这大福分。如今的乡绅先生，也有做过尚书阁老、科道九卿的，也有做过督抚、司道、有司的，其中岂无范文正公这样人，范忠宣公这样公子？只是要信得真切，大发良心，大开手段，照依那浪费的样子堂堂做去，那古今第一等的大福分管取到手，又岂止那百千万倍？真乃是万万倍的利益也。吁！利益如此，我知贤士大夫自当勇往直前，决不肯因循却顾，坐让便宜以与人矣。

两约言忠告，善道法巽兼施，叔世仁心，最为谆切。要知官长乡绅，总一人而已。在官为官长，在乡为乡绅，亦总一心而已。为善于乡者，居官定有惠政；为善于官者，居乡定有令闻。举斯加彼，初不过自尽其心，而所及者甚广矣。今以一人倡之，数十人和之；十人倡之，数百人从而和之，无量亿人又从而和之；一时倡之，数千百世又从而和之。天地之心，生民之命，万世之平，皆在于此，其功德岂可思议乎哉！昔孔子告季康子曰："子欲善，而民善矣。"风行草偃，势所必至；上行下效，理有固然。然则正己率人，化成美俗，端有赖于在位之君子、有道仁人主持世教，乌可以不深念也！

群　珠

一字宝

善此一字乃人生日用之至宝也。但凡存心说话、行事，此字俱刻不可离也。此宝不独自身受用不尽，即子孙亦受用不尽。古人云："善为至宝生生用，心作良田世世耕。"但不可始勤终怠，更不可望效心急，包管大有受用。至于"忍"字、"恕"字皆从此字运出。

二　愿选关圣帝君语

愿天常生好人，愿人常行好事。

二愿甚宏，非大圣人不能有此。安得即遂所愿？

二　惟选范纯仁语

唯俭可以助廉，唯恕可以成德。

俭则无贪淫之累，故能成其廉；恕则无人我之私，故能进于德。

二　宁

增一事宁减一事。谓无益之事。多一言宁少一言。谓无益之言。

无益之事莫行，免得劳神费力；无益之言莫说，免得招是惹非。

二　能

事当快意处能持，言当快意处能住。

事当快意处能持，不特此生可免寂寥，且可驾驭造化；言当快意处能住，不特终身自少尤悔，且觉趣味无穷。

二　无

尽心则无愧，平心则无偏。

心尽则职亦尽，自无愧怍于已；心平则政亦平，自无偏私于人。此居官至妙之法，亦应事至妙之法。

二　多

浮躁多败事，疲软多废事。

世人之病，只此二件，总之于事无济。

二少

闲事少管则鲜咎，闲言少说则省过。

何必自寻咎过？天下本无事，庸人自扰之。

二从

病从口入，祸从口出。

慎其所入，防其所出，始可免于病祸。

二　莫

不可行之事口莫说，不可说之事心莫萌。

人前行得出的方可说，人前说得出的方可行。大约无不可对人说的，就无不可对天地鬼神说。

二　当 选蔡虚斋语

立身当高一步，处人当下一步。

持己待人之法，只要此二句已尽之矣。

二常看

德业常看胜如我者，则愧愤日增。要向上想就知耻。福禄常看不如我者，则怨尤自息。要向下想就知足。

能体上句，则学问越精；能体下句，则快乐无穷。

二宜学

富贵人更宜学善良，聪明人更宜学忠厚。

人在贫贱时为善，善有限；为恶，恶亦有限。无其力也。一当富贵中为善，善无穷；为恶，恶亦无穷。有其具也。所以富贵者，乃成败祸福之大关，不可不更加慎重也。至于聪明人，若不浑厚，定多夭死，以发泄太尽也。花之千瓣者，多无实，亦是此理。

二不妄

不妄求则心安，不妄做则身安。

妄求者，未必得成而精神亏虚；妄做者，未必做成而资财耗损。

二必无

待有余而后济人，必无济人之日；人心怎的足？待有暇而后读书，必无读书之时。人事怎得闲？

凡事不可因循等待，若因循等待，必致贻误。可惜！

二只消

见人不是处，只消一个“容”字；处己难过处，只消一个“忍”字。

有容德乃大，有忍事乃济。

二不如选黄山谷语

百战百胜不如一忍，万言万当不如一默。

予每见有等人，浮气一动，辄上天下地，无所容身，只成其愚耳。熟知老聃妙法，讨多少便宜。

二莫若

欲人勿闻莫若勿言，欲人勿知莫若勿为。

言说于人所不闻，必传于人所共闻；事做于人所不见，必发于人所共见。俗云：“墙有缝，壁有耳”，又云：“若要人不知，除非己莫为”，

黄庭坚像，图出自清·上官周《晚笑堂画传》。黄庭坚为北宋著名诗人，号山谷，故又称为“黄山谷”

即此义也。

三　在选关尹子语

困天下之智，不在智而在愚；穷天下之辩，不在辩而在讷；服天下之勇，不在勇而在怯。

世人笑他没用，谁知正是他的大有妙用。

三　思

少思其长则务学，老思其死则务教，有思其无则务施。

人不可不愤发。

三　天

天薄我以福，吾厚吾德以迓之；天劳我以形，吾逸吾心以补之；天厄我以遇，吾享吾道以通之。

不必怨天，只当尽其在己。若能如此修持，自有回天之力矣。

三　养选苏东坡语

安分以养福，宽胃以养气，省费以养财。

若过分，则享用日丰而福日薄；若食多，则胃不清而气下滞；若费多，则财有限而后不继。

三　磨

世路风霜，吾人炼心之境也；世情冷暖，吾人忍性之地也；世事颠倒，吾人修行之资也。

大丈夫处世，不可少此磨炼。玉磨成器，铁炼成钢。

三不知

不到极逆之境，不知平日之安；不遇至刻之人，不知忠厚之易；不经难处之事，不知适意之巧。

事非经过则不知。当推想其难，则眼前俱成极乐。

三不可

清是做官本等，却不可矜清傲浊。以立品言。慎是居上细心，却不可慎大忽小。以存心言。勤是从政实地，却不可勤始怠终。以行事言。

此三不可，是居官最妙之法，亦是处己最妙之法。

三可惜

此生不学一可惜，此日闲过二可惜，此身一败三可惜。

世人失一财一物辄曰可惜。正当如此，太可惜之事反不可惜，岂不真可惜哉！

三无不

两悔无不释之憾，两求无不合之交，两怒无不成之祸。

四　好选关圣帝君语

做好人，行好事，读好书，说好话。

予曾过镇江，瞻仰关圣亲笔篆碑，笔力古劲，真堪世宝。予因赘演四句曰："在生一日，须做一日好人；处世一日，须行一日好事；得闲一时，须读一时好书；对客一时，须说一时好话。"予又赘增四句曰："存好心，交好友，习好业，居好地。"请高明更正。

四　本选朱文公语

勤俭治家之本，读书起家之本，和顺齐家之本，循理保家之本。

此四本之论，可谓亲切而著名矣。虽王文肃本箴一篇，未能胜过也。人人当勤之家庙，永为世宝。予因赘演四句曰："富之根本全在勤俭，贵之根本全在读书，喜之根本全在和顺，福之根本全在循理。"予又赘演四句曰："肯勤俭必然致富，肯读书必然发贵，肯和顺必然生喜，肯循理必然享福。"予又赘反四句曰："不勤俭难免饥寒，不读书难免下贱，不和顺难免离散，不循理难免祸害。"请教高明是否？

四　计选朱文公语

一家之计在于和，一生之计在于勤，一年之计在于春，一日之计在于寅。

父慈子孝，兄友弟恭，夫妇和睦，奴婢驯良。此治家之要计也。

欲求生富贵，须下死工夫。虽人之俗谈，实理之极当。至于耕种宜早，勿失其时，早起三朝当一工。若不加意于勤谨，则居家涉世，虽欲从容快乐，未必得也。予又赘反四句曰："一家之计，长若不和，众无所依；一生之计，幼若不勤，老无所安；一年之计，春若不耕，秋无所望；一日之计，寅若不起，日无所办。"祈高明改之。

四　守选孔圣人语

聪明智慧守之以愚，功盖天下守之以让，勇力震世守之以怯，富有四海守之以谦。

此是持己待人最妙之法，予因赘演四句曰："勿恃明而过察，勿自大而小人，勿仗勇而轻敌，勿倚富而欺贫。"高明读之何如？

司马光像，出自明·吕维祺《圣贤像赞》。司马光被封为温国公，故又称"司马温公"

四　则改顾东桥语

言行拟之古人则德进，功名付之天命则心闲，报应念及子孙则事平，受享虑及缺乏则用俭。

依第一句，则无惰矣；依第二句，则无妄矣；依第三句，则无恶矣；依第四句，则无奢矣。

四　德

富以能施为德，贵以下人为德，贫以无求为德，贱以忘势为德。

木无土不能长，人无德不能昌。固要有其德耳。

四　必改司马温公语

小非必惩，德之本也；微命必护，寿之源也；粒谷必珍，富之根也；只字必惜，贵之基也。

凡人能依此四必，其德寿富贵，自必有矣。

四　贵

齿以坚毁，故至人贵柔；刃以锐摧，故至人贵浑；神龙以难见称，故至人贵潜；沧海以汪洋难量，故至人贵深。

老子最妙之法，只此四贵，即已说尽。

四　当选苏东坡语

无事以当贵，早寝以当富，安步以当车，晚食以当肉。

此安贫快乐法也。予又赘增四句曰："无辱以当荣，无祸以当福，无愁以当仙，无累以当佛。"

四　法删改吕叔简语

安详是应事第一法，涵容是待人第一法，谦退是保身第一法，洒脱是养心第一法。

后人增"忍耐是思事第一法"，要知已在"安详"二字内矣。后人又改第四句曰"置富贵贫贱、死生常变于度外，是养心第一法"，要知已在"洒脱"二字内矣。为学者，只是"心平气和"四个字，便无所处而不当。至于境界之顺逆，一概诿之于天数，则世间事无有能扰吾意者。是外以遇人，内以持身，道莫备焉。

四　召增林和靖语

不自重者取辱，不自畏者招祸，不自满者受益，不自是者博闻。

林逋像，图选自清·顾沅辑《古圣贤像传略》。林逋是北宋著名诗人，卒后，宋仁宗赐谥"和靖先生"，故后世又称其为林和靖

祸福无不自己求之者。

四　心改陈眉公语

以爱妻之心爱亲则大孝，以保家之心保国则尽忠，以责人之心责己则寡过，以恕己之心恕人则全交。

人但反其所向，则敦伦涉世之道，无往而不尽矣。

四　耐

耐贫贱不作酸语，耐炎凉不作激语，耐是非不作辩语，耐烦恼不作苦语。

能如此，诚世间大度汉，有许多作为，有许多受用。

四　莫选邵康节语

人非贤莫交，物非义莫取，事非见莫说，念非善莫举。

予谓人有丑事，虽见亦不可说。

四　勿改韩魏公语

无益之人勿亲亦勿学。无益之事勿为亦勿看。无益之书勿读亦勿存。无益之话勿说亦勿听。

此四语，即前列关圣“四好”之注。予又赘增四句曰：“无益之念勿举，无益之处勿往，无益之文勿作，无益之物勿置。”

四　少选关尹子语

少言者不为人所忌，少行者不为人所短，少智者不为人所劳，少能者不为人所役。

只须学此四少，则可驾驭一世而游刃有余矣。信乎？以约失之者鲜矣。予因赘演四句曰：“少言者可以杜祸，少行者可以藏拙，少智者可以习静，少能者可以节劳。”予又赘反四句曰：“多言多败，多行多患，多智多苦，多能多累。”

四　无

贫不足羞，可羞是贫而无志；贱不足恶，可恶是贱而无能；老不足叹，可叹是老而无益；死不足惜，可惜是死而无补。

此四者，总关无志，虽是为人，却枉过一世矣。

四受用

闲中不放过，忙处有受用；静中不落空，动处有受用；暗中不欺隐，明处有受用；少时不怠惰，老来有受用。

要预存受用之处，方得受用。否则，无受用矣。

四常想选钱纯中语

健时常作病想，可以保身；裕时常作乏想，可以守家；少时常作老想，可以力学；活时常作死想，可以进道。

人无远虑，必有近忧。

四勿谓改邵二泉语

勿谓一念可欺也，须知有天地鬼神之鉴察；

勿谓一言可轻也，须知有左右前后之假窃；

勿谓一时可逞也，须知有子孙祸福之报应；

勿谓一事可忽也，须知有身家性命之关系。

夫一念、一言、一时、一事之不可忽如此，是大有得于中庸戒慎恐惧之说，鲁论临深履薄之语者。人之生斯世也，能守此四语，则自正心诚意，以及齐家治国平天下之道，皆不出此范围矣。

四所以改张学仕语

心不妄念，身不妄动，口无妄言，君子所以存诚；

内不欺己，外不欺人，上不欺天，君子所以慎独；

不愧父母，不愧兄弟，不愧妻子，君子所以宜家；

不负天子，不负生民，不负所学，君子所以用世。

有此不妄、不欺、不愧、不负，才不虚生。

四要知改陈眉公语

处富贵之地，要知贫贱人的苦恼；

在少壮之时，要知老年人的心酸；

居安乐之场，要知患难人的景况；

当旁观之境，要知局内人的痛痒。

不独只要知道，还要存心体贴。

四不与

轻言动之人不可与深计，易喜怒之人不可与远谋，好便宜之人不可与共财，多狐疑之人不可与共事。

言动轻浮者，量必不深；喜怒容易者，情必不久；利徒多欺，疑心多变。此四者，乃知人待人之良法。

邵康节像，图出自明·吕维祺《圣贤像赞》。邵康节即邵雍，北宋哲学家

四无妄

选邵康节语

耳无妄听，目无妄视，口无妄言，心无妄虑。

予又赘增曰：“事无妄为。”诚哉！“妄”之一字，为害甚大。

四莫尽

福莫享尽，势莫使尽，话莫说尽，事莫做尽。

有福莫享尽，福尽身贫穷；有势莫使尽，势尽冤相逢。福兮常自惜，势兮常自恭。人生骄与奢，有始多无终。大凡一切言语事务，俱留余地，才有受用。

五　知

知恩，知道，知命，知非，知幸。

不知此五件，便不成人。

五　节

言语知节则愆尤少，举动知节则悔吝少，饮食知节则疾病少，爱慕知节则贪求少，欢乐知节则祸败少。

节者，谓中庸之道。因不能尽绝，而发此语。

五　关

仁厚刻薄是修短关，谦虚盈满是祸福关，勤俭奢惰是贫富关，保养纵欲是人鬼关，为善作恶是天堂地狱关。

出此入彼，全在于一心，不可不慎。

六　生

公生明，偏生暗，诚生神，端悫生通，诈伪生塞，夸诞生惑。

六　知选陈眉公语

静坐然后知平日之气浮，守默然后知平日之言躁，省事然后知平日之费闲，闭户然后知平日之交滥，寡欲然后知平日之病多，近情然后知平日之念刻。

人之生斯世也，无非语言动作。然多一事则有多一事之累，少一事则有少一事之乐。乃知大学问俱从省事得来，当以斯六知语终日三复。

六　悔改寇莱公语

官行私曲失时悔，富不俭用贫时悔，艺不少学老时悔，见事不习用时悔，醉发狂言醒时悔，安不将息病时悔。

与其悔之于后，莫若慎之于先。孔子曰："慎行其余，慎言其余。"总是一段兢业心思。但人之一世，不堪数悔，常铭此心，使不至或悔，则庶几矣。

六　戒

我戒毁言则人得清净，我戒嗔怒则人得和乐，我戒横取则人得保守，我戒挑逗则人得安常，我戒邪色则人得完名，我戒争竞则人得顺畅。

即此自治，便是以福惠施人也。否则，纵能布施几人，而言语行事之中，或指及者众，得不偿失，准折销算，其何能济？

六常想

即命当荣显，常作落寞想；即事当顺利，常作拂意想；即现颇足食，常作贫篓想；即人相爱敬，常作恐惧想；即家世望重，常作卑下想；即学问甚优，常作浅陋想。

随在皆有不敢自恃之心，此亦履盛知谦之意也。

六不如

与其烧香求福，不如为善；与其念佛免祸，不如去怨；与其妄取施惠，不如勿取；与其滥费于人，不如省费；与其结交权势，不如敦伦；与其买物放生，不如戒杀。

凡人不思内省，故每求之于不可知。君子内省是务，但论其见在而尽其所当为，故宁在此而不在彼也。其孰得孰失，何去何从，当必有辨之者。

七　毋

毋以床笫耗元阳，毋以饮食伤脾胃，毋以小嫌而疏至戚，毋以新怨而忘旧恩，毋以言语损现在之福，毋以田地造子孙之殃，毋以学术而害天下后世。

此七条，世人犯者颇多，都要切戒。

七不知

不曾经过刀兵水火之苦，不知太平之福；

不曾经过凶荒饿莩之苦，不知丰稔之福；

不曾经过生离死别之苦，不知团聚之福；

不曾经过事变祸害之苦，不知安稳之福；

不曾经过饥寒逼迫之苦，不知饱暖之福；

不曾经过疾病痛楚之苦，不知康健之福；

不曾经过险峻风波之苦，不知坦静之福。

人能常想此七条，虽处逆境而随在皆快乐矣。予又撰有“十快乐”、“十幸”，当与此义互看。已刻《快心集》内。兹不复载。

八 生选魏元君语

道生于安静，德生于平退，福生于清俭，命生于和畅，患生于多欲，过生于轻慢，祸生于多贪，罪生于不仁。

精义妙理，字字至言。

八 治

正心治邪，读书治愚，参禅治想，独卧治淫，安分治妄，量力治贪，服药治病，痛饮治愁。

正心甚则达理，读书甚则见道，可见功效尚多。

王守仁像，图出自《三才图会》。王守仁是明代思想家，号阳明，故后人称其为“王阳明”或“阳明先生”

八 轻

轻言者多悔，轻动者多失，轻诺者寡信，轻毁者寡交，轻合者易离，轻喜者易怒，轻取者必争，轻听者必疑。

是以君子贵乎持重，重则不迁不变，得乎天理人情之至当，浩浩然如千顷之波，人莫测其涯涘矣。

九莫生选王阳明语

家众拂意莫生烦恼念否，安食身健莫生淫欲念否，丘园清淡莫生营植念否，道侣离索莫生昏惰念否，怀君意重莫生田舍念否，炎凉相迫莫生烟火念否，朝市事闻莫生光荣念否，声力加遗莫生构撼念否，捉衾肘见莫生遮盖念否。

有一于此，皆足以损性灵而坏坚贞，不可不察也！此可为学人对病之药。

十　常

起念常教纯正，出语常畏因果，富贵常怜困穷，快乐常恐灾祸，未来常存戒惧，现在常思知足，衣食常想来处，动静常付无心，逆境常当顺受，冤结常求解脱。

人若守此十常，永无烦恼矣。

十　思

选杨尚书语。韩鼎端居攻苦，常以此十思铭于座隅以自省。

量思宽，犯思忍，劳思先，功思让，坐思下，行思后，名思晦，位思卑，守思终，退思早。

此自责自强之法。夫思曰睿，睿作圣，思义甚大矣。

十方便选陆平泉语

寻方便在济贫，饥寒良可悯，推解莫厌频。

寻方便在敬老，光景迫桑榆，居食须安饱。

寻方便在息争，群小喜相构，和调丈端人。

寻方便在申枉，鉴彼覆盆冤，周旋脱罗网。

寻方便在怜才，美哉后来俊，勿惜齿牙推。

寻方便在矜愚，昏柔莫轻侮，启翼须勤渠。

寻方便在抚孤，伶仃怅无依，颠危亟相扶。

寻方便在惜下，仆役皆人子，百事从宽大。

寻方便在掩骸，白骨虽已朽，游魂实堪哀。

寻方便在除恶，宁独忍斯人，恶除良民乐。

居官处世，信能行此十件，可称宇宙完人。

十要得

于见善时要行得，于过失时要改得，

于贫穷时要耐得，于辛苦时要受得，

于拂意时要忍得，于烦恼时要遣得，

于私欲时要遏得，于言语时要检得，

于浓热时要淡得，于久远时要恒得。

人能守此十要，一生快乐有余矣。

绅　瑜

人要多福，全在知受享；人要多寿，全在惜精神。不知受享，虽有福而虚度；不惜精神，虽有寿而自亏。然须以德行统之，否则，每致磨折也。

平安即是福，功德即是寿，知足即是富，适情即是贵。悟透此四句，是我真彼假。

心无忧虑就是逍遥佛祖，身无病痛就是快活神仙。无忧无病，都要自致。

为圣贤的妙法只在一点仁心，为豪杰的妙法只在一腔义气。全在以仁义存心。

人有极大之福，才肯读书。书能知道理，书能重纲常；书能启聪明，书能广识见；书能取功名，书能保身家。人须熟读于胸中，真享极大之福。

清闲无事，坐卧随心，虽淡饭粗衣，自然有一段佳趣。纷扰不宁，忧患缠身，虽锦袍玉食，只觉得万般愁苦。有一种人，本是闲无事却自寻出多事来，都因没福消受也。

从极迷处识迷，则到处俱醒；将难放处竟放，则万境俱宽。极妙工夫。

身安不如心安。有一人身甚劳苦心却安闲，有一人身甚安闲心却劳苦，孰是孰非，高人当自能辨。

心宽强如屋宽。心思窄狭，虽住高堂大厦，亦不能宽快也。

休怨我不如人，不如我者尚众；休夸我能胜人，胜如我者还多。须看远大些，自己有许多受用。

不可乘喜而轻诺，不可困醉而生嗔，不可乘快而多事，不可因倦而鲜终。误事成害，往往如此。

居不必无恶邻，会不必无损友，唯能自持者两得之。见善人效之，见不善人改之。善、不善，皆吾师也。

凡事韬晦，不独益己，抑且益人；凡事表暴，不独损人，抑且损己。要学人己两利之法。

人只把不如我者较量，则知自足。若能知足，即享大福。

遇不韵之言行，须当简默，恐以诙谐生怨也。易犯，切戒。

开口讥诮人是轻薄第一件，不唯丧德，亦足丧身。大害。

不实心不成事，不虚心不知事。自益极大。

有作用者，器宇定是不凡；有受用者，才情决然不露。自警法，又是知人法。

《传家宝》提倡为人应谙韬晦之道，认为这样对己有益。图为《三国志通俗演义》版画之青梅煮酒论英雄图，描绘了刘备在被曹操指认为当世英雄之后，行韬光养晦之策，假装闻雷声惊落手中筷子的情景

志不可堕，心不可放。要紧工夫。

不近人情，举世皆畏途；不察物情，一生俱梦境。可惜虚生。

我有功于人不可念，而过则不可不念；人有恩于我不可忘，而怨则不可不忘。涉世第一法。

凡横逆之来，先思所以取之之故，即得所以处之之法。不可便动气。动气徒为自损。

凡人语及所不平，气必动，色必变，辞必厉。唯韩魏公则不然。说到小人忘恩负义、欲倾己处，气象和平，如说寻常事。明于人情，即具此度量。

变化气质，居常无所见。惟当利害经变故、遭屈辱，平时愤怒者到此能不愤怒，忧慌失措到此能不忧惶失措，才是能有得力处，亦便是用力处。全在学识。

天下唯五伦施而不报。彼以逆加，吾以顺受。有此病，自有此药，不必较量。稍有较量，便是不知伦理。

胸中只摆脱一“恋”字，便十分爽净，十分自在。人生最苦处，只是此心沾泥带水，明明知得，却不能断割。都是自寻苦恼。

“随缘”二字，极有意味。能体之者，有许多自在安稳。世人欲享和平之福，终身受用此二字不尽。大安乐法。

清福上天所惜，而习忙可以销福；清名上天所忌，而得谤可以销名。知此，则虽忙虽谤，俱不怨尤矣。

切不可听人之言而随和之。须要自己斟酌。

吾本薄福人，宜行厚德事；吾本薄德人，宜行惜福事。这二十个字，一生受用不尽。但人只为薄福薄德，不肯自认，是以暴殄奢淫风俗，尤不可不家悬一通。

闻人善则疑之，闻人恶则信之。此满腔杀机也。急须改换。

偶与诸友登塔绝顶，谓云：“大抵做向上人，决要士君子鼓舞。只如此塔甚高，非与诸公乘兴览眺，必无独登之理。既上四五级，若有倦意，又须赖诸公怂恿，此去绝顶不远；既到绝顶，眼界大，地位高，又须赖诸公提撕警觉，跬步稍差，易至倾跌。只此，便是做向上一等人榜样也。”虽然如此，全要自己向上的念头立得真。

男子有德便是才，女子无才便是德。环句的确。

一念之善，吉神随之；一念之恶，厉鬼随之。知此，可以役动鬼神。一善便先天而天不违，何况鬼神乎？

士君子尽心利济，须要海内人少他不得，自然上天也少他不得。即此便是立命。若做官的与地方痛痒不关，甚且生事扰民，百姓反恨地方上多了他，这便是弃天。

与其得罪于百姓，不如得罪于上官。但恐不肯。

名利坏人，虽三尺童子尽皆知之。但好利之弊，使人不复顾名誉；而好名之过，又使人不复顾君父。世有妨亲命以洁身、讪朝廷以卖直者，是可忍，孰不可忍也？真是大错！

宦情太浓，归时过不得；生趣太浓、死时过不得。甚矣！有味于淡矣。怎奈浓得不长。

清苦是佳事。虽然，天下岂有薄于自待而能厚于待人者乎？如一条窄路，自己挨身不过，别人如何走得？

士大夫当有忧国之心，不当有忧国之论。老成识见。

贤人君子，专要扶公论正。《易》之所谓扶阳也。正气相合。

甑甑子每教人养喜神，止庵子每救人去杀机。此二言皆吾之师也。只是善为主宰。

奢者，不特用度过侈之谓，凡多视、多听、多言、多动，皆是暴殄天物。奢字妙解。

读书不独变人气质，且能养人精神。盖理义收摄故也。也须拣读有益好书。

初夏，五阳用事，于乾为飞龙，草木至此以为长旺。然旺则必极，至极而始收敛，则已晚矣。所以邵子云：“牡丹含蕊为盛，烂漫为衰。月盈日午，有道之士所不处焉。”看得透彻。

乘舟而遇逆风，见扬帆者不无妒念。彼自处顺，于我何关？我自处逆，于彼何与？究竟思之，都是自生烦恼。天下事，大率类此。何苦自寻烦恼？

救荒不患无奇策，只患无真心。真心即奇策也。为官临民，一切兴利除害、为人积德，一切扶危救难，都是如此。

捏造歌谣，不唯不当作，亦不当听。徒损心术，长浮风耳。若一听之，则清净心田中，亦下一不净种子矣。造谣捏谤，扬俗且有以此及官长者。人情恶薄，深可浩叹！

吾不知所谓善，但令人感者，即善也。吾不知所谓恶，但令人恨者，即恶也。这才是真善、真恶也。

青天白日，和风庆云，不特人多喜色，即鸟鹊且有好音。若暴风怒雨，疾雷闪电，鸟亦投林，人皆闭户。乖戾之感至于此乎？故君子以太和元气为主。此涉世妙法。暴戾之人，读之汗下，急当改悔！

前人责人善者，隐恶而扬善，所以与人同归于善；今人责人善者，是己而非人，所以与人皆陷于恶。至言。

谈笑言论，常防识者在旁。如比提防，自然谨言。

有穿麻服白衣者，路遇吉祥喜事，相与牵而避之，勿令相值。其事虽小，其心则厚。一切诸事，惧当以此好心肠推而广之。

好谈闺门及好谈乱者，必为鬼神所怒，非有奇祸，必有奇穷。因其心中隐恶，必致天诛也。

水到渠成，瓜熟蒂落。此八个字，受用一生。知此即得大自在。

小人专望人恩，恩过不感；君子不轻受人恩，受则难忘。存心不同。

罗仲素云："子弑父，臣弑君，只是见君父有不是处耳。"若一味见人不是，则兄弟、朋友、妻子以及于僮仆、鸡犬，到处可憎，终日落填火坑堑中，如何得出头地？乃曰："每事自反，真一帖清凉散也。"人当嗔怒时，自己见得自己也有三分不足，其气自平。奈今人只不肯反头自觑。

处富贵之地，要知贫贱人的痛痒；当少壮之时，须念衰老人的辛酸。此博文公之家传至言。

对失意人莫谈得意事，处得意时常想失意事。周旋世务。

事有急之不白者，宽之或渐明，勿躁急以速其愤。须要从容。

人有操之不从者，纵之或自化，勿躁切以益其顽。须要和易。

惟正足以服人。文靖公涉世法。

君子涉世，唯在善治小人。太上消之，其次容之、忍之，与之争则最下矣。老到见识。

忍亦有辩：畏势而忍者，不足为忍；无可畏之势而忍者，是名为忍也。忍字才明。

害人之心不可有，防人之心不可无。此戒疏于虑也。宁受人之欺，毋逆人之诈。此警伤于察也。二语并存，精明而浑厚矣。明哲人，定然浑厚。

勿道人之短，毋说己之长。施人慎勿念，受施慎勿忘。此崔子玉座铭，真高人高见。

炎凉之态，富贵更甚于贫贱；妒忌之心，骨肉更甚于外人。此处若不当之以冷眼，御之以平气，鲜不日坐烦恼障中矣。全要识透。

百战百胜，不如一忍；万言万当，不如一默。黄山谷心法。

以石触絮，两无伤焉，柔胜也。以石触石，脆者不免，刚胜也。此道惟老氏能之。须要勉学。

少言沉默，最有利益。养神气，免忌怨。

朽株顽块，世人不珍；露才扬己，复为世嗔。在世间做有用人，处世人做无用人。不恃才能，就是有用人。

天下无难处之人，只用三个“必自反”；天下无难处之事，只消两个“如之何”。何难之有？

受人之恩，虽深不报，怨则浅亦报之。闻人之恶，虽隐不疑，善则显亦疑之。此乃刻之极薄之尤也。须切戒之。这样惨刻人，大有恶报。

浮议虽不足恤，亦可以恐惧修省。借以自警。

危崖之石先倾，掉枝之叶先落。万物唯平可以长久。平字最妙，要妙知晓。

不自重者取辱，不自畏者招祸，不自满者受益，不自是者博闻。吉凶悔吝，无有不由己者。总是自致。

一愿识尽世间好人；二愿读尽世间好书；三愿看尽世间好山水。眉公曰：“尽则不能，但身到处莫放过耳。”有大愿人，每每当面错过。

世路风霜，吾人炼心之境也。世情冷暖，吾人忍性之地也。世事颠倒，吾人修行之资也。世人不可无此磨炼。

只说自己是者，其心粗而气浮也。且多讥议。

不责人小过，不发人阴私，不念人旧恶，真是妙人。可以养德，又可以远害。

泛交则多费，多费则多营，多营则多求，多求则多辱。《语》不云乎：“以约失之者鲜矣。”当三复斯言。择交俭用。

晦翁云：“天地一无所为，只以生万物。为事人若念念在利济，便是天地矣。”故曰宰相日日有可行的善事，只是当面蹉过耳。人俱如此，不独宰相。

人生一日，或闻一善言、见一善行、行一善事，此日方不虚度。所以每日里要替自己一查算。

后辈轻薄前辈者，往往促寿。何也？彼既贱者，天岂以贱者赠之？俊句可读此，此是召感之理。

有一言而伤天地之和、一事而折终身之福者，急须检点。仔细存想。

静坐以观念头起处，如主人坐在堂中看有什么人来，自然酬答不差。仔细察看。

富贵家莫炫。炫则不长。聪明人莫刻。刻则不寿。

世乱时，忠臣义士尚思做个好人；幸逢太平，复尔温饱，不思做好人，更何为也？大为可惜！

会见贤人君子而归乃犹然故吾者，其识趣可知矣。他原不曾见，怪他不得。

得意而喜，失意而怒，便被顺逆差遣，自己何曾做得主？马牛为人穿着鼻孔，要行则行，要止则止，不知世上人一切差遣得我者，皆是穿我鼻孔者也。自朝至暮，自少至老，其不为马牛者几何？哀哉！说到穿鼻，不觉喷饭。

出言要思省，则思为主，而言为客，自然言少。慎言妙法。

士大夫不贪官、不受钱，一无所利济以及于人，毕竟非天生圣贤之意。盖洁己好修，德也；济人利物，功也。有德而无功，可乎？功德二字，讲得明白。

薄福者，必刻薄；刻薄则福更薄矣。厚福者，必宽厚；宽厚则福更厚矣。厚薄都是自作自受。

儒佛争辩，非惟儒者不读佛书之过，亦佛者不读儒书之过。此两家皆交浅而言深。相争的，便不是真儒真佛。

人不可自恕，亦不可令人恕我。况求人恕我，原不可多得。

金帛多，只是博得临死时子孙眼泪少；不知其他，知有争而已。金帛少，只是博得临死时子孙眼泪多；亦不知其他，知有亲而已。每见富贵家子孙互相争夺，甚有讦讼者，只是这几两银子要费去寻贫穷也。

闭门即是深山，读书随处净土。全在人能领会。

说人所必不从，求人所必不与，强人以甚不便，制人以必不甘。君子须早见豫待，毋当境愧屈，临事周章。知此，则无愧屈之虑。

待富贵人不难有礼，而难有体；待贫贱人不难有恩，而难有礼。待富贵人有体易，待贫贱人有礼难。夫穷愁下士，趋造势庭，求一见而不可得；即得见，而昂首伸足，箕踞万状，不可逼视。嗟乎！谦恭相接，冷暖同观，未数见也。

觉人之诈，不形于言；受人之侮，不动于色。此中有许多意味，又有许多受用。好气象。不但远怨，旦可厚德。急宜学，不可稍懈。

苏轼像，图选自清·上官周绘《晚笑堂画传》。《传家宝》中说苏轼与人相处，不问贤愚贵贱，和气蔼然

苏东坡与人相处，不问贤愚贵贱，和气蔼然。常曰：“我心平易，上可陪玉皇，下可陪田夫乞儿。”好气象。急宜学。

人有不及，可以情恕；非意相干，可以理遣。得大快乐。

礼义廉耻，可以律己，不可以绳人。律己则寡过，绳人则寡合。不独寡和，且招谤生怨。此文统公最妙法。

两人相非，不破家亡身不止。只回头认自己一句错，便是无边受用。两人自是，不反目稽唇不止。只温语称人一句是，便是无限欢欣。熟透人情。

《书》曰：“谦受益，满招损。”是以阳明先生尝以“傲”字戒人曰：“今人千罪百恶，皆从‘傲’字上来。傲则自高自是，不肯下人。子不孝，弟不悌，臣不忠，只是一‘傲’字便结果了一生。极大罪恶，更无救解处。傲之反为谦，‘谦’字便是对症良药。故尧舜之道，只是谦到至诚处，便是允恭克让，温恭允塞也。”从来傲字坏了多少人品？急须改悔！

攻人之恶，毋太严，要思其堪受；教人以善，毋过高，当令其可从。大是。

休与小人为仇，小人自有对头；休向君子谄媚，君子原无私惠。快心之论。

疑人轻己者，皆内不足也。何必疑此。

可爱之物，勿以求人；易犯之愆，勿以禁人；难行之事，勿以令人。体贴人情世事。

人如负我，我何与？我如负人，人有词。真是长者。

忌成乐败，何预人事？徒自坏心术耳。成败有数，忌乐痴甚。

人好刚，我以柔胜之；人用术，我以诚感之；人使气，我以理屈之。天下无难处之事矣。何人处不得？

自己犹不能快自己意，如何要人尽快我意？自己犹不能知自己心，如何要人尽知我心？知此情理，便不烦恼。

“恩仇分明”四个字，非有道者之言也；“无好人”三个字，非有德者之言也。信此二语，便成不得长厚。

完名美节，不宜独任，分些与人，可以远害全身；辱行污名，不宜全推，引些归己，可以韬光养德。见识高。

孔子去周，老聃送之曰：“聪明深察而近于死者，好讥议人者也。博辩致远而危其身者，好发人之恶者也。”孔子曰：“敬受教。”此系家语，金人铭祖此。

说得千般明晓，不如行得一事到底。此陈宗晤最妙心法。

面谀之辞，知之者未必感情；背后之议，衔之者常至刻骨。熟诸人情。

凡一事而关人终身，纵实见实闻，不可着口；凡一语而伤我长厚，虽闲谈酒谑，慎勿形言。存心切记，功德无量。

闻人过失，如闻父母之名耳。可得闻，口不可得言也。此马援训儿语也。戒口莫说他人短，自短何曾说与人？

孔子问礼老聃图，描绘了孔子问礼于老子的情景

遇沉沉不语之士，且莫输心；见悻悻自好之人，应须防口。全要知人。

喜时之言多失信，怒时之言多失体。须要检点，免致后悔。

亲戚故旧，当厚密时不可尽以私事语之。一旦失欢，彼且挟而中我矣。我以真率待人，不意人心易变，则我之真率反成自害矣。不可不慎。失欢之时，毋出绝言，不独伤我厚道，且恐既平之后，更与通好，则前言可愧。与人绝交，不出恶言。

十悟九中，未必称奇；一语不中，则愆尤骈集。十谋九成，未必归功；一谋不成，则訾议丛兴。君子所以宁默勿躁，宁拙毋巧。老成阅历之见。

言有尽而意无穷者，天下之至言也。是以语贵含蓄有神。苏东坡一生得意，惟得此数句之妙。

反己者，逆耳皆成药石；尤人者，开口即是戈矛。幸人毁者，德日崇；好毁人者，德日损。

以诚为终身行己之要，而其行之也，自不妄语始。得法。

己无言责，闻人谈论，但且虚受悦服，慎勿锋起求胜。详究取舍，在我而已。气象和美，人不怨憎。

不能谨于始，必当悔于终。能悔者，犹救得一半。谨始方能令终。

福莫福于少事，祸莫祸于多心。唯苦事者，方知少事之为福；惟平心者，始知多心之为祸。天下本无事，庸人自扰之。

人无不好富贵。不知“富贵”二字，岂是容易享受？其上以道德享之，其次以功业当之，统以学问识见驾驭之。不然，虽得富贵，何能安享？是以君子当此，每兢兢以守之，业业以保之，非虑富贵之去也，惧祸害随之也。有功名富贵之人，远近怨妒、觊觎怨妒。觊觎者，往往甚多。不如此保守，不取辱则取祸，自然之势。但薄福之人，妄自尊大，妄自放肆，虽有功名富贵，亦不能享也。

亲友中有显贵者，对人频言，必招鄙诮。更有虚言欺人者，更为可鄙。

妻虽贤，不可使与外事；仆虽能，不可使与内事。免许多丑事。

待下固当和，和而无节，反生其侮。唯和而庄，则人自爱而畏。御下良法。

遇事和易处之，必无愤事。应世要法。

事未至，先一着；事既至，后一着。高见。

生事，事生；省事，事省。柔逊，护身之本；刚强，惹祸之因。首二句，一反一正；次二句，一正一反。虽有四句，只重在立义二句；虽有立义二句，其实只重在“省事柔逊”四字。只需依此四字，一生即讨许多便宜，又受许多安乐。

凡事不为已甚，此中道也，亦已甚不得。过犹不及。

增一事，宁减一事；多一言，宁少一言。最有受用。

要知留侯每事不犯手。欲行其术，托之黄石公；欲庇其身，托之赤松子；欲定储，又托之商山四皓。正英雄善藏其用也。乖人善藏其用，便是大做手。

吉人无论作用安详，即梦寐神魂总是和气；凶人无论行事狠戾，即声音笑语总是杀机。都在自取。

做事最宜熟思缓处。要知熟思则得其理，缓处则得其当。应事妙法。

前人有言，行百里者半九十。此言令终之难也。真确。

天下之事，缓则得，忙则失。先儒谓天下甚事，不因忙后错了？一切言动，都要安详。十差九错，只为慌张。

春至时和，花尚铺一段好色，鸟且啭几句好音。今幸逢盛世，复遇温饱，不思立好言、行好事，虽是在世百年，恰似未生一日。切莫虚度。

福不可激，养喜神以为召福之本而已；祸不可避，去杀机以为远祸之方而已。寻到祸福源头，自得避趋之法。

张良像，出自明·天然撰《历代古人像赞》。张良是汉代开国功臣，被封为留侯

地之秽者多生物，水之清者常无鱼。世人当存含垢纳污之量，不可恃好洁独行之操。涉世最妙良法。

图未就之功，不如保已成之业；悔既往之失，不如防将来之非。此洪自诚最妙心法，极确极当。

天地之气，暖则生，寒则死。所以性气清冷者，受享亦凉薄。唯和气热心之人，其福自厚，其泽亦长。必然之理。

人骄则志昏，志昏则计短。应酬一切，骄最害事。

无愧于事，不如无愧于身；无愧于身，不如无愧于心。

无口过易，无身过难；无身过易，无心过难。要严诛心法。

行遇刃者必避，食遇鸩者必舍。惧害己也。丽色藏剑，厚味腊毒，则不之察，愚矣哉！泰山石上镌“矜愚”二字，读此晓然。

学者能甘贫，则凡一切浮云外物，俱不足为累；能改过，则可以日新而进于善。大抵过失多于不能安贫中来，不能安贫，皆欲念为之累也。所以寡欲，即以寡过。贫而能安，则寡过矣。

小人亦是天地所生，绝无尽灭之理。但当正己，令其自服。尤须虚心，令其自平。一涉矜激，便触出许多不肖来。仁心委曲。

为人要忠厚。若刻削，则不肖子孙应之矣。势所必然。

与人相处，当随事方便提撕，开其迷惑，其功甚普。如管宁与人子言孝、与人臣言忠、与人弟言悌。因事导人于善，此尤独善以善人之事也。导人于善，善量始满。

与其为无益以求冥福，不若为有益以济生人。要实德。

为善者，当先去其希望之心。勉行数事即思责效，邀福之心一生，非自悔即终衰不至，摇落无成不止也。世人通病，切须记戒。

善人，不善人之师；不善人，善人之资。老子妙语。

老来疾病都是壮时招的，衰后罪孽都是盛时作的。是以有识之人，当持盈履满之际，尤须加意兢兢。若到悔时，情已迟矣。所以须要预慎。

善人未能急亲，不宜预扬，恐来谗谮之奸；恶人未能轻去，不宜先发，恐招媒孽之祸。识见最高。

恶忌阴，善忌阳。所以恶之显者祸浅，而隐者祸深；善之显者功小，而隐者功最大。妙解。

心为子孙之根，根好枝叶必茂而且荣。全要培根。

居官有二语曰："惟公则生明，惟廉则生威。"居家有二语曰："惟恕则情平，惟俭则用足。"铭心四字。

事到行不去时，只索变通。见机。

建功立业者，多虚圆之士；偾事失机者，必执拗之人。做一切事，执拗不得。

事不见机，必至取败。是以行事阻于时势，可休即休，慎勿依回以图必遂。全要见机而作。

诸事皆留个有余不尽的意思，便造物不能忌我，鬼神不能损我。若业必求满、功必求盈者，不生内变，必招外忧。功成名遂而不善终者，皆不留余地所致。

凡事从厚，培植甚远。大受用。

天薄我以福，我厚我德以迓之；天劳我以形，我逸我心以补之；天厄我以遇，我修我学以待之。天心仁爱，未有不怜而佑我也。尽其在我，必邀天眷。

锄奸杜幸，要放他一条去路。若使之一无所容，譬如塞鼠穴者，一切去路都塞尽，则一切好物俱咬破矣。识见高远。

贫不能济物者，遇人痴迷处，出一言提醒之；遇人急难处，出一言解救之，便是无量功德。事极易，德极大。

为人若无一点真恳的念头，便成个花子，事事皆虚矣。涉世若无一段圆活的机趣，便是个木人，处处有碍矣。应世要法。

说亲友失德过举，不如述前人嘉言懿行。既可示人以标榜，又可免我之口过。两利之法。

为善不见其益，如草里冬瓜自应暗长；为恶不见其损，如庭前春雪当必潜消。为善如春园之草，日见其长；为恶如磨刀之石，日见其消。

闻恶不可就恶，恐为谗夫泄怒；闻善不可就善，恐引奸人进身。都要细加查实。

都是眼前事，知足者仙境，不知足者凡境。总出世上因善用者，生机；不善用者，杀机。全由自致。

世人只因认得“我”字太真，遂多种种嗜好，种种烦恼。要知前人有云：“不复知有我，安知物为贵？”又云：“知身不是我，烦恼更何侵？”真破的之言。人情世事，倏忽万端，不宜认得太真。尧夫云：“前日所云我，而今又谁谁？不知今日我，又属后来伊。”常作是观，便可解胸中蕴矣。

美酒饮教微醉后，好花看到半开时。花看半开，酒饮微醉，此中大有佳趣，若至烂漫酩酊，便成恶境矣。履满盈者须思之。

子生而母危，镪积而盗窥。何喜非忧也？贫可以节用，病可以保身，何忧非喜也？所以达人当顺逆一视，而欣戚两忘。这才是高明人见解。

若想钱而钱来，何故不想？若愁米而米至，人亦当愁。晓起依旧贫穷，夜来待多妄想。不独贫穷人，而富贵人更甚。都是自寻愁烦。殊不知一饮一啄，俱有数定，人常安分听命，落得心中许多快乐。

凡国家礼文制度、法律条例之类，若能熟观而深考之，则有以应酬世务，而不戾乎时宜。如任己见，事多不当。

能言未是真君子，善处方为大丈夫。敏于事而慎于言。

犯而不校，最省事。要学大量。

张饱帆于大江，骤骏马于平陆，天下之至快，反之则忧。处不争之地，乘独后之马，人或我嗤，乐莫大焉。浅见人哪里知道！

以言讥人，取祸之大端；以度容人，集福之要术。切实。

处世，让一步为高，退一步即进一步的张本。待人，宽一分是福，利人实利己的根基。都是自讨便益。

富贵人要宽厚，聪明人要敛藏。富贵人宜该宽厚，若反为忌刻，是富贵而贫贱其行矣，如何能享？聪明人宜该敛藏，若反为炫耀，是聪明而懵懂其病矣，如何不败？

奢者富而不足，何如俭者贫而有余？能者劳而多怨，何如拙者逸而全真？人只学得“俭拙”二字，大有受用。

世态炎凉，古今皆然。须当净拭冷眼，慎毋轻动刚肠。刚肠极惹祸害。

屈己者能处众，好胜者必遇敌。势所必然，情所必至。

欲常胜者，不争；欲常乐者，自足。见解最高。

此身常放在闲处，荣辱得失，谁能差遣我？此心常安在静中，是非利害，谁能瞒昧我？这才是我有主宰。

与人言须要和气从容。如气愤则不平，色厉则取怨。和气从容，乃待人最妙之法，时刻不可稍懈。

恐惧者，修身之本。事前恐惧则畏，畏则免祸；事后恐惧则悔，悔则改过。所以智者保身，愚者杀身。常存恐惧，受益甚大。

与其有誉于前，孰若无毁于其后？与其有乐于身，孰若无忧于其心？轻重分辨甚

韩愈像，图出自明·吕维祺《圣贤像赞》。韩愈故里是河北昌黎，因此又被称为“韩昌黎”或“昌黎先生”

明。此昌黎实受心法，不可不知。

剖去胸中荆棘，以便人我往来。此是天下第一个快活世界。先要具此识量。

遇诡诈之人，变幻百端不可测度，吾一以至诚待之，彼术自穷。山鬼伎俩有限，老僧不答无穷。

凡情留不尽之意则味深，凡兴留不尽之意则趣多。诸事不可务尽。予屡见人以“留余”二字名斋轩堂屋者，意在于此。

强人以难行之事，吾心何安？污人以不美之名，吾心何忍？不独自己长厚，且免他人怨恨。

凡遇不得意事，试取其更者譬之，心地自然凉爽矣。此降火最速之药。知此妙法，长享快乐。

富贵家受贫贱人礼物，以为当然。殊不知几费设处而来，即一扇一丝，宜从厚速答。须要体恤其难。

使人敢怒而不敢言者，便是损阴德处。随事皆然，当权尤甚。彼则欣然得意，殊不知人怨既多，天怒必及矣。

盛喜中不可许人物，盛怒中不可答人简。即喜时之言多失信，怒时之言多失礼之义。其盛怒时亦不可会宾客。

好便宜者，不可与共财；多狐疑者，不可与共事。全要识人。

父慈子孝、兄友弟恭，纵做到极处，俱是合当如是，着不得一毫感激念头于施者。在得受者怀恩，便是路人，便成市道矣。天理人情之应该也。

事亲者当菽水承欢，子欲养而亲不在，虽椎牛以祭墓，何如鸡豚之逮亲存也。全要亲在时竭力孝养。

子弟宁可终岁不读书，不可令其一日近小人。与小人相交，习成下流，为害甚大，最难救援。

局量宽大，即住三家村里，光景不拘；智识卑微，纵居五都市中，神情亦促。都在自己之智量高大。

观人于临财，观人于临难，观人于忽略，观人于酒后。知人好歹，只此四法。

凡亲友中有口出仁义之言、惯慷他人之慨者，急宜远之。其存心必不可问。

治民御下，犯法者可恕，侮法者不可恕。须看他有心故犯者不可恕，无心误犯者可恕。

待下徒恩则骄，骄则不用命。有恩无威，慈母不能令其子。

凡有过，不宜狡饰；如狡饰，则触人之怒。认过则无过。

事有常变，履常思变；理有经权，用经达权。活机在心。

不赏，则鼓励无权；不罚，则教令不行。令不行则事不成。须赏罚贵当。

凡事不败于刚断，每败于幽柔。幽柔最误事，不断更害事。

机未足宜蓄，事暴至宜忍。极顶机关。

无所欲则无所累。少一欲则少一累，多一欲则多一累。

不图便宜，不得吃人亏；不求人，自然不怨人。许多失手处，都因好便宜而求。

待下有四悟：容其过，诛其故，恤饥寒，严法度。御人妙诀。

读书不熟不足为虑，讲书不明终身无益。要知读书，只求明不求熟。盖未有明而不熟者。

作文之法，要心细如毛，胆大如天。心不细，文无理路；胆不大，文无力量。要知胆大须从学问中来。

闻辱而怒，含蓄不深，纵报必浅；闻辱而笑，心机难测，报必不轻。知得切当。

以俭胜贫，贫忘；以施代侈，侈化。以果去累，累消；以逆炼心，心定。秘法心传。

静可坐不可思，闷可对不可独，劳可酒不可食，醉可卧不可淫，饱可行不可卧。依此数语，可以祛病，可以延年。

气收自觉怒平，神敛自觉言简，容人自觉味和，守静自觉天宁。自求多福。

处事不可不直捷，存心不可不宽舒，持己不可不严明，与人不可不谦和。涉世妙法，四语已尽。

不说人非，厚道也。不辩己非，高见也。须要习熟。

过分求福，适以速祸；安分远祸，将自得福。不可过分。

我不害人，人不害我；人之害我，由我害人。召感之理。

妇人之言不可听，婢妾之言尤不可听。妇女见浅，婢妾更甚。

看得世事透，自然不重功名；认得当下真，是以常寻乐地。才是高人。

对富人诉贫，起彼借贷之疑；对势家夸富，动彼贪得之谋。凡平常言谈之间，如诉穷、为之哭穷，穷将至极；如夸富、为之卖富，富必不久。俱当切戒。

对病夫勿言某死，对贫人勿言己廉。言虽无意，听者必厌。即如对失意人不谈得意事。诸事皆然，何必讨憎？

起造房屋，须有条理，只要坚固紧接，不取广大浮华。人少屋广，为之宅妖，乃衰败之象。

行合道理，不卜自吉；行悖道理，纵卜亦凶。人当自卜，不必问卜。诸事惟以理定。

凡遇权要人，声势赫然，切不可犯其锋，亦不可与之狎。敬而远之，全身全名之道也。当其声势，谁敢不畏？但其声势不久即败。若不避其锋，譬如舟冲风波，恐难保其不溺也。

光明正大之人，所作所为任他人之可否。不与世较者，处心无愧怍也。惟以理定，不畏人议。

能明佛理，自不为邪说所诱。理明则不惑。

排难解纷，实行门中第一义。见人构斗间，能以一语和人骨肉，其福无量。极大阴德。

待有余而后济人，必无济人之日；待有暇而后读书，终无读书之时。切莫姑待。

处富贵勿听仆隶之言，值贫贱勿信妻孥之计。恐妻孥之计短，而仆隶之言贪且险也。见得明切。

人有必不得已事，便须早做。日捱一日，恐未必后日之能如今日也。因循最害事。

君子绝交，不出恶声；弃妻，不彰其过；去国，以微罪行。于所恶者如此，其于所亲者可知矣。何等长厚。

不邀人敬，不受人慢，大抵情不可过，会不可数。抑情以止慢，疏会以增敬，然后相交可久。交友妙法。

“不为过”三字，昧却多少良心；“没奈何”三字，抹却多少体面。不可犯此六字。

小人固当远，然亦不可显为仇敌；免至为害。君子固当亲，然亦不可曲为附和。免至遗讥。

人只言人心难料，不知自心更难料；人只言人心不平，不知自心更不平。识得自心，方可说人心。

酒不顾身，色不顾病，财不顾亲，气不顾命。当事未值，谁不明知？亦能劝人，亦能自解。及当境界，仍复昏迷。但称暗昧之人，多是聪明之士。聪明反被聪明误。

暗里算人，算的是自己儿孙；空中造谤，造的是本身罪恶。凛然可畏，讼师尤甚！

事在人为，而成之者天；福从天降，而召之者人。事所不能为者，天命也；事

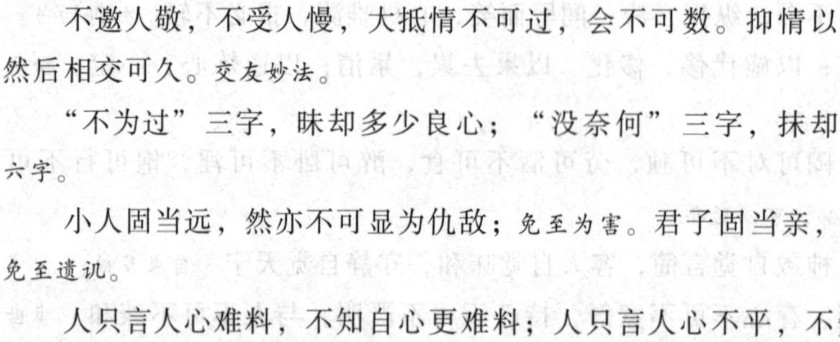

版画“燕王中反间计召回乐毅”图，讲述战国时期燕国名将乐毅与齐国作战时，燕惠王中反间计欲将其召回问罪。乐毅得知后离开燕国，在给燕惠王的书信中有“臣闻君子绝交，不出恶声”之语

所能为者，天理也。命所能制者，人欲也；命所不能制者，人道也。注得明切。

成名每在穷苦日，败事多因得意时。穷苦则专攻，得意则骄肆。

人于外物奉身者，事事要好，只有自来一个身与心却不要好。若得外物好时，却不知自己身与心已先不好了。不知轻重。

淫人妻女，天必报于妻女。此理如操券，断断不爽，且验之甚速。切须记戒。劝君莫借风流债，借得便宜还得快。家中自有还债人，你要赖时他不赖。眼前债主能宽待，头上原中偏利害。卖妻还债有何妨，逼你卖妻必不卖。

利可共而不可独，谋可寡而不可众。独利败，众谋泄。

婚姻论财究也，夫妇之道丧；埋葬求福究也，父子之恩绝。妇凌其夫者，恃于富也；子露其父者，惑于地也。

久利之事勿为，众争之地勿往。物极则反，害将及矣。要有先见之明。

人承祖父之遗，衣食无缺，此大幸也。便当读书守志，安分经营。若家贫，亦惟勤学立行，为乡党重。自有为之地而不思自立，是自绝其生路矣。真可惜！

能改过，则天地可恕；能安分，则鬼神无权。都要自致。

轻财足以聚人，律己足以服人，量宽足以得人，身先足以率人。全在自己。

贫贱时，眼中不着富贵，他日得志必不骄；富贵时，意中不忘贫贱，一旦退休必不怨。识得透彻。

天下无不好谀之人，所以谄术不穷；世间尽是善毁之辈，所以谗路难塞。识得透，解得切。

不到极逆之境，不知平日之安；不遇至刻之人，不知忠厚之易；不经难处之事，不知适意之巧。历后方明。

大丈夫可以一言而振人之厄，一言而解人之纷，此亦不必过自退避。但因以为利，则市道矣。莫做自了汉。

待小人宜宽，防小人宜严。不宽则积怨，不严则被害。

青楼翠馆之游，不但有关行止，此中不洁者，十有其九。一染其毒，不独毁伤面目，亦且毒种生育。慎之哉！予亲见梅毒致死者甚多，又见毒流胎元者甚多。尚不知戒，是自寻天绝！

奴仆小过宜宽。若法应扑责，即当处分，不可愦愦作不了语，恐愚人危惧，致有他端。御下要法。

成大业，致大名，绝非逸豫可得，必自刻苦中来。若自刻苦中来，须有圆木惊枕之意乃可。诸事皆然，读书尤甚。

学之不进，都由于因循。“因循”二字耽误一生，犯此病者极多。

读书贵知要，做人贵知窍。扼机心法。

若识得名节之堤防、诗书之滋味、稼穑之艰难，即是好人。怎奈他专不此，所以日流污下。

学识未有不由谦虚进者，德业未有不由困衡成者。若不习熟，何能向上？

文由于积学，福由于积德。各有来因。

说探头话，往往结果不来，不如作后再说。敏于事而慎于言。

邻家有丧，不可快饮高歌；对新丧人，不可剧谈大笑。不独自心不安，且惹人怨恨。

人有轻于称贷、虽重息亦欣然者，非流荡不知事人，即预存不偿之心，断断勿与。不肯以我之俭省，送波浪用。

自谦，则人愈服；自夸，则人必疑。我恭，可以平人之怒气；我贪，必至启人之争端。是皆存乎我也。与人何尤？

居心不净，动辄疑人，人自无心，我徒烦扰。自多忧虑。

遇有疑难事，但据理直行，得失俱可无愧。凡问卜求签，皆甚渺茫，验与不验参半，不可恃也。才为有识。

游显贵之门，谄固可耻，傲亦非宜，总不如萧然自适。人只安分，即受多福。

奸人难处，而迂人亦难处。要知奸人诈而好名，其行事有酷似君子处；迂人执而不化，其决裂有甚于小人时。我先别其为人，则处之之道得矣。全要明辨。

远方来历不明如术士、山人辈，每有大奸窜伏其中，不可轻与交往。即穷人欲投靠为童仆者，亦不可收。杜害妙法。或有以大名利诱人者，切不可轻信。

责人无已，却每事自宽，是以圣贤望人而以愚不肖自待。如此作为，可发一大笑。

见人耳语不可窃听，恐其所言避我，又恐正值议我短长，闻之未免动意，且使彼人惭愧。有识有量。

该做道学事，不必习道学腔。装模作样，反不是真道学。

少年时，每郁郁不乐，自亦不解何意。以今思之，只是妄想为扰耳。富贵本无穷尽，但须随时安分，便是安乐妙法也。要知人心，原是不足的。

言之，当慎正在快意时、遇快意人、说快意事。值快意时则言不及检，遇快意人则言无所忌，说快意事则言不自觉。所以更当慎也。

动不如静，语不如默，显不如藏，取不如舍，记不如忘，巧不如拙。实益皆为我得。浅人哪里知晓？

喜传语者，不可与语；好议事者，不可图事。谨慎！

忠孝是我家至宝，经书是我家良田。宋杜孟，普州人。游太学，因童贯、蔡京用事，幡然而归。尝以宝田训子，时号为“宝田杜氏。”予妄为添改数字附此。

论理要精详，论事要剀切，论人须浑厚。精详则不介于疑似，剀切则不近于浮夸，浑厚则不流于苛刻。

不可乘喜而多言，不可乘快而多事。须有包含则有余味，发露太尽恐亦难继。人能内自思省，则凡事必能收敛，语言必能缄默，自不至轻浮浅露，一发无余也。

大聪明人，小事必朦胧；大懵懂人，小事必伺察。盖伺察乃懵懂之根，而朦胧正聪明之窟也。识得透彻。

真正英雄，都从战战兢兢、临深履薄做出来。血气粗鲁，一毫用不得。若是粗鲁，即非英雄。

为恶而畏人知，恶中犹有善念；为善而急人知，善处即是恶根。洞见隐微。

欲人勿闻，莫若勿言；欲人不知，莫若勿为。事作于人所不见，必发于人所共见。即或人不能知，天地鬼神如何瞒得？

事事顺我意而言者，小人也。急远之。近则多害。

密交定有夙缘，非以鸡犬盟也。中断知其缘尽，宁关萋菲间之。知随缘二字，自无欣戚。

人之多轻扬者，中无所有也。如空船浮于水面，摇摇靡定。盛载越多，则越觉沉重矣。譬得确实，言行身心皆然。

造谤者甚忙，受谤者甚闲。果非其谤，听其谤耳。落得快活。

人之于妻也，宜防其蔽子之过；于后妻也，宜防其诬子之过。此熟谙人情之言。天下未有不正于妻而能正其子者，故曰刑于寡妻。

不交不可知之人，自无不可知之祸。能积实可据之德，必有实可据之福。祸福每由自致。

常有小不快事，是好消息。若事事快心，即有大不快心者在其后。知得此理，可免怨尤。每每应验。

轻与者必滥，易信者必多疑。理所必然。

处事要斩截，存心要宽舒，持己要严明，待人要谦和。此四语，涉世之法已悉。不可不时时熟习。

要知自己是好人坏人，只于五更头睡醒时，检点思想的是什么，便见得。善恶一分，因果即定。

富贵之家常有穷亲戚来往，便是忠厚。

轻诺者必寡信，与其不信，不如不诺。诺而不信，误人事情，极招怨尤。

仆辈搬弄是非，往往骨肉知交致伤和气。有尝试者，直叱之，令不敢言，后则不复来矣。又有小人喜谈是非，不可轻信。

志不同者不必强合。凡勉强之事，必不能久。要知人情。

无义之人，不得已而与之居，须要外和吾色，内平吾心，庶几不及于祸。但得已，急远之。

谦，美德也；过谦者，多诈。默，懿行也；过默者，藏奸。识到极处。

与人相争，只可就事论事，切不可扬其阴事。此祸关杀身，非独有伤长厚已也。深求者，大坏事。

一坐之中有好弹射人者，切不可形之于口舌争论。唯当端坐沉默以销之，此之谓不言之教。强似语训。

嗜欲正浓时能斩断，怒气正盛时能按捺，此皆学问得力处。却是自讨便宜。

十七世为士大夫身图，描绘了文昌帝君广积阴骘的故事。此图出自《阴骘文图证》。此书劝世人“做种种之阴功，利物利人，修善修福”，便能“吉神拥护，近报则在自己，远报则在儿孙”

有聪明而不读书，有权力而不济人利物，辜负上天笃厚之意矣。既过而悔，又何及耶？深为可惜。

倚势凌人，恃智愚人，犹如登冰山，自谓身高，但恐太阳当空，冰山消释，则身落泥涂，置足无所矣。愿以为戒。倚势不能终身！

行一件好事，心中泰然；行一件歹事，衾影抱愧。即此便是天堂地狱。自己原是分明。

大凡聪明之人，极是误事。盖惟聪明生意见，意见一生，便不忍舍割。往往溺于爱河欲海者，皆是极聪明之人。若能识破爱欲，不为沉溺，才是真聪明人。

己情不可纵，当用逆法制之，其道在一“忍”字。人情不可拂，当用顺法调之，其道在一“恕”字。“忍”字、“恕”字，受用不尽。

少年人聪明太露，如花之于叶者，无实。若再开口出刻薄尖刺语及形容人者，不独无实，恐防根朽矣。全在培养根本，自然长久茂盛。

家人离，多由妇女。妇人隙，多由奴婢。妇勿听婢语，男勿惑妇言。雍睦其司渐敦乎？遏流不若止源。

接下之言，须要简当，不可冗长。对一切亲友之言，俱不可冗长。

学者第一先要收心。如果心地清明，然后五官百骸方为我用。否则，志气昏惰，功无可进矣。全要主翁在家。

勿以人负我而堕为善之心。当其施德，但自行我心之所不忍耳。未尝责报也。纵遇险徒，只付一笑。施恩望报，反成怨毁。

交财一事最难。虽至亲好友，亦须明白宁可后来相让，不可起初含糊。语云：“先明后不争。”财上分明，大丈夫。

势到七八分即止，如张弓然。过满则折。要知进退。

《经》云：“烦恼妄想，尤苦身心，便遭浊辱流浪，生死常沉苦海。”盖烦恼皆因妄想而成。人能摒除一切妄想，只顺受目前境界，便富贵也安，贫贱也乐。极妙安乐法。

心苟无事，则息自调；念苟无欲，则中自守。这才是调养真功。

上天劳我以少，逸我以老。如少年懒惰，是不知当劳也；老年奔竞，是不知当逸也。皆谓之逆天。逆天则有害。

倚势欺人，势败而人欺我；恃财侮人，财散而人侮我。财势不长，实自欺侮。切须谨戒！

善人如璞玉，恶人如锥凿。玉不经锥凿，终不成器。凡毁我者，乃成我也。奈今人不知，所以多怨尤。

"孝悌、忠信、礼义、廉耻"，此八字是八个柱子。有八柱才能成屋，有八字才能成人。世俗骂下流坏人为"忘八"，若忘一二字尚且不可，何况多乎？

起家之人，未有不始于勤，其后渐流于荒惰，深可惜也。起家之人，未有不成于俭，其后渐废于侈靡，深可惜也。慎勿废时，慎乃俭德，惟德永图。

富盛时须要惜福，穷衰时须要守分。惜福安分，贫富俱不可少。

凡人为子孙计者，皆思创立基业，然有至大至久者在乎？舍心地而田地、舍德产而房产已失矣。况唯利是图，自损阴骘，欲子孙永享，岂可得乎？用心大错。

才不宜露，势不宜恃，享不宜过。人能含蓄退逊，留有余不尽，自有无限受用。有福人才肯从。

凡有举动，先须细想，非有益于己，则有益于人。二者了无所益，则勿为也。凡无益之事，念亦莫起。

人家务宜蓄积，以防不虞。若或借债行商，势必卖田还债；若或赊钱造屋，势必卖屋还钱。如缠身之癞，医之不痊；无底之坑，填之不满。自寻贫穷。

有福有智，能勤能俭，创家者也。有福有智，不勤不俭，享成者也。无福无智，不勤不俭，败家者也。分得明切。

向者辩，今者讷；向者躁，今者静；向者多事，今者省事；向者易怒，今者忍辱。此皆昔非今是也。全要悔过知非。

饥来吃饭困来眠，此常理也。饥不吃饭而以酒炙夺之，困不安眠而以思虑夺之，未有不丧生者也。能知此理则可却病延年。

和其声而言之，则闻者喜；厉其声而言之，则闻者怒。谗人者不待易人之言，只就其言厉其声而告之，则闻者必为之动矣。得世情之至理。能知此法，凡出语言诸人皆可和悦矣。

人生于世，未有不劳心力者。或劳心而不劳力，或劳力而不劳心。若不劳心又不劳力，乃饥莩无用之人也。年老人方可安逸。

食在家者也，食粗而无人知；衣饰外者也，衣弊而人必贱。所以善处贫者，节食以完衣；不善处贫者，典衣而市食。口吃千般无人知，衣服褴褛被人欺。

人在病中，百念灰冷，虽有富贵，欲享不得，反羡贫贱而健者。是以人能于无事时，常作病想，一切名利之心，自然扫去。养心妙法。

家长知礼，男女勤俭，虽衰门亦必有兴，其一时之贫富，未足论也。已具好根，发旺可待。

智者不与命斗，不与法斗，不与理斗，不与势斗。穷或强斗，鲜不败坏。全在度德量力。

古之学者，得一善言附于其身；今之学者，得一善言务以悦人。试一内省，附身也未？

禽兽受孕则不再交，人乃无期无度。亦将于此谓禽兽得气之偏，人得气之全，可乎？人反不如。

做个好人，个个说好，这便是扬名显亲。若做坏事，人人唾骂，这便是亡身辱亲。各要勉做好人。

天、地、人为三才。此人字关系最重，必须念念合天地，始可参而为三。否则，虽人而禽兽矣。人莫自看轻了。

纲常伦理认得真，酒色财气看得破，布帛菽粟守得定。只此就是天地完人，何须别探学问。这才是真学。

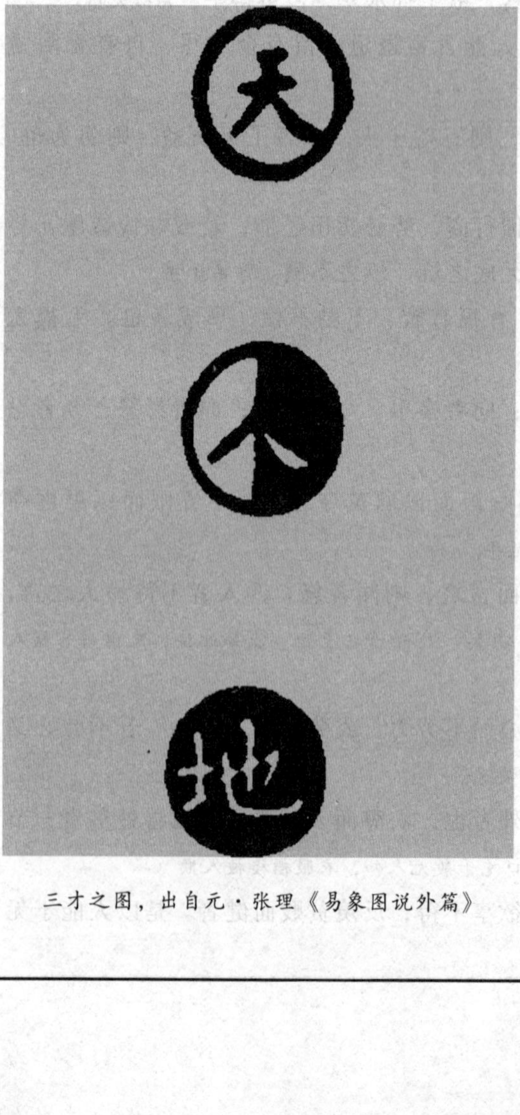

三才之图，出自元·张理《易象图说外篇》

嗜酒者多痰滞，好色者多痨瘵，贪财者多横死，尚气者多膈噎。四者极有应验。世间之富于财者，多自矫强取来；惟矫强必悖天理，天理一悖而其心死矣，是以每多横死。

言须要逊，逊则免祸。行须要严。严则远侮。

鬼神视人之所为，如在黑暗处看灯光处。人在灯光下，不知黑暗处有窥之者。又有一种人，更在黑暗处作恶，只以人不能见，殊不知鬼神看得更真，报应更速。

子不可待父慈而后孝，弟不可待兄友而后恭。堂上之语宜尊，室中之言莫听。四句当铭于心。

耳目见闻为外贼，情欲意识为内贼。只是主人翁惺惺不昧，独坐中堂，贼便化为家人矣。工夫有二病：不入无记，则入妄想。人能学得惺惺不昧，便可超凡入圣。

人欺未必是辱，人怕未必是福。

浅人视之则为辱、为福。

世路中人，或图功名，或治生产，尽自正经争。奈天地间好风月、好山水、好书籍了不相涉，岂非枉却一生！明达人自当偷闲领受。

人生在世无一刻不是缘，无一人不是缘。只好随缘度日，何必强生分别？若生分别，自寻烦恼。

人大言，我小语；人多烦，我少记；人悸怖，我不怒。淡然无为，神气自满。是养生妙法。

仁人心地宽舒，便事事成个宽舒气象。韩魏公言生平未尝见一不好人，可想其浩荡境界。人我大益。

治小人，宽平自在，从容以处之。事完，绝口不言，则小人无所闻以发其怒。往往小人记恨害人者，多在利口遍传。

务博之学不精，好大之愿不副，过望之福不享。心高命不高，反不如心不高者之得便宜。

非无安居也，无安心也；非无足财也，无足心也。人若有了安足之心，则随地随时都享快乐。

人只宜学吃亏。从古英雄，只为不能吃亏，害了多少事？此林退斋先生临终训子语。要知能吃人的亏，才能成事享福。

“矜”字从矛，“伐”字从戈。心中如何容得矛戈？可畏可虑。

德盛者，心中和平，见人皆可交。德薄者，心中刻鄙，见人皆可訾。静夜自思，我所许可者多，则德日进矣；我所未满者多，则德日减矣。全要自己分别。

事稍拂逆，便思不如我的人；心稍荒怠，便思胜如我的人。如此思法，则境界乐而学问进。

卒然逢人怒骂之时，一生病痛，有父兄所不及诫、师友所不及规者，都被和盘托出。此际正须反观速改，不可草率听过。己过谁肯直说？须于此处领略。

君子于人，当于有过中求无过，不当于无过中求有过。如此非独人不怨，且自厚德。

吾人为学，只要立志。若有困忘之病，亦只是志欠真切也。今好色之人，未尝病于困忘者，只是一真切耳。予尝谓门人曰：“立志若专，反难为易。”王阳明一生得力全在此。

万病之毒，皆生于浓。我以一味药解之曰：淡。此一字胜如速效金丹，专治一切牵缠不起之病。

涉世六忍法：一忍触，人犯我也。二忍辱，人凌我也。三忍恶，我憎人也。四忍怒，憎之重也。五忍忽，憎而发之轻也。六忍欲。贪而不知止也。守此六忍，受大利益，得大自在。

今人事事要好，却于父子兄弟间都不加意。譬如树木根本已枯，虽剪彩为花，不独并无生气，且能得几日好看？孝悌也者，其为人之本与。

取不义之财，以供不肖妻儿妄费，以充权贵苞苴，以斋设徼福，皆谬用其心者也。晨昏颠倒。

“俭”之一字，众妙之门。无求于人，寡欲于己，可以养德，可以养志，可以养廉，可以养福。俭有许多受用。

贪得者无厌，总是一念好奢所致。若是恬淡知足，要世间财利何用？清风明月不用钱，竹篱茅舍不费钱，读书明道不求钱。贪心何自而生乎？我实彼虚。

与民之惠有限，不扰之惠无穷。居官涉世、修身治家，总括此二句。

我无是心而人疑之，于我何与？我无是事而人诬之，于我何惭？彼徒劳烦，我自恒然。

欲知人之良善而有福者，当于言行忠厚见之。欲知人之险恶而无福者，当于言行刻薄见之。尤当自勉。

我如为善，虽一介寒士，有人感其德；我如为恶，虽位极人臣，有人议其过。伪饰不得。

毋以己之长而形人之短，毋以己之拙而忌人之能。此二病，人所易犯。急须谨戒。

凡事只耐烦做去，自然有成。才起厌心，便不能得。天下无难事，都因心不专。其不耐烦者，志不坚也。

德者，才之主；才者，德之奴。有才无德，即如家无主而奴用事，鲜不猖狂败坏矣。全要有主。

甘让君子，便是无志；不让小人，便是无量。要辨所让之人。

寡言择交，可以无悔咎，可以免忧辱。涉世妙法。

人情反复，世路崎岖。行不去，须知退一步之法；行得去，务加让三分之功。“退让”二字，许多受用。

谢事当谢于正盛之时，居身宜居于独后之地，谨德须谨于至微之事，说话务说于知音之人。高人一筹。

人前行得出的方可说，人前说得出的方可行。环句自味？

联瑾

玉之至美者，为瑜为瑾。前卷已将美瑜时佩于绅矣。今有月下老人，巧寻配偶、施红丝牵引之技，复以瑜瑾骈联而出，令贾胡见之，宝爱不已。即顾于此，又顾于彼，自必两收并取而心始快。但嘉言法语，询云美矣。美斯爱，爱斯传。要知言不在多，只在人之力行何如耳。若徒为宝爱，而不身体力行，犹以锦衣华服，不肯穿着，惟叠箱柜；转不若衣制少许，而时加佩服之实益也。当有实益之际，方感月老之惠我不小矣。

石成金天基撰写

德业常看胜如我者，则愧耻自增；境遇常看不如我者，则怨尤自息。

有才而性缓定属大才，有智而气和才为大智。

处世让一步为高，退步即进步张本；待人宽一分是福，利人实利己根基。

知止自当除妄想，安贫须是禁奢心。

人虽至愚，责人则明，以责人之心责己则寡过；人虽聪明，恕己则昏，以恕己之心恕人则全交。

妇人识字多致诲淫，俗子通文终流健讼。

休怨我不如人，不如我者甚众；休夸我能胜人，胜如我者更多。

施恩望报，势必成仇；为善求知，必将得谤。

凡一事而关人终身，纵实见真闻不可着目；凡一语而伤我长厚，虽闺谈酒谑慎勿形口。

饱谙世事慵开口，会尽人情暗点头。

待有余而济人，终无济人之日；待有暇而读书，必无读书之时。

勤为无价之宝，忍是众妙之门。

遇沉沉不语之士切莫输心，见悻悻自好之徒应须防口。

退一步行即是安乐法，道三个好广结欢喜缘。

当乐境而不能享，毕竟薄福之人；陷苦境而反觉甘，才是真修之士。

心地上无风波，随在皆青山绿水；性天中有化育，触处见鱼跃鸢飞。

韶光去矣！叹眼前岁月无多，可惜年华如疾马；长啸归与！知身外功名是假，好将姓字任呼牛。

若富贵贫穷由我力取，则造物无权；若毁誉嗔喜随人脚跟，则谗夫得志。

才子安心草舍者，可登玉堂；佳人适意蓬门者，堪储金屋。

避庸懦之名，必走入刻薄中，天必怒，人必怨；爱狡猾之行，遂流至险恶道，祸亦起，福亦消。

过分求福适以连祸，安分远祸将自得福。

我过望于人，人未必遂如所望，生出多少怨憾；人薄求于我，我必须勉应其求，省了许大烦恼。

欲不除，似蛾扑灯焚身乃止；贪无了，如猩嗜酒鞭血方休。

拙之一字免了无千罪过，闲之一字讨了无万便宜。

世味浓，不求忙而忙自至；世味淡，不偷闲而闲自来。白日若不落，红尘应更深。

甜苦备尝好丢手，世味浑如嚼蜡；生死事大急回头，年光疾如跳丸。

荣宠旁边辱等待，不必扬扬；困穷背后福跟随，何须戚戚？

图未就之功不如保已成之业，悔既往之失不如防将来之非。

清闲无事、坐卧随心，虽粗衣淡饭自有一段真趣；纷扰不宁、忧患缠身，即锦裳厚味只觉万般愁苦。

心术不可得罪于天地，言行要留好样与儿孙。

平民皆种德施惠，便是无位的卿相；赞得确。仕夫徒贪权市宠，竟成有爵的乞儿。骂得切。

石火耳，电光耳，有限韶华，岂可与草木同腐同朽？野马也，尘埃也，无多气息，定要塞天地至大至刚。

己所不欲勿施于人，莫作风波于世上；行有不得反求诸己，自无冰炭在胸中。

日日与亲友处，见死亡者安得不乐、安得不悲？时时与圣贤对，有差别意宁不自愧、宁不自勉？

衣食不过温饱，唯辛勤省俭可能续生不乏；酒色何苦贪恋，惟顾撙节可能保寿不夭。

积金积产是待子孙以不肖，我父祖何尝有遗？致人责人是望众人以圣贤，我自身谁来照管？

一丝一粒皆天地化工，皆父祖苦创，皆织女农夫辛力，当思如何报答；一言一动有家人瞻顾，有知交察识，有鬼神日月照临，当思如何自修。

恩虽乱施每不期而自会，怨不可作恐窄路之或逢。

性资既赋下愚，若再以懒添愚，则终身必不能结果；才调自知至拙，苟能将勤补拙，则后来或可为成人。

说短说长，宁说人长莫说短；施恩施怨，莫施人怨且施恩。

明识红楼为无冢之丘垅，迷来认作舍身岩；直知舞衣为暗动之兵戈，快去暂同试剑石。

倚高才而玩世，背后须防射影之虫；饰厚貌以欺人，面前恐有照胆之镜。

且慢说人，先把自家说说；不消谈命，好将天理谈谈。

一时芥蒂之仇恨人，不须入骨；几句诽谤之语任他，何用伤心。

做事退一步，彼时似懦怯过后讨得安闲；出言让一句，当前若理屈反思转觉情长。

讨人便宜即是吃亏从此起，占人颜面安知侮我不招来。

争名利要审自己分量，不要眼热别人更生妒忌之心；撑门户要算自己来路，不要步趋别人妄生掤扯之计。

达人知足一榻已自恬如，昧者多求万钟犹不满意。

先须言语简默，当启口且复缄藏；最要气象和平，有拂意更宜含忍。

伶俐人转博痴迷，混沌氏原多含蓄。

得饱便休身外黄金无用物，遇闲且乐世间白发不饶人。

读可荣身耕可富，勤能补拙俭能长。

见权要无谄可也，不必过为傲慢；遇匪类勿比可也，何至遂成寇仇。

知足常乐，能忍自安。

精神耗失，虽日日参蓍更助欲火之燃；德行亏损，即时时经忏只增神佛之笑。

能改过则天地不怒，能安分则鬼神无权。

不急之事切莫为空劳神费力，无益之言切莫说恐惹是招非。

知足者身贫而心富，贪得者身富而心贫。

宁可人负我守而固知命之原，切莫我负人推而大忠恕之道。

贫士肯济人才是性天中惠泽，闲场能笃学方为心地上工夫。

家坐无聊，应念食力担夫红尘赤日；汝官不达，尚有高才秀士白首青衿。

事事反己世上无可怨之人，时时问心腹中少难言之事。

君子固该当亲然亦不可曲为附和，小人固该当远然亦不可显为仇敌。

譬诸贤于我者则道心日长，譬诸贫于我者则侈心日消。

有作用者器宇定是不凡；有受用者才情断然不露。

莫作心上过不去之事，莫萌事上行不去之心。

饱谙世事，一任覆雨翻云总慵开眼；会尽人情，随叫呼马唤牛只是点头。

居贫不节省则贫无了期，处富不受享则富归何用。

岂可说无求淡饭粗衣求便足，还须知保命贬酒缺色命才安。

四季和平之福只在随缘，一生牵惹之劳都因多事。能知此则一生大快乐。

饥乃加餐蔬食美如珍味，倦然后睡草榻胜似重茵。此一联是处贫极乐法。

驷马难追吾欲三缄其口，隙驹易过人当寸惜光阴。

怨欲人死，恩欲人生，天地不管人恩怨；神竭我亡，精竭我病，鬼魔只看我精神。

事非亲见切勿信口谈人，境未身临安得从旁论事。

奉一杯古今水，愿先生洗去怨心；诵几句骷髅诗，望长者除开业障。

为勉强求生诸事都驮在身上，恨始终安命百忧方卸却心头。

三餐适当其时不必服药，一觉直睡到晓何须坐功。时体此联，即可却病延年。彼饱伤思忧者，虽服药坐功毫无益也。

说法者，讲空空无无，上为众生下为自己；达观者，视生生死死，留则烦恼去则逍遥。

不惜费必至于空乏而求人，不受享无怪乎守财而遗消。富吝贫奢均为大痴。

切莫厌烦当做的也要做做，须知分定得闲处且略闲闲。

遇人好胜慌忙从退让里潜藏，蒙怒难当急早借谦虚中寄顿。

为善要藏藏则阴功功始大，有才莫逞逞招显祸祸将来。

微草微木但得趣可当名园，全要知趣。一箸一杯只充肠何须鼎食。

谨慎从容过失纵多也少，张皇苟且事为纵是还非。勿忙中每多错误。前人云："忙里要斟酌，耽迟不耽错。"

我愿学痴呆汉子无疾病吃饭穿衣，老难学勤苦郎君好光阴耕田凿井。

凡事要防训诫瓜田李下，是行当慎嫌疑嫂溺叔援。

路远日暮马力疲，凡是行人早些休歇；年老家贫身苦病，莫为痴汉少些思量。

心若不驰闭目天空海阔，身难制欲请看烛灭灯消。

孝悌忠信礼义廉耻是撑天八根大柱，慈爱温良敬让谦和真涉世几个神方。

老不知休渴鹿舍江奔日，贪不知足灯蛾拚死图明。

一日风两日浪仇家余怒当防，昨朝雨今朝晴天道流行难定。

语言莫多恐忌者据为口实，机谋要少怕户神默告天君。

早丢下恩情担子莫上肩头，多传些清谈方儿别安题目。

定住心不要他动作他自澄清，谨闭口莫说人短长人无恩怨。

怒气伏宽用宽自然少怒，劳心喜逸处逸慎勿忘劳。

身世无多幼壮老死转眼便到，光阴有限笑谈毁誉反掌成空。

大藏五千四十八卷，但得一觉字便识因缘；百年三万六千余场，肯作些梦看何等自在。

暗室里要持心恐我因他开怨府，得意中须谨口怕他致我入愁门。

口舌讨便宜从来何益，心肠用宽厚到处堪容。

草榻心闲布被逢春自暖，瓦盆饭饱菜根放箸犹香。

莫说礼为迂天地范围要用，何曾善不好子孙贤孝由生。

留福与儿孙未必尽黄金白镯，种心为产业由来皆美宅良田。

忍得气吃得亏安身大宝，忘些情割些爱立命真符。

费苦心求得来，多见子孙乐处用；只恕念行将去，曾闻福寿厚中生。

勿恃富豪而欺穷困图，出自《阴骘文图证》，劝诫世人不要恃强凌弱

非良友莫深谈恐设机关算我，得芳邻选定约愿将节孝风人。

荣与辱都只片时，何不片时忍耐；善与恶无非一念，好将一念提防。

洗去妒心他好由天妒不得，除开妄念我生有命妄徒劳。

目见耳闻欲从此中生出，酒场色阵祸俱个里招来。

快意事休夸，自古败名因快意；伤心事莫说，从来结怨为伤心。

水柔石刚，石烂水不曾烂；善真恶假，恶消善不能消。

煮粥煮羹即无饭未尝不饱，破裘破帽但有着更复何求。

门关窃效藏身法，求寡过不但藏身；天戒多言卷舌星，少雄谈即是卷舌。

苦辩强争赢得也输气力，穷欢极欲损多何益精神。

着得破吃得粗安心令他无欲，甘些劳受些苦杜门放我偷生。

一忍住心百辱场中自在，三缄其口群争阵里安闲。

凡事了心不必时时了口，若言逃静还须急急逃名。

家常滋味多偏好，淡薄处要开口尝尝；妄费精神少不妨，驰骋时须转头看看。

爱欲伤肾何曾略怕水枯，酞甘损脾反说不如食补。

世味随浓淡随他来临时检察，愁根拔嗔恨拔得去到处安闲。

心中荣辱心不着即无荣无辱，世外死生世肯忘可任死任生。

忍能代祸真灵药名安乐汤，俭可成家即妙因称自在果。

自己有好不可说，若说一分名即减一分；他人有善必须扬，如扬一件德亦进一件。

短莫如长人各有分量，祸才见福大别有安排。

即天即地即神明守心在此，任死任生任迟速听命随行。

是有根，非亦有根，断是断非根始烂；垢为病，净亦为病，不垢不净病才除。

物非磨削难成器要受些亏，人若矜骄易败名禁不得好。

有意去害人天地明明亲看见，无心中得罪鬼神点点代湔除。

友不择滥交此日胶漆他时冰炭，友要择而后交，不可交而后择。家失和成隙外伤手足内变心肠。家和贫也好，不义富如何？

怒即火气即薪火发添薪难熄，争如冰让如日冰坚遇日当融。

忠门孝门善门，个个此门宜进步；说得学得行得，人人三得要留心。

试闭目人与我皆空，但回观境与身俱妄。

斗辩场中缩舌认作痴顽，酒杯阵里偃旗由他攻战。高人见识难向浅人讲说。

读书有神，下得十分工夫即得十分效应；洗心无垢，去得一种驳杂便得一种精纯。

快意雄谈烦恼同时下种，人要收敛。忍心切齿怨仇共口开门。留些余地好解释。

天理路上行走遭逢俱是福星，机谋场内安身撞遇尽皆仇敌。

佛祖无奇但作阴功莫作孽，神仙有法只生欢喜不生愁。

炎凉之态富贵多于贫贱，妒忌之心骨肉甚于外人。世情如此，可畏可笑。

财利算不尽守拙亦可无过，富贵难强求安分到有余闲。

凡事存一点天理心，虽不必责报于后，子孙赖之；每日说几句阴德话，纵未能尽施于人，鬼神鉴之。

事有机缘不先不后刚刚凑巧，命若蹭蹬走来走去步步踏空。非关人之能与不能。

事势已成败局就该撤下，留在心中越添愁闷；机缘未有头绪当听自然，强去营为多贻后悔。

削剥聚财放利儿何曾长世，睚眦修怨健讼子无不倾家。丝毫不爽。

做事只一味镇定从容，纵纷若乱丝终当就绪；待人无半毫矫伪欺隐，虽狡如山鬼亦自献诚。

念古来极冤人，则微毁微辱何须计较；观世间最恶事，则一眚一愆尽可优容。知此得大快乐。

我于人，一切宽解成就宜合如此，不足为恩；人于我，诸般横逆诽诋实无所伤，何须作怨。

争先的路径窄，退后一步自宽平一步；浓艳的滋味短，清淡几分自悠长几分。

身被名牵樊笼鸡鹜，心为形役尘世马牛。识透才是达人。

阴骘广施人生何处不相逢，冤仇莫结路逢狭曲难回避。

淡泊是高风，若什么枯则何能济人利物；忧勤乃美德，如太苦则无以适性怡情。

每想病时则尘心渐减，常防死日则善念自生。

贫乃士之常，贫而能乐，清静之福自我受之；富为人之遇，富而好施，众美之善自我成之。

世事让三分天空地阔，心田培一点子种孙收。

创业维艰祖父备尝辛苦，守成不易子孙宜戒奢华。

人极多算计其如命何，拗不过命天最有分明只是性慢。欺不过天。

浮躁一点到处便招尤悔，因循两字从来误尽英雄。

志欲光前唯是诗书教子，心存裕后莫如勤俭传家。

言易招尤对人须少谈几句，书能明理教子宜多读两章。

处家庭难较量是非曲直，尽人事听主张德怨恩仇。

勤俭持家惜分阴而崇啬宝，耕读为本熟谷种以继书香。

若富贵贫穷由我智力，则造化反无权；绝无此理。若毁誉嗔喜随人脚跟，则谗夫愈借口。可知枉然。

人能知足则随地可以自安，大快乐。若复无厌则求望曷其有极。大苦恼。

福莫福于少事，唯苦事者方知省事之为福；祸莫祸于多心，唯平心者始知多心之为祸。

朝廷大奸不可不攻，容大奸必乱天下；朋友小过不可不容，攻小过则无全人。

醇醪百斛难比一味太和汤，良药千包不如半服清凉散。“清和”二字，保身秘诀。

口不含半粒，体不挂寸丝，来时如此而已；夜卧只八尺，日食只一升，身外何所用焉。

一生在君父恩中问何报称，凡事看儿孙分上劝且宽容。

读圣贤书明体达用，行仁义事致远经方。

丰俭依乎中和无谄无骄，是非循乎天理何忧何惧。

孝悌通神明务先根本，言行动天地慎尔枢机。

天地无私为善自然获福，圣贤有教修身可以齐家。

有工夫读书便为造化，得功名到手方是文章。

素位而行无人不自得，居易俟命乐亦在其中。

据德依仁处世不逾规矩外，存心养性致身常在太和中。

捱不过的事莫如早行，悔不来的言慎勿轻说。

事纵放得心下再慎何妨，言若来到口边三思更好。

怒中言，发之速、悔之迟，可思可省；世间财，得则难、用则易，宜俭宜勤。

读万卷书才宽眼界，种千钟粟要好心田。

世事变更，多卸肩休管，自无任劳任怨；人情翻覆，快缄口不说，哪有闲是闲非？

仁人之言蔼如其吉，君子之交谈而无文。

父母恩深，翁姑善至，趋庭当以尽孝为先；兄弟义重，妯娌情长，同室莫如取和为上。

《传家宝》中说：趋庭当以尽孝为先，图为潘岳辞官奉母图。讲述晋朝潘岳事母至孝，有一年，母亲染病思归故里。潘岳得知母意，随即辞官奉母回乡。上官再三挽留。他说：“我若是贪恋荣华富贵，不肯听从母意，那算什么儿子呢？”上官被他的孝心感动，便允他辞官

学张公写百忍图受许多快乐，得老子退一步法讨无限便宜。

立身行道扬名于后世，夙兴夜寐无忝尔所生。

家本农桑虽宦达当记得先人栉风沐雨，世守耕读纵富贵莫忘却平日淡饭黄齑。

从五更枕席上参勘心源，才见本来面目；向三时饮食中谙炼世味，方为切实功夫。

多欲何穷知足眼前皆乐土，我生有定识时身外总浮云。

悟恩是仇种、情是怨根，则往日之爱河得渡；知无学为贫、无骨为贱，则当前之地位烦高。

地以上即天毋曰天之高也，人以外即神当曰神之格思。可畏可敬，时刻瞒昧不得。

不风之波何日定把舵宜牢，一日风波十二时。开眼之梦几时醒回头要早。处世若大梦。

讲学属分内事，若悟明心性，不必妄求佛老；怕死是身后忧，如消除冤愆，何防就对阎王。

聪明人本之以孝不在文章，富贵人劝之以宽非徒博济。

经几番知几番世事，世事经过蜀道平。交一遍识一遍人情。人情历尽秋云厚。

天道无差用力须从根本上，圣言可畏求安只在隐微中。

爱惜精神要留此身担当宇宙，蹉跎岁月问将何事报答君亲。

耕读两途读可荣身耕可富，勤俭二字勤能创业俭能盈。

奉公守法虽然清淡却昼夜常安，越理亏心即致富贵但神魂不乐。

孝悌忠信认得真，乃希圣希贤地位；酒色财气看得破，即学仙学佛根基。

世事如棋起手当思好结局，人生若戏开场须要美团圆。

鸟语枝头会心处皆为真学问，花明槛外触目时尽是大文章。全要人经略。

看果报无差更当努力修已，知人心难测惟以正气格天。

世路崎岖只宜省言省事，天下本无事。庸人自扰之。人情反复还须慎始慎终。事未入手先思结局，方能始终如一。

仰不愧、俯不怍，戒慎恐惧乃君子持身之本；上不欺、下不扰，正大光明是丈夫立世之方。

烦恼多惟有寡言才事少，疾病少皆因节欲养精多。寡言节欲，延寿之最炒法。

一朝间富贵狠狠争来虽得还是失，百岁好光阴忙忙过去纵寿亦为夭。世人通病。

邻舍要和有事自来劝解，声名贵好逢人他肯吹嘘。

修已、克已、安分守已、行几件天理事情多福多寿；忍人、让人、切莫害人，存一片公道心肠种子种孙。

戒色方用聋耳瞎眼死心三昧，胜似仙丹。养病法只寡言少食息怒数般。真为秘诀。

心体本空，空任口谤色嗔受俱容易；世缘唯淡，淡便饭蔬饮水享有何难。

处世无奇但存心不愧天地，居家有道唯忠厚以遗子孙。

孝莫辞劳转眼便为人父母，善休望报回头只看汝儿孙。式祥分明。

履厚戴高时时无负天地，谨徽慎显念念求对鬼神。

斗室安身可养性情休说窄，坦途豁志得伸步处不为难。

只耕田只读书自然富贵，本分事业。不欠债不健讼何等安宁。快乐人家。

斗室安居未及积金先积德，积德胜遗金。布衣随分虽无恒产有恒心。

谦受益满招损在一念屈伸之际，柔能有刚则折即修身消长之机。

与世无营唯培养一庭和气，读书何事只寻求这点良心。

善恶到头终有报，须兴让兴仁，当培受福弭灾之本；繁华过眼总成空，要克勤克俭，常思守成创业之难。此熊县尊训子语，予改易数字，人能佩服，一生受用有余。

饮酒莫教成酩酊，看花慎勿至离披。邵子所谓美酒饮教微醉后，好花看到半开时。即同此义。帆只扬五分，船便安稳矣。

热闹场中，人向前我向后，退让一步缓缓再行，则身不倾覆安乐甚多；是非窝里，人用口我用巧，忍耐几分想想再说，则事无差谬祸患何及。

莫擒他山之虎，擒虎恐难。休抛自己之珍。抛珍可惜。

仇边之弩易避而恩里之戈难防，苦时之坎易逃而乐处之阱难脱。须要仔细。

事稍拂逆便思不如我的人，则怨尤自消；心若怠荒即想胜似我的人，则精神自奋。

夜眠六尺日食一升，何须百般计较；书读五车才分八斗，未闻半日清闲。唤醒许多求富求贵之人，句中数目字多撰得切。

脚不乱走口不乱谈是快活事，心不妄求身不妄作即安乐窝。

世上几百年旧家都由积德，天下第一等好事还是看书。

居官有二语曰：唯公则生明，唯廉则长威；治家有二语曰：唯恕则平情，唯俭则足用。

雍穆人家兄友弟恭子孝，太平世界书声牧唱樵歌。

养喜神则精爽泰豫而身安，集和气则情意流通而家福。

世路风波，慎行谨言庶几济川舟楫；人情险峻，平心和气方得阅历坦途。

富贵尽戏场演戏人多观戏少，功名皆争局劝争客众息争稀。

命铨

立命之学

余童年丧父，老母命弃儒而学医，谓既可以养生，又可以济人；利己利人，亦是良策。且习一艺以成名，尔父夙心也。后余在慈云寺遇一老者，修髯伟貌，飘飘若仙。余敬礼之，语余曰：“子仕路中人也。明年即进学矣，何不读书？”余告以故。曰：“吾姓孔，云南人也。得邵子皇极数正传，数该传汝。”予引之归，试其数，纤细皆验。余遂起读书之念。孔为余起数，县考童生当十四名；府考七十一名；提学考第九名。明年赴考，三处名数皆合。复为卜终身休咎，言某年当补廪生，某年当贡，贡后某年当选四川一大尹，在任二年半即宜告归；五十三岁八月十四日丑时，当终于正寝，惜无子。余备录而谨记之。自此以后，凡遇考校，其名数先后，皆不出孔公所悬定者，独算余仓廪米九十一石五斗当出贡，及食米七十余石屠宗师即批准补贡，余窃疑之。后果为屠印杨公所驳，直至丁卯年始准贡。连前食米计之实九十一石五斗也。神验奇数。余因此益信进退有命，澹然无求矣。贡入燕都，留京一年，归游南雍。未入监，先访云谷，会禅师于栖霞山中，对坐一室，凡三昼夜不瞑目。云谷问曰：“凡人所以不得作圣者，只为妄念相缠耳。妄念却是人之大害。汝坐三日，不见起一妄念。”亦难得。余曰：“吾为孔先生算定，荣辱死生，皆有定数。即要妄想，亦无可妄想。”云谷曰：“我待汝是豪杰，原来只是凡夫。”问其故，曰：“人生安得无数？但唯凡人有数，极善之人，数固拘他不得；极恶之人，数亦拘他不得。透彻之语。非大悟人莫知。汝二十年来被他算定，不曾动转一毫，岂不是凡夫？”余曰：“然则数可逃乎？”曰：“命自我造，福自我求。此二名是立命正理，亦是造命妙法。诗书所称的为明训。我教典中说，求功名得功名，求富贵得富贵，求男女得男女，求长寿得长寿。夫妄语乃释迦大戒，诸佛菩萨岂诳语欺人？”余进曰：“孟子言：‘求则得之’，是求在我者也。道德仁义，可以力求，功名富贵，如何求得？”云谷曰：“孟子之言不错，汝自错解了。六祖说，一切福田不离方寸，从心而觅，感无不通。求在我，不独得道德仁义，亦得功名富贵。内外双得，是求有益于得也。若不返躬内省，徒向外而驰求，则求之有道矣，得之有命矣。内外双失，故无益。”因问：“孔公算汝终身若何？”余以实告。云谷曰：“汝自揣应得科第否？应生子否？”自揣二字问得好。

余追省良久曰：“不应也。科第中人类有福相，余福薄，又不能积功累行以基厚福，兼不耐烦剧，不能容人，时或以才智盖人，直心直行，轻言妄谈。凡此皆薄福之根也，岂宜科第哉！世人每犯此病，须当自知速改。地之秽者，多生物；水之清者，常无鱼。余好洁，和气能育万物；余善怒，爱为生生之本，忍为不育之根。余矜惜名节，常不能舍己救人；又多言耗气，喜饮烁精，好彻夜长坐而不知保元毓神。皆宜无子。世人每犯此病，须当自知速改。其余过恶尚多，不能悉数。”自知之明。云谷曰：“岂惟科第哉！世间享千金之产者，定是千金人物；享百金之产者，定是百金人物；应饿死者，定是饿死人物。天不过因材而笃，几曾加纤毫意思？即如生子，有百世之德者，定有百世子孙保之；有十世之德者，定有十世子孙保之；有三世、二世之德者，定有三世、二世子孙保之。其斩焉无后者，德至薄也。此句凛然。汝今既知非，将向来不发科第、不生子之相，尽情改刷，治去病根。务要积德，务

古人多以《易经》卜问凶吉，图为《十三经疏注》中所载的《周易正义》书影

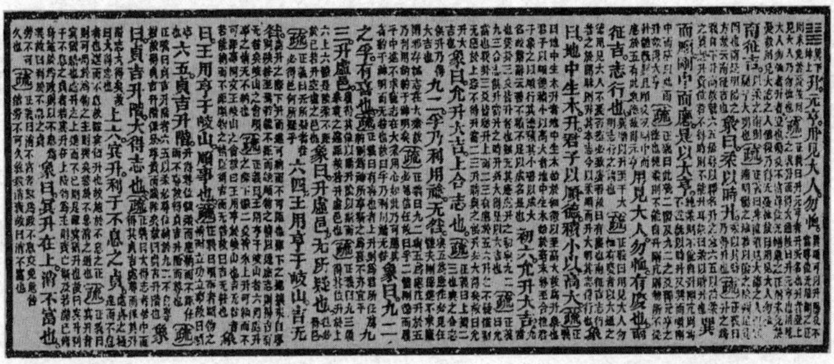

要包荒，务要和爱，务要惜精神。从前种种，譬如昨日死；从后种种，譬如今日生。此义理再生之身也。此四要二如是造命心法，只要人能自立。夫血肉之身，尚然有数，义理之身，岂不能格天？太甲曰：‘天作孽，犹可违；自作孽，不可活。’孔先生算汝不登科第、不生子者，此天作之孽也，犹可得而违。汝今力行善事，多积阴德，此自作之福也，安得不受享乎？《易》为君子谋，趋吉避凶，若言天命有常，吉何可趋？凶何可避？开章第一义便说：‘积善之家，必有余庆，积不善之家，必有余殃。’汝信得及否？”余信其言，拜而受教。因将往日之罪，佛前尽情发露。这才是真忏悔。为疏一通，先求登科，誓行善事三千条，以报天地祖宗之德。云谷出“功过格”示余，令所行之事逐日登记，善则计数，恶则退除；且教持准提咒，以期必验。语余曰：“符篆家有云：‘不会书符被鬼神笑’，此有秘传，只是不动念也。执笔书符，先把万缘放下，从此念头不动处下一点，谓之混沌开基，由此一笔挥成，更无思虑，此符便灵。凡祈天立命，都要从无思无虑处感格，孟子论立命之学曰‘夭寿不贰’，细分之，丰歉不贰，然后可立贫富之命；穷通不贰，然后可立贵贱之命；夭寿不贰，然后可立生死之命。人生世间，惟死生为重，曰夭寿，则一切顺逆皆该之矣。至修身以俟之，乃积德祈天之事；曰修，则身有过恶皆当治而去之；曰俟，则一毫觊觎，一毫将迎，皆斩绝之矣。汝未能无心，但能持准提咒，无记无数，不令间断，持得纯熟，于持中不持，于不持中持，到得念头不动，则灵验矣。”凡事皆然。

余初号“学海”，是日改号“了凡”，盖悟立命之说而欲不落凡夫窠臼也。从此以后终日兢兢，便觉与前不同。前日只是悠悠放任，到此自有战兢惕励景象。在暗室屋漏中，常恐得罪天地鬼神；遇人憎我、毁我，自能恬然容受。到明年，刑部考科举，孔先生算该第二，忽考第一，其言不验，而秋闱中式矣。行善事之报应。然行义未纯，检身多误，或见善而行之不勇，或救人而心常自疑，或自勉为善而口有过言，或醒时操持而醉后放逸，以过折功，日常虚度。自己巳岁发愿，直至己卯岁，历十余年而三千善事始完。何等难。时方有事入关，庚辰南还，始及回向，遂起求子愿，亦许行三千善事。辛巳生男天启。余行一事，随以笔记，吾母不能书，每行一事，辄用鹅毛管印一红圈于历日之上。或施贫人，或放生命，一日有多至十

余圈者。至癸未八月，三千之善已满。何等易。九月十三日，复起求中进士愿，许行善事一万条。丙戌登第，授宝坻知县。余置空格一册，名曰“治心篇”；晨起坐堂，家人携付门役置案上，所行害恶，纤细必记。夜则设桌于庭，效赵阅焚香告帝。吾母见所行不多，辄频蹙曰：“我前在家相助为善，三千之数得完。今许一万，衙中无事可行，何时得圆满乎？”夜间梦见一神人，余告善事难完之故。神曰：“只减粮一节，万行俱完矣。”盖宝坻之田，每亩二分三厘七毫，余为区处，减至一分四厘六毫。委有此事，心颇疑惑。适幻余禅师自五台来，余以梦告之，且问此事宜信否？师曰：“此心真切，即一行可当万善。况合县减粮，万民受福乎？”余即捐俸银，令其就五台山斋僧一万而回。向之孔公算余五十三岁有厄，余未尝祈寿，是岁竟无恙，今六十九矣。《书》云“天难谌命靡常”，又云“惟命不于常”，皆非诳语。吾于是而知，凡称祸福自己求之者，乃圣贤之言。若谓祸福惟天所命，则世俗之论矣。汝之命未知若何，即命当荣显，常作落寞想；即命当顺利，常作拂逆想；即现颇足食，常作贫窭想；即人相爱敬，常作恐惧想；即家世望重，常作卑下想；即学问颇优，常作浅陋想。远思扬祖之德，近思盖父之愆；上思报国之恩，下思造家之福；外思济人之急，内思闭己之邪，日日知非，日日改过。此一节须要时刻佩服。一日不知非，则一日安于自是；一日无过可改，即一日无步可进。天下聪明俊秀不少，所以德不加修、业不加广者，只为“因循”二字担搁一生。“因循”二字，世人通病。切须改除。云谷禅师所授立命之说，乃至精至邃、至中至正之理，当熟玩而勉行之，毋自旷也。

改过之法

春秋诸大夫见人言动意而谈其祸福，靡不验者，《左》、《国》诸记可观也。大都吉凶之兆，萌乎心而动乎四体，其过于厚者常获福，过于薄者常近祸。俗眼多翳，谓有未定而不可测者，至诚合天。福之将至，观其善而必先知之矣；祸之将至，观其不善而必先知之矣。今欲获福而免祸，未能行善，先须改过。真确。但改过者，第一要发耻心。思古之圣贤与我同为丈夫，彼何以百世可师，我何以一身瓦裂，耽染尘情？私行不义，谓人不知，傲然无愧，将日沦于禽兽而不自知矣。真正可耻。世之可羞可愧者，莫大乎此。孟子曰：“耻之于人大矣”，以其得之则圣贤，失之则禽兽耳。此改过之要机也。第二要发畏心。天地在上，鬼神难欺。吾虽过在隐蔽，而天地鬼神实鉴临之。勿以恶小而为之。重则降之百殃，轻则损其现福，吾何可以不惧？不唯是也。闲居之地指视昭然，吾虽掩之甚密，文之甚巧，而肺肝早露，终难自欺。被人觑破，不值一文钱矣。乌得不凛凛！不惟是也。一息尚存，弥天之恶犹可侮改。人要及时改过。古人有一生作恶，临死悔悟，发一善念遂得善终者，谓一念猛励，足以涤百年之恶也。譬如千年幽谷，一灯才照，则千年之暗俱除。凡过不论久近，惟以改为贵。但尘世无常，肉身易殒，一息不属，欲改无由矣。明则千百年担负恶名，虽孝子慈孙，不能洗涤；幽则千百劫沉沦狱报，虽圣贤佛菩萨，不能援引。乌得不畏！第三要发勇心。人不改过，多是因循退缩。吾须奋然振作，不用迟疑，不烦等待，小者如芒刺在肉，速与抉剔；大者如毒蛇啮指，速与斩除，无丝毫凝滞。此风雷之所以为益也。须知此存心，方能改过。具是三心，则有过斯改，如春冰遇日，何患不消乎？

然人之过，有从事上改者，有从理上改者，有从心上改者。工夫不同，效验亦异。如前日杀生，今戒不杀；前日怒詈，今戒不怒，此就其事而戒之者也。强制于外，其难百倍，且病根终在，东灭西生，非究竟廓然之道也。善改过者，未禁其事，先明其理。如过在杀生，即思曰上帝好生，物皆恋命，杀彼养己，岂能自安？此四句括尽戒杀之旨。且彼之杀也，既受屠割，复入鼎镬，种种痛苦，彻入骨髓。己之养也，珍膏罗列，食过即空，蔬食菜羹，尽可充腹，何必戕彼之生，损己之福哉！又思血气之属，皆含灵知，既有灵知，皆我一体，纵不能躬修至德，令其尊我亲我，岂可日戕物命，令其仇我憾我于无穷也。一思及此，将有对食伤心，不能下咽者矣。如前日好怒必思曰人有不及，情所宜矜，悖理相干，于我何与？此四句括尽戒怒之旨。本无可怒者。又思天下无自是之豪杰，亦无尤人之学问。行有不得，皆己德未修，感未至也。吾悉以自反，则谤毁之来，皆磨炼玉成之地，我将欢然受赐，何怒之有？又闻谤而不怒，虽谗焰熏天，如举火焚空，终将自息。闻谤而怒，虽巧心力辩，如春蚕作茧，自取缠绵，怒不唯无益，且有害也。其唯种种过恶，皆当据理思之。此理既明，过将自止。何谓从心而改？过有千端，唯心所造，吾心不动，过安从生？学者于好色、好名、好货、好怒种种诸过，不必逐类寻求，但当一心为善，正念时时现前，邪念自然污染不上；如太阳当空，魍魉潜消。此精一之真传也。过由心造，亦由心改，如斩毒树，直断其根，何必枝枝而伐，叶叶而摘哉！大抵最上者治心，当下清净，才动即觉，觉之即无。若未能然，须明理以遣之；又未能然，须随事以禁之。以上事而兼行下功，未为失策；执下而昧上，则拙矣。顾发愿改过，明须良朋提醒，幽须鬼神证明。一心忏悔，昼夜不懈，经一七、二七以至一月、二月、三月，必有效验。或觉心神恬旷，或觉智慧顿开；或处冗沓而触念皆通；或遇冤仇而回嗔作喜；或梦吐黑物；或梦往圣，先贤提携接引；或梦飞步太虚，或梦幢幡宝盖。种种胜事，皆过消罪灭之象也。此皆沾人根。然不得执此自高，昼而不进。

昔遽伯玉当二十岁时，已觉前日之非而尽改之矣。至二十一岁，乃知前日之所改未尽也。及二十二岁，回视二十一岁，犹在梦中。岁复一岁，递递改之。行年五十，犹知四十九年之非。古人改过之学如此，吾辈身为凡流，过恶猬积，回想往事，常若不见其有过者，心粗而眼翳也。然人之过恶深重者，亦有效验。或心神昏塞，转头即忘；或无事而常烦恼；或见君子而赧然消沮；或闻正论而不乐；或施惠而人反怨；或夜梦颠倒，甚则妄言失志，皆作孽之相也。此皆死人相。若一类此，即须奋发舍旧图新，幸勿自误。人若不发奋，过竟难改。

积善之方

《易》曰："积善之家，必有余庆。"昔颜氏将以女妻叔梁纥，历叙其祖宗积德之长，逆知其子孙必有兴者。孔子称舜之大孝，曰："宗庙飨之，子孙保之。"皆至论也。试以往事征之：

杨少师荣，建宁人，世以济度为生。久雨溪涨横流，冲毁民居，溺死者顺流而下。他舟皆捞取货物，独少师曾祖及祖惟救人，而货物一无所取，乡人嗤其愚。逮少师父生，家渐裕。有神人化为道者语之曰："汝祖父有阴功，子孙当贵显，宜葬某地。"遂依其所指而定之，即今曰"免坟"也。后生少师，弱冠登第，位至三公，加曾祖、祖父如其官。子孙贵戚，今尚多贤。

鄞人扬自惩，初为县吏，存心仁厚，守法公平。时县宰严肃，偶挞一囚，血流满前，怒犹未息，杨跪而宽解之。宰曰："曾奈此人越法悖理，不由人不怒。"自惩叩首曰："如得其情，哀矜勿喜，喜且不可。何况怒乎？为吏谁敢道破？"宰为之霁颜。家甚贫，傀遗一无所取。遇囚人乏粮，常多方以济之。一日，有新囚数人待哺，家又缺米，给囚则家人无食，自顾则囚人堪悯。与其妇商之，妇曰："囚从何来？"曰："自杭来。沿路忍饥，菜色可掬。"因撤己之米，煮粥以食囚。后生二子，长曰"守陈"，次曰"守址"，为南北吏部侍郎；长孙为刑部侍郎，次孙为四川廉宪，俱为名臣。今楚中德政，亦其裔也。

昔正统间，邓茂七倡乱于福建，土民从贼者甚众。朝廷起鄞县张都宪楷南征以讨，擒贼后，委布政司谢都事搜杀东路贼党。谢求贼中党附册籍，凡不附贼者，密授以白布小旗，约兵至日插旗门首，戒军兵无妄杀，全活万人。后谢之子迁中状元，为宰辅，孙丕复中探花。

莆田林氏，先世有老母好善，常作粉团施人，求取即与之，无倦色。感仙化道人，每旦索食六七团，母日日与之，终三年如一日，乃知其诚也。即粉团之善亦有限，独此一片诚心不倦，乃是无量福田。因谓之曰："吾食汝三年粉团，何以报？汝府后有一地，葬之，子孙官爵至一升麻子之多。"其子依所点，葬之。初世只有九人登第，累代簪缨甚盛，福建有"无林不开榜"之谣。

冯琢庵太史之父，为邑庠生。隆冬早起赴学，路见一人倒卧雪中，扪之半僵矣。遂解己绵裘衣之，且扶归救苏。梦神告之曰："汝救人一命，出自诚心。吾遣韩琦为汝子。"及生琢庵，遂名琦。

台州应尚书，壮年习业于山中，夜鬼啸集，往往惊人，公不惧也。一夕，闻鬼云："某妇以夫久客不归，翁姑逼其嫁人，明夜当缢死于此，吾得代矣。"公潜卖田，得银四两，即伪作其夫书信，寄信还家。曲行仁术，全节全伦，何等心肠，何等学问！其父母见书，以字迹不类疑之，既而曰书可假，银不可假。想儿无恙，妇遂不嫁。其子后归，夫妇相保如初。公又闻鬼语曰："吾当得代，奈此秀才坏吾事。"旁一鬼曰："尔何不祸之？"曰："上帝以此人心好，命作阴德尚书矣，吾何得而祸之？"公因此益自努励，善日加修，德日加厚，遇岁饥，辄捐谷赈之；遇亲戚有急，辄委曲维持；遇有横逆，反躬自责，怡然顺受。子孙登科第者，今累累也。

韩琦像，图出自清·顾沅辑《古圣贤像传略》。韩琦，北宋名将

常熟徐凤竹公，其父素富。偶遇年荒，先捐租以为同邑之倡，又分谷以赈贫乏。夜闻鬼唱于门曰："千不诓，万不诓，徐家秀才做了举人郎。"相续而呼，连夜不断。是年，凤竹果举于乡。其父因而愈积德，孜孜不怠，修桥修路，斋僧接众，凡有利益，无不尽心。后又闻鬼唱于门曰："千不诓，万不诓，徐家举人做都堂。"凤竹官终两浙巡抚。

嘉兴屠何易，得后功完，拉老父同游。宿寺中，公梦伽蓝来曰："汝子当享世禄矣。"后子汶孙、柽孙、梁芳，皆登科第，做显官。

嘉兴支立之父为刑房吏，有囚无辜陷重辟，意哀之，欲求其生，因语其妻曰："支公嘉意。愧无以报。明日延之下乡，汝以身事之，彼或肯用意，则我可生也。"其妻泣而听命。及至，妻自出劝酒，具告夫意。支不听，卒为尽力平反之。囚出狱，夫妻登门叩谢曰："公如此厚德，晚世所稀。今无子，吾有弱女，送为箕帚妾。"此则礼之可通者，支为备礼纳之。生立，弱冠中魁，官至翰林孔目。立生高，高生禄，皆贡为学博。禄生大纶登第。

凡此十条，所行不同，同归于善而已。若复精而言之，则善有真有假，有端有曲，有阴有阳，有是有非，有偏有正，有半有满，有大有小，有难有易，皆当深辨。为善而不穷理，则自谓行持，岂知造业，枉费心苦无益也。何谓真假？昔有儒生数辈，谒中峰和尚，问曰："佛氏论善恶报应，如影随形。今某人善而子孙不兴，某人恶而家门隆盛。佛说无稽矣。"中峰云："凡情未涤，正眼未开，认善为恶，指恶为善，往往有之。不憾己之是非颠倒，反怨天之报应有差乎？”众曰：“善恶何至相反？”中峰令试言其状。一人谓：“詈人、殴人，是恶；敬人、礼人，是善。”中峰曰：“未必然也。”一人谓：“贪财妄取，是恶；廉洁有守，是善。”中峰曰：“未必然也。”众人历言其状，中峰皆谓不然。因请问中峰，告之曰：“有益于人，是善；有益于己，是恶。有益于人未尝不有益于己，此只为徇私利己者言也。有益于人，则殴人、詈人皆善也；有益于己，则敬人、礼人皆恶也。”是以人之行善利人者公，公则为真；利己者私，私则为假。又根心者真，袭迹者假；又无为而为者真，有为而为者假。皆当自考。何谓端曲？今人见谨愿之士，类称为善而取之，圣人则宁取狂狷。至于谨愿之士，虽一乡皆好，而必以为德之贼，是世人之善恶，分明与圣人相反。推此一端，种种取舍，无有不谬。天地鬼神之福善祸淫，皆与圣人同是非，而不与世俗同取舍。凡欲积善，绝不可徇耳。自唯从心源隐微处，默默洗涤，纯是济世之心，则为端；有一毫媚世之心，则为曲。纯是爱人之心，则为端；有一毫愤世之心，则为曲。纯是敬人之心，则为端；有一毫玩世之心，则为曲。皆当细辨。何谓阴阳？凡为善而人知之，则为阳善；为善而人不知，则为阴德。阴德天报之，阳善享世名。名亦福也。急须着眼。名者造物所忌。世之掌盛名而实不副者，多有奇祸。必然之理。人之无他肠而横被恶名者，子孙往往骤发。必然之理。阴阳之际微矣哉！何谓是非？鲁国之法，鲁人有赎人臣妾于诸侯，皆受金于府。子贡赎人而不受金。孔子闻而恶之曰：“赐失之矣。大圣人举事可以移风易俗，而教道可施于百姓，非独适己之行也。今鲁国富者寡而贫者众。受金则为不廉，何以相赎乎？自今以后，不复赎人于诸侯矣。”子路拯人于溺，其人谢之以牛，子路受之。孔子喜曰：“自今鲁国多拯人于溺矣。”自俗眼观之，子贡不受金为优，子路之受牛为劣。孔子则取由黜赐，乃知人之为善，不论现行而论流弊，不论一时而论久远，不论一身而论天下。现行虽善而其流

子贡像，图出自明·吕维祺编《圣贤像赞》。子贡是孔子的弟子，复姓端木，名赐

足以害人，则似善而实非也。现行虽不善而其流足以济人，则非善而实是也。然此就一节论之耳。他如非义之义，非礼之礼，非信之信，非慈之慈，皆当抉择。

何谓偏正？昔吕文懿公初辞相位归乡里，海内仰之如泰山北斗。有一乡人醉詈之，吕公不动，谓其仆曰："醉者勿与较也。"闭门谢之。逾年，其人犯死刑入狱，吕始悔之曰："若当时稍与计较，送公家责治，可以小惩而大戒。我当时只欲存心于厚，不谓养成其恶以至于此。"此以善心而行恶事者也。又有以恶心而行善事人者。如某家大富，值岁荒，穷民白昼攫粟于市。告之县，县不理，穷民愈肆。遂私执而困辱之，众始定，不然几乱矣。但善者为正，恶者为偏，人皆知之。其以善心而行恶事者，正中偏也；以恶心而行善事者，偏中正也。不可不知。何谓半满？《易》曰："善不积，不足以成名；恶不积，不足以灭身。"《书》曰："商罪贯盈，如贮物于器。勤而积之则满，懈而不积则不满。"此一说也。昔有某女，入寺欲施而无财，只有钱二文，捐与主席者，亲为忏悔。及后入宫富贵，携数千金入寺舍之，主僧惟令其徒回向而已。因问曰："我前施二文钱，汝亲为忏悔；今施数千金，而汝不回向，何也？"曰："前者，物虽微而施心真，非老僧亲忏，不足以报德；今物虽厚而施心不若前日之切，令人代忏足矣。"此千金为半，二文为满也。钟离授丹于吕岩，点石为金，可以济世。岩问曰："终变否？"曰："五百年后当复本质。"岩曰："如此，则害五百年后人矣。我不愿为也。"曰："修仙要积三千功行。汝此一言，三千功行已满矣。"此又一说也。又为善而心不着善，则随所成就，皆得圆满；心着于善，则终身勤励，止于半善而已。譬如以财济人，内不见己，外不见人，中不见所施之物，是谓三轮体空。是谓一心清净，则斗粟可以种无涯之德，一文可以消千劫之罪。倘此心未忘，虽黄金万镒，福不满也。此又一说也。何谓大小？昔卫仲达为馆职，被摄至冥司。吏呈善恶二录。比至，则恶录盈庭，其善录则如箸而已。索秤秤之，则盈庭者反轻，而如箸者反重。仲达曰："某年未四十，安得过恶如是多乎？"曰："一念不正，即是过恶。不待犯也。"因问轴中所书何事？曰："朝廷尝兴大工修三山石桥，以备游玩。若是修造万人行走之桥，又当以赞助为大善。旧本误遗'以备游玩'四字。汝上疏谏之，此疏稿也。"仲达曰："某虽言之，朝廷不从，于事何益而前有如是之力？"曰："朝廷虽不从，汝之一念已在万民。向使听从，善之力更大矣。"凡志在天下国家，则善虽小而大；若在一身，虽多亦小。

何谓难易？先儒谓克己须从难处克，夫子论为仁亦曰先难。必如江西舒翁，舍二年仅得之束修，代偿官银而全人夫妇；与邯郸张翁，舍十年所积之资，代完赎银而活人妻子，皆所谓难舍处能舍也。如镇江靳翁，虽年老无子，不忍以幼女为妾而还之邻，此难忍处能忍也。所以天之降福亦厚。凡有财有势者，其立德皆易，易而不为，是谓自暴。贫贱作福皆难，难而能为，斯可贵耳。随缘济众，其类至繁，约言其纲，大略有十：第一，与人为善。第二，爱敬存心。第三，成人之美。第四，劝人为善。第五，救人危急。第六，兴建大利。第七，舍财作福。第八，护持正法。第九，敬重尊长。第十，爱惜物命。何谓与人为善？昔舜在河滨，见渔者皆争取深潭厚泽，其老弱则渔于细流浅滩之中，恻然哀之。往而渔焉，见争者皆匿其过而不谈，见有让者则揄扬取法。期年，皆以深潭厚泽相让矣。夫以舜之明哲，岂不能出言教人哉？乃不以言教而以身教，此良工苦心也。不独圣人当然。吾辈处末世，勿以己之长而盖人，勿以己之善而形人，勿以己之多能而困人。收敛才智，若无若虚，见人过失，且涵容而掩覆之。一则令其可改；一则令其有所顾忌而不致纵。见人有微长可取、小善可录，翻然舍己而从之，且为艳称而广述之。凡日用间发一言、行一事，全不为自身起念，全是为物立则。此大人天下为公之度也。自"勿以己长"起，至此止，俱是密传为善心法。每日当熟读一遍，不可间断。

何谓爱敬存心？君子与小人，就形迹观，常易相混。惟一点存心处，则善恶悬绝，判然如黑白之相反。故曰：君子所以异于人者，以其存心地。君子所存之心，只是爱人、敬人之心。盖人有亲疏贵贱，有知愚贤不肖，万品不齐，皆吾同胞，皆吾一体。孰非当爱当敬者？爱敬众人，即是爱敬圣贤；能通众人之志，即是能通圣贤之志。何者？圣贤之志，本欲斯世斯人各得其所，吾合爱合敬而安一世之人，即是为圣贤而安之也。

何谓成人之美？玉之在石，抵掷则瓦砾，追琢则圭璋。是以见人行一善事，或其人志可进而资可取，皆须诱掖而成就之。或为之奖倡，或为之维持，或为之白其诬而分其谤。务令其成立而后已。大抵人各恶其非类，乡人之善者少，不善者多。善人在俗亦难自立，且豪杰铮铮，不甚修形迹，多易指摘。所以善事常易败，善人常得谤，惟仁人长者匡直而辅翼之，其功德最宏。

何谓劝人为善？生为人类，孰无良心？世路役役，最易没溺。凡与人相处，当方便提撕，开其迷惑。譬如长夜大梦，呼之使觉；譬如久陷烦恼，拔之清凉，为惠最普。韩文公云："一时劝人以口，百世劝人以书。"较之与人为善，虽有形迹，然对症发药，时有奇效，不可废也。失言失人，当反吾智。

何谓救人危急？患难颠沛，人所时有，偶一遇之，当如重病之在身，速为解救。宜体贴此语。或以一言伸其屈抑，或以多方济其颠连。崔子曰："惠不在大，济人之急可也。"

何谓兴建大利？小而一乡之内，大而一邑之中，凡有利益，最宜兴建。或开渠导水，或筑堤防患，或修桥路以便行旅，或施茶饭以济饥渴。随缘劝导，协力兴修，不避嫌疑，不辞劳怨。才做得来。

何谓舍财作福？释门万行以布施为先。所谓布施者，只是"舍"之一字耳。达者内舍六根，外舍六尘，一切所有，无不舍者。如未能然，先从财上布施。世人以衣食为命，故财为最重。吾从而舍之，内以破我之悭，外以济人之急，始而勉强，终则泰然，最可以荡涤私情，祛除执吝。

何谓护持正法？法者，万世生灵之眼目也。不有正法，何以参赞天地，何以裁成万物，何以脱尘离缚，何以经世出世？所以，凡见圣贤庙貌、经书典籍，皆当敬重而修饰之。至于举扬正法，尤宜勉励。

何谓敬重尊长？家之父兄，国之君王，与凡年高、德高、位高、识高者，皆当加意敬重。在家奉侍父母，要深爱婉容，柔声下气，习以成性，便是和气格天之本。才为真孝。出而事君，行一事，毋谓君不知而自恣也；刑一人，毋谓君不见而作威也。事君如天。前人格论，才为真忠。此等处最关阴德。试看忠孝之家，子孙未有不绵远而昌盛者。切须慎之。

何谓爱惜物命？凡人之所以为人者，惟此恻隐之心而已。求仁者求此，积德者积此。《周礼》孟春之月，牺牲毋用牝。孟子谓："君子远庖厨，所以全吾恻隐之心也。"前辈有四不食之戒，谓：闻杀不食，见杀不食，自养者不食，专为我杀者不食。人未能断肉，且当从此戒之，渐渐增进，慈心愈长。不特杀生当戒，蠢动含灵，皆为物命，求丝煮茧，锄地杀虫，念衣食之由来，皆杀生以自活。彼暴殄之孽，当与杀生等论。至论。至于手所误伤，足所误践者，不知其几，皆当委曲防之。苏东坡云："卷帘归乳燕，穴牖出痴蝇。爱鼠常留饭，怜蛾不点灯。"何其仁也。

善行无穷，不能尽述。由此十事而推广之，则万德可备矣。

谦德之效

《易》曰："天道恶盈而好谦，地道变盈而流谦，鬼神害盈而福谦，人道恶盈而好谦。"是谦之一卦，六爻俱吉。《书》曰："满招损，谦受益。"予屡同诸公应试，每见寒士将达，必有一段谦光可掬。辛未，计偕我嘉善同袍凡十人，唯丁敬宇宾年最少，极其谦虚。予告费锦波曰："此兄今年必第。"费曰："何以见之？"予曰："惟谦受福。此四字是富贵名利要法。兄看十人中，有恂恂款款、不敢先人如敬宇者乎？有恭敬顺承、小心谦畏如敬宇者乎？有受侮不答、闻谤不辩如敬宇者乎？人能如此，即天地鬼神犹将佑之，岂有不发者？"及开榜，丁果中式。丁丑，在京与冯开之同处，见其虚己敛容，大变其幼习。李霁岩直谅益友，时面攻其非，但见其平怀顺受，未尝有一言相报。予告之曰："福有福始，祸有祸先。此心果谦，天必相之。兄今年决第矣。"已而果然。赵裕峰光远，山东冠县人，童年举于乡，久不第。其父为嘉善三尹，随之任。慕钱明吾而执文见之，明吾悉抹其文，赵不惟不怒，且心服而速改。明年登第。壬辰岁，予入觐晤夏建所，见其气虚意下，谦光逼人。归告人曰："凡天将发斯人也，未发其福，先发其慧。此慧一发，则浮者以实，肆者以敛。建所温良若此，福及之矣。"及开榜，果中。江阴张畏岩，积学工文，有声艺林。甲午，南京乡试，寓一寺中，揭晓无名，大骂试官眯目。时有道者在旁微笑，张遽移怒道者。道者曰："相公文必不佳。"张益怒曰："汝未见我文，何知不佳？"曰："闻作文贵心气和平。今听公骂詈不平甚矣，文安得工？"张不觉屈

《尚书·大禹谟》说“满招损，谦受益”，此语体现了《谦》卦所表达的思想。图为夏禹像，出自明·天然撰《历代古人像赞》

服，因而请教。道者曰：“中全要命，命不该中，文虽工无益也。须自己做个转变。”张曰：“既是命，如何转变？”道者曰：“造命者天，立命者我。力行善事，广积阴德，何福不可求哉？”立命真铨，求福捷法。张曰：“我贫士，何能为？”道者曰：“善事阴功，皆由心造。常存此心，功德无量。且如谦虚一节，并不费钱，你如何不自反而骂试官乎？”持此例余。张自此折节，自持善日加，修德日厚。丁酉，梦至一高房，得试录一册，中多缺行。问旁人曰：“此今科试录，何多缺名？”曰：“科第，阴间三年一考较，须积德无咎者方有名。如前所缺，皆系旧该中式，因新有薄行而去之者”。可怕。指后一行云：“汝三年来持身颇慎，或当补此。幸自爱。”是科果中一百五名。由此观之，举头三尺决有神明，趋吉避凶断然由我。我须要存心制行，毫不得罪于天地鬼神。但虚心屈己，要天地鬼神时时怜我，方有受福之基。彼气盈者，必非远器，纵发亦无受用。稍有识见之士，必不忍自狭其量，而自拒其福也。着眼谨记。况谦则受教有地而取善无穷，尤修业者必不可少。古云：有志于功名者，必得功名；有志于富贵者，必得富贵。人之有志，如树之有根。立定此志，须念念谦虚，处处方便，自然感动天地而造福由我。今之求登科第者，初未尝有真志，不过一时意兴耳。兴到则求，兴阑则止。孟子曰：“王之好乐甚，则齐其庶几乎？”予于科名亦然。

心律

法例总要

前辈范文正公、苏眉山、张魏公、袁了凡诸先生，俱受“功过格”，宝而行之，因实能主张造化，转祸为福也。

“功过格”不必另刊印簿，每日将功过就记历上，甚是简易。功记历之日上，过记历之日下，每日至晚，须将本日心念行事，公平直记。予自立愚法，将功过约分三等，每一功则记一圈，十功则记二圈，百功则记三圈；一过则记一叉，十过则记二叉，百过则记三叉。应于月终将功补过，算所余者，积为定数。朔日焚香告天，至满善愿而回向之。积至若干功，圣贤有基，神鬼钦敬，多福自致，有愿必遂。

一日有十余功，修积至半月，纯心不倦，于本等功外，另加记十功，贵纯善也。须见精进为妙，中间有一二日、一二事不合格，则半月不得复记功。

张浚像。图出自《山阴张氏宗谱》。张浚为南宋大臣，被封为魏国公，故又称“张魏公”

每一日十功，半月又得增记，则一月可三百二十功。又有一事而为十功、百功者，是一年可五六千功也，积之甚易。然须严自刻责，微过必录，不得详功恕过也。

劝亲善，以一大事为十功，劝外人，只当一功者，重亲善也。且化外人易，化至亲难。

凡大悖恶逆，偷寇败伦，及妇人横淫撒泼，虐杀异生，妒忌绝嗣，俱罪大恶汲，不在此限。

孝顺格

以化亲于道为第一，非生母能孝功德尤倍。

一日间，事父母公姑，服劳承欢，亲尝喜悦，为一功。

赞成亲善，解怨舒忧，各一事为一功。

孝顺十五日，精进不倦，为十功。

劝亲改过迁善，一大事十功。

亲伦理，有睽劝化之至和乐，则一事为百功。

一日间，劳而怨，骄而惰，致亲怒，为一过。

为利欺亲，忤逆争竞，教善不从，十过。

阻亲善，唆亲恶，以及久淹亲柩，俱百过。

和睦格

以化妇女友爱行善为第一，妇女能自和好行善，功德尤倍。

一日间，兄弟、夫妻、妯娌、姑妗，相爱、任劳、推逸，一功。

赞成善事，一事一功。其十功百功同前孝顺例。

争竞谗谤，顺妻子、废孝悌，一事为十过。

阻善赞恶，终身不睦，兄弟多为财，姊妹、妯娌多妒气，丈夫私宠弃妻，妻凌制丈夫，俱百过。

慈教格

以自幼教使交游善人为第一，非所生者能之功尤倍。

一日间，训子孙、甥侄，仁慈一体，不恕不纵，一功。

有大事，教道见从，则一事一功。

纵恶各占己子，俱一过。

慈教十五日不倦，见子孙长进，十功。

求得贤师友，化以善，十功；化至成德各一人，为百功。

酷虐、教打骂人、占便宜，或赞成其恶，为十过。

酷虐非己生，纵子孙成恶习惯，百过。

宽下格

以正身端教为第一，妇能容妾媵生育功尤倍。

一日间，宽婢仆和侍妾，体悉艰苦，一功。

可怒不怒，又善教之，一功；宽教十五日不倦，十功。

咒骂冤打，饥寒不恤，一过。

同室养仆，一体训化见从，则一事十功。

酷刑虐使，纵不礼于尊长，占婢仆怨尊长，十过。

化至忠信，慈仁可使，以救济各一人，为百功。

妒虐侍妾，锢奴婢不嫁娶，残其肢体，或奸淫女婢，俱百过。

劝化格

以不言之化及求贤为第一，化豪杰权贵功尤倍。

一日间皆隐恶扬善，常说果报求劝化，一功。

扬过恶讦阴私，好谈淫赌情趣，一过。

劝人善见从，每事一功；十五日不倦，机权越妙，十功。

得一善人交修共化，十功。

善书易化人者，荐之十家共习，十功。

赞恶唆讼，诬善人，演淫戏，变是非，俱十过。

化一人至仁孝、他人伦理亲戚间和好，俱百功。

得十善人同心广化，刊施极妙善书，百功。

唆人亲戚争讼，刻淫书诱荡子，俱百过。

救济格

以救未然及仁术救虫为第一，善医善泗富商远游皆可救人。

一日间，遇物辄救，求借不吝，医药急赴，一功。

济饥寒乏绝，则一事一功。

能济贫苦不济，杀虫虐苗，一过。

十五日汲汲救放约大命一，走兽及大禽鸟。如无可放，多放中小命折之，中命百，小鱼鸟。小命千，虫蚁螺虾。全此为十功。

赈施当厄，扶持危病，俱十功。

教渔猎，倡杀生，疑病妄药，俱十过。

救饥死，拯溺缢服毒，劝养小孩，设法收救弃儿，倡修紧要桥梁险道，俱百功。

溺杀子女，私宰牛犬，偷杀畜物，俱百过。

交财格

以绝私利便宜根为第一，贫者不贪功尤倍。

一日间，交关买卖，俱从宽厚，一功。

放债出当佃田，济人危急不论利息，一事一功。

克剥利己，乘急多取，俱一过。

十五日利物不倦，十功。

赦贫债，十功；率乡里平量衡斗斛，为十功。
急迫穷债，亏心负债，两样秤斗，俱十过。
赦债，免人典妻卖子及关性命者，拾重宝还，俱百功。
侥灭重债，谋人破产赌荡，迫人流离失所，俱百过。
伪造假银及知而行使者，俱百过。

奢俭格

以俭己能施为第一，富贵不淫及妇女不争华饰功尤倍。

一日间，饮食衣服甘淡惜福，以行施济贫者，安心勤业，不怨不贪，一功。
暴殄天物，享用过丰，觊图非分，俱一过。
如是十五日，绝烹杀，忍嗜欲，男业女工，不虚度衣食，十功。
越礼犯分，烹杀多，仪冠婚丧祭过侈。各十过。
感化十家俭朴好施，化十人勿赌荡奢淫，俱百功。
破产荡业，恃财淫人妻女，戏妓俊仆，在家致启淫邪，百过。

性行格

以受侮辱变化气质为第一，当时时进步改过。

一日间，敬老慈幼，亲爱同辈，忍辱受劳，贵贱平等，报恩解冤一功；十五日不倦，十功。
傲慢笑侮，一过；凡妇人好逸游，多言秽骂，一过。
变化一件气质大事，难忍而忍，十功。
侵弱欺愚，用机阴图妇人，咒诅、蛊毒、魇魅，俱十过。
火气不生，在在欢喜，在在感化，百功。
尝习斗讼侵侮，百过。

存心格以忘善无我为第一

一日间，言行俱善，存心施济天下，化导众庶，一功。
淫念、恶念、贪念、嫉妒念，转展不除，一过。
十五日不倦，道心纯熟，十功。
善与人同改过日新，半月十功。
恶念、邪念转展数日，形之动作，十过。
无私念，能寡所思，息梦生意，愈悃一月，百功。

常歌

事亲歌

亲恩

父母弘恩大矣哉！天高地厚总难猜。
我能数尽青丝发，发多有尽，亲恩无穷。只有亲恩数不来。昊天罔极。
生身恩重岂能忘，禽有慈鸟兽有羊。鸟反哺，羊跪乳。
为子若还忘奉养，不如禽兽纵居人类是豺狼。
我今未说泪先淋，难报爹娘养育恩。将何报答。
真是断肠歌不得，哪能歌与众人听。
恩大如天不可当，请伊终日细思量。不可不想。
若还不信亲恩大，你自如何疼令郎？今日才知。
亲恩当报欲何寻，养子方知爱子心。
想到爱儿真切处，也是照样。应知昔日受恩深。
惟有怀胎受折磨，百般病苦好难过。起居坐卧，俱不自在。
莫言生产寻常事，休说容易。往古来今凶险多。生一儿，棺边走三遭。
看见荤心就恼人，恶心好吐。几曾尝得半星星？
如今茶饭都难吃，只把姜汤当命根。
下得阶来难上阶，半年换过几双鞋。
旧时穿的鞋和袜，对对双双都胀开。脚肿行步难。
肚里而今疼得慌，叫人为我检衣裳。
千生万死都难算，生死未卜。只靠神天做主张。
临盆腰腹痛难禁，折骨抽肠命莫论。
两日三朝经险难，死生谁管费艰辛。可怜。
生下儿来便发昏，牙关紧闭眼难睁。命如悬丝。
直从剪下胞衣后，血定心安才是人。死里逃生。
撒得浑身是屎来，爹娘就把手来揩。
可怜几幅裙和布，父母老病，子当时刻念此。卷在床头尚未开。

撒得爹娘尿满身，浸来一似水中人。
却无半点嫌臊意，心专于爱。这样天高地厚恩！
尿屎淋漓污满床，恐惊儿睡不声张。
只因天性相关切，黏着还如扑鼻香。
手与娇儿作枕眠，移干就湿受熬煎。
要儿稳睡天明好，不敢翻身常露肩。
梦里听儿哭一声，翻身就把手来擎。
要知两岁三周内，一觉何曾睡得成？时刻放在心上。
大雪纷纷腊月天，偎头偎脸抱儿眠。何等喜爱。
只因奶是孩儿吃，儿口不能离乳。彻夜开胸在外边。衣被不能盖。
左手擎来右手抬，何曾一刻离娘怀？
忽然遇阵凉风过，紧抱胸前不放开。如珍如宝。
养得孩儿日长成，渐多知觉笑容生。
爹娘相喜还相戒，切莫高声儿受惊。
偶遇孩儿夜哭啼，爹娘心内各忧疑。
不知何处惊儿胆，许愿求神又请医。
富贵生儿胜宝珍，丫鬟乳母共看承。
爹娘犹恐难安稳，日夜焦心看儿巡。
贫穷哪得米和柴，儿女啼饥心痛哀。伤心。
求得饭来儿尽饱，自身甘心饥肠捱。贫家每有此苦。
万种心肠万种缘，时时缠在小儿边。
听儿说句寻常话，就与砂糖一样甜。
幸得儿今两岁零，扶墙摸壁已能行。
只愁跌着头和面，挂肚牵肠不放心。身虽有事，关注儿边。
生得孩儿性气歪，任他情性使将来。生怕逆他。
如何父母偏怜爱，还说乖乖这样乖。每见甚多。
世事心焦几万般，终朝终日皱眉端。
不知这是如何说，望见娇儿就喜欢。天性。
叫声亲儿骨髓疼，亲恩这样海来深！
真如脏肺相连紧，怕听娇儿哭一声。
如何容易得三年，受怕担惊有万千。
儿若病时心便碎，何曾一刻得安然？
觅得鸡肝鸭汁汤，核桃圆眼藕丝糖。
都来递与孩儿吃，自己何曾着口尝？
儿身潮热出天花，吓得爹娘乱似麻。

恨不与儿分痛痒，三餐忧得不粘牙。
虽然赚得几分钱，费尽心机夜不眠。
不是为儿还为女，自身难得有安然。
延师教诲望成人，只顾娇儿哪顾贫。
贽节修金多礼数，可怜拮据致殷勤。不惜费用。
学生不打不成人，为因要打请先生。
谁知一副真心肺，不忍先生骂一声。本心如此。
儿今头发已披肩，转眼成人在眼前。
痛系娘心难割舍，不能常在膝头边。
娘看爹来爹看娘，为何终日面皮黄？
只因儿女将婚嫁，相对愁眉做一房。贫家每多如此。
爹与亲娘共苦辛，谋求朝夕甚殷勤。
教儿长大完婚后，才把心思放几分。
远游含泪倚门庭，暮宿朝餐总挂心。
唯恐风霜儿受苦，平安书到值千金。
亲到中年气血虚，老来多病最难祛。
请医服食寻常外，还要随亲意所如。要顺积情。

孝　道

龙钟鹤发又鸡皮，对此伤心不自支。
早把甘旨勤奉养，莫推无钱。夕阳光景没多时。在世不久。
列鼎堂前与累茵，荣亲努力早成名。要亲知见。

潘岳奉母乘肩舆出游图，描绘了西晋时期有名的孝子潘岳与母亲一同出游的情景

常思树静风摇义，莫待终天泪枉淋。
谁道形容似去年，今年亲发白如绵。日渐衰老。
却愁前面无多路，及早承欢向膝前。莫待后悔。
亲老如何不健餐，多因心血已枯干。
劝伊勤顺爹娘意，天大恩情仔细看！
慢把银钱米谷论，此身原是父娘身。何况身外之物。
如何毫发能私得，你是双亲什么人？
可叹爹娘手内贫，要穿要用懒求人。
劝伊六饭三茶外，还要供亲几许银。
要一分时讨一分，谁人常有许多心。不耐烦。
莫因亲未分明说，装哑推聋不做声。莫只重财。
谁是爹娘喜爱人，便须加敬更加亲。
如今亲老成孤独，只靠斯人是腹心。
亲老龙钟甚不宜，要人陪伴要人依。
身边今有何人在，行孝儿孙可得知？
父母弘恩等大钧，谁人分得浅和深？
莫将姊妹来分别，十指连心个个疼。
都是爹娘生下来，何曾偏爱小婴孩？
只因儿大难姑息，不好将来捧在怀。
父母而今病可怜，愿儿常在卧床边。
纵然暂出房门外，若非至紧，不可离房。还要亲人在面前。
病来汤药要亲煎，昼莫辞劳夜莫眠。
须记儿孙疮作痛，爹娘犹自意悬悬。何等大恩！
儿在他乡要早归，莫将花恋酒昏迷。
须知终日门闾内，想望孩儿好几回。父母在，不远游。
移干就湿几多年，博得爹娘万种缘。
打骂纵教冤屈汝，逆来顺受自安然。才是为子之道。
慈父何如严父恩，年幼无知生嗔恨。休教安逸度青春。爱之能勿劳乎？
少年须受苦中苦，玉不琢不成器。日后方为人上人。
父母公姑一样恩，劝夫行孝是贤人。
枕边休说闲言语，世事须知若转轮。不久又做人之父母。
痛亲未养命先倾，子欲养而亲不在。棺椁衣食竭力行。
泣血三年遵礼制，慎终追远祭须诚。
休要推奸只爱钱，事亲件件要争先。先意奉承。
当年教你成人日，父母何曾也惜钱？

激　劝

正喜娇儿渐长成，生心便欲结婚姻。
俗云娶媳将儿卖，真可叹。反把爹娘作路人。丧心禽兽。
妻党亲来如上宾，不顾父母灭大伦。
手足参商仇骨肉，劝伊清夜自思评。
父母年来疾病多，怕因忧闷损天和。
晨昏定省须调护，要时加照管。莫只丝毫听老婆。
爹娘养子爱如金，掌上珍。少有差池痛人心。真情。
到得老来依傍你，可堪少有恶言侵。丝毫莫逆。
岂不明知父母恩，世间哪有铁心人？
只因看得妻儿重，没得工夫到老亲。当重的反不重。
妻带金银女带香，满头珠翠响琳郎。
如何只到爹娘上，不与绸罗帕一方。轻重不知。
妻儿团圆坐一房，煎鱼烧肉满盘香。
如何只到爹娘上，不与些些滋味尝。轻重不知。
酒肴茶果会乡邻，日日笙歌闹夕曛。
试想爹娘家里坐，可曾恭敬得沾唇？
父母儿孙本一源，一团精血递相连。
如何只把儿孙重，父母恩情丢半边？
不问爹娘安不安，任他饥饿任他寒。要儿子何用？
你今也有儿孙在，只恐儿孙照样看！瓦屋檐前水，点滴不空核。
莫弄聪明莫弄乖，如何这样性情歪？
纵然高似娘三倍，也自娘胎生下来。
老来大事在山丘，送死从今是尽头。真堪痛哭。
莫与弟兄分你我，百年便把两人丢。

敬长歌

敬长总要

长下分明份所关，便宜恭敬礼班班。
入皆可以为尧舜，只在徐行后长间。
尊长跟前奉揖时，莫分左右论东西。
只宜退后些儿是，此礼人人要尽知。

尊长同坐椅须偏，少年处世只宜谦。
莫夸停当休多说，只宜侧耳细听。问及方才对一言。
但是尊长举步行，便该站立半时辰。
纵教一刻行三次，次次番番要起身。莫厌频繁。
敬上全凭礼数恭，面前背后要相同。
必须背后如当面，世道方还太古风。
骑马如逢长上来，莫装不见把头歪。此等最多。
滚鞍下马旁边立，送过方才上马回。
傲气雄心不肯休，幼年大病。一言相劝便成仇。话不肯听。
如今尊长包容你，自有仇人在后头。日后悔不来。

敬兄长弟兄附内

弟兄和好是祯祥，可笑痴人错主张。
结义如同胶漆厚，自家骨肉反参商。不知是何心肺？
曾记诗人赋鹡鸰，何人听得不惺惺？
如今识得齐家法，只是妻孥话不听。
有钱同用病同怜，穷苦相帮理自然。
急难之中兄弟好，鹡鸰飞叫白云天。
岁时开宴酒肴新，先请同胞后外人。
莫道寻常相见惯，爹娘肩下便无亲。
共做儿童折柳枝，如今两鬓各成丝。
百年易过如梭掷，快极。兄弟相随得几时？
兄弟同居忍便安，相亲相爱似芝兰。小事莫计较。
眼前生子有兄弟，留与儿孙照样看。
笑杀痴人醉梦中，同枝共蒂亦争雄。
银钱送与他人用，何不将些让阿兄？
家财都是祖遗来，毫发相争最可哀。
肯念同胞先义让，免教外侮衅端开。
说到伤情话自悲，亲兄亲弟忍相摧。
桃花千朵原同树，他是何人我是谁？
阿兄嗔弟莫疑猜，只合登堂请罪来。理该。
同看爹娘当日面，紫荆枯后再花开。
弟兄原出一条肠，一个荣华众有光。
为甚偏偏生忌妒，恐招灾祸到萧墙。篱牢犬不入。
兄弟相争却为何，耕田占过几犁多。

商君昔日开阡陌，
枉作千年计。
今日商君还在么？
兄弟看来不服低，
雄心傲气各争奇。
张公九世同烟爨，
忍字而今识者稀。
兄弟多怀嫉妒肠，
想因贫富不相当。
不知命里安排定，
各人注定。
十指焉能一样长。
兄弟从来意不平，
有何大事苦相争？
自家骨肉尚如此，
何况区区陌路人。
田产房屋偶相连，
大家图买置方圆。
不思上气争先买，
总替他人长价钱。
并蒂连根降下来，
如何看做两形骸？

《东周列国志》版画之“说秦君卫鞅变法”图。卫鞅即商鞅，后世人也称其为“商君”，其在秦国实行变法，措施有废井田、开阡陌等

打虎还得亲兄弟，莫为钱财拆散开。
分得些儿就是恩，不须还与弟兄争。
但凡争少争多者，就是人间不孝人！
情意偏生向外头，春风四海五湖周。
不知为甚伤心事，只与同胞作寇仇。痴极。
同气连枝各自荣，些些财产莫争雄。即言语俱当忍耐。
一回相见一回老，能得几回为弟兄？可悲。

敬官长

僚属何容傲长官，大害事。谦恭安分品宜端。此法昭禅师偈，予改正于此。
若逢违碍须忠谏，莫只趋承漫结欢。
朝廷一命便为荣，休说官卑便可轻。
欲保身家无别计，须教富莫与官争。

居尊为下一般般，辛苦终朝几日宽？事多难理。
也有精神周不到，莫将私意辄非官。

敬家长

伯叔从来是大伦，因与父母同胞。分明不比外头亲。
叔年虽小宜旁坐，莫倚年高爵位尊。
从兄从叔各宜亲，都是同宗共祖人。
即与同胞差一膜，若能相爱是敦伦。
张公九世昔同居，百忍应知庆有余。
和气致祥乖致异，莫分贫富论亲疏。

敬师长

师与君亲等地天，成人明理望周全。
须知受业还传道，不为区区给俸钱。

敬亲长

阿舅姨娘共母生，诸姑姑丈父班行。
更兼泰岳因妻重，三党之亲总要尊。

敬年长

如或相逢年老人，便该尊敬叫乡尊。
莫言乡曲无高下，把作寻常一样称。
人生难得到高年，养老求言王者先。
世事久经真可敬，历事最多。休嫌迂板话颠连。
尊长年高不可轻，还须屈指父同盟。父执如父。
从来古道称犹子，莫学疏狂侮老成。

和妻歌

和　室

井臼亲操苦备尝，如何中道便参商？
可怜冷阁伤心妇，大丧良心。曾是同心带绾娘。
从来内助义贤良，不在面貌。艳质娇姿岂吉祥？
况是家门关系重，何须有子想偏房？

教子歌

教子总要

如何才是大家声，子子孙孙俱不群。
芝草无根须善种，全要教训。看来都是教时勤。
蒙养谆谆及早端，群居慎勿任盘桓。
爱亲敬长频频训，小学经书次第传。
少年不教老来痴，及早教他尚恨迟。
记得桑条从小育，前人此语可曾知?
孩幼无知习易深，教他打骂喜他能。
谁知骄傲成顽性，难改。长大无材是野藤。可惜。
小儿切莫放闲行，孝悌须当及早明。
唯有老诚推第一，虚浮诈伪坏家声。

三　善

惜字惜谷惜生灵，三善先存童子勤。主贵、主富、主寿。
重本培仁非细行，包他福寿与功名。

训　慈

寻萤扑蝶捉蜻蜓，撒饭抛粮满地坑。轻养命资兼好杀，累他夭折与饥贫。

防　下

笼鸟笼鸡促织盆，放鹰放鸽斗鹌鹑。少年若或将他学，浪荡流为不肖人。不可因戏耍而姑容。

惩　窃

掠人一菜一根针，急须狠打莫宽容。此事不嗔将习惯，不可看为小事。他年定做贼先锋!

调　构

养儿真似育桑条，构逆雄心及早调。要得孩儿情性好，三朝常打十多遭。严父出好子。

崇　俭

少年最忌学奢华，淡饭粗衣俭最佳。识得其中滋味远，膏粱文绣未堪夸。

惜 福

子孙享用不须丰，省却前头后自隆。锦缎做衣绸做裤，折他福分一生穷。

受 磨

欲得儿孙寿命安，要经辛苦要饥寒，请伊试验山头树，雪压霜侵一样看。分外坚固。

积 私

外有爹来内有娘，如何就教积私房？恐他利欲昏迷后，种害。兄弟相争是祸殃。

教 诚

第一先教学至诚，奸谋奸巧坏天真。试看纬地经天业，不是轻浮做得成。

择 交

香自芝兰室里来，蓬生麻内亦成材。扶自直。欲知子弟成何品，但看何人共往来。

立 品

立品修身志要坚，学无老少达为先。请伊莫只图科第，还教儿孙学圣贤。

做 人

养子须教做好人，豪华队里莫安身。败家精。赌钱串戏娼家去，三大害。落薄须

李肃观孟仁读书图。孟仁是东汉人，师从李肃读书时，他的母亲给他做了一个又厚又大的被子，因为孟仁不善交际，孟母希望孟仁能与贫穷人家的孩子同盖大被以增加他们的交往

知一世贫。必然。

授业

好将活计训儿孙，士农工商各习一艺。活计成时自饱温。试看荒唐无赖子，都因失教玷家声。

好学

读书全要莫分心，不可嬉游在外行。若是少年不学好，全要好师友教训。到头事业总无成。

坚志

书剑飘零几十年，你今且莫怨苍天。笔花虽有江郎梦，未见桑生铁砚穿。

戒误

劝你回头早读书，便言没有这工夫。如何一见嬉游客，马吊棋牌兴不疏。更有工夫。

严责

何怕儿童会放刁，皮鞭一执棍三条。纵教诸母来相劝，不悔前非定不饶！

偏恤

家财败尽命将亡，还要摩头叫痛肠。不是爱儿却是害儿。祸在眼前都不怕，误杀孩儿是此娘。

专爱

越是儿艰越莫宽，休言子少爱偏专。有儿若是无成就，总与无儿是一般。

治家歌

教家

子养亲兮弟敬哥，守己安分福常多。一勤天下无难事，百忍堂中有大和。

早起

早起三朝当一工，休教睡到日头红。若是一家都起早，免得求人落下风。

勤　业

昼出耘田夜绩织麻，这般才是做人家。如何懒惰闲空过，可惜光阴浪柳花。

待　客

闲居客至礼舒徐，清话何妨半日余。剪韭烹葵堪佐饮，陆珍海馐欲何如？

节　儿

锁镯银圈甚不该，何须卖弄有钱财？不唯养就奢华性，还恐金银是祸胎。每多因此害儿命。

浪　费

浪用银钱好快哉！轻看一似土尘埃。只愁怠慢银钱去，一去从今再不来。方知来处难。

医　贫

丰稔之年不可常，年丰须要备年荒。随时俭用诸般积，便是医贫海上方。

度　荒

可叹今年又告荒，将何米谷养爹娘。千辛万苦须甘受，还要留些去纳粮。

择　仆

豪强狡仆莫轻收，到底留为日后忧。骏马痴奴千倍福，前人言语要追求。

御　下

跑到前房说后房，奴婢每每如此。搬来搬去嘴呛呛。切不可听。不知他是何缘故，讨好。搅得人家似酱缸。可恨。瞧风听耳口纷纷，不怕家门祸不成。除去这般愚弄者，一家方享太平春。

待人歌

敬君上

每日清晨一炷香，谢天谢地谢君王。太平气象家家乐，都是皇恩不可量。

待父母

人家养子甚艰辛，养子方知父母恩。假若爱亲如爱子，就是而今大孝人。

待同宗

同宗共派莫生疏，万叶千枝总一株。何必争雄伤大义，放些柔弱乐何如？

待朋友

结朋须要结心知，莫只逢迎脸上皮。良药苦时能利病，道吾恶者是吾师。莫因契厚狎交情，相爱还须有敬心。内外有嫌常远别，谑言笑语少相侵。讲习箴规幸不孤，休言博弈与呼卢。莫将茶酒空来往，急难须知一个无。

待邻里

万贯千钱置好邻，相规相劝是相亲。莫徒酒饭论亲热，定要同心做好人。他乡一见故乡人，喜地欢天分外亲。反在乡邦如陌路，不知他是什么心！邻疏聚久也成亲，是是非非莫认真。相让相扶相护卫，怜孤怜寡更怜贫。才占便宜即是欺，谁人让你占便宜？锄田切莫移田岸，起屋休教夺屋基。同德天涯若比邻、新迁况慕里中仁。诸公莫谓浮流者，白眼相看别样心。我若容人人我容，休因小事面皮红。最要包容。牛羊鹅鸭常收管，恐犯邻家菜与葱。儿童争斗极平常，还要伊家管令郎。不必大人闻着恼，两伤和气各参商。既是同乡共井人，不相亲热也相亲。平居莫论钱和钞，急难扶持切莫嗔。

待公姑

谁家媳妇大如天，不受公婆半句言？你不敬婆谁敬你，不宜做与后人牵。公婆只望你成人，赞尽言辞费尽心。纵有几般磨挫你，哪些不是大人恩？

待妯娌

妯娌犹如兄弟亲，为何吵骂为何嗔？问伊个个谁夫子，共枕须知共乳人。

待孤儿

惟有孤儿最可怜，没人挂在嘴唇边。愿教伯叔看爹面，把做亲儿一样看。

待佣人

一家奴仆统于尊，都是双亲手下人。打骂尽由亲打骂，不须嗔怪半毫分。

重儒歌

存心

读书全要好心田，根本。管取登科做大贤。何况苍苍常照我，前程万里自安然。

为学

为学如登万仞山，层崖须要小心攀。前头尽有无穷趣，只在工夫时习间。

士习

从来士习系民风，守道安贫众所宗。莫为利名忘礼义，可耻。休将衿佩逞英雄。可羞。儒冠儒服自栽培，劲节高风让阿谁？既与圣贤为伴侣，须要自重。莫同流俗作非为。休言辱士恨官威，屈膝公庭汝自为。自取其辱。莫为得钱兼泄愤，侧身衙役共追随。自轻自贱。武断乡村扰善良，挟持官长任豪强。一朝揭报遭刑法，悔不来。学霸声名是祸殃。安命勤修契上天，莫通关节莫夤缘。休论撞岁遭神骗，每每极多。铜臭原来不值钱！盖世功名分所宜，谦虚却是大根基。福相。谩夸文字惊时辈，浮薄纷纷未足奇。

济世

男儿千古万年身，禄仕区区岂为贫？一命须知能济世，不论大小官职。休言台阁始称尊！

立功

美官善地意何如，积善须知庆有余。若是无功还造业，果报可畏。当初枉读五车书。

左道

焚香拜斗会龙华，左道迷人乱似麻。倏忽风波投宪纲，必然至此。任教神佛不能遮。终日成群讲白莲，妖言惑众乱谈天。从今劝醒愚夫妇，莫信旁门免罪愆。圣贤从未定死生，异术何能媚鬼神？试看三皇并五帝，大圣尚不能，何况后世。谁是驱神役鬼人？

惜字

天地精灵字里存，圣贤初制鬼神惊。休将字纸轻零落，糊窗裹物，作践大罪。自有书香荫子孙。

安分歌

勤本业

或读诗书或种田，都该早起夜迟眠。工商亦是寻生计，急急勤劳莫息肩。悠悠岁月莫空过，昼出耕田夜织梭。福相。饱暖都由勤苦得，寸阴是惜你知么？光阴易去。劝你安生莫浪游，切莫闲荡。成群结党最堪忧。不理正事。休言斩绞徒流罪，带锁披枷也好羞。

守本分

莫逞英雄莫斗财，莫欺愚弱莫欺呆。莫为非礼莫多事，莫使聪明莫弄乖。天地生人原不匀，前世修积。几人富贵几人贫。时来自有扬眉日，莫为饥寒起歹心。莫持短剑弄长枪，莫学拳师走四方。解手剃刀都不用，谩劳臂扭带金刚。

醒愁烦

自有乘除切莫愁，劝伊且把德来修。老天最会通融算，一副天平在后头。富贵如将智力求，仲尼年少合封侯。世人不解青天意，空使身心半夜愁。

醒劳苦

饮食衣裳费几多，这般劳苦是如何？从今学得便宜法，莫为儿孙受折磨。痴聋喑哑家豪富，伶俐聪明却受贫，都是前生修积定，不必怨天尤人。急急回头省自心。

《传家宝》作者认为，无论读书耕田，均应安分勤业。图为耕作图，描绘了古人耕作的场景

醒色欲

二八佳人体似酥，可爱。腰间仗

剑斩愚夫。可怕。虽然不见人头落，暗里催伊骨髓枯。尿粪皮包烂臭身，臭皮囊。强作娇娆哄杀人。千古英雄都恋此，迷瑰阵，怎得知道？百年同做一坑尘！

醒吝施

不结良缘与善缘，可惜。苦贪财利受熬煎。可怜。须知串世金银宝、借你呆看几十年！留为不肖子浪费。

醒美食

饮食与人岁月长，精粗随分塞饥仓。才过三寸成何物，嘴之下难闻难看。不用将心细较量。

醒华居

莫言地僻园亭小，莫厌家贫活计微。许多高门锁空宅，虽有如无。主人到老未曾归。枉然。

醒媚神

朔望纷纷礼数忙，城隍拜了拜阎王。劝伊早把心思正，莫只空烧几炷香。何益？不孝枉烧千束纸，亏心空点万炉香。神明正直无私曲，没有情面。岂受人间枉法赃？

醒择地

风水先生惯说空，指南指北指西东。难信。山中若有王侯地，何不寻来葬乃翁？堪舆总做官。不在水兮不在山，不劳巧计用机关。欲求富贵王侯地，只在方圆一寸间，真的。风水人间不可无，全凭阴德两相扶，富贵若从奸巧得，枉费心机。再生郭璞也难图。

醒推命

何必徒劳问子平，须知造化总由心。心好命自好。丰时常带三分俭，小富全凭一味勤。

醒相面

看相原来是假言，劝伊少掷喜欢钱。渡蚁还带曾知否，阴骘分明可夺天。

醒听鸟

鸦鸣鹊噪两无关，只把吾心一念看。善恶既明凶吉判，莫徒听在鸟声间。

醒久计

一派青山景色幽，前人田土后人收。后人收得休欢喜，还有收人在后头。天运循环莫浪夸，一番雨过一番沙。谁人做得千年主，转眼传流八百家。德可久住。

劝善歌

劝师傅

自古传经可代耕，书斋珍重莫闲行。得人修脯难消受，竭力专心教后生。文行兼课。绛帐高悬莫荡游，百城南面自风流。若还闲旷兼蒙蔽，大损德行。败坏声名也可羞。不误人家子共孙，天教荣贵大吾门。请看受荫垂芳者，王邓当年道自尊。

劝医生

不是聪明莫学医，浮沉指教少人知。死生只系须臾命，切莫粗心悔后迟。人命关天，功罪不小，全要仔细。我说医家好济贫，病来最苦是贫人。卧床不能生活糊口。与他良药休言利，半积阴功半养身。

劝力田

敦本生涯是力田，及时耕种莫迟延。辛勤做得安然用，不使人间作孽钱。好安然。有田有地要深耕，莫学痴人问五行。只有懒人无懒地，依时栽种及时生。

劝贸易

生意全凭公道寻，货真价实莫欺人。公道生意主顾多。钱财注定休心狠，奸巧终须一世贫。

劝贩卖人

肩挑背负亦生涯，强似帮闲不做家。守分安良常自在，休将名姓入官衙。

劝工技人

百工技艺在专精，造作须当各尽心。不从本分为生活，纵然深巧有谁寻。不消称说我无田，挑水何曾不赚钱？就是剃头修脚事，也能饱暖度荒年。惟无业人最苦。

劝公门人

公门里面好修行，此语看来果是真。全要方便人，最易积德。古云惧法朝朝乐，若是欺公夜夜惊。莫说衙门好赚钱，恐难消受。小心才是养生田。愚民不可生欺诈，抬起头来便有天。

劝帮闲

篾片帮闲乐夜朝，花言巧语口如刀。无功诈骗人财物，只恐阎王法不饶。

劝助贫病

久病穷人最可怜，要寻汤水苦无钱。只将万死来捱命，肯助些微是福田。

劝救难

一在东邻一在西，他如颓败你何依？莫徒冷笑观棋局，转眼谁无急难期？

劝解争

邻舍相争斗起来，愿伊急急好分开。若非解散终成结，枉与同居共一街。

劝说好话

任他执拗性情顽，要把良言说一番。说得好时他自醒，冰消雾释有何难？

劝借债

富足人家你不知，手中也有缺银时。莫因缓急难相借，就与亲朋反面皮。欠债穷人果是难，从来利少自相安。劝伊莫在三分外，搭货低银用巧奸。

劝讨债人

贫家欠缺事偏多，债主纷纷可奈何？无奈岁荒还不得，可能让过这年么？有钱故意不还人，这样奸顽最可嗔。若是果然难设处，叫将何物可还君？只怕难。逼债如狼最惨神，任他卖子与投身。悬梁赴水都由此，为富应知要念贫。莫言钱出急家门，情急无良命不存。人命关天须要想，莫教一旦祸星临。后悔无及。

劝欠债人

常言交义莫交财，莫只团团借得来。若到还时难应手，怕伊后面口难开。你为钱粮没得完，应急。借来银米去交官。如何好意成辜负，直到而今尚说宽。说起尊名会骗人，何人再借几分银？从今打断千条路，到底流成彻骨贫。

劝收租人

种田佃户纵逢年，粪本忙工大费钱。租斗交完余几许，一时辛苦总徒然。可怜。

劝开铺人

杂货般般铺面开，要依时价莫高抬。若因利少生埋怨，折本曾经得到来。

劝赊账人

要知买卖甚艰难，莫只赊来再不还。旧账开除还未了，又来拖欠你何安？

劝买货人

要你添多你莫嗔，当家容易好施恩。只从买卖公平外，添得毫厘是大情。挑鱼卖菜卖油盐，本小利微。这样形容最可怜。千万念他生意小，一家大小望此度命。莫来短少几文钱。银色看来好用低，又将轻戥讨便宜。如何这样心狼毒，不管穷人剥尽皮！

劝厚雇工

扁担箩筐不离肩，看看磨得骨头穿。如何毡上抽毛者，苦苦争他血汗钱？

劝使乖人

难道乡邦只你乖，你今能有几多才？装模做样成何用，本相终须露出来！

劝告状人

告状从来似下棋，输赢曲直总难知。常言官到如山倒，官断是条路。及到输时悔已迟。悔不来。事到官司不自由，要得休时怎得休？莫因些小闲田地，跪破衣衫磕破头。费尽钱财打不赢，倾家拼命又相争。如何一件些许事，搅得年年不太平？产业伊家愿自抛，谁人苦劝强成交？这般争找无休歇，买主翻来是祸苗。

劝止讼

些些争闹不如休，莫经官府讨焦愁。花钱捱打荒田地，赢得猫儿输去牛。

劝解仇

得好丢时便好丢，冤冤相报几时休？劝伊且自关门坐，树叶犹能打破头。

劝改过

一念初萌神鬼知，莫云幽暗未彰时。常将过失频频改，方是男儿不自欺。

劝让路

走路切莫占街心，妄自尊大。莫占炎天树下荫。此处如存让步礼，乡邦和气乐同春。每逢挑担莫争先，过渡还休抢渡船。万事尽从忙里错，少迟片刻总安然。

戒为恶

谁说非为可脱逃，恢恢天网岂相饶！放过哪个？古今多少凶顽汉，恶贯盈时丧一朝。天眼从来看得真，丝毫不错。循环报应似车轮。现前榜样层层见，远在儿孙近在身。人生谁不爱身家，家破身亡实可嗟！自作非为还自受，鬼神法度岂容差。无法贪缘。天道无亲与善人，但差一念祸非轻。劝伊恶业都休作，不在儿孙在自身。现报最多。

戒做贼

日偷鸡狗夜偷牛，暗带刀枪劫远州。天理现时终败露，烂尸牢狱有谁收！更多斩首法场者。

戒奸淫

莫把人家妻女淫，汝家妻女亦淫人。自害自己。青松蔓草谁无种，因果循环一转轮。淫佚之人天不容，绝他后代罚他穷。眼前虽是丰衣食，管取飘零不善终！

鬼输钱活人还赌债，图出自清代短篇小说《无声戏》，描绘了赌场中的场面

戒逞强

保身切要戒强梁，强者何如楚霸王？古人第一狠人。力拔山兮气盖世，可怜自刎在乌江！休羡强梁有大权，强梁哪得见安然。一朝犯法追赃日，俱是诓人怨恨钱。不欺贫寡不凌孤，才是人间大丈夫。自有贤良堪做伴，休结强梁凶恶徒。速宜远之。血气方刚各斗强．让人一步有何妨？只因一朝争闲气，惹得终身受祸殃。能依本分学谦恭，衣禄天生自不穷。三十六行俱活命，劝伊莫入打行中。

戒赌博

休夸角胜是生涯，好赌人人尽破家。废寝忘餐荒正业，还遭官棒更拖枷。赌禁极严。常言赌与贼为邻，情急无偿窃物行。流落街头甘冻饿，亲朋鄙贼。从来乞丐此中人。恶少游民好弄穷，因何士子人其中？下流匪类甘为伴，可耻之极。谑浪相欺耳似聋。赌家丑态甚堪憎，恍惚精神市语腾。如醉如痴。昼夜衣裳褴褛样，喃喃聚首学青蝇。开场赌博捉头钱，捉得头钱醉酒筵。暂时快活。首告到官钱尽散，还愁要卖自家田。开场窝赌罪非轻，勾引愚民入火坑。故意佯输来骗你，痴心贪恋是迷城。掷骰由壶与看牌，近来马吊更为灾。劝伊莫学休旁羡，守拙安愚绝祸胎。

戒窝访

覆地翻天意太凶，捏成恶款赛刀锋。这般暗箭阴兵事，天理昭彰断不容。

戒造揭

不怕他年烂舌根，笔头无影害平人。淫词揭帖都休做，怕有苍天鉴察神。

戒骗财

可怜辛苦聚成财，你用机关白骗来。来得易时消得易，纵逃刑法也生灾。晓行露宿受风霜，受多少辛苦？抛撇妻孥往异乡。可怜。可恨奸行吞血本，个中天报自昭彰。赊来行货任经营，信义分明运自亨。脱骗这遭谁肯信，欺心到底只孤贫。

戒唆讼

唆得人家起忿争，就中簸弄托人情。明明抽掣犹求谢，胜负何关荣辱心。极恶刁唆是讼师，欺天灭地驾虚词。希图耸准夸高手，不管输赢索谢仪。纵是悬河口吐烟，几曾便不要盘缠。不如让过勤生计，会打官司也费钱。止讼应知是福神，忠言逆耳莫生嗔。扛帮助势非相爱，明与伊家起祸因。诉什么冤情认什么真，衙门无事莫闲行。劝伊含忍归家好，不是完粮不入城。好快乐。

戒图诈

他家人死你何干，簸弄教唆要首官？硬证强词图勒诈，两家坑害一般般。惯认尸亲打上门，不分真假逞凶神。任伊装点伤心样，乞丐扳将当至亲。

戒宿娼

娼妓勾人卖假情，迷魂阵。家财荡尽命都倾。更兼易染杨梅毒，妻子贻殃体被刑。

戒奢费

怀有红颜手有钱，呼卢骑猎更争先。用之如流沙。不知当日勤劳苦、憔悴经营几十年。创业艰难，需要仔细思量。

戒用低银

兑换倾销低假银，广行各处害良民。这般生计伊休做，地灭天诛世世贫。

戒生离人

活拆生妻最可怜，伤情万种泪涟涟。娇儿无母夫无妇，伤心杀人。夜半啼号更惨然。结发夫妻百岁期，休教拆散各东西。不思天道能还报，想你家中也有妻。

戒嫉妒

嫉妒徒劳自坏心，那人何损半毫分？既然相妒难相害，恐你输流做后身。

戒说是非

喉中作痒口如锥，列坐从头讲是非。不是谈张便笑李，将无说有。讥诮贫贱残缺。须知促寿犯天威！

戒谈闺阃

宾朋相聚喜谈淫，口角津津喧笑声。名节家门都败坏，说人闺阃罪非轻。何不将心比自心，人家谁不有闺门。劝伊酒席汤筵上，莫唱淫词引坏人！

戒欺压人

悭贪倚势惯欺人，谁料贫民不惜身。逼人至死。每以毫厘倾世业，更添日夜有冤魂。一星之火能烧万里柴场，虽逃王法，怨鬼岂肯放你？

戒溺女

从来父子尽恩深，溺女伤伦太不情。多少产亡无嗣者，个中冤报甚分明！

戒杀业

杀牛杀狗报无休，但是伤生莫做他。丢下屠刀修善业，强如念佛供香花。

戒食牛

何独伤生戒食牛，因他耕力苦难酬。有大功于人。不信但看屠牛事，果报昭昭在后头。

戒打鸟

劝君莫打三春鸟，子在巢中望母归。母若死时子尽死，可怜。你心何忍不伤悲。

恐人纵不改。近来刮棍最无良，弓矢随身带鸟枪。打杀生灵千百万，他年报应受灾殃！

戒犯法

竹板觫觫铁锁长，不用你强梁。更愁夹棍硬如钢。索钱禁子心肠狠，未晚囚牢锁黑房。牢中光景苦难言，巨槛横胸手铁圈。毫不能动。火焙油干老鼠咬，梆锣巡绕更凄然。曾到监牢看不曾？囚禁惨苦，不如猪狗。从今急急好收心。前车可鉴。若还大胆胡行去，自己寻罪受。终是披枷带锁人。势所必至，追悔不来。

戒自尽

百劫修来得一身，一身谁保是长生。悬梁投水还吞药，这样痴愚误杀人！煌煌新律杜奸人，赴水悬梁总不论。并不偿命，反有水蒸之惨。抄抢图谋严法治，枉死何曾值半文？白白送命。闻说投环弄鬼人，三年求替出沉沦。纵多冤苦还宜忍，举念轻生是祸根！切莫起拙念。

《传家宝》中劝告世人行善，戒杀业、戒打鸟、戒食牛等，体现了儒家“仁”的思想。图为解网施仁图，选自明·张居正《帝鉴图说》，讲述商汤为君宽仁，打猎时把四面的网撤去三面以使鸟兽逃生，只留一面之事

结　总

常歌虽浅意深长，劝伊听了细思量。全要身体力行。还须谨记时遵守，人人福寿保安康。

俗　谚

天理良心，天下通行。

理字没多重，三人抬不动。

天子至尊，不过于理。
理能服傲。
人有千算，不如天一算。
饶人不是痴，过后得便宜。
有麝自然香，何必当风立。
热灶一把，也要冷灶一把。
若要好，大做小。
酒在肚里，事在心里。
与人方便，自己方便。
灯台照人不照己。
吃得亏，做一堆。
牡丹虽好，也要绿叶扶持。
亲生的子，着己的财。
过头饭好吃，过头话难说。
光棍不吃眼前亏。
堆金不如积谷。
早知灯是火，饭熟已多时。
人不可貌相，海不可斗量。
人穷志短，马瘦毛长。
穷莫失志，富莫颠狂。
爹有娘有，不敌自有。
他人助得言，助不得钱。
自不正，焉能正人？
说得好听，行不得。说得好，不如行得好。
要知山下路，须问过来人。
人心不足蛇吞象。
睡不着，嫌床歪。
自搬砖，自磕脚。
省事俭用，免得求人。
入山擒虎易，开门告人难。
卢医不自医。
当局者迷，旁观者清。
何官无私，何水无鱼？
清水下白米。
巧媳妇煮不得没米粥。

乘我十年运，有病早来医。
兔儿不吃窝边草。
大汉不呆真宝贝。
现钱买加一。
家有十年旺，神鬼不敢谤。
生铁铸门限，枉做千年调。
随乡入乡。
宁吃开口汤，不吃皱眉酒。
得意猫儿欢似虎。
巧人做了拙人看。巧者拙之奴。
打不断的亲，恶不断的邻。
一字入公门，九牛拔不出。
田多养众人。
家有千口，主事一人。
宁做太平犬，莫做乱离人。
贫人想眼前，富人想来年。
锅里不争碗里争。
秤锤虽小压千斤。
离家三日远，别是一家风。
官清衙役瘦，神灵庙祝肥。
千岁奴，一岁主。
荒田不耕，耕出来乱争。
吃得筵席打得柴。
不经一事，不长一智。经一事，长百智。
稍短心慌。
檀木扁担，宁折不弯。
钱在前头，人在后头。
细水长流。
穷木匠怎得吊下挫。
爱人些些，叫人爹爹。
骑在虎身上，难得下。
一个山头一个虎。
强龙不压地头蛇。
滚的不稳，稳的不滚。
打了一冬柴，煮锅腊八粥。

心正不怕邪。
不塞城门塞狗洞。
不是冤家不聚头。
在一行怨一行。
未曾开言，三思而行。
装龙像龙，装虎像虎。
明人不做暗事。
家有三亩田，不离县门前。
明人自断，愚人官断。
赊三千，不如现八百。
骑着驴儿还寻驴。
零碎吃瓦扎，趸当痾宝塔。
好女儿吃不得两家茶。
会打官司打半截。后听和解。
驴头不对马嘴。
人不知己过，牛不知力大。
当过里长再认亲。
行得正，做得正。
人前显贵，闹里夺尊。
讨米下不得锅。
这山望见那山高。
干净床铺睡得稳。
一物一行，行行出状元。
在家千日好，出外一时难。
一朝天子一朝臣。
吃煞了粑粑当不得饭。
欠字儿两头低。
没有爬不过的山。
大树底下好遮阴。
少张三不还李四。
阎王不怕鬼瘦。
若要人似我，除非两个我。
大家马儿大家骑。
有理不在高声。
说谎三年自哄自。人都知道，不听。

清官难出滑吏手。
争破被儿没得盖。
有些颜色开染坊。
斗米望天干。
贪多嚼不烂。
蚂蚁儿搬倒泰山。
吃着碗里，望着锅里。
看事容易做事难。
人怕出名猪怕壮。好名不怕。
千贯买田，万贯结邻。
孤掌难鸣。
打浑水好捉鱼。
亲戚远离乡，邻舍高打墙。
一朝权在手，便把令来行。
家中有剩饭，路上有饥人。
要饱还须家常饭。
打墙板儿上下翻。
无事不登三宝地。
当场不战，过后兴兵。
人离乡贱，物离乡贵。
一家饱暖千家怨。
烈女怕闲夫。
鼓不打不响，话不说不明。
但是登途者，都为薄福人。
船到湾头自然直。
当坊土地当坊灵。
有钱时节节，无钱强扭捏。
宁添一斗，不添一口。
拾秤没肉卖。
说得一尺，不如行得一寸。
寒号虫儿，得过且过。
早起三光，迟起三慌。
要得宽，先完官。
寸金不换丈铁。
千年田土，八百主人。

有钱不置冤业产。

出头船儿先烂底。

杀人三千，自损八百。

不痴不聋，做不得阿家翁。

凡事留人情，日后好相见。

一家打墙，两家好看。

冤家宜解不宜结。

穷锅门，富水缸。

贵人少语，贫子话多。

无病休嫌瘦，身安莫怨贫。

捉贼不如放贼。

失贼经官，破财不尽。

晴天不肯去，只待雨淋头。

远水救不得近火。

办酒容易请客难，请客容易款客难。

好男不吃分时饭，好女不穿嫁时衣。全要自立。

日食三餐，夜眠一宿，无量受福。曾经饥不得食、困不得眠之苦，才知此句之妙。

柴米夫妻，酒食朋友，盒儿亲戚。人情如此，深可浩叹。

恼一恼，老一老；笑一笑，少一少。还少仙方。

家鸡打得团团转，野鸡打得贴天飞。

说话说与知音，送饭送与饥人。

木匠人家折脚凳，画匠人家纸家神。

只有千里的人情，没有千里的威风。情能感人。

打人三日忧，骂人三日羞。忧其因伤致死抵命，羞其当众对骂辱人。

家做懒，外做勤，别人家生活腰不疼。

三世修不到柜栏坐。谓其不遭风波尘劳之苦，长享安稳团聚之福。

种田不离田头，取鱼不离滩头。

又要好，又要巧，又要马儿不吃草，还要马儿跑得好。

养儿不要痾金溺银，只要见景生情。

醉做醉，不把葱儿当芫荽。

天堂大路无人到，牢门紧闭有人敲。往往自寻罪受。

求人不如求己，能管不如能推。

打不疼，骂不羞，冷手抓着热馒头。

人人说我无行止，你到无钱便得知。

衙门向南开，有理无钱莫进来。

乡里狮子乡里跳，乡里鼓儿乡里敲。

张和尚李和尚，须有哪一日轮到你头上。

初入行业三年事生，初吃馒头三日口生。

有缘千里来相会，无缘对面不相逢。

神无大小，灵者为尊；人无大小，达者为尊。

刀对刀，枪对枪，兵对兵，将对将。

远亲不如近邻，近邻不如对门。

满山里麻雀，家里不见个大公鸡。

田地若将糠秕换，子孙依旧换糠秕。

一个箩儿四条系，各人说的各人是。

有志不在年高，无志空长百岁。

人情若似初相识，到老终无怨恨心。交贵久敬。

忙里要斟酌，耽迟不耽错。许多好事，每每都因忙中坏了。

满船芝麻都沉了，水面上撇油花。弃大取小，生成愚昧。

家贫不是贫，路贫贫杀人。开口谁说，举目谁亲。

在家千日好，出外一时难。

宁填万丈深坑，不填鼻下一横。人之口腹无尽无数。

抛去黄金抱绿砖。不孝父母而拜干爹干娘，兄弟嫌隙而厚结义外人。好色欲而服补药，浪费而刻敛之类，皆是此也。

无求到处人情好，不饮随他酒价高。

金凭火炼方知色，人与财交便见心。

处中易处还相处，交过难交切莫交。

阴天泥人儿，都是晴天做下的。不可临渴掘井。

良田万顷，不如薄技随身。田租有限，技进无穷。

良田万顷，不敌日进分文。为人切不可无生理闲荡。

家无生活计，吃尽斗量金。坐吃山空。

口吃千般无人知，身上褴褛被人欺。敝衣不敬人，遍地如此。

穿不穷，吃不穷，算计不到一世穷。全要长远算计。

宁可没钱使，不可没行止。

多借债，穷得快。岁月如梭，利息归人。

男大须婚，女大必嫁。不婚不嫁，弄出笑话。及至丑行玷辱，追悔不来。

金银到手非容易，用去方知来处难。有钱时浪用，及至无钱时，想也想不来了。

要无闷，安本分；要无愁，莫妄求。

与人不和，劝人养鹅；费食甚多。与人不睦，劝人起屋。费财甚多。

借债起房，自讨装胖。这穷苦是自寻的。

家虽富，莫把绸做裤。折福损寿。
当家才知柴米价，养儿方知父母恩。
田多养了众人，事多累了自身。
药能医假病，酒不解真愁。又云药医不是病，是病没药医。义同。
庭前生瑞草，好事不如无。人以无事为福。
儿孙自有儿孙福，莫代儿孙作马牛。
万般都是命，半点不由人。不是说随话，谁人能知的命来？
强中更有强中手，恶人自有恶人磨。
莫言知事少，还欠读书多。人情世事，一理贯通。
公修的公得，婆修的婆得，不修的不得。各人吃饭各人饱。
相识满天下，知心有几人？
得忍且忍，得耐且耐，不忍不耐，好事变坏。
久住令人贱，频来亲也疏。
世情看冷暖，人面逐高低。
白首贪得不了，一身能用多少？
富家一席酒，穷汉半年粮。
好事不出门，恶事传千里。世情可畏。
有才堪出众，无懒不成人。
钱是人的胆，衣是人的威；无胆又无威，人即变屎堆。人皆轻贱。
马行无力皆因瘦，人不风流只为贫。
闲时不烧香，忙时满炉装。又云：忙时抱佛脚，闲时便抛却。义同此。
记得小时骑竹马，看看又是白头翁。
小辱不肯放下，惹起大辱倒罢。此受气人之通病。若大辱不罢，必至败亡。
夕阳无限好，只恐不多时。
世无百岁人，枉做千年计。又云：人生不满百，常怀千岁忧。义同此。
酒中不语真君子，财上分明大丈夫。
从今学得乌龟法，得缩头时且缩头。退步法，享许多快乐。
饿死了莫做贼，气死了莫告状。犯贼盗斩首，喜告状破家。
不做媒人不做保，这个快活哪里讨？
人做媒人不肯嫁，鬼做媒人嫁夜叉。人贵知机。
会拣的拣儿郎，不会拣的拣田庄。田财有限，人进无穷。此择婿法。
打人莫打脸，骂人莫揭短。
无宿债不成父子，无宿缘不成夫妻。都是往因注定。
穿破才是衣，到老才是妻。
一人担水吃，两人抬水吃，三人没水吃。你推我倚，反致搁误，人情如此。

《传家宝》中有“贫居闹市无人问，富在深山有远亲”之语，道尽世态之炎凉。图为《踏雪空回》插图，讲述战国时苏秦落魄之时，人人都不理睬他，而后来他六国拜相、荣归故里时，亲友俱来迎候，而苏秦拒见前来迎候的亲友、使之踏雪空回之事

有人倚，人有倚；没人倚，自挑起。

衙门钱，眼睛前；田禾钱，千万年。官役索诈，萤光一亮。农工汗力，世代久长。

酒食朋友朝朝有，急难之中无一人。

跌倒了自己爬，望人扶都是假，亲朋说的隔山话。

贫居闹市无人问，富在深山有远亲。世态炎凉，到处皆然。

门前系了高头马，不来亲的也来亲。世态炎凉，到处皆然。

知事少时烦恼少，识人多处是非多。

自己无运至，却怨世界难。

酒不醉人人自醉，色不迷人人自迷。如茧丝自缚。

有钱能说话，无钱话不灵。钱在人前。

君子一言，快马一鞭；许人一物，千金不移。

人无害虎心，虎无伤人意。此召感之理。

长短家家有，炎凉处处同。知此理，则可随地安乐。

在家不会迎宾客，出外方知少主人。

妻贤夫祸少，子孝父心宽。

自恨枝无叶，莫怨太阳偏。恃己妙法。

不说自己井索短，只怨他家枯井深。每每人不自知。

路遥知马力，事久见人心。

有名岂在镌顽石，路上行人口似碑。

人无横财不发，马无夜草不肥。夜草不肥痨病马，横财不富命穷人。

量大福也大，机深祸亦深。

二人一心，有钱买金；二人二心，无钱买针。

若要人不知，除非己莫为。瞒得哪个？
败家子弟用金如粪，成家子弟积粪如金。
财主只为升合起，穷汉只叫不大紧。富从升合起，穷因不算来。
养儿防老，积谷防饥。
得人钱财，与人消灾。无功受禄，滴水难销。
他弓莫挽，他马莫骑。无益之事，何必多管。
床上无病人，狱中无罪人，路上无行人，即是天下大福人。莫看易得。
万两黄金未为贵，一家安乐值钱多。能知安乐是福，就是享福之人。
教儿只说孩儿小，长大难管气不了。见到大了收管不来，气死无益。
宁买迎头长，不买迎头落。
童生进学喜不了，尚书不升终日恼。始终总是一人，人心有甚尽足？
交义莫交财，交财绝不来。
知音说与知音听，不是知音莫与谈。不是知音，对牛弹琴。
世上无难事，都因心不专。予撰读书十戒，首二句曰："立志若专，反难为易。"
是非只为多开口，烦恼皆因强出头。
成人不自在，自在不成人。少年对症要药。
宁在人前全不会，莫在人前会不全。
逢人且说三分话，未可全抛一片心。涉世极妙法。
能言不是真君子，善处方为大丈夫。
宁可荤口念佛，不可蔬口骂人。
未曾立法，先想结煞。立了行不得，怎么收拾？
常将有日思无日，莫待无时想有时。有日思无存不去，无日思有想不来。
有钱常想无钱日，安乐常思病患时。
当家不得不俭，请客不得不丰。
话多不如话少，话少不如话好。
破家亡身，言语占了八分。祸从口出，每多如此。
做事莫伤天理，防备儿孙辱你。要望后看。
须向根头寻活计，莫从体面做工夫。因"体面"二字，坏了许多实事。
守己不贪终是稳，利人所有定遭亏。
人言未必真，听言听三分。还要细察，不可就信。
休与小人为仇，小人自有对头。我且忍耐他，看着他。
怪人休怪老了，劝人休劝恼了。竟不怕怪，你奈他何？劝他太苦，反惹恶言。
未来休指望，过后莫思量。落得心中好快活。
勤谨勤谨，衣饭有准；懒惰懒惰，必定忍饿。
男子无志，钝铁无钢；女子无志，烂草无穰。全要立志。

教子婴孩，教妇初来。桑条从小㷉，长大㷉不直。

但要有前程，莫做没前程。但行好事，莫问前程。

人人有面，树树有皮，道路各别，养家一般。

五黄六月不肯做，鸡儿跷脚乱思量。

将上不足，比下有余。长存此想，极大快乐。

百年随缘过，万事转头空。全要看透。

锅上瓢儿翻掉坎，也有媳妇做婆时。

你知我的本，我知你的根，说谎莫瞒当乡人。

棒头出孝子，娇养忤逆儿。玉不琢不成器。

酒逢知己千杯少，话不投机半句多。

惜钱休教子，护短莫投师。

只学斟酒意，恭敬心，欢喜心。莫学下棋心。要人败坏，要人死灭。

劝人终有益，挑唆两无功。

你好我好，三好合到老。一个好，好不成。

打虎还得亲兄弟，上阵还须父子兵。

美不美，乡中水；亲不亲，故乡人。

为人不做亏心事，半夜敲门不吃惊。何等坦然！

家有贤妻，男儿不遭祸事。

篱牢犬不入，芦柴成把硬。兄弟家人同居者，须时记此语。

新箍马桶三日香，第四日臭膨膨。厌旧喜新，世人通病。切须戒之。

线儿放得长，鱼儿钓得大。诸事要看远些。

人不欺心，不遭官刑。欺心即是欺天。

九升斗儿盛九升，多了一升盛不下。前生修积，勉强不来。

得饶人处且饶人，路逢窄处难回避。冤家路窄。

他家富贵前生积，你若回头也像他。要知前世因，今生受者是；要知后事因，今生作者是。

一人做事一人当，哪有嫂嫂替姑娘？自作自受，请谁替代？

文字窍

起语第一

起语者，前此无文而以虚字起之也。亦有前文已毕而以虚字另起者，皆起语也。

夫 起语而有所指之辞。如"夫颛臾"、"夫明堂"；此类甚多，指一二句为例，后俱同此。又另起之辞，如"夫滕壤地褊小"、"夫物之不齐"。凡助语皆音"扶"。凡称夫子、丈夫、大夫，则音"孚"。

盖起语而有所原之辞，将欲推原之也。如"盖有不知而作之者"。又另起之辞，如"盖有之矣"。

且 宽起之辞。如"且尔言过矣"、"且古之君子"。又另起之辞，如"且许子何不为陶冶？"、"且君之欲见之也"。又"又"也，"此"也，"将"也。又"姑且"、"苟且"。

且夫 宽起而有所指之辞。如"且夫枉尺而直寻者"。

今 就近事而宽起之辞。如"今王发政施仁"、"今王鼓乐于此"。又"是时"也。对古之称。

今夫 就近事而指言之。如"今夫天"、"今夫颛臾"。

今之 就近事而另起之辞。如"今之欲王者"、"今之诸侯"。

今有 指其事而切言之辞。如"今有璞玉于此"、"今有场师"。

彼 他有所指之辞。如"彼夺其民时"。

尝 "口味"也，"甘"也，"试"也。"尝闻"，有所称述之辞。"尝观"，借事发论之辞。"尝谓"，有所申说之辞。

接语第二

凡承接上文，虚虚用一二虚字粘连之，然后可以顺势讲下。其字虽各有所宜，皆谓之"接语"。

此 指上文而言之辞。如"此率兽而食人也"、"此物奚宜至哉"。

此以 指上文而申明之辞。如"此以没世不忘也"。

此则 紧接上文而指言之之辞。如"此则距心之罪也"。

此亦 指上文而虚断之辞。如"此亦妄人也已矣"。

此为 指上文而实断之辞。如"此为大人而已矣"。

此惟 指上文而顺断之辞。如"此惟救死而恐不赡"。

此非 指上文而反断之辞。如"此非君子之言"。

此岂 指上文而反折之辞。如"此岂由之性也哉"。

此谓 实解上文所言之辞。如"此谓知本"。

此之谓 跌醒上文之辞。如"此之谓不知务"。

此所谓 引别说以申明上文之辞。如"此所谓率土地而食人肉"。

兹 "此"也。较"此"字略婉。"兹以"、"兹岂"等，义同"此"字。

斯　亦“此”也。“此”字显而直，“斯”字文而轻。如“斯天下之民至焉”。又“析”也，又“即”也。

斯亦　义同“此亦”。如“斯亦不足畏也已”。

斯可　指上意而设问之辞。如“斯可受御与”。

斯可以　顺答所问之辞。如“斯可以从政矣”。

斯不亦　反答所问之辞，如“斯不亦威而不猛乎”。

斯谓之　指上文而疑问之辞。如“斯谓之仁矣乎”。

是　犹“此”也。有顺上文作断之意，与“此”字微别。如“是人之所欲也”。又“正”也、“直”也、“则”也。“非”之反也。

是犹　跟上文而设譬之辞。如“是犹恶湿而居下也”。

是乃　跟上文引申之辞。如“是乃仁术也”。

是诚　紧足上文之辞。如“是诚不能也”、“是诚在我”。

是皆　包括上文之辞。如“是皆已甚”、“是皆穿窬之类也”。

是何　跟上文而设问之辞。如“是何异于刺人而杀之”、“是何濡滞也”。

是奚　反折上文之辞。如“是奚足哉”。

是其　跟上文而指点之辞。如“是其日夜之所息”。

是知　原上文而有所解悟之辞。

是以　义同“此以”。如“是以后世无传焉”，“是以君子不为也”。

是则　义同“此则”。如“是则同”、“是则可忧也”、“是则章子已矣。”

是亦　义同“此亦”。如“是亦为政”、“是亦不屑去已”。

是为　义同“此为”。如“是为得之”、“是为王者师也”。

是非　义同“此非”。如“是非君子之道”。

是岂　义同“此岂”。如“是岂水之性哉”。

是谓　义同“此谓”。如“是谓拂人之性”、“是谓过矣”。

是之谓　义同“此之谓”。如“是之谓以其所不爱及其所爱”。

是焉得　不足上文之辞。如“是焉得为大丈夫乎”。

则　承上递下之辞。凡上文已明，紧接下文，或总结，或生发者，皆用之。如“则财恒足矣”、“则民莫敢不敬”。又顺上文而分析之辞。如“亲亲则诸父昆弟不怨其君，用之则安富尊荣”。

又“即”也。如“不可则止”、“得之则生”、“操则存”。

则以　就前事以申言后事之辞。如“则以学文”。

则其　跟上文而指言其效之辞。如“则其生物不测”、“则其小者不能夺也”。

则将　跟上文而设问之辞。如“则将焉用彼相矣”、“则将问之乎”。

则是　就前事以作断之辞。如“则是可为也”、“则是于泽也”。

则亦　虚断上文之辞。如“则亦已矣”、“则亦无有乎尔”。

则为　实断上文之辞。如"则为贱场师焉"、"则为容悦者也"。

则必　就前事而直决后事之辞。如"则必命有司所之"、"则必使工师求大木"、"则必反予"。

则有　因前事而及后事之辞。如"则有馈其兄生鹅者"。

则凡　跟上文而推广之辞。如"则凡天下之物"、"则凡可以得生者"。

则诚　跟上文而姑为许可之辞。如"则诚贤君也"。

则何　跟上文而切言之之辞。如"则何亡国败家之有"。

则何以　跟上文而反诘之辞。如"则何以异于教玉人雕琢玉哉"。

则何为　跟上文而顺诘之辞。如"则何为不行"。

则可谓　跟上文而明其所说之辞。如"则可谓云尔已矣"。

则可以　跟上文而明其当然之辞。如"则可以赞天地之化育"、"则可以祀上帝"。

则足以　跟上文而明其必然之辞。如"则足以杀其躯而已矣"。

则岂徒　跟上文而极言其效之辞。如"则岂徒齐民安。"

则犹可　跟上文而究言其事之辞。如"则犹可及止也"。

则亦将　跟上文而驳难其说之辞。如"则亦将戕贼人以为仁义与"。

则以为　跟上文而推言其意之辞。如"则以为厉己也"。

盖　推原上文之辞，与起语"盖"字不同。盖起语乃空指，此则实领上文也。如"盖阙如也"、"盖不敢不饱也"。

盖以　原上文而顺推其说之辞。如"盖以申明首章道不可离"。

盖曰　同上。如"盖曰天之所以为天也"。"盖谓"、"以谓"，义俱同上。

以为　自揣如是之辞。如"以为贤乎?"

诚以　确然推断之辞。诚者，无伪也，实也，信也。

所以　顺上文而推原之辞。如"所以行之者三"、"所以别野人也"。

所谓　顺解上文所言之辞。如"所谓西伯善养老者"。

所为　原其事而进断之辞。

将以　实明其事之将然之辞。如"将以衅钟"，"将以复进也"。

将为　虚论其事之将然之辞。如"将为君子焉"。

将谓　虚拟其说之辞。

由是　跟上文而引申之辞。如"由是以乐尧舜之道焉"、"由是观之"。"由此"、"由兹"、"由斯"、"自是"、"自兹"、"从此"、"从兹"，义俱同上。

迨至　由此及彼之辞。

至于　跟上文而推引之辞。如"至于用力之久"、"至于治国家"。

及其　推引而有所指之辞。如"及其知之一也"、"及其使人也器之"。

甚至　极言所至之辞。

如此 直指上文将有后说之辞。如“如此然后可以为民父母”、“如此则无敌于天下”。“如是”，义同上。

若此 直指上文将为问难之辞。如“若此者，何如也。”

若是 义同上。如“若是则弟子之惑滋甚”。“若然”，义同上。

于此 犹言“即此”、“在此”也。但较“即”字、“在”字略虚婉。如“于此有人焉”。

于斯 义同上。如“于斯为盛”、“于斯三者何先”。

于是 有渐之辞。如“于是始兴发补不足”、“于是杀羿”。“是”字在他处与“斯”字、“此”子略同，于此处却有分别，不可不辨。

何则 顿住上文，假作一问，将欲答之之辞。

何也 顺上文作问之辞。如“君子之难仕，何也”“一者何也”。

何者 顺上文而假问之之辞。

何哉 就上文而反问之之辞。如“何哉？君所谓逾者”。

何以 实指上文而问之之辞。如“何以报德”、“何以待之”。又反折之辞。如“何以伐为”、“何以为孔子”。

何为 虚指上文而问之之辞。如“何为其然也”、“何为不祀”。

何谓 举上文所言而问之之辞。如“何谓五美”、“何谓知言”、“何谓尚志”。

何如 审量上文所言而问之之辞。如“何如斯可为服矣”、“何如斯可以器器矣”。

似乎 想象之辞。一似单拈，一说摩拟之辞。

恍若 仿佛形容之辞。“恍”与“怳”同。恍惚不明之貌。

以上诸字，是跟上文而顺用者，宜押“也”、“矣”、“焉”、“耳”等字。其余“乎”、“哉”、“耶”、“欤”等字，须斟酌文势用之，不可轻押。

岂 反诘之辞。如“岂无仁义之心哉”。又反跌之辞。如“岂爱身不若桐梓哉”。又断断不然之辞。如“岂予所欲哉”。

岂以 反决其不然之辞。如“岂以仁义为不美也”。

岂谓 反折上文所言之辞。如“岂谓是与”。又反跌上文所言之辞。如“岂谓一钩金与一舆羽之谓哉”。

岂其 反折而有所指之辞。如“岂其然乎”。

岂非 反决其是之辞也。又“岂可”，禁止之辞。

岂得 反言不得也，如“岂得不见”、“岂得暴彼民哉”。

岂若 反言不若也。如“岂若匹夫匹妇之为谅也”。

岂有 反言不有也。如“岂有他哉”。

岂能 反言不能也。如“岂能独乐哉”。

岂必 反言不必如此也。

岂惟　反言其不仅如是之辞。如“岂惟民哉”。

岂徒　同上。如“岂徒顺之”。

岂不　折辨之辞。如“岂不绰绰然有余裕哉”。

讵　义与“岂”同，但较“岂”字略婉。又未知之辞。“讵可”、“讵必”、“讵不”，义近前“岂可”、“岂必”、“岂不”。

宁　义在“安”字、“岂”字之间，而其文甚婉。又愿辞也。如“宁俭”、“宁固”，又“安宁”、“归宁”。

宁必　较“岂必”略婉，有商量之意。“宁非”、“宁得”、“宁有”、“宁不”、“宁谓”，义近“岂非”、“岂得”、“岂有”、“岂不”、“岂谓”。

安　何也。又徐也、止也、平定也、心无愧也。又与“焉”同。

安得　有所望而未遂之辞。又折抑人之辞。

安足　反言不足如此也。“何足”，义同上。如“何足以臧”。

何　问之之辞。如“何器也”、“何取于水也”。又“曷”也、“奚”也、“孰”也。又“孰何”，问之也，与“谁何”义同。又未多时曰“无何”。

何其　反诘而有所指之辞。如“何其多能也”、“何其声之似我君也”。

何必　反折之辞。如“何必改作”、“何必公山氏之之也”。

何不　反问之之辞。如“何不使彼为可几及”。

何敢　反言不敢也。如“何敢与君友也”。

何可　反言不可也。如“何可废也”。

何意　言未尝意料至此也。

何能　反言不能也。

奚　何也，较“何”字略婉。“奚其”、“奚必”、“奚能”，义近“何其”、“何必”、“何能”。

奚可　义近“岂可”。如“奚可以与我友”、“奚可哉”。

奚有　折仰人之辞。如“奚有于是”。

焉　义在“何”字、“岂”字之间。有疑而未定之辞。

焉得　折抑人之辞。如“焉得俭”、“焉得人人而济之”。

焉能　义近“何能”。如“焉能系而不食”、“焉能使予不遇哉”。

焉有　义近“岂有”。如“焉有君子而可以货取乎”。

焉可　义近“岂可”。如“焉可诬也”。“焉敢”、“焉足”，义近“何敢”、“何足”。

恶得　“恶”音“乌”，反折之辞。如“恶得有其一”、“恶得贤”。“乌得”，义同“孰得”，“孰”，谁也，犹言“谁得如此”也。“谁得”，义同上。

孰能　犹言谁人能之也。如“孰能为之大”、“孰能御之”。

孰谓　犹言“谁说”也。如“孰谓邹人之子知礼乎”。“孰谓微生高直”。

孰意　犹言谁人意料到此也。“谁意”，义同上。

孰不　人有同然之辞。犹言“谁不云云”也。

谁能　义同“孰能”。如“谁能出不由户”、“谁能执热”。

得不　犹言“岂得不”、“安得不”。此省上一字句法。“得无”，同上。

无乃　疑而审量之辞。如“无乃为佞乎”、“无乃尔是过欤”。“毋乃”，同上。

非　不是也。如“非吾徒也”、“非由之所知也”。

不亦　跟上文而指点其事之辞。如“不亦宜乎”、“不亦善乎”。

不几　反言其即至于此也。如“不几乎一言而兴邦乎”。“不”字又与“无”、“毋”、“勿”、“莫”、“未”、“没”、“微”、“靡”等字义通。

以上诸字是跟上文而逆用者，下与“乎”、“哉”、“耶”、“欤”等字相为照应。至“也”、“矣”、“焉”、“耳”等字，是顺落文法，断不可轻押。

转语第三

凡文字从无直行者，要在于转转相生，而后能成一篇之局。其间，或反转，或正转，或深一步转，皆须用一、二虚字领之。

然　反前文而另发之辞，或前反后正，或前正后反。凡文之大转处，皆用之。如“然终于此而已矣”。又否之反也，又果也。又“如是”、“若此”之辞。

然则　如此也。犹言“如此则云云”也。承上意而急转之辞。凡决断上文及反难上文处，皆用之。决断上文，如“然则王之所大欲可知已”、“然则子非食志也”。反难上文，如“然则废衅钟与”、“然则舜怨乎”、“然则彼皆非与”。

然后　承上接下之辞。如“然后为学”、“然后快于心与”、“然后大行”。

或　设问之辞。凡疑义未决，则为无定之语以商之。又不定之辞。如“或去”、“或不去”。

或谓　不知谁何之辞。言或有一人说也。如“或谓寡人勿取”。

或曰　义同上。如“或曰管仲俭乎”、“或曰放焉”。

或者　虚虚拟度之辞。如“或者不可乎”。

且　拟而甚言之之辞。

倘　或也。倏忽不可期之辞。凡反语多用之。

设　假设言之辞。未然而为或然之想者，多用之。

但　前有一说，又别有一说者，用此转之。“但以”，义同上。

特　但也。又独也。“第”音“题”，犹但也。“第以”，义同上之辞。

虽曰　假设其言而断之之辞。如“虽曰未学”、“虽曰不要君”。

虽有　设言其有而论之之辞。如“虽有周亲”、“虽有智慧”。

虽然　顿住前文另转下文之辞。言虽是如此，更有云云也。如“虽然未闻道也”、“虽然今日之事，君事也”。

乃 继事之辞。前已论明，将发后意，则用之。如“乃所愿则学孔子也”、“乃若所忧则有之”。又因上起下语也。

及 就前说转入后说之辞。如“及寡人之身”、“及陷乎罪”。又急言之之辞。如“及是时又至也”。又兼与之辞。

而 小转之辞。凡顺上文讲下者，用之。又结语，又发端辞。

而况 借上文跌醒正意之辞。如“而况可召与”、“而况于亲炙之者乎”。

况 更进之辞。正意已足而意外尚有可言，则用之，如“况居天下之广居者乎”、“况无君子乎”。又譬拟也，且也。

况乎 紧跟上文逼进一层之辞。有已甚之意。如“况乎以不贤人之招招贤人乎”。又“矧”字，义与“况乎”同。

如 设言其事而进断之之辞。如“如不可求”、“如欲平治天下”。又似也。如“如日月之代明”、“如追放豚”。

如以 拟而有所原之辞。如“如以辞而已矣”。

如其 拟而有所断之辞。如“如其自视欿然”。

如有 实拟其事之辞。如“如有复我者”、“如有不嗜杀人者”。

有如 虚拟其事之辞。

若 不定之辞。如“若于齐”、“若药不瞑眩”。又如也。如“若时雨降”。

若夫 拟而有所指之辞。如“若夫成功则天也”、“若夫豪杰之士”。

抑 亦然之辞。凡深一层、开一步、反讲一说者，皆用之。深一层，如“抑而强与”；开一步，如“抑为之不厌”；反讲一说，如“抑未也”。又按也，遏抑。

抑亦 虚转而有所审量之辞。如“抑亦可以为次矣”、“抑亦先觉者”。

抑何 转一层反诘之辞。

独 推开别说单讲一说之辞。如“独孤臣孽子”。“独是”，义同上。

惟 亦“独”也。如“惟我在”、“惟此时为然”、“惟孔距心”。又是为之辞。又切指之之辞。如“惟于理有未穷”、“惟不役志于享”。“维”，义同上。如“维石岩岩”、“维天之命”。又终也，系也，方隅也。

唯 义同上。如“唯天为大”、“唯谨尔”，又诺也。

彼 借别说以伸此说之辞。

彼夫 别有所指之辞。

夫 深一步语，亦用之。与起语“夫”字不同。如“夫志至焉”、“夫环而攻之”。

夫谓 转论上文所言之辞。如“夫谓非其有而取之者，盗也”。

夫何 指其事而设问之也。如“夫何远之有”、“夫何使我至于此极也”。

夫岂 指所说而反跌之也。如“夫岂不义而曾子言之”。

夫然后　指上文而言其效之辞。如“夫然后行”。

且　深一步语，盖前有一说，此后又有一说也。如“且王者之不作”。

且以　义同上。但“且”字是虚论其理，“且以”是实指其事，上微有不同。如“且以文王之德”。

且谓　就彼说而宽一步以诘之之辞。如“且谓长者义乎”。

今也　因往事以及近事之辞。如“今也纯今制民之产”、“今也不然”。

今既　就近事而言其已然之辞。如“今既数月矣”。

今将　就近事而言其将然之辞。如“今将行王政”。

今而后　就近事而有所悟之辞。如“今而后知君之犬马畜”。

必也　决言其当然之辞。如“必也使无讼乎”、“必也亲丧乎”。

必以　决言其实然之辞。如“必以告新令尹”、“必以规矩”。

必有　决言其有之辞。如“必有我师焉”、“必有近忧”。

不有　反言其有之辞。如“不有祝鮀之佞”、“不有博弈者乎”。

不然　反掉前文将为论断之辞。犹言若不如此，则有云云也。此乃起句所用，文虚而意婉，与他处直断者不同。

不知　前说未当转作晓谕之辞。犹云只知其一，未知其二也。又疑问之辞。又实指之之辞。如“不知所以裁之”、“不知其人可乎”。

不识　疑问之辞。如“不识有诸”、“不识可常继乎”。又实指之之辞。如“不识王之不可以为汤武”。

不如　实指之之辞。如“不如丘之好学也”、“不如乘势”。又进一步之辞。如“不如乡人之善者”、“好之，不如善教之得民也”。

不得　亦实指之之辞。如“不得尽其辞，不得与之言”。

不能　义同上。如“不能专对”、“不能正其身”。

不敢　义同上。如“不敢不勉，不敢不告也”。

不曰　设言之辞，犹云人若不说也。如“不曰如之何”。又援引他说之辞。犹云岂不尝说也。如“不曰坚乎”。

不以　反言其事而断之之辞。如“不以礼节之”、“不以其道得之”。又实指之之辞。如“不以兵车”、“不以君命将之”。

不为　反决其事之辞。如“不为不多矣”、“不为小矣”。

不足　直断上文之辞。如“不足以当大事”、“不足与有为也”。

未足　较不足文轻而婉。盖“未”字与“不”字不同，“不”字是紧煞之辞，“未”字在然与不然之间也。

未闻　决言其无也。如“未闻以千里畏人者也”、“未闻以割烹也”。

未见　义同上。但“未闻”是论已往事，“未见”是论未来事，微有分别耳。如“未见其止也”、“未见蹈仁而死者也”。

未有 决言其无也。如“未有小人而仁者也”、“未有能生者也”。

未尝 义同上。如“未尝饱也”、“未尝与之言行事也”。

未知 犹不知也。如“未知生”、“未知其孰贤”。

未能 犹不能也。如“未能事人”、“未能或之先也”。

未可 犹不可也。如“未可与立”、“未可以言与”。

未若 犹不若也。较“不若”义略婉，有商量之意。如“未若贫而乐”。

亦可 设言其可之辞。如“亦可宗也”、“亦可以为成人矣”。

亦不可 设言其不可之辞。如“亦不可行也”、“亦不可得矣”。

亦以 设言其效之辞，如“亦以新子之国”。

亦可以 较“亦以”有决断之意，如“亦可以为成人矣”、“亦可以既戎矣”。

更有 进一步转之之辞，又“再”也、“复”也。“尤有”、“犹有”，义俱同上。

无如 犹言无奈也。

否则 否，不然也。犹言不如此则云云也。

意者 拟度之辞。心所向也。

意必 拟而自决之辞。

奈 无可如何之辞。

又何 进一步设诘之辞。

则何 以怪而问难之辞。

非然者 前说已是，特作一反，以伸前说之辞。犹言若不如此。

不宁惟是 跟上文而引申之辞。犹言不独如此、不但此也、诚如是也，义俱同上。

以上皆文中转折处必用之字，若能明其意义，则临文时可以纵笔所之，百转不穷矣。安得复有艰涩之患乎？

衬语第四

衬语者，谓文字每句中必用虚字衬贴以成文。凡所宜用之字，皆谓之衬语。或用于句首，或用于句中，或用于句末。虽有不同，其为衬语则一也。

之 此字取用甚多，其义不一，学者不可不辨：

或作“的”字解。如“大学之道”、“天命之性”、“禹之声”。

或作“于”字解。如“之其所亲爱”、“往送之门”。

或作“往”字解。如“子之武城”、“自楚之滕”、“牛何之”、“有司未知所之”。

或指人而言。如“富之、教之”、指卫民。“知而使之”、指管叔。“门人厚葬之”、指颜子。“不授者杀之”。指亳众。

或指理而言。如“智者过之”、“博学之”、“知之者”、“为之难予”、“一以贯之”。

或指事而言。如“左丘明耻之”、指巧言令色。“裨湛创之”、指为命。“为之犹贤乎已”、指博弈。“四方来观之”。指葬事。

或指物而言。如“王曰舍之”、指牛。“匠人所而小之”、指大木。“杀而夺之”、指酒食。“又从而招之”、指放豚。“馆人求之弗得”。指屦。

以 有所依据之辞。如“一则以喜”、谓以父母之年喜也。“子服、景伯以告子贡”。谓以公伯察之言告也。又能左右之曰“以”。又因也。又作用字解。“为政以德”、“以不教民战”、“虽不吾以”。又作为字解。”如“视其所以”。又与“已”同。如“无以则王乎”、“不以急乎”、“不以泰乎”。

以为 就上事而言其用力之辞。如“素以为绚兮”、“仁以为己任”、“以为衣服”。与接语“以为”不同。又有与接语词之“以为”同者。如“以为贤乎”、“民以为大也”。

以其 承上文而切言下事之辞。如“以其子妻之”、“管仲以其君霸”。

以及 因此及彼之辞。如“以及其亲”。

是以 与接语词“是以”之义同。如“君是以不果来也”。

所以 与接语词“所以”之义同。如“天之所以为天也”、“三代之所以直道而行也”。

将以 与接语词“将以”之义同。如“天将以夫子为木铎”、“子将以斯道觉斯民也”。

何以 与接语词“何以”之义同。如“吾何以识其不才而舍之”、“子何以其志为哉”。

可以 明其当然之辞。如“吾今则可以见矣”、“人皆可以为尧舜”。

足以 明其能然之辞。如“亦足以发吾力，足以举百钧”。

必以 明其决然之辞。如“吾必以仲子为巨擘焉”。

不以 明其非然之辞。如“君子不以言举人”、“域民不以封疆之界”。

皆以 明其同然之辞。如“是皆以修身为本”、“百姓皆以王为爱也”。

於 自此及彼之辞。凡一句中承接处多用之。如“各於其党”、“吾之於人也”、“固而近於费”、“放於琅琊”。

用之于句首者，如“於我如浮云”、“於人何所不容”、“於心终不忘”。

于 义与“於”通。如“定于一”、“于汤有光”、“惟不役志于享”。

所 事物有因之辞。原上意而言则用之。如“所损益可知也”、“所欲与之”、“聚之所性不存焉”。用之于句中者，如“昔者所进”、“敢问所安”、“脍炙所同也”。又指物之辞。又方所也。如“居其所”、“雅颂各得其所”。

其　有所指之辞。凡指人、指事、指理、指物，皆用之。

指人。如“其行已也恭”、指子产。“其生也荣”、指夫子。“其兄自外至”、指陈仲子。“比其反也”、指王之臣。“识其不可”。指齐王。

指事。如“食而不知其味”、指饮食。“馁在其中矣”、指耕。“如知其非义”、指重敛厚征。“其有不合者”。指四事。

指理。如“其至矣乎”、指中庸。“立则见其参于前也”、指忠信笃敬。“及其至也”、指道。“其生色也”。指仁义礼智。

指物。如“其何以行之哉”、指车。“称其德也”、指骥。“抑亦立而视其死与”、指牛羊。“其涸也”、指雨。“去其金”、指失。“其势则然也”、指水。“人见其濯濯也”。指牛山。

乎　本歇语词。用之句中则与“于”字同义，而略带虚活，如“吾无隐乎”、“尔浴乎沂”、“不明乎善”、“立乎人之本朝”。

诸　亦歇语。可用于句中者，与“之”字同义。如“本诸身”、“取诸其宫中而用之”、“予私淑诸人也”、“有诸内”。又“众”也。如“举直错诸枉”、“王之诸臣”。

不　言绝不也。如“中立而不倚”、“犯而不校”、“不谋其政”、“孔子不见”。

未　有且然未然意，与“不”字不同。如“未入于室也”、“未坠于地”、“未同而言”、“夫子未出于正也”、“吾未之闻也”。

非　与接语“非”字义同。如“何事非君”、“此非君子之道”、“殆非也”。

犹　与“如”字、“似”字义同。如“犹运之掌也”、“犹白之谓白与”、“犹水胜火”。又有作“还”字、“尚”字解者。如“犹有存者”、“犹可以为善”、“国猎较犹可”。

由　从也，自也。如“由百世之后”、“由周而来”、“由邹之任”。又率循之谓。如“由仁义行”、“君子不由也”。又与“犹”同。如“由反手也”、“王由足用为善”、“由水之就下”。

尤　更也，甚也。又多也，又罪也，如“言寡尤”、“君无尤焉”。

甚　太过之辞。如“甚矣”、“吾衰也，心为甚”、“未有甚于此时者也”。又“深”也。如“弟子之惑滋甚”。

亦　与“也”字义同。如“亦悖而入”、“亦足以发”、“亦飨舜”、“吾见亦罕矣”。又与“又”同。如“亦长吾之长”、“熊掌亦我所欲也”。又旁及之辞。

又　更也，推进一层之辞。如“而又害之”、“今又弃寡人而归”。又从而为之辞。“树之时又同”。

更　再也，复也，音去声。又音“耕”，改也，历也。

既　已然、已生之辞。如“既庶矣”、“既或治之经界”、“既正”、“既入其笠”。

必 决然之辞。如“必闻其政”、“则吾必在汶上矣”、“必表而出之”。

莫 禁止之辞，义与“勿”通。又义与“无”通。如“莫不尊亲”、“则民莫敢不敬”、“莫能相尚”、“莫之或欺君仁”、“莫不仁”、“宜莫如舜”、“莫甚于生”。又义与“不”通。如“天下莫能载焉”、“何为其莫知子也”、“而民莫之死也”、“莫如为仁”、“莫知其乡”、“谓夫莫之禁而弗为者也”。

殆 近也，几也。约略评论之辞。如“殆有甚焉”、“殆不可复”、“殆非也”。又“危”也。如“思而不学则殆”、“今之从政者，殆而又将也”。

姑 聊且如此之意。如“姑舍文所学而从我”、“子谓之姑徐徐云尔”。

殊 甚之之辞。又“别”也、“异”也。如“天之降才尔，殊也”、“其性与人殊”。

凡 指大概而言。如“凡事豫则立”、“凡有血气者”、“凡有四端于我者”。

皆 同然之辞。如“皆不及门也”、“物皆然”、“皆失声”。

俱 亦“皆”也。如“俱不得其死”。又“偕”也。如“虽与之俱学”。

仍 因也。如“仍旧贯”。又“就”也、“重”也。

相 彼此交合之辞。如“道并行而不相悖”、“相与辅”、“相之出入”、“相友”。

即 就也。如“亦可以即戎矣”。又“今”也，如“即凡天下之物”。又“只”也。如：“即不忍人之心”。

方 将然之辞。又“才”也。如“血气方刚”、“天之方蹶”。又“四方”也。如“方六七十”、“方千里者九”、“为方百里也”。

真福谱

世言：“有福不会享，会享又无福。”人皆以为名言。予以为上一句诚至言也。若下一句，则不能无议焉。要知世上并无没福之人，惟在人之会享与不会享而已。人之于福也，予约分三种：有不会享者，有不得享者，有不及享者。凡痴迷之人，虽有福而不会享矣。其冗忙之人，虽有福而又不得享矣。至若限于寿命修短之人，则虽有福而不及享矣。不及享福者，予固不必置论。即如人皆有福，总因自己昏昧，妄想妄为，得此思彼；未得则患得，既得又患失，终日匆扰，骄奢淫逸，放僻邪侈，无所不为，自寻忧愁困苦，全无快乐享福之时。是皆有福不会享而兼有福不得享之根源也，岂不深可怜哉！但真福多在眼前，只要人能知足知止，并不远求难致。因用浅言略指十条，倘或十得二三，已为有福会享，何况多乎？自今以后，一举心念，即会享福矣。噫嘻！忽然明白知此，则再不可昏昧匆扰，有负予赠福之心，又何会享无福耶？

康熙五十九年仲春日天基石成金撰写

会享福，存心快乐常知足

人能知足，即时时刻刻皆享快乐之福矣。今知足之法，惟将他人下于我之苦境，两相比观，存心退想，即知天赐我之福甚厚。家虽贫而可以当富，身虽贱而可以当贵，不独随时随地快乐享福，抑且年貌因此而耐老，疾病因此而痊除，精神寿命因此而康健、延长。最讨便宜之事，莫过于此。心若不足，即贵至王侯，财富山积，奈何奢愿难遂，终日愁眉楚眼，巴巴急急，企望不休。是皆福薄难消，深为可怜。昔人有云："他骑骏马我骑驴。"仔细思量，我不如回头看见推车汉，上虽不足，下有余。予曾以此四句图画一轴，悬于小斋，触目警醒，消除许多妄想，享受许多快乐。世人不可不知此"足"字妙义也。予有细论知足妙法，奈甚冗长已刻入《人事通》书内，兹不重复。二十年前，予曾拙编六言"安乐铭"刊刻行世。今复自加笺注重刻，如此醒勉最切，诚知足常乐之妙法也。铭曰："幸遇清平盛世。人要常想：倘遇干戈兵火，家赀抛散，骨肉离流，身命难保，惊魂不定，何等苦恼？我今幸得安享太平，真至大之福也。荷逢有道明君，人要常想：倘遭官贪吏酷而不革除，政令乱施，科派滋扰，冤抑欺凌，弱肉强食，何等苦恼？我今幸逢明君有道，安居乐业，真至大之福也。况生中华福地，人要常想：倘居海外蛮夷之地，严寒酷热之

《传家宝》作者劝诫世人知足常乐，并举例说人若幸运生于太平盛世，则应想倘若生于乱世，遭遇刀兵之苦的苦恼，这样安享太平，就能知足。此图描绘了战乱之年灾民逃荒的场景

方，草衣木食，野居穴处，远于王化，不齿人伦。虽生世间，却与禽兽无异，何等苦恼？我今幸生中国，文物衣冠，真至大之福也。又兼须发男身，人要常想：倘为妇女，贵贱随夫，不能自由，无见无闻，终老闺门。既亲井臼之劳，复罹生育之难，何等苦恼？我今幸为男身，真至大之福也。饱暖安逸自在，人要常想：倘值家业萧条，饥寒迫体，或遭事外之牵连，或陷无妄之刑狱，以及水火盗贼，疾病痛楚，死丧离别，种种灾患，望救无门，何等苦恼？我今幸得粗衣淡食，身不寒冷，腹不饥饿，安逸自在，真至大之福也。体无残缺，性灵人要常想：倘生五官不全，四体亏缺，耳聋眼瞎，腿瘸音哑，禀性昏痴，何等苦恼？我今幸生全体，又赋灵性，真至大之福也。"切莫心怀戚戚，有如此大福，不知受享，何必自寻愁苦，时当喜笑欣欣，落得快活。世界从来缺陷，天倾西北，地陷东南，天地尚如此，何况于人乎！全福能有几人？福寿康宁，妻财子禄，有此则少彼，东亏则西盈，自古至今未有全福之人。但将下等比并，比下有余，自然情性和平。人能知足，可除万千忧虑。遇饮酒时饮酒，万事不如杯在手。得开心处开心，一生快乐且随缘。就事论事，行乐不必远求，不必难致。眼前随分好光阴，谁道人生多不足？莫负好光阴，为乐须及时，何能待来兹！

会享福，少思少言少色欲

人身康健，无病无痛，是至大之福也。设如沾染些病痛，呻吟于床榻之间，虽有锦衣玉食、金屋瑶台，何从受享？是有福而亦同于无福矣。若欲无病，先应调养三宝。盖三宝者，精、气、神也。在老弱之人，固要加意谨慎。即少壮者，亦须时刻保重。要知多思、多虑，最为损伤。昔人以思虑之害，过于酒色。今唯当少思虑以养我之元神也。说话若多，不独惹是招非，兼且劳神费力。今唯当少言语以养我之元气也。色欲亏损甚大，所谓伐身之刀斧。今惟当少色欲以养我之元精也。至于举动事为，凡有消耗我之精、气、神者，皆当由少渐除，自然身体康健，诸病不生。既得长寿，又享大福。岂可忽欤？

会享福，怡怡静坐无尘俗

人之最苦恼者，莫如俗事纠缠，不得安静。此完彼起，东去西来，匆匆扰扰；衣不知暖，食不知味，眉头不展，心怀不开。极好时光，俱于忙中虚度。此即现在之活地狱，自讨受罪矣。予最爱周美成《渔父词》云："青箬笠前无限事，绿蓑衣底一时休。"后人和云："一线抛开千虑放，满船空载万般休。"真绝妙佳句也。予小斋自撰拙联云："静怡无事福，补读少年书。"亦是予生小纪。要知一切尘俗事，且俱扫除，偷得闲暇，即于斋中安稳静坐，心性怡怡。此即现在之真天堂，自享极

古代文人大多羡慕闲适生活，图为钓鱼图，出自《石濂和尚六堂集》，描绘了垂钓的闲适情景

大之福矣。但怡怡者，和悦自在之义。倘静而不怡，或落沉昏枯寂，或起胡思乱想；静而不静，又何益乎？予常谓身心一静，则定慧湛明，非唯亨福，兼可延年却病。若再精进不懈，竟可超凡入圣，皆非虚语也。

会享福，居住朝南精洁屋

李笠翁乃当代之才子也。尝谓人生实在受用只有三件，是：日间所居之屋，夜间所睡之床，死后所贮之棺。其余任有良田万顷，厚禄千钟，都是他人之物，与己无干。世皆以为名言。予意独取日间所居之屋，其下二件亦非实在有益。其义惟何？要知人之受享，全在人能知觉。盖一有知觉，则受享快乐而为福矣。倘若不能知觉，虽有锦绣雕琢，同于粗俗朽坏，乐从何来？且睡如小死，床好徒然，死存臭囊，棺好何用？予所谓床棺亦非实益者，此也。若日居之屋，在赀财盈余人，峻宇高堂，极其华丽，原易为力。一到淡泊，则力不从心，奈之何哉！予妄谓富家房屋，任意起造广多。贫则一室一座，唯须面向南方，取其日色高照，明亮光辉，且冬天日光内入而和暖，夏天日光离远而清凉。需要结构精巧，装饰洁白，日常静坐于内，享福多矣。至若居住眷属之屋，向东，则早半日烘蒸，冬天虽暖，夏热难当；向西，则下半日西山返照，夏热更甚；向北，则日色罕临，冬寒凛冽，俱非所宜。若得向南房屋，冬暖夏凉，家人同住，福更普矣。

会享福，清晨一餐滋润粥

吾扬西山所产米谷，味重多补，以之煮粥，于每日清晨下床空腹时，饱餐一顿，最能滋润五脏，安益脾胃。饱后，鼓腹啸傲，散步逍遥，享福多矣。彼富贵人之嗜珍馐肥鲜者，又必笑我寒酸，殊不知彼损而我益也。

会享福，明窗净几娱心目

敝友陈镇公赠予图章一方，石质既是美润，篆文又复精工。其印语曰“晴窗一日几回看”，予最珍爱。予之小斋向南，窗下设有净几，每于清晨时拂拭洁净，兼之笔砚精良，静坐对赏，娱我之心性眼目，快之极矣。想世之名利场中，滚滚马头尘，匆匆驹隙影，何啻霄壤。宜当一日几回看玩也。

会享福，满架诗书随意读

昔人谓拥书万卷，何暇南面百城。予积书满架，随意取读，即是日与圣贤对偶；如聆面训，如领高论，理明于心，才学精进，虽有他福，何能过此？

会享福，但有隙地栽花竹

斋前地有宽余者，固为甚佳，即或少余隙地，亦须杂植花草疏竹，或于诵读之暇，或于饮酣之际，娱目赏心，乐趣颇多。岂定在于牡丹芍药，园亭台阁而始快哉！解人得趣不在多，是以少为胜。学者要悟明此理。

会享福，早完赋欠免催促

我辈今日得以安享太平之福者，皆上赖圣君治政之恩，不可时刻遗忘。但草野小民，无可报效，唯于日用之费，加意省俭，以早完官赋；既免差役之催促，抑且自心并无挂碍。俗云“要心宽，先完官”，何乐如之？至于该人一切逋欠，尤当拆揭早还，既免纳入利息，又免受人凌辱。昔人谓：“上不少官钱，下不少私债，乃天下第一有福人。”此语信然矣。

明代画家蔡冲寰所绘之竹图

会享福，对酒狂歌田野曲

予酒量最小，饮三四杯即怡然微醉。凡田野歌曲，平时熟记若干，每日兴至即饮，一饮即信口狂歌，并无腔调，亦无宫商，高低起止，随意所适。此时，心胸开朗，癫狂至极，恍如上天教令，全不知今居尘世，亦不知时节、老少、贵贱、贫富，嘻嘻哈哈，自为已成仙佛之飞腾矣。世闻予言，俱大笑我之痴呆疯狂。予亦自任其痴呆疯狂，岂真痴呆疯狂也耶！

高赏集

随时随地，俱有真福，全在达人之会受享而已。昔深甫高子乃最会享福之人也。居于杭之西湖，随时玩赏，不负生平。惟是清赏妙境，遍满寰宇，岂仅西湖为然？譬如每晨之晓山，千态万状，不拘楼阁山岭，我只凭高玩赏，是即登保叔之周览矣。又如梅花，无论几株，多则固妙，少亦不减其妙。或黄昏，或白昼，携酒静赏，兴致亦不亚于孤山逋仙矣。其余桑麦桃柳，荷桂禽鸟，风花雪月，种种诸胜，何地无之？只在会享福者之留心领略，则时时自得真福，岂必在于西湖一处？又岂必在于高子一人之受享也哉！予因选高子四时赏趣之最佳者一十五条，删改梓，名曰《高赏集》，意谓清高赏趣，统集于内，且兼深公之高姓。但愿世人各具天眼，触景开心，取之无禁，用之不竭，举足可得，终日可观，享福宁让高子乎？倘若福不会享，虽四美齐臻，其奈尘俗难超，愁楚未已，乃是此人生来福薄，所以昏昧不知，虚负目前佳境，殊为叹惜也夫！

康熙五十九年仲春日石成金天基撰写

保叔塔看晓山

山翠绕湖，容态百逞，独春朝最佳。或雾截山腰，或霞横树梢。或淡烟隐隐摇荡晴晖，或峦气浮浮掩映曙色。峰含旭日，明媚高彰，风散溪云，林皋爽朗。更见遥岑迥抹柔蓝，远岫忽生湿翠，变幻天呈，顷刻万状。奈此景时值酣梦，恐市门未易知也。描写晓山，曲尽其妙。

孤山月下看梅花

孤山旧址，逋老种梅三百六十。春初，玉树参差，冰花错落，琼台倚望，恍坐玄圃罗浮。若非黄昏月下，携樽吟赏，则暗香浮动，疏影横斜之趣，何能真见实际？

梅花图。古代文人多以梅花入诗，清代吴文溥《游孤山》诗中即有“笑问梅花肯妻我，我即抱鹤归西湖”之句

登东城望桑麦

桑麦之盛，惟东郊外最阔。田畴万顷，一望无际。春时桑林麦陇，高下竞秀，风摇碧浪层层，雨过绿云绕绕。雉鸣春阳，鸠呼朝雨；竹篱茅舍，间以红桃白李、燕紫新黄。寓目色相，自多村家闲逸之想，令人便忘艳俗。

初阳台望春树

湖三面绕山，东为城市。春来树色新发，登台四眺，浅深青碧，色态间呈，高下参差，面面迥出。或冉冉浮烟，或依依带雨；或丛簇山村，或掩映楼阁；或就日向荣，或临水漾碧。幽然会心，自多静中生意。极目撩人，更驰江云春树之想。

山满楼观柳

苏堤跨虹桥下东几步，予小筑数椽，当湖南面，颜曰“山满楼”。予每出游，巢居于内，倚栏玩堤，若与云接。堤上柳色，自正月初旬柔弄鹅黄，二月娇拖鸭绿，依依一望，色最撩人。故诗有“忽见陌头杨柳”之想。又若截雾横烟，隐约万树，欹风障雨，潇洒长堤。爱其分绿影红，终为牵愁惹恨。风流意态，尽入楼中。春色肃骚，授我衣袂间矣。三眠舞足，雪滚花飞，上下随风，若絮浮万顷。缭绕歌楼，飘扑僧舍，点点共酒旗悠扬，阵阵追燕莺飞舞。沾泥逐水，岂特可入诗料？要知色身幻影，是即风里杨花。因余墅额题曰“浮生燕垒”。

步山径野花幽鸟

山深幽境，真趣颇多。当残春初夏之时，步入林峦，松竹交映，遐观远眺，曲径通幽。野花隐隐生香，而嗅味恬淡，非檀麝之香浓；山禽关关弄舌，而清韶闲雅，非笙簧之声巧。此皆造化机局，娱目悦心，静赏无厌。时向松阴石上箕坐，萧然景会，幻身是即画中人物。远听山村茅屋，傍午鸣鸡，伐木丁丁，樵歌相答，经丘寻壑，更出世外几层。此景无竞无争，足力所到，何地非我传舍？岂与尘俗恶界区区较尺寸哉！多情花鸟，不肯放人。

苏堤看新绿

三月中旬，堤上桃柳新叶，黯黯成荫，浅翠娇青，笼烟惹湿，一望上下，碧云蔽空，寂寂撩人。绿侵衣袂，落花在地，步蹀残红，恍入香霞堆里，不知身外更有人世。知己清谈，持觞觅句，逢桥席赏，移时而前。如诗不成，罚以金谷酒数。落红满地衬香裾。

三生石谈月

中竺后山，鼎分三石，居然可坐，传为泽公三生遗迹。山僻景幽，云深境寂，松阴树色，蔽日张空，人罕游赏。炎天月夜，煮茗烹泉，与禅僧诗友分席相对，觅句赓歌，谈禅说偈，满空孤月，露挹清辉，四野轻风，树分凉影。岂俨人在冰壶，直欲谈空，玉宇寥寥，岩壑境是仙都最胜处矣。忽听山头鹤唳，溪上云生，便欲驾我仙去；俗拘物累，潇然冰释。恐朝来去此，是即再生五浊欲界。

压堤桥夜宿

桥据湖中，下种红白莲花，方广数亩。夏日清芬，隐隐袭人，霞飘云彩，弄雨欹风，芳草与四围山色交映。携舟卷席，相与枕藉乎舟中。月香度酒，露影湿衣，欢对忘言，俨共净友抵足，中宵清梦，身入匡庐莲社中矣。较与红翠相偎、衾枕相狎者，何如哉？更愿后期与君常住净土。

岳王祠侧乘露剖莲雪藕

莲实之味，美在清晨，水气夜浮，斯时正足。若日出露稀，鲜美已去过半。当夜宿岳王祠侧，湖莲最多，晓剖百房，饱啖足味。藕以出水为佳，色绿为美，旋抱西子一弯，起我中山久渴。况莲德中通外直，藕洁秽不可污，此正幽人素心，能不日茹佳味？入口心情。

抗金名将岳飞像，图出自清·顾沅辑《古圣贤像传略》。杭州西湖边有岳王墓，是西湖的景观之一

满家弄赏桂花

桂花最盛处，淮南山龙井为多，而地名“满家巷”者，其林若墉若栉，一村以市花为业，各省取给于此。秋时策蹇入山看花，从数里外便触清馥。人径珠英琼树，香满空山，快赏幽深，恍入灵鹫金粟世界。就龙井汲水煮茶，更得僧厨山蔬野蔌作供，对仙友大嚼，令人五内芬馥。归携数枝，作斋头伴寝，心情神逸，虽梦中之我，尚在花境。旧闻仙桂生自月中，果否？若向托根广寒，必凭云梯，天路可折，何为常被平地窃去？疑哉！静读一遍，身口俱香，何次亲历其境。

六和塔夜玩风潮

浙江潮汛，人多从八月昼观，鲜有知夜观者。余昔焚修寺中，燃点塔灯，夜半月色横空，江波静寂，悠悠逝水，吞吐蟾光，自是一段奇景。顷焉风色陡寒，海门潮起，月影银涛，光摇喷雪，云移玉岸，浪卷轰雷，白练风扬，奔飞曲折，势若山岳声腾，令人毛骨欲竖。古云“十万军声半夜潮”，信哉。过眼惊心，因忆当年浪游，身共水天飘泊，随潮逐浪，不知几作泛泛中人。此际沉吟，始觉利名误我不浅。遥见浪中数点浮沤，是皆南北去来舟楫。“悲夫”二字，搬弄人间千古，曾无英雄打破。尽为利名之梦，沉酣风波，自不容人唤醒。

西泠桥畔醉红树

西泠桥有枫树数株，秋来霜红雾紫，点缀成林，影醉夕阳，鲜艳夺目。时携小艇，扶樽登桥吟赏，或得一二新句，出奚囊红叶书之；临风掷水，泛泛随流，不知飘泊何所，幽情耿耿撩人。更于月夜相对，露湿红新，朝烟凝望，明霞艳目，岂直胜于二月花也！

雪霁策蹇寻梅

《唐诗画谱》插图，描绘了诗人雪后乘舟访梅的情景

三冬披红毡衫，裹以毡笠，跨一蹇驴，秃发童子挚樽相随，踏雪溪山，寻梅林壑。忽得梅花数株，即便傍梅席地，浮觞剧饮，沉醉酣然，梅香扑袂，不知身为花中之我，亦忘花为日中之景。但寻梅之蹇，扣角之犊，去长安车马，何凉凉卑哉！且为众嗤，究竟幸免覆辙。

山窗听雪敲竹

飞雪有声，惟在竹间。最雅山窗寒夜，时听雪洒竹林，淅沥萧潇，联翩瑟瑟，声韵悠然，逸我清听。忽尔回风交急，折竹一声，令我寒毡增冷。暗想金屋人欢，玉壶声醉，恐此非尔喜。

真福谱二集

人有六根：眼、耳、鼻、舌、身、意是也。根有六识：色、声、香、味、触、法是也。根为体而识为用，善能调治体用，则由六根而起六识，由六识而致万福。再加精进，福至悟矣。不善调治体用，则由六根而变六贼，由六贼而陷诸害。再加不醒，害至迷矣。要知六根识处，俱有快乐妙境，尽是受用真福。且如眼之所见山水、日月、人物、花木，寓之于目而即乐之于心。其余耳之于声，鼻之于香，根各仿此。乃知宇宙间、眼前遍满事物，悉皆福也。惟在慧心之人能觉而已。譬如善饮者，酒才入口，即知某某酒某某味，含咀甘美，领趣最深。若不善饮者，不辨好恶，糊涂乱吞，乃门外汉耳。良可叹哉！予因选扬国华先生《岱宗稿》二十四条，妄加添改，又自撰愚议六十六条，共成九十条，分为十福，刊著一帙。虽俚俗不足观，然而斋中无事，每读一过，自觉五内洒洒，如濯魄冰壶。从此由六而致万福，由万福而至一悟，顿跻极乐世界，受福无量。岂特怡情悦性而已耶？

康熙五十九年初秋日天基石成金撰写

福　天

天　气之轻清，上浮为天，覆庇人民万物，视听最切。当光天之下，人或机心、机事，碍难对天。我自仰面遥望，浩浩荡荡，而心思坦然无愧，可为福也。

云天　登高极目遥望，倦即仰卧草根，眼看青天，见白云飞绕空中，闲适之至，可为福也。

晴明天　陈眉公云："青天白日，和风庆云，不特人多嘉色，即鸟雀亦有好音。若暴风怒雨，疾雷闪电，鸟俱投林，人亦闭户，乖戾之气至于此乎？是以太和元气为主。"此语虽因和气而发，然遇晴明天日，人之精神气脉倍加爽快，可为福也。

风雨天　昔年予有事往苏，路过镇江，偶逢霖雨连朝，船篷漏滴，衣囊亦湿，舟夫牵挽，身服淋透。正在愁楚间，见河岸上男妇老幼六人，拾蓬草树枝于崖坎下，搭一低篷，露住雨内，无灶无家，相对啼哭。予急呼停舟，赠以钱米。因思此亦人也，乃如此惨苦，而我船中安坐，少有雨湿，尚觉不乐，比如此辈，岂非仙凡、人鬼之隔耶？所谓境界，只看不如我者，非独阴雨为然，凡遇一切不快意之事，俱常以此存想，自得极大安乐，可为福也。

日　万物光彩，皆生于日。日暄则景舒，日丽则景媚；射霞光，则金绯万缕；映山色，则紫翠千重。远树霏微，长波荡漾。睹此宇内之奇观，可为福也。

月　明月当天，露坐空阔处所，清光冷浸，此身如在水晶宫里，令人五内澄澈。领此佳趣，可为福也。

待月　天晚昏黑，呼童携酒坐于空苑，逮至少时云破月来，持杯行吟篱下，身心俱皆清澈，可为福也。

李白像，图出自明·天然撰《历代古人像赞》

卧月　李太白云："夜来月下卧，醒花影零乱。满人襟袖恍，如濯魄冰壶。"此言至妙。或移小榻于月下静卧，趣亦不亚太白，可为福也。

晚眺星月　月色初上。仰盼星光，浮云往来，掩映于牛渚间，另是天地。晚眺静赏开心，可为福也。

云　云本无心出岫，舒卷自如，山中常伴老僧，天上倏成苍狗，且幻态多种，奇峰异岭，倏忽万端。对此妙境，可为福也。

登云山　云气流行，若烟若雾。予乃缓步，游赏中，云涌足下，恍如迎我，顿升天界，令我尘世俗情，尽皆超脱，可为福也。

风　春风和暖，鼓畅万物。夏暑酷热，凉风一至，开牖披襟，不减羲皇上人。若夫柳风舞态，荷风送香，松风成涛，麦风翻浪，大块意气，供我开心，可为福也。

雨　天旱得雨，甚如甘露。溽暑雨过，顿入情凉。洗山添翠，净陌涤尘，梧桐滴声，芭蕉奏韵，对此，可为福也。

雪　予向年腊月旅寓金山，忽值大雪，几深二尺。开窗遥望，长山万里，尽皆白玉装成，满目顿换银界。快赏奇观，且预庆来年丰稔，可为福也。

福　地

山　山以静得趣。色之远近浓淡，或入云表，或插天岚。若烟中迷翠黛，意淡如无。雨后列青螺，色浓似染。我幸得领明秀，此福大矣。

村庄　野趣闲步田亩间，垂柳飘风，新秧翻浪。耕夫荷农器，长歌相应；牧童倒骑牛背，无腔短笛，任吹不休。村庄野趣，对之开心，此福大矣。

听水声　箕踞溪畔石上，听水声浩浩潺潺，恰是一部天然乐韵，疑有湘灵在水中鼓瑟，此福大矣。

小书房　人家小小书房，必不可少。不在乎宽大，须以精洁为佳。笠翁谓曰闲住房，乃人生实在受用，意或指此。盖书房其益有三：附近住房，举足即至，一也。无尘事俗客缠扰，二也。饮食器用随意方便，三也。有此三益，人事稍闲，即居于内，任我科头跣足，猖狂放荡，谁拘谁管？此福大矣。

登塔高玩 步出南门，登文峰塔七级之顶。看长江一线，风帆摇曳，云山环绕，远近高低，楼阁屋寺，林树人物，景趣满前，应接不暇，广开心中乐境。愧我凡夫，顿登天界，此福大矣。

小楼眺望 昔康对山构一园亭，其地在北邙山麓，所见无非丘陇。客讯之曰："日对此景，令人何以为乐？"对山曰："日对此景，乃令人不敢不乐。"达矣哉！高见慧识，岂不超出常人万万乎？予窃仿之，因于西郊坟丛高岗之上，置一小搂，仅容几榻，四窗虚敞。予常裸体巢居，遐观远眺，持酒狂歌，自署愚联曰："引我舒怀山远近，催人行乐冢高低。"要知每日目中所见之累累，不论贵贱贫富，若或气息微存，是皆争名夺利、好强赛胜之人；而今虽欲滴酒入于泉壤，何可得哉！而今虽欲尽弃尘事之烦扰，舒怀享乐，又何可得哉！想彼魂魄有知，懊悔在生之时，枉自忧愁苦恼，追念已迟。是皆前车可鉴，须悟明虚幻色身，常得及时行乐，此福大矣。

看西日射水 晚坐高岗，看西日射水中，奇彩万状，光映远近，娱目乐心，此福大矣。

荷亭赏夏 近虹桥之东，有张园。荷亭虚敞，环水倚栏北望，连接荷花数十亩。今园虽典属他姓，幸售主与予相契，每于长夏，晨出郊外，坐卧亭上，裸体跣足；树阴蔽日，暑气尽消，荷香扑鼻。午后，画舫笙歌，络绎不绝。人世之赤日红尘，悉俱隔断，恍入极乐莲界，日暮乃归，此福大矣。

花村酒舍 出北郊，西走高岗半里许，近靠叶公墓，小金山树林僻路。每当春时，梅杏、桃李交相丛集，接续舒放，未尝一日不花开也。秋来又有鸡冠花、雁来红，满园可爱。继而又有各样菊花，高低向背，紫白红黄，篱边栽遍。柴扉外，青帘摇展，内藏小小酒舍，屋位雅致，看亦精洁，题曰"傍花村"。予每呼友买醉，不必牧童指

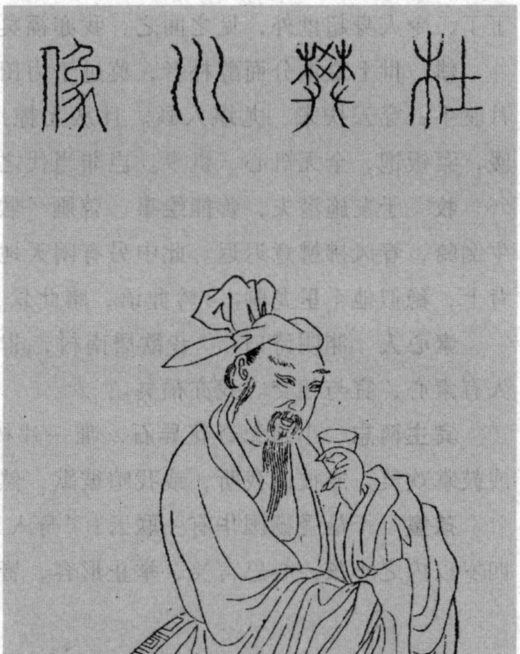

杜牧像，图出自清·顾沅辑《古圣贤像传略》。杜牧为晚唐著名诗人，其诗句"借问酒家何处有，牧童遥指杏花村"为历代传诵。花村酒舍也成了乡郊酒馆的代称

示，而自然逸乐，此福大矣。

福人

闲人 王西楼词云："来的是，躲红尘、逃紫陌、天地闲人。"如有名利淡泊、心无挂碍之人，既少尘俗烦扰，怀抱坦然，当与交往。彼已有福，我亦福矣。

禅僧 禅僧逃隐于空，其性定慧，其趣清高。彼非大福，何能消受。若与为伴，渐染习成，我亦福矣。

渔 渔以纶竿为业，以烟水为家。若于红蓼岸边、白领洲里见之，尤为清绝。每多渔人，酒怡风月，船头仰卧，地阔天宽，乐极忘世。予有俚句曰："得鱼沽酒笑呵呵，笑入芦花白鹭窝。醉卧扁舟秋水净，哪知尘世有风波。"再如散发盟鸥，柔条穿鲤，桃花蒸霞，芦荻飘雪。彼有福能享，我今对此，我亦福矣。

樵 樵夫常乐于云烟峰壑之内。其人闲野，所谓芒鞋踏破岭头云也。遥听伐木丁丁，令人身超世外，见之闻之，我亦福矣。

耕 世上最本分而醇朴者，莫过于力田之农人，荣辱不解，理乱不闻。至于带月驱牛，穿云扶耒，尤堪入画。且从无惊风骇浪之悲，亦无离别忧愁之苦。布衣暖，菜饭饱，全无饥心、饥事。岂非当代之神仙乎！我幸与神仙往还，我亦福矣。

牧 予友施潜夫，善能绘事。曾画一牧童倒骑牛背吹笛，题诗曰："短笛横吹牛倒骑，春风拂拂意迟迟。此中另有闲天地，说与旁人恐未知。"王西楼词云："牛背上，稳似他千里龙驹。"吟此语，睹此景，我亦福矣。

素心人 渊明诗曰："昔欲居南村，非为卜其宅。闻多素心人，乐与数晨夕。"人有素心，宜与相交。我亦福矣。

宾主两忘 小园无奇花异石，唯一片树荫，差可会心。好友来，或促膝剧谈，或鼓掌欢笑，或彼说我听，或我喧彼默，然而宾主两忘，友以为福，我亦福矣。

孩童 予最爱杨国华有一联云："身入儿童斗草队，心犹太古结绳时。"要知三四岁以内之小孩，心思言笑，举止形容，皆天然实韵。与之戏耍，我亦福矣。

福时

正月朔月 元旦清晨，虔诚焚香，礼拜天地、神灵、宗祖，诵经念佛，感谢上天赐我安福。俗于是日，丛火盆于中堂，暖气盈室，谓之旺相，欣然喜悦。是一福也。

贺年 新年两三日内，凡宗族亲友，俗例俱登堂拜贺，每留酒饭。亦有持名帖遍投恭贺。但予性疏懒，逢年则告以衰老，至契亲友自往数家，余则命子代之。视他人之轿马匆匆于道途者，我则静坐小斋，安然享乐。是一福也。

立春　立春预日，府县各官，盛服鼓乐，迎土牛于琼花观。由大东门各回衙署，因名大东门为“先春门”。本日黎明，鞭土牛于府前，俗云“新春”，大似新年各家酒宴欢聚。虽有他务，暂辍竟日。是一福也。

春和　新春之后，未几日，东风解冻，气象温和，所谓阳春布德泽，万物生光辉也。人至此时，自觉精神爽快，不比严寒肃敛。是一福也。

春晴　唐伯虎歌云：“春三秋九好温和，天气温和风雨多。”可见春若无风无雨，最为难得。是一福也。

春宵　苏东坡诗云：“春宵一刻值千金，花有清香月有阴。”正是此时。盖此时不寒不热，扬俗自十三日挂灯，至十八日落灯，无论贫富，家家张灯，持杯玩赏。若得灯月交辉，其乐更甚。抑或缓步街衢，每多儿童各持鸟兽诸般手灯，兼之吹唱；花炮、龙灯、秧鼓，喧闹嬉笑，见之心开神怡。是一福也。

百花生日　二月十二日，为百花生日。本日晴明，主花果繁盛，此时桃李诸花大开。及时玩赏，是一福也。

花朝　世传花朝月夕，要知二八两月为春秋之中，是以二月半为花朝，八月半为月夕。此时天气温和，花柳争妍，最好光阴，须要及时赏乐。是一福也。

观音圣诞　二月十九日，乃观世音菩萨圣诞。扬之西山有观音阁，十数日前后，进香之人与游人杂沓，遍郊盈野。至十九日，灯船箫鼓，连霄达旦，不可不玩其盛，令我开畅心怀。是一福也。

上巳　三月三日，为上巳之辰。晋唐以来，率修禊事。是时柳线垂金，梨花飘玉，微雨初过，幽径生香，草软沙平，风和日暖，宜当及时赏乐。是一福也。

清明　一年之内，唯清明、重九，不可虚度。要知过清明之后，炎热渐来；过重九之后，冰寒悉至，此节前后，家家拜扫。满郊外园林织锦，堤草铺茵，从容领略，淡薄神怡。是一福也。

佛诞　四月初八日，为佛诞。扬俗各寺院俱修斋礼忏。天宁寺、福缘庵，庄严尤甚。是日合城内外，若贵若贱，皆持斋茹蔬，禁止屠沽。看此善世界，最为难得。我心大悦，是一福也。

端午　各家以新箬包糯米为粽，互相馈送，各煮腊肴，午刻团饮雄黄酒，为之赏午。茜罗映榴，火以将然，画扇拂彩丝而并洁。予乃喜佳节之逢，是一福也。

夏热　设想每当暑热炎蒸，刻不可耐。当此之时，须想道途之中，红尘赤日，四围火炙，推车挽舟、抬轿挑担之辈，田野栽插耕种之农，手足胼胝，背焦颜漆，汗流成雨，苦不可言。又想狱中罪犯，只有锁械拘缚之悲，并无宽凉澡浴之乐，且反添疫痢秽杂之气，苦不可言。我今行坐自由，科头跣足，就树荫深处乘风纳凉，或竹床藤枕，北窗高卧，更兼浮瓜沉果，岂非天上人乎？虽当酷暑奇热，常存此想，自入清凉世界。是一福也。

七夕　七夕，陈瓜果于庭，敧眠苑落，所谓“卧看牵牛织女星”也。此值七巧

杜甫像，出自明·天然撰《历代古人像赞》

佳夕，须当持酒吟赏。是一福也。

中秋 桂魄皎然，此夕为最。婉娥偏有意入我室庐，携樽静玩，此兴不浅。是一福也。

重阳 杜甫诗："每恨陶彭泽，无钱对菊花。如今九日至，自觉酒须赊。"要知九节重逢，菊花满径，瓮头酒熟，乃忽动陶令之兴，登高山佩紫萸。更是一福也。

秋色 江枫悬锦，篱菊堆金，榆钱更点点飞下，急持村酿，醉此秋色。是一福也。

冬寒 设想寒风淅沥，雨滴空阶，雪霰敲窗，孤灯清寂，坐无暖气，一衾萧然。当此之时，须想行旅修途，孤舟远泊，鸡声茅店，人迹板桥；又想每有百事冗集，万无措办，欲出门而打头连夜，欲坐待而回肠竟夕，莫不惊魂凄魄，截耳攒心。我今幸得无事，静坐斋中，读快乐文章，吟自在诗诵，炉有未息之炭，床有未拥之絮；耳热酒后，茶沸鼎间，即此享造化之福多矣。既享此福，犹不自爱，更生嗟叹，抑何不知足耶！虽当严寒异冻，当存此想，即致和暖。是一福也。

除夕 今年只今日，明日是明年，旧岁新年界在此日。是日，儿童嬉笑，老幼团饮。是一福也。

白昼 每昼，若遇日暖风和，无凄风苦雨，即为良辰。于此受享，不可虚度。是一福也。

黑夜 每当昏黑之夜，四处寂静，最为佳候。若遇月白风清，更为难得，或绳床坐怡，或缓步微吟。是一福也。

福 体

身体康健 邵康节诗："况复筋骸粗康健，哪堪时节正芳菲。"要知身无病痛，又遇良辰，即为大幸大乐。此邵子得天然之乐，才是真福。

耳聪目明 人耳若聋，声音不闻，如呆如痴，是一苦恼。倘若目盲，终日终夜，昏天黑地，如在九幽地狱中度活，最为惨苦。今得耳聪目明，享此光明世界，乃莫大之幸，才是真福。

四要　坦易其心思，真率其笑语，疏野其礼数，简少其交游。能此四要，才是真福。

导引血脉　人若坐久，自觉身体困倦，即便伸腰扭胯，摩面击脑。习仙家导引功夫，令周身血脉通畅，精神倍添，才是真福。

四快　剃头、取耳、浴身、修脚，此乃人身四快事。即或有一二事，亦为福体。要知己身爽快，才是真福。

止观　以止止散，以观观昏，人能止观持持，才是真福。

福　智

即享即娱　片时清畅，即享片时；半景清雅，即娱半景；不必更起姑待之心。得一刻快乐一刻，何福如之？

取乐勿拘　取乐不必拘，拘何时有所拣择，若已秋而思花香鸟语之富丽，方春而愿砌虫篱菊之清幽，此定非真乐天者。人能随时行乐，何福如之？

看透人事　周旋人事之后，当诵一部清静经；问疾吊丧之后，当唱一篇扯淡歌。人能看得如此透彻，扫除胸中许多葛藤，何福如之？

清闲常言　天不禁人富贵，而禁人清闲。殊不知人自己不肯清闲耳。若能随遇而安，不图将来，不追既往，不蔽目前，何不清闲之有！果能明此，何福如之？

偶然最佳　世事唯偶然者最佳。偶有醇酒，适知己聚首；偶有余钱，适书画来售；偶然登涉，适伴侣相约，真乃快心事。何福如之！

无思虑　心不可思，思则拘滞，不思则圆融；思则窄狭，不思则广大；思则劳扰，不思则安闲。东坡形容不思之妙谓“不饮酒而醉，不闭目而睡”，有味哉！再如文章小技，死生大事，士人疲精神，呕心肝以攻之，何异以隋珠弹雀。调得心无思虑，何福如之？

不拘着　悟白驹之过隙，感蕉鹿之非坚，因分日遨游。不用清明上巳；即时杯酒，何论死后生前。任物而不着奇，游而不着游，自可捐有生之累物为无待之人。但能心不拘着，常享大乐，何福如之？

脱离苦恼　人算百，天算一。绕床猗枕，通夕榜徨，何智不周，何计不到？此其清旦跬步，有碍依然。故吾意念所须，不增毫末。彼方营营逐逐，而司命且从旁笑之矣。能悟明此理，即脱离忧愁苦恼，何福如之？

世物皆趣　遍天下万物，俱有妙趣。一蛙鸣也，唯蛙以为鼓吹；一莺啼也，戴颙以为针砭；一蟋蟀也，道赍以为萧营。此物世固不乏，只要三公胸次耳。具有慧识，随处大乐，何福如之？

福　馔

酒　酒能导滞开郁，陶情怡志。凡江山风月，园圃楼台，花木人物，皆得之心而寓之酒。再如患除玩景，俱切快意事，非酒奚乐？是以擎杯领趣，俱是我福。

酒饮半酣　饮酒有真趣，不在醉，不在不醉。不在醉，此尧夫所以取微醺；不在不醉，此伯伦所以颂酒德。要知酒饮大醉，即神昏气促，胃损脾伤，无益有害。惟饮半酣，即肢体和畅，心旷神怡，俱是我福。

有酒无酒　东坡谓酒能乱性昏神，佛家戒之；酒能活血养气，仙家饮之。常于无酒时学佛，有酒时学仙。若能如此存想，有酒无酒，俱是我福。

淡饭粗茶　吾扬天宁寺署联云："淡饭粗茶，好向个中寻路去；晨钟暮鼓，还从这里入门来。"予谓饭食充饥，不可贪求滋味。所谓"才过三寸成何物，不用将心细较量"。不忍以一己之口腹，致添无限生烹活剥之惨。是以终日淡饭粗茶，俱是我福。

福　供

盆池拳石　案上以盆池为水，以拳石为山。要知得水之情，盆池自乐；领山之趣，拳石亦奇。如此山水随处俱有，全在高怀设想。否则，虽有美景当前，都付虚度。陈眉公云"得趣不在多"。盆池拳石间，便居然有万里山川之势。知此当乐，自以为福。

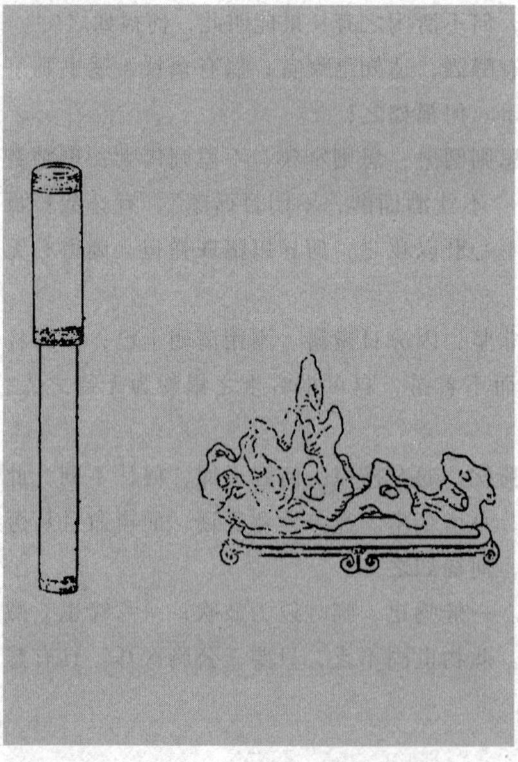

笔洗图，出自清·《马骀画宝》

笔砚　笔砚精良，人生一乐。今几上列湖笔、端砚，即或不当挥洒，心亦大乐，自以为福。

天然供　削野藜而作杖，卷竹箨以为冠，雨送添砚之水，竹供扫阶之风，云展蔽面之帘，草铺坐石之褥。天生景物，不费钱财，任意取用，自以为福。

床枕　竹床虽清而响，石床、漆床虽凉而寒。唯有藤床柔净绵软，再加藤枕，即堪稳梦，自以为福。

花草　绿蕉、黄葵、老少叶、鸡冠花、布满阶砌。或移榻高卧，或拂尘清赏。门外车马之尘，了不相关。此以秋花为例。要知四时俱有花草，随时领趣，自以为福。

福　事

净室焚香　净扫一室，焚香一炉，香烟缕缕，直透心窍，令人精神凝聚，福诚大矣。

读书　人生有书可读，有暇得读，有资能读，又涵养如不识字人，是谓善读书者，福诚大矣。

赏花柳　绿柳丛中，间杂红桃数株，另有小桥，可通往来。徐步桥上，领略花柳如锦，福诚大矣。

玩月　月明如昼，或登高处，或踏高梯，四望空阔，心骨俱清，如游广寒，如濯冰壶，福诚大矣。

读快文　常取前人快意文章，朗朗读之，自觉心神超逸，须眉开张，福诚大矣。

看园景　微醉，登西门城上向北徐行，远望虹桥一带，各园内亭阁台池，花柳树木，应接不暇，福诚大矣。

睡趣　睡则两眼一合，百事俱忘，肢体皆适，尘劳尽消，即黄粱、南柯，特余事已耳。刘静修诗云："书外论交睡最贤。"旨哉言也！能得睡乡佳趣，福诚大矣。

福　忌

遇胜便游　遇名胜地，最不可当面错过，若待日后来游便不可。必要知胜地虽不更改，其余人事变迁，后悔何及！唯须领略现在，岂非福乎？

清勿着迹　清事不可着迹。若衣冠必求奇古，器用必求精良，饮食必求异巧，此乃清中之浊，亦是清心之累。须要随缘俗，扫除浊累，岂非福乎？

破愁关　今日预愁明日，一年当计百年，其中抢攘牢骚，掇掇攒眉，所谓掷下一生快活也。急当劈破愁关，乐天知命，自然日日时时俱享快活，岂非福乎？

脱然境外　尘世富贵，不必欣羡，亦不必厌恶。昔向平谓，富不如贫，贵不如贱。此话尚有计较，因未能脱然于富贵贫贱之外也。须要听天享乐，岂非福乎？

知足　人能知足，则随地可以自安。若复无厌，则求望曷其有极？富堪敌国，叹一命之未沾；贵极人臣，恨九锡之未至。悟此乐足，岂非福乎？

今觉楼

世人要享快乐，只须在心念上领略，则随时随地俱享快乐。切莫在境界谋求，不独奢妄难遂，反多愁苦无休。试看陈画师，不过眼前小就，便日日享许多自在快乐之福。谁个不能？哪个不会？读者须当悟此。予尝诌二句曰：“福要人会享，会享就多福。”要知人若不会享福，虽有极好境界，即居胜蓬瀛，贵极元宰，怎奈他心中忧此虑彼，愁烦不了。视陈画师之小局，实受反不如也。

人能安分享乐，病也少些，老也老得缓些，福也受得多些，寿也长些。陈画师即现在榜样也。

崇祯年间，扬州西门外有个高人，姓陈，名正，字益庵。生得丰姿潇洒，气宇轩昂，飘飘然有出尘之表。家甚淡薄，只一妻、一子、一仆。幸西山里有几亩旱田，出的租稻仅仅供食。这人读书不多，因看破人世虚幻，每日只图享乐。但他的乐处，与世人富贵荣华、酒色财气的乐处不同。他日常说，文人有四件雅事，最好的是琴、棋、书、画。要知弹琴虽极清韵，必须正襟危坐，心存宫商，指按挑剔，稍不留意即失调矣。我是个放荡闲散的人，哪里奈得？所以并不习学。又如着棋，高下对敌，筹运思维，最损精神。字若写得好，亲友的屏轴、斗方、扇条应酬不了，且白求的多，我俱不为。俱说得是。四件之内只有尾上的绘画一件，任随我的兴趣。某处要山就画山，某处要水就画水，某处要楼台、树木就画楼台、树木。凡一切风云人物，花鸟器用，俱听我笔下成造。我所以专心学画，若画完一幅自对玩赏，心旷神怡；赠与知音，彼亦快乐。每喜唐伯虎四句口号云：

不炼金丹不坐禅，不为商贾不耕田。
闲来画幅青山卖，不用人间作孽钱。

陈画师因有了这个主意，除卖画之外，一应诗文，自量自己才疏学浅，总不撰作，落得心无挂碍，只是专享闲乐之福。就在西门外高岗上，起盖了三间朝南小屋，容易。安住家口。苑阔约四五丈，栽草花数种，容易。如月季、野菊之类，并无牡丹、芍药之贵重的。不惹人眼。周围土墙、柴门。苑之东南上，起了一间小楼，容易。楼下只可客三四人，一几四椅，中悬条画，几上除笔砚之外，堆列着旧书十余部。用的都是砂壶、瓦盏。不惹人眼。楼上起得更加细小，不必大。只可容二三人，设有棕榻、小桌，四面推窗明朗。楼之南面，遥望镇江、长山一带云树烟景；楼之北面，正对着虹桥、法海花柳林堤；楼东一望，各花园亭阁高下参差，惟楼西都是荒坟荒冢。陈师坐此楼，自知往日之尘劳尽去，顿生觉悟，因题“今觉楼”三字，匾悬于下层；又诌一对联粘柱，时刻自醒，兼以醒人。联云：

觉性凡夫登佛位，乐心斗室胜仙都。

此联重在“乐觉”二字，所谓趣不在境也。楼之上层，曾有客登此楼西望，尽是高低坟墓，每云不乐。师因晓之曰：“昔康对山构一园亭，其地在北邙山麓，所见无非丘陇。客讥之曰：‘日对此景，令人何以为乐？’对山曰：‘日对此景，乃令人不敢不乐。’我深敬服，其所以起楼在荒冢旁，原是仿此。今每日目睹此累累者，皆是催我急急行乐，不容少缓也。”因又诌一联、粘上层柱云：

引我开怀山远近，催人行乐冢高低。

牡丹图

陈师自立规矩，每日上半日画些山水，卖得笔赀，以为沽酒杂用。凡有求画之人，都在上半日相会。一到午后，便停笔不画，一应亲友，令小童俱答外出，却在楼上任意癫狂笑傲：夏则北迎保障湖内莲叶接天、荷花数里，或科头裸体高卧榻上，或乘风透凉斜倚栏边，世之炎暑总不知也。冬则西岗一带，若遇有雪，宛如银妆玉琢，否则闭窗垂幕，炉烧木炭，满室烘烘，世之寒冷总不知也。春秋和暖，桃红柳绿，梧翠菊黄，更自快心。每日清晨向东遥望，瞳瞳朝气，生发欣然；每日午后，虹桥之画船箫鼓，恒舞酣歌，四时不绝。陈师曾遇异人传授定慧功夫，静坐楼上，任意熟习，少有倦怠，或缓步以舒身体，或远眺以畅神思；或玩月之光华，或赏花之娇媚；或随意吟几首自在诗文，或信口唱几支无腔词曲；或对酒当歌，或谈禅说偈。种种闲乐，受用甚多。但陈师的性格，落落寡合，朋友最少。只有两人与师契厚，一个是种菜园的，姓李，只因此人邻近不远，极重义气，所以时常来往；一个是方外僧人，诨名懒和尚，一切世事俱不知晓，只喜默坐念佛。难得，偶然说出一句话来，到有许多性理，有功夫。所以时常来往。这两个人酒量甚小，会饮，每人不过四五杯就各酣然。无多费。陈师每常相会，也不奉揖，脱洒。也不套话，也不谦上下，只一拱手，爽快。随便就座。且这卖菜李老并不衣帽，惟粗粗短衣、草鞋。卖完了菜，就到陈师楼上闲玩，若遇饮酒，就饮几杯，桌上放的，不过午饭留下的便肴一二碟。不难。这懒和尚不吃荤腥，只不戒酒。若是来时，不过腐干、盐豆佐酒。不难。隔几日，卖菜的李老也煎碗豆腐，请陈师、和尚到他家草屋里饮乐。因陈师的小楼在荒郊野外，忽一夜，有六个强盗点明火把，各执器械，打开陈师门，吓得陈师连叫：“大王怜念贫穷，并无财物。”众盗周围照看，并无铜锡物件，即好衣也无。正在搜劫，忽闻门外有多人呐喊捕捉。众盗慌张，既无财可劫，又听众声喊叫，一哄而散。原来是卖菜李老在竹篱内探知盗至师室，因叫起众邻救援。义气。陈师知道，感激不已。自后过了两个多月，又见一军官骑着马，带了三个家人，捧着杯缎聘礼，口称北京来的；某王爷闻师画法精妙，特来请师往京面会。礼拜之后，力辞不脱，陈师亦有允意。名利动念，忽见懒和尚到来，同见礼后，向来人说：“既承好意远来，屈先暂回，待僧人力劝陈师同去。”来人闻言，遂将礼物留下，送别。这懒和尚拉陈师密说：“我等世外高人，名利久忘，有主意。只图闲乐。何苦远到京都，甘受尘劳？可将妻子、仆人暂移乡村，只留我僧人将礼物璧回，推陈师得病，已另搬西山服药。”陈师依计。次日来人见画师藏躲，因无罪过，遂而辞去。续后闻得聘到京都之人，俱遭罪辱，方信懒僧高见。陈师迟了几日，知京人已散，复又至小楼，仍旧安享闲乐，每常自撰四句俚咏云：

岗上高楼整日闲，远离尘劳，白云飞去见青山。今日方才知觉。

达人专领惺惺趣，功夫莫懈，不放晴明空往还。切不可虚负好时光。

又常述大义禅师传授秘诀八句普示人众云：

莫只忘形与死心，此个难医病最深。

直须提起吹毛利，要剖西来第一义。成佛成祖，只在此二句。

瞠起眼睛剔起眉，反复看渠渠是谁。瞠音撑，直视也。最要妙法。

若人静坐不施功，何年及第悟心空。若无功夫，静坐无益。

陈师后来老而康健，寿至九十六岁，无病而终。予曾亲见此老强壮不衰，乃当代之高人，诚可敬、可法也。陈师所生一子，承继父业，家传的画法甚是精妙。其契友李菜佣、懒和尚，寿高俱至九十以外。总因与陈师熏陶染习而致也。

惺斋十乐

乐于知福

人能知福，即享许多大福。当常自想念，今幸生中国太平之世，兵戈不扰；又幸布衣蔬食，饱暖无灾，此福岂可轻看？反而思之，彼罹灾难困苦、饥寒病痛者，何等凄楚？知通此理，即时时快乐矣。

乐于静怡

不必高堂大厦，虽茅檐斗室，若能凝神静坐，即是极大快乐。试看名缰利锁，惊风骇浪，不知历无限苦楚。我今安然，静怡性情，此乐不小。唯有喜动不喜静之人，虽有好居室、好闲时，才一坐下，即想事务奔忙，乃是生来辛苦之人。未知静怡滋味，又何以强与之言耶？

乐于读书

圣贤经书，举业文章，皆修齐治平之学，人不可不留心精研，以为报国安民之资。但予自恨才疏学浅，年老七十余岁，且多病多忘，如何仍究心于此，尚欲何为乎？目今惟将快乐诗歌文辞，如邵子、乐天、太白、放翁诸书，每日熟读吟咏，开畅心怀而已。又将旧日读记之得意书文，从新诵理，恍与圣贤重相晤对，复领嘉训，乐何如耶？

乐于饮酒

予性喜饮酒，奈酒量甚小，每至四五杯则熙熙皓皓，满体皆春，乐莫大焉。凡酒不可夜饮，亦不可过醉，不但昏沉不知其乐，且有伤脏腑也。

乐于赏花

观一切种植之花，须观其各有生生活泼之机、袅袅娇媚之态，不必限定牡丹、芍药之珍贵者。随便各种草本、木本之花，或有香，或有色，或有态度，皆为妙品。但有遇即赏，切勿辜此秀色清芳也。

竹林七贤图。竹林七贤是魏晋时期的七个名士，常在竹林聚会吟诗饮酒

乐于玩月

凡有月时，将心中一切事务，尽行抛开；或持杯相对，或静坐清玩，或独自浩歌，或邀客同吟。此时心骨俱清，恍如濯魄冰壶，置身广寒宫矣，此乐何极？想世人多值酣梦，听月自来自去，深可惜也。

乐于观画

画以山水为最。可集名画几幅，不必繁多，只要入神妙品。但须赏鉴之人，细观画内有可居可游之地，心领神怡，将予幻身恍人画中，享乐无尽。不独沧海凄然，移人性情也。

乐于扫地

斋中扫地，不可委之僮仆，必须亲为。当操箕执帚之时，即思此地非他，乃我之方寸地也；此尘埃非他，乃我之沉昏俗垢也。一举手之劳，尘去垢除，顿还我本来清净面目矣。迨扫完静坐，自觉心地与斋地俱皆清爽。何乐如之？

陶渊明像，图出自明·天然撰《历代古人像赞》。陶渊明是东晋时期著名的隐士，其追求自然、闲适的生活态度为后世文人所称道

乐于狂歌

凡乐心词曲、诗歌，熟读胸次。每当诵读之余，或饮至半酣之时，即信口狂歌，高低任意，不拘调，不按谱，唯觉我心胸开朗，乐自天来，直不知身在尘凡也。

乐于高卧

睡有三害：曰思，曰饱，曰风。盖睡而思虑，损神百倍；饭后即睡，停食病生；睡则腠理不密，风寒易入，大则中厥，小亦感冒。除此三害，日日时时，俱可享羲皇之乐。

不拘昼夜，静卧榻上，任我转侧伸舒，但觉身心快乐不减渊明之得意也。

铁菱角

积财富翁，只知昼夜盘弄，锱铢必较。家虽陈柴烂米，有人来求救济，即如剐肉；有人来募化做好事，若修桥补路之类，即如抽筋；且又自己甘受苦恼，不肯受用，都留为不肖子孙嫖赌浪费。甚至为有力势豪攫取肥囊，全不醒悟。观汪千门之事，极可警心。

家贫妄想受用，固是痴愚；若有财富翁不肯受用，所谓好时光、好山水、好花鸟诗酒，都付虚度。岂非枉过一生！更为痴愚。诚可惜、可怜。

曾有一后生，姓汪，号千门。才十五岁，于万历年间，自徽州携祖遗的本银百余两来扬投亲，为盐行伙计。这人颇有心机，性极鄙啬，真个是一钱不使，二钱不用，数米而食，秤柴而炊。未过十多年，另自赚有盐船三只，往来江西湖广贩卖。又过十多年，挣有粮食豆船五只，往来苏杭贩卖。这汪生每夜只睡个三更，便想盘算。自己客座屏上粘一帖，大书云：

予本性愚蠢，淡薄自守。一应亲友，凡来借贷，俱分厘不应，免赐开口。

予有寿日喜庆诸事，一应亲友，只可空手来贺，莫送礼物。或有不谅者，即坚送百回，我决定不收。至于亲友家有寿日喜庆诸事，我亦空手往贺，亦不送礼。庶可彼此省事。

凡冬时年节，俱不必踵贺，以免往返烦琐。

凡请酒，最费资财。我既不设席款人，我亦不到人家叨扰，则两家不至徒费。

寒家衣帽布素、日用器物，自用尚且不敷。凡诸亲友有来假借者，一概莫说。

愚人汪千门谨白

汪人生性吝啬，但有亲族朋友来求济助的，分厘不与；有来募做好事积德的，分厘不出。自己每常说，人有冷时，我去热人；我有冷时，无人热我。语不吉利。他自己置买许多市房，租与各人开店铺，收租银。他恐怕人挂欠他的房租，预先要人的押房银若干；租银十日一兑，盘剥贫人。不许过期。如拖欠，就于押银内扣除。都立经帐，放在肚兜，每日早起直忙到黑，晚还提个灯笼各处讨租。有人劝他寻个主管相帮。他答道："若请了主管，便要束修，每年最少也得十多两银子；又每日三餐供给。他是外人，不好怠慢，吃了几日腐菜，少不得觅些荤腥与他解馋。遇个不会吃酒的还好，若是会吃酒的过了十日五日熬不过，又未免讨杯酒来救渴，极少也得半斤、四两酒奉承他。有这许多费用，所以不敢用人，宁可自己受些劳苦。况且银钱都由自手，我才放心。”他娶的妻子可可也是一般儿俭啬，分厘不用。一日时值寒冬，忽然天降大雪，早晨起来看地下积有一尺多深，尤自飞扬不止，直落得门关户闭，路绝人稀。汪人向妻道：“今日这般大雪，房租等银是他们的造化。且宽迟这一日，我竟不去取讨，只等坐在家中吃本了。但天气这等寒冷，我和你也要一杯酒冲冲寒，莫失了财主的规矩。”妻道：“你方才愁的吃本，如今又要吃起酒来，岂不破坏了家私？”汪人道：“我原不动己财沽酒。我切切记得八月十五中秋这一日，间壁张大伯请我赏月，我怕答席，因回他有誓在前，不到人家叨扰，断不肯去。后来他送了我一壶酒，再三要我收。勉强不过，我没奈何，只得收了。我吩咐你倒在瓦壶里，紧紧封好。前日冬至祭祖，用了一小半，多费。还剩有一大半，教你依旧藏好。今日该取出来受用受用。”妻笑道：“不是你说，我竟忘了。”即时去取出这半壶酒来，问丈夫道：“须得些炭火暖一暖，方好饮，”汪人道：“酒性是热的，吃下肚子里，自然会暖起来，何必又费什么炭火？”妻只得斟一杯冷酒送上。汪人也觉得寒冷，难以入口，尖着嘴慢慢地呷了一口，在口中焐温些吞下；将半杯转敬浑家，妻接下呷半口，嫌冷不吃了，汪人道：“享福不可太过，留些酒再饮吧。”

他戴的一顶毡帽，戴了十多年，破烂不堪，亦不买换。身上穿的一件青布素袍，非会客、要紧事，亦不肯穿，每日只穿破布短袄。但是渐次家里人口众多，每日吃的粥饭都是粗糙红米，兼下麦糠；至于菜肴，只拣最贱的菜蔬，价值五六厘十斤的老韭菜、老苋菜、老青菜之类下饭。或鱼，或肉，一月尚不得一次。如此度日，还恨父母生这肚子会饥渴，要茶饭吃；生这身子会寒冷，要棉衣穿。他自己却同众人一样、粗饭粗菜共食，怕人议论他吃偏食。就是吃饭时，他心中或想某处的盐船着某某人去坐押，或想某处的豆船叫某某人去同行；某处的银子怎的还不到，某处的货物因何还不来，某盐场我自己要盘查，某行铺我自己要看发。千愁万虑，一刻不得安宁。其时，西门外有个陈画师，闻知汪人苦楚得可怜，因画一幅画提醒他；画的一只客船装些货袋，舱口坐了两个人，堤岸上纤夫牵船而行。画上题四句云：

船中人被利名牵，岸上人牵名利船。

江水滔滔流不尽，问君辛苦到何年？

将画送至汪人家内。过了三日，汪人封了一仪，用拜匣盛了，还要来命脚贤？着价同原画送还，说家爷多拜上陈爷，赐的画虽甚好，奈不得工夫领略，是以奉还。价者依言送至陈楼，陈师开匣看见一旧纸封袋，舍不得买新束。外写“微敬”二字，内觉厚重。因而拆开一看，原来是三层厚草纸包着的，内写“壹星八折”。及看银子，是八色潮银七分六厘。又折四厘。陈师仍旧封好对来价说：“你主人既不收画，竟存下来，待我另赠他人。这送的厚礼太多了，我也用不起，亦不敢领，烦尊手带回，亦不另写回帖了。”价者听完，即便持回。陈师自叹说：“我如此提醒，奈他痴迷不知。真为可怜！”这汪人因白送了八分银子，就恼了半日。舍不得。只待价者回来，知道原银不收，方才喜欢。他的鄙吝辛苦的事极多，说也说不尽。内中单说他心血苦积的银子，竟有百万两，他却分为“财、源、万、倍”四字号四库堆储。因有这许多银子，时刻防闲，他叫铁匠打造铁菱角，每个约重斤余，下三角，上一角，甚是尖利，如同刀枪；俱用大篾箩盛着，自进大门、天井，到银库左右，每晚定更之后，即自己一箩、一箩捧扛到各路库旁，尽撒满地。或人不知误踹着跌，鲜血淋漓，几丧性命。到五更之后，自己又用扫帚将铁菱角仍堆箩内，受罪。复又自捧堆空屋。虽大寒、大热、大风雨俱不间隔。其所以不托子侄、家人者，恐有歹人串同为奸。虑得远。这汪人如此辛苦，邻人都知道，就将“铁菱角”三字，起了他的诨名。一则因实有此事，收撒苦楚；二则言铁菱角，世人不能咬动他些微。这汪人年纪四十余岁，因心血费尽，发竟白了，理所必至。齿竞落了，形衰身老，如同七八十岁一般。可怜。到了崇祯末年，大清兵破了扬州城，奉御王令旨，久知汪铁菱家财甚富，先着大将军到他家搬运银子，来助济军饷。大将军领兵尚未到汪门，远远看见一人破衣破帽跪于道旁，偏有见解两手捧着黄册顶在头上，口称顺民汪于门迎接大将军献饷，将军大喜，即接册细看，百万余两分为“财、源、万、倍”四字号四库；因吩咐手下军官，即将令箭一支插于汪铁菱门首，又着百余兵把守保护，如有兵民擅动汪家一草一木者，即时斩首示众。汪人叩首感激，引路到库，着骡马将银装驮，自辰至午，络绎不绝。汪人看见搬空，心中痛苦，将脚连跳几跳说：“我三十余年的心血积聚，悔迟了。不曾丝毫受用。可怜。谁知尽军饷之用!”长嚎数声，身子一倒，满口痰涌，不省人事，即时气绝。将军闻知，着收殓毕。其子孙家人见主人去世，俭极必生奢男。将盐窝引目以及各粮食船只、房屋家伙，尽行出卖，以供奢华浪费。不曾一年，竟致衣不充身，食不充口；祈求诸亲族朋友救济，分厘不与，都回说：“人有冷时，我去热人；我有冷时，无人热我”。子孙闻知，抱愧空回。只想会奢华的人，怎肯甘贫守淡？未久，俱抑郁而死。此等痴愚，不可不述以醒世也。

双鸾配

世人只知娶妻须要美貌，殊不知许多坏事都从此而起；试看陈子芳之妻，常时固是贞洁，一当兵乱，若或面不粗麻，怎得完璧来归？前人谓“丑妻瘦田家中宝”，诚至言也。

这一种事，说有三个大意。第一是劝人切不可奸淫。除性命丧了，又把已妻偿还，岂不怕人？第二是劝老年人切不句娶少妇。自寻速死，岂不怕人？第三是劝人闺门谨慎。切不可纵容妇女站立门首，以致惹事破家，岂不怕人？

崇祯年间，荆州府有一人姓陈，名德，号子芳。娶妻耿氏，生得面麻身粗，却喜勤俭治家，智胜男子。这子芳每常自想道："人家妻子美貌，固是好事，未免女性浮荡，转不如粗丑些，反多贞洁。"因此夫妻甚是和好。他父亲陈云峰开个绸缎店铺，甚是富余。生母忽然病故，父亲在色上着意，每觉寂寞，勉强捱过月余，忙去寻媒续娶了丁氏。这丁氏一来年纪小；二来面貌标致；三来极喜风月，甚中云峰之意；便着紧绸缪，不上半年，竟把一条性命交付阎家。子芳料理丧葬，便承了父业。不觉过了年余，幸喜家中安乐，独有丁氏正在青年，又有几分颜色，怎肯冷落自守？每日候子芳到店中去，便看街散闷。原来子芳的住房，却在一个幽僻巷内，那绸缎铺另在热闹市口；若遇天雨，就住在店中，因而丁氏常在门首站立。一日，有个美少年走过，把丁氏细看；丁氏回头又看那少年，甚是美貌。两人眉来眼去。这少年是本地一个富家子弟，姓都，名士美，最爱风流；娶妻方氏，端庄诚实，就是言语也不肯戏谑。因此，士美不甚相得，专在外厢混为。因谋入丁氏房中，十分和好。往来日久，耿氏知风，密对丈夫说知。但子芳极孝，虽是继母，每事必要禀命，因此丁氏放胆行事。这日，子芳暗中细察，丑事俱被瞧见，心中大怒。思量要去难为他，只碍着继母不好看相；况家丑不可外扬，万一别人知道，自己怎么做人？踌躇一回，倒不如叫他们知道我识破，暗地里绝他往来才为妥当。算计已定，遂写了一帖，粘在房门上云："陈子芳是顶天立地好男子，目中着不得一些尘屑。何处小人肆无忌惮？今后改过尚可饶恕，若仍前怙恶不悛，勿谓我无杀人手也。特字知会，"士美出房看见，唬得魂不附体，急忙奔出逃命。丁氏悄悄将帖揭藏。自此月余，不相往来，子芳也放下心肠。

一日，正坐在店中，只见一个军校打扮的人走入店来，说道："我是都督老爷家里人，今老爷在此经过，要买绸缎送礼，说此处有个陈云峰是旧主顾，特差我来访问。足下可认得么？"子芳道："云峰就是先父。动问长官是哪个都督老爷？不知要买多少绸缎？"那人道："就是镇守云南的。今要买二三百两银子，云峰既是令先尊，足下可随我去见了老爷，兑足了银子，然后点货何如？"子芳思量父亲在日，并不曾说起。今既来下顾，料想不害我什么，就去也是不妨。遂满口应承，连忙着扮停当，同了那人就走。看看走了二十余里，四面俱是高山大树，不见半个人烟。心上疑惑，正要动问，忽见树林里钻出人来，把子芳劈胸扭住。子芳吃了一惊，知是剪径的好汉，只得哀求，指望同走的转来解救。谁知那人也是一伙，身边抽出一条索子绑住子芳，靴筒里扯出一把尖刀，指着子芳道："谁叫你违拗母亲，不肯孝顺？今日我们杀你，是你母亲的主意，却不干我们的事！"子芳哭道："我与母亲虽是继母，却哪件违拗她来？若有忤逆的事，便该名正言顺送官治罪，怎么叫二位爷私下杀我？我今日无罪，死了也没有放不下的心肠。只可怜我不曾生子，竟到绝嗣的地位。"说罢，放声大哭起来。那两人听他说得悲伤，就起了恻隐之心，有良心，有好男。便将索子割断道："我便放你去，你意下如何？"子芳收泪拜谢道："这就是我重生父母了。敢问二位爷尊姓大名？日后好图个报效。”那两人叹口气道：“其实不瞒你说，今日要害你，通是我主人都士美的意思。我们一个叫都义，一个叫都勇，生平不肯妄害无辜的。诚然不愧义勇二字。适才见你说得可怜，因此放你，并不图什么报效。如今去你之后，我们也远去某将军麾下效用，想个出身。但你须躲避，迟五六日回家，让我们去远，追捕不着，才是两全。”说罢，随举手向子芳一拱，竟大踏步而去。子芳见他们去了，重又哭了一场。展转思量，深可痛恨，就依言在城外借个僧舍住下。想计害他这士美，见子芳五六日不回家，只道事已完结，又走入丁氏房内，出入无忌。一夜，才与丁氏同宿，忽听得门首人声嘈杂，大闹不住。士美悄悄出来探信，只见一弧火光照得四处通红，那些老幼男女号哭奔窜，后面又是喊杀连天，炮声不绝，吃了大惊，连忙上前叩问，方知李家兵马杀到。原来是那时正值李自成造反，联合张献忠，势甚猖獗。只因太平日久，不独兵卒一时纠集不来，就是枪刀器械，大半换糖吃了，纵有一两件也是坏而不堪的。所以遇战没一个不胆寒起来。那些官府，收拾逃命的就算是个忠臣了；还有献城纳降、倒做了贼寇的向导，里应外合，以图一时富贵，却也不少。那时荆州也为官府一时不及提防，弄得百姓们妻孥散失，父子不顾，走得快的，或者多活几日；走得迟的，早入枉死城中去了。士美得知这个消息，吓得魂不附体，一径望家里奔来。不料这条路上已是火焰冲天，有许多兵丁拦住巷口，逢人便砍。他不敢过去，只得重又转来，叫丁氏急忙收拾些细软，也不与耿氏说知，丧心。竟一溜烟同走，拣幽僻小路飞跑；又听喊杀连天，料想无计出城，急躲在一个小屋内，把门关好。丁氏道：“我们生死难保，不如趁此密屋，且干个满兴，也是乐得的。”淫妇。士美就依着她，把衣服权当卧具，也不管外边抢劫，大肆行事。谁知两扇大门早已打开，有许多兵丁赶进，看见士美、丁氏尚是两个精光身子，好看相。尽指着笑骂。士美惊慌无措，衣服也穿不及，早被众人绑了撇在一边。有个年长的兵对众说道：“当此

承天门闯王射箭图。描绘李自成率起义军进北京，骑于马上，张弓搭箭欲射的情景

大难，还干这事，定是奸夫淫妇，明白无疑。”有几个齐道：“既是个好淫的妇人，我们与她个吃饱而死。”因将丁氏绑起逐个行事，这个才完那个又来。十余人轮换，弄得丁氏下身鲜血直流，昏迷没气。有个坏兵，竟将士美的阳物割下，塞入丁氏阴户；看了大笑，复将士美、丁氏两颗头，俱切下来。正是：万恶淫为首，报应不轻饶。众兵丁俱呵呵大笑，一哄而散。可见为奸淫坏男女，奇惨奇报。

这子芳在僧舍，听见李贼杀来，城已攻破，这番不唯算计士美不成，连自己的妻小家赀也难保全。但事到其间，除了“逃命”二字，并无别计。只得奔出门来，向城里一望，火光冲天，喊声不绝，遂顿足道：“如今性命却活不成了。身边并无财物，叫我哪里存身？我的妻子又不知死活存亡，到不如闯进城去，就死也死在一处。”才要动脚，那些城中逃难的，如山似海拥将出来，子芳哪里站得住，只得随行逐队，往山径小路慌慌忙忙地走去。忽见几个人，各背着包裹奔走，子芳向前问道：“列位你往哪里去的？”那几个道：“我们是扬州人，在此做客。不想遇着兵乱，如今只好回乡，待太平了再来。”子芳道：“在下正苦没处避乱，倘得挈带，感恩不浅。”众人内有厚友依允，子芳就随了众人行了一个多月，方到扬州。幸这里太平，又遇见曾卖绸缎的熟人说合，就在小东门外缎铺里做伙计度日。只是思想妻子耿氏，不知存亡，家业不知有无，日夜忧愁。过了几月，听人说大清兵马杀败自成，把各处掳掠的妇女尽行弃下；那清朝诸将看了，心上好生不忍，传令一路下来，倘有亲丁来相认的，即便发还。子芳得了这个信息，恐怕自己妻子在内。急忙迎到六安打探。问了两三日，不见音耗，直至第六日，有人说一个荆州妇人在正红旗营内，当下走到营里，说了来情，就领那妇人出来与他识认，却不是自己的妻子。除了此人，并没有第二个荆州人了。子芳暗想道：“她是个荆州人，我且领了去访她的丈夫送还他，有好心，有好报。岂不是大德？”遂用了些使费银子，写了一张领状，领了回来。看这妇人面貌敦厚，便问道：“娘子尊姓？可有丈夫么？”那妇人道：“母家姓方，丈夫叫都士美。那逃难这一夜不在家里，可怜天大的家私尽被抢散。我的身子，亏我两个家人在那里做将官，因此得以保全。”子芳听得暗暗吃惊，这天网恢恢，疏而不漏，都士美的奸淫，不料他的妻子就来随我。只是他两个家人却是哪个？方氏又道：“两个家人叫做都义、都勇，也是丈夫曾叫他出去做事，不知怎的就做了官，好人好报。如今随征福建去了。”说罢呜呜咽咽地哭起来。子芳问道：“因何啼哭？”方氏道：“后有人亲见，说我丈夫与一个妇人俱杀死在荆州空屋里，停了七八日，尸都臭了，还不曾收殓。是他，就掘坑埋了，连棺木也没得，可不凄惨？”子芳听了暗想道：“那妇人必是丁氏，他两人算计害我，不料也有今日。此信到确然的了。”子芳见方氏丈夫已死，遂同方氏在寓处成了夫妻。次日，把要回荆州查看家业话说明，便把方氏暂安住在尼庵内，一路前往。

行了几日，看见镇市路上有个酒店，子芳正走得饥渴之时，进店沽酒。忽见一个麻面的酒保，看见了便叫道：“官人！你一向在哪里？怎么今日才得相会？”子芳吃惊道："我有些认得你，你姓什么？"酒保道："这也可笑，过得几时，就不认得我了？"因扯子芳到无人处说道"难道你的妻子也认不得了？"子芳方才省悟，两个大家哭起来。子芳道："我哪一处不寻你，你却在这里，换了这样打扮，叫我哪里就认得出？"耿氏道："自当时丁氏与都士美丑事，我心中着恼。不意都贼赔着笑脸挨到我身边，如何不嫌丑？作揖无耻；我便大怒，把一条木凳照头打去。他见我势头不好，只得去了。我便央胡寡妇家小厮来叫你，他说不在店里，说你同什么人出去五六日没有回来。我疑丁氏要谋害你，只是没人打听。闷昏昏的上床睡了，眼也不曾合，忽听得满街上喊闹不住，起来打探，说是李贼杀来。我便魂不附体去叫丁氏，也不知去向。我见势头不好，先将金银并首饰、铜锡器物，俱丢在后园井内，有智。又掘上许多泥盖面；又嘱邻居李老翁，俟平静时代我照看照看。我是个女流，路途不便，就穿戴你的衣帽，有智。改做男人随同众人逃出城来。我要寻死，幸得胡寡妇同行，再三劝我，只得同她借寓在她亲戚家中，住了三四个月。思量寻你，各处访问，并无音信。只得寄食于人。有智。细想，除非酒店里那些南来北往的人最多，或者可以寻得消息。今谢天，果得破镜重圆。"他两人各诉避难的始末。回到店中，一时俱晓得他夫妻相会，没一个不赞耿氏是个妇中丈夫，把做奇事相传。店主人却又好事，备下酒席，请他二人，一来贺喜，二来谢平日轻慢之罪，直吃到尽欢而散。次日，子芳再三致谢主人，耿氏也进去谢了主人娘子，仍改女装随子芳到荆州去。路上，子芳又将都士美被杀及方氏赎回的话说将出来，耿氏听了，不但没有妒心，反甚快活，说道："他要调戏我倒不能够，他的妻子倒被你收了。天理昭昭，可是怕人。"到了荆州，原住之处只是房屋、店面俱烧做土堆，好不伤心。就寻着旧邻李老翁，悄悄叫人将井中原丢下的东西约有二千余金，俱取上来。子芳大喜，将住的屋基值价百余金立契谢了李老翁，又将银子谢了下井工人。周到。因荆州有丁氏奸淫丑事，名声大坏，本地羞愧居住不得，携了许多资财上路。走到尼庵，把方氏接了同行。耿氏、方氏相会，竟厚如姊妹，毫无妒忌。同到扬州，竟在小东门外，自己开张绸缎店铺，成了大家业。子芳的两个妻子，耿氏虽然面麻，极有智谋，当兵慌马乱之时，他将许多蓄积安储，后来阖家俱赖此以为资本，经营致富。福在丑人边，往往如此。方氏虽然忠厚朴实，容貌却甚齐整。子芳俱一样看待，并无偏爱。每夜三人一床并头面睡，甚是恩爱。不多几年却也稀奇，耿氏生了两男一女，方氏又生了一女二男，竟是一般一样。子芳为人即继母也是尽孝，即丑妻也是和好，凡出言行事，时刻存着良心，又眼见都士美奸淫惨报，更加行好。他因心好，二妻、四子、二女，上下人口众多，家赀富余，甚是安乐享福。一日，在缎铺内看伙计做生意，忽见五骑马，盛装华服，随了许多仆役从门前经过，竟是都义、都勇。子芳即刻跳出柜来，紧跟马后飞奔，原来是到教场里拜游府；又跟回去，至南门外骡子行寓处细问根由，才知都义、都勇俱在福建叙功擢用，有事到京，由扬经过。子芳就备了许多厚礼，写了手本，跪门叩见，叙话活命大恩，感谢不忘；又将当日都士美这些事情告诉，个个叹息。他两人后来与子芳做了儿女亲家，世代往来。这也是知恩报恩的佳话。可见恶人到底有恶报，好人到底有好报，丝毫不爽。

四命冤

凡为官者，词狱事情，当于无疑中生有疑。虽罪案已定，要从招详中委曲寻出生路来，以活人性命。不当于有疑中竟为无疑，若是事无对证，情法未合，切不可任意出入，陷人死地。但犯人与我无仇无隙，何苦定要置他死地？总之，人身是父母生下，皮肉又不是铜溶铁铸，或是任了一时喜怒，或是任了一己偏执，就他言语行动上掐定破绽，只恁推求；又靠着夹打敲捶，怕不以假做真、以无做有？可知为官，聪明偏执甚是害事。但这聪明偏执，愚人少，智人多；贪官少，清官多。因清官倚着此心无愧，不肯假借，不肯认错，是将人之性命为儿戏矣。人命关天，焉得不有恶报？孔县官之事可鉴也。

师道最尊。须要实有才学，教训勤谨，方不误人子弟。予每见今人四书尚未透彻，即率踞师位。若再加棋酒、词讼，杂事分心，害误人子弟一生。每每师后不昌甚至灭绝，可不畏哉！

刀笔杀人终自杀。吴养醇每喜代人写状，不知笔下屈陷了多少人身家性命。所以令其二子皆死，只留一女；即令女之冤屈转害夫妇、孤女以及内侄，并皆灭绝。天道好还，阅之凛凛。

人之生子，无论子多子少，俱要加意教训，切不可喜爱姑息。亦当量其子之才干如何，若果有聪明，即令认真读书；否则更习本分生业，切不可令其无事闲荡。要识少年性情，一不拘管，则许多非为坏事俱从此起。不可不戒。

予曾著《天福编》云："要成好人，须交好友。引酵若酸，哪得甜酒？"总之，人家子孙一与油刮下流交往，自然染习败行。及至性已惯成，虽极力挽回以望成人，不可得矣。

明末，扬州有个张老儿，家资富厚，只生一子，名唤隽生，甚是乖巧，夫妇爱如掌上珠。七岁上学读书，预同先生说明，切莫严督听其嬉戏。长至一十六岁，容貌标致，美如冠玉。大凡人家儿女，肯用心读书的少，懒惰的多，全靠着父兄督责。若父兄懈怠，子弟如何肯勤谨？况且人家儿子十四五至十八九，虽知他读书不成，也要借读书拘束他。若无所事，东摇西荡，便有坏人来勾引他；明结弟兄，暗为夫妇，游山玩水，吃酒赌钱，无所不为。张隽生十六岁就不读书，大坏事。没得拘管，果然被几个光棍搭上了。那时做人龙阳，后来也去寻龙阳，在外停眠整宿。父亲不知，然已至此。母亲又为遮掩，及到知觉，觉得体面不雅，儿子也是习成，教训不转了。迟了。老夫妇没极奈何，思量为他娶了妻房，可以收拾得他的心。又道：如今大人家，好穿好吃撑门面，越发引坏了他；况且门面大，往来也大，倒是冷落些人家，只要骨气好便罢。但他在外边与这些光棍走动，见惯美色，须是标致的女儿方好；若利害些的，令他惧怕、不敢出门，更好。两人计议了，央了媒妈子各处去说亲。等了几时，门户相当的有，好女子难得；及至女子好了，张家肯了，那家又晓得他儿子放荡不好，不肯结亲。如此年余，说了离城三里远的一个教书先生吴养醇家女儿。这吴先生才疏学浅，连四书还不曾透彻，全靠着各夤谋荐举，就是坏先生。哄得几个学生，骗些束修度日；性喜着棋，又喜饮酒；学生书，放任其偷安，丧良心。总不教督；又欢喜代人写状词，凡本乡但有事情，都寻他商议，得了银子，小事架大，将无作有，不知害了多少人的身家性命。本乡人远近都怕他。不与结婚。他生的两个极好的儿子，不上三年都死了，只存一女，名三姐。且喜这女性贞貌美，冤枉根本。夫妇极爱。因媒来说张家婚姻，吴老自往城中察访，一见此子标致，且又家财富余，满口依允。择日行礼，娶过张门，吴家备些妆奁来，甚是简朴。张老夫妇原因吴养醇没子，又且乡下与城中结亲，毕竟厚赠，到此失望，张隽生也不快。及至花烛之时，却喜女子标致，这番不为张老夫妇喜欢，张隽生也自快意。岂料新人虽有绝世仪容，怎如得蛮童、妖妓撒娇作痴，搂抱掐打？张隽生对她说些风流话儿，羞得不敢应，戏谑多是推拒。张隽生暗说，终是村姑。只是张老夫妇见她性格温柔，举止端雅，却又小心谨慎，甚是爱她，家中上下相安。

如此半月，隽生见她心心念念想着父母，常情。道：“你这等记忆父母，我替你去看一看。”次日，打扮得端整，穿上一件新衣。平日出入，也不曾对父母说，这日也不说，一竟出门，出了城，望吴养醇家来。约有半路，他常时与这些朋友同行，说说笑笑，远处都跑了去；这日独自行走，偏觉路远难走，看见路旁有个土地祠，也便入去坐坐。只见供桌旁有个小厮，年约十六七岁，有些颜色。这隽生生得一双歪眼睛，一副歪肚肠，酷好男风；今见小厮，两人细谈，见背着甚重行李，要往广东去探亲贸易，隽生便留连不舍，即诌谎说，广东我有某官是我至亲，便勾搭上了；如胶似漆，竟同往广东去了。只是三姐在家，见他三日不回，甚捉不着头路。自想，若是我父母留他吃酒，也没个几日的，如何不回来？又隔两日，公姑因不见儿子，张公不好说甚的，为姑的却对三姐道：“我儿子平日有些不好，在外放荡，三朋四友，不回家里。我满望为他娶房媳妇，收他回心，你日后可拘收他。怎这三四日全然不见他影？”三姐道：“是四日前他说到我家望我父母，不知因什么不回，公婆可着人去一问。”公婆果着家人去问，吴养醇道并不曾来。回报张老夫妇，道：“又不知在哪妓者、哪光棍家里了。以后切须要拘束他。”又过两日，到是三姐经心要公婆寻访，道：“他头上有金簪，身上穿新纱袍，或者在什么朋友家？”张老又各处访问几多日，并不见他。又问着一个姓高的，道八日前见他走将近城门，与他一拱，道到丈人家去。后不曾相见。”张老夫妇在家着急痴想。却好吴养醇着内侄吴周来探消息，兼看三姐。这吴周是吴养醇的妻侄，本性周。并无父母，只身一人，只因家中嫁了女儿，无人照管，老年寂寞，就带来家改姓吴为继子的。这日张老出去相见，把吴周一看，才二十岁，容貌标致，便一把扭住道："你还我儿子来！"这吴周见这光景，目瞪口呆，一句话说不出。倒是三姐见了道："公公，他好意来望，与他何干？"更见有心。张老发怒道："你也走不开！你们谋杀我儿子，要做长久夫妻，天理不容！"说到这话，连三姐气得不能言语。张老把吴周扭到县里。这县官姓孔，清廉正直，但只是有一件癖处，说人若不是深冤，怎来告状？因此，原告多赢，所以，告的越多。这日张老扭吴周叫喊，县官叫带进审问。张老道："小的儿子张隽生，娶媳方才半月，说到丈人家中去，一去不回。到他家去问，吴周就是小的媳妇吴氏姑舅兄妹，作兄妹的他回说并不曾来，明系他兄妹平日通奸，如今谋杀小的儿子，以图夫妇长久。只求老爷正法！"县官叫上吴周："你怎么谋杀他儿子？"吴周道："老爷，小人妹子方嫁半月，妹夫并不曾来，未尝见面，如何赖小的谋害？"县官又问张老说："你儿子去吴家，谁见来？"张老道："是媳妇说的。"既谋害如何肯说？又问："你儿子与别人有仇么？"张老道："小的儿子年方十九岁，平日杜门读书，并无仇家。"又问："路上可有虎狼么？"张老道："这地方清净，并无歹人恶兽。"县官想了一想，又叫吴周："你有妻子么？"吴周道："不曾。"县官就点了一点头，又问，"家中还有什么人？"道："只有老父老母。"知县道："且将吴周收监，张老讨保。待拘吴夫妇并媳吴氏至，一同审问。"

不数日，人犯俱齐。知县先叫吴氏，只见美貌，便起疑心，想道："有这样一个女子，那丈夫怎肯舍得？有这样一个女子，那鳏夫怎能容得？奸有十分，谋杀也有八九。"便作色问道："你丈夫哪里去了？"三姐道："出门时原说到我父母家里去。不知怎么不回。"县官道："这句单饶得个不同谋的凌迟!?"叫吴夫妇问："你怎纵容女儿与吴周通奸，又谋杀张婿？"吴道："老爷！天理良心！女儿在家读书知礼，他兄妹，女儿在家时，一年相会不过一两次。女儿嫁后，才到我家。张婿从不曾来，怎么凭空诬陷？"县官叫吴周问："你这奴才！如何奸了他妻子又谋他命？尸藏何处？"吴周道："老爷！实是冤枉！妹夫实不曾来，求老爷详察。"县官道："你说不谋他，若他在娼家妓馆，数日也毕竟出来。若说远去，岂有成婚半月，舍了这样花枝般妇人远去？把吴媳拶起来，快招奸情！这两个夹起，速招谋杀与尸首！"可怜衙门里不曾用钱，把他三人拶夹一个死，也不肯招。官叫敲，敲了又不招。捱了多时，县官道："这三个贼骨，可是戾气钟于一家。"吩咐："且放了，将吴媳发女监，吴老、吴周发隔别大监。吴老妇人讨保，到次日另审。"吴老妇人见此冤惨，到家晚夕投井而死。一命。次日审问，又各加夹打，追要尸首，并无影响。吴老因衰年受刑，先死狱中。二命。县官不肯放手，把吴周仍旧拷打，死而后已。

三命。只有一个吴媳，才知父母并吴周俱死，叫冤痛哭，晕死复甦道："父母死了，叫我倚靠何人？"旁人道："正是，夫家既是对头，娘家又没人，监中如何过也？只有一条死路了。"三姐道："死，我也不怕。只是父兄实不曾杀他，日久自明。我要等个明白才死。"县官送下女监。喜得不多时，官已被议。这孔县官是陕西人，离任回籍。新县到任，事得少缓。只有张隽生，只因一时高兴与小厮去到广东，知无贵亲，将隽生灌醉，把他金簪衣服席卷远去。醒来走投无路，后来遇见一林客人惯喜男风，见隽生年少清秀，便留在身边，贪他后庭。过了年余，身上生了广疮，人都嫌恶不留。隽生自想："我家中富厚可过，娶得妻子才得半月，没来由远来受此苦楚。"沿途乞化回来。乡里不忿，将隽生扭至新县，问出实情，

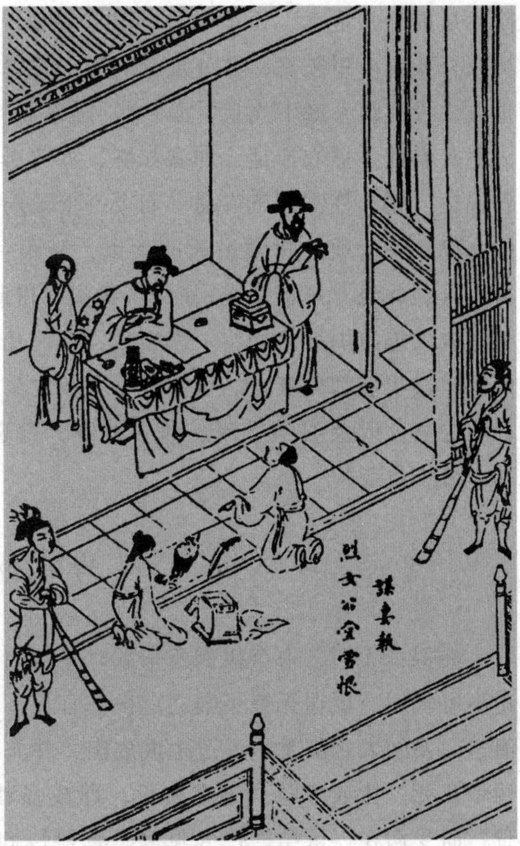

明崇祯年间版《轮回醒世》插图，描绘了官员刑讯审案的情景

重打四十，将吴媳提监，发放宁家。三姐不肯回去，众邻再三劝他道："你不到张家，到何处去？"三姐道："我原说待事明即死。只是死了，要列位葬我在父兄身边，不与仇人同穴。"众人道："日后埋葬事，自然依你。但你毕竟回张家去为是。"三姐依言回到家中，见了公婆。张老夫妇自己也甚是惭愧，流泪道："都是我这不长进的畜生苦累了你。只是念他是个无心，还望媳妇宽恕。"三姐走到自己房中，张隽生因受刑伤，自睡一处，叫疼叫痛；见三姐到房，又捱起来跪着三姐，思量哀求。这三姐正色道："我与你恩断义绝了！我父兄何辜，你凭空陷害他，夹打至死；母亲投井而亡。二年之内，你的父母，上下衙门，城里城外人，哪个不说我奸淫？坏我名节？两载牢狱，百般拶打，万种苦楚，害我至此。你好忍心！你就往远处去，何妨留一字寄来，更有理。或着一朋友说来，也不致冤枉大害。如何狠心，竟自远去？自己的妻子纵不思想，哪有年老的父母全不记念？人伦全无。你不孝不慈，无仁无义的畜生！虽有人皮裹着，真个禽兽不如！"隽生只低着头道："是我不是。"因爬起来，把三姐的手一把捏。三姐把手一挥道："罢了！我如今同你决了！"因不脱衣服，另睡一处。到得夜静，自缢而亡。四命。各乡绅、士夫闻知，才

晓得从前不是贪生，要全名节，甚是敬重，都来拜吊。即依遗言，葬于吴老墓旁。吴家合族同乡里公怒，各处擒拿隽生，要置死地。隽生知风，带着棒疮逃难到陕西地方，投某将军麾下当兵，尽头路。随奉将令于某山埋伏。正在山坡伏处，忽见一人蓬头垢面，披衣赤足，如癫如狂，亦飞奔来，自喊道："我是孔某！在知县任上曾偏执己见，枉害四条人命。而今一个被刑伤的瘸腿老鬼，领着一个淤泥满脸溺死的女鬼，一个项上扣索吊死的女鬼，又跟一个瘸腿少年男鬼，一齐追赶来向我讨命，赶到此地，只求躲避一时！"隽生知得此事，正在毒打，恭遇大清兵已至山下，架红衣大炮向山坡伏处，一声响亮，打死几百人。孔县官、张隽生俱在死数，打做肉泥，连尸骸都化灰尘。可知有子不教之父、误人子弟之师、刀笔害人之徒、偏执枉问之官，以及习学下流、邪心外癖、竟忘父母、妻室之子孙，俱得如此惨报结局。可不畏哉！

为官切戒

夹棍，大刑，古今律例所未载。平刑者，所不忍用也。若非奇凶极恶之大盗，切不可轻用。更遇无钱买嘱之皂役，官长一令，即不顾人之死活，乱安腿骨，重收绳索。要知人之腿足，不过生成皮肉，并非铜炼铁铸；才一受刑，痛钻心髓，每多昏晕几死。体或虚弱，命难久长；即或强壮，终身残疾，竟成废人。是受刑在一日，而受病在一世矣。仁人见之，真堪怜悯。予亲见一问官审问某事，加以大刑，招则松放，不招则紧收绳索，再加审问；招即放夹，不招即敲打。当此之时，虽斩剐大罪，亦不得不招。盖招则命尚延缓月日，若是不招，即立时丧命。苦夹成招，所谓三木之下，何事不认？嗟乎！官心残忍至此。试看姚国师已经修正果位，只因误责人二十板，必俟偿还二十板，方始销结。误责尚且如此，何况大刑？又何况问罪？又何况受贿、受嘱？不知问官更加如何报复耶？但审问事情，若推凭夹棍成招，从来不真实。必须耐着性气，平着心思，揆情度理，反复询诘，莫执自己之偏见，缓缓细问，多方引诱，令其供吐实情，则情真罪当，不致冤枉平民，屈陷良善。此种功德，胜如天地父母，较之一切好事，不啻几千万倍矣！或谓如此用功细问，岂不多费时日？倘事案繁积，如何应理得完？殊不知为官者，若将酒、色、货、财诸嗜好，俱自扫除，专心办理民事，即省下许多功夫，尽可审理。虽有迟玩之谤，较彼任听己意，草率了事，任随己意，不顾民之冤屈者，岂惟天渊之隔也！予亲见一好官，终其任，并未将一人用大刑收满。后来子孙果然显报，福寿无量。此为官第一切戒，最要紧之事。又有不可轻易监禁人犯，不可轻易拘唤妇女诸件，予另著有《于门种》一卷，《升堂切戒》一卷，以及《命盗奸斗诸案各有审问心法》，俱已刊刻行世。凡为官者，细看事情，时刻体行，福惠于民，即福惠于自己，流及于子孙，世代荣昌矣。《于门种》、《升堂切戒》俱已刻载《嘉官捷径》书内。

酣乐吟

光阴如箭又如梭，已往青春追得么？又无大药驻朱颜。从此赏花须纵酒，今得实受。及时行乐莫蹉跎。

人生数定有盈虚，空多计较竟何如？数皆前定，谁弱谁强？我只癫狂终日酒，及时行乐莫踌躇。

人生休被利名牵，携樽日日醉花前。享快活。东流逝水知难返，及时行乐莫迟延。奔流到海不复还。

百岁光阴一掷梭，老景催人奈若何。时光有限，一日老似一日。再莫虚度。幸有酒杯酬现在，及时行乐莫空过。

诗文笔墨久灰心，先取毛锥弃水滨。既不求科名，习此何用？空费精神。除却酒酣无一事，及时行乐莫因循。

不识如何唤做愁，酣痴南北任遨游。常人大笑先生醉，自把桃花插满头。狂不自知，笑杀山翁醉似泥。

山家酒熟往来频，野径幽花更媚人。野花艳目，不必牡丹；村酒醉人，何须绿蚁？树上好莺啼不歇，天然音乐。东邻扶醉到西邻。

一月人生笑几回，相逢相值且御杯。愁苦乃是自缚。眼前春色如流水，今日残花昨日开。时光速不可待。

但逢身外莫思量，学得颠痴是妙方。学会颠痴，大好受用。人世百年终日酒，不可一日虚度。醉酣三万六千场。

湖光山色两新奇，又遇花开酒熟时。难得此景此时。画船载得春归去，才得实享。莫教鹭鸥笑来迟。

家住桃花绿柳边，人间佳境即天仙。只要人知领受，即是上界神仙。须知乐事还宜酒，一醉如添千百年。

乡庄潇洒远尘寰，小筑高楼花柳间。自是仙宫，何用楼阁许多？整日安闲无个事，即是神仙。时时把酒看青山。当要领略。晴窗一日几回有。红杏梢头挂酒旗，绿杨枝上啭黄鹂。此是改换唐伯虎句。鸟声花媚留人醉，不赏东风也是痴。耳目都有受用。

一年始有一年春，百岁曾无百岁人。能向花前几回醉，十千沽酒莫辞频。只恨少，莫嫌多。

坐卧常携酒一壶，莫教双眼识星都。乾坤许大无名姓，何用浮名？疏散人间一丈夫。长歌达者杯中物，大笑前人身后名。

且共樽酒醉复歌，莫问来朝事若何。领取而今见在。请从百尺楼头看，逝水焉能有定波。

人生莫把利名牵，富贵荣华总在天。名缰利锁陷人至老，深可唉惜。遇饮酒时须饮酒，嬉嬉且作酒中仙。

得宽怀处且宽怀，休把眉头皱不开。百草忧霜，毫无益处。长短乘除天已定，人生不饮是痴呆！

人生何用苦奔忙？有酒须当即举觞。不必等待迟疑。纵教百年终日醉，都来三万六千场。

几年无事傍江湖，醉倒黄公旧酒炉。醉后不知明月上，满身花影倩人扶。

休笑田家老瓦盆，自从盛酒长儿孙。倾银注玉惊人眼，共醉终同卧竹根。

莫怪频过有酒家，多情长是惜年华。帘就春色应须惜。春风堪赏犹堪恨，才见开花又落花。

春花秋月两相宜，夏乘凉风冬雪时。若有知音；无日无时不在乐中。要知饮酒开怀趣，人生快活是便宜。

得即高歌失即愁，多愁多恨自无休。人以得失牵情，必致愁恨不已。惟须明透此关。今朝有酒今朝醉，明日愁来明日愁。

断送一生惟有酒，寻思百计不如闲。此韩文公句，细味之甚是旷达。莫忧世事兼身事，须看人间比梦间。

二月已完三月来，时光迅速。渐老逢春能几回？可悲。此杜子美诗也，意到诗成，兴趣适然。莫思身外无穷事，且尽樽前有限杯。

二十余年作逐臣，归来还见曲江春。大幸。刘梦得咏。游人莫笑白头醉，老醉花间有几人？

五陵年少傍江湖，银鞍白马度春风。此少年行放荡不羁的，是李太白得意之笔。落花踏尽游何处，笑入吴姬酒肆中。

酒能遣兴又消愁，有大力。万事无如一醉休！事大如天醉亦休。叮咛劝饮须当记，莫将尘事扰心头。

人生不饮也徒然，枉自苦恼。乐圣衔杯称世贤。李白刘伶能畅饮，至今名作酒中仙。惟有饮者留其名。

白发人生一信催，须知年少不重来。好花好酒当时景，莫辜负。偷取忙中饮数杯。

酒是人间禄，神仙祖代留。三杯和万事，一醉解千愁。典衣沽酒饮，税地买花栽。

非答平生事，时光不再来。遇酒饮三盏，逢花插一枝。思量千古事，快乐是便宜！

数亩风烟地，招帘卖酒家。瓮头春拍塞，座上客喧哗。逢花须插带，遇酒便斟尝。

醉眠醒又饮，无日不风光。扰扰驰名者，谁能一日闲？我来无伴侣，把酒对南山。

花下一樽酒,花前二月春。看花复饮酒,吾性乐天真。竹叶杯浮绿,桃花脸上红。都将心内事,分付酒杯中。有句慵开口,思杯懒独行。酒逢知己饮,诗向会人吟。遇酒且高歌,人生能几何?古来贤达士,未有不蹉跎。酒有五般美,清甘滑辣香。百年浑是醉,三万六千场。今日花前饮,甘心醉数杯。但愁花有语,不为老人开。神仙传杜康,造酒有奇方。隔壁三家醉,开坛十里香。

清夜钟

集内诗词俱系新今添改,比各原本不同。

陈眉公格言诗云:“过去事已过去了,未来不必预思量。只今只享只今乐,一枕南窗午梦长。”又云:“不会谋生不读书,数竿修竹是吾庐。近来学得长生法,卖尽痴呆又卖愚。”不痴不慧,不慧不痴。

苏东坡述怀《行香子》词云:“清夜无尘,月色如银。最难得之。良宵不可轻看。酒斟时,须满十分,莫辞盏酒十分劝。浮名浮利,休苦劳神。极是虚幻似隙中驹,石中火,梦中身,虽抱文章,开口谁亲。且陶陶、乐取天真。现前受用。幸今归来,做个闲人。若能放下,即时解脱。背一张琴,一壶酒,一溪云。”

赵秉文词云:“风雨替花愁,风雨罢,花也应休。劝君莫惜花前醉,今年花谢,明年花谢,白了人头。乘兴两三瓯,在溪山好处寻游。不必问他。但教有酒身无事,有花也好,无花也好,管甚春秋。”不必选日,不必待时。

辛幼安《遣兴》词云:“醉里且贪欢笑,要愁哪得工夫。近来始觉圣贤书,只在心存正处。一言蔽之。昨夜松边醉倒,问松我醉何如?只疑松动要来扶,以手推松曰去!”醉

苏轼像,选自《吴郡名贤图传赞》

乡广大，人间少。

白乐天《对酒》诗云：“蜗牛角上争何事，石火光中寄此身。随富随贫且随喜，透彻，造化。不开口笑是痴人。”又云：“百岁无多时壮健，一春能几日晴明。相逢且莫推辞醉，听唱阳关第四声。”又云：“昨日低眉问疾来，今朝收泪吊人回。眼前现例君看取，且遣琵琶送一杯。”

唐伯虎《自勉》诗云：“寒暑潜催岁月流，利江堆里莫寻求。终须白骨埋青冢，难把黄金买黑头。死后空余千古恨，生前谁肯一时休。出门长啸乾坤老，且弄江云送白鸥。”

洪觉范《浪淘沙》词云：“城里久偷闲，尘宛云衫。此身已是再眠蚕。隔岸有山归去好，万壑千岩。霜晚更凭栏，灭尽晴岚。悟境。微云生处是茅庵。试问此生谁做伴，云水同龛。”

杨升庵《古今词话》诗云：“野草闲花满地愁，龙争虎斗几春秋。抬头吴越齐秦楚，转眼梁唐晋汉周。举世尽从忙里老，谁人肯向死前休。贤愚千载知谁是，满眼蓬蒿共一丘。”又云：“世上生灵作业多，功名富贵转成魔。常怀杞人忧天闷，不见康衢击壤歌。仗剑提刀争日月，伏尸流血换山河。白头钓叟秋江上，笑指清鸥下碧波。”又云：“马力牛筋为子孙，龙争虎斗闹乾坤。战尘摩擦英雄老，杀气熏蒸日月昏。千载几人兴后代，百年总是幻游魂。孔明若晓其中意，高卧南阳紧闭门。”

白乐天像，图出自《西湖拾遗》。白乐天即唐朝著名诗人白居易，其字乐天，故又称为“白乐天”

杨升庵《临江仙》词云：“滚滚长江东逝水，浪花淘尽英雄。是非成败转头空。青山依旧在，几度夕阳红。白发渔樵江渚上，惯看秋月春风。一壶浊酒喜相逢；古今多少事，都付笑谈中。”《清平乐》词云：“闲行闲坐，不必争人我。百岁光阴弹指过，成甚么功果。昨日羯鼓催花，今朝疏柳啼鸦。王榭堂前燕子，不知飞入谁家。”《西江月》词云：“山色消磨千古，水声流尽年光。翻云覆雨数兴亡，回首一般模样。清景好天凉夜，赏心春暖花香。百年身世细思量，不及樽前席上。”

昔人题驿亭诗云：“帆力剪开千顷浪，马蹄踏破五陵云。浮名浮利过于酒，醉得人间死不醒。”

唐子畏云：“佛祖无奇，但作阴功莫作孽。神仙有法，只生欢喜不生愁。无药可延卿相寿，求医也是徒然。有钱难买子孙贤，积财总为无用。”唤醒一切昏迷。

范石湖《重九日经营寿藏之地因为诗》云：“家山随处可松楸，荷锄携壶似醉刘。纵有千年铁门限，终需一个土馒头。”

白乐天《卜居》诗云：“莫嫌地窄园亭小，莫厌家贫活计微。许多高门锁空屋，主人到老未曾归。”

钱起《蜜脾》诗云：“年年花事几曾淹，斟暖量寒日日添。采得百花成蜜后，不知辛苦为谁甜。”

大慧师云：“夕阳晓月，无久驻之光。春雪秋花，只暂敷之景。今人邻鸡未唱，出户争先，街鼓遍闻，归除恨早，盈箱珠玉。病来着甚支吾？绕膝儿孙气急唤，谁替代？立刻收缰已晚，临期补漏应迟。”

云栖寺每晚警语云：“是日已过，命亦随减。如少水鱼，斯有何乐？大众当勤精进如救头燃，但念无常，慎勿放逸。”此警语，予删繁改减，不惟每晚记诵，更须时加忆念，则不因循矣。

中峰《乐住辞》云：“玉殿琼楼，金锁银钩。总不如岩谷清幽。蒲团纸帐，瓦钵磁瓯。却不知春，不知夏，不知秋。万事俱休，名利都勾。罢攀援，永绝追求。溪山做伴，云水为俦，但乐清闲，乐自在，乐优游。顿脱尘羁，深处幽栖。兀腾腾绝虑忘机。绳床草枕，竹榻柴扉。却也无忧，也无喜，也无悲。淡饭黄齑，寂寞相宜，浪孤云野鹤无疑。策筇峰顶，岩洞闲嬉。但看青山，看绿水，看云飞。阆苑瀛洲，金谷麟楼，算不如茅舍清幽。野花绣地，草也风流。也宜春，也宜夏，也宜秋。酒熟堪酌，客至堪留。更无荣，更无辱，更无忧。退后一步，着甚来由。但倦时眠，渴时饮，醉时讴，短短横墙，矮矮疏窗。仡憎儿小小池塘。高低叠嶂，绿水边旁。也有些花，有些月，有些凉。日用家常，竹几藤床。靠眼前水色山光。客来无酒，清话何妨。但细烹茶，热烘盏，浅烧汤。水竹之居，吾爱吾庐。石磷磷乱砌阶除。轩窗随意，小巧规矩，却也清幽，也潇洒，也宽舒。懒散无拘，此等何如？倚栏杆临水观鱼。风花雪月，赢得工夫。好焚些香，说些话，读些书。静扫尘埃，惜尔苍苔。任门前红叶铺阶。也堪图画，还也奇哉。有数株松，数竿竹，数枝梅。花木栽培，取次教开。明朝事天自安排，知他富贵几时来。且优游，且随分，且开怀。”

《钱塘梦》小词云：“试问水归何处？无明彻夜东流。滔滔不管古今愁。浪花如喷雪，新月似银钩。暗想当年富贵，挂锦帆直至扬州。风流人去几千秋，两行金线柳依旧。缆扁舟，青山无数，绿水无数，那更白云无数。灞陵桥上望西川，动不动八千里路。去时节春暮，来时节秋暮，急回头，又早冬暮。想人生，会少离多。叹光阴，能有几度。”

张君寿浪游江湖间。八月十四夜，皎月澄空，忽见上流一舟如雀，独一老翁荡桨歌云：“郎提密网截江围，妾把长竿守钓矶。满载鲂鱼都换酒，轻烟细雨又空归。”君寿异之，刺舟与语。翁又歌云：“寥香月白醒时稀，潮去潮来总不知。除却醉眠无一事，东西南北任风吹。”

生公于虎丘说法，聚石为徒。雨花乱坠，石俱点头。一夜闻鬼啸不绝，生公云：“何不为人去？”明日，见石上大书一绝云：“做鬼今经五百秋，也无快乐也无愁。生公教我为人去，只恐为人不到头。”达哉！此鬼仙也。

鹬蚌争珠，渔翁得利。诗云：“老蚌朝阳为却寒，野禽何事苦相干。身离海窟珠胎损，力战沙滩翠羽残。开口不如缄口好，入头方信出头难。早知共落渔人手，云水飞潜各自安。”

青阳祖师醒世语

每日须读一遍，警醒切而受益多矣。（与原本不同）

莫道天高远，不见人作为。天只在头上，昭然不可欺。白头堂上亲，莫把言相触。

但尽生前孝，强如死后哭。父是人之天，母是人之地。人能孝父母，即是敬天地。

买食喂妻儿，用钱都不论。劝他孝爷娘，一文如性命。人若近贤良，譬如纸一张。

以纸包兰麝，因香而得香。人若近邪谬，譬如一枝柳。以柳穿鱼鳖，因臭而得臭。

作善如造塔，一层高一层。积累功成就，青霄有路登。作恶如开井，一锹低一锹。

陷身应有分，无路上青宵。要做快活人，切莫寻烦恼。烦恼与快活，都是自家讨。

人人心地上，善恶种皆可。若开如是花，便结如是果。十分乖与能，只可用三分。

生前用不尽，遗后有七分。莫道舌头软，伤人快似刀。教君安乐法，缄口最为高。

财色两个字，陷身万丈井。前头人失脚，后面犹不醒。点石成黄金，指山为白玉。

更将沙变珠，未满人心欲。道理般般晓，心口要相应。口说心不行，正是聪明病。

我见人瞒人，两般用斗秤。便宜由人讨，只恐天不肯。心上添个刀，此字呼为忍。

触着心动时，还被刀伤损。身安茅屋稳，性定菜羹香。识破世间事，淡中滋味长。

一杯乱性汤，少吃终是好。吃多生出事，明朝还自懊；长怜醉者狂，反为醒者笑。

不如少吃些，省事省烦恼。气是无名火，不可不忍耐。忍则身无辱，耐则身无害。

不忍或不耐，小事翻成大。争讼向衙门，未知成和败。费了许多钱，烦恼做一块。

何不忍耐些，快活好自在。堪嗟积财人，眉头不展开。多少有财者，临死欠棺材。

言是行之枢，行是言之符。行过言是实，言过行是虚。专行专言者，圣贤可同居。

专言不专行，空读古人书。我爱知足好，复作知足吟。知足不知足，都由自己心。

知足福无量，不知祸尤深。读我知足吟，烦恼不相寻。屋不在高堂，安稳便为好。

妻不在容貌，贤德便为好。衣不在锦绣，温暖便为好。食不在珍馐，腹饱便为好。我这醒世言，句句无文藻。大意别无他，只劝人学好。

惺斋集

集内虽系口头常言，今新加改订，醒人最切，未可以其浅近而忽之。

祸福无门人自招，举心动念感天曹。一毫善事功存籍，半句非言罪莫逃。
因甚兵荒水火病，都缘好恶势强刀。休说上苍无报应，天杀何曾要用刀。
自古为人要见机，见机终久得便宜。人非知己休全托，事到亏心切莫为。
得胜胜中饶一着，用乖乖里放些痴。聪明若把聪明使，只恐卢医不自医。
养性修真福必加，神天报应不曾差。休唆李氏欺张氏，莫令南家害北家。
死后怕为双角兽，生前休做两头蛇。不信但看拨火棒，拨来拨去只烧他。
善事当为恶事休，人生本分不耽忧。豪强傍势图财宝，害众成家置马牛。
虽然眼前身快乐，他年结下子孙仇。苍天不肯分明说，暗里消磨在后头。
妙药难医冤债病，横财不富命穷人。亏心折尽平生福，短幸天教一世贫。
生事事生君莫怨，害人人害汝休嗔。便宜占得终还报，远在儿孙近在身。
堪叹人心毒似蛇，谁知天眼转如车。去年妄取东邻物，今日还归西舍家。
无义钱财汤泼雪，强来田地水推沙。若将奸狡为生计，恰似朝开暮落花。
巧厌多劳拙厌闲，善嫌懦弱恶嫌顽。富遭嫉妒贫遭贱，勤曰贪婪俭曰悭。
触目不分皆笑蠢，见机而作又疑奸。未知哪件才如意，为人难做做人难。
莫入州衙与县衙，劝君勤理旧生涯。池塘积水多防旱，田地深耕足养家。
教子教孙多教义，栽桑栽拓胜栽花。闲非闲事都休管，饥来吃饭渴来茶。
古来垂戒孰为先，缄口金人羡圣贤。喋喋自非长厚辈，恂恂常若父兄前。
兴戎可畏毋轻发，属耳难防岂易喧。唯有谨言能免祸，请君三复白圭篇。
马吊牌骰莫轻拿，赌博场中惯破家。输去己财身上肉，赢来他物水中沙。
忘餐废寝精神损，做贼藏奸品行邪。哄诱痴迷同入局，古今报应不争差。
终日痴迷恋翠蛾，精神气血暗消磨。粉黛帐中轮剑戟，鸳鸯枕上动干戈。
当初只恨欢娱少，今日方知病痛多。玉山自倒真难救，任是仙丹怎奈何。
长吁短叹也徒然，世事应来愁不全。百岁枉劳千岁计，五更才得一更眠。
子贤不必宽田土，女好何须整嫁奁。加减乘除天已定，不如随分过余年。
命不如人说也闲，年年奔走道途间。头将半白身将老，龙未成鳞鹤未班。
富贵无缘何日遇，诗书有债几时还。胸中纵有凌云志，命不如人说也闲。
人情相见不如初，多少炎凉薄幸徒。锦上添花天下有，雪中送炭世间无。
时来易得金千两，运退难赊酒一壶。碌碌眼前亲共友，谁人肯学范尧夫。
百巧无如百拙优，生平不识事机谋。是非对客三缄口，得失从人一点头。

半榻清风闲啸傲，四时风月足赓酬。陶中若欲寻徒伴，须向无为太古求。淮王百拙堂。

攀得高来跌得高，何须计较苦奔劳。但行阴骘一条路，莫用人前两面刀。

无义钱财汤泼雪，白来田地火烧毛。家赀不论多和少，只要子孙守得牢。

为人凡事看风头，风不顺时快转头。休向阵前话好手，莫从人上占先头。

言无理处休开口，话不投机只点头。曾见许多无见识，临时方觉悔前头。

为人切莫逞英雄，万事无非一理同。猛虎尚然遭獬豸，毒蛇尤怕遇蜈蚣。

小人行险终须险，君子固穷必不穷。多少大船沉大海，皆因使尽一帆风。

争名争利几时休，早起迟眠不自由。骑着驴骡思骏马，官居宰相望王侯。

只愁衣食耽劳碌，何怕阎王就取勾。继子荫孙图富贵，更无一个早回头。

随宜饮食聊充腹，取次衣裘亦暖身。未必得年非瘦薄，无防长福是单贫。

老龟岂羡牺牲饱，蟠木还争桃李春。随分自安心自断，是非何必问闲人。

眨眼光阴不暂留，莫将名利苦驰求。终成白骨埋荒草，难把黄金换白头。

死后空怀千古恨，生前谁肯一时休。圣贤都是凡夫做，何不依他样子修。

处世随时莫妄贪，休生巧计弄机关。本分成家眠也稳，亏心创业梦何安。

方便丛中宜着力，冤家境内莫追扳。势力无常当省悟，翠竹须防有蛀斑。

婚姻配合岂徒然，结亲结义量须添。赤绳系足皆前定，红叶题诗有夙缘。

休因小忿反成隙，莫为微言苦致冤。亲情骨肉非容易，逊让包含就是贤。

为人不可把人欺，何况同胞手足肢。兄能让弟非为懦，弟若宽兄岂是痴？

骨肉生嗔邻里笑，家亲妒隙外人讥。休争眼底强和弱，须想儿孙在后时。

远亲不若近邻亲，举目相看莫认真。彼此匡扶休妒毒，交游逊让莫生嗔。

编笆遮枣情犹重，锯树留邻义最深。乡党谦和和没患，自古篱牢犬不侵。

若无大屈忍当先，状入公门惹闷煎。无钱打点原为被，贿嘱那移后作前。

听审堂旁诸役吵，见官阶下一心悬。昏迷抵触遭刑杖，岂料鸣冤反受冤。

世间好色尽色痴，淫祸如何竟不思。耗我精神痨病染，乱人闺阃杀机随。

内多妾媵常生妒，外婆倡优更损资。即或一身无显报，后来流毒有谁知。

褊急安知贵量周，古称盛德自休休。乾坤广厚容微物，江海汪洋纳细流。

一技未全犹刻责，微疵难掩任苛求。所为曾不留余地，叹尔徒将众怨收。

谦德持躬是吉征，肆情傲物实堪憎。可知器满中难受，始信才疏任弗胜。

富贵骄人防速祸，功名盖世畏争能。每思禹绩高千古，当日虞廷不自矜。

着棋怀刃损心机，困酒昏昏失主持。每见养禽灾至杀，更闻贪色死先期。

赌钱亘古贫无赖，结讼于今富有谁。堪笑世人迷六事，到头苦果有谁知。

风波境界立身难，涉世规模要放宽。万事尽从忙里错，此心须向静中观。

路当平处更宜稳，人有常情耐久看。直到始终无悔吝，才生枝叶便多端。另有许多醒语，已刻《快乐原》、《真福吟》书内当互看。

禅宗直指 明心见性顺知　成佛成祖要法

密传参禅要法

佛法工夫，第一要立坚志。盖志者，气之帅也。人若立有坚志，如统军百万，威神八面，天日可贯，何事不成乎？凡畏难者，志不坚也；因循者，志不坚也。听言更移、中道自画、始勤终怠者，是皆志不坚也。予曾撰读书心法，开首即云立志若坚，反难为易。今于佛法工夫也，亦是如此。

志坚则事必成。予今以世事比论。譬如，越王之复吴仇，张良之报韩恨，以及狄仁杰之再兴唐室，总因志有所定而事成果应。佛法亦是如此。

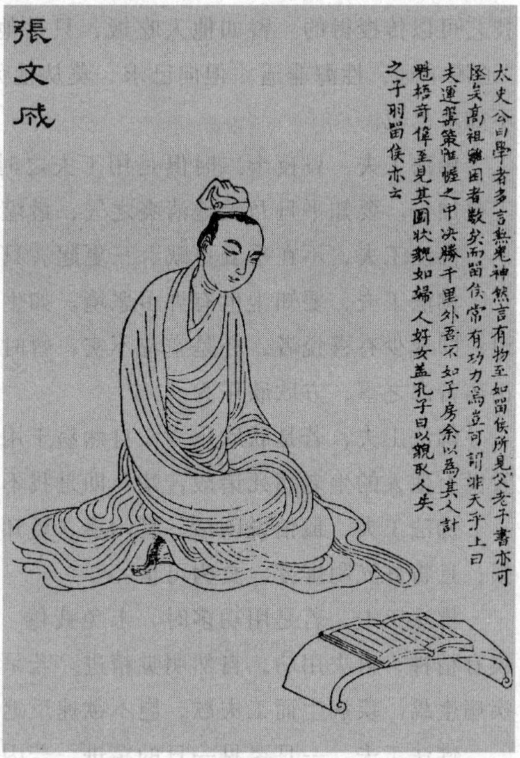

留侯张良像，图出自清·上官周绘《晚笑堂画传》。张良本是战国时期韩国贵胄，韩国为秦所灭，张良为报韩亡国之恨曾行刺秦始皇

俗谚云：“男子无志，钝铁无刚；女子无志，烂草无穰。”佛法工夫，此志尤为最要。

中峰大师歌云：“也无难，也无易，只贵男儿有真志。志真道力自坚强，力强进道如游戏。”此应验方也。

佛法工夫全在于“觉”。要知凡夫一念觉，即一念是佛；佛一念不觉，即一念是凡夫。盖因觉即是佛，佛即是觉。佛与凡夫，只在觉与不觉而已。

人心有觉，即为有佛，能开六度之行门，能越三祇之劫海。普利尘沙，广作福慧。得六种之神通，圆一生之佛果。火镬冰河，闻之变作香林；饮铜八铁，听则皆生净土。

佛法工夫，予有一句妙诀，只四字，曰：坚持正觉。要知信力曰坚，谓坚固而不更变也；念力曰持，谓持执而不厌久也。正觉者，圆明普照，不偏不亏也。人能发此正觉，本性自然显露，一切妄心不待驱除而自降伏。譬如日光一照，黑暗尽明矣。此虽有四字，其实只一“觉”字，但此“觉”字皆由定慧而致也。

不怕念起，只怕觉迟。念起即觉，觉之即无。修行妙法，唯在于此。譬如知是做梦，则不昏迷矣。

人能知得此觉，须要振起精神，即如将军在阵，又如刑官在廷，着丝毫昏沉不得。

佛法工夫，立志要坚，又要有恒。若不有恒，多致半途而废，或少有得而自止。是皆自弃，深可惜也。

佛法工夫，最怕间断。若勤工一月，已臻上乘。只须间断十日五日，彼上乘者，不知何在。更不得援前月之勤以自恃。

佛法工夫，最怕昏沉散乱。但此昏沉散乱，都从自己立志不坚、信道不笃之所致。深为可惜。

佛法工夫，全要自参自悟。即至亲厚之父子、师友，俱替代不得，亦非世法之技艺可以传授得的。譬如他人吃饭，只是他人腹饱，己腹仍是饥饿。慧思大师云：“道源不远，性海非遥。但向己求，莫从他觅。觅亦不得，得亦不真。”此所谓求人不如求己也。

佛法工夫，昼夜十二时俱是用工夫之时。若五更睡醒或清晨早起，如肯用工，工更加倍。要知平旦乃天地清爽之气，最堪挹取，不可因循虚度。

佛法工夫，不在乎五更眠、三更起。只怕一日暴、十日寒。

佛法工夫，要知尘世有许多恶境。如生老病死、忧愁困苦、名缰利锁、惊风骇浪；即或少有喜悦者，亦是空花不实，暂时不久。须要看得透彻，才知佛法是救我出离苦海之事，方欣欣乐为。

佛法工夫，若是欣欣乐为，自然易于用功，自然精进不懈。这欣欣乐为，须要看世上他人的生老病死诸般苦楚，即是我不用工的式样。如何悠忽！

佛法工夫，最怕说闲话、管闲事。要知闲话、闲事，俱令人心散神飞，无益有损；且将好光阴虚度，真为可惜。

佛法工夫，若是用功多时，未免疲倦。也要行步走走，闲散闲散，颐养精神。俟有精神，再去用功，自然明觉精进。若呆呆下苦工，不独性昏不灵，而体弱之人疾病生焉。疾病生而工夫歇，岂不欲速反迟？

佛法工夫，一日要见一日的精进。若因因循循，纵过了百劫千生，也不得有成功的日子。昔人用工时点一枝香，见香完了，即自警云：“工夫如前，无有损益，一日几枝香耶？一年若干香耶？但光阴易过，时不待人。大事未明，何日是了？”由此痛惜，便多加策励。吾儒门朱文公有云：“勿谓今日不学而有来日，勿谓今年不学而有来年。日月逝矣，岁不我延。呜呼老矣，是谁之愆?”佛法工夫，亦是如此。儒学只“时习”二字便成就一生，只“姑待明日”四字便耽误一生。佛法工夫，亦是如此。

佛法工夫，虽不可停缓，亦不可过于急遽。譬如善走路的人，每日走得百里，只走七八十里则气力有余而筋骨不疲。若倚恃着气力强健，走过百里之外，自然疾趋忙奔，必至疲倦，次日反不能行矣。做工夫人往往生出病来，皆由如此。

佛法工夫，如身体困倦，可将两肩前后、上下用力扭转数十遍，则周身血脉流通，精神爽快，不生诸病。此修养家辘轳双关法也。又能祛一切寒邪。

佛法工夫，或人问只当以参悟为主，何必兼保身体？予谓此乃藉假以修真也。譬如烹茶若无炉火，茶岂自热？倘炉坏火冷，势必另又支造，不独重工起作，且恐事难期定，反致费时失误。明者解之。

佛法工夫，日间精进不可懈惰，不必言矣。凡每晚用工，只可更余，不必过久。人若过子夜不睡，则血不归肝，他日病由此致。又有一种人，能炼魔不卧，殊不知佛法工夫，岂在于睡不睡耶？

佛法工夫，行、住、坐、卧俱可用工。或坐多时，亦可行动；或行多时，何妨再坐。不专于坐也。有学长坐不卧者，六祖晓之曰：“生来坐不卧，死去卧不坐。一具臭骨头，何为立功课?”此明透坐、卧之机矣。

佛法工夫，最要发一个破生死的坚硬心，看破世界身心都是假缘无实。若不发明本具底大事，则生死心不破；生死心既不破，则无常杀鬼念念不停，却如何排遣？将此一念，作个敲门瓦子，如坐在烈火焰中求出相似，乱行一步不得，停止一步不得，别生一念不得，望别人救不得。当此时，只须不顾猛火，不顾身命，不望人救，不生别念，不肯暂止，往前直奔；奔得出，才是好汉。

佛法工夫，要把一个“死”字贴在额头上，将血肉身心如死去一般。只要究明底这一念子，现前这一念子如倚天长剑，若触其锋者，

《李卓吾批评西游记》中的佛堂图

了不可得；如淘滞磨钝，则剑去久矣。

佛法工夫，最怕耽着静境，令人困于枯寂而不觉。要知动境人厌，静境多不生厌。良以世人一向在喧闹场中，一与静境相应，如食饴、食蜜，如人倦久喜睡，自然贪着而不自知也。须要急急识破。外道教令身心断灭，化为枯木寒灰，亦从静境而入。若岁久月深，枯之又枯，寂之又寂，堕于无知，即与枯木寒灰何异？工夫处于静境，只要发明衣线下一段大事，不知在静境，始得于大事中求其静相；了不可得，才为得也。

佛法工夫，全要定慧。要知定与慧，如同表里，是二非二，缺离不得。但定一生，怎奈昏沉亦随定而生，若昏沉生而定去矣。慧一生，怎奈散乱亦随慧而生，若散乱生而慧去矣。我有妙法调治，须要澄明之定，方才定与慧成功；须要安详之慧，方才慧与定成功。此二者离之不得，合之不得，混而为一，乃尽其妙。能知此法，成道何难？人要明心见性，成佛成祖，只在定慧上用工。知得定慧之妙，则易如反掌；不知定慧之妙，则难若登天。难易俱在自己之能干也。

定是慧之体，慧是定之用。譬如灯光，灯是光之体，光是灯之用。二者互显，不可偏重。

即慧之时，定在慧；即定之时，慧在定。名虽有二，体本不殊。但定而不慧，随即昏沉；慧而不定，随即散乱。须要并致，不可缺离。

予前篇说调治定慧法已悉矣。犹恐尚有未明者，予今再重复解之。凡予所谓昏沉者，即世人之无记也。凡予所谓散乱者，即世人之妄想也。要知定即多生无记，慧即多生妄想；定虽能治妄想而还生无记，慧虽能治无记而还生妄想。今日工夫，只要有慧之定，切不可入昏沉无记之定；只要有定之慧，切不可入散乱妄想之慧。是二非二，定慧融和，即凑其功矣。天台智大师传有止观妙法，谓止而观之，静而明之，令其动而能静，静而能明，明则照，照则一矣。此诚指群生之觉路。但知予定慧之法，即是大师止观之法，何必另求佛法？”

人于辞世时，若有定慧之功，必登极乐世界。但此妙法，全要在平日熟习。明哲谓世人终日昏散，临终何能定慧？学人终日定慧，临终何能昏散？若是临渴掘井，怎得济事？

佛法工夫，最要紧的是一个“切”字。这“切”字极有力，若是不“切”则懈怠生，懈怠生则放逸纵意，无所不至。如果用心真切，放逸懈怠何由得生？当知“切”之一字，若能体贴，不愁生死心不破，不愁不到佛祖地位。舍此“切”字别求佛法，皆是痴狂外道矣。

“切”之一字，是最亲切语。如用心亲切，则无间隙，因此诸般邪魔不能得入；如用心亲切，自然不生计度、有无等念，则不落外道。“切”之一字，岂但离过当下超善、恶、无记三性一句话头？用心甚切，则不思善；用心甚切，则不思恶；用心甚切，则不落无记。话头切，无掉举；话头切，无昏沉。只要正觉现前，则诸魔自退。但“觉”非“切”不生也。

佛法工夫，不怕死，不得活；只怕活，不得死。如果与疑情厮结在一处．动境不待遣而自遣，妄心不待净而自净。六根门头自然虚豁豁地，点着即到，呼着即应，何愁不活耶？

佛法工夫，全要中正劲挺，不近人情。若或循情应对，则工夫做不上。不但做不上，日久月深则随流俗，甚是可惜。譬如自己有事，哪得工夫管他人事？中正劲挺，就是正等正觉。

佛法工夫，第一要“正觉”。这“正觉”乃是时时刻刻照着自己的灵明，不可放他走去。若是灵明走了，便是有气的死尸，便是昏沉无念，堕于头空枯寂。虽用尽苦工，丝毫无益。

佛法工夫，做得上，如挑千斤担子，放亦不下，如觅要紧的失物相似，若觅不着，誓不休心。其中但不可生执、生著、生计，执成病着成魔、计成外果。得一心一意如觅失物相似，则三种泮然没交涉。所谓生心动念，即乖法体也。

佛法工夫，举起话头时要历历明明，如猫捕鼠相似，前人所谓“不斩黎奴誓不休”。不然则坐在鬼窟里，昏昏沉沉过了一生，有何益处？

猫捕鼠，睁开两眼、四脚撑撑，只要拿鼠到口始得，纵有鸡犬在旁，俱不暇顾。参禅亦复如是。只是愤然要明此理，纵八境交错于前亦不暇顾；才有别念，非但鼠不能得，兼走却猫儿。

佛法工夫，不可在前人公案上卜度，妄加解释。纵一一领略得过，与自己俱没交涉。要知前人一言一语，如大火聚集，近之不得，触之不得，何况坐卧其中耶？更于其间分大分小，论上论下，有何益处？前人摘桃便定，去锄地便定，去作务时亦定，岂是坐久强捺，令心不起，然后为定耶？若如此，即名邪定，非佛法正意。六祖云：“那伽常在定，无有不定时。须彻见本体，方与此定相应。释迦下兜率、降皇宫、入雪山、睹明星、开约众，未出此定。不然，则被动境漂溺。孰名为定？动境中求起处不可得，静境中求起处亦不可得；动境既无起处，将何为境耶？会得此意，总是一个定，体充塞弥，亘无余蕴也。

佛法工夫，不可沾着世法。佛法中尚不可沾一点，何况世法。若真正话头现前，履冰不见寒，蹈火不见热，荆棘林中横身直过不见有挂碍，始可在世法中横行直撞。不然，尽被境缘转将去，欲得工夫成一片，任多年也不得。

佛法工夫，不可寻文逐句，记言记语。不但无益，与工夫作障碍，把真实工夫反成缘虑。此事不与教乘合。所以久修习大乘业者，不知不识，何况声闻、缘觉诸小乘耶？三贤十圣岂不通教？说此一事，三乘胆战，十地魂惊。等觉菩萨说法，如云如雨，度不可思议。众生人无生法忍，尚唤作所知愚与道全乖，又何况其余耶？盖此事从凡夫地顿同佛体，人所难信。信者，器；不信者，非器。诸行人欲入斯宗乘者，悉从信入。“信”之一字，有浅有深，有邪有正，不可不辩。浅者，凡入法

唐·吴道子所绘的佛教人物画像图

门，谁云不信？但信法门非信自心；深者，诸大乘菩萨尚不具信，如《华严》疏云：“见有能说法者，有所听法，众尚未入乎？”信门如云，即心即佛，谁云不信？及乎问汝是佛耶？则支吾排遣，承当不下。《法华》云：“尽思其度量不能测佛智，何以有尽思度量之心”盖信不具耳。

邪正者，自心即佛，名正信；心外取法，名邪信。即佛，要究明自心，亲履实践到不疑之地，始名正信；如朦胧猜救，但云心即佛，实不识自心，即名邪信。

佛法工夫，最怕比量。将心凑泊与道转远，做到弥勒下生，管取没交涉。若是疑情顿发的汉子，逼塞虚空，不知有虚空名字，如坐在银山铁壁中，只要得个活路；若不得个活路，如何得安稳去？但这么做去，时节到来，自然有成。

近时有等邪师，教人不在工夫上用工。又云：“古人未尝做工夫。”此语最毒，迷误后学人地狱矣。

《大义禅师坐禅铭》云：“切莫信道不须参，古圣孜孜为指南。虽然旧阁闲田地，一度赢来得也难。”若不须参究即云得理，此是天生弥勒，自然释迦。此辈名为可怜悯者，盖自己不曾参究。或见古人一问一答，便领悟去，遂将识情解将去，便诳妄于人；或得一场热病，叫苦连天，生平解的用不着；或到临命终时，如螃蟹入汤锅，手忙脚乱。悔之何及！

黄檗禅师云：“尘劳迥脱事非常，紧把绳头做一场。不是一番寒彻骨，怎得梅花扑鼻香？”此语最亲切。若将此偈时时警策，工夫自然做得上。如百里程途，行一步则少一步；不行只住，在这里纵说得乡里事业了了明明，终不到家，当得甚事？

佛法工夫，最怕思维做诗、做偈、做文赋等。诗偈成，则名诗人；文赋工，则称文人。与参掸总没交涉。

佛法工夫，凡遇着顺、逆境缘动人念处，便当觉破，提起话头不随境缘转，才得有成。或云：“不打紧”，这三个字是误人学者，不可不审。

佛法工夫，疑情不破，如临深渊，如履薄冰，毫厘失念，则丧身失命。为疑情不破，则大理不明，一口气不来，又是一生。被中阴牵引，未免随业识去，改头换面，不觉不知。由此，则疑上更添个疑。提起话头，不明，决定要明；不破，决定要破。譬如捉贼，须是见赃。

佛法工夫，要紧、要正、要绵密、要融豁。何谓紧？人命在呼吸，大事未明，一口气不来，前路茫茫，未知何往，不得不紧。古德云："如麻绳着水，一步紧一步。"何谓正？学人须具择法眼，三千七百祖师，大有样子。若毫厘差错，则入邪径。经云："惟此一事实，余二则作真。"何谓绵密？眉毛与虚空厮结，针扎不入，水洒不湿，不容有毫厘间隙；若有毫厘间隙，则魔境趁隙而入。古德云："一时不在，如同死人。"何谓融豁？世界阔一丈，则古镜阔一丈；古镜阔一丈，则火炉阔一丈。决不拘执住在一处，捉定死蛇头，亦不系坠在两头，莽莽荡荡。古德云："圆同太虚，无欠无余。"真到融豁处，则内不见有身心，外不见有世界，始得个入路。此四种不是前后层次，须要齐臻。

紧而不正，则枉用工；正而不紧，则不能入。既入，须要绵密始得相应；既相应，须要融豁方为化境。

佛法工夫，着不得一毫别念。行、住、坐、卧，单单只提起本参话头，发起疑情，愤然要讨个下落。若有丝毫别念，前人所谓杂毒入心，岂但伤身命？此伤乎慧命！学者不可不谨。我说的别念，非但世间法，除究人心之外，佛法中切好事，俱名别念，又岂但佛法中事？于心体上取之舍之、执之化之，皆别念也。

佛法工夫，凡于世上一切事物，可爱、可憎、可喜、可悲的种种情思，俱皆丢去；惟存我的正觉，不顾其余。又要做一个没用的人，任他来折挫我，我也只是个不知不理；任他来耻笑我，我也只是个不知不理。我只照管我自已的正觉，时刻莫懈。

佛法工夫，做的人多云做不上。即此做不上，便做去，如人不识路，便好寻路，不可说寻不着路便罢了。如寻着路的，贵在行，直至到家乃可。不可在路上站着不行，终无到家的日子。

佛法工夫，最怕的一个伶俐心。伶俐心，为之药忌，犯着丝毫；虽真药现前，不能救矣。若真是个参人，眼如盲，耳如聋，心念才起时如撞着银山铁壁相似。如此，则工夫始得相应。

佛法工夫，不怕错，只怕不知非。纵然行在错处，若肯一念知非，便是成佛成祖的根基、出生死的要路、破魔网的利器也。释迦佛于外道法一一证过，只是不坐在窠臼里，将"知非便舍"四个字，从凡夫直到佛位，此意岂但出世法、在世法中有？失念处，只消一个"知非"便舍，便做得一个净白的好人。若抱定错处为是，不肯知非，纵有活佛现前，救他不得。

佛法工夫，不可避喧向寂，瞑目合眼，坐在鬼窟里做活计。昔人谓黑山下坐，死水里浸，济得甚么事？只需在境缘上做得去，才是得力处。一句话头顿在眉睫上，行里、坐里、着衣吃饭里、迎宾待客里，只要明这一句话头落处，一朝洗面时，摸着鼻孔，原来太近，便得个省力。真是得来全不费工夫。

佛法工夫，最怕认识神。为佛事或扬眉瞬目、摇头转脑，将谓有多少奇特。若把识神当时事，入外道无疑。真是走错了路，甚为可惜。

佛法工夫，只在一则公案上用心，不可在一切公案上解会。能解得，终是解会，非悟也。《法华经》云："是法，非思量分别之所能到。"圆觉云："以思维心测度如来圆觉境界，如将萤火热须弥山，终不能得。"洞山云："拟将心意学玄宗，大似西行却向东。"大凡穿凿公案者，须皮下有血识惭愧始得。

佛法工夫，最怕落空。话头现前哪得空去？只此怕落空的，便空不去。何况话头现前耶？

密传佛法通旨

释氏之弃家学道，论者议其蔑弃伦纪。殊不知未尝弃也。即如释迦一身首度净饭以及摩耶，次度耶轮、次度罗睺、次度阿难，是君臣、父子、夫妇、兄弟之伦，并未废也。而谓之蔑弃伦纪可乎？即欲云废，亦从比丘发论。在宰官居士白衣，皆不离君亲而俱可学道修真，又谁得以弃伦议之乎？假如佛教不明，人只知贪养口腹，不审持斋戒杀、贵人贱物，斩艾群灵如同瓜果；不知旁生异类皆谓众生，皆有佛性也。罗绫锦绣以为华饰，不知杀万蚕之命、炫浮躯之彩可惜也。百味珍馐以为甘旨，不知烹水陆之鲜、塞饥仓之孔，大罪也。鹰犬矰戈遍满山林，网罟扈梁充溢江海，牛羊猪鹿狼藉市都，鱼鳖虾蟹腥秽街衢，习而行之，恬不为畏，不知冤结债负，报应无穷也。清歌妙舞，品竹弹丝，女宠男欢，快心娱意，英贤豪杰视为分内；不知欲海无涯，沦堕之本也。遭世逢时，争名竞利，里巷光荣，道路欣羡，中人以上率皆染指，不知幻泡无常，流转之根也。系缚情缘，贪恋骨肉，苦乐萦心，生死结念，不知有解脱也。妄分人我，力修恩怨，不知有平等也。且只论目前，何有身后，大误事。不知善恶因果，历千生万劫报不尽也。自佛法昭明，始悉种种违犯如故者虽多，许多不知者要知。奉教修行者亦不少。其为世道之津梁，岂不大哉！儒为世间法，用以网维名教而保聚于生前；佛为出世法，用以练养性灵而升跻于身后。二者原无相害，何妨两存？

人谓佛氏之学以心求心，是即以心用心也。似有二心。不知心也者，湛寂灵明，圆融无碍，包罗万法，含裹十方，至灵至妙。心一而已，非有二也。以其圆融无碍，乃外观百物，只此一心；内观一心，亦只此一心。外观百物，谓之放光；内观一心，谓之返照。能放光又能返照，此心之所以为灵妙也。月能照万物不能返照，镜能照万象亦不能返照，以二者之明俱不灵也。心能观百物又能返照自心，灵也。心之为染、为净、为圣、为凡，心自知之。是即以心观心也。非谓所观者一心，能观者又一心也。心既外观百物，又岂不能内观一心乎？是以耳目之用，能一而不能二、以一为一者，形也；心能一而能万、以万为一者，神也。是以心能观心也。夫心欲其净，去染而得净，谁能为之？心也。谓之以心观心，则可；谓之以心求心，亦可；谓之以心用心，则不可。若以心观心为二心，则以心观百物为百心矣。大错。

论者谓释氏之学于敬以直内则有之矣，义以方外则未之闻也。夫谓佛敬以直内是矣。盖佛之内心止以绝纷飞，谓之寂寂；观以除昏暗，谓之惺惺。止而常观，止非无记；观而常止，观非乱想。定如大地，八风吹而不动；慧如朗月，万物照而无遗。以慧为定，定之体湛；然以定为慧，慧之用寂。若止观为因，定慧为业，功先戒律，严净毗尼，敬以直内，可谓真合儒教矣。然必身心俱虔，行解相应，内修观智，外肃威仪。布萨羯摩遵如来之遗，则六度万行，为佛事之庄严。语不杀，伤及螺飞蠕动即杀也。语不盗，则鼻嗅荷香即盗也。语不淫，隔壁闻钗钏声即淫也。语不贪，即一草一针不敢贪也。语不嗔，则肢体损裂不敢嗔也。语不痴，则等觉如来一品无明未破亦痴也。义以方外，可谓严矣、密矣。滞固而入于枯槁者，乃小乘独觉，非大乘圆顿之门。疏通而归于恣肆者，乃放逸狂禅，违梵网木叉之律。罪在学人，于佛何损？佛之方严如此，此皆传之金口、载之贝经，彰明昭著，岂得云”非义方”耶？

论者谓儒之求放心，似释氏说入定一般。但释氏到此便若死了心，无主宰。此言似是而实非。放心者，心驰千万里，不胜其翕熠纷飞，求而收之，尚未必有把柄。定心者，心摄于一处，已自凝寂安恬，徐而俟之，自然能发慧光。谓定心为死，非知定者也。佛氏言止则必兼观，言寂则必兼照。有空如来藏一法不立，有不空如来藏万法森然。如一轮之月悉照万波，万波各有一月，月唯一轮，一味之雨咸苏万品，万品各有一雨，雨止一味。用起于天堂，则欲色无色，尽化香台；用起于地狱，则铜柱铁床，编成华藏。人王宰臣，菩萨应现；螺蛳蛤蜊，大士化身。种种作用，种种事案，胥从静定中来也。谓之心死，可乎？

佛教经论《御制秘藏诠》的版刻插图，描绘了高僧在万山环抱之中，于山间林下、溪边草庐为求道的弟子讲法的场景

论者谓佛所谓性正，圣人所谓心；佛所谓心正，圣人所谓意。佛原不认得这理，便认知觉运动、能视能听、能思能动的是理。此言大谬。佛氏之言心性，原只是一物：天地间一种清净广大、妙湛圆明物事，名之为性；性之灵通处，名之为心。性如镜之明，心如镜之照，其实一物也。无所不包裹，总谓之性，性而灵通乃谓之心。如山河、大地、草木、瓦砾皆有性，唯人之性能灵通知觉，乃可言心；山河、大地、草木、瓦砾，只名为性，不名为心。佛之所谓心，乃清净广大、妙湛圆明，谓之本觉、谓之般若、谓之毗卢性海、谓之牟尼宝珠。所谓意者，乃人心之识神，生死之根本；佛之所以圆修妙悟，必转此识神而为之慧，乃称为转凡成圣也。盖凡夫之与圣人，本同具此心性。凡夫迷真逐妄，所以智慧化为识神；圣人破妄归真，所以识神转为智慧。意者，佛之所呵也。乃云佛所谓心正，圣人所谓意，其失言多矣。佛氏归真，则知觉运动，视听言动、能视能听、能言能动无非是性；凡夫逐妄，则知觉运动、视听言动、能视能听、能言能动无非是妄。谓佛氏只认得能视听言动的是性，岂不愚哉！夫能视、能听、能言、能动谓之非性不可，而谓佛氏所称清净广大、妙湛圆明之性，只在视听言动得名，有是理乎？夫说性，则如来会一性于统宗；说理，则如来诠万理于事物。理之广博，横被法界；理之精微，析入毫芒。二乘之破见思穷理尚粗，菩萨之破无明穷理极精。等觉之一品无明未破则理尚有碍，必入妙觉而后一真了彻，万理洞然。谓不认得“理”字，是何言也？夫理有自然安排，已远；理有各当凑泊，即乖。不安排而有，不凑泊而合，此佛理之所以为至妙也。

元·赵孟頫所绘的僧人说法图

自智慧之化而为识神也，智见越多，性灵越晦，饶他说理分明，语言微妙，尽是鬼家活计，播弄精魂。不知绝去名言，扫空义理，将平日许多理路窠臼一顿掀翻都尽，而中间只觉般若熏观，寂寂惺惺，忽然如电光一闪，莲花乍开，名为大悟。良以禅家话头正妙、正无，有意味、舍分别，而得自在、转识神，而成般若也。要知六祖，樵夫也。以不识一字而即得证悟。阿难，多闻总持人也。以多闻扫尽而后悟真空。良有以也。

论云：佛只认得人心，无所谓道心。不知佛之所最呵者，人心；所最修者，道心也。有善无恶是道，佛心则纤恶尽去，万善同归；有净无染是道，佛心则一尘不染，万德圆净；有体有用是道，佛心则寂而常照，照而常寂，以性相不住为宗，以事理无碍为则。佛全是觉，觉全是道。乃至人心名为识神、名为染法，六根妄用，八识炽然，生死根因，三途种子，佛之所以精勤修行，单为去此。谓佛只认得人心，岂知佛者哉！

佛言无念，此无妄念，正念不灰灭，般若智在也。外道言无想，正念灰灭，无般若智熏观也。

问：定能生慧，慧亦能生定否？答：慧之生定，更疾于定之生慧。定之生慧，如定水不灭，诸物尽照；慧之生定，如慧灯一朗，阴怪尽灭。妙喜云："人说静了方悟，我是悟了方静；未悟时，心识纷飞；悟了时，方贴贴地。"问：无情是佛否？答：无情是佛。死人应是如来。所谓无情，为无凡情，非无圣情也。问：何名圣情？何名凡情？答：无分别是非于一切境上、法上，不着、不取，是名圣情：有分别是非于一切境上、取着，是名凡情。无凡情有圣情，有情亦是无情也。

读书法

朱晦庵夫子读书法

有一士人读《周礼》疏，读第一章讫，则焚了；读第二章讫，则又焚了。便为济河焚舟计。怕守之不坚也。若初且草读一遍，准拟二三遍读，便记不切。

此不特善读书亦善藏书，盖以腹为笥而书乃真为我有。视彼牙签、锦轴而手未触者，直蠢不若矣。人资性钝，合看两件且看一件；少胜多。若两件是四百字，且看二百字，自能记忆，自然浃洽。

懒人挑重担，俗谓贪多嚼不烂，最是不善读书者。浑身在闹场中，如何读得书？人若于日间，闲言语省说一两句，闲客人省见一两个，也好逐日无事，有现成饭吃。用半日静坐，半日读书，如是三年，何患不进？将闲务减省，专心静坐读书，学与时积，自得大功。

陈烈甫先生读书法

我苦无记性。一日读《孟子》"学问之道无他，求其放心而已矣"，忽悟曰："我心不曾收，自知之明。如何记得？"因闭门静坐不读书。月余，却去读书，遂一览无遗。

人身俱有一真主宰。如闭门静坐，若无真主宰，不是昏沉枯寂，就是胡思乱想。出此入彼。虽静坐几年，亦属无益，在禅门谓之顽定坐弛也。徒用工夫。此中消息，非至人莫能知晓。然必要知晓，方得其法。一得其法，则何书不熟、何书不彻耶？程子教人静坐，亦不是空坐也。

黄山谷先生读书法

读书欲精不欲博，用心欲纯不用杂。读书务博，常不尽意；用心不纯，讫无全功。治经之法，不独玩其文章、谈说义理而已。一言一句，皆以养心、治性、事亲、处兄弟之间、接物在朋友之际，得失忧乐一考之于书，然后尝古人之糟粕而知味矣。读史之法，考当世之盛衰与君臣之离合，在朝之士，观其见危之大节；在野之士，观其奉身之大义。以其目力之余玩其华藻，以此心术作为文章，无不如意。何况翰墨与世俗之事哉！

读书不能体验身心、权衡今古，纵才穷二酉、学富五车，谓之书簏可耳。以言读书，则未也。

黄山谷像，图出自清·顾沅《古圣贤像传略》。黄山谷即北宋著名诗人黄庭坚

陈明卿先生读书法

或问读书用功之法。余曰："会吃饭、会酣睡、会念书，即是用功之法。"或曰："吃饭、酣睡，何与用功？"余曰："吃饱饭则有气力，足以念书；酣睡足则有精神，足以念书。只要饥时便吃，吃饱就念；

倦时便睡，睡醒就念，十二时中少不得有五六个时用功。如是三年，功必成矣。”

先生不为淳泛语而直截痛快如此，真大儒也！

贺叔交先生读书法

精神一日不用则愚。若无事，用在何处？只宜读书。水不流则浊，木不摇则空，人身不动则痹。动者，所以佐静也。若以精神用到别处去，便是伐性之斧。唯静坐读书，才有益于身心。如不信从，便是无福。

一开卷便有无数好人相交接。

前人云：“开卷有益。”益者，益其人，不得益其语言文字也。即如对“六经”、“四书”，则千古圣贤俱来耳提面命；何等尊重。对史鉴，则圣主贤臣、高人伟士森罗案上。此等交接，诸公解得否？若解得此义，自觉荣幸多矣。

葛屺瞻先生读书法

读书，心不欲杂，杂则神荡而不收；心又不欲劳，劳则神疲而不人。用功过勤者，心力既疲，未见得手，便须于诵读之余，卷书搁笔，明窗净几，万虑俱损，悠然独坐；或支颐而对爽气于青山，或缓步而看生机于花鸟；或遗情以若失，或领趣以欲狂。一日之间，量留片刻于此，但默坐观心，尤为要法。令此心常如鱼之在水，如鹤之在空，悠悠洋洋，活活泼泼，方能心旷而闻见可以互融，神怡而思虑可以深入。是诚天下之至乐，亦即读书之至法也。

如此量留享乐，才是读活书，才不是读死书。如学人用心太紧，工夫无节，则疾病生焉。凡父师于子弟懒于读书者，当督责之，勿令嬉游；其过于读书者，当阻抑之，勿令穷日继夜。此因材立教之法也。

毛稚黄先生读书法

读书有四要：一曰收。将心收在身子里，将身收在书房里是也。二曰简。唯简才熟，若所治者多，则用力分而奏功少，精神疲而岁月耗矣。三曰专。置心一处，无事不办；二三其心，必无成就。四曰恒。虽专心致志于一矣，若时作时辍，有初鲜终，亦无成也。诸般事业，只此四字法尽之矣。读书尤为至要。

司马温公读书法

学者读书，少能自首至尾，往往从中或从未随意读去，又多不终篇。世人通病。

司马光像，图出自清·上官周《晚笑堂画传》。司马光是北宋名臣，被封为温国公，故又称“司马温公”

光性最专，尤当患此，惟于河涉案上读一书，从头至尾，正错校字，不终晢不读他卷。

好涉猎而不专，常蹈此病。守温公之戒，思过半矣。

薛既扬先生读书法

读书原不费气力，若必欲如前人之刺股悬梁，则今人受不得许多痛苦；必欲如前人囊萤映雪，则今人亦无此耐烦心肠。即如老生常谈“三更灯火五更鸡”，亦要看精神力量遣得睡魔、耐得寒暑饥渴。若怯弱书生，未免成病。只要有恒心，不至或作或辍；有愤志，不至悠悠忽忽；有定课，不至厌常喜新，即得法矣。此通情快论。恒心愤志定课，乃学人至妙良法。

读书有三法：要疗空腹，则用记诵法；要洗涤肠胃，则用展玩法；要变化气质，则用体验法。有此三法，自觉体气欲伸，笑谈皆珠玉矣。能领略此三法，即是世上大福人，又是大快乐人。

唐翼修先生读书法

有当读之书，有当熟读之书；有当看之书，有当再三细看之书；有必当备以资查考之书。书既有正、有闲，而正经之中有精粗、高下，合要分别。有急需、不急需之异，是以有五等分别也。学者若不分别当读者何书，当熟读者何书；当看者何书，当熟看者何书，大害事。则工夫缓急、先后俱误矣。至于当备考究之书，若不备存，则无以查考，学问、知识何从而长哉！如此分别，则当熟读之书亦自有限，宜加意精研。

读书能记，不尽在记性，在乎能解。解则知味。何以见之？少时记性胜于壮年，不必言矣。然尽有少时读书不过十余行，而壮年反能读三四十行；或少时看书一二张犹昏然不记，壮年看书数十张竟皆能记其大略者，无他，少时不能解，所以不能记；壮年能解，所以能记也。予每谓小学生读书，父师先逐字逐句用常言俗语粗粗与之讲说，要他明白。俟后来再向细讲。彼既知书中之大义，自然读之有味，则授受易而记诵亦易矣。

颜之推先生读书法

读未见书，如得良友；读已见书，如逢故人。

一展卷而良友、故人即至，自当恭敬悟对，此读书最乐之情况也。然非慧心人不能解此。若浅人读书，只觉寂寞；愚人读书，更觉无味矣。

陈桓壁先生读书法

读书须立程限，又要蓄养精神。立程限者，量自己资性定为课程。早晨读某书，行数读多少；饭后看某书，章数看多少；午后、灯下亦然。小立课程，大施工力，如人走路，一日限定走几十里，务要赶到而后已。蓄养精神者，不可缓亦不可太急，不可不及亦不必太过。若不立程限，则作辍任意散漫而无所稽；不养精神，则勉强支吾昏然而无所得矣。

读书如一时兴趣不佳，可掩卷静坐，或散步、或玩花竹，俟神气清爽，然后再读，自有勃然之势矣。

与其多看，不如少读；与其读未读之书，不如理已读之书。循序致精，流连往复，务期了然于心口而后已。如此，则思路启而获益多矣。

读书、看书不必贪多，只要精熟贯彻。盖书读得熟则用得出，一篇可抵百篇之用。书一章看得透，则其余可迎刃而解矣。

读书要

陶谦年十四，尚骑竹马儿戏。后举茂才，位至牧伯。陈子昂年十八从博徒游，后精经史，为唐大儒。苏洵三十始读书，为欧公所许。姚元崇少以射猎为娱，四十始读书，后为贤相。欧公学书，在半百外。王右军书至五十三乃成。凡少恃中堕而不终始成名、及暮年不学而以颓老自废者，当服此药。老学更易成名。

司马迁游江淮，探禹穴，窥九疑，浮三湘，北涉南略，足迹几遍天下，而文始奇。扬雄合天下上计孝廉郡会之闻见，尽得其异语，又加之二十七年铅画椠记，而字始奇。吴莱尝谓腹中无万卷书，眼中无天下奇山川，未必能文；纵能，亦儿女语。凡未开大心胸而拘守耳目之近者，当服此药。聚古今比较伐俩，安得恃管中之睨？

徐庶少时任侠击剑，几死人手；折节学问，遂与卧龙齐名。胡安国少时桀骜不可制，其父锁之空室，辄戏刻小木为人形；父乃置书万卷其中，三月览尽，为世大儒。张仲举少时蹴鞠、走马、作音乐，父兄以为忧。一旦翻然易业，竟以诗文名海内。凡有豪气而不知学问文章惮于自新者，当服此药。达人回头，岂易与敌？

司马迁像，图出自明·天然撰《历代古人像赞》

匡衡引光邻壁，王克入市阅书，倪宽带经而锄，李密挂角以读；路温舒牧羊山泽间编蒲写书，吕伯恭新婚一月撰博议数帙。何地非书室乎？凡怀居释僻而不随处用工者，当服此药。孤恃此心，何处非学？

董仲舒读书不窥园者，三年。法真、赵至皆历年，桓荣十五年，何依十七年。杨龟山举两肘示胡澹庵曰："我此肘不离案三十年。"张无垢晚谪横浦宝界寺，每日未爽，辄抱书立窗下就明而读。如是者十四年，石山双趺隐然。凡攻苦未久而辄欲取偿者，当服此药。最可恨是取急效，终身无成。俗云，"若得工夫深，铁杵磨做针。"此言不可忽。

宋穆耽学，锐意讲诵，或时思至不自知，亡失衣冠，颠坠坑岸。其父尝以为专愚，几不知数马足。葛洪少好学，家贫，躬自采薪以贸纸笔，夜辄写书读诵。性寡欲，无所爱玩，不知棋局几道、樗蒲齿名。凡驰逐外务而分心本业者，当服此药。驰逐固是病，即学中无定，更是大病。

秦少游自言小时读书，有强记之力而常废于不勤。及长，聪明衰耗，有勤若之劳而常废于善忘。因读《齐史》见孙搴答刑词云："我有精骑三千，足敌汝羸卒数万。"心善其说，因取经传子史事之可为文用者，得若干条，为若干卷，题曰：《精骑集》。凡务博少精而致用无当者，当服此药。不如此，则下笔不得，非谢博也。

严仪卿论诗谓非读书穷理，不能极其至。盛唐诸公，惟在兴趣，羚羊挂角，无迹可求。究其妙处，透彻玲珑，不可凑泊，如空中之色、水中之月、镜中之象，言有尽而意无穷；又以禅喻诗，禅则一悟之后，万法皆空，棒喝怒呵，无非至理。诗则一悟之后，万象冥会，呻吟咳唾，动触天真。然禅必深造而后能悟，诗虽悟后仍须深造。凡不从自心求悟而惟钻故纸者，当服此药。穷理极至，自然有悟。一味兴趣，又成虚劳。

谢希深为宋公垂，常在史院。每走厕，必挟书往，讽诵声琅然闻远近。欧公因谓希深曰："予平生作文，多在三上：马上、枕上、厕上。惟此犹可以属思耳。"凡悠忽度日居肆而不用功者，当服此药。他来寻我，安得分手？

秦观像，图出自清·顾沅辑《古圣贤像传略》。秦观字少游，北宋著名诗人，"苏门四学士"之一，著有《秦少游集》

昔子贡问子石子学诗乎？子石子曰："吾暇乎哉！父母求吾孝，兄弟求吾悌，朋友求吾信。吾暇乎哉！"子贡曰："当投吾诗，以学于子。"公明宣学于曾子，三年不读书。曾子曰："宣而居参之门，三年不学，何也？"对曰："安敢不学？宣见夫子居亲庭，叱咤之声未尝至于犬马。宣悦之，学而未能。宣见夫子之应宾客，恭俭而不懈惰。宣悦之，学而未能。宣见夫子之居朝廷，严临下而不毁伤。宣悦之，学而未能。宣安敢不学而居夫子之门也？"凡有愧学问行谊而不识"忠孝仁义"等字者，当服此药。此是病根，不独文士为然，世人俱可服也。

举业蓓蕾

洗心入道，以取理之新；虚心观变，以养文之候；沉心发机，以采时之华。总之，心者人之天也，文者心之天机也。天机内溢，自成第一稀有。其不说得法而说得窍，盖法从心生。得窍者，神明于法之中，变化于法之外也。试观射者之巧力，可以悟矣。董玄宰传有《举业蓓蕾》一帙，予不惴愚昧，取而评订刊布。学者心悟于此，则文窍精通，进道有经，诚初学至妙之心法。蓓蕾青佩垒，谓花之初绽而始华也。须各玩悟发机，勿泛泛视之。

石成金天基撰写

举子业妙在得窍

举子业，妙在得窍。得窍，则事半功倍；不得窍，徒日夜疲神，无补尺寸。操觚之士，先须洗涤此心，树一基址，然后将此心求之四书本经，以寻其意脉，是谓栋梁。又将此心求之诸经性理等书，以寻其梗概，是谓结构。又将此心求之于子史百家等书，以采其色润，是谓涂垩。墨卷是个匠人，程文是个工师，动必禀奉遵依，而我方寸一点灵光，还是真主人翁。谚云“三分匠人，七分主人”是也。

王阳明像，图出自清·上官周《晚笑堂画传》。王阳明即明代思想家王守仁，其号为阳明，故又称“王阳明”

洗心是无上丹头

心要放得开。多少伶俐汉，只被那卑琐局曲情态担搁一生。若要做个出头人，直须放开此心。若游九天，眼界大，局面大。一切厚我、薄我、顺我、逆我等状，尽行容纳，不著色相，是何等度量！放开此心，若坐堂上高拱临莅，若登泰华高绝尘埃。高乃明，明乃见，见境即觉，话到即解。不被他欺瞒，不被他遮塞，是何等识见！放开此心，令之至虚，若天空，若海阔。虚乃受、精受、粗受、大受、小受，断不自满，断不自封，是何等器宇！放开此心，令人极乐，若曾点游春，若茂叔观莲，直是洒落。一切过去相、现在相、未来相，绝不挂念，是何等襟怀！到此大有人处，便是担当宇宙之人，何论雕虫末技不工不好？

按王阳明曰：“吾生平于货利嗜欲，鲜有

旁及，虽经岁不课，文无生涩之若。"可以互参。又要收得密。丈人承蜩，用志不分；庖丁解牛，五官知止。唯净可以为学，可以束心，可以习举子业。若对圣贤，只此精神打叠专一，直是纷华不染，应酬不牵，只此净中包却多少春意，现出多少晶光。倘一切身念、家念、见闻念、交接念、游戏念从中夹杂，从中扰乱，便属妄念，便落坑穴，何缘长进？摄心一处，无事不办。

心要操得锐。若果无意，莫向痴人说梦。若果有意，何用迟疑等待？只从今日为始，便可用力，如讥思食、渴思饮，如撑上水船，如赴军中点期。抖擞精神，一跃跃出前途。自迩今若出一般议论，且从容，且等着，成就一个懒惰。又说从前不曾做得，又怕迟晚，又怕那个难，又怕性格钝，都是闲话。浮浮沉沉，半上半下，到底是旧时伎俩一物。学者只为因循二字，耽误一生。

又要养得舒。急忽随功，进锐退速。倘未启端而极探其终，未究此而忽志在彼，意绪匆匆，若有所奔趋、有所迫逐，苦无涵咏之趣，倏得倏失。夫今且舒徐，容与未得迎之、候之，已得留之、反复之、顾恋之，如江河之浸、如膏泽之润，涣然冰释，怡然理顺，才可以称自得。昔人读书有诗曰："静中检一篇，熟后再三读。心如风拂花，风过香还续。"殆深得此理。

看书是大半工夫

一要信心。只从他赤心片片流出，原只先得我心；我这心却神、却灵，就是圣贤的心，更无分别，只被人看得自己低了，终身靠人，所以千差万隔。今且提醒此心，捧作一个真主人、活菩萨，抛却先人之说，莫横胸中；抛却师友，且莫靠他；抛却眼前乱杂讲书，抛却集注，只看本文。从容默会于幽闲净一中，超然自得于意言象数外。到那妙境，仍抛却本文，于有字处，且悟那无字处。总之，不靠本文且问吾心信否？先教自己心里分明利落，如对圣贤；如心相许可，直是居之安，直是令人喜，直是不知足蹈手舞，才是个中趣味人。黄鲁直云："读书须一言一句自求己事，方见古人用心处。"即谓此也。

一要说约。圣贤说话，原是完全，何曾缺一起头，何曾缺一过文，何曾缺一缴语等？待今人注脚，原是浑融，何曾分截断落，何曾安顿某事同异，何曾缠绵等？待今人剖析，识得莫妄费心情，只寻他意脉，只将一粒真种生出无限颗粒，或一章数语堪绎，或一句一字可绎，岂不易简，岂不轻捷？只想象他那光景，只揣摩他担斤两去处，更不别寻蹊径，比之画蛇添足者，气象自别。根本妙论。

记诵是些小过渡

莫乱记。人若靠得自己性灵，便不须靠别人。此可与觉者道。今人头场记那腐烂时文去改窜成篇，二三场记那程墨旧语去套写，亦曾举网得鱼。若是别人罗网已陈，刍狗何所用之？且见近时场中，最厌弃此品，恐不是实靠得的。莫若只靠自己性灵，靠看书功夫做主也。难道不记？第莫乱记那腐烂时文，莫记那怪诞书。五经、周礼、性理诸书，是圣贤意思所寓，资我理路的，不可不记。诸子诸史等书，是资我才华的，不可不记。程文理邃，学博难学，他却不可不记。墨卷神气完密，才力优赡，正是前程一个真样子，不可不记。曾见名家蹈袭时文否？蹈袭程墨旧话否？人若乱记，卒无益也。

莫多记。不记些怕枯索了，多记又怕塞我真灵。今人苦无记性，又苦记不得许多，终日闷闷，灵机自塞。今且无多记，理学编集若干，时时涵咏，史子编集若干，间常模拟；程文拣录数十篇，墨卷拣录百余篇，二三场亦只拣择上上程墨共谓数十篇，时常温习，时常玩想。久之，自有解处。是谓圆觉，是谓上乘。读书不求多，惟求贯串，此黄山谷极妙心法。

明·《重校红拂记》插图，描绘了古人读书疲倦、伏案小睡的情景

作笔是自己受用

一要养精神。人之一身，只靠这精神干事，精神不旺，昏沉到老。只是这个人须要养起精神，戒浩饮，浩饮伤神；戒贪色，贪色减神；戒厚味，厚味昏神；戒饱食，炮食闷神；戒多动，多动乱神；戒多言，多言损神；戒多忧，多忧劳神；戒多思，多思挠神；戒久睡，久睡倦神；戒久读，久读苦神。人若调养得精神完固，不怕文字无解悟、无神气，自迨矢口动人。此是举业最上乘。唐荆川云："作文不论工拙，只要真精神透露，如皆说理，皆用意，必是真实也。"总而言之，人若养得精神充壮，不惟举业文章出人头地，且又深得保命妙法，却病延年应如操券。或有秉气虚弱者，更当留意，凡一生富贵福寿，俱看其人之精神明暗为主，一切世事之成否皆在于此。未可忽也。

二要得解悟。时文不在学，只在悟。平日须有体认一番，自有妙悟。妙悟只在题目腔子里思之，思之又重思之，思之不已，鬼神将通之。到此将通时，才唤做解悟了。解时直是信手拈来，头头是道，自是文中有神，动人心窍。理义原悦人心，我合着他，自是合着人心。杨真复曰："最上一乘，须从悟入。"其次，极思亦夺天巧。譬如治米者，磨以去其壳，舂以去其衣；又加之研，以去其膜，然后精露焉。所以临文初思是治理壳，不可用也。又思之始及理衣，亦未可用也。又重思之始及理膜，膜去精见，乃可用也。人有读左经右史而搦管无书卷气者，亦有得一意一诵而调遣不竭者，得心与不得心之因也。善悟则合，不善悟则分。

三要得神气。且试看死人、活人，生花、剪花，活鸡、木鸡若何形状，若何神气？识得真、勘得破，可与论文矣。扬真复曰："前瞻后顾，琢句炼字，文人之文也。精神一翕，謦欬千言，非文人之文也。"此说却主神流机畅，无义于工而文自工者，此为神器，非初学可到。其次，却要笔端飞舞，不可捉摸，一气呵成，绝无阻滞，宁空无塞，宁淡无郁，宁明无窒，宁舒无壅，亦属名家。试敛我心神，细阅时艺。阅时，令我毛竦色动，便是他神气逼人处；阅时，似然似不然，欲丢欲不丢，欲读又不喜读，便是他神索处。是以窗稿不如考卷之神，考卷之神薄，不如墨卷之神厚；魁之神露，不如元之神藏。知此可与谈矣。行乎不得不行，止乎不得不止者，非权势之谓而神气之谓也。

四要知取舍。扬真复曰："脱套去陈，乃文家之要诀。韩公为文也，人笑之，则以为喜；人赏之，则以为戚，以为犹有人之悦存也。是以剖洗磨炼而精光透露，有由然也。虽然有意于斯，犹非其至也。夫我心犹规矩也，规以圆之而不圆者去矣，矩以方之而不方者去矣。斯理亦然。我以我心度之，不当我心者亦去矣。所以无意于文而文自至者，天下之至文也。"此属玄品，非初学可到。又曰："众人密者，我独疏之；众人巧者，我独拙之；众人华者，我独朴之。譬如珍馐虽列而座客茹蔬，岂芳香之不足哉？厌饫之为然也。然疏也、拙也、朴也，足以胜密者、巧者、华者，必有道矣。岂率尔而为之哉！"此亦非初学可到。今且定一取舍，取人所未用之辞，舍人所已用之辞；取人所未谈之理，舍人所已谈之理；取人所未布之格，舍人所已布之格。取其新，舍其旧，不废辞却不用陈词，不越理却不用皮肤理，不思格却不用卑琐格。得此，思过半矣。前所言者，神笔也。次所言者，老笔也。末所言者，推陈出新之妙笔也。

真福谱三集

世谓清福乃上天所吝，予独谓上天无时无地不以清福与人。其奈世人视为寻常而不能知觉，岂不有负上天之意耶。人既不能知觉，欲其受享，何从而受享乎？名人争于庙堂之上，利人谋于廛市之间，匆匆扰扰，举世尽从愁里老，是以能享真乐于身心之福者，因兹而不多矣。不知上天与之而不知，错认上天吝之而不与，良可浩叹哉。

大抵有乐于身心者，随时随地俱已现成，非同富贵荣华之难致者可比。惟要能享真福之人，常存一知足退想之念，就事论事，心领神会，自得其妙耳。予体上天与福之意，漫以愚言，指出有乐于身心而为真福者六十六条，分晰十二类，名曰《真福谱》。读是集者，今而后，一举目、一动心，无不清福满前，方知上天常以清福与人，原未吝惜而不与也。既能知觉，自必都能受享，人人俱登极乐世界，受享无量之真福，是予生之大愿，亦予生之大乐也。

康熙五十八年仲春之吉，石成金天基撰写于惺斋

享清幸之福

幸为男身 孔子问荣启期曰：“先生何乐也？”对曰：“天生万物，惟人为贵。吾既已得为人，是一乐也。人以男为贵，吾既已得为男，是二乐也。人生不免夭折，吾已年九十五，是三乐也。夫贫者，士之常；死者，民之终。处常待终，吾何忧也？”予谓人能常存如此心思，虽寿岁难定，然而无往非乐，是我之享福多矣。

孔子像，出自明·吕维祺《圣贤像赞》

幸秉灵性 世人有人生性痴拙，蠢然一物。我今幸得心明性灵，知通识变，是我之享福多矣。

幸居中国 倘居遐荒异域，或草衣木食，或野居穴居，虽属为人，与禽兽无异。我今幸生中国，得受如许房屋饮食、文物衣冠之乐，是我之享福多矣。

幸逢盛世 予生于顺治末年，历康熙五十八年，享太平之福者，已周花甲。闻前辈谈及明末扬州破城之事，彼时杀伤淋漓，妻离子散，家破人亡。可怜号天震地，惨不忍

闻。今幸不遭兵戈之劫，是我之享福多矣。

幸获粗安 昔有一士人，贫穷无措，日夜焚香致祷。一日闻空中有神问曰：“汝日勤拜祷，意将何求？”士人曰：“某非敢过望，但求衣食粗足，逍遥终身。某愿足矣。”天神大笑曰：“此乃上界神仙之福，何可易得？若求富贵，当不吝惜。”夫世人之所骇为难得者，莫如富贵。孰知富贵不惜，粗足难求，天神以为上界神仙之福。予独信之，其意谓何？人若衣食粗足，则无事烦恼，又不必劳心营求。但见有达无穷，有寿无夭，即此便是上界神仙之福，何可易得耶？金溪胡九韶家甚贫，课儿力耕，仅给每日哺；焚香顿首，谢天赐一日清福。其妻笑曰：“三餐菜粥，何为清福？”应曰：“吾幸生太平之世，无兵戈之祸；又幸一家得免饥寒，又幸榻无病人，狱无囚人，非福而何？”此言初若易之，及思旦暮之间，稍有不测，如事外之牵连，无妄之刑狱，以及水火盗贼，死丧离别，苦楚多端，即不安甚矣。昔人云：“莫道座中安乐少，须知世上苦人多。”一遭苦境，焉得不以九韶之言为至宝！我今幸获粗安，是我之享福多矣。

幸能读书 人若有好书，或是无暇不能读，或是性愚不能读，是皆无福之至也。唯有福之人才能谈书。乃知我能读书者，是我之享福多矣。

幸生全体 人若身体周全，即是受福。如或不信，请看世有耳聋、眼瞎、足跛、音哑者若干人。我今幸生全体，是我之享福多矣。

幸有才学 昔有沈鉴字文昭，记览博洽而放言自废，人皆目为落魄。或问今之有才学者，每贫贱无福，何也？文昭曰：“有才学即是有福。予谓世人当知最难得者，才学。而才学已为我有，余悉微末。”乃知我有才学，是我之享福多矣。

享清体之福

乐得饱暖 世上人，每多食不充口而常忍饥饿者。又每多衣不充身而常受寒冷者。今若饱食、暖衣，并无饥寒之苦，虽甚平常，真为大福。

乐得康健 世上人，每多痼疾不疗，医药不效，轻则艰难步履，重则呻吟床榻，痛楚难堪。今若身体康健，饮食起居，在我俯仰自如，虽甚平常，真为大福。

享清时之福

领略春和 立春之后，寒洌已过，和暖渐来，便觉遍地生发。此时，天气不冷不热，最是难得之侯，须要加意领略，切莫虚度。若遇清明，福更无量。

领略夏凉 当溽暑之时，只想此时有人道上红尘，赤日炎蒸；又想狱囚拘禁，薰秽难当。我今得于小斋静坐，是即仙凡之别，若有凉风徐来，福更无量。

领略秋爽 予友人李白也，善于绘事。每喜画一山亭，数飞鸟，闲人拄杖立望。自题云："溪上亭子镇日闲，白鸥飞尽见青山。幽人领略无他意，不放秋晴空往还。"大抵秋来，暑气渐消，天气顿然清爽，人身顿然轻快。若遇秋日之晴、秋月之明，福更无量。

领略冬暖 严寒之日，予常闭户垂幕，围炉暖酒，不知户外有凛冽之威。每感上天赐予过厚，未解何修得此。倘遇冬暖，或级步，或晒背，福更无量。

享清香之福

嗅花香 昔愚庵尼习静有年，一旦嗅梅花省悟，作偈曰："尽日寻春不见春，芒鞋踏遍陇头云。归来笑捻梅花嗅，春到枝头已十分。"此是嗅花香而得悟者。莫尚书谒南堂静禅师咨决心要，常令其向好处提撕。适如厕，忽闻秽气，以手掩鼻，遂有省，乃呈一偈云："从来姿韵爱风流，几笑时人向外求。万别千差无觅处，得来原在鼻尖头。"南堂答曰："一法才通法法周，纵横妙用更何求。青蛇出匣魔军伏，碧眼胡僧笑点头。"此是嗅臭秽而得悟者。予谓静里功夫须在平日警切，方得临时醒悟。譬如磨镜相似，功到尘去，镜自明矣。嗅秽尚得省悟，何况嗅香乎？无论诸花但有馨香者，欢然就嗅，此时心性恰悦，岂非福那？

赏梅花图，出自《唐诗画谱》

嗅锭香 人有癖于焚香者。要知焚香一炷，满室如春，便觉万虑都忘，妄想尽绝，最为清课。唯予性甚疏懒，诸务畏烦，即焚香一事，虽甚清高，然而炉必擦、炭必燃、火必调、香必添，原图快乐，岂不自寻烦琐？予扬名香肆中，新制有卫生离宫锭，香极窜冽，价极昂贵。大约与银兑换买来，或系扇头，或系麈柄，时常近鼻一嗅，既辟诸秽，又开心窍，如人众香国中，不知身在尘世。岂非福那？

享清衣之福

爱着布衣 纱罗绸缎，乃富贵

人所着。唯予寒士，既鲜资购，又恐折福，宜安布素，是我福也。

以棕为笠　以棕为笠，不唯雅素遮日，犹恐中途偶雨，又可代伞，阴晴两便，是我福也。

享清食之福

好粥　清晨空腹，餐粥一饱，滋润脏腑。保养之法，此为最切，予记陈眉公云："清晨一盏清粥，饱如九鼎之脔。"此时无量受福。

好酒　酒以甜醇陈久者为上。量可饮得十分，只须饮七八分，熙熙皓皓，满体皆春。此时无量受福。

好蛋　或问予曰："子好食蛋，不论鸡、鸭、鹅蛋，堆积若干，煎、煮、腌、糟种种尽美，且茶、酒、粥、饭频食不厌，其亦有悦乎？"予谓之曰："蛋之妙趣，予约略其义有十。所谓不生、不杀、不荤、不蔬，不肥、不瘦、不咸、不淡、不丰、不俭是也。天地之间，凡一切鱼肉荤腥，未有不从杀害生命而得者。独蛋之为物，生未成形，混沌浑然，痛痒无知。既不宰杀，何用惨伤？即放之亦不能生活，藏之原无劳喂养。若论此物是荤，实与草木无知者相等；若论此物是蔬，却又从禽鸟腹中生出，正与血肉同类。不肥不瘦，入口柔嫩可喜。以为有味，并无酸咸甜辣之浓；以为无味，却又非同全淡。以此日用常食，或自餐，或款客，分明是荤肴却甚省费不似他物之价昂。至于可以下酒饭，可以当茶果，可以充饥，可以随取随有，其妙又不止于十趣而已。予因爱食而不厌者，此也。彼贪味无慈心之人，谅必笑我甚愚。惟予寒士，自谓无量受福。"

好枣　无论徽枣、圆枣，拣贮若干，于腊月四九极寒之日蒸半炷香，转放露天空地冻透、盛坛。每日饭上蒸烂若干放磁盏内，时常细嚼一枚，舌端津生，甜味满口，无量受福。

享清居之福

在桃柳丛中　室之周围桃柳丛绕，何异蓬岛仙都？居此者，每多不觉。惟自外边闲步向居远观，怡然会心，即知福矣。

在梅花香里　家旁梅花围绕，消受暗香浮动、疏影横斜之趣，即知福矣。

家在白云深处　予最爱赵迪诗有云"白云深处野人家"之句，总周家居深山，烟云笼罩，与尘世远隔，当于户外眺望，即知福矣。

家在杏花村舍　昔谢无逸有"杏花村馆酒旗风"之句，予极喜吟之。要知乡村茅屋，有杏花围绕，再得酒旗点缀，能于闲中领略，即仰福矣。

享清供之福

赏鉴端砚　前人谓笔砚精良，人生一乐。大抵砚之发墨者，多损笔；砚之不损笔者，又不发墨。二美难兼。若兼并者，其唯端砚乎？予书斋内有小端砚一方，是祖父流传笔耕者，予因自镌铭语于匣曰：“钝为体而静为用，寿自延长。”此砚随予五十余年，日日赏鉴，心性怡然，可谓有福。

赏鉴净几　明窗净几，人能闲坐对玩，或佐以读书，或定以修禅，令我天然乐趣，可谓有福。

赏鉴如意　予小斋中有铜如意，铸造精工。每于闲暇磨弄，可谓有福。

赏鉴念珠　予性喜念佛，因置番菩提小念珠一串，时常持捻，提警系心，令归正觉，可谓有福。

享清景之福

看山水　欧阳文忠公守扬州，题平山堂词有“平山栏槛倚晴空，山色有无中”之句。予谓山水妙趣，晓山有晓白烟雾曈曚之景，暮山有暮山苍紫杳冥之色。至于高低远近，阴晴雪月，各有各境，只“山色有无中”一句，已尽山水之变幻。果能于闲中凭栏远眺，目赏神怡，此福不小。

看花柳　唐人有“洛阳三月花如锦，多少工夫织得成”之句，要知柳绿花红之景，真是天然锦绣，最为难得。幸而遇之，此福不小。

看云烟　云烟变幻，一时一异。至于夏秋云气，尤多奇峰异岭，绝壑危峦。我今寓目悦心，此福不小。

看风月　能知清风明月之可乐者，世无几人。有清风明月之时岁无多夜，即人能知此乐，或因事牵，或为病妨，欲享不能。然则清风明

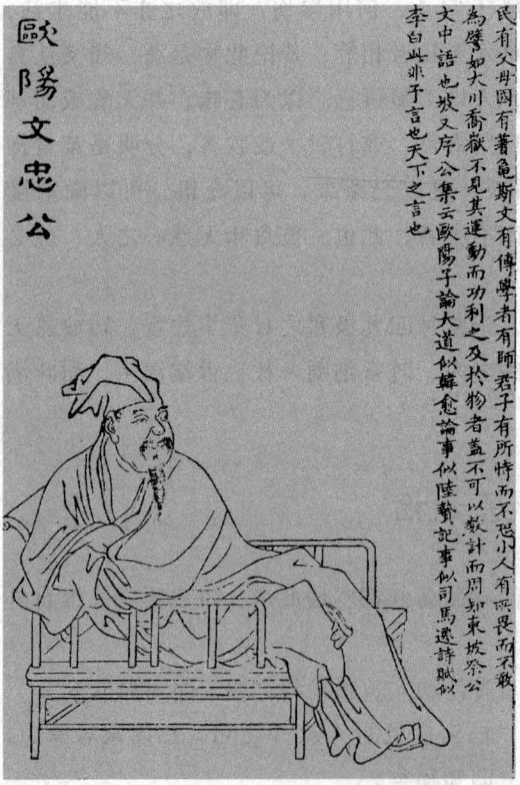

欧阳修像，选自清·上官周绘《晚笑堂画传》。欧阳修为北宋政治家、文学家，谥文忠，故又称“欧阳文忠公”

月居闲幸遇，应须及时领略，切莫自生障碍。此福不小。

牧童吹笛图

享清音之福

听读书声 凡有入耳诸声，皆可为乐。若闻读书声，又为最乐。圣贤之语似复耳提面命，警惕身心，大有裨益。闻他人读书声，固已为乐，若闻子弟读书声，尤为至乐。因其书香一脉承接流长也。予最爱李笠翁有联云：“窗临水曲琴书润，人读花间字句香。”予窃效之，常手捧得意书一卷坐于花下，反复熟读，高低抑扬，不特他人闻之甚为欣羡，且自觉书声从花里度出，另是一番香韵。福可知矣。

听牧笛声 黄庭坚八岁时，赋牧童诗曰：“骑牛远远过前村，短笛横吹隔陇闻。多少长安名利客，机关用尽不如君。”近时，予友施潜夫画一牧童倒骑牛背吹笛，题诗曰：“短笛横吹牛倒骑，春风拂拂意迟迟。此中别有闲天地，说与旁人恐未知。”予谓牧笛一闻，令我安居田野，而名利之心顿消。福可知矣。

听桔槔声 人以衣食为本，衣食若亏，饥寒罹而盗狱兴矣。试思吾人一日不餐可乎？恐腹枵难禁，如之奈何？但国以农为重，民以食为天。予静中闻田间桔槔声，自觉有秋可获，丰稔可待。福可知矣。

听纺织声 家中妇女日习纺织，不惟衣之暖身，可免捉襟之忧；抑且闺阁勤劳，竟除闲妄之念。主人听此，福可知矣。

听欸乃声 山青水绿之间，忽听渔歌数声，便觉尘世俱忘。福可知矣。

听鸟雀声 清晨睡醒，神思清爽，倚枕听林间鸟雀声喧，恍置身于山巅树梢间，高出世外几层。福可知矣。

享清事之福

喜静坐 天下之大学问，只一“静”字便可了。伊川先生见学人静坐，便以为善学。要知身心一静，定慧湛明，非唯乐心，兼可延年却病。如果精进勿懈，即可超凡入圣。我能识此静趣，真享福矣。

喜缓步 昔人以安步当车。要知心无机事，从容缓步，不慌不忙，并无急促。如此舒徐，觉他人乘车、骑马匆匆于尘埃中者，总不如我之安稳自在。真享福矣。

喜扫地 当执帚之时，即思此地非他，乃吾人方寸地也。此坐污非他，乃吾人牵缠俗垢也。一举手之劳，尘去垢除，顿还我本来清净矣。迨扫毕静坐，自觉心地清爽。真享福矣。

喜念佛 予性喜念佛，日常不辍。庚午秋爽，与同窗偕游苏州虎丘，至极顶后山，遥望太湖白茫浩荡，真奇观也。旁有静室，上供吕祖圣像，梁中以丝绵悬挂木笔一枝，其下承有沙盘。方几旁坐老翁，似有道行。予询设此何为？翁曰："凡有疑事启问，即虔诚默祷，我用符咒代请祖师降乩，自临判断。"予甚惊异。但予心无机事，欲试其奇，因烦翁用符召请；予焚香诚明，默以时常念佛，有无功效，求仙明示。少顷一刻，亲见悬空木笔果自运动，即判八句云："念佛虔诚即是丹，念珠百八转循环。念成舍利超生死，念结菩提了圣凡。念意不隐流水去，念心常伴白云间。念开妙窍通灵慧，念偈今留与汝参。"末书："纯阳道人赐扬州天基石子佩悟。"但见乩笔迅写不停，顷刻而就。予细读之，八句律诗各以念字为起，语语深通禅理，且竟知予姓字心事，尤为神奇。信是仙笔幸遇。孰谓释道二教授各不同也那？乃敬拜服谢翁，返寓与窗友珍爱不忍释手。原偈现在，明者自能辨识，不待予之赘说也。予今幸得专心念佛，精修净土，真享福矣。

喜读书 予诌"爱书歌"曰："我爱书，我爱书，书田菽粟乐丰余。圣贤血脉须寻看，天地经纶有展舒。工夫若到通彻处，尽心知性契真如。莫将私欲蔽明镜，忘却妙义都成虚。许多快活说不尽，人不读书何其愚！"日常歌此，真享福矣。

喜饮酒 予诌"爱酒歌"曰："我爱酒，我爱酒，酒中快活真个有。不必炮凤与烹龙，随便山蔬堪适口。举杯忧虑尽消除，况同花月成三友。随我意量饮几杯，何必酩酊醉百斗。混混沌沌体荣和，疯疯癫癫身抖擞。或诗或曲或文词，信口狂歌三五首，仰面大笑天地宽，这等趣味人知否？"常歌此，真享福矣。

喜赏花 予诌"爱花歌"曰："我爱花，我爱花，花香花色尽堪夸。但得有花常玩赏，莫待无花空怨嗟。花里高歌花自好，看花酌酒兴偏赊。一年四季花都有，不论何花总是佳。花来向我为知己，我不爱花辜负他。"日常歌此，真享福矣。

喜玩月 予诌"爱月歌"曰："我爱月，我爱月，万里寒花俱照彻。玉盘金饼出云衢，庭台花竹都精绝。我今静坐玩婵娟，另具乾坤真奇绝。犹如广寒殿上游，犹如水晶宫里歇。清凉魂魄濯冰壶，踊跃精神朝玉阙。把酒狂歌气浩然，但愿银蟾莫稍别。"日常歌此，真享福矣。

喜狂歌　予将得意诗歌，熟记十数首，于闲中随意信口吟哦，高低起结，不拘腔调，心开性怡，真享福矣。

喜濯足　临流濯足，最为乐事。惟暑月在清溪碧涧间，始为合宜。予性懒散，不耐跋涉。今在家庭之间，无论四时，不拘早晚，贮和暖水一盆，洗面之后即以濯足，浸淋时久，甚觉爽快。口中兼歌沧浪之句，真享福矣。

喜观画　品画以山水为上。观画中有可游可居之处，将予幻身想入画内，恍然亲历佳境。真享福矣。

喜握麈　麈音主，似鹿而大尾，能生风辟蝇蚋。今多以棕制。握执于手，觉坐去境清。真享福矣。

古人把玩月作为一种雅致，此图即描绘了古人玩月的情景

喜乘风　按陶渊明云，尝于五六月中北窗下高卧，遇凉风哲至，自谓是羲皇上人。予于夏月每窃效之。真享福矣。

喜晒背　冬晴时于稻草堆边，面北背南而坐，日色烘烘晒背和暖。昔人以为负暄，以为袄子黄绵，信非虚语。再进村酒几杯，内外俱暖，真享福矣。

享清戒之福

不弹琴　弹琴非正襟危坐则不可为，且要心存宫商，指按挑剔，稍不留意即失调矣。予懒散之人何能耐此？我今戒，不弹琴，何等享福？

不着棋　予谓事之最损精神者，无过着棋。以我之心机尽竭于棋，若论输赢，与赌博无异。废时失事，为害尤甚。我今戒，不着棋，何等享福？

不学书　儒士字法不可不习，但仅可自便于抄记。若为人书写诗文、屏轴，长篇累牍，精神因之而损耗，岁月因之而损耗，岂不大受笔墨之累那？我今并不代人书写，何等享福？

不学画　予昔学画多年，每绘山水一轴，远近浓谈，拟皴设色，非数日不成。岂料渐为人知，嗜痂者日索于门，予则应接不暇。因想铁笛道人谓“奕损闲心，画为人役”，深得我心之同然。但子既不以画资生，恋恋此技欲何为乎？于是立意谢绝，惟喜玩赏他人之图绘。何等享福？

不嗜茶 茶性伤脾。予性愚蠢，不辨茗味，若勉强饮之，则心胸反生嘈杂。所不可少者，饭后漱口而已。予不嗜茶，既免涤荡津华，又少烹点蓄储之烦。何等享福？

不烧炉 古炉非极尽烧擦则宝色不现。何苦虚废岁月，作无益以害有益？予小斋中除书之外，惟文房四宝，其余古董炉瓶之类，概不购储。今我心中不烦不扰，清静快乐，何等享福？

不限诗 兴到偶得佳句，最为快乐。乃有限韵、和韵之事，殊不知虽有佳句，多为限韵所阻。凡遇山水花月、美景良辰，正应及时领略；乃或限题诗词，或联句续麻，或行艰涩酒令，苦人摇膝支颐，难思难构，以致佳时虚度。今惟概推愚拙，何等享福？

不度曲 人若专习管弦词曲，不过供人侑觞，非予愚人能为。当兴到时，信口狂歌，任我徜徉，何等享福？

不撰文 昔杨升庵与友书云："年来万应灰冷，惟文字结习未忘，颇以此自累而招罪。不当与而与，当与而不与，皆罪也。不工则不可出，工则疲精役神，皆累也。用是勇念书壁云：'老境病磨难亲笔砚，神前发誓不作诗文。'自今为始，朝粥一盏，夕灯一盏，作在家僧行径。惟持庞公'空诸所有'四字，庶乎余年耋齿，得活一日，是我一日。不然则扰扰应酬，又何异于尘劳仕路哉！纵使《艺文志》书目，天下家传人诵，尽为我制，何益于灵台？何补于真我？"予最喜此柬先同我心。今后一切诗文，概不举笔，落得心中清净快乐，何等享福？

不大醉 饮酒过醉，不但昏昏沉沉，不知其趣，且有腐伤脏腑之害。是以邵子有"美酒饮教微醉后，好花看到半开时"，此深得花酒之趣者。予最喜酒饮半酣，熙熙皓皓，另生醉乡世界，何等享福？

不笼鸟 鸟声之趣，全在林中自然音韵。若夫笼养禽鸟，囚拘其身，凄惨其音，我则掩耳不忍听闻。今不笼养禽鸟，且省却自己许多调喂工夫，何等享福？

不瓶花 赏花须赏其有根之花，始有生生发旺之致。若经采折，其萎谢凋落计时可待。见之者，反起怜恻之心。今后予斋中瓶不插花，何等享福？

真福吟

超 俗 石改

虽处红尘喜住山，眼都清净意都闲。绳床稳坐浑无事，两扇柴门尽日关。清静极乐。

住山石改

风尘浩浩几时休，独有青山整日幽。非是愚人忘世事，身慵只合伴巢由。何必辛勤？

结茅吉师

白云坞里辟山居，取把黄茅小结庐。门外自无车马迹，只余幽鸟到阶除。

开径石改

新开小径自徐行，云去云来绝送迎。尤喜清风明月夜，逍遥又复转高层。

弃笔石改

诗文笔墨久灰心，先取毛锥弃水滨。文字最扰神思，须先除去。会得赵州无字义，何须纸上费追寻？

倚杖吉师

清晨倚杖到斜阳，大地人争片刻忙。举世尽从忙里老。

怪道瞿云无两个，眼前谁复肯回光。

乐晴石改

溪上亭子整日闲，白鸥飞尽见青山。第二句极有禅理。

擎杯领略无他意，不放晴明空往还。莫负时光。

老人持杖图，选自清·《马骀画宝》

喜　雨石撰

四野阴云雨满村，农歌秧鼓远知闻。千山草木都添色，极目平畴绿到门。

卧　云石改

岁月驱驰百事慵，独移一榻卧云中。有时云去身犹卧，清梦随云驾晚风。

玩　月石撰

当时浩魄似迟留，万里清光一夕周。擎杯玩赏欢无限，俨然身在广寒游。如升天界。

裸　身石撰

时逢炎暑避无方，惟有离尘静纳凉。辟夏热法。
坐卧北窗风细细，徜徉裸体乐羲皇。真正神仙。

晒　背石改

南檐晴日暖烘烘，为爱无风似火红。辟冬寒法。
背身晒来浑不冷，竟忘时令是三冬。

听　涧吉师

雨余碧涧自潺潺，仿佛风前遇佩环。歇脚小桥听半日，莫流清影到人间。

啸　巅吉师

捧云喝月几多年，长啸犹能划碧天。岂与苏门争口吻，欲留清韵在高巅。

观　瀑石改

悬崖千尺净无伦，斜日携樽看一巡。几道云光当面落，青莲诗句转清新。无诗更佳，不必苦吟。

觅　泉吉师

自扶短策过山腰，觅得泉源啜一瓢。确是曹溪亲切味，岂于江海学波涛。

闻　松吉师

隐居爱尔植庭前，每听清声便洒然。我亦阶除栽几树，时时倾耳乐高眠。

焚　柏吉师

自入山来一事无，闲心何处着工夫。聊将柏子焚炉内，编与沉檀味不殊。不会享福之人，虽长焚沉檀，亦与不焚同。

看　获吉师

几多辛苦撅头边，已报秋成乐有年。一望黄云千万叠，将来饱我此山巅。

灌　蔬吉师

定回自去灌园蔬，香积从今味有余。拔尽荆榛枝叶茂，日烹一束日清虚。

默　呆吉师

语言犹落二三边，兀兀跏趺懒说禅。无法可说。
问有问无俱不答，却舒白眼对青天。

酒　颠石撰

随时小饮万般休，癫狂南北任遨游。旁人大笑先生醉，自把桃花插满头。何等狂态！

讶　客石改

柴门久与世情违，剥啄声中更有谁？想是邻人昨相约，同游峰顶看云飞。

谢　交吉师

住山专为远尘繁，哪更交游住复还。紧闭蓬门封却路，只余柏树伴庭闲。借此觉悟。

惊　鸟石改

山舍清幽绝点尘，心闲与世自相分。不知何处桃花发，野鸟啣来绕竹门。

赏　雪石改

霏霏六出下遥天，遍地银装三径连。另换世界。饮酒围炉闲唔对，谢庭佳咏甚欣然。

古代文人喜欢赏雪，图为断桥残雪图，出自《新镌景物奇观》

吟　花石改

黄薇白芍自翩翩，野菊山丹色更鲜。清昼静中闲玩赏，生机常在小斋前。只要知趣。

扫　叶吉师

一夜西风叶满篱，呼童扫取贮茅茨。自然之利。烹茶煮酒随时用，如此家资谁得知。

杜　口吉师

毗邪杜口旨何如，道个无言言有余。涧水松风明历历，西来祖意不关渠。翠竹黄花，头头是道。

禁　足吉师

踏破机关便入山，何须山外路更攀。行步徒劳。

蒲团一具三间屋，坐卧其中总是闲。得大自在。

野狐放屁诗

昔人以做歪诗，放大屁指为乐事。盖做诗若不拘音律格调，则上天下地、牛鬼蛇神肆无忌惮，随我乱言，岂不乐哉！屁乃脏腑余积之秽气，如强忍不放，何异自寻病苦？所以高耸金臀，洪宣宝屁，是亦乐也。牛山志明，撰有《放屁诗》四十首，予删其重复无义者十首，今评刊传世。吟咏之余，但觉臭气熏人，不知是屁诗耶，抑不知是诗屁耶？惟有鼓掌狂笑，快乐至极。莫尚书因嗅臭而觉悟云万别千差无觅处，得来原在鼻尖头、鼻之觉，人大笑哉。

石成金撰写

一

他偏要乱诌。若是不诌，这放屁诗从何来？

学生诗另有门头，开口便存放屁地界。文选离骚一笔勾。转不费寻章摘句工夫。扭肚撇肠腌脏句，山神说道不须诌。

二

事在易而求诸难，归来笑拈梅花嗅，春在枝头已十分。

海角天涯走一遭，踏破铁鞋无觅处。算来只有住山高。得来全不费工夫。昔年羊肉街头过，未免浑身惹得臊。弃毫毛而反太宁。

三

扫除许多葛藤，只走正路，何等直捷！

法主禅师与律师，学生总让别人为。能度德量力。一心做个煨山鬼，得上乘宗旨。任老瞿云骂蠢痴。每见痴人多厚福。

四

光阴迅速，诸般智巧辛苦，都是代他人作嫁衣裳。

才说炎天忽又寒，总是石火电光。看来看去世情难。海鬼弄波，日月如此。不如做个呆人罢，做个呆人岂不安？巧者，拙之奴。

五

日高三丈我犹眠，不是神仙，谁是神仙？试看诸侯大夫，皆不如也。

不做诸侯与大夫，槐根将相，一梦无聊，极于此句，理会明白。总无一事到区区。可见生一事不如省一事。人家带露忙忙走，我正酣眠扯大呼。正是宠辱无加梦不惊。

六

天堂地狱俱在眼前，无奈世人并不知觉。

山下人家打杀人，随他老子破头巾。学生石上高跷脚，不特袖手旁观，而且高跷脚坐。念句弥陀养自身。

七

深得涉世妙法，只须学此，则一生快乐安稳有余。

闲看乡人下屎棋，屎棋，屁诗同类。新兴象有过河时。马儿蹩脚由他走，当局者迷，旁观者清。我只装呆总不知。

八

岂独巡检衙官，即一切世人，俱是如此。明人视之，可发一笑。

巡检衙官戏一场，果然。旦生丑净许多忙。真如傀儡牵丝。盘头鬼脸时时换，看多少人只愁不能上台，不愁不会换脸。老拙山中笑断肠。

九

心无挂碍，落大自在。

一个蒲团一个锅，荒年不怕贼来多。又恐遇瓦罐寺和尚。山前财主三更夜，财主能积德好施，又何三更不寐乎？狗一轰时便打锣。

一〇

枉代他人奔忙，岂不可怜。

世人说我太愚痴，我就依他说是痴。今人用尖用巧，则称停当，哪个肯做痴子？只问诸公伶俐的，忙来忙去可便宜？三餐、七尺，大概无异。

一一

一法通时法法通，俗人怎得知？

久谈释道又谈儒，一以贯之。乱告十三总不拘。偶把毡巾作帽戴，牧牛儿子骂狂夫。昏天黑地，哪里知道。

一二

全要人会领略，不知者虽历仙佛境界，也是徒然。

盘古当年造我山，不意开辟以前，先生此人耶！亏他排设许多湾。前人栽树，后人乘凉。石崖石洞层层巧，等待学生细细顽。该因。

一三

松涛泉响，又兼花香，此福不小。

那岩打坐这岩眠，听了松声又听泉。可能分我半榻？尝笑风爹多礼数，怪不得山东人呼雷老子。花香直送到床前。却也可羡。

一四

天然美景，不费财力。

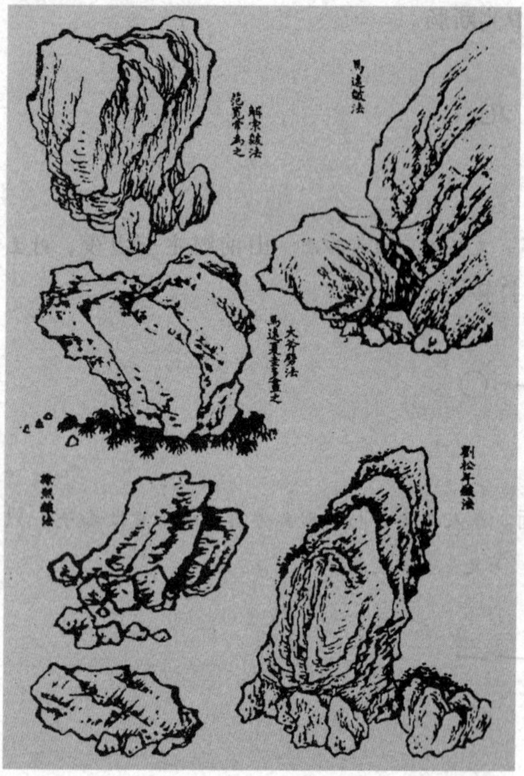

山石图，出自《芥子园画谱》

万种奇花石上开，天然盆子不须栽。篾片第一件用不着了。杜鹃虎刺山茶树，爱杀杭州老阿呆。亲历其境，不是耳识。

一五

享福甚大。

松石千盆次第排，虎丘山上价高抬。梅桔枸杞红黄桂，在我山中只当柴。方竹杖自然要削圆了。

一六

忒煞有福。

春兰夏蕙没爷娘，左也香来右也香。如入温柔乡里。野菊秋来黄满地，收来当草只铺床。

一七

夸得口。

三四月天好燥脾，好燥脾！如从鲁智深吃狗肉烧刀中来。满园鲜笋任施为。新茶飨饱经行处，绕屋樱桃滴溜垂。江南樱笋，芳时可羡。

一八

饱后望天，不可虚度，全要个中有机会。

清晨饱饭杖崖前，扯扯胡须望望天。山中无事，如游太古。黄鹏画眉没搭帐，机流拐骨似翻船。哑禅听之，转爱禽言，一任澜翻。

一九

又夸得口。

鲜果千盘不要钱，一味白吃，谁不喜欢？枝头颗颗血红圆。炫目流涎。城中美味开行日，我与山童吃在先。会受用。

二〇

也要有些功课，才能消受。

信心妈妈上山游，一句弥陀一个头。老婆好佛委实不差。磕到我前开钞袋，铜钱送与买香油。不去买油，却去沽酒。

二一

如此待人，个个欢喜，且又多得钱财，但要平等一视。

游玩相公体面乎？乱摇乱摆，大模大样，如见纸上。老僧望见遍身酥。从来僧与妓阅人最多，何况老手！流星奉上花盆顶，酸头酸脑，哪够收拾？者也而之满口铺。一字一珠，虽竭八万四千广长舌，无以过之。

二二

夏热信此清凉境界，好快乐也。

林间夏日最清凉，一丈多宽石板床。藤榻纱厨未必如此潇洒。任坐任眠蚊子绝，蚊子都在脂粉丛中吃荤去了。帐儿少顶也无妨。

二三

全要知窍。

六月长途似火煎，山中无客共麻缠。悠悠岩下此时我，妙觉入窍。什么天人什么仙！知足者常乐。

二四

悟明之后，一切语录只可糊窗。

秦时寺院汉时墙，破破衣衫破破床。感激开坛新长老，常将语录赐糊窗。经文不参，禅法懒讲，转无拘滞，成佛何难？

二五

知福长福。

极精骨董是云霞，不是苏做，不是广样。白似丝棉赤似纱。这却难猜。大老官家无一片，我家满屋满篱笆。

二六

富贵家比他不来。

爬得桩柴打得桩，地炉煨粥又煨汤。比暖锅更好。饱而且暖清闲极，不思淫欲，足见佛心。胜似天尊老玉皇。老玉皇极比之辞，今之狎梓童看雪，拥美姬围炉，惹事处正多，哪里有野狐自在也？

二七

冬寒住此和暖境界，好快乐也。

矮凳阶前晒日头，会穿黄棉袄。又无瞌睡又无愁。心似太虚。自寻一个消闲法，唤小猫儿戏纸球。驯狮伏象，于小处转一法轮来。

二八

全要自己有德行，不可虚善信布施。

闲拖拄杖过邻家，这家留斋那家茶。小狗儿落在茅坑里。栗子腐干随意带，路旁折得几枝花？

二九

得趣处下界有仙。

情景山中另有天，得来不与俗人传。玄中有玄，觉外无觉。其中一种奇消息，鸡犬真真亦是仙。德山棒、临济喝、水牯牛、干屎橛；齐现法相。

三〇

何用许多虚文？

知道奴家八字歪，得无限便宜。不通抬举卦人牌。老实知己。身虽未死心先死，早打泥坑办着埋。也不进龛，也不入塔，何等省事？

天基狂言

求天普生好人

关圣帝君云："愿天常生好人，愿人常行好事。"此二愿极为广大。因世上好人自各安分守己，并不欺凌诈害，亦不生事滋扰；刑法可以不用，官长可以不设。但世上好人虽多，而坏人亦不少。予之愚见，只求上天满世间都生好人。凡有坏心之徒，尽发变牛马诸畜，则人人俱享太平安静之福。真大快乐也！

求天普赐丰年

"惟求处处田禾熟，但愿人人福寿长。"此邵子句也。予爱镌印章珍佩。要知世上坏人欺诈谋害之种种，半因饥寒所致。若或年岁丰稔，则各家饱暖，盗贼灭而讼斗无矣。予之愚见，只求上天每年风调雨顺，五谷丰登，永无灾伤之苦，则人人享福，遍地讴歌矣。

求天普惩赃官

朝廷以民膏俸禄，给养各官；又百般供役，何等尊荣！原为教养子民兴利除害、赏善罚恶。奈有一种贪墨官员，受人嘱托，得人贿赂，以直为曲，将无作有，律法空悬，真可浩叹哉！予之愚见，只求上天鉴察，凡有贪污之官，或于朔望人民聚集之时，遣神附于官身，令官

关羽像，图出自清·顾沅《古圣贤像传略》

自供，直说某事不该得某人银若干，以致错施刑罪；某事不该听某人情面，以致误开法网。或自掌自面，或自辱自骂，复痛自改悔。供完始醒。如此，一省府只须神附数官，则声传远近，各皆懔然警惕，不待访拿参罚，而官尽廉明矣。

求天普诛凶恶

雷者，阴阳未抟之声，实有雷神主宰，从未有良善之人横遭雷斧也。昔雷击耕牛于田内，有士人谓牛在畜中最为辛苦，有何罪过，乃被雷击？因题二句于牛身曰："不去朝中击奸相，却来田内打耕牛。"书毕，雷忽于牛身再加一击，火字批明曰："这是唐朝李林甫，十世为牛九世娼。"人众骇异，士始悔服。凡犯罪恶，除已经发觉，自有王法明正典刑矣；尚有漏网之徒，或计谋贿脱，或远徙高飞。予之愚见，只求上天敕令雷神遍觅击死。仍求神笔于犯面、犯身书明其罪，令众咸知其不孝父母，罪之大者，竟毙雷斧；如不孝小者，雷斧伤残，仍于犯面火书"不孝"字，留残体以为榜样。则人皆凛畏，世无不孝之人矣。其余奸盗、唆讼、放火、用铜等恶，俱照此例，则愚民尽晓，不敢再肆凶横矣。

求天普戒奸淫

予窗友某，容貌娇媚，胜如美女，兼有文章聪明，人莫能敌。因性喜风流，终日计谋污人闺阃。年才二十余岁，毒结阴处，脓血淋漓，烂成深窟，臭秽难闻，虽妻子亦憎嫌不近。予候问俱立房外。延捱二年有余，惨苦备受而卒。此予眼见实事，恐扬有丑，所以未著姓名。要知世人各有夫妻恩爱，若各安分唱随，何等快乐！乃生心奸淫，巧容献美，逾墙钻穴，致令贞烈变心，辱人名节，败人家声。所谓"万恶淫为首也"。予之愚见，只求上天，但有淫棍，即照此毒烂，令其妻女嫌恶。眼看与人淫垢，如此果报几处，则人皆惊畏，而各家夫妇俱秉贞节矣。

求天普灭盗贼

百般劳心、劳力，披星戴月，苦积资财，竟有坏人成群结党，为贼为盗，小则钻穴偷窃，大则明火抢夺，甚至刀伤火炙，将财劫去，岂不深可怜而深可痛哉！予之愚见，只求上天敕令各家门神、各处山神，凡有盗贼窃劫，即用所执之刀、枪、剑、斧斫戳负伤逃遁。如此遍闻，贼盗悉化良民，且保全善懦者多矣。

求天普照奸欺

昔秦始皇，外国进有方镜，能照人心胆，凡暗昧不肯自认者，则令奸民持镜自照，镜中即现出为非形状，不待刑讯而民尽伏罪。所以世称官之明察以为“秦镜高悬”，此之谓也。予之愚见，只求上天将此宝镜多产若干，凡有牧民之官，各赐一镜，但有奸欺抵赖，即与镜自照，真情毕露，则远近奸民知有镜鉴，俱不敢假饰。从此情真罪当，冤枉毫无，则奸恶尽改良善矣。

求天普败刻毒

世有一种人，刻毒性成，专好谋算人之财产，不顾人之困苦。予之愚见，只求上天于其家多生败荡子孙，仍被他人谋算消散，不亦快哉！但此果报不待予求，眼前极多，未见漏者。唯求急速，则人更警惕矣。

求天普痴文害

予舍亲某，才高学博，文推第一。奈性好代人词讼，捏人是非，凭空造语，诬害良善；又动辄起人绰号，编入词曲。一日忽自跌倒，家人扶起即不知人事，非独一字不识，且如痴哑木偶。未几月，死于道路。此康熙五十五年间实事也。予之愚见，只求上天，但有读书文人以言语、笔墨伤人、害人者，即跌成痴哑，令远近文人各图上进，不敢再纵绮舌、刀笔也。

求天普治武悍

世上有等壮年勇汉，恃有膂力，动辄挥拳舞棍，到处欺害良懦，扛帮打降，横行乡里，人人侧目，莫敢撄锋。予之愚见，只求上天遍谕日游神将各处巡查，但遇凶徒，即时推跌，或伤折手足，或撞碎头颅，令诸恶不敢再肆凶横。何快如此！

不生好人解

人之与物，质各不同；物乃坚定不移，人则性情更变。常有原本好人，忽而变为坏人；亦有初是坏人，忽而变为好人；亦有外面好而中心坏；又有外面坏而中心好，种种不同，上天何以预定。预必多生好人之愿难得遂者，或因于此。

不赐丰年解

上天慈爱下民，不啻父母之保赤子。奈有一种蠢人，不敬天地，不畏三光，呵风骂雨，抛散五谷，种种造罪。上天因降水旱灾伤以警之。

不惩赃官解

昔人云：“一世为官，十世打砖。”此专指坏官而言。若真做好官，自然子孙世代簪缨。倘或丧心贪赃枉法，虽逃现世之参处，然而或报于后身，或报于子孙，丝毫不爽。如都做廉明好官，则街市打砖之乞丐无矣。

不诛凶恶解

人之为恶竟逃漏王法者，或由前世彼有恶因来，此有恶报去。并无因由之恶，断难逃于恶报。

不戒奸淫解

劝君莫借风流债，借得便宜还得快。家中自有还债人，你要赖时他不赖。眼前债主能宽待，头上原中偏利害。卖妻还债有何妨，逼你卖妻心不卖。读此语句，则知奸淫烂阴之报，尤为上等。

不灭盗贼解

彼受许多辛苦积得赀财，我则安然享用。试问自心何福能消受乎？世间猪羊千刀万剐，牛马千辛万苦，若无此辈之劫夺，焉有此辈之偿还！

不照奸欺解

前世种有恶因，自然报于今世。虽多枉屈，各有根源，人之浅见，何能知晓。设若多悬方镜，则果报难施矣。

不败刻毒解

前人云：“谁人做得千年主，转眼传流八百家。”又云：“田地若将糠秕换，子孙依旧换糠秕。”凡谋置田产者，读此语句，宁不懔然！

不痴文害解

施耐庵著《水浒》书行世，子孙三代皆哑。李卓吾最喜翻驳前人，终身蹭蹬，惨死非命。此即以文害人之榜样。古云“刀笔杀人终自杀”，乃是实语，并不虚妄。

不治武悍解

眼前亏体残疾之种种，孰非往因之凶勇横暴耶！不必推跌，比推跌损伤苦更加十倍。

如意珠新喜酒令

全福如意

长命富贵，六为长命，五为富，四为贵。用六骰，如遇六即云“一长命”，重六即云“二长命”；如遇五即云“一大富”，重五即云“二大富”；如遇四即云“一大贵”，重四即云“二大贵”，多余俱仿此。譬如一掷内只有五六、无四，即将余四骰幺同三合成四，或二二合成四，以合全四五六为式。其余仿此。

凡盆内余骰合不成所少之骰，有幺不为断，许另掷遇。若重骰，即照重几骰，送上几位俱饮。若少某骰，虽以二骰合成，仍照合成几骰，送下几位俱饮。自然重者，送上几位饮；合成重者，送下几位饮；如一掷四五六全遇者，奉当事酒令官陪饮。

此令如掷见六，只说“长命”；五，只说“大富”；四，只说“大贵”。如错说四五六者，饮酒；如无四五六，只说“要添寿、添富、添贵”等吉利语，切不可说“少长命、少富贵”等不吉语。倘误说者罚酒，令官另掷。后俱仿此。

福禄寿五为福，四为禄，六为寿。用六骰如遇五，即云“一大福”，重五即云“二大福”，余俱照此。如有不遇，即将两骰合成记说。倘合不成所少之数，有幺不为断，再另掷遇。余说例同前令。

福寿双全五为福，六为寿。用六骰如遇五六即云“福寿双全”，若重几五几六，照上几位俱饮；如不遇五六，即将二骰合成五或合成六，看有几合骰，送下几位俱饮。余说同前长命例。

五福俱全五为福。用六骰如遇五即云“一大福”，重五即云“二大福”，不拘几掷，有幺不断，以全五个五为止。结尾若重几五，送上几位饮；不重，送当事饮。

三星拱照三为星。用一骰掷要三，如多几点，送上几位俱饮；如少几点，送下几位俱饮；遇三，送当事饮。

华封三祝五为福，六为寿，三为男。用六骰，每位各三掷，一掷云“祝多福，要遇五”，二掷云“祝多寿，要遇六”，三掷云“祝多男，要遇三”。如重几骰，上几位俱饮；如不遇，即以二骰合成，共合几骰，下几位俱饮。

五福三多用二骰一掷，要三五。如无三五，即二六或幺四亦可。若多点，上位饮；少点，下位饮。

多福多寿多男子五为福，六为寿，三为男。用六骰一掷，如有少五少六少三者，即以二骰合成；倘合不成，有幺不断，例同前“长命”令。

长寿如意

寿高彭祖六为百岁。用六骰，如遇六即云“一百岁”，重六即云“二百岁”，三个六即云“三百岁”，余照此数。再第二掷，遇六即云“四百岁”，其五百岁、六百、七百、八百，俱照此接数。有幺不断，不拘几掷，只以八百岁为止，奉当事饮酒。不到八百断，下位照少数俱饮。

寿过八百此令用六骰。不论断不断，只以六骰为止，记共几个六。如八个六，即合八百岁，奉当事饮酒。如多几六，上几位俱饮；如少几六，不必合骰，下几位俱饮。此令与前“寿高彭祖”令不同。

财富如意

腰缠十万五为万两。用六骰，如遇五即云“一万两”，重五即云“二万两”，三个五即云“三万两”，余照此数。再第二掷，遇五即云“四万两”，其五万两、六万两等，俱照此接数，有幺不断，不拘几掷，只以十万为止，奉当事炊酒。不到十万断，照少几五，下几位俱饮。

积金十万两此令用六骰。不论断不断，只以六掷为止，记共几个五。如十个五，即合十万两，奉当事饮酒；如多几个五，上几位俱饮；如少几个五，不必合骰，下几位俱饮。此令与前“腰缠十万”令不同。

挖得银窖用六骰，六掷。如遇一个五即云“挖得银一万两”，两个五即云“挖得根二万两”，其余仿此。六掷完，共计几个五。如十个五之外多几个五，上几位俱饮；如少几五，不必合骰，下几位俱饮。

荣贵如意

凡进学中举、进士出仕、升官等喜通用。

连中三元用三骰，每位三掷，俱要有幺。如遇，奉酒当事；如不遇，自饮一杯，送盆。

状元及第幺为状元。用一骰一掷，要幺。如遇，奉酒当事；如不遇，自饮一杯，送盆。

一路功名到白头用六骰。要顺不同，从自身上一位起，左数六位，看盆内多第几点，或少第几点，即照第几位饮酒。譬如，第一位有幺，竟过；若重幺，一杯；二幺，二杯。如无幺，补一杯。余俱照此。饮毕，送盆。

指日高升四为品。用六骰。如遇四即云“官居九品”，重四即“云官升八品”，三个四即云“官升七品”。倘多四，照此记数。再第二掷，遇四即云“官升六品”，余五、四、三、二至一品力止。有幺不断，如幺亦无，即记少几四，下几位俱饮。例同“寿高彭祖”令。

荣封万石四为食禄千石。用六骰。如遇四即云“食禄一千石”，重四即云“食禄二千石”。照此记数，有幺不断。照此记数至万石为止，奉酒当事。如少几四，照少数，上几位俱饮。饮毕，送盆。

一品当朝幺为一品。用一骰一掷，要幺。如遇，奉酒当事；如不遇，自饮一杯，送盆。

天伦如意

父母康健六为老健。用六骰，要六，重几六，上几位俱饮；如无六，以二骰合成六，照合几骰，下几位饮酒。只一掷，送盆。

夫妇偕老六为老寿。用六骰，要六。同上令。

子孙贤孝共二十四点为孝。用六骰，一掷，数共若干点，如过二十四点，上位饮一杯，如不足二十四点，下位饮一杯。只一掷，送盆。

婚喜如意

夫妇同偕到老六为老寿。用六骰，要六。例同“父母”令。

并头莲用二骰掷对。如遇，奉酒当事；不遇，自饮，送盆。

生子如意

有子万事足用五个六摆盆中，单取一骰，掷遇幺，贺生子人饮酒；如不遇，饮一杯。掷遇。送盆。

天送状元郎以幺为状元。用六骰。如重幺即云“两状元”，三幺即云“三状元”，奉酒生子人。无幺，自饮，再掷。

七子团圆用二骰。共七点，奉酒当事；如点多，上一位饮；如点少，下一位饮。只一掷，送盆。

时令如意

时令可谱为令者，甚多。予今指数条，余可类推。

三阳开泰用六骰，掷三幺。三掷不遇，饮一杯，掷遇。

赏花灯五为花，四为灯。用六骰。要四、五，重几花，上几位俱饮；重几灯，下几位俱饮。如不遇，自饮，掷遇。

饮端午酒用二骰，要共五点。如点多，上一位饮；如点少，下一位饮。只一掷，送盆。

七夕乞巧用二骰，要共七点。例同“端午”令。

中秋赏月用一骰，掷幺。如不遇，自饮，送盆。

冬暖如春三为春。用一骰，掷三。如不遇，自饮，送盆。

景象如意

晴和日幺为日。用一骰，掷幺。如不遇，自饮，送盆。

青山绿水三为山，六为水。用六骰。如几山，上几位俱饮；如几水，下几位俱饮；如不遇，有幺，再掷。

花红柳绿四为花，六为柳。用六骰，要四、六。例照上令。

清风明月六为风，幺为月。用六骰，要幺、六。例照上令。

玩明月幺为月。用一骰，掷幺。如不遇，自饮，送盆。

赏雪六为雪。用一骰，掷六，如不遇，自饮，送盆。

万事如意不论是何酒席，俱可通用。

事事如意用四骰。取四，共四四十六点为止。挨次每人一掷，如遇四数一，重四数二，接数至四，饮一杯；如不遇，有幺不断，竟送下位，掷至第十六四，饮三杯。

人人喜欢用一骰。六掷，看几点，照后说奉酒。掷遇者不派酒一掷要个幺，无幺两邻挑。左右饮。二掷要个两，无两敬席长。老人饮。三掷要个川，无川对面端。对坐人饮。四掷要个红，无红奉主翁。主人饮。五掷要个梅，无梅任我为。任意奉量大人。六掷要个全，无全送少年。少小饮。

诸事顺，遂要掷；顺不同，与前一路功名令一样。

奇娱集

异想添才

别有天地　性天　慧日　心地　心田　福田　天河　玉山　盟山　眉峰　糟丘　驼峰　水山　爱河　欲海　松涛　麦浪　银海日也　文江　学海　柳浪　恩波　酒池　秋波

两姓欢　朱陈　管鲍　孔吴　伊吕　屈宋　徐庾　申韩管晏　刘阮　召杜　董贾　王贡　雷陈　李杜　元白　王谢　韩孟

异言异服　形语　眼语　手谈　心谈　溪声便是广　长舌手语　服诽　天衣　芰荷衣　芙蓉裳　霓裳羽衣

奇书　洛书　腹中书郝隆　行秘书虞世南　画中诗王维　无声诗米元章　皮里春秋腹稿　雁字　没字碑赵崇、崔协。

名香　天香　书香　翰墨香　美人香　婕妤体香　笑语香　春笋香　软钩香　粉腮香　童女香　销魂　别有香

珍禽奇兽　日鸟　木鸢　宝鸭　纸鸢　月兔　木马　心猿　意马　木牛　流马　野马尘也　雪狮　铁马　铁牛　铜驼竹马　艾虎

王维像，图选自清·上官周绘《晚笑堂画传》。王维是唐代著名诗人，诗画双绝，宋代苏轼曾赞誉他“诗中有画，画中有诗”

空中楼阁　莲房　乐府　眉宇　蜗庐　牡蛎房　玉楼肩也　蜃楼　天庭　银屋河辰　黄庭　胸中城府

花非花　天花　心花　笔花　银花　水梭花鱼也　井花　灯花　烛花　盐花　鱼花　飞花雨也　雪花　酒花　镜花　水花　浪花　菱花镜也

奇货可居　市义国策　贾怠左传　买笑　卖国　卖痴呆　买邻　沽名　卖直姜公辅　卖勇左传　佳言可市

利器　笔刀　笔锋　谈锋　笑里刀　胸中甲兵　蒲剑　龟甲鳖甲　颜甲　燕剪　舌剑　唇枪

天然宝贝　露珠　云绵　荷钱　榆钱　雪珠

不是人　竹夫人　汤婆子　水丞　信天翁鸟名　白头翁鸟名　丁娘子布名　红娘子　密陀僧　使君子俱药名　纺绩娘虫名

食不充饥　尘饭　涂羹　饱德　耳食　画饼

名花美酒　桂花　玉兰　红梅　菊花　梅花三白　葡萄　松花　茱萸　郁金　榴花　梨花春俱酒名

解语花　虞美人　十姊妹　白牡丹　水仙　观音菊花合人名　飞花　莺粟　凤仙　蝴蝶　金雀　鸡冠花合飞鸟名

花无草木　迎春　牡丹　凌霄　夜合　虞美人　水红　水仙　瑞香　玫瑰　金钱　雁米红　玉簪

龙爪　含笑　月季　丽春　汉宫秋　锈球　剪秋罗　山丹　丁香　映山红花无草头木旁。

鸟无鸟形　提壶　百舌　画眉　黄头　白头翁　八哥　布谷　啄木　子规　伯劳　信天翁　翡翠

仓庚　陈宝　爰居　燕　雁鸟无鸟旁

兽无兽形　角端　白泽　熊　罴　鼠

鱼无鱼形　比目　河豚　斑子　乌贼

两物同名　京兆一官名、一郡名。

杜鹃一花名、一鸟名。

酴一花名一酒名

白头翁一鸟名、一药名。

方丈一山名、一禅室。

尚书一官名、一书名。

屠苏一酒名、一屋名。

太史一官名、一河名。

射干一鸟名、一兽名。

两物同音　枇杷果名　琵琶乐名
醍醐酪类　提壶鸟名

飞宫室　凤凰阁　黄鹤楼
燕子楼　仪凤门　鹳雀楼　朱雀门
凤凰池　燕子矶　鹦鹉洲

何有乡　醉乡　睡乡　温柔乡
白鸥乡湖舟名

睡乡安　乐曲肱枕之
枕藉乎舟中　蓬莱第一宫
钧天乐甫柯郡　邯郸道　北窗
高卧　化蝶　腹便便　华胥国　游仙枕

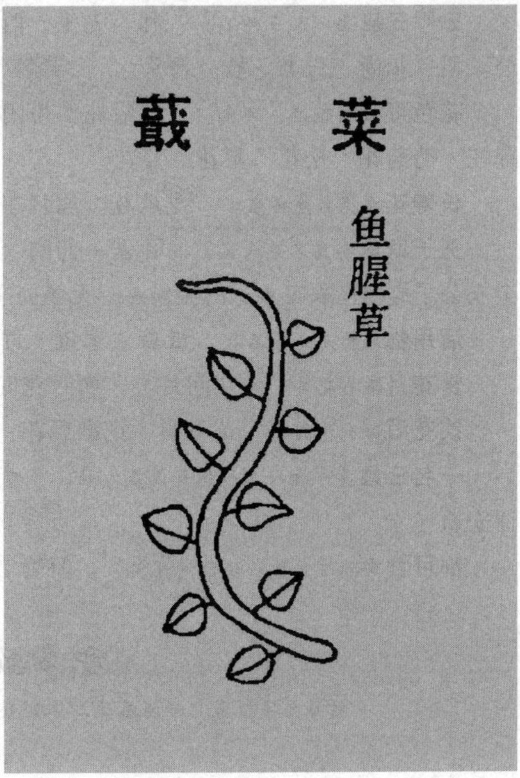

蕺菜，图选自《本草纲目》

天地位焉　天地玄黄　天地高深　天地　天地洪恩天地无私以上相连
天高地厚　天圆地方　天长地久　天施地生　天覆地载　以上列上
次天喜地　顶天立地　开天辟地　上天下地　惊天动地　父天母地
谈天说地　寸天寸地　升天入地

山水缘　青山绿水　高山流水　游山玩水　三山六水　吴山楚水
山高水长　山明水秀

花鸟多情　穿花凤　芦花鸡　杏林春燕兼花之鸟

花酒缘　有花方酌酒　名酒对花倾　花下一壶酒　沽酒玩名花
一尊花下酒　花邀载酒过

莵儿捣药要药名兼鸟兽　兔丝子　龙骨　牛旁子　海马石燕　牛膝
木鳖子　蛇床子　羚羊角　龟板　鹿茸　黑牵牛鳖甲　麝香　优龙肝
海蛤　犀角　白僵蚕　海螵蛸

俱是看花人要花名兼人名。　梅花　桂花　杨花　黄花　松花
艾叶　金钱

说话值钱要说一字，铜钱上有。　福　东　昌　宁　临　河　同　苏　浙

三呼三应要一人三样名。　师、先生、西席。吏、外郎、提控。生员、秀才、相公。僧、和尚、长老。妓、粉头。

花色可餐要花名，可食。　鸡冠花　粉团花　馒头菊　桃花杏花　石榴花　金豆莲花　芍药花　松花　梨花　菱花

长寿花要花名兼兽名。　龙爪花　虎刺花　马缨花　马兰花牵牛花

夫子家禽要鸟名兼人名。　孔雀　仙鹤　子鹅　子鱼　雪衣娘鹦鹉红娘子　金衣公子莺　乌衣王燕　白额侯虎　无肠公子螃蟹

活用物器物是鸟兽名。　纸鸢　木鱼　竹马　瓦兽头　鸳鸯枕

赏花月语有花月。　花间月上　明月花间照　月移花

饮花酒语有花酒。　花下酒　把酒看花　载酒寻花

一名三姓要一古人名，拆开俱是人姓。　董仲舒　王孙贾　郑元和　王安石　谢安石

都可食要二字食物，分合俱可食。　笋鸡　豆饼　米粉　酱瓜　糟鱼　枣糕

积多致富

数目之字极多，不能尽述。今列数语，乃予一时想录以为例也。

正数　一元　一气　一品　一人　一心　一夫　一正　一尤　二帝　二士　二妙　二程　二天　二仲　三星　三纲　三元　三皇　三公　三教　三从　三国　三都　三父　三代　三山　三苏　三军　三才　三光　三吴　三阳　三仁　三杰　三岛　三凤　三台　三多　三藏　三奇　三秦　三章　三略　四方　四皓　四配　四辅　四象　四将　四喜　四肢　四恩　四海　四知　四果　四书　五福　五美　五云　五腊　五脏　五桂　五方　五岳　五湖　五常　五经　五伦　五帝　五戒　五服　五星　五音　五鼎　六贵　六部　六腑　六国　六律　六经　六和　六根　六识　六师　六事　六逸　六韬　六合　六出　七星　七政　七孔　七窍　七雄　七贵　七人　八卦　八音　八仙　八母　八元　八骏　八索　八士　八龙　八蛮　八宝　八珍　八极　八法　八达　八表　九天　九霄　九重　九垓　九道　九边　九筹　九族　九卿　九人　九丘　九鼎　九宫　九转　九牛　十干　十友　十哲　十禽　十方　十奇　十赉　十庙　十锦

三言　一封书　一江风　一家言　一壶酒　一溪云　一张琴　一枝花　一笑缘　一指禅　一盏灯　一得语　一拳石　二月花　二仙庄　二色梅　三教堂　三山街　三笑图　三元宫　三官殿　三人行　三色碑　三异人　三板桥　三国志　三仙洞　三世佛　三汊河　三江营　三藏经　三尺剑　三里桥　三眼枪　四方财　四声猿　四方亭　五色石　五花诰　五花马　五柳皮　五马门　五里墩　五圣庙　五城巷　六里庄　六砚斋　六幅裙　六月白　七窍心　七弦琴　七里滩　七笔勾　七里殿

八宝炉　八仙桌　八骏图　八功德

八大家　八里铺　九重天　九鲤湖

九联灯　九条龙　九龙桥　九成官

九更天　十分春　十样棉　十美图

十字街　十奇缘　十竹斋　百家姓

百子图　百宝箱　千家诗　千字文

千江月　千种粟　千家姓　万里缘

万安官　万民衣　万金藏　万斛珠

万寿屏　万人缘　万家春

四言　一品当朝　一团和气

一人有庆　一国兴仁　二龙戏珠

三元及第　三星拱照　四海升平

五谷丰登　五子登科　六子联芳

六国封赠　七子团圆　八蛮进宝

八仙庆寿　九祖升天　十分春色

重叠　一妻一妾　一丘一壑

一琴一鹤　一觞一咏　一饮一啄

一裘一葛　二分二至　二蔡二□

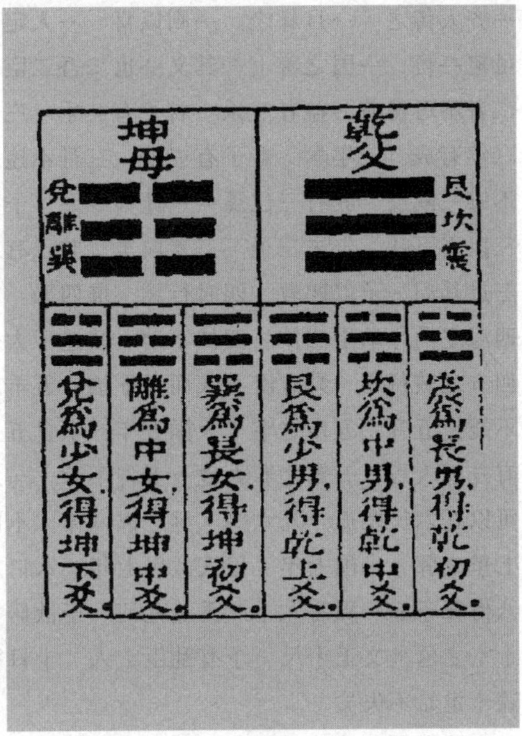

文王八卦次序图，出自宋·朱熹《周易本义》

三仕三已　三昭三穆　三熏三沐　三眠三起　四正四隅　四师四友　五祀五岳

六言六蔽　六律六吕　六丁六甲　七真七草　七纵七擒　八元八恺　八法八病

九天九渊　十目十手　百战百胜　百发百中　千手千眼　万言万当

千万　千欢万喜　千财万富　千仓万箱　千年万载　千门万户　千山万水

千思万想　万卷诗书　万几余暇　万病回春

重杂　三皇五帝　三纲五常　五经四书　四大五常　五运六气　五音六律

五府六部　五脏六腑　七子八婿　七青八万　八索九丘　九幽十类　九紫十赤

七情六欲　万紫千红

五言　一举成名日　一樽花下酒　花下一壶酒其余二三至十俱仿此。

重杂　一醉解千愁　一门三进士　一气化三清

七言　一路功名到白头　一举成名天下知　一月主人笑几回　一春无事为花忙

一家安乐值钱多　一曲升平人尽乐

重杂　美酒一杯歌一曲　一色杏花红十里　一枕新凉一扇风

四书为本

读书记数　一以贯之　一人之身　一言而兴邦　定于一孰能一之　在予一人

一齐人传之　一日暴之　一则以喜　一人定国　一国兴仁　一国兴让　燬右晃弧
虽覆一篑　一国之善士　其义一也　吾二臣者　闻斯二者　见其二子也　二老者
二者不可得兼　益者三乐　君子有三乐　三人行　三家者以雍彻　三宿而出昼
三年有成　三年学　君子有三变　三月不违仁　子行三军则谁与　三子者出
不以三隅反　殷有三仁焉　三仕为令尹　子生三年　三思而后行　益者三友
三以天下让　告夫三子　三复白圭　君子有三戒　君子有三畏　三代共之
三过其门　子以四教　四时行焉　屏四恶　四境之内不治　以施四事　卿禄四大夫
四海之内　动乎四体　四体不动　政逮于大夫四世矣　使于四方　四方来观之
四方之政行焉　舜有臣五人而天下治　五羊之皮　有达道五　五霸桓公
不能正五音　五亩之宅　大国五年　下食五人　五旬而举之　尊五美　能行五者
有友五人焉　五霸之罪人也　五谷不分　与之粟五秉　五世希不失矣
可以托六尺之孤　凡六等　继之以六律　不以六律　中次食六人　七年之内
七里之郭　小国七年　善人教民七年　八口之家、八家皆私　八年于外
八佾舞于庭　周有八士　禹疏九河　子欲居九夷　君子有九思　九人而已
十室之邑　文王十尺　予有乱臣十人　十日寒之　十目所视　十手所指
盖十世希不失矣

读书乐　尊德乐义　不亦乐乎　乐亦在其中矣　乐天命　不改其乐　乐以忘忧　故人乐有贤父兄也　乐只君子　乐然后笑和乐且耽　乐天者保天下　盘乐怠傲　乐尔妻孥　乐岁终身饱　乐取与人为善

回环句　君子和而不同，小人同而不和。君子不可小知而可大受也，小人不可大受而可小知也。君子周而不比，小人比而不周。君子泰而不骄，小人骄而不泰。士而优则学，学而优则仕。为仁不富矣，为富不仁矣。其所厚者薄，其所薄者厚。举直错诸枉，举枉错诸直。诚则明矣，明则诚矣。子绝长者乎？长者绝子乎？父为子隐，子为父隐。志一则动气，气一则动志。

重叠句　时哉时哉　礼云礼云　乐云乐云　人焉瘦哉人焉瘦哉　如其仁如其仁

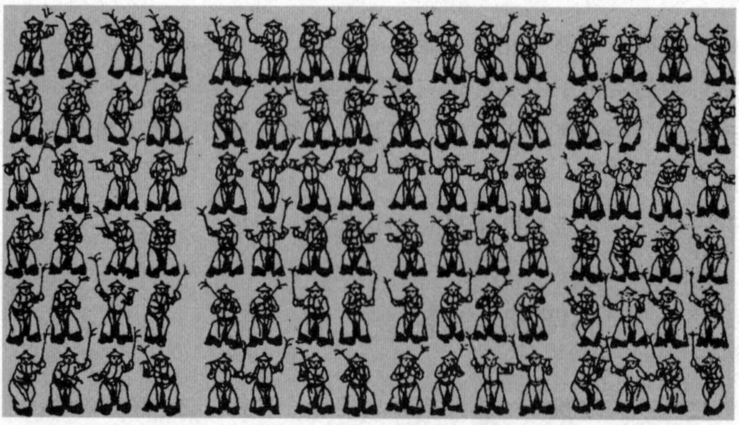

古代八佾的九十六种舞姿

觚哉觚哉　沽之哉沽之哉　彼哉彼哉。　某在斯某在斯　凤兮凤兮　已而已而　得其所哉得其所哉

重叠字句　巍巍乎　荡荡乎　皓皓乎　赧赧然　然然乎　断断兮　洋洋乎　郁郁乎　堂堂乎　恂恂如也　侃侃如也　与与如也

改一字叠句　彼一时也，此一时也　彼丈夫也，我丈夫也　舜何人也，予何人也　在邦必闻，在家必闻　在邦必达，在家必达孰御乎，浜酢诤弛必察焉，众恶之必察焉　事齐乎，事楚乎　焉能为有，焉能为无　彼一时也，此一时也

行言为定　唯　诺　安　二　止　进　性　义　禹　由　俭　足　善　来　居　权　度　可

上呼下应　觚不觚　才不才　尔为尔　我为我　亲其亲　长其长　老吾老　幼吾幼　人其人

天在头上　天命之谓性　天生德与予　天地之大也　天与之天之高也　天之生物

志喜也　欣欣然有喜色　喜而不寐　象喜亦喜　则主喜　子路闻之喜　以有过则喜　一则以喜

富有余　富有四海　富而可求也　季氏富于周公　既富矣　彼以其富　富而好礼者也　诚不以富　爱之欲其富也　富与贵是人之所欲也　富哉言乎

只是发财　生财有大道　则财恒足矣　有土此有财　善教得民财　则财不可胜用矣　仁者以财发身　未有府库财　得之为有财　有财此有用　好货财

重其禄　禄在其中矣　受禄于天　子张学干禄　必得其禄君十卿禄　盖禄万钟　周室共爵禄也

一字一义　言行　仁义　天地　智仁勇　斋战疾　利命仁视听言动　文行忠信　刚毅木讷　怪力乱神　文理密察　恭宽信敏惠温良恭俭让

笃亲　子曰："不敬何以别乎？"子曰："父母惟其疾之忧。"子曰："父母全而生之，子全而归之。可谓孝矣。"不亏其体，不辱其亲，可谓孝矣。曾子曰："孝有三：大孝尊亲，其次弗辱，其下能养。"曾子曰："君子之养老也，乐其心，不违其志。"父母之所爱亦爱之，父母之所恶亦恶之。砭万章曰："父母爱之，喜而不忘；父母恶之，劳而不怨。"孟子曰："不得乎亲，不可以为人；不顺乎亲，不可以为子。"

惺心子曰："主忠信。""出门如见大宾。""攻其恶，无攻人之恶。""苟志于仁矣，无恶也。""闻义不能徙，不善不能改，是吾忧也。"

《大学》曰："所渭诚其意者，毋自欺也。"

《中庸》曰："莫见乎隐，莫显乎微。故君子慎其独也。"

孟子曰："人之所以异于禽兽者几希。"

孟子曰："无恻隐之心，非人也；无羞恶之心，非人也；无辞让之心，非人也；无是非之心，非人也。"

孟子曰："无欲其所不欲。""养心莫善于寡欲。"

应事子曰："己所不欲，勿施于人。""必也临事而惧，好谋而成者也。"

孟子曰："非礼之礼，非义之义，大人弗为。"

谨言子曰："先行其言而后从之。""仁者，其言也讱。""慎言，其余则寡尤。""御人以口，给屡憎于人。"

《大学》曰："言悖而出者，亦悖而入。"

子贡曰："驷不及舌。"

子贡曰："一言以为知，一言以为不知。言不可不慎也。"

孟子曰："言人之不善，当如后患何？"

厚躬子曰："躬自厚而薄责于人。""君子无众寡，无小大，无敢慢。"

孟子曰："礼人不容，反其敬。"

子夏曰："君子敬而无失与人，恭而有礼。"

交友子曰："友直、友谅、友多闻，益矣。友便辟、友善柔、友便佞，损矣。""乐多贤友，益矣。""晏平仲善与人交，久而敬之。""忠告而善道之，不可则止。"

曾子曰："与朋友交，而不信乎？"

涉境《中庸》曰："君于素其位而行，不愿乎其外。"

子曰："饭蔬食，饮水，曲肱而枕之，乐亦在其中矣。""衣敝蕴袍与衣狐貉者立而不耻者，其由也。与不忮不求，何用不臧？"

孟子曰："莫非命也。顺受其正。"

书中有诗 国治而后天下平，万国衣冠拜冕旒。民事不可缓也，才了蚕桑又种田。乡人饮酒，每日江头尽醉归。

书中杂戏 近者悦，远者来。招商店。而之楚游者。寄子。昏夜扣人之门户。惊梦。微服而过宋。私奔。足之蹈之，手之舞之。踢球。便便言。讲书。

不知姓名 仪封人 达巷党人 荷锄丈人 晨门荷蒉者 阙党童

荷篠丈人像，图出自清·任熊绘《高士传图》。荷篠丈人为古代隐士，不知其名姓，其事见《论语·微子》

子　互乡童子　邃使　齐人

同旁异体　阡陌，千取百焉。迈迁，万取千焉。佯件，以羊易牛。滩汤，先难而后易。似位，无以立也。芨芒，犹可及止也。

始终成就　人有言。信字。有德此有人。侑字。人莫不饮食也。他字。

奇娱二集

本像科

令官尤做全，要细心，学得活像，倘下位人不如式者，饮酒。

人生大乐　“左斟右酌，人生大乐”。只念此八字，右手举杯，左手执壶，斟酒在杯内，即饮干，再斟再饮，三次，壶、杯俱不落桌，形容如欢乐于样，俱不可笑出声来。如酒量小者，每次酒斟半杯，三杯完，将壶、杯流交下位，照样做。

赞酒　举杯将酒饮一口，说一声“好酒”，随即咂一咂；要口鼻绉起，再饮一口，说一声“好酒”，随即又咂一咂，要口与鼻连绉两绉；再饮一口，说一声“好酒”，随即要咂三咂，要口与鼻大绉三绉，口鼻缩做一团，外面装出大欢喜样。三口酒完。到下位人，照样做。

尝酸梅　随意拈一果子入口，说一声“好酸”，如极酸难吃样，将嘴、脸、眼、鼻绉缩一团。如席上无果子，即空手假装拈果样亦可。

醉态　口中说：“我今日大醉了。”说完，头要歪摇乱点着，眼要半闭斜看着，口要开着，装作大醉样。

醉后要吐　口中说：“我今日要吐了，”说完，喉中要咯咯响声酒涌的形象，将头一点一低，要吐却吐不出的形象，口中要流出涎沫，学醉汉乱喊：“快取茶来漱口！”茶到，漱完。到下位人，照样做。

辞酒　要学妇人娇声说：“奴家酒量小呀。”说时，头要扭几扭，眼要偷视、媚看，右手将袖拱起半掩口下，“呀”字要娇声拖长些，全要学做娇媚妇人形象。

聱声科

全要一气顺快说下，倘或迟或钝，俱饮酒。即急口令俱系新编，旧刻不载。

草木　老草靠道倒，矮槐挨阶栽。出乱笔。

鸟兽　屋北鹿独宿，溪西鸡齐啼。出巧对。

世情　玄转　诓北拐，藏躲滑积溜。出古传。

俗话　碓边一堆肥灰粪。又破葛布裤子，割了补破葛布裤子。

鼓嘴科全要学得像样，不如式者饮酒。

掩黑齿　有一妓容貌标致，只有一口黑齿，恐怕人看见。但有人问姓，妓将口紧闭，只把腮中鼓一鼓，喉中答应："吴。"又问多少年纪？又鼓腮答应："十五。"又问能会些甚的？又闭着口，鼓起唇在喉中答应："会打鼓。"全要娇音细声，又要脸上学得像。

欢喜样　闭着口，却把口角绉上，装成欢喜脸，莫出声。

开口科全要学得像样，不如式者饮酒。

显白齿　有一妓美貌，且牙齿雪白，恐没人看见，逢人即龇口，要显白齿。但有人问姓，妓即将口龇答："姓秦。"又问多少年纪？又龇答："十七。"又问能会些甚的？妓又将口大龇，白齿尽露，答曰："会弹琴。"龇咨，全要娇音低语，又要口开绉上。

大笑　口要龇开，眼要细，呵呵要从肚内提来大笑。

转运科

正念倒念俱要顺快，倘或迟或钝，俱饮酒。

十数　一二三四五六七八九十；十九八七六五四三二一。

五属　金木水火土；土火水木金。

十干　甲乙丙丁戊己庚辛壬癸；癸壬辛庚己戊丁丙乙甲。

七事　柴米油盐酱醋茶；茶醋酱盐油米柴。

数宝塔　宝塔层层，一二三四五六七；七六五四三二一，层层塔宝。

七憎物　蚤、虱、蚊、蠓、鼠、贼、僧；僧、贼、鼠、蠓、蚊、虱、蚤。

数络科要念得顺溜，不可迟钝。

闹五更　一更一点正好子也眠，猛听得寒蛩儿叫得闹声喧，娘问女儿哪里蟋蟋蟀蟀子叫？蟋蟋蟀蟀叫到天明，叫得伤情，叫得痛情，叫得相思越恼越伤情。铜壶滴漏，辗转伤情，怎不叫人珠泪零？

二更二点正好子也眠，猛听得虾蟆儿叫得闹声喧。娘问女儿哪里咭咭刮刮子叫？咭咭刮刮叫到天明，叫得伤情，叫得痛情，叫得相思越恼越伤情。铜壶滴漏，辗转伤情，怎不教人珠泪零？

三更三点正好子也眠，猛听得子规儿叫得闹声喧。娘问女儿哪里希希虚虚子叫？希希虚虚叫到天明，叫得伤情，叫得痛情，叫得相思越恼越伤情。铜壶滴漏，辗转伤情，怎不教人珠泪零？

四更四点正好子也眠，猛听得斑鸠儿叫得闹声喧。娘问女儿哪里姑姑鸪鸪子叫？姑姑鸪鸪叫到天明，叫得伤情，叫得痛情，叫得相思越恼越伤情。铜壶滴漏，辗转伤情，怎不教人珠泪零？

五更五点正好子也眠，猛听得金鸡儿叫得闹声喧。娘问女儿哪里咿咿喔喔子叫？咿咿喔喔叫到天明。叫得伤情，叫得痛情，叫得相思越恼越伤情。铜壶滴漏，辗转伤情，怎不教人珠泪零？

五更里，咿咿喔；四更里，姑姑鸪；三更里，希希虚；二更里，咭咭刮；一更里，蟋蟋蟀。蟋蟋蟀蟀、咕咕刮刮、希希虚虚、姑姑鸪鸪、咿咿喔喔叫到天明，铜壶滴漏，辗转伤情，怎不教人珠泪零？小曲内花样甚多。唯此苏州歌最简、最易。只要托著换句，余俱一样好数，旁人听之，重叠迷离。

卖假药 鼓不打不晌，人不说不明。人过要留名，雁过不要留声。人过不留名，不知张三李四；雁过不留声，不知春夏秋冬。小子在此大呼小叫，不知是要拳的，还是要把戏的。殊不知我是天下有名的，叫做赛卢医。五月六日，与我家师同孙、魏二真人对天发誓，普救世间人一切病症。上终南山采药，春采百花之蕊，夏采五色池莲，秋采黄菊应秋天，冬采腊梅有验，有花采花，无花采蕊，合成一科紫金丹。换汤不换药，头疼者，姜汤送下；眼目昏花，菊花汤送下；心腹疼痛，煮酒送下；小肠疝气等症，立时见效。这个不为稀罕，还有一等好膏药，名唤“金丝万应膏”，其实有功劳，好处贴肿了，肿处贴不消，三日不揭起，烂做一团糟。这张膏药贴些甚么病症？专贴无名肿毒、跌打损伤、闪腰岔气、左瘫右痪、鹤膝风、漏肩风。有等老人家梳不得头，洗不得脸，少年人舞不得枪、射不得箭，这张膏药贴上就好。小子在别处要三分一张，初到贵处只卖一分一张。金丹只卖一分一服。贫不计利，只要替小子传名。孝顺人带与父母，和睦人带与乡邻，恩爱的带与妻子。说话说与知音，送饭送与饥人，宝剑赠与烈士，红粉赠与佳人。有缘千里来相会，无缘对面不相逢。

算命 算命通神，文王课有灵。有人来问我，一命一分银。老人家问寿元，中年人问妻财子禄，小孩儿问关煞流年。看看新春造化，查查逐月飞星。君子问灾不不问福，小人问福不问灾。信者如明灯指路，不信者如暗里推车。听讲这八字，乃才官印绶之格，丁财两旺，才煞争权，年伤月令，虽离祖冲破提纲，定损妻运。行比肩枭，神夺食日，犯岁君，灾殃必重。五行有救，其年反必生财；五行无救，其

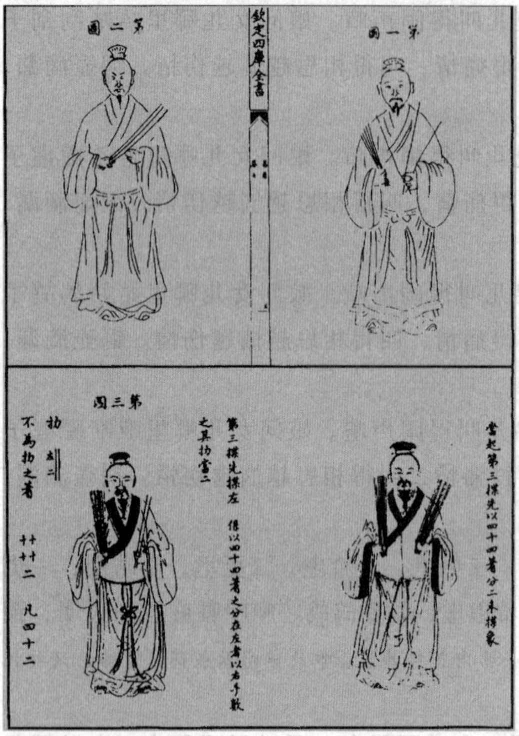

《揲蓍图》，出自程大昌《易原》，描绘了古人用《易经》占卜时的一些动作

年反必生灾。今岁三方星辰吊动，驵马出外，有财月建，春夏不美，秋冬大利。妻宫大小无相克，子上稀少指不得。老兄莫怪我说，早生之子如壁上安棋盘，一子也难安。晚运有四五子。老兄好似庙门前幡竿，自挣自立，六亲无靠，骨肉无情，一生有贵人扶持。小人不足逢凶化吉，遇难成祥。银钱也会赚，东手里来，西手里去，寻得斗大的银子，都填了井大的窟窿。一生财来财去。如今好了，过了明年大运来时，可发千金，并无刑克。娶妻生子，一派好运，寿元八十九岁，二子送终。查今年正二月，金水拱照，做事亨通。三月不美，谨防小人失脱。四五月不宜远行：只可闭户藏春色，不许推窗纳晚凉。一到秋来，方许平安。正是：行船游顺水，老天又助一蓬风。十月以后，不谋自成，不求自至，好个桃花三月放，菊花九月开。一般根在土，各自等时来。驻云飞。算命通神，算就人同吉与凶。贫富皆由命，寿夭前生定。直言不隐，铁口无褒，不比寻常论。据理谈星不顺情，据理谈星不顺情。

传家宝全集

卷四

[清] 石成金 编著

吉林出版集团有限责任公司

目　录

天乐图

观画要得观画之法。不拘轴幅大小，以及册页书本，先将一切心思放下，然后专想画中山明水秀、地辟林深、茅屋竹篱、花溪柳径。凡有可游可居之处，即以我之真主，宛然身历其境，再将诗句吟哦，顿觉娱心悦目，不必蜡屐扶筇，已得登览诸胜，快乐极矣！

惺斋愚撰

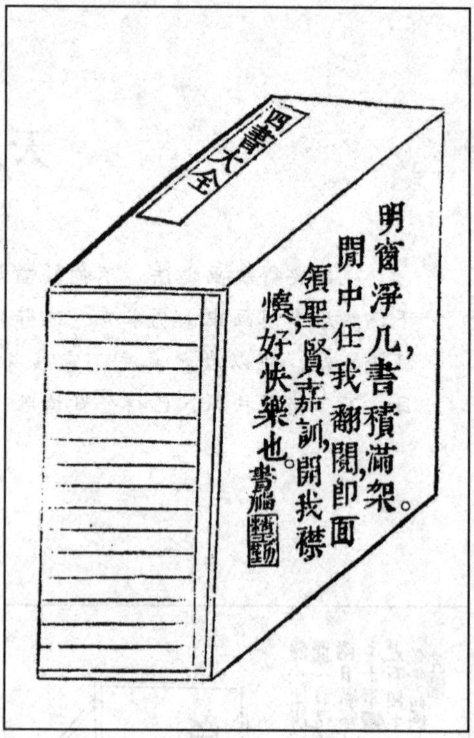
四書大全
明窗淨几，書積滿架。
閒中任我翻閱，即面
領聖賢嘉訓，開我襟
懷，好快樂也。書癖

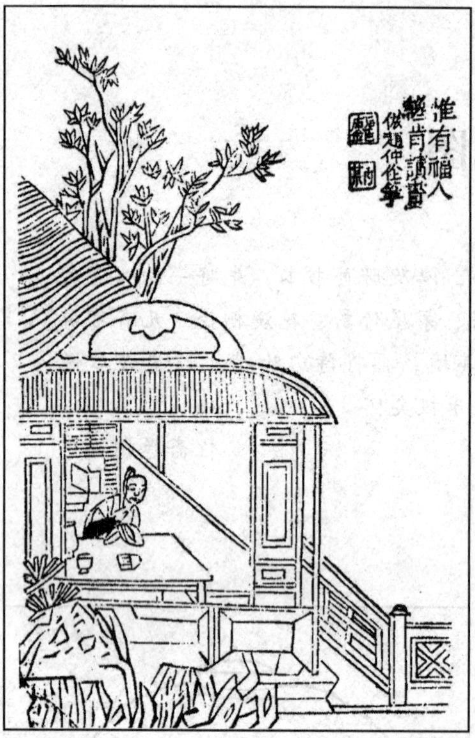
惟有福人
纔肯讀書
倣趙仲穆筆

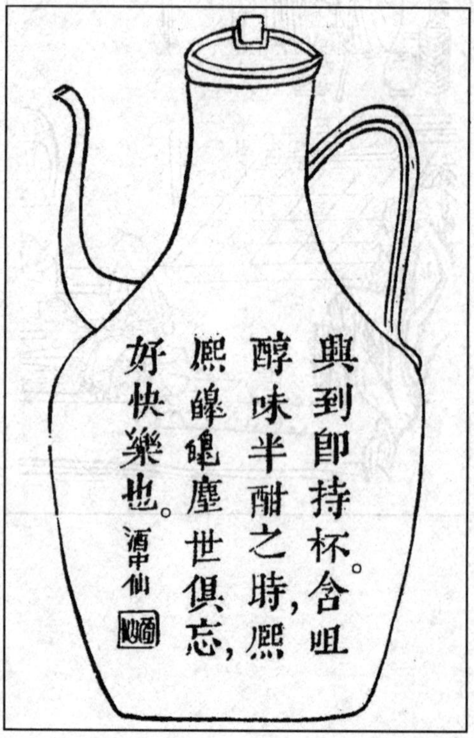
興到即持杯含咀
醇味半酣之時，熙
熙皞皞塵世俱忘，
好快樂也。
酒中仙

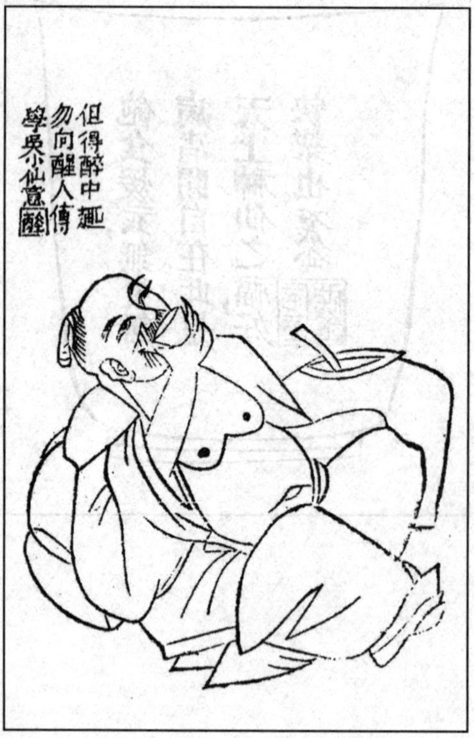
但得醉中趣
勿向醒人傳
學吳小仙意

賞花不拘品類，但有香色
態度，俱可娛目。須要存心
玩賞，庶不虛負花時，好快
樂也。　愛花主人

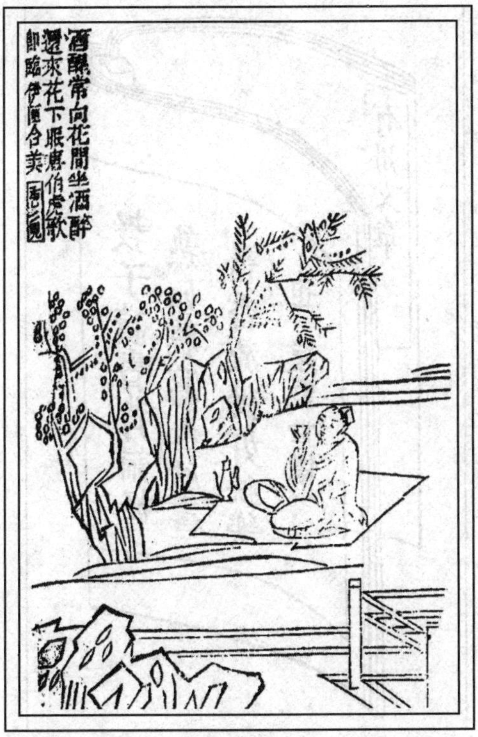

靜玩明月，飽
挹清光，助我性靈，
恍如濯魄冰壺，宛
至廣寒宮殿，好快
樂也。　月癖

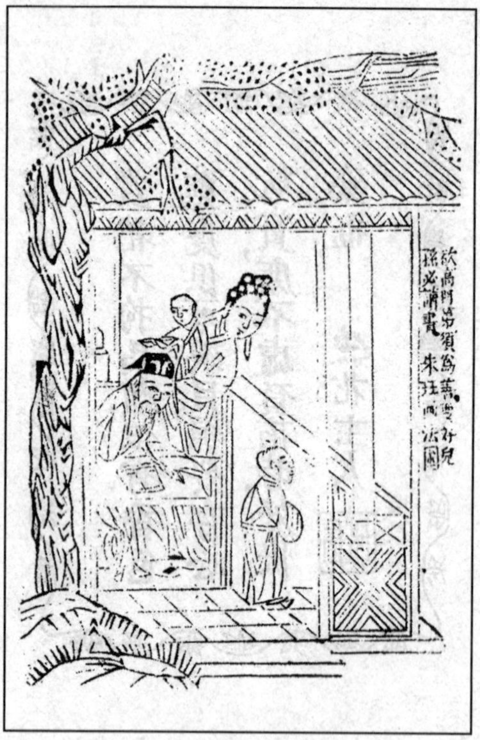
欲高門第須爲善。要好兒
孫必讀書

有用文章
教子讀書，背誦極熟。如瓶瀉水，欣喜書香流後，好快樂也。
棠墅世儒

念起即覺〻來念去
法鄭虔筆圖

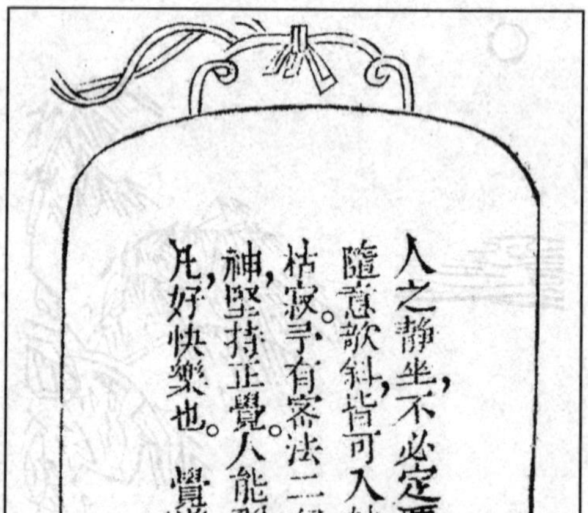
人之静坐，不必定要跏趺端莊。隨意欹斜，皆可入妙，惟忌昏散枯寂。有密法二句曰：猛着精神，竪持正覺。人能習熟，便可超凡，好快樂也。
覺道人識

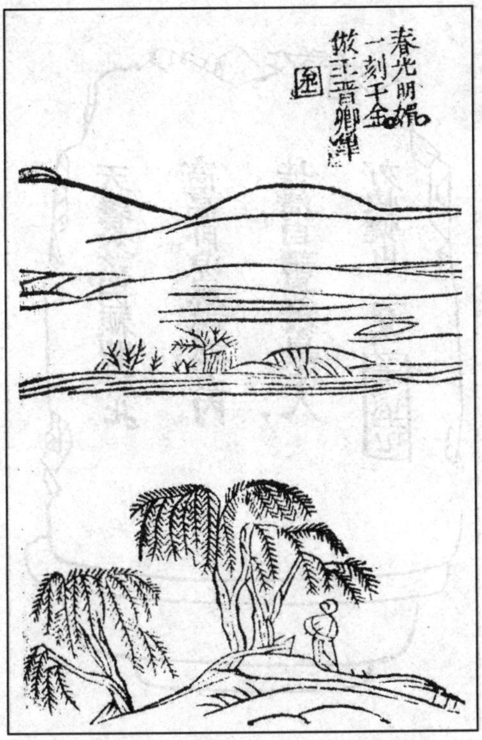
春光明媚，
一刻千金。
倣王晋卿筆

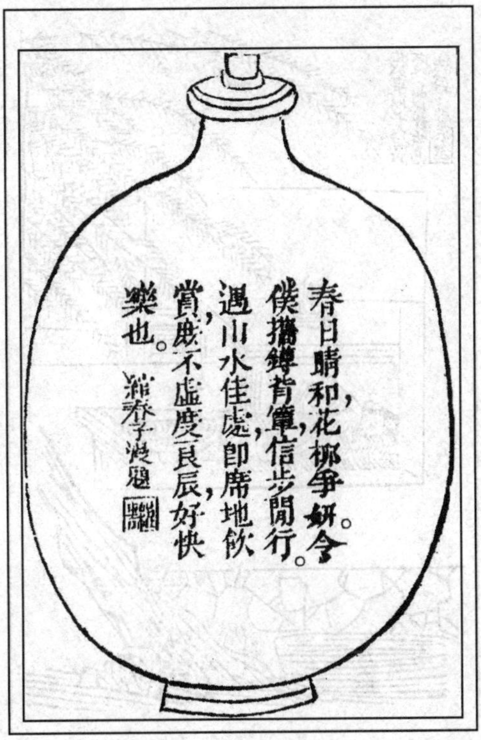
春日晴和，花柳爭妍。令
僕攜罇背簞，信步閒行。
遇山水佳處，即席地飲
賞，庶不虛度良辰，好快
樂也。
雅春子漫題

山色空濛雨亦奇
倣米南宫

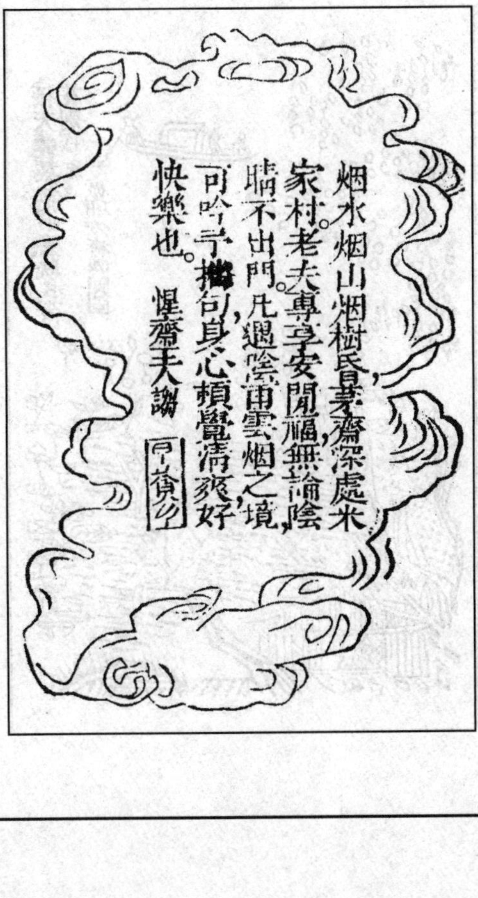
烟水烟山烟樹長，書齋深處米
家村。老夫專享安閒福，無論陰
晴不出門。凡遇陰雨雲烟之境，
可吟可擲句，身心頓覺清爽，好
快樂也。
惺齋天謝

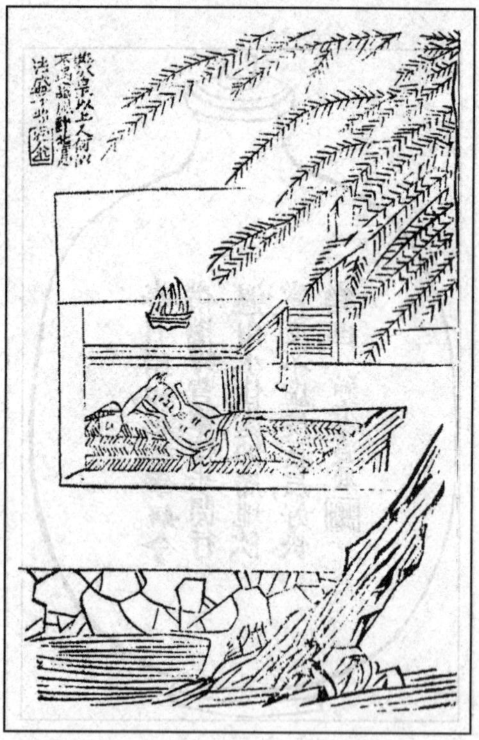

天暑炎蒸，因裸體於北
窗高卧。涼風颯颯，吾內
皆清。自謂是羲皇上人，
好快樂也。

接天蓮葉無窮碧，映日荷
花別樣紅。

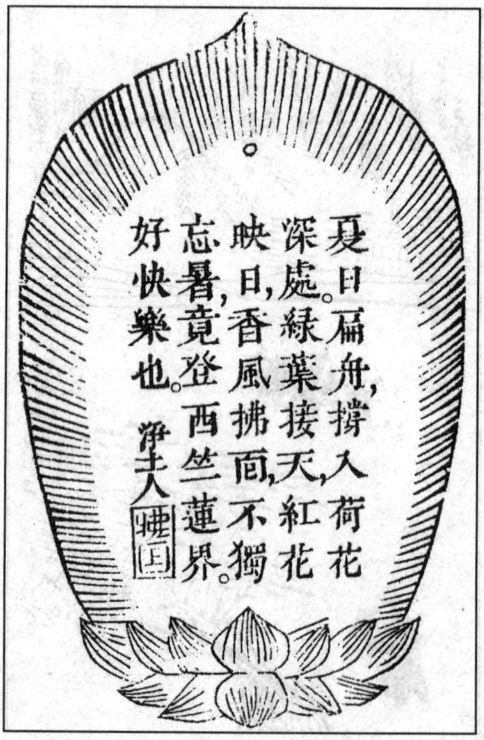
夏日扁舟，撐入荷花
深處。綠葉接天，紅花
映日，香風拂面，不獨
忘暑，竟登西竺蓮界。
好快樂也。
净土人

秋色梧桐

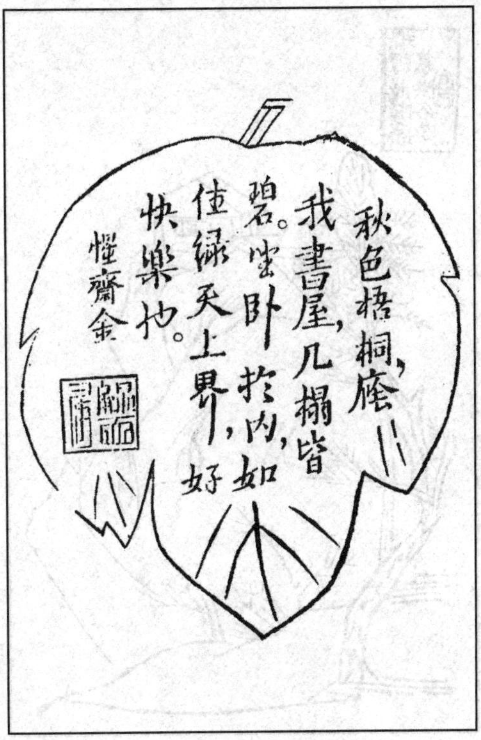
秋色梧桐，蔭
我書屋，几榻皆
碧。坐卧於內，如
住綠天上界，好
快樂也。
惺齋佘

南簷負日煖似百
狐之腋
李肖長

凤日晴明，坐庄
場，村燈邀晒背
村犢猶熱。饮內外
俱煖，並不知冬
苗已寂冷。好快
樂也。

瑞雪紛紜，山林樓閣忽皆玉琢銀粧，登高遠眺，對此奇境，心曠神怡。好快樂也。

顛叟寫意

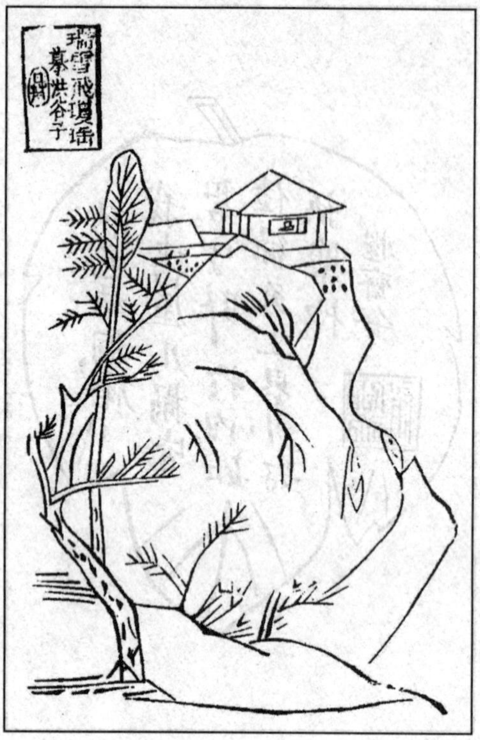

頭上花枝照酒卮，酒卮中有好花枝。身經兩世太平日，眼見四朝全盛時。況復筋骸粗康健，那堪時節正芳芬。酒涵花影紅光溜，怎忍花前不醉歸。

邵子插花吟石成金画意

紅杏稍頭掛酒旂，綠楊枝上囀黃鸝。鳥聲花媚留人住，不賞東風也是痴。

圖唐解元意

且共樽前醉復歌，莫問來朝事若何。請復百尺樓頭看，逝水爲能有定波。

雅峯李新語

朝天湖畔水連天，不唱漁歌即採蓮。小小茆堂花萬種，主人日日對花眠。

成金紀勝

踈簾茆屋矮竹籬，一灣流水小橋西。

寫沈字中句

松下柴門整日關，清泉白石隱翁閒。晝長睡起心無事，坐看江南雨後山。覓道人寫意

紅樹中間飛白雲，黃茆檻底界斜曛。此中大有逍遙處，難說與君畫與君。壽鏖元句

溪上亭子整日閒，白雲消散見青山。高人領略無他意，不放晴明空往還。

語有眞機知即入道

朝回日日典春衣，每日江頭盡醉歸。酒債尋常行處有，人生七十古來稀。穿花蛺蝶深深現，點水蜻蜓款款飛。傳語風共流水，①暫時相賞莫相違。

杜甫曲江咏惺齋画意

昨夜江邊春水生，艨艟巨艦一毛輕。向來枉費推移力，此日中流自在行。

朱文公見道吟

山家酒熟住來頻，野徑幽花更媚人。樹上好鶯啼不歇，東鄰扶醉到西鄰。

類叟畫意

明月松间照，
清泉石上流。
覺道人画

山窗四面總玲瓏，
綠野青疇一望中。憑几
課農農力盡，何曾防
却讀書功。画李笠翁句

紙屏石枕竹方床，手倦拋書午夢長。睡起莞然成獨笑，數聲漁笛在滄浪。

澄車盤亭

曲徑烟深，路入杏花酒舍；澄江日落，門通楊柳漁家。

擬陳眉公語

牛背橫欹放蕩騎，春
風拂拂意遲遲。此中
另有閒天地，說與旁
人恐未知。
護学農夫樂迦

湖光山色雨新奇，又
遇花開酒熟時。扁舟
載得春歸去，莫教鷗
鷺笑來遲。
惺齋句

平岸小橋千嶂抱，揉藍一水縈花草。茅屋數間窗窈窕，塵不到，時時自有清風掃。午枕覺來，未聞語鳥，欹眠似聽朝鷄早，忽憶故人今總老，貪夢好，茫乚忘了邯鄲道。

王介甫此詞極盡閒趣 是時一夢醒矣 天基意

他騎駿馬我騎驢，比他榮華我不如。回頭看見推車漢，多少窮人苦拮据。

此圖予另画大幅粘壁時刻記省 除許多妄想免許多憂愁添許多 快樂不可以其淺而忽之也

葵扇綸巾何處好，
椰隂亭上納荷香。

天基画意

罷釣歸來不繫船，江
村月落正堪睡。縱然
一夜風吹去，只在蘆
花淺水邊。

言我流行次止隨遇而安此達人自況也

谷口春殘黃鳥稀，
辛夷花發杏花飛，
獨憐幽竹山窗下，
不改清陰待我歸。

金繪

問我家何處，
遙指杏花村。

惺齋老人擬

快乐原

一生快乐

乐生中华国　人常自想：倘生于海外遐荒之地，严寒酷暑之乡，草衣木食，野居穴处，远于王化，不齿人伦，虽生世间，却与禽兽无异。我今幸生中国，房屋饮食，文物衣冠，受福无量，快乐极矣！

乐为男子身　人常自想：倘为妇女，贵贱随夫，诸事不能自由，无闻无见，终老闺房，既亲井臼之劳，复罹生育之苦，乃不幸之大者。我今幸为男身，免受诸般苦恼，得享诸般安宁，快乐极矣！

乐读圣贤书　人常自想：倘秉性愚昧，不能读书，不能识字，则道理不明，昏朦一生，如同梦境。岂非大不幸耶？我今幸能读书识字，通古达今，天下之万事万物无不晓然，快乐极矣！

乐无残缺体　人常自想：倘五官四肢不全，如耳聋眼瞎，腿损口哑之类，惨同地狱中度日。我今身体幸生全备，快乐极矣！

乐逢太平世　人常自想：倘遇刀兵杀劫，别离家业，弃散资财，骨肉难以保全，嚎泣盈野，惨苦万状。谚云："宁为太平犬，莫作乱离人。"此大不幸也。我今幸遇太平世界，干戈宁息，远近安然，快乐极矣！

乐居仁厚乡　人常自想：倘居里乡人情鄙恶，伧俗乖离，从之则伤义，嫉之则生仇。我今居里人多素心，且言行长厚，如同桃源世界，快乐极矣！

时年快乐

乐遇丰稔年　只想饥馑之年，饿殍盈野，盗贼蜂起，狱讼繁兴，人民不得安业。今幸获收成，遍地欢歌，虽无十分丰稔，亦不似往年之荒歉。真可乐也！

乐酿香美酒　每年冬腊，予命家人自酿村酒，成熟尝之，甚是甘美，遂藏为一年之需。真可乐也！

心上快乐

乐于明理　每有一种人，生性痴呆，不知情理，即听他人议论，低头欠呻，总不通晓。今若心中明达，言行朗然，是我之胜于人者多矣。何乐如之！

乐于知足　人若不知足，虽贵为卿相，富盈百万，亦终日攒眉戚戚，得陇望蜀，有此少彼，忧愁到何时才了？今要想：我虽不如人，而眼前比我更不如者，还有若干人；我虽苦恼，而眼前比我更苦恼者，又有若干人。比上虽不足，比下却有余。所以，知足者日日神仙，不知足者日日苦海。以此退想，何乐如之！

身上快乐

乐于饱暖　世上人，每多食不充口而常忍饥馑者，又每多衣不充身而常受寒冷者。今若饱食暖衣，并无饥寒之苦，虽甚平常，乃大乐也！

乐于康健　世上人，每多痼疾不疗，医药无效，轻则艰难步履，重则呻吟床榻，疼楚难堪。今若身体康健，饮食起居，任我俯仰自如，虽甚平常，乃大乐也！

春天快乐

以晴明和暖为乐　谚云："自古春无三日晴。"要知春天风雨之日多，而晴明之日少。若遇风日晴和之期，兼值不寒不暑，真一刻千金。享此良辰，乐之至矣！

以草木芳荣为乐　阳和初动，但见百草争芳，千花竞发，丰草绿缛而争茂，佳木葱茏而可悦。不论晴明阴雨，凭高一望，远近疏密，青翠无际，乐之至矣！

以桃红柳绿为乐　春天阳气发生，常于小阁上远眺，桃红柳绿，自然之锦绣供我盼赏，乐之至矣！

以鸟语花香为乐　鸟语若笙簧，花香胜兰麝。此天然之景象，不假人为，悦我之耳听鼻嗅，乐之至矣！

夏天快乐

以荷香避暑为乐　吾扬西郊外虹桥法海一带，荷花百余亩，夏天开放，急当玩赏。但午后画舫笙歌，人众杂踏，非予闲逸人所喜。须于上半日，偕二三知己，或驾一叶扁舟，撑入荷香深处，或缓步柳荫堤上，领略芳香净趣，恍如身登西方莲座，好快乐也！

以北窗乘凉为乐　按陶渊明云：尝于五六月，于北窗下高卧，遇凉

夏日雨后的荷塘景色

风暂至，自谓是羲皇上人。予于夏月每窃效之，好快乐也！

以临流濯足为乐　暑月闲行溪河边，见清流可爱，踞堤濯足，自鉴面目，凉透身心，乃歌“沧浪之水清兮”一诗，以寓其意。好快乐也！

以科头裸体为乐　暑月即有不得已之事，尽清晨治理，急急完毕，既不谒客，亦无客至，乃科头跣足，衣衫尽去，但觉五内清凉。回视城市中之仕宦衣冠楚楚、挥汗如雨者，何啻天壤之别。好快乐也！

秋天快乐

以静夜秋声为乐　秋声肃杀，欧阳赋已备悉矣。于此时不必悲伤，惟觉溽暑才除，且开怀享此凉爽之境，可谓乐矣。

以桂香月朗为乐　桂花以香取胜，为其韫也。若于清风明月时，或静坐于下，或缓步于傍，或持杯吟咏，或邀衲闲谈，不独身心为清香袭透，即衣冠俱沾香气，恍如广寒宫里一游，可谓乐矣。

以霜林红叶为乐　金风飒飒，满林霜叶皆成丹黄红紫，望之胜如二月花，令我心目快赏，可谓乐矣。

以篱落黄英为乐　菊花以介取胜，为有操也。于篱落间睹此黄英红秀野逸之韵，正与予野逸之性相合。日日持觞饱玩，可谓乐矣。

冬天快乐

以南檐晒背为乐　冬晴时，于稻草堆边面北背南而坐，日光烘烘，曝背和暖。昔人以为负暄，以为黄棉袄子，信非虚言矣。又用瓦钵将村酒煨热，时进几杯，内外俱暖，是真乐也。

以暖阁围炉为乐　小斋垂布帘，四壁风寒不透，围炉于中，暖若春和，并不知天寒地冻，是真乐也。

以策蹇寻梅为乐　庄园左近，闻有梅花开放，乃策蹇携樽寻赏，幻身即如画中人物，是真乐也。

以瑞雪兆丰为乐　雪有四美：落地无声，静也；沾衣不染，洁也；高下平铺，匀也；洞窗辉映，明也。见此天工剪絮，六花飞坠，满地琼瑶，且预知来年五谷丰登，是真乐也。

每日快乐

念佛之乐　西方有大圣人，名曰佛。夫佛之慈悲，能救度众生。人果信心念佛，其诸般世事未得顿禁者，须渐渐减除。口勿谈人之过，饮酒不至于醉，茹荤不至杀生，房室不至邪淫。治本业之外，量留余暇，随地随时即虔诚念“南无阿弥陀

举案齐眉图，出自历史故事版画集《人镜阳秋》，描绘了东汉时期梁鸿与孟光夫妇相敬如宾的情景

佛”，不拘遍数，或十多声，或千百声，久而纯熟，行住坐卧皆可念佛。至于梦中，亦得见佛。再加精进，必有大效。修持诸法，俱不及念佛之简易，我今信此，不亦乐乎？

娱亲之乐 天下第一快乐事，首数父母俱存。予最爱有一联云：“戏彩堂中，一味可当五鼎；承欢膝下，片时不换千金。”要知父母之年，日日减少，渐至衰老，切莫令亲没之后，追悔何及！须要及时孝顺，不可稍有违背。其于鳏父寡母，尤须竭力奉事。承欢戏彩，诱得父母开笑，是我心中大快。对此白发双亲，祈求上天多延父母几年寿算，即多受我几年供奉。想世多亲没欲孝无由者，天渊之隔，不亦乐乎？

和妻之乐 夫妇者，人伦之本，风化之原。世有不崇此典，以致伉俪不和，室人交谪。若调琴鼓瑟，淑气浴于庭帏，则兰桂毓于阶下。再或情性柔和，竭力内助，享此举案齐眉，不亦乐乎？

教子之乐 乡居之人，并无科名之望。凡子孙唯以专读四书，背诵极熟，讲解极彻。孝悌忠信，礼义廉耻，此八件日逐教诲，务必体贴身心。凡嫖赌、摇嚼、斗讼、刻薄诸不肖之事，反复警醒，莫令少犯。至于识字，但要其能记得几行账目，写得几句柬帖而已。若教得子孙朴实长厚，不亦乐乎？

随缘之乐 天生万物，各有定分，切不可妄想贪求。任尔用尽心力，本来有者毕竟还有，本来无者到底必无。非独有无，即迟早亦有因缘。谚云：“桃花三月放，菊花九月开。一般根在土，各自等时来。”明得此理，憔悴无益，忧愁无益。能知“随缘”二字，即有许多受用，不亦乐乎？

守拙之乐 巧者为而拙者看，乃知巧者，拙之奴也。每多巧人，偏遇不巧之事，所以任凭求奇，莫如抱拙，且免许多灾祸愁苦，不亦乐乎？

静坐之乐 世上最有受用之事，无过静坐。当垂目静坐之时，万虑皆消，慧定混一，顿有悟趣，不亦乐乎？

缓步之乐　静坐多时，未免昏沉，亦必起身缓缓散步，令血脉通畅，精神明朗，不亦乐乎？

午睡之乐　草堂中可设一榻，铺叠软褥，身觉稍倦，即偃卧榻上，心清神逸，萧然无梦。即或有梦，亦在于村庄花柳之间，不亦乐乎？

远眺之乐　村庄小阁之上，推窗远眺，四野在目：或山色阴暗，或水光浩茫，或牛背之牧童，或湖滨之渔叟。更兼小桥流水，竹树交荫。触目美景，俱堪入画，尽我徜徉，不亦乐乎？

微醉之乐　饮酒不可大醉，若大醉则神昏胃伤，不知人事，有何乐趣？邵子云："美酒饮教微醉后，好花看到半开时。"是真得饮中之趣者。要知饮至半酣，满体皆春，熙熙攘攘，尘世俱忘，不亦乐乎？

狂歌之乐　凡前人乐心诗歌，熟记若干首，每至半酣之时，或诵读之余，即信口狂歌，不拘调之高低，不按谱之宫商，任意出声，自觉心胸宽快，不亦乐乎？

剃头之乐　剃头、取耳、槌背、修脚，此是养身四快。然而，剃头真我朝第一大快事。予想前朝留发包网之时，不知如何搔痒，且发长最耗人之精血，不可不勤剃。予舍傍一剃工，最善此技，隔六七日即呼来一剃，兼令取耳、槌背，头痒止而体爽快，不亦乐乎？

按摩之乐　身体少觉拘倦，或自为伸腰扭夹诸导引功夫，或令人槌捏周身穴道，令气血通泰，精神强健，不亦乐乎？

晴明之乐　万物光彩，皆生于日。要知日暄则景舒，日丽则景媚。忆想凄风苦雨时，不独人情忧惨，即鸟兽亦皆潜迹。今对此光明世界，不亦乐乎？

阴雨之乐　阴雨之日，世上名利人羁促于舟车旅邸间，凄惨难堪。我今得于斋中静坐，再或一编相对，身体既已安舒，道理又加明晰，不亦乐乎？

登云之乐　闲中向山石上箕踞而坐，有白云出入变幻之态，倏忽万端，只可自怡悦，不堪持赠君，岂可向世人语耶？对此云地，我身犹登天界，不亦乐乎？

看山之乐　仁者爱山，大都山主静，而仁心相符。然而山色之妙，阴晴朝暮，各自换呈，令我应接高旷，性情顿移，不亦乐乎？

读书之乐　天下万事万物，一切奇见奇闻，莫不备载于书。诵其语，思其义，学问日深，道理日新；愚者因之而智，昧者因之而明。日与圣贤对晤，不亦乐乎？

观画之乐　品画，以山水为上。观画中可游可居之处，将予幻身想入画内，恍然亲历一番，不亦乐乎？

赏花之乐　一切种植之花，不必限定牡丹、芍药之珍贵者，随时随地，但可娱目悦心，或有香，或有色，皆为妙品。玩此生生活泼之机，袅袅娇媚之态，令我五内皆清，不亦乐乎？

听鸟之乐　凡笼中鸟音，羁囚悲怨，惨不忍闻，切须忌戒。唯树林中鸟声，清韵闲逸，当于静中听之，恍如置身于山巅树梢间，高出世外几层，不亦乐乎？

扫地之乐　扫地虽系童仆琐亵之事，当执帚时，即思此地非他，乃吾方寸地

《传家宝·文供之乐》篇称笔砚精良，再加上明窗净几、书籍满架，是人生一大乐事。此图即描绘了上文所说之情景。

也；此尘污非他，乃吾牵缠俗念也。一举手之劳，尘埃去而还我本来面目。追扫毕静坐，自觉心与地同净，不亦乐乎？

焚香之乐 静室不可无香。须造小斋，四壁密围，不可透味，焚香一炉，异香飘渺，享受静趣，不亦乐乎？

清谈之乐 常与野老禅衲相对，或谈世外事，或较晴量雨，或说无生妙理，或说山水静缘，令我身心清极，不亦乐乎？

文供之乐 昔人谓笔砚精良，人生一乐。若再加以明窗净几，书籍满架，我于静中消受，不亦乐乎？

沐浴之乐 冬月严寒，不可频浴。其余三季，俱当频浴。须要温水和暖，反复淋洗，遍身轻爽，不亦乐乎？

闲逸之乐 愧予乡野愚人，性甘淡薄，所居不过茅屋竹篱，所享不过布衣蔬食，无心于世，诸事不理，唯好闲逸懒散而已。倘世有同予癖者，将予此书内所载种种乐事，就便随取随乐，不费银钱，不劳心力，独自一人领略亦可，即与二三知己相对亦可。或静坐悟禅，如同痴呆；或登楼远眺，消受烟霞；或饮几杯自劝之酒，或说几句世外之谈；或赏花，或玩月；或唱几支无腔曲子，或吟几首自在诗文，凡有逸事，任意为之。每日再开口发几声呵呵大笑，如此闲逸，竟未知西方佛祖耶？东方蓬莱耶？秦耶？汉耶？春耶？秋耶？早耶？晚耶？少壮耶？衰老耶？有余耶？不足耶？是耶？非耶？我总付之不见、不闻、不管、不理，但过得一日，且让我快活一日，懒懒散散，嘻嘻哈哈，如疯如颠，如醉如狂，任凭他兔走鸟飞，只觉得我心中宽快，不亦乐乎？

帐卧之乐 每年自四月至九月以来，蚊虫最多。制帐不拘布帛纱罗，但能遮拦者，即是妙品。静卧帐中，耳听帐外蚊雷喧闹，想念世多贫而无帐者，蚊之丛飞咬吮，刻难安枕。我今鼾然稳睡，不啻仙凡之别，岂不乐哉？

快乐铭

有书真富贵　无事小神仙

世上至宝，书为第一。要知圣贤流传之道脉，古今兴废之事因，与夫正诚修齐治平之经济，无不备载于书。读之玩之，启我学识，开我襟怀。如此利益，彼虽有千仓万箱之富，何能及哉！取书阅读之时，即宛然与昔日之圣贤君相同堂面语，饱听指点谈论。如此尊荣，彼虽有高官厚爵之贵，何能及哉！是以家积多书，较富贵之实受尤真也。

人为名利胶扰，虽有好时光、山水、书酒、花月，都付虚度，深为可惜。但既生斯世，若尽闲逸，则衣食用度自何而来？予谓每日以半日治业，留半日享福，既不费生计，又不虚时光，是一月有半月之实受矣。然于闲乐时，切勿又以尘事操心，专令安静自在，即天上神仙，不过如此。“今日小神仙”犹谦语也。

赏梅花图

花常留我赏　月不放人眠

花之妙趣，不必定要牡丹、芍药之贵重者。即随时易得之花，如桃、李、兰、荷、蓉、桂、菊、梅之类，但有色香态度，俱堪娱目。羡彼诸花，或献娇姿，或吐清芳，或动摇舞媚，或点缀呈鲜，枝枝朵朵，宛如向我留连。花既留我玩赏，我须细心领略，岂忍负花而去乎？要知赏者，心有爱重而念花之有功于我也。

昔人以月夜早睡为枉屈。预计每月自十一二至十七八，此数夜月又半为阴云风寒所阻，若有明月幸遇，须当饱挹清光，耀我性灵。今我或行、或坐，月俱随我不放，我何舍月贪眠、自蹈枉屈之戒耶？倘玩至夜深，月渐西沉，身亦疲倦，方呼酒对吸。前此之时不敢遽饮者，恐醉则易于昏昧。兹已夜久，便可纵饮欹卧，竟入混沌国中，不知东方之既白。

狂歌兴卓矣　把酒意陶然

得意诗词熟记几篇，一时兴到即信口高歌，不拘腔调，不限音韵，唯觉欢喜异常，不知身在尘世。意虽不在于酒，亦须藉酒以开襟怀，把酒缓咀隽味，此时唯觉意与味合，快乐多矣。

随时皆好日　到处是桃源

天日晴和，人心亦觉爽朗，固是极好之良辰。即或风雨寒暑，惟要人能领略，俱有妙趣。是以我心闲适，随时无不好之日，又何待乎？

予爱王西楼词云："将一只打鱼船，生扭做仙舟；将一块放牛场，旋改做丹邱。"予有拙对云："觉性凡夫登佛位，乐心斗室胜仙都。"悟得王词、予对之理，虽破屋荒园，皆成蓬莱阆苑，不必渔郎问津，而桃源俱在眼前。我想解人自能会意。

晋代陶渊明的《桃花源记》中所描绘的世外乐土为历代文人所吟咏，此图选自《唐诗画谱》，描绘了《桃花源记》中的武陵渔人误入桃花源的情景。

栽培心上地　涵养性中天

人可为圣为贤，亦可披毛戴角，总由人心自致而已。上天岂有意偏私乎？唯是此心如同田地，可灌可耕，而收获利益非仅一世，又且庇荫于子孙，乐何如之！要知"为善最乐"四字，诚至言也。

吾人性中另自有天，若能涵养，未久即见。唯是涵养之功，最易间断，但才觉间断，即自提撕。倘得此性天妙趣，受享岂有尽哉！

痴顽学儿戏　喜极舞疯癫

昔人云："身入儿童斗草会，心如太古结绳时。"予诌小斋联云："常怡安静福，转学幼儿欢。"要知两三岁之婴儿，纯是自然真性，并不知天之阴晴风雨、地之南北东西、时之春夏秋冬；又不知朝代之秦汉唐宋、治乱兴废；亦不知人事之贵贱贫富、荣枯得失。凡一切心思言行，尽属蒙昧，心中平坦，唯秉性灵，专喜嬉戏，毫无计虑机谋。我之痴呆愚顽，因好留心习学能得此趣，即有人天大受用矣。

喜不至极则不疯癫。予于喜极之时，心旷神怡，竟自乱跳乱舞，如疯如癫。旁人见之，俱各惊骇大笑，在予自谓顿登天界。

松荫张亭盖　鸟声奏管弦

树木之中，不拘松柏、榆柳，但有繁阴者，即可铺展茵簟，随意坐卧。仰见青翠蒙笼，蔽日张阴，恍如新造之亭盖；再闻鸟声迭奏，不亚弦管笙歌。此皆天然清供，既不费我之赀财，又不劳我之气力，娱目悦耳，享乐不小。

情思犹梦幻　尘世等云烟

人心之忧愁烦恼，诸般妄想，皆如梦幻之不实。梦者，如人于睡梦中见种种境界，奈人于梦中见以为有，觉则知其为无矣。幻者，如术人用法，以草木化作人物等类，因人于幻时见以为真，觉则知其为假矣。凡有思念，总不离乎过去、未来、现在，若能知妄念是妄，念则除而明觉现矣。

人在尘世中，凡生老病死、贵贱贫富、士农工商、离合悲欢、流迁造作，以及赤白青黄、有无好歹、深浅高低等类，皆是虚妄。譬如云烟倏忽，虽暂时之轻浮可见，奈何聚散不常，有何实际乎？若能悟明此理，则贪着之病俱已看破，心中湛然清净，无纤毫停留挂碍，而我之常住不灭者，乃得大自在矣。

情思、尘世二句，总是一义。上句是指思想念虑，下句是指境界事迹。犹者，似若也；等者，比类也。

潇洒因知足　宽平为听缘

世上人有许多层次，若不知足者，只是向前妄想，富有一千，又想一万；官居极品，又想王侯。得陇望蜀，有东巴西，天堂尽成地狱。惟知足者，时常退后思想，苦海俱成极乐。譬如饮食粗粝，衣裳褴褛，意甚难堪，只退后一想，尚有无衣无食，饥寒迫体者，又当如何？我有妻子、家业为累，只退后一想，尚有无家无业、伶仃孤苦、求有其累而不可得者。体或病痛，心即不安，只退后一想，尚有哑瞎残缺、脓血呻吟而莫救者。予最爱吾扬阎非台先生云："进一步想，有此而少彼，缺东而补西，时刻过去不得；退一步想，只吃这碗饭，只穿这件衣，俯仰宽然有余。"诚至言也。

世上全福之人，十无一二。或有富而无贵，或有贵而无富。即幸遇富贵兼全，寿命必致夭促。更有乏嗣无后者。要知诸般世福，皆由其人前生修积而得，并非上天有意偏厚于某，而薄待于某也。可笑今人不知宿昔因缘，必欲求全望备，所以终日攒眉蹙额，劳神焦思，昼夜靡宁。少而壮，壮而老死，举世尽从愁里老，谁人肯向死前休！究何益乎？若能明透此理，唯只安分随缘，宽快平和以乐岁月，是人虽曰凡夫，而已享神仙之福矣。

人生于世，无一刻不是缘，无一人不是缘，无一事一物不是缘。但此"缘"字，非系无自而起，各有来因，悉皆前生自积所致也。要知前世因，今生受者是；要知后世因，今生作者是。凡举止动静，可不慎哉！从今妙法，只是宽着心思，安着本分，听随因缘以度活，忧愁也没得了，灾难也没得了，病也病得少了，老也老得缓了，福也享得多了，寿也延得长了。如此益人，岂可忘乎？

以此铭肺腑　福增寿更延

肺为五脏之华盖，位在五脏之上，品最清虚。所以魂魄常安于此。将我兹卷愚撰二十句，常铭记于肺腑，时刻莫忘，不但享有许多快乐，更且明心见性，常住不减。此全在学人之精进不懈，自然必成。前人云："世上无难事，都因心不专。"心既专矣，尚何难哉！至若尘世之福禄由此而加添，寿命由此而延长，是乃效应之小者，又何待言耶？

快乐印

一、印篆有阴文阳文之分，今集内阳文多，俱予一己愚见，若高人随意更换，则予幸遇知音矣。

二、印式有方圆长短不一，今集内俱予随意愚刻，若高人另有新式，必青出于蓝矣。

三、印言字有多少，今集内俱予愚篆，以一二句为尚，因数字提知全篇，何必赘刻多语耶？

惺斋石成金篆集

宜阳己乐天真

知足常乐

乐圣人之道

不亦乐乎

极乐世界

快乐是便宜

及时行乐

乐道

万事随缘
即是安乐

三乐是我师

逸乐引年

乐天真

时人不识
予心乐

乐是乐此学
学是学此乐

乐足

为乐当及时
何能待来兹

乐是乐此学
学是学此乐

孔颜乐处

笔砚精良
人生一乐

乐天真等富贵于浮云

人生行乐耳

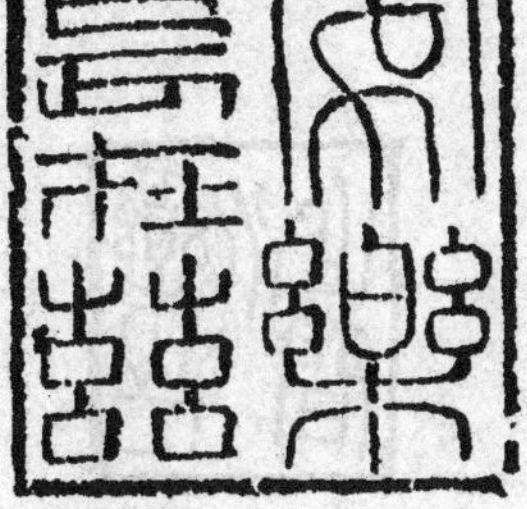
安乐长在兹

乐天

为善最乐

笔砚精良
人生一乐

真乐

人生行乐耳

急（及）早寻欢乐

乐天

有笔砚精良之乐

名教中乐地

且乐

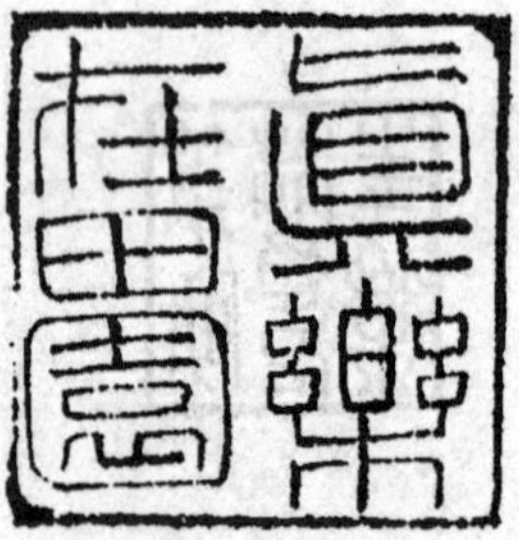

真乐在田园

自有乐处

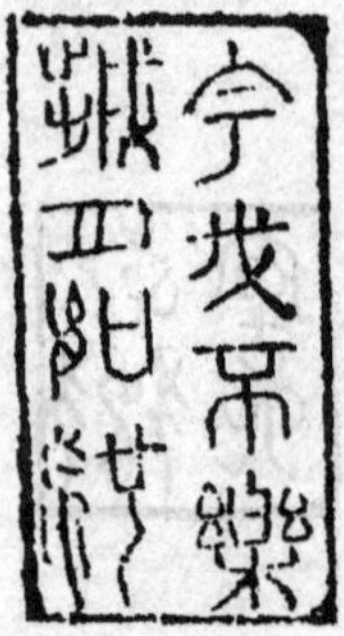

今我不乐
岁月如何

乐山水之间

爱月夜眠迟

惜花春早起

弄花香满衣

掬水月在手

惺斋十乐

高卧昼未起
美姬当月坐
远棹乘风举
奇书随愿得
壮岁逢家庆

清歌夜不停
名酒对花倾
危楼趁云登
好句肖题成
丰年际圣明

算来名利
不如闲

闲中日月长

清夜安眠
白昼闲

一日清闲
一日仙

得闲闲处且
闲闲

让我消受
一生闲

伴花忙

花下卧

惜花人

不如饮酒

一壶酒

得酒中趣

以花为命

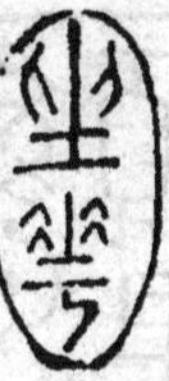

坐花

花好不出户

酒颠

对酒当歌

田舍酒

钓月

长歌坐明月

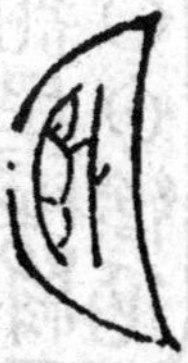

卧月

高轩通夕月

月到天心处

卧月

急须满把
金镈倒

每日江头尽
醉归

万事不如
杯在手

心长自在

观自在

自在天

知足随缘
日日快活

不饥不寒
无忧无病
好快活也

越不聪明
越快活

一日须倾三百杯

且衔杯

醉后枕书眠

高眠花下横伸足

醉卧一床书

日高三丈我犹眠

金谷酒数

坐花醉月

阳春召我以烟景
大块假我以文章

结云

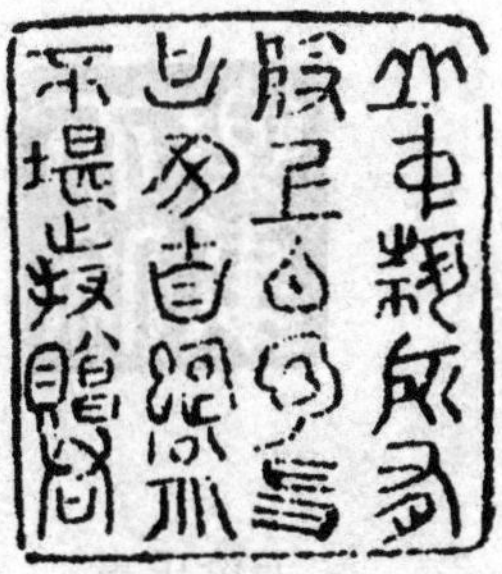

山中何所有
岭上白云多
只可自怡悦
不堪持赠君

一豁云

云开山水

眠　云

云　路

梅花似我

平生知己是梅花

绕屋梅花

才有梅花便不同

梅花清入梦

我念梅花花念我

伸雅怀

天伦乐事

秉烛游

乘风卧北窗

高卧且加餐

眠云樵子

宜笑

雨丝风片烟波画船

佳辰三月三

高眠花下横伸足

醉卧一床书

日高三丈我犹眠

乘风卧北窗

高卧且加餐

眠云樵子

绿杨风唤小莺声

花　裀

翠色四天垂

酒旗渔童

一曲黄金缕

江天雪意

随缘

杨柳风梧桐月芭蕉雨梅花雪

流水白云长自在

卧游

对净几明窗潇洒

大光明界

歌金缕醉
瑶卮此处
君休问

扁舟听其
所之

帘外一声莺唤

且提壶花间月下

焚香默坐消遣世虑

一竿风月

真箇（个）

夕阳江上楼

人怎知

花间月出松下风来

新诗改罢自长吟

一溪流水一山云

取醉为佳

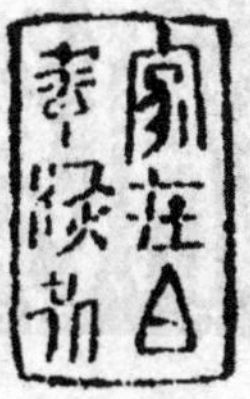

家在白云深处

别是闲滋味

多读书少说话

冰雪为心

时乎时乎不再来

春在梨花

此境此时此意

终吾身以徜徉

有情谁似我

晴窗一日
几回看

闲吟白雪
醉写青山

闲中一乐

另有闲天地

无事小神仙

芦花千顷月明中

努力爱春花

流光欺人勿蹉跎

烟波一叶舟

快哉

惯看秋月春风

静观

消受扬州廿四桥

静坐焚香

人有上皇风

闭门即是深山

山气日夕佳

闲者主人

花好不出户

四壁青山

明窗净几

都付笑谈中

坐茂树以终日

适情知足

葛天氏之民

旷观天地

日日湖山日日春

白云中

这是也

酒美花新

杏花疏雨

莫错光阴

诗酒生涯

人间天山

柴门深处

养得浮生一世拙

水天一色

闲昼一水

坚持正觉

天开图画

黄粱梦

笑云忙

惟吾知足

梦觉天

人间佳境即天仙

门外渔翁笑歌

十千沽酒

我在这里

有书真富贵
无事小神仙

行事须循天理
出言要顺人情

欲广福田
须平心地

广行阴（鹭）
上格穹苍

布衣闲自贵

一时异

月来湍地水
云地一天山

爱我无如酒

一生只有朝山福

得欢悦且欢悦

饮且食兮寿而康

添改苏长公赏心十二事

斋中扫地怡性

柳阴堤畔闲行

晨兴半炷名香

雨后登楼看山

栽得好花盛开

花坞尊前微笑

冬来晒背围炉

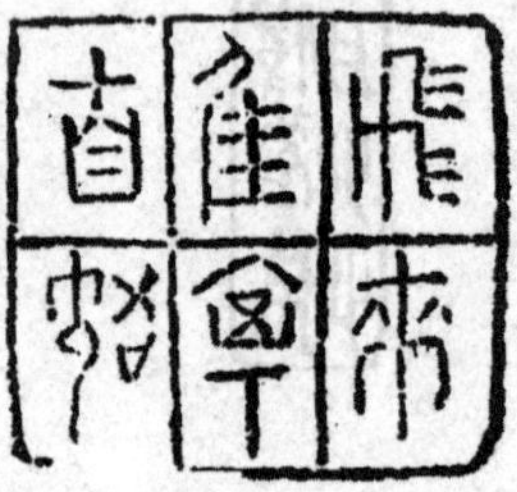

飞来佳禽自语

见客懒着衣冠

暑至临流濯足

午倦一方藤枕

开瓮忽逢陶谢

读书格言

有福之人才肯读书

文到妙来无过熟

学而时习之

三日不读书便觉言无味

少说话

勿谓今日不学而有来日

时乎时乎不再来

流光欺人勿蹉跎

常闭目

眼到口到心到

业精于勤荒于嬉

学要专一

书斋清供

鸟语花香

明窗净几

拥书万卷

书窗月映

晴和天

暑天凉室

研山

笔砚精良

小阁

书橱

净水盛

草榻

文士清课

欹枕

吟诗

高歌

玩月

赏花

乐静

拂尘

习字

读书

微醉

散步

扫地

快乐印言

图章妙趣，一在篆文之结构，一在印言之快乐。予昔幼年，最嗜此技，因拙篆数方，刊书清政。惟是以篆法施之梨枣，难免木植纹理之碍，又兼吾扬刻工庸蠢，虽极力指授，尤多错谬。况加予年老眼昏，精神消乏，欲求合意，甚为难得，自必贻笑大方。原借此以取快乐，而反令心之不乐，何复乐为耶！乃将予记一己之乐趣印言，略载若干，如有同予之嗜者，记予印言，或赏玩其言以取乐，或取其言而篆印以取乐，则乐甚多矣！

天基石成金撰写

乐

予著《章程》《联瑾》《酒令》等集，以及凡诗文内有乐字之句，俱可选入，后类仿此。

乐天知命　为乐当及时　名教中自有乐地　安往而不乐　乐事且衔杯　细推物理须行乐　知足常乐　且乐　乐有贤父兄也　快乐是便宜　及时行乐　乐事还同万众心　自寻快乐　人生未行乐千岁亦为殇

乐　趣

快乐之事甚多，全在各自涉趣。予仅载数条，以例其余。

自在多　常生欢喜心　人生得意须尽欢　蚩蚩多厚福　世事我不知　越不聪明越快活　心无一事　观自在　倚南窗以寄傲　放浪形骸之外　我无一长　阅尽交情好闭门　性拙身多懒　有一物添一累　远离颠倒梦想　凭天吩咐　安分自足　浮名浮利休苦劳神　诸事不如人　得意颜开　书掩白云扉　学痴学愚学拙　梦幻泡影有限　风花雪月无穷

闲

闲滋味　闲中日月长　一日清闲一日仙　养高兼养闲　布衣闲自贵　闲来无事不从容　天供闲日月　天放闲人　归就高闲未白头　以闲为乐　闲中滋味长　让我消受一生闲　闲者便是主人　偷闲便闲　佛容为弟子　天许作闲人　得百闲为我福　闲闲好　未老得闲方是闲　得闲闲处且闲闲　不是闲人闲不得　闲人不是等闲人

卧眠卧同类

卧月　花傍随意欹卧　不如高卧且加餐　临风卧北窗　懒读书只爱眠　懒看世情宁睡去

书

读书乐　拥书万卷　惟有福人才肯读书　唯有读书高　焚香读异书　五车书已留儿读　书熟读自然晓　恨不十年读书　愧未读书常犹夜行　有书闲富贵　读书不求甚解　三日不读书语言无味　坐卧一床书　读书不多胆不大

酒

花酒语句极多，今止载一二条，不过为例而已。

酒养命　爱我无如酒　人生有酒须当醉　对酒当歌　且来饮酒　莫辞盏酒十分劝于有酒时学仙　于无酒时学佛　酒斟时　须满十分

花

惜花　伴花忙　多情花鸟不肯放人　花缘好　爱花如命　出门俱是看花人

月

爱月　月照虚窗　湖心月上明如昼　对月闲坐　步月吟哦　清风明月不用一钱买

花　月

坐花醉月　花问明月　花前月下且高歌　花月山居　明月花间照　花有清香月有阴

对月图

花酒

有花方酌酒　花下一壶酒　头上花枝照酒卮　恋情花酒　花前酒意　酒醉常来花下眠

醉

一醉轻王侯　醉后枕书眠　事大如天醉亦休　我得醉中趣　一月二十九日醉　但愿长醉不复醒　醉乡深处　怎忍花前不醉归　每日江头尽醉归

笑

一笑而已　不笑是痴人　人情只可付一笑　笑一笑少一少　付之一笑　人世难逢开口笑

荷花

一切诸花予俱爱赏，唯荷梅尤其最嗜，因载此二种数条。至于菊桂桃李诸品，诗句成语极多，可仿此续入。

荷花香送酒　十里荷香　映日荷花别样红　荷亭赏夏　夏赏绿荷池　凭栏十里芰荷香

梅花

梅花知己　绕屋梅花　才有梅花便不同　梅花欲放时　梅花似我　我念梅花花爱我　梅香袭衣　家在梅花村　十里梅花一草堂

绅言

高人各有快乐密言，予今所载，乃引玉之砖也。

眼前随分好光阴，谁道人生多不足？

心无机事，案有好书。饱食晏眠，时清体健。此是上界真人。

江山风月，本无常主，闲者便是主人。

遇好晴和天、好山水、好风月、好书、好字画、好花、好酒，须受用领略，方不虚度。

养成大拙方知巧，学到如愚才是贤。

寂寂空山何堪久住？因多情花鸟不肯放人。

破懒方知经有味，送眠唯觉酒多情。

身当静退因知足，心不领邪畏好还。

偃息于长林丰草之间。

常将酒钥开眉锁，莫把心机织鬓丝。

名教中自有乐地，何必乃尔？

一生爱我无如酒，凡事输人不但棋。

家传聋有种，天授懒难医。

贫宜省事真奇策，老忌多思莫苦吟。

费尽心机，俱归无用，总不如安分随缘。

今日虚过，即有明日，非今日矣。

处世若大梦，胡为劳其生。

只有一罪不赦，唐突明月清风。

不作风波于世上，自无冰炭到胸中。

云无心以出岫，鸟倦飞而知还。

人生得意须尽欢，莫把金樽空对月。

知恩、知足、知命、知道、知幸。

举世尽从愁里老，天涯唯有酒杯宽。

花前月下且高歌，急需满把金樽倒。

掩户焚香，清福已具，如无福者，定生他想。更有福者，辅以读书。

早知穷达有命，恨不十年读书。

夜来月下卧醒，花影零乱满人襟袖，恍如濯魄于冰壶也。

水流任急境常静，花落虽频意自闲。

青山绿水，眼到即可舒啸，何必居篱落下后为己物？

心宽不怕思眠早，性慢终须得老迟。

快活一枕无碍睡。

百年三万六千日，一日须倾三百杯。

入我室者，但有清风；对我饮者，惟有明月。

莫言世事常如此，堪笑人生有几何？

一切诸有，如梦如幻；一切烦恼，如魔如贼。

我素常与泉石结缘，他日入山，定不为生客。

读未见书，如得良友；见已读书，如逢故人。

羲皇以上人何似？不过临风卧北窗。

清风明月不用一钱买，玉山自倒无人推。

自是时人参不透，冤余作意仿公卿。
闭门读奇书，开门延好客，出门寻山水。
钓水樵山耕云读雪，酌酒看花吟风弄月。
但愿老死花酒边，不愿鞠躬车马前。
于无酒时学佛，于有酒时学仙。
得一日闲为我福，做千年调笑人痴。
“识字乎?”曰：“不识。”曰：“好快活也。”
心中无崎岖波浪，眼前皆绿水青山。
知止自能除妄想，安贫须要禁奢心。
曲岸横塘，画桥兰桨，只此处，尽可容得疏狂。
满坞白云耕不尽，一潭明月钓无痕，臣所得也。
但看花开落，不言人是非。
江风索我吟，山月唤我饮。醉倒落花前，天地为衾枕。
三日不读书，语言无味。
此中空洞原无物，何止客卿数百人。
偶来皆盛事，何地不花开。
啼鸟远闻知昼静，好花相续觉春迟。
九重丹诏，休教彩凤衔来；一片野心，已被白云留住。
半榻有时邀月共，一春无事为花忙。
临水且呼今日酒，看山不改旧时云。
睡因黄鸟唤，闲笑白云忙。
好鸟枝头亦朋友，落花水面皆文章。

三字四字五字绅言 虽具字数，增减随人

皈依佛　且随缘　无一长　且御杯　一味懒　山水癖　容我懒　且开颜
且自在　都不管　静中看　静有益　万般休　村居乐　山居好　我学愚
我独醒　种花忙　伴云间　何必忙　墨花香　不染尘　浣溪云　闲闲好
宜率真　别有天　逍遥游　霞可餐　归去来　惟自适　放下罢　且欢悦
无罣碍

凭天吩咐　啸傲烟霞　别有天地　闲云野鹤　天地吾庐　不合时宜
空诸所有　一丘一壑　三缄其口　方外司马　其如命何　开卷有益
恬然自如　聊以自娱　何在乎此　修竹吾庐　心骨俱清　骨清魂淡
逸态闲情　自性真如　趣在个中　落得自在　风月双清　真心入定
身外何求　吟风弄月　钓月耕云　凭虚御风　月华星彩　明窗净几
飞花沾袂　流水柴门　静掩柴扉　宠辱无闻　瀑水含秋　竹径清幽

树荫下阅读图，描绘古代隐士于树荫下读书闲适生活的画面

绕座花香　倚松看瀑　庵掩白云　依云待月　云容水态　得个中趣
寻花问柳　柳塘花坞　石枕松风　萧然无累　清趣忘艳　潇洒自如
潇洒襟怀　山野闲情　清澈肌骨　万缘俱空　且寄闲情　放浪情骸
不减神仙　信乎有礼　五湖烟景　快心骨化　得意颜开　触目清供
幸作闲主　水映岑楼　花香鸟语　尘飞不入　养花调鹤　自性常阔
知足为富　了无一争　尽日清修　莫负良辰　消我闲情　云水同清
以闲为乐　心休怡静　又复何求　半亩花林　满窗松月　松竹娱情
青山可买　天容我懒　唯吾知足　怡然自乐　淡泊宁静　碧水丹山
百拙自全　一竿风月　水边林下　对酒当歌　江风山月　光风霁月
松风水月　从吾所好　行云流水　真懒阳狂　云山烟水　散虑逍遥

用拙存吾道　山水有清音　诸事不关心　逍遥山水间　锄月种梅花
水静落花深　息机非傲世　看云诸态冷　平生无一长　含笑看吴钩
当做如是观　心事许沙鸥　浮云变今古　无事小神仙　知余懒是真
一笑千山青　壶中别有天　一生在慵中　养拙蓬为户　林鸟助狂言
只可自怡悦　白云随野履　巧者拙之奴　养高兼养闲　痛饮读离骚
葛天氏之民　天供闲日月　白云如故人　性拙身多暇　知心有几人
坐看云起时　时还读我书

快乐绅言

昔申公对武帝曰："为治不在多言，顾力行何如耳。"予尝见世人，读书满腹，言行每于书左，是书虽多，究何益乎？为治如此，行乐亦然。予曾将印章内佳句，已刻《印言》行世矣。今因续有语句，复集成篇，名《绅言》者，窃倣张子书诸大带，志之而不忘也，且可以选刻印章，以供珍玩，又可以书斗方、画轴、对联，粘贴门屏座右，俾时刻触目警醒。但古今佳句甚多，是集语虽无几，仅能力行快乐有余，至于为治涉世诸法，予已刻于《绅谕》、《联瑾》诸集，兹不赘。

石成金撰写

《唐诗画谱》插图，描绘了渔翁在渔船上的闲适之乐

闲为水竹云山主，静是风花雪月权。
眼正修行新有力，心空忧患已无根。
夹径竹阴疑碍马，隔江山色似招人。
百年休问几时好，万事不劳明日看。
身后声名文集注，眼前衣食薄书堆。
自种黄花添野景，旋移高竹听秋声。
几树梅花半轮月，数篇诗卷一炉香。
翠竹丛中歌欸乃，碧岩深处卧烟萝。
没底篮儿盛皓月，无心碗子贮清风。
芒鞋竹杖春三月，纸帐梅花梦五更。
溪声便是广长舌，山色无非清净身。
等闲放下便无事，着意看来还有心。
茅檐静坐千山月，竹户闲栖一片云。
去日苦多休检历，知音谅少莫修琴。
明月长看渔父醉，白鸥不道主人非。
无求尚恨时赊酒，有癖应缘酷爱山。
寄语梦中寻梦者，莫将岁月浪消磨。
神仙妙法无多子，只是人间一味呆。
面上今日老昨日，心中醉时胜醒时。
不遭天厌因心好，最惹人嫌是眼空。
正欲清言闲客至，偶思小饮报花开。

山经宿雨修容出，花倚和风作态飞。　饭饱便休慵念禄，丹成不服怕登仙。
不知世上公卿贵，且养山中草木年。　云封萝屋常疑雨，泉响松岩半是风。
移家尚恐青山浅，隐几惟知日月长。　诗酒偿些清净债，草花结个欢喜缘。
好景落谁诗句里，蹇驴驼我画图间。　百年地僻柴门遇，五月江深草阁寒。
无才藉作长闲地，有满留为剧饮资。　江水滔滔流不尽，问君辛苦到何年？
我有一言君记取，世间自取苦人多。　真精送与粉骷髅，却向人间买秋石。
许多高门锁空宅，主人到老未曾归。　黄金不惜教歌舞，留与他人乐少年。
等到白头方歇足，人间却有染鬓霜。　才过三寸成何物？不用将心细较量。
看来世事金能语，说到人情剑欲鸣。　只有一身宜爱护，莫教冰炭逼心神。
百岁光阴能有几？一场扯淡没来由。　随分杯盘俱是乐，等闲池馆便成游。
有时闲酌无人伴，独自腾腾入醉乡。　但有酒时须快乐，不关心事莫思量。
细雨斜阳君休出，绿荫门外有红尘。　芙蓉夜月开天镜，杨柳春风拥画图。
山重水复疑无路，柳暗花明又一村。　常倚曲栏贪看水，不安四壁怕遮山。
偶问客年惊我老，忽闻莺语叹春深。　蜂藏密叶多时在，莺占高枝尽日啼。
喜延明月常开户，贪对青山懒下楼。　事不关身皆是累，心愿未了几时闲。
乍随父老看秧去，还共儿童斗草嬉。　春来遍是桃花水，不辨仙源何处寻。

树远看来短，山遥淡欲无。水边鱼舍密，天际客帆孤。世上人休作尽，天下事未可知。
知穷之有命，知通之有时，临大难而不惧者，圣人之勇也。
古人穷愁中，念一命字，百障皆空。天赋于人半不全，太平男子即神仙。
心中要有分晓，外面须存浑厚。知有命焉非可拗，付之天也未须争。
摧伤自喜消前业，疾恙天教学养生。屏除长物轩楹爽，洗濯尘襟肺腑凉。
日高三丈我犹眠，不是神仙，谁是神仙？人世难逢开口笑，菊花须插满头归。
人生不满百，常怀千岁忧。昼短苦夜长，何不秉烛游？

物外有人闲始见，山中可乐老方知。　不须计较苦劳心，万事原来有天命。
花气袭人知骤暖，鹊声穿树喜新晴。　苦到几时才得乐？忙他没用且偷闲。
见人各是原非恕，遇事皆安莫怨贫。　觅官肯信山居乐，食淡方知饭味甘。
绿叶忽低知鸟立，青萍微动觉鱼行。　放狂泥酒都忘老，厚价收书不似贫。
今朝酒醒归何处？杨柳岸晓风残月。

夏榻宵眠，面风欹枕；冬檐昼短，背日观书。
频教鸟花前歌后舞，更催云水暮送朝迎。富贵人宜学宽，聪明人宜学厚。
笋皮笠子荷叶衣，心无所营守钓矶。高人不作山中相，且拥图书卧白云。
廊庙无心聊阅世，山林有地可长年。自重者然后人重，人轻者由于自轻。
以爱妻子之心爱亲则孝；以保爵禄之策保国则忠。
梦幻泡影有限，风花雪月无穷。人是人非都不同，花开花谢尚关心，傲骨、侠骨、媚骨、贱骨，总成枯骨。天下可恶可厌的人，多是可敬可惜的人。
苦恼世上，度不尽许多痴迷汉。问子孙之祸福，我身所贻者是。

不风之波、开眼之梦，皆能增进道心。多费则多营，多营则多求，多求则多辱。
君子白落做君子，小人枉自做小人。忌成乐败，何预人事？徒自坏心术耳。
上士闭心，中士闭口，下士闭门。草萤有耀终非火，荷露虽圆岂是珠。
开口讥诮人，不惟丧德，亦是丧身。今人不见古时月，今月曾经照古人。
生来不饮猩猩酒，死去那营燕燕巢。伤生之事非一，而好色者必死。
无事而忧，对景不乐，便是一座活地狱。凿开风月长生地。昂藏且放时人笑。

虚退寡欲，志在栖遁。里中无老少，唤作颠儿郎。
远山终日送余霞。身出草堂心不出。
湖山属野夫，一日如有约。千七百葛藤，尽是敲门瓦。
短景无营亦自长。令苛则不听，禁多则不行。
冉冉征途间，谁是长年者？贱夫美一睡。问世我不知，问我心无着。

李白像，图选自《吴郡名贤图传赞》。李白是唐代著名诗人，被贺知章称为“谪仙人”

林泉容我静，名利任他忙。
妙舞教成我已老。酒不到刘伶坟上土。
名山如药可轻身。
无事要提防，有事要镇定。问家惟指云。
莫倚冰山若泰山。

人欺未必是辱，人怕未必是福。
容容多后福。醉倒落花前，
天地为衾枕。
少年多失，改之为贵。
野蔬山肴不用钱。
处世若大梦，胡为劳其生。
身后休须计，生前且尽欢。
自嫌野性共人疏。才小分易足。
偃卧恣疏顽。

看月莫待圆，看花莫待开。
何如暖被日高眠。人生得意须尽欢。
不堪匡圣主，只合事空王。
不知有何过，谪作人间仙。
有酒唯浇赵州土。人闲日月忙。
忙驱能者去，闲逐钝人来。

一舸江湖钓月身。自问心如何。
唤回痴梦尘机息。唯有春风不世情。
人事出门多。花前唯以醉为乡。洗眼看轻薄。心足虽贫不是贫。
事以密成，语以泄败。性拙身多暇。好灭嗔中火，休磨笑里刀。
何异睡着人，不知梦是梦。一悟即为乐。一拙可免千罪。
忧喜皆心火，荣枯是眼尘。世上事越做越不了。

士不识廉，衣冠狗彘。我若未忘世，虽闲心亦忙。人胜我何害？
我胜人非福。市恩不如报德，要誉不如逃名。为善而急人，知即种恶根。
知足不辱，知止不殆。人不婚宦，情欲失半。近来惊白发，方解惜青春。
人闻长安乐，出门向西笑。一偈不参，饶有禅意。天道无亲，常与善人。
不实心不成事，不虚心不知事。积闲以防老，积快活以防死。剃尽心花始剃头。
有客来相访，通名是伏羲。士大夫爱钱，书香化为铜臭。倚势凌人，势去而人凌至。
宁舍己利人，勿因人利己。遇事当熟思缓处。

因爱果生病，从贪始觉贫。人生不满百，常怀千岁忧。无事人每好生事。
书外论交睡最贤。过分求福，不如安分远祸。庆吊后当诵一遍扯淡歌。
世味如嚼蜡，年光如跳丸。知足乃真富，脱俗乃真贵。百人无一直，百直无一遇。

考人品，要在五伦上看。失却少年无觅处。闭门即是深山。
但受过去报，不结将来因。薜衣耕凿乐尧天。
心清闻妙香。薄宦忘机梏。毋以新怨，而忘旧恩。宁人负我，毋我负人。
乐幽心屡止。居荣在知足。道高益安，势高益危。

今之少年，喜谤前辈。礼烦则不庄。卷帘唯白水，隐几亦青山。
人生未行乐，千岁亦为殇。白石清泉冷笑人。懒看俗情宁睡去。高位岂容尸。
不得于君，则山林而已矣。眼底无事，心中百知。收拾云烟幸有山。
松门无锁白云封。愁真速老方。言公是世仇。浮生若梦，为欢几何？
从今闭口不论文。幽境虽目前，不因闲不见。我以沤为我，沤为我即沤。
何用年年空读书。黄金白璧买歌笑。白云劝尽杯中物。耻与群小计较短长曲直。
狎鸥拙所慕。无事日月长。性慵无病常称福。贪心似海何时足。
一巢无计笑痴鸥。造物与闲仍与健。喜极勿多言，怒极勿多书。
何假南面百城。酒中倒卧南山绿。眼前仇敌都休问。天之报施善人，其何如哉？
因循二字，耽搁一生。何但忘世兼忘我。不独荣空辱亦空。涉世悠悠如磨蚁。

一门深掩得闲权。多言者不可与深谋。

天供闲日月。山花向我笑，正好衔杯时。多事之时无事身。贵人那得看花福。
遇不韵人，须当简默。满面落花犹醉眠。爱酒不愧天。人至察则无徒。
曳杖云同出，开帘山自来。吾知拙养尊。阅尽交情好闭门。计在栖山豫占闲。
自管领一庭秋色。闲饮自欢然。微云淡河汉，疏雨滴梧桐。深院无人杏花雨。
策杖江上，云涛渺然。知有人家住翠微，一篆清香印本心。断山欲雨白生烟。
鹊营巢稳占低枝。山从林杪出，树到水边无。露浓花气重，风细竹声幽。
此身虽在堪惊。这是什么心思？鸟啼百花里，屋住万山边。
穷也欣然，达也欣然。空潭月易圆。终日笑呵呵。
一亩烟霞活计。斜阳冉冉春无极。快乐是便宜。一生都是命安排。

洞门前，小鹿衔花戏。坐石看云移。我在哪里？多情月为留人照。
月不长圆，花原易落。初雨歇，洗出碧罗天。一砚梨花雨。踏碎花间月。
笑问东君，为人能染鬓丝否？秋声树头喧夜永。任老却芦花，西风不管。
掬水月在手，弄花香满衣。惜花春起早，爱月夜眠迟。酒醒处，残阳乱鸦。
春事梅先觉。墨池香润，吟船系雨。
渔童短笛，吹出半村花。
水心花影闲相照。水椿断处余霞补。
落叶西风，吹老几番尘世。
月挂霜林寒欲坠。长沟流月去无声。
春雨如丝，绣出花枝红袅。
酒浓春人梦，窗破月寻人。
晓山眉样翠，秋水镜般明。
燕子衔泥春色去。神仙须是闲人做。
落日多情还照坐。云山隔水如留我。
叶叶秋声，似许流年去。
高林忽送黄鹂语。春光已向梅梢住。
嫩雨如尘，娇云似织。
云中旧隐，竹里柴扉。
长笑蜗牛戴屋行。我见青山多妩媚。
慨遥遥我去羡农久。
一悟寂为乐，此生闲有余。
因爱果生病，从贪始觉贫。
良辰入奇怀。
有时农事闲，斗酒呼邻里。
与世淡无事，自然江海人。
少年不足言，识道年已长。
日夕气清，悠然其怀。

《传家宝》中有“神仙须是闲人做”之语，其意为闲适的生活胜似神仙。图为《唐诗画谱》中《闲夜酒醒》插图，描绘了古人闲适的生活

不知有汉，无论魏晋。
闲多素心人，乐与数晨夕。
畅飞畅舞气流芳。阳春百日风花香。
摇荡春风媚春日。
春水渡傍渡，夕阳山外山。
柳塘春水慢，花坞夕阳迟。
明月清风如有待。
枫落吴江冷。乌鸣山更幽。
麦天晨气润，槐夏午阴清。
读书贫里乐，搜句静中忙。
云破月来花弄影。心知无事即长生。
居止白云内，渔樵沧海边。
得闲多事外，知足少年中。
我心松石青霞里。鸟散茅檐静。
烟霞羡独行。
有欲谁观妙，无为自觉尊。
欸乃一声山水绿。晴明含万象。
寻奇处处留。春在醉乡深处。
柳色参差掩画楼。
红窗睡重不闻莺。
江流天地外，山色有无中。
人生行乐耳，须富贵何时。
户庭无尘杂，虚室有余闲。
狂多穷一世，才大撒千金。

《唐诗画谱》插图，描绘了“明月松间照，清泉石上流”的意境

不识天地心，徒然怨风雨。水涵天影阔，山拔地形高。
雨散云归峡，天低风满楼。默默无言指落花。荷气通书幌，藤阴落酒卮。
世事静中去，道心尘外逢。山远疑无树，潮平似不流。对酒当歌，人生几何？
明月松间照，清泉石上流。满城风雨近重阳。高话羲皇年。
开门向山路，深柳读书堂。妻喜栽花活，儿夸斗草赢。未知肝胆向谁是。
与谁同坐？明月风清我。不用伤潦倒，英雄例若斯。山路雨添花，花动一山春。
高挂水晶帘，尽放秋光入。无所从来，亦无所去。应无所住，而生其心。
仁是长生术，宽为大宝箴。勤为无价宝，忍是众妙门。群居防口，独坐防心。
守口如瓶，防意如城。勤俭持盈久，谦恭受益多。少小不努力，老大徒伤悲。
时时示时人，时人自不知。我醉且醒，你醉奈何？若能心不妄，精进无有涯。

快乐联瑾

陈益庵先生，予之契友也。家极淡泊，性常快乐，所居斗室，仅能容膝。室之前半截，设一小座，外有隙地，宽正丈余，杂植草花数种，推窗朗然。室之后半截，设一卧榻，颜曰“益庵”，谓静坐于此，性定甚益也。自题对联曰：觉性凡夫登佛位，乐心斗室胜仙都。盖先生乃见道之人，而对联亦见道之语也。予每登其室而读其联，萧然有尘外想，因纪骈句中之会心快乐者若干联，汇为一集，亦效益庵先生之乐道也。玉之至灵者为瑾，是重其语之可珍耳。

石成金撰写

心地上无风波，随在皆青山绿水；性天中有化育，触处见鱼跃鸢飞。何须外境。

瓦枕泥榻得趣处，下界有仙；木食草衣随缘时，西方无佛。难与俗人言。

云水中载酒，松篁里煎茶，岂必銮坡侍宴；
山林下著书，花鸟间得句，何须凤沼挥毫？难与贵人言。

黄鸟情多，常向梦中呼醉客；白云意懒，偏来僻处媚幽人。

眼净有如空，但见青春狂雾去；心平浑似水，何愁白浪卷天来。如此心眼，直空一世。

霞可餐，薇可采，白石可煮。山中受用颇饶，何须五斗；
花能笑，柳能眠，黄鸟能歌。眠底韶光无限，不必双文。

烟霞结宇，梅柳缘门，涧洗是非之声，山静清白之眼，一时世界清凉；
风月主盟，松萝做伴，社鲜酒文之扰，卧成山水之游，千古乾坤自在。

雨过天晴，曾妙用之无碍；鸟来云去，得自性之真如。禅机已明。

楼窥睥睨，窗中隐隐江帆，家在半村半郭；
山倚靖庐，松下时时清麓，人称非俗非僧。

曲径烟深，路接杏花酒舍；
澄江日落，门通杨柳人家。俨然仙境，遍地俱有，全要人领会。

霞天闻鹤唳，雪夜听鸡鸣，得乾坤清绝之气；
晴空看鸟飞，曲水观鱼戏，识宇宙活泼之机。闲见清旷。

心与竹俱空，问是非何处着脚？
念同山共静，知忧喜无由上眉。眉无忧喜，才是高人。

逸态闲情，惟期自赏，何须外修边幅；
清标傲骨，不愿人怜，无劳多买胭脂。是有侠人。

只愁名姓有人知，涧边幽草；若问清盟谁可托，沙上闲鸥。

心如朗月连天，净养到后名缰利锁，欲海爱河，总还乌有先生；
性似寒潭止水，同悟来时玉洞金丹，交梨火枣，不借白衣童子。

道上红尘，江中白浪，饶他南面百城；
花间明月，松下凉风，输我北窗一枕。大有便宜。

宠辱不惊，闲看庭前花开花落；去留无意，漫随天外去卷云舒。

兴来醉倒落花前，天地即为衾枕；机息坐忘磐石上，古今尽属蜉蝣。才是眼界。

不醉不醒，两盏三杯任我；无荣无辱，明朝昨日由他。

长亭烟柳，白发犹劳，奔走可怜名利客；
野店溪云，红尘不到，逍遥时有牧樵人。

山斋逼古刹，梵音飘落林端；溪阁递游船，歌声浮来水面。

一室径行，胜如九衢奔走；六时礼佛，清于五夜朝天。

烟波万顷，紫翠千寻，都被渔樵占断；风月双清，丝桐三弄，何妨猿鸟知闻。

席拥飞花落絮，坐林中锦绣团裀；炉烹白雪清冰，熬天上玲珑液髓。

花荫流影，散为半院舞衣；水响飞音，听来一溪歌板。天然歌舞不用钱买。

会心何须远？盆池拳石间，便居然有万里山川之势；
得趣不在多，片言只语内，便宛然见万古圣贤之心。

满室清风满几月，坐中物物见天心；一溪流水一山云，行处时时观妙道。

口中不设雌黄，眉端不挂烦恼，可称烟火神仙；
随意而栽花竹，适性以养禽鱼，此是山林经济。

三径竹间，日华淡淡，固野客之良辰；
一编窗下，风雨萧萧，亦幽人之好景。

鸡鸣天上，犬吠云中，闻之体骨亦仙，大丹不弃于俗子；
鸟醉苹香，鱼吞花影，到此神思俱淡，幽情独领于闲人。

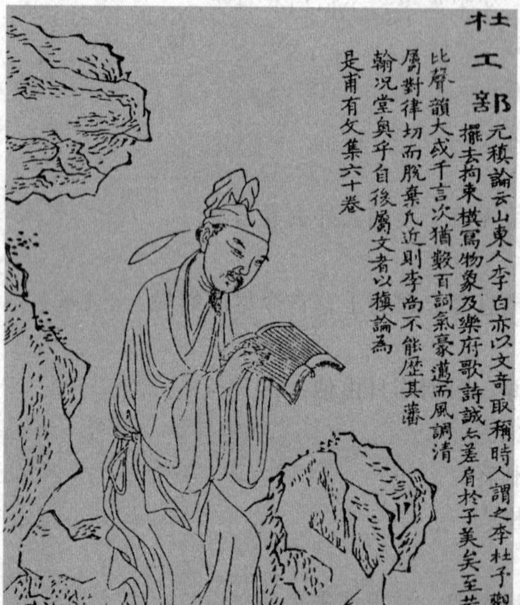

杜甫像，图选自清·上官周绘《晚笑堂画传》。杜甫号少陵野老，故后人又以“少陵”代称杜甫

扫地白云来，才着工夫便起障；
凿池明月入，能空境界自生灵。
悟后语。

心自忘机，海上群鸥可侣；
人能知止，世间千驷何为？

五斗折腰，何如三餐满腹？
任我南园剪蔬，北郭种秫，
哪管东方蓬莱、西域天竺；
十洲浪迹，岂胜一室卧游？
凭吾夏天挥扇，冬日围炉，
焉知春时草绿、秋月林疏。

会意不在多，数幅晴光摩诘画；
知心能有几，百篇野趣少陵诗。

避暑风廊，吹过荷香几阵，
鼻观皆禅；听雨山轩，
飘来竹响数声，耳根入道。

眼前觑破，坐展双眉；心上不关，长伸两脚。好快活。

风摇翠竹苍松，看风舞龙吟，快心处令人骨化；
日上曲栏斜坞，听莺簧蝶板，得意时自觉颜开。

当把千斤放下，做个闲人；那堪七尺昂藏，甘为俗汉。

闲里着忙，栽花竹、养禽鱼，未免山中多番公案；
浓中寻淡，坐蒲团、翻贝叶，何妨园内尽日清修。

竹几当窗，拥万卷、列西城，南面王不与易此；
蒲团藉地，结双趺、空诸有，西方圣立证于斯。

泉石深情，闻啼鸟而心愈静；烟霞别念，观明月而性更幽。

茅檐外忽闻犬吠鸡鸣，恍似云中世界；竹窗边时听蝉吟鸦噪，翻知静里乾坤。

栽花种竹，分明此日生涯；扫地焚香，不是他人差遣。

翠竹林中鸦鹊噪，惊醒好梦；海棠枝上杜鹃啼，搅乱书声。

净几明窗，好香佳茗，有时与高衲谈禅；
豆棚菜圃，暖日和风，无事听闲人说鬼。快乐神仙。

淡月轻云，潇洒襟怀而长啸；疏花密竹，优游雅兴而高歌。

何以消上天之清风明月？酒癖诗狂；为因谢人世之覆雨翻云，闭门高枕。

老来自觉万缘都尽，那管人是人非；春来尚有一事关心，只在花开花落。

莫恋浮名，梦幻泡影有限；且寻乐事，风花雪月无穷。惊醒许多人。

座上有琴樽，燕来燕去皆朋友；山中无历日，花开花落也春秋。才洒脱自在。

闲是闲非，不若三杯白堕；
机心机事，何如一枕黑甜。醉睡二事，大有受用，亦要人能知趣。

伏羲像，图出自明·天然《历代古人像赞》。伏羲是传说中的三皇之一，故又称“羲皇”

了得便非贫，身外黄金何足羡；
能闲即是福，世间白发不相饶。

从静中观物动，向闲处看人忙，
才得超凡脱俗的趣味；
遇忙处会偷闲，处闹中能取静，
便是安身立命的工夫。

鸟啼花放，且开静里佳怀；
酒热茶香，共享闲中清福。

热不可除，而热恼可除，
秋在清凉台上；穷不可遣，
而穷愁可遣，春生安乐窝中。

拥书万卷，何假南面百城？
所乐在此不在彼；羲皇千古，
恍悟北窗一榻，尚友以天非以人。

静观自得，觉滚滚马头尘，
尽是蚁趋蝇附，列子风行谁个识；动涉虚游，
悟栩栩蝶翅梦，恍然鲲运鹏驰，庄生天放几人参？

悟彻无生，才觉有生都是梦；逆观太极，进参无极又奚疑？

清净一途即是仙佛，何必别寻仙佛；平安二字便得逍遥，奚容更觅逍遥？

踉跄逐浮生，从前岁月皆羁旅；清闲销白昼，此后光阴属老生。

源头自来活水，清心极方能浚发；闭门即是深山，净业久便可参寻。

东窗睡觉，幸红日与灵心并耀；方塘鉴开，悟清光同活水俱长。

心迹双清，秋水长空无限碧；形神俱化，春风和气尽皆空。

无心逐客逐相随，逐客无心往逐客；不是闲人闲不得，闲人不是等闲人。

唯求心入清凉界，神自此而来舍；不使人间作孽钱，世与我而相遗。

神静乃寿征，习静工夫端定主；心安是良药，居安方法杜傍侵。

外道种种生灭相，五蕴六尘皆执见；自性如如不动尊，三身四智尽圆成。

人自奉富贵，人自凌贫贱，于我何加；我原乐疏水，我原安曲肱，于世何慕？

不取于人之谓富，不辱于人之谓贵，不取不辱，自足之富贵庶矣哉；
隐居求志以为功，黯然日章以为名，维隐维晴，素位之功名皆是也。

破除烦恼，便登极乐世界；断绝淫欲，即入长生法门。

乐意相关，花放鸟啼庭日丽；闲心不繁，帆飞舟迅海天宽。

无知无能，空空如也，素王何殊空王印；何思何虑，
寂寂不动，易部孰非法部诠？

花径缘客扫，为惜花茵仍积径；钓矶沽酒去，因贪钓月复归矶。

黄金至宝非为宝，廉节不贪吾所宝；白玉奇珍不是珍，知足无求自有珍。

人命呼吸间，何用经营千古计；浮名沤泡里，不必征逐万般忙。

黄粱炊未熟，历尽穷通惊醒梦；白驹隙正驰，骤周生死可收疆。

随缘消日月，任运着衣裳，觉偷心之尽散；
静观皆自得，佳兴与人同，会乐意之常圆。

府花畦、莳花种、灌花苗，几多花事关心事，一春常是为花忙；
展书函、检书卷、伴书眠，只有书缘结素缘，六时止可消书癖。

无求胜三公，人人有贵于己，思则得之；
知足饶万斛，物物皆备于我，乐莫大焉。

世事已成蕉鹿梦，何须着意机关；
人生只似草虫微，正好放怀歌酒。全要看得透。

饭后黑甜，日中白醉，别是洞天；茶铛酒白，经案绳床，寻常福地。极乐世界。

脱巾露顶，斑纹竹箨之冠；倚枕焚香，半臂华山之服。

入市而叹过路客，纷纷扰扰总是行尸；
反观而照主人翁，灵灵莹莹无非活佛。极顶悟性。

饥乃加餐，菜食美于珍味；倦然后卧，草荐胜似重茵。极妙安贫食睡法。

甜苦备尝好丢手，世味浑如嚼蜡；生死事大急回头，年光疾于跳丸。

无物能牢，何况蠢兹皮袋；有形皆坏，不闻烂却虚空。顿悟。

清闲无事，坐卧随心，虽粗衣淡饭，自有一段真乐；
纷扰不宁，忧患临己，即厚味锦袍，只觉万种奇危。

松涛竹韵、谷响泉声，此天籁自鸣，不减管弦竞发；
月影花香、湖光山色，亦本然有致，何须宝玩加交？

王维诗《竹里馆》插图，选自《唐诗画谱》

斗酒久藏，深羡东坡内子；
败絮自拥，何惭靖节诸儿？

瓦盆盛酒，与金谷飞觞而一醉，
同卧竹根，无贵无贱；
食前方丈，与藜藿充腹而一饱，
曾无余炊，何富何贫？

清宵无寐听晨鸡，
强合双眸为睡隐；
终日杜门借隙驹，
聊拥万卷以神交。

斗酒鲈鱼，便可再游赤壁，
不必肴核杯盘；
一觞一咏，即自盛会兰亭，
何须管弦丝竹？

蝴蝶纷纷过花径，盛则聚，谢则稀，识世态之炎凉若是；
柳花滚滚簇风球，泥可沾，浪可逐，悟人生之离合何常？

春色撩人，枝上提壶频劝酒；秋声刮耳，篱边促织不停机。壶酒织机，天然巧句。

春来花香鸟语，如锦帐里奏笙歌，点缀文人之佳景；
秋至月朗风清，若热闹后服凉药，缔结现世之因缘。

日暖庭花绕笑，却思杜老浣花溪；秋深篱菊落英，堪比陶家芳菊径。

天理无亏，即头上苍穹可对，宜焚两道一炉香；
人心不测，觉胸中傀儡难平，且饮康节三杯酒。

生平赋定止合如此，何须分外妄求；人情变态亦已熟尝，只宜随缘度日。

梦觉初回，终日之劳烦尽灭，管教枕子灵惺；
尘缘乍接，平旦之清气尚存，莫令面盆鹘突。

薄取而寡营，落得一生之精神不扰；厚养而宽待，赢得日后之受用有余。

精全者不思欲，欲绝而精愈全，何必浼人觅参术；
心清者不染滓，滓去而心更清，何须向外立防栏？

常想病时，若得饱饭安眠，便享无涯之福；
每逢恶境，且有竹篱茆屋，真成瑶岛之乡。

人家住春水桥边，浮出几片落花，何异桃源洞口；
酒舍在烟霞堆里，听得数声啼鸟，不殊金谷名园。

少文五岳兴，聊托于卧游；元亮一园趣，果成于日涉。

晨夕之间，印苍苔而寻古路，一片素心；
沉冥之际，看闲云而悟息机，三乘禅理。

月照清松，光映琉璃夜火；风摇翠竹，寒生翠堵秋烟。虚空不碍。

鹤唳雪月霜天，想见屈大夫醒时之激烈；

鸥眠春风暖日，会知陶处士醉里之风流。胸怀潇洒极大。

月挂寒梅，冉冉冰轮缥缈；风吹疏竹，萧萧玉佩叮咚。

一叶秋声，枫林里遥看征雁；满园春色，柳荫中闲听啼莺。阅尽春秋。

天地俱不醒，落得昏沉醉梦；洪濛率是客，枉寻寥廓主人。

诗酒兴将残，剩却楼头几明月；登临情不厌，平分江上半青天。

掉扁舟于浩渺之中，水天一色；结斗室于君尧之上，风月双清。占尽山水之胜。

帘卷八窗，面面云山送碧；塘开半亩，潇潇烟水涵清。

晏坐焚香，清福上无所靳；正言格论，至公阁老当钦。

蹁跹醉石，邀来明月为宾；剥啄岩扉，喜与青山做主。

杏花疏雨，杨柳轻风，兴到欣然独往；村落烟横，沙汀月印，歌残倏尔言旋。

云无心以出岫，因风伴月往来忙，看了除渠妄想；
乌倦飞而知还，呼友唤雏归去乐，听来消我闲情。

落叶半床，狂花满屋，名为野人之家；流云四壁，明月一湾，才是风流之地。

野花艳目，不必牡丹；村酒醉人，何须绿蚁？只要实受。

一枕卧羲皇，睡起每因黄鸟唤；数椽栖巢许，闲来惟笑白云忙。

野趣无多，门外青山云外鸟；生涯不少，窗前流水枕前书。享福甚大。

会心处自有濠濮间想，不必亲人鱼鸟；偃卧时便是羲皇上人，何须夏月凉风？

烦恼场空，身住清凉世界；营求念绝，心归自在乾坤。

人莫欺心，自有生成造化；事皆由命，何须巧用机关？

机息时即有月到风来，
不必苦海人世；
心远处自无车尘马迹，
何须痼疾丘山？

愁无了期，遇愁时休只管愁去；
乐难整段，得乐处且随便乐些。昔有富贵人多愁，适有成衣人造服，座有达者，因借落说乐以觉之。

牧童吹笛图，出自《唐诗画谱》

花竹扶疏，半亩犹如金谷；
峰峦窕窈，一拳便是名山。

做个好人，身润心安魂梦稳；
行些善事，天欢地喜鬼神钦。

是非循理而行，何忧何惧；
丰俭随时而可，无谄无骄。

听牧唱樵歌，洗净尘土肠胃；
奏繁弦急管，何如山水清音？

读圣贤书，须知所学何事；生天地间，当求不愧此心。

世事无穷，奈了一件又来一件；
光阴有限，且饮三杯再添三杯。世事忙忙无了期，万事不如杯在手。

冤仇莫结，路逢狭道难回避；阴鹭广施，人生何处不相逢？

快乐豫

昔人以良辰、美景、赏心、乐事为四美，以贤主、嘉宾为二雅，共成六豫，能兼并者，始为四乐。予以为六豫求全，有此少彼，营营逐逐，顾何时而乐哉？惟当以一二条，有得于心，则为真乐矣！向有二僧，因风吹幡动，急论不已，六祖惠能谓之曰：“不是风动，不是幡动，仁者心动。”

一众骇然。学人悟得此趣，则有一豫，亦可快乐。即无一豫，亦可快乐，但得心通，自然时时刻刻都享快乐矣！又何须兼并而始快乐耶？虽然，是当指点乐趣，因订集兹篇。

天基石成金撰写

良　辰

晴和风日　雨霁　夏日微风　竟日无俗事　冬暖　清秋气爽　大小时节　明月夜

美　景

春山雨霁　蝶穿花　浮云变幻　雨后新绿　梧桐月　水田白鹭　满窗花影　燕舞　正遇花开　翠竹　山色有无　水光

泛舟采莲为乐事之一，图为《唐诗画谱·采莲词》书影，生动地描述了江南水乡的女子荡舟采莲的情景

赏　心

触景有悟　得如意书
佳客临门　自栽花树初活
病新愈　花香鸟语
读书有得　偶得佳句

乐　事

读书　吟自在诗　试墨
早纳官租　月下高歌
北窗乘风　柳荫垂钓
自拭几扫径　饭后徐步
浇花　泛月　涤砚　晒书
老农诸晴雨　摩帖数行
焚香默坐　冬日晒背　歌小曲
赏雪　采莲　课儿书　步月
谈憚说偈　登楼闲眺　阅耕
午倦欹枕　濯足　探梅
偶然小酌　观画　握尘　沐浴

贤主

斋无俗物　炉香不冷　不厌供应　门公解事　床头出新枕　出异书质问
虚心谦婉　饮馔修洁　具笺待吟　不强人酒　领略清趣　不畜恶犬

佳宾

忘机　口不言钱　不借书　不谈俗事　随意书画　会心语　考订逸事
不较量饮食　谙培花法　不责苛礼　真率　不折花伤树　不过求主人
问奇　不荐术士贾客　博学不矜傲　雅谑　不评市价　凡事让人　隐恶扬善
不自大　无涂案、唾壁、倾茶、舞酒诸恶态

见闻佳境

能享乐者，先具乐心，凡目见耳闻，俱成佳境。但看花勿又听曲，恐耳目牵治，不能全领其妙真得乐趣也。

举目即是美景

人具乐心，开眼俱是美景。若闭目冥静，乐更多也。

看得意书　看山水　看农务　看桑麻　看采樵　看垂钓　看笔砚精良　看画
看日光初出　看夕阳返照　看明月　看雪　看浮云变幻　看晚霞　看雨滴花阶
看雨后新绿　看杨柳舞风　看花色鲜媚　看蝶戏花丛　看风荷舒卷　看梅
看流泉　看风帆　看剑

人耳即是好音

心中快乐，不拘何声入耳皆佳。即或寂静，万籁无声，其乐更甚。

读书声　桔槔声　纺织声　欸乃声　牛背笛声　伐木声　采莲歌声　小儿声
月下歌声　雪洒窗声　钟声　风声　雨声　涛声　溪声　鸟声　松声
子规弄晴声　远村鸡犬声　竹声　夕阳蝉声　蛙鼓声　蚓曲声　雁声　鹤声
酒槽滴声　四壁虫声　莺声

四时佳候

日常俱有佳候，但要趁时，知为良辰，自得消受，切勿虚度。

正月　多风雨为佳候。萌芽未发，浸灌无伤，俗务往还，借以绝断。元宵前后四五晚，灯月交辉好兴趣。

二月 三停雨七停晴为佳候。稍雨则芳意渐滋，多晴则和气渐达。天气不寒不暑，惟此月最佳。

三月 忽雨忽晴为佳候。雨不破块，津茎润叶，日不烁肤，解肌催笑，谓之养花天，每年第一好时。

四月 不雨不晴为佳候。轻云蔽日，转益阴森，浓绿疏红，点缀愈妙。清和乍晴甚佳。

五月 积雨后晴久，晴后雨为佳候。取其暄凉相济，体适意和。有清风徐来，最好受用。

六月 **七月**或快雨，或微雨为佳候。雨后稍凉最佳。

八月 晴雨相间为佳候。新凉最妙，夜月更佳。

九月 **十月** **十一月** 晴暖即佳。

十二月 有日可曝、有雪可眺俱佳。

饮酒乐趣

快乐饮

天气晴和　良朋会集　湖舫　虚亭消夏　暖阁御寒　高楼　闲斋夜月

助兴饮

好香佳品　知己谈心　积雨初霁　溽暑风来　器皿精洁　雅令新底　花月下

不可不饮

花朝　月夕　听新声　遇快意事　对雪　读得意书　令节

不得不饮

逢故友　遇佳品　酿熟　小筑初成　花大放　春将去　雪寒

饮中不可无

高歌　容易佳令　趣话　醒世笑谈　清笛　精碟美酿

饮中不可有

夸张大话　咬文嚼字　假道学　生客闯席　说家务　冠裳危坐　淋漓满案
欺诈　呕吐狼藉　酸酒　不遵令

快乐条目

快乐之事，眼前极多，笔舌难以宏述。但快乐之事虽多，其奈世人看为寻常容易，所以不能领爱快乐之福也。予已逐事各有论说，分列身心日夜等乐，刊载《快乐原》、《真福谱》诸书遍传矣。今又将快乐事，指其切要条目，分为二十六类，以四类二雅，各注类首，此不过予一时思念之所及，即郝颜纪刊请政，挂一漏万之讥，是在不免，惟望人广续为幸。总之，快乐在心，而不在境，全要心领神会，或有一二条已足快乐，何况于多乎？

石成金撰写

乐　幸

体无残缺　康健无病　海内升平　衣食粗足　家门清吉　阖家欢乐　大有年　官私无负　知书识字　耳聪目明　子弟家人勤俭安分

乐　时

春　春和晴明　元旦遍地安乐，礼让谦和。　春宵灯月交辉，一刻千金。　天气不寒不热　春晓　惠风和畅　花朝二月十五日。　清明节

夏　新笋晚花时　夏日微风　日长如小年　佛诞四月初八日，天下禁屠斋戒。　端阳节　夏至

秋　秋晴　天清气爽　七夕　立秋　中秋节八月十五日，即月夕。　重九

冬　冬暖　小阳春十月。　冬朝十月初一日。　长至节清晨　晴明无风无雨，即是良辰。　云淡风轻　明月夜

乐　境

春　春山如画　柳舒花放　矶头烟水绿　杨柳舞风　桑柘烟横　桃李争妍　莺歌燕舞　园林花绣　蝶穿花　梨花带雨　春雨溶溶　一树桃花半欲红　绿柳挂黄鹂　桃染清波　芳草碧连天　桃红柳绿　夜月梨花　牡丹开　杏花艳　落花如绮

夏　初夏麦秋　荷钱点水　青溪绿涨　畦麦卧黄云绿树重阴　杨花飞雪　荷香扑鼻

杜甫沽酒游春图，描绘了唐代大诗人杜甫于春日沽酒出游的快乐景象

数点萤灯　夏云多奇峰

秋　雁字排空　秋水澄清　清溪落鹭

白云红树　夹岸芙蓉　芦花映月

篱菊堆金　水天一色　梧桐月

冬　梅梢月　晴雪在树　窗外梅影

酿雪天　白云红梅　松色苍秀

四时　旭日初升　浩浩水拖蓝

杨柳月　鸟踏花枝动

落日衔山　月移花影

树里青帘　片月入窗

雨后新绿　松子落

帘栊透月　远帆没天边

夕阳返照　远峤翠烟浮

高山瀑布　满窗花影

卧柳小桥傍　渔樵问答

岭上白云　数竿修竹

远浦渔舟　鸥鸟亲人

牛背牧童　绿波平　云归岫

江水净如练　野渡舟横

一溪明月　柴门卧犬

远墅凝青　清风明月

稚子候门　石上藤萝　画船载酒　石涧流泉　老农荷锄

乐　居

深柳读书堂　绕屋梅花　柴扉傍水　竹树绕庐　竹篱茆舍　红杏出墙　梨花院落　家在白雪深处　杏花村馆　屋傍烟萝成里　烟锁垂杨院　蕉窗桐屋

乐　供

明窗净几　笔砚精良　满架图书　花数重不必多。　石数块不必多。　竹榻藤枕　名画册页　蒲团　纸帐梅花　没弦琴人以声音我以心。　一叶扁舟不必大。　筇杖

乐　侣

明月随人　山妻补缀供爨　客无俗态　钓徒带乐相邀　相对忘言　客不过求主人　知己真率　禅僧

乐　步

信步闲行　登高远眺　问柳寻花　访高隐　扁舟听其所之　走雪步月　画船载酒　农人请事四畴

乐　语

山水清谈　老农话晴雨　问桑麻说粳稻　谈世外事　诸培花话　谈禅说偈　品笔墨　讲解圣贤语

乐　服

箬笠　布袍　毡幅巾　棕鞋

乐　馔

有酒盈尊　佳肴三品　粥　山肴野蔌　煎熟热豆腐　旋摘园蔬就烹　床头陈酿　菊花茶

乐　韵

山水清音　桔槔声　枕上闻莺　子规弄晴　蝉噪夕阳　鸟代花言　天空鹤唳　风送渔歌　牛背笛声　采莲歌　风吹壁琴声天然音韵。　乱香声里语黄鹂　远村鸡犬相闻　风摇竹韵　月下歌声　月夜闻笛声　读书声闻子弟者更乐。　樵歌相答　雪洒书窗　松涛　午夜钟声　菱歌清唱　曲栏蕉雨　燕语呢喃　樵斧丁丁　蛙鼓蚓笛　鹊噪晴　糟床听酒

《唐诗画谱·对琴》插图

乐　芳

一炉清香　花气入帘栊　芝兰

有异香　荷风送凉　茉莉香中坐　丹桂飘香　佛手香橼作供　翰墨香

乐　体

洗面　饮食暖衣　澡身　薄酒　无灾病　栉发　盥手　漱齿

乐　事

习定慧　焚香静坐　鼓腹徘徊　坐观垂钓者　锄园学圃　日长午睡　抱膝长吟　随意作大小数字　临流濯足　绕径灌花　柳荫堤上闲行　随意欹蒲团　自改旧诗　坐待月华生　一心念佛　登楼闲眺　小饮随意作新令　读异书　倚杖闲吟　自烹莲芋供食　眺雪　雨后护兰　信口成长短句　展旧迹　夏热北窗乘风　冬寒南檐晒背　课童子栽种　溪边拾句　握麈　玩画中乐意　抛花撩鹤舞随意羌笛数声　课儿书　寻莺　踏雪寻梅　日高三丈我犹眠　自拭几扫径　著闲乐书　饭后徐步修花　摹帖数行在意作辍。　领略风月　随口唱无腔曲　阅耕　扫叶待烹　涤砚　朗诵得意诗文　拈小曲不求甚工　理读过旧书

乐　快

尘事毕　俗客去　树阴遮烈日　花开无风雨　花时人送酒　偶然拈笔成诗　病新愈　疮痂落　兰芽出土　夏月　凉风　雪霁　宿雨初收　官钱粮完　欠债偿还完人字　画诗文　触景有悟　屋落成　偶得佳句　读书有得　自栽花树　初活　儿书读熟　酿熟极美　果熟　奇文自赏得如意书　偶然小酌　佳客至　冬寒送炭至　剪去花树赘枝　内人产男喜　书著完发刻　云散月出

乐　戒

不弹琴费心拘体。　不着棋劳神废时。　不代书徒为人役。

不习书空代人忙。　不近小人　不说淫艳事　不读难解书　不限韵作诗　不习六壬奇门　不多言欠债　不评他人物价　不恭礼　不笼养禽鸟　不说与富贵往还　不妄说人诗文　不骄人　不开人盘盒书札　不犯人忌讳　不学僧家道场　不好茶伤脾损液　不低昂人字画　不荐贾客　不习贱劣事无智。　不共愚人争是非　不戏取人物　不妄自逞能无耻。　不迂傲　不久借人书　不强劝人酒　不妄议建置　不乱翻人书　不榻笔墨　不间人妙谈　不大醉　不窃书　不涂壁　不倾茶　不舞酒　不折花　不唾地　不暴殄天物　不笑人体相　不强不知为知　不谤佛　不谈人闺阃　不说官长贤否　不搬人是非　不装道学腔　不自以为是　不谈天文地理　不讲性理知音者少。　不管人讼事　不做保人　不写词状　不作贱字纸　不杀生　不夺人所爱

不刻薄小人　不作贱米谷　不用色银　不较量衣食　不奢华　不执己见绳人　不赚非分财　不轻藐尊长　不交结官长　不以金珠饰小儿　不妄想非分事　不信烧炼炉火

快乐画题

昔人之画，于未举笔时，每先有题。盖以有题，则个中之意想，即有着落，反饶趣味。诗是无形画，画是有形诗。一时兴到，撰语吟哦，借以述我生平乐事而已。今读者恍然神游其间，若再经名手描出生动，岂不至妙哉？近时予扬诸名家，若李寅，王云、萧晨等公，每以诗八句四句全首题跋，侵满画幅，时尚如此，效尤颇多，予不能遍记，惟将予之曾见题画者，或联或句，聊载若干，自愧无几，冀遇知音，再加广续，是予所望也。

石成金天基撰写

春

金勒马嘶芳草地，玉楼人醉杏花天。
云里帝城双凤阙，雨中春树万人家。
年丰海甸家家酒，春满江城处处花。
游春不觉归来晚，花掩重门带月敲。
溪渡夜随明月入，亭皋春伴白云飞。
马踏翠开垂柳寺，人耕红破落花溪。
短短桃花临水岸，轻轻柳絮点人衣。
桃花流水杳然去，别有天地非人间。
故人家在桃花岸，直到门前溪水流。
春水断桥人唤渡，柳荫撑出小舟来。
杏花野店过春雨，杨柳江船渡夕阳。
桑拓影斜春社散，家家扶得醉人归。
村园门巷多相似，处处春风枳壳花。
嫩绿池塘藏睡鸭，淡黄杨柳带栖鸦。
舍南舍北皆春水，但见群鸥日日来。
落花寂寂啼山鸟，杨柳青青渡水人。
风日晴和人意好，夕阳箫鼓几船归。

夏

芰荷香绕垂鞭袖，杨柳风横弄笛船。
池边命酒怜风月，浦口还舟惜芰荷。
何人避暑留宾客，亭上吟诗沦茗来。
百年地僻柴门迥，五月江深草阁寒；
漠漠水田飞白鹭，阴阴夏木转黄鹂。
触散柳丝回玉勒，拨开莲叶上兰舟。
六月杖藜来石路，绿阴深处听潺流。
日长睡起无情思，闲看儿童捉柳花。

秋

数间茅屋闲临水，一片秋山映读书。林间煮茗烧红叶，石上题诗扫绿苔。
一川红树迎霜老，数曲清溪绕寺深。无端落木萧萧下，不尽长江滚滚流。
闲观秋水心无事，坐对寒松手自栽。返照入江翻石壁，归云拥树失山村。
门前堕叶浮秋水，篱外寒皋带夕阳。停车坐爱枫林晚，霜叶红于二月花。
请看石上藤萝月，已映洲前芦荻花。村径绕山松叶暗，柴门流水稻花香。
秋庭不拂携藤杖，闭踏梧桐黄叶行。山寺僧归红叶晚、野亭人倚白云秋。
人世难逢开口笑，菊花须插满头归。

冬

家近水村鱼易买，雪迷山路酒难沽。就船买得鱼偏美，踏雪沽来酒更佳。
隔水丛梅疑是雪，近人孤嶂欲生云。涧道余寒历水雪，石门斜日到林丘。
窗含西岭千秋雪，门泊东吴万里船。沧海古道行应遍，落水寒泉听不穷。
怪来诗思清人骨，门对寒流雪满山。吟成疏影寒香句，来问梅花知不知。

杂

竹密不妨流水去，山高不碍白云飞。三间茅屋无人到，十里松门独自游。
高人相对无尘俗，水阁云深落暮钟。一樽竟藉青苔卧，莫管城头奏暮笳。
溪云初起日沉阁，山雨欲来风满楼。野寺山边斜有径，渔束竹里半开门。
坐来不觉东风急，吹落松花香满衣。

春

草阁平春水，柴门掩夕阳。树交花两色，溪合水重流。
柳迷春水寺，山带夕阳楼。野寺垂杨里，春畦乱水间。
野水多于地，春山半是云。小桃初艳后，春燕乍飞来。
芳草迷行骑，飞花点客衣。春水渡边渡，夕阳山外山。
野水平桥路，春沙映竹村。雨过苔生径，春深绿荫门。
莺花迷世界，楼阁倚山巅。汀花藏宿鸟，岸柳引归舟。

夏

山中一夜雨，树杪百重泉。
抱琴来叙醉，垂钓坐乘凉。
过雨看松色，随山到水源。
岩亭交树杂，石濑泻泉鸣。
竹密山斋冷，荷关水殿凉。
竹深留客处，荷净纳凉时。
倚树看山色，濯足听溪流。
卷帘出野院，植杖候柴门。

秋

芙蓉霜下落，杨柳月中疏。
水寒深见石，松晚静闻风。
晴山疏雨后，秋树断云中。
天遥来雁小，江阔去帆微。
风鸣两岸叶，月照一扁舟。
野竹通溪冷，秋泉入户鸣。
马迟人意适，风急雁行斜。
晚景寒鸦集，秋风旅雁归。
鸡声茅店月，人迹板桥霜。
树树皆秋色，山山惟落晖。
江楼暗寒雨，山郭冷秋霜。
疏苇秋前渚，斜阳雨后山。
云归秋水静，月出夜山深。
远声霜后树，秋色水边村。

冬

雪里江船渡，风前竹径斜。
松欹半岩雪，竹覆一池冰。
闭户临寒竹，无人有夜钟。
野客投寒寺，闲门傍古林。
海岸耕残雪，溪沙钓夕阳。
孤舟蓑笠翁，独钓寒江雪。

杂

行到水穷处，坐看云起时。
小桥横落日，幽径转层峦。
欲投人处宿，隔水问樵夫。
明月松间隙，清泉石上流。
洗砚鱼吞墨，烹茶鹤避烟。
入门穿竹径，留客听泉声。
江从树里断，山入雨中无。
水抱孤村远，山回一径斜。

《唐诗画谱》插图，描绘了秋夜月照扁舟的情境

快乐酒令

人之酒量大者，不待劝而自然多饮。如果量小，虽加苦劝亦不能饮。惟量之中者，可劝，然亦不可过。予性不喜多饮，亦不喜人苦劝。窃怪今人诺若干枯寂酒令，专以难人。要知我辈饮酒，原取快乐，今忽当此，必致构思艰涩，搜索繁难。本为寻乐，而反大不快乐，何自苦耶！予因新谄《快乐酒令》，虽仅数条，倘依予说，施者易而爱者亦易，即行者不难，而止者亦不难。无论酒量之大小，皆得共享快乐之趣。予之有知，亦永同快乐，不亦乐乎？

天基石成金撰写

快乐饮酒

令用三骰，不拘几客，将骰掷下共几点，从当令之人起，逐顺数一人一数，至共点之数为止。假如三骰共十一点，当令人即将面前之箸架于碗上，口数一，顺至第二位，亦架箸于碗上，口数二，又顺至第三位，亦架箸于碗上，口数三，其余四五六七八等位俱照此数去，至骰之共点之数为止，重遇数到者，将前所架碗上之箸落下，候数完，查各客面前凡箸落下者，几客各饮酒一杯。如座中有酒量大者，或数完结尾之人奉酒三五杯，或数至五十之数再加酒一杯。如量小者，不可过强，余位俱照此例行此令。名快乐饮酒者，因箸俗呼为筷子，“落”与“乐”同音。

令用六骰，分为二次。先一次用三骰，看几点，照此例架箸，查落箸者，饮酒。后一次再用三骰，看几点，照前例架箸，查落箸者，饮酒。复又二共几点，照前例架箸，查落箸者，饮酒。结尾之人三五杯。凡数起，先从当令人，后从结止之人起。

令用六骰，分六次掷。先用一骰掷，看几点，照前例架箸、落箸，逐位数到骰上几点之数为止，奉酒一杯。候酒完，将已掷之骰放盆边，再用第二骰掷，看几点，从前一骰结止之客数起，如此六骰掷完，再共数结尾，奉酒三五杯。

令不拘几客，各用盘中瓜子、白果、栗子、松子、莲子之类，凡可成数者，各人各藏几枚在拳内，不拘一二三四五个，各齐出拳，共成若干，照前例架箸、落箸，结尾饮酒。

令不拘几人，各齐伸几指，不拘一二三四五，共成若干，数照前例架箸、落箸，结尾饮酒。以上二法，于游山舟次无骰之处，最便最妙。

快乐闲逸

令不拘几骰，掷下看共几点，从当令人起，顺数一人一数，至一人即一人架箸于碗上，重数遇架箸者，即将箸落下，照依前例。但此令与前令相反，于完时查看，凡架箸者饮酒，落箸者不饮。

快乐酒底

令要二字成语，内有“乐”字：

乐道　乐天　乐圣　乐善　快乐　欢乐　喜乐

令要三字成语，内有“乐”字：

安乐窝　独乐园　乐正子　白乐天　长乐宫

令要四字成语，内有“乐”字：

乐天如命　为善最乐　乐以忘忧　人生一乐

令要五字成语，内有“乐”字：

乐尧舜之道　乐道人之善　为乐当及时

令要六字成语，内有“乐”字：

乐琴书以消忧　行乐真须年少

令要七字成语，内有“乐”字，或以“乐”字流觞，遇者饮：

乐事还同万众心　乐岁还同富贵春　一曲升平人尽乐

安乐窝中别有春　一家安乐值钱多　时人不识予心乐

令要四书句，内有“乐”字：

乐亦在其中矣　不亦乐乎　故人乐有贤父兄也　与人乐乐　与众乐乐

令要曲牌名，中有“乐”字：

天下乐　普天乐　清平乐　渔家乐

令要诗句，中暗藏“乐”字：

每日江头尽醉归　花有清香月有阴　家家扶得醉人归

《红楼梦》版画之“金鸳鸯三宣牙牌令”图。描绘了《红楼梦》第四十回中史太君于大观园设宴，与众人行酒令，鸳鸯为令官宣令的情景

令要曲牌名，中暗藏“乐”字：

醉太平　园林好　好事近　锦堂春　沉醉东风

令要说世上快乐事一件，合着“好快乐也”一句结尾：

福寿双全好快乐也　长命富贵好快乐也

加官晋爵好快乐也　状元及第好快乐也

掘得金窖好快乐也　顺风行船好快乐也

快乐吟

诗不求工，当以适情涉趣为要。若夫惟知适情涉趣，而于我之本来情灵，了无所补，则何焉？但古今诗句，最为繁多，求其乐于心而悟于性者，亦自无几。予小斋中，每遇得意时，辄仿邵子之击壤，常将前人有惬予意之诗，信口吟咏，专取快乐我之性情而已。兹录若干首，略加改易，抄成一集，奉赠世有同好者，熟记胸次或于间中吟咏，则性灵借以明通，岂不大有益乎？又非仅止适情涉趣，专取快乐于一时已也。

天基石成金撰写

康节先生

每日清晨一炷香，谢天谢地谢君王。
惟求处处田禾熟，但愿人人福寿长。
国有忠臣扶社稷，家无逆子忤爹娘。
四方平定干戈息，我纵闲居也不妨。

头上花卮照酒卮，酒卮中有好花枝。
身经两世太平日，眼见四朝全盛时。
况复筋骸粗康健，那堪时节正芳菲。
酒汲花影红光溜，怎忍花前不醉归？

长意当年扫敝庐，未尝三径草荒芜。
欲为天下屠龙手，肯读人间非圣书。
否泰悟来知进退，乾坤见了识亲疏。
自从会得环中意，闲气胸中一点无。

仁者难逢思有常，平居慎勿恃无伤。
争先径路机关恶，近后语言滋味长。
爽口物多须作疾，快心事过必为殃。
与其病后能求药，不若病前能自防。

投吴走越觅青天，青天原在眼睛前。
开眼见时犹有病，举头寻处更无缘。
颜渊正在如愚日，孟子方当不惑年。
安得功夫游宝肆，爱人珠贝重忧钱。

为人虽未有前知，富贵功名岂力为？
涤荡襟怀须是酒，优游情性莫如诗。
况当水竹云山地，肯负风花雪月期。
男子雄图存用舍，不开眉笑待何时？

随分亭栏一弄妍，不妨闲傍酒炉边。
夜檐静透花间月，昼户晴生竹外烟。
事到悟来全偶尔，天教闲去岂徒然？
壶中日月长多少？烂占风光十二年。

安乐窝中三月期，老来才会惜芳菲。
自知一赏有吩咐，谁让万金无孑遗。
美酒饮教微醉候，好花看到半开时。
这般意思难名状，只恐人间都未知。

年老逢春雨乍晴，雨晴况复近清明。
天低宫殿初长日，风暖园林朱转莺。
花似锦时高阁望，草如茵处小车行。
东君见赐何多也？又复人间久太平。

自从三度绝韦编，不读书来十二年。
大甏子中消白日，小车儿上看青天。
闲为水竹云山主，静得风花雪月缘。
俯仰之间无愧怍，任他人谤似神仙。

憨憨无役老人怀，春日烘门晏始开。
游衍太平初试杖，安排乐事且拈杯，
世情花当富家发，公道燕均贫户来。
识字不多强不识，小轩聊与物追陪。

老年躯体索温存，安乐窝中别有春。
万事去心闲偃仰，四肢由我任舒伸。
庭花盛处凉铺簟，檐雪飞时软布茵。
谁道山翁拙于用，也能康济自家身。

一片先天号太虚，当其无事见真腴。
胸中美物肯自炫，天下英雄敢厚诬。
理顺是言皆可放，义安何地不能居。
直从泰字收功后，始信人间大丈夫。

物如善得终为美，事到巧图安有公？
不作风波于世上，自无冰炭到胸中。

邵康节像，图出自清·上官周《晚笑堂画传》。邵康节即北宋哲学家邵雍，因谥号“康节”，故又称“康节先生”

灾殃秋叶霜前坠，富贵春花雨后红。
造化分明人莫会，荣枯消得几何功？

天意无他只自然，自然之外更无天。
不欺谁怕居暗室，绝利须求在一源。
未吃力时犹有说，到收功处又何言？
圣人能事无难继，无价明珠止在渊。

物理人情自可明，何尝戚戚向生平？
卷舒在我有成等，用含随时无定名。
满目云山俱是乐，一毫宠辱不须惊。
侯门见说深如海，三十年前掉臂行。

明道先生像，图出自清·上官周《晚笑堂画传》。明道先生即北宋著名哲学家程颢

瓮下却应唯毕卓，篱根遥想对羲篁。

明道先生

闲来无事不从容，睡觉东窗日已红。
万物静观皆自得，四时佳兴与人同。
道通天地有形外，思入风云变态中。
富贵不淫贫贱乐，男儿到此是豪雄。

寥寥天气已高秋，更倚凌虚百尺楼。
世上利名群蠛蠓，古来兴废几浮沤？
退安陋巷颜回乐，不见长安李白愁，
百事到头须有得，我心处处自优游。

先生非是要吟诗，为要形容至乐时。
醉里乾坤都是梦，闲来风月更输谁？
死生有命人何与，消长随时我不思。
直到希夷无事处，先生非是要吟诗。

广平游子

早付闲身老故乡，青松成径菊成行。
耆颐独坐心遗念，坦腹高吟兴欲狂。
乘风破浪门前客，试问游家有此忙？

龟　山

虚庭幽草翠相环，默坐颓然草色间。
玩意诗书了然去，放怀天地一身闲。
疏窗风动聊欹枕，永苍人稀独掩关。
谁信红尘随处净，不论城郭与青山。

拙斋林子

尘劳终日谩区区，竟是乾坤一腐儒。
半世饱知荣与辱，新冬顿觉我为吾。
关防向后存心娱，检点从前制行粗。
理欲从今罢研究，无工夫处是工夫。

晦庵朱子

重营旧馆喜初成，要共群贤听鹿鸣。
三爵何妨奠频藻，一编讵敢议明诚？
深源定自闲中得，妙用原从乐处生。
莫问无穷庵外事，此心聊与此山盟。

不须艇子棹歌来，且看芙蓉面面开。
卷里有诗都锦绣，席间无地可尘埃。
风清月白琴三弄，绿暗红深酒一杯。
明日仲宣楼上去，越吟应是首重回。

白　沙

酣酒劝公公自歌，三杯无奈老任何。
坐忘碧玉今何世，舞破春风是此蓑。
一笑功名毕管晏，六经仁义沛江河。
江门诗景年年是，每到春来诗更多。

君为酒杯我为歌，我今忘我是谁何。
避人懒弄船头笛，对影非无月下蓑。
庐阜春云眠华岳，江门秋水钓银河。
竹弓挽住闲人手，渐觉年来野鸭多。

和饮酒咏。

耳目无交不展书，此身如在太清居。
雪消炉焰冰消日，月到天心水到渠。
一一园花都傍暖，飞飞江燕未将雏。
好春好伴须行乐，束起松根七尺蒲。

家学华山一觉眠，图书亦在枕头边。
傍花随柳我寻句，剩水残山天赐年。
竹径傍通沽酒市，桃人不共此心灵。
从前欲洗安排障，万古斯文看日星。

定　山

领略无弦太古风，孤亭小坐意何穷？
自知鱼跃鸢飞妙，都在天空海阔中。
玄默不言天本静，清光无我月能公。
细看太极当年说，老子而今意偶同。

萧萧草阁管江烟，已分从今到老年。
明月可人垂钓坐，北窗随我枕书眠。
东坡老子门冬酒，康节先生击壤篇。
到此无荣亦无辱，老怀何似不悠然。

花柳平生梦独频，开轩终是广东人。
悟来佛氏言相近，看到濂溪派亦真。

无极乾坤心上旨，古今文字眼中尘。
可知动静俱堪定，明道先生意更新。

花下一杯还一歌，梅云细路隐垂萝。
春来红紫花无数，此外东西路更多。
影子青天纵放诞，头颅明镜笑蹉跎。
悠扬秉兴前溪曲，戏拨流澌濑碧波。

醉点溪花看水流，白云留我此溪头。
不知山上无穷意，数到濂溪是几秋？
老兴正狂花亦舞，天机如此鸟频讴。
钓台正在无人处，天送先生到此游。

醉倒江头枕石眠，清风刚洒竹门边。
早闯世计皆春梦，肯放江花送老年。
风鸟河图皇极理，西江南海钓鱼船。
狂歌急起披衣坐，今夜梧桐月倍圆。

阳明

人人有路透长安，坦坦平平一直看。
尽道圣贤须有秘，翻嫌易简却求难。
只从孝弟为尧舜，莫把辞章学柳韩。
不信自心原具足，请君随事反身观。

莫厌西楼坐夜深，几人今夕此登临？
白头未足形容老，赤子依然混沌心。
隔水鸣榔闻过棹，映窗残月见疏林。
看君已得忘言意，不是当年只苦吟。

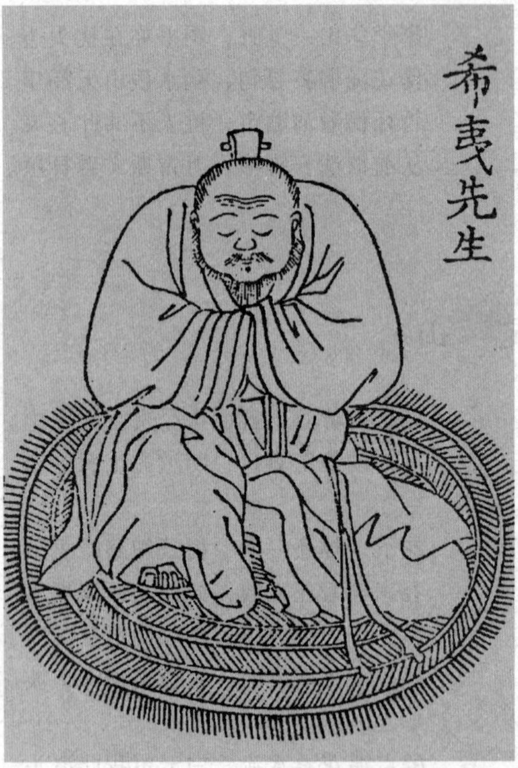

陈希夷像，出自《希夷梦》。陈希夷是五代北宋年间的道家人物，又称陈抟老祖、希夷先生

归去休来归去休，千貂不换一羊裘。
青山待我长为主，白鬓从他自满头。
种果移花新事业，茂林修竹旧风流。
多情最爱沧洲伴，日日相呼理钓船。

万里秋风月正睛，四山云霭忽然生。
须臾浊雾随风散，依旧青天自月明。
肯信良知原不昧，从他外物岂能撄。
老夫今夜狂歌发，化作钧天满太清。

处处相逢是戏场，何须傀儡夜登堂？
繁华过眼三更梦，名利牵人一线长。
稚子自应争诧说，矮人亦复浪悲伤。
本来面目还谁识，且向樽前学楚囚。

尽日岩头坐落花，不知何处是吾家。
静听谷鸟迁乔木，闲看林蜂散午衙。
翠壁泉声穿乱石，碧潭云影透晴沙。
痴儿公事真难了，须信吾生自有涯。

陈希夷

千年踪迹走红尘，回首青山入梦频。
紫陌纵容怎及睡？朱门虽贵不如贫。
愁闻剑戟扶危主，闷见笙歌聒醉人。
携取旧书归旧隐，野花啼鸟一般春。

许浑

尚平多累自归难，一日身闲一日安。
山径晚云收猎网，水涯凉月挂鱼竿。
花间酒气春风远，竹里棋声夜雨寒。
三顷薄田秋更熟，北窗谁拂旧尘涘？

皎然禅师

武陵何处访仙乡？古观云根路已荒。
细草拥坛人迹绝，落花沉涧水流香。
山深有雨寒犹在，松老无风韵亦长。
全觉此身离俗境，玄机亦可照迷方。
寻桃源观。

白玉蟾

昔日寻师到海涯，手中常袖一青蛇。
随身风月常为伴，到处溪山总是家。
五笥岩前曾结草，金华洞里独餐霞。
有人问我长生事，默默无言指落花。

吕洞宾三醉岳阳楼图。吕洞宾是传说中的八仙之一，道号纯阳子，因此又称“纯阳仙师”

纯阳仙师

一叶扁舟泊碧湾，往来人事不相关。
网收烟渚微茫外，钓下寒潭远近间。
沽酒每同明月饮，忘机常伴白鸥闲。
泽梁况复官无禁，鼓枕长歌任去还。

白云长老

柴门虽设未尝开，闲看幽禽自往还。
白璧易埋千载恨，黄金难买一生闲。
雪消晓嶂闻寒瀑，叶落秋林见远山。
古柏烟消清昼永，是非不到白云闲。

万景山

应无俗客扰门屏，性地天光一气澄。
吟里好逢花荐眼，醉中还问月赊情。
传心白雪随间操，人望青山带爽明。
自得仙贤风致在，不妨傲骨有余清。

惺斋抄改杂咏

百年秋露与春花，展放眉头莫自嗟。
几百愚诗消世虑，三杯浊酒醉韶华。
闲行野径心和悦，静坐茅斋逸趣佳。
分外不须多着意，且将快乐作生涯。

世事茫茫无了期，何须苦苦用心机？
寻些乐处酌杯酒，偷个闲时看绿溪。
放荡五湖思范蠡，纵横六国笑张仪。
百年光景须臾事，日日追欢也是迟。

买个黄中学作田，盖间茅屋向林泉。
因思老去无多日，且向山中过几年。
为吏为官皆客旅，能诗能酒总神仙。
世间百物都增价，衰朽文章不值钱。

歌一回时笑一回，人生能得几开怀？
百年万事应难了，五六十年容易来。
得一日闲闲一日，遇三杯酒酒三杯。
从前多少英雄汉，试问而今安在哉？

穿几多来吃几多，何须苦苦受奔波？
财过北斗成何用？位列三台做甚么？
眼底浮云轻似纸，天边飞兔疾如梭。
不如收拾归山去，结个茅庵自在窝。

兔走乌飞疾若迟，百年光景甚依稀。
眼前富贵三更梦，历代兴亡一局棋。
禹迹九州汤受业，秦吞六国汉登基。
为人总有千条计，只恐苍天不顺机。

不学空门不学仙，携樽随处乐陶然。
人情止可付一笑，世事须知无百年。
百首难陪东阁客，消风自足北窗眠。
躬耕只欲渔樵伴，何用文章海内传。

生在田园老在丘，此生无分谒王侯。
三餐麦饭心知足，一片荷衣志已休。
立己立人凭孝弟，希贤希圣度春秋。
世人莫道无乡饭，风月莺花当酒筹。

不愿王侯金殿游，无拘无束一扁舟。
闲时邀友寻芳去，静坐垂钓看水流。
花酒猖狂怡岁月，诗书检点度春秋。
人生何用机关巧？世利功名不尽头。

细推今古事堪忧，贵贱同归土一丘。
汉武玉堂人岂在？晋王金马水空流。
光阴自旦还将暮，草木从春又到秋。
闲事与时俱不了，且将身暂醉乡游。

快乐章程

事之快乐随时俱有，全在明达之人善能受享耳。予性喜闲静，每当读书遇有涉于清逸闲适者，辄掩卷神驰其境。要知从前豁达人各抒己见，急寻快乐，意在不负其生而已。因辑若干种，虽曰前人之章程，亦即现在之章程也。若夫利禄荣途，当其宠辱危疑，忧谗畏讥之际，回思山水风月，书酒闲旷之乐，有不能以直遂者，宁不絺然而悟哉？莫俟悔之，而后从事于此。白驹过隙，时不待人，急寻快乐，未可忽也。

天基石成全撰写

逸　趣截韩文公语

坐茂树以终日，濯清泉以自洁。采于山美可茹，钓于水鲜可食。起居无时，惟适之安。与其有誉于前，孰若无毁于其后？与其有乐于身，孰若无忧于其心？

人生贵适意

张季鹰辟齐王东曹掾在洛，见秋风起，因思吴中菰菜羹、鲈鱼脍，曰：“人生贵适意，尔何能羁宦数千里以要名爵？”遂命驾便归。张季鹰纵任不拘，时人号为江东步兵，或谓之曰：“卿乃可纵适一时，不为身后名耶？”答曰：“令我有身后名，不如即时一杯酒。”

会心不在远

简文入华林园，顾谓左右曰：“会心处不必在远，翳然林木，便自有濠濮间想也，不觉鱼鸟自来亲人。”

不妄交接

谢惠不妄交接，门无杂宾，常时独醉，曰：“人我室者，但有清风，对我饮者，惟有明月。”

羲皇上人陶渊明语

少学琴书，偶爱闲静。开卷有得，便欣然忘食。见树木交荫，时鸟变声，亦复欢然有喜。常于五六月，北窗下卧，遇凉风暂至，自谓是羲皇上人。

陶渊明像，图选自清·顾沅辑《古圣贤像传略》

尘世仙都选陶居语

高风入云，清流见底。两岸石壁，五色交辉。青林翠竹，四时具备。晓风将歇，猿鸟乱鸣。昔日欲颓，沉鳞競跃。实尘世之仙都。自康乐以来，未有能与其奇者。

澄怀之乐

长松怪石，去墟落不下一二十里。鸟径绿涯，涉水于草莽间数四。左右两三家相望，鸡犬之声相闻。竹篱茅舍，燕处其间。兰菊艺之临水，时种梅桃，霜月春日，自有余思。儿童婢仆，皆布衣短褐，以给薪水，酿村酒而饮之。案有杂书，《庄周》《太玄》《楚辞》《黄庭》《阴符》《楞严》《圆觉》数十卷而已。杖黎蹑屐，往来穷谷大川，听流水，看激湍，鉴澄潭，步危桥，坐茂树，探幽壑，升高峰，顾不乐而忘死乎？

闲居胜为官

闲居胜于为官，事件极多。其最便者，尤于暑月见之。自早烧香食罢，便可岸巾帻袒裙跛跛从事。藤床竹几，展转北窗，清风时至，反患太凉。挟策就枕，困来熟睡。晚凉浴罢，杖履逍遥。临池观月，登高乘风。采莲剥芡，剖瓜雪藕。白醪三杯，取醉而适，其为乐未可尽数也。

清风明月

李太白诗：“清风明月，不用一钱买。”东坡《赤壁赋》云：“惟江上之清风，与山间之明月，耳得之而成声，目遇之而成色，取之无禁，用之不竭，是造物者之无尽藏也。”东坡之意，盖自太白诗句中来。夫风月不用钱买，而取之无禁。太白、东坡之言，信矣。然而能知清风明月之可乐者，世无几人。清风明月，一岁之间亦无几日。就人知此乐，或为俗为牵夺，或为病苦妨障，虽欲享之，有不能者。然则居间无事，遇此清风明月，既不用钱买，又取之无禁，尚不知以为乐，是自生障碍也。

无　用

阳翟县有杜生者，不知其名，邑人但谓之杜五郎。所居去县三十余里，惟有屋两间，其前空地丈余。杜生不出篱门，凡三十年矣。黎阳尉孙某曾访之，问其不出门之因，其人指门前一桑曰：“十五年前，亦曾此下纳凉，但无用于时，偶不出耳。”问其所以为生，曰：“日惟与人择日，及卖药以具饘粥，后子能耕，自此食足，择日卖药，一切不为。”又问常日何所为，曰：“端坐耳。”问颇观书否？曰：“三十年前，亦曾观净名经。当时极爱其议论，今已忘之，并书亦不知所在久矣。”气韵闲旷，言词精简，有道之士也。盛寒但布袍草履，室中枵然一榻而已。

不知尘埃改杨诚斋语

每鸟啼花放，欣然有会于心，遣小奴洁瘿樽，酤白酒，酹一黎花瓷盏，急取诗卷，快读一过以咽之，萧然不知在尘埃间也。

山静太古添改罗鹤林语

唐子西云：“山静似太古，日长如小年。余家深山之中，每春夏之交，苍藓盈阶，落花满径，门无剥啄，松影参差，禽声上下。午睡初足，旋汲山泉，拾松枝，煮佳茗啜之，随意读《周易》、《国风》、《左氏传》、《离骚》、《太史公书》及陶杜诗、韩苏文数篇。从容步山径，抚松竹，与麛犊共偃息，于长林丰草间，坐弄流泉，漱齿濯足。既归竹窗下，则山妻稚子，作笋蕨，供麦饭，欣然一饱，弄笔窗间，随大小作数十字，展所藏法贴笔迹画卷纵观之，兴到则吟小诗或草玉露一两段，再烹佳茗一杯。出步溪边，邂逅园翁溪友，问桑麻，说粳稻，量晴校雨，探节数时，相与剧谈一晌。归而倚杖柴门之下，则夕阳在山，紫绿万状，变幻顷刻，恍可人目，牛背笛声，两两来归，而月印前溪矣。”味子西此句，可谓妙绝，然此句妙矣，识其妙者益少。彼牵黄臂苍，驰猎于声利之场者，但见滚滚马头尘，匆匆驹隙影耳，乌知此句之妙哉？人能真知此妙，则东坡所谓“无事此静坐，一日是两日。若活七十年，便是百四十。”所得不已多乎？

释不平之气选唐子西语

有轩数间，在堂屋之后，人事之所不及，宾客从游之所不至。往往独坐于此，解衣盘礴，箕踞胡床之上，含毫赋诗，俯背阅书，以释其忽忽不平之气。

四　休

孙昉，号四休居士。山谷问其说“四休”，笑曰：“粗茶淡饭饱即休，补破遮寒暖即休，三平两满过即休，不贪不妒老即休。”山谷曰：“此安乐法也。”夫少欲者，不伐之家也；知足者，极乐之国也。四休家有三亩园，花木郁郁，客来煮茗传酒，谈人间可喜事，或茗寒酒冷，宾主皆忘。

暑月凉心答

韩持国，许昌私第凉堂深七丈，每盛夏，犹以为不可居。常颖适自郊居来，因问："郊居凉乎？"曰："凉。"持国诘其故，曰："野人无修檐大厦，且起不畏车马尘埃之役，胸中无他念，露形挟扇，投足木床，视木阴东摇则从东，西摇则从西耳。"语未完，持国亟止之曰："汝勿言，我心亦凉矣。"

洞天清福

人生世间，如白驹之过隙。且风雨忧愁，辄居三之二，其间得闲者，十才一耳。况知之而能享者，又百之一二，于百一之中，又多以声色为乐。殊不知吾辈自有乐地，悦目初不在色，盈耳初不在声。明窗净几，焚香其中，佳客玉立相映，时取前人墨迹以观，鸟篆蜗书，奇峰远水，摩挲钟鼎，亲见商周端砚，涌岩泉焦，桐鸣玉佩，不知身居人世，所谓受用清福，孰有逾此者乎？

山林朴实

山林交与市朝异，礼贵简，言贵直，所尚贵清。善必相荐，过必相规，疾病必相救药，书札必直言事，称呼以号及表字，不以官讲。问必实言所知所闻事，毋及时政。饮馔随所具，会次坐序齿，饮随量，诗随意，坐起自如，不许逃席，乏使令则躬执役，请必如期，无速客例。有干实告，及归不谢。凡涉忠孝友爱，事当尽心，毋慢嫉前辈。须接引后学，以共追古风。

为乐莫待

谢康乐云："良辰美景，赏心乐事，四者难并。"韩魏公在北门作四并堂，因无时不可乐。予游行四方，当其少时，盖未知四者为难得也。在许昌见故老，言韩持国为守，每入春，常日设十客之具于西湖，且以郡事委僚吏，即造湖上。有士大夫过，即邀之入，满九客而止，辄与乐饮终日。曾存之尝以问公曰："无乃有不得已？"公曰："汝少年，安知此？吾老矣！未知复有几春。若待可与饮者而从，我之为乐无几，而春亦不我待也。"

远　俗改孙尚书语

新第落成，市声不入耳，俗轨不至门。客至命坐，青山当户，流水在左，辄谈尘事，便当以太白浮之。

烟霞痼疾

田游岩频召不出。高宗幸嵩山，亲至其门，游岩野服出拜，仪止谨朴。帝问："先生比来佳否？"对曰："臣所谓泉石膏肓，烟霞痼疾。"

江村逸乐

宦游燕市，带面衣，骑黄马，飞尘满衢。归来下马，两鼻孔受人马粪和沙土，黑如烟突。若雨过，则淖泞没鞍膝，大宦传呼来，则疾窜避委巷，狂奔流汗。此时遥想江村夕阳，渔舟投浦，返照入林，沙明如雪，花下晒网罟，酒家白板青帘，掩映垂柳，老翁挈鱼提瓮出柴门，时偕三五良朋，散步沙上，不大胜长安骑马冲泥耶？

警醒富贵人

良田万顷，楼阁凌云。粉黛拥卫，食客盈门。朝歌暮乐，燕月吟花。亦必生来有此，乃可遂耳。惜大蹉跎，一往已四十年。设使得志，株守清贫，借贷不遑；稍或膏润，已挂弹文。宦海风波，未必即至三公九卿，即至三公九卿，又有张说之横钱，可以行乐，已皤然一六七十老翁矣。色力已疲，精神又衰，阎罗老子，不时召请，即有歌童舞女，亦何用也？古人云："如今休去便休去，若觅了时无了时。"若能行乐，即今便好快活。身上无病，心上无事，春鸟是笙歌，春花是粉黛，闲得一刻，即为一刻之乐，岂不妙哉？

勘破富贵

今夫富贵之家，委积愈厚，鞭筹愈切，发鬓愈白，计卢愈深。房屋田园，为子孙计，饮膳失期，夜分莫寝，贫贱无是劳苦也。肥甘乃致病之媒，粉黛乃丧身之具。动由顺境，不堪摧挫，素处豢养，不耐风霜，贫贱者无是脆弱也。损人致富，召怨实多，官爵虽高，冰山更险，贫贱者无是惊危也。孰谓贫贱不如富贵耶？

公私不扰

某茅屋三间，在万山深处。借书沽酒外，一毫不以公私扰。独莳松百亩，日骑牛扣角其间。天惠仁侯，自此吏不打门，犬不夜吠，猿呼虎啸，各适其适，则某受赐多矣。

隐　趣抄沈懋学柬

敬亭之薇，滋味甚甘。宛水之棹，风波不恶。仆将乐此终身矣。门下有意乎？当访我于古松流水之间。

遁　乐改屠赤水语

蓬户掩分井径荒，青苔满兮履綦绝。园种邵平之瓜，门栽陶公之柳。晓起呼童子，问山桃落乎？辛夷开未？手瓮灌花，除去虫丝蛛网。时不巾不履，坐北窗，披凉风，焚好香，烹佳茗，忽见异鸟来鸣树间。小倦，竹床藤枕，一觉美睡，萧然无梦，即梦亦不离竹坪花坞之旁。醒而起，徐行数十步，则霞光零乱，月在高梧矣。妻孥来告，诘朝厨中无米，予笑而答之：“明日之事，自有明日，汝且无负今夜梧桐月色也。”妇亦颇领此意，相对怡然。綦音奇，脚迹也，坪音平，地平处。

白居易像，图选自清·上官周绘《晚笑堂画传》。白居易字乐天，故又称“白乐天”

庐山草堂抄白乐天

仆去年秋，始游庐山。到东西二林间，香炉峰下，见云水泉石胜绝，爱不能舍，因置草堂。堂前乔松十数株，修竹千余竿，青罗为墙垣，白石为桥道，流水周于舍下，飞泉落于檐间，红榴白莲，萝生池砌。每一独往，动弥旬日，平生所好，尽在其中，不唯忘归，可以终老。

蔬酒不可缺

人日用间，蔬酒二事，断不可缺。要知一日无蔬，令人村俗；一日无酒，令人萧索。是以淡泊之士，嚼菜根不厌，而葆真之流，往往酣歌于酒。

莫负好景

周绍祚曰：“人携友出游，分缘殊不偶。”余在京值新秋，一日朱瑶洲先生见枉云："适走刺约徐崇甫，诘旦联公辔游园丘，公子病泄，请易期。余酒肴已备，姑携去演象所，一随喜乎？"余欣然往从。胡季甫亦至，共趺坐祖师殿白石台。台上有老柏一株，两干屈曲似偃龙，群松环绕台下，清风徐来，爽气袭人。开磕浮瓜，飞觞共醉，谈古今兴废事，弹驳诗文。饮罢出山门，松梢月色，已隐隐落衣斑矣。随吟咏归山。妻献茗啜之，颓然就枕熟睡，忽被叩门声惊觉徐问之，答："比部叶爷请晨起在园丘一游。"余因笑，胜游不得之彼，复得之此。徘徊短檐下，月色白如昼，可爱。半晌方就寝，五鼓风雨大作，近午方歇，遂不果游。岂人生一动止游息，因自有数乎？彼有遇好景佳山水处，慎勿以闲思别务混胸臆，当面挫过光阴，须从容仔细享用些，乃见旷达。文博士诗云："不知何福能消受？"有味哉！

莫负清胜

许椽好游山水，而体便登涉。识者谓许非徒有胜情，且有济胜之具。嗟嗟，人有济胜具而无胜情，可谓自负清胜者。

晴和受享

天气晴和，随时俱有，人人都能受享。彼虽遇这好光阴，却被闲烦恼及留恋财色，竟尔虚度，深为可惜。

与高僧逸客游

高僧逸客，须时与之游。要知此辈风致谈吐，足消人鄙吝心，而且能定纷扰杂乱之念。

叟妪欢乐

燕京一老叟，行年九十余，其老妪年亦相若，发各皤然。每岁逢时节，夫妇辄自肩壶榼，更代乘驴，遍游西山。遇佳山水处，辄促膝坐，出壶榼对酌，投枚欢洽片晌，又他适如前。游人见之，亦雅推让，相诧为陆地神仙。余曾一偶值，不觉尘襟为之尽涤。

享清福

杨诚斋年未七十，退休于南溪。长鬓赤脚，老室一区，仅蔽风雨。徐灵辉所赠诗中一联云："清得门如水，贫惟带有金。"纪其实也。公退休，聪明强健，享清闲福十有六年，尝自赞云："清风索我吟，明月索我饮。醉倒落花前，天地为衾枕。"又云："青白不形眼底，雌黄不出口中。只有一罪不赦，唐突明月清风。"细体玩，何等襟怀！

隐居好学

徐孝祥隐居好学，不求仕进，虽茅屋数楹，而种树垒石，自然幽胜。有田数亩，只供饭粥。岁常酿酒数石，客至必留饮。其自奉，则布衣草履，泊如也。

不治第圃

范文正公欲求罢相，子弟窥其意，请治第宅园圃以待之。公曰："人若有道谊之乐，形骸可外，况居室哉？我今年逾六十，生且无几，乃谋治第圃，顾何待而居乎？且西都园林相望，谁独障吾游者？岂必有诸己而后为乐哉？"此真达者之言。

简静之乐

韩魏公家尝蓄女乐二十余辈，及崔夫人亡，悉厚遣之。有劝之留为暮年欢者，公曰："所乐能几何？而常令人心劳烦，孰与吾简静之乐哉？"见解极透。

王冕像，图出自清·顾沅《古圣贤像传略》。王冕字元章，是元代文学家，能诗善画，隐居不肯出仕

家事付儿曹

宋辛幼安仕理宗朝，拥节钺归休，以家事付儿曹，调西江月云："万事云烟忽过，一身蒲柳先衰，而今何事最相宜？宜醉宜游宜睡。早起催科了办，更量出入收支。乃翁依旧管些儿，管竹管山管水。"闲诵此词，恍登仙界。

卧　游

宗少文生平好游山水，后以疾还江陵，叹曰："老病俱至，名山恐难遍观，惟澄神观道，卧以游之屋。"所游履处，悉图之于室，谓人曰："抚琴动操欲会，众山皆响"。

雪峰四顾

越人王冕，当天大雪，赤脚上

潜岳峰，四顾大笑曰："遍天地皆白玉合成，令人心胆澄澈，便欲仙去。"

安眠白昼间

赵清献诗云："轩外长溪溪外山，卷帘空旷水云间。高斋有问如何答？清夜安眠白昼间。"夜当眠时，每多思虑，不肯安睡；昼当闲时，每多烦扰，不肯静享. 是皆自取。

快乐真机

佛愿度生

经云："无量无数劫前，有是自在王佛，化度众生。是时有大国王往听说法，遂有觉悟，乃舍国王之位，而往修行，号曰法藏比丘，即阿弥陀佛也。对世自在王佛，发四十八大愿，皆为济度众生，修慧修福。修慧者，令慧性日广一日，至成佛时，则慧性含虚空世界，无所不知，无所不见也。修福者，乃托生于一切众生中，同其形体，通其语言，以设教化。如此无量无数劫，来托化众生，无非修福，修福而不受用，是其福愈积愈大，久则遍于虚空世界矣。福大则威神大，方得成就所愿。而入佛位，是初发愿，以至于佛，无非为众生者。若人至心信向，念其名号，现世必蒙福祐，身后必往生极乐世界。"

净土快乐

统言大藏，不止十余经，言西方净土，其大略谓彼处以七宝庄严，无地狱饿鬼禽畜，以至蜎飞蠕动之类，常清净自然，无一切秽杂，因名净土。其人皆莲花中生，长生不老。衣食宅宇，随意化成。其景序长春，无复寒暑，大受快乐，无一切苦恼，因名极乐世界。其佛名阿弥陀者，梵语也。此云无量，以此佛光明，照见十方世界，无有限量，凡念佛众生，无不知之，因名无量光佛。此佛寿命与其国中人民寿命，皆无有限量，虽恒河沙劫，亦无有尽，因又名无量寿佛。此佛有大誓愿度人，其威神不可思议，凡至心信向，念其名号者，现世消灾增福，西方七宝池中，即生莲花一朵，他日于其中托生，永脱轮回，若此皆有实迹，非虚言也。尽大藏中八万四千法门，无如此之要捷者。奈人不知之，固可痛惜，知而不行，尤可痛惜也。

方便品扉画，出自《妙法莲华经》，描绘了释迦牟尼讲经说法的场景

信心十念

阿弥陀佛四十八愿中，有一愿云："我作佛时，十方众生至心信乐，欲生我国，十声念我名号，而不生者，无不作佛。"是此佛自有誓愿度人，惟假人之十念以表皈依之心，每日早晨，向西礼念"南无阿弥陀佛"十声。

尘世苦恼

尘世中人，皆如水泡，生灭不常。或一岁二岁，或一十二十，至于四十五十，则亦幸矣。其有至七十者，古来犹稀。人只见眼前老者，不思不待老而去者多矣。况世间无非是苦，但不思省，所以不知。不称意者，固为苦矣。如或称意，亦无多时。父母妻儿，姻亲眷属，或疾病死亡，或杀伤离散，或自已大限忽至，平生罪恶，岂得全无？且以目前言之，起一不正念，说一不正语，视一不正色，听一不正声，为一不正事，无非过恶。况所食者众生之肉，所衣者亦杀众生而得，又况人生过恶，不止于食肉衣丝，不思则已，思之诚可畏也。自少至老，自生至死，积累既多，缠绵坚固，无由解脱，闭眼之后，不免随业缘去，杳杳冥冥，知在何处？或坠地狱受诸极苦，或为畜生受人宰杀，或生饿鬼饥火烧身，或入修罗嗔恨所迫，虽有善业得生，天上人间，受尽福报，依旧轮回漂流，汩没无有出期，惟有西方净土，为超脱轮回之捷径，色身难得，趁康健时办此大事，当常作念云："我自无始以来，轮回六道，不曾知此法门，因不得出离，今日知之，岂可不即时下手？命终得生极乐世界，回世死人阴府见阎王，受恐怖罪苦者，不可同语矣。"

预觅安处

譬如人入大城中，必先觅安下处，却出干事。抵暮昏黑，则有投宿之地。先觅安下处者，修净土之谓也。抵暮昏黑者，大限到来之谓也。有投宿之地者，生莲花

经卷扉画，即在经卷之首页刻印的一幅有关佛经的绘画，图出自《妙法莲华经》

中不落恶趣之谓也。又如春月远行，先须备雨具，骤雨忽至，则无淋漓狼狈之患，先备雨具者，修净土之谓也。骤雨忽至者，大命将尽之谓也。无淋漓狼狈之患者，不致沉沦恶趣受诸苦恼之谓也。况先觅安下处者，不害其干事。先备雨具者，不害其行远途。是修净土者，皆不妨于一切世务，人何为而不修乎？且人之于身，以日言之，莫大于饥渴，必为饮食之备。以岁言之，莫大于寒暑，必为裘葛之备。以终身言之，莫大于生死，竟不为净土之备，何哉？

神随业缘

人初未常死，死之名，乃从自己身上得之，何也？以神之来而托于此，其形由是而长，故谓之“生”。以神之去而离于此，其形由是而坏，故谓之“死”。是神者我也，形者我所舍也。我自来去，故舍有成坏。然则生者非生也，以神之来而形成耳。死者非死也，以神之去而形坏耳。且神之来也，何自而来哉？盖随业缘而来。神之去也，何自而去哉？盖随业缘而去。业缘者何？其所作者人间之业，神则随之而生于人间，所作者天上之业，神则随之而生于天上。乃至作阿修罗之业，神则随之而生于阿修罗。作三恶道之业，神则随之而生于三恶道。轮回六趣，无有出奇。然则神者，自无始以来，投胎易骨，不得久留于一所，所以然者，以我之所造之业非久，而不尽者因神之舍于业也。业尽则形坏，形坏则神无，所舍又随我今世所造之业而往矣。造如此业，必受如此报，自然之理也。辗转轮回，无了无休，欲直脱轮回，永离苦恼者，无如西方净土。

理功具备

净土之说，有理有功。论其理，则见于日用之间而未尝离；论其功，虽早晨一茶之顷，便可自修，而不必终日泥。盖修持法门有九品，人人皆可以修，虽罪恶之人，佛亦不弃。回心向善，则为善己，且十念法门，人人皆可以通行。譬如久为暗室，一灯照之则明，虽杀牛屠猪之人，放下大屠，亦可以修，况所修不妨一切俗事，用力甚少，而收功有不可尽者，人何为而不修乎？

毋拘未见

人骤闻净土之景象多不信，无足怪也。盖拘于目前所见，遂谓目前所不见者，亦如此而已。且陋巷粪壤之居者，安知有广厦之壮丽？小器黎藿之食者，安知有食前之方丈？弊篋锱铢之蓄者，安知有天府之充溢？是处此婆娑浊世，不信其有清净佛土；生长于胞胎，不知彼有莲花之化生；寿不过百年，不知彼有河沙之寿数；衣食必由于营作，不知彼有自然之衣食；快乐常杂于忧恼，不知彼有纯一之快乐。然则佛之所言，不可以目前所不见者而不信也。况佛切戒人妄语，必不自妄语以诳人。世人妄语者，非以规利，则以避害，佛无求于世，何规利之有？佛视死如生，何避害之有？是佛无所用其妄语也。言之最诚，人尚不信，将何俟哉！古人修此者，感应甚多，尤不可以不信也。

辨正参禅

世有专参禅者云："惟心净土，岂复更有净土？自性阿弥，不必更见阿弥。"此言似是而非也。盖人人可以成佛，所谓自性阿弥者，固不妄矣，然猝未能至此。譬如良材，可以雕刻物像而极其华丽，必加以雕刻之功，然后能成，不可遽指而遂谓极物像之华丽者也。是故所谓唯心土净而无复更有净土，自性阿弥不必更见阿弥者，非也。又或谓有净土而泥唯心之说，乃谓西方不足生者；谓参禅悟性超佛越祖，阿弥不足见者，皆失之矣，何则？此言甚高，唯恐不易到也。彼阿弥陀佛，福重山海，力挈天地，变地狱为莲池，易于反手，观无尽之世界，如在目前。我之福力，尚不能自为，常恐宿业深重坠于地狱，岂能变成莲花乎？眼前之事犹不能知，况乃见无尽世界乎？是所谓自性阿弥者，诚不易到也。是则我心可以为净土，而猝未能为净土，我性可以为阿弥，而猝未能为阿弥，乌得忽净土而不修？舍阿弥而不欲见乎？且修西方见佛而得道则甚易，若止在此世界欲参禅悟性、超佛越祖为甚难，况修净土不碍于参禅，何参禅者必薄净土而不修也？

经卷扉画，出自《碛砂大藏经》，描绘了释迦牟尼说法的场景。

掷金杯

人一举心动念，不独神鬼俱知，即慧明之人，无不悉见。凡做昧心事，欲瞒人者，真是掩耳盗铃也。人间私语，天闻若雷。暗室亏心，神目如电，乃实在确语。试看崔公私蓄，以及暗昧事，诸人不知，即妻子妾女，亦不尽知，遥遥智朗，千里如镜。岂非至隐至微之地，固已莫见莫显乎？诗云："相在尔室，尚不愧于屋漏。"诚哉是言！阅之凛凛。

崔公自会朗师之后，昧心事毫不敢为，虽曰朗师之警悟崔公，而实系成全崔公者大矣。世人俱当以此为鉴，受益不小。

凡见人危难，即思拯救，此即是活佛菩萨矣。朗师只因目击小民寒冻，即思不辞辛苦广募施袄，在禅理深通之人，自然如此。若今之和尚，大半藉募化以肥己，但恐偿还不了，安望有成？功必要德助，若表里之难缺，只看朗师之言行，可敬可法。紫阳真人云："黄芽白雪不难寻，达者须凭德行深。"应各省察。

扬州府崔府，尊名华，字莲生，坐升两淮盐运司，到任三个月，门上按得某部院手书一封，着僧人智朗投进。崔公拆看，书内略云"智朗和尚深通禅理，乃有道高僧，倘过扬州，祈为推分青盼"云云。崔公平常最不喜僧道，因屈于部院手札，只得勉强随请相会。少刻看见一和尚，光头布衣，足着朱履走上内堂，向上同揖。崔公只得请坐待茶，便开口问道："某院台极称朗师佛理宏大，今请教大师，直指参悟妙法，足见施惠不小，莫谓我俗吏无知，不堪共语也。"朗师道："人能明通佛法，则能超出生死苦海，但此法难以口说，全在本人立志坚刚，信心诚笃。僧人自幼出家，至今四十余年，才得明悉，知法则易如反手，不知法则难若登天。"崔公道："法虽难说，毕竟有法，请问大师指示，如何才得法？"朗师道："世人只因尘事污染，才一静坐，不是散乱，就是昏沉。要知寂寂治散乱，散乱去则生昏沉。惺惺治昏沉，昏去则生散乱。止观双持，昏散皆退。所以指众生行觉路而得妙境也。不知此法者，则学何所入，功何所施，智何所发耶？"崔公听完，深为敬服，点头大喜道："大师如此开发，院台的称赞，果不虚言。"朗师随又道："虽说功夫如此，必要德行兼佐，若专功而无德，必致魔多难就。去冬贫僧因过淮上，见许多老少男女，俱赤体寒冻，难以度命。贫僧顿起怜慈，妄立微愿，募化绵袄一千件，散给受冻贫民。目今时已六月，欲要前往产绵地方，逐件置造，有费时日，转眼冬寒，岂不误事？况且衣工料物，件件缺乏，所以预为早计，约费银六百余两，已经募化某布政司施济五百件，今只缺少五百件，望大老爷慨然完此功德，免无限寒苦，皆出大老爷洪恩。"崔公听完，便愁眉蹙额道："积德固是善事，但须绰有余资。本司虽执掌几十万盐课，俱是朝廷正项，谁敢擅自动用?”朗师又道：“亦有应得本分俸资，何妨积德?”崔公摇头道：“俸资无几，尚不足以供薪蔬，何有余润?”朗师笑道：“大老爷现存蓄三千两，可以动三百两积德，不过十分之一。”崔公含糊坚赖道：“何曾有得存余?”两人正在问答不合，忽门吏禀道：“本府知府因北郊虹桥荷花大放，来日请大老爷，兼请督粮道老爷酒船游赏。”崔公性喜饮酒，听见请召，随应道：“既是粮道领帖，本司岂有不领帖之理?”朗师在旁即忙禀道：“大老爷来日赴宴，贫僧斋戒不用荤腥，只饮蔬酒，可吩咐来人另备豆腐一碟，便可奉陪，共席清谈，叨沾台光，得玩赏十里荷花，亦是幸遇。”崔公笑道：“昔日苏东坡游玩，常以佛印相伴，此事未尝不可。”随吩咐来役补请朗师。谈毕僧回法云寺寓处。次早，府役奉邀崔公、粮道至北门外酒船，朗师先已在船。那上边张灯结彩、金杯象箸、古董炉瓶、笙歌鼓乐，极其盛设。这粮道因自江宁由扬经过，并不知请僧人何干，乃细咨询。崔公将荐举根由细细说明，才同朗师谈论，果然语言高妙，众皆敬服。船行入虹桥法海寺，一望荷花遍开，清香扑鼻，真个是：

接天莲叶无穷碧，映日荷花别样红。

各皆对花畅饮，半醉换席时，朗师忽向三位老爷笑道：“今日叨陪盛宴，可为大幸。席上无可奉敬，贫僧用一小术以博三位老爷一笑。”众官点头，拭目以待。朗师即举面前金杯，当三位爷，遂向湖中掷去。众官惊骇，各皆怒色，急忙呼人下水捞取。朗师笑嘻嘻摇手道：“此金杯，三位老爷不必着忙，贫僧已经送入崔大老爷银库内，安放在三千两俸赀桶上，如若不信，可着人速去取来，才知贫僧说话不虚。”众皆谓谎。朗师因又道：“崔大老爷腰间现带锁匙，何不发与近侍，星驰快马至运司库内，将杯取来，方知不假。”崔公一闻言，即解匙交近侍飞马至运司内，同公子开库，果见金杯放在银桶上，即取回献上。三位老爷大惊敬服，至晚各散。次早崔公即取银三百两，另封贺仪，着人送至法云寺，交与朗师，即刻起身。朗师烦来人携着原银，即到运司署内面会崔公。朗师愁眉指银道：“此银分厘不敢收领。”崔公惊问道：“大师前日再四求为施袄之用，今已照数交来，忽又推辞，本司不解何意。”朗师道：“此银是昨晚某乡绅与某人有仇，送银千两，欲诬陷为私囤，屈打成招。其实某乃良善好人，并非私盐囤户，若是贫僧领去此银，不独并无功德，且将来变驴变马变畜生，偿还不了，所以分厘不收。若是三千两桶内动与，贫僧即刻叩领。”崔公听完，腹中惊骇，果是某乡绅送的银千两，丝毫欺瞒不得。崔公随将俸资动三百两，另封程仪，设疏斋送朗师回去，随将原银千两，交还乡绅，分厘不动，所诬私囤，并不究问。是年冬，有人从淮上来，果有圣僧装绵袄千件，称崔公施济，才知诚实不虚。崔公自会朗师之后，凡事但有贿赂，俱辞不收，亦不听情嘱。在任五年，两淮盐商感激至公，捐造崔公祠在运司前，至今不朽。

还玉佩

从来欲之为害，最足以辱人声名、坏人心术、坑人性命。试看赛西施，貌可闭月羞花，若能贞洁自守，岂不遐迩钦敬？乃一见美少，心爱其人，假同胞以图枕席之欢，赠玉佩以联鱼水之想，全不思袁公之待我何等厚重。一旦挥其财物，弃之如遗，谁知情郎背盟，惨丧官刑，岂非欲之为害乎？袁公以堂堂刺史，不能修身以齐家，唯剥民脂以蓄色，究竟玉人何在？声势已玷，岂非欲之为害乎？更恨甫臣不崇实敦本，丧失良心，致同惨死，予犹谓其死有余辜，又何非欲之为害乎？奈世之碌碌者，尚堕于欲中而莫之省，深可悲叹也夫！

甫臣三虑，却有见识，予特恨其前之失操、后之背盟。尤可恨者，置赛西施于惨死，读之泪下，真狗彘之不如也。此负义之毒更胜于王魁，不必阴报，后亦照样杖毙，岂不大快人心！

绿林中每有仗义疏财者，甫臣之负心丧德，若非有此牵报，其赛西施之惨枉，孰得而超雪哉？予读之大快。袁公用金免盗于死，是亦以义报义，予读之又大快。

筚门不敢行秽，恐旁属耳目也。偏是深闺大厦，恣意宣淫，罔知顾忌，前人以富贵之家多淫嗣，信然矣。然亦每多主人好淫之报也。

富贵人知有妻妒，便不该勉强娶妾，坑害他人儿女。非唯丧德，又自取丑污，看袁公事可省。

府东太平桥有个少年，姓唐名甫臣。这人年方二十岁，生得面如冠玉，唇若涂朱，标致胜过美女。因往淮安贺一至亲年节，适值淮府迎春，遂随众立于东门大街，看各官鼓乐旗彩络绎而过。正看之际，忽见一小婢挨至身旁，低声道：“我家主母多拜上相公，奇遇。今晚住此处，有要话面说。”随送上汗巾一方、包裹物件。甫臣将汗巾开看，乃是金扇一柄，小金如意一枝。甫臣又惊又喜，满口应允。至晚仍到原处，果见日间小婢立候，引甫臣入高门，转弯几层，进内室，只见一美貌妇人，艳妆整齐，笑语先施。原来这妇人有名叫做赛西施，十分颜色，只是幼年娇养，伏根。不曾裹脚，却是一双大脚，可云半赛西施。乃袁府二夫人。这袁公先曾做过一任同知，极其贪财，因用多金娶此妇来署，所得多半奉与赛西施，以买其欢心。无奈正夫人甚妒，袁公升任某府，离淮千里，正夫人不容带妾同往，云俟到任后再着人迎接，只留老仆同嫡亲老叔在家同居。这日看春，一见甫臣，如渴得浆，如鱼得水，是以私约佳期，相会时假认为同胞姐弟，寂密来往，十分绸缪。约有两个月余，妇与甫臣计议道：“妾颇有私蓄，今既同心合意，愿罄囊奉赠。郎君须在此立业，或置田房取利，或做本分生涯，以便长久来往。”甫臣满口依从，却心中暗想道：“此妇虽然美貌，但其性甚淫，倘再厚他人，前交自然冷落，此一可虑也；

妇足太大，且寿过三十，年纪太长，配不相当，此二可虑也；其夫现任黄堂，倘回来识破机关，身命难保，此三可虑也。不若用甜言骗他多金，具此心思，世世变虫。逃回扬州，自创事业，如此坏心，鬼神不容。另娶少女，岂不万妥？”主意定了，外面假说回扬州料理家务，不到月余，即来淮立业。妇人大喜，罄囊捧交，约有四百余金，又将双龙白玉佩一枚，乃祖传稀世至宝，交与甫臣，以为联心合璧，千古情痴。因悲泣叮咛道：“见此玉佩，如见妾身，不可遗忘。”两人洒泪哭别。甫臣脱骗多金，即星回扬州。其时武刑厅衙门吏书十分锋利，最有钱赚，因用百多金谋充刑厅吏书，又用百多金另娶十七岁女儿为妻，十分和合，立意便坏。全不思念赛西施的恩爱，终日在厅署服役，甚是得意。武刑厅看见甫臣少年美貌，极其喜爱，竟成后庭至好。这赛西施盼望半年，杳无音信，只得修书寄至扬州。寻至甫臣家内，甫臣只推并不相认，寄书人回复，赛西施忧恼成病。又过了两月，筹想无法，只得自己改换女服，将袁公衣帽装扮男人，却好脚大，穿履甚便，带一小童，驾船至扬州太平街唐甫臣家内，两个相会。甫臣看见妇人因病黄瘦，不似当日容颜，愈觉不喜，丧心。只推并不相认。这妇人情急争闹，甫臣惟向人众谎说“此妇乃有名娼妓，可恨。惯会赖人，自淮来扬，知我诚实，平空措诈，情理难容。”妇人指面大骂：“忘恩负义，鬼神不容。”这妇人不改男装，竟到刑厅衙门前，意欲遍告此负义脱骗苦情。甫臣知晓，即时诬此妇无端构诈情由，预禀武刑厅。这刑厅上堂，唯以甫臣之言为实，后庭至好。即签拿女扮男人，言听计从。见面不由分说，重责三十板。妇既病后，气恼填胸，又遭重刑，抬出衙门气绝。是日来看审的人，有几千百，义盗在内。厅官吩咐皂头，即时买席卷埋郊外。甫臣见淮妇已死，十分欢喜。毫无人性。过了半年，忽有淮扬道投公文一角，内系大盗劫杀案，内有伙党唐甫臣，现充刑厅吏书，即时锁拿，解道审讯。原来是有淮上大盗，由扬经过，在刑厅前看审，赛西施打死，尽知屈害，切齿痛恨。后因事犯，就在淮道案下，坚扳甫臣窝藏赃物、玉佩等件，是以有此

十七世为士大夫身，描绘了文昌帝君广积阴骘的故事。此图出自《阴骘文图证》，此书劝世人“做种种之阴功，利物利人，修善修福”，便能“吉神拥护，近报则在自己，远报则在儿孙”

行提。厅官难以徇庇，即日具文起解，另用禀启辩其冤枉。无限情思。不两日，道官审甫臣道：“盗伙或是诬害，但寄有蟋龙玉佩，若是三日内献出来，本道看验，便可以做主超豁了。”甫臣满口承招，因而寄狱，俟取到玉佩另审。甫臣连夜到扬，将玉佩赍淮，当面献上。道官见有玉佩，即大怒道：“如此赃真罪当，还敢强赖!”喝叫皂隶重责三十板，寄狱定罪。抬出衙门，喘急身死。道官就吩咐家丁，即用席卷埋于郊外，照依赛西施一样惨死，丝毫不错。道官又行牌到江都县，文大快。追比家属贼赃四百两，以为赈饥之用。时袁公因贪财削职，回家才知妾私扮男打死，盗义扳报情由。羞愧几死，自取其辱。因用重贿情嘱道官，将此盗免死改流，以报其义。道官探知袁公根源，因受其重赀，玉佩是袁妾故物，遂赠还袁公。可叹甫臣，貌美心坏，遂至惨死，业绝妻嫁，报应令人惊畏。

乩仙偈

念佛贵乎念念无间，纯一不杂，自能做主。譬如狮子哮吼、象王蹴踏，有何妖狐怪兽，能当其声势而不消灭乎？人若不为妄想所迁，则神纯臻化，自然速成三昧矣。我佛设教多方，或小大、始终、渐顿、偏圆之不同，独此念佛，不涉地位，不落阶梯，一超直入如来实相法门，所谓“销我亿劫颠倒想，不历僧祇护法身”也。

禅宗云：“余日学道，如蝼蚁上于高山；念佛往生，如风帆行于顺水。”要知妄想起时，不须别作除灭，但举“阿弥陀佛”一句，尽力挨梭，便是摄心妙法，时节到来，自然忽悟。

昔永明寿禅师初出家，不知从何法修行，因写三阄，一参禅，一念佛，一焚修，乃焚香拜佛祈祷：“弟子愚昧，何门修持？求佛明示。”以三阄入香筒内，三拈三得念佛，因而专心念佛，果成正果。觉道人有鉴于此，所以信之不疑，力行而得大功也。

扬州有一个觉道人，这道人言行敦厚，虽生于尘凡，却时时有出世之志，虽茹荤腥，每月倒有二十余日斋蔬；虽好饮酒，奈酒量甚小，只三四杯便自酣然。有妻有子孙，薄田数亩，耕读营生，治家勤俭，安分乐道。日常专喜念佛，手持数珠，时刻不懈。康熙某年，同两个朋友往苏州有事，顺便到虎丘山游玩。是时夏末秋初，进得山门，至千人石、可中亭、剑池、大殿前后各处玩赏，又到山顶登宝塔，向大湖一望，茫茫白亮，真是奇观。续又到后天门，但见松荫树色，蔽日张空，幽僻至境，有一静室，进内观看，上供吕祖圣像，屋梁正中，钉有铁圈，用线悬挂木笔一枝，乃是木条刻成，不是兔毫制造的。下边方几上列有沙盘一面，旁有老翁蒲团坐功，与之行礼茶毕，因问设此木笔何为？翁曰：“世人但有疑事，只虔诚焚香跪拜，心内默祷，我用符咒代为启请祖师，即降乩亲自判断。”道人听说，甚是惊异，欲试其奇，奈心中并无一事，乃暗想：“何不以念佛请示？”因向翁道：“我是行路人，偶来游山，不曾多带银钱，止有银六分，奉为香赀，乞代召请。”于是点烛焚香，翁烧符持咒，道人虔诚叩首，心中默祝：“弟子愚昧，时常喜欢念佛，不知有无功效，特求大仙明白指示。”祷祝完，同去两个朋友，并代请老翁，总不知心中所问何事。少顷一刻，只见悬空木笔不用人扶，果然自己运动，先在沙盘内画个大圈，随即判八句云：

念佛虔诚便是丹，念珠百八转循环。

念成舍利超生死，念结菩提了圣凡。

念意不随流水去，念心常伴白云闲。

念开妙窍通灵慧，念偈今留与汝参。

乩笔写完，末后又写“纯阳子赠与扬州某人佩悟。”但见木笔迅运不停，顷刻而就。八句律诗，各以念字起首，语语深通禅理，且竟知觉道人姓名心事，尤为神奇，信是真仙幸遇。孰谓释道二教，授各不同也耶？乃敬拜服，叩谢祖师之后，复谢老翁。回至寓所，道人同两友将抄偈细读，共加珍爱，不忍释手。后来回到扬州，愈加信心，昼夜虔诚念佛，唯恐世人执著，因撰十条：

何必胡思乱想？只要一心念佛；何必高声朗诵？只要微和念佛；

何必成群做会？只要闭门念佛；何必谈禅说偈？只要老实念佛；

何必奇异神通？只要正信念佛；何必弃业离俗？只要止观念佛；

何必知书识字？只要虔诚念佛；何必许愿祈祷？只要悔过念佛；

何必寺院披剃？只要坐家念佛；何必敲鱼击鼓？只要安静念佛。

又述念佛要法云：“一句弥陀无别念，不须弹指到西方。”

渐渐鸡皮鹤发，看看行步龙钟。任你富贵荣华，难免生老病死。

惟有径路修行，但念阿弥陀佛。一句阿弥陀佛，真是宗门功券。

不拘大众人等，信持都有奇验。行住坐卧莫罔，直要不念自念。

若能念念不空，管取念成一片。当念认得念人，弥陀与我同现。

从此永出婆娑，圆成极乐心愿。

觉道人又将“十何必”同“念佛要法”刊成斗方，印刷数十万张，遍于城乡各处送人，普劝念佛。这道人生于万历，经崇祯、顺治、康熙至雍正年，此人已百余岁，尚康健犹壮，不欲人知姓名，真当代之奇人也。

亦佛歌

世人贪恋妻财子禄，不肯舍离，殊不知死期倏忽而至，丝毫难带，岂非痴耶？

世人只以岁月尚多，不妨姑待，殊不知死期倏忽而至，懊悔何及？岂非痴耶？渤师大加警醒，许公得以证果，诚有来由也。

出家原为脱离挂碍。予每见有等僧人，贪恋之心仍在，名虽出家，实则与在家之人无异，如此出家，反不如在家而有出家之行者，转为上等。试看古今在家之人，得悟菩提者甚多。如傅大士、庞居士诸公，俱有尘累，于道无碍。但恐满眼邪魔，心不坚定，则事大坏矣。

扬州大东门有个开当铺的许长年，娶妻张氏，生了两子。这张氏治家教子，极有能干。这许长年虽有几万之富，为人最贪最吝，性情却与汪铁菱一样鄙啬，若看着钱财，便如性命一般。每日想道："我的两个儿子尚小，我年还强健，可以料理支持，须等得儿子长大婚配，便好教他生意坐柜，自己就清闲快活了。"他是个挣家之人，时时照看着，但见戥头上讨得他人厘毫便宜，也是满怀欢喜，凡来求布施抄化的，休想他破例开手。世上也有一般财主，不肯施舍与人，单图自家受用。这许长年连自己用一文钱，也要打几遍草稿，遇着万不得已，破费些银子，就是割他身上肉一般，好不疼痛，整十来夜想起，兀自心痛睡不着。家中日遂三餐，真个是数米而炊，秤柴而爨。有这刻苦，所以积下家私如水浸黄豆，一日大似一日。正是：生意如春长，财源似水来，不将辛苦意，怎得世间财？

许长年正当五十寿诞，亲友邻里素知他悭吝，大家商议要敛个小小份子与他祝寿，要他设个戏席答礼，他哪里肯收？推来推去只是不纳，妻子看见倒不过意，说道："自己的五十大寿，便受了份子，备筵席能用多少？一来不负了众人庆贺的美意，二来也是做财主家的体面。"许长年道："贤妻你往日甚能干，今日这几句话却说差了。要知五十岁还不是收份子的时候，众人出份子，名为牵虎上门，是要咬嚼的，有甚么美意？若说财主家体面，做财主的，全是'体面'二字误了多少事？要体面就去穿好衣、吃好食、扳好亲、结好眷，与众财主争强赌胜，把家私日渐破坏，无益于事。我所以一味务实，这些虚体面让别人去作罢。"因吩咐家人，将大门也关上，但有客来，只回不在家就是上策，省得费茶费水。家里人都依着他把门关闭，一切人祝寿俱回散，独有一和尚辞不去，敲门甚急，自称是天宁寺巨渤和尚特来贺寿，兼有话说。家人没奈何，只得代为传进。那许长年听得，愁眉道："和尚那有好话说？不是化斋，就是要布施，也只回他出门去了。"岂知这和尚定然不去，反高声大喊道："瞌睡汉快些出来，我有话面说。"又呵呵大笑。原来这和尚是天宁寺大师，法号巨渤，是个得道的高僧，日常说道："凡有灵性，俱是前身有根基，若再兼财富福厚，更为难得。"因来提醒度他。这许长年那里晓得？惟是听见他笑得奇异，只得踱出门来，看见和尚拍手大笑，自己不觉地也大笑。渤师问道："你笑那个？"许长年道："我笑的是你。"那渤师道："我笑的却是你。"因念四句道："你笑我无，我笑你有。死期到来，大家空手。"念完呵呵的又笑，因向许长年说道："我可怜你终日磕睡，不曾得醒。我今日来，并不募化你的银钱斋粮。我有正觉佛法传授你，你须要信心领会。"许长年问道："这正觉佛法有何好处呢？"渤师道："佛者，觉也。人心有觉即为有佛，能开六度之行门，能越三祇之劫海。普利尘沙，广作福慧，得六种之神通，圆一生之佛果。火镬水河闻之，变作香林饮，铜入铁听，则皆生净土。磕睡汉你省得么？你若省得，就随我去修行，莫再贪恋。"许长年道："我苦创这家业，也让我安乐受用受用，我也甘心。"渤师又笑道："你要安乐受用，只怕灾难来，脱离不得。"许长年道："我只安分守己，灾难何来？"渤师又笑道："世上事，那里论得？你既不信佛法，俺即去矣。"说完就飘然而去。许长年也不送他，竟回内室。妻子迎着问和尚有何说话，许长年道："那疯狂僧人睬他怎的？"说犹未了，只见一群乞丐二十多人，蜂拥而来，为首的唤做马六儿，平昔深怪许长年悭吝，不肯打发，今日闻得他五十寿诞，率领部下乞丐，与他上寿讨酒食赏赐，看见闭门不开，齐来踢开门，拥入庭堂，只将许长年围住，不容转动。众乞丐叫的叫，嚷的嚷，跳的跳，唱的唱，闹得七横八竖。马六儿高喊道："今日是寿星下降，大开金手，将几串钱赏赐众孩儿们，保佑你福如东海，寿比南山。"许长年欲要脱身，被马六儿扯定左边袖子，说道："你快拿出几串钱来，放你进去。"许长年当下大怒，骂一声"狗花子"，把右手一拳打去，正中太阳穴。六儿负痛放手，往后便倒。众乞丐喊道："打死人也！"嚷做一堆。许长年恨道："今日不是大晦气，适才疯和尚搅了一场，又被这伙狗花子上门啰唣，兀的不气杀我也！"众乞丐喊道："人都打死了，还说什么罗唣！"许长年上前看马六儿，果然口内无气，身已冷了。只见众街邻乡保，俱恼他鄙啬，巴不得有事，同众乞丐喊叫，这几个叫报官府，那几个叫锁凶手，这几个叫买棺材衣服，那几个叫先打抢他家财物东西，哄闹不止。吓得许长年魂不附体，如痴如呆，走投无路。只见天宁寺渤大师又踱进来，呵呵笑道："瞌睡汉你只说无灾无难，若再少停一时，搭尸篷，买棺材，县官相验，仵作索借，差皂人等个个要钱，受刑送牢，问罪抵偿，俱是难免，不怕你不费钱财。"许长年呆了半晌，总不说话。渤师又笑道："你若是拜我为师，随我出家修行，我有法可以解救。"许长年听见，即跪倒在地，叩了许多头，哀求道："倘老师若能解救这灾难，弟子情愿跟师出家。"渤师又笑道："只恐怕事过退悔。"许长年忙说道："断不敢虚言。"渤师见众聚吵闹，挤入尸旁，向众说道："这尸倘如救得活，诸位可是枉费精神，多说多闹。"众人大嚷道："好痴和尚，人死了半日，如何得活？"渤师也不分辩，只将手中的拂尘向尸上几拂，口中说道："马六儿，还不速醒，更待何时？"只见死尸伸了一口气，即坐起来。众人大惊，乡保喊："快取大钱三四串来，赏众丐散去吃酒！"许长年道："既不打死他的人，何用多费？"就吩咐只把五百文钱赏他。众丐不肯收，又添五百文，才哄然散去。邻里人等一面惊异，也都散去。这渤师道："事已完毕，你须拜我为师，速跟我天宁寺禅堂里参悟去。"许长年果然请了香烛，安了座位，请渤师上坐，拜了四拜，留在花园内设蔬斋供养，求传佛法，渤师道："我这佛法最简最易，只要信心明觉，一指即会，一会即成。我中峰先师传授大清顺治皇帝的歌诀，拣紧要的传与你，切记！"歌云：

三界尘劳如海阔，无古无今闹聒聒。

尽向自己一念生，一念不生都解脱。

既由自己有何难？做佛无劳一指弹。

此念即今抛不落，永劫钻头入闹篮。

有何难？有何易？只贵男儿有真志。

志真道力自坚强，力强进道如游戏。

亦无钝，亦无利，剔却眉毛休瞌睡。

不破疑团誓不休，寒暄寝食从教废。

行也做，坐也做，尺寸光阴休放过。

心存少见失真诚，意涉多缘成怠惰。

渤师道："此歌最切实，亦如我佛面传，不可轻视。"许长年跪拜受教。又过了两日，许长年料理财产，诸事贪恋不舍，因又哀求渤师道："弟子今年五十岁，待过了六十岁，那时见大事完，一心一意的修行也不为迟。"渤师大笑道："光阴迅速，人命呼吸，那里等待你事完？若要事完，虽过千百岁也不得了结。我多方指教，奈你这瞌睡汉不得醒悟，如之奈何？我也回寺里去了。"说完即行，挽留不住。许长年送别回家，过了月余，忽得寒症，浑身火炭，服药不效，病中这件舍不得，那件丢不开，心如刀割，渐渐待毙，吩咐家人飞往天宁寺，就请渤师来永别，及至师到，他已经气断身冷多时，家中大小痛哭不已。渤师竟到床前亲看，叹了几声，道："早不听我好话，以致如此。"即忙用手中拂尘向他尸上指了几指，叫道："徒弟，你还不速醒，更待何时？"只见许长年转身起来，竟下床叩谢道："弟子此番回生，再不瞌睡，认真参悟正觉佛法了。"渤师因教训道："你在家出家，俱不碍事。凡有一切尘欲，念起便想，譬如我身已死，还来管吧？只专心在'坚持正觉'四个字用功，自然大有效应。"许长年拜教，送回渤师，即在后园中另隔净室一间，只令小童捧接饭食，家中一切大小事，俱交与两儿同妻料理，丝毫不管，亦不许向说，或时自己起念，即依师训，譬如已死，只坚持正觉。寿至一百一十三岁，预于三日前吩咐家人，俱各念佛，不许哭泣。至日端坐合掌而逝，里郡咸为证果矣。

枉贪赃

官若贪赃，自必坏法徇私，纵恶屠善，此等资财，欲自受享，欲遗子孙。予恐上天难容，利未沾而害已随，观剥皮之事，即现在之前车也。

上司受下司之馈送，以为无碍当收，殊不知属官，谁肯动解己囊？不过仍剥民之膏脂以进献。是明教属官贪污害人，虽欲下司之清正，何可得哉？观某院之取县馈，即现在之前车也。

官之贪赃，不得安享，反致害灭。盗之劫财，不得安享，反致斩首。层层果报，阅之凛然。

此事不列贪官姓名，因彼现有亲族，不欲扬人之短，观者勿疑予造言非实也。

顺治年间，江都县有一县官，年老已过六十，履历只开五十一岁，白须用药染黑。这县官并不顾声名，又不望高升，一心专要多赚银子，回家养老贻后，所以每事不论大小，不问有理无理，若银子到手，无理也是有理，没银子送来，有理也是无理，板子夹棍，都是他赚钱的家伙，真个连地皮都剥去了。因他又贪又酷，合县的百姓，都恨不得活剥了他的皮，所以起他一个诨名，叫做“现剥皮”。每日县前人遇着问道：“剥皮可曾发梆？剥皮可曾坐堂？剥皮可曾出门？剥皮可曾回衙？”如此不到半年，丧心的银子积有七八千两，也不知冤屈了多少事，也不知坑陷了多少人，真是怨声遍地。忽一日，内衙拆公文，拆出一封抚院到县官的密札，县官急忙拆开一看，上写着：

本都院查该县到任方始半年，物议沸腾，民心丛怨。偏听左右，则滥击无辜；权归胥役，则事多寝搁。贿赂公行，官箴大坏，昏庸如此，万民汤火。应即参拿，姑宽谕饬。该县自今日为始，即速洗剔肺肠，痛改前非。若或仍前迷混，虽欲归老首丘，岂可得乎？勿谓本院言之不预也。慎之毋忽！

县官看完，大惊无措，随即唤儿子商议道：“上宪如此严切，我当设凑银子，藉以目下四月，时届奏销，亲往苏州，呈送院台，求他护庇，倘收了我的财物，便放心了，不然，恐县官难保。”主意定了，便带银二千余两，到了院前，投手本候见，三日俱不传会。这剥皮心慌，又另备了厚礼，谒送吴县与抚院最厚的某乡宦，将银转送。先送一千两，加至三千两才允，带去的银子不够，又重利在苏借凑送缴，方才收下，方才传县官面会。抚院吩咐道：“该县回去，大要改过自新银子说话，本院另眼青目。”剥皮连声应诺，辞回寓，方才欢喜放心。正办着往某乡宦家谢劳，并往院前禀辞回县，忽见自己两个家人自扬州连夜赶到，急报道：“大不好了，自老爷公出往苏，第二夜更深时，忽有一乘大桥，四人抬着，跟随六个大汉，都是广纱袍套，装束整齐，口称自北京来的某部某大老爷面会。彼时回答：‘老爷往苏公干。’彼即急说道：‘知县既然公出，这是紧急的事，就请公子面说。’公子听见，即走出内厅，迎接这大轿抬进宅门。有二官走出轿来，拉紧公子，那六个大汉连轿夫共十人，各俱拔出利刀，放在相公喉下，道：‘我们好汉，久知你父贪得银多，快快拿出买命银子来，饶你性命，少迟一刻，即送残生。’大相公吓得魂飞体颤，直说道：‘只有正项官银六千余两，现在内署某处。’来汉手拉紧不放，道：‘无论官银私银，快着人抬出来！’大相公要活命，只得急唤取出，逐封尽数都装入来的大轿内，仍着原抬的四人抬着，跟的六个大汉同坐轿的大汉，拉住大相公手臂送出县，又要令箭一枝，说有急事叫开城门，押着大相公，抬上船行二里远，才放回衙。如今只求老爷火速回去，商议缉拿。”剥皮听完，将脚连跳上几跳，即刻鲜血满口喷出，晕倒在地，因年纪衰老，听报此事，怎不伤心痛切？连忙医救，不省人事，汤水不下，未到半日，死于旅邸。连忙呈报吴县申院委员署印。家人不曾带得多银，因天气炎暑，急买平常薄棺收殓停寓。众役听见本官已死，都各星散回县。府尊闻知，星即传齐内丁各皂快，齐往县署，先将公子家属锁拿送狱，又差多人亲往署内，搜查衣服对象俱入账内，一面查盘仓库，已经侵空八千余两，仓谷二千余石。府尊着慌，随即通详上司，具题究追。行下文来，着将公子家属严比还项。起先拆揭完缴未几，毫无完纳。怨恨的多禀，后县官竟逐限比较，打了许多板，坐了半年牢狱。公子无处拆变，思想抚院曾白得了几千两，因着人往苏告助。回报抚院因贪赃，科道参拿赴京治罪。公子忧哭不已，府县追比无出，因他是绍兴人，请详发原籍，查追锁押。公子家人，起解路过丹徒县，正值冬前决人，这公子挤看，斩的一起大盗，正是当日劫县的十个人。原来劫去的银，被捕役路上拿获，审实拟斩监候处决，赃银入库充饷。公子恐怕累害，不敢出认。行到本处，又送狱比追，公子羞见江东父老，忧郁死于狱底。只看贪官自己如此惨死，后代又如此惨死，可不戒哉！

空为恶

访拿一事，其中敝窦多端，虽久已革除，后之为官者，如果真光棍大恶人，方可施行，切不可轻信虚言，以致良善倾家丧命，此德无量。

佘人秉具文武全才，若是心存仁厚，早已受享荣贵。可惜流入毒恶，致令惨死绝嗣，空积有多金，皆代他人做嫁衣，有何益乎？

扬州北门内有一少壮人，生得身体敦厚，因姓佘，知他生性最毒，世人都呼为“土灰蛇”，言其咬着人则毒恶难救也。他却有聪明，极肯读书，文章倚马千言可待，但最喜刀笔词讼，又专喜嘲笑人，凡见人有些许毛病，如面麻、眼斜、头歪等类，诗词立就，远近诵传。年已三十多岁，不能进学，或皆为此。他有大气力，又能弓马刀枪拳棒，就改文习武，考过几年，又不能做武生，因而生事打仗，挥拳凶恶，乡里侧目。后来同运司前专工刀笔的人相交最厚，谋入按院衙门，充当承差。彼时买访拿访，最为大弊，但有钱的人，若不殷勤馈送他，即凭空陷害，致令破家丧命。灰蛇因有此大权，所以诈得钱多。妻虽淫妒，却生二子一女，衣食富余，安稳度活。一日，吩咐妻子道：“我今日在书房中写要紧文稿，就在书房内安宿，一切客来，都回不在家。”妻虽应诺，心中暗想：“闻此人在外嫖几个好妓，莫不是今夜瞒着我，又接妓在书房内欢乐？”因于更深时，唤婢取梯，放书房墙外，自爬梯上，望夫动静。只见爬到墙顶，大惊跌下，口喘气急，家人细问，方说亲眼望见丈夫在灯下不知写什么文章，却只有身子，竟没头脸，岂不怕煞？未过三日，即害对口毒疮，医药不效，头发脱落，入棺时，竟是身首离开，血脓满地。所有二子，一子淹死邵伯湖内，尸葬鱼腹。一子死于泰兴县路上，无棺土埋。妻女俱随奸夫拐逃，家财亲族瓜分。灰蛇一生为恶，如此结局，天之果报，何曾疏漏？可不骇然！

官业债

圣人治世，不得已而设刑，原为惩大奸害民，以安良善，非所以供官之喜怒逞威以自快者。每见官长坐于法堂之上，用刑惨刻，虽施当其罪，犹不能无伤于天地之和。况以贪酷为心，或问事未实，或受人贿嘱，即错乱加刑，甚至拶夹问罪，枉屈愚懦，其还报自必昭彰。观姚国师之事，甚可凛也。

州县前有等无籍穷民，专代人比较。或替人回官，明知遭刑，挺身苦捱，这样人扬俗名为“溜儿”。今日得钱，捱打几十，调养股腿，尚未全好，明日又去捱打，可怜叫疼叫痛，不知领打了几千几百。同是父母生成，皮肉一般疼痛，为何如此？总因前世做官粗率错打，所以今世业债，必然还报。试看姚国师，修至祖位，亦难逃避，可不畏哉！

道衍像，图出自《续英烈传》。道衍即姚广孝，他十四岁出家为僧，法号道衍，是明成祖朱棣的主要谋士

永乐皇帝拜姚广孝为国师。这姚广孝法名道衍，自幼削发为僧，到二十余岁，就自己发愤，上紧参悟，因而通慧，凡过去未来、前世后世，俱能知晓。辅佐皇上，战争开创，大有功勋。及至天下平定，皇上重加恩宠，他仍做和尚，不肯留发还俗，终日光着头，穿着袈裟，出入八轿，人都知道皇上尚且礼拜，其满朝文武各官，那一个不恭敬跪拜？从古至今，都未见和尚如此荣贵者。他是苏州人，一日启奏皇上，要告假回苏祭祖，皇上准假，又与丹诏敕书，令其事毕速回。自出京城，一路来奉着圣旨，座船鼓乐，

上至督抚，下至承典，无不远接。他路上有兴，即唤一二官谒见面谕，爱养百姓，清廉慎刑。若是没兴，只坐船内参禅念佛，沿路旌旗锦采，执事夫马填满道涂，好不热闹。及离苏州约十里多远，吩咐住船，国师于黑早穿了破衲芒鞋，密传中军官进内舱低说："本师要私行观看阊门外旧日的风景，这苏州城内，备齐察院候本师驻劄，凡有文武各官接到船上的，只将手本收下，谕令都在察院候见。"说完预知遂瞒着人众，独自上岸是还债往城步踱，那常随的员役却远半里跟着。行至阊门外，只见人烟骤集，甚是繁华。路上遇见许多大小官员，俱是迎接国师的。这国师亦躲在人丛，忽遇一绅员，两个皂隶喝道奔来，也是跟随各官迎接国师的。这国师偶从人丛中伸头看望，只见那马上坐的绅官，一见国师，便怒气满面喝叫："这野僧侧目视我，但本厅虽是微员，亦系朝廷设立，岂容轻藐？甚是可恼！"忙叫皂隶将国师拉倒，剥去衣服，重责二十板，责完放起。只见远跟的员役喊道："这是当今皇上拜的国师，犯了何罪，如此杖责？"一齐拥上，将这马上坐的微官用绳捆绑，一面扶起国师，坐轿进院。随后院司各官闻知，大惊失措，各具手本，但请国师将这细官任行诛戮，免赐奏闻，宽某等失察之罪，便是大恩。原来这细官乃是吴县县丞，姓曹名恭相。他知责了国师，吓得魂不附体，曹县丞也道性命只在顷刻，战战兢兢随着解差膝行到案下，叩头请死。国师吩咐着大小各官上堂，有话面谕，说道："凡为官治理民事，朝廷设立刑法，不是供汝等喜怒的，亦不是济汝等贪私的，审事略有疑惑，切莫轻自动刑，不要说是大刑大罪即杖责。若是错误，来世俱要一板还一板，并不疏漏。本师只因前世曾在扬州做官，这曹县丞前世是扬州人，有事到案，因不曾细闻事情真确，又因他答话粗直，本师一时性起，就将他错打了二十板，今世应该偿还，所以特特远来领受这苦楚，销结因果。本师出京时，即写有四句偈。"一面说，一面从袖内取出，谕令各官共看："奏准丹诏敕南旋，袈裟犹带御炉烟。特来相会曹公相，二十官刑了宿愆"愆音牵，罪也，过失也。各官看完，因吩咐各要醒悟。将曹县丞放绑逐出，又吩咐侍者浇汤，进内沐浴完，穿着袈裟，端坐椅上，闭目而逝。各官无不惊异，续后督抚奏闻，不说责辱一事，只说自己回首。钦赐御葬，至今传为奇闻。

锦堂春

富贵贫贱，皆是一定，如蔡文英，本是寒士，江纳以眼前境界，妄欲悔亲，岂知未久而即荣贵乎？予友史晋臣题堂扁曰："那里论得"，诚格言也。

一饮一啄，尚有数定，何况夫妻之配合乎？婚已聘定，即境异当安，若妄想悔改，皆痴迷之至也。

昔年扬州有个江纳，原系三考出身，选得某县丞，因本县缺员，他谋署县印，甚是贪赃，上司因此逐回乡。只生一女，欲将宦赀择一佳婿，倚靠终老，奈曾定于蔡文英为妻。这蔡文英虽然读书进学，家甚贫寒。江纳外装体面，便目之为路人，常怀离婚之念，所虑女婿是个生员，没人弹压得他，蔡家也不来说亲，江家也并不提起。一日，与本地一个乡宦商议此事，这乡宦姓曹名金，颇有声势，人都怕他。他见江纳欲要离婚，便说道："这事何难？我与兄力为，须招他来，我自有话与他说，怕他不从？"江纳欢喜道："此事得成，学生自当重谢。"就下了眷弟名帖，期次日会饮。蔡文英看称呼虽异，亦要去看他怎生发付。到这日，就是布衣便服，辞了母亲，竟来赴酌。进了江门，只见座中先有一客，行礼之后，问及姓氏，方知是曹老先生。蔡文英要把椅移下些，不敢对坐，曹乡宦哪里肯？正在那边推让，只见江纳故意慢慢地摇将出来，蔡文英就与江纳见了礼，茶也不曾吃。江纳道："我们不要闲坐，就饮酒罢。"曹宦道："但凭主人之意，无有不可。"江纳便把盏，要定曹宦坐第一位。曹宦道："今日之酒，专为蔡先生而设，学生不过奉陪，怎幺好僭？"蔡文英听见这话，便暗想："我说他今日请我有什么好意，他特地请那曹老要来弹压着我，就中便好说话。那江纳不来定我首坐便罢，若来定我首坐，我竟坐了，与他个没体面去。"有主意江纳此举，只为离婚，况且原与曹宦商量过的，见曹宦不肯上坐，道里边有甚九里山计埋伏在内。江纳走过来，一力定要蔡文英坐。蔡文英初时也逊与曹宦，因有奉陪的话，此番并不推却，俨然竟上坐了。大凡不修名节的人，日日在没廉耻里住的，那里来顾？蔡文英这一坐，就是轻薄曹宦了。但只要蔡文英依允，便为得计心在孔方纱帽不大，明知轻薄也死心受了。座中止有三桌，一桌是蔡文英上座，一桌是曹宦奉陪下座，一桌是江纳旁座。蔡文英见有酒送来就吃，有问就答，欢呼畅饮，毫不知有先达在座。直到酒阑，立起身的时候，只见那曹宦走上前，与蔡文英说道："学生久仰长兄，今日才会，恨相见之晚。今日得奉陪尊兄这半日，足见高怀，不消说起是个聪慧过人的了。学生有句话动问，可知江翁今日此酒，为何而设？"蔡文英带笑说道："我晚生是极愚蠢的，老先生休得过誉。但是今日之酌，晚生虽不晓事，或者可以意想得到。"曹宦携着蔡文英之手，满面堆着笑容道："我说兄长是个伶俐人，毕竟是晓得的。但兄长且说出来，若与江翁之意一些也不差，一发敬服了。"蔡文英带着冷笑道："毕竟是亲事上边有甚说话了。"曹宦点点头道："长兄所见极到。学生又请问长兄，令先尊过聘之日，用几多财礼？"蔡文英道："实不瞒曹老先生说，闻得先父在日，曾说当初原是江翁要来攀先父，此时江翁在京，要图一个好缺，少欠使用，着人与先父说过，钗镯缎之类，一应折银，先父就依来人说话。过聘之日，只用银一百两，此外并无所费。"曹宦道："尊兄未到之前，江翁也说有百两之数，足见至公，一毫也没甚相欺了。江翁见长兄目下窘乏，意欲将日前尊公之聘礼送还。一来尊兄有了这些银子，经营经营可以度日；二来明日尊兄高掇之后，怕没有好亲事？要江翁这样的，恐怕还多呢。"才说完话，也不待蔡文应，就叫手下人取笔砚过来。只见豪奴十余人，突然而入，拿纸的拿纸，拿笔的拿笔，磨墨的磨墨，虽显无相抗之情，却隐有虎豹之势。蔡文英看了这光景，便鼓掌大笑，伸手抒毫，写了一纸退契，又在自己名下着了花押。蔡文英道："今要烦曹老先生做个见人，倘或晚生一日侥幸，岂可令世人疑晚生弃妻短行的事？"曹宦一心要图江老之谢，况且事做到八九分了，岂可为这花字不写，便丢个空？曹宦也提起笔来着了花押，把银子兑足。要交割的时候，蔡文英失声道："哎呀！这银子且慢与我着！"曹宦与江老道："却还有什话？"蔡文英道："我还有老母在家，必须与老母讲明，须她也用一个花字便好。"又转口道："这也但凭江翁之意。"江翁只要做事十分全美，便道："我倒忘了令堂，这个花字，是决要的。"曹宦道："这个不难，把银子且支付我家人拿了，就随了蔡兄去讨了蔡孺人的花押，把银子兑换了这张退契回来，岂不甚好？"江老连声道是。蔡文英欣然别曹宦，曹宦就叫四个管家跟了蔡文英去。蔡文英一到家里，对管家道："我老安人性子却甚不好说话，待我拿这纸退契进去，与他说个停当，讨了花押出来，那时自当奉谢。诸位且宽心坐坐。"安放了曹家人，一边自走进去对母亲说，江老假意将酒款待，藉曹宦势威逼退婚事说了一遍，母便咬牙切齿，千禽兽万禽兽骂将起来。蔡文英慌忙道："母亲谩声，曹家人在外边，且不要惊动他们。我如今开了后门，就将这纸退契去喊府尊。"一气跑到府前，却好府官晚堂未退。蔡文英将此事始末禀了，现有曹宦家人在主员家里持银守候。这府官姓高，是个一清如水尽心爱民的，听见此事，差人即刻唤到曹家人，问道："江纳要蔡秀才退婚，这事可是真的么？"曹家人都说是真的。又问道："如今江纳要还蔡秀才的聘礼，现在何处？"曹家人一时瞒不过，只得取出来道："现在这里。"又问道："今日你家老爷也是目击这事的么？"曹家人说："今日是江纳请家爷吃酒，看见是看见的，其中退婚因由，恐怕也不知道。"高府尊就笑道："本府晓得你家老爷是有道气的，怎么得知这事？"就叫库吏吩咐，将这一百两银子且上了库，一面发签拿江纳明日候审，蔡秀才召保，曹家人发放回去，就退了堂。那些差人晓得江纳是个佛主，怎肯放手？连夜伙去吵闹，这也不题。明日高府尊早堂事毕，见农民跪上来禀道："曹爷有书拜上。"高府尊问道："那个曹爷？"农民又禀道："本城乡宦讳金，曾做过科官的。"高府尊道："取来看。"中间不过是要周旋江纳体面，退婚实出蔡秀才本心等语，看完了，就叫柬房发一回帖，便问堂吏道："那江纳可曾拿到么？"只见差人跪上去禀道："已拿到了。"府尊道："既是拿到，怎么不就带上来？要本府问起，才来答应，你这奴才，情弊显然了。"就在签筒里起三支出来，将差人打十五板。要知道这十五板，是曹宦这封书上来的。先与江纳一个歹信，凡为官的，做事理上行走，在宦途还有人敬他，若似这般歪缠，那正气官自然与个没趣，即或情面难却，做事决不燥辣。江纳看见差人先打了板子，万丈豪气已减去大半。府尊就问江纳道："你因甚缘故就要蔡秀才退婚？"江纳道："爷爷，小官江纳怎敢行此违法之事？但是蔡文英好赌好嫖，不肯习上，他家道日贫，屡次央人来索还原聘，情愿退婚。江纳见他苦苦追求，万不得已应允。昨日蔡秀才又要在聘礼之外加倍取索，江纳执意不从，他就来诳告状，乞青天爷爷鉴察。"府尊道："我昨日看见那蔡秀才，全不像个好赌好嫖不肯习上的，恐怕还是你嫌他贫么？"江纳满口赖道："实是蔡秀才自要退婚，况且江纳薄有几分体面，蔡秀才不曾死，女儿又要受一家聘，也是极没奈何的事，望老爷详察。”府尊道：“据你口词，是极要成就蔡秀才，倒是蔡秀才有负于你。他今不愿退婚，你正好成就他了。”江纳道：“如今既是他不仁，我也不义，江纳也不愿与他结亲了。”府尊笑道：“据你说，如今又不要成就他了。也罢，如今本府与你处一处，毕竟要蔡秀才心悦诚服才好，不然本府这里依你断了，他又到上司那边去告，终是不了的事。本府处断，当初蔡秀才有百金为聘，你如今要与他开支，直须千金才好。”江纳连忙叩头道：“尽江纳的家私，也没有千金，那里设处得出？求老爷开恩。”府尊道：“你既是这般苦求，本府与你两言而决，你若不要退婚，蔡秀才一厘要你不得。你若立意要退婚，限三日内再将七百金上库，凑成八百，教蔡秀才领了这些银子，本府就与你立一宗案，可令蔡秀才没齿无怨了。”江纳却全没有要蔡秀才完姻之意，只要求八百金之数，再减下些便好。府尊看了这光景，借势威逼，不问可知。江纳便磕穿了头，告破了口，再不睬了。提起朱笔，批在签上，着原差限三日内带来回复，如迟重究。江纳回来，只得又与曹宦商议，出五百金完交。到第三日，一面进曹宦的书，一面将五百金上库。午堂，差人又带江纳上去，府尊问差人道：“江纳完多少银子了？”差人道：“已上过六百了。”江纳又跪上去苦苦地求道：“江纳尽力措置，才得这些银子，此外一厘也不能再多了，叩求老爷开恩。”府尊道：“这二百银子，也不要你上库了，你到曹乡绅家讨一帖来就恕你吧。”差人又押江纳到曹宦家来讨帖，曹宦晓得这风声，就不相见，说有事往乡里去了，有话且留在这里吧。江纳一向结交曹宦，今略有事，就不肯相见，却是为何？若是江纳拿了这二百两去，那曹宦自然相见了，空着手去说话，怎肯相见？江纳会意，只得回家来凑了一百现银，写了一百欠帖教人送与曹宦。曹宦那个帖，就是张天师发的符，也不得这样快到府里了。当日，蔡文英、江纳一齐当面，府尊就叫库吏取出那六百两银子交与蔡秀才。蔡文英看也不看，哪里肯收？府尊看在肚里，悉见江纳之诬了，因失声道：“我倒忘了。”对着江纳道：“你女儿年纪既已长大，定是知事的了？本府也要问她肯改嫁不肯改嫁。”就发签立刻要江纳的女儿来审，不多时，女儿唤到。府尊叫江纳上来道：“你女婿有了六百金，也不为贫儒了。我今日就与蔡秀才主婚，两家当从此和好，不可再有说话。叙清若不看曹乡宦的情面，本府还该问你大罪。”一面吩咐预先唤的花红鼓乐，一乘轿一匹马，着令大吹大打迎出府门，又叫一员吏将江纳完的六百两银子送到蔡家，看他成亲回话。惊动满城的百姓，拥挤围看，没有一个不感府尊之德，没有一个不骂江纳之坏，那江纳羞得抱头鼠窜而归。这蔡文英有了膏火之助，并无薪米之忧，即便专心读书，联科及第，不过几年，选了崇阳县知县，又生了公子，同着老母妻子上任，好不荣耀。他做官极其廉明正直，兴利除害，凡有势宦情面，一毫不听。百姓们遍地称功颂德，又差人接了江纳到任上来，另与公子并教公子的西席俱在书房内安养，甚是恭敬，将从前的事毫不提起，倒是江纳每常自觉羞愧。一日，蔡文英到书房里谈话，江纳拉到一小亭子上，背着西席恼愧道：“当日的事，都是曹宦做起，后来府尊要他帖子，才减二百两，他就躲了不面，措去我一百两现银，又写一百两欠帖，才肯发帖。后来晓得府尊另断成婚，自己不过意，着人将欠帖送还与我。但曹宦在地方上，凡有事不论有理无理，只得了银，便以势力压做，不知屈陷了多少事。有一日，忽然半夜里失了火，房屋家产尽成灰炭，父子家人共烧死九口，竟至阖门灭绝，你可不快心？可不害怕？当初他若肯好言劝止，或者不有其事也不可知。我如今想起来，恨他不过。”蔡文英笑道：“岳父恨他，在小婿反欢喜他。当初若无此事，小婿江宁科举，北京会试，一切费用，哪有这许多银子应付？即或向岳父挪借，也只好些微，绝不有六百两助我，可是感激他不了？”翁婿大笑。一日，时值立春，天气晴和，内堂设宴，铺毡结彩，锦帐围列，老母夫妻公子团聚欢饮。蔡文英道：“今日在这锦绣堂中，阖家受享荣华，皆是高府尊成全，不可不知感图报。”其时高府尊已年老告致，因备了许多厚礼，差人赍书遥拜，门生往来不绝，竟成世交矣。

牛丞相

雷者，因阳气被阴气包裹不得出，猛然劈出所以成声，原有天神主之。人有乖戾之气，上与相合则击之。要知良善之人，从未有遭雷击也。

牛耕马驮，辛苦万千；猪羊充食，千刀万剐，是皆恶报偿还，前因后果，必然之理也。

人心行好，狗可变做状元；人心行坏，丞相可变做牛。好坏都是自作自受，冥王何预焉？

明朝有个状元罗伦，他是江西吉水县人，极有胆气，凡见事有不当者，即敢言直谏，朝廷因他忤旨，谪他到福建市船。未几奉旨复官，他辞疾不赴。这罗状元是个理学大儒，腹中博通古今，天下的事物，哪件不知？哪件不晓？一日，由扬州经过，行到湾头东乡地方，忽然阴云四合，大雨倾盆。罗状元奔到村馆中避雨，只见雷电交加，霹雳一声，将耕牛一只击死田内。少刻云散雨止，远近的人都拥挤来看。罗状元亦随众往看，只见牛身被雷斧破开，血流倒地，因而心中不忿，大喊道：“牛是诸畜生内最有功于人的，每日耕田耙地，千辛万苦，到后来皮肉筋骨都供人用，最为可怜，有何罪过？此时朝中有许多大奸大恶，天雷不击，何以击此最苦之牛？”就借避雨村馆中笔砚，在于牛身上大大的字写二句云：“不去朝中击奸相，反来田内打耕牛。”同看的都欢喜说道：“这才批得真正有理。”众人正在称赞之时，忽见天上乌云一块，疾来如飞，罩聚牛身，复又一雷，看的众人都惊跌在地。少刻爬将起来，同罗状元再去一看，那牛身上二句之下，竟是雷神用朱笔另写二句云：“他是唐朝李林甫，十世为牛九世娼。”罗状元同众人看罢，方才知道这牛是奸相变的。他受尽万千苦楚，再加雷斧而死，以报宿世之恶也。唐朝至今，尚未报完，惊叹不已。这罗状元因此明白，回到吉水本乡，闭户另着明理书传世。可见恶人果报填还，应在屡世不止也。

狗状元

佛法广大，不论四生六道，但有觉悟，自然证果。可惜此狗修入洪福，贪迷荣贵，幸而不幸也。

极细如蝼蚁虮虱，皆具佛性，一得觉悟，俱可成道，况狗兽之大乎？独叹人为万物之灵，百般呼唤，痴迷不醒，深可惜也。

一踢尚还五板，若杀彼生命供我肥甘，如何还报得了？可不害怕？

予于状元，不说姓名，恐卑污于人也。阅者相谅，勿谓无稽虚语。

扬州小东门内有个韦明玉，三十多岁，因往镇江游甘露寺，就在寺内削发为僧。方丈中彻大师，是个参悟得道的高僧，每常说法，直接指点，座下拱听甚多。方丈内养有一狗，但遇大师说法，即伏傍侧耳细听，或说世情闲话，狗即外出。一日明玉腹饥，先取一饼在东廊下倚柱咬吃，这方丈狗来眺望，如有求食之意。明玉性起，怒踢一脚，其狗负痛，就地急滚。明玉懊悔，自思饼又不曾与食，何苦踢此一脚令他痛滚？心中不忍，因将吃不完的半个饼丢地与狗咬吃。过了三日，狗死。报知大师，令埋于后园。过了一十八年，忽报本地新科状元到寺内进香，兼看江景。大师即忙传众僧远远迎接，只见许多旗伞、执事、皂隶、夫马，好不荣耀。状元在山门外下马步行，甚是幼小，美貌端庄，上殿焚香拜佛完，到方丈谒见彻大师，留茶谈话，甚是谦和恭敬。揖别而出，又往两廊闲步，忽见明玉倚柱背脸，状元看见大怒，呼来跪下说道："我来寺里进香，又不曾滋扰汝等，如何没眼看我？好生可恶！"喝叫左右拖在廊下，责了五板逐出，然后往山顶后边观看江景才回去。众僧送山下辞归，都来看明玉。这明玉苦眉道："我并不曾说话冲撞，又不曾行止犯法，无辜遭此官棒，其实不服。"恼恨不已。正在苦楚之时，忽又见戴红高帽的两个夜不收，将明玉和尚拉着往外飞走，口中喊道："状元叫你去，立等说话。"明玉惊怕，暗想道："莫不是方才打得不好，又要重打不成？"没奈何，只得随去。慌得寺内众和尚齐进方丈，公禀彻天师，要往状元府前焚香跪门。彻大师吩咐道："汝等不必前去，此番必不难为他。我于状元未来时，已先有二句粘在壁上。"呼侍者取来与众共看，上写云："一脚还五板，半饼供三年。"

众僧看完惊异，方知这状元前生是本寺狗变的。随着人探听，果然唤到时，状元看着明玉道："方才一时怒气，责汝五板，仔细想起，甚不过意。但你在寺众清苦，竟在我府中另扫一间静室，每日蔬菜茶饭供养你修行，岂不自在？"明和尚喜出望外，感谢不已，竟依住下。光阴瞬息已将三年，明和尚忽而去世，状元吩咐造龛送化而终。可见世人一举一动，都有前因，凡事岂可不慎耶？

说蜣螂

神鬼仙佛，或现或隐，遍满世界，奈人之肉眼凡胎，何能知识？可见一切欺心坏事，虽于无人处为之，在神明已洞若观火。所谓暗室亏心、神目如电者，丝毫不错。

人只要心存正念，虽形迹垢污，亦不妨碍。若徒饰精洁于外，机甚左矣。

康熙初年，扬州有一人姓陈名友德，年四十余岁，性最爱洁，每喜穿玉色极细布袍，石青缎套，常坐船至江西湖广卖盐。一日，行至湖广岳州府，顺路闲往岳阳楼游玩，但见楼虽倾坏，其江山景致甚佳。正在玩赏时，见一寒士，身穿破衣，尘灰垢泥，来向友德拱手道："台兄想是闻岳阳楼的景致来玩的，但此楼胜处全在衔山吞江，气象万千，真天下之奇观。"友德是个爱洁的人，见其人邋遢，因而不礼貌，亦不应答。那寒士忽倚着楼上栏杆，来携友德的手，指点山水之妙，忽有蜣螂虫迎面飞来，友德以手挥落楼檐。那寒士看见说道："这蜣螂虫俗名推屎郎，虽是秽污推粪之虫，但其志在于转丸脱化。鸣蝉栖于树杪，餐风吸露，类如飞腾，乃最有能干之物，未可轻忽也。"友德口虽微应，亦不答话，少刻下楼别去。后十年，友德一日进扬城南门，由大街出小东门有事。正行路时，忽然见三个人将友德周身一看，慌忙齐说道："兄可姓陈名唤友德么？"友德惊异问道："小弟是便是的，但与兄们从未识面，如何知我姓名？"三人道："祖师在南门里常家降乩判云：'此时有一人姓陈名友德，年约六十余岁，鬓发雪白，身穿玉色布袍，石青缎套，从南门大街往北走，可代我赶上唤来，我有话说。'因此奉请回去一见。"友德怒喊道："我平生最不喜仙佛，你们说什么祖师妖言惑众？哄骗谁来！快快回去。"那三个人坚不放手，婉言哀求道："你就不信仙佛，屈去一到，即刻便回也不妨事。"说完拉着急走。友德无奈，只得随去。口里自说道："我只不信，看他们如何骗我！"旁人听见的也跟随二十余人同去看如何行止。到了南门内常家，果见香烛供献，二人扶鸾。友德站立案傍，亦不跪拜，忽见乩判云："陈友德你来了么？"友德恼怒，亦不应答。乩因判四句云：

十年不见陈友德，今日相逢鬓已霜。
记得岳阳楼上会，倚栏携手说蜣螂。

友德见此，即刻跪倒在地，叩头百余，谢罪敬服。众人细问原委，友德将十年前如何逢遇，如何说蜣螂的话，从头至尾细说一遍。在道的三人、跟去二十余人，俱皆叹服。友德从此投拜祖师门下，修真悟道，后得证果。可见不曾通彻仙佛的人，切不可一言毁谤也。

飞蝴蝶

金钱化蝶飞，唐库之奇传。此从前听闻之语，不意再见真事于今日，岂非异乎？或者道士藉此以醒世之钱财，未可着实看也。

事有利益于人者，或幻或不幻，虽凡夫亦是仙佛，否则即真仙真佛，正与凡夫相等。可知人具济世利人之言行，即是现在之仙佛矣。至若借道法以图遂贪欲坏事，恐凡夫人身，俱不得也。

哄传扬州府学前，有一道士卖药甚奇，予随众往看，果见数百人围聚。予挤进观看，见有一道士约年四十余岁，头戴小木冠，纳衣蒲团，手执云帚端坐，余无他物。人来问话，他不多言；人来买药，只取钱一文。将钱丢于道士面前，道士随用手在云帚上一抹，即有一颗丹药与之，随抹随有，虽数百人数百颗丹，俱不完。其丹大如指顶，朱色，能治百病，茶汤任下。卖药一时内，道士忽有向来人说："你为人极孝，奈少奉养，我当赠送。"即用手在钱堆上，或抓一把三五十文不等，或两手捧一捧一二百文不等。忽有向来人说："你家有婚姻喜事，缺少银钱，我当赠送。"任意取钱与之。或说饥寒急迫赠送的，或说病欠调养赠送的，钱数多少不一，人人都说着。道士赠送人的钱虽多，来买药的钱更多，未曾半日，面前即堆积钱约有数千，看的人越多。正在拥闹之时，人群中忽挤出两个公差来，向道士喊道："你是何方妖人？敢在江都县衙门左近，以卖药为名哄骗人的钱。我是积年快手，专拿你这等人治罪。"道士笑道："贫道在此卖药，治人疾病，积下来的钱虽多，贫道整几百几十救济人。二位既是县差到此，贫道不好简慢，该以茶奉敬。"一面说，一面在衲衣袖内用手接一盅热茶，茶内两个枣儿，连茶匙俱有，奉与来差，复将手在袖内又接出茶一盅，一样奉上那一位。两个差人惊怕不敢吃，因说："我们来不是吃你茶的。"道士笑道："你二位不吃茶，贫道知得二位的心思。但这面前堆的钱，是留了济世利人的，非比外道用以遂自己贪欲的，莫想擅动一文。"又向二位道："既不吃贫道的茶，可仍旧将茶还我。"两县差因将不曾吃动的茶两盅，递交道士。那道士用左手开了袖口，右手接过一盅茶，把茶钟连茶果远远地往袖中一撩，又接过那一盅茶，也远远地往袖中又一撩，临了将两双袖子往空中一大摆，说道："贫道这钱，是没得奉敬的。"因两手将钱捧了许多，往空中一戽，只见钱都变了许多大蝴蝶，纷纷飞去。那道士又捧着钱，一戽一戽都戽完了。那满天蝴蝶有几千，飞得好看。众人都仰面齐看，这道士竟不见了。少停一刻，许多蝴蝶都往天心里上飞，如灰点也没了。许多众人议论，也有说是神仙下降，当面错过的；也有说是幻法骇人的；也有说是真正救济人的；也有说是差人不该滋扰他的。这两个县差也甚懊悔，后来人都散去，遍传以为奇闻。

村中俏

妇人若有奸情，心变两样，嫌此爱彼，渐成杀身大祸，甚可畏也。

不听邻老极好佳言，自速其死，皆由平昔借以卖线，喜看妇人而喜调妇女所致，又可畏也。

老诚男人，切莫娶风流妇女，江原事即是明镜。

扬州南门里有个汪原，沿街背着线笼生理。年当强壮，尚无妻室，借卖线为由，专喜看人家妇女，大过。兼且说粗谈细，油嘴打话。因生意稀少，有朋友荐他到西乡里走走甚好。一日到了陈家庄地方，见一妇人叫住买线，这妇人美貌孝服，约有二十四五岁。汪原与之眉来眼去，甚是欢喜。访问庄邻，遇一老者说道："这妇人郭氏，有名的叫做村中俏。虽然标致，去岁嫁了一个丈夫，不上半年得了痨病而死，不问而知是个喜动不喜静的妇人了。我看你是个老诚人，身就壮实，恐怕还不是他的对敌。"汪原道："只因我家中无人照管，不妨娶他。"因而烦媒说合，一讲就成。娶进门来，夫妻十分和好。过了两个多月，汪原的面皮渐渐黄瘦了，汪原的气息渐渐喘急了。他有个同行卖线的刘佩吾，时常在汪家走动，早晚调妇，遂成私好。这佩吾晓得温存帮衬，又会枕上工夫，妇人得了甜味，因而日渐情密，且见丈夫有病，哼哼叫叫，煎药调理，看为仇敌，邻里人都知道风声。那汪原弱病卧床，佩吾假意问病，遂与背地亲嘴，被汪原看见，奈病难开口。次日略觉清爽，因向妇人说道："我在这坊住了多年，虽然小本生意，却是清白人家，你须要存些体面，我是不肯戴绿帽子的，倘然出乖露丑，一刀头落，休想轻饶。"妇人勉强说了几句白赖的话，转脚便向佩吾说知。佩吾道："既然你丈夫知道，我下次谨慎些就是。"妇人道："你我恩情是割不断的，乘其病卧，我自有法。"佩吾别去。那妇人淫心荡漾，一心迷恋奸夫，又恐丈夫病好管头缚脚，不遂其欲，夜半乘夫睡熟，以被蒙其头，将一袋米压上，不容转气。汪原被他安排死了，到天明料然不醒，假意哭将起来。佩吾听有哭声，又听得街坊邻佑都说："这人死得不明，我们急速报官。"佩吾心内如乱锤敲击，三十六策，走为上策。要往淮安亲家逃躲两三个月，等事情平静再回来。因一气从湾头高庙走至邵伯镇，已有四十多里，心略放宽。因饿，见个饭店便走进去，拣个坐位坐下叫："主人家，快取些现成饭来吃，我要赶路。有好酒暖一壶来。"主人家答应了。须臾间，只见店小二摆下两个小菜，放下两双箸，两个酒杯。佩吾道："只用一双箸、一个杯。"小二指着对面道："这位客人难道是不用酒饭的？"佩吾道："客人在哪里？"小二又指道："这不是？你一同进门的。”佩吾道：“莫非你眼花了？”小二擦一擦眼道：“作怪！方才有长长的一个黄瘦汉子，随着客官进来，一同坐地，如何就不见了？”佩吾想着汪原生时模样，料是冤鬼相随，心上惊慌，不等酒饭吃，便起身要走。店中许多客人闻知小二见鬼，都走拢来围住佩吾座位，问其缘由。佩吾慌上加慌，登时发狂起来，口中只喊：“我死得好苦！”众人道：“这客人着鬼了，必有冤枉。”有附近弓兵知道，报与邵伯巡司。巡司是冷淡衙门，以有事为荣，就着弓兵拘审。当下众客人和店小二，扶着佩吾来到巡司衙门。佩吾双眸反插，对着巡司道：“你官小断不得我的事。”巡司大惊，即叫书手写文书，解江都县来，即刻带审。鬼附佩吾，将自己通奸郭氏、压死丈夫的事直说。县官取了口词，便差皂隶拿郭氏对理。这郭氏安排了丈夫，捱到天明，正要与佩吾商议，不料他已逃走，这场大哭，才是真哭。哭罢收拾衣物，当银收殓。众邻见汪原暴死，正在疑心，忽然公差来拘郭氏到官，兀自抵赖，反被佩吾咬定，只得招承。冯知县定郭氏谋杀亲夫，凌迟处死。若非佩吾通奸，杀心何起？亦定斩罪。不多时，男妇同赴法场，一斩一凌迟。来看的人几千百，都各凛知果报昭然。

风流悟

世上人既奸其妇，复杀其夫，心为欲遣，一时不慎而犯此法者甚多，其相报不一而足。或因争风而彼此互杀，或因夫见而男妇并杀，或假手于叔伯公姑，或假手于邻里亲党，或鸣于官而以刃杀，或罹于狱而以杖杀，可见淫者天下第一杀机也。我独异其既远窜他方，乃冤魂犹相随不舍，必致于杀，则世之好人妻女者，其夫、其公姑、其父母之冤魂，必时刻跟随左右可知矣。设于暗室独处之际，或黑夜远行、孤身旷野，更或逆旅凄凉、棘围寂寞之时，想着此等冤魂，披发切齿，怒目汹汹，必欲相报而后快者，真可寒心、痛心，亟宜改过忏悔，庶可免祸。若其夫、其公姑、其父母未及身死，彼耻悬眉目之间、恨入心骨之内，必欲食其肉寝其皮，刺刃于仇人之胸而后快者，亦无以异。所以行奸卖俏之人，其妻儿女媳往往亦着丑声，旋遭杀戮。虽天道好还，亦未必非此辈冤魂阴为协助也。

关外缘

恩若救急，一芥千金。试看彭之施济，不过银五两、袄一件，遂令受者铭感肺腑，诚可法也。

人一好赌，未有不受苦丧身破家者。试看彭案，若非慈心为主，得遇救济，竟至身家妻子莫保，是谁强逼？可不警醒！

俗谓“钱在手头，食在口头。”可知若非大有主见之人，见钱在手，未有不多费浪用而致害者，观彭事，甚可鉴也。

人若不经一番大苦，其平常劝谕何能改易？只看彭人自从遭难之后即另换一副心肠，竟至勤俭成家，但恨事败悔迟，世人急须早醒。

官征钱粮，必须入柜汇解，若任役私收，定致侵挪，虽惩重法，又何益乎？

扬州旧城东岳庙前，有个开磨坊的彭秀文，极喜赌博，又喜奢华，因冒充了江都县里书办，把磨坊交与胞弟开张。那时候县官征钱粮，只有田亩地丁，是听民自封投柜，其余杂办银两，俱交收役私收不慎，给串逢解时，将银入解。这秀文因而谋收行夫牙税，银两得催到手，收的银子任意大赌大费。次年复又谋收，挪新掩旧，不得露丑，却喜一件，为人极有慈心，时常将官银封小包几十个，每包五六分，放于身边，遇见瘸的、瞎的、年老有病的，给予不吝。一日，县中收完钱粮，在磨坊店门前闲立，看见对面庙门石鼓傍倚了一个薄布衣的穷人，低头流泪，连声愁叹。秀文因问那汉子：“为何如此愁苦？”那汉子说：“小子姓黄，是某科举人。有至亲在扬州现任的某官，因来向官恳些盘费，前往京都谋事。谁知这官只推不认得，反令下役呼叱，不容见面，害得小子宿的寓处、房饭钱全无，房主赶逐，进退无路，计惟寻死，所以伤惨悲痛。”秀文蹙然道：“你既是书香一脉，前往京都，需用几多盘费？”其人说：“还房饭连搭顺船稍，若有银五两，将就可致。”秀文因见此人苦楚，遂说：“此时十月，天气寒冷，我看你身上尚无绵衣，我先取件旧布绵袄与你穿暖，明日仍到此处，我有滋助。”与衣别去。次日，果来俟候。秀文就与银五两，黄举人记着姓名，感激叩别。忽然本县因事参离任，康熙某年间，新县官到任，大有才能，点收钱粮，俱系亲自遴选，不容汇谋，不论正项杂项，俱听纳户自封投柜，逐项清查。秀文侵用的夫税银子水落石出，节年计共侵银一千六百余两，严拿收禁比追，受了许多刑杖。怎奈家产尽绝，官不能庇，问成斩罪。在狱未曾年余，牢遇皇恩大赦，死罪减等，秀文改为流徙关外三千里，因而佥妻出狱，急押起程。胞弟哭别，亲友赠送盘费，奈上路未久，银已用完，可怜夫妻沿途乞化而去，真个破衣赤足，受尽万苦。出得关外，自量有死无生，行至流徙之处，忽遇一人，立于店铺门首，呼近细看，先说道：“你莫非是彭恩人么？”秀文日久总忘，并不相认。那人自说：“昔日在扬州东岳庙前，赠我盘费绵衣者，即是我也，我受活命大恩，时刻切记。”说完就将秀文夫妇拉入店铺内室，与好衣帽换着，治席款待，叩头致谢。秀文因问黄举人：“如何住到此处？”黄举人道：“重蒙大恩，得银搭船到京，投某王爷宫内效力。某王见我至诚，十分优待。其时王有契友，犯罪该斩，王求父皇免死，流徙此地。王因我可托，特交银万两，着我同王友开这店铺。凡山陕川广各省货物，即日用米粮布帛，俱皆全备。恩人夫妇可住于我家，代我掌管料理。”秀文喜出望外，因受了万千苦楚，性情顿改，凡事俭约，虽不过啬过吝，却也诸事朴实。过了年余，黄举人又分一铺与秀文，立起最富家业。后来寄书信并带许多关外土产物件与胞弟，磨房内方才得知详细。如此因缘奇遇，不可不述其始末也。

假都天

人心多愚，原易惑以邪说。如释则有炼魔之术，道则有黄白。彼家之说外，此又有“无为教”、“白莲教”，名号不一，要皆惑人者也。一为所惑，因而脱骗财物，生盗生奸，甚至聚党作乱，然及其后，未有一人不败者。两陆棍只知藉神谋财害命，惊众彼时，富未享而俱丧狱底，其为首之活都天，乡愚信哄，尤可怜也。三教圣人，觉世利人，俱当敬奉，何宋秀才惯喜讪谤？今遭惨死，是皆平昔毁轻神佛之自取也。

扬州便益门外黄金霸地方，于康熙十四年间，有一乡愚担粪灌园。或有陆大、陆二两个人向说道：“你终年灌园，极其穷苦。我有一法，可得万金，财主你可依呢？”乡愚听得，喜不可言，因引至无人僻静空处传授，须得如此如此，乡愚领会。明日，乡愚正在灌园时，忽然狂呼踊跳，自称都天神下降，大喊道：“若不立庙祀我，这地方上百姓，各家男女都遭瘟死。”是时正值瘟疫大行，家家病死的人极多，人都信以为真。旁边陆大、陆二竭力赞助，先于空地暂搭芦席殿蓬，奉乡愚正中居坐，称之曰“活都天”。远近闻名，叩首祈祷，男女杂遝者，不可计数，香烛牲礼，酒肴供献，络绎不绝。这活都天终日默坐神案上，并不饮食。乡人愿免灾疫，俱争先布施。或施殿梁银若干，或施殿柱银若干，砖瓦木料石灰人工等银，俱交陆大、陆二，登填姓名，收银入柜。正在人众拥挤时，忽有一屡年毁神谤佛的宋秀才，走进席殿来，指着活都天高声大骂道：“你这瘟奴才不知死活，平空的自称活都天，哄骗乡野男妇，须不能惑得我宋相公。我且打你个死，看你如何治我！”一面骂，一面走到神座，打活都天两三掌。陆大、陆二拦阻不放，宋秀才又喊过：“我从不信邪，我且将你这些供的酒肴，先请我相公受用受用。”即用手乱抓入口，又斟大盅酒乱吞，又吃又骂。那日看的人竟有上千，都拥挤不开，只见这宋秀才吃完了酒肴，忽然跳上几跳，跌倒在地，反手如捆绑一般，高声自喊道：“活都天老爷，我小人一时愚昧，冲犯得罪，只求活都天老爷饶我小人吧。”又高喊道：“不好了！不好了！活都天老爷不肯饶我，又打棍了。”喊了多时，口鼻六孔中俱流出鲜血来，面色渐渐青紫，少停一时，气断身冷，直挺在地。陆大、陆二大喊道：“这宋秀才不知人事，获罪活都天老爷，因不肯宽赦，就把他的性命追去了。你们众人内有认得他家的，速些送信去，着他家人来收殓。”停了一日一夜，次日，宋家男妇多人，痛哭不已，买棺抬去埋了。众人都亲眼看见，个个惊怕，更加凛然敬重，人来得越多。将近一月，布施的银钱、米粮、木料、砖瓦，堆满几屋。忽一日，本府太守金公亲来进香，只见许多旗伞执事皂快人等，好不热闹。这日轰动远近人更多，陆大、陆二欣欣然大有兴头。金公到了活都天处下了轿，也不上香，也不礼拜，即立着先问："活都天之外，庙中主事的是哪几个人？本府问明，便好布施礼拜。"那陆大、陆二站立在旁，急忙说道："就是我兄弟两个做主。"又问："已有钱粮若干？尚欠若干？"俱有收簿，逐细禀答完了。金公即便于席殿正中坐下，吩咐皂快先将陆大、陆二拿下，然后将活都天绑倒，不由分说，把这三个人就在席篷下每人先打二十大板，然后叫上来喝道："你等做的事，本府俱已知道，可从直说上来，如何造谋装都天，如何害死宋秀才，细细说明，如不实说，即刻打死！"这活都天哭禀道："小的是个挑粪的愚人，一些事都不晓得，俱是陆大、陆二做的，求老爷只问他二人就明白了。"金公即唤二人审问，抵赖不肯承招。金公吩咐将带来的夹棍，把二人夹起，捱不过刑，陆大只得直说道："当日哄这愚人装作都天，俱是小的二人主谋帮助的，预先说明，凡得银钱，俱是三人均分。这宋秀才平日是个惯会骂神佛的人，因弄计于某日黑夜，小的们请他到无人处商议，求他假来打骂，却自己跌倒喊捆喊打，惊骇人敬怕，骗人多布施的，说明凡有财物，俱作四分均分，宋秀才才肯入伙的。"金公又问："这宋秀才因何七孔流血呢？"陆大又不肯招。金公怒叫："用棍狠敲！"陆大只得直招："是放了毒药在酒肴内，哄他吃下，七孔流血死了的。"金公又问道："宋秀才既然依你入伙，何苦又害他的命呢？"陆大供说："恐怕多他一人，就添一股分银，因此害他的。"金公又问："这活都天用何法不饮食呢？"陆大供说："每夜三更人静时，把活都天抬下来，荤饭吃得极饱，所以日里不吃饭食了。"金公听完大怒，放了夹，吩咐每人再加责二十大板，带回府收禁，吩咐将收积的银钱同物料变价贮库，买米赈济饥民。众百姓都感颂金府尊神明。回衙门之后，过了三日，又提出三人，各责二十板，先后俱死于狱底。至今多年，但遇不真实的事物，即云："黄金霸的都天——假到底。"

真菩萨

财也者，天地间之公物也。天地间公物，理宜为天地间公用。富翁当推有余以济人，所谓"不如积阴德于冥冥之中，以为子孙长久之计。"此司马温公之至言也。

观世音菩萨，普天之下，家家供奉，人人感颂，总为能救苦救难而至于此。人之言行，有能多方救济者，虽是尘凡之人，即是现在之菩萨矣。

闵世璋是歙县人，他在扬州行盐，乐善不倦，乃笃行君子也。每年盐业利息，自奉极俭，余悉施济，全不吝惜。曾一日见郡有夫妇负宦债，以身偿，宦逐夫收

观音大士像，出自《三才图会》

妇，其夫妇痛哭，矢死不离。闵公知实，代偿其逋，夫妇仍归完聚，此特一节。当时扬州水旱频仍，闵公捐资赈济，全活饥民不计其数。再如倡育遗婴，提携贫苦，施絮衣，救难妇，修理桥路，种种不可枚举。闵公寿过八十，康强如壮，子孙蕃衍，科名鹊起，咸谓德行之报。

扬州有个蔡琏，这人禀性仁慈，于顺治十二年，创立育婴社，在小东门。其法以四人合养一婴，每人月出银一钱五分，遇路遗子女收至社所，有贫妇愿乳者，月给工食银六钱，每月望验儿给银，考其肥瘦，以定予夺，三年为满，待人领养。时陈公卓致政家居，为之刊定社规，内分缘起第一，乳母第二，捐银第三，收养第四，保婴第五，领养第六，清核第七，艺文第八。其议论至详至善，每本二十余页，名曰“育婴编”。此法不但恤幼，又兼济贫，免人世溺婴之惨，功莫有大于此者。凡城邑村镇，宜永远仿此而行。始初，蔡公五十余岁，尚未有子，因倡此社后生三子五孙，寿至八十七岁，天报善良，洵为不虚。扬城因其活儿甚多，俱以真菩萨称之。予见愚人，溺儿最惨，要知物命至微，尚体天地之心，放生戒杀，况乎子女？乃或以野合淫奔而灭其迹，或以家贫身病而弃所生，于是有既生而损者，有未生而堕者，骨肉自残，良心灭尽，人世恶业，莫过于此。若所以杀女之情，近愚山施氏破之其悉，歌云：“劝君莫溺女，溺女伤天性。男女皆我儿，贫富有定分。若云养女致家贫，生儿岂必皆怡亲？浪子千金供一掷，良田美宅等灰尘。若云养女碍生儿，后先迟速谁能知？当阶玉树多先折，老蚌双珠不厌迟。有女莫愁难遣嫁，裙布钗荆是佳话。婚不论财礼义存，择婚安贫免牵挂。漫忧养女玷家声，为儿娶妇亦关情。淫首百恶尔先戒，不种孽根孽不生。杀女求儿儿不来，暮年孤独始悲哀。不如有女送终去，犹免白骨委蒿莱。赎人妻女救人殃，阴骘缠绵后必昌。若还多女竟无男，前生债主今生偿。劝君莫杀女，杀女还杀子，仁人有后恶人亡，桂折兰摧疾如矢。劝君莫杀女，杀女还杀妻。生殄婴孩死索命，牵衣地狱徒悲凄。劝君莫杀女，杀女还自杀。冤冤相报几时休？转动投胎定夭折。孺子入井尚堪怜，如何摘女葬黄泉？及笄往嫁尚垂泪，何忍怀中辄相弃？古往今来多杀机，可怜习俗不知非。人命关天况骨肉，莫待回首泪满衣”

扬州有个程有容，业盐生理。大清初年，条陈利弊，当事多嘉纳之。性醇好善，诸如育婴拯溺以至桥路之施，力行不倦。城南有败闸，植巨椿百数，沉于水，大舟触之立破，人目为神椿，有容募人泅水拔之。岁大祲，请于鹾院，出金粟助赈，身董其事，就食者计有七十余万人，凡两个多月，未尝告瘁。恩赉频加，生平推诚待物，行必以恕，曰：“吾留有余以与子孙也。”后果子孙绕膝者三十余人，科甲连绵。更置义田以赡宗党之不振者，至今尚存，乡里咸荫公为菩萨。

扬州府太守蒋恭靖，讳瑶。正德时，大驾南巡，六师俱发，所须夫役，计宝应、高邮站程凡六，每站万人，议者欲悉集于扬，人情汹汹。公惟站设二千，更迭遣以迎。计初议减五分之四，其它类皆递减，卒之上供不缺，民亦不扰。时江彬与太监江得挟势要索，公不为动。会上出观鱼，得一巨鱼，戏言值五百金。彬从旁言请以畀守，从值甚急。公即脱夫人簪珥及绨绢服以进，曰：“臣府库绝无缗钱，不能多具。”上目为酸儒，弗较也。一日，中贵出揭贴，索胡椒苏木奇香异品若干捆，以所无冀获厚赂。时抚臣邀公他求以应，公曰：“古任土作贡，出于殊方，而故取于扬，守臣不知也。”抚臣厉声令公自覆，公即具揭帖详注其下曰：“某物产某处，某物出某处，扬州系中土，偏方无以应命。”上亦不责。又中贵说上选宫女数百，以备行在，抚臣欲选之民间，公曰：“必欲称旨，止臣一女以进。”上知其不可夺，即诏罢之。予谓此一官，当急难之际，用尽智力，宁可自己不顾害累，而庇令万民安稳，何等心思！虽西方菩萨现身救世，亦不过如此。目今官之有才能、有智谋者颇多，但专图利己，谁肯利民？请以蒋公为式，而力行之，不唯功德福报，抑且芳名流传不朽矣。

大事因缘

大慧杲禅师

宋大慧杲禅师，年十六出家，十七落发，即喜宗门中事，遍阅诸家语录，尤喜云门睦州语。使是上等根器。尝疑五家宗派，元初只是一个达摩，甚处有许多门庭？未识羞者，个个有这高论，及乎参到深处，不得不入他门庭也。性逸不羁，十九游方，初谒宣州明寂理禅师，请益雪窦拈古颂古，理不假一言，令自见自说。师辄洞达微旨。

慈祥为救国民图，出自《阴骘文图证》。描绘了北宋名臣范纯仁任庆州知府时恰逢旱年，百姓饥苦，范纯仁决定冒死先开仓放粮，然后上奏朝廷之事

此是宿习露现处，若不参到悟，如隔罗谷，不得实受用。理叹曰："杲必再来人也。"过郢州天阳，见元首座洞山微和尚坚首座师，周旋三公，会下甚久，尽得曹洞宗旨，见其授受之际，必臂香以表不妄付。洞宗从云岩，付宝镜三昧，便错起也。念曰："禅有传授，岂佛祖自证自悟之法？"弃之。可见宋时洞宗不用自悟。遍历诸方，已而参心印珣公，珣公令至宝峰依湛堂准公，伪宝值贯胡。师始至，机辩纵横。一日，湛堂问曰："你鼻孔今日因甚无半边？"对曰："宝峰门下。"堂曰："杜撰禅和。"不入师法，便成杜撰。又一日，于妆十王处问曰："此官人姓什么？"对曰："姓梁。"堂以手自摸头曰："争奈姓梁？底少个幞头。"对曰："虽无幞头，鼻孔仿佛。"堂曰："杜撰禅和。"又看经次，问曰："看什么经？"对曰："金刚经。"堂曰："是法平等，无有高下。"堂曰"你做得个座主便下。"识破你也。今人用一肚皮座主禅，自高自大，抹杀真宗，何时得遇宝峰？纵遇宝峰，奈何养成善知识门面，必不肯信，可叹也，一日，侍次湛堂视师指瓜曰："想克司头筹子，不是汝洗师承训，即代黄龙忠道者，作净头九月。"今人要闭门坐禅，累众什，什纵悟得，亦是细娘禅，定无出世福，亦无好儿孙振起。一日，堂问曰："杲上座，我遮里禅，你一时理会得，教你说也说得，教做拈古颂古、小参普说，你也做得，只是有一事未在，你还知么？"对曰："什么事？"堂曰："你只欠这一解在姤，须得入处从缘一荐方真。若你不得这一解，我方丈里与你说时，便有禅，才出方丈，便无了。惺惺思量时，便有禅，才睡着，便无了。全是心意识。若如此，如何敌得生死？"几乎不起之疾，今日诊着，将有生色矣。对曰："正是某甲疑处。"湛堂病亟，师问曰："倘和尚不复起，某甲依谁，可了此大事？"堂曰："有个勤巴，于我虽不识渠，然汝必依之，可了汝事。真悟底人，千里同风，不必面见，便知端的。若观渠不了，便修行去，后世出来参禅。"宋时禅师如麻，真人不过一个两个，若不遇真师，则不但杜撰，将入异路矣。及堂化后，师往荆南见圆悟，自谓曰："当以九夏为期，其禅若不异诸方，妄以余为是，我则造无禅论去也。前人根器，大

有自知之明。今人若恁么，而复有人言不是，便掉头不顾矣。何有后日大光明耶？枉费精神，蹉跎岁月，不若弘一经一论，把本修行，庶他生后世，不失为佛法中人。”可见念之一橛，禅是不把本，枉费精神也。既见悟，晨夕参请，今人只求入堂，前关后锁。于中打也念话头，有经时不见和尚者，若令渠晨夕参请，便作弄嘴汉矣。悟举云门“东山水上行”语令参，师凡呈四十九转语，悟不肯，今人能转四十九语而师不肯，便为无是事矣。悟一日升座，举云门语曰：“天宁即不然，苦有人问如何是诸佛出身处，但向他道‘熏风自南来，殿阁生微凉。’”师闻举豁然以自悟。悟察师虽得前后际断，动相不生，却坐净裸处语师曰：“也不易，你到这个田地，但可惜死了，不能得活。不疑言句，是为大病，不见道，悬崖撒手，自肯承当，绝后再苏，欺君不得，须知有这个道理。”师言：“某甲只据如今得处，已是快活，更不能理会得也。”前后际断心意识顿然一破，身心世界魔佛。凡圣人法，俱自谓之悬崖撒手，行人到此，方才自肯承当，再无疑矣。只是承当处，止坐死水法，身边是真奢摩，他是空边际，虽然生死门头横出直入，而未见佛道，且得暂时休歇耳。其救死之法，只是在言句上起疑，入言句上悟一悟，便得一厥。若在空闲处生照，则好光景尚在，不肯力参矣。须是打乱他光景，方才着忙肯参耳。悟令居择水堂，为不缠务侍者，日同士大夫闲话，悟要打乱他好光景，因令居不缠务侍者之役，终不专治，忙乱不过，自然打失，真妙法也。入室日不下三四，再举有句无句，如藤倚树，问之，师才开口，悟便曰：“不是经半载，念念不忘于心。”今人得一橛，便饥迅自了，只为不遇真师，不曾向大法上用力，不透最后重关耳。直须恁么始得。一日同诸客饭，师把箸在手，都忘下口，悟笑曰：“这汉参黄杨木禅，却倒缩去。”黄杨遇闰则厄，时缩一节，参禅只为频频倒缩，所以干得竭，破得大，入得深。师曰：“这个道理，恰似狗看热油铛，欲舐舐不得，欲舍舍不得。”此犹是合头话，只是形容做工夫极妙。悟曰：“你喻得极好，这个便是金刚圈栗棘蓬也。”一日，问曰：“闻和尚当时在五祖，曾问这话，不知五祖道什么？”悟笑而不答。师曰：“当时须对众问，如今说亦何妨？”悟曰：“我问‘有句无句，如藤倚树，意旨如何?’祖曰：‘描也描不成，画也画不就。’五祖忒煞狼藉可惜，许也可笑，个人尚够不着。又问：‘树倒藤枯时如何?’祖曰：‘相随来也。’”师当下释然曰：“我会也。”推山塞海，水陆并进，不容不悟到彻底。悟遂举肴讹因缘诘之，师酬对无滞。悟曰：“始知我不汝欺。”真正湛堂是作家。遂著《临济正宗记》付之。前来疑五家宗旨，无如是事。今日受他临济宗旨，方是大彻。师既大彻，反于数禅客有疑，乃以问悟，悟云：“我这禅，如大海相似，你须将个大海来倾去始得，若只将钵盂盛得些子去便休，是你器量只如此，教我怎奈何？禅如大海，须要深穷。今人但弄得了当，翻道别人不是，正是弃海认沤，足发一笑。能有几个得到你田地？何不学他，重参一参。往时只有个上座与你一般，却已死了也。”未几令分座室中，握竹篦以验学者丛林，浩然归重。勘辨人无如竹篦之妙，今人怪其无处吐气，便言竹篦不是话头，真可笑。会女真之变，欲取禅师十数。师在选获免，趋吴虎丘阅《华严》至入地文，洞彻昔所请益，湛堂殃崛奉佛语救产难因缘。初以此请益湛堂，堂曰：“正爬着我痒处。这话如金矢，法不会如金，会得如矢。”师曰：“岂无方便?”堂曰：“我有个方便，只是你划地不会。”师曰：“望和尚慈悲。”堂曰：“殃崛云：‘我乍入道，未知此法，待问世尊，未到佛座下。’他家生下儿子时如何，我自从贤圣去来，未曾杀生。殃崛持此语，未到他家，已生下儿子，如何？”师茫然，至是读至菩萨登第七地，证无生法忍，云：“佛子菩萨成就此忍，即时得入菩萨第八不动地，为深行菩萨难，可知无差别。离一切相、一切想、一切执著，无量无边，一切声闻辟支，佛所不能及离诸喧静寂灭现前。譬如比丘具足神通，得心自在。次第乃至八灭，尽定一切动心意想，分别悉皆止息，此菩萨摩诃萨亦复如是。往不动地，既舍一切功用，得无功用法身，口意业念务皆息住于报行。譬如有人梦中见身堕在大河，为欲渡，故发大勇猛于大方便，以大勇猛施方便，故即便寤寤，既寤寤，已所作皆息，菩萨亦尔。见众生身在四流中，为救度，故发大勇猛，起大精进，以勇猛精进，故至此不动地。既至此，已一切功用靡不皆息，二行相行，皆不现前，此菩萨摩诃萨菩萨心、佛心、菩提心、涅槃心，尚不现起，况复于世间之心。”师因豁然，打失布袋，湛堂所说方便，忽然现前。始从前后际断时，已到佛心。菩萨心等尚不现起，况起世心处矣。只是暂时休歇，不是真到永不起处，及进一厥，已重到此处，得个着实。但悟处作业，即成动相，必须大法尽而后真真了当。及八大法既尽，奈法路未泯。犹未脱真了，直向最后一了，方是打失布袋。前来途路，一步深一步，只是住脚不得，才住脚，便是生死大病，切须知之。寻取真师，务在透过若道，各人悟处不同，我这一个万法平沉，昭灵尽绝，是相则底是魔说，是无师外道矣。慎之！慎之！园悟诏住云居，师往观悟，即请为第一座。冬至秉拂昭觉元禅师出众间云：“眉间挂剑时如何？”师曰：“血溅梵天，悟于座下。”以手约住云：“住住！问得固好，答得更奇。”元乃归。众师每入室，园悟时来听其语。一日入室罢上方丈悟云：“或有个禅和子，得似老僧，汝又如何支遣？”师曰：“何幸如之！正如东坡说‘作刽子手，一生得遇一个肥汉剐。’”悟呵呵大笑云：“你到与我入室，穿得我上壁也。”悟又问：“达摩西来，将何传授？”师曰：“不可总作野狐精见解。”又问：“摒虎头、收虎尾，第一句下明宗旨。如何是第一句？”师曰：“此是第二句。”悟常言：“近来诸方尽成窠臼。五祖下我与佛鉴、佛眼三人结社参禅，如今早见逗漏出来。佛鉴下有一种作狗子叫、鹁鸠鸣取笑人。佛眼下有一种觑灯笼露柱，指东画西，如眼见鬼一般。今人将要学禅，先养长头发，买一个蒲团剪去其棕，弄一条短棍，装一件破袄，五六月里穿却，人前卓然坐起，人后脱却打眠，梳光其发，帽

经卷扉画，出自《妙法莲华经》，此图描绘了释迦牟尼坐于莲台之上，上有华盖，后有神光，诸天菩萨环绕左右的情景

盖眉毛，走到人前，八字脚膛，却眼捏一个没要紧问头问一问，善知识据实答他，他便桌上拍一拍，翻一翻帽子，竖拳作证，拂袖便行。及问他意旨何如？他又说一句没来历淡话，连喝数喝，谓之禅贵须硬。善知识不肯他，他便毒骂狠打，写揭帖造谤、无所不至，岂待狗吠见鬼而已？邪师过谬，一至于此，良可叹息。我这里且无这两般病。"师曰："击石火、闪电光，引得无限人弄业识举了便会了，岂不是佛法大窠窟？"击石火，闪电光处，真得中间的的。剑刃上事，着着有出身之路，是从上宗乘爪牙。若此处，无杀人手段，翻惹人业识，向理会处生根生叶。师眼不明，无千方百计底法头，翻弄锻炼，毕竟是个囫囵机锋涂将去，师既涂人，资亦瞒师，师资相瞒，弄棒弄喝，恰亦相似。争奈大家在生死业识中过日，妄称悟道，大妄语成，可不哀欤。悟不觉吐舌，乃云："休要怪他，我只以契证为期，若不契证，断不放过。"直须以契证为期，方不肴讹。契证者，前后际断要实，实事上打断，方得前后际断的契证。得一橛者，要实实证到推移不动田地，方得一橛。底契证法中契证者，要法法自己，荐一荐方是契证，不可口耳传授赚人，未上一了，要实实了却，须有契证处，如高峰枕声、云岩古柏，方是证悟之期，不然，纵有证处，亦是火气未绝，不是实也。若真正为生死参禅，不图假装禅套换衣换食者，切须信之。师曰："契证即得，第恐只恁么传将去，举了便悟了，便主张击石火、闪电光，业识茫茫，未有了日。"悟深肯之。师室中多问纳子，唤作竹篦则触，不唤作竹篦则背，不得下语，不得无语，不得于意根下卜度，不得飏在无事甲里，不得于举起处承当，不得良久，不得做女人拜，绕禅床，不得拂袖便行，一切总不得速道。僧拟进语，师便打趁出，时罕有善其机者，有僧闻举，夺却竹篦。师曰："夺却竹篦，我且许你夺却，我换作拳头则触，不唤作拳头则背，你又如何夺？更饶你道个请和尚放下箸。我且放下箸，我唤作露柱则触，不唤作露柱则背，你又如何夺？我唤作山河大地则触，不唤作山河大地则背，你又如何夺？"时有舟峰长老云："某甲看和尚竹篦子话，如籍没却人家财产了，更要人家纳物事。"师曰："你譬得极妙，我真要你纳物事，你无所从出，便须讨死路去也。或投河，或赴火，弃得方始死得，死了却缓缓地再活起来。唤你作菩萨则欢喜，唤你做贼汉则恶发，依前只是旧时人。所以古人道'悬崖撒手，自肯承当，绝后再更生，欺君不得。'到这里始得契竹篦子话。"又僧闻举曰："请和尚放下竹篦，即与和尚道。"师放下，僧拂袖便出。师曰："侍者认取这僧。"近礼侍者久侍师，默究竹篦话，无所入。一日入室罢，求指示。师曰："你是个福州人，我说个喻问你。如将名品荔枝和皮壳剥了，送在你口里，只是不解吞。"礼不觉失笑曰："和尚吞却即祸事，"师后复问曰："前日吞了底荔枝，只是你不知滋味。"礼曰："若知滋味，转见祸事。"师肯之。

雪岩钦禅师

师普说云："山僧五岁出家，在上人侍下，听与宾客交谈，便知有这事，便信得及，再求真种。便学坐禅。错起头在此。一生愚钝，只为走了钝路。吃尽万千辛苦，十六岁为僧，十八岁行脚，锐志要出来究明此事。善哉杰人！在双林铁橛远和尚真恶老魔。会下打十方，从朝至暮，只在僧堂中，不出户庭，纵人众寮至后架袖手当胸，徐来徐待，更不左右顾，目前所视，不过三尺。大错了也。洞下尊宿要教人看狗子无佛性话，邪师过谬，非众生咎。可惜好汉撞着恶魔。只于杂识杂念起时，向鼻尖上轻轻举一个‘无’字，才见念息。又却一时放下，著只么默默而坐，待他纯熟，久久自契洞下门户，工夫绵密困人，动是十年二十年不得到手，所以难于嗣续。钦师善形容，邪师教人恶法，可笑如此。邪师因自不曾真悟一悟，只道看语头是堵绝意根底，若果如此，那里世世生生将个语头者？得许多真是悟，始得耳。看个“无”字，是歇前语。古人发疑，只为有个同处。言狗子有佛性也，无答表无以此前后两句，不通义路，因不得不疑，不得不悟耳。若歇却前问，单举“无”字是外道，断见有何长处？若念息便放下，是内守幽间法尘影事。待他纯熟，是要熟鬼窟里生涯耳。洞上工夫绵密困人，正是提出。宋末元来，洞宗少真悟者，只认工夫光景为事。此法一唱，令天下英灵迷失求悟正法，而困于邪罔工夫也。此是悟后痛恨冤语，形容得曲尽其妙。我当时忽于念头起处打一个返观，于返观处这一念子当下冰冷，直是澄澄湛湛不动不摇。正是入识迷境。坐一日，只如弹指顷，都不闻钟鼓之声。过了午斋，放参都不知得。想婴精神，化为土木金石。长老闻我坐得好，恶魔得便。下僧堂来看，曾在法座上赞扬。十九去灵隐挂搭，吉人天相，撞着真种。见善妙峰，妙峰死，石田继席。颖东叟在客司，我在知客寮，见处州来书记，须是他家儿孙始得。说道：‘钦兄，你这工夫是死水，不济得事。动静二相，未免打作二橛。’我被他说得好，只为真有灵骨，魔魅不得。真个是才于坐处，便有这境界。现前才下地行，于拈匙放箸处，又都不见了。他又道：‘参禅须是起疑情，大疑大悟，小疑小悟，不疑不悟，须是疑，公案始得。’前是去病药，此是点出话头不可歇前歇后，须是两句起疑则悟。他虽不甚做工夫，他自不庵会下来，不庵是松源之子，说话终是端正。提明临济宗直截源流，令人易语。我当下便改话头，提个干屎橛。又错杜撰，仍是歇前。所以不识好恶，致后吃许多苦处，只为前来恶套，不曾发明去尽耳。一味东疑西疑，横看竖看，因改这话头，前面生涯都打乱了也。也好。虽是封了，被胁不沾席，又是坐禅恶套。从朝至暮，行处坐处，只是昏沉散乱，胶胶扰扰，要一霎时净洁也不能得。多事多事。闻天目和尚久侍松源，是松源嫡子，必得松源说话，真人到也。移单过净慈挂搭，怀香请方丈请益，

现大自在天身说法图，出自《妙法莲华经观世音菩萨门品》，描绘了观世音菩萨示现大自在天身的场景

大展九拜。他问我如何做工夫，遂从头直说一遍，且喜他不来听你许多恶法。他道：‘你岂不见临济三度向黄佛法’的大意，三遭痛棒，末后向大愚肋下筑三拳道：‘元来黄佛法无多子。汝但恁么看。’直须向这里一看便了，何等痛快！又云：‘混源住此山时，我做笡到入室，他举话云：现成公案，未入门来，与你三十捧了也。但恁麽看。’大似狂鹿中箭，不得不死。天目和尚这个说话，自是向上提特。此是悟后真见他为人作略，特提明人当依此下手。我之病痛，自在昏沉散乱处。他发药不投，我不欢喜。说自己前中恶毒，迷闷心腑，他不曾忖救得。心中未免道：‘你不曾做工夫，只是伶俐禅寻常请益。未上有一炷香礼三拜，谓之谢因缘。我这一炷香不烧了也。’说出当时错乱不识好恶处。依旧自依我每常坐禅。指出自己执定杜撰处，正是后节多吃生受来源。是时漳、泉二州有七个兄弟，与我结甲坐禅两年，在净慈，不展被，肋不沾席。恶法流行。人不觉知。英灵汉子多堕此数，所谓“学人不了用修行，真成认贼还为子”是也。外有个修上座，也是漳州人，不在此数，工夫法子虽错，然真是猛烈大汉。只是独行独坐，每日在蒲团上，如一个铁橛子相似；在地上行时，挺起脊梁，垂两只臂，开了两眼，如个铁橛子相似，朝朝如是，日日一般。我每日要去亲近他，与他说话些子，才见我东边来，他便西边去，才见我西边来，他便东边去。如是二年间，要亲近些子，更不可得。此是极妙处。若中夜一睡而用三顿棒，二十捧话头，而下如此工夫，不消一二日大彻去者，可惜不睡，打坐所误。我一年间，因不到头，捱得昏了困了，日里也似夜里，夜里也似日里，行时也似坐时，坐时也似行时，只是一个昏沉散乱，混作一团，如一块烂泥相似，要一须臾净洁不可得。形容自己执迷情状。一日忽自思量：‘我辩道又不得入手，衣裳又破碎也，皮肉又消烁也。’不觉泪流，顿起乡念，且请假归乡，为恶毒所魔，杰人亦几乎磨退，幸是雪岩，因有后日也。自此一放，都放了也，恶魔脱体，庆快平生。两月后再来参假，幸有生机。又却从头整顿，又却到得这一放，十倍精神。说出脱魔妙处。元来欲究明此事，不睡也不得，你须是到中夜烂睡一觉，方有精神。要知山下路，须问过来人。千万听取，莫更自错。一日我自在廊庑中东行西行，忽然撞着修兄，远看他，但觉闲开地，怡怡然有自得之貌。此是修公于前后际断妄自坐着，不得悟处光景。我方近前去，他却与我说话，就知其有所得。未必。我却问他：‘去年要与你说话些个，你只管回避我，如何？’他道：‘尊兄真正辩道，人无翦爪之工，更与你说话。’他遂问我做处如何，与他从头说一遍了，末后道：‘我如今只是被个沉昏散乱打并不去。’他云：‘有什么难？自是你不猛烈。“猛烈”二字，是参禅骨头。须是高著蒲团，竖起脊梁，教他节节相拄，尽三百六十骨节，八万四千毛窍，并作一个“无”字。恶容恶套，幸有骨力！与么提起，更讨什么沉昏散乱来？’我便依他说；千古大人。寻一个厚蒲团，放在单位上，竖起脊梁，教他节节相拄，透顶透底，尽三百六十骨节，一提提起，正是一人与万人敌相似，提得转力，转见又散。“提”字只为歇前语，疑无着实，因有此弊。到此尽命一提，忽见身心俱忘，但见目前如一片银山铁壁相似，用尽滑力方得到此。只是悟门转远，可笑耳。自此行也如是，坐也如是。清清三昼夜，两眼不交睫。到第三日午后，自在山门下如坐而行，忽然又撞见修兄。他问我：“在这里做什么？对他道：‘辨道。’他云：‘你唤什么作

盂兰盆揭谛图，出自《三宝太监西洋记通俗演义》

道？’问得好。遂不能对，转加迷闷。好个消息，后来之悟，出于此也。即欲归堂坐禅。到后门了，又不觉至后堂寮中。首座问我云：‘钦兄，你辨道如何？’与他说道：‘我不合问人多了。划地做不得。’好人自不信魔，人自信之，不是问多之误，正是不具眼之误。他又云：‘你但大开了眼，看是什道理。’也好。只是昆仑头。我被提这一句，又便抽身，只要归堂中坐，方才翻上蒲团，面前豁然一开，如地陷一般，当时呈似人不得，说似人不得，非世间一切相可以喻之。我当时无著欢喜处，此是前后际断处，未是悟处，何须欢喜？只这欢喜便坐定了，甚可惜也。便下地来寻修兄，他在经案上，才见我来，便合掌道：‘且喜且喜。’奴见婢殷勤’一对瞎汉。我便与他握手，到门前柳堤上行一转。俯仰天地间，森罗万象，眼见耳闻，向来所厌所弃之物，与无明烦恼，昏沉散乱，元来尽是自妙明真性中流出。说心说性恶，法从此起矣。自此目前露倮倮地，静悄悄地，半月余日，动相不生。半月后便要打失。可惜许不遇大眼目大手段尊宿为我打并。“打并”两字极有力。不合向这里一坐坐住，谓之见地不脱，碍正知见。前身不过法身边，光境门头，虚幻不实。误堕不少，到悟后痛自说出，正恐后人再堕也。每于中夜睡着，无梦无想、无闻、无见之地，又却打作两橛。前后际断，虚妄自在，全无识心好处，是以日中作得主，梦小作得主，到真正无见闻觉知处，便来不得，此是用鼎银做骗子的。古人有‘寤寐一如’之语，又却透不得，眼若不睡，诸梦自除，心若不异，万法一如之说，又都错会了也。真透自见。凡古人公案，有义路可以咬嚼者，则理会得下。公案并无有义路，只是半途中错看作义路耳。无义路如银山铁壁者，又却都会不得。此处不会，则总不会。虽在无准先师会下许多年，每遇他开室举主人公，便可以打个勃跳。可见主人公不是纳僧巴鼻，所以念佛的是谁本来面目，主人公即心即佛等公案，皆是就体消停，得力迟不得，到底每每做几翻悟人者，此话头之误也。须用三顿棒等公案作话头方好。莫教举起衲僧巴鼻，佛祖爪牙，更无你下口处。话头须要具此作略方好，有时在法座东说西说，又并无一语打着我心下事。谁著你有主人公作业？又将佛经与古语从头检寻，亦无一句可以解我此病。如是碍在胸中者仅十年。后来因与忠石梁过浙东天目两山作住，一日，佛殿前行，闲自东思西忖，忽然抬眸见一株古柏，触着向来所得境界，和底一时扬下，碍膺之物，扑然而散，如暗室中出，在白日之下走一转相似。可恰生幸自人品出群，所以自己不肯，因有瓜熟蒂落方得自了。纵有无准天目时时在侧，亦救他病不得，何也？只为前来魔法深入，难于信耳。自此不疑生、不疑死、不疑佛、不疑祖，方始得见径山老人立地处，正好三十拄杖，何也？若是大力量大根器底人，哪里有许多曲折？此句收尽错处，已下是说话头好处。德山见龙潭于吹灭纸烛处，便道：'穷诸玄辨，若一毫置于太虚；竭世枢机，似一滴投于巨壑。自此拈一条白捧，掀天掀地，那里有你近傍处？'水潦和尚被马祖一踏，便道百千法门，无量妙义，尽向一毛头上识得根源。高亭见德山招手，便乃横趋，你辈后生晚进，若欲咨参个事，步趋个事，须是有这个标格，具这个气概始得。分明点出看话头样子。若是我说底都不得记一个元字脚，记着则误你平生。识心是生死根本。所以诸大尊宿多不说做处与悟门见地，谓之以实法系缀人士也，消不得是则固是也。有大力量有宿种，不从做处来，无蹊径可以说者，也有全不曾下工夫说不得者，也有半青半黄，开口自信不及者，须知有此三种人品，但不可以为法。诚谓刁刀相似，鱼鲁参差，若论履践个事，做工夫处。如人行路一般，行得一里二里，只说得一里二里话，行得千里万里，方说得千里万里话，汝等须是各具明眼，拣择青黄始得，若或不然，便从佛祖肚里过来，也是无益。"

高峰妙禅师

师二十更衣入净慈，立三年死限学禅。一日，父兄寻访，巍然不顾。二十二，请益断桥伦，令参"生从何来、死从何去"话。师谓意分两路，心不归一，参不得力，以其从生从死来去，甚远宽而不密，义路易生，不中参定，果然枉过一年。于是肋不至席，口体俱忘，或如厕，惟中单而出；或发函，忘扃钥而去。时同参僧显慨然曰："吾已事，弗克办。易若辅之有成，朝夕护侍惟谨。"具眼行人。时雪岩钦寓北涧塔，欣然怀香往扣之。参得人看，方问讯，即打出，闭却门。妙极妙极，向这里入。一再往，始得亲近，令看"无"字话，自此参扣无虚日，钦忽问："阿谁与你拖个死尸来？"不好。声未绝，即打。此问虽好，奈师在阿谁处下手，不在打处下手，所以误有百年三万六千朝反复，原来是这汉处着脚，致涉许多廉织。师家由言，大宜慎取，若那时在打处起疑，何有后来曲折？如是者不知其几。师扣愈虔，真再来人。值钦赴处之南明，师即上双径参堂半月，偶梦中忽忆断桥室中所举"万法归一、一归何处"话，万法归一，一归何处极好。只是歇后语不曾举得青州衫子，所以有后来五年重参之苦，疑情顿发，三昼夜目不交睫。一日，少林忌，随众诸三塔讽经次，抬头忽睹五祖演和尚真赞云："百年三万六千朝反复，元来是这汉。"蓦然打破拖死尸之疑，于纸上见得这汉，大似洞山，过水

诸尼佛会图，出自《新刻出相音释点板东方朔偷桃记》

瞎影，几乎廉织出五位，幸得落枕子处了却，所以见得。声未绝便打道，理不失为济上杰人耳。其年二十四矣。解夏诣南明，钦一见便问："阿谁与你拖个死尸到这里？"师便喝。喝即喝，犹是拂袖便出。钦拈棒，师把住云："今日打某甲不得。"钦曰："为甚打不得？"师拂袖便出。翌日，钦问："万法归一，一归何处？"师云："狗舐热油铛。"言句也未曾尚作此合头。钦曰："你那里学这虚头来？"师云："正要和尚疑着。"钦休去，更参二十年，自是机锋不让。次年，江心度夏，迤逦由国清过雪窦，见西江谋希叟昙寓，旦过昙问曰："那里来？"师抛下蒲团。昙曰："狗子佛性，你作麽生会？"师曰："抛出大家看。"昙自送归堂。暨钦挂牌于道场、开法于天宁，师皆随侍服劳，屡将有所委任，辞色毅然，终不可强。一日，钦问曰："闲浩浩时，还做得主么？"正是他安身处。师云："作得主"。又问："睡梦中作得主么？"师云："作得主。"可不是。又问："正睡着时，无梦、无想、无见、无闻，主在什么处？"师无语。贼身已露。钦嘱曰："从今日去，也不要汝学佛学法，也不要汝穷古穷今，脑后一捶。但只饥来吃饭困来眠。才眠觉来，却抖擞精神，我这一觉，主人公毕竟在什么处安身立命？"你向那里存坐？丙寅冬，遂奋志入临安龙须，自誓曰："拚一生做个痴呆汉，两重公案恰好合着。决要这一着子明白。"讨气绝处。越五载，大人不肯自轻。因同宿友椎枕堕地作声，廓然大彻。今日方知昔日曷处。自谓如泗州见大圣、脱空妄语。远客还故乡，是甚所在？元来只是旧时人，不改旧时行履处。也不过是蒲团抛出大家看。在龙须九年，缚柴为龛，风穿日炙，冬夏一衲，不扇不炉，日捣松和糜，延息而已。尝积雪没龛旬余，路梗绝烟火，咸谓死矣，及霁可入，师正宴坐那伽。悟后须是恁么，方与他相应。甲戌迁武康双髻峰，盖和寮主攀缘，又上一棱层之意也。及至学徒云集，然寮小难容，乃拔其尤者居之。

绍岩禅师

试问诸仁者，今日国主致请，只图诸仁者明心，此外别无道理，诸仁者还明心也未？莫不是语言谈笑时，凝然杜默时，参寻知识时，道伴商略时，观山玩水时，耳目绝对时，是汝心否？如上所解，尽为魔魅所着，岂曰明心？语不是，默不是，见闻不是，离见闻亦不是，什么生会，即今学者，莫乱统好。更有一类人，离身中妄想外，别认遍十方世界，含日月、包太虚，谓是本来真心，斯亦外道所计，非明心也。此唤作遍空外道，又安得身心一如、身外无余耶？即今禅和子不曾遇人，自作主宰，多落斯见。诸仁者要会么无是者，亦无不是者，汝疑执认，其可得乎？前二种是病，过在"执认"二字。此段是药，但无是非，执认病即愈。

瑞鹿禅师

大凡世人参学，未必学问话。是参学未必学拣话，是参学未必学代语，是参学未必学别语，是参学未必学捻破经论中奇特言语，是参学未必学捻破祖师奇特言语。是参学若于如是等参学，任你七通八达，于佛法中倘无见处，唤作乾慧之徒。岂不闻聪明不敌生死，乾慧岂免轮回？今时人类皆如是，正所谓"抛却真金拾瓦砾。"不肯真实参究，恣口头三昧，如香岩问一答十，问十答百。岂不是通达？于佛法中无有见处。父母未生则一句子便不奈何，今时学语之流，且道济得什么边事？若也参学，应须真实，参学始得行时，行时参取立时，立时参取坐时，坐时参取眠时，眠时参取语时，语时参取默时，默时参取一切作务时，一切作务时参取既向如是等时。参且道参个什么人，参个什么语？到道里须自有个明白处始得。若不如是，唤作造次之流，则无究竟之旨。要切究此参的语是什么语，参的人是什么人，若不究此参的语，不识此参的人，是谓空过，非参学也。

玄沙大师

夫学般若菩萨，须具大智慧始得，若有智慧，即今便出脱得去。出脱是不系缚也。若是根机迟钝，直须勤苦，日夜忘疲，无眠失食，如丧考妣相似，恁么急切，尽一生去，更得人荷挟，克骨究实不妨，易得构去。且况如今谁是什任学的人？天下人都堪任，惟不具信根者，纵是释迦佛放光动地，其奈尔何？仁者莫只是记言记语，恰似心陀罗尼相似，踏步向前来，口里哆哆和和，被人把住诘问着没去处，便嗔道："和尚不为我答话，凭么学事大苦知么，记言语者，谓之杂毒人心，碍正知见。世间读书人记文字，多便不能融化，何况空出世法，肯食他人涎唾也。有般人说："昭昭灵灵，灵台知性，能见能闻，向五蕴身田里作主宰，恁么为善知识，大赚人知么？"我今问汝："汝若认昭昭灵灵是汝真实，为什么瞌睡时又不成昭昭灵灵？若瞌睡时不是，为什

慈容二现图，出自《观音大士慈容五十三现像赞》

么有昭昭时？汝还会么？这个唤作认贼为子，是生死根妄想缘气。此是弄情魂汉，瞌睡时既做不得主，生死到来怎么生，折合一生胡乱做去，岂但哄人，皆自哄耳。汝今欲得出他五蕴身、出主宰，但识取汝秘密金刚体。昔人向汝道，园成正遍，遍周沙界。秘密金刚体，即圆成正遍，遍周沙界。分明向汝道，须是全身梭入。佛道闻旷，无有程途，无门解脱之门，无意道人之意，不在三际，因不可升沉，建立乖真，非属造化。若会得此意，不费丝毫功行，立地成佛。动则起生死之本，静则醉沉昏之乡，动静双泯，即落空亡。动静双收，才成佛性。学人多厌动取静，静久复思动，须剔起眉毛，打破动静窠臼，即是正觉。必须对尘对境，如枯木寒灰，临时应用，不失其宜，镜照诸像，不乱光辉，鸟飞空中，不杂空色。枯木寒灰，言无心也。不失其宜，言应物也，岂与灰心泯智者同日而语哉？其“不乱光辉，不杂空色”云云。自彼于我何为？十方无影像，三界绝行踪。不堕往来机，不往中间意。个中丝毫道不尽，即为魔王眷属，句前句后，是学人难处，所以一句当天，八万门永绝生死。此语贵在一句，当天八万门，尽十方世界，无丝毫空缺处，无丝毫影像，无丝毫行迹，可谓光烁烁，活泼泼，佛祖众生，没处安着“生死”二字，是阿谁恁么道？学人行处，如火销冰，终不成冰。箭既离弦，无返回势，所以牢笼不肯住，呼唤不回头，古圣不安排，至今无处所。但将此段细味，将来自然省力，沾连些见不得。若将识心淡泊，正所谓因地不真，果招迂曲。今时人不悟个中道理，妄自涉事涉尘，处处染着，头头系绊，纵悟则尘境纷纭，名相不实。处处染着，头头系绊，只是究心不切，命根不断，不肯死去。真正参学人，如遇蛊毒之乡，水也不可沾着一滴，始得个彻头。便凝凝心敛念，摄事归空，闭目藏睛，才有念起。旋旋破除，细想才生，即便遏捺，如此见解，即是落空亡外道，魂不散的死人，冥冥漠漠，无觉保知，塞耳偷铃，徒自欺诳。若将识心禁捺，纵是澄澄湛湛，毕竟命根不断，终不是做工夫的人。仁者莫只长恋生死爱网，被善恶业拘将去，无自由分，饶汝炼得身心向虚空去，饶汝到精明湛不摇处，不出识阴，昔人唤作如急流水，流急不觉，妄为恬静。识心不断，纵炼得身心如虚空，终被恶业牵引去。精明湛不摇处，正是识阴。如何免得生死？总而言之，不究彻大理，悉是虚妄。

径山大师

今时有一种外道，自眼不明，只管教人死犹猩地，休云歇去。若如此休歇，到千佛出世，也休歇不得。转令心头迷闷。不肯起疑情，则命根不断；命根既不断，休亦不去，歇亦不得。即此"休歇"二字，便是生死根本，纵百劫千生，终无了期。又一等人，教人随缘管带，忘情默照，照来照去，带来带去，转加迷闷，无有了期。既有能带之心、所照之境，能所对立，非妄而何？又一等人，教人诸事莫管，但只恁麽歇去，歇得来情念不生，到恁么时，不是冥然无知，只是惺惺历历，这更是毒害瞎却人眼。惺乃对寂法，非真参也。须只要发明大事，才是正觉。

金刚经石注

西天经典甚多，唯《金刚经》是诸经之根。经中所说，悉成佛祖之密旨。自唐宋元明以来，注此经者何止数百余家！各皆极意剖析，总为指引迷途，开悟后学，功甚大而惠甚普矣。诸家讲注语义，各有是否，欲求其详明折中，竟亦寥寥。良由以语传语，大都纸上钻研，未从实地参悟而得，又何怪其然耶？殊不知此经乃如来心法，众生性源。佛本无经，经亦无说，因一切有情，汩于外诱，昧其本灵，颠倒昏迷，轮回苦海，极可悲痛。是以如来作此真空无相之说，不过为众生解粘释缚，还其本来面目，何啻暗室明灯、冥空杲日！若能领悟，立证菩提，幸诚万万矣。今穷乡委巷，但有善信之人，皆知读诵金刚尊经，及叩其义理云何，则懵然不解其谓。虽有学者曾听各师所讲之论，常览诸家所著之书，或属言繁，或成义杂，徒令闻者见者，是非可否，茫然不知适从，岂不以如来至妙之心法，缘此而未即明传，深可浩叹哉！愧予一介书生，自知本灵半为外诱所汩然，而身虽在家，颇有出家之行，每于儒书之暇，最喜诵读此经，是以究心于此者，已二十余年。凡讲此经之堂，无论远近，予必先到；注此经之书，不拘浅深，予必悉观。虽闻见甚多，奈异同不一，自尚未的，又何以晓示将来？独有孺士王化隆所注，尽发如来精微，又且脉络贯通，简明确当，不繁不杂，功亦大矣。惜注中间有与经文未透者，亦有与经文相左者，是犹玉中之瑕。予不揣愚昧，重加较正，删其偏背，补其遗漏，另自直解，名之曰"石注"。凡如来只字片言，悉由予一己之愚见参悟评定。期岁书成，因发愿镂传，印送万部，用广如来之慈悲，大启众生之智能。今而后得书诸善信，缘经求法，因法悟觉，令真宗了彻密谛，通明出生死途，登菩提岸，减无量罪，获最胜福田，证果人天，永臻快乐，始信《金刚经》所说，悉是佛祖最上之密旨，而予之所言真实不虚也。在予此注，不过为人指引途路之方向，令行者不致错入崎岖迂回之境，他日有幸，或于如来会，不结一指引之因缘已耳。愿诸善信早悟本灵，同归西天极乐，上不负如来垂示之盛心，下不负予一点指引之微念，诚大快也。

康熙四十一年岁在壬午仲阳月之吉旦，良觉居士石成金天基撰并书

西天佛经甚多，惟《金刚经》是如来微妙心法，乃禅宗之至宝也。予参悟多年，因著《金刚经》石注一部。愚注与众不同，每节分注、论、讲、证四段。仿张居正《四书直解》例，先逐字破义，后以浅言直说，意在阐明佛旨。学者只须由此参悟，自得正果而不错矣，略曰：此经注解极多，大半隔靴搔痒，须要实悟真参，才得心明性朗。我今直说根源，不用狐思乱想，但能至诚受持，开卷了如指掌。书内文载读法十条，辟妄十条，以及总旨辨异，极简极明。但此书每部计一百二十页，予发愿印送一万部，奉送二年，已足如愿。自愧力薄，不能又送。倘有善信，随意买纸，出版印刷，分文不取，共劝胜举。凡求如愿，功德不亚于河沙宝施也！

观音变相图，出自《观世音菩萨二十二像心忏》，描绘了观世音菩萨的悲天悯人之相

凡例

此经流布于世，传本多误，阴冥之间，唯以寿春永庆寺南唐道颙法师石本为正。今予此著，悉照石本订正，凡有增减错误，俱逐细更改，一字无伪。

此经分三十二分，相传自梁昭明太子。但天衣无缝，割裂为繁，且如“推穷四果渐至如来政紧关，昔在然灯，何单承庄严佛土，又色见声求”四句，原与下文一气贯通，势难以刀断水，然而品节有序，读者赖以记述。今予此著，止将各分标存细字于旁，可以不必杂于经文读。

此经他本前列开经、启请、净口诸文，是皆后人所添，亦可不读。今予此著悉删。

此经世刻甚多，大都付诸梓人。

予幼习宋字，虽未精工，略堪供读。今予此著，一字一叶俱系亲笔书写，校对明确，始付刊刻。读者只照此本，可信无误。

此经世传，非高僧口授，不可擅读，恐昔韵舛误，致获罪过。予拜询多僧，音韵各有异同。今予细加考订，授是则从，授非则改，各将直音用小字注附每段之下。读者只依此音皆无误。

此经古今注解极多，今予此著，每段类分“注、论、讲、证”四字，盖将正文中字句逐一破解，统以“注”字领之。凡议论正文之源流，或辩论他注之是非，则以“论”字领之。其“讲”字所云，悉体顺如来须菩提口气，演发本文之妙义；若“证”字所领，则杂引古今成语，或儒书，或僧语，或偈颂，或诗歌，惟取剖明本文之精微而已，四类惟“讲”字每段俱有，其“注、论、证”三类，若本文已明，或讲中已有，则不重列。自刻经注以来，似未有如予之浅明分析也。间有几注，不从予之改定立正文者，取其通俗也。

此经他注，或另以正经先刊全本于前，次复逐细重注。试看儒家四书朱注，世有只读正文者，竟将有注之书读之，何尝另用正文？今予此著，将经文高列一字，读者可以对读，不必另本，亦不必梵本。

此经他本，只用句点，但孰是如来语，孰是须菩提语？在明眼自易分辨，而初学未免混杂。今予此著，凡系如来语句用圈，须菩提语句用黑圈，阿难结集语用尖圈，人问答起语用连点，则语句分明，了如指掌矣。

此经他注，只用句点，亦有圈者，泛而不切。今予此著，凡系工夫密旨，方用连圈。若语句微妙，止用连点，余悉按句黑圈，其注中有尖圈者，本文之字也。

此经今予所著，言虽浅近，悉皆演发如来心义。予既分析注解，又复亲笔书写，又复独力刊印成书，虔诚敬送。得书善信，务要时置案头，或诵读正文，或领略注解，或参悟旨趣，或为人演说，否则不妨转送普利，最不可束之高阁尘封，更不可杂于小说曲本中，非独负予苦心，亦且获罪甚大。

辨　异

《金刚经》句字增减同异，从无划一，如“是名般若波罗蜜、是名忍辱波罗蜜、是名凡夫”三句，若非无想，“若”字即非第一。“波罗蜜”即字，为利益一切众生之下，“故”字是第一，离欲阿罗汉之下，“世尊”二字等，皆古本所无。“如是故名阿那含”，“故”字是“微尘众宁为多不”之下，“须菩提言”四字等，皆古本所有，如前文“应云何住”，不同后文“云何应住”。历辨既详，云栖伸公，镂刻尤加嘱，盖前问“功夫下手”，后问“无我是谁”，为之经意自别。又见旧本因避高丽讳，改“即”为“则”，凡“即”通作“则”。后见海虞严公讳微，折中诸辨，谓合两之义为“即”；相仍之义为“则”，“即”可用之相仍，“则”不可用之合两。叹译者复作不易其言，而“即”与“则”字之从违遂定。大抵等闲应用“则”者，但随文义轻折庶全旨，“即”非之“即”，更得显出玄微。既定一卷持诵，并佐同志参榷，聊引申学问中慎思明辨之意。若哓哓自诩辨真，则吾岂敢！

辟　妄一切佛经，俱应作如是观。

【何必静室】世人诵经，多觅静室，殊不知坚诚全在于心，而不在于境也。本心若静，虽居闹市丛中，亦是深山僻地。试看吾儒善读书者，蓬门圭窦，挂角而读，带经而锄，竟以成功，何在于书房之静乎？

【何必出家】出家原为脱离此挂碍。每见有等出家僧人，贪恋之心仍在，名虽出家，实则与在家之人无异，如此出家，反不如在家。而有出家之行者，转为上等。试看古今在家善信，得悟菩提者甚多，如傅大士、庞居士诸公，俱有妻子尘累，于道无碍，可知全不在乎出家也。

【何必清晨】清晨诵经，取其至诚。要知心若至诚，虽午晚十二时，无一非诵经之时，意到即持，斯为得之。

【何必启请】《经》中云："在在处处，若有此经，一切世间天人阿修罗所应供养。当知此处即为是塔，皆应恭敬作礼围绕。"可见此经或是诵读，或是解说，诸天神不召即至，何须启请耶？其开经文净口等咒，读之不多，不读不少。

【何必设像】对佛像，意在起人敬畏。殊不知《经》中云："凡所有相，皆是虚妄。若见诸相非相，即见如来。"又云："庄严佛土者，即非庄严，是名庄严。"乃知庄严以及佛相，俱在心之诚否，心若不诚，虽时刻与圣像不离，亦何益矣？

【何必敲鱼】木鱼钟磬，取其音韵节奏，无亦不碍于道。

【何必急诵】诵经全在口读其文，心思其义。只要字句明朗，微旨了彻，虽低

普陀山会神图，
出自《三宝太监西洋
记通俗演义》

默读诵，俱为上乘。若是急急赶读，含糊图快，未免到口不到心，纵然读过万遍，经义不解，原与不读者相同。又有高声朗诵者，徒损其气，亦甚无益。

【何必跪诵】参悟经义，不拘行住坐卧，无有不可，何必专在于跪？

【何必梵本】佛法原不系于文字，即此金刚般若，名字亦是强立，何况拘其经之书本梵本耶？不论囊内之金珠瓦砾，只论外包之锦绣布帛，吾甚惑之。

【何必全部】吾辈在家俗人，难免尘劳繁冗，非同出家闲人可比，假若正在诵经之际，忽有紧急事务，必俟此经诵完，岂不迟误？果有紧事，但须记着经中分数，就此止住，俟事毕再来补完，未为不可。至于此经注解，非细加参详，则妙义不明。若人事匆忙之际，何能全读？须知尘事稍闲，随便看一段，可得一段之益；解一分，即有一分之功。试看六祖当日，只闻经中"应无所住而生其心"一句，即证菩提，可见唯在学人心悟如何，岂计其语句多寡耶？

总　论

夫人自二五凝成以来，赋此虚灵不昧之良，莫不各有一卷真经。及其知诱物化之后，本真旋失，名虽为人，实无以异于禽兽。《抱朴子》有言："人生覆帱间，自幼而趋壮，自壮而趋老，一失一日，如牵牛羊以诣屠肆，每进一步，而去死转近，可不畏哉？"所以我佛不得已，权设方便，引提迷人，何者为性命？何者为修行？强而名之曰"经"。若有豪杰丈夫，自悟本体如何，不假言诠，则真经露矣。这真经人人本有，个个不无，不因圣而增，不因凡而减，不用文字，不必注解，不劳刊印。诵读要知，即刻就知，一些不难。若或不知，万般费力，到底不知。只要有此真经，一切经典都无用处，虽列锦轴牙签，只为供奉之具耳。如若真经不知，不得不请出琅函，研穷蕴奥，昼夜参详。至于用力之久，一旦豁然贯通，始为绝学无为，大快乐之人也，无法可说也。言不诬矣。

读　法

《金刚经》语句重叠，各有义理，奥妙甚深，非同《法华》、《楞严》详明易晓之可比。读者须细心参注，始见精微。

《金刚经》眷索爱语，四菩萨乃慈悲喜舍四无量心，吾身中之菩萨也。读者须先有此等心，然后可入大道，而悟金刚之义。

《金刚经》善信男女诵者虽多，得证金刚者甚少，皆因恃口头语，不知会悟妙法。读者须静坐观心，心无其心，然后取此注观之，庶几有进。

《金刚经》无全部演说不开，无后半部搜括不尽，自十七分中复说"云何应住"一段，收拾全旨无余。以后先详者略之，先略者详之，节节相承，各有妙义。

《金刚经》言语虽多，总是说真空无相妙理，以化度众生，必众生能安住降伏，不生我、人、众生、寿者四相，才可到涅槃地位。说布施者，不过令修行易于入门，原不甚重。一经本义，俱尽于应住之义。自第五分之后，许多说话，不过反复辨明无相之理，恐人一着有相，便不能安住降伏也。

《金刚经》佛说无相，但去妄念，不去天理，若并天理去了，未免行尸走肉，虚生世间。故于第十四分中说出“生实相”三字，亦虑人之流于枯槁也。吾儒不去细究，反言佛氏虚无寂灭，岂不罪过？

《金刚经》中，佛言其大，则谓须弥山王；言其多，则谓如恒河沙等；言其久，则谓如无量阿僧祇劫，实因极大、极多、极久、无尽之数也。非如来形容过当，亦非如来好为此等语以骇世俗。读者当求其理。

《金刚经》屡言布施，盖有相布施，固修行之不废，非可论金刚之妙义。若有善信以身中至宝，不生不灭，乘香花云入无边界，起光明台供养十方，则为见性之功，胜此多矣。

《金刚经》依法出生分中，若满三千大千世界，七宝布施，不如持经之福。无为福胜分中，恒河沙世界七宝，比大千又多矣，亦不如持经之福。如法受持分中，以恒河沙等，身命布施，又不徒七宝矣。较之受持解脱，终不能胜持经功德。分中以恒河沙等三度身命布施，视前又甚矣。较之持经功德，自为无量。能净业障分中，自叙供养无量诸佛之多，视七宝身命布施，大有间矣，亦不如持经解说之万一。福智无比，分中以须弥山王之七宝，比喻又大矣，亦不能及持经解说之福。言虽重叠，一步紧一步者何也？盖佛慈悲之大，先知末法，劫中多以布施，当修行不知解说，所以谆谆反复言之。但此经乃见性要旨，受持即得成佛，岂布施之福所能比类哉？勿谓佛先已说，后为续听法者重说非理也。

《金刚经》如来无相之义，即非即是，何去何来，如水清则月见，水浊则月隐。水有清浊，月无去来，且如人忽思念他州，则境非一时偏现，这心从何处来？少时心歇，从何处去？如此见彻，便知无去无来矣。

石　注

《金刚般若波罗蜜经》“般若”音“钵惹”，后凡又遇，同此。

【注】金刚是金中之精坚者。刚生金中，百炼不销，质极坚利，不为物破，而无物不破。譬如智慧，能绝众生贪嗔痴一切颠倒执著之见也。般若者，梵语，华言智慧，性体虚融，照用自在，故云“般若”。梵语波罗蜜，华言到彼岸，欲到彼岸，须凭般若。此岸者，众生作业受苦生死轮回之地。彼岸者，谓诸佛菩萨究竟超脱清净安乐之地。经者，径也，如一超直入也。

【论】波罗蜜有六种：布施，度悭贪；持戒，度淫邪；忍辱，度嗔恚；精进，度懈退；禅定，度散乱；智慧，度愚痴。各占六度之一。唯一般若，能生八万四千智慧，则六度兼该，万行具备。佛言多梵语，姚秦三藏鸠摩罗什奉诏用中国语翻译此经，指明后学，功诚大矣。

【讲】人之真性，本是虚灵不昧，历劫常存。惜为物欲昏蔽，所以沉沦于生死苦海未能脱离。我佛慈悲，持说此经，犹乘筏渡津以至彼岸也。所谓金刚者，盖万物能逃乎五行，而五行之中，唯金最坚利长久。木有时而朽，水有时而涸，火有时而熄，土有时而崩。以金试之于木，则能成器用；沉之于水，则光湛常新；投之于火，则百炼愈精；埋之于土，则永劫不坏。其位在西北，能摧折一切万物。人能用之于身，可以斩一己之邪魔，诛万里之妖怪。儒有龙泉宝剑，安邦定国；道有青蛇宝剑，断绝情欲；佛有金刚宝杵，降伏魔王。大易以乾为首，玄门以金丹为首，此经以金刚为首，得此般若经者，证西方无量寿果。西方，金方也。金之为义大矣哉，故以金刚为喻。般若者，智慧也。人生日用间，图名贪利，奸伪百出，至死心尚不足，自以为乖巧伶俐，不知溺于轮回苦海，真痴愚人也。必以智慧打破痴愚，独禀乾刚勇猛精进，明了自性，岂不到彼岸与诸佛同享快乐哉？总之，金刚，喻也；般若，法也；波罗密，证果也。

慧远禅师像，图出自《月旦堂仙佛奇踪合刻》。慧远禅师是东晋高僧，宣扬大乘般若学及小乘禅教之学

如是我闻，一时佛在舍卫国祇树给孤独园，与大比丘众千二百五十人俱。祇音奇比音被。

【注】如是者，此也。我者，结集经者自谓也。言如此之法，我亲从佛闻之，非臆说也。一时者，说此般若之一时。佛者，觉也。自觉觉他，觉行圆满，故名曰佛。舍卫国，波斯匿王之国。祇陀，王之太子也。树是祇陀所施，故名祇树。给孤独园者，王之宰臣名须达拿，常在此园赈济贫人，故名给孤独园。梵语比丘，华言乞士，谓上乞法于佛，以明己之真性；下乞食于人，以为世人种福。盖佛将说真空无相，妙理必得；道之深方能领悟，岂小比丘所能与哉！千二百五十人，即孔门三千徒也。俱者，同处也。

尔时，世尊食时，著衣持钵，入舍卫大城乞食。于其城中，次第乞已，还至本处。饭食讫，收衣钵，洗足已，敷座而坐。

【注】尔时者，彼一时也。世尊者，举世认所共尊。敬食时，正当午时也。洗足，以佛行则跣足。敷者设也。

【论】佛是金轮王子，谁无供养诸？而犹如此乞食，欲使后世缁徒不殖资产，去此贪心，折其骄亢，以炼种性。正君子谋道不谋食也。

【讲】尔时世尊于午可以乞食之时，于是着僧伽之衣，持四天王所献之钵，因祇陀园在城外，自外而入舍卫城中，以次第而乞食焉。不欲贫以从富，不舍贱以从贵，大慈平等，无有选择。乞食既毕，还归给孤独园。饭食已完，将入禅定，于是收拾其衣钵，使心无系累也。洗其足，以洁其身也。乃排布高座而坐，而说法原因起矣。

时长老须菩提，在大众中，即从座起，偏袒右肩，右膝着地，合掌恭敬而白佛言“希有世尊”。

【注】众弟子中惟德尊而年高者谓之长老。此须菩提即善现，又名空生。尊者，稀少也。希者，赞佛之词，即“自生民以来未有孔子之义。”

【讲】须菩提在大众中，即从自己座位起身，整顿威仪，袒其右肩，以示不敢倍乎师。屈右膝，以示不敢左乎道。合掌，以示其皈依。恭敬，以示其严肃。而启白于佛。以申问辞，先赞而后呼之曰：举世所少有者，我世尊也。

如来善护念诸菩萨，善咐嘱诸菩萨。

【注】如来，佛之总称。如而不生，来而不灭，即我真性之体用。单修智炫曰菩，单修福业曰萨，福慧双修曰菩萨。诸菩萨指会下学道之人。

【讲】须菩提称赞佛曰：如来起慈悲心，善能卫护眷念此会中之众菩萨，使之信受，又善能以此佛法付委嘱托于人，使之奉行也。

“世尊，善男子，善女子发‘阿耨多罗三藐三菩提’心，应云何住？云何降伏其心？”

【注】阿，训无。耨多维，训上。三，训正。藐，训等。菩提，训觉。乃无上正等正觉，即我之真性也。此真性包含太虚，孰得而上之？故云“无上”。然上自诸佛，下至蠢动，此性正相平等，故云“正等”。其觉圆明普照，无偏无亏，故云“正觉”。应者，当也，“云何”者，如何也。住者，止也。降伏者，制御之谓也。

【论】阿耨多罗三藐三菩提，即无上正等正觉，即是佛，即是如来，即是金刚般若波罗蜜，只此九字，若能悟明就得佛。

【讲】须菩提问佛曰：“世间若有善淑男子并女人，学道之初，先发此无上菩提之佛心，当如何常住而使之不退转？妄心一起，当如何降伏而使之不惑乱我真心也？”

佛言：“善哉善哉！须菩提，如汝所说，‘如来善护念诸菩萨，善咐嘱诸菩萨。’汝今谛听，当为汝说。”

【注】谛听，仔细听也。

【讲】佛因须菩提启问，其言甚善，便重言“善哉善哉”，以叹美之：“汝以如来‘善护念，善咐嘱’，只此两句‘善’，发我未发之言，汝当详审而听，吾当为汝说此住佛心降妄心之道。”

“善男子，善女人，发‘阿耨多罗三藐三菩提’心，应如是住，如是降伏其心。”“唯然世尊，愿乐欲闻。”

【注】唯，领喏也，然是其言也。既诺而然之，又称世尊以表深愿也，愿乐欲闻，如蜂思好蜜、渴想甘露、倾心侧耳，莫可形容也。

【论】发此心者，究竟无上菩提之心也。凡人，一心不昧，万法皆通，但迷则顺此心，谓之“无明”；悟则逆此心，谓之“智能”。立大圆镜，空如来藏，建大法幢，度无量众，皆不出此。

【讲】人之一心，朋从往来，攻取日众，最难发此菩提觉心。若善男善女既发此一念，则满腔中纯是天理，真如本性自然显露，自然常住不灭。吾见五蕴皆空，如是一切妄心，不待驱除而自降伏矣。所谓道心为主，人心退听也。譬如日光一照，黑暗尽明。须菩提即令诺其言，称世尊曰：“弟子愿闻佛之教。”

佛告须菩提：“诸菩萨、摩诃萨，应如是降伏其心。所有一切众生之类，若胎生，若卵生，若湿生，若化生，若有色，若无色，若有想，若无想，若非有想，非无想。”

【注】摩诃者，广大之称。若者，或也。

【论】世法上说胎卵湿化，指人与鸟兽鱼虫等物，为欲界色界；色想、无色想，指无色界、非想等天，皆名曰“众生”。其与“降伏其心”句义相悖，不知众生者，指人心之众生也。自性众生誓愿度，又何说之？六祖以众生指心言，极妙！

【讲】佛告须菩提说：“诸大菩萨，以如是之妄心，欲其降伏而使菩提真心顿然发现者，果何道以致之？盖人一身，悉皆五阴六阳遮隔我之真性，故种种一切众生妄心，极难降伏。何以见之？或有心易轻举飞扬远适，谓之卵生；心常流转，习气深重，谓之胎生；心随邪见，沉沦不省，谓之湿生；心见景趣，迁变起幻，谓之化生；执相修因，顿起邪思，名为有色；内守顽空，不修福慧，名为无色；滞诸闻见，系念染着，名为有想；静沉死水，犹如木石，名为无想；起生灭见，落两头机，名非有想、非无想。然

菩提达摩尊者，图出自《月旦堂仙佛奇踪合刻》。菩提达摩尊者是南天竺僧人，于梁武帝时期来中国，后寄寓嵩山少林，面壁参禅，成为一代高僧

此九种众生心皆非菩提真心，一或有之，死即随类受生，随于胎卵湿化之物，虚空等神、天魔等鬼，所以轮回六道，难入涅槃者也。”

“我皆令入无余涅槃而灭度之。”

【注】我者，佛自谓也。皆者，尽也。令者，使也。入者，行到于内也。无余，无渗漏也，梵语涅槃，此云无为无余涅槃，大涅槃也。灭，消灭也。度化，度也。

【论】人有虚灵之性，包括天地，谓之真空，又名法身。亘古亘今所不能灭，即大禹见黄龙负舟，自言：“生寄也，死归也。”四大色身，原是假合，岂无毁坏之理？愚人不能明心见性，所以死归阴趣，随业受生，迁转不已。圣人明觉了然，如虚空杲日，当天普照。或出应世，则为报身化身随缘；或不住世，则弃四大如弃敝屣，永证清静法身，寂然常乐。是其来也，从体起用，无所从来；其去也，摄用归体，亦无所去，岂非涅槃常住不灭哉？世人不知，误以为死，非也。

【讲】佛之意，盖说如前所谓一切众生妄心，皆不是我菩提觉心，我皆令此受学诸大菩萨，将此妄心入于清净无为之乡，消融其滓秽，度脱其染着，如红炉点雪，必使人欲净尽，纤毫不留，深造于立默之境。所谓心外无余道，道外无余乐也。

【证】《楞严经》云：“涅槃，乃清净不死不生之地，一切修行者之所依归。”列子曰：“生之所生者，死矣，而生生者未尝终。”裴相国云：“寂静常乐，故曰涅槃。”

“如是灭度无量、无数、无边众生，实无众生得灭度者。”

【讲】佛说，如是以前所言灭度之道，使般若智慧打破种种邪见烦恼，故此无限量、无计数、无边际。一切众生之心，今已灭度无余者，岂我真能使之令入涅槃而灭度之哉？盖以凡人，原有此无上菩提之心，只为迷而不悟，今心地一旦豁然开朗，顿见本性空寂，是然自性自度，本来无此众生妄心，曷得而灭度之？

【证】《净名经》云：“一切众生，本性常灭，不复更灭。”六祖《坛经》云：“自性自度，名为真度。”

“何以故？须菩提，若菩萨有我相、人相、众生相、寿者相，则非菩萨。”

【注】相者，形迹也。执著形迹，心不虚空，滞而不化，谓之有也。

【论】此经自始至终，总以四相为张本，反复言之。

【讲】夫无有众生得灭度者，此何以故也？盖自性本空，无有我、人、众生、寿者之形，方是无上菩提之心。若或有此四相，则前一切众生妄心，安能灭度以至涅槃哉？决非菩提地位中人矣。世间未有一人不自爱其身者，终日营营，争名夺利，为一身计，又为子孙计，皆是我相也。见人势利，攀缘不已；见人萎弱，嗔压不已。嫉人之有，吝人之求，皆是人相也。色爱想行计，其和合贪嗔痴爱、汩没灵源，此众生相也。焚香祷祝，为求现在福田；炼药烧丹，希觊长生不老，此寿者相也。

【证】《圆觉经》云：“未除四种相，不得成菩提。”

“复次，须菩提，菩萨于法，应无所住，行于布施。所谓不住色布施，不住声、香、味、触、法布施。须菩提，菩萨应如是布施，不住于相。”

【注】复，还也。次，再也。还复再与须菩提言之，住着也。

【论】世法上论布施，檀波罗蜜为六度之首，是修行中一大事。但此布施乃谈心要，如来于日用间从自性中起用，广布设施于外，不住着于有相，决非外人舍施之说也。

【讲】佛再与须菩提说：“菩萨于所行之事，当无所执著而为敷布设施，何以见之？眼之悦于色，耳之乐于声，鼻之嗅于香，舌之甘于味，身之触于欲，心之校量分别于其法，皆有相之运用，与众生何异？岂是我性中本有之福德哉？菩萨于自心众生舍其所贪，归于空寂，不于六根六尘上有所系累拘执，但自性虚通，妙圆明净，随感而应，不住于相也。”

“何以故？若菩萨不住相布施，其福德不可思量。”

【讲】所以然者如何？若有学道的菩萨，不泥着色声香味触法之根尘以为运用，则是所有善根纯熟圆满，永得无上菩提之道。其福德量等虚空，岂人之心思可得而测度忖量哉？非享福报之谓也。

“须菩提，于意云何？东方虚空，可思量不？”“不也，世尊。”“须菩提，南、西、北、东、四维、上下、虚空可思量不？”“不也，世尊。”“须菩提，菩萨无住相布施，福德亦复如是，不可思量。须菩提，菩萨但应如所教住。”凡问之，“不”字音“否”；凡答之，“不”字音“弗”

【注】东、西、南、北、四维、上、下，总谓之十方。虚空者，大虚之中，无有纤毫隔碍，荡然空朗，非心思可能度量。

【论】六根圆通，四虚无碍，东看皆西，南观皆北，上俯皆下，下仰皆上，不立中边，有何四维？既无界划，何可度量？无能施彼，无所施此，如如自在，湛若十方。空以无所住，住是大虚空，福德行应如是住矣。

【讲】佛问须菩提：“于汝心中，自谓如何？如十方虚空，可以心思度量不？”须菩提答云：“不可思量。盖大莫大于虚空，非人之所能测度。”佛又明说：“无住相布施之福德，亦如虚空不可以思量也。”既而佛又呼其名而以告之：“汝诸菩萨之学道者，不必别处更求道之下落，但当依我所教于汝无住相布施之理，便就此止，应用之间，湛若十方，空无所住而住可也。”

【证】六祖曰：“不住是菩萨处。”

“须菩堤，于意云何？可以身相见如来不？”“不也，世尊。不可以身相得见如来，何以故？如来所说身相，即非身相。”

【注】身相者，色身也，即孟子所谓形色也；非身相者，法身也，即孟子所谓大体也。此如来，吾真性佛也。

【论】吾之真性如来，湛然常住，本无生灭，无相之可见者也。若要见之，外不见有山河大地，内不见有见闻觉知，舌头上无十字关，脚跟下无五色线，千圣唤不回头，百鸟都无寻处。忽然豁开正眼，大地浩流，即见本来面目。

【讲】佛问须菩提曰：“于汝之意所云，维何可以身相见如来不？”须菩提解其意，乃答之曰：“不也，世尊。不可以身相得见如来，何故？不可以身相见之，盖如来所说身相，不过形体之末，非真空无相之道，岂可指而谓之真如来哉？即非身相也。”

【证】庄子曰：“不形之形，川曰：‘身在海中休觅水。’”

佛告须菩提：“凡所有相，皆是虚妄。若见诸相非相，则见如来。”

【注】“非”字莫作“无”字解。“非”字活，“无”字呆，下同。

【论】凡所有相，皆是虚妄。犹之吾儒，不以形体求圣人，而求吾心中之圣人也。

【讲】佛之心，欲人见自性。佛故告须菩提曰：“世间凡有形相之可见者，皆是假合变幻，不是汝本有真实的理。虽有所见，亦妄见也。汝若凡见诸相，便识破非我真实本相，必无执相迷真亡失，自能回光返照，即见色身中有法身，自性之如来随处显现矣，而如来岂可外求乎？”

【证】《刊定记》云：“执相迷真，对面千里。虚心体物，天地一家。”《道川颂》曰：“有相有求俱是妄，无形无见随偏枯。堂堂密密何曾间，一道寒光烁太虚。”

须菩提白佛言：“世尊，颇有众生得闻如是言说章句，生实信不？”

【讲】须菩提恐后之人闻法不能信受，乃白佛曰：“世尊之可说，皆大乘正宗之教，菩萨未有不信受而奉行之。苟末世凡夫名众生者，得闻如是真空无相之言，其言说中之章句，果能实信之否也？”

【证】学道之人，不可无此信。孔子曰：“笃信好学。”《玉枢经》曰：“道以诚而入。”《华严经》曰：“信为万物功德，毋长养一切诸善根。”《智度论》云：“佛云大海，信为能入。”

佛告须菩提：“莫作是说。如来灭后，后五百岁，有持戒修福者，于此章句，能生信心，以此为实。当知是人，不于一佛、二佛、三四五佛而种善根，已于无量千万佛所种诸善恨。”

【注】持戒者，诸恶莫作也。修福者，众善奉行也。

【讲】佛告须菩提：“汝莫作生实信否之说。然此无相真空妙理，

慧能大师像，图出自《月旦堂仙佛奇踪合刻》。慧能大师是唐代高僧，禅宗南宗创始人，佛教史上称其为禅宗六祖

必有大根基的善人，方能信任其道，岂同小可？设或佛灭后，到五百岁之时，有人持守戒律，而诸恶莫作，广修福田，而众善奉行，又能于此经中之一章一句，信之于心，凿凿皆真实语，则此人之善根培植甚厚，岂于一佛二佛三四五佛种此善根哉？当于无量千万佛所中发生得来，非止浅浅根基所得也。”

【证】六祖曰：“信般若波罗蜜，能除一切烦恼；信般若波罗蜜，能成就一切出世功德；信般若波罗蜜，能出生一切诸佛。”《刊定》云：“根有生长义。”

“闻是章句，乃至一念生净信者。须菩提，如来悉知悉见，是诸众生，得如是无量福德。”

【注】世间所享者，名福报。信此经者，名福德。

【讲】佛又告须菩提：“若有此善根之人，闻得此经之章句，乃至一念之中，净焉而心不乱，信焉而心不疑，生此净信心者，我能尽心尽见。此人虽名为众生，而持戒修福之德善根，受用不尽，其福德岂有限量哉？”

“何以故？是诸众生，无复我相、人相、人生相、寿者相，无法相，亦无非法相。”

【论】佛先教学者能生信心，以此为实，又恐学者徒泥言说，不求心得，所以云“无法相”；又恐学者执著无法，不去探讨其言以悟真理，故又云“无非法相”。只此两句，有多少圆活妙理？此其所以为佛也。

【讲】佛言：“是诸众生，何故得如此之福德？其实善根纯熟，悟得真空无相之理，无复有我、人、众生、寿者之四相，亦无有执著此经之章句，实信其言说，落于有见，而为法相。亦无有一向沉空守寂，落于无见，而为非法相也。不着二边，方是真空。”

“何以故？是诸众生若心取相，则为著我、人、众生、寿者。若取法相，即著我、人、众生、寿者。何以故？若取非法相，即着我、人、众生、寿者。是故不应取法，不应取非法，以是义故，如来常说：‘汝等比丘，知我说法，如筏喻者，法尚应舍，何况非法？’”

【注】我、人、众生、寿者，尽天地间众生所有之情状，尽不出此四者之中。非法者，无法也，沦于顽空。

【讲】前节众生既无有此四相，心中无纤毫染着，所以信此经而得福德矣。佛又反言之：“此何以故也？是诸众生苟或心不虚空，便落我、人、众生、寿者之形迹，此人之所易晓也。至于我说无法相者，以吾真如本体不在言语文字之间，汝若取法相，就是与前执著四相者其心一般，至于非法，则无相矣。我亦谓非法相者，又何故也？盖法界之内，理与事原不相碍，汝若取非法相，谓之曰‘无记空’，又谓之曰‘断灭’。见此心不化，与前着四相者又何异焉？是故当以此两头见，直须截断，不应执其有法，而取以为有，亦不应执其非法，而取以为无。则太虚之中，浑无偏倚，湛然形迹两忘矣。以此之义，亦有原故，佛尝谓：‘汝学道等人，当知我与汝说此法者，因汝诸人有此四相，不能了悟真空，超于彼岸。我不过假此法门，令汝度脱生死苦海。汝既见自本性，证涅槃乐，则我之法当弃之无所用矣。譬如编竹成箄，渡人过水，到岸则此筏亦舍之也。夫有法既舍矣，何况非法？又可执着于无沉空守寂哉？能不着于无，则空而不空，自无非法相也。”

【证】儒书曰：“得意忘言，得心忘象。”道书曰：“得鱼忘筌，得兔忘蹄。”傅大士曰：“渡河须用筏，到岸不须船。”

“须菩提，于意云何？如来得阿耨多罗三藐三菩提耶？如来有所说法耶？”

【注】耶者，疑辞也。菩提之心，此是如来本性，亦人之所同具，当体即是，岂自外而得、待言而求哉？

【讲】前章既说法相非法相矣，佛恐须菩提尚未透彻，故又设此问，呼其名而告之曰：“汝之意何如？以我如来无上菩提之法，果有所求而得之于己耶？抑以此法谆淳然有所说而教之人耶？”

须菩提言：“如我解佛所说义，无有定法，名阿耨多罗三藐三菩提，亦无有定法如来可说。”

【注】解者，晓也。定者，泥于一处而不通也。

【讲】须菩提云：“如我心中悟佛所说之义理，则知无上正等正觉之法，此吾本来真空，人人所具足者也。不过各自默契而已，未当指定一处，而标其名曰：这是菩提之法也。然佛所说，不过随机设教，何尝指定一法以教人必如是而后修哉？如来不尽废法，只无定法可名；如来不尽废言，只无定法可说。”

【证】永曰：“佛说一切法、为除一切心。我无一切心，何用一切法？”

“何以故？如来所说法，皆不可取、不可说，非法，非非法。”

【讲】须菩提云：“如来之法，无定名亦无定说者，此其故何也？盖如来所说者，无上菩提法也，可以心悟，而不可以色相中取。一有所取，心则驰于外求。可以心传而不可以言语中拟，一有言说，则泥于口耳，皆不可也。然是法也，若执为有法，而吾性虚灵莫测，果何言有非有法也？若执著为无法，而吾性随感即应，果何言无又非非法也？真空不空，其以是欤？”

【证】川禅师曰：“恁么也不得，不恁么也不得，恁么不恁么，总不得。”

“所以者何？一切贤圣，皆以无为法而有差别。”

【注】贤者，若须陀洹阿罗汉之类。圣者，佛也。无为法者，自然觉性不假人为之法也。差者，参差不齐也。

【论】此无为法者，即是无上菩提，即是涅槃，即是如来，即是无相，即是无住，即是金刚般若波罗蜜也。有为法，世间法也。无为法，出世间法也。后学往往把“无为”两字认作空寂，一向灰心槁形，只说我即是佛，故今时无为道人极多，此真捕风捉影、顽愚不灵之人也。盖人有做作，皆是勉强。若我真性之运用，皆自然而然，何曾有所作为哉？

【讲】须菩提云：“我前所谓无可取无可说者，何以见之？盖无上菩提之法，皆我自然觉性，无假人为。故一切贤圣，皆同此无为之法。但法本无为，悟有迟疾。贤人得道之浅者，或假言说而后自悟，圣人得道之深者，顿悟顿修，本来无说，故有差别不同等尔。及其成功，则一也。此如来之所说‘法无定在’也。”

【证】庄子曰："无为而无不为。"《华严经》疏曰："寂寥于万化之域，动用于一虚之中。"

"须菩提，于意云何？若人满三千大千世界七宝，以用布施，是人所得福德，宁为多不？"

【注】三千大知，形容其多也。世界者，世间之方位界限也。三千大千，统言一大世界也。这个布施作舍施看，与前篇无相布施不同。七宝者，金、银、琉璃、珊瑚、玛瑙、珍珠、玻璃也。

【论】此段初言三千，不即恒河自少至多也。

【讲】佛将以此持经功德开示学人，故先设言呼须菩提而告之："设或有人充满三千大世界之七宝，用之以布施，此人所获福德多乎不多？"

须菩提言："甚多，世尊！何以故？是福德，即非福德性，是故如来说福德多。"

【讲】须菩提答云："七宝布施，其福德甚多。何以言之？盖是福德，乃有相之施，于我性中真空无相妙法，全不相关，毕竟非福德性，故如来所言福德者，乃人天小果之因，此所以为多也。"

"若复有人于此经中受持，乃至四句偈等为他人说，其福胜彼。"

【注】复者，再也。信力曰受，受之不忘于心也。念力曰持，持之不厌其久也。受持者，承教不逆、结念不息也。经，指金刚也。说，谓广说经义，令人普得闻之。

【论】古人以来解四句偈者，纷纷不一，惟中峰谓经，经中凡言四句偈，必上有"乃至"字，下有"等"字。言于此经中受持一句二句，乃至四句偈，此说最为稳当。要知经完，一切有为法之四句者，竟是。

【讲】佛言："如再有人于此经中，乃至四句偈等，直下承受其理，又拳拳持守于心而不失，更为他人解说其义，则是自利利他，所获之福，胜于彼之七宝布施者多矣。盖彼乃住相布施，纵得浊福，福尽堕落，此乃因经悟性，福等太虚，历劫不坏，其福安得不胜彼哉？"

【证】永嘉证道歌曰："住相布施生天福，犹如仰箭射虚空。势力尽处箭还坠，招得来生不如意。争似无为实相门，一超直入如来地。"

"何以故？须菩提，一切诸佛及诸佛阿耨多罗三藐三菩提法，

皆从此经出。须菩提，所谓佛法者，即非佛法。"

【注】非佛法，即前云无为法，即后云无法可说之意。

【论】一心混合，非佛非法，为不住相布施也。

【讲】佛言："人能受持讲说是经，其福胜彼者，此何故也？盖真空无相之理，是诸佛之本性，即无上菩提之妙法也。从上以来，一切诸佛之多并一大藏经之法，皆自此经流出。求其直指全体，未有若此之明且尽者，此外更无余经矣。"佛又恐人泥于阿褥，专为佛法，又曰："所谓佛法者，本来无有，不过假此开悟众生，使之言下见性，必虚名为佛法也，故曰即非佛法。"

尊者图，出自清《马骀画宝》

【证】老子曰：“大道无名，强名曰道。”

“须菩提，于意云何？须陀洹能作是念‘我得须陀洹果’不？”须菩提言：“不也，世尊。何以故？须陀洹名为人流，而无所入。不入色、声、香、味、触、法，是名须陀洹。”洹音丸。

【注】梵语须陀洹，此云人流入圣人之流也。我者，指须陀洹而言，非佛自谓也。

【论】四果者，皆是修行菩萨得道之浅深也。三乘根性，所悟所证随异，此四果次第而修，则无上菩提可到。若前有得之心，即著四相自足而不复上进矣。我佛恐四果菩萨不知，以无念为宗，故设四问。

【讲】佛问须菩提曰：“须陀洹作此念头，自谓我必要造到此地位，如树之结果相似，有所得之心否？”须菩提知其不然，乃曰：“须陀洹不萌得果之心，何也？盖彼已造入无相之门，得入圣人之流，但不能顿悟真空，无所入于精微奥妙也。仅能强制其欲，不入六尘之境界耳。是名之为初果也。”

“须菩提，于意云何？斯陀含能作是念‘我得斯陀含果’不?”须菩提言：“不也世尊。何以故？斯陀含名一往来，而实无往来，是名斯陀含。”

【注】梵语斯陀含，此云一往来。

【论】斯陀含在世法上说：“一往天上，一来人间。”六祖曾说破云：“前念起妄，后念即止。前念有着，后念即离。”名曰“斯陀含”，据理而言，人之妄念往来于心中者，无一时能止，往即出乎妄念，时而妄念又或一来，本性未能寂灭故也。

【讲】佛又问之曰：“斯陀含动个念头，自谓我必得乎此果否?”须菩提即不然云：“斯陀含心已造到至静之地，但目睹诸境，此心还有一生一灭，名一往来，而实无第二生灭，谓前念才着，后念即觉，故无往来也。是斯陀含之所由名欤?”

“须菩提，于意云何？阿那含能作是念‘我得阿那含果’不?”须菩提言：“不也，世尊。何以故？阿那含名为不来，而实无不来，是故名阿那含。”阿那俱平声。

【注】梵语阿那含，此云不来，亦名出欲。

【讲】佛又设问之曰：“阿那含作此念头，自谓我有得果之心否?”须菩提即不之云："阿那含心空无我，已断尘识思惑，外不见有可欲之境，名为不来矣。谓之曰'为不来'，即此'为'字，诸法尚未空寂，此心尚未融贯，其实无有不来之妙，未免强制也。此已造到佳境矣，非阿那含之谓乎？"

"须菩提，于意云何？阿罗汉能作是念'我得阿罗汉道'不？"须菩提言："不也，世尊。何以故？实无有法，名阿罗汉。世尊，若阿罗汉作是念'我得阿罗汉道'，即为着我、人、众生、寿者。世尊，佛说我得无诤三昧，人中最为第一，是第一离欲阿罗汉，我不作是念'我是离欲阿罗汉'。"

【注】梵语阿罗汉，此云无诤。盖有欲则有诤，此既离欲，何诤之有？又云杀贼，杀去无名烦恼思惑。又云不来，此心自证无为之体，心行自己尽，自无生灭道者，得无相之理，非徒果也。梵语三昧，此云"正受"，亦云"正见"。

【论】徐士英注曰："大易所谓'窒欲'，窒则未免费力。孟子所谓'寡欲'，寡则去犹未尽。今世尊所谓离欲，则于人欲洒然离脱矣。此言真有吃紧为人处。"

【讲】佛又问之曰："阿罗汉作个念头，自谓我得这个道否？"须菩提知其不然，而即否之曰："阿罗汉性本自空，实无一法可得也。设若阿罗汉作得道之念，是所得心犹未除，即着人、我等四相矣。"须菩提又拈出平日所得佛说而印证之曰："世尊佛当日曾说我须菩提一念不生，诸法无诤，得此之正见，于诸弟子中，许我为第一。必定是我脱尽人欲，断绝此念，方是许我为离欲阿罗汉也。"

【证】若衲禅师曰："无诤者，《涅槃经》云：'须菩提住虚空地，若有众生嫌我立者，我当终日端坐不起；嫌我坐者，我当终日立不移处。'即此义也。"

"世尊，我若作是念'我得阿罗汉道'，世尊则不说须菩提是乐阿兰那行者。以须菩提实无所行，而名须菩提，是乐阿兰那行。"

【注】乐者，爱也，即孔子曰"仁者乐山"之谓。梵语阿兰那，此云无诤，谓其无人。我行也，萌之于心曰"念"，见于修为曰"行"。实无所行者。古注云："本性空寂，虽随缘赴感，而实无所行。"此说得之。

【论】四果中皆有"无"字，乃无为之法。所谓一切贤圣，皆以"无"为法而有差别，于此可证。徐士英注曰："佛之有四果，犹孔子之有四教。"但佛所说四果，自有等级。第一云不入色、声、香、味、触法，则是知欲境，当避此果之初生；第二云一往来，则是蹈欲境不再，此果之方硕；第三云不来，则是去欲境如遗，此果之已熟；第四云离欲，则是脱然无纤欲可除，此果之既收。伊川谓释氏有上达而无下学，以此观之，亦是下学上达处，此言最当，然渐教所以如此。若是无上菩提顿悟真空，即此金刚般若波罗蜜，超入佛地矣。又何四果之足云！

【讲】须菩提恐大众不知去所得心，故又详言曰："我若是作此思念，而必欲得阿罗汉道，则又生一妄想，安得六欲顿空？佛即不于诸大弟子中说我须菩提是好乐寂静之人，有是无诤之行也。何以见之？以我须菩提，外虽所行，心中无一可得，无我无人，其实无此乐阿兰之行，方才名我须菩提为乐阿兰那行也。"

佛告须菩提："于意云何？如来在然灯佛所，于法有所得不？""不也世尊。如来在然灯佛所，于法实无所得。"

【注】然灯佛，即定光佛也，乃释迦佛授记之师。

【论】佛自谓成佛，实无所得。证前四果之无所得失，无相之理，乃我自有之真性，其成佛，皆由我心之自悟而得也。岂假师授言传而后成哉？

【讲】佛恐诸菩萨所得心未除，执著住于有法，不生清净心，故设是问，告须菩提曰："我当初于然灯佛处，得成无上菩提之道，果然得本师之法不？"须菩提即解其意，曰："不也，世尊。如来虽在本师处听法，不过因师开导，实乃自悟自修。本来无有，何曾有法可得？以是得之于心传也。"

【证】寒山诗曰："常闻释迦佛，先受然灯记。然灯与释迦，只论前后智。前后体非殊，异中无一异。一佛一切佛，心是如来地。"

"须菩提，于意云何？菩萨庄严佛土不？""不也，世尊。何以故？庄严佛土者，即非庄严，是名庄严。"

【讲】世间所谓庄严者，造寺作塔、行种种善事，是有相庄严也。佛恐人认做这样庄严，故呼须菩提而谓之曰："菩萨于佛土之中，果作善缘福业，还庄严不？"须菩提据理以答之："不也，世尊。何以故也？佛所谓庄严者，即非外貌相好之庄严，必其心地明洁，如太虚中万行俱足，此所以名为庄严也。"

"是故，须菩提，诸菩萨摩诃萨，应如是生清净心，不应住色生心，不应住声、香、味、触、法生心，应无所住，而生其心。"

【注】应者，当也。诸菩萨，指大修行人而言也。无所住不住，着住一处，凝滞不化也。盖此心神明莫测，变化无穷，是真净土也。不清净，则逐境迁移，放逸莫检，便着六尘而多能所矣。

【论】心若有住，则为有物，所以佛说："应无所住。"正欲人不住色、声、香、味等六尘，惟应无所住而主清净也。心无所住，则丝毫不挂，万境澄彻，即清净也。譬若百花林里过，一叶不沾身；又若一镜当空，无所不照，何等清净？如先着一物，则空明遮蔽，焉能照物？黄梅夜授至此，六祖言下大悟。

【讲】佛告须菩提曰："菩萨庄严，既不在于外饰，则当反而求之于心，使泰宇之中，湛然常虚，无一毫染浊；灵台之内，寂然常定，无一丝扰乱。当如是生清净心，不当住在色、声、香、味、触、法上。生心便为六尘所缚，妄念旋起，鲜能清净矣。尔当知此清净心，妙湛圆寂，不泥方所，本无所住也。于无所住，而生其心，如明镜当前，物来悉照，物去即空，自然十分清净，是净土庄严孰甚焉。"

【证】六祖闻"应无所住，而生其心"，即大悟曰："何期自性？本自清净。何期自性？本不生灭。何期自性？本自具足。何期自性？本无摇动。"五祖曰："不识本心，学法无益。若言下识自本心，见自本性，即名丈夫天人。"

"须菩提，譬如有人身如须弥山王，于意云何？是身为大不？"须菩提言："甚大，世尊。何以故？佛说非身，是名大身。"

【注】须弥山高广三百三十六万里，为众山之王，以此喻人身之大，不过假设其词，如七宝满三千大千之类。

【论】徐士英曰："此分凡四段，纯是释氏说心处。第一段谓本心之善，能自觉悟，不是从他人处得来；第二段谓涵养此心，须用持敬；第三段谓打破‘敬’字，全是人欲，须当清净此心，莫使一毫人欲染着；第四段生出一件譬喻，言此心之大，包括宇宙万化，皆从此出，虽须弥山王，不足以喻为大。”此说极当。

【讲】佛恐须菩提错认色身为大，不知心为大，又为之辩论：“譬如有人身如须弥山王，可以言大否？”须菩提深悟佛意，乃以“甚大”对之：“何以见之？色身虽大如须弥山王，为有生灭，毕竟不名大身。佛说非身，才是我之清净本心，乃真法身也。此心包廓太虚，周藏沙界，无相无住，顿入圆明，岂须弥山所能比量哉？是名为大身也。”

“须菩提，如恒河中所有沙数，如是沙等恒河，于意云何？是诸恒河沙，宁为多不？”须菩提言：“甚多，世尊。但诸恒河尚多无数，何况其沙？”

【证】西土有河名曰恒河，从阿褥池东流出，周回四十里，沙细如面，佛多在此处说法，故取以为喻。西土只有一个恒河，焉有许多恒河？亦是假设之言，如须弥山王之说。

【讲】佛以众人之所易见者，先反诘之：“恒河之沙固多矣，设或不止一恒河，数其如沙之多，恒河是诸恒河，多乎不多？”须菩提答言：“甚多。但诸恒河且多而无数，何况河中之沙乎？”言多而又多也。佛设此喻，以为较量福德多寡之张本。

“须菩提，我今实言告汝，若有善男子善女人，以七宝满尔所恒河沙数三千大千世界，以用布施，得福多不？”须菩提言：“甚多，世尊。”佛告须菩提：“若善男子善女人于此经中，乃至受持四句偈等，为他人说，而此福德胜前福德。”

【讲】佛谓须菩提：“我今以朴实言语告汝，若有善男女以七宝等物满尔所谓恒河沙数，尽三千大千世界布施与人，所得之福多乎不多？”须菩提即以“甚多”答之。佛又再告之曰：“若有善男善女于此经中，乃至四句偈等信而受之于心，会其妙义而毫无所疑，坚而持之于心，存其精蕴而毫无所失，必见自己真如菩提三智，朗然备矣。又能以此真空妙义为人解说，使人听闻之下，心地开通，明了自性，可以脱离轮回，永超生死，则是人己兼成，自他俱利，此其福即无为福也。所获利益之多，岂恒河沙布施者可同日语哉？”

【注】《华严经》云：“譬如暗中宝，无灯不可见。”此喻菩提妙道，非佛法不至，又喻佛法，非参悟不明。

“复次，须菩提，随说是经，乃至四句偈等，当知此处，一切世间，天、人、阿修罗，皆应供养，如佛塔庙。”

【注】随者，随其所在之处也。当知此处者，谓此心也。天者，四天之类。人者，世间之人。阿修罗有三种：一属天趣；一属人趣；一属畜生趣。大概如人尔，嗔恨心重，故托生于此。六道中不言地狱、饿鬼、畜生者，以三等之蠢昧，不知其理故也。

【讲】佛再谓须菩提云：“若或有人随其所在，便能演说此经之言，乃至四句偈等之妙，令诸听者除迷妄心，则一卷真经当知在此处身中矣，自然感得天、人、阿修罗等皆来恭敬，如佛之塔庙，殷勤瞻礼。可见此经此偈，最上稀有也。”

"何况有人尽能受持读诵。须菩提，当知是人，成就最上第一稀有之法。若是经典所在之处，则为有佛，若尊重弟子。"

【注】受持注见前第二十五叶。对文曰"读"，背文曰"诵"。读诵者，口熟其文，心解其义也。

【讲】夫讲说经中之义，尚能感天龙八部供养如此，何况有人尽能以此全经受持而体验于心，读诵而研穷其义，则此无相无住之理，乃阿耨多罗三藐三菩提之法，真最上而无以加也，第一而无可比也，又绝无而仅有也。定知此人以一心而成就之，得其全体矣。何以见此法能成就也？盖所在之处，常修佛行，即自心是佛，不从外得，经在是则佛在是，而弟子之所尊崇而敬重者亦在是。宛然佛法偕三室共居焉，安得而不成就之也？

【证】六祖曰："摩诃般若波罗蜜，最尊最上最第一。"

尔时，须菩提白佛言："世尊，当何名此经？我等云何奉持？"佛告须菩提："是经名为《金刚般若波罗蜜》，以是名字，汝当奉持。所以者何？须菩提，佛说般若波罗密，即非般若波罗蜜，是名般若波罗蜜"

【论】此分大意，全在人受持上。然受此法易，持此法难，所以首段未说着受，先讲一个"持"字，后言细而微尘，大而世界，妙而佛之色身，皆为虚妄，但有名而已。至于舍命布施，俱是不实。惟我此经，乃真空本性，获福无量也。

【讲】须菩提闻前所说，成就最上之法，深有歆慕，但未必受持之道何如，故白佛云："此经当以何义命名？我等当以何道奉持？"佛答："是经名《金刚般若波罗蜜》，乃无上菩提妙心，无相无住，直至诸佛彼岸，此为最上稀有之法。汝当奉行而持守也，其故惟何？然我所说般若波罗蜜，即非徒取其名，正以妙明本性，湛若太虚，体既尚无，何名之有？如来恐人生断灭见，不得已而强名金刚般若波罗蜜也。"

【证】三昧经曰："心无心相，不取虚空。不依佛地，不住智慧，是般若波罗蜜真妙理也。"傅大士曰："恐人生断见，权且立虚名。"

"须菩提，于意云何？如来有所说法不？"须菩提白佛言："世尊，如来无所说。"

【讲】般若之法，心法也，如人饮水，冷暖自知，何所形其拟议？若有所说，即谤佛也，故佛问："有所说法否？"须菩提答云："如来无所说。"自性自悟直下，何容开口处，所以无得无说矣。

【证】世尊临入涅槃，文殊请佛再转法轮。世尊咄云："吾住世四十九年，未尝说着一字，汝请再转法轮，是吾曾转法轮耶？"又佛偈曰："始从成道后，终至跋提河。于是二问中，未尝说一己字。"

"须菩提，于意云何？三千大千世界，所有微尘，是为多不？"须菩提言："甚多世尊。""须菩提，诸微尘，如来说非微尘，是名微尘。如来说世界非世界，是名世界。"

【论】世界微尘，即依报也。傅大士颂云："积尘成世界，析界作微尘。"信此者，正见纤毫尘垢、世间境界，皆幻妄不实。佛与众生同处此尘世中，但心有迷悟不同。佛之心，清净心也，即成清净世界。众生之心，污浊心也，即成污浊世界。在人之自修何如耳。

【讲】佛告须菩提云："三千大千世界，所有微细尘埃，果为多否？"须菩提以为世界固多，而微尘不胜其多。佛又呼而告之："如来说诸微尘者，原是幻妄之物，虽有色、声、香、味、触、法之多，纷纷乱起。而虚灵之府，太空澄徹，岂有纤毫尘埃之所点污？故言不是微尘，乃假名为微尘也。如来所说世界者，盖山河大地、明暗色空，原不是我心中本有的，只因妄想安立故也。人于世界中识得不是世界，则心地廓然，净无暇秽，便是出世间法，非世界之所能囿，是名为世界也。"

【证】《圆觉经》云："幻心灭，故幻尘亦灭。"世尊答文殊曰："在世离世，在尘离尘。是为究竟法。"正此意也。

"须菩提，于意云何？可以三十二相，见如来不？""不也，世尊。不可以三十二相得见如来。何以故？如来说三十二相，即是非相，是名三十二相。"

【注】三十二相，如眼、耳、鼻、舌等类，此乃色声佛也。凡所有相，皆是虚妄者也。

【讲】佛问须菩提："可以此三十二相，见如来不？"须菩提言："如来之相，虽胜妙殊绝，不宜以形色求之。何以故？盖如来所说相者，非真相也。妙体如如，湛然常寂，乃诸佛本心者也，是名三十二相。"

"须菩提，若有善男子、善女人以恒河沙等身命布施，若复有人于此经中，乃至受持四句偈等，为他人说，其福甚多。"

【论】前借舍财以明胜，此借舍身以辨多。

【讲】佛又曰："世间所重者，莫过于身命。若有人以恒河沙之多，比此身命布施，如摩顶放踵，利天下为之，其所获之福，视宝施之福，尤有加焉。但不明本性，特顽福而已。若以此经及四句偈等，受持而讲说之，自利利他，其获福无量，较彼舍身者，不甚多乎？此金刚般若波罗蜜法，汝当受持可也。"

尔时，须菩提闻说是经，深解义趣，涕泪悲泣而白佛言："稀有世尊。佛说如是甚深经典，我从昔来，所得慧眼，未曾得闻如是之经。"

【注】深解者，心中大悟也。义趣者，义理旨趣也。慧眼者，圣人之心有七窍，一闻千悟，此智慧眼也。

【讲】须菩提一闻佛言，心中便悟理趣，自伤得闻此经之晚，乃涕泪悲泣而白佛言："世间之少有我世尊也。说此《金刚经》深奥典章，虽我昔来有此慧眼，善能聆悟者，未曾得闻此经之精奥。昔所未闻而今闻之，其且悲且喜，当何如哉？"

"世尊，若复有人得闻是经，信心清净，则生实相，当知是人，成就第一稀有功德。"

【论】人能信实相者，即是非相。若有少相，即非实相，故以无相为实相。如来说此而人能信，岂非第一稀有？言生实相者，此是无生生也。信心清净者信，本来心无法可得，不起妄念，心常空寂，湛然清净也。了悟万法，由此净心建立，是名实相。经以福兼德者屡矣，此独变福言功，谓功成果满之时，其福不足道也。

【讲】须菩提言："我既闻是经矣，已悟自性清净中，本来有些真实相矣，但恐悟之者之少也。若再有人得闻是经，一念发笃信之心，其心纯是天真，毫无欲尘所累，便得清净般若慧光，如露柱灯笼，而真实不虚之相，从此生矣，即是我心之功德也。当知是人成就诸佛第一稀有功德，莫能出乎其右矣。"

【证】《圆觉经》云："一切实相性清净。"故六祖云："从清净体中流出般若波罗蜜多。"又云："功德在法身中，非在于福。"即此义。

"世尊，是实相者，即是非相，是故如来说名实相。"

【论】则是非相者，实相无相，故言为非。不是无实相，如龟毛兔角，只说龟无毛、兔无角，不是说无龟无兔。正犹达摩所谓"水中盐味、色里胶青"云耳。世儒不思细细根究，一味辩驳佛是虚无寂灭，妄矣。

【讲】须菩提称："世尊，而言我所谓实相者，谓实理也。般若实相，如太虚空，本然未有形迹，若悟实相，不可执著为实相，此如来所名实相者也。"

【证】傅大士云："彼岸更求离。"赵州云："'佛'之一字，吾不忍闻。"此说得之。

观音生日图，出自明代传奇剧本《目连救母劝善戏文》

"世尊，我今得闻如是经典，信解受持，不足为难。若当来世后五百岁，其有众生得闻是经，信解受持，是人则为第一希有。何以故？此人无我相、人相、众生相、寿者相，所以者何？我相即是非相；人相、众生相、寿者相，即是非相。何以故？离一切诸相，则名诸佛。"

【注】信解者，心无所疑，而了然悟也。受持者，心既领纳，而守之坚也。

【讲】须菩提言："我今得闻此经，以我从来之慧眼，自能信其言之实，解其理之妙，听受而持守之，言下承当，不为难事。若当来世年久之时，有众生闻是经者，信解受持，则此人明了自性，真第一等人而不易得者也。何故此人不多有也？以其顿悟真空，必无人我等四相，所以然者，因般若波罗蜜人我两忘，凡寿尽泯，原无一法可得，即非四相也。若离一切诸相，其心空寂，即到觉地，与诸佛齐驱并驾，名为佛矣。”

佛告须菩提：“如是，如是。若复有人得闻是经，不惊、不怖、不畏，当知是人甚为稀有。”

【注】如是者，此言当乎其理也。惊者，骇其言之过也。怖者，恐其道之高也。畏者，怯其行之难也。此便是不能信解受持矣。

【论】佛恐世远，仅存言教，设人有此三心，则信解受持不能坚固，故称是人甚为稀有。

【讲】佛因须菩提之言而即印可之曰：“汝言深契佛理，如是如是。后果有人得闻般若妙法，不惊而无疑心，不怖而无惧心，不畏而无退心，则涣然冰释，怡然理顺，其人岂不稀有哉？”

“何以故？须菩提，如来说第一波罗蜜，即非第一波罗蜜，是名第一波罗蜜。”

【讲】佛说：“此人为稀有者，何也？盖我所说第一波罗蜜，乃真空无相，自性自悟，何曾有波罗蜜可名？不过假是说以开悟群迷而已，是名第一波罗蜜也。”

“须菩提，忍辱波罗蜜，如来说非忍辱波罗蜜，是名忍辱波罗蜜。”

【论】人以强暴加我，此真可耻，其辱莫甚焉。于此忍之，何事不可做？此忍人所不能忍。波罗蜜有六种，这一波罗蜜最难克化。令人一言不合，则怒气相加，起种种无名烦恼，人我干戈，四相未空，障蔽真性。佛所以独揭此一件，令人灭度。

【讲】佛告须菩提云：“凡有辱境之来，恬然处之，不起嗔恨，以乱我之般若，则心同太虚，即造到觉地，此忍辱波罗蜜也。但真空本来无相，外不见其可辱，内不见其可忍，浑然两忘，此如来说非忍辱波罗蜜矣。”

【注】《法华经六波罗蜜》云：“檀波罗蜜、尸波罗蜜、羼提波罗蜜、毗梨耶波罗蜜、禅波罗蜜、般若波罗蜜，即布施持戒、忍辱精进、掸定智慧也。又名六度。”

“何以故？须菩提，如我昔为歌利王割截身体，我于尔时，无我相、无人相、无众生相、无寿者相。何以故？我于往昔节节支解时，若有我相、人相、众生相、寿者相，应生瞋恨。须菩提，又念过去于五百世作忍辱仙人，于尔所世无我相、无人相、无众生相、无寿者相。”“解”音皆上声。

【注】昔者，前生也。梵语歌利王，此云极恶之君。五百世者，即五百生也。昔如来因地修行，证初地菩萨时，修忍辱行，在山中宴坐，因歌利王出游猎，王乃憩息，睡醒不见左右彩女，遂亲入山寻，见众妃宫女围绕礼拜仙人，王乃大怒问曰：“云何恣情观我女色？”仙人曰：“于诸女色，实无贪着。”王曰：“云何见色不贪？”仙人曰：“持戒。”王曰：“何名持戒？”仙人曰：“忍辱即是持戒。”王乃将刀割仙人身问曰：“还可痛乎？”仙人曰：“实不痛。”王即节节支解问曰：“还瞋恨否？”仙人曰：“我尚非有，何有瞋恨？”天怒雨石，王惧乃免。尔时王者，即乔陈如；仙人者，即释迦如来也。

【讲】此因忍辱，说此以证之。佛言：“我前生为歌利王割截身体时，心如虚空，不起四相，何以故也？当初节节支解，可谓辱之极矣。若有四相，则瞋心定起，恨不能忘，何以言忍？又再思念，曾于过去五百世作忍辱仙人，曾修忍辱之行，所以于往世亦无有四相之累，历劫顿悟真空，此我所修，诚非一朝一夕之故也，以是知忍辱波罗蜜。学道者之先务首要，破其瞋心，方离四相。”

“是故，须菩提，菩萨应离一切相，发阿耨多罗三藐三菩提心。不应住色生心，不应住声、香、味、触、法生心，应生无所住心。若心有住，即为非住。”

【注】佛言：“心有四相，则非清净，岂我无上菩提之真性？不免住着六尘，非菩萨也。我前所言‘离一切相’，即名诸佛。又言‘应无所住而生其心’，此正般若波罗蜜为无余涅槃者也。”

【讲】呼须菩提言：“菩萨欲成佛道，当空其心，离去一切形迹，方可发此无上菩提道心。又不当住者着于色而萌可好之端，不当住着于声香味触法而起一可欲之念。当于无所住者而生其心，则此心圆通无碍，真纯无欲，非一切相之所系缚。若心于六尘上有一住着，便落他窠臼，不能脱洒，则所住不是菩萨住处矣。”

【证】六祖云：“我此法门，以无为本。”

“是故，佛说菩萨心不应住色布施。须菩提，菩萨为利益一切众生故，应如是布施。”

【注】布施之义，非舍施于人也。何以言之？盖此经乃谈真空本性顿悟法门，字字当精切语，俱在心上用功，非教人外面做因果事，深造者当自得之。众生非胎卵湿化之类，吾心中之众生也。利益者，不为色声香味触法所染，六根清净，岂不是利益？一卷中反复说来，俱管在受持、演说二意，我能受持读诵，则为布施之体，为人演说，则为布施之用。《黄蘖心要》云：“过去心不可得，是过去舍；现在心不可得，是现在舍；未来心不可得，是未来舍。”斯言尽之矣。六尘中惟色最易染人，所以说色而不及声香味触法者，意在中也。住者，黄蘖“栖泊”两字，最下得妙。紫阳夫子曰：“人心活物，须要栖之淡泊，然后为得。”真确论也。

【讲】佛自谓：“我说菩萨心者，本虚而明，若住色而为运用，此心不为觉矣，所以不住色布施也。菩萨以此不住觉心，利益我一切众生妄心，使众尘不隔真智，现前当以此广布而设施之可也。”

“如来说一切诸相，即是非相。又说一切众生，即非众生。”

【讲】佛言：“如来所说一切诸相者，乃是外幻于我，真性中本来何有？故非相也。又说一切众生者，以心有四相，名为众生。若能约已回光，妄心自离，即无众生可得，故非众生也。”

“须菩提，如来是真语者、实语者、如语者、不诳语者、不异语者。”

【讲】佛恐人闻此经之言，便生惊怖畏惧，不能成就，乃开导之曰：“我如来所说般若波罗蜜法，皆无上菩提了悟本性。真焉而不妄，实焉而不虚，默契真常之理，如如而不变易其词。所言者，非欺诳之言；所论者，非异常之论，不过欲人自性自悟，岂谬哉？”

“须菩提，如来所得法。此法无实无虚。”

【讲】佛言：“如来所以得此般若法者，盖缘灭度众生以悟真性，只一个空无所空之心法也，将以此法为实耶？真体空寂，本无实也。以此法为虚耶？妙用无方，亦无虚也。无实与无虚合，则此法之体用备矣。真空之妙，非以是哉。”

【证】《中庸》曰：“君子之道费而隐。”正谓此也。

“须菩提，若菩萨心住于法而行布施，如人入暗，则无所见；若菩萨心不住法而行布施，如人有目，日光明照，见种种色。”

【注】菩萨者，学道之通称也。心住法者，谓之法坐也。

【讲】佛言：“凡此修行，菩萨当悟真空，不宜有所住着以为运用也。设或心着此法而行其布施，则四相未除，为无明暗障，如人入于暗室之中，昏焉而一无所见矣。若菩萨心与法俱泯，无所执泥而布施于外，此则豁金刚眼，然般若灯，圆悟如来，洞达无碍，乃无上之知见也者。如人本有眼目，又得杲日当空，了一切境，见种种色矣。”

“须菩提，当来之世，若有善男子善女人，能于此经受持读诵，则为如来。以佛智能，悉知是人，悉见是人，皆得成就无量无边功德。”

【讲】此经具自性中莫大之功用德行，实力稀有也。若如来灭后，或有善男善女，能于此经受持读诵，直下顿悟，则不事口耳之未而了此真空之妙，即到菩提觉位，为自性如来。佛以智能清净之目，尽知尽见，此人皆得成就无量无边见性之功德，周法界而无方，历万劫而常在，岂有限量之所哉？

“须菩提，若有善男子善女人，初日分以恒河沙等身布施，中日分复以恒河沙等身布施，后日分亦以恒河沙等身布施，如是无量百千万亿劫以身布施，若复有人闻此经典，信心不逆，其福胜彼，何况书写、受持读诵，为人解说？”分去声。

【注】初日分，谓早晨。中日分，谓日午。后日分，谓晚间。

【论】佛所谓舍身布施，要知即是儒家损己益人，后世体认一差，丑怪百出，

普陀山四海龙王献宝图，出自《新刻全像三宝太监西洋记通俗演义》，描绘了四海龙山到普陀山会观世音菩萨并献宝之事

或破肉燃灯，或刺血书经，或露顶焚香，其弊一至斯极。吁！佛之心，愈无以自白于天下，斯人也，其佛之罪人欤？书此以戒流俗。

【讲】佛言："设有善男善女，于一日之间，以恒河沙等身命三度舍身，至于无量数劫，则无量福报曷可胜言？然只能受世间顽福耳。若有人闻此经即信于心，不违逆其说，其受用之福尚胜彼舍身之福。何况自书写其章句而寻绎其言，受持读诵而解悟其理？又以是经与人解说其义，则不徒自明己性，且教人各各见性。善根纯熟，利益无穷，其福又焉有限量哉？"

"须菩提，以要言之，是经有不可思议、不可称量无边功德。"称量俱平声，古称秤通用。

【讲】佛言："若能明此法门，即见性成佛。以简要言之，则此般若真经，有不可以凡心测度，亦不可以浅言拟议，又不可如器物平秤而度量之也。则此功德之无边际，虽赞叹所不及矣。"

【证】六祖曰："不离自性，是功应用。无染是德，功德在法身中。"

"如来为发大乘者说，为发最上乘者说。"

【注】六祖曰："法无三乘，人心自有等差。"见闻转诵是小乘；悟法解义是中乘；依法修行是大乘；万法尽通，为行具备，一切不染，离诸法相，一无所得，名最上乘。乘是行义，不在口争是也。

【讲】佛言："此经如何有此无边功德？盖金刚般若，吾之妙明本性，必大乘菩萨最上乘，如来所印证者也，岂小乘人所能堪任？故如来为启发大乘人而阐此真空之妙，亦为启发最上乘人而演此般若之法也。"

"若有人能受持、读诵，广为人说，如来悉知是人，悉见是人，皆得成就不可量、不可称、无有边、不可思议功德。如是人等，则为荷担如来阿耨多罗三藐三菩提。"

【注】背负为荷，在肩为担，言无上菩提至重难任，一旦道由人弘，毅然以身承任，所以成就大功德也。

【讲】佛言："此般若经，既为大乘最上乘人而说，乃无上正等正觉之妙道也。有人受持读诵，既以成己，广为人说，又以成人。人己兼成，功用德行无有尽藏。如来于此一一知得此人，见得此人，可以成就之也。此人既能成就功德，即能以身是然，任此大道，将如来阿耨菩提之法一担负而荷之，无遗理矣。自觉觉，他觉行，圆满功德，宁有涯哉？"

"何以故？须菩提，若乐小法者，著我见、人见、众生见、寿者见，则于此经，不能受持读诵，为人解说。"

【注】乐者，喜好也。小法者，钝根之人，志意下劣，如佛说《法华经》，五千人退席是也。不曰"相"而曰"见"者，心染此四相，堕于邪见也。

【讲】佛云："人或乐小乘法者，局于见闻之小，不免有我人等见之私，于此大乘最上乘法，便起惊怖畏惧之心，其于真性懵然不知，故不能听受读诵、为人解说也。"

"须菩提，在在处处，若有此经，一切世间天、人、阿修罗，所应供养。当知此处则为是塔，皆应恭敬作礼围绕，以诸华香而散其处。"华，古花字。

【讲】此心中般若无相真经，乃自性佛，永为万世不刊之大典。若在在处处有此持经之人，则功德素著，如摩尼宝珠，瑞光炳耀。一切世间天、人、阿修罗为之供养，当知此处便是如来真身舍利室塔，谁肯生一慢心？必作礼而五体之投地，围绕而大众之皈依，以诸宝花妙香布散于持经之处，则供养可谓至矣。此正谓一人辨心，诸天辨供也。

"复次，须菩提，善男子善女人受持读诵此经，若为人轻贱，是人先世罪业应堕恶道，以今世人轻贱故，先世罪业则为消灭，当得阿耨多罗三藐三菩提。"

【注】世者，三十年为一世也。恶道，犹恶境也。小而忧辱，大而死亡，皆是也。六祖云："约理而言，先世即是前念妄心，今世即是后念觉心。"以后念觉心轻贱前念妄心，妄不能住，故云先世罪业即为消灭。妄念既灭，罪业不成，即得菩提。

【论】圭峰科此经为转罪成佛，梁昭明太子科刊此经为净业障。若是依经解义，便涉到报应因果中去了。不知般若真性乃最上一乘，必不是此等说。六祖以先世今世作前念后念，真确论也。不可把先世后世，认作前生今生。

【讲】佛言："世有男子女人，既能受持读诵此经，真可敬重也，而反为人所轻；真可尊贵也，而反为人所贱。其故何哉？盖此人必是已前年分未曾得闻此经之时，着于四相，住于六尘，所有罪过业缘当堕落于恶境下流之污，以今世人所以轻贱之而不供养恭敬故也。今既持经而真性圆明，是'本来无一物，何处有尘埃'，已前之罪业即消灭矣。当得无上菩提之正果也。"

"须菩提，我念过去无量阿僧祇劫，于然灯佛前，得值八百四千万亿那由他诸佛，悉皆供养承事，无空过者。若复有人于后末世，能受持读诵此经，所得功德，于我所供养诸佛功德，百分不及一，千万亿分乃至算数譬喻，所不能及。"那平声，他音陀，分去声。

【注】梵语阿僧祇，此云无央数。梵语那由他，此云一万万劫者世也。佛心有六通，无始以来事，慧眼皆知之，谓之宿命通也。永世徒知事佛，而不知佛究竟处尽在此经，故以此言较其功德之多寡也。

【讲】佛言："我于无量无央数劫，在然灯佛已前得遇八百万亿那由他诸佛出世，尽皆供奉而不敢怠，承顺而不敢违，无有空过一处而不供承之者，是我历事诸佛之多。如此后有末世持经之人，见自本性，永离轮回，以是功德较量我供佛之功德，虽百分百千万亿分，乃至算数之多、譬喻之广，皆不及持经功德之一分也。"

"须菩提，若善男子善女人，于后末世，有受持读诵此经，所得功德，我若具说者，或有人闻，心则狂乱，狐疑不信。须菩提，当知是经义不可思议，果报亦不可思议。"

【注】具者，尽也。狐是兽名，野犴，其性多疑。果者，功有所成；报者，理有所验。非今生后世果报之说。

【讲】佛再呼须菩提而晓之："若男子女人于后末世之时受持其理，读诵其言，得此无量功德，必无疑矣。我若再尽言其详，或有钝根之人，闻之起惊怖畏惧之心，狂焉而无定持，乱焉而无定见。展转如狐之疑惑，不能信受，盖不知此经之妙故也。当知此经之义理，乃真空无相最上一乘，不可以心思言议探其底蕴也。至于究竟一受持读诵之间，先世之罪业消灭，无量之功德难及，得此果实报验者，又岂可以思议之哉？真极盛而无以加也。"

尔时，须菩提白佛言："世尊，善男子善女人，发阿耨多罗三藐三菩提心，云何应住？云何降伏其心？"佛告须菩提："善男子善女人发阿耨多罗三藐三菩提心者，当生如是心：我应灭度一切众生。灭度一切众生已，而无有一众生实灭度者。"

【讲】须菩提复问佛云："菩提心何所止？众生心何所伏？"佛曰："菩提心者，本来具足，当体现成。只因众生蔽于尘染，而戕贼者总总也。人当先要培养此真心，然欲尽者理方还。我当以此一切众生心，如烦恼妄想取舍人我，贪嗔嫉妒种种，四相之类一一除灭而度脱之。既灭度众生已了，则般若观照，常住不灭。凡前所有一切妄心，原非真性中所有。如红炉点雪，消融殆尽，无一众生实灭度也。"

"何以故？须菩提，若菩萨有我相、人相、众生相、寿者相，则非菩萨。所以者何？须菩提，实无有法，发阿耨多罗三藐三菩提心者。"

【注】此节"实无有法"四字当重。佛恐人错认当生如是心者为真实，故又说破，谓究其实，乃我真性中原无此也。

【讲】佛云："此何以故也？若学道之菩萨，四相未除，则菩提心无由而发，何以言？菩萨所以然者，以性本空寂，浑然天成，其发此心，不过自悟自修，实无有法发此阿耨多罗三藐三菩提者也。"

"须菩提，于意云何？如来于然灯佛所，有法得阿耨多罗三藐三菩提不？""不也，世尊。如我解佛所说义，佛于然灯佛所，无有法得阿耨多罗三藐三菩提。"

【讲】佛呼须菩提反问云："我始于本师然灯佛处，有法可得，名之为无上正等正觉否？"须菩提言："我晓佛所言之理，佛于本师处，乃是自性自悟，无有传受秘密之典，而得菩提之道也。"

佛言："如是，如是。须菩提，实无有法，如来得阿耨多罗三藐三菩提。须菩提，若有法，如来得阿耨多罗三藐三菩提者，然灯佛则不与我授记：'汝于来世，当得作佛，号释迦牟尼。'以实无有法得阿耨多罗三藐三菩提，是故然灯佛与我授记，作是言：'汝于来世，当得作佛，号释迦牟尼。'何以故？如来者，即诸法如义。"

【注】梵语释迦，此云能仁，即度脱一切也。梵语牟尼，此云寂默，即心体如如也。牟尼为体，即是"如"字；能仁为用，即是"来"字。先言释迦，后言牟尼者，摄用以归体也。如来者，从体以起用也。总是真性。详言之，则为阿耨多罗三藐三菩提；略言之，则为如来；又略言之，则为佛。诸法如义者，盖我真实之性本来自如，其见之于诸法事者，亦自然而然，来为应迹，去无留滞，如如不动的义理也，即上无为法也。

【讲】佛深以须菩提之言为当，故称“如是如是。”复谓之曰：“实无有法得此菩提。若曰有法，然灯佛即谆谆然举其佛之所得者，传之于我，即不当与我止授一记云：‘尔来世方得作佛，号释迦牟尼也。’盖本原不从外得，偏虚空世界而常自如，所谓‘一法不立，一尘不染’也。然灯不过授记而已，何曾得法于他？皆是我如来本性也。何以故？如来者，不离诸法，即一切法中自如的义理也。”

【证】《维摩经》云：“如者不二不异，一切法亦如也，众圣贤亦如也，至如弥勒亦如也。”

“若有人言：如来得阿耨多罗三藐三菩提，须菩提，实无有法，佛得阿耨多罗三藐三菩提。须菩提，如来所得阿耨多罗三藐三菩提，于是中无实无虚。”

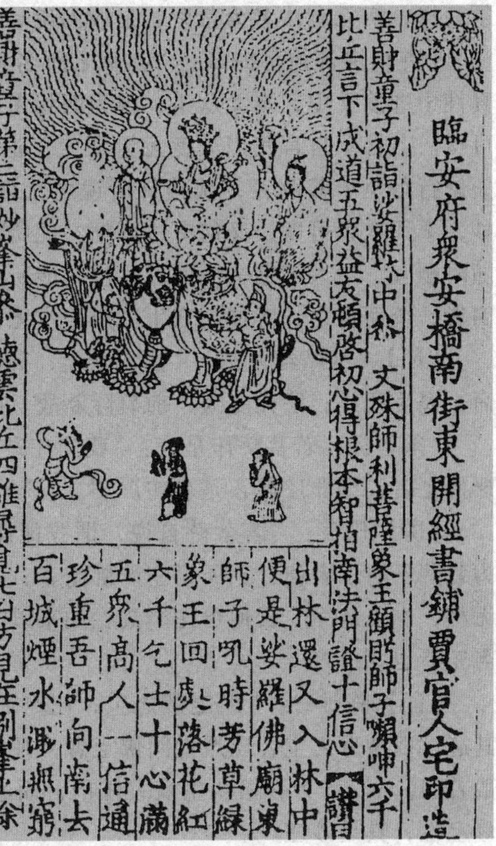

善财初参文殊图，出自《佛国禅师文殊指南图赞》，描述了善财童子五十三次礼参文殊菩萨，得悟大道的故事

【讲】佛又恐人未悟，复曰：“或有人说我得此菩提之法，不知我从实无有法上得之，然我所以得此法者，皆是我之清净心中菩提觉性本无形迹，此法无有实色相，空处即是菩提。此法无有虚正，谓色即是空，空即是色，故知如来所证菩提之法，不空不有也。”

“是故如来说：‘一切法皆是佛法。’须菩提，所言一切法者，即非一切法，是故名一切法。”

【讲】佛说诸法，皆发明真常之精奥，用为修行之径路，非外道可比，皆是般若之佛法也。然人心之大事未明，须赖此法指示迷途，除去四相。若真空既悟，我自得之法，亦非有方明佛法也。佛所以随说而又扫去者，盖谓不可泥于法耳，岂真绝无法哉？

“须菩提，譬如人身长大。”须菩提言：“世尊，如来说人身长大，即为非大身，是名大身。”

【讲】此段设譬以起下文。佛问须菩提：“譬如人之一身，虽长且大，果真为大？”须菩提答云：“如来说人身长大者，心不菩提，徒为委形，则非真实。大身是虚，名为大身而已。”

“须菩提，菩萨亦如是。若作是言，我当灭度无量众生，则不名菩萨。何以故？

须菩提，实无有法名为菩萨，是故佛说一切法，无我、无人、无众生、无寿者。”

【讲】佛告须菩提曰：“菩萨之所名觉众生者，亦如大身之不为真实也。夫我真性中廓然常虚，本无众生，因为四相未离，则众生从业缘中而现，反之太初了无可得。若菩萨自言我当灭度无量众生，正所谓驱除妄想重增病也，何以名为菩萨？夫修行得至于菩萨者，诚赖佛所说之法以灭度乎众生。但真性中自有无上菩提之妙，本无众生可度，又何有法可据？此所以名菩萨也。是故佛所说一切法者，不过随时顺宜、与人解粘去缚而已，岂有能所必哉？所以无我人众生寿者之妄心矣。此四者，统而言之，皆谓之众生。众生本无，何灭度之有？”

【证】《维摩经》云：“法无众生，离众生垢故；法无有我，离我垢故。法无寿命，离生死故；法无有人，前后际断故。此真空无相法也。”

“须菩提，若菩萨作是言：‘我当庄严佛土。’是不名菩萨，何以故？如来说庄严佛土者，即非庄严，是名庄严。”

【讲】佛言：“若菩萨自说，谓我能庄饰严整其佛之刹土，是着于有相，岂足为菩萨？所以者何？我所说庄严佛土者，非为粉饰外貌之具，乃吾心佛土也。佛土无相，本来清净，云何可庄严哉？如来以非庄严为庄严，有妙庄严存焉，是则所以名庄严也。”

【证】陈雄曰：“以定慧之宝，庄严心佛土者，菩萨也。不言其功，而人莫见其迹；以金珠之宝，庄严世间佛土者，凡夫也。自言其功，而常急于人知。”《文殊般若经》云：“为一切众生发大庄严，而心不见庄严之相。”《净土论》云：“备诸珍宝性，具足妙庄严。”

“须菩提，若菩萨通达无我法者，如来说名真是菩萨。”

【注】通达者，见得十分透彻也。无我者，即吾儒之无以有己也。法者，理也。真菩萨者，造到纯然无伪即等觉也。

【讲】佛言：“由前所说阿耨菩提，究竟将来总是个无我之法。夫法界原无尽藏，有一我心，便着于人众生寿者，未了真空，必定执其有法、有灭度、有庄严，所以不名菩萨也。兹则直下大悟，如漆桶底脱，四通八达，廓然无我。我身既无，何更有法？人法两空，此如来言说而称名之曰‘真实的菩萨也。’”

“须菩提，于意云何？如来有肉眼不？”“如是！世尊，如来有肉眼。”“须菩提，于意云何？如来有天眼不？”“如是！世尊，如来有天眼。”“须菩提，于意云何？如来有慧眼不？”“如是！世尊，如来有慧眼。”“须菩提，于意云何？如来有法眼不？”“如是！世尊，如来有法眼。”“须菩提，于意云何？如来有佛眼不？”“如是！世尊，如来有佛眼。”

【注】肉眼一观，天眼遍观。慧眼证法，法眼择法，佛眼度生。凡夫与如来俱同此眼，异处在觉不觉耳。

【论】世法上论，指五眼，为佛眼睛之眼；以理论，则心窍之眼也。眼通于心，大凡众生，皆具此五眼，与佛无二。因四相六尘遮蔽，只有肉团眼一件而已。儒书云“圣人之心有七窍。”即是五眼之谓也。佛有五眼，乃常住真心，非过去未来现在之妄心也。

【讲】佛欲阐世间众生之心有若干种，先设此五眼、沙界二喻之问云："如来有此化身观见之肉眼，普照大千之天眼，般若常明之慧眼，了诸法空之法眼，自性常觉之佛眼。有此五眼否乎？"须菩提皆据理答之曰："如来有此五眼矣。"

【证】昔云岩问道吾："大悲菩萨用许多手眼作么？"吾云："通身是手眼，是言极妙。苟元众生无四相，一瞬不具，而况多眼乎？要人自见耳。"

"须菩提，于意云何？如恒河中所有沙，佛说是沙不？""如是，世尊。如来说是沙。""须菩提，于意云何？如一恒河中所有沙，有如是沙等恒河，是诸恒河所有沙数佛世界，如是，宁为多不？""甚多，世尊。"

【注】沙等恒河者，渭一粒沙为一恒河，广譬设喻，言恒河之多也。以沙等恒河之沙数佛世界，又不胜其多矣。假设此问而言之也。佛世界者，三千大千内必有一佛，设化谓之曰"佛世界"。

【讲】佛欲人明此许多众生妄心，故以许多世界为问云："举此无穷之沙以数佛之世界，果多否乎？"须菩提亦以"甚多"答之。

佛告须菩提："尔所国土中，所有众生若干种心，如来悉知，何以故？如来说，诸心皆为非心，是名为心。"

【注】若，如也；干，数也。心数虽多，不出过去未来现在，环转勾连，纠结不了，无非妄心。诸心，即若干种心。

【讲】佛告须菩提云："不必远论恒沙世界，即如尔之国土中所有许多众生，各具一心，则其心有若干种。如来以清净五眼皆尽见知之，其故维何？如来所说一切心，皆是众生妄心，非性中常住真心。识得妄心非心，菩提本体现矣，是名为心也。"

"所以者何？须菩提，过去心不可得，现在心不可得，未来心不可得。"

【注】思念前事者，为过去心。思念今事者，为现在心。思念后事者，为未来心。不可得，言本来无有也。

【论】此三句，我佛谈到骨髓深处，何必历览郡藏、向外驰求哉？所以佛恩难报也。凡人一念中，即有未来、现在、过去，须看得活。故《疏钞》云："若一念有起灭，即成六十种邪见、九百种烦恼。"是也。

【讲】佛言："如来所说非心者，何也？盖常住真心，妙湛圆寂，体用如一。若大虚空离诸缘引之想，过去心已灭，何所凝滞于物？现在心不住，何所专主于有？未来心未至，何所预期于先？虚灵莫测，反观于内，三心总不可得也。此方是菩提真心，一体同观矣。"

【证】《论语》云："子绝四：毋意、毋必、毋固、毋我。"六祖云："前念后念及今念，三念不被邪见染。"张无尽云："一念不生全体现。"古云："三际俱断，三念皆妄，了不可得。"

"须菩提，于意云何？若有人满三千大千世界七宝以用布施，是人以是因缘，得福多不？""如是，世尊。此人以是因缘，得福甚多。""须菩提，若福德有实，如来不说得福德多，以福德无，故如来说得福德多。”

【论】三千大千布施之福，俗眼为实，佛眼为无。布施既广，得福自多，所谓以是因缘也。毕竟是有碍有着，不是清净福德。以无为福，才是不住相布施，故不徒言得而言多也。

【讲】佛又反复申之：“见吾心中法界所通化无穷者，虽宝施不足以拟之也。”故问须菩提：“若有人以满三千大千世界之七宝用力布施，其福德果多否？”须菩提亦以“甚多”答之。佛又呼须菩提言曰：“若福德之有真实，则徒求之于外取诸相也。有相以为布施，其报有限，如来不说得福德多。我之所谓福德者，离诸相也，即前无住相布施。在如来无能施之心，在法界无可施之迹，正是无为清净功德，其福等如虚空，岂有漏之因所可同日语？”此如来说“福德多”也。

“须菩提，于意云何？佛可以具足色身见不？”“不也，世尊。如来不应以具足色身见。何以故？如来说具足色身，即非具足色身，是名具足色身。”

【注】具足者，无少亏欠也。

【论】此段专主离色言。此分与第五分、第十三分意俱同，而佛乃重言之者。盖末世修行，多执色相，如香花顶礼、外貌供奉，不悟自己真性，佛所以反复叮咛告诫之也。

【讲】佛恐须菩提错认如来色身，把作如来真身看了，故设此疑而问之曰：“佛可以具足色身见否？”须菩提即解其意，遂答之曰：“不也，世尊。如来不应以具足色身见。何以见之？盖色身乃血肉之躯，非法身也。若法身则纵横无碍，自在自由，念念无非般若，岂八十种好所能囿也？色身中有妙色身存焉，方名具足色身矣。”

【证】《华严经》云：“清净妙色身，神力故显现。”

“须菩提，于意云何？如来可以具足诸相见不？”“不也，世尊，如来不应以具足诸相见。何以故？如来说诸相具足，即非具足，是名诸相具足。”

【论】此段专主离相言。

【讲】佛又问之曰：“如来可以具足诸相见否？”须菩提即解其意，而以“否”答之：“盖自受生以来，有形者，有形形者；有生者，有生生者。若无真性法身，则虽有相，亦天地之委形也。此如来不应以具足诸相见矣。所以者何？如来所说诸相具足，非徒取诸相也。以如来虽有三十二相，必具足乎？三十二行般若观照，万象悉融。凡六神通、八解脱，具于自性中者，皆无欠无余常满足尔。此肉身如来，内有真如来在焉，是名诸相具足也。”

“须菩提，汝勿谓如来作是念，我当有所说法。莫作是念，何以故？若人言如来有所说法，则为谤佛，不能解我所说故。须菩提，说法者无法可说，是名说法。”

【论】此分与第七分“无有定法如来可说”、十三分“如来无所说”意大同，亦不过反复告人，勿执文字之陈言而寡默识之妙道也。谓之曰“勿谓”，又曰“莫作”，我佛叮咛之意，至深切矣。

【讲】佛告须菩提曰：“尔切勿自谓我如来有心作此念头，有此说法，以开示于人。汝切莫作是念，何以故？设或有人言佛有法说于人，则是浅见寡识，滞在文字之粗，是为谤佛，不能解会我所说之义故也。”又呼须菩提曰：“我之所谓说法者，不假口说之，腾默契心源之妙，唯能坐断十方，打成一片，非言语可到。本来无法可说，是名真说法也。”

【证】《圆觉经》云：“依幻说觉，亦名为幻。既名为幻，所说之法，亦皆是幻。”张无尽云：“非法无以谈空，非人无以说法。”妙明子云：“智高远水孤峰，性寂寒潭皎月，然后可以尽离不离言之道也。”如如居士云：“终日吃饭，不曾咬着一粒米；终日着衣，不曾挂着一茎丝。所以我佛横说直说，四十九年未尝道着一字。”

尔时，慧命须菩提白佛言：“世尊，颇有众生于未来世闻说是法，生信心不？”佛言：“须菩提，彼非众生，非不众生。何以故？须菩提，众生，众生者，如来说非众生，是名众生。”

【注】慧言德，命言寿，即长老之别名。

【讲】须菩提问佛曰：“末法之后，略有众生闻说此经般若之法，能生敬信之心否也？”佛呼须菩提曰：“汝勿谓五浊恶世之间，俱是不信佛法的人。盖佛与众生，原非两类，同具此般若真心。彼虽为众生，而真性原有，非可以众生目之。彼虽非众生，而业缘现在，又非可以不众生目之。何以故也？众生于众生之中，苟能闻般若法而敬信之，言下见性，是即前之所说非众生中人也，是假名众生尔。”

须菩提白佛言：“世尊，佛得阿耨多罗三藐三菩提，为无所得耶？”佛言：“如是，如是。须菩提，我于阿耨多罗三藐三菩提，乃至无有少法可得，是名阿耨多罗三藐三菩提。”

【讲】须菩提以解空之性，深悟菩提之奥，乃以“无所得”为问。佛深许其言之当也，言：“如是如是。我于无上正等正觉之法，不从外得，乃吾之真性也。真性中荡然虚空，神凝智泯，情倦思澄。迎之无首，随之无后，不可以色相取，不可以言说求，无有少法可得也。不过强名曰阿耨菩提而已。”

【证】《玉枢经》云：“道在天地，天地不知。有情无情，唯一无二。”六祖云：“妙性本空，无有一法可得。”颜柄曰：“有法可得，是名法缚。无法可得，方名解脱。”

“复次，须菩提，是法平等，无有高下，是名阿耨多罗三藐三菩提，以无我、无人、无众生、无寿者。”

【注】阿耨菩提法者，即真性也。刊定去，在圣不增，故无高居；凡不减，故无下。此言平等性也。真心即是性，原无两样。

【讲】佛又再告须菩提云：“我所说阿耨菩提之法，乃吾本然之性，居圣位而不加，处凡流而无损。人人具足，世世同然，荡然太虚，较若划一。是色身则有高下，真性则无高下，所以名为无上正等正觉也。何以见之？以我真性中原无有我、人、众生、寿者之妄，若有此妄，则嗜欲深者，天机必浅；攻取略者，湛一不全。吾见尘劳种种异起，何得为平等法哉？法为平等，方名无上菩提矣。”

宋代高文进所绘弥勒佛像

"修一切善法，则得阿耨多罗三藐三菩提。须菩提，所言善法者，如来说：'即非善法，是名善法。'"

【论】夫平等之法，不从外得矣。一向认着本来，现成堕诸无事，甲中不假修进，此又愚迷不返者也。

【讲】佛又说："当修此一切善法，凡布施持戒，忍辱精进，禅定智慧，皆是明心见性之善法。依此法修，则虚己冥真，崇德履道，造至觉地矣，即得此阿耨菩提也。"然又恐人泥于有法，又呼须菩提曰："我所言善法者，乃接引众生人道之门，本来原无此善法，不过假此虚名以开悟人尔。若执著善法，便有人我等相矣，又落两头机，岂是平等哉？"

【证】傅大士颂云："水陆同真际，飞行体一如。法中何彼此，理上岂亲疏？自他分别遣，高下执情除。了斯平等性，咸其人无余。"

"须菩提，若三千大千世界中所有诸须弥山王，如是等七宝聚，有人持用布施，若人以此般若波罗蜜经，乃至四句偈等，受持读诵，为他人说于前，福德百分不及一，百千万亿分乃至算数譬喻所不能及。"

【论】此义虽重，各有妙旨。详见《读法》。

【讲】佛告须菩提云："须弥为众山之王，三千大千中诸须弥山，又不特一须弥也。设或以七宝之聚等如许山之多，用此布施，福德固为多矣。然自性若迷，福何可救？若人以此般若经并四句偈，受持有得于心，演说有益于世，则不徒见佛了生死，亦且如佛度一切，是修自性上福德，是聚自身中七宝，比前七宝布施之福德，不及此经百千万亿分之一也。人可徒以布施求之外，而不求之心哉？"

"须菩提，于意云何？汝等勿谓如来作是念，我当度众生。须菩提，莫作是念，何以故？实无有众生如来度者，若有众生如来度者，如来则有我、人、众生、寿者。"

【论】"非说所说"分中，"汝勿谓如来作是念，我当有所说法，如来说非众生，是名众生。"此分中云："汝等勿谓如来作是念，我当度众生。如来说：即非凡夫，是名凡夫。"佛恐人泥着有法可说可度，而不悟自性自度，故又告诫一番。

【讲】佛呼须菩提曰："汝之意何如？凡汝学道诸人，勿谓我如来实有此意，而必有化度众生之心，汝等莫作此念可也。所以然者如何？佛虽有此般若波罗蜜法以开示众生，然众生之心本来空寂，般若智慧原自具足，苟有闻经悟道？乃众生自然化度，我何度之有哉？所谓平等真法界，佛不度众生也。若说一切众生必是如来化度，则如来即同凡夫，便有我人等之私矣。"

"须菩提，如来说有我者，即非有我。而凡夫之人以为有我。须菩提，凡夫者，如来说即非凡夫，是名凡夫。"

【讲】夫人有一我心，斯有人、有众生、有寿者，己私未克故也。如曰有众生可度，是如来执有我矣。佛又呼须菩提曰："如来说有我者，即非有我心也。在如来，以是法潜乎默化于人，而不见其迹；在凡夫，假是法顿悟自修于己，而莫测其自。何尝区区作此念曰：'我当度众生，而执为有我哉？'至于凡夫，未能见性，所以我相未忘，而非以此论佛也。"佛又恐人分别凡夫，复呼须菩提曰："凡夫，如来说即非凡夫。盖真空无相之道，自二五凝成之初，原无亏欠，悟则刹那即入觉地矣，岂可以凡夫目之乎？所以如来凡夫，本同一性，不容区别也。"

"须菩提，于意云何？可以三十二相观如来不？"须菩提言："如是如是。以三十二相观如来。"佛言："须菩提，若以三十二相观如来者，转轮圣王，则是如来。"须菩提白佛言："世尊，如我解佛所说义，不应以三十二相观如来。"

【注】"观"与"见"不同。见，视也；观，谛视也。见属目，观兼心目，所谓想见也。

【论】"如法受持"分中，佛有三十二相之问，须菩提曾以"不也"答之。此又以"着相"答。佛者，非前悟后迷也。因世之着相求佛者往往皆然，不反其意以答世尊，安得世尊尽出肺腑示之哉？善现加惠人至矣。

【讲】佛告须菩提曰："汝之意，果以三十二相观如来否？"须菩提若未喻其意，反答曰："如是如是。欲观如来者，不出此三十二相也。"佛即晓之曰："设若如来可以三十二相见，则转轮圣王，乃管四天下如轮之转，以其福业之多，故其色

慈容十九现图，出自《观音大士慈容五十三现像赞》

身具足三十二相，与佛相似。是转轮圣王，亦当为佛矣。”须菩提随应声曰：“以我解佛之义，不应以三十二相观如来也。”

尔时，世尊面说偈言：“若以色见我，以音声求我，是人行邪道，不能见如来。”

【注】偈者，发言成句也。色者，如庄严佛像之类。见者，亲睹之也。声者，如歌扬梵赞之类。求者，索也。我者，佛自谓也。邪道者，声色乃是幻妄，唯真性方为正觉也。如来者，真性法身佛也。

【讲】彼时世尊面说偈曰：“法身等如虚空灵觉，含真妙体湛寂。离彼形迹之间，超诸耳目之外。尔等若徒以颜色睹其形容，或徒执声教听其声亥，欲以此二者求见我之真性，此等之人泥于色身，佛皆舍正路而不由，所行者邪道也，决不能见佛本来面目矣。欲亲见如来常住之真性，当求之于精神心术之中，岂可以声音笑貌为哉？”

【证】儒书云：“视于无形，听于无声。”《太上护命经》云：“视不见我，听不得闻。离种种边，名为妙道。”

“须菩提，汝若作是念，如来不以具足相，故得阿耨多罗三藐三菩提。须菩提，莫作是念，如来不以具作相，故得阿耨多罗三藐三菩提。须菩提，汝若作是念，发阿耨多罗三藐三菩提心者，说诸法断灭。莫作是念，何以故？发阿耨多罗三藐三菩提心者，于法不说断灭相。”

【论】此分二段，初则反其辞而诘之，次则正其辞而晓之。因此经中俱说“无”，恐人执著此“无”，沉空弃有，反成断灭相矣。夫断灭则无相也，亦曰“相者”何哉？盖相者，谓之形迹如昼明则为明相，夜暗则为暗相。以一切法皆断灭不用，则心何由以明，性何由以见？譬如过河无筏，岂能得济？一向滞于顽空之迹，将以何者为修行？此所以为断灭相也。

【讲】佛呼须菩提曰：“汝若作此念头，说如来不用具足之相，得此无上菩提，汝切莫以此念而言，云称如来原无声色可求，非三十二相，不假清净妙行圆满功德，遽然得此菩提大道也。”又呼之曰：“如来菩提之心，脱尘缘以备三常，起圆通而满十度。其神无方，其化无体，原非断灭者也。汝若作此念，言于一切法皆断灭之，大非矣。何以言之？发菩提心者，必依般若之法以为修行之具，若不用此法，则心花何由发明？而真如亦几乎熄矣。故于此不说断灭相也。”

【证】永嘉歌云：“弃有着空病亦然，还如避溺而投火。”川禅师云：“剪不齐兮理还乱，拽起头来割不断。”

“须菩提，若菩萨以满恒河沙等世界七宝，持用布施，若复有人知一切法，无我，得成于忍，此菩萨胜前菩萨所得功德。”

【注】我者，私己心也。成者，成就也。

【论】前章于六波罗蜜中揭出忍辱波罗蜜为言，可见忍之义大矣哉！人于一切万事，执著一个我心，就有四相于六尘上，见其可爱而受之，见其可欲而贪之，便不能忍耐以降伏其心，而于菩提远矣。

【讲】故佛呼须菩提曰："设或有菩萨满河沙世界之七宝用为布施，福固胜矣。然未免有贪受之心，非自性功德也。若复有人深知一切万法，从我自心而生，湛若太虚，不住不着，无有我心，得成就此容忍功德，此等菩萨，胜前菩萨宝施之功德矣。"

"何以故？须菩提，以诸菩萨不受福德故。"须菩提白佛言："世尊，云何菩萨不受福德？""须菩提，菩萨所作福德，不应贪着，是故说不受福德。"。

【讲】佛先言无我方得成就，此容忍功德者，以菩萨原无所得心也。佛恐须菩提错认世间福德，故又呼而告之曰；"菩萨以此忍道，胜宝施之福者，盖彼以有相之施，必为有漏之因，必不以此宝施而受用此福德也。"须菩提未解其意，问云："何菩萨不受福德？"佛又言："菩萨所作福德，俱是阿耨菩提之理，或受持于己，或演说于人，无有我相，无能所心，何尝念念贪着今日利益几事、明日济度几人，而欲受享此因果也？所以说菩萨不受福德矣。"

"须菩提，若有人言如来若来若去、若坐若卧，是人不解我所说义。何以故？如来者，无从来，亦无所去，故名如来。"

【讲】佛见世人多以四威仪中求色身有相佛，而不知般若真性佛。乃呼须菩提曰："若有人说如来者或来而感应，或去而入寂，或坐而趺跏，或卧而偃息，以此四威仪遂指名曰如来，则皆着于有相，睹见其形容未窥其精蕴。此人不解晓我所说之义理也。何故不解？盖我所谓如来者，谓真性佛也。真性佛无相，本不生灭，其来也偏虚空，尽法界无一物不阖遮那之形，无一事不播如来之号。要之诸法空寂，本来无有，何所从而来也？其去也。等观自在，妙入无为，照五蕴之皆空，见六尘之非有。要之，万象全彰，一真常住，无所从而去也。如而不去，来而不来，故名如来，亦强名耳，真性不可形容也。

【证】《华严经》云："上觉无来处，去亦无所从。清静妙色身，神力故显现。"《圆觉经》云："云驶月运，舟行岸移。盖月未尝运，岸未尝移，真如体性未尝作止任灭，皆人谬见耳。"长水法师云："水清月见，月亦不来。水浊月隐，亦非月去。但是水有清浊，非谓月有升沉。法中亦耳，心净见沸，非是佛来；心垢不见，亦非佛去。以人心自有垢净，佛本无去来也。"

"须菩提，若善男子善女人以三千大千世界碎为微尘，于意云何？是微尘众，宁为多不？"须菩提言："甚多世尊。何以故？若是微尘众实有者，佛则不说是微尘众。所以者何？佛说微尘众，即非微尘众，是名微尘众。"

【论】微尘世界，皆是假立色相，原不真实。微尘在太虚之中，游气飘扬，任其起灭；世界在太虚之中，明暗色空，山河大地，任其聚散。若真性般若穷劫不坏，岂二者所比哉？

【讲】佛告须菩提曰："如有男女等人，以三千大千世界碎分为微细尘埃，汝意以为多否？"须菩提答曰："甚多。何以见之？此微尘众，俱是人心妄想安立，若曰真个有此微尘众多，佛则不说是微尘众也。唯此妄尘，皆是外来之物，非吾心上之所本有者，若能心镜常明，微尘虽多，岂足以障蔽我哉？此非微尘众，是名微尘

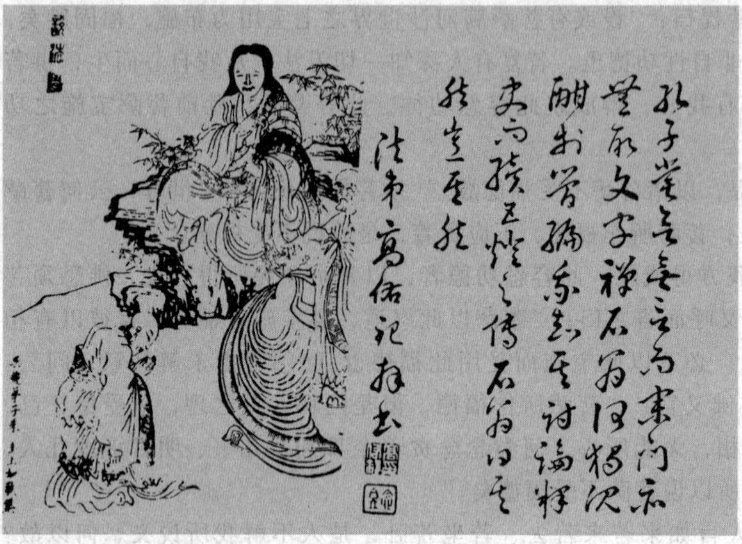

说法图，出自《石濂和尚离六堂集》

众也。”

“世尊，如来所说三千大千世界，即非世界，是名世界。何以故？着世界实有者，则是一合相。如来说一合相，即非一合相，是名一合相。”

【讲】须菩提又呼世尊而言：“如来所说三千大千世界，皆由妄尘积聚而成。劫数尽时，亦有变坏，此所以虚幻不实，即非世界，是名世界也。何以谓之非世界？若以世界为实有者，必是本来真性，自无始以来，常住不灭，以此真实之性在于世界中，打成一片，有而不滞于迹，无而不沦于虚，即是一合相。然如来所说一合相者，原以真性等于虚空，岂假言说所能形容哉？即非一合相，乃强名一合相矣。”

“须菩提，一合相者，则是不可说。但凡夫之人，贪着其事。”

【讲】佛见须菩提已悟其实，故再呼而告之曰：“是一合相之道，空而不空，妙不容言，即是不可以言说求也。但庸常之人不知真性为实，贪恋执著于世间一切事，认微尘为实有，而妄缘竞起；观世界为实有，而幻境愈增。系缚于生灭者，不少也。岂知理相合一之为妙哉？”

“须菩提，若人言佛说我见、人见、众生见、寿者见，须菩提，于意云何？是人解我所说义不？”“不也，世尊。是人不解如来所说义。何以故？世尊说我见、人见、众生见、寿者见，即非我见、人见、众生见、寿者见，是名我见、人见、众生见、寿者见”。

【论】人无知见，即同顽石，佛岂无之？但知见有真有妄，如《法华经》云：“开佛知见、示佛知见、悟佛知见、入佛知见，此知见之真也。”《楞严经》云：“知见立知，即无明本，此知见之妄也。”黄檗云：“前说‘四相’，此说‘四见’，相粗而见精。”又云：“佛以见性为‘见’，人以见相为‘见。’”

【讲】佛恐人着于妄见不能见性，故发此问曰：“若人言佛说我、人等四见，汝意何如？此人能会得义理否？”须菩提答曰：“佛之所说，是人多不会其理。何以见之？世尊所说我、人等四见，滞于形迹之私，流为物化之累，所见皆虚妄也。若真性中般若之妙，如大明当空、洞达无碍，即非我、人、众生、寿者之妄见，但虚名为我、人、众生、寿者见耳，岂真有此见哉？”

“须菩提，发阿耨多罗三藐三菩提心者，于一切法应如是知，如是见，如是信解，不生法相。须菩提，所言法相者，如来说即非法相，是名法相。”

【注】如是知、如是见者，即无上菩提之真知真见也。法者，事也。相者，形迹也。不生法相者，于事之有形迹，如我、人、众生、寿者之见，皆不萌于心也。

【讲】佛呼须菩提曰：“若能兴起无上三等正觉之真心者，于一切事不起四见，识自本心，见自本性，当有如是真知，有如是真见，又有如是信受解悟，则阿耨菩提浑然具吾天真内。凡在外有形迹底事能障吾之真心者，皆不生于其心矣。然我之所言法相者，盖事虽在外，顺应而虚本不在我，即非法相，有形迹之可指也。是假名为法相而已。法相既非，必无我、人、众生、寿者之见，而菩提真心所当知见而信解也。发菩提心者，曷审于此？”

“须菩提，若有人以满无量阿僧祇世界七宝持用布施，若有善男子善女人发菩萨心者，持于此经乃至四句偈等受持读诵，为人演说，其福胜彼。”

【注】无量阿僧祇世界者，不止于恒沙也。发菩萨心者，谓发广大济度众生之心，即菩提心也。

【讲】佛呼须菩提曰：“若有人满无量无央数之世界七宝，用施于人，固为世间福矣。若有男女发菩萨普济之心于此经偈，不徒受持自见其性，又演说于人，教人见性，人已兼成。此则出世间之福，受用无有穷尽者也。宁不胜乎彼哉！”

【证】法常满，如来解云：“缘此经根本，以破相为宗，了空为义，迷性布施，皆不证真。能识四句，涅槃之门，演说法身，如如不动，观有为法，同于梦幻。若作此见，教化众生，胜用七宝布施之福也。”

“云何为人演说？不取于相，如如不动。”

【论】此不取于相两句，尽全经之要旨。佛之精神命脉俱在于此，当以心悟可也。

【讲】佛自问云：“以此四句偈与人演说者，何如而说之？”乃自答云：“不取于相，如如不动，盖我真性本无上菩提之妙心，为无余涅槃之实理，人法双泯，惰智俱忘，自无形迹之可求，亦无声色之可见，不着于我、人、众生、寿者也，不住于色、声、香、味、触法也。本来真空，何有相之可取？唯见如如焉。自然而然，一神通乎法界而定自真，万化妙于无方而体常寂，虽灭度众生而不有，虽布施庄严而无心，威仪寂静而已，知见不生而已。遍虚空世界常住而未尝动也。此真四句而可以演说矣。”

“何以故？一切有为法，如梦幻泡影，如露亦如电，应作如是观。”

【注】梦出无心，幻成有意。梦觉人幻，幻结疑凝。皆从颠倒起也。水沤为泡，

文殊院图，出自《黄山图》。文殊院坐落于黄山玉屏峰前，是著名的佛教寺院

泡随水消。形照为影，影从形灭，皆虚无实也。露以日晞，电以霁散，尤是倏忽起灭。此六字中，凡人事之感应，山河之安立，天地之变化，都已说尽。此四句划尽经旨，正如来真切灭度之处，观无所，其空观假观中观之妙智也。

【讲】佛又晓之云："我所谓如如不动者，何以故也？盖真空无相，本自如如。一切贤圣，皆以无为法而亲证之。若世间有所作为之事，皆虚妄不实，如妄想之非真，如幻术之假化，如水泡之虚浮，如身影之恍惚，如朝露之易晞，如闪电之易灭，当作如是六者观看。可见世间之事，诸行无常，皆有生还有灭，非真有也。惟我如如不动之性，湛若太虚，超万劫而当存。与人演说其福德，宁有尽哉？"

佛说是经已，长老须菩提及诸比丘、比丘尼、优婆塞、优婆夷，一切世间天、人、阿修罗，闻佛所说，皆大欢喜，信受奉行。

【讲】佛既反复大阐般若之法，说经已毕，首焉启请之长老名须菩提者，顿悟真空，已领心印矣。其时同会听法者，有比丘而名僧焉，有比丘尼而名为师姑焉，有居士而谓之优婆塞焉，有道姑而谓之优婆夷焉。一切世间之人及天上之大人并阿修罗之神，闻佛所说此经，各各言下见性，不惊不怖不畏，皆大欢喜，幸正法之难遇，悦今日之躬逢，莫不信受其言而领之于心，奉行其教而演之于人。虽亿万劫来，永证金刚不坏身也。佛之慈悲至矣，睹是经者，其报佛恩哉！

【注】川禅师颂曰："饥得食，渴得浆。病得瘥，热得凉。贫人遇宝，婴儿见娘。飘舟到岸，孤客还乡。旱逢甘泽，国有忠良。四夷拱手，八表来降。头头总是，物物全彰。古今凡圣，地狱天堂。东西南北，不用思量。刹尘沙界诸群品，尽入金刚大道场。"

是经所在，诸佛临集。得者须时加持诵讲究，功德无量。否则转送善信。切不可尘封高阁，秽手翻阅，杂于小说词曲书中，罪过不小。

长寿谱

心思部

心为君主，秉一身百骸之令。人欲长寿者，须从此调养，而木根水源也，因以心思为第一。

常存仁慈心

“天本好生，当行放生。人欲长生，须戒杀生。”此四语定出佛口。圣人云：“仁者寿。”要知人与物俱当一体爱惜，盖仁慈恻隐，乃万善之本，所谓微命必护，寿之基也。

常存安静心

昔，人问凌恒达卫生要术，达应曰：“形骸者，气血也。丹药者，草木金石也。气血既衰，草木金石，岂能延驻？唯虚静恬淡，寂寞无为，则天清地宁，万物化育，此谓之大药上丹，乃卫生之要诀也。”

白乐天见圆修禅师栖息松上，曰：“师告甚险。”师曰：“太守险。”乐天曰：“弟子居处高堂，何险之有？”师曰：“心火相煎，识浪不停，得非险乎？”乐天服之。予谓此语实是极好棒喝，最为骇怕。可叹世人闻若不闻，奈之何？

嗜欲若少，则心自安静。试看深山穷谷之中，人多长寿者，嗜欲少而心常安静所致也。

按墨子曰：“非无安居也，无安心也。非无足财也，无足心也。”予谓有此安心、足心，自然享福甚多。是唯安静，可以养福，唯知足，可以享福。

常存正觉心

昔邝子元由翰林补外，十年余矣，不得赐还，尝侘傺无聊，遂成心疾。每疾作，辄昏愦如梦，或发谵语。有时不作，无异平时。或曰：“真空寺有老僧，不用符药，能治心疾，”子元往叩之，老僧曰：“相公贵恙，起于烦恼，烦恼生于妄想。夫妄想之来，其机有三：或追忆数十年前荣辱恩仇，悲欢离合，及种种闲情，此是过去妄想也；或事到眼前可以顺应，却乃畏首畏尾，三番四复，犹豫不决，此是现在妄想也；或期望日后富贵荣华皆如其愿，或期望功成名遂，告老归田，或期望子孙登庸，以继书香，与夫一切不可必成、不可必得之事，此是未来妄想也。三者妄想，忽然而生，忽然而灭，禅家谓之'幻心'。能照见其妄而斩断念头，禅家谓之'觉心'。诀曰：'不患念起，惟患觉迟。'此心若同太虚，烦恼何处安脚？"又曰："相公贵恙，亦原于水火不交，何以故？凡溺爱冶容而作色荒，禅家谓之'外感之欲'。夜深枕上思得冶容，或成宵寐之变，禅家谓之'内生之欲'。二者之始，绸缪染着，皆销耗元精。若能离之，则肾水自然滋生，可以上交于心。至若思索文字，忘其寝食，禅家谓之'理障'。经纶职业，不告劬勤，禅家谓之'事障'。二者之障，虽非人欲，亦损性灵，若能遣之，则心火不至上炎，可以下交于肾。诀曰：'尘不相缘，根无所遇。返流全一，六用不行。'又：'苦海无边，回头是岸。'"子元如其言，乃独处一室，扫空万缘，静坐月余，心疾如失。予谓烦恼生于妄想，若能除去妄想，自无烦恼。但此妄想，世人无论富贵贫贱，俱所不免。得一步又想进一步，无了无休，过去、未来、现在，万种纷然，其奈去此来彼，东灭西起，昔人比之猿马难驯，岂虚语哉？惟是思虑之害，甚于酒色。思虑多，则心火上炎，心火上炎，则肾水下涸，心肾不交，人理绝矣。要知邪与正，势不两立。学人惟具觉心，诸幻自退，譬如：日色当空，昏暗自明，得此妙法，不独病痊寿长，即超凡入圣，亦若反掌。"嗟乎！道在易而求诸难，茫茫宇宙，知者谁耶？

常存欢喜心

孔子见荣启期衣鹿皮裘，鼓瑟而歌。孔子问曰："先生何乐也？"对曰："吾乐甚多。天生万物，惟人为贵，吾既已得为人，是一乐也；人以男为贵，吾既已得为男，是二乐也；人生不免夭折，吾已年九十五，是三乐也。夫贫者，士之常，死者，民之终也。处常待终，吾何忧也？"吁，此知命之士也。非独三者之可乐，其寓物适情，无求无欲，安往而非乐境耶？予谓人能常存此乐，忧虑尽去，神思可固，而寿命可长矣。

人生在世，凡妻财子禄，得失穷通，俱有因缘前定，莫能逃遁。事之大者无论矣，即一饮一啄，数所有者，不能无，数所无者，何能有？世人终日攒眉蹙额，费尽心机，是皆自取愁苦耳，有何益乎？予最爱邵康节先生歌内云："得岁月，延岁月。得欢悦，且欢悦。万事乘除总在天，何必愁肠千万结？"世人不必多记，只须领略此数句，则一生快乐有余，病自除而寿自长矣。

予添改屠赤水先生云："人生世间，自有知识以来，即有忧患不如意之事。小儿叫嚎，皆其意有不平也。所以自幼至少、至壮、至老，如意之事常少，不如意之事常多。虽大富贵之人，天下之所仰羡以为神仙，而其不如意处，各自有之，比贫贱人更甚，但其所忧患之事不同耳，是谓之缺陷世界。要知世人，总无是心满意者，能达此理而顺受之，则可少安。予谓人生在世，须要就事安乐，若识破此机，自然日日时时，俱享自在快乐之福矣。

凡遇不得意事，试取其更甚者譬之，心地自然凉爽，此降火最速之剂。昔人云：“要做快活人，切莫寻烦恼，烦恼与快活，都是自家讨。”大抵人能退步思想，莫寻烦恼，即今便是，有谁禁耶？

文彦博像，图出自清·顾沅撰《古圣贤像传赞》。文彦博，北宋大臣，封潞国公，故又称“文潞公”

文潞公致仕归洛，入对时，年已八十余矣。神宗见其年力康强，问：“卿摄生有道乎？”对曰：“臣无他术，但能随意自适，不以外物伤和气，不敢做过当事。”上以为名言。林英以引年致仕，身如壮者。或问何术致此，对曰：“但平生不会烦恼，即明日无饭吃，心亦不忧。事至则遣之，适然不留胸中。”白乐天诗云：“蜗牛角上争何事？石火光中寄此身。随富随贫且随喜，不开口笑是痴人。”屠赤水赏月，妻孥来告，诘朝厨中无米，因笑而答之曰：“明日之事，自有明日在，且无负梧桐月色也。”予谓此四公具如此心思，常居极乐世界，是最会讨便宜之人也，急需熟习。

色欲部

精、气、神为人身三宝，然精能生气，气能生神，可知三宝之中，精宝尤为最要。施则成人，养则延寿。盖精者，先天之胚胎，生生之种子也。欲保长寿，必先远色。

风雷戒色欲

圣人以迅雷风烈必变，所以敬天之威怒也。此时若犯色欲，不独损寿，抑且生子逆恶异常，可不慎哉？

寒暑戒色欲

天时炎热寒冻，无论老少，须加保重。度此危关，已属万幸，若加房事，鲜不致病损寿。予友夏会宗，老而康强，自言无他奇术，唯于少壮时，五六两月，及冬至后两月，独宿保养。予深敬服，惟是夏热赤体，冬寒偎傍，邪兴易起，当另具坚忍之心戒之。

虚弱戒色欲

今人心思尖俐，自十四五岁，童心无所不知，每每破身月，而弱根悉由于此。何况生来充实者甚少，甚弱者颇多，若留恋纵欲，自然疾病丛生，医药难效。将有用之身，一旦长往，可不哀哉！

人身秉精血而成，生若虚弱，譬如：树之根本已空，全赖栽培度日，倘再风摇斧伐，鲜有不倾倒之木矣。

唐司空图书云："昨日流莺今日蝉，起来又是夕阳天。六龙飞辔长相窘，更忍乘危自着鞭。"盖流莺者，春也；蝉者，秋也。言春秋之景易换，犹如昨日今日耳。方始早睡起来，忽又夕阳晚到，则日之易迈，何迅速如之？此是辘驭之六龙，已催人年寿急迫矣。乃乘危着鞭，而又自促其年乎？噫！世之着乘危之鞭者，何异寄浮游于天地耶？诗中"更忍"二字与一"自"字，深有意味。戒色诗颇多，唯此四句，词雅而意切，至若"二八佳人体似酥，腰间仗剑斩愚夫。虽然不见人头落，暗里催君骨髓枯。"意虽警切，而词近俚矣。

昔包承斋恢年八十八，以枢密登拜郊台，精神老健。贾似道问之："必有摄养奇术。"恢曰："有一服丸子药，乃不传之秘方。"似道坚叩之，恢徐曰："老汉全靠吃了五十年独睡丸。"满座大笑。予谓人能服独睡丸，怡养再加以食半饱法自辅，寿之延长，定可保矣。

有一等人，纵情色欲，有病则仗药饵医治，殊不知去已精华，服彼草木，正谚语所谓"抛了黄金抱绿砖"也。昔人云："服药千朝，不如独眠一宵。"真至言也。

人凡欲念难止者，只幻想此妇已故，秽尸蛆丛，臭污难当，则邪兴自灭矣。

衰老戒色欲

人年半百以后，精神气血渐次日衰，譬如：油少之灯，若不添油，再加灯草多耗，欲灯之不灭，何可得乎？前人云："油尽灯灭，髓竭人亡。"甚可畏也。每有一等老人，精气已衰，犹勉强房事，自促其寿，真可叹可怜。

杨诚斋善谑，尝谓好色者曰："阎罗王未曾相唤，子乃自求押到，何也？"予谓此即着鞭自促之意。

世有一等人，年至五十多岁，间有强健而稍存余资者，则思娶妾纳婢，以取欢乐，全不想衰老之人，何能抵敌少妇？且老虽爱少，其奈少不爱老。憎念一生，烈妇难守，何况妇非贞烈者多乎？妄图一时幻欢，自讨无限苦恼，深可叹也。

醉饱戒色欲

昔人云："醉饱莫行房，五脏皆反复。"极言其大有损伤也。但酒醉行房，则血气流溢，渗入大小肠腑，多成便血、肠癖、色淋、痈疽、痔毒等症。食饱行房，则脾胃损伤，多成中隔、气鼓、脐痛、偏枯等症，不可不慎。

忧怒戒色欲

男女交合，乃欢乐事也。人或有忧愁恼怒，每借房事消遣。殊不知忧怒既伤于神，色欲又伤于精，精神两伤，此危道也。明达之人，何可以性命自陷于危乎？

救命针

长寿易得

寿命延长，都在各人自己修为。细看袁了凡《立命篇》，甚是详悉矣。今人动辄以古人禀质强盛，所以每多长寿。殊不知今人之中，得长寿者甚多，因各居一方，何能遍知？他处不必具论，且如吾扬，予之目见者，李应麟年一百一十四岁，徐正芳、胡若显年俱百岁之外，其余八九十岁，是皆泛常颇多，又不足数矣。曾节次钦奉皇恩颁有养老粟帛之赐，各省有司汇报八九十岁老人，不知几千万。即寿过百岁者，亦在在俱不乏人。可知长寿亦最易得而不难，但寿命延长，俱在人自修为，全不系于古今之禀气不及也。设或强秉之人，任意亏损，寿可保乎？不可保乎？大抵求寿之法，予约有二条：一在存心仁厚，一在起居保养。此二者若阴阳表里，缺一不可。予因另分二说于后。

仁　厚

凡人存心仁厚，则寿命定然延长。若或刻薄，则自促其年矣。譬如：磁瓦器皿，昔人制造，全要坚固敦厚，虑恐后人偶有跌落，亦不破损，所以器传年代最久。今之磁瓦器皿，专喜浇薄，器越薄而价越贵，人争鬻之。用者不独失手跌落，易于损伤，常有手持过紧，器已破裂，此即长久不长久之明镜也。予见万历隆庆年间磁器，至今尚多，具皆厚实，恐今之磁器，难信其可久也。惟是仁厚之心，又首叙慈善，凡一切刻毒险恶，皆不忍为，虽虫蚁之微命，亦不忍伤，此即长寿根本，神鬼自加佑护。若再留意保养，则长寿万确矣。

保　养

先存仁厚，次及保养，二者不可偏废，前篇厚薄之分已明矣。予今专言保养。要知人仗精神以生，精神须要时加爱惜。譬如：一盏书灯，将油满储，只点细小灯草，则油耗少而时耐久；若再添油，竟可彻夜连宵。倘或不添油而反粗草双点，则油尽最速，灯亦随灭。倘更再加灯草大点，灯之灭熄，可以立待。盖油者，犹原秉之精神也。火炬者，犹忧思酒色诸消耗也。昔人云："油尽灯灭，体竭人亡。添油灯亮，补体人强。"此不独色欲为然，凡有消耗精神者，皆是。可不慎欤？

卫生总要

卫生之法，如执玉捧盈，以保其身；临深履薄，以养其气。凡酒不过量，肉不胜食，脍不厌细，食不厌精，淡滋味，均饥饱，此节饮食以卫生也。春莫衣单，夏莫衣汗，秋冬渐添，热毋骤脱，此慎衣服以卫生也。寝不尸，居不容，行欲缓，坐欲敛，此行住坐卧以卫生也。喜怒哀乐归于中和，贪嗔痴妄，必须看破，更要时时宽心，知足随缘，诸事参透，不忧不怒，嬉嬉哈哈，欣笑自如，此调性情以卫生也。寡色欲，少言语，哀丧坟墓，不可率临，惊风骇浪，须当早避。不大醉，不大饱，起居动静，俱要怡然。以上数端，人人可行，真延年之秘诀，却病之良方，易而不难。只要人肯信从，留心保养，则寿命延长，准定无移矣。

先治心病

昔之圣医，能疗人心，预令不至于有病。今之医者惟知疗人之病，而不知疗人之心。是犹舍本逐末，不穷其源而攻其流，欲求病愈，何可得乎？但孽由人作，病由心生，佛氏所谓"一切惟心造，凡事皆然也。"所以人之七情内起，正性颠倒，以致大病缠身，诚非医药所能治疗。盖药能治五行生克之色身，不能治无形之七情；能治七情所伤色身之气血，不能治七情忽起忽灭动静无端之变幻。大抵病有二种：所谓天刑之病、自戕之病也。夫天刑之病者，总因夙世，今生所积过愆，神鬼阴谴，以致斯疾，此孽原于心也，非厚德痛悔，莫能治疗。其自戕之病者，风寒暑湿所感，酒色财气所伤，六欲七情生于内，阴阳二气攻于外，此病原于心也。大凡思虑伤心，忧郁伤肺，忿怒伤肝，饥饱伤脾，淫欲伤肾，此五脏之害，皆由心主。要知病赖药愈者甚难，唯要在于心药治之。或问何为心药？予引郭伯康遇神人授卫生偈曰："自身有病自心知，身病还将心药医。心境静时身亦静，心生还是病生时。"郭用其言，病去而强壮百岁，此即心药也。以心药治七情内起之病，效应最捷。然治有病，不若治于无病；治身病，不若治心病；请他人医治，尤不若自己医治也。益州老父曰："凡欲身之无病，必须先正其心，令其心不乱求，心不妄念，不贪嗜欲，不着迷惑，则心先无病矣。"心主无病，则五脏六腑即或有病，不难治疗。独此心一动，诸患悉招，虽有华陀、扁鹊在旁，亦无处下手矣。

养心

夫心者，万法之宗，一身之主，生死之本，善恶之源。与天地可通，为神明主宰，病健之所系也。盖一念萌动于中，六识流转于外，不趋于善，则五内颠倒，大病缠身矣。若一真澄湛，则万祸消除。孟子曰："养心莫善于寡欲。"所以妄想一病，神仙莫医。正心之人，鬼神亦惮。养与不养之分也。总之，贪嗔痴爱，是非人我，一切放下，未事不可先迎，遇事不可过扰，既事不可留住，听其自来，应以自然，此养心妙法也。

养脾

脾者，后天之本，人身之仓廪也。脾应中宫之土，土为万物之母。如婴儿初生，一日不再食，则饥，七日不食，则肠胃涸绝而死。《经》曰："安谷则昌，绝谷则亡。"盖谷气入胃，洒陈六腑而气至，调和五脏而血生。但土恶湿而喜燥，饮不可过，过则湿而不健；食不可过，过则壅滞而难消，诸病由是生矣。养脾之法，常令谷气少则无病，谷气且然，况五味餍饫，为五内之害乎？佛氏戒杀茹素，本无异道，人能戒杀，则性慈而善念举，茹素则心清而肠胃厚。不嗔不贪，悉由此也。

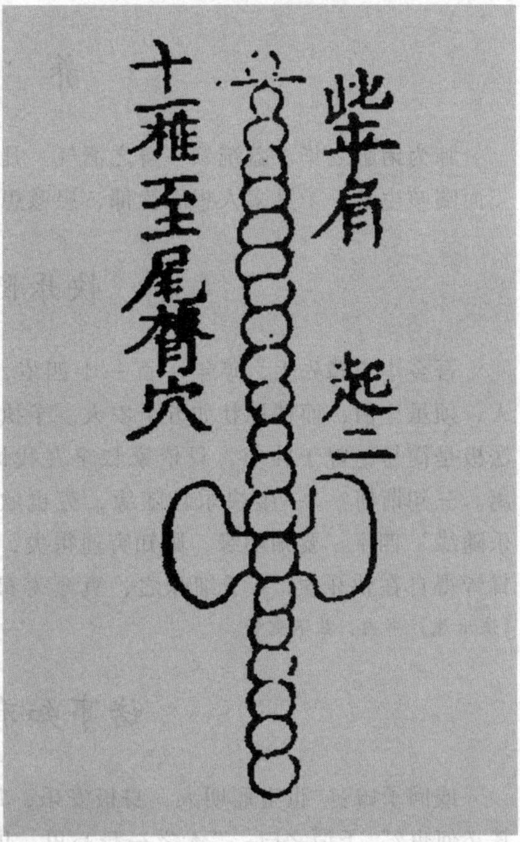

明代吴嘉言《针灸原枢》脏腑图中的肾脏形象之图

养肾

肾者，先天之本、藏精之处也。婴儿结胎，未生此身，先生两肾。

盖婴儿未成，先结胞胎，其象中空，一茎透起，形如莲芷，一茎即脐带，莲芷即两肾也。是肾为脏腑之本，十二脉之根，呼吸之主，三焦之源，人资以为始，而命寓焉。名曰“命门”，即坎水之本。凡人欲念一起，炽若火炎，水火相克，水热火寒，则灵台之焰因此以灭。肾水枯竭，则木无养而肝病，火炎则土燥而脾败，脾败则肺金无资，而五行受伤。大本已去，欲求长寿，岂可得乎？庄子曰：“人之大可畏者，衽席之间不知戒也。”所以养生之法，首先节欲。嗟乎！元气有限，情欲无穷。《内经》曰：“以酒为浆，以妄为常，醉以入房，耗竭其精，此当戒也。”但人之有欲，如树之有蠹，蠹甚则木折。欲炽则身亡，可不慎哉！

养肝

肝者，藏魂之处，其窍在目。凡人大怒，则形气伤而血菀于上。盖怒伤肝，肝为血海，怒则气逆，所以血菀上焦，相迫曰“薄”，气逆曰“厥”，气血俱乱，因为“薄厥”。积于上者，势必厥而吐也。要知肝藏血，血和则体润，血衰则枯槁，所以养肝之法，切戒忿怒。

养肺

肺为诸脏之华。盖统领一身之清气。凡求谋不遂而积忧，最是伤肺，肺伤则叶焦而喘咳生矣。予见多人想思忧郁，患咳患痨，药饵莫救，皆由肺伤，岂不悲哉？

快乐随缘

吾乡李应麟先生，享年一百一十四岁，是最高之寿。曾于过百岁时，予见其人，须虽全白，而精神壮如五十岁人。予执贽恳问：“何法即至此寿？”翁答：“我法极是简易，曾于壮年，只依家叔李九我词内三句，遂得利益，到今未尝一日暂离。三句谓何？‘一生快乐且随缘，穷也欣然，通也欣然。’此十五字，实仅‘快乐随缘’四字。要知随缘，则知穷通得失，诸事俱有数定，既不过忧又不强求，日日皆得自在快乐矣。”予细味之，真延寿最妙之法，不可不急急熟习。全词予备载《快乐原》书内，兹不重赘。

诸事知有数定

或问予曰：“世上聪明人，身极安乐，每多瘦弱。愚鲁人汗力劳苦，反多肥胖，其义何也？”予谓之曰：“人之一身心思，即火也。精液血肉，即水也。思虑若多，譬如：以火煎水，水虽多亦难经煎熬，何况禀气素弱之人乎？所以劳心人瘦弱者甚多。试看读书文人，是其验也。至于愚人，思虑少而精血盛，身虽劳而心甚逸，所以肥胖者颇多。请看朴实粗人，即可知矣。昔人谓‘思虑之害，过于酒色。’要知粗鲁人，虽然日劳气力，上床即呼呼到晓。至劳心人，千愁万虑，辗转不眠，殊不知人之富贵贫贱、寿夭祸福，俱有数定。予每见富贵家，如意之事，层见叠出，此不是上天有心偏私，都为其人前世善用，所以受享乃尔。彼无福人，妄想何益？人能知此，不独瘦弱可以肥健，且而却病延年，不可不从也。”

凭　天

“凭天”二字，即是前二篇之数定随缘也。人只学诸事凭天，须要宽着心，思安分。要曰：愁也不愁，病也不害，快活也快活许多，老也老得缓些，福也享得多些，寿也过得长些。

饮食宜忌

脾胃二气，互相表里。胃为水谷之海，主受水谷。脾则磨消化为气血，以养周身。是调食为要，大抵食宜早餐，不宜迟晚；食宜充饥，不宜过饱；食宜和暖，不宜生冷；食宜熟烂，不宜坚硬；食宜干燥，不宜汤水；食宜细缓，不宜粗速；食宜清淡，不宜厚味；食宜俭约，不宜暴殄。又五味不可胜谷味，鱼肉不可胜谷食。先饥而食，食不过饱；先渴而饮，饮不过多。孔圣人食饐而餲，鱼馁而肉败不食。凡此者，皆损胃气，能致病伤生也。

居处宜忌

人之居室，宜向南方。冬暖夏凉，最有受用。常坐之处，须要四面周密，勿令小有细隙，致风得入，人不易知，其伤人最重，初时不觉，久能中人。但风乃天地之气，地生成万物，亦能损人，因有正有邪也。初入腠理，渐至肌肤，内传经脉，为患不小。所以避风如避箭也。

病有三因

人之病症，不啻千百余种。予约其大概，分为“三因”，谓内因、外因、内外因也。内因乃是内伤，如思虑伤心、忧郁伤肺、忿怒伤肝、饥饱伤脾、淫欲伤肾，内或一伤，诸病生焉；外因乃是外感，如风寒暑湿燥，秉天地之气，乘虚而入，病即患矣。内外因乃是既已内伤，又兼外感也。然三者之中，内因重而外因轻，其内外因为尤重。人于已病之时，细究从前之因；于无病之时，预防将来之因，则一生可保无病矣。

学医务要精研

医之《灵素》，儒之五经也。医之《伤寒论》，儒之四书也。未有不通五经四书，而得为儒者，况医为人之司命，道尊任重，岂可轻忽耶？凡业医者，必受教于明师，探讨乎经传，精研轩岐之奥旨，深究仲景之心法，参各家妙论，尊法律森严。博习练熟，自可见疾知源，不但不负病人生死之托，亦可以无愧于心矣。予每见今之学医者，视为寻常易事，挟一册医书，记其药性汤头，稍知某药治某病，某病用某方，遇亲友之家，不论大小病症，即用药试。偶有一效，遂尔自是。受益者有限，而不知受害者多矣。损大德，受恶报，在所难免。盖古人艺精而试，今人试艺而精；古人以法治病，今人以病合法。正所谓"学字费纸，学医费人。"纸可另购，人可再生乎？学医者，虽受业于明师之门，若不细心参究，深加探讨，则不能得其精微，何况所受非明师？又何况无师之学乎？予代浅学而大胆行医者，悚惧不已。

有病全要择医

人为万物之灵，无论富贵贫贱，莫不自爱其生。乃日逐于名利之途，昧逆于卫生之道，七情伤乎中，六气淫于外，疾病一兴，五脏失和，不能保救其命矣。古圣王体天地好生之德，设立医药，拯救生命，其功甚大。但世之精通医道者固不乏人，而有名无实者亦复不少。人或有病，托命于医，要知医之明者能活人，医之庸者亦能害人，不可谓凡医皆能治病，不论贤否而概用之也。又不可以俗论之好恶而定医人之高下。择医者，须探其脉理精通，议证明白。凡治一病，必辨其表里虚实寒热，一方一药，必本诸经传，此明医也。访得其人，又当明告病因，令其胸中了然，病自应手而愈矣。

自量无才，切莫学医

予幼年多病，家大人命予学医，特购王肯堂《证治准绳》八十本、薛立斋《医案》四十本、朱丹溪《心法》十本、《东垣十书》八本、喻嘉言《医门法律》十二本、《医学正传》十本、《医统》十六本、《医学救正论》六本、《本草纲目》三十二本，又杂医书二百余种。训予习此，既可保身，又可济世，一举而两便焉。予遵训投师，读习二载，见医理繁而身病日增，加之贱性愚懒，倘学之不精而误世，不如不学，反为积德，于是弃去。予笑世之浅学者，恃有简捷歌括，并不熟究群书，亦不深知医理，即便率出行道，将人性命看为儿戏，损己大德，真可浩叹。予劝学医者自量，若无大才，急当改业营生，切不可以救人之技，反为害人之事也。

世　医

俗语云："医不三世，勿服其药。"今不尽然也。有祖父世代知医，子孙不肯细心，尚不通者，譬如家传原自平常，又不教子另从明师，则庸碌相因，焉不误人乎？亦有祖父高明，因应酬烦冗，无暇教子者；又或因医致富，望子科名，教其业儒而不业医，及名不就而复学医者；又或生于父之晚年，未得尽其祖父传授，一旦悬壶，徒博世医之名者。诸如此类，是皆有世医之名，而无世医之实，概信用之，岂不误事？

时　医

俗语云："乘我十年运，有病早来医。"此谬言也。世间岂有不通庸医，仗以时运，而能愈人之病乎？是人病将愈，凑彼之医，冒得其功也。又岂有不通庸医，仗以时运，而不伤人乎？盖因彼医治将危，更换他医，反得辞其咎耳。此不过造化来时适凑其巧，若拘于时运之说，则不读书者，亦可恃时运而取功名矣。

辨读书不如临症之非

奕高者称"国手"，医高者亦称"国手"，诚有见于奕之变化，与医通也。奕在对敌，医在临症。俗云："熟读王叔和，不如临症多。"予为不然，何也？如高棋对着，负者必返复前局，知某子失着，牢记于心，以后不致再蹈前辙。下一局复一局，久久成熟，此所为临阵多也。至于低棋者，不究心于得失，自少至老，虽日在争长角胜中，仍然一低棋而已。临阵虽多，有何益哉？老于医而不肯多读书、多悟理者，亦惑之甚矣。

不可执脉困医

医以浮沉迟数等脉，别病之表里虚实寒热，非以某脉专主某病，亦非以某病必无某脉。《经》云："阳病得阴脉者死，阴病得阳脉者生。"是阴病有阳脉，阳病有阴脉也。又中风之脉，浮迟者吉，大数者危，是中风有浮迟，亦有大数也。凡有病者，必先将病之始末细说与医，以脉证病，了然无疑，则药无不效。今之病者，每隐病因，试医以脉，令其猜病，殊不知昔人治病，未有舍望、闻、问而惟以切脉断其病症者也。东坡云："吾求愈病，岂以困医为哉？"且人有生平六阳脉者、六阴脉者、左右偏胜者，凡有疾病，难以合诊；又饥饱房劳惊醉之后，脉难作准；又寒热之病，寒时则脉衰，热时则脉盛，不可不辨。以上数端，若不望其色、闻其声、问其因由，如何得其病情？不得病情而施治，为害可胜言哉？

公议药方之弊

富贵家但有一病，延请多医，互相商酌定方，亦慎重也。俗医相聚一堂，并不议症议脉，唯议药方。彼云“参苓”，此云“甘橘”，自谓竭心尽力，惟高明者意见各别，不肯同流合污，致有拂袖而去者，亦有独立一方者。至其所立之方，不但病家不解，即俗医亦漫然不识，曲高和寡，道高谤多，众楚之咻，病人惑听，往往从同舍异，不服其药。所以明医反不见信于世，是可慨也。

妄言药方之弊

有病之家，亲友相问，每有粗知方药、妄谓知医者，最为害事。如伤寒一症，生死反掌之间，有急下之症，有急温之症，须用急下急温之药，庶可回生，稍缓则不救矣。倘遇无知之人，妄言某药利害，起人之疑，致令良医掣肘，坐失机宜，误病实甚。又以寒治热，以热治寒，此正治也。以寒治寒，以热治热，此反治也。然正治者多，反治者少。不知医者，不证脉之阴阳，一概泥阳极似阴、阴极似阳之说，竟梗医用药，为害不浅。李士材云：“或执有据之论，而病情未必相符；或兴无本之言，而医理何曾梦见?”正此谓也。

用药惧谤之弊

周礼采毒药以供医事，以无毒之品，可以养生，不可以胜病。予每见今医选数十味无毒之药供用，以免谤议，假称王道。不知者以为稳妥，耽误病人，莫此为甚。盖明医用药，不论有毒无毒，审其病之当用者用之，常起死于芩连、姜附，活人于参术、硝黄，无奈俗人反生疑谤，或言芩连苦寒败胃；或言姜附热毒伤阴；或言参术补起虚火；或言硝黄泻伤元气。此皆不经之谬说，大拂有道之婆心。是用平常药者，反为得计矣。然世俗可欺，而其冥冥之中决不宥也。予劝医者，宁可受人之谤，定存活人之心，切不可误人性命，而博稳妥之名。又药有当用不当用、宜多宜少者，就甘单一味论之，甘橘汤、健中汤，俱用三四两为一剂不嫌多；酒客中满，呕吐之人，皆不宜用，即一二分亦不可。何今之医家，凡药方中一概甘草三分？深为可笑。

执方取药之弊

用药分两不等，所谓“君臣佐使”也。主病谓之“君”，辅君谓之“臣”，应臣谓之“佐”，引经谓之“使”。或多或少，如有制之兵，所向克敌，则病愈矣。今服药家构一药方，向市取药，只知省费，殊不知开店之人，惟利是图，价贵者与少，价贱者与多，则君臣佐使紊矣，何能效应？且制不如法，药亦无功。如枣仁生熟不同；当归头尾各异，酒炒者上行，盐炒者下达；牛膝之生破熟补；地黄之生凉熟温；枇杷叶毛刷不净，则令人嗽；麦门冬不去心则令人烦。种种宜忌，难以尽述。取药须当细察。

韭叶柴胡，图出自《本草纲目》

朽药误人

伤寒门中，桂枝、柴胡之用最多，药不佳则方不效，关系重矣。开药店之人，凡细料贵重之品，买时分别高低，收藏珍重。至于一切贱药，则不辨好歹，或未及时而采者，气味不全；或已过时而收者，枯槁无汁。以其粗贱，并不留心，随便收放，或置潮湿之地，听其霉烂；或堆破屋之中，任其风吹。多经月日，气味全无。诸如此类，服之不效，实药之不佳，非医之不明也。俗云："老医迷旧疾，朽药误新方。"司药品者，最当留意。

药不执方

《医法》云："药不执方，合宜而用，全在医人，变通酌量。"类如方书中，往往用紫河车、天灵盖等药。窃思小儿衣胞，宜深埋于干燥之方，若为虫蚁所伤，则儿多疾病。亡人骸骨，应卜葬于藏风纳气之地，若受风吹水浸，则子孙不昌。医者若执成方，必用此药，岂仁术耶？又如以鳖甲、猪肤治僧尼，则为破戒。又如阿胶、桑寄生等药，真伪难分。以上数种，非必用之药，且一病非止一方，一方非止治一病，凡有不尽合宜者，何妨另换？但要气味相同，皆可通用。世上不患无良药，只患无良医。有良药而无良医，参附不能疗病，无良药而有良医，姜葱亦可极疴。所以，药不可执方也。

煎　药

予曾会西洋人谈论，言彼国治病之药，不煎不熬，俱用锡甑蒸取露汁，即如中国香铺内蒸花露法，以此治病，最有功效。予谓此法虽妙，但甚繁难。今只要老诚人，细心看守，不可炭多火急而沸出，亦不可过煎而药枯，火候得宜，则药之气味不损，自得速效矣。

煎药分数

今之药剂，约有二两内外者，用水二大钟煎至一钟，此适中之数。药太多太少者，不在此例。

药渣不必再煎

今之医家，每多教人先服头煎，再服二煎，殊为可笑。要知人求病愈，岂惜此一剂药渣而必再煎乎？但药中有厚味者，有芳香者，头煎气味已去，渣有何力？

酒煎药

昔人有酒煎药者，倘遇量小，素不能饮，以致呕吐头疼，反为酒困，须当减除。又以酒煎药，其酒味已去，酒有何力？予意于服药之后，饮酒几杯，岂不甚妙？

服　药

今之医家，每以病在上，令其食后服药；病在下，令其服药之后，再进饮食。殊不知药赖脾胃转运，若饮食填满，虽服药而药食混杂，有何功乎？予意不论病上病下，凡服药，俱不可与饮食并行。如才服药，不可随即进食；如才进食，不可随即服药。只以带饥服药，服药之后俟饥进食，甚得法也。凡服汗下之药，宜多而顿服，少则药不胜病而无功；调理之剂，宜少而缓服，多则胃不胜药而减食。又如疟疾药，须于未发之先，或俟发过之后。《经》云：“及其衰也，事必大昌。”若正当疟作之时服药，则寒热混杂难清矣。

服药后甜物过口

或有服药之人，畏其味苦，乃以圆眼大枣适口。若补药则可无妨，倘发散汗下药，则因甜阻滞，不效矣。

药不可走气味

取药来家，磁器收好，莫走气味。煎时用湿纸盖铫，煎好即热服，最有力。如迟时服，仍要盖紧。

病要禁忌

有病之人，营卫不回，脏腑违和。若或不慎风寒，不节饮食，以致邪乘虚入，病中添病，变症百喘，轻者重，而重者危，可不慎欤？凡风寒未解、疹疹未出、胃气疼痛、惊狂呕吐等症，皆不可遽进饮食。至于烟酒五辛炙烧厚味，皆助火生热、昏目发疮；鱼腥、面食、油腻生冷，皆滞膈生痰，伤脾作泻。服药之人，谨遵禁忌，方保无虞。每有富贵娇矜之人，以医药为儿戏，以禁忌当虚文，疾病患身，任性自便。恶寒即围炉烧炕，发热即摇扇开窗，强食厚味，屡噬生冷，及至病笃，反归咎于医之无效。殊不知医之受谤，不过损名，病致伤生，医何能代？知命者可不以此为戒耶？

戒气恼

人之气性，唯病偏增。若不自加忍耐，终受大害。明达之士，凡患疾病，常令性气和平，诸事涵养，即遇不情之事，亦唯逆来顺受。至于奴仆有过，亦姑宽恕，在彼得免责罚，在我省却烦恼，心火不动，病自不添。

食鉴本草

谷

人之养生，全赖谷食为主。若或一日不食，则饥饿难度，因以谷食居首。

粳米　过熟甚佳，冬春堆过粘热之性，不独易于消化，且最能补胃，老弱小儿更宜。陈稻新碾者尤佳。凡新谷初成，老人体弱者不可食。

糯米　脾虚气弱食之，黏滞不能消运。新者尤不可多食。妊娠，与鸡肉同食，令子生寸白虫。

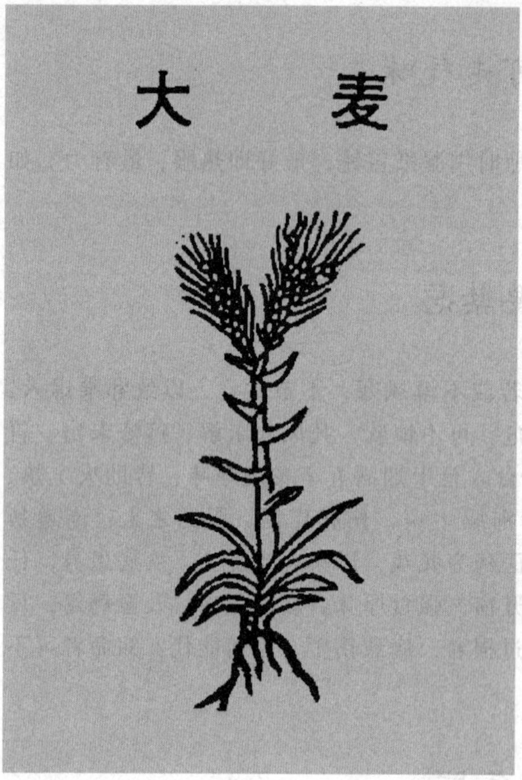

大麦图，出自《本草纲目》

黍米　发宿疾，秫米似黍而小，发风动气，不可常食。

稷米　即粟米。发诸风，不宜多食，又与川乌、附子大忌。

大麦　久食多力健行，头发不白，又治蛊胀。大麦蘖消积健胃宽中，多食消肾。

小麦　占四时，秋种夏收。北方多霜雪，面无毒益人。南方少霜雪，面有湿热损人。面筋性冷，难消运。

荞麦　性沉寒，久食动风，心腹闷痛，头眩。同猪肉食，落眉发。同白矾食，杀人。

芝麻　压油炼熟，宜食，能解诸毒。乳母食之，令小儿不生热病。黑芝麻炒食，不生风疾，有风人食遂愈。

黑大豆　同猪肉食，壅气至危。十岁以内小儿勿食。炒豆、煮豆，脾虚人食最泻肚。

白扁豆　清胃解毒，久食须发不白，又能解酒毒及煎烤热毒，又和中下气。惟患寒热及冷气人忌食。

绿豆　清热解毒。不可去皮，去皮壅气，作枕明目。服药人不可食，令药无力。

赤小豆　解毒，利小便。能逐津液，久食虚人。和鲤鱼煮食，能治脚气水肿。

菜

菜性属阴，职司泄泄，是谓之蔬，日用之不可缺，因著于谷次。

蔓青菜　菜中之最益人者，常食和中益气，令人肥健。凡往远方者，先煮青菜豆腐食，则无不服水土病。

菠菜　多食滑大小肠，久食脚软腰痛。

芥菜　多食动风发气，不可同兔肉食，能生恶疮；同鲫鱼食，能发水肿。

苋菜　动风，令人烦闷，冷中损腹。同鳖食，都变为小鳖。急饮马溺，愈亦不可食蕨。

鹿角菜　久食发病，损经络，少颜色，又令脚冷痹伤肾。

蓴菜　性冷发痔。

芹菜　生高田者宜食。和醋食损齿，赤色者害人。

紫菜　多食发气，令人腹痛吐白沫。饮少醋即消。其中有小螺蛳，损人，须拣出。海菜亦然。

茭白　不可合生菜食，合蜜同食，发痼疾，损阳气。

蕨食　之令人睡，弱阳，又令眼昏、鼻塞、发落。小儿食之，脚弱不能行，气冷。人食之，多腹胀。

茄　性寒滑，动气发疮，多食主腹痛下痢，妇人伤子宫。

葱　葱功只能发汗，多食则昏神。与蜜同食，则下痢腹痛。葱与鸡雉犬肉同食，九窍出血，害人。

韭　病人少食。多食助阳，损神昏目，酒后尤忌。不可与蜜同食。若共牛肉食，成瘕病。

薤　似葱而细，食之生痰涕，动邪火，反牛肉。

蒜　惟辟恶气，快胃消滞。久食生痰、动火、伤肝、损目、弱阳。食蒜行房，伤肝气，令人面变颜色。

胡荽　久食损神健忘。根大损阳滑精，发痼疾。

葵菜　食生葵，发宿疾。服一切药，俱忌食。同鲤食，害人。

白萝卜　消痰下气，利膈宽中。多食耗脯气。生食渗血嘈心。如服地黄、何首乌、人参者食之，令鬓发易白。

匏子　滑肠冷气，人食之反甚。葫芦匏有小毒，多食令人吐，烦闷。苦者不宜食。

笋　性冷难化。多食动气，不益脾胃，令人嘈杂。

菌　地生为菌，木生为蕈、为木耳、为蕈。凡新蕈有毛者，下无纹者，夜有光者，欲烂无虫者，煮熟照人无形者，春夏有蛇虫经过者，误食俱杀人。若食枫树菌者，往往笑不止而死。犯者掘地为坎，投水搅取清者饮之即解。木菌惟楮、榆、柳、槐、桑、枣六木之耳可食。然大寒滞膈难消，宜少食。凡煮菌，可同银器灯草煮，如银草黑，有大毒，不可食。

生姜　专开胃，止呕吐，行药滞，制半夏毒。谚云："上床萝卜下床姜。"盖晚食萝卜，则消酒食之滞；清晨食姜，能开胃御风敌寒解秽。九月食姜，伤人损寿。

瓜瓜为菜佐，因列菜后。

一切瓜　一切瓜苦者，双顶双蒂者，俱有毒不可食。

冬瓜　霜降后方可食，早食伤胃，久病及阴虚人不可食。能利水，多食动胃火，令人牙龈齿痛。又令阴湿痒生疮，发黄疸。

菜瓜　多食动气发疮，令脐下微痛。不可同乳酪鱼鲜食，令脘痛，又暗人耳目。小儿不可食。

黄瓜 多食动寒热、患虐疾、发百病，不可与醋同食。小儿尤忌，滑中，生疳虫。

香瓜 伤胃破腹，多食作泻。

丝瓜 性冷损阳。凡小儿痘疮方出未出，取近蒂三寸连皮烧灰存性，砂糖调服，多者可少，少者可无。

西瓜 清暑消滞，多食伤脾胃，患泻痢。

果

一切果实 凡果实异常者，根下必有蛇，不可食。果实能浮，不浮者杀人。

莲子 生者动气胀人伤脾胃，熟者佳。宜去心，治泄精补脾，久食轻身耐老。忌地黄、蒜。建莲甚有力。

藕 生食清热破血，除烦渴，解酒毒；熟食，补五脏，实下焦。与蜜同食，令腹脏肥，不生诸虫。久服轻身耐老。藕节煎浓汤食，最能散血，吐血虚痨人宜多食。

枣 生食，损脾作泻，令人寒热腹胀，滑肠难化，瘦弱人更不可食。蒸熟食，补脾和诸药。凡中满与腹胀牙痛者，俱不可食。小儿多食生痈。忌同葱食。

梅子 生津止渴。多食坏齿损筋，令人膈上发寒热。服地黄人更不可食。乌梅安蛔止痢敛肿，不可多食。

樱桃 多食发暗风，伤筋骨。小儿多食作热。

桔甜 者润肺，酸者聚痰。多食损气。

柑 多食令人脾冷，发痼疾，大肠泄。

橙皮 多食伤肝。与槟榔同食，头旋恶心。

桃 损胃，多食作热。桃仁破血润大肠，双仁者杀人。不可与鳖同食。服术人不可食。

李 发虐，多食令人虚热。和蜜食伤五脏。不可临水啖及同雀肉食，俱损人。李不沉水者大毒，不可食。

杏 多食伤筋骨盲目。杏仁泻肺火、消痰、下气、止嗽。久服损须发，动宿疾。双仁者杀人。

枇杷 多食发痰热。不可与炙肉面同食，发黄病。

梨 性益齿而损脾，治上焦热，醒酒消痰。病人虚人多食，泄泻浮肿。

石榴 生津解咽喉热，多食损肺、损齿。

栗 生食难消化，熟食滞气。灰火煨令汗出，杀其水气，或曝干炒食，略可多食。气壅患疯及小儿忌多食。

柿 干饼性冷，生者尤冷。唯治肺热，解烦渴。多食腹痛，久食寒中。同蟹食，即腹痛大泻。

白果 引疳解酒。小儿未满十五岁食者，发惊搐。

核桃仁 即胡桃。补肾，利小便，动风动痰。久食脱眉。同酒肉食，令人咯血。若齿豁及酸物伤齿者，食之愈。

松子 润燥明目生痰。久服轻身不老。

龙眼 安神补血。久服轻身不老。同当归浸酒饮，养血。

荔枝 通神健气，美颜色。多食发虚热。

榧子 能消谷，助筋骨，杀诸虫，疗诸痔，润肺止嗽。

榛子 益气力，宽肠胃，又能健行。

荸荠 消食除满。作粉食之，厚肠胃。性毁铜，不可多食。

菱 多食，冷脏伤脾。

山药 凉而补脾。久食强阴，耳目聪明，延年。

味

水 井泉平旦晨汲最佳，味淡，大益人。资生日用，不齿其功，不可一日缺也。诸泉水以雨水为最。

盐 多食伤肺，喜咳走血损筋，令人色黑。

酱 纯豆酿成，不宜煮鲫鱼食，令生喉疮。

酒 味辛，多食之，体软神昏，是其有毒也。唯略饮数杯，御风寒、通血脉、壮脾胃而已。若常饮过多，即熏心肺，生痰动火，甚则损肠烂胃，伤神损寿。凡中乐毒及一切毒，从酒得者难治。盖酒能引毒入经络也。夜饮不可过多，盖睡而就枕，热拥伤心伤目，夜气收敛，酒以发之，伤其清明，饮食聚中，停湿生痰。又能助火动欲. 因而不谨致病，总之切莫大醉。

醋 多食损脾胃，坏人颜色。敷痈肿能消。壁虎最喜吃醋，要藏紧密，若被沾吸，毒能杀人。

茶 气清，能解山岚瘴疠之气、江洋雾露之毒，及五辛炙烤之热。宜少饮，多饮去人脂。最忌空心茶，大伤肾气。清晨茶，黄昏饭，俱宜少用，食后漱口，固齿。

白糖 润五脏，多食生痰。

红糖 即砂糖。多食损齿、发疳、消肌、心痛、生虫。小儿尤忌。同鲫食，患疳；同笋食，生痔；同葵菜食，生流辟。能去败血，产后宜滚汤热服。

饴糖 进食健胃，多食发脾风，损齿。湿热中满人忌食。

鸟

一切禽鸟 凡禽鸟死不伸足、不闭目，俱有毒不可食。

鸡 肉难消化，有风病人食之即发。老鸡有大毒，抱鸡食之生疽。小儿五岁内食之生虫。不可与蒜、韭、芥菜、李子、牛、犬、鲤同食，生痈疽。

鸭 滑中发冷痢脚气。不可与蒜、李、鳖同食。野鸭九月以后宜食，不动气。

热疮久不好者，多食即好。

鹅　性冷，多食发痼疾、疮疖、霍乱，卵亦发痼疾。

兽

一切走兽　肉凡兽有岐尾者、肉落地不沾尘者、煮熟不敛水者、生而敛者、煮不熟者、热血不断者、形色异常者、鸟兽自死无伤处者，俱有大毒，不可食。

猪　世虽常用，多食发风生痰动气。猪肾理肾气，多食反令肾虚少子。猪大小肠滑肠。猪脑损阳，猪嘴助风，尤毒。同荞麦食，患热风，脱须眉。

羊　羊独角者、黑头白身者，俱不可食。夏月不可食。

牛　耕田大功于人，不可食。凡卒死者、瘟死者极毒，杀人。非唯不可食，即吸闻其气，亦能害人。

鳞

一切鱼　诸鱼目能开合、逆腮、无腮、连珠、连鳞、白鳍、腮下有丹字、形状异常者，俱不可食。

鲤鱼图，出自《本草纲目》

鲤鱼　发风热。凡一切风病及痈疽疮疥疟痢，俱不可食。

鲫鱼　多食动火。不可与红糖、蒜、芥、猪肝同食。

白鱼　发脓。有疮疖病人不可食。经宿者令人腹冷。

鲥鱼　发痼疾，生疳。

鲟鱼　动风气，发疮疥。多食心痛腰痛。小儿食之成瘕。

鳝鱼　大冷。多食生霍乱。时行病起，食之再发。

鳗鱼　清热治劳虫。孕妇食之，胎病。凡上四五斤者、水行昂头者、腹下有黑点者、无腮者，俱不可食。

鲳鱼　多食难消，生热痰。与荞麦同食，令人失音。

河豚鱼　有大毒。浸血不尽，有紫赤斑眼者、或误破肠子者、或修治不如法，误染屋尘者，俱胀杀人。洗宜极净，煮宜极熟。中毒，橄榄芦根汁解。凡服荆芥、菊花、附子、乌头之人，食之必死。

甲

鳖　凡头足不缩，独目赤目，腹下红，或生王字形，或有蛇纹者，俱不可食。孕妇食之，生子项短。不可与苋菜、芥子及猪、免、鸭肉、鸭蛋同食，伤害人。

蟹　八月后方可食，早食有毒。凡脚生不全、独螯独目、腹下有毛者，俱不可食。蟹性极冷，易成内伤、腹痛。

蛤蜊　性冷，多食令腹结痛蚬，能发嗽，消肾生痰。

螺蛳　大寒，解热醒酒，难消化，作泻。

虫

虾　动风发疥癣。小儿食之，令脚屈，不能行。无须及腹下通黑、煮之色白者，俱不可食。

海蜇　去积滞。凡疟痢水泻有疮毒，宜切细多食。

食愈方

风

葱粥　治伤风鼻塞。用糯米煮粥，临熟入葱，连须数茎，再略沸食之。此方又治妊娠胎动、产后血晕。

苍耳粥　治目暗不明，及诸风鼻流清涕，兼治下血痔疮等症。用苍耳子五钱，取汁和米三合煮食，或作羹或煎汤代茶。如无新者，即药铺干者亦可。

煮黑鱼　治一切颠狂风症。用大黑鱼去肠洗净，将苍耳子装满扎紧，用苍耳叶铺锅底，埋鱼煮熟。不可用盐醋。食鱼三四次，神效。

羊肚粥　治中风半身不遂。用羊肚入粳米、葱白、姜椒、豉煮粥，日食一具，十日愈。

松精粉　治疠风，又名大麻疯，即癞也，最为恶病。其症手足麻木，毛落眉落，遍身隐疹成疮，有血无脓，肌肉溃烂，鼻梁折坏，甚则眉落声哑，身面如虫行，指节缩落，足底穿通，臭秽不堪，形貌俱变，且能传染人，虽亲属俱厌恶远避。岭南颇多，因设麻疯院以另居之。他如卑湿之处，淫热之人，亦间有之。此皆夙孽积愆所致，宜自忏悔，戒淫欲忿怒，及一切鲜发猪羊鸡鹅鱼蟹肉食之类。得此神方，久服自愈。但此病深重，服药须久，若服药不耐久，无益也；服药不守戒，无益也；不自知过，不自忏悔，无益也。俗云："癞子吃肉，不图人身。"信不诬也。既不知戒，又不痛自忏悔，一失人身，万劫难得，可不哀哉？用明净松香，不拘多少，去渣滓，取溪河淡水或雨水，用净锅将松香煮化，不住手搅，视水色如米泔，尝味极苦，即倾冷水内，将松香乘热扯拨，冷定坚硬，另换清水再煮再拨，如前制法。不论几十次，只以松香体质松脆洁白，所煮之水澄清不苦为度。阴干研末，重罗极细。凡服此药，每料二斤，日将白米作粥，候温，量投药末和匀，任意食之，不可多嚼。饥则再食，日进数餐，不可更食干饭，只以菜干或笋干少许过口。一切油盐酱醋荤腥酒果糖面杂物，概行禁忌。渴时不可吃茶，用白滚水候温，投药和匀饮之。每日约服数钱，以渐而进，不可太多。服药旬日，或作呕，或胸膈嘈逆，或大便内下诸毒物，此药力盛行，必须强服，不可中止。远年痼疾，尽料全愈。患病未深，只须半料，须眉再生，肌肤完好，筋骨展舒，平复如旧。饮食不忌，唯猪首鹅菌及湿毒之物，终身忌食。此方药虽平常，效应如神。予得方甚难，今不吝惜，刊刻普传，仍冀仁人制施，功德最大。

黄牛脑髓酒　治远年近日偏正头风。用牛脑髓一个，切片，白芷、川芎末各三钱，同入磁器内加酒煮熟，乘热食之，尽量饮醉，醉后即卧，卧醒其病如失。

寒

五合茶　但凡觉受风寒，头疼鼻塞，身体困痛，即用生姜大块捣烂，连须葱、红糖、胡桃捣碎，霍山茶滚水冲一大碗，热服微汗即愈。

干姜粥　治一切寒冷、气郁、心痛、胸腹胀满。用粳米四合，入干姜、良姜各一两，煮熟食之。

茱萸粥　治合气、心痛不止、腹肋胀满、坐卧不安。用吴茱萸二分，和米煮粥食之。

川椒茶　治病同上。用细茶、川椒各少许，同煎。

丁香热水　治病亦同上。用丁香一二粒捶碎入壶，倾上滚水，其香纷然，最能快脾利气、定痛辟寒。

肉桂酒　治感寒身疼。用辣桂末二钱，温酒调服。腹痛泄泻，俗以生姜、吴茱萸捶酒饮俱好。如打扑伤坠、瘀血疼痛，用桂枝。

暑

绿豆粥　绿豆淘净煮熟，入米同煮食，最解暑渴。

桂浆　官桂末一两，炼熟。白蜜二碗，先以水二斗煎至一斗，候冷入磁罐中，入桂、蜜二物搅一二百遍，用油纸一层，外加绵纸数层，以绳紧封，每日去纸一重，七日开之。气香味美，每服一杯，能解暑渴，去热生凉，益气消痰，百病不起。

面粥　痢色白而口不渴者为寒痢。用面炒过，煮米粥调下一合，兼能治泄泻不止之病。

湿

薏苡粥　去湿气肿胀，功胜诸药。用苡仁淘净，对配白米，煮粥食之。

郁李仁粥　用郁李仁二两研汁，和薏仁五合，煮粥食之，治水肿、腹胀、喘急、二便不通、体重疼痛。

赤小豆　饮治水气、胀闷、手足浮肿、气急烦满。用赤小豆三升、樟柳枝一升同煮，豆熟为度。空心，去枝取豆食之，渴则饮汁，勿食别物，大效。

紫苏粥　治老人脚气。用家苏研末，入水取汁，煮粥将熟，量加苏子汁，搅匀食之。

苍术酒　治诸般风湿疮脚气下重。用苍术三十斤，洗净打碎，以东流水三担浸二十日，去渣，以汁浸面，如家酿酒法，酒熟任意饮之。

燥

地黄粥　滋阴润肺及妊娠下血、胎漏目赤等疾。用生地黄捣汁，每煮粥米二合，临熟入地黄汁一合，调匀，空心食。食久心火自降，肝血清凉，大益人。

苏麻粥　治产后血晕、汗多便闭、老人血虚风秘、腹胸不快、恶心吐逆。用真苏子、麻子各五钱，水淘净微炒，研如泥，水滤取汁，入米煮粥。

人乳粥　润肺通肠、补虚养血。用肥壮人乳，候煮粥半熟，去汤，下人乳代汤，煮熟搅匀食之。

甘蔗粥　用甘蔗捣汁，入米煮粥。空心食之，能治咳嗽虚热、口干舌燥、涕吐稠粘等症。

小麦汤　治五淋不止、身体壮热、小便满闷。用小麦一升，通草二两，水煎渐饮，须臾即愈。

甘豆汤　用黑豆二合，甘草二钱，生姜七片，水煎服。治诸烦渴、大小便淋及风热入肾。

藕蜜膏　治虚热口渴、大便燥结、小便秘痛。用藕汁、蜜各五合，生地黄汁一升，和匀，微火熬成膏。每服半匙，渐含化下，不时可用，忌食煎炙。

四汁膏　此膏清痰降火、下气止血。用雪梨、甘蔗、泥藕、薄荷各等分，捣汁入瓦锅，慢火熬成膏，频服。

梨膏　清火滋阴。用好黄香大梨捣汁，入上白洋糖、饴糖熬膏，随时挑服。痰多者，加川贝母末。

蒸柿饼　大柿饼放饭锅内蒸极烂，空心热服，最能清火凉血。凡有大便结燥、痔漏便血等症，更宜多食。

气

桔饼　一切气逆恼怒郁结，胸膈不开。用好乔饼，或冲汤或切片，细嚼最有神效。

木香酒　治病同上条。用广木香碾细末，热酒冲服。

杏仁粥　治上气咳嗽。用扁杏去皮尖二两，研如泥，或加猪肺，同米三合煮食。

血

阿胶粥　止血补虚、厚肠胃，又治胎动不安。用糯米煮粥，临热入阿胶末一两，和匀食之。

桑耳粥　治五痔、下血、常烦热羸瘦。用桑耳二两，取汁和粳米三合，煮熟，空心服。

马齿苋图，出自《本草纲目》

槐茶　治风热下血，又可明目益气，止牙疼、利脏腑、顺气。用嫩槐叶蒸熟晒干，每日冲茶饮。

马齿苋羹　治下痢赤白、水谷不化、腹痛等症。用马齿苋菜煮熟，用盐豉或姜醋拌匀食之。

柏茶　采侧柏叶，唇阴干，煎汤代茶，止血滋阴。

猪胰片　治肺损嗽血、咯血。用猪唇切片煮熟，蘸苡仁末，空心食之。盖苡仁能补肺胰引经络也。如肺痈，用米饮调服，或水煎服。

羊肺、羊肝、羊肾　治吐血、咯血、损伤肺肝肾。随脏引用，或肺或肝或肾，煮熟切片，蘸白芨末食之，神效。

欲试血从何经来，用水一碗，吐入水中。浮者，肺血也；沉者，肾血也；半浮半沉者，肝血也。

藕粉　真藕粉，空心，滚水冲食，最能散血补阴。

藕节 汤治吐血、咳血。用藕节打碎，煎汤频饮。

归元仙酒 用当归、大圆眼，以好酒浸饮，最养血。

痰

茯苓粥 粳米煮粥，半熟入茯苓末，和匀煮熟，空心食，能治湿痰，健脾。

竹沥粥 如常煮粥，以竹沥下半盏，食之治痰火。

蒸梨 大雪梨连皮，安饭锅内蒸熟食，能化痰清火。

苏子酒 主消痰下气、润肺止咳。用家苏子妙香研末，以绢袋盛，浸好陈酒中，每日少饮。

虚

人乳 用肥壮妇人乳，或两盅或一盅，清晨滚水中炖热，少入白糖调匀，空心服，补阴滋五脏，悦颜色、退虚热。久服不老。唯泄泻人忌服。

牛乳 服法功效俱同人乳，但力应略微。

人参粥 治翻胃吐酸及病后脾弱。用人参末、姜汁各五钱，粟米一合煮粥，空心食。

门冬粥 治肺经咳嗽及翻胃。麦冬煎汁，和米煮粥食。

粟米粥 治脾胃虚弱、呕吐不食、渐加羸瘦。用粟米、白面等分煮粥，空心食之，极和养胃气。

理脾糕 治老人脾泻水泻。用百合、莲肉、山药、苡仁、芡实、白蒺藜各末一升，粳米粉一斗二升，糯米粉三升，用砂糖一斤，调匀蒸糕，炙干常食，最妙。

山药粥 甚补下元，治脾泻。淮山药末四六配米煮食。

芡实粥 益精气，强智力，聪耳目。用芡实去壳三合，新者研成膏，陈者作粉，和粳米三合，煮食。

莲子粥 功同。芡实、建莲肉两余，入糯米三合，煮食。

茯苓粥 治虚泄脾弱，又治欲睡不睡。粳米三合，粥好，下白茯苓末一两，再煮食之。

扁豆粥 益精补脾，又治霍乱吐泄。用白扁豆半升、人参二钱，作片先煮，熟豆去皮，入参下米，煮粥。

苏蜜 煎治噎病、吐逆、饮食不通。用真苏叶茎二两，白蜜、姜汁各五合，和匀，微火煎沸，每服半匙，空心服。

姜桔汤 治胸满闷结、饮食不下。用生姜二两、陈皮一两，空心煎汤服。极开脾胃。

莲肉膏 治病后胃弱，不消水谷。莲肉、粳米各炒四两，茯苓二两为末，砂糖调膏。每服五六匙，白滚汤下。

豆麦粉 治饮食不住口仍易饥饿。用绿豆、糯米、小麦各一升，炒熟为末，每用一钟，滚水调食。

茯苓糕 白茯苓末拌米粉蒸糕食，最补脾胃。

清米汤 治泄泻。用早米半升，以东壁土一两，吴茱萸三钱同炒香熟，去土、萸，取米煎汤饮。

枸杞粥 治肝家火旺血衰。用甘州枸杞子一合，米三合煮粥食。一方，采叶煮粥食，入盐少许，空腹食。

胡桃粥 治阳虚腰痛及石淋、五痔。用胡桃肉煮粥食。

参归腰子 治心肾虚损自汗。用人参五钱、当归四钱、猪腰子一付，细切同煮食之，以汁送下。

补肾腰子 治肾虚腰痛。用猪腰子一付，薄切五七片，以椒盐淹去腥水，将杜仲末三钱包在内，外加湿纸，置火内煨熟，酒下。如脾虚，加破故纸末二钱。

猪肾酒 童便二盏、好酒一盏、猪肾一付，用瓦瓶泥封，日晚时慢火养熟，至五更初，火温开瓶，食腰子、饮酒。虚弱病笃，只一月效，肾虚腰痛亦除。

人参猪肚 治虚羸乏气。人参五钱，干姜、胡桃各二钱，葱白七茎，糯米三合为末，入猪肚内扎紧，勿泄气，煮烂，空心食完，饮好酒一二杯，大效。

鳗鱼羹 鳗鱼切细煮羹，入盐豉姜椒。空腹食，能补虚劳、杀虫，治肛门肿痛，痔久不愈。

水芝 建莲肉入猪肚，扎定煮熟，空心食，最补诸虚。

实

开膈鱼 凡胸膈不开，用大黑鱼一尾，去肠脏洗净，将蒜瓣装满，扎紧，煮熟饱食。莫放盐、醋，虽蛊膈亦愈。

珍珠粉 治痰膈。用小紫蚬壳，烧存性，碾细末，每二两配炒米末三两，白糖调食。

天基神方

中风痰厥

中风痰厥、气绝，心头尚暖者，急用多年古塔古殿上陈石灰，用一合研末，水煎一盏，倾出澄清，窍口灌之，痰下自苏。重者再灌。

膈食翻胃

用核桃肉水浸剥去皮，捣极烂，同大麦面煮成稠糊，每日食之。且莫吃米粥米饭，候十多日，膈病渐好，可少进米粥，调理全愈。

痰　膈

河边黑背小紫蛭壳，陈者更好。火略焙存性，为细末，每末二两，入炒米一两，同为拌匀，白糖滚水调服，多吃更效。此蛭螺蛳内极多，须要平日预制，收存取用。

鼓　胀

用大黑鱼重二斤多的，去净鳞脏，水洗搌干，用蒜瓣切片，尽鱼肚装满扎好，将荷叶包紧，外以黄泥裹厚，放锅堂内缓缓煨熟，去泥少加醋食，连三四尾，神效。

湿热鼓胀

用鸡粪炒陈香色，研细末一升盛磁缸内，浸好皮酒二斤，调面封口，煮三炷香，定清随意热饮。忌食酸咸生冷油腻黏硬等物。

滞　泻

用陈海蜇切细，水浸淡。拌白萝卜丝，少加姜醋。任意多食，最能消脾胃中积滞，止泻化痰，又能治疟痢。

风　寒

此症头疼发热，脊强恶心，遍身拘痛。用连须葱白六七根，生姜一两，俱捣碎，陈细茶叶五六钱，红糖半盅，开水冲瓦壶内，趁热服下，盖被出汗即愈。

阴　症

此症四肢厥冷，指甲唇舌皆青，昏迷不醒。用麦面做一圈，蒸熟置脐上，再用鸡蛋五六个，煮熟去壳，竖放圈内，以好银簪插蛋中，良久拔出，换簪换蛋，以银簪不黑为止。

疟疾

此症多因痰食风寒而成。用柴胡、黄芩、半夏、当归、山楂、神曲、陈皮各三钱，生姜一片，水一碗，煎好盖紧，于临发前一时，带饥热服，服后忌饮食。重者不过三服。

久疟

疟疾多日不止，即用蜜陀僧研为极细末，于未发前一时，用酒送下六分或五分，幼弱减半。服后心中嘈杂，饿半日即愈。

痢疾

不论红白夹泻，多因胃中积滞所致。只用陈藿山茶叶五六钱，生姜五六钱捣碎，少入红糖，白水煎两三滚，候腹饿时热服，停半日饮食。重者不过三服，滞去而痢自止。

禁口痢

此症饮食不进，最是危险。急用腊肉骨几根，煎汤热服，可缓进腊炒米汤调理，渐与粥吃，自愈。凡五六月煮腊肉，将骨不可经水，用绳悬挂厨房，陈久更好。

痨病

此方能治五痨七伤、咳嗽、骨蒸、遗精、盗汗俱效。用健猪肚一个，如常治净，内装紫背天葵根四两，线扎紧，加水煮烂，空心去葵食肚，同汤热吃。连用三四个，愈。

咳嗽

枇杷叶煎稠汤，用绢滤汁，入梨汁、熟蜜、煮黑枣，盖碗内，时常取食，最止咳嗽。如腹泻者，去蜜。夏月恐陈宿，要每日煮食。冬月煮枣，可存五六日。痰多加川贝母。

吐血

藕节捣煎稠汤，调白芨细末，服下即止。此方兼治贫血、咯血。盖藕节性能散血也。

肺痈

咳久多成肺痈，吐出脓血，觉有腥臭，若不急治，则肺损不救。用薏苡仁一二两，煮粥，每日频食即愈。或白花百合煮食，亦效。

便血

柿饼铺磁碟，放煮饭锅内蒸烂，空心，用开水服，极效。常时多食，清火凉血。

小儿痞疾

凡小儿黄瘦、肚大脐突，是痞疾。急用明雄黄二两，黄丹二两，水浸晒干共，研极细末如三麦，内用末一钱，匀为三服；五岁内外，匀为二服。用雄鸡肝一个，铜刀割碎，将末渗入肝内，不可抛撒。五更时在饭上蒸熟，与小儿空心服下，莫剩。连服三次勿间断，奇效如神。

痈疽疔背

一切痈疽，发背对口疔毒诸疮，神效。用大全当归八钱，生黄芪五钱，金银花五钱，甘草二钱，水二碗煎稠，候腹饿时热服。药味不苦，服后饮好酒几杯，盖暖睡觉。重者三服，痛止患消。

宋代《急备炙法》中骑竹马图中的第一图形。骑竹马炙是古代治疗外科痈疽的一种特殊炙法

肿毒痈疽

用五倍子二两，煮烂，肥皂肉二两，另用乳香没药，俱去油，各二两为末，共捶搓成锭晒干。凡一切肿毒发背诸疽，用醋在瓦钵成汁磨，笔涂患处，干再涂，即止痛毒消。内服前药，外用此敷药。

无名肿毒

用核桃壳半个，填满大粪，覆患处，锥一小眼，外用艾灸，七蘸全愈。凡背疮对口俱可治。

跌打损伤

九月内，收大蟹壳，线穿挂干，在新瓦上焙脆，研为极细末，用磁器紧收。每服三四钱，好酒炖热送下，盖被出汗，即时止疼消伤。

跌破头

凡跌破头脑、手足，血流不止，急忙无药，切不可用香灰按上。每至害痛，极难收口。可即用吃的烟末一撮，捣在患处，扎好莫透风，莫吃发物，即止痛，最易完口。

乳　崖

凡妇人乳崖、乳痈、里吹、外吹、肿痛，最为狠恶。急用泽兰叶、蒲公英、金银花、木瓜、白芨、地丁、甘草各三钱，水煎热服，再饮好酒半醉。重者再二三服，即痛止内消。

绞肠莎

此病夏月甚多，忽然肚肠急疼，唇指青黑。用透明生明矾为末，每服二钱，用冷水热水各半杯和吞，即愈。仁人须预带明矾，或在舟车，或遇黑夜，可当仙丹。再于腿弯及手指甲根边，用针放出黑血，更可保万全。

乌沙胀

此病每因风寒、饥饱、劳烦而起，发时疲倦恶风，心腹急疼，手足麻木。轻者刮沙推拿，重者急扶病人坐起，用布一层搭于项后领头大骨节上，即长担肩瘤处，狠咬数口，即时病愈，愈后忌半日饮食茶水。

牙　疼

用荜拨一分、明雄黄一分、冰片六厘，共为细末，搽敷即止。

痢疾不止

不论红白，久近久验神效。用车前子拣净，炒黄色研细末，每服三钱。先将开水调干些，仍用开水送下。如不止，再二服，即痊愈。

痔疮丸药

用川黄柏一斤，先用童便浸一日，炒干，再用槐花子熬水浸一日，炒干，为细末，面糊为丸。早晚每服三钱，白滚水送下。忌大料、花胡椒、烟酒、色事、烦劳、气恼，百日外痊愈。

黄　病

青色嫩茵陈晒干一两，用纱袋盛入白酒三斤，兑水一斤，磁器煮一炷线香，埋土地下，三日取起，早晚闲常随意饮之。

虚　黄

用健猪肺一个，以水灌管内，洗十余次，血水去净。灌真麻硝四两，线扎肺管，沙吊煨热。其肺甚肥，食之即愈。重者两个。

梅疮瘰疬

用辰砂一钱五分、滑石三钱，为细末，分十服。用土茯苓一斤，不经铁器，捶碎，河水十四碗煎至七碗，日服完。忌盐醋，只吃淡饭，或白水煮肉亦好。虽鱼口疳疮，服之俱效。

半身不遂

大料豆、陈皮、当归、五加皮各四两，白酒五斤，浸三日。早晚温服。口眼歪斜亦愈。

秃　头

鸽粪火焙，硫黄、明矾、银朱、陀僧各五钱，入盐三分，为细末。先以米泔水洗，后以药敷。

湿　气

用糯米一升，煮烂饭，将白酒药六七丸，捣入饭内，敷疼处，外用纸布裹，二日愈。

平常心疼

即胃口疼。常疼者可用，初疼者不可用。麻黄、罂粟壳、甘草、川芎各一钱五分，不用引水，二钟煎一钟，于疼时热服，即愈。

真心疼

此痛骤发，痛即昏去如死，与前平常心疼不同。用风化石灰五分，好烧酒一杯调服。少刻有虫从鼻中出，即愈。但必须预备好铁钳，候虫出，急钳住，用大炭火炼死，恐此虫飞去，则害人不浅。

中痰瘫患

用马齿苋，又名安乐菜，取四五斤煮熟，汤菜同吃，吃后泻出痰，即愈。

肾虚腰疼

用猪腰子一副，去汁膜，里筋破开，入杜仲盐水拌炒二钱，破故纸研碎二钱，以线扎好，煮几滚，停半时，去药末，食腰子并汤，或服后饮酒一二杯。服二三副愈。

小便闭

用明矾，生地、熟地各半斤，共研细末，将矾末作坝于肚脐四周，急取无根井水一大壶浇入脐内，其矾化开，即刻便愈。

结　胸

寒症结胸，或吃饭气恼，心口饱塞，用好烧酒炖热，将布二块蘸酒，自胸向下抹。如布冷换热，数次滞下，即出大恭，极验。

红糟鼻

症因酒蒸肺而成，不独面不好看，且土星紫赤，主财虚耗。用苦参、当归各四两，为末，酒糊为丸，梧子大。每服三四钱，早晚开水下，红渐退。重者两三料，仍忌酒。

固　齿

老年全赖牙齿饮食，滋养须于壮年。凡小便，紧咬牙闭口，每早叩齿几遍，至老不衰。

虫　牙

用韭菜子一大撮，放炉内烧烟。先将芦管一头，纸糊喇叭样，收烟熏患牙，其虫俱出，温茶漱去。

一切齿疼

用荜拨、细辛、朝脑三样，共末，指蘸擦牙，立刻满口清凉。低头流涎，温茶漱去，莫咽下，三四遍愈。

禁口痢

用乌梅肉，将鼻涕虫包住，微以丝线裹梅，放病人舌下。有津液来，将津液吞下，即开关取出乌梅，饮以稀米汤粥，渐愈。

除灯蛾

腊月四九内雪水浸灯草，晒干点灯，虫蛾俱无。救万千生命，功德无量。又腊榨油点灯，能辟蛾。

痨瘵鲤鱼丸

用二三斤大鳗鱼一条，入二三十年瓦尿壶内，以好滴醋一斤，外用石膏二两，水煮三炷香，取起候冷，用生羔二两，同研细入壶内，黄泥封口，炭火炼，待醋干，取鱼瓦上，焙干为末，蜜丸如梧子大，每日空心用，滚水送下二钱，新患服一线。

疴血结燥

用健猪大肠煨木耳，多食即愈。

疯湿疼

用当归、秦艽、白芍、独活、牛膝、海风藤、川芎、木瓜、生地各二两，虎胫骨五钱，陈酒五斤，共入瓶内煮数滚。任意饮之，神效。

喉　蛾

用土牛膝根，又名假闭草二三两，入人乳半杯，同捣取汁。令病人仰面，用茶匙挑汁，患蛾在左，汁倒入左，鼻内患蛾在右，汁入右鼻，双蛾则入双鼻。每鼻约二三匙，候汁至喉即吐痰，痰尽愈。

急心疼

厚些的木耳一两，焙干研末，白酒送下，三服痊愈。

急救喉风

用壁喜窝数个，瓦上焙干，研细吹之，血散痰消，立愈。

鼻出血

鼻不时出血，不必服药，只用荸荠去皮，放温茶内微热，多食即除根。

痞　块

用松香四两水煮，干草麻子肉一两研烂，阿魏二钱、皮硝五钱，共捣成膏，照痞大小摊布上。上贴时加麝一分，病消则膏自落矣。

肚　泻

用醋炒米，研末筛过，红糖滚水调干些，吃半饱，莫饮菜汤。饥再吃，最止泻健脾。

梦　遗

用阔布带将大腿一只，或左或右扣系项，睡醒则解，伸左右更换曲腿睡，自止。

烂脚丫

指烂不能走路，用松香末入葱肚，以滚水泡之，取出研末。又灌葱肚内，又泡。如此七次，研末入冰片些须，搽入脚丫，立刻走路。

盗　汗

磨坊内煮面筋的汤，空心服，最效。或用浮小麦煎汤，空心服，亦有效。

腿膝湿疼

大暑伏天，用槽坊内烧酒糟一桶，下锅烧热，厚堆患处。冷即换热，转五六次，拔出寒湿气，除根。

大麻疯

此病纯是热毒裹于皮肤，湿气又藏肌骨，所以外症皮红生点，须眉尽落，遍身腐烂，臭气难闻。急用玄参、苍术、熟地黄、苍耳子、薏苡仁、白茯苓各四两，为末蜜丸，每日滚水服二两。重者二料痊愈。病人切戒房事。

血山崩

用陈棕烧存性为细末，好酒服三四钱，重者两三服，其血自止。

水鼓肿胀

用菟丝子洗净，车前子、大蒜、白蜜各四两，盛入健猪肚内，用河水，砂器内煮熟，抖去药渣，将肚再入原汁内，煮烂食之。重者二三肚，病者戒盐。

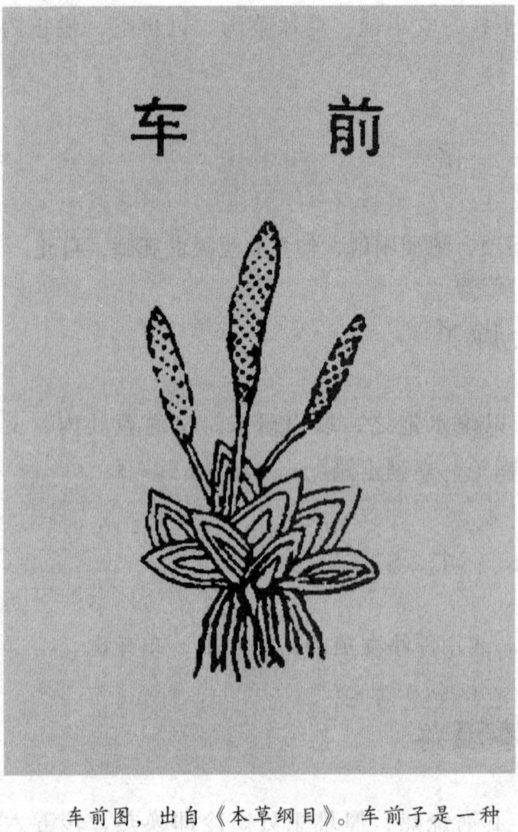

车前图，出自《本草纲目》。车前子是一种中药

小便日久不通

胀急难忍，用蚕豆青壳三四两，煎汤服之。春冬无壳，即用干壳。

腹急疼

一切男妇，腹痛紧急，不知何病，只用盐微炒，布裹熨痛处，立止。

熏痔药

用白芷、黄柏、夏枯草、紫花、地丁各五钱，明矾、皂矾、甘草各一钱，煎滚灌小口坛内，先熏痔处，俟半冷时入盆内药水洗，痔上流出毒汁。重者两次除根。予友傅铨痔极危，用治痊愈。

痔　漏

净桶内陈垢刮半钟，瓦上焙干，研极细末，每一钱入冰片二分，研匀，量摊粗纸上，按痔处，觉极凉快。先熏洗后按药，两三次愈。

虚弱白带

妇人白带，诸药不效。用白术四两，破故纸二两，共炒为末，入小麦面炒一斤，空心，滚水，糖量调服。

刀斧伤

老松香熬六七次，每次入冷水去香毒，销银好刚炭烧红，碗闷熄，二味等分，均为极细末。凡刀斧军器伤断将水，即刻搽上，束好就止痛。二三日全好。不害且无疤痕。忌食发物，忌房事，敷末要一钱厚。此行兵必带活命药。

狗咬伤

用煮过松香末、干炭末敷咬处，立刻止疼不害。其水煮松香法，予另于《救命针》书内，又备细说。

血疯臁疮

先将疮用米泔水洗净，以煮过松香、刚炭末厚些敷上，一日一换，两三日全愈。

久喘

用青皮一个剖开去瓤。入工子一个，将麻线扎定，火上烧尽烟留性，为末。生姜汁和酒一大呷，服之病即定。屡应验。

痰咳嗽

蛤蜊壳，炭火烧炙，放地下冷出火气，碾筛为末。每服三四钱，用干面糊为丸，滚水服，痰随药下。狠咳不能睡者，服即安稳。蛤粉性平，常服无碍，但须旋丸带湿服下，不可俟其干坚。

反　胃

用柿饼杂干饭内，同蒸食，绝不用水，亦勿以他药杂入，旬日自愈。有三世死于反胃，得此方愈。

口眼歪斜

用棉花子炒黑，为末三钱，乳香为末三钱，红糖一两，饭后黄酒送下，二三次愈。

泄泻不止

夏季暑热，因多食瓜果，致成泄泻。用桔饼切片，沸汤冲服，神效。

泻痢兼呕

凡先泻后痢，又兼呕逆者，只用紫苏煎汤服，即愈。此学院邵嗣尧亲验方。

眼　疾

眼红将害或疼，可将自己小便乘热洗，闭目少顷自愈。如自便黄赤，即童便洗更妙。

耳　聋

用菖蒲木、通全蝎、胭脂边各五分，麝香一分，共为末，用黄蜡三钱匀化，待微冷，入前药和为丸，如枣核样，磁器固收，勿走药气。以绵裹塞耳中，迟两日再换新者，耳渐通。

鼻　血

用新采柏树叶煎汤，时尝茶饮，不独止血除根，且清心明目。或阴干收罐，冲滚水饮。

齿患

予六十岁，齿忽极痛，腮肿不能饭食，诸药不效。有老友教用生明矾末、微热水，指蘸擦吐去。每日两三次，勿间断，至今多年不发不疼，齿甚坚固，再加石羔末，真仙方也。

疥疮脓窠

用明矾、花椒各二钱，硫黄四钱，将白萝卜剖开，挖洞扎好，埋灰火内煨枯，碾细末，入葱白三根，同健猪油捣烂，以夏布包，擦搽。

肿毒痈疽

乡野无药，急刮净桶底内积垢，入蜜调敷两三次，即止痛消散。

生产保全母子神方

此方乃异人所授，专治妇人难产、横生、逆生，以至六七日不下者。或婴儿死于腹中，命在垂危，服之立刻即下，保全母子两命。凡难养诸症，切忌收生婆用手法，只以此药服之，则安然无恙。如临月三五日，觉行走动履不安，预服一剂，临产再服一剂，可保万全无虞。又有血晕阴脱，及小产伤动胎气，一概并治。此药屡试屡验，活人无数。当归酒洗、川芎、菟丝子各一钱五分，川贝母去心一钱，生黄芪、荆芥穗各八分，蕲艾、厚朴姜汁炒各七分，枳壳去穰麦表六分，川羌活、甘草各五分，白芍炒一钱二分，冬月止用一钱，水二盅、姜三片，煎八分。预服者，空心服，临产者，随时服。分两要准。

产后必要芎归方

此药生产后煎服一剂，去败血，止腹痛，并除妇人一切杂症。当归尾五钱，川芎、山楂、红花各四钱，水煎一饭碗，产毕扶上床坐，即与热服。凡孕妇临月，可预备此药，收储瓷罐内，勿走药气，则夜晚临期，取用甚便。渣再煎，停一时服。

稀痘奇方

立春前一个月，将鸡蛋七个，用麻布袋盛上，用线挂好，浸屎桶内。粪要稠的。一月取出，去袋，蛋勿水洗。埋土内三日。不可人走踏碎。立春日，早用瓷罐煮三枚，须糖心，令小儿易食。中午二枚，下午二枚。诸物宜少进，恐太饱不能进食。总期一日内吃完。如儿小者，一二枚亦可。服过三年，毒重者必稀，毒轻者不出。按痘皆父母遗毒，人所难免。今用屎浸法以消后天之毒，用土埋法以培先天之气。又当立春百物回阳之日，服之毒消痘稀。此必然之理也，勿以秽易忽之。

秘传肥儿丸大小亦可服。

此方得之异授，复经十数明医较定，专治小儿肚大、青筋骨瘦、毛焦、泻痢、疳热等症。服之，瘦者能肥，弱者能壮，效应如神。予生两儿病弱，俱赖此药服愈，岂可自秘？用布广传。白术土炒、建莲、山药、山楂肉各一两五钱，芡实、白茯苓各二两以上，五味俱饭上蒸晒两三次，神面、白芍酒炒，白色大谷虫各五钱，陈皮、泽泻各四钱，甘草三钱，如瘦极成疳，加芒荟三钱，腹中泄泻加肉果麸煨三钱，煨内热口干大便干结，加川黄连姜炒三钱，炒热加银柴胡三钱，骨蒸热加地骨皮五钱，有虫积加史君子肉炒三钱，肚腹胀大、大便稀水、肠鸣作声，加槟榔五分，木香一钱，右为末炼蜜丸如弹子大，空心，米饮送下三四钱。此药味不甚苦，平时可与常吃。若是腹泻，不必蜜丸，可作散末盛瓷罐内，勿走药气，用米汤调服，或少加白糖亦可。

延寿丹方

陈逊斋先生曰："延寿丹方，系云间大宗伯董玄宰先生久服方也。家先孟受业于门，余得聆先生教，蒙先生授余书法，深得运腕之秘，侍久乃获此方。先生年至耋耄，服此丹，须发白而复黑，精神衰而复旺，信为祛病延年之仙品。凡人每无恒心，一服辄欲见效，经书明示以'久服'二字，人不聪察，咎药无功，误矣。余解组二十余年，家贫年老，专心轩岐之室，请益名流，勤力精进，寝餐俱忘，历二十余年，始悉《内经》之理、阴阳之道。余于壬子年七十五岁时，饥饱劳役，得病几危，因将丹方觅药修制，自壬子年八月朔日服起，至次年癸丑重九登雨花台，先友人而上，非复向年用人扶掖而且气喘。心甚异之，始敬此丹之神效。余向须发全白，今发全黑，而须黑其半。向之不能步履，今且行步如飞。凡诸亲友，俱求此方，遂发自寿寿人之诚，因付梓广传，令天下人俱得寿长。虽药力如是，必药力与德行并行不悖，自获万全矣。"药品开后：

何首乌，大者有效。取赤、白二种，黑豆汁浸一宿，竹刀刮皮，切薄片，晒干。又用黑豆汁浸一宿，次早柳木甑桑柴火蒸三炷香，如是九次，记明不可增减。晒干听用。后群药共若干两，首乌亦用若干两，此药生精益血，黑发乌须，久服令人有子，驱病延年。

菟丝子，先淘去浮空者，再用清水淘挤沙泥五六次，取沉者晒干，逐粒拣去杂子，取坚实腰样有丝者，用无灰酒浸七日，方入甑蒸七炷香，晒干，再另酒浸一宿，入甑蒸六炷香，晒干。如是九次，记明晒干磨细末一斤，此品养肌强阴，补卫气，助筋脉，更治茎中寒精自出，溺有余沥、腰膝软痿、益髓添精，悦颜色、增饮食，久服益气力，黑须发。

豨莶草，五六月采叶，长流水洗净晒干，蜂蜜同无灰酒和匀拌，潮一宿，次早蒸三炷香，如是九次。记明晒干为细末一斤，此品驱肝肾风气、四肢麻痹、骨痿膝冷酸，治口眼歪斜，免半身不遂，安五脏、生毛发。唐张咏进表云："服豨莶百服，眼目清明，筋力轻健；千服，须发乌黑；久服，长生不老。"

嫩桑叶，四月采杭州、湖州家园摘者入药，处处野桑俱生，不入药用。取叶，长流水洗净晒干，照制豨莶法，九制，取细末八两。此品能治五痨六疾营水肿虚损。经云："蚕食生丝织锦，人食生脂延年。"

女贞实，冬至日，乡村园林中摘腰子样黑色者，走肾经如坟墓上圆粒青色者，为冬青子，不入药用。取装布袋，搓去粗皮，酒浸一宿，蒸三炷香，晒干，为细末八两。此药黑发乌须、强筋力、安五脏；补中气，除百病、养精神，多服补血去风，久服返老还童。

忍冬花，一名金银花。夜合日开，有阴阳之义。四五月处处生，摘取阴干，照豨莶草法，九制晒干，细末四两。此品壮筋骨，生精血、除胀逐尸、健身延年。

川杜仲，厚者是，去粗皮，青盐同姜汁拌，潮炒断丝八两。此药益精气，坚筋骨，脚中酸痛，不能践地，色欲劳腰、背挛痛强直，久服轻身耐老。

雄牛膝，怀庆府产者佳。去根芦，净肉屈而不断、粗而肥大为雄；细短硬脆、屈曲易断为母。不用酒拌，晒干八两。此品治寒湿痿痹、四肢拘挛、膝痛不可忍、男子阴消、老人失溺续绝，益精利阴、填髓黑发乌须。以上杜仲牛膝制就，且莫为末，待何首乌八十四两蒸过六次，不用黑豆汁拌，单用仲膝二种，同何首乌拌蒸三次，晒三次，以足九蒸之数。

怀庆生地，取钉头鼠尾，或原梗末入水，曲成大枝者，有效。掐如米粒者，晒干为细末，四两。

自菟丝子至生地，共七十二两。何首乌、赤白共七十二两，用四膏子旱莲草熬膏一斤。金楼子熬膏一斤，黑芝麻熬膏一斤，桑椹子熬膏一斤。同前药末一百四十四两，捣数千捶为丸，如膏不足，白蜂蜜增补，捣润方足。

加减法：阴虚人加熟地黄一斤；阳虚加附子四两；脾虚人加人参、黄芪各四两，去地黄；下元虚，加虎骨一斤；麻木人加明天麻、当归八两；头晕人加玄参、明天麻各八两；目昏人加黄甘、菊花、枸杞子各四两；肥人湿痰多者，加半夏陈皮各八两。群药共数半，何首乌一半，此活法也。

神农以前，人皆寿至数千岁，尝药之后，渐减至百岁，数十岁，以至数岁。窃谓草根树皮毒入脏腑，安得借七情六欲之伤为老农解嘲哉？方吾儿病时，医人之履满户外，咸云："必不生。"最后逊斋先生云独云："必不死。"随立方参附至数两，视其方，无不骇之。余亦不敢信，吾儿信而服之，果有起色，然其间危险呼吸之际，诸医之摇首跷舌而不顾者，先生笑曰："此生机也。"其说甚快，其理甚微，究之十年枕上之人，竟一旦霍然而起，先生之力也。夫医，犹医也。药，犹药也。或用以死，或用以生，顾亦用之何如耳。乃先生不急病者而急病，病者医之为医，药之为药，遂已泊仓扁之扃矣。每读列传，疑太史公好为奇谈，今于先生信之。然而先生盖得道者也，年七十有八，童颜渥丹，白髭再黑，自解组以来，一回相见一回少，岂非易凡胎为仙骨哉？顷刊延寿丹方行世，种种炮制，尽非诸家所知，利济之功，侔于造化，矧吾儿以不起之症而能起之于床褥间，举世之无病者而服之于闲暇之日，何不可以晚祀之年，而几几乎神农以前之寿乎？年家弟何亮功偶笔。

客有问余曰："药能杀人乎？"余曰："药何能杀人？杀人者医也。"客曰："有是乎？"余曰："客姑听之"。余矫健身，又性不嗜药，每藏秘方、蓄善药，以应世之多病而嗜药者，余心快焉。内侄何大椿，次德之元方也。负奇才，抱奇病，医言不起，众口同声，且为定其期日，或云三日，或云五日，或云七日、十日，尽谢去。每与次德相对，无以解其愁苦。唯陈子逊斋诊一过，笑谈甚适，曰："待将令之起而行也。"既而三日不死，五日不死，七日、十日又不死，今步履如风，壮健过于未病时，方信逊斋之言，真有见垣之妙矣。逊斋归隐白门，临池之余，留心方药，其所得董玄宰宗伯寿丹，自服效验，辄刊方示人。虽业非岐黄，深究太素之精，逾于岐黄。人每延之，无不死而复生者。因思诸医以用药之道相兵，虽起蒴、颇、牧，不是过也。逊斋独为培养元气，余窃以次德之喜为喜，以次德之感为感。夫危险之症可以回生，则延寿之丹足以永年无疑。余愿人之急服勿失也。是又余之藏秘方、蓄善药之婆心，因以答客之问而为之言。年家弟方享咸题。予另著长《寿谱》《救命针》二本，凡年老或虚弱有病者，亟宜熟习。

雨 花 香

自 叙

昔，雪光禅师于江宁城南据冈阜最高处，设台讲经，说法，每日听者，日常千余人。如欲涉世者听讲，而善愈进于善，虽有不善，亦悔改而从善。或有志出世者闻法，而心明性朗，其功胜于恒沙宝施缘，此而感召上天，雨花异香远袭，后名其地为雨花台。游人登其巅，则江彩与林峦，交相映带，大是奇观。自梁历今，昭然耳目垂诸不朽，予欣羡久矣。乃将吾扬近时之实事，漫以通俗俚言，记录若干，悉眼前报应，须知警醒，明通要法，印传寰宇。凡暗昧人听之，而可光明；奸贪刻毒人听之，而顿改仁慈敦厚，若有忧愁苦恼之徒听讲，而即得大快乐。或遇毁仙谤佛之辈，自闻谈说，亦变虔信皈依，若夫出事之高哲，任习净土，任专参悟；可照其功，而证果位，是为善，有如此善报；为恶，有如此恶报，皆现在榜式，前车可鉴，种种事说，虽不敢上比云师之教济雨花，然而醒人之迷误，复人之天良，与云师之讲义微同，因妄以雨花香名兹集。

雍正四年二月花朝石成金天基撰写

通天乐

世人俱各有性天之乐，原不因外境之顺逆而移也。然人虽各有天乐，鲜得受享者，皆为私欲所蔽。予不揣愚昧，乃将明达语事，漫用俚言纪述数种：某某因存天理，即受许多快乐之福；某某因天理为私欲所蔽，即罹许多忧愁困甘之殃。各赘浅说，着书曰“通天乐”。谓人能通达乎性天之乐，则随时随境皆享极乐于无涯矣。夫上而至于孔、颜乐处，亦不外乎性天之乐，但能造其极耳。等而论之，程明道之，予心乐者，惟自乐于性天，而他人不识也。白居易之字“乐天”者，趣专十性天之乐也；邵康节之居名“安乐窝”者，安于天乐也；司马光自得乎天乐，即以“独乐”名其园；王心斋学士学此乐，遂有“乐学歌”。今人能通此乐，则俯仰寰宇，凡水流、花放、鱼跃、鸢飞，皆性天中之透露，何莫而非我心之真乐？昔日予曾有鄙词云：“眼前快乐谁能晓？自寻诸烦恼。高超极乐天，胜住蓬莱岛。”此即通乎性天之乐而已矣，又岂外境所能移易哉？

雍正七年二月花朝石成金天基撰写

通天乐第一种　长欢悦

长是久远也，有时刻不忘之义。欢是欣幸之极，悦是自心喜极。盖悦在自心，乐散于外。

“得岁丹，延岁月。得欢悦，且欢悦。万事乘除总在天，何必愁肠千万结？”此邵子歌也。人能体贴此数语，则一生快乐有余。要知一切名利愿欲之事，总因各人前生积业而来。上天久已注定，人徒谋虑争夺，有何益乎？所以田老者自号“靠天翁”，识破造化之本源矣。

翁识破造化之本源矣

康熙初年，有个田老者，自号“靠天翁”，为人最长厚。少壮时曾做过一任县丞，到任之后，上司之馈送，各项之料理，若点缀不到，非是委解钱粮，就是押送重犯，终日奔波不宁。凡民间讼事，或上司批词，他立心循理。但有来嘱情的，俱不肯依；但有来贿赂的，俱不肯收。若要他以曲为直，断断不能。时存天良，冰心铁面，因此乡绅士宦俱不喜欢。田老见来的事件大半是坏心钱财，欲做清官，奈自己家不富余，微俸无几；欲不做清官，自心不安，报应可畏，因而未到半年，即告病回家。城外一里多远，有一大竹园，每年四月间，发笋与人贩卖，得资以供食用。园中有草房三间，安住妻子家眷。屋旁有小草轩一间，草花数种。他生有两子，一子略知书文，即教训蒙糊口；一子壮实粗拙，即教耕种度日。田老者不喜入城，每日只在园中逍遥快乐。予友向我传说：“田老者今已九十余岁，须发尚未全白，形容少壮，此当今之异人也。不可不去拜访叨教。”予因执贽至翁竹园，只见万竿绿竹参天，屋旁草轩自题曰“啸轩自乐”，书积盈架，柱有二联云：

随时快乐随时福，一日清闲一日仙。

竹里常怡无事福，花间熟读快心书。

尧时隐士许由像，图出自清·任熊绘《高士传图》。“数椽栖巢许”中的“巢”指巢父，“许”即指许由

又见两壁上粘格语四联：

一枕卧羲皇，睡起每因黄鸟唤；数椽栖巢许，闲来惟笑白云忙。

人莫欺心，自有生成造化；事皆由命，何须巧用机关。枉自愁苦

机息时，即有月到风来，不必苦海人世；心远处，自无车尘马迹，何须痼疾丘山？不在外境

得了便非贫，身外黄金何足羡；能闲即是福，世间白发不相饶。

少时田老出来相会，接待极其谦和，语言极其浑厚，真是有道高人，因与交往。数月之后，我拜求田老如何得此高寿，田老曰：“我法最简最易，但世人不肯信服。心之愿欲，若要满足，何能得遂？只须自己假设境界，则心中快乐不已。我自有假设三条云：‘今只无灾无病，得此康宁，即自以为天上神仙，

快乐极矣；今只蔬饭布服，得此饱暖，即自以为玉食锦衣，快乐极矣；今只茅屋竹篱，得此安住，即自以为蓬莱阆苑，快乐极矣。'”田老又曰：“此三条之外，老汉向日曾受朝廷一命之荣，本是微员薄俸，我自以为高官厚爵，今虽辞官，尚多荣耀，岂不乐极？此一条不入前三条之内，恐多有未曾为官者，岂不缺典？今只须前三条，并不烦难，世人俱可自为。即是心满意足，寿由此而延长，福由此而加添，病祛身安，得效最速。至于一切得失乘除，俱从各人前生修积所致，上天俱有主宰。今惟有靠天过活，所以我一生并不愁苦机谋，我因自号‘靠天翁’者，此也。鄙见如此，不知高明以为何如？”予深喜敬服，因又恳求长寿捷法。田老又传八句云：“保养三般精气神，少言少欲少劳心。食惟半饱宜清淡，酒止三分莫过醺。常把戏言来取笑，每怀乐意不生嗔。炎凉变诈都休问，让我逍遥过百春。”

凡得其指点者，俱皆悦从。其后，田老寿至一百一十七岁，无病而逝。总因田老者立心长厚仁慈，已有根本，欲求快乐福寿者，未可只循其法，而置根本于不问也。昔紫阳真人有二句云：“黄芽白雪不难寻，达者须凭德行深。”通此窍矣。

快乐心法

人生在世，不论何等境界，惟以存心快乐为第一事。但此快乐，非谓遂诸愿欲而然，须自假设乐境。靠天翁之法已悉矣，不必再措一词。唯予自立心法，只一句七字曰：“安宁饱暖即天仙。”要知此一日也，地狱众生，挫烧舂磨、刀山油锅者，不知经几多惨苦；饿鬼众生，饮铜食铁者，不知经几多惨苦；胎卵湿化诸畜生，衔铁负鞍、生烹活剥、刀割斧剁者，又不知经几多惨苦，而我总无从知晓也。纵得为人，当想世人每多疾病，呼号辗转床榻，医药不效，痛楚难堪，望救无门者；又有痈疽疔毒痛钻心髓、脓血淋漓、求死不得者，不知其几万千，我今幸得身体强健，无病无痛，是“安”之一字，岂非享天仙之乐耶？至于苦难之事，更甚殷繁。要知世上人，每多自罹于名缰利锁，离家别业，红尘白浪，餐风宿露，奔波劳苦而不息者；有贫穷卑贱，无奈无耻者；有官粮私债追逼无完者；有骨肉至好事逼分离、难割难舍者；有卖男鬻女剜肉医疮者；有含冤负屈控诉无门而莫申者；有刑罚枷责囚锁牢狱者；有贼盗劫杀、水溺，火焚、蛇螫，虎咬死亡无救者，种种惨苦可怜可悲者，万万千千，笔难尽述。我今幸得平安自在，是“宁”之一字，真有天仙之乐矣。再看世之无衣无褐、寒侵肌肤、食不充口、饥饿难忍者，又不知其众多无数。我今幸得布衣蔬食，免许多饥寒苦楚，是“饱暖”二字，不亦有天仙之乐乎？人当时时刻刻想念此一句，则知感上天赐我甚厚，不可不力加德行栽培，以少补答，更须勤修道果，普救含灵，脱离诸苦，方遂予心之大乐也。予另著《快乐原》一部，分析详细，当与此篇互看，福箴附后请政。

心宽性怡，快乐就是福。无病无痛，康健就是福。

布衣蔬食，饱暖就是福。茅屋竹篱，安稳就是福。

天伦家口，团聚就是福。兵戈不扰，太平就是福。

家门清吉，宁静就是福。书酒花月，领略就是福。

明窗净几，闲逸就是福。草榻绳床，鼾眠就是福。

通天乐第二种 莫焦愁

莫者，禁止之词，含有切忌切戒、毋再复蹈之意。火烧太过为之焦，焦者，火烧木也。木被火烧，顷刻灰烬。莫焦莫愁，有急急救熄、不可稍迟之意。又有“焦燥”之“焦”，是言性气之急燥怒恨、抑而不伸也。要知“焦”最损人，孙真人云：“木远去火不成灰，人能戒性还延命。”此“性”字即性气急燥之性也。愁者，忧之过甚而不止也。总之，焦愁徒自苦恼，与人何尤？可不戒哉！

邵康节有醒语曰：“万事乘除总在天，何必愁肠千万结？”只明此二句，则焦愁之患除矣。

袁宏道云：“人情必有所寄，然后能乐。有以文为寄者，有以酒为寄者，有以奕为寄者，有以技为寄者。古之达人，高人一层，只是他情有所寄，不肯浮泛虚度光阴耳。每见无寄之人，终日忙忙，如有所失，无事而忧，对景不乐，即自家亦不知是何缘故，这便是一座活地狱，更说甚么铜床铁柱、刀山剑树也。”此篇绝妙指点。予谓寄情有清、浊二种。清寄如书酒花月等类是也，浊寄如骄奢嫖赌等类是也。能领清寄者，即日日做快乐神仙；甘蹈浊寄者，即日日为苦恼囚犯。但此二途：一是现在之天堂；一是眼前之地狱，随时自趋，并无阻拦。奈人明知有天堂而不赴，反自入地狱，是诚何心哉？良可叹也！

昔有与僧交往，见其计谋奔逐，因作诗晓之曰：“早知都是自拘囚，不合因循到白头。汝既出家还扰扰，何人才得死前休？”此予改正之诗也，岂独此僧为然？举世甘为自拘囚者不少。昔信大师礼三祖曰：“愿和尚慈悲，乞与解脱法门。”祖曰：“谁缚汝？”曰：“无人缚。”祖曰：“既无人缚，何用更求解脱？”信于言下省悟。此解脱最妙之法。今虽知之，而仍甘为自拘罪囚，竟将千金难买之时光，因循虚度，而不领受清寄之快乐者，总由往因积业所致，是以不得自主也。深为可惜可怜。

韩苦鬼诸事，皆从鄙啬辛苦而起。惟每晚早睡之法，深为可取。治家者，不可因人而废言也。

家资不在多少，只要教得子孙贤，能保守得固。不然，千金亦易消散，徒为自苦，有何益乎？

人欲享乐，先要立享乐根基。所谓享乐根基，即吾人之良心也。试看靠天翁不枉法治民，已有根基矣，后果至快乐福寿。今韩苦鬼劝伊宽恤贫穷，并不依从，既无享乐根基，致令终身困苦，后代销败，理必然也。

康熙初年，有一人姓韩，开张柴米大铺，因他最有机谋，性气急燥，时刻照管出人，极其刻薄，终日愁眉不展，无事而忧，对景不乐，从不曾见他有一笑脸。远近人都恨他刻毒，起个美号叫做“韩苦鬼”。每日打探各处柴米价值，某处价贱，即往买来发卖；某处价贵，即改往贱处贩卖。这人有许多癖病，即如不住高大房屋，不穿绸缎衣服，不与富贵交往，即荤腥肴馔亦不肯用。人俱可学，独有三件事人不能学：第一件是不赴人酒席，自己亦不请人酒席。人问其由，韩答道：“我去赴人筵席，彼费多金，我能吃多少？领过人的，不能不回答，将有用之赀如此浪费，岂不可惜？”第二件是出外贩卖柴米，旱路不骑驴，水路不乘船，都是步行。人问其由，韩答道：“扬州地方，东不过大桥张汪一路，西不过甘泉各集场，南不过瓜洲镇江，北不过邵伯高邮。虽远亦不出三四十里，天生我这双脚，若不走路，要他何用？只看世上穷苦人，推车、抬轿、挑米、担柴、拽纤、摇橹，他难道不是父母生成的？我这样安稳步行，何等快乐？”第三件是每晚早睡，从不点灯。人问其由，韩答道：“每晚早睡，有五件益处：一者子弟家人无奸盗酗赌诸坏事；二者厨下无火烛之灾；三者灶上无跌破碗盏之虑；四者夜半睡觉已醒，又可听防贼盗之窃发；五者次日早起，精神强健，不致昏沉失晓。至于每年省下灯油极多，又不必言矣。”友人叹服。他只生一子，十多岁放在学堂里，听随先生教训，整年累月不得闲工夫，总不查问读何书、写何字，终日只在财上盘算，真个披星而出，带月而归。年纪才三十七岁，形容衰老，犹如六十余岁。昌黎公有“年未四十，而发苍苍，而视茫茫，而齿牙动摇。”以此移赠本宗之苦鬼，切实不谬。他空手未曾十年创业，家资约有千金。我因家中日用柴薪承他照底价卖与我，供用不缺；又因他说话从不失信，所以与他交契。闻他做人刻苦，因到他家内面说道：“世上最苦是贫贱人，凡来买柴米不多者，只看些微利息宽让体恤。你年将四十，我见你劳苦奔忙，焦愁不了，你自念衣食有余，略放闲散些，也受用许多快乐，何必终日自苦？”因将我向日撰的《新七笔勾》摘出一条，就在他家内写成斗方，奉与他粘壁，嘱他朝夕醒悟，词云：“

终日忧愁，用尽机关不肯休。贫贱天生就，富贵天缘凑。休算计五更头，明朝依旧。略放宽心，落得安闲受。因此把妄想贪求一笔勾。”

韩人接过斗方，答说道：“重蒙台谕，言言金玉。但我这生意，原是贫人买的，利息若少，岂不空代人劳苦？只因我的儿子幼小，趁我壮年，再苦积得千两，我也心足，那时安闲未迟。”我见言如不言，就告辞回来。我自暗想：“此人虽再积千金，恐怕又望万金。这样痴愚，真可怜也。”韩人打探得里河场内，出有红草极多，大有利息，每千束本银不过七八两，盘运至扬，即买至十五六两，除去船赀杂用，每千竟有四五两之得。韩人大喜，整齐本银，用两只大船往来装贩多次，果然大得重利。不意那年山水暴发，将高邮至邵伯湾头一带河坝，倒卸极多。奉总河大老爷宪行，立等要红草打坝，着令江都县将一切草船封储运送河塘，候领官价。韩人心急如火，暴燥如雷，无极奈何，忍着性气，只得随至河官委员处，候领草价。十分不得五分，又用去盘缠杂费，亏折三十余两。自己焦愁恼闷，饮食减少，未十日右眼红肿，病不可忍，又舍不得钱医治，只是苦挨。渐渐太阳额角，连络左眼也复肿痛，无极奈何，只得请眼科名医张守斋医治。那张医一看，即说道：“目得血养，方能明视。今此眼都因心火上炎，烧炙肝经，睛已凸高，甚是狠重。因何不早治？

如今第一件要紧的事，全要自己平着性气，切莫焦燥忧愁，服药调理，犹可保得左眼。若不上紧怡养医治，两眼俱难保固。”因此日日医治。韩人无极奈何，只得捺着性气，勉强平和。未过一月，右眼已瞽，只留左眼一只。人不叫他韩苦鬼，都顺口叫他做瞎苦鬼。他眼睛才医好了两个月，闻得红草因官封价贵，瓜洲芦柴有利，仍旧并不乘船，步行至瓜洲买柴。已经走到八里铺地方，忽然阴云四起，狂风大雨。韩人借一家门首暂躲，候雨止前行。不想那雨越下越大，守至黑晚，雨尚不止。虽时在七月，天气尚暑，他不肯敲门往人家借宿，恐怕又要费钱，只在门外檐下蹲了一夜，那知受了风寒，遍身火热。那一家惊怕，问明住处，雇轿抬送到家，已自病重。疼痛呼嚎，急请太平桥八十余岁老医王二玉，诊脉之后，即向韩人说道：“人身梦幻泡影，原是虚假，不可认真。焦愁劳苦，有伤元气。此病平日精神亏损，风寒易侵，若不急急发散，怎得消除？因用药发汗，汗后用心调摄，不可再有失误。”医治三个多月，用去许多银子，才得少愈。复又闻知瓜洲南米到了极多，价贱利重，因此不候全愈，就到瓜洲买了一船米，贩到扬州卖。不意船到扬子桥，河路拥挤，被一漕船上篙捣着米船，将船戳漏，米被水浸，急忙另雇一船，呼人挑运过船，已是许多水入船，坏去米三十余石，每石不得半价，人尚憎嫌不要。韩人气填胸膈，不由不焦愁气恼。漕船是奉上行运粮的，谁敢控诉？无极奈何，只得隐忍而归。形容顿变，饮食减少，只是昼夜叹气。才四五日，腰上忽起一发背大疽，急请内外科钱亿林医治。钱云：“总因心事焦愁，抑郁不伸，气血凝滞，致成此患。但今饮食甚少，疮顶平塌，药饵在次，全要自己诸事放下，开怀排遣，时长欢悦，药才见效。服药之后，若是疮不高起，饮食不加，即另请高明。切莫自误。”那知韩人当此重疽，并不宽怀，心里又焦愁这件，又焦愁那件，时刻暴燥，只要急速求愈。后五六日，更换数医，越医越重，汤水不进，烂成深塘，脓血淋漓，日夜叫喊，竟至命绝。寿只四十二岁。子虽十八岁，世事不谙，亲族代为料理收殓，治办丧事。尚未半年，子被坏人引诱，奸一私窠妇人。有恶棍串通拿获，拷打送官，措去二百多金，方才释放。又未半年，复又被坏人引诱赌钱，将家财尽数白送与人，竟弄得衣不充身，食不充口，饥寒难忍，无极奈何，只得自己挑菜卖银糊口。可怜韩人辛苦刻薄，挣起若大家财，不肯教子成人。痴愚至此，不可不述，以为世人切戒。

莫愁诗

予先大人维石公，手抄俚俗旧诗数十首，每常自诵。予今选订新翻，或妄改几句，或妄换几字，颜曰莫愁，诗惟供我愚人吟咏快乐而已，未可以诗法较也。

世事茫茫无了期，何须苦苦用心机？寻些乐处酌杯酒，偷个闲时诵首诗。

放荡五湖思范蠡，纵横六国笑张仪。百年光景须臾事，日日追欢也是迟。

诸般得失总虚花，展放眉头莫自磋。几朵鲜花除世虑，三杯美酒醉韶华。

徐行野径闲情惬，静坐茅斋逸趣嘉。分外不须多着意，唯将快乐当生涯。

衣食无亏便好休，人生在世一蜉蝣。陶朱不享千年富，韩信空成十大谋。
花落三春莺怨恨，菊开九月燕悲愁。闲居安静多清福，何必荣封万户侯？
也学如来也学仙，携尊随处乐陶然。人情只堪付一笑，世事须知无百年。
皓首难陪东阁宴，清风自足北窗眠。休将烦恼盘心思，急须嘻笑舞疯癫。
人生安分且逍遥，莫向明时叹不遭。赫赫有时还寂寂，闲闲到底胜劳劳。
一心似水惟平好，万事如棋不着高。王谢功名有遗恨，怎如颜性乐陶陶？
花甲之外乐余年，秃发留须半是禅。杖挂百钱村店里，手持一卷草堂前。
功名与我无干涉，事业随他别处牵。恼怒不生愁闷灭，饥来吃饭困来眠。
歌几回时笑几回，人生全要自开怀。百千万事应难了，五六十年容易来。
得一日闲闲一日，遇三杯饮饮三杯。焦愁恼怒都消散，免致浮躯气早衰。
六足眼前安乐身，四时怎忍负良辰？温和天气春秋月，道义宾朋三五人。
量力杯盘随草具，开怀笑语任天真。细看如此清闲事，虽老何须更厌频？
为士幸而居盛世，住家况复在中都。虚名浮利非我有，绿水青山何处无？
胜游只宜寻美景，命俦须是选吾徒。快乐原是闲人事，况与偷闲事更殊。
得失乘除总在天，机关用尽也徒然。人心不足蛇吞象，世事到头螂捕蝉。
无药可延卿相寿，百钱难买子孙贤。家常安分随缘过，便是逍遥快乐仙。
穿几多来吃几多，何须苦苦受奔波。财过北斗成何用？位列三台做甚幺？
眼底浮云轻似纸，天边飞兔疾如梭。而今痴梦才呼醒，急享茅庵快乐窝。
举世不忘浑不了，寄身谁识等浮沤。谋生尽作千年计，公道还当一死休。
西下夕阳难把手，东流逝水绝回头。世人不解苍天意，空令身心夜半愁。
一寸光阴不轻抛，徒为百计苦虚劳。观生如客岂能久，信死有期安可逃？
绿鬓易凋愁渐改，黄金虽富铸难牢。从今莫着惺惺眼，沉醉何妨枕曲糟。
人生在世数蜉蝣，转眼乌头换白头。百岁光阴能有几？一场扯淡没来由。
当年楚汉今何在？昔日萧曹尽已休。遇饮酒时须饮酒，青山偏会笑人愁。